DICTIONNAIRE
DE L'ANGLAIS
ÉCONOMIQUE
ET JURIDIQUE
ET DU
COMMERCE INTERNATIONAL

DICTIONNAIRE
DE L'ANGLAIS
ÉCONOMIQUE
ET JURIDIQUE
ET DU
COMMERCE INTERNATIONAL

Le Livre de Poche

Ce dictionnaire a été réalisé par :

Anne Deysine
*Juriste, agrégée de l'Université, diplômée de l'Institut
d'études politiques de Paris,
Professeur à l'Université de Parix X – Nanterre
Responsable du DESS affaires internationales
et négociation interculturelle*

et

Edward Errante
*Juris Doctor, avocat au Barreau de Californie,
Maître de conférences à l'Université de Paris X – Nanterre*

Eveline Thévenard
*Agrégée de l'Université, Maître de conférences à l'Université
de Paris XII – Val de Marne*

Nigel Turner
*Agrégé de l'Université, Maître de conférences à l'Université
de Paris XII – Val de Marne*

Avec le concours de :

Gérard Petit
Diplômé de l'École centrale de Lyon, DECS

Sommaire

Contents

Avant-propos

A la veille de l'an 2000, la mondialisation du commerce international et la multiplication des échanges en tous genres font que, d'une part, un nombre croissant de francophones se trouvent en contact permanent avec les termes de l'anglais juridique, économique et des affaires internationales, alors que, d'autre part, la France occupe une place primordiale au sein d'une Union européenne en pleine expansion, et constitue ainsi un marché porteur pour les sociétés étrangères.

Dans un tel contexte, la nécessité pour les professionnels, anglophones comme francophones, de disposer d'ouvrages bilingues répondant à leurs besoins spécifiques est évidente. Si ce dictionnaire ne peut prétendre à l'exhaustivité dans un domaine donné, il a été conçu pour répondre au besoin d'un ouvrage, aisément maniable, qui réunirait un maximum de termes et d'expressions juridiques, économiques et commerciaux à l'intention des hommes d'affaires, juristes, économistes, exportateurs, traducteurs, interprètes et autres professionnels, et à l'intention également des étudiants qui travaillent dans ces domaines.

Cet ouvrage a été réalisé par une équipe pluridisciplinaire de spécialistes des domaines juridique, économique, de gestion et des affaires internationales, de la grammaire et de la traduction ; certains de ses membres sont francophones et d'autres anglophones (un Américain et un Britannique). Les auteurs ont pu s'appuyer sur leur propre expérience des difficultés rencontrées par les utilisateurs de ces langues de spécialité, afin de résoudre au mieux les problèmes spécifiques à chacun des domaines abordés.

Celui du langage juridique, par exemple, pose des problèmes particuliers qui viennent, pour l'essentiel, de l'appartenance de la France à la famille des systèmes de droit romano-germanique, alors que les pays anglo-saxons, eux, ont des systèmes qui s'appuient sur la **common law**, c'est-à-dire sur le droit coutumier et sur la construction jurisprudentielle du droit. Ainsi, les mécanismes, les concepts juridiques et le rôle de la jurisprudence diffèrent sensiblement entre les deux types de systèmes, et il s'est avéré indispensable de fournir des explications succinctes des termes dont il n'existe aucune traduction exacte. Le cas échéant, une traduction approchée a été proposée (signalée par la mention *équiv.*), et la distinction entre deux termes pouvant prêter à confusion est rappelée par la mention *à dist.* qui indique, par exemple, que le terme anglais **one-man business**, signifiant une société individuelle à responsabilité illimitée, est à distinguer *(à dist.)* de l'entreprise unipersonnelle à responsabilité limitée (EURL) du droit français. Ajoutons qu'il a paru indispensable d'inclure dans le dictionnaire un minimum de termes politiques en rapport avec le langage juridique, ainsi que les noms des principaux organismes internationaux.

Dans les domaines de l'économie et de la finance, où il existe pourtant, le plus souvent, des traductions exactes des termes utilisés (p. ex. « loi des rendements croissants » pour traduire **law of diminishing returns**), il y a une fâcheuse tendance à utiliser en français, par paresse ou par snobisme, des termes directement empruntés à l'anglais (p. ex. **hedge fund** au lieu de « fonds spéculatif »). Les auteurs ont tenu à inclure dans ce volume les propositions de traductions élaborées par des organismes tels que la Commission de terminologie du ministère de l'Economie, des Finances et du Budget, ou par l'AFPA (Action pour promouvoir le français en affaires), ainsi que les termes parus au *Journal Officiel* qui, eux, sont précédés dans le dictionnaire de la mention *(J.O.)*. Ainsi l'utilisateur y trouvera « mercatique » pour remplacer **marketing**, « coentreprise » pour **joint venture** et « marge d'autofinancement » pour **cash flow**.

En ce qui concerne le domaine du commerce international, un maximum de termes relatifs au transport, aux douanes et à l'emballage ont été inclus, et le dictionnaire contient également les noms, en anglais et en français, de tous les pays membres de l'Organisation des Nations Unies, ainsi que ceux des autres partenaires commerciaux de la France. L'utilisateur trouvera en annexe un tableau des noms, en français et en anglais, des principales monnaies utilisées dans le monde, ainsi que, pour la majorité d'entre elles, les abréviations correspondantes.

Les auteurs espèrent que ce modeste volume rendra les plus grands services à ses utilisateurs.

Foreword

On the eve of the twenty-first century, the globalization of international commerce as well as the increase in all types of cross-border exchanges mean, on the one hand, that increasing numbers of French speakers are frequently confronted with English terms in the fields of law, economics, finance and international business, while on the other hand, France occupies a crucial position in the heart of an expanding European Union, making it an important market and point of entry for foreign firms.

In such circumstances, it is indispensable for professionals, whether anglophone or francophone, to have at their disposal bilingual publications which meet their specific requirements. Although this dictionary does not claim to be exhaustive in any particular field, it has been designed to respond to the need for an easy-to-use dictionary containing a maximum number of terms and expressions in the fields of law, economics, finance, accounting, marketing, transportation and general business that are useful to businessmen, jurists, economists, exporters, translators, interpreters and other professionals, as well as students, who work in these fields.

This dictionary has been prepared by a multi-disciplinary team of experts in the fields of law, economics, business and management, as well as in grammar and in translation, including equal numbers of francophones and anglophones (one American and one Briton). The authors have made use of their own experience of the difficulties encountered by users of specialized language in order to resolve in as satisfactory a manner as possible problems specific to each field covered.

Legal terms, for example, pose a particular challenge, due primarily to the fact that French law belongs to the Romano-Germanic family of law (civil law), while England and the United States have a common law system based on precedent and case law. Therefore, legal concepts and mechanisms, as well as the precedential value of court decisions, differ significantly between the two systems, making it indispensable to provide succinct explanations of terms for which there is no exact translation. In some cases, an approximate translation has been provided (indicated by the notation *équiv.*); in other situations, the notation *à dist.* is used to draw attention to the difference between two terms which may be easily confused. For example, the English term "one-man business", which in Anglo-American law implies a one-man enterprise with unlimited personal liability, must be distinguished (*à dist.*) from the **"entreprise unipersonnelle à responsabilité limitée (EURL)"** in French law, which is a one-man enterprise with limited liability. To complete the entries in the field of law, the authors have thought it important to include a certain number of political terms, as well as the names of principal international organizations.

In the fields of economics and finance, where exact translations often exist (for example, **"loi des rendements croissants"** for "law of diminishing returns"), there is a regrettable tendency, due to laziness or snobbishness, for French speakers to use English terms (for example, **"hedge fund"** instead of "fonds spéculatif"). The authors have gone to considerable efforts to include in this volume translations proposed by bodies such as the *Commission de terminologie* of the French Finance Ministry, or by the *Action pour promouvoir le français en affaires (AFPA)*, as well as terms published in the *Journal Officiel*, which are preceded in the dictionary by the notation (*J.O.*). The reader will thus find **"mercatique"** to replace "marketing", **"coentreprise"** for "joint venture" and **"marge d'autofinancement"** for "cash flow".

In the field of international business, a significant number of terms regarding customs, transportation and packaging have been included. The dictionary also contains the names, in English and French, of all member countries of the United Nations, as well as those of other important commercial countries. In addition, an appended table indicates the English and French appellations of the currencies of these countries, as well as, where available, the international abbreviation of the currency.

The authors hope that this modest work will provide a meaningful service to its users.

Conseils d'utilisation

Les auteurs de ce dictionnaire se sont efforcés de rendre la recherche des définitions aussi simple que possible, et de fournir les indications les plus complètes sur chaque terme inclus en fonction de la place disponible.

CLASSEMENT

Il va de soi que c'est le classement alphabétique qui gouverne l'ordre des **mots d'entrée.** Pour faciliter au maximum la recherche de chaque terme, les sigles, abréviations, incoterms, noms de pays et locutions juridiques en latin figurent, eux aussi, en mots d'entrée, classés comme s'il s'agissait de mots simples. Aussi trouvera-t-on **MBA (Master of Business Administration)** à la suite de **mayor,** et **in camera** (*à huis clos*) entre **Inc.** (abréviation de **incorporated**) et **incapacitate,** etc. À l'intérieur de chaque entrée, les exemples d'usage sont classés, eux aussi, par ordre alphabétique.

Toujours par souci de commodité, les mots d'une même famille de forme identique mais appartenant à des catégories grammaticales distinctes (comme **abandon,** à la fois nom et verbe) figurent en entrées séparées, et sont affectés d'un numéro en exposant (**abandon[1], abandon[2],** etc.).

Les **sous-entrées,** précédées de *, suivent le corps de chaque entrée. Y figurent notamment les noms des principaux organismes internationaux (**Organization of American States, Organization for European Economic Cooperation,** etc., termes classés à la suite de l'entrée **organization**) et les termes juridiques nécessitant une définition plutôt qu'une simple traduction (**Chapter 7, Chapter 11,** etc., termes classés à la suite de l'entrée **chapter**).

TRAITEMENT

Pour chaque **mot d'entrée,** on trouvera :

a) L'**orthographe du mot.** Dans la partie **anglais-français,** l'orthographe britannique est donnée d'abord et suivie, le cas échéant, de l'orthographe américaine (**labour/labor**).

b) La **transcription phonétique** avec les signes de l'alphabet phonétique international. Seule la prononciation la plus courante est reproduite, mais, dans la partie **anglais-français**, à chaque fois que la prononciation britannique diffère sensiblement de celle qui est utilisée aux Etats-Unis (p. ex. **schedule**), les deux prononciations sont données, la britannique d'abord, l'américaine ensuite.

En anglais comme en français, certains **sigles** sont prononcés comme s'il s'agissait de **mots à part entière**, alors que d'autres sont tout simplement **épelés**. Dans le premier cas, la transcription phonétique est donnée systématiquement : en anglais, **NAFTA** (**North American Free Trade Agreement**) prononcé [ˈnæftə], en français **ALENA** (**Accord de libre-échange nord-américain**), prononcé [alena]. La transcription des sigles épelés n'est pas indiquée, mais l'utilisateur trouvera au début du dictionnaire un rappel de la **prononciation des lettres de l'alphabet,** en anglais comme en français. En cas de doute, il pourra ainsi rétablir la prononciation en anglais de **CBI** (**Confederation of British Industry**), prononcé [ˌsiː ˌbiː ˈaɪ], ou en français de **CNPF** (**Conseil national du patronat français**), prononcé [seɛn-peɛf].

c) La **catégorie grammaticale**. Ce dictionnaire de poche ne peut prétendre remplacer un manuel de grammaire. Les auteurs ont toutefois essayé de fournir les renseignements grammaticaux essentiels qui permettront à l'utilisateur étranger d'éviter les erreurs les plus courantes.

Ainsi, dans la partie **français-anglais**, sont signalées les formes du féminin et/ou du pluriel des noms et des adjectifs français quand celles-ci ne se construisent pas par le simple ajout d'un e ou d'un s. Les indications *nm inv* et *nf inv* ont été utilisées pour les noms français qui renvoient à des personnes, mais dont le genre ne varie pas : *nm inv* pour les noms masculins pouvant renvoyer à une femme (**agent, chauffeur, juge**), et *nf inv* pour les noms féminins pouvant se référer à un homme (**personne, victime**). La mention *pl inv* indique que la forme du pluriel est identique à celle du singulier : une **fois**, plusieurs **fois**. Certains adjectifs français sont invariables, comme dans le cas de **antitrust** (on écrit

« les lois **antitrust** »). Ces adjectifs sont suivis de la mention *inv.*

Dans la partie **anglais-français**, les formes du **prétérit** et du **participe passé** des **verbes irréguliers** sont signalées entre parenthèses et dans cet ordre : **show** (**showed, shown/showed**). Ici, la présence de deux formes du participe passé signale que l'usage britannique (**shown**) est différent de celui courant aux Etats-Unis (**showed**). Les noms anglais qui ne fonctionnent qu'en tant qu'**indénombrables**, et constituent ainsi de redoutables pièges pour les francophones, sont suivis de la mention *ns inv.* C'est le cas de **information** (en français *informations*) et de **evidence** (en français *témoignage, éléments de preuve*) ; l'utilisateur francophone retiendra que ces noms ne peuvent être précédés de l'article indéfini **a**, et ne peuvent être employés au pluriel.

d) **Les traductions et exemples.** Ils sont classés à la fois par **ordre alphabétique** et, quand cela nous a paru utile, **selon le domaine dans lequel ils sont utilisés.** Ainsi les traductions du mot anglais **agency** sont divisées en trois catégories, indiquées chacune par un chiffre distinct et correspondant aux sens commercial *(Com)* (**agence de voyages**, etc.), juridique *(Jur)* (**mandat, représentation**), et politico-administratif *(Pol)* (**administration**). L'utilisateur trouvera au début du dictionnaire la liste complète des abréviations utilisées pour indiquer l'ensemble des domaines traités.

CONVENTIONS TYPOGRAPHIQUES

Comme dans la majorité des dictionnaires, et afin de gagner un maximum de place, le **tilde** (~) a été utilisé pour remplacer le **mot d'entrée** dans les exemples.

TABLEAUX

Les auteurs ont préféré intégrer un maximum de termes dans le corps même du dictionnaire. Il leur a semblé toutefois utile de placer en annexe à la fin du volume des **tableaux** dans lesquels l'utilisateur trouvera les **poids et mesures**, et une liste des **principales monnaies** utilisées dans le monde.

User's Guide

The authors of this dictionary have made efforts to ensure that it is easy to use, and that it provides a maximum of information in the limited space available.

CLASSIFICATION

The **head words** corresponding to each **main entry** are, of course, listed in alphabetical order. To make terms as easy as possible to find, acronyms, abbreviations, incoterms, names of countries, and legal expressions in Latin have also been treated as main entries. Consequently, **MBA (Master of Business Administration)** will be found directly after **mayor**, and **in camera** (in French : *à huis clos*) between **Inc.** (abbreviation of **incorporated**) and **incapacitate**, and so on. The examples of usage included within each main entry are also given in alphabetical order.

Words belonging to the same family, but corresponding to different grammatical categories (such as **abandon**, which is both a noun and a verb) are also included as separate entries, each with a superscripted number (**abandon¹, abandon²**, etc.).

The **sub-entries**, indicated by *, are placed at the end of each main entry. Here, the reader will find, for example, the names of the major international organizations (**Organization of American States, Organization for European Economic Cooperation**, etc., are listed at the end of the entry **organization**) and legal expressions which require a definition rather than a simple translation (**Chapter 7, Chapter 11**, etc. will be found at the end of the entry **chapter**).

TREATMENT

Each **main entry** includes:

a) The **spelling** of the word. In the **English-French** section, the British spelling is given first, and followed, where appropriate, by the American spelling (**labour/labor**).

b) The **phonetic transcription**, using the symbols of the International Phonetic Alphabet. Only the most common pronunciation is given for each term, but, in the **English-French** section, the American pronunciation is also added after the British pronunciation whenever it is markedly different from the latter (e.g. **schedule**).

In both French and English, certain **acronyms** are pronounced as if they were **words in their own right** while others are simply **spelt out as initials**. For those in the first category, the phonetic transcription is indicated systematically: in English **NAFTA** (**North American Free Trade Agreement**) pronounced [ˈnæftə], in French **ALENA** (**Accord de libre-échange nord-américain**) pronounced [alena]. For acronyms which are simply spelt out, no transcription is provided, but the user will find a **list of the letters of the alphabet,** together with their pronunciation in English and in French, at the front of the dictionary. If in doubt, he will thus be able to work out the precise pronunciation in English of **CBI** (**Confederation of British Industries**), pronounced [ˌsiː ˌbiː ˈaɪ], or in French of **CNPF** (**Conseil national du patronat français**), pronounced [seɛnpeɛf].

c) The **grammatical category**. A pocket dictionary cannot hope to replace a grammar book, but we have endeavoured to provide the essential grammatical information that should enable the user to avoid the most common errors.

In the **French-English** section, the feminine and plural forms of French nouns and adjectives are indicated whenever these are not formed regularly by the simple addition of "e" or "s". The abbreviations *nm inv* and *nf inv* have been used for French nouns whose gender never varies even though they refer to persons: *nm inv* for masculine nouns which may refer to a woman (**agent, chauffeur, juge**), and *nf inv* for feminine nouns which may refer to a man (**personne, victime**). The abbreviation *pl inv* indicates that the singular and plural forms of the noun are identical: "une **fois**", "plusieurs **fois**". Some French adjectives are invariable, as is the case of **antitrust** (*cf.* "les lois **antitrust**"); these are followed by the indication *inv*.

In the **English-French** section, the forms of the preterit and of the past participle of irregular verbs are indicated in brackets, and in that order: **show** (**showed, shown/showed**). The presence here of two forms of the past participle ndicates that British usage (**shown**) is different from common American usage (**showed**). The English nouns which function only as **uncountables** are a serious problem for foreign learners. These are followed by the abbreviation *ns inv*, which should remind French-speakers that they cannot be preceded by the indefinite article **a** or **an**, or be used as plurals.

d) The **translations and examples**. These are arranged both in alphabetical order and, where appropriate, according to the particular domains in which they are used. Thus, the different translations of the English word **agency** have been divided into three categories, each indicated by a different number and corresponding to the use of the word in a different context: commercial meanings *(Com)* (**agence de voyages**, etc.), legal usage *(Jur)* (**mandat, représentation**), or a political/administrative context *(Pol)* (**administration**). A complete list of the abbreviations used to refer to such domains is to be found at the beginning of the dictionary.

TYPOGRAPHICAL CONVENTIONS

As is customary in the majority of dictionaries, and in an effort to save precious space, the **tilde** (~) has been used to replace the **head word** in the examples.

TABLES

The authors have tried to include a maximum number of terms within the main body of the dictionary. The user will however find, at the end of the volume, tables of **weights and measures**, and a list of the **major currencies** used throughout the world.

Symboles phonétiques
Phonetic Symbols

English
Vowels & diphthongs

[iː] he, see, legal
[i] property, legally
[ɪ] big, event, fiscal
[e] federal, event, head
[æ] flat, bad, catch
[ɑː] hard, far
[ɒ] box, loss, obvious
[ɔː] divorce, force, port
[ʊ] book, goods, wood
[u] circulation
[uː] accrue, flew, pool
[ʌ] run, month, was
[ɜː] first, search, worth
[ə] away, doctor, liberty
[eɪ] day, fail, pay
[aɪ] buyer, kite, price
[ɔɪ] boy, employ
[əʊ] boat, flow, no
[aʊ] how, loud, now
[ɪə] fear, here
[eə] dare, wear
[ʊə] poor, jury, sure

Français
Voyelles

[i] abîmé, crise, cycle
[e] chez, légal, jurer
[ɛ] fer, délai, tête
[a] date, légal, valeur
[ɑ] bâche, casse, tas
[o] audit, côte, zone
[ɔ] coté, port, vol
[u] route, tour
[y] abus, afflux, juger
[ø] deux, jeu, peu
[œ] immeuble, valeur
[ə] attenant, premier
[ɛ̃] bilingue, déclin, vain
[ɑ̃] agence, banque, lent
[ɔ̃] arrondir, don, pont
[œ̃] brun, lundi

Semi-consonnes

[j] lier, payer, conseil
[ɥ] fuite, huit, puissance
[w] oui, poids, soin

Consonants

[p] payable, principle, profit
[b] bail, boy, table
[t] trial, two, weight
[d] date, driver, load
[k] catch, kite, back
[g] group, guard, flag
[tʃ] charge, rich, watch
[dʒ] judge, jury, wage
[f] free, offer, thief
[v] van, leave, thieves
[θ] theft, health, worthless
[ð] those, then, worthy
[s] seller, loosen, loss
[z] choose, lose, ways, zone
[ʃ] shop, flashing, wish
[ʒ] leisure, measure
[h] house, behalf
[m] medium, team, time
[n] news, known, finish, loan
[ŋ] long, selling, tank
[l] lease, lorry, real, dealing

Consonnes

[p] paie, principal, publicité
[b] bénéfice, bon, tableau
[t] petit, taux, acte
[d] date, don, condamner
[k] caisse, échec, racket
[g] garde, groupe, vague
[m] mère, moment, système
[n] nom, donneur, condamné
[ɲ] campagne, ligne, signe
[ŋ] marketing, parking
[f] faux, fuite, offre
[v] vente, lever, havre
[s] signe, caisse, force
[z] zone, désir, léser
[ʃ] champ, cher, riche
[ʒ] juge, logement, région
[l] légal, loi, élire, rôle
[R] rajout, riche, élire, terre

[ʼ] pas de liaison
(les **hasards** le ʼazaR)

[r]	ready, wrong, lorry
[j]	yes, young
[w]	waybill, wealth

Stress marks

– **primary stress :**
    constant ['kɒnstənt]
– **secondary stress :**
    constitution [ˌkɒnstɪ'tju:ʃn]

Lettres de l'alphabet
Letters of the Alphabet

Français		English
[ɑ]	A, a	[eɪ]
[be]	B, b	[bi:]
[se]	C, c	[si:]
[de]	D, d	[di:]
[ə]	E, e	[i:]
[ɛf]	F, f	[ef]
[ʒe]	G, g	[dʒi:]
[aʃ]	H, h	[eɪtʃ]
[i]	I, i	[aɪ]
[ʒi]	J, j	[dʒeɪ]
[kɑ]	K, k	[keɪ]
[el]	L, l	[el]
[em]	M, m	[em]
[en]	N, n	[en]
[o]	O, o	[əʊ]
[pe]	P, p	[pi:]
[ky]	Q, q	[kju:]
[ɛʀ]	R, r	[ɑ:]
[es]	S, s	[es]
[te]	T, t	[ti:]
[y]	U, u	[ju:]
[ve]	V, v	[vi:]
[dubləve]	W, w	['dʌblju:]
[iks]	X, x	[eks]
[igʀɛk]	Y, y	[waɪ]
[zɛd]	Z, z	[zed], [zi:]

Abréviations – Abbreviations

ABRÉVIATIONS UTILISÉES DANS LE DICTIONNAIRE

ABBREVIATIONS USED IN THIS DICTIONARY

abréviation	*ab de*	abbreviation
à distinguer de	*à dist.*	as distinct from
adjectif	*adj*	adjective
adverbe	*adv*	adverb
Affaires	*Aff*	Business
Agriculture	*Agr*	Agriculture
approximativement	*approx*	approximately
Assurances	*Ass*	Insurance
Banque	*Bq*	Banking
Bourse	*Bs*	Stock Exchange
Canada	*Can*	Canada
Commerce international	*CI*	International Trade
Commerce	*Com*	Commerce
Comptabilité	*Cpta*	Accounting
Douane	*D*	Customs
Economie	*Eco*	Economics
Emballage	*Emb*	Packaging
Enseignement	*Ens*	Education
équivalent de	*équiv.*	equivalent to
féminin	*f*	feminine
familier	*fam*	familiar
sens figuré	*fig*	figurative
Finance	*Fin*	Finance
Fiscalité	*Fisc*	Taxation
France	*Fr*	France
Industrie	*Ind*	Industry
Informatique	*Inf*	Computing
invariable*	*inv*	invariable*
Journal Officiel de la République française	*J.O.*	Official Journal of the French government
Juridique	*Jur*	Legal
locution	*loc*	idiom
masculin	*m*	masculine
Management	*Mgt*	Management
Marketing	*Mkg*	Marketing
nom	*n*	noun
archaïque	*obs*	archaic
prétérit	*p*	preterit
péjoratif	*péj*	pejorative
pluriel	*pl*	plural
Politique	*Pol*	Politics
participe passé	*pp*	past participle
préfixe	*préf*	prefix
préposition	*prép*	preposition
Publicité	*Pub*	Advertising
quelque chose	*qch*	something
quelqu'un	*qn*	someone
marque déposée	®	registered trademark
singulier	*s*	singular
quelqu'un	*sb*	somebody
quelque chose	*sth*	something
suffixe	*suf*	suffix
synonyme	*syn.*	synonym
transport	*T*	Transportation
technique	*Tech*	Technical

Téléphone	*Tél*	Telephone
Télévision	*TV*	Television
Code de commerce américain	*UCC*	Uniform Commercial Code
Union européenne	*UE*	European Union
Royaume-Uni	*UK*	United Kingdom
Nations Unies	*UN*	United Nations
États-Unis	*US*	United States
contre	*v.*	versus
verbe	*v*	verb
voir	*v.*	see
verbe intransitif	*vi*	intransitive verb
verbe à particule	*v part*	phrasal verb
verbe pronominal	*vpr*	pronominal verb
verbe transitif	*vt*	transitive verb
verbe transitif et intransitif	*vti*	transitive and intransitive verb

* Pour plus de précisions, voir les Conseils d'utilisation / For details, see User's Guide.

ANGLAIS-FRANÇAIS

A

AAA bond [ˌeɪˌeɪˈeɪ ˌbɒnd] *n (Fin)* obligation *f* de premier ordre.

AAR *v.* **against all risks**.

ABA *v.* **American Bar Association**.

abandon[1] [əˈbændn] *n (aussi* **abandonment**) *(Jur)* désistement *m*, renonciation *f* définitive.

abandon[2] [əˈbændn] *vt* abandonner, renoncer (à).

abandonment [əˈbændənmənt] *v.* **abandon**[1].

abate [əˈbeɪt] *v* 1. *vi* diminuer 2. *vt (Jur)* annuler, rendre nul et non avenu.

abatement [əˈbeɪtmənt] *n* 1. modération *f*, diminution *f* 2. *(Fisc)* dégrèvement *m*, décharge *f*, crédit *m* d'impôt 3. *(Jur)* réduction *f* proportionnelle du legs (en cas d'insuffisance de la succession).

abduct [æˈbdʌkt] *vt (Jur)* enlever.

abduction [æbˈdʌkʃn] *n (Jur)* enlèvement *m*.

abet [əˈbet] *vt (Jur)* soutenir, inciter (qn à commettre un crime), être complice de (*v.* **aiding and abetting**).

abetment [əˈbetmənt] *n (Jur)* incitation *f* (au crime).

abeyance [əˈbeɪəns] *n* 1. suspension *f*, report *m* 2. *(Jur)* **hold a decision in ~** surseoir à statuer (sur) 3. désuétude *f*; **fall into ~** tomber en désuétude (*v.* **lapse**).

abide [əˈbaɪd] *vi (by) (accord, loi)* respecter.

ability [əˈbɪləti] *n* capacité *f*; **~ to pay** capacité *f* de remboursement, solvabilité *f*.

aboard [əˈbɔːd] *adv (T)* à bord; **go ~** monter à bord.

abode [əˈbəʊd] *n (Jur)* domicile *m*, demeure *f*; **of no fixed ~** sans domicile fixe; **right of ~** droit *m* de résidence.

abolish [əˈbɒlɪʃ] *vt* abolir, supprimer.

abolition [æbəˈlɪʃn] *n* abolition *f*.

abort [əˈbɔːt] *vti* 1. avorter 2. *(fig)* échouer.

abortion [əˈbɔːʃn] *n* avortement *m*, interruption *f* volontaire de grossesse (IVG).

above[1] [əˈbʌv] *adv* ci-dessus; **~-mentioned** susmentionné.

above[2] [əˈbʌv] *prép* au-dessus de; *(Cpta)* **~-the-line** au-dessus de la ligne; *(Mkg)* **~-the-line advertising** publicité *f* média; *(Fin)* **~ par** au-dessus du pair; *(D)* **~ quota** hors contingent.

abroad [əˈbrɔːd] *adv* à l'étranger.

abrogate [ˈæbrəgeɪt] *vt (Jur)* abroger.

abrogation [æbrəˈgeɪʃn] *n* abrogation *f*.

abscond [əbˈskɒnd] *vi (Jur)* se soustraire à la justice, s'évader.

absconder [əbˈskɒndə] *n* fugitif *m (f* -ive), évadé *m* (de prison).

absence [ˈæbsəns] *n* absence *f*; **leave of ~** congé *m*.

absent [ˈæbsənt] *adj* absent.

absentee [ˌæbsənˈtiː] *n* 1. absent *m* 2. absentéiste *mf*.

absenteeism [ˌæbsənˈtiːɪzm] *n* absentéisme *m*.

absentia [æbˈsentiə] *loc (Jur)* **in ~** par contumace.

absorption [əbˈsɔːpʃn] *n (Eco)* absorption *f*.

abstain [əbˈsteɪn] *vi (from)* s'abstenir (de).

abstention [əbˈstenʃn] *n* abstention *f*.

abstract [ˈæbstrækt] *n* résumé *m*, extrait *m*.

abundance [əˈbʌndəns] *n* abondance *f*.

abuse [əˈbjuːs] *n* 1. *ns inv (verbal)* **~** injures *fpl* 2. abus *m*; *(Jur)* **~ of confidence** abus de confiance; *(Eco)* **~ of dominant position** abus de position dominante; *(Eco)* **~ of a monopoly situation** abus de position dominante; **~ of power** abus de pouvoir; *(Jur)* **~ of process** perversion *f*/détournement *m* d'action 3. *(Jur)* viol *m*; **child ~** violences *fpl* physiques/ psychologiques/sexuelles sur mineur(e); **sexual ~** abus *mpl* sexuels.

ACAS [ˈeɪkæs] *v.* **Advisory, Conciliation and Arbitration Service**.

accelerated [əkˈseləreɪtɪd] *adj* accéléré; *(Cpta)* **~ depreciation** amortissement *m* accéléré.

*accelerated cost recovery system (ACRS) *n (Cpta)* amortissement *m* accéléré.

acceleration [əkˌseləˈreɪʃn] *n* accélération *f*; *(Fin)* **~ clause** clause *f* de paiement anticipé; *(Eco)* **~ coefficient** coefficient *m* d'accélération; *(Eco)* **~ principle** principe *m* d'accélération.

accelerator [əkˈseləreɪtə] *n (Eco)* accélérateur *m*.

acceptance [əkˈseptəns] *n* 1. *(Jur)* acceptation *f*; **~ of an offer** acceptation de l'offre 2. *(Bq)* acceptation *f*, opération *f* de crédit, traite *f*; **general ~** acceptation sans réserve; **present a bill for ~** présenter une traite à l'acceptation; **qualified ~** acceptation sous réserve 3. *(Mkg)* **~ sampling** test *m* par échantillonnage.

accepting house [əkˈseptɪŋ ˌhaʊs] *n (Bq) (UK)* banque *f* d'acceptation.

access[1] [ˈækses] *n* **1.** accès *m* ; *market ~* accès au marché **2.** *(Jur) (divorce)* droit *m* de visite.

access[2] [ˈækses] *vt (Inf) ~ a file* ouvrir un dossier/fichier.

accessibility [əkˌsesəˈbɪlətɪ] *n* accessibilité *f*, facilité *f* d'accès.

accessible [əkˈsesəbl] *adj* accessible, facile d'accès.

accession [əkˈseʃn] *n* **1.** accession *f*, accès *m* **2.** entrée *f* en fonction.

accessory[1] [əkˈsesrɪ] *adj (Jur)* à titre accessoire.

accessory[2] [əkˈsesrɪ] *n (Jur)* complice *mf*.

accident [ˈæksɪdnt] *n* accident *m*.

accidental [ˌæksɪˈdentl] *adj* accidentel *(f -elle)*.

accommodate [əˈkɒmədeɪt] *vt* **1.** loger, héberger **2.** rendre service (à).

accommodating [əˈkɒmədeɪtɪŋ] *adj* obligeant.

accommodation [əˌkɒməˈdeɪʃn] *n* **1.** logement *m* **2.** complaisance *f* ; *(Cpta) ~ draft* traite *f* de complaisance.

accomplice [əˈkʌmplɪs] *n (Jur)* complice *mf* (sens général pouvant se référer tant à **principal** qu'à **accessory**) *(v.* **aiding and abetting**).

accord [əˈkɔːd] *n* accord *m*.

*****accord and satisfaction** *n (Jur)* accord *m* et exécution *f* (en règlement d'obligations contractuelles).

account [əˈkaʊnt] *n* **1.** *(résumé)* compte rendu *m* **2.** acompte *m (v.* **deposit, down payment, instalment**) ; *on ~* en acompte **3.** *(Bq)* compte *m* ; *~ balance* position *f* de compte, solde *m* ; *bank ~* compte bancaire ; *joint ~* compte joint ; *open an ~ with a bank* ouvrir un compte dans une banque ; *~ statement* relevé *m* de compte ; *~ title* intitulé *m* de compte ; *trust ~* compte fiduciaire **4.** *(Cpta)* exercice *m*, terme *m* de l'exercice ; *balance from last ~* solde *m* de l'exercice précédent **5.** *(Cpta) ~s* comptes *mpl* ; *~s payable* comptes créanciers/créditeurs, comptes fournisseurs ; *~s receivable* comptes débiteurs, comptes clients ; *~s receivable turnover* taux *m* de rotation des effets à recevoir **6.** *(Fin) dealing for the ~* opération *f* à terme **7.** *(Jur)* action *f* en reddition, décompte *m* **8.** *(Mkg/Pub)* client *m* ; budget *m* d'annonceur.

*****account executive (AE)** *n (Mkg)* personne *f inv* chargée de l'ensemble des relations avec un/des client(s).

accountability [əˌkaʊntəˈbɪlətɪ] *n (Pol)* responsabilité *f* (politique) *(à dist.* **liability**[1]).

accountable [əˈkaʊntəbl] *adj (to)* responsable (devant) ; *(Pol) the Prime Minister is ~ to Parliament* le Premier ministre est responsable devant le Parlement.

accountancy [əˈkaʊntənsɪ] *n (UK) (Cpta)* comptabilité *f*, tenue *f* de livres.

accountant [əˈkaʊntənt] *n (Cpta)* comptable *mf* ; *(US) certified public ~ (CPA) (UK) chartered ~* expert-comptable *m inv* ; *(UK) chief ~* chef *m inv* comptable.

accounting [əˈkaʊntɪŋ] *n* **1.** *(Cpta)* comptabilité *f*, tenue *f* de livres ; *~ firm* cabinet *m* d'experts-comptables ; *~ period* période *f* comptable, exercice *m* ; *~ procedures* procédures *fpl* comptables ; *~ receipt* quittance *f* comptable ; *~ standards* normes *fpl* comptables ; *~ statements* états *mpl* comptables **2.** *(Jur)* reddition *f* de comptes.

accretion [əˈkriːʃn] *n (Fin)* plus-value *f*, augmentation *f* (d'un patrimoine).

accrual [əˈkruːəl] *n* **1.** survenance *f*, accumulation *f* **2.** *(Cpta) ~ accounting* comptabilité *f* d'engagement ; *~ basis of accounting* comptabilité *f* d'exercice ; *principle of ~* principe *m* de rattachement à l'exercice **3.** *~s* produits *mpl/* charges *fpl* encouru(e)s.

accrue [əˈkruː] *vi* **1.** s'accumuler, courir **2.** provenir/dériver de ; *interest ~s from...* les intérêts courent à partir de... **3.** *~ to* revenir/échoir à.

accrued [əˈkruːd] *adj (Cpta)* accumulé ; *~ expenses* charges *fpl* à payer ; *~ interest* intérêts *mpl* courus ; *~ liabilities* charges *fpl* à payer ; *~ receivables/revenues* produits *mpl* à recevoir.

accruing [əˈkruːɪŋ] *adj* **1.** *(Cpta)* couru, qui court **2.** *(Jur) ~ to* afférent à.

accumulate [əˈkjuːmjəleɪt] *vti* accumuler ; *~ income* accumuler les revenus.

accumulated [əˈkjuːmjəleɪtɪd] *adj* accumulé ; *(Cpta) ~ earnings* excédent *m* d'exploitation ; *(Cpta) ~ profits* report *m* à nouveau ; *~ total* total *m* cumulé.

accumulation [əˌkjuːmjəˈleɪʃn] *n* accumulation *f*, accroissement *m*.

accuracy [ˈækjərəsɪ] *n* exactitude *f*, fiabilité *f*.

accurate [ˈækjərət] *adj* exact, précis, juste.

accuse [əˈkjuːz] *vt* accuser, incriminer.

accused[1] [əˈkjuːzd] *adj (Jur)* inculpé, mis en examen.

accused[2] [əˈkjuːzd] *n (Jur) the ~* l'inculpé ; *(en correctionnelle)* le prévenu ; *(en cour d'assises)* l'accusé, le mis en examen.

achieve [ə'tʃi:v] *vt* réussir ; ~ *an agreement* parvenir à un accord.

achievement [ə'tʃi:vmənt] *n* 1. accomplissement *m*, réussite *f* 2. réalisation *f*.

acid test [æsɪd 'test] *n* (*Mgt*) épreuve *f* décisive ; (*Fin*) ~ *ratio* ratio *m* de liquidité immédiate.

acknowledge [ək'nɒlɪdʒ] *vt* reconnaître, admettre ; ~ *receipt* accuser réception.

acknowledgement [ək'nɒlɪdʒmənt] *n* 1. reconnaissance *f*, quittance *f* ; ~ *of debt* reconnaissance de dette ; ~ *of receipt* accusé *m* de réception 2. (*Jur*) aveu *m* (*pl* -x) 3. remerciements *mpl* ; *in* ~ *of his services* en remerciement de ses services.

acquaint [ə'kweɪnt] *vt* (*with*) informer (de), mettre au courant (de).

acquaintance [ə'kweɪntəns] *n* 1. connaissance *f* 2. (*personnes*) relations *fpl*.

acquired [ə'kwaɪəd] *adj* acquis, (*Eco*) ~ *advantages* avantages *mpl* acquis ; ~ *share* action *f* rachetée.

acquisition [ækwɪ'zɪʃn] *n* acquisition *f* ; ~ *cost* coût *m* d'acquisition ; (*Mgt*) *mergers and* ~*s* (*M&A*) fusions *fpl* et acquisitions *fpl*.

acquittal [ə'kwɪtl] *n* 1. (*Fin*) acquittement *m*, paiement *m* ; ~ *of an obligation* acquittement d'une obligation 2. (*Jur*) acquittement *m*, relaxe *f*, décharge *f* ; ~ *of an accused* relaxe d'un inculpé (à la suite d'une décision judiciaire).

acronym ['ækrənɪm] *n* sigle *m*.

across-the-board [ə͵krɒs ðə 'bɔ:d] *adj* d'ensemble, général (*mpl* -aux), uniforme.

ACRS *v.* **accelerated cost recovery system**.

act [ækt] *n* 1. (*Jur*) loi *f* (*v.* **statute, law**) 2. (*Jur*) acte *m* ; *criminal* ~ acte relevant du droit pénal 3. (*Jur*) mesure *f* ; ~ *of grace* mesure de grâce 4. action *f*.

*****act of God** *n* (*Jur/Ass*) *n* catastrophe *f* naturelle rendant impossible le respect d'une obligation, et pouvant être constitutive d'un cas de force majeure.

*****act of war** *n* fait *m* de guerre.

acting ['æktɪŋ] *adj* provisoire ; ~ *head* directeur *m* (*f* -trice) intérimaire ; ~ *partner* associé *m* en commandite.

action ['ækʃn] *n* 1. action *f*, acte *m* ; *industrial* ~ grève *f* 2. (*Jur*) action *f* en justice ; *bring/take legal* ~ engager des poursuites, tenter un procès (contre qn) ; ~ *for debt* action en recouvrement de dette (*v.* **cause of action**).

actionable ['ækʃnəbl] *adj* (*Jur*) passible

de poursuites, donnant lieu à des poursuites.

activation [͵æktɪ'veɪʃn] *n* activation *f*.

active ['æktɪv] *adj* actif (*f* -ive) ; (*Cpta*) ~ *balance-sheet* bilan *m* actif ; *in* ~ *employment* en activité ; ~ *partner* associé *m* actif/commandité.

activity [æk'tɪvəti] *n* activité *f* ; ~ *rate* taux *m* d'activité.

actor ['æktə] *n* acteur *m* (*f* -trice).

actual ['æktʃuəl] *adj* réel (*f* -elle), effectif (*f* -ive) ; (*Eco*) ~ *growth* croissance *f* réelle ; ~ *interest rate* taux *m* d'intérêt effectif.

*****actual authority** *n* (*Jur*) pouvoir *m* de mandataire (*v.* **agency, principal**).

actuarial [͵æktʃu'eəriəl] *adj* (*Fin*) actuariel (*f* -ielle).

actuary ['æktʃuəri] *n* (*Bq*) actuaire *mf*.

acumen ['ækjʊmən] *n* finesse *f* ; *business* ~ sens *m* des affaires.

ad [æd] *n* (*fam*) (*aussi* **advert**) publicité *f*, (*fam*) pub *f* ; (*TV*) spot *m* publicitaire.

add [æd] *vt* ajouter.

*****add up** *v part* 1. additionner 2. ~ *up to* totaliser, se chiffrer à.

added ['ædɪd] *adj* ajouté ; *value* ~ valeur *f* ajoutée ; (*Fisc*) *value-* ~ *tax* (*VAT*) taxe *f* à la valeur ajoutée (TVA).

addendum [ə'dendəm] *n* (*pl* -a) additif *m*, ajout *m*.

additional [ə'dɪʃnəl] *adj* auxiliaire, complémentaire ; (*Jur*) ~ *clause* avenant *m*.

address[1] [ə'dres / 'ædres] *n* 1. adresse *f* ; *business* ~ adresse professionnelle 2. discours *m* ; *public* ~ *system* (système *m* de) sonorisation *f*.

*****address-tag** *n* (*T*) étiquette *f* à bagages.

address[2] [ə'dres / 'ædres] *vt* 1. (*enveloppe*) adresser 2. (*personne*) s'adresser à 3. (*problème*) aborder ; ~ *a problem to sb* référer un problème à qn.

addressee [͵ædre'si:] *n* destinataire *mf*.

addresser [ə'dresə] *n* (*US*) expéditeur *m* (*f* -trice) (*v.* **sender**).

adequacy ['ædɪkwəsi] *n* adéquation *f*.

adequate ['ædɪkwət] *adj* adéquat, suffisant.

adherence [əd'hɪərəns] *n* 1. adhésion *f* 2. (*fig*) ~ *to a principle* fidélité *f* à un principe.

adhesion contract [əd'hi:ʒn 'kɒntrækt] *n* (*Jur*) contrat *m* d'adhésion.

adhesive[1] [əd'hi:sɪv] *adj* adhésif (*f* -ive) ; (*Emb*) ~ *tape* ruban *m* adhésif.

adhesive[2] [əd'hi:sɪv] *n* adhésif *m*.

ad hoc [æd 'hɒk] *loc* ad hoc ; ~ *committee* commission *f* ad hoc.

adjourn [ə'dʒɜːn] *vt* ajourner ; ~ *the meeting* lever la séance.

adjournment [ə'dʒɜːnmənt] *n* ajournement *m*, suspension *f* (de séance), renvoi *m*.

adjudicate [ə'dʒuːdɪkeɪt] *vti* (*Jur*) **1.** juger, statuer ; ~ *sb bankrupt* déclarer qn en faillite **2.** adjuger.

adjust [ə'dʒʌst] *v* **1.** *vt* adapter, ajuster ; (*Fisc*) redresser ; (*Ass*) répartir, régler **2.** *vi* s'adapter.

adjustable [ə'dʒʌstəbl] *adj* ajustable ; (*Fin*) ~ *rate* taux *m* révisable.

adjusted [ə'dʒʌstɪd] *adj* ajusté ; (*Eco*) *seasonally* ~ *figures* statistiques *fpl* corrigées des variations saisonnières.

adjustment [ə'dʒʌstmənt] *n* **1.** adaptation *f* **2.** ajustement *m*, correction *f*, rajustement *m* ; (*Fisc*) redressement *m* ; (*Cpta*) ~ *accounts* comptes *mpl* de régularisation ; (*Ass*) *average* ~ répartition *f* d'avaries ; (*Fin*) *currency* ~ ajustement monétaire ; (*Eco*) ~ *for seasonal variations* ajustement pour variations saisonnières, désaisonnalisation *f*.

adjustor/adjuster [ə'dʒʌstə] *n* (*Ass*) répartiteur *m inv* d'avaries.

adman ['ædmæn] *n* publicitaire *mf*, publiciste *mf*.

administer [əd'mɪnɪstə] *vt* administrer.

administered [əd'mɪnɪstəd] *adj* (*Eco*) ~ *prices* prix *mpl* administrés/réglementés.

administration [əd,mɪnɪ'streɪʃn] *n* **1.** administration *f* ; *the A*~ l'Administration, la fonction publique **2.** (*Pol*) (*US*) *the Clinton* ~ le gouvernement Clinton.

administrative [əd'mɪnɪstrətɪv] *adj* administratif (*f* -ive) ; ~ *expenses* frais *mpl* de gestion.

administrative law *n* (*Jur*) **1.** droit *m* administratif **2.** (*US*) règlements *mpl* élaborés par les agences à pouvoir réglementaire.

administrator [əd'mɪnɪstreɪtə] *n* (*f* **administratrix**) (*Jur*) curateur *m* (*f* -trice), administrateur *m inv* judiciaire, mandataire-liquidateur *m inv*, syndic *m inv* (*v.* **executor**, **trustee**).

admiralty ['ædmrəltɪ] *n* **1.** amirauté *f* **2.** (*Jur*) droit *m* maritime.

admissible [əd'mɪsəbl] *adj* recevable ; (*Jur*) ~ *evidence* élément(s) *m(pl)* de preuve recevable(s).

admission [əd'mɪʃn] *n* **1.** entrée *f*, admission *f* ; ~ *fee* prix *m* d'entrée **2.** (*Jur*) aveu *m* (*pl* -x).

admit [əd'mɪt] *vt* reconnaître, admettre.

admittance [əd'mɪtəns] *n* accès *m*, entrée *f* ; *no* ~ *!* entrée interdite !

ADP *v.* **automatic data processing**.

ADR *v.* **alternative dispute resolution**.

ad rates ['ædreɪts] *npl* (*US*) tarifs *mpl* d'insertion d'annonces.

adrift [ə'drɪft] *adv* (*aussi fig*) à la dérive.

adulterate [ə'dʌltəreɪt] *vt* frelater.

adulteration [ə,dʌltə'reɪʃn] *n* (*Jur*) frelatage *m*.

adulterer [ə'dʌltərə] *n* (*personne*) adultère *mf*.

adultery [ə'dʌltri] *n* (*Jur*) (*conduite*) adultère *m*.

ad valorem [,æd və'lɔːrem] *adj* ad valorem, proportionnel (*f* -elle).

advance¹ [əd'væns] *n* **1.** progrès *m*, avance *f* **2.** (*Fin*) avance *f*, acompte *m* ; ~ *in foreign exchange* avance en devises ; ~ *payment* paiement *m* anticipé ; (*US*) ~ *-payment bond* caution *f* garantissant le remboursement d'avances ; ~ *against security* avance sur nantissement ; ~ *on securities* avance sur titres.

advance² [əd'væns] *v* **1.** *vt* (*proposition*) avancer **2.** *vi* avancer, progresser.

advanced [əd'vænst] *adj* **1.** avancé, anticipé ; ~ *booking* réservation *f* à l'avance **2.** avancé, évolué, supérieur, perfectionné.

advanced layout *n* (*Mkg*) maquette *f*.

advancement [əd'vænsmənt] *n* **1.** essor *m*, progrès *m* **2.** promotion *f*, avancement *m*.

advantage [əd'vɑːntɪdʒ] *n* avantage *m* ; (*Eco*) *absolute* ~ avantage absolu ; *comparative* ~ avantage comparatif ; *competitive* ~ avantage concurrentiel.

adversary ['ædvəsrɪ / ædvər'serɪ] *n* adversaire *mf*.

adversary system *n* (*Jur*) procédure *f* accusatoire, principe *m* du contradictoire.

adverse ['ædvɜːs] *adj* **1.** adverse, opposé ; (*Jur*) ~ *claim* prétention *f* opposée ; ~ *effect* effet *m* adverse ; ~ *opinion* opinion *f* contradictoire ; ~ *party* partie *f* adverse **2.** défavorable ; ~ *publicity* contre-publicité *f* ; ~ *trade balance* balance *f* commerciale défavorable.

adverse possession *n* (*Jur*) prescription *f* acquisitive.

advert ['ædvɜːt] *n* (*UK*) (*aussi fam* **ad**) publicité *f*, (*fam*) pub *f* ; (*TV*) spot *m* publicitaire.

advertise ['ædvətaɪz] *v* **1.** *vi* faire de la publicité **2.** *vt* annoncer ; ~ *a product* faire de la publicité/réclame pour un produit ; ~ *for sth/sb* chercher qch/qn par voie d'annonce.

advertisement [əd'vɜ:tɪsmənt /ædvər'taɪz-mənt] *n* (*à dist.* **advertising**) publicité *f*, réclame *f*, annonce *f*.

advertising ['ædvətaɪzɪŋ] *n* (*à dist.* **advertisement**) (*activité*) publicité *f*; ~ *agency* agence *f* de publicité ; ~ *brochure* notice *f* publicitaire ; ~ *budget* budget *m* publicitaire ; ~ *campaign* campagne *f* publicitaire ; ~ *channel* support *m* publicitaire ; *comparative* ~ publicité comparative ; ~ *copy* texte *m* d'annonce publicitaire ; ~ *coverage* couverture *f* publicitaire ; ~ *department* service *m* de la publicité ; ~ *drive* campagne *f* de publicité ; *editorial* ~ publicité rédactionnelle ; ~ *expenditure* dépenses *fpl* publicitaires ; (*UK*) ~ *hoarding* panneau *m* (*pl* -x) publicitaire (*v. US* **billboard**) ; *introductory* ~ publicité de lancement ; ~ *man* publicitaire *mf*, publiciste *mf* ; ~ *manager* directeur *m* (*f* -trice) publicitaire ; ~ *media* moyens *mpl* publicitaires ; ~ *medium* support *m* publicitaire ; ~ *rate* tarif *m* d'insertion ; ~ *space* espace *m* publicitaire.

*****Advertising Standards Authority (ASA)** *n* (*UK*) Bureau *m* de vérification de la publicité (BVP).

advice [əd'vaɪs] *n* **1.** *ns inv* conseil(s) *m(pl)* ; *take legal* ~ consulter un avocat **2.** (*document*) avis *m* ; ~ *of despatch* avis *m* d'expédition ; ~ *note* (*T*) bordereau *m* (*pl* -x) d'envoi ; (*Bq*) note *f* de crédit.

advisable [əd'vaɪzəbl] *adj* conseillé, opportun, judicieux (*f* -ieuse).

advise [əd'vaɪz] *vti* **1.** conseiller, donner conseil **2.** prévenir.

advising bank [əd'vaɪzɪŋ 'bæŋk] *n* (*Bq*) banque *f* confirmatrice/notificatrice.

advisory [əd'vaɪzrɪ] *adj* consultatif (*f* -ive).

*****Advisory, Conciliation and Arbitration Service (ACAS)** *n* (*UK*) organisme *m* de conciliation et d'arbitrage en matière de conflits du travail.

advocate[1] ['ædvəkət] *n* avocat *m*, partisan *m inv*.

advocate[2] ['ædvəkeɪt] *vt* préconiser, recommander.

AE *v.* **account executive.**

aegis ['i:dʒɪs] *loc under the* ~ *of* sous l'égide de.

aeroplane ['eərəpleɪn] *n* (*UK*) (*US* **airplane**) avion *m*.

AFC *v.* **average fixed cost.**

affair [ə'feə] *n* affaire *f* ; *foreign* ~*s* les affaires étrangères.

affidavit [æfɪ'deɪvɪt] *n* (*Jur*) déclaration *f* écrite faite sous serment, affidavit *m*.

affiliate[1] [ə'fɪlɪət] *n* (*Aff*) société *f* apparentée, filiale *f*.

affiliate[2] [ə'fɪlɪeɪt] *vti* affilier ; ~ *with* s'affilier à.

affiliated [ə'fɪlɪeɪtɪd] *adj* affilié ; (*US*) ~ *company* filiale *f*.

affirm [ə'fɜ:m] *vt* **1.** affirmer **2.** (*Jur*) confirmer (la décision d'un tribunal inférieur) (*à dist.* **reverse**).

affirmative [ə'fɜ:mətɪv] *adj* positif (*f* -ive).

*****affirmative action** *n* (*Pol*) (*US*) politique *f* d'intégration active visant à compenser la discrimination dont les minorités et les femmes américaines ont fait l'objet (*v.* **reverse discrimination**).

*****affirmative defense** *n* (*Jur*) (*US*) moyen *m* de défense par lequel le défendeur conteste le droit du demandeur d'intenter l'action, mais sans contredire ses prétentions.

affluence ['æfluəns] *n* (*Eco*) richesse *f*, abondance *f*.

affluent ['æfluənt] *adj* riche, opulent, aisé ; (*Eco*) *the* ~ *society* la société *f* de consommation/d'abondance.

afford [ə'fɔ:d] *vt* (pouvoir) se payer, avoir les moyens de s'offrir.

affordable [ə'fɔ:dəbl] *adj* (de prix) abordable.

afforestation [ə,fɒrɪ'steɪʃn] *n* reboisement *m*.

affreight [ə'freɪt] *vt* (*T*) affréter.

affreighter [ə'freɪtə] *n* affréteur *m inv*.

affreightment [ə'freɪtmənt] *n* (*T*) affrètement *m*.

Afghan[1] ['æfgæn] *adj* afghan.

Afghan[2] ['æfgæn] *n* Afghan *m*.

Afghanistan [æf'gænɪstɑ:n] *n* Afghanistan *m* ; *in/to A*~ en Afghanistan.

AFL *v.* **American Federation of Labor.**

aforethought [ə'fɔ:θɔ:t] *loc* (*Jur*) *with malice* ~ avec intention criminelle.

Africa ['æfrɪkə] *n* Afrique *f* ; *in/to A*~ en Afrique.

African[1] ['æfrɪkən] *adj* africain.

African[2] ['æfrɪkən] *n* Africain *m*.

*****African Development Bank** *n* Banque *f* africaine de développement.

aftermarket ['ɑ:ftəmɑ:kɪt] *n* **1.** (*Mgt*) ventes *fpl* annexes **2.** (*Bs*) post-marché *m*.

after-sales service [ˌɑ:ftə 'seɪlz 'sɜ:vɪs] *n* service *m* après-vente.

after-tax profit [ˌɑ:ftə 'tæks 'prɒfɪt] *n* (*Cpta*) bénéfice *m* après impôt.

after-test ['ɑ:ftə ˌtest] *n* (*Mkg/Pub*) post-testing *m*.

against all risks (AAR) [əˈgenst ɔːl ˈrɪsks] *loc* (*Ass*) tous risques.

age [eɪdʒ] *n* âge *m*; ~ *bracket* tranche *f* d'âge; ~ *discrimination* discrimination *f* en raison de l'âge; ~ *distribution* répartition *f* par tranche d'âge; ~ *group* groupe *m* d'âge.

ageing/aging [ˈeɪdʒɪŋ] *adj* vieillissant; (*Eco*) *the problem of an* ~ *population* le problème du vieillissement de la population.

agency [ˈeɪdʒənsi] *n* **1.** (*Com*) agence *f*; ~ *agreement* contrat *m* d'agence/de représentation; ~ *compensation* rémunération *f* d'agence publicitaire; *news* ~ agence de presse; *travel* ~ agence de voyages **2.** (*Jur*) mandat *m*, relation *f* de représentation entre un agent et son mandant (*v.* **principal**) **3.** (*Pol*) administration *f*, office *m*; (*US*) *regulatory* ~ organisme *m* investi de pouvoirs réglementaires.

agenda [əˈdʒendə] *n* ordre *m* du jour, calendrier *m*; *on the* ~ à l'ordre du jour.

agent [ˈeɪdʒənt] *n* **1.** agent *m inv* commercial, représentant *m inv*, concessionnaire *mf*; *forwarding* ~ transitaire *m inv* **2.** (*Jur*) mandataire *mf*, fondé *m inv* de pouvoir.

aggravate [ˈægrəveɪt] *vt* **1.** irriter **2.** aggraver.

aggravating [ˈægrəveɪtɪŋ] *adj* **1.** irritant **2.** (*Jur*) aggravant; ~ *circumstances* circonstances *fpl* aggravantes.

aggregate[1] [ˈægrɪgət] *adj* global (*mpl* -aux), total (*mpl* -aux); (*Eco*) ~ *behaviour/behavior* comportement *m* global; ~ *demand* demande *f* totale; ~ *saving* épargne *f* globale.

aggregate[2] [ˈægrɪgət] *n* ensemble *m*, total *m* (*pl* -aux).

agio [ˈædʒɪəʊ] *n* (*Bq*) agio *m*, prime *f* de change; ~ *account* compte *m* d'agios.

AGM *v.* **annual general meeting**.

agrarian [əˈgreəriən] *adj* agraire.

agree [əˈgriː] *v* **1.** *vi* ~ (*with*) se mettre d'accord (avec), être d'accord (avec); *let's* ~ *that...* mettons-nous d'accord pour dire que... **2.** *vi* ~ (*with*) correspondre (à) **3.** *vt* convenir de.

agreeably [əˈgriːəbli] *adv* conformément.

agreed [əˈgriːd] *adj* convenu; *as* ~ comme convenu; ~ *price* prix *m* convenu; *unless otherwise* ~ sauf stipulation contraire.

agreement [əˈgriːmənt] *n* **1.** (*verbal*) accord *m*, entente *f* **2.** (*écrit*) contrat *m*, convention *f*; *draft* ~ protocole *m* d'accord; ~ *for sale* acte *m*/promesse *f* de vente; *substantive* ~ accord de fond.

agribusiness [ˈægrɪbɪznəs] *n* (*Agr/Ind*) industrie *f* agro-alimentaire, l'agro-alimentaire *m*.

agricultural [ˌægrɪˈkʌltʃrəl] *adj* agricole; ~ *economy* économie *f* agricole; ~ *products* produits *mpl* agricoles; ~ *support policy* politique *f* de soutien à l'agriculture.

agriculture [ˈægrɪkʌltʃə] *n* agriculture *f*.

AI *v.* **artificial intelligence**.

aid[1] [eɪd] *n* aide *f*, subvention *f*, assistance *f*, soutien *m*; *State* ~ aide de l'Etat.

aid[2] [eɪd] *vt* **1.** aider **2.** subventionner.

aided recall [ˌeɪdɪd ˈriːkɔːl] *n* (*Mkg*) notoriété *f* assistée.

aiding and abetting [ˌeɪdɪŋ ənd əˈbetɪŋ] *n* (*Jur*) complicité *f*.

ailing [ˈeɪlɪŋ] *adj* en mauvaise santé; (*fig*) ~ *economy* économie *f* défaillante; ~ *industry* industrie *f* en difficulté.

aim[1] [eɪm] *n* objectif *m*, but *m* (*v.* **goal, target**).

aim[2] [eɪm] *v* **1.** *vt* (*arme*) braquer **2.** *vi* (*at*) viser, chercher à atteindre; *what are you* ~*ing at?* quel but poursuivez-vous? où voulez-vous en venir?

air [eə] *n* air *m* **1.** (*T*) *by* ~ par avion; ~ *cargo* fret *m* aérien; ~ *carrier* transporteur *m* aérien; ~ *consignment note* lettre *f* de transport aérien (LTA); ~ *freight* fret *m* aérien; ~ *freight service* ligne *f* cargo; ~ *shipment* marchandises *fpl* expédiées par avion; ~ *terminal* aérogare *f*; ~ *transport* transport *m* aérien **2.** (*TV*) *on the* ~ à l'antenne; (*Mkg*) ~ *time* temps *m* d'antenne.

airborne [ˈeəbɔːn] *adj* dans les airs, aérien (*f* -ienne); (*T*) ~ *freight* fret *m* aérien.

airfreight[1] [ˈeəfreɪt] *n* (*T*) fret *m* aérien.

airfreight[2] [ˈeəfreɪt] *vt* (*T*) (*marchandises*) expédier par avion.

airline [ˈeəlaɪn] *n* (*T*) compagnie *f* aérienne; ~ *industry* secteur *m* des transports aériens.

airliner [ˈeəlaɪnə] *n* (*T*) avion *m* de ligne.

airplane [ˈeəpleɪn] *n* (*US*) (*UK* **aeroplane**) avion *m*.

airport [ˈeəpɔːt] *n* (*T*) aéroport *m*; ~ *tax* taxe *f* d'aéroport; ~ *terminal* terminal *m* d'aéroport, aérogare *f*.

airstrip [ˈeəstrɪp] *n* (*T*) piste *f* d'atterrissage.

airtight [ˈeətaɪt] *adj* (*Emb*) étanche à l'air, hermétique; (*T*) ~ *compartment* compartiment *m* étanche.

airvan [ˈeəvæn] *n* (*T*) caisse *f* aérienne.

airway ['eəweɪ] *n* **1.** voie *f* aérienne **2.** compagnie *f* aérienne.

*airway bill (AWB) *n* (*T*) (*aussi* **airway bill of lading**) lettre *f* de transport aérien (LTA), connaissement *m* aérien.

airworthiness ['eəwɜːðɪnəs] *n* (*T*) navigabilité *f* (d'un avion).

airworthy ['eəwɜːðɪ] *adj* (*T*) en état de navigation.

Albania [ælˈbeɪnɪə] *n* Albanie *f*; *in/to* *A* ~ en Albanie.

Albanian[1] [ælˈbeɪnɪən] *adj* albanais.

Albanian[2] [ælˈbeɪnɪən] *n* Albanais *m*.

aleatory [ˈælɪˌeɪtrɪ / ˌeɪlɪəˈtɔːrɪ] *adj* (*Ass*) aléatoire.

*aleatory contract *n* (*Ass*) contrat *m* sans rapport entre rémunération et risque.

'A'level ['eɪ ˌlevl] *n* (*UK*) (*ab de* **Advanced Level Examination**); ~*s* *équiv.* baccalauréat *m*.

Algeria [ælˈdʒɪərɪə] *n* Algérie *f*; *in/to* *A* ~ en Algérie.

Algerian[1] [ælˈdʒɪərɪən] *adj* algérien (*f* -ienne).

Algerian[2] [ælˈdʒɪərɪən] *n* Algérien *m* (*f* -ienne).

Algiers [ælˈdʒɪəz] *n* Alger *m*.

ALI *v.* **American Law Institute.**

alias ['eɪlɪəs] *n* (*Jur*) alias *m*.

alien[1] ['eɪlɪən] *adj* étranger (*f* -ère).

*alien corporation *n* (*US*) société *f* étrangère (*v.* **foreign corporation**).

alien[2] ['eɪlɪən] *n* **1.** étranger *m* (*f* -ère) **2.** (*Jur*) étranger ne jouissant pas des mêmes droits que les ressortissants d'un pays; *undesirable* ~ étranger déclaré persona non grata.

alienate ['eɪlɪəneɪt] *vt* aliéner.

alienation [ˌeɪlɪəˈneɪʃn] *n* (*Jur*) aliénation *f*, disposition *f* (d'un bien).

alimony ['ælɪmənɪ] *n* (*Jur*) (*US*) pension *f* alimentaire (en cas de divorce ou de séparation judiciaire) (*v.* **maintenance**).

allegation [ˌælɪˈgeɪʃn] *n* **1.** allégation *f* **2.** (*Jur*) chef *m* d'accusation, moyen *m* de défense.

allege [əˈledʒ] *vt* alléguer, prétendre.

alleged [əˈledʒd] *adj* présumé, prétendu.

allegedly [əˈledʒɪdlɪ] *adv* prétendument.

allegiance [əˈliːdʒəns] *n* allégeance *f*; *oath of* ~ serment *m* de fidélité; (*UK*) *pledge* ~ *to the Crown* faire acte d'allégeance à la Reine.

all-in [ˌɔːlˈɪn] *adj* (*UK*) tout compris; ~ *price* prix *m* forfaitaire.

allocate ['æləkeɪt] *vt* **1.** répartir, attribuer **2.** (*ressources*) allouer, affecter.

allocation [ˌæləˈkeɪʃn] *n* **1.** attribution *f*,

répartition *f* **2.** ~ *of resources* affectation *f* des ressources.

allot [əˈlɒt] *vt* attribuer, répartir.

allotment [əˈlɒtmənt] *n* **1.** attribution *f* **2.** (*terrain*) lotissement *m*, parcelle *f*.

allow [əˈlaʊ] *vt* accorder, permettre; (*importations*) ~ *in* laisser entrer.

allowance [əˈlaʊəns] *n* **1.** indemnité *f*, allocation *f* **2.** (*Fisc*) dégrèvement *m*, abattement *m* **3.** (*Cpta*) provision *f*; ~ *for bad debts* provision *f* pour créances douteuses; ~ *for falling prices* provision *f* pour baisse de prix.

all risks [ɔːl ˈrɪsks] *loc* (*Ass*) tous risques; ~ *insurance* assurance *f* tous risques.

all-time [ɔːl ˈtaɪm] *adj* sans précédent; ~ *high* record *m* absolu, niveau *m* (*pl* -x) le plus élevé jamais enregistré; ~ *low* niveau *m* le plus bas jamais enregistré.

ALM *v.* **assets and liabilities management.**

alongside [əˌlɒŋˈsaɪd] *adv* (*T*) à quai; *come* ~ venir à quai.

alter [ˈɔːltə] *vt* transformer, changer.

alteration [ˌɔːltəˈreɪʃn] *n* transformation *f*, changement *m*.

alter ego [ˌɔːltər ˈiːgəʊ] *n* **1.** alter ego *m* **2.** (*Jur*) (*US*) doctrine *f* selon laquelle les actionnaires peuvent être tenus responsables des obligations de la société (*v.* **piercing the corporate veil**).

alternative [ɔːlˈtɜːnətɪv] *adj* de rechange, de recours.

*alternative cost *n* (*Eco*) coût *m* d'opportunité.

*alternative dispute resolution (ADR) *n* (*Jur*) (*US*) mode *m* extrajudiciaire de règlement des litiges (*v.* **arbitration**, **mediation**).

alternate[1] [ɔːlˈtɜːnət] *adj* en alternance; *on* ~ *days* tous les deux jours.

alternate[2] [ɔːlˈtɜːnət] *n* (*US*) remplaçant *m*, suppléant *m*.

alternate[3] [ˈɔːltəneɪt] *v* **1.** *vt* faire alterner **2.** *vi* alterner, se succéder.

alumnus [əˈlʌmnəs] *n* (*pl* -i) (*US*) ancien(ne) élève *m(f)*; *alumni relations* relations *fpl* entre une école et ses anciens élèves.

amalgamate [əˈmælgəmeɪt] *vti* (*Mgt*) fusionner, absorber.

amalgamation [əˌmælgəˈmeɪʃn] *n* (*Mgt*) fusion *f*, absorption *f*.

ambit ['æmbɪt] *n* (*Jur*) limite *f* d'un domaine/d'un pouvoir.

ambulance chaser ['æmbjələns ˌtʃeɪsə] *n* (*Jur*) (*péj*) (*avocat*) suiveur *m* d'ambulances; incite les victimes à intenter une action en justice (v. **contingency fees**).

amend [ə'mend] vt **1.** modifier, changer **2.** *(Jur)* amender.

amendment [ə'mendmənt] n *(Jur)* **1.** amendement m (à une loi); *initiate/propose an* ~ proposer un amendement **2.** *(US)* amendement m, révision f constitutionnelle.

America [ə'merɪkə] n Amérique f; *in/to* A~ en Amérique.

American[1] [ə'merɪkən] adj américain.
*American Bar Association (ABA) n *(Jur) (US)* Association f nationale des avocats américains.
*American Federation of Labor and Congress of Industrial Organization n *(US)* Fédération f syndicale américaine.
*American Law Institute (ALI) n *(Jur) (US)* Institut m de droit américain; actif dans la rédaction des lois uniformes et des **Restatements** (v. **uniform laws, Restatement of Law**).
*American National Standards Institute (ANSI) n *(US)* principal organisme m normatif américain; *équiv.* AFNOR.
*American Selling Price n *(D) (US)* droits mpl de douane sur les importations alignés sur les prix mpl intérieurs américains.
*American Stock Exchange (AMEX) n *(Bs)* Amex, marché m au comptant.

American[2] [ə'merɪkən] n Américain m.
AMEX ['eɪmeks] v. **American Stock Exchange**.

amicable ['æmɪkəbl] adj amiable; ~ *settlement* règlement m à l'amiable.

amicus curiae [ə'maɪkəs 'kjʊəriː:] n *(Jur)* « ami de la cour », personne f inv extérieure au procès qui signale à l'attention de la cour un point de droit qu'elle considère comme pertinent.

amnesty ['æmnəsti] n amnistie f.

amortization [ə'mɔːtaɪ'zeɪʃn] n *(Cpta)* **1.** amortissement m; ~ *of a debt* amortissement d'un emprunt; ~ *schedule* plan m d'amortissement **2.** *(actifs incorporels)* dépréciation f; ~ *expenses* dotation f aux amortissements.

amortize [ə'mɔːtaɪz] vt *(Cpta)* amortir.

amount[1] [ə'maʊnt] n **1.** quantité f **2.** *(Fin)* montant m.

amount[2] [ə'maʊnt] vi ~ *to* se chiffrer à, s'élever à.

analyse ['ænəlaɪz] v. **analyze**.

analysis [ə'næləsɪs] n (pl -es) analyse f.

analyst ['ænəlɪst] n analyste mf; *financial* ~ analyste financier; *(Inf) systems* ~ analyste de système.

analyze ['ænəlaɪz] vt analyser.

anchor[1] ['æŋkə] n **1.** ancre f **2.** *(aussi*

anchorman) présentateur m (f -trice) de télévision.

anchor[2] ['æŋkə] v **1.** vi *(bateau)* mouiller **2.** vt attacher.

anchorage ['æŋkrɪdʒ] n mouillage m.

ancillary [æn'sɪləri] adj accessoire; ~ *clause* clause f accessoire; *(UK) (hôpitaux, écoles)* ~ *workers* personnel m des services auxiliaires.

ANCOM ['æŋkɒm] v. **Andean Common Market**.

Andean [æn'diːən] adj andin.
*Andean Common Market (ANCOM) n *(CI)* Marché m commun andin.
*Andean Group n *(CI)* Groupe m andin, Pacte m andin.

Andorra [æn'dɔːrə] n Andorre f; *in/to* A~ en Andorre.

Andorran[1] [æn'dɔːrən] adj andorran.

Andorran[2] [æn'dɔːrən] n Andorran m.

Angola [æŋ'gəʊlə] n Angola m; *in/to* A~ en Angola.

Angolan[1] [æŋ'gəʊlən] adj angolan.

Angolan[2] [æŋ'gəʊlən] n Angolan m.

animal feed ['ænɪməl ˌfiːd] n aliments mpl pour bétail.

announce [ə'naʊns] vt annoncer.

announcement [ə'naʊnsmənt] n annonce f; ~ *effect* effet m d'annonce.

announcer [ə'naʊnsə] n *(radio, TV)* annonceur m inv.

annual ['ænjʊəl] adj annuel (f -elle); ~ *accounts* comptes mpl annuels; ~ *depreciation charge* annuité f d'amortissement; ~ *payment* annuité f; ~ *report* rapport m d'activité (d'une société), rapport m financier annuel.
*annual general meeting (AGM) n *(Mgt)* assemblée f générale (AG).

annualize ['ænjʊəlaɪz] vt annualiser.

annuitant [ə'njuːɪtənt] n rentier-viager m inv.

annuity [ə'njuːəti] n **1.** rente f, pension f **2.** annuité f; ~ *in redemption of a debt* remboursement m par annuités.

ANSI ['ænsi] v. **American National Standards Institute**.

answer[1] ['ɑːnsə] n **1.** réponse f **2.** *(Jur)* réponse f écrite du défendeur.

answer[2] ['ɑːnsə] v **1.** vt répondre à **2.** vi *(Jur)* répondre à une plainte; ~ *for one's acts* répondre de ses actes.

answerable ['ɑːnsərəbl] adj qui doit répondre; ~ *for sth* responsable de qch; ~ *to sb* responsable devant qn.

ante ['ænti] loc *(US)* raise the ~ faire monter les enchères.

antedate [ænti'deɪt] vt antidater.

anticipated [æn'tɪsɪpeɪtɪd] *adj* anticipé, prévu ; ~ *growth* croissance *f* anticipée.

anticipatory [æn'tɪsɪpətrɪ] *adj* par anticipation.

*anticipatory breach of contract *n* *(Jur)* rupture *f* de contrat par anticipation (annoncée avant la date limite d'exécution).

anticlockwise [ˌæntɪ'klɒkwaɪz] *adv* *(UK)* *(US* **counterclockwise)** dans le sens inverse des aiguilles d'une montre.

anti-Establishment [ˌænti ɪs'tæblɪʃmənt] *adj* anticonformiste.

Antigua & Barbuda [æn'tiːgə ən bɑː'bjuːdə] *npl* Antigua-Barbuda ; *in/to* *A~ & B~* à Antigua-Barbuda.

anti-inflationary [ˌænti ɪn'fleɪʃnrɪ] *adj* *(Eco)* anti-inflationniste ; ~ *policy* politique *f* anti-inflationniste.

antitrust [ˌænti'trʌst] *adj* *(Jur)* antitrust *inv* ; ~ *laws* lois *fpl* antitrust.

*antitrust legislation *n* *(Jur) (US)* droit *m* de la concurrence, législation *f* antitrust (visant à promouvoir la concurrence aux Etats-Unis) (*v.* *(UK)* **competition law, Monopolies and Restrictive Practices Act**).

ANZCERTA [ænz'sɜːtə] *v.* **Australia-New Zealand Closer Economic Relations Trade Agreement**.

apart [ə'pɑːt] *adv* à part, de côté ; ~ *from* hors, excepté, sauf.

APEC ['eɪpek] *v.* **Asia-Pacific Economic Cooperation Forum**.

A&P mix [ˌeɪ ən 'piː 'mɪks] *n (Mkg)* mélange *m* ciblé de publicité et d'actions promotionnelles.

apparatus [ˌæpə'reɪtəs / æpə'rætəs] *n* appareil *m*.

apparel [ə'pærəl] *ns inv* habillement *m* ; *(US)* ~ *store* magasin *m* d'habillement.

apparent [ə'pærənt] *adj* évident, manifeste.

*apparent authority *n (Jur)* autorité *f* apparente.

appeal[1] [ə'piːl] *n* **1.** *(Jur)* appel *m*, recours *m* ; ~ *court/court of* ~ cour *f* d'appel ; *lodge an* ~ faire/interjeter appel **2.** *(Fin)* appel *m*, demande *f* ; *(UK)* ~ *for tenders* appel *m* d'offres **3.** *(Mkg)* attrait *m* ; *consumer* ~ attrait d'un produit (pour le consommateur) ; *sales* ~ attrait commercial.

appeal[2] [ə'piːl] *vti* **1.** *(Jur)* faire/interjeter appel, se pourvoir en cassation ; ~ *a case* interjeter appel **2.** *(Fin)* ~ *for tenders* ; *(UK)* ~ *for tenders* faire un appel d'offres **3.** ~ *to* plaire à, attirer.

appear [ə'pɪə] *vi* **1.** sembler, paraître

2. apparaître **3.** *(Jur)* ~ *(in court)* comparaître.

appearance [ə'pɪərəns] *n* **1.** aspect *m* **2.** apparition *f* **3.** *(Jur)* comparution *f*.

appellant [ə'pelənt] *n (Jur)* appelant *m*.

appellate [ə'pelət] *adj (Jur)* en appel, d'appel ; ~ *court* cour *f* d'appel, juridiction *f* d'appel.

*appellate jurisdiction *n (Jur)* compétence *f* d'appel.

appellee [æpe'liː] *n (Jur)* intimé *m* (*syn.* **respondent**).

appendix [ə'pendɪks] *n (pl* **-ices)** annexe *f*.

appliance [ə'plaɪəns] *n* appareil *m* ; *domestic* ~*s* appareils ménagers.

applicant ['æplɪkənt] *n* **1.** candidat *m*, postulant *m* ; ~ *for employment* demandeur *m* (*f* -euse) d'emploi **2.** *(demande de brevet)* déposant *m*.

application [ˌæplɪ'keɪʃn] *n* **1.** candidature *f*, dépôt *m* de candidature **2.** requête *f*, demande *f* ; *credit* ~ demande *f* de crédit **3.** *(d'un produit, d'une politique)* application *f*.

applied [ə'plaɪd] *adj* **1.** appliqué ; ~ *economics* économie *f* appliquée ; ~ *research* recherche *f* appliquée **2.** *(Cpta)* ~ *overheads* frais *mpl* indirects répartis.

apply [ə'plaɪ] *vt (produit, politique)* appliquer.

*apply for *v part* demander ; ~ *for a job* postuler/poser sa candidature à un emploi ; ~ *for a licence/license* faire une demande de licence d'agrément.

appoint [ə'pɔɪnt] *vt* nommer, désigner.

appointee [ˌəpɔɪn'tiː] *n* personne *f inv* nommée/désignée.

appointive [ə'pɔɪntɪv] *adj (Pol)* ~ *posts* postes *mpl* pourvus par nomination et non par élection.

appointment [ə'pɔɪntmənt] *n* désignation *f*, nomination *f* (*à dist.* **nomination**) ; *power of* ~ pouvoir *m* de désignation/de nomination ; ~ *of a trustee* nomination *f* d'un fiduciaire.

apportion [ə'pɔːʃn] *vt* **1.** répartir, distribuer ; ~ *blame* répartir la responsabilité **2.** attribuer, assigner.

apportionment [ə'pɔːʃnmənt] *n* **1.** répartition *f*, ventilation *f* **2.** découpage *m* (électoral) (*v.* **gerrymandering**).

appraisal [ə'preɪzl] *n* évaluation *f*, expertise *f* ; ~ *surplus* surplus *m* de réévaluation.

appraise [ə'preɪz] *vt* évaluer, apprécier.

appraised [ə'preɪzd] *adj* évalué, estimé ; ~ *value* valeur *f* estimée.

appraiser [ə'preɪzə] *n* expert-priseur *m inv*.

appreciate [əˈpriːʃɪeɪt] v 1. vt apprécier, estimer ; *we ~ your help* nous vous remercions de votre aide 2. vi *(Cpta)* s'apprécier, augmenter en valeur.

appreciation [əˌpriːʃɪˈeɪʃn] n 1. *(Cpta)* appréciation f, *(Eco)* plus-value f 2. reconnaissance f.

apprentice[1] [əˈprentɪs] n apprenti m.

apprentice[2] [əˈprentɪs] vt placer en apprentissage (chez) ; *he's ~d to an electrician* il est en apprentissage chez un électricien.

apprenticeship [əˈprentɪʃɪp] n apprentissage m.

approach[1] [əˈprəʊtʃ] n 1. approche f, arrivée f 2. *(fig)* approche f, façon f d'aborder un problème ; *a different ~ is needed* il faudrait aborder le problème sous un autre angle.

approach[2] [əˈprəʊtʃ] v 1. vt s'approcher de, aborder ; *(fig) ~ sb* prendre contact/entamer des pourparlers avec qn 2. vi s'approcher.

appropriate[1] [əˈprəʊprɪət] adj approprié, opportun.

appropriate[2] [əˈprəʊprɪeɪt] vt s'approprier.

*appropriated surplus n *(Cpta)* surplus m, réserve f (v. retained earnings).

appropriation [əˌprəʊprɪˈeɪʃn] n *(Fin)* allocation f, dotation f ; *(UK) ~ account* compte m d'affectation des bénéfices ; *(UK) ~ act/(US) ~ bill* loi f de finances.

approval [əˈpruːvl] n 1. approbation f ; *sale on ~* vente f à l'essai 2. homologation f, ratification f.

approve [əˈpruːv] vti 1. approuver, agréer 2. homologuer.

approver [əˈpruːvə] n *(Jur) (UK)* co-auteur m inv d'un acte délictueux plaidant coupable et dénonçant ses complices.

approximate[1] [əˈprɒksɪmət] adj approximatif (f -ive) ; *~ value* valeur f approximative.

approximate[2] [əˈprɒksɪmeɪt] vti *(to)* être proche de, rapprocher.

approximation [əˌprɒksɪˈmeɪʃn] n approximation f, estimation f.

appurtenances [əˈpɜːtɪnənsɪz] npl *(Jur)* 1. *(bâtiments)* dépendances fpl, annexes fpl 2. *(droits)* servitude f.

April [ˈeɪprəl] n avril m.

arbitrability [ˌɑːbɪtrəˈbɪləti] n *(Jur)* arbitrabilité f ; *~ of a dispute* arbitrabilité d'un litige.

arbitrage [ˌɑːbɪˈtrɑːʒ] n *(Fin)* arbitrage m.

arbitrage(u)r [ˌɑːbɪˈtrɑːʒ:] n *(Fin)* arbitragiste m inv.

arbitrate [ˈɑːbɪtreɪt] vti arbitrer.

arbitration [ˌɑːbɪˈtreɪʃn] n *(Jur)* arbitrage m ; *~ award* sentence f arbitrale ; *~ clause* clause f compromissoire ; *go to ~* recourir à l'arbitrage.

*Arbitration Court of the International Chamber of Commerce (ICC) n Cour f d'arbitrage de la Chambre de commerce internationale (CCI).

area [ˈeərɪə] n 1. zone f, région f, secteur m ; *(US) (téléphone) ~ code* indicatif m (de zone) ; *~ office* agence f régionale ; *~ sales manager* directeur m (f -trice) de zone, directeur des ventes d'un secteur géographique ; *(Mkg) ~ sampling* échantillonnage m par zone ; *(Fin) sterling ~* zone sterling 2. surface f, superficie f 3. domaine m.

Argentina [ˌɑːdʒənˈtiːnə] n Argentine f ; *in/to A~* en Argentine.

Argentinian/Argentinean[1] [ˌɑːdʒənˈtɪnɪən] adj argentin.

Argentinian/Argentinean[2] [ˌɑːdʒənˈtɪnɪən] n Argentin m.

argue [ˈɑːgjuː] vi 1. discuter, se disputer 2. ~ *for/against* plaider pour/contre ; ~ *that...* prétendre/soutenir que...

argument [ˈɑːgjumənt] n 1. discussion f, dispute f 2. argument m, raisonnement m.

arm [ɑːm] n 1. bras m 2. antenne f commerciale.

*arm's length adj *(Jur)* soumis au libre jeu de la concurrence ; *~ transaction* transaction en libre concurrence/au prix du marché.

Armenia [ɑːˈmiːnɪə] n Arménie f ; *in/to A~* en Arménie.

Armenian[1] [ɑːˈmiːnɪən] adj arménien (f -ienne).

Armenian[2] [ɑːˈmiːnɪən] n Arménien m (f -ienne).

arraign [əˈreɪn] vt *(Jur)* traduire en justice, sommer de comparaître.

arraignment [əˈreɪnmənt] n *(Jur)* comparution f, mise f en accusation.

arrange [əˈreɪndʒ] vt 1. arranger, mettre en ordre 2. organiser, fixer.

arrangement [əˈreɪndʒmənt] n accord m.

arranger [əˈreɪndʒə] n arrangeur m inv.

array[1] [əˈreɪ] n étalage m, ensemble m ; éventail m ; *an ~ of products* une gamme de produits ; *an ~ of tax incentives* une panoplie d'incitations fiscales ; *(Inf) ~ processor* processeur m vectoriel.

array[2] [əˈreɪ] vt disposer, déployer.

arrearage [əˈrɪərɪdʒ] *n* (Cpta) arrérage *m*, montant *m* dû.

arrears [əˈrɪəz] *npl* (Fin) arriérés *mpl*, arrérages *mpl*; **~ of tax** arriérés d'impôts; **~ of wages** rappel *m* de salaire.

arrest[1] [əˈrest] *n* (Jur) arrestation *f*; **under ~** en état d'arrestation; **~ warrant** mandat *m* d'amener, mandat d'arrêt.

arrest[2] [əˈrest] *vt* 1. arrêter 2. (Jur) mettre en état d'arrestation 3. (Jur) (jugement) suspendre.
*arrest judgment *loc* (Jur) 1. surseoir à l'exécution d'un jugement 2. suspendre un jugement pour vice de forme.

arrival [əˈraɪvl] *n* arrivée *f*; **on ~** à l'arrivée.

arrive [əˈraɪv] *vi* arriver.

arson [ˈɑːsən] *n* (Jur) (crime *m* d') incendie *m* volontaire.

arsonist [ˈɑːsnɪst] *n* (Jur) pyromane *mf*, incendiaire *mf*.

article[1] [ˈɑːtɪkl] *n* 1. (produit) article *m* 2. (d'un document) article *m*, clause *f* 3. **~s** *npl* contrat *m*.
*articles of apprenticeship *npl* (Jur) contrat *m* d'apprentissage.
*articles of association *npl* (Jur) (UK) statuts *mpl* d'une société.
*Articles of Confederation *npl* (Pol) (US) première constitution *f* des treize premiers Etats américains (en vigueur 1781-1789).
*articles of incorporation *npl* (Jur) (US) statuts *mpl* d'une société.
*articles of partnership *npl* (Jur) (UK) contrat *m* de société, contrat *m* de société de personnes.

article[2] [ˈɑːtɪkl] *vt* placer en apprentissage.
*articled clerk *n* (Jur) (UK) solicitor en stage, avocat *m* stagiaire.

articulated [ɑːˈtɪkjuleɪtɪd] *adj* articulé; (T) **~ lorry/truck** (camion) semi-remorque *m*.

artificial [ˌɑːtɪˈfɪʃl] *adj* artificiel (*f* -ielle)
*artificial intelligence (AI) *n* (Inf) intelligence *f* artificielle (IA).

arts and crafts [ˌɑːts ən ˈkrɑːfts] *n* artisanat *m*.

artwork [ˈɑːtwɜːk] *n* (Mkg/Pub) document *m*.

a.s.a.p. *adv* (ab de **as soon as possible**) dès que possible.

ascertain [ˌæsəˈteɪn] *vt* constater, vérifier.

ascribable [əˈskraɪbəbl] *adj* attribuable, imputable.

ascribe [əˈskraɪb] *vt* attribuer.

ASEAN v. **Association of South-East Asian Nations**.

Asia [ˈeɪʃə] *n* Asie *f*; **in/to A~** en Asie.
*Asia-Pacific Economic Cooperation Forum (APEC) *n* Coopération *f* économique Asie-Pacifique (CEAP).

Asian[1] [ˈeɪʃən] *adj* asiatique.
*Asian Development Bank *n* Banque *f* de développement asiatique.
*Asian Development Fund *n* Fonds *m* asiatique de développement.

Asian[2] [ˈeɪʃən] *n* Asiatique *mf*.

as is [ˌæz ˈɪz] *adv* (Jur) en l'état.

asking price [ˈɑːskɪŋ ˈpraɪs] *n* (Com) cours *m* vendeur.

assault [əˈsɔːlt] *n* (Jur) 1. agression *f* 2. menaces *fpl* de voies de fait donnant lieu à action en dommages et intérêts, et à des poursuites criminelles 3. **indecent ~** attentat *m* à la pudeur, agression *f* sexuelle; **sexual ~** violence *f* sexuelle.
*assault and battery *n* (Jur) voies *fpl* de fait, coups *mpl* et blessures *fpl*.

assembly [əˈsemblɪ] *n* 1. assemblée *f*, réunion *f*; (Jur) **unlawful ~** réunion *f* illicite 2. (Ind) montage *m*; **~ line** chaîne *f* de montage; **~ -line work** travail *m* à la chaîne; **~ plant** usine *f* de montage; **~ shop** atelier *m* de montage.

assent[1] [əˈsent] *n* accord *m*, consentement *m*; (Pol) (UK) **Royal A~** assentiment *m* royal (accordé à un projet de loi).

assent[2] [əˈsent] *vi* (to) donner son accord (à), consentir (à).

assert [əˈsɜːt] *vt* affirmer, avancer; **~ a claim** avancer une demande; **~ one's rights** faire valoir ses droits.

assess [əˈses] *vt* 1. évaluer, estimer, apprécier 2. (Fisc) imposer, assujettir à l'impôt.

assessment [əˈsesmənt] *n* évaluation *f*, bilan *m*.

assessor [əˈsesə] *n* 1. chargé *m* d'une évaluation 2. (Fisc) répartiteur *m* inv 3. (Jur) assesseur *m* inv.

asset [ˈæset] *n* 1. atout *m*, avantage *m* 2. (Cpta) **~(s)** actif(s) *m(pl)*; **~ disposal** cession *f* d'actifs; **~ disposal loss** moins-value *f* de cession (d'actifs); **~ management** gestion *f* de portefeuille; **~ stripping** démembrement *m* des actifs; **~ transfer** transfert *m* des actifs; **~ valuation** évaluation *f* des actifs.
*assets and liabilities management (ALM) *n* (Mgt) gestion *f* actif-passif (GAP).

assign [əˈsaɪn] *vt* 1. attribuer 2. (Jur) céder; **~ one's rights** céder ses droits 3. (Cpta) imputer (une charge).

assignable [ə'saɪnəbl] *adj* (*Jur*) assignable, cessible.

assignat ['æsɪgnæt] *n* (*Jur*) assignat *m*.

assignee [æsaɪ'niː] *n* (*Jur*) **1.** ayant droit *m inv* **2.** affecté *m*, détaché *m* **3.** cessionnaire *mf*.

assignment [ə'saɪnmənt] *n* **1.** tâche *f* assignée, mission *f*, poste *m* **2.** affectation *f*/nomination *f* à un poste ; *job* ~ affectation à une tâche **3.** (*Jur*) transfert *m*, transmission *f*, cession *f* ; (*UK*) *deed of* ~ acte *m* de cession ; (*UK*) *equitable* ~ cession reconnue en équité ; (*UK*) *legal* ~ cession en conformité avec la loi réglementant les cessions ; ~ *of a patent* cession de brevet ; ~ *of shares* cession d'actions ; *voluntary* ~ cession spontanée en faveur des créanciers ; ~ *of wages* cession de salaire.

assignor [æsɪg'nɔː] *n* (*Jur*) cédant *m*.

assist [ə'sɪst] *vt* aider, soutenir.

assistance [ə'sɪstəns] *n* aide *f*, soutien *m*, assistance *f* (souvent de l'Etat) ; ~ *for economic development* aide au développement ; *export* ~ soutien aux exportations.

assistant[1] [ə'sɪstənt] *adj* adjoint ; ~ *manager* directeur *m* (*f* -trice) adjoint(e), sous-directeur *m*, sous-directrice *f*.

assistant[2] [ə'sɪstənt] *n* adjoint *m* ; *shop* ~ vendeur *m* (*f* -euse).

associate[1] [ə'səʊʃɪət] *adj* **1.** associé **2.** (*Jur*) (*US*) ~ *judge* juge *m inv* assesseur.

***Associate Justice** *n* (*Jur*) (*US*) juge *m inv* de la Cour suprême.

associate[2] [ə'səʊʃɪət] *n* **1.** associé *m*, collaborateur *m* (*f* -trice) **2.** (*Jur*) assesseur *m inv* **3.** (*Jur*) ~ *in a law firm* collaborateur *m* (*f* -trice), avocat *m* qui n'a pas atteint le rang de *partner* dans un cabinet juridique (*v.* **partner**).

association [əsəʊsɪ'eɪʃn] *n* association *f* ; (*Jur*) *articles of* ~ statuts *mpl* ; (*Jur*) *memorandum of* ~ (*M.A.*) acte *m* constitutif.

***Association of South-East Asian Nations (ASEAN)** *n* Association *f* des nations de l'Asie du Sud-Est (ANASE).

assorted [ə'sɔːtɪd] *adj* assorti, varié.

assortment [ə'sɔːtmənt] *n* assortiment *m*, variété *f*.

assume [ə'sjuːm] *v* **1.** *vi* ~ *that* supposer que **2.** *vt* (*risque, responsabilité*) assumer **3.** *vt* ~ *ownership of* s'approprier.

assumpsit [ə'sʌmpsɪt] *n* (*Jur*) action *f* en **common law** intentée pour rupture de contrat, et donnant droit à dommages-intérêts (*v.* **quantum meruit, quantum valebant**).

assumption [ə'sʌmpʃn] *n* **1.** hypothèse *f*, supposition *f* **2.** (*droits, pouvoir*) appropriation *f* ; *unauthorized* ~ usurpation *f*.

***assumption of risk** *n* (*Jur*) doctrine *f* de la prise de risque par la victime, et qui limite les possibilités de réparation.

assurance [ə'ʃɔːrəns] *n* **1.** assurance *f*, confiance *f* **2.** (*Ass*) (*UK*) (*US* **insurance**) assurance *f* ; *fire* ~ assurance *f* incendie ; *life* ~ assurance-vie *f*.

assure [ə'ʃɔː] *vt* **1.** affirmer, certifier **2.** (*Ass*) (*UK*) assurer.

assured [ə'ʃɔːd] *n* (*Ass*) *the* ~ l'assuré *m*, les assurés *mpl*.

ATA carnet [eɪ tiː 'eɪ 'kɑːneɪ] *n* (*D*) carnet *m* ATA (autorisation d'importation temporaire).

at a discount [ət ə 'dɪskaʊnt] *loc* (*Bs/Fin*) au rabais.

at a premium [ət ə 'priːmiəm] *loc* (*Bs/Fin*) au-dessus du pair.

at best [ət 'best] *adv* au mieux.

at call [ət 'kɔːl] *adv* (*Bs/Fin*) au jour le jour.

Atlantic [ət'læntɪk] *n the A*~ (*ocean*) l'(océan) Atlantique *m*.

ATM *v.* **automatic telling machine**.

atomicity [ætə'mɪsɪti] *n* (*Eco*) atomicité *f*.

at par [ət 'pɑː] *adj* (*Bs/Fin*) au pair.

attachment [ə'tætʃmənt] *n* (*Jur*) **1.** saisie *f* ; ~ *by garnishment* saisie-arrêt *f* ; ~ *of real property* saisie immobilière ; *right of* ~ droit *m* de saisie **2.** (*UK*) arrestation *f* suite au refus d'obéissance aux ordonnances d'un tribunal.

attempt[1] [ə'tempt] *n* tentative *f*, essai *m*.

attempt[2] [ə'tempt] *vti* essayer, tenter.

attempted [ə'temptɪd] *adj* (*Jur*) ~ *murder* tentative *f* de meurtre.

attend [ə'tend] *vti* **1.** assister à ; ~ *a meeting* participer à une réunion **2.** ~ *to* s'occuper de.

attendance [ə'tendəns] *n* **1.** présence *f*, assistance *f* **2.** assiduité *f*.

attention [ə'tenʃn] *n* attention *f* ; (*Mkg*) ~ *span* capacité *f* d'attention, durée *f* d'attention.

attest [ə'test] *vti* certifier, attester, affirmer sous serment l'exactitude d'un fait ; ~*ed signature* signature *f* légalisée.

at the close [ət ðə 'kləʊz] *loc* (*Bs*) ~ *of the Stock Exchange session* en clôture.

at-the-market [ət ðə 'mɑːkɪt] *adj* (*Bs*) ~ *order* ordre *m* au mieux.

at the money [ət ðə 'mʌni] *loc* (*Fin*) à parité.

attitude ['ætɪtjuːd] *n* attitude *f*; *(Mkg)* ~ **scale** échelle *f* d'attitudes.

attorney [ə'tɜːni] *n (Jur)* **1.** *(UK)* avoué *m*, *(US)* avocat *m*; ~ *of record* avocat chargé du dossier/de l'affaire **2.** mandataire *mf*, représentant *m*; *power of* ~ procuration *f*, pouvoir *m* de représentation, mandat *m* (*v.* **proxy**).

*attorney-client privilege n (Jur) garantie *f* que les communications entre un avocat et son client restent confidentielles (*v.* **discovery**).

*Attorney General n (Jur) **1.** *(UK)* principal avocat *m* de la Couronne, comparable au procureur général près la Cour de cassation **2.** *(US)* ministre *m inv* de la Justice.

attrition [ə'trɪʃn] *n* **1.** usure *f*; *war of* ~ guerre *f* d'usure **2.** *(Eco)* diminution *f* naturelle des effectifs par départs à la retraite.

auction[1] ['bːkʃn] *n (aussi* ~ *sale)* vente *f* aux enchères/à la criée/à l'encan; *put sth up for* ~ mettre qch aux enchères.

auction[2] ['bːkʃn] *vt* mettre aux enchères.

auctioneer [ɔːkʃə'nɪə] *n* commissaire-priseur *m inv*.

audience ['bːdɪəns] *n (Mkg)* public *m*, assistance *f*; *(radio)* les auditeurs *mpl*; *(TV)* les téléspectateurs *mpl*; ~ *of a media* l'audience *f* d'un média; ~ *research* étude *f* d'opinion.

audit[1] ['bːdɪt] *n (Cpta)* audit *m*; contrôle *m* / vérification *f* / apurement *m* des comptes.

audit[2] ['bːdɪt] *vt (Cpta)* vérifier, contrôler, réviser.

auditing ['bːdɪtɪŋ] *n (Cpta)* contrôle *m*, révision *f*, vérification *f*; ~ *of accounts* certification *f* des comptes; ~ *standards* normes *fpl* déontologiques d'audit.

auditor ['bːdɪtə] *n (Cpta)* contrôleur *m (f -euse)*, réviseur *m inv*, commissaire *m inv* aux comptes; ~*'s report* rapport *m* du commissaire aux comptes.

August ['bːɡəst] *n* août *m*.

auspices ['bːspɪsɪz] *loc* **under the** ~ **of** sous les auspices de.

austerity [ɔː'sterətɪ] *n (Eco)* austérité *f*.

Australia [bs'treɪlɪə] *n* Australie *f*; *in/to A*~ en Australie.

*Australia-New Zealand Closer Economic Relations Trade Agreement (ANZCERTA) n Accord *m* sur le resserrement des liens économiques Australie-Nouvelle-Zélande.

Australian[1] [bs'treɪlɪən] *adj* australien *(f -ienne)*.

Australian[2] [bs'treɪlɪən] *n* Australien *m (f -ienne)*.

Austria ['bstrɪə] *n* Autriche *f*; *in/to A*~ en Autriche.

Austrian[1] ['bstrɪən] *adj* autrichien *(f -ienne)*.

Austrian[2] ['bstrɪən] *n* Autrichien *m (f -ienne)*.

authority [ɔː'θɒrətɪ] *n* **1.** autorité *f* **2.** *(Jur)* mandat *m*, autorisation *f*, pouvoir *m* **3.** *the authorities* les pouvoirs *mpl* publics **4.** *(Jur) authorities* arrêts *mpl* précédents (cités à l'appui d'une thèse), jurisprudence *f*; *citation of authorities* référence *f* faite à la jurisprudence.

authorization [ɔːθəraɪ'zeɪʃn] *n* autorisation *f*, pouvoir *m*.

authorize ['bːθəraɪz] *vt* autoriser, agréer.

authorized ['bːθəraɪzd] *adj* autorisé, agréé; ~ *agent* mandataire *m inv*, fondé *m inv* de pouvoir; ~ *capital* capital *m* nominal; ~ *charges* prix *mpl* homologués.

automate ['bːtəmeɪt] *vti* automatiser, robotiser.

automated ['bːtəmeɪtɪd] *adj* automatisé, automatique; *(Ind)* ~ *factory* atelier *m* flexible.

*automated teller machine (ATM) n (Bq) guichet *m* automatique de banque (GAB); distributeur *m* automatique de billets (DAB) (*v.* **cash dispenser**).

automatic [ɔːtə'mætɪk] *adj* automatique.

*automatic data processing (ADP) ns inv (Inf) traitement *m* automatique des données.

*automatic stabilizers npl (Eco) stabilisateurs *mpl* automatiques (*v.* **built-in stabilizers**).

*automatic telling (UK)/teller (US) machine (ATM) n guichet *m* automatique de banque (GAB); distributeur *m* automatique de billets (DAB) (*v.* **cash dispenser**).

*automatic vending machine (AVM) n distributeur *m* automatique (de boissons, etc.).

*automatic unconditional release n (Jur) (UK) libération *f* automatique inconditionnelle (d'un détenu).

automation [ɔːtə'meɪʃn] *n* automation *f*, automatisation *f*.

automotive [ɔːtə'məʊtɪv] *adj* automoteur *(f -trice)*; ~ *industry* industrie *f* automobile.

autonomous [ɔː'tɒnəməs] *adj* autonome; *(Eco)* ~ *consumption* consommation *f* autonome; ~ *investment* investissement *m* autonome.

Autumn Statement [ɔːtəm 'steɪtmənt] *n (Pol) (UK)* loi *f* de finances rectificative.

availability [ə,veɪlə'bɪləti] *n* disponibilité *f*.

available [ə'veɪləbl] *adj* disponible, mobilisable ; *(Cpta/Fin)* ~ *funds* liquidités *fpl*.

AVC *v.* **average variable cost**.

average[1] ['ævrɪdʒ] *adj* moyen (*f* -enne) ; ~ *cost* coût *m* moyen **1.** *(Cpta)* ~ *revenue* recette *f* moyenne ; ~ *yield* taux *m* moyen **2.** *(Eco)* ~ *propensity* propension *f* moyenne ; ~ *propensity to consume* propension moyenne à consommer ; ~ *propensity to import* propension moyenne à importer ; ~ *propensity to save* propension moyenne à épargner.

average fixed cost (AFC) *n (Eco)* coût *m* fixe moyen (CFM).

average variable cost (AVC) *n (Eco)* coût *m* variable moyen (CVM).

average[2] ['ævrɪdʒ] *n* **1.** moyenne *f* ; *weighted* ~ moyenne pondérée **2.** *(Ass)* avaries *fpl* ; *general* ~ avarie *f* commune ; *particular* ~ avarie particulière.

average[3] ['ævrɪdʒ] *v* **1.** *vt* établir la moyenne de ; ~ *out* pondérer, égaliser **2.** *vi* atteindre une moyenne de ; ~ *out* s'égaliser.

averaging ['ævrɪdʒɪŋ] *n* **1.** établissement *m* d'une moyenne **2.** évaluation *f* des responsabilités **3.** *(Ass)* répartition *f* d'avarie.

averment [ə'vɜːmənt] *n (Jur)* allégation *f*.

aviation [ˌeɪvɪ'eɪʃn] *n* aviation *f* ; ~ *industry* industrie *f* aéronautique.

AVM *v.* **automatic vending machine**.

avoid [ə'vɔɪd] *vt* **1.** éviter **2.** *(Jur)* résilier, annuler.

avoidance [ə'vɔɪdəns] *n (Jur)* **1.** action *f* d'éviter ; *tax* ~ diminution *f* d'impôt par des moyens légaux (*à dist.* **tax evasion**) **2.** résiliation *f*, annulation *f* ; *action for* ~ *of contract* action *f* en nullité ; ~ *clause* clause *f* résolutoire.

await [ə'weɪt] *vt* attendre.

award[1] [ə'wɔːd] *n* **1.** attribution *f* ; *(US)* octroi *m* (de dommages-intérêts) **2.** prix *m*, récompense *f*, bourse *f* **3.** décernement *m* d'un prix **4.** *(Jur)* décision *f*, jugement *m*, sentence *f* arbitrale **5.** adjudication *f*.

award[2] [ə'wɔːd] *vt* accorder, attribuer ; *(crédits)* allouer ; *(prix)* décerner.

awarder [ə'wɔːdə] *n (contrat, vente aux enchères)* adjudicateur *m inv*.

awarding [ə'wɔːdɪŋ] *n* adjudication *f* d'un appel d'offres.

AWB *v.* **air waybill (airway bill of lading)**.

axe/ax[1] [æks] *n* **1.** hache *f* **2.** *(Eco)* coupe *f* sombre ; ~*-wielding* mesures *fpl* de licenciement.

axe/ax[2] [æks] *vt (emplois)* supprimer ; *(dépenses)* opérer des coupes sombres.

axle [æksl] *n* essieu *m* (*pl* -x) ; ~ *tax* taxe *f* à l'essieu.

aye [aɪ] *n* oui ; *(Pol)* voix « pour » ; *the* ~*s have it !* les « oui » l'emportent !

Azerbaijan [ˌæzəbaɪ'dʒɑːn] *n* Azerbaïdjan *m* ; *in/to A~* en Azerbaïdjan.

Azerbaijani[1] [ˌæzəbaɪ'dʒɑːni] *adj* azerbaïdjanais, azeri.

Azerbaijani[2] [ˌæzəbaɪ'dʒɑːni] *n* Azerbaïdjanais *m*, Azeri *m*.

B

babyshark ['beɪbɪʃɑːk] *n (Mkg)* boutique *f* choc.

back[1] [bæk] *n* dos *m*, arrière *m*, derrière *m* ; *at the* ~ à l'arrière ; *on the* ~ au dos/au verso (d'un document) ; *(T)* ~ *load* chargement *m* de retour ; ~ *orders* commandes *fpl* en souffrance ; ~ *pay* rappel *m* de salaire ; ~ *value* valeur *f* rétroactive.

back[2] [bæk] *vt* soutenir, étayer ; *(Jur)* avaliser.

back down *v part (on)* reculer, faire marche arrière ; *(fig)* revenir sur ses engagements.

back off *v part* reculer, *(aussi fig)* faire marche arrière.

back up *v part* soutenir, étayer.

backdate ['bækdeɪt] *vt* **1.** antidater **2.** rendre rétroactif.

backed [bækt] *adj* soutenu ; *(Fin)* ~ *bill* traite *f* avalisée.

backer ['bækə] *n* commanditaire *m inv*.

backfire [ˌbæk'faɪə] *vi* avoir l'effet contraire, échouer ; *his plan* ~*d* son projet *m* s'est retourné contre lui.

background ['bækgraʊnd] *n* **1.** arrière-plan *m*, fond *m* **2.** *(Pub)* ~ *(noise)* fond *m* sonore **3.** *(d'une personne)* formation *f*, antécédents *mpl*.

backing ['bækıŋ] *n* soutien *m*, appui *m*, aval *m*.

backlash ['bæklæʃ] *n* contrecoup *m*; ~ *effect* réaction *f* en retour.

backlog ['bæklɒg] *n* **1.** arriéré *m* de travail; dossiers *mpl* en souffrance; affaires *fpl* au rôle; *clear the* ~ rattraper le retard, se remettre à jour **2.** portefeuille *m* de commandes.

back-office ['bæk ˌɒfɪs] *n (Bs)* postmarché *m*, arrière-salle *f* de marché.

back-to-back [ˌbæk tə 'bæk] *adj (Bq)* ~ *credit* crédit *m* adossé.

back-up ['bækʌp] *adj* de secours; ~ *copy* copie *f* de secours; *(Inf)* ~ *file* fichier *m* de secours; *(Fin)* ~ *line* ligne *f* de substitution.

backward ['bækwəd] *adj* en arrière; *(Eco)* ~ *integration* intégration *f* vers l'amont.

backwardation [ˌbækwə'deɪʃn] *n (Bs)* déport *m*.

backwardness ['bækwədnəs] *n (Eco)* retard *m*.

bad [bæd] *adj* mauvais; *(Bq)* ~ *cheque/check* chèque *m* sans provision; *(Cpta)* ~ *debt* créance *f* douteuse; *(Cpta)* ~ *-debt allowance* provision *f* pour créances douteuses; *(Jur)* ~ *faith* mauvaise foi *f*.

baffle ['bæfl] *vt* décontenancer, déjouer.

bag [bæg] *n* sac *m*; ~*s* bagages *mpl*.

baggage ['bægɪdʒ] *ns inv* bagages *mpl*; ~ *handler* bagagiste *mf*.

Bahamas [bə'hɑːməz] *npl the B*~ les (îles *fpl*) Bahamas; *in/to the B*~ aux Bahamas.

Bahamian[1] [bə'heɪmɪən] *adj* bahamien (*f* -ienne).

Bahamian[2] [bə'heɪmɪən] *n* Bahamien *m* (*f* -ienne).

Bahrain [bɑː'reɪn] *n* Bahrein; *in/to B*~ à Bahrein.

Bahraini[1] [bɑː'reɪni] *adj* bahreïnï.

Bahraini[2] [bɑː'reɪni] *n* Bahreïni *mf*.

bail [beɪl] *n (Jur)* caution *f*; ~ *bond* caution *f* remise au tribunal; *forfeit* ~ *(aussi jump* ~*)* faire défaut, se dérober à la justice après une mise en liberté provisoire; *release on* ~ mettre en liberté sous caution.

bailee [beɪ'liː] *n (Jur)* dépositaire *mf*.

bailiff ['beɪlɪf] *n (Jur)* huissier *m inv*.

bailment ['beɪlmənt] *n (Jur)* dépôt *m* de marchandises, contrat *m* de gage.

bailor [beɪ'lɔː] *n (Jur)* déposant *m*.

bailout ['beɪlaʊt] *n (Aff)* plan *m* de sauvetage.

bail out [ˌbeɪl 'aʊt] *v part* **1.** *(Jur)* (faire) libérer sous caution **2.** *(fig)* tirer d'affaire; ~ *out an ailing industry* renflouer une industrie en difficulté.

bait [beɪt] *n* appât *m*.

***bait and switch** *n (Mkg) (US)* technique *f* de l'appât.

balance[1] ['bæləns] *n* **1.** équilibre *m*; ~ *of the budget* équilibre *m* budgétaire **2.** *(Eco)* balance *f*; ~ *of capital transfers* balance des transferts de capitaux; ~ *of current payments* balance des opérations courantes; ~ *of invisible services* balance des services; ~ *of invisible trade* balance des invisibles; ~ *for official financing* balance des règlements officiels; ~ *of trade* balance commerciale, balance du commerce extérieur **3.** *(Cpta)* solde *m*, reliquat *m*; ~ *account* état *m* récapitulatif; ~ *forward* report *m* à nouveau.

***balance of payments** *n (Eco)* balance *f* des paiements; ~ *equilibrium* équilibre *m* de la balance des paiements.

balance[2] ['bæləns] *vt* **1.** équilibrer **2.** *(Cpta)* balancer, solder; ~ *an account* solder un compte.

balanced ['bælənst] *adj* équilibré; ~ *budget* budget *m* équilibré; ~ *growth* croissance *f* équilibrée.

balance-sheet ['bæləns ˌʃiːt] *n (Cpta)* bilan *m*; ~ *accounts* comptes *mpl* de bilan; ~ *caption* rubrique *f*; *draw up a* ~ dresser/établir un bilan; ~ *equation* équation *f* comptable; ~ *for liquidation purposes* bilan *m* d'ouverture de liquidation.

balancing ['bælənsɪŋ] *n* équilibrage *m*, mise *f* en regard; *(Cpta)* ~ *of the books* clôture *f* des livres.

bale [beɪl] *n (Emb)* balle *f*, ballot *m*.

ballast[1] ['bæləst] *n (T)* lest *m*.

ballast[2] ['bæləst] *vt (T)* lester.

ballot ['bælət] *n (Pol)* vote *m*, scrutin *m*; ~ *box* urne *f*; *(UK)* ~ *paper*, *(US) paper* ~ bulletin *m* de vote; *secret* ~ vote à bulletin secret.

ballpark figure ['bɔːlpɑːk ˌfɪgə] *n (US)* estimation *f* à vue de nez.

ballyhoo[1] ['bælɪhuː] *n* battage *m* publicitaire.

ballyhoo[2] ['bælɪhuː] *vi* faire un battage publicitaire.

ban[1] [bæn] *n* interdiction *f*; ~ *on imports* interdiction d'importer.

ban[2] [bæn] *vt* interdire.

Bancor ['bæŋkɔː] *n (Fin)* Bancor *m*.

band [bænd] *vt (Emb)* cercler.

bandwagon ['bændwægən] *loc jump on the* ~ sauter dans le train en marche, suivre le mouvement.

Bangladesh [ˌbæŋɡləˈdeʃ] *n* Bangladesh *m*; *in/to B~* au Bangladesh.

Bangladeshi[1] [ˌbæŋɡləˈdeʃi] *adj* bangladais.

Bangladeshi[2] [ˌbæŋɡləˈdeʃi] *n* Bangladais *m*.

bank [bæŋk] *n* (*Bq/Fin*) banque *f*, institution *f* bancaire, établissement *m* bancaire; *~ account* compte *m* en banque, compte bancaire; *advising ~* banque notificatrice; *agent ~* banque mandataire; *~ bill* effet *m* bancaire, (*US*) billet *m* de banque; *~ branch* agence *f* succursale *f* bancaire; *central ~* banque centrale; *~ charges* frais *mpl* bancaires; *clearing ~* banque de compensation, banque de dépôts; *correspondent ~* banque correspondante; *~ deposit* dépôt *m* en banque; *~ draft* chèque *m* de caisse; (*UK*) *fringe ~* banque secondaire; (*US*) *investment ~* banque d'affaires; *issuing ~* banque d'émission; *~ line* ligne *f* de crédit; *~ liquidity* liquidité *f* bancaire; *~ loan* prêt *m*/concours *m* bancaire; *long- and medium-term credit ~* banque de crédit à moyen et long terme; (*UK*) *merchant ~* banque d'affaires; *~ money* monnaie *f* scripturale; *non-registered ~* banque non inscrite; *offshore ~* banque hors lieu/hors territoire national; *paper* papier *m* bancable; *~ pool* consortium *m* bancaire; *presenting ~* banque présentatrice; *~ rate* taux *m* officiel d'escompte; *registered ~* banque inscrite; *~ remitting* banque remettante; *~ syndicate* syndicat *m* de banque; *~ transfer* virement *m* bancaire. **Bank for International Settlements* (*BIS*) *n* Banque *f* des règlements internationaux (BRI).

bankable [ˈbæŋkəbl] *adj* (*Bq*) bancable, escomptable.

banker [ˈbæŋkə] *n* (*Bq/Fin*) banquier *m* (*f* -ière); *~'s acceptance* acceptation *f* de banque; *~'s draft* chèque *m* de banque.

banking [ˈbæŋkɪŋ] *n* (*Bq/Fin*) activités *fpl* bancaires, secteur *m* bancaire; *~ institution* établissement *m*/organisme *m* bancaire; *~ regulations* réglementation *f* bancaire; *~ sector* secteur *m* bancaire; *~ system* système *m* bancaire. **banking law* *n* (*Jur*) droit *m* bancaire.

banknote [ˈbæŋknəʊt] *n* (*Bq*) **1.** billet *m* de banque **2.** *~s* devises *fpl*.

bankroll [ˈbæŋkrəʊl] *n* (*Aff*) fonds *mpl*/ressources *fpl* monétaires.

bankrupt[1] [ˈbæŋkrʌpt] *adj* en faillite; *go ~* faire faillite.

bankrupt[2] [ˈbæŋkrʌpt] *n* failli *m*; *discharged ~* failli réhabilité; *undischarged ~* failli non réhabilité.

bankruptcy [ˈbæŋkrʌpsi] *n* (*Jur*) faillite *f*, déconfiture *f*, dépôt *m* de bilan; *file (a petition) for ~* déposer son bilan; *fraudulent ~* banqueroute *f* frauduleuse.

bar[1] [bɑː] *n* **1.** barre *f*; *~ chart/graph* histogramme *m*, graphique *m*; *~ code* code *m* barre, code à barres **2.** (*Jur*) *the B~* le Barreau, la profession d'avocat; *take the B~ exam* passer l'examen du Barreau/le CFPA; (*UK*) *B~ Finals* épreuves *fpl* finales de l'examen du Barreau/du CFPA; (*UK*) *be called to the B~* être admis au Barreau **3.** (*Jur*) barre *f* du tribunal; *the case at ~* l'affaire *f* en instance **4.** (*Jur*) banc *m* des accusés, des prévenus **5.** (*Jur*) empêchement *m*, fin *f* de non-recevoir; *plea in ~* exception *f* péremptoire.

bar[2] [bɑː] *vt* (*Jur*) **1.** interdire, défendre, empêcher; *action ~red by the statute of limitations* action *f* prescrite; *~ a product* interdire l'importation/l'exportation d'un produit **2.** effacer, annuler.

Barbadian[1] [bɑːˈbeɪdiən] *adj* barbadien (*f* -ienne).

Barbadian[2] [bɑːˈbeɪdiən] *n* Barbadien *m* (*f* -ienne).

Barbados [bɑːˈbeɪdɒs] *n* la Barbade; *in/to B~* à la Barbade.

bare-boat charter [ˌbeəˈbəʊt ˈtʃɑːtə] *n* (*T*) affrètement *m* en coque nue.

bargain[1] [ˈbɑːɡɪn] *n* **1.** (bonne) affaire *f*; *~ basement* coin *m* des affaires (d'un magasin); *~ hunter* chasseur *m* inv de bonnes affaires; *~ price* offre *f* exceptionnelle, prix *m(pl)* sacrifié(s); *~ sale(s)* soldes *mpl* **2.** marché *m*.

bargain[2] [ˈbɑːɡɪn] *vi* négocier, marchander.

bargaining [ˈbɑːɡɪnɪŋ] *n* marchandage *m*; *collective ~* négociations *fpl* salariales/employeurs-salariés; *~ power* pouvoir *m* de négociation.

barge [bɑːdʒ] *n* (*T*) allège *f*, péniche *f*; *~-carrying* navire *m* porte-barges.

barley [ˈbɑːli] *ns inv* orge *mf*.

barrel [ˈbærəl] *n* (*Emb*) tonneau *m* (*pl* -x); (pétrole) baril *m*.

barrier [ˈbæriə] *n* barrière *f*, entrave *f*; (*CI*) *~ to entry* barrière à l'entrée; *~ to exit* barrière à la sortie; *~ to mobility* barrière à la mobilité; *non-tariff ~s* (*NTBs*) barrières non tarifaires; *tariff ~s* barrières tarifaires; *trade ~s* barrières douanières, entraves protectionnistes.

barrister [ˈbærɪstə] *n* (*Jur*) (*UK*) avocat *m* (à dist. **solicitor**).

barter[1] [ˈbɑːtə] *n (Eco)* troc *m*, compensation *f*; ~ **agreement** accord *m* de compensation; ~ **economy** économie *f* de troc; ~ **transaction** opération *f* de troc.

barter[2] [ˈbɑːtə] *vti* troquer, échanger.

base [beɪs] *n* **1.** base *f*; **comparison** ~ base de référence **2.** *(Fin)* ~ **period** période *f* de base; *(UK)* ~ **rate** (v. **prime interest rate**) taux *m* de référence bancaire; ~ **year** année *f* de base.

basic [ˈbeɪsɪk] *adj* élémentaire, fondamental *(mpl* -aux), de base; ~ **human needs** besoins *mpl* essentiels de l'être humain; ~ **research** recherche *f* fondamentale.

BASIC [ˈbeɪsɪk] *n (Inf)* BASIC *m*.

basics [ˈbeɪsɪks] *npl* l'essentiel *m*; *(J.O.)* les bases *fpl*.

basis [ˈbeɪsɪs] *n (pl* -es) base *f*; *(Fisc)* ~ **of taxation** base d'imposition, assiette *f* de l'impôt.

basket [ˈbɑːskɪt] *n* panier *m*; *(Fin)* ~ **of currencies** panier de devises.

batch [bætʃ] *n* lot *m*, envoi *m*; *(Jur)* ~ **clause** clause *f* fourre-tout; *(Inf)* ~ **processing** traitement *m* par lots (par opposition au traitement en temps réel).

batten [ˈbætn] *n (Emb)* latte *f*.

battery [ˈbætrɪ] *n* **1.** pile *f*, batterie *f* **2.** *(Jur)* **assault and** ~ voies *fpl* de fait, échange *m* de coups.

battle [ˈbætl] *n (Jur)* bataille *f* (juridique).

*battle of the forms *n (Jur)* « bataille » par échange des contrats types qui contiennent des conditions générales en conflit.

BB v. **below bridge**.

bean counter [ˈbiːn ˈkaʊntə] *n (US) (fam)* comptable *mf*.

bear[1] [beə] *n (Bs)* ~ *(speculator)* baissier *m inv*; ~ **covering** couverture *f* à la baisse; ~ **market** marché *m* en baisse/orienté à la baisse; ~ **operation** opération *f* à la baisse; ~ **position** position *f* à la baisse.

bear[2] [beə] *vt* **(bore, borne)** porter, supporter; ~ **risks** assumer des risques.

bearer [ˈbeərə] *n (Fin)* porteur *m (f* -euse); ~ **bill** effet *m* au porteur; ~ **bond** obligation *f* au porteur; ~ **security** titre *m* au porteur; ~ **share** action *f* au porteur.

bearish [ˈbeərɪʃ] *adj (Bs)* baissier *(f* -ière); ~ **trend/tendency** tendance *f* baissière.

beef [biːf] *ns inv (viande)* bœuf *m*.

beef up [ˌbiːf ˈʌp] *v part (fam)* renforcer; étoffer.

before [bɪˈfɔː] *prép* avant; ~ **tax** hors taxe; *(Cpta)* ~ **tax proceeds** produit *m* brut d'exploitation.

beforehand [bɪˈfɔːhænd] *adv* à l'avance, avant.

began [bɪˈgæn] *v.* **begin**.

beggar [ˈbegə] *n* mendiant *m*. ***beggar-thy-neighbour policy** *n (Eco) (UK)* politique *f* du chacun-pour-soi.

begin [bɪˈgɪn] *vti* **(began, begun)** commencer, débuter, entamer.

beginner [bɪˈgɪnə] *n* **1.** débutant *m*, novice *mf* **2.** apprenti *m*.

beginning [bɪˈgɪnɪŋ] *n* début *m*; *(Cpta)* ~ **inventory** stock *m* au début d'exercice.

begun [bɪˈgʌn] *v.* **begin**.

behalf [bɪˈhɑːf] *loc* **on** ~ **of** de la part de.

behave [bɪˈheɪv] *vi* se comporter, réagir.

behaviour/behavior [bɪˈheɪvjə] *n* comportement *m*, conduite *f*; **consumer** ~ comportement du consommateur.

behaviourism/behaviorism [bɪˈheɪvjərɪzm] *n* béhaviorisme *m*.

behemoth [bɪˈhiːmɒθ] *n* géant *m*.

behind [bɪˈhaɪnd] *prép* derrière; ~ **closed doors** à huis clos.

Belarus [ˌbeləˈruːs] *v.* **Belorussia**.

beleaguered [bɪˈliːgəd] *adj (by)* accablé (de/par).

Belgian[1] [ˈbeldʒən] *adj* belge.

Belgian[2] [ˈbeldʒən] *n* Belge *mf*.

Belgium [ˈbeldʒəm] *n* Belgique *f*; **in/to B**~ en Belgique.

*Belgium-Luxembourg Economic Union (BLEU) *n* Union économique belgo-luxembourgeoise (UEBL).

Belize [bɪˈliːz] *n* Bélize *m*; **in/to B**~ au Bélize.

Belizean[1] [bɪˈliːzɪən] *adj* bélizien *(f* -ienne).

Belizean[2] [bɪˈliːzɪən] *n* Bélizien *m (f* -ienne).

bellwether [ˈbelweðə] *n (Eco)* indicateur *m* de tendance.

Belorussia [ˌbeləʊˈrʌʃə] *n (aussi* **Belarus, Byelorussia)** Biélorussie *f*; **in/to B**~ en Biélorussie.

Belorussian[1] [ˌbeləʊˈrʌʃən] *adj (aussi* **Byelorussian)** biélorusse.

Belorussian[2] [ˌbeləʊˈrʌʃən] *n (aussi* **Byelorussian)** Biélorusse *mf*.

below [bɪˈləʊ] *prép* sous, en dessous de; *(Eco)* ~**-capacity utilization** sous-activité *f*.

*below bridge (BB) *loc (T)* sous passerelle.

*below par *adj (Bs)* au-dessous du pair.

*below-the-line *adj (Cpta)* en dessous de la ligne.

*below-the-line advertising *n (Mkg)* publicité *f* directe, coûts *mpl* hors médias.

belt [belt] *n* **1.** ceinture *f* **2.** *(fig)* zone *f*; *green* ~ ceinture verte; *industrial* ~ zone industrielle; *(US) sun* ~ les Etats *mpl* du Sud (préférés des retraités); *(Eco)* ~*-tightening measures* mesures *fpl* d'austérité.

BEMs *v.* **Big Emerging Markets.**

bench [bentʃ] *n* **1.** banc *m*, banc d'essai **2.** *(Jur) the B~* la magistrature **3.** *(Pol) (UK)* banc *m* (au Parlement).

bencher ['bentʃə] *n* **1.** *(Jur) (UK)* doyen *m* (*f* -enne) d'un des **Inns of Court 2.** *(Pol) (UK) back* ~ membre *m inv* du Parlement qui ne fait pas partie du gouvernement, *front* ~s les principaux dirigeants *mpl* du gouvernement ou de l'opposition au Parlement.

benchmark ['bentʃmɑːk] *n* **1.** test *m* de performance, essai *m* comparatif **2.** *(fig)* repère *m*, référence *f*; *(Mkg)* ~ *method* méthode *f* de référence; ~ *price* prix *m* de base/de référence.

beneficial [ˌbenɪˈfɪʃl] *adj* positif *m* (*f* -ive), bénéfique.

*beneficial interest *n (Jur)* droit *m* d'usufruit.

*beneficial owner *n (Jur)* propriétaire *mf* apparent, usufruitier *m* (*f* -ière).

beneficiary [ˌbenɪˈfɪʃəri] *n* **1.** bénéficiaire *mf* **2.** *(Jur)* ayant droit *m inv*, bénéficiaire d'un trust.

benefit¹ ['benɪfɪt] *n* **1.** avantage *m*, profit *m*; *fringe* ~s avantages accessoires; ~s *in kind* avantages en nature **2.** allocation *f*; *unemployment* ~ allocation chômage.

benefit² ['benɪfɪt] *vti* profiter à; ~ *from* bénéficier de.

Benelux ['benɪlʌks] *n* Bénélux *m*.

Benin [beˈniːn] *n* Bénin *m*; *in/to B~* au Bénin.

Beninese¹ [ˌbenɪˈniːz] *adj* béninois.

Beninese² [ˌbenɪˈniːz] *n (pl inv)* Béninois *m*.

BEQ *v.* **break-even quantity.**

bequeath [bɪˈkwiːð] *vt (Jur) (biens ou droits personnels)* léguer.

bequest [bɪˈkwest] *n (Jur)* biens *mpl* mobiliers légués, legs *m (syn.* **legacy***; à dist.* **devise**).

berth¹ [bɜːθ] *n* **1.** *(train, ferry)* couchette *f* **2.** *(T)* poste *m* de mouillage/ d'amarrage; ~ *charges* frais *mpl* d'amarrage/de mouillage.

berth² [bɜːθ] *vi (T)* mouiller, accoster.

berthage ['bɜːθɪdʒ] *n (T)* droit *m* d'amarrage.

berthing ['bɜːθɪŋ] *n (T)* **1.** mouillage *m*, amarrage *m* **2.** frais *mpl* d'amarrage/de mouillage.

bestow [bɪˈstəʊ] *vt (on)* accorder (à).

beyond [bɪˈjɒnd] *prép* au-delà de.

*beyond a reasonable doubt *loc (Jur)* charge *f* de la preuve dans une affaire criminelle; le procureur est obligé de fournir des preuves pour établir la culpabilité du prévenu « au-delà de tout doute raisonnable. »

Bhutan [ˌbuːˈtɑːn] *n* Bhoutan *m*, Bhutân *m*; *in/to B~* au Bhoutan, au Bhutân.

bi-annual [ˌbaɪˈænjʊəl] *adj* semestriel (*f* -ielle).

bias ['baɪəs] *n (towards)* préjugé *m* (en faveur de).

bicameral [ˌbaɪˈkæmrəl] *adj (Pol)* à deux chambres, bicaméral (*mpl* -aux); ~ *system* bicaméralisme *m*, bicamérisme *m*.

bid¹ [bɪd] *n* **1.** enchère *f*, mise *f*; ~ *and offered price* prix *m* d'enchère **2.** *(Aff) takeover* ~ offre *f* publique d'achat (OPA).

*bid-bond *n (Bs)* caution *f* de participation à une adjudication; ~ *price* prix *m* acheteur; ~ *rate* taux *m* emprunteur.

bid² [bɪd] *vti* (**bid**, **bid**) faire une offre; ~ *on a contract* soumissionner.

bidder ['bɪdə] *n* soumissionnaire *mf*, offrant *m inv*; *the highest* ~ le plus offrant.

bidding ['bɪdɪŋ] *n* **1.** offres *fpl*; *competitive* ~ appel *m* d'offres **2.** ordres *mpl*.

big [bɪg] *adj* grand, gros (*f* grosse); ~ *business* le monde des grandes sociétés.

*Big Bang *n (Fin) (UK) (fam)* Big Bang *m*, déréglementation *f* abrupte de la Bourse de Londres en 1986.

*Big Board *n* marché *m* principal de la Bourse de New York (*à dist.* **over-the-counter market**).

*Big Emerging Markets (BEMs) *npl* marchés *mpl* émergents.

*big ticket items *npl (US)* produits *mpl* chers.

bilateral [ˌbaɪˈlætrəl] *adj* bilatéral (*mpl* -aux); ~ *agreement* accord *m* bilatéral; *(Jur)* ~ *contract* contrat *m* bilatéral/ synallagmatique.

bilateralism [ˌbaɪˈlætrəlɪzm] *n* bilatéralisme *m*.

bilge [bɪldʒ] *n (T)* ~ *(water)* eau *f* de cale.

bill¹ [bɪl] *n* **1.** affiche *f*; ~ *posting* affichage *m*; « *post no* ~s » défense d'afficher **2.** *(Fin)* note *f*, bon *m*, titre *m*;

lettre *f* de change, effet *m* de commerce ;
~ of exchange lettre *f* de change ; **~
to order** papier *m* à ordre ; **~ payable**
effet à payer ; **~ receivable** effet à
recevoir ; **Treasury ~** bon *m* du Trésor
3. (*Cpta*) facture *f*, note *f*, traite *f* ;
~ of costs état *m* des frais ; **electricity ~**
quittance *f* d'électricité ; **pay the ~** régler la facture **4.** (*Jur*) écrit *m*, affiche
f, document *m* ; **~ of indictment** résumé
m des chefs d'accusation présenté au
grand jury ; **~ of sale** acte *m* de vente
5. (*Pol*) projet *m* de loi, proposition *f*
de loi.
*****bill of entry** *n* (*D*) déclaration *f* en
douane.
*****bill of lading (B/L)** *n* (*T*) connaisse-
ment *m* maritime ; (*US*) **barge ~** connaissement fluvial ; **bearer ~** connaissement au porteur ; **~ on board**
connaissement à bord ; **claused ~**
connaissement avec réserves ; **clean ~**
connaissement net ; **combined ~**
connaissement de transport combiné ;
consigned to... connaissement établi au
nom de... ; **direct ~** connaissement sans
transbordement ; **dirty ~** connaissement
avec réserves ; **FAS ~** connaissement
reçu à quai ; **foul ~** connaissement avec
réserves ; **groupage ~** connaissement
groupé ; **homeward ~** connaissement
établi aux conditions « voyage de retour » ; (*US*) **inland ~** connaissement
pour tout mode de transport terrestre intérieur par lignes régulières ; **inland
waterway ~** connaissement fluvial ;
long form ~ connaissement complet ;
master's ~ connaissement chef ; **~ to
a named person** connaissement nominatif ; **negotiable ~** connaissement négociable ; **received for shipment ~**
connaissement reçu pour embarquement ; **shipped ~** connaissement à
bord ; **short form ~** connaissement
abrégé ; **stale ~** connaissement présenté
tardivement ; **straight ~** connaissement
à personne dénommée ; **through ~**
connaissement direct ; **to order ~**
connaissement à ordre ; (*US*) **truck ~**
connaissement routier ; **unclean ~**
connaissement clausé.
*****Bill of Rights** *n* (*Jur/Pol*) **1.** (*UK*)
(1689) texte *m* voté après la « Révolution » de 1688, qui prive le souverain de
pratiquement tout pouvoir et assure la
suprématie du Parlement en matière de
vote des lois et de contrôle des finances
2. (*US*) les 10 premiers amendements
mpl à la Constitution des Etats-Unis, qui
énoncent et garantissent les droits fondamentaux des individus.
bill² [bɪl] *vt* facturer.
billable [ˈbɪləbl] *adj* (*US*) facturable.

billboard [ˈbɪlbɔːd] *n* (*US*) panneau *m*
(*pl* -x) publicitaire/d'affichage.
billing [ˈbɪlɪŋ] *n* facturation *f*.
billion [ˈbɪljən] *n* **1.** milliard *m* (10^9)
2. (*UK*) (*fam*) trilliard *m* (10^{12}).
bimetalism [baɪˈmetlɪzəm] *n* (*Eco*)
bimétallisme *m*.
bimonthly [baɪˈmʌnθli] *adj* bimensuel (*f*
-elle).
bin [bɪn] *n* **1.** (*Com*) (grande surface)
panier *m* **2.** **rubbish/trash ~** poubelle
f, boîte *f* à ordures.
binary [ˈbaɪnri] *adj* binaire.
bind [baɪnd] *vt* (**bound, bound**) **1.** lier,
attacher **2.** (*Jur*) engager, grever.
binding [ˈbaɪndɪŋ] *adj* contraignant,
impératif (*f* -ive) ; (*Jur*) ayant force
d'obligation ; **~ agreement** accord *m* à
force obligatoire ; **~ as a precedent** qui
fait jurisprudence.
binge [bɪndʒ] *n* frénésie *f*, ruée *f* ;
Christmas ~ frénésie d'achats à Noël.
bio-industries [baɪəʊ ˈɪndəstrɪz] *npl*
bio-industries *fpl*.
birth [bɜːθ] *n* naissance *f* ; **~s** natalité
f ; **~ certificate** acte *m* de naissance ; **~
control** contrôle *m* des naissances ; **~
rate** taux *m* de natalité ; **the falling ~
rate** la baisse du taux de natalité.
BIS¹ *v.* **Bank for International Settlements**.
BIS² *v.* **business intelligence system**.
bit [bɪt] *n* (*Inf*) bit *m*, unité *f* d'information.
B/L *v.* **bill of lading**.
black [blæk] *adj* noir ; (*Cpta*) **be in the
~** avoir un solde créditeur ; être rentable ; (*document*) **in ~ and white** noir
sur blanc ; **~ market** marché *m* noir ; **~
marketeer/marketer** vendeur *m* au marché noir.
*****black knight** *n* (*Fin*) chevalier *m* noir.
*****black letter law** *n* (*Jur*) le droit dans
ses grandes lignes (*à dist.* **the letter of
the law**).
*****Black Maria** *n* (*Jur*) (*UK*) « panier *m*
à salade » (*v.* (*US*) **paddy wagon**).
blackleg [ˈblækleg] *n* briseur *m* (*f* -euse)
de grève, (*fam*) jaune *mf*.
blackmail¹ [ˈblækmeɪl] *n* (*Jur*) chantage
m, extorsion *f* de fonds.
blackmail² [ˈblækmeɪl] *vt* (*Jur*) faire
chanter.
blackmailer [ˈblækmeɪlə] *n* (*Jur*) maître
m inv chanteur.
blackout [ˈblækaʊt] *n* **1.** panne *f* d'électricité, panne de secteur **2.** couvre-feu
m (*pl* -x).
blame¹ [bleɪm] *n* **1.** blâme *m* **2.** responsabilité *f*, faute *f*.

blame[2] [bleɪm] *vt* blâmer ; ~ *sb for sth* reprocher qch à qn, tenir qn pour responsable de qch.

blank[1] [blæŋk] *adj* en blanc ; *fill in the* ~ *spaces* remplir les blancs ; *(Bq)* ~ *cheque/check* chèque *m* en blanc.

blank[2] [blæŋk] *n* blanc *m* ; *in* ~ sans réserve ; *fill in the* ~*s* remplir les blancs.

blanket ['blæŋkɪt] *adj* de portée générale, d'ensemble ; *(Jur)* ~ *assignment* cession *f* générale ; ~ *mortgage* hypothèque *f* générale ; ~ *provision* clause *f* de portée générale ; ~ *settlement* règlement *m* d'ensemble.

blend[1] [blend] *n* mélange *m*.

blend[2] [blend] *vti* mélanger, se mélanger.

blind [blaɪnd] *adj* aveugle ; ~ *offer* offre *f* dissimulée ; *(Mkg)* ~*(fold) test* test *m* en aveugle.

blister-pack ['blɪstə pæk] *n (Emb)* emballage-coque *m*, emballage-bulle *m*.

block[1] [blɒk] *n* 1. bloc *m* 2. blocage *m*.

block[2] [blɒk] *v* 1. *vi* (se) bloquer, (se) coincer 2. *vt* obstruer, bloquer ; *(Bq)* ~ *an account* bloquer un compte.

blockade[1] [blɒ'keɪd] *n* blocus *m* ; embargo *m*.

blockade[2] [blɒ'keɪd] *vt* bloquer ; ~ *a port* faire le blocus d'un port.

blocking ['blɒkɪŋ] *adj (Pol)* ~ *minority* minorité *f* de blocage.

blotter ['blɒtə] *n* 1. registre *m*, carnet *m* 2. *(Cpta)* brouillard *m*, main *f* courante 3. buvard *m*, sous-main *m* (pl inv).

blue [blu:] *adj* bleu ; ~ *collars*, ~ *collar workers* ouvriers *mpl*, travailleurs *mpl* manuels.

blue chip stocks npl *(Bs)* valeurs *fpl* mobilières de premier ordre, valeurs de père de famille.

blue laws npl *(Jur) (US)* lois *fpl* d'inspiration puritaine régissant le commerce et le travail dominicaux.

blue sky laws npl *(Jur) (US)* lois *fpl* adoptées par certains des Etats pour protéger les investisseurs en actions.

blueprint ['blu:prɪnt] *n* 1. plan *m* détaillé 2. projet *m* (stratégique).

blurb [blɜ:b] *n* 1. argumentation *f* ; *(sales)* ~ baratin *m* publicitaire.

board[1] [bɔ:d] *n* 1. tableau *m* (pl -x), écriteau *m* (pl -x), panneau *m* (pl -x) ; *notice* ~ panneau d'affichage *m*, comité *m*, commission *f* ; *(Mgt) the B*~ *(of Directors)* conseil d'administration, directoire *m* ; *(Jur)* ~ *of enquiry/inquiry* commission *f* d'enquête ; ~ *meeting* réunion *f* du conseil (d'administration) ; ~ *member* membre *m*

inv du conseil (d'administration) ; ~ *minutes* procès-verbal *m* de réunion du conseil ; ~ *room* salle *f* du conseil 3. organisme *m* officiel, conseil *m*, comité *m* 4. *(T) on* ~ à bord (du navire, de l'avion) ; *take goods on* ~ embarquer des marchandises *fpl*.

Board of Trade n *(UK)* ministère *m* du Commerce.

board[2] [bɔ:d] *vti (T)* monter à bord.

boat [bəʊt] *n* bateau *m* (pl -x), navire *m* ; *fishing* ~ bateau de pêche ; *life* ~ canot *m* de sauvetage.

boatload ['bəʊtləʊd] *n (T)* chargement *m* (maritime), cargaison *f*.

body ['bɒdi] *n* 1. corps *m* ; ~ *language* gestuelle *f*, communication *f* par expression corporelle ; ~ *search* fouille *f* au corps 2. organisme *m* ; *goverment/ official* ~ organisme gouvernemental.

bodywork ['bɒdiwɜ:k] *n* carrosserie *f*.

bodyworker ['bɒdiwɜ:kə] *n* carrossier *m inv*.

bogus ['bəʊgəs] *adj* faux *(f* fausse), contrefait, « bidon » *inv* ; ~ *goods* contrefaçons *fpl* ; ~ *transactions* opérations *fpl* véreuses.

boiler ['bɔɪlə] *n* chaudière *f*.

boilerplate (clause) n *(Jur)* clause *f* type d'un contrat.

Bolivia [bə'lɪviə] *n* Bolivie *f* ; *in/to B*~ en Bolivie.

Bolivian[1] [bə'lɪviən] *adj* bolivien *(f* -ienne).

Bolivian[2] [bə'lɪviən] *n* Bolivien *m (f* -ienne).

bolster ['bəʊlstə] *vt* 1. soutenir 2. stimuler.

bona fide [bəʊnə 'faɪdi] *adj (Jur)* de bonne foi, véritable, sincère.

bonanza [bə'nænzə] *n* abondance *f*, aubaine *f*.

bond [bɒnd] *n* 1. *(Bs)* obligation *f* financière, titre *m*, valeur *f* à revenu fixe ; *bearer* ~ obligation au porteur ; *government* ~ titre de rente (sur l'Etat) ; ~ *holder* obligataire *mf* ; ~ *issue* émission *f* obligataire ; ~ *market* marché *m* obligataire ; ~ *note* acquit *m* à caution 2. *(Jur)* obligation *f*, engagement *m*, cautionnement *m* ; reconnaissance *f* de dette ; *surety* ~ lettre *f* de garantie 3. *(D) goods in/under* ~ marchandises *fpl* sous douane/en entrepôt de douane.

bonded ['bɒndɪd] *adj (D)* ~ *factory* usine *f* sous douane ; ~ *warehouse* entrepôt *m* sous douane.

bonding ['bɒndɪŋ] *n (D)* entreposage *m* ; ~ *facilities* locaux *mpl* sous douane.

bonus ['bəʊnəs] *n* prime *f* ; *(Bs)* ~ *share* action *f* gratuite.

brain

book[1] [bʊk] *n* livre *m*, document *m*; *(Cpta)* ~s *of account* npl documents/livres comptables; ~-*entry* écriture *f* comptable; ~ *of final entry* grand livre (*v.* **ledger**); ~ *inventory* inventaire *m* comptable/de clôture; ~ *loss* perte *f* comptable; ~ *of original entry* journal *m*; ~ *value* valeur *f* comptable.

book[2] [bʊk] *vt* réserver, retenir; *(T)* ~ *freight space* retenir le fret.

booking ['bʊkɪŋ] *n* réservation *f*.

*booking note *n (T)* engagement *m* de fret.

bookkeeper ['bʊkˌkiːpə] *n (Cpta)* comptable *mf*.

bookkeeping ['bʊkˌkiːpɪŋ] *n* comptabilité *f*.

booklet ['bʊklət] *n* brochure *f*, livret *m*, plaquette *f*.

boom[1] [buːm] *n (Eco)* expansion *f*, essor *m*.

boom[2] [buːm] *vi* prospérer.

booming ['buːmɪŋ] *adj* florissant.

boost[1] [buːst] *n* poussée *f*, augmentation *f* rapide; *give the economy a* ~ relancer l'économie.

boost[2] [buːst] *vt* stimuler; ~ *the economy* relancer l'économie.

booth [buːð] *n* **1.** cabine *f*; *polling* ~ isoloir *m*; *telephone* ~ cabine téléphonique **2.** *(US) (foire)* stand *m*.

bootleg[1] ['buːtleg] *adj* illicite, illégal (*mpl* -aux), entré en fraude, piraté; ~ *goods* marchandises *fpl* frauduleuses, produits *mpl* de contrebande.

bootleg[2] ['buːtleg] *vti* entrer (des marchandises) en fraude, faire de la contrebande.

bootlegging ['buːtlegɪŋ] *n* trafic *m* illicite, notamment de spiritueux à l'époque de la Prohibition aux Etats-Unis (1920-1933).

border ['bɔːdə] *n* frontière *f*; *(D)* ~ *post* poste *m* de douane.

borderline ['bɔːdəlaɪn] *loc* ~ *case* cas *m* limite.

bore [bɔː] *v.* **bear**[2].

borne [bɔːn] *v.* **bear**[2].

borough ['bʌrə] *n* **1.** *(UK)* municipalité *f*, commune *f* **2.** *(US)* division *f* administrative de la ville de New York.

borrow ['bɒrəʊ] *vti* emprunter; *(Fin)* ~ *long* emprunter à long terme; *(Fin)* ~ *short* emprunter à court terme.

*borrowed employee *n (Jur)* employé *m* en mission temporaire dans une autre entreprise.

borrower ['bɒrəʊə] *n* emprunteur *m* (*f* -euse).

Bosnia ['bɒzniə] *n* Bosnie *f*; *in/to B*~

en Bosnie; *B*~ *and Herzegovina* Bosnie-Herzégovine *f*.

Bosnian[1] ['bɒzniən] *adj* bosniaque.

Bosnian[2] ['bɒzniən] *n* Bosniaque *mf*.

boss [bɒs] *n (fam)* chef *m inv*, patron *m* (*f* -onne).

BOTB *v.* **British Overseas Trade Board.**

botch (up) [ˌbɒtʃ ˈʌp] *v part* mal faire, rater, bâcler.

Botswana [bɒtˈswɑːnə] *n* Botswana *m*; *in/to B*~ au Botswana; *of/from B*~ botswanais; *native/inhabitant of B*~ Botswanais *m*.

bottle[1] ['bɒtl] *n (Emb)* bouteille *f*.

bottle[2] ['bɒtl] *vt* mettre en bouteille.

bottleneck ['bɒtlnek] *n* goulet *m*/goulot *m* d'étranglement.

bottom [bɒtm] *n* fond *m*, dessous *m*; *(Emb) (sur colis)* «*bottom*» «*bas*»; ~-*end product* produit *m* bas-de-gamme; *the* ~ *end of the range/line* le bas de gamme.

*bottom line *n* **1.** dernière ligne *f* **2.** *(Fin)* résultat *m* final.

bottom out/up [ˌbɒtm ˈaʊt/ˈʌp] *v part* **1.** toucher le fond, atteindre le point le plus bas **2.** se redresser, sortir d'une crise.

bought [bɔːt] *v.* **buy.**

bounce[1] [baʊns] *n* bond *m*, rebond *m*, reprise *f*.

bounce[2] [baʊns] *vi* **1.** rebondir; ~-*back card* carte-réponse *f* **2.** *(Bq) (chèque)* s'avérer sans provision.

bounced [baʊnst] *adj (Bq)* ~ *cheque/check* chèque *m* sans provision.

bound[1] [baʊnd] *v.* **bind.**

bound[2] [baʊnd] *loc (T)* ~ *for* à destination de; *(train, avion)* en partance pour.

boundary ['baʊndri] *n* limite *f*, frontière *f*; *(Jur)* *establishment of boundaries* abornement *m*.

bounty ['baʊnti] *n* indemnité *f*, prime *f*, subvention *f*.

box [bɒks] *n* **1.** *(Emb)* boîte *f*, caisse *f*; *cardboard* ~ carton *m*; *folding* ~ caisse *f* pliable **2.** cadre *m*, case *f*; *tick the appropriate* ~ cocher la case correspondante **3.** *(Jur)* *witness* ~ barre *f* des témoins.

boxcar ['bɒkskɑː] *n (T)* wagon *m* de marchandises couvert.

boycott[1] ['bɔɪkɒt] *n* boycottage *m*.

boycott[2] ['bɔɪkɒt] *vt* boycotter.

bracket ['brækɪt] *n* tranche *f*, catégorie *f*; *age* ~ tranche d'âge; *(Fisc) tax* ~ tranche d'imposition.

brain [breɪn] *n* cerveau *m* (*pl* -x); ~

drain fuite *f* des cerveaux ; ~ *storming* (J.O.) remue-méninges *m* ; ~ *trust* groupe *m* de conseillers/d'experts.

brake[1] [breɪk] *n (aussi fig)* frein *m* ; *put the* ~*s on* freiner.

brake[2] [breɪk] *vti* freiner.

branch [brɑːntʃ] *n* **1.** secteur *m*, branche *f* ; ~ *of activity* secteur d'activité **2.** succursale *f* ; ~ *office* agence *f*, succursale *f*, bureau *m* régional ; ~ *banking* banques *fpl* à succursales.

brand[1] [brænd] *n* **1.** marque *f* ; *(Mkg)* ~ *appeal* attrait *m* d'une marque ; ~ *awareness* notoriété *f* de marque ; ~ *identification* identification *f* de la marque ; ~ *image* image *f* de marque ; *leading* ~ première marque sur le marché ; ~ *life cycle* cycle *m* de vie de marque ; ~ *loyalty* fidélité *f* à la marque ; ~ *manager* chef *m inv* de marque ; ~ *management* gestion *f* de marque ; ~ *mapping* carte *f* perceptuelle des marques ; ~ *mark* logo *m* ; ~ *name* nom *m* de marque ; ~ *name discounter* casseur *m* de griffe ; ~ *name recall* mémomarque *f*, mémorisation *f* de la marque ; ~ *own* marque de distributeur ; ~ *positioning* positionnement *m* d'une marque ; ~ *recognition* identification *f* d'une marque ; ~ *shifting* changement *m* de marque ; ~ *store* marque de distributeur ; ~ *strategy* stratégie *f* de marque.

brand new adj flambant neuf (*f* neuve).

brand[2] [brænd] *vt (Emb)* marquer au fer rouge.

branded [ˈbrændɪd] *adj (Mkg)* ~ *goods* produits *mpl* de marque.

branding [ˈbrændɪŋ] *n* marquage *m* ; *(Mkg)* ~ *policy* politique *f* de choix de marque.

brass [brɑːs] *ns inv* **1.** cuivre *m* jaune, laiton *m* **2.** *(fam) the top* ~ les grosses légumes.

Brazil [brəˈzɪl] *n* Brésil *m* ; *in/to B*~ au Brésil.

Brazilian[1] [brəˈzɪliən] *adj* brésilien (*f* -ienne).

Brazilian[2] [brəˈzɪliən] *n* Brésilien *m* (*f* -ienne).

breach[1] [briːtʃ] *n (Jur)* **1.** rupture *f*, inexécution *f* ; ~ *of contract* rupture, inexécution de contrat ; ~ *of trust* abus *m* de confiance, abus de biens sociaux **2.** infraction *f*, violation *f* ; ~ *of the law* violation de la loi ; ~ *of the peace* attentat *m* à l'ordre public.

breach[2] [briːtʃ] *vt (loi, accord)* enfreindre, violer.

breadwinner [ˈbredwɪnə] *n* chef *m inv/* soutien *m inv/* de famille.

break[1] [breɪk] *n* pause *f*, interruption *f*.

break[2] [breɪk] *vti* (**broke, broken**) rompre, casser, briser ; ~ *an agreement* rompre un accord.

break down v part **1.** tomber en panne **2.** *(CI)* ~ *down trade barriers* éliminer les barrières *fpl* commerciales **3.** *(Cpta)* ventiler.

break even v part (Cpta/Fin) rentrer dans ses frais, atteindre le seuil de rentabilité.

break in/into v part **1.** *(Jur)* entrer par effraction **2.** *(Com)* ~ *into a market* s'implanter sur un marché, pénétrer un marché.

breakage [ˈbreɪkɪdʒ] *n (Emb)* casse *f*.

breakbulk [ˈbreɪkbʌlk] *n (T)* cargaison *f* fractionnée ; ~ *agent* agent *m inv* dégroupeur.

breakbulk [ˈbreɪkbʌlk] *vt (T)* dégrouper.

breakdown [ˈbreɪkdaʊn] *n* **1.** panne *f* **2.** *(relations)* rupture *f* **3.** état *m* détaillé, répartition *f*, ventilation *f* ; ~ *of expenditure(s)* ventilation des dépenses.

break-even [ˌbreɪk ˈiːvn] *adj* ~ *point* point *m* mort, seuil *m* de rentabilité.

break-even quantity (**BEQ**) *n* volume *m* de point mort.

break-in [ˈbreɪkɪn] *n (Jur)* cambriolage *m*.

breaking and entering [ˌbreɪkɪŋ ən ˈentərɪŋ] *n (Jur)* pénétration *f* par effraction.

breakthrough [ˈbreɪkθruː] *n* percée *f*, avancée *f*, innovation *f*, progrès *m* important.

breakup [ˈbreɪkʌp] *n* démantèlement *m*, rupture *f* ; ~ *value* valeur *f* de liquidation.

breakwater [ˈbreɪkwɔːtə] *n (T)* môle *m*, jetée *f*.

Bretton Woods Agreement [ˌbretn ˈwʊdz əˈgriːmənt] *n (Fin)* Accords *mpl* de Bretton Woods.

bribe[1] [braɪb] *n* pot-de-vin *m*, dessous-de-table *m* (*v.* **kickback, gratuity, hush money**).

bribe[2] [braɪb] *vt* corrompre.

bribery [ˈbraɪbri] *n (Jur)* corruption *f*.

bridge[1] [brɪdʒ] *n* pont *m*.

bridge[2] [brɪdʒ] *vt* combler, boucher ; ~ *a gap* combler un trou/un écart.

bridging [ˈbrɪdʒɪŋ] *adj (Bq)* ~ *loan* prêt *m* relais.

brief[1] [briːf] *n* **1.** *(Jur)* mémorandum *m* des points de fait et de droit qui est présenté à la cour ; *appellate* ~ dossier *m*

d'appel ; *trial* ~ dossier *m* d'audience ;
2. *(Com)* *(fig)* dossier *m*, mission *f*.

brief[2] [bri:f] *vt* mettre au courant.

brilliant ['brɪljənt] *adj* brillant ; *(Fin)*
(monnaie de collection) ~ *uncirculated*
brillant *m* universel.

bring [brɪŋ] *vt* **(brought, brought)** apporter ; *(Jur)* ~ *suit* intenter une action.
*bring about v *part* causer, entraîner.
*bring down v *part* abaisser, diminuer.
*bring forward v *part* **1.** avancer
2. *(Cpta)* reporter.
*bring out v *part* sortir ; ~ *out a new*
product lancer un nouveau produit.

brink [brɪŋk] *n* bord *m* (du précipice) ;
on the ~ *of disaster* au bord de la catastrophe.

brisk [brɪsk] *adj* énergique ; ~ *sales*
bonnes ventes *fpl*.

Britain ['brɪtn] *n* Great B~ Grande-
Bretagne *f* ; *in/to (Great) B*~ en
Grande-Bretagne.

British ['brɪtɪʃ] *adj* britannique ; *the B*~
les Britanniques *mpl*.
*British Dependent Territories npl
(UK) Territoires dépendants britan-
niques.
*British Funds npl *(UK)* *(Fin)* fonds
mpl d'Etat.
*British Overseas Trade Board
(BOTB) *n (UK)* Office *m* britannique du
commerce extérieur.
British Standards Institute (BSI) *n*
(UK) Institut *m* britannique des normes
(équiv. AFNOR).
*British United Provident Association
(BUPA) *n (UK)* Caisse *f* d'assurance
maladie des cadres.

Britisher ['brɪtɪʃə] *n (US) (UK* **Briton)**
Britannique *mf*.

Briton ['brɪtn] *n* Britannique *mf*.

broad [brɔ:d] *adj (Fin)* large ; *(T)*
~-*gauge railway (line)* voie *f* à grand
écartement.

broadcast[1] ['brɔ:dka:st] *n* émission *f*,
programme *m* télévisé.

broadcast[2] ['brɔ:dka:st] *vti* **(broadcast,
broadcast)** transmettre, émettre ; ~ *advertising* publicité *f* radiotélévisée ; ~
media supports *mpl* radiotélévisés.

broadside ['brɔ:dsaɪd] *n (Mkg)* dépliant
m publicitaire, prospectus *m*.

brochure ['brəʊʃə] *n* brochure *f*.

broke [brəʊk] *v.* **break**[2].

broken ['brəʊkn] *v.* **break**[2].

broker[1] ['brəʊkə] *n (Bs)* **1.** courtier *m*
inv **2.** agent *m inv* de change ; *insurance* ~ courtier d'assurances ; *stock*~
agent de change.

broker[2] ['brəʊkə] *v* **1.** *vi* servir d'intermédiaire **2.** *vt* négocier.

brokerage ['brəʊkrɪdʒ] *n (Bs)* **1.** courtage *m* **2.** commission *f* de courtage ; ~
charges/fees frais *mpl*/droits *mpl* de
courtage, courtage ; ~ *firm/house* maison *f* de courtage, société *f* de bourse.

brotherhood ['brʌðəhʊd] *n* fraternité *f*,
syndicat *m* ouvrier.

brought [brɔ:t] *v.* **bring**.

brown [braʊn] *adj* marron *inv*, brun ; ~
goods produits *mpl* bruns.

Brown v. Board of Education *(Jur)*
(US) décision *f* de la Cour suprême des
Etats-Unis (1954) déclarant inconstitutionnelle toute ségrégation raciale dans
les écoles publiques. *(v.* **separate-but-
equal doctrine).**

Brunei ['bru:naɪ] *n* Brunei *m* ; *in/to B*~
au Brunei ; *native/inhabitant of B*~
Brunéien *m* (*f* -ienne).

brunt [brʌnt] *n* poids *m*, choc *m* ; *bear
the* ~ *of the criticism* subir le plus gros
de la critique.

BSI *v.* **British Standards Institute**.

bubble ['bʌbl] *n* bulle *f* ; *speculation* ~
bulle spéculatrice.

buck [bʌk] *n (US) (fam)* dollar *m*.

budget[1] ['bʌdʒɪt] *n (Fin)* budget *m* ; *advertising* ~ budget de publicité ; *balanced* ~ budget équilibré ; ~ *bill* projet *m* de loi de finances ; ~ *of common
costs* budget de charges communes ; ~
constraint contrainte *f* budgétaire ; ~
cuts coupes *fpl* budgétaires ; ~ *deficit*
découvert *m*/déficit *m* budgétaire ; *distress* ~ budget d'austérité ; ~ *expenditures* dépenses *fpl* budgétaires ; *family*
~ budget familial ; ~ *heading/item* article *m* du budget ; ~ *multiplier* multiplicateur *m* budgétaire ; *national* ~
budget de l'Etat ; *non-defence/defense*
~ budget civil ; *operating* ~ budget
d'exploitation ; ~ *outlays* dépenses *fpl*
budgétaires ; *pass the* ~ adopter/voter
le budget ; *performance* ~ budget opérationnel ; ~ *provisions* crédits *mpl*
budgétaires ; *reflationary* ~ budget de
relance ; ~ *restraint* rigueur *f* budgétaire ; ~ *shortfall* déséquilibre *m*
budgétaire ; ~ *stringency* austérité *f*
budgétaire ; *supplementary* ~ budget
annexe, rallonge *f* budgétaire ; ~
surplus excédent *m* budgétaire ; *typical
family* ~ budget familial type.
*Budget Act n (US) loi *f* de finances.

budget[2] ['bʌdʒɪt] *v* **1.** *vi* établir un budget, budgéter, budgétiser **2.** *vt* inscrire/
prévoir au budget.

budgetary ['bʌdʒɪtrɪ] *adj* budgétaire ; ~
policy politique *f* budgétaire ; ~ *restraint* rigueur *f* budgétaire, restrictions
fpl budgétaires.

budgeted ['bʌdʒɪtɪd] *adj (Cpta)* inscrit au budget.

budgeting ['bʌdʒɪtɪŋ] *n (Cpta)* budgétisation *f*; *full* ~ budgétisation intégrale.

buff [bʌf] *n* enthousiaste *mf*, fanatique *mf*; *computer* ~ *(fam)* fana *mf* de l'informatique.

buffer ['bʌfə] *n* tampon *m*; *(Cpta)* ~ *inventory* stock *m* de régularisation; ~ *stock* stock *m* tampon, stock de régularisation; *(Inf)* ~ *memory* mémoire *f* tampon.

bug[1] [bʌg] *n (fam)* **1.** folie *f*, mode *f* **2.** enthousiaste *mf* **3.** micro *m* caché **4.** défaut *m*, vice *m* de fabrication **5.** *(Inf) (anomalie)* bogue *f*.

bug[2] [bʌg] *vt (fam)* **1.** ennuyer, embêter **2.** *(pièce)* équiper de micros cachés, mettre sur écoute.

bugging ['bʌgɪŋ] *n (fam)* **1.** écoutes *fpl* électroniques/téléphoniques **2.** mise *f* sur écoute.

build [bɪld] *vti* (**built, built**) bâtir, construire; ~ *to order* fabriquer sur commande.
*build up *v part* accumuler; *(Mkg)* ~ *up customer loyalty* fidéliser le client.

builder ['bɪldə] *n* **1.** constructeur *m inv* **2.** entrepreneur *m inv* en bâtiment; ouvrier *m* (*f* -ière) en bâtiment.

building ['bɪldɪŋ] *n* **1.** *(activité)* construction *f*; ~ *contractor* entrepreneur *m inv* en bâtiment; ~ *industry* industrie *f* du bâtiment, le bâtiment; ~ *licence/license* permis *m* de construire; ~ *loan* crédit *m* de construction; ~ *site* chantier *m* de construction; ~ *trades* métiers *mpl* du bâtiment; ~ *worker* ouvrier *m* (*f* -ière) en bâtiment **2.** bâtiment *m*; *office* ~ immeuble *m* de bureaux **3.** *(Bq) (UK)* ~ *society* mutuelle *f* d'épargne et de construction, société *f* d'investissement et de crédit immobiliers.

build-up ['bɪldʌp] *n* accumulation *f*; *(Cpta)* ~ *of inventories* accumulation *f* des stocks.

built [bɪlt] *v.* **build**.

built-in [bɪlt'ɪn] *adj* incorporé, intégré; *(Eco)* ~ *inflation* inflation *f* inhérente; ~ *stabilizers* stabilisateurs *mpl* automatiques.

built-up [bɪlt'ʌp] *adj* bâti, développé; ~ *area* zone *f* développée.

Bulgaria [bʌl'geəriə] *n* Bulgarie *f*; *in/to* *B*~ en Bulgarie.

Bulgarian[1] [bʌl'geəriən] *adj* bulgare.

Bulgarian[2] [bʌl'geəriən] *n* Bulgare *mf*.

bulk [bʌlk] *n* **1.** volume *m*, masse *f*; *in* ~ en vrac, en gros, en quantité; ~ *buying* achat *m* en gros; ~ *mail* envoi

m en nombre; ~ *sale* vente *f* de liquidation **2.** *(T)* ~ *cargo* cargaison *f* en vrac; ~-*cargo ship* vraquier *m*; ~ *carrier/freighter* vraquier *m*; ~ *loading* chargement *m* en vrac.

bulking ['bʌlkɪŋ] *n (T)* groupage *m*.

bulky ['bʌlki] *adj* volumineux (*f* -euse).

bull [bʊl] *n (Bs)* ~ *(speculator)* haussier *m inv*; ~ *market* marché *m* (orienté) à la hausse; ~ *operation* opération *f* à la hausse.

bullet ['bʊlɪt] *n* **1.** *(Fin)* remboursement *m in fine* **2.** *(Jur)* balle *f*.

bulletin ['bʊlətɪn] *n* bulletin *m* d'informations.

bullion ['bʊliən] *n (Fin)* or *m* en lingots; ~ *reserves* réserves *fpl* d'or.

bullish ['bʊlɪʃ] *adj (Bs)* haussier (*f* -ière), à la hausse.

bullishness ['bʊlɪʃnəs] *n (Bs)* tendance *f* haussière.

bumper ['bʌmpə] *adj* exceptionnel (*f* -elle), record; ~ *crop* récolte *f* exceptionnelle.

bundle[1] ['bʌndl] *n (Emb)* ballot *m*.

bundle[2] ['bʌndl] *vt (Emb)* grouper, mettre en paquets/en ballots.

bunker ['bʌŋkə] *n (T)* soute *f* (à charbon ou à mazout).

buoyancy ['bɔɪənsi] *n (Eco)* activité *f*, fermeté *f* (du marché).

buoyant ['bɔɪənt] *adj (Eco)* actif (*f* -ive), soutenu.

BUPA ['bu:pə] *v.* **British United Provident Association**.

burden[1] ['bɜːdn] *n* fardeau *m* (*pl* -x), lourde charge *f*; *(Fisc)* *tax* ~ pression *f* fiscale.
*burden of proof *n (Jur)* charge *f* de la preuve.

burden[2] ['bɜːdn] *vt* (**with**) **1.** encombrer (de) **2.** *(Fisc)* grever (de).

burdensome ['bɜːdnsəm] *adj* **1.** encombrant **2.** *(Jur)* imposant des obligations disproportionnées (*v.* **onerous**).

bureau ['bjʊərəʊ] *n* bureau *m* (*pl* -x), service *m*.
*Bureau of Labor Statistics *n (US)* Institut *m* des statistiques du ministère du Travail.

bureaucracy [bjʊ'rɒkrəsi] *n* bureaucratie *f* (*v.* **red tape**).

bureaucrat ['bjʊərəkræt] *n* bureaucrate *mf*.

burglar[1] ['bɜːglə] *n* cambrioleur *m* (*f* -euse).

burglar[2] ['bɜːglə] *vt (UK)* cambrioler (*v.* **burglarize**).

burglarize ['bɜːgləraɪz] *vt (US)* cambrioler (*v.* **burglar**[2]).

burglar-proof [ˈbɜːglə pruːf] *adj* à l'épreuve de l'effraction ; ~ *safe* coffre-fort *m* inviolable.

burglary [ˈbɜːgləri] *n (Jur)* cambriolage *m*, vol *m* avec effraction.

Burkina Faso [bɜːˈkiːnə ˈfæsəʊ] *n* Burkina Faso *m* ; *in/to B~ F~* au Burkina Faso ; *native/inhabitant of B~ F~* Burkinabè *m* ; *of/from B~ F~* burkinabé.

burlap [ˈbɜːlæp] *ns inv (US)* (UK **hessian**) *(Emb)* toile *f* de jute.

Burma [ˈbɜːmə] *n (aussi* **Myanmar**) Birmanie *f* ; *to/in B~* en Birmanie.

Burmese[1] [bɜːˈmiːz] *adj* birman.

Burmese[2] [bɜːˈmiːz] *n (pl inv)* Birman *m*.

burn [bɜːn] *vti* (**burnt/burned, burnt/ burned**) brûler.

burning cost [ˈbɜːnɪŋ ˌkɒst] *n* 1. *(Ass)* rapport *m* sinistres-primes 2. *(Fin)* taux *m* de flambage.

burnt [bɜːnt] *v.* **burn**.

burst[1] [bɜːst] *n* explosion *f* ; poussée *f* ; *a ~ of enthusiasm* un accès d'enthousiasme.

burst[2] [bɜːst] *v* (**burst, burst**) 1. *vi* exploser, éclater 2. *vt* faire exploser, faire éclater.

Burundi [buˈrʊndi] *n* Burundi *m* ; *in/to B~* au Burundi.

Burundian[1] [buˈrʊndiən] *adj* burundais.

Burundian[2] [buˈrʊndiən] *n* Burundais *m*.

bus [bʌs] *n (T)* autobus *m* ; autocar *m* ; *(Mkg)* ~ *mailing* multipostage *m*.

bushel [ˈbʊʃl] *n* boisseau *m (pl* -x).

business [ˈbɪznəs] *n* 1. affaires *fpl*, gestion *f* ; ~ *agent* agent *m inv* d'affaires ; ~ *assets* fonds *m* de commerce ; ~ *career* carrière *f* professionnelle ; ~ *case* justification *f* financière ; ~ *class* classe *f* affaires ; ~ *concern* entreprise *f* commerciale ; ~ *cycle* cycle *m* des affaires ; ~ *ethics* déontologie *f*/éthique *f* des affaires ; ~ *failure* dépôt *m* de bilan ; ~ *game* jeu *m (pl* -x) d'entreprise ; ~ *hours* heures *fpl* d'ouverture/ouvrables ; ~*-interruption insurance* assurance *f* pertes d'exploitation ; ~*man* homme *m* d'affaires ; ~ *management* gestion *f* d'entreprise ; ~*-minded* ayant l'esprit d'entreprise ; ~ *name* raison *f* sociale ; ~ *opportunity* créneau *m (pl* -x) commercial ; ~ *profits* bénéfices *mpl* industriels et commerciaux (BIC) ; ~ *school* école *f* supérieure de commerce/de gestion ; ~ *studies* études *fpl* de gestion ; ~*woman* femme *f* d'affaires ; ~ *world* commerce *m*, monde *m* du commerce/des affaires

2. commerce *m*, affaire *f*, firme *f*, entreprise *f* ; ~ *accounting* comptabilité *f* d'entreprise ; ~ *address* adresse *f* professionnelle/ commerciale, adresse du siège ; ~ *formation* création *f* d'entreprise ; *one-man* ~ entreprise *f* individuelle.

*****business intelligence system (BIS)** *n* observation *f* active permanente (OAP).

*****business judgment rule** *n (Jur)* règle *f* du jugement des affaires (pour apprécier la conduite des dirigeants d'entreprise).

*****Business Round Table** *n (US)* un des équivalents du CNPF.

bust [bʌst] *loc (fam) go ~* faire faillite.

buy [baɪ] *vti* (**bought, bought**) acheter ; ~ *for cash* acheter comptant ; ~ *on credit* acheter à crédit ; ~ *from* s'approvisionner chez ; *(UK)* ~ *on hire purchase* acheter à crédit ; ~ *retail* acheter au détail ; ~ *secondhand* acheter d'occasion ; ~ *wholesale* acheter en gros.

*****Buy American Act** *n (Jur) (US)* loi *f* qui accorde un traitement préférentiel aux fournisseurs nationaux pour les commandes de l'Etat (*v.* **procurement**).

*****buy back** *v part* racheter.

buy-back [ˈbaɪbæk] *n (Fin)* rachat *m*, *(CI)* achat *m* en retour (*v.* **barter**[1], **countertrade**).

buyer [ˈbaɪə] *n* acheteur *m (f* -euse*)* ; *chief ~* directeur *m inv* des achats ; *(CI)* ~ *credit* crédit *m* acheteur ; *head ~* directeur *m* des achats ; ~*'s market* marché *m* acheteur, marché à la baisse.

buying [ˈbaɪɪŋ] *n* achat *m* ; ~ *agent* commissionnaire *m inv* à l'achat ; ~ *behaviour/behavior* comportement *m* d'achat ; ~ *group* centrale *f*/groupement *m* d'achat ; ~ *habit* habitude *f* d'achat ; ~ *office* centrale *f* d'achat ; *(Eco)* ~ *power* pouvoir *m* d'achat ; *(Com)* ~ *price* prix *m* d'achat, *(Eco)* cours *m* acheteur.

buyout [ˈbaɪaʊt] *n (Aff)* prise *f* de contrôle.

by-election [ˈbaɪɪlekʃn] *n (UK)* élection *f* partielle (à dist. *(UK)* **general election**, *(US)* **primary election**).

Byelorussia *v.* **Belorussia**.

Byelorussian *v.* **Belorussian**.

by-law [ˈbaɪlɔː] *n (aussi* **bye-law**) *(Jur)* 1. *(UK)* décret *m*/arrêté *m* municipal 2. réglementation *f* d'une société qui ne figure pas dans ses statuts, dans son règlement intérieur.

bypass [ˈbaɪpɑːs] *vt* éviter, court-circuiter ; ~ *a law* contourner une loi.

by-product ['baɪprɒdʌkt] *n* produit *m* secondaire/dérivé, sous-produit *m*.

byte [baɪt] *n (Inf)* octet *m*.

by tender [baɪ 'tendə] *loc* par adjudication.

by the book [baɪ ðə 'bʊk] *loc* suivant le règlement à la lettre.

by way of [baɪ 'weɪ əv] *prép* à titre de.

C

cabinet ['kæbɪnət] *n (UK) (Pol)* cabinet *m* ; ~ **meeting** Conseil *m* des ministres.

cable[1] ['keɪbl] *n* câble *m* ; ~ **transfer** virement *m* télégraphique ou téléphonique.

cable[2] ['keɪbl] *vti* câbler, télégraphier.

cabotage ['kæbətɑːʒ] *n (T)* cabotage *m* routier.

ca'canny [kɔ:'kænɪ] *n (UK)* grève *f* perlée.

cache memory [kæʃ 'memri] *n (Inf)* antémémoire *f*.

cache storage [kæʃ 'stɔːrɪdʒ] *n (Inf)* antémémoire *f*.

CAD *v.* **computer-aided design.**

cafeteria plan [ˌkæfə'tɪərɪə 'plæn] *n (Mgt)* programme *m* d'avantages sociaux à la carte.

cahoots [kə'huːts] *loc be in* ~ *(US) (fam)* être de connivence.

Cairns Group ['keənz ˌgruːp] *n (Eco)* le Groupe de Cairns.

calculable ['kælkjʊləbl] *adj* chiffrable.

calendar ['kælndə] *n* 1. calendrier *m* ; ~ **driven** programmé à dates précises ; ~ **year** année *f* 2. calendrier législatif, ordre *m* du jour 3. *(Jur)* liste *f* des accusés au criminel, rôle *m* des assises.

calibre/caliber ['kælɪbə] *n* calibre *m*, envergure *f*.

call[1] [kɔːl] *n* 1. demande *f*, appel *m*, communication *f* ; *(Fin)* ~ **for funds** appel de fonds, appel de capitaux ; *(Mkg)* ~ **report** rapport *m* de visite à un client ; *(Tél)* ~ **waiting** appel *m* en attente 2. **on** ~ sur demande, *(Bq)* au jour le jour ; ~ **loan rate** taux *m* au jour le jour ; **payable on** ~ payable à vue 3. *(Bs)* option *f* d'achat, prime *f* 4. *(T)* **port of** ~ escale *f* (maritime).

call[2] [kɔːl] *vti* 1. appeler, téléphoner (à) ; *(US)* ~ **collect** appeler en PCV 2. convoquer 3. *(Fin)* ~ **a loan** demander le remboursement d'un prêt ; **called-up capital** capital *m* appelé ; ~ **at port** *(T)* faire escale.

*call for *v part* demander, réclamer ; ~ **for sanctions** réclamer des sanctions *fpl*.

*call off *v part* décommander, annuler.

callable ['kɔːləbl] *adj (Bs/Fin)* appelable, remboursable ; ~ **bond** obligation *f* remboursable.

calling line identification (CLI) ['kɔːlɪŋ ˌlaɪn aɪˌdentɪfɪ'keɪʃn] *n (Tél)* identification *f* de l'appelant.

CAM *v.* **computer-aided manufacturing.**

cambist ['kæmbɪst] *n (Bq)* cambiste *mf*, agent *m inv* de change.

Cambodia [kæm'bəʊdɪə] *n* Cambodge *m* ; **in/to** *C*~ au Cambodge.

Cambodian[1] [kæm'bəʊdɪən] *adj* cambodgien *m (f* -ienne).

Cambodian[2] [kæm'bəʊdɪən] *n* Cambodgien *m (f* -ienne).

camcorder ['kæmkɔːdə] *n* caméscope *m*.

came [keɪm] *v.* **come.**

camera ['kæmrə] *n* 1. appareil *m* de photo ; *(UK)* **cine-**~/*(US)* **movie**~ caméra *f* 2. *(Jur)* Chambre *f* du Conseil, cabinet *m* du juge ; **in** ~ à huis *m* clos.

Cameroon [kæmə'ruːn] *n* Cameroun *m* ; **in/to** *C*~ au Cameroun.

Cameroonian[1] [ˌkæmə'ruːnɪən] *adj* camerounais.

Cameroonian[2] [ˌkæmə'ruːnɪən] *n* Camerounais *m*.

campaign [kæm'peɪn] *n* 1. *(Mkg)* campagne *f* ; **advertising** ~ campagne publicitaire ; **advertising** ~ **brief** dossier *m* de lancement d'une campagne 2. *(Pol)* campagne ; **election** ~ campagne électorale.

can[1] [kæn] *n* boîte *f* de conserve ; *(Emb)* boîte *f* en métal, bidon *m*.

can[2] [kæn] *vt* 1. mettre en conserve ; ~**ning factory** conserverie *f* ; ~**ning industry** industrie *f* de la conserve ; *(Mgt/Mkg)* ~**ned presentation** présentation *f* « passe-partout » 2. *(fam) (US)* licencier.

Canada ['kænədə] *n* Canada *m* ; **in/to** *C*~ au Canada.

Canadian[1] [kə'neɪdɪən] *adj* canadien *(f* -ienne).

Canadian² [kə'neɪdɪən] *n* Canadien (*f* -ienne).

cancel ['kænsəl] *vt* annuler, abroger, décommander, infirmer, renoncer à ; ~ *a debt* annuler une dette.

*cancel out *v part* annuler, compenser.

*cancel each other out *v part* s'annuler, se compenser.

cancellation [kænsə'leɪʃn] *n* annulation *f*, abrogation *f*.

candidacy ['kændɪdəsɪ] *n* candidature *f*.

candidate ['kændɪdət] *n* candidat *m* (*v.* **applicant, nominee**).

canister ['kænɪstə] *n* (*Emb*) bidon *m*.

cannibalization [kænɪbəlaɪ'zeɪʃn] *n* (*Mkg*) cannibalisation *f*.

cannibalize ['kænɪbəlaɪz] *vt* (*Mkg*) cannibaliser.

canon ['kænən] *n* critère *m*, loi *f*.

*canon law *n* (*Jur*) droit *m* canon.

*canons of construction *npl* (*documents*) critères *mpl* d'interprétation.

cant [kænt] *ns inv* **1.** argot *m*, jargon *m* **2.** cliché *m*.

canvas ['kænvəs] *n* (*Emb*) bâche *f*, toile *f*.

canvass ['kænvəs] *vti* **1.** (*Com*) (*marché, clients*) prospecter, (*porte à porte*) démarcher **2.** (*Pol*) faire du démarchage électoral, solliciter des suffrages *mpl*.

canvasser ['kænvəsə] *n* démarcheur *m* (*f* -euse).

canvassing ['kænvəsɪŋ] *n* **1.** (*Com*) démarchage *m*, prospection *f*.

cap¹ [kæp] *n* (*dépenses, subventions*) plafond *m*.

cap² [kæp] *vt* limiter, plafonner ; (*Fisc*) (*UK*) *rate-~ping* plafonnement *m* des impôts locaux.

CAP *v.* **Common Agricultural Policy**.

capacity [kə'pæsəti] *n* **1.** qualité *f*, condition *f* ; *in my ~ as guardian* en ma qualité de tuteur **2.** (*Eco*) capacité *f* industrielle ou financière ; *production ~* capacité de production ; *the factory is working to full ~* l'usine *f* tourne à plein régime **3.** (*Jur*) capacité *f* légale ; *have ~ to act* avoir qualité pour agir **4.** (*Emb*) contenance *f*, capacité *f*.

Cape Verde [keɪp 'vɜːd] *n* (îles *fpl* du) Cap-Vert ; *in/to C~ V~* au Cap-Vert.

Cape Verdean¹ [keip 'vɜːdiən] *adj* Cap-Vert.

Cape Verdean² [keip 'vɜːdiən] *n* habitant *m* du Cap-Vert.

capital ['kæpɪtl] *ns inv* **1.** (*Eco*) capital *m* (*pl* -aux) ; ~ *goods* biens *mpl* d'équipement, moyens *mpl* de production ; *~-intensive* à forte utilisation de capital **2.** (*Cptal/Fin*) capital ; ~ *account*

compte de capital ; *authorized ~* capital social ; *called-up ~* capital appelé ; ~ *expenditures* dépenses *fpl* en capital ; ~ *expenditures/spending* dépenses *fpl* d'investissement ; ~ *gain* plus-value *f* ; ~ *gains tax* impôt *m* sur les plus-values ; ~ *levy* prélèvement *m* (d'impôt) sur le capital ; ~ *loss* moins-value *f* ; ~ *market* marché *m* financier, marché des capitaux ; ~ *outlay* débours *m*, mise *f* de fonds ; ~ *turnover* rotation *f* du capital ; ~ *tax* impôt *m* sur le capital.

capitalism ['kæpɪtəlɪzm] *n* (*Eco*) capitalisme *m*.

capitalist ['kæpɪtəlɪst] *n* (*Eco*) capitaliste *mf*.

capitalistic [kæpɪtə'lɪstɪk] *adj* (*Eco*) capitaliste.

capitalization [kæpɪtəlaɪ'zeɪʃn] *n* (*Fin*) capitalisation *f*.

Capitol Hill [kæpɪtl 'hɪl] *n* (*US*) siège *m* du Congrès à Washington, D.C.

captain ['kæptɪn] *n* (*T*) capitaine *m inv*, commandant *m inv*, (*avion*) commandant de bord ; (*Ind*) ~ *of industry* capitaine *m inv*/baron *m inv* d'industrie.

captive ['kæptɪv] *adj* captif (*f* -ive) ; (*Mkg*) ~ *audience* audience *f* captive ; ~ *market* marché *m* captif ; ~ *nations* Etats *mpl* satellites.

car [kɑː] *n* (*T*) **1.** voiture *f* ; ~ *-carrying wagon* wagon *m* porte-autos **2.** (*US*) wagon *m* (de chemin de fer) ; *~load* wagon complet ; *less than ~load* wagon incomplet ; ~ *sleeper train* train *m* auto-couchettes.

carboy ['kɑːbɔɪ] *n* (*Emb*) bonbonne *f*.

carcinogenic [kɑːsɪnə'dʒenɪk] *adj* cancérigène.

card [kɑːd] *n* **1.** carte *f* ; *business ~* carte (de visite) professionnelle ; *customer ~* fichier *m* client **2.** (*Inf*) *punch ~* carte perforée.

cardboard ['kɑːdbɔːd] *n* (*Emb*) carton *m* ; ~ *box* boîte *f* en carton.

care [keə] *ns inv* soin(s) *m*(*pl*) ; (*in*) ~ *of* aux bons soins de ; (*T*) *handle with ~* manier avec précaution.

career [kə'rɪə] *n* carrière *f* ; ~ *limiting* entrave *f*/frein *m* à la carrière ; ~ *plateau* pause *f*/plateau *m* (*pl* -x) professionnel(le).

cargo ['kɑːgəʊ] (*T*) cargaison *f* ; ~ *boat* cargo *m* ; ~ *handling at port* manutention *f* portuaire ; ~ *homeward* fret *m* de retour ; (*Ass*) ~ *insurance* assurance facultés (cargaison, marchandises, fret) ; ~ *liner* cargo *m* ; *mixed ~* marchandises *fpl* mixtes ; ~ *outward* fret *m* d'aller ; ~ *plane* avion *m* cargo ; ~ *shifting* défaut *m* d'arrimage ; ~ *ship* cargo ;

~ **terminal** gare f de fret ; ~ **tie down** (avion) arrimage m du fret ; ~ **transhipment** rupture f de charge.

Caribbean [ˌkærəˈbiːən] n C~ **Sea** mer f des Caraïbes.

*Caribbean Basin Initiative (CBI) n (Cl/Eco) (US) Initiative f du Bassin caraïbe.

carload [ˈkɑːləʊd] (T) n wagon m entier.

*carload lot (CL) n chargement m entier.

carman's delivery sheet [ˌkɑːmənz drˈlɪvri ˈʃiːt] n (T) bordereau m (pl -x) de factage.

carnet [ˈkɑːneɪ] v. **ATA carnet**.

carpet-bagger [ˈkɑːpɪt ˌbægə] n (US) **1.** banquier m itinérant **2.** Nordiste m aventurier (XIXᵉ s.).

carriage [ˈkærɪdʒ] n (T) **1.** port m, transport m, fret m ; ~ **charges** frais mpl de transport ; ~ **contract** contrat m de transport ; ~ **forward** port dû ; ~ **free** franco de port ; ~ **paid** port payé ; ~ **paid and packing extra** franco de port, emballage m en sus ; ~ **paid and packing free** franco de port et d'emballage **2.** (UK) (rail) wagon m de voyageurs.

*carriage and insurance paid to (CIP) loc (T) port m payé, assurance comprise, jusqu'à...

*carriage paid to (CPT) loc (T) port m payé jusqu'à...

carried forward [ˌkærɪd ˈfɔːwəd] adj (Cpta) (report) à nouveau.

carrier [ˈkærɪə] n **1.** (T) transporteur m inv ; **common** ~ entrepreneur m inv général de transport **2.** (Jur) ~ **lien** privilège m du transporteur.

carrot and stick [ˌkærət ən ˈstɪk] n (Mgt) stratégie f de la carotte et du bâton.

carry [ˈkæri] vt porter, transporter ; (T) ~**-on luggage** bagage m à main.

*carry back v part (Cpta) reporter en amont/en arrière.

*carry forward v part (Cpta) reporter à nouveau.

*carry out v part appliquer, mettre en œuvre, effectuer, réaliser.

carry-back [ˈkæribæk] n (Cpta) report m en amont.

carry-forward [ˈkærifɔːwəd] n (Cpta) report m à nouveau.

cartage [ˈkɑːtɪdʒ] n (T) factage m, camionnage m.

cartel [ˈkɑːtel] n (Eco) consortium m, cartel m.

cartelization [ˌkɑːtəlaɪˈzeɪʃn] n cartellisation f.

carton [ˈkɑːtn] n (Emb) boîte f en carton ; (lait, jus de fruits) brique f, pack m.

case [keɪs] n **1.** cas m, affaire f ; (Mgt) ~ **study method** méthode f des cas **2.** (Jur) motif m, argument m, cause f ; **have a strong** ~ disposer d'arguments solides ; **state a** ~ exposer les faits mpl **3.** (Jur) instance f judiciaire, affaire f ; **in this particular** ~ en l'espèce ; **dismiss a** ~ classer une affaire, prononcer un non-lieu **4.** (Emb) caisse f, écrin m, étui m.

case law [ˌkeɪs ˈlɔː] n (Jur) jurisprudence f, droit m jurisprudentiel.

caseload [ˈkeɪsləʊd] n (Jur) affaires fpl au rôle (v. **docket**¹, **backlog**).

case-shopping [ˈkeɪs ˌʃɒpɪŋ] (Mkg) publicité f de petit format (PPF).

cash¹ [kæʃ] n **1.** argent m comptant, espèces fpl **2.** (Cpta) liquidité f, trésorerie f ; ~ **accounting** comptabilité f de caisse ; ~ **advance** crédit m de trésorerie ; ~ **basis** comptabilité de l'encaissé ; ~ **contribution** apport m en espèces, apport en numéraire ; paiement m ; ~ **flow** flux m de trésorerie, marge f brute d'autofinancement (MBA) ; ~ **in hand** encaisse f ; ~ **management** gestion f de trésorerie ; ~ **management unit trust** SICAV f de trésorerie ; ~ **payback delay** délai m de récupération des liquidités ; ~ **payment** paiement m comptant ; ~ **statement** bordereau m (pl -x) de caisse, situation f de caisse **3.** (Com) paiement m.

*cash-and-carry market n (Mkg) magasin m de gros en libre-service.

*cash before delivery loc paiement m à la commande.

*cash cow n (fam) vache f à lait.

*cash dispenser n (Bq) distributeur m automatique de billets (DAB).

*cash flow n (Fin/Mgt) marge f brute d'autofinancement (MBA), flux m de trésorerie.

*cash on delivery (COD) loc paiement m à la livraison.

*cash with order loc paiement m à la commande.

cash² [kæʃ] vt encaisser.

cashable [ˈkæʃəbl] adj (chèque) encaissable.

cashing [ˈkæʃɪŋ] n encaissement m.

cask [kɑːsk] n (Emb) tonneau m (pl -x), fût m.

cast [kɑːst] vt (cast, cast) jeter ; (Ind) (métallurgie) fondre ; ~ **iron** fonte f **2.** (Pol) ~ **a ballot** voter.

casting [ˈkɑːstɪŋ] n (cinéma) distribution f.

casting vote [ˌkɑːstɪŋ ˈvəʊt] *n (Pol)* voix *f* prépondérante.

casualty [ˈkæʒuəlti] *n* **1.** victime *f inv* ; **~ insurance** assurance *f* accidents et risques divers **2.** *npl* **casualties** pertes *fpl* humaines (blessés et morts).

catalogue/catalog[1] [ˈkætəlɒg] *n* catalogue *m* ; *(Mkg)* **~ selling** vente *f* par correspondance (*v.* **mail order**).

catalogue/catalog[2] [ˈkætəlɒg] *vt* répertorier.

catch [kætʃ] **(caught, caught)** *vt* attraper ; *(Mkg)* **~ phrase** accroche *f*, slogan *m* publicitaire ; **~-22 (situation)** impasse *f*, situation *f* sans issue/sans solution ; **~-up effect** effet *m* de rattrapage.

catch up *v part* **(with) *(concurrent)* rattraper.

catch-all [ˈkætʃɔːl] *n (Pol)* programme *m* fourre-tout.

catchline [ˈkætʃlaɪn] *n (Mkg)* accroche *f*, formule *f* accrocheuse.

catchment area [ˌkætʃmənt ˈeəriə] *n* **1.** zone *f* de chalandise **2.** bassin *m* hydraulique.

catchword [ˈkætʃwɜːd] *n* slogan *m*.

category [ˈkætəgri] *n* catégorie *f* ; *(Mkg)* **~ killer** distributeur *m* de masse spécialisé.

cater [ˈkeɪtə] *vt* **(for)** fournir, approvisionner.

caterer [ˈkeɪtərə] *n* **1.** fournisseur *m (f -euse)*/pourvoyeur *m (f -euse)* **2.** traiteur *m inv*.

catering [ˈkeɪtrɪŋ] *n* **1.** approvisionnement *m* ; **~ department** service *m* approvisionnement **2.** restauration *f* ; hôtellerie *f*.

cats and dogs [ˌkæts ən ˈdɒgz] *n (Bs)* titres *mpl* spéculatifs sans visibilité passée.

caucus [ˈkɔːkəs] *n (Pol) (US)* **1.** comité *m* électoral **2.** réunion *f* des instances dirigeantes d'un parti, réunion de désignation d'un candidat.

caught [kɔːt] *v.* **catch**.

causation [kɔːˈzeɪʃn] *n (Jur)* cause *f* (qui produit un effet).

cause of action [ˌkɔːz əv ˈækʃn] *n (Jur)* intérêt *m* pour agir (*v.* **standing to sue**).

caveat [ˈkæviæt] *n* mise *f* en garde, avertissement *m*.

**caveat emptor *n (Jur)* « que l'acheteur se méfie », règle *f* selon laquelle c'est l'acheteur qui doit se montrer prudent lors de l'achat.

cave [keɪv] *v part* **(in)** céder (à des demandes/pressions).

CBI[1] *v.* **Caribbean Basin Initiative.**

CBI[2] *v.* **Confederation of British Industries.**

C corporation *v.* **Subchapter C corporation.**

CD *v.* **compact disk.**

CD-ROM *v.* **compact disk-read only memory.**

ceiling [ˈsiːlɪŋ] *n (subventions, dépenses)* plafond *m* ; **~ on expenditures** plafond de dépenses ; **~ price** prix *m* plafond.

cell [sel] *n* cellule *f*.

cellular [ˈseljʊlə] *adj* cellulaire ; **~ phone** téléphone *m* cellulaire ; *(T)* **~ ship** navire *m* porte-conteneurs.

censor [ˈsensə] *n* censeur *m inv*.

censorship [ˈsensəʃɪp] *n* censure *f*.

censure [ˈsenʃə] *n* **1.** condamnation *f*, réprimande *f* **2.** *(Pol) (UK)* **vote of ~** vote *m* de censure.

census [ˈsensəs] *n* recensement *m* statistique.

central [ˈsentrəl] *adj* central *(mpl* -aux*)* ; **~ business district** centre *m*/quartier *m* des affaires ; **~ buying** achat *m* dans une centrale d'achat ; **~ purchasing group** centrale *f* d'achat.

*central processing unit (CPU) *n (Inf)* unité *f* centrale.

Central African Republic [ˈsentrəl ˌæfrɪkən rɪˈpʌblɪk] *n* République *f* Centrafricaine.

centre/center [ˈsentə] *n* centre *m* ; *(Pub)* **~ spread** encart *m*, double page *f* centrale.

CEO *v.* **chief executive officer.**

certain [ˈsɜːtn] *adj* assuré ; **~ success** succès *m* assuré.

certificate [səˈtɪfɪkət] *n* acte *m*, certificat *m* **1.** *(Jur)* **birth ~** acte/extrait *m* de naissance ; **death ~** acte de décès ; **marriage ~** acte de mariage **2.** *(D/T)* **~ of origin** certificat d'origine ; **~ of quarantine** certificat de quarantaine ; **~ of seaworthiness** certificat de navigabilité ; **~ of transport** attestation *f* de transport.

certification [ˌsɜːtɪfɪˈkeɪʃn] *n* certification *f*, authentification *f*, homologation *f* ; **~ mark** marque *f* d'origine.

certified [ˈsɜːtɪfaɪd] *adj* **1.** agréé, visé, légalisé, homologué ; *(Jur)* **~ copy** copie *f* légalisée/certifiée conforme **2.** *(US) (envoi postal)* recommandé.

certified public accountant (CPA) [ˈsɜːtɪfaɪd ˈpʌblɪk əˈkaʊntənt] *n (Cpta) (US)* expert *m inv* comptable (*v.* **chartered accountant**).

certify [ˈsɜːtɪfaɪ] *vt* certifier.

certiorari [ˌsɜːʃɪəˈreəraɪ] *n (Jur)* **1.** *(US)* demande *f* d'information par une juridiction supérieure (*v.* **writ of certiorari**) **2.** (UK) ordonnance *f* en Haute Cour pour évoquer une affaire dont un tribunal inférieur est dessaisi.

cestui que trust ['seti ki 'trʌst] *loc* (*Jur*) bénéficiaire *mf* d'un trust.

cestui que use ['seti ki 'ju:s] *loc* (*Jur*) bénéficiaire *mf* d'un droit d'usage.

CET *v.* **Common External Tariff**.

CFO *v.* **chief financial officer**.

CFR[1] *v.* **cost and freight**.

CFR[2] *v.* **Code of Federal Regulations**.

CFS[1] *v.* **Chronic Fatigue Syndrome**.

CFS[2] *v.* **container freight station**.

chachka ['tʃætʃkə] *n* petit objet *m* promotionnel.

Chad [tʃæd] *n* Tchad *m* ; *in/to C*~ au Tchad.

Chadian[1] ['tʃædiən] *adj* tchadien (*f* -ienne).

Chadian[2] ['tʃædiən] *n* Tchadien *m* (*f* -ienne).

chain [tʃeɪn] *n* chaîne *f*, réseau *m* (*pl* -x) ; (*Mgt*) ~ *of command* voie *f* hiérarchique ; (*Mkg*) ~ *store* magasin *m* à succursales multiples.
*chain of title *n* (*Jur*) chaîne *f* des transferts successifs de propriété (affectant une parcelle de terre).

chair[1] [tʃeə] *v.* **chairman**.

chair[2] [tʃeə] *vt* présider ; ~ *a meeting* présider une réunion.

chairman ['tʃeəmən] *n* (*fam* **chair**) président *m* (à *dist.* **president**) ; (*Jur/Mgt*) ~ *of the board* président du conseil d'administration.

chairwoman ['tʃeəwʊmən] *n* présidente *f*.

challenge[1] ['tʃælɪndʒ] *n* **1.** pari *m*, «challenge» *m*, défi *m* **2.** (*Jur*) récusation *f* d'un témoin ou d'un membre du jury ; ~ *for cause* récusation motivée ; *peremptory* ~ récusation non motivée.

challenge[2] ['tʃælɪndʒ] *vt* **1.** contester ; ~ *a policy* contester une politique **2.** démentir **3.** (*Jur*) récuser (un témoin ou un membre du jury) ; ~ *for cause* récuser avec motivation.

chamber ['tʃeɪmbə] *n* chambre *f* ; (*Pol*) (*Parlement*) *the Upper C*~ la Chambre haute.
*chambers *n* (*Jur*) cabinet *m* du juge ; *in* ~ à huis clos (*v.* **in camera**).

Chamber of Commerce ['tʃeɪmbər əv 'kɒmɜ:s] *n* chambre *f* de commerce.

champerty ['tʃæmpɜ:ti] *n* (*Jur*) convention *f* par laquelle le titulaire d'un droit litigieux donne mandat d'exécution à un tiers contre l'abandon à ce tiers d'une partie de ce qui aura été recouvré.

Chancellor ['tʃɑːnsələ] *n* chancelier *m inv*.
*Chancellor of the Exchequer *n* (UK) chancelier *m inv* de l'Echiquier, *équiv.* ministre *m inv* des Finances.

Chancery ['tʃɑːnsri] *n* (UK) Chancellerie *f* ; *Court of C*~ Cour *f* de la Chancellerie, cour jugeant en Equité ; *bill in C*~ plainte *f* à la Chancellerie (*v.* **equity**).

change[1] [tʃeɪndʒ] *n* changement *m* ; ~*s in stock* variations *fpl* des stocks.

change[2] [tʃeɪndʒ] *vt* changer, échanger ; ~ *jobs* changer de métier ; (*Fin*) ~ *pounds into dollars* changer des livres en dollars.

channel[1] ['tʃænəl] *n* débouché *m*, réseau *m* (*pl* -x), circuit *m* ; (*Mkg*) ~ *of distribution* canal *m* (*pl* -aux) de distribution ; ~*s of trade* courants *m* d'échange ; *trade* ~ circuit *m* de distribution.

channel[2] ['tʃænəl] *vt* (*into/towards*) canaliser/diriger (vers).

Channel ['tʃænəl] *n the English C*~ la Manche.
*Channel Tunnel *n* tunnel *m* sous la Manche.

chapter ['tʃæptə] *n* **1.** (*syndicat, chambre de commerce*) section *f* locale **2.** (*texte*) chapitre *m*.
*Chapter 7 *n* (*Jur*) (US) chapitre *m* du code des procédures collectives traitant de la liquidation judiciaire.
*Chapter 11 *n* (*Jur*) (US) chapitre *m* du code des procédures collectives traitant du redressement judiciaire/de la réorganisation judiciaire.
*Chapter 13 *n* (*Jur*) (US) chapitre *m* traitant de la faillite personnelle et du système d'aménagement des dettes des individus.

character ['kærəktə] *n* **1.** réputation *f*, caractère *m* ; qualités *fpl* morales ; (*Jur*) *be of good* ~ être de bonne vie et mœurs ; *certificate of good* ~ certificat *m* de bonne vie et mœurs ; ~ *witness* témoin *m* de moralité **2.** personnage *m inv*.

charge[1] [tʃɑːdʒ] *n* **1.** emploi *m*, fonction *f*, responsabilité *f* ; *the person in* ~ le/la responsable, le/la préposé(e) **2.** frais *mpl*, prix *m*, commission *f*, charge *f*, débit *m*, imputation *f*, prélèvement *m* ; ~ *account* compte *m* client à débiter ; ~ *card* carte *f* de crédit ; *free of* ~ à titre gracieux **3.** (*Jur*) inculpation *f*, chef *m* d'accusation ; *the* ~ *is arson* l'inculpé *m* est accusé d'incendie volontaire **4.** (*Jur*) recommandation *f*, instruction *f* ; *the judge's* ~ *to the jury* les instructions données au jury par le juge

5. *(Jur)* droits *mpl* grevants ; *a debt which is a ~ on property* une créance garantie par un droit grevant a biens.

charge² [tʃɑ:dʒ] *vt* **1.** *(Jur)* accuser ; *~ sb with a crime* imputer un crime à qn **2.** *(Jur)* grever ; *~ real property as security for a debt* grever un immeuble, affecter un immeuble à la garantie d'une créance **3.** débiter, imputer, faire payer, facturer.

chargeableness ['tʃɑ:dʒəblnəs] *n* imputabilité *f.*

charging ['tʃɑ:dʒɪŋ] *n* allocation *f*, imputation *f.*

charity ['tʃærəti] *n* œuvre *f* de bienfaisance ; *~ bazaar* vente *f* de bienfaisance ; *~ business* industrie *f* caritative.

chart [tʃɑ:t] *n* graphique *m*, tableau *m* (*pl* -x), diagramme *m*, document *m* de présentation, *(Mgt)* transparent *m* ; *(Cpta) ~ of accounts* plan *m* comptable.

charter¹ ['tʃɑ:tə] *n* **1.** *(Jur)* charte *f* **2.** *(T)* charte *f*, mission *f*, affrètement *m*, *(Can)* vol *m* nolisé ; *~-party* charte-partie *f.*

charter² ['tʃɑ:tə] *v* **1.** *(T)* affréter **2.** accorder une charte à ; *~ed accountant (UK)* expert-comptable *m inv* (*v.* **certified public accountant**) ; *~ed company* compagnie *f* à charte.

charterer ['tʃɑ:tərə] *n* *(T)* affréteur *m inv.*

chartering ['tʃɑ:tərɪŋ] *n* *(T)* affrètement *m.*

charter-party ['tʃɑ:tə,pɑ:ti] *n* *(T)* charte-partie *f* (*v.* **charter¹**).

chattel ['tʃætl] *n* *(Jur)* **1.** *~s* biens *mpl* meubles et droits mobiliers **2.** *~ mortgage* hypothèque *f* mobilière, nantissement *m* (*v.* **personal property**).

cheap [tʃi:p] *adj* économique, bon marché *inv*, peu cher (*f* -ère) (*v.* **economical**).

cheat¹ [tʃi:t] *n* **1.** fraude *f*, tromperie *f* **2.** tricheur *m* (*f* -euse).

cheat² [tʃi:t] *vti* frauder, tricher, tromper.

check¹ [tʃek] *n* **1.** frein *m*, obstacle *m* **2.** contrôle *m* ; *cross-~s* moyens *mpl* de recoupement ; *~ sample* échantillon *m* témoin **3.** *(Bq) (US)* chèque *m* **4.** *(US)* *(restaurant)* note *f*, addition *f.*
*****checks and balances** *npl* *(Pol) (US)* mécanismes *mpl* de « freins et contrepoids » qui tendent à atténuer la séparation des pouvoirs et à éviter la prédominance de l'un d'entre eux.

check² [tʃek] *vt* **1.** enrayer, contenir ; *(Eco) ~ inflation* endiguer l'inflation **2.** contrôler, vérifier ; *(Cpta) ~ the books* vérifier les livres.

*****check in** *v part (bagages)* enregistrer.
*****check out** *v part* quitter (un hôtel), payer sa note.

checking ['tʃekɪŋ] *n* contrôle *m*, vérification *f.*

checking account ['tʃekɪŋ əˌkaʊnt] *n* *(US)* compte *m* bancaire.

check-out ['tʃekaʊt] *n* *(supermarché)* caisse *f* ; *(Mkg) ~ display* devant *m* de caisse.

chemical ['kemɪkl] *n* produit *m* chimique ; *~ industry* industrie *f* chimique, pétrochimie *f.*

cheque [tʃek] *n* *(Bq)* *(US check)* chèque *m* ; *cheque book (UK)/check book (US)* chéquier *m*, carnet *m* de chèques ; *bounced ~* chèque refusé pour absence de provision, chèque sans provision.

chest [tʃest] *n* *(Emb)* caisse *f*, coffre *m.*

chicken coop ['tʃɪkɪn ˌkuːp] *n* *(fam)* « poulailler » *m*, service *m* employant un personnel essentiellement féminin.

chief [tʃi:f] *n* chef *m inv* ; *~ accountant* chef comptable ; *~ controller (US)* chef comptable.

*****chief executive officer (CEO)** *n* président-directeur général (PDG) *m inv* d'une société.

*****chief financial officer (CFO)** *n* directeur *m inv* financier.

*****chief information officer (CIO)** *n* directeur *m* (*f* -trice) de la communication.

*****chief operating officer (COO)** *n* directeur *m* des opérations.

Chile ['tʃɪli] *n* Chili *m* ; *in/to C~* au Chili.

Chilean¹ ['tʃɪliən] *adj* chilien (*f* -ienne).

Chilean² ['tʃɪliən] *n* Chilien (*f* -ienne).

Chiltern Hundreds [ˌtʃɪltən 'hʌndrədz] *n* *(Pol) (UK)* poste *m* inexistant correspondant à un titre honorifique ; *accept the stewardship of the C~ H~* démissionner de la Chambre des communes.

China ['tʃaɪnə] *n* Chine *f* ; *in/to C~* en Chine.

Chinese¹ [tʃaɪ'ni:z] *adj* chinois.

Chinese² [tʃaɪ'ni:z] *n* (*pl inv*) Chinois *m.*

chip [tʃɪp] *n* **1.** *(Bs) blue ~ stocks* valeurs *fpl* de père de famille, valeurs *fpl* « vedettes » **2.** *(Inf)* puce ; *(US) ~ card* carte *f* à puce.

chock [tʃɒk] *vt* *(Emb)* caler, coincer.

choke [tʃəʊk] *v* **1.** *vt* étouffer **2.** *vi* s'étouffer.

chore [tʃɔ:] *n* corvée *f.*

chose in action [ʃəʊz ɪn 'ækʃn] *n* *(Jur)* chose *f* incorporelle, droit *m* incorporel.

chose in possession [ʃəʊz ɪn pə'zeʃn] *n* *(Jur)* chose *f* corporelle, droit *m* corporel (dont le propriétaire a la jouissance).

Christmas bonus [ˈkrɪstməs ˈbəʊnəs] *n* prime *f* de Noël, *équiv.* treizième mois *m*.

Chronic Fatigue Syndrome (CFS) [ˌkrɒnɪk fəˈtiːg ˌsɪndrəʊm] *n* (*Mgt*) état *m* de fatigue chronique.

Chunnel [ˈtʃʌnl] *n* (*fam*) tunnel *m* sous la Manche.

churning [ˈtʃɜːnɪŋ] *n* (*Jur*) abus *m* de confiance (par courtier), (*Mkg*) vente *f* à l'arraché.

CIF *v.* **cost, insurance and freight.**

CIO *v.* **chief information officer.**

CIP *v.* **carriage and insurance paid to.**

circle [ˈsɜːkl] *n* cercle *m* ; *business* ~s milieux *mpl* d'affaires ; *political* ~s la classe *f* politique.

circuit [ˈsɜːkɪt] *n* **1.** circuit *m* **2.** (*Jur*) (*US*) ressort *m* d'une cour d'appel fédérale ; *the Court of Appeals for the Ninth C*~ la cour *f* d'appel fédérale pour le 9ᵉ ressort fédéral.

circular[1] [ˈsɜːkjʊlə] *adj* circulaire ; ~ *file* « classement *m* vertical », mise *f* à la corbeille à papier.

circular[2] [ˈsɜːkjʊlə] *n* **1.** tract *m* publicitaire **2.** circulaire *f.*

circulate [ˈsɜːkjʊleɪt] *v* **1.** *vi* circuler **2.** *vt* diffuser, faire circuler.

circulating [ˈsɜːkjʊleɪtɪŋ] *adj* en circulation ; (*Cpta/Fin*) ~ *assets* actifs *mpl* circulants ; ~ *capital* capitaux *mpl* roulants.

circulation [ˌsɜːkjuˈleɪʃn] *n* **1.** (*presse*) tirage *m* ; ~ *breakdown* analyse *f* sectorielle de la diffusion ; *for* ~ à diffuser **2.** (*monnaie*) circulation *f* ; *in* ~ en circulation.

circumstances [ˈsɜːkəmstənsɪz / ˈsɜːkəmstænsɪz] *n* **1.** circonstances *fpl* ; *in poor* ~ dans le dénuement/la pauvreté **2.** (*Jur*) *aggravating* ~ circonstances *fpl* aggravantes ; *extenuating/mitigating* ~ circonstances *f* atténuantes.

circumvent [ˌsɜːkəmˈvent] *vt* (*loi*) tourner, contourner (*v.* **bypass**).

CIS *v.* **Commonwealth of Independent States.**

CISG *v.* **Convention on the International Sale of Goods.**

citation [saɪˈteɪʃn] *n* (*Jur*) **1.** citation *f* ; ~ *of authorities* référence *f* à la jurisprudence **2.** citation à comparaître, assignation *f* **3.** (*US*) amende *f*, procès-verbal *m.*

City [ˈsɪti] *n* (*Bq/Fin*) *the C*~ la City ; quartier *m* financier de Londres.

civil [ˈsɪvl] *adj* civil ; ~ *disobedience* ré-

sistance *f* passive ; ~ *liberties* libertés *fpl* individuelles (*v.* Bill of Rights) ; ~ *procedure* procédure *f* civile ; ~ *rights* droits *mpl* civiques et politiques.

***civil servant** *n* fonctionnaire *mf.*

***civil service** *n* administration *f.*

civil law [ˌsɪvl ˈlɔː] *n* (*Jur*) **1.** droit *m* civil **2.** système *m* juridique romano-germanique ; ~ *countries* pays *mpl* à tradition romano-germanique.

Civil War [ˌsɪvl ˈwɔː] *n* (*US*) *the C*~ *W*~ la guerre *f* de Sécession.

CJEC *v.* **Court of Justice of the European Communities.**

CL *v.* **carload lot.**

claim[1] [kleɪm] *n* **1.** affirmation *f*, déclaration *f* (*v.* statement) **2.** revendication *f*, prétention *f*, exigence *f* ; *wage* ~s revendications *fpl* salariales **3.** créance *f* ; *financial* ~ créance financière **4.** (*Jur*) droit *m*, prétention *f* à faire valoir ; *make a* ~ *to sth* prétendre à qch ; *have a prior* ~ avoir un droit d'antériorité **5.** (*Ass*) sinistre *m*, réclamation *f*, demande *f* en réparation ; *file a* ~ faire une déclaration de sinistre.

claim[2] [kleɪm] *vt* **1.** affirmer **2.** réclamer, revendiquer.

claimant [ˈkleɪmənt] *n* demandeur *m* (*f* -deresse), requérant *m*, réclamant *m inv.*

class [klɑːs] *n* **1.** classe *f*, classe *f* sociale **2.** catégorie *f* **3.** (*Ass*) catégorie *f*, branche *f* d'assurance, cote *f* d'un navire.

***class action** *n* (*Jur*) (*US*) action *f* de groupe.

classification [ˌklæsɪfɪˈkeɪʃn] *n* classification *f* ; (*D*) nomenclature *f.*

classified [ˈklæsɪfaɪd] *adj* **1.** classé, classifié ; ~ *ads/advertisements* petites annonces *fpl* **2.** secret (*f* -ète) ; ~ *documents* documents *mpl* classés « top secret ».

classify [ˈklæsɪfaɪ] *vt* classifier ; (*D*) ~ *the goods* déterminer l'espèce tarifaire.

clause [klɔːz] *n* clause *f*, disposition *f* (d'un traité/d'un contrat/d'un testament) ; (*Jur*) *avoidance* ~ clause *f* résolutoire ; (*Bs*) *claw-back* ~ clause *f* de réduction du nombre des actions attribuées ; *enabling* ~ clause *f* habilitante ; *escape* ~ clause *f* échappatoire ; *exculpatory* ~ clause *f* exonératoire.

Clayton Act [ˈkleɪtn ækt] *n* (*Jur*) (*US*) loi *f* antitrust (1914) qui complète le **Sherman Antitrust Act** de 1890.

clean[1] [kliːn] *adj* net (*f* nette), sans réserve ; (*T*) ~ *bill of lading* connaissement *m* sans réserve ; (*Jur*) ~ *signature* signature *f* sans réserve.

***clean hands** *npl* (*Jur*) ~ *doctrine* doctrine *f* des mains propres en Équité.

clean[2] [kli:n] *vt* nettoyer.

cleanse [klenz] *vt* assainir, purifier.

clear[1] [klɪə] *adj* clair ; *(Jur)* ~ *day* jour *m* franc ; ~ *loss* perte *f* sèche ; ~ *majority* majorité *f* absolue.
  clear and present danger *n (Jur) (US)* « danger *m* évident et actuel » ; situation *f* qui permet au gouvernement de restreindre la liberté d'expression.

clear[2] [klɪə] *v* 1. *(situation)* éclaircir, clarifier, *(personne)* innocenter ; ~ *oneself of a charge* se laver d'un soupçon ; ~ *a difference* régler un différend 2. débarrasser, dégager, évacuer ; *(Jur)* ~ *the court* faire évacuer la salle (d'audience) 3. autoriser, approuver ; *(D)* dédouaner ; ~ *goods for import/export* dédouaner à l'import/à l'export ; ~ *goods through customs* dédouaner des marchandises ; ~ *sth with sb* soumettre qch à l'approbation de qn 4. *(dette)* acquitter, *(compte)* liquider, apurer ; ~ *an estate* purger une hypothèque.

clearance [ˈklɪərəns] *n* 1. approbation *f*, autorisation *f* 2. *(D)* dédouanement *m* ; ~ *inwards/outwards* permis *m* d'entrée/de sortie ; *regional* ~ *centre/center* centre *m* régional de dédouanement ; ~ *at trader's premises* dédouanement *m* à domicile 3. *(T)* ~ *certificate* congé *m* de navigation, lettre *f* de mer, certificat *m* de libre pratique 4. *(Mkg)* soldes *mpl* ; ~ *sale* soldes *mpl* 5. *(Cpta)* solde *m*.

clearing [ˈklɪərɪŋ] *n (Bq)* compensation *f* ; *(UK)* ~ *bank* banque *f* de dépôts ; ~ *house* chambre *f* de compensation.

clerical [ˈklerɪkl] *adj* de bureau ; ~ *error/mistake* erreur *f* mineure (de forme/de frappe) ; ~ *staff* employés *mpl* (de bureau) ; ~ *work* travail *m* de bureau.

clerk [klɑ:k/klɜ:k] *n* 1. employé *m*, agent *m inv* de bureau, employé *m* de bureau ; *(Jur)* ~ *of the court* greffier *m* (*f* -ière) ; ~'*s office* greffe *m* (du tribunal) 2. *(UK)* clerc *m inv* d'avoué ; ~ *in articles of apprenticeship to a practising solicitor* stagiaire *mf* chez un avoué.

CLI *v.* calling line identification.

client [ˈklaɪənt] *n* client *m*.

climb [klaɪm] *v* 1. *vi* grimper, monter, augmenter 2. *vt* grimper, monter.

clinch [klɪntʃ] *vt (accord)* conclure ; ~*ing argument* argument *m* décisif.

clipping [ˈklɪpɪŋ] *n (press)* ~ coupure *f* de presse.

clock in/out [klɒk ˈɪn/ˈaʊt] *vi (Mgt)* pointer (à l'arrivée/à la sortie).

close[1] [kləʊs] *adj* clos, restreint ; ~ *price* prix restreint.

close company *n (Jur) (UK)* entreprise *f* contrôlée par un faible nombre d'actionnaires (*v.* close corporation).

close corporation *n (Jur) (US)* entreprise *f* contrôlée par un faible nombre d'actionnaires (*v.* close company) (à dist. public corporation).

close[2] [kləʊz] *vti* 1. fermer, clore ; *(Cpta)* ~ *an account* arrêter un compte ; ~ *the gap with a competitor* rattraper un concurrent.
  close down *v part* fermer définitivement, *(fam)* fermer boutique, mettre les clés sous la porte ; *(Cl/Com)* ~ *down a market* fermer un marché.

closed [kləʊzd] *adj* 1. fermé ; ~ *circuit television* télévision *f* en circuit fermé 2. *(Bs)* ~ *end-investment company/trust* société *f* d'investissement à capital fixe (SICAF).
  closed shop *n (Jur)* monopole *m* syndical d'embauche, obligation *f* de se syndiquer ; interdit aux Etats-Unis par le Taft-Hartley Act.

closing [ˈkləʊzɪŋ] *n* 1. fermeture *f*, clôture *f* ; *(Bs/Cpta)* ~ *bid* dernière offre *f* ; ~ *call* cours *m* de clôture ; ~ *date* date *f* limite ; ~ *inventory* inventaire *m* de clôture 2. *(Jur)* conclusion *f* d'une vente/d'une acquisition.

closure [ˈkləʊʒə] *n* 1. fermeture *f*, arrêt *m* 2. *(débat)* clôture *f*.

clothing [ˈkləʊðɪŋ] *n* habillement *m*, vêtements *mpl* ; *textile and* ~ *industry* secteur *m* du textile et de l'habillement.

cloture [ˈkləʊtʃə] *n (Pol) (US)* vote *m* pour mettre fin à une tentative d'obstruction législative (*v.* filibuster).

clout [klaʊt] *n (Pol)* influence *f*.

cluster [ˈklʌstə] *n* groupe *m* ; *(Mkg)* ~ *sampling* sondage *m* par segments.

CMEA *v.* Council for Mutual Economic Assistance.

CMR airway bill [ˈsi: em ˈɑ:r ˈeəweɪ bɪl] *n (T)* lettre *f* de voiture CMR.

CMR convention [ˈsi: em ˈɑ: kənˈvenʃn] *n (T)* convention *f* CMR (de transport routier international).

coach [kəʊtʃ] *n* 1. *(T) (UK)* autocar *m* 2. *(US)* entraîneur *m* (*f* -euse), *(Mgt)* mentor *m inv* 3. *(T)* classe *f* touriste (à dist. business class).

coaching [ˈkəʊtʃɪŋ] *n (Mgt)* technique *f* de motivation par management participatif.

coal [kəʊl] *ns inv* charbon *m* ; ~ *field* bassin *m* houiller ; ~ *mining* extraction *f* du charbon.
  coals to Newcastle *loc sell* ~ vendre l'impossible (du charbon dans une région minière).

coast[1] [kəust] *n* côte *f*.

coast[2] [kəust] *vi* (*aussi* **coast along**) *(T)* caboter, rouler/voler à une vitesse de croisière.

coastal [ˈkəustəl] *adj* côtier (*f* -ière).

*****coastal shipping** *n (T)* cabotage *m*.

coaster [ˈkəustə] *n (T)* caboteur *m*.

coattails [ˈkəutteɪlz] *n (Mgt/Pol)* effet *m* d'entraînement ; *on sb's* ~ dans le sillage de qn.

COCOM [ˈkəukɔm] *v*. **Coordinating Committee for Multilateral Export Controls**.

COD *v*. **cash on delivery/collect on delivery**.

code [kəud] *n (Jur)* code *m*.

*****Code of Federal Regulations (CFR)** *n (Jur) (US)* code *m* des réglementations fédérales (*v*. **regulatory agency** ; **administrative law**).

*****Code of Professional Responsibility** *n (Jur) (US)* code *m* de déontologie des avocats.

codicil [ˈkəudɪsɪl] *n (Jur)* codicille *m*.

codification [ˌkəudɪfɪˈkeɪʃn] *n (Jur)* codification *f*.

codify [ˈkəudɪfaɪ] *vt (Jur)* codifier.

co-educational [ˌkəuedjuˈkeɪʃnəl] *adj (enseignement)* mixte.

coefficient [ˌkəuɪˈfɪʃnt] *n* coefficient *m*.

coercion [kəuˈɜːʃn] *n* contrainte *f*, coercition *f* (*v*. **undue influence, duress**).

coercive [kəuˈɜːsɪv] *adj* coercitif (*f* -ive).

coffee [ˈkɔfi] *n* café *m* ; ~ *break* pause café *f*.

cogency [ˈkəudʒənsi] *n* force *f* d'un agrément, bien-fondé *m*.

cognizance [ˈkɔɡnɪzəns] *n* **1**. connaissance *f*, clairvoyance *f* ; *take* ~ *of* prendre acte de **2**. *(Jur)* compétence *f* (d'un tribunal) ; *be within the* ~ *of* être de la compétence de ; *decline* ~ *of a case* se déclarer incompétent.

cohabitation [kəuˌhæbɪˈteɪʃn] *n* concubinage *m*, cohabitation *f* avec existence de rapports intimes.

coin [kɔɪn] *n* pièce *f* (de monnaie) ; ~-*operated machine* machine *f* à sous.

co-insurance [ˌkəuɪnˈʃuərəns] *n (Ass)* coassurance *f*, assurance *f* en quotité.

COLA *v*. **cost of living adjustment**.

cold storage unit [ˌkəuld ˈstɔːrɪdʒ juːnɪt] *n (T)* chambre *f* froide.

collaborate [kəˈlæbəreɪt] *vi* collaborer.

collapse[1] [kəˈlæps] *n* effondrement *m*.

collapse[2] [kəˈlæps] *vi* s'effondrer.

collateral[1] [kəˈlætrəl] *adj* **1**. accessoire, subsidiaire, concomitant ; *(Jur)* ~ *evidence* preuve *f* indirecte ; ~ *security* garantie *f* accessoire **2**. *(Jur)* de nantisse-

ment ; ~ *loan* prêt *m*/emprunt *m* garanti.

*****collateral estoppel** *n (Jur)* interdiction *f* de juger à nouveau la même affaire.

collateral[2] [kəˈlætrəl] *n (Jur)* bien *m* donné en garantie/en nantissement.

collateralize [kəˈlætrəlaɪz] *vt* garantir.

colleague [ˈkɔliːɡ] *n* collègue *mf*, collaborateur *m* (*f* -trice).

collect[1] [kəˈlekt] *adj* en port dû, en PCV.

collect[2] [kəˈlekt] *vt* **1**. aller chercher, recueillir ; *(T)* ~ *the goods* enlever la marchandise **2**. recouvrer, encaisser ; *(D) (droit, taxe)* percevoir.

*****collect on delivery (COD)** *loc (US)* paiement *m* à la livraison.

collectable [kəˈlektəbl] *adj (aussi* -ible) **1**. qui se collectionne **2**. *(Bq/Fin)* encaissable ; ~ *bill* effet *m* encaissable.

collection [kəˈlekʃn] *n* **1**. *(Fin)* encaissement *m*, recouvrement *m*, perception *f* ; ~ *agency* agence *f* de recouvrement **2**. *(T) (marchandises)* enlèvement *m* ; *(T)* ~ *from...delivery to* pré- et post-acheminement *m*.

collective [kəˈlektɪv] *adj* collectif (*f* -ive) ; *(Jur)* ~ *bargaining* négociation *f* collective ; *(Jur)* ~ *bargaining agreement* convention *f* collective.

collector [kəˈlektə] *n* **1**. collectionneur *m* (*f* -euse) **2**. contrôleur *m inv*, receveur *m inv* ; *(Fisc) tax* ~ percepteur *m inv*.

collide [kəˈlaɪd] *vi (with)* entrer en collision (avec), être en violent désaccord (avec).

collier [ˈkɔliə] *n (UK)* **1**. mineur *m inv* **2**. *(T)* navire *m* charbonnier.

colliery [ˈkɔljəri] *n (UK)* mine *f*, charbonnage *m*.

collision [kəˈlɪʒn] *n* collision *f* ; ~ *at sea* abordage *m*.

collusion [kəˈluːʒn] *n (Jur)* collusion *f*, connivence *f* frauduleuse.

Colombia [kəˈlɔmbiə] *n* Colombie *f* ; *in/to C*~ en Colombie.

Colombian[1] [kəˈlɔmbiən] *adj* colombien (*f* -ienne).

Colombian[2] [kəˈlɔmbiən] *n* Colombien (*f* -ienne).

colorable [ˈkʌlərəbl] *adj (Jur) (revendication)* susceptible d'être reconnu.

columnist [ˈkɔləmnɪst] *n* éditorialiste *mf*.

combination [ˌkɔmbɪˈneɪʃn] *n* association *f*, combinaison *f* ; *(T)* ~ *carrier* pétrolier *m* minéralier ; *(Com)* ~ *store* magasin *m* permanent.

combine[1] [ˈkɔmbaɪn] *n (Jur)* entente *f*, entente *f* industrielle, cartel *m*, trust *m*.

combine[2] [kəmˈbaɪn] *v* **1**. *vt* unir, allier **2**. *vi* s'allier, s'unir.

combined [kəm'baɪnd] *adj* combiné ; *(T)* ~ *transport* transport *m* combiné/ multimodal ; ~ *transport document* document *m* de transport combiné.

combo ['kɒmbəʊ] *n (T)* (ab de **combined vessel**) navire *m* conçu pour les marchandises en conteneur ou en vrac.

come [kʌm] *vi* (**came, come**) venir ; *(Jur)* ~ *into force* entrer en vigueur ; *(Cpta)* ~ *to maturity* échoir.
*come out *v part* sortir ; *(Mkg)* être mis sur le marché, sortir.
*come to *v part* (chiffres, dépenses) se monter à, se chiffrer à.
*come up *v part* se présenter, apparaître ; *(Pol)* ~ *for reelection* se présenter aux élections.

comity ['kɒmətɪ] *n (Jur)* (entre Etats) courtoisie *f*, reconnaissance *f* mutuelle des décisions administratives, législatives et judiciaires.

command[1] [kə'mɑːnd] *n* **1.** commandement *m*, autorité *f* ; *chain of* ~ hiérarchie *f* **2.** connaissance *f* parfaite, maîtrise *f* ; *she's in full* ~ *of the situation* elle maîtrise parfaitement la situation.

command[2] [kə'mɑːnd] *vt* **1.** ordonner **2.** contrôler, avoir la maîtrise de ; ~ *a market* contrôler un marché.

commencement [kə'mensmənt] *n* **1.** début *m*, commencement *m* **2.** *(US)* cérémonie *f* de remise de diplômes.

commend [kə'mend] *vt* louer, féliciter.

commensurate [kə'menʃərət] *adj* (*with*) proportionné à.

comment[1] ['kɒment] *n* commentaire *m*, appréciation *f*.

comment[2] ['kɒment] *vi* (*on*) commenter, critiquer.

commentary ['kɒməntrɪ] *n* commentaire *m*.

commerce ['kɒmɜːs] *n* commerce *m* ; *Chamber of C*~ chambre *f* de commerce.
*Commerce Clause *n (Jur) (US)* (art. I, sect. 8 de la Constitution des Etats-Unis) le Congrès a le pouvoir de réglementer le commerce avec les Etats étrangers et entre les Etats de l'Union (*v.* **interstate**).

commercial[1] [kə'mɜːʃl] *adj* commercial (*mpl* -iaux) ; *(Jur)* ~ *code* code *m* de commerce ; *(UCC)* ~ *impracticability* impossibilité *f* d'exécution ; ~ *law* droit *m* commercial ; *(US)* ~ *paper* billet *m* à ordre, effet *m* de commerce ; *(Com)* ~ *traveller* voyageur *m inv* de commerce, VRP *m inv* ; ~ *usage* usages *mpl* commerciaux.

commercial[2] [kə'mɜːʃl] *n (Mkg)* spot *m* publicitaire, (à la télévision) publicité *f*.

commercialese [kə,mɜːʃə'liːz] *n* jargon *m*/style *m* commercial (*v.* **legalese**).

commercialization [kə,mɜːʃəlaɪ'zeɪʃn] *n* commercialisation *f*.

commercialize [kə'mɜːʃəlaɪz] *vt* commercialiser.

commission[1] [kə'mɪʃn] *n* **1.** commission *f*, charge *f*, responsabilité *f* **2.** *(Com)* commission *f*, pourcentage *m* ; ~ *agent/ merchant* commissionnaire *mf*, courtier *m inv* ; *payment on a* ~ *basis* paiement *m* à la commission **3.** *(Jur)* action *f* de commettre un délit, consommation *f* d'un délit ; ~ *of a crime* perpétration *f* d'un crime **4.** commission *f*, *(Pol)* instance *f* administrative disposant de prérogatives importantes ; *(US) Atomic Energy C*~ Commission *f* à l'énergie atomique (CEA).

commission[2] [kə'mɪʃn] *vt* **1.** commissionner, mandater **2.** commander.

commissioner [kə'mɪʃnə] *n* **1.** membre *m inv* d'une commission ou son délégué **2.** commissaire *m inv*, préfet *m inv* ; ~ *of police* préfet de police **3.** *(Jur)* juge *m inv* de tribunal inférieur **4.** *(Pol) (US)* fonctionnaire *mf* de haut rang.
*Commissioner of Internal Revenue *n (Fisc) (US)* chef *m inv* du fisc américain, receveur *m inv* principal des contributions.

commit [kə'mɪt] *v* **1.** *vt* (acte) commettre ; ~ *a crime* commettre un délit **2.** *vt* (document) remettre, confier **3.** *vt (Jur)* (personne) faire emprisonner ; ~ *to prison* incarcérer **4.** *vi* ~ *oneself to* s'engager à.

commitment [kə'mɪtmənt] *n* engagement *m*, promesse *f* ; *(Bq/Fin)* ~ *fee* commission *f* d'ouverture de crédit.

committee [kə'mɪtiː] *n* **1.** comité *m* ; *(UE) member of the works* ~ représentant *m* du personnel **2.** *(Pol)* commission *f* ; *congressional* ~ commission *f* parlementaire **3.** *(Jur) (UK)* curateur *m* (*f* -trice) (*v.* **conservator**).

commodity [kə'mɒdɪtɪ] *n* **1.** denrée *f*, produit *m*, article *m* **2.** (matières premières, produits agricoles) produit *m* de base ; ~ *agreement* accord *m* sur les produits de base ; ~ *broker* courtier *m inv* en matières premières ; ~ *exchange* bourse *f* des matières premières ; ~ *market* marché *m* des matières premières.

common ['kɒmən] *adj* commun *m* ; *(T)* ~ *carrier* transporteur *m inv* public ; *(Jur/ Fin)* ~ *share*, *(US)* ~ *stock* action *f* ordinaire.
*Common Agricultural Policy (CAP) *n (Eco) (UE)* politique *f* agricole commune (PAC).

***Common External Tariff (CET)** n *(Eco) (UE)* tarif m extérieur commun (TEC).

common law [ˌkɒmən 'lɔ:] n *(Jur)* droit m coutumier et jurisprudentiel (v. **equity**), système m juridique des pays anglo-saxons.

commonwealth ['kɒmənwelθ] n **1.** *the British C~ of Nations* le Commonwealth britannique **2.** *(US)* dénomination f de certains Etats ; *the ~ of Massachusetts* la République/l'Etat du Massachusetts.

***Commonwealth of Independent States (CIS)** n Communauté f des Etats indépendants (CEI) (v. **USSR**).

communicate [kə'mju:nɪkeɪt] vti communiquer.

communication [kəˌmju:nɪ'keɪʃn] n communication f ; *means of ~* moyens mpl de communication.

community [kə'mju:nəti] n collectivité f ; *(Fisc) (UK) ~ charge* taxe f d'habitation, impôts mpl locaux.

***community property** n *(Jur) (contrat de mariage)* biens mpl soumis au régime de la communauté.

***community service** n *(Jur)* peine f de travail d'intérêt général.

***Community Transit** n *(T) (UE)* transit m communautaire.

commute [kə'mju:t] vi faire la navette entre son domicile et son lieu de travail.

commuter [kə'mju:tə] n personne f inv qui fait la navette entre son domicile et son travail ; *~ plane* avion-taxi m.

Comoros ['kɒmərəʊz] npl (les îles) Comores fpl ; *in/to C~* aux Comores.

comp [kɒmp] adj (ab de **compensatory**) à titre de compensation.

compact disk (CD) [ˌkɒmpækt 'dɪsk] n disque m à lecture optique, disque m laser/compact.

***compact disk-read only memory (CD-ROM)** n disque m préenregistré à lecture uniquement, CD-ROM m.

company ['kʌmpəni] n **1.** compagnie f, entreprise f, entreprise commerciale, société f ; *~ car* voiture f de service ; *~ flat/house* logement m de fonction ; *(fam) ~ rag* journal m/« canard » m d'entreprise, feuille f de chou **2.** *(Jur)* société f, compagnie f ; *affiliated ~* société apparentée ; *(UK) ~ tax* impôt m sur les sociétés.

***Companies Creditors Administrator** n *(Jur) (Can)* administrateur m inv judiciaire.

comparative [kəm'pærətɪv] adj comparatif (f -ive).

***comparative negligence** n *(Jur) (US)* prise f en compte de la négligence de la victime dans le calcul des dommages-intérêts (v. **contributory negligence**).

compare [kəm'peə] vi *(with)* comparer (à).

comparison [kəm'pærɪzn] n comparaison f.

***comparison shopper** n *(Mkg)* consommateur m (f -trice) avisé(e)/qui fait des études comparatives.

compatibility [kəmˌpætə'bɪləti] n compatibilité f.

compelling [kəm'pelɪŋ] adj contraignant, irrésistible ; *(Jur) (US) ~ state interest* intérêt m primordial de l'Etat (justifiant certains agissements).

compensate ['kɒmpənseɪt] vti **1.** rémunérer **2.** *~ for* dédommager.

compensation [ˌkɒmpən'seɪʃn] n **1.** *(Mgt) (emploi)* rémunération f **2.** *(Jur)* compensation f, dédommagement m, réparation f, indemnité f.

compensatory [ˌkɒmpən'seɪtri] adj à titre de compensation.

compete [kəm'pi:t] vi *(with)* être en concurrence avec, concurrencer.

competence ['kɒmpɪtəns] n *(aussi competency)* **1.** compétence f, aptitude f, capacité f **2.** *(Jur)* capacité f, compétence f ; *~ to stand trial* capacité à être jugé.

competent ['kɒmpɪtənt] adj compétent ; *~ court* tribunal m (pl -aux) ayant juridiction.

competition [ˌkɒmpə'tɪʃn] n concurrence f ; *fair ~* concurrence f loyale ; *(UK) ~ law* droit m de la concurrence ; *~ policy* politique f de la concurrence ; *unfair ~* concurrence f déloyale.

competitive [kəm'petətɪv] adj compétitif (f -ive), concurrentiel (f -ielle) ; *(Mkg) ~ brand* marque f concurrente ; *~ edge* avantage m concurrentiel ; *~ position* position f concurrentielle.

competitiveness [kəm'petətɪvnəs] n compétitivité f.

competitor [kəm'petɪtə] n concurrent m.

complain [kəm'pleɪn] vi *(about)* se plaindre (de), porter plainte (au sujet de).

complainant [kəm'pleɪmənt] n plaignant m, *(Jur)* demandeur m (f -eresse).

complaint [kəm'pleɪnt] n **1.** plainte f, réclamation f ; *~s department* service m des réclamations **2.** *(Jur)* plainte f en justice ; *file/lodge a ~* déposer une plainte **3.** *(Pol)* représentation f ; *diplomatic ~s* représentations fpl diplomatiques.

complement ['kɒmplɪment] vt compléter.

condition

complementarity [ˌkɒmplɪmenˈtærəti] *n* complémentarité *f*.

complementary [ˌkɒmplɪˈmentri] *adj* complémentaire.

completion [kəmˈpliːʃn] *n* bonne fin *f*, achèvement *m*, exécution *f*; (*Jur*) ~ *bond* garantie *f* de bonne fin/exécution *f*; ~ *date* date *f* d'achèvement des travaux; (*contrat*) date *f* d'exécution.

compliance [kəmˈplaɪəns] *n* (*with*) (*loi*, *accord*, *normes*) conformité *f* (à); *in* ~ *with the law* conformément à la loi.

complimentary [ˌkɒmplɪˈmentri] *adj* **1.** gracieux (*f* -ieuse), à titre gratuit; ~ *copy* spécimen *m*, envoi *m* à titre gracieux **2.** de politesse; ~ *close* formule *f* de politesse.

comply [kəmˈplaɪ] *vi* (*with*) se conformer (à), s'exécuter.

component [kəmˈpəʊnənt] *n* composant *m*; ~ *parts* pièces *fpl* détachées.

composition [ˌkɒmpəˈzɪʃn] *n* **1.** composition *f* **2.** (*Jur*) accommodement *m*, composition *f*.

compound[1] [ˈkɒmpaʊnd] *adj* composite, composé; (*Bq/Fin*) ~ *interest* intérêts *mpl* composés; ~ *yield* rendement *m* composé.

compound[2] [kəmˈpaʊnd] *vi* composer, transiger, s'entendre à l'amiable.

comprehensive [ˌkɒmprɪˈhensɪv] *adj* global (*mpl* -aux), d'ensemble, exhaustif (*f* -ive); (*Ass*) ~ *insurance policy* police *f* multirisque/tous risques.

comprise [kəmˈpraɪz] *vt* comprendre, contenir, inclure.

compromise[1] [ˈkɒmprəmaɪz] *n* compromis *m*, (*Jur*) arrangement *m*, règlement *m*; ~ *and settlement* règlement/arrangement à l'amiable.

compromise[2] [ˈkɒmprəmaɪz] *v* **1.** *vi* (*on*) transiger (sur) **2.** *vi* (*Jur*) s'entendre à l'amiable **3.** *vt* (*réputation*) compromettre.

comptroller [kənˈtrəʊlə] *n* contrôleur *m* *inv*.

*Comptroller General *n* (*US*) contrôleur *m* *inv* général, titre *m* du directeur du **General Accounting Office** (**GAO**).

compulsive [kəmˈpʌlsɪv] *adj* **1.** coercitif (*f* -ive) **2.** irraisonné; (*Mkg*) ~ *buying* achat *m* d'impulsion, achat « coup de cœur ».

compulsory [kəmˈpʌlsri] *adj* obligatoire (*à dist.* **optional**).

computer [kəmˈpjuːtə] *n* (*Inf*) ordinateur *m*; ~-*based* informatisé; ~ *literate* compétent en informatique; ~ *phobia* phobie *f* des ordinateurs/de l'informatique.

*computer-aided design (**CAD**) *n* conception *f* assistée par ordinateur.

*computer-aided manufacturing (**CAM**) *n* fabrication *f* assistée par ordinateur.

computerese [kəmˌpjuːtəˈriːz] *n* jargon *m* informatique.

computerization [kəmˌpjuːtəraɪˈzeɪʃn] *n* informatisation *f*, passage *m* à l'informatique.

computerized [kəmˈpjuːtəraɪzd] *adj* informatisé.

conceal [kənˈsiːl] *vt* **1.** dissimuler **2.** (*Jur*) receler.

concealment [kənˈsiːlmənt] *n* **1.** dissimulation *f* **2.** (*Jur*) recel *m*.

concern [kənˈsɜːn] *n* **1.** préoccupation *f*, souci *m* **2.** affaire *f*, entreprise *f*.

concession [kənˈseʃn] *n* **1.** concession *f*; *make a* ~ faire une concession **2.** (*Fin*) franchise *f*, réduction *f*.

conclusion [kənˈkluːʒn] *n* conclusion *f*; (*Jur*) ~ *of fact* déduction *f* sur les faits; ~ *of law* déclaration *f* du tribunal sur les points de droit applicables aux faits.

conclusive [kənˈkluːsɪv] *adj* probant, concluant; (*Jur*) ~ *evidence* preuve *f* péremptoire/formelle.

concur [kənˈkɜː] *vi* (*with*) coïncider (avec), s'entendre (avec).

concurrence [kənˈkʌrəns] *n* **1.** soutien *m*, avis *m* positif, accord *m* **2.** (*Jur*) (*US*) opinion *f* de concurrence (*v.* **concurring opinion**, *à dist.* **dissenting opinion**).

concurrent [kənˈkʌrənt] *adj* **1.** joint, concomitant, simultané **2.** (*Jur*) ~ *conditions* conditions *fpl* concurrentes; ~ *jurisdiction* compétence *f* simultanée (de différents tribunaux); ~ *sentences* peines *fpl* de prison cumulatives (à purger simultanément).

concurring [kənˈkɜːrɪŋ] *adj* qui va dans le même sens, qui coïncide; (*Jur*) ~ *opinion* opinion *f* de concurrence; opinion d'un ou plusieurs juges qui ont voté avec la majorité, mais pour des raisons différentes (*v.* **concurrence**, *à dist.* **dissenting opinion**).

condemn [kənˈdem] *vt* (*Jur*) **1.** condamner; ~*ed to death* condamné à mort **2.** (*US*) exproprier pour cause d'utilité publique.

condition[1] [kənˈdɪʃn] *n* **1.** condition *f*; *in good/bad* ~ en bon/mauvais état **2.** (*Jur*) événement *m* aléatoire, condition *f*; ~ *precedent* condition *f* suspensive; ~ *subsequent* condition résolutoire; (*contrat*) *terms and* ~*s* modalités *fpl* et conditions *fpl* de vente.

condition[2] [kənˈdɪʃn] *vt* conditionner, imposer des conditions.

conditional [kən'dıʃnəl] *adj* conditionnel (*f* -elle) ; **~ on** dépendant de.

conditioning [kən'dıʃnıŋ] *n* conditionnement *m*.

condominium [ˌkɒnde'mınıəm] *n (Jur) (US)* copropriété *f*.

conduct[1] ['kɒndʌkt] *n* conduite *f* ; *(Jur) injurious* **~** conduite dommageable.

conduct[2] [kən'dʌkt] *vt* conduire, diriger ; **~** *a negotiation* mener une négociation ; **~** *a poll* effectuer un sondage.

confectionery [kən'fekʃnri] *n* confiserie *f*.

confederation [kənˌfedə'reiʃn] *n* confédération *f*.
*****Confederation of British Industries (CBI)** *n (UK)* patronat *m* britannique, équiv. CNPF.

conference ['kɒnfrəns] *n* **1.** conférence *f* ; *(Tél)* **~** *call* conversation *f* téléphonique à plusieurs sur plusieurs sites, réunion-téléphone *f* **2.** *(T)* conférence *f*.
*****conference on the law of the sea** *n (Jur/CI)* conférence *f* sur le droit de la mer.
*****conference line** *n (T)* ligne *f* maritime, association *f* d'armateurs.

confession [kən'feʃn] *n (Jur)* aveu *m* (*pl* -x) ; *full* **~** aveux *mpl* complets.

confidence ['kɒnfıdəns] *n* confiance *f* ; *breach of* **~** abus *m* de confiance.

confident ['kɒnfıdnt] *adj* confiant.

confidentiality [ˌkɒnfıdenʃi'æləti] *n* confidentialité *f*.

confinement [kən'faınmənt] *n* emprisonnement *m*, incarcération *f* ; *order of* **~** ordre *m* d'écrou ; *in solitary* **~** au régime *m* cellulaire.

confirm [kən'fɜ:m] *vt* confirmer, entériner, sanctionner, homologuer ; **~** *an appointment* ratifier une nomination (*v.* **consent**[2]).
*****confirming house** *n (CI)* firme *f* spécialisée dans le commerce extérieur, société *f* de commerce extérieur (SCI).

confiscate ['kɒnfıskeıt] *vt (from)* confisquer (à).

confiscation [ˌkɒnfıs'keıʃn] *n* confiscation *f*.

confiscatory [kən'fıskətri] *adj* confiscatoire.

conflict ['kɒnflıkt] *n* conflit *m*.
*****conflict of authority** *n (Jur)* contrariété *f* de jugement, contrariété de jurisprudence.
*****conflict of interest** *n (Jur/Pol)* conflit *m* d'intérêts.
*****conflict of laws** *n (Jur)* conflit *m* de lois.

conflicting [kən'flıktıŋ] *adj* en conflit, contradictoire, opposé.

conform [kən'fɔ:m] *vi (with)* se conformer (à).
*****conformed copy** *n (Jur)* copie *f* conforme.
*****conforming goods** *npl (Jur) (US) (UCC)* marchandises *fpl* conformes.

confrontation [ˌkɒnfrʌn'teıʃn] *n* confrontation *f* ; *(Jur) (US)* **~** *of witnesses* droit *m* de l'inculpé d'être confronté aux témoins (garanti, aux Etats-Unis, par le 6e amendement).

conglomerate [kən'glɒmərət] *n (Jur)* conglomérat *m*, groupe *m* aux activités diversifiées qui s'est constitué à la faveur d'une série de fusions et d'absorptions (*v.* **merger, amalgamation**).

Congo ['kɒŋgəʊ] *n (aussi* **the Congo)** Congo *m* ; *in/to (the)* **C~** au Congo.

Congolese[1] [ˌkɒŋgə'li:z] *adj* congolais.

Congolese[2] [ˌkɒŋgə'li:z] *n (pl inv)* Congolais *m*.

congress ['kɒŋgres] *n* congrès *m*, organisation *f*.
*****Congress** *n (US)* Congrès *m* des Etats-Unis, composé du Sénat et de la Chambre des représentants (*v.* **House of Representatives, Senate**).
*****Congress for Racial Equality (CORE)** *n (US)* Congrès *m* pour l'égalité raciale, fondé en 1941.

congressional [kən'greʃnəl] *adj (US)* du Congrès, parlementaire.
*****Congressional Quarterly** *n* publication *f* périodique privée consacrée aux travaux du Congrès.
*****Congressional Record** *n* compte *m* rendu officiel des débats du Congrès.

congressman/woman ['kɒŋgresmən/ 'kɒŋgreswʊmən] *n (US)* membre *m inv* du Congrès des Etats-Unis, député *m inv*.

congruence ['kɒŋgruəns] *n* synergie *f*, complémentarité *f*.

congruent ['kɒŋgruənt] *adj* en synergie, complémentaire ; *(Com/Mgt)* **~** *innovation* développement *m* simultané de produits complémentaires.

conjugal ['kɒndʒʊgl] *adj* conjugal (*mpl* -aux).

conman ['kɒn ˌmæn] *n (fam)* escroc *m inv*.

connection [kə'nekʃn] *n* **1.** *(T)* connexion *f*, correspondance *f* **2.** **~s** relations *fpl*.

connivance [kə'naıvns] *n* connivence *f*, collusion *f*, assentiment *m*, complicité *f*.

consanguinity [ˌkɒnsæŋ'wınəti] *n* consanguinité *f*.

consensus [kən'sensəs] *n* consensus *m*.

consent[1] [kən'sent] *n* **1.** consentement *m*, agrément *m*, ratification *f* ; *(Jur) by* *mutual* ~ de gré à gré; *informed* ~ consentement après avoir été informé de toutes les conséquences d'une décision **2.** *(Pol)* *(US)* approbation *f*, agrément *m* du Sénat pour les nominations présidentielles à des postes importants.

consent² [kən'sent] *vi* **1.** *(to)* consentir à, accepter de **2.** donner son accord (*v.* **confirm**).

conservation [ˌkɒnsə'veɪʃn] *n* conservation *f*, préservation *f*; *energy* ~ économie *f* d'énergie.

conservative [kən'sɜːvətɪv] *adj* **1.** prudent; ~ *estimate* estimation *f* prudente **2.** *(Pol)* conservateur (*f* -trice).

*Conservative Party *n* *(Pol)* *(UK)* le Parti *m* conservateur, les Conservateurs.

conservator [kən'sɜːvətə] *n* *(Jur)* *(US)* curateur *m* (*f* -trice) (*v.* **committee**).

consider [kən'sɪdə] *vt* envisager, considérer.

consideration [kənˌsɪdə'reɪʃn] *n* **1.** considération *f*, examen *m*; *after due* ~ après mûre réflexion; *under* ~ à l'étude **2.** *(Jur)* contrepartie *f* (condition de validité des contrats en droit anglo-américain); *for a money* ~ moyennant finances; *for valuable* ~ à titre onéreux.

consign [kən'saɪn] *vt* **1.** *(T)* expédier **2.** mettre en consignation.

consignation [ˌkɒnsaɪ'neɪʃn] *n* **1.** expédition *f* **2.** consignation *f*.

consignee [ˌkɒnsaɪ'niː] *n* *(T)* destinataire *mf*; consignataire *mf*.

consignment [kən'saɪnmənt] *n* **1.** envoi *m*, consignation *f*, expédition *f* **2.** marchandises *fpl* expédiées; ~ *note* avis *m* d'expédition, lettre *f* de voiture, bordereau *m* (*pl* -x) d'expédition, bordereau d'envoi; *on* ~ en dépôt, en consignation.

consignor [ˌkɒnsaɪ'nɔː] *n* *(aussi* **consigner**) expéditeur *m* (*f* -trice).

consistency [kən'sɪstənsɪ] *n* cohérence *f*; *(Cpta)* permanence *f* des méthodes comptables, permettant la comparaison dans le temps.

consistent [kən'sɪstənt] *adj* cohérent, logique; ~ *buying* achats *mpl* suivis; ~ *expectations* prévisions *fpl* concordantes.

consolidate [kən'sɒlɪdeɪt] *vt* **1.** consolider, raffermir **2.** unifier, codifier **3.** *(T)* grouper.

consolidated [kən'sɒlɪdeɪtɪd] *adj* **1.** *(Cpta/Fin)* consolidé; ~ *accounts* bilan *m* consolidé; ~ *profits* bénéfice *m* consolidé; *(US)* ~ *statements* comptes *mpl* consolidés **2.** conjoint, joint, conjugué; *(Jur)* ~ *actions* actions

fpl jointes **3.** *(T)* groupé; ~ *shipment* expédition *f* groupée/de groupage.

consolidation [kənˌsɒlɪ'deɪʃn] *n* **1.** consolidation *f*, groupement *m* **2.** *(T)* groupage *m*.

*consolidation of actions *n* *(Jur)* jonction *f* d'instances.

*consolidation of statutes *n* *(Jur)* refonte *f* des textes législatifs.

consortium [kən'sɔːtɪəm] *n* consortium *m*.

conspicuous [kən'spɪkjuəs] *adj* visible, évident; *(Jur)* ~ *term* condition *f* mise en évidence, portée à l'attention de et visible par une personne «raisonnable».

conspiracy [kən'spɪrəsɪ] *n* **1.** conspiration *f* **2.** *(Jur)* association *f* de malfaiteurs.

constable ['kʌnstəbl] *n* *(UK)* gardien *m inv* de la paix, agent *m inv* de police, gendarme *m inv*.

constituency [kən'stɪtjuənsɪ] *n* *(Pol)* **1.** circonscription *f* électorale **2.** *(ensemble des électeurs)* électorat *m*.

constituent [kən'stɪtjuənt] *n* **1.** composant *m* **2.** *(Pol)* électeur *m* (*f* -trice) d'une circonscription électorale.

constitution [ˌkɒnstɪ'tjuːʃn] *n* constitution *f*.

constitutional [ˌkɒnstɪ'tjuːʃnəl] *adj* *(Jur)* constitutionnel (*f* -elle).

*constitutional law *n* *(Jur)* droit *m* constitutionnel.

constitutionality [ˌkɒnstɪtjuːʃən'ælətɪ] *n* *(Jur)* constitutionnalité *f*.

constraint [kən'streɪnt] *n* **1.** obstacle *m*, contrainte *f*; *(Ind)* *supply* ~ difficulté *f* d'approvisionnement **2.** *(Jur)* privation *f* de liberté, contrainte *f* par corps.

construction [kən'strʌkʃn] *n* **1.** *(Ind)* construction *f*, bâtiment *m*; *the* ~ *industry* l'industrie *f* du bâtiment **2.** *(Jur)* interprétation *f*, construction *f* juridique; *strict* ~ interprétation *f* étroite/restrictive.

constructive [kən'strʌktɪv] *adj* **1.** constructif (*f* -ive) **2.** *(Jur)* implicite, établi par déduction; ~ *knowledge* connaissance *f* qu'aurait une personne «raisonnable»; ~ *notice* connaissance *f* imputée, notification *f* imputée, connaissance présumée, connaissance qu'on est censé avoir.

construe [kən'struː] *vt* *(Jur)* expliquer, interpréter.

consular ['kɒnsjʊlə] *adj* consulaire; *(D)* ~ *charges/fees* droits *mpl* consulaires; ~ *invoice* facture *f* consulaire.

consultancy [kən'sʌltənsɪ] *n* *(activité)* conseil *m*; ~ *firm* cabinet *m* de consultants/d'expertise ; ~ *department* service *m* d'expertise.

consultant [kən'sʌltənt] *n* consultant *m*.

consultative [kən'sʌltətɪv] *adj* consultatif (*f* -ive) ; *in a ~ capacity* dans un rôle consultatif.

consulting [kən'sʌltɪŋ] *n (activité)* conseil *m*.

consumable [kən'sju:məbl] *adj* consommable.

consume [kən'sju:m] *vti* consommer.

consumer [kən'sju:mə] *n* consommateur *m* (*f* -trice) ; *(Mkg)* ~ *behaviour/behavior* comportement *m* des consommateurs ; ~ *brand* marque *f* grand public ; ~ *conditioning* conditionnement *m* du consommateur ; ~ *credit* crédit *m* à la consommation ; ~ *demand* demande *f* des consommateurs ; ~ *goods* biens *mpl* de grande consommation ; ~ *habits* habitudes *fpl* de consommation ; ~ *loan* prêt *m* à la consommation ; ~ *loyalty* fidélité *f* du consommateur ; ~ *needs* besoins *mpl* des consommateurs ; ~ *patterns* habitudes *fpl* de consommation ; ~ *price* prix *m* à la consommation ; ~ *product* produit *m* de grande consommation ; ~ *protection* protection *f* du consommateur ; ~ *response* réaction *f* des consommateurs ; ~ *society* société *f* de consommation ; ~ *spending* dépenses *fpl* de consommation ; ~ *tax* impôt *m* sur la consommation ; ~ *wants* besoins *mpl* des consommateurs.

*****consumers' association** *n* organisation *f* de consommateurs.

*****consumer price index (CPI)** *n (Eco)* indice *m* des prix à la consommation.

*****Consumer Product Safety Commission (CPSC)** *n (US)* commission *f* de contrôle de la sécurité des produits.

consumerism [kən'sju:mərɪzm] *n (Mkg)* consumérisme *m*, *(J.O.)* consomérisme *m*.

consumption [kən'sʌmpʃn] *n* consommation *f* ; ~ *goods* biens *mpl* de consommation.

contact [ˈkɒntækt] *vt* contacter.

container [kən'teɪnə] *n* 1. récipient *m* 2. *(T)* conteneur *m* ; ~ *berth* quai *m* à conteneurs ; ~ *car* wagon *m* porte-conteneurs ; ~ *cargo* navire *m* porte-conteneurs ; ~ *carrier lo-lo (lift on-lift off)* porte-conteneurs *m* à manutention verticale (lo-lo) ; ~ *destuffing/devanning* dépotage *m* ; ~ *flat* plate-forme *f* conteneur ; ~ *flat car* wagon *m* porte-conteneurs ; ~ *load* lot *m* de marchandises suffisant pour remplir un conteneur ; ~ *loading* chargement *m* du conteneur ; ~ *packing* empotage *m* ; ~ *ship* navire *m* porte-conteneurs ; ~

stripping dépotage *m* d'un conteneur ; ~ *stuffing* empotage *m* ; ~ *terminal* emplacement *m*/terminal *m* (équipé) pour conteneurs ; ~ *unloading* déchargement *m* du conteneur ; ~ *unpacking* dépotage *m* du conteneur ; ~ *wagon* wagon-conteneur *m* ; ~ *with fixed wheels* conteneur à roues fixes ; ~ *with special fittings for handling* conteneur à porteur aménagé 3. *collapsible* ~ conteneur repliable ; *closed ventilated* ~ conteneur fermé aéré ; *dry bulk* ~ conteneur pour marchandises solides en vrac ; *general cargo* ~ conteneur pour marchandises générales ; *general purpose* ~ conteneur pour usage général ; *heated* ~ conteneur chauffé/calorifique ; *hold* ~ conteneur de soute ; *insulated* ~ conteneur isotherme ; *open-top* ~ conteneur à toit ouvert ; *platform* ~ conteneur plate-forme ; *platform-based* ~ *(open-sided)* conteneur type plate-forme (parois latérales ouvertes) ; *specific purpose* ~ conteneur à usage spécifique ; *tank* ~ conteneur-citerne.

*****container freight station (CFS)** *n* poste *m* de groupage et dégroupage.

*****container yard (CY)** *n* terre-plein *m* portuaire à conteneurs.

containerizable [kən'teɪnəraɪzəbl] *adj (T)* conteneurisable.

containerization [kən,teɪnəraɪ'zeɪʃn] *n (T)* conteneurisation *f*, mise *f* en conteneurs.

containerize [kən'teɪnəraɪz] *vt (T)* conteneuriser.

containment [kən'teɪnmənt] *n (Pol) (US)* endiguement *m*.

contango [kən'tæŋgəʊ] *n (Bs)* report *m* ; ~ *rate* intérêt *m* de report.

contemplate [ˈkɒntəmpleɪt] *vt* envisager.

contempt [kən'tempt] *n* 1. mépris *m* 2. *(Jur)* ~ *of court* outrage *m* à magistrat/au tribunal, refus *m* d'obéissance aux ordonnances d'un tribunal, refus de comparaître, contumace *f* 3. *(Pol) (US)* ~ *of Congress* refus *m* de comparaître devant une commission d'enquête parlementaire.

content [ˈkɒntent] *n* 1. *(contrat)* contenu *m*, termes *mpl* 2. *(récipient)* contenu *m*, capacité *f*.

contest[1] [ˈkɒntest] *n* concours *m*, lutte *f*.

contest[2] [kən'test] *vt* 1. attaquer, contester ; ~ *a will* attaquer un testament 2. *(élection)* disputer ; *(Pol) (US)* ~*ed election* élection *f* à laquelle se présentent au moins deux candidats 3. ~ *with* se disputer avec.

contingency [kən'tɪndʒənsi] *n* contingence f, éventualité f; *(Ass)* aléa m; *(plan financier)* provision f; *(Jur)* ~ *fees* pacte m quota litis; ~ *fund* caisse f de prévoyance; ~ *plan* plan m à appliquer en cas d'urgence.

contingent [kən'tɪndʒənt] *adj* **1.** contingent, éventuel (f -elle), fortuit **2.** *(Jur)* ~ *fee* pacte m quota litis; *(Jur)* ~ *interest* droit m dont l'acquisition dépend de la survenance d'un événement aléatoire.

continuance [kən'tɪnjuəns] n *(Jur) (US)* ~ *of an action* report m/renvoi m d'une instance à une date ultérieure.

continuing [kən'tɪnju:ɪŋ] *adj* continu; ~ *education* formation f permanente.
***continuing appropriation** n *(US)* prolongation f des affectations budgétaires *(équiv.* les «douzièmes provisoires» en France).

continuous [kən'tɪnjuəs] *adj* continu; *(Mgt)* ~-*flow manufacturing* production f à flux tendus; ~ *improvement* f (théorie de l') amélioration f ininterrompue *(v.* **kaizen**).

contract[1] ['kɒntrækt] n *(Jur)* contrat m, acte m de vente; *express* ~ contrat en bonne et due forme; *implied* ~ contrat tacite/de fait; *make a* ~ passer un contrat; *(UK) simple* ~ contrat ordinaire/non formel; *(UK) specialty* ~ /~ *by deed* acte m authentique, contrat formel.

contract[2] [kən'trækt] v **1.** *vt (Jur)* contracter; *capacity to* ~ capacité f de contracter; ~*ing party* contractant m, partie f à un contrat, cocontractant m **2.** *vi (Jur)* ~ *to* s'engager à **3.** *vi (Eco)* se rétrécir, se contracter.
***contract in** v part adhérer volontairement (à).
***contract out** v part **1.** sous-traiter **2.** se dégager d'un accord/d'une obligation.

contraction [kən'trækʃn] n *(Eco)* réduction f d'activité, contraction f de l'activité économique.

contractor [kən'træktə] n entrepreneur m *inv*; *sub*-~ sous-traitant m *inv*; *(T) haulage* ~ entrepreneur de transport routier.

contribute [kən'trɪbju:t] *vti (to)* contribuer (à), cotiser (à)

contribution [kɒntrɪ'bju:ʃn] n **1.** cotisation f, contribution f; ~*s to pension funds* cotisations aux caisses de retraite **2.** *(Jur)* apport m; ~ *in the form of money* apport en numéraire; ~ *in the form of property* apport autre que numéraire; ~ *in the form of skill* apport en industrie **3.** *(Jur)* contribution f; *action for* ~ action f récursoire **4.** *(Pol)*

contribution f; *campaign* ~ contribution électorale, don m.

contributor [kən'trɪbjutə] n **1.** cotisant m, souscripteur m (f -trice) **2.** *(Pol)* contributeur (f -trice) (à une campagne électorale).

contributory [kən'trɪbjutri] *adj* contributif (f -ive), participatif (f -ive); ~ *pension scheme* régime m de retraite avec participation des assurés.
***contributory negligence** n *(Jur)* négligence f/imprudence f de la part de la victime d'un accident, qui la rend partiellement responsable de cet accident *(v.* **comparative negligence**).

control[1] [kən'trəul] n **1.** contrôle m, réglementation f, régulation f; protection f; *(Eco) wage and price* ~s politique f de régulation des salaires et des prix **2.** *(T)* ~ *tower* tour f de contrôle.

control[2] [kən'trəul] *vt* **1.** exercer son autorité sur, dominer, maîtriser **2.** réglementer.
***controlled substance** n *(Jur)* stupéfiant m.

controller [kən'trəulə] n *(Mgt)* contrôleur m (f -euse) de gestion.

controlling [kən'trəulɪŋ] *adj* de contrôle; *(Jur/Mgt)* ~ *interest* participation f majoritaire, majorité f de contrôle.

controversial [ˌkɒntrə'vɜ:ʃl] *adj* contesté, controversé, qui prête à controverse.

controversy [kən'trɒvəsi / 'kɒ:ntrəvə:si] n controverse f, litige m.

convenience [kən'vi:niəns] n **1.** commodité f; ~ *foods* plats mpl prêts à consommer; ~ *goods* produits mpl courants; *(Mkg)* ~ *store* bazarette f, magasin m de proximité **2.** *(T) flag of* ~ pavillon m de complaisance.

convention [kən'venʃn] n **1.** congrès m, assemblée f; *(Pol) (US) nominating* ~ congrès m de désignation des candidats à certains postes électifs, et plus particulièrement à la présidence **2.** accord m, convention f, traité m.
***Convention on the International Sale of Goods (CISG)** n *(Jur)* Convention f de l'ONU sur les contrats de vente internationale de marchandises *(syn.* **Convention de Vienne**).

conversational [ˌkɒnvə'seɪʃnəl] *adj (Inf)* ~ *mode* mode m/dialogue m conversationnel.

conversion [kən'vɜ:ʃn] n **1.** transformation f **2.** *(Jur)* conversion f frauduleuse.

convert [kən'vɜ:t] *vt* convertir; ~ *into cash* monnayer.

convertibility [kənˌvɜːtəˈbiləti] *n (Fin)* convertibilité *f.*

convertible [kənˈvɜːtəbl] *adj (Fin)* convertible ; **~ bond/debenture** obligation *f* convertible.

convey [kənˈveɪ] *vt* 1. *(T)* transporter, acheminer 2. *(Jur)* transmettre.

conveyance [kənˈveɪəns] *n* 1. *(T)* transport *m* ; moyen *m* de transport ; **means of ~** moyens *mpl* de transport 2. *(Jur)* transmission *f*/transfert *m* de propriété, acte *m* translatif ; **deed of ~** acte *m* de cession.

conveyancing [kənˈveɪənsɪŋ] *n (Jur)* 1. mutation *f* de biens immeubles 2. rédaction *f* d'actes notariés.

conveyor [kənˈveɪə] *n (T)* transporteur *m inv* ; **~ belt** tapis *m* roulant.

conviction [kənˈvɪkʃn] *n* 1. conviction *f*, persuasion *f* 2. *(Jur)* condamnation *f* ; **prior ~s** dossier *m* du prévenu, casier *m* judiciaire (*v.* **record**²).

convoy [ˈkɒnvɔɪ] *n (T)* convoi *m.*

COO *v.* **chief operating officer.**

cool [kuːl] *v* 1. *vt* calmer, rafraîchir 2. *vi* se calmer, se rafraîchir.
*cool off *v part (fam)* se calmer.

cooling-off period [ˌkuːlɪŋˈɒf ˌpɪərɪəd] *n* 1. période *f*/délai *m* de réflexion 2. *(US)* période *f* de 60 jours prévue par la loi Taft-Hartley sur les relations du travail.

cooperate [kəʊˈɒpəreɪt] *vi (in)* collaborer (à), coopérer (à).

cooperation [kəʊˌɒpəˈreɪʃn] *n* coopération *f*, concours *m* ; **with the ~ of** avec le concours de.

cooperative¹ [kəʊˈɒprətɪv] *adj* coopératif (*f* -ive) ; **~ farm** coopérative *f* agricole ; **~ society** coopérative *f*, société *f* coopérative.

cooperative² [kəʊˈɒprətɪv] *n* coopérative *f.*

coordinate [kəʊˈɔːdɪneɪt] *vt* coordonner.
*Coordinating Committee for Multilateral Export Controls (COCOM) *n* Comité *m* de contrôle des exportations « sensibles » vers les pays du bloc communiste.

coordination [kəʊˌɔːdɪˈneɪʃn] *n* coordination *f.*

co-owner [ˌkəʊˈəʊnə] *n (Jur)* copropriétaire *mf.*

co-ownership [ˌkəʊˈəʊnəʃɪp] *n (Jur)* copropriété *f.*

co-partner [ˌkəʊˈpɑːtnə] *n* coassocié *m.*

co-partnership [ˌkəʊˈpɑːtnəʃɪp] *n* 1. coparticipation *f* 2. *(Jur)* société *f* en participation.

copy [ˈkɒpi] *n* 1. copie *f*, exemplaire *m* 2. *(Pub)* texte *m* d'annonce publicitaire ;

~ testing test *m* d'annonce publicitaire ; **~ writer** rédacteur *m* (*f* -trice) publicitaire.

copycat [ˈkɒpikæt] *n (fam)* imitateur *m* (*f* -trice), faussaire *mf* ; **~ goods** imitations *fpl*, contrefaçons *fpl.*

copyright [ˈkɒpiraɪt] *n (Jur)* droit *m* d'auteur ; **out of ~** dans le domaine *m* public ; **~ reserved** tous droits *mpl* réservés.

copywriter [ˈkɒpiraɪtə] *n (Pub)* rédacteur *m* (*f* -trice) publicitaire ; concepteur-rédacteur *m*, conceptrice-rédactrice *f.*

core [kɔː] *n* centre *m*, noyau *m* (*pl* -x) ; **~ business** activité *f* de base ; **~ competence** compétence *f* principale ; *(Mkg)* **~ market** marché *m* principal ; **~ product** produit *m* de base.

CORE *v.* **Congress for Racial Equality.**

corn [kɔːn] *ns inv* 1. *(UK)* blé *m* 2. *(US)* maïs *m* 3. graines *fpl*, céréales *fpl.*

corner¹ [ˈkɔːnə] *n* coin *m* ; *(Mkg)* **~ store** commerce/magasin *m* de proximité.

corner² [ˈkɔːnə] *vt* 1. acculer, coincer 2. *(Eco)* accaparer ; **~ a market** imposer le prix sur un marché, monopoliser un marché 3. *(Bs)* geler le marché (aucune transaction possible).

coroner [ˈkɒrənə] *n (Jur)* officier *m inv* chargé d'enquêter en cas de mort violente ou suspecte (*v.* **inquest**).

corp and gown [ˌkɔːp ən ˈɡaʊn] *loc (fam)* relations *fpl* université/entreprises (*v.* **town and gown**).

corporate [ˈkɔːprət] *adj* 1. d'entreprise, au niveau de la compagnie ; **~ advertising** publicité *f* institutionnelle ; **~ banking** banque *f* d'entreprise ; **~ collateral** supports *mpl* (écrits et multimédia) de communication d'entreprise ; **~ communication** communication *f* institutionnelle ; **~ credit card** carte *f* de crédit professionnelle/d'entreprise ; **~ culture** culture *f* d'entreprise ; **~ dress code** code *m* vestimentaire de l'entreprise, usages *mpl* vestimentaires ; **~ executive** dirigeant *m* d'entreprise ; **~ finance** finance *f* d'entreprise ; **~ governance** gouvernement *m* d'entreprise ; **~ identification symbol** logo *m* ; **~ identity** (perception *f* de l') image *f* de l'entreprise ; **~ image** image *f* de marque ; **~ name** enseigne *f* ; **~ strategy** stratégie *f* d'entreprise ; **~ tax** impôt *m* sur les sociétés 2. *(Jur)* touchant à une société ; **~ counsel** juriste *m inv* d'entreprise (*v.* **house counsel**) ; **~ insider** initié *m* ; **~ opportunity doctrine** devoir *m* de loyauté absolue des administrateurs envers la société ; ~ *purpose* objet *m* de la société ; *(Jur)* ~ *veil* « écran *m* juridique ».

corporation [ˌkɔːpəˈreɪʃn] *n* 1. corporation *f* 2. *(Jur) (US)* entreprise *f* dotée de la personnalité juridique, compagnie *f*, société *f*, société *f* commerciale ; *public* ~ société anonyme (dont le capital est détenu par un grand nombre d'actionnaires) ; ~ *tax* impôt *m* sur les sociétés 3. *(Jur) (UK)* organisme *m* ; *public* ~ société nationalisée.

corporeal [kɔːˈpɔːrɪəl] *adj* tangible, matériel (*f* -ielle), corporel (*f* -elle) (*à dist.* **intangible**).

corpus [ˈkɔːpəs] *n (Jur)* capital *m* (*pl* -aux) ; *trust* ~ capital du trust.

correct[1] [kəˈrekt] *adj* correct, juste.

correct[2] [kəˈrekt] *vt* corriger, rectifier.

correspondence [ˌkɒrəˈspɒndəns] *n* 1. correspondance *f* ; *business* ~ correspondance commerciale 2. conformité *f*.

corroborate [kəˈrɒbəreɪt] *vt* corroborer.

corrosion [kəˈrəʊʒn] *n* corrosion *f*.

corrugated [ˈkɒrəgeɪtɪd] *adj (Emb)* ondulé ; ~ *cardboard* carton *m* ondulé ; ~ *iron* tôle *f* ondulée.

cost [kɒst] *n* 1. coût *m*, coût total, prix *m* de revient ; *(Eco)* ~ *competitiveness* compétitivité-coûts *f* ; ~ *containment* compression *f* des coûts ; *(Mkg)* ~ *of entry* coût de pénétration ; *(Fin)* ~ *estimate* devis *m* ; *(Bq/Fin)* ~ *of money* loyer *m* de l'argent ; ~ *overrun* dépassement *m* des coûts ; ~ *per thousand* coût pour mille unités (CPM) ; *(Eco)* ~*-push inflation* inflation *f* par les coûts 2. *(Cpta)* ~ *accounting* comptabilité *f* analytique, comptabilité analytique d'exploitation ; *(Cpta/Eco)* *fixed* ~ coûts *mpl* fixes 3. *(Jur)* frais *mpl* d'instance, dépens *mpl* ; *allow* ~*s* accorder les frais et dépens ; *court* ~*s* frais *mpl* de justice ; ~ *variance* écart *m* des prix.

***cost and freight (CFR)** loc (T)* coût et fret (CFR).

***cost, insurance and freight (CIF)** loc (T)* coût, assurance, fret (CIF).

***cost of living** n* coût *m* de la vie ; ~ *adjustment (COLA)* indexation *f* du coût de la vie sur le taux d'inflation ; ~ *escalator clause* clause *f* d'indexation sur le coût de la vie ; ~ *index* indice *m* du coût de la vie.

Costa Rica [ˌkɒstə ˈriːkə] *n* Costa Rica *m* ; *in/to C~ R~* au Costa Rica.

Costa Rican[1] [ˌkɒstə ˈriːkən] *adj* costaricain, costaricien (*f* -ienne).

Costa Rican[2] [ˌkɒstə ˈriːkən] *n* Costaricain *m*, Costaricien *m* (*f* -ienne).

costing [ˈkɒstɪŋ] *n* valorisation *f*, calcul *m*, établissement *m* du prix de revient.

costly [ˈkɒstli] *adj* coûteux (*f* -euse).

co-tenancy [ˌkəʊˈtenənsi] *n (Jur)* copropriété *f*.

council [ˈkaʊnsəl] *n* 1. conseil *m* ; *city/town* ~ conseil municipal 2. *(UK)* municipalité *f* ; ~ *house (UK)* HLM *f* (habitation *f* à loyer modéré) ; ~ *housing* logements *mpl* sociaux.

***Council for Mutual Economic Assistance (CMEA)** n* Conseil *m* d'assistance économique mutuelle (CAEM).

counsel[1] [ˈkaʊnsəl] *n* 1. conseil *m* 2. *(Jur)* avocat *m*, conseil *m inv* juridique, avocat-conseil *m inv* ; ~ *for the plaintiff* avocat *m* du demandeur/de la victime ; *right to* ~ droit *m* à l'aide judiciaire/juridique.

counsel[2] [ˈkaʊnsəl] *vt* recommander, conseiller.

count[1] [kaʊnt] *n* 1. dénombrement *m*, décompte *m*, *(Pol)* dépouillement *m* 2. *(Jur)* chef *m* d'accusation.

count[2] [kaʊnt] *vti* compter.

***count down** v part* faire un compte à rebours.

***count up** v part* totaliser.

counter[1] [ˈkaʊntə] *préf* contre ; *(Eco)* ~*-inflationary policy* politique *f* de lutte contre l'inflation.

counter[2] [ˈkaʊntə] *n* guichet *m* ; ~ *cheque/check* chèque *m* (nominatif) de banque ; *single* ~ *system* guichet unique.

counter[3] [ˈkaʊntə] *vt* contrer, lutter contre.

counterclaim[1] [ˈkaʊntəkleɪm] *n (Jur)* demande *f* reconventionnelle.

counterclaim[2] [ˈkaʊntəkleɪm] *v (Jur)* faire une demande reconventionnelle.

counterfeit[1] [ˈkaʊntəfɪt] *adj* faux (*f* fausse), contrefait.

counterfeit[2] [ˈkaʊntəfɪt] *n* faux *m*, contrefaçon *f*, produit *m* de contrefaçon.

counterfeit[3] [ˈkaʊntəfɪt] *v* 1. *vi* se livrer à la contrefaçon, contrefaire 2. *vt* falsifier, copier, pirater.

counterfeiter [ˈkaʊntəfɪtə] *n* 1. faussaire *mf* 2. *(billets de banque)* fauxmonnayeur *m inv*.

counterfeiting [ˈkaʊntəfɪtɪŋ] *n (activité)* contrefaçon *f*.

counter-offer [ˌkaʊntərˈɒfə] *n (Jur)* contre-offre *f*.

counterpart [ˈkaʊntəpɑːt] *n* homologue *mf*.

counter-purchase [ˌkaʊntəˈpɜːtʃəs] *n*

contre-achat *m* (*v.* **counter-trade, barter**[1]).

countersign[1] [ˈkaʊntəsaɪn] *n* (*Jur*) contreseing *m*.

countersign[2] [ˈkaʊntəsaɪn] *vt* (*Jur*) contresigner.

counter-trade [ˌkaʊntəˈtreɪd] *n* compensation *f*, échanges *mpl* compensés, troc *m*; *~ agreement* accord *m* de troc (*v.* **barter**[1]).

countervail [ˌkaʊntəˈveɪl] *vt* compenser, contrebalancer.

countervailing [ˌkaʊntəˈveɪlɪŋ] *adj* qui compense, qui contrebalance; (*CI*) *~ duties* droits *mpl* compensatoires; (*Pol*) *~ power* contrepoids *m*, contre-pouvoir *m*.

counterweight [ˈkaʊntəweɪt] *n* contrepoids *m*.

country [ˈkʌntri] *n* **1.** pays *m*; *developing countries* pays *mpl* en voie de développement (*PVD*) **2.** campagne *f*, province *f*; *in the ~side* à la campagne, en province.

county [ˈkaʊnti] *n* (*Pol*) comté *m* **1.** (*UK*) division *f* territoriale et administrative **2.** (*US*) division administrative et politique à l'intérieur d'un Etat.

coupon [ˈkuːpɒn] *n* **1.** (*Mkg*) coupon *m*, bon *m* de réduction **2.** (*Bs*) coupon.

couponing [ˈkuːpɒnɪŋ] *n* **1.** (*Mkg*) couponnage *m* **2.** (*Bs*) couponnage *m*; *cross-~* (*J.O.*) couponnage *m* croisé.

courier [ˈkʊriə] *n* coursier *m inv*; (*T*) *~ service* messagerie *f* express.

course [kɔːs] *n* **1.** cours *m*, stage *m* **2.** *~ of business* activité *f* commerciale; *in the ~ of employment* à l'occasion du/pendant le travail (*v.* **workers' compensation**) **3.** (*Jur*) *holder in due ~* détenteur *m* (*f* -trice) de bonne foi et de plein droit.

court [kɔːt] *n* **1.** (*Jur*) cour *f*, tribunal *m* (*pl* -aux), juridiction *f*; *~ of appeal* cour d'appel; *appear in ~* comparaître; *criminal ~* tribunal correctionnel; *~house* palais *m* de justice; *~room* prétoire *m*, salle *f* d'audience; (*UK*) *magistrates' ~* tribunal *m* d'instance; *~ reporter* greffier *m* (*f* -ière) d'audience; *out of ~ settlement* règlement *m* à l'amiable; *take sb to ~* poursuivre qn en justice **2.** (*Pol*) Cour *f*; *the C~ of Saint James* la cour de la reine d'Angleterre.

***court martial** *n* (*Jur*) conseil *m* de guerre, tribunal *m* militaire.

***Court of Justice of the European Communities (CJEC)** *n* (*Jur/Pol*) Cour *f* de justice des Communautés européennes (CJCE).

courtesy [ˈkɜːtəsi] *v.* **curtesy**.

court-martial [ˌkɔːt ˈmɑːʃl] *vt* (*Jur*) traduire en conseil de guerre.

covenant[1] [ˈkʌvənənt] *n* (*Jur*) **1.** accord *m*, promesse *f*, engagement *m*; *~ of good faith and fair dealing* garantie de bonne foi; *~ not to compete* clause *f* de non-concurrence; *~ running with the land* clause *f* suivant le bien-fonds **2.** action *f* selon la **common law** en dommages-intérêts pour inexécution d'un contrat.

covenant[2] [ˈkʌvənənt] *vti* (*Jur*) promettre, convenir, stipuler par contrat.

cover[1] [ˈkʌvə] *n* **1.** (*Ass*) couverture *f* **2.** (*Emb*) bâche *f* **3.** (*Bs*) provision *f*, marge *f*, garantie *f* **4.** (*Jur*) (*US*) (*UCC*) droit *m* de l'acheteur de se procurer ailleurs les marchandises non livrées, même à un prix plus élevé.

cover[2] [ˈkʌvə] *vt* **1.** (*presse*) couvrir, rendre compte de **2.** (*Ass*) assurer; *~ a risk* assurer un risque **3.** (*Bs/Fin*) couvrir, garantir **4.** (*T*) *~ed truck* wagon *m* couvert.

***cover up** *v part* camoufler, (*scandale*) étouffer.

coverage [ˈkʌvrɪdʒ] *n* **1.** (*Mkg/Pub*) couverture *f*; *media/press ~* couverture médiatique **2.** (*Ass*) risques *mpl* couverts par une police d'assurance, couverture **3.** garantie *f*.

coverture [ˈkʌvətjʊə] *n* (*Jur*) statut *m* de la femme mariée.

cover-up [ˈkʌvərʌp] *n* camouflage *m* (d'un scandale).

CPA *v.* **certified public accountant**.

CPI *v.* **consumer price index**.

CPM *v.* **critical path method**.

CPSC *v.* **Consumer Product Safety Commission**.

CPT *v.* **carriage paid to**.

CPU *v.* **central processing unit**.

crack[1] [kræk] *n* **1.** fêlure *f*, fissure *f* **2.** (*drogue*) crack *m*.

crack[2] [kræk] *v* **1.** *vi* se fêler **2.** *vt* fêler, démanteler **3.** (*Com/Mkg*) *~ a market* pénétrer un marché (*syn.* **open a market**).

***crack down** *v part* (*on*) **1.** réprimer **2.** intervenir avec force.

crackdown [ˈkrækdaʊn] *n* répression *f*.

cradle [ˈkreɪdl] *n* berceau *m* (*pl* -x); *from ~ to grave social programs* programmes *mpl* sociaux très protecteurs (du berceau jusqu'à la tombe).

craft [krɑːft] *n* **1.** adresse *f*, habileté *f* **2.** *~ industry* artisanat *m* **3.** métier *m* manuel **4.** (*T*) embarcation *f*.

craftsman [ˈkrɑːftsmən] *n* artisan *m inv*.

crane [kreɪn] *n (T)* grue *f*; *revolving ~* grue pivotante; *tractor ~* camion-grue *m*.

crash[1] [kræʃ] *adj ~ course* cours *m* intensif.

crash[2] [kræʃ] *n* **1.** *(Bs)* krach *m*, effondrement *m* **2.** accident *m*.

crash[3] [kræʃ] *vi* **1.** *(Bs)* s'effondrer **2.** *(véhicules)* entrer en collision.

crate [kreɪt] *n (Emb)* caisse *f*, cageot *m*.

crawling peg [ˈkrɔːlɪŋ ˌpeg] *n (Eco)* crémaillère *f*, parité *f* rampante.

creative [kriˈeɪtɪv] *adj* créatif (*f* -ive).

credentials [krəˈdenʃlz] *npl* **1.** lettres *fpl* de créance **2.** titres *mpl* justificatifs.

credible [ˈkredəbl] *adj* crédible.

credit[1] [ˈkredɪt] *n* crédit *m* **1.** *(Eco)* **~ control** encadrement *m* du crédit; **~ squeeze** resserrement *m* du crédit; **~ tightening** encadrement *m* du crédit **2.** *(Mkg)* **~ sale** vente *f* à crédit (*v.* **instalment**); **~ terms** conditions *fpl* de paiement **3.** *(Bq/Fin)* **~ balance** solde *m* créditeur; **~ card** carte *f* de crédit; **~ facility** concours *m* bancaire; **~ insurance** assurance *f* crédit; **~ line** autorisation *f* de crédit, ligne *f* de crédit; **~ outstanding** en-cours *m* de crédit; **~ status agency** agence *f* de renseignements de notoriété/de (bonne) santé financière.

credit[2] [ˈkredɪt] *vt (compte)* créditer, approvisionner.

creditor [ˈkredɪtə] *n (Jur)* créancier *m* (*f* -ière); **~s' meeting** assemblée *f* des créanciers.

crime [kraɪm] *n (Jur)* crime *m*, délit *m*; *organized ~* grand banditisme *m*.

criminal[1] [ˈkrɪmɪnl] *adj (Jur)* criminel (*f* -elle); **~ business law** droit *m* pénal des affaires; **~ law** droit *m* pénal; **~ procedure** procédure *f* pénale.

criminal[2] [ˈkrɪmɪnl] *n (Jur)* criminel *n* (*f* -elle), malfaiteur *m inv*.

crisis [ˈkraɪsɪs] *n (pl* **crises)** crise *f*.

criterion [kraɪˈtɪərɪən] *n (pl* **criteria)** critère *m*.

critic [ˈkrɪtɪk] *n (personne)* critique *mf* (à *dist.* **criticism)**.

critical [ˈkrɪtɪkl] *adj* **1.** critique **2.** *(situation)* grave, critique.
*****critical path method (CPM)** *n (Mgt)* méthode *f* du chemin critique.

criticism [ˈkrɪtɪsɪzm] *n* critique *f* exprimée; *level ~s at* lancer des critiques/des attaques *fpl* contre.

CRN *v.* **Customs Registered Number**.

Croat[1] [ˈkrəʊæt] *adj* croate.

Croat[2] [ˈkrəʊæt] *n* Croate *mf*.

Croatia [krəʊˈeɪʃə] *n* Croatie *f*; *in/to C~* en Croatie.

Croatian [krəʊˈeɪʃən] *adj* croate.

cronyism [ˈkrəʊniɪzm] *n* copinage *m*, népotisme *m*.

crook [krʊk] *n* escroc *m inv*, fraudeur *m* (*f* -euse).

crop [krɒp] *n* récolte *f*, culture *f*; *bumper ~* récolte exceptionnelle/record.

cross[1] [krɒs] *adj* **1.** croisé, transversal (*mpl* -aux); *(Mkg)* **~-analysis impact** analyse *f* d'impacts croisés; **~-couponing** couponnage *m* croisé **2.** *(Eco)* **~-border** transfrontière/transfrontalier; **~-border trade** commerce *m* avec l'étranger; **~-industry** interindustries **3.** *(Jur)* concession *f* réciproque de licence **4.** *(Pub)* **~ fading** fondu *m* enchaîné.

cross[2] [krɒs] *vti* **1.** traverser, franchir; **~ picket lines** franchir les piquets de grève **2.** *(Bq)* barrer; **~ed cheque** chèque *m* barré.

cross-action [ˌkrɒs ˈækʃn] *n (Jur)* demande *f* reconventionnelle.

cross-check [ˌkrɒs ˈtʃek] *n* vérification *f*, recoupement *m*.

cross-complaint [ˌkrɒs kəmˈpleɪnt] *n (Jur)* demande *f* reconventionnelle.

cross-examination [ˈkrɒs ɪgˌzæmɪˈneɪʃn] *n (Jur)* contre-interrogatoire *m* par la partie adverse.

cross-examine [ˌkrɒs ɪgˈzæmɪn] *vt (Jur)* procéder à un contre-interrogatoire.

cross-fertilization [ˌkrɒs ˌfɜːtɪlaɪˈzeɪʃn] *n* **1.** ensemencements *mpl* réciproques **2.** *(fig)* améliorations *fpl* réciproques, échanges *mpl* fructueux d'idées.

cross-filing [ˌkrɒs ˈfaɪlɪŋ] *n (Pol) (US)* candidature *f* sans étiquette.

cross-merchandising [ˌkrɒs ˈmɜːtʃəndaɪzɪŋ] *n (Mkg)* présentation *f* d'articles complémentaires, marchandisage *m* croisé.

cross-over [ˈkrɒsəʊvə] *n (fig)* transfuge *mf*.

cross-section [ˌkrɒs ˈsekʃn] *n* section *f*, coupe *f*, échantillon *m* représentatif.

cross-tabulation [ˌkrɒs ˌtæbjʊˈleɪʃn] *n (Cpta)* ventilation *f* en sous-catégories, tableau *m (pl* -x) à double entrée.

Crown [kraʊn] *n* couronne *f*; *(UK) the C~* la Couronne, la monarchie.
*****Crown Court** *n (Jur) (UK)* tribunal *m* correctionnel; *équiv.* cour *f* d'assises.
*****crown jewels** *npl (fam) (Aff)* « joyaux *mpl* de la Couronne »; divisions *fpl* prestigieuses d'une entreprise.

crude[1] [kruːd] *adj* **1.** peu raffiné, vulgaire **2.** brut; **~ oil** pétrole *m* brut.

crude² [kru:d] *n* (pétrole) brut *m*.

crunch [krʌntʃ] *n* (*Eco*) **1.** crise *f* **2.** contraction *f* brutale.

crush [krʌʃ] *v* **1.** *vt* écraser, concasser ; *~ing plant* usine *f* de concassage **2.** *vi* s'écraser.

CSI *v.* customer satisfaction index.

CTN (*ab de* confectioner, tobacconist, newsagent) (*UK*) bureau *m* (*pl* -x) de tabac-distributeur *m* de journaux.

Cuba [ˈkju:bə] *n* (île *f* de) Cuba ; *in/to C~* à Cuba.

Cuban¹ [ˈkju:bən] *adj* cubain.

Cuban² [ˈkju:bən] *n* Cubain *m*.

cubic [ˈkju:bik] *adj* cubique ; *~ metre/meter* mètre *m* cube ; (*Emb*) *~ content* cubage *m*.

cubicle [ˈkju:bikl] *n* cabine *f*, petit bureau *m* (*pl* -x) ouvert.

cue [kju:] *n* suggestion *f*, indice *m*.

cuff [kʌf] *n* off the *~* de façon improvisée ; (*US*) *buy on the ~* acheter à crédit.

culprit [ˈkʌlprit] *n* coupable *mf*.

cultural [ˈkʌltʃərəl] *adj* culturel (*f* -elle) ; *~ goods/works* produits *mpl* culturels.

cumbersome [ˈkʌmbəsəm] *adj* encombrant.

cumulative [ˈkju:mjʊlətiv] *adj* cumulatif (*f* -ive) ; (*Mgt*) *~ voting* vote *m* cumulatif (de certains actionnaires).

curator [kjuˈreitə] *n* curateur *m* (*f* -trice) ; (*musée*) conservateur *m* (*f* -trice).

curb¹ [kɜ:b] *n* réduction *f*, frein *m*.

curb² [kɜ:b] *vt* réduire, limiter, freiner, juguler, restreindre ; (*Eco*) *~ inflation* juguler l'inflation.

cure¹ [kjʊə] *n* **1.** remède *m* **2.** (*Jur*) (*US*) (*UCC*) (*défaut d'exécution de contrat*) remède, correction *f*.

cure² [kjʊə] *vt* remédier à.

curfew [ˈkɜ:fju:] *n* (*Jur*) couvre-feu *m* (*pl* -x) ; (*UK*) *~ order* ordonnance *f* d'interdiction de sortie à certaines heures.

currency [ˈkʌrənsi] *n* (*Eco/Fin*) monnaie *f*, devise *f* ; *~ adjustment* ajustement *m* monétaire ; *~ depreciation* dépréciation *f* monétaire ; *~ rate* cours *m* d'une devise ; *~ risk* risque *m* de change.

current [ˈkʌrənt] *adj* courant, à court terme, actuel (*f* -elle) ; (*Cpta*) *~ account* compte *m* courant ; *~-account transactions* compte *m* des opérations courantes ; *~ assets* actif *m* circulant, actif à court terme/à moins d'un an, actif réalisable à court terme ; *~ liabilities* dette *f* à moins d'un an.

curriculum [kəˈrikjʊləm] *n* programme *m* d'études, cursus *m*.

*curriculum vitae (CV) *n* curriculum *m* vitae (CV).

curtailment [kɜ:ˈteilmənt] *n* **1.** réduction *f*, compression *f* **2.** (*Jur*) réduction *f*, diminution *f*.

curtesy [ˈkɜ:təsi] *n* (*aussi* **courtesy**) (*Jur*) droit *m* du veuf à l'usufruit du patrimoine de sa femme (*v.* **dower**).

cushion [ˈkʊʃn] *vt* amortir, atténuer ; *~ seasonal fluctuations* amortir les fluctuations *fpl* saisonnières.

custodial interrogation [kʌsˈtəʊdiəl inˌterəˈgeiʃn] *n* (*Jur*) (*US*) interrogatoire *m* en garde à vue qui implique que le prisonnier a été avisé de ses droits (*v.* **Miranda Rule**).

custody [ˈkʌstədi] *n* (*Jur*) **1.** emprisonnement *m*, détention *f* ; *remand into ~* maintenir en détention provisoire ; *in safe ~* en lieu sûr, en dépôt **2.** garde *f* ; *child ~* garde d'enfant.

custom [ˈkʌstəm] *n* **1.** habitude *f*, coutume *f* **2.** *~-made* fait sur mesure.

*custom and usage *n* (*Jur*) usage *m* continu qui a acquis force de loi.

customer [ˈkʌstəmə] *n* client *m* ; (*Mkg*) *~ loyalty* fidélité *f* du client ; *development of ~ loyalty* fidélisation *f* des clients ; *~ service* service *m* clients, service clientèle, service réclamations.

*customer satisfaction index (CSI) *n* indice *m* de satisfaction du client.

customization [ˌkʌstəməˈzeiʃn] *n* adaptation *f*, personnalisation *f*.

customized [ˈkʌstəmaizd] *adj* sur mesure.

customs [ˈkʌstəmz] *npl* (*CI/D*) douane *f* ; *~ agent* commissionnaire *mf* en douane ; *~ authorities* autorités *fpl* douanières ; *~ border patrol* brigade *f* volante des services de douane ; *~ broker* commissionnaire *mf* en douane ; *~ check* contrôle *m* douanier ; *~ classification* classification *f* douanière ; *~ clearance* dédouanement *m* ; *~ clearance outwards* déclaration *f* d'autorisation de sortie ; *~ declaration* déclaration *f* en douane ; *~ document* document *m* douanier ; *~ duties* droits *mpl* de douane ; *~-entry* déclaration *f* en douane, acquit *m* de douane ; *~-entry applicant* déclarant *m* en douane ; *~ formalities* formalités *fpl* douanières ; *~ house* poste *m* de douane ; *~ inspection* visite *f* de douane ; *~ invoice* facture *f* douanière ; *~ office* bureau *m* (*pl* -x) de douane ; *~ officer* douanier *m* *inv* ; *pass/pass through/go through ~* passer la douane ; *~ post* poste *m* de douane ; *~ procedures* procédures *fpl* douanières ; *~ receipt* acquit *m* de douane ; *~ regulations* réglementation *f*

douanière; ~ **service** service *m* des douanes; ~ **shed** local *m* (*pl* -aux*) de la douane; ~ **system** régime *m* douanier; ~ **tariffs** tarifs *mpl* douaniers, droits *mpl* de douane; ~ **union** union *f* douanière; ~ **valuation** valeur *f* en douane.
*****Customs Registered Number (CRN)** *n* numéro *m* d'enregistrement douanier.
cut[1] [kʌt] *n* abattement *m*, réduction *f*, diminution *f*.
cut[2] [kʌt] *vt* (**cut, cut**) réduire, diminuer.
cutback ['kʌtbæk] *n* (*in*) (*budgets, effectifs*) compression *f* (de), réduction *f* (de).
CV *v.* **curriculum vitae.**
CY *v.* **container yard.**
cycle ['saɪkl] *n* cycle *m*.

cyclical ['sɪklɪkl] *adj* cyclique.
Cypriot[1] ['sɪprɪət] *adj* chypriote, cypriote.
Cypriot[2] ['sɪprɪət] *n* Chypriote *mf*, Cypriote *mf*.
Cyprus ['saɪprəs] *n* Chypre *m*; *in/to C*~ à Chypre.
Czech[1] [tʃek] *adj* tchèque; *the C*~ *Republic* la République tchèque.
Czech[2] [tʃek] *n* Tchèque *mf*.
Czechoslovak [ˌtʃekə'sləʊvæk] *adj* tchécoslovaque, tchèque.
Czechoslovakia [ˌtʃekəslə'vækiə] *n* Tchécoslovaquie *f*; *in/to T*~ en Tchécoslovaquie.
Czechoslovakian [ˌtʃekəslə'vækjən] *adj* tchécoslovaque, tchèque.

D

D/A *v.* **documents against acceptance.**
D.A. *v.* **district attorney.**
dabble ['dæbl] *vi* (*in/on*) se mêler de; (*Bs*) ~ **in stocks and shares/on the stock exchange** boursicoter.
DAC *v.* **Development Aid Committee.**
DAF *v.* **delivered at frontier.**
daily ['deɪli] *adj* quotidien (*f* -ienne).
dairy ['deəri] *n* laiterie *f*; ~ **products** produits *mpl* laitiers.
dam[1] [dæm] *n* barrage *m*.
dam[2] [dæm] *vt* endiguer.
damage[1] ['dæmɪdʒ] *n* **1.** dommage *m*, dégât *m* **2.** (*Jur*) préjudice *m* **3.** (*Ass*) avarie *f*, casse *f*, dégâts *mpl*, sinistre *m*; (*T*) ~ **in transit** avarie en cours de transport **4.** ~**s** (*Jur*) dommages-intérêts *mpl*; *compensatory* ~**s** dommages-intérêts compensatoires, à titre de réparation; *consequential* ~**s** dommages-intérêts pour préjudice indirect; *incidental* ~**s** dommages-intérêts correspondant aux frais annexes encourus suite à la rupture du contrat; *liquidated* ~**s** dommages-intérêts conventionnels/préalablement fixés par les parties, clause *f* pénale; *nominal* ~**s** réparation *f* symbolique; ~ *for pain and suffering* dommages-intérêts pour préjudice moral («pretium doloris»); *punitive/exemplary/(UK) vindictive* ~**s** dommages-intérêts à titre punitif; *special* ~**s** dommages-intérêts particuliers; *speculative* ~**s** dommages-intérêts pour préjudice éventuel; *sue for*

~**s** poursuivre en dommages-intérêts; *unliquidated* ~**s** dommages-intérêts à évaluer par décision judiciaire.
damage[2] ['dæmɪdʒ] *vt* **1.** nuire à **2.** endommager, abîmer.
damaged ['dæmɪdʒd] *adj* avarié, endommagé, abîmé.
damp [dæmp] *adj* humide; (*Emb*) ~ *-resistant/-proof* résistant à l'humidité, imperméable.
dampen ['dæmpən] *v* **1.** *vt* humidifier **2.** *vi* (*fig*) se calmer, s'atténuer; *inflationary pressures have* ~**ed** les pressions inflationnistes se sont atténuées **3.** *vt* (*fig*) ~ *sales* faire baisser les ventes.
Dane [deɪn] *n* Danois *m*.
danger ['deɪndʒə] *n* danger *m*.
dangerous ['deɪndʒrəs] *adj* dangereux (*f* -euse).
*****dangerous instrumentality** *n* (*Jur*) objet *m* dangereux (*v.* **strict liability**).
Danish ['deɪnɪʃ] *adj* danois.
dark horse [ˌdɑːk 'hɔːs] *n* (*Pol*) candidat *m* inconnu/non favori au départ.
data ['deɪtə] *npl* données *fpl*; (*Inf*) ~ *bank* banque *f* de données; ~ *base* base *f* de données; ~ *handling* exploitation *f* de l'information.
*****data-base management system (DBMS)** *n* (*Inf*) système *m* de gestion de base de données (SGBD).
date[1][deɪt] *n* date *f*; *delivery* ~ date *f* de livraison.

*date of record *n (Jur)* date *f* d'enregistrement.

date² [deɪt] *vt* **1.** dater **2.** *(poste)*
composter.

dated [ˈdeɪtɪd] *adj* **1.** daté, composté
2. démodé, dépassé.

day [deɪ] *n* jour *m*; *(Jur)* **~ *in court***
jour de l'audience; *have one's* **~ *in
court*** avoir l'occasion de présenter sa
plainte devant un tribunal.
*day-to-day credit *n (Fin) (UK)* crédit
m au jour le jour (*v.* **overnight money**).
*day trading *n (Fin)* opérations *fpl*
journalières.

daycare [ˈdeɪkeə] *n* système *m* de
garde/de prise en charge des enfants; **~
*center*** garderie *f*.

daylight [ˈdeɪlaɪt] *n* lumière *f* du jour;
~ *-saving time* heure *f* d'été.

D&B *v.* **Dunn and Bradstreet.**

d.b.a. *v.* **doing business as.**

DBMS *v.* **data base management system.**

D.C. *v.* **District of Columbia.**

DCE *v.* **domestic credit expansion.**

DDP *v.* **delivered duty paid.**

DDU *v.* **delivered duty unpaid.**

dead [ded] *adj* mort; *(Mgt)* **~ *stocks***
invendus *mpl*; *(T)* **~ *freight*** faux fret *m*;
~ *horse* *(fam)* travail *m* payé d'avance,
produit *m* invendable, rossignol *m*; *(Jur)*
~ *letter* lettre *f* morte; **~ *loss*** perte *f*
sèche; *(T)* **~ *weight*** port *m* en lourd;
(T) **~ *weight cargo*** marchandises *fpl*
lourdes.

deadline [ˈdedlaɪn] *n* échéance *f*, date *f*
limite, date *f* butoir.

deadlock [ˈdedlɒk] *n* impasse *f*, situation
f inextricable; *in* **~** dans l'impasse, au
point mort.

deadly [ˈdedli] *adj* mortel (*f* -elle); *(Jur)*
~ *force* force *f* mortelle.

deal¹ [diːl] *n* **1.** *(cartes)* donne *f* **2.** *a
good* **~** *of* un bon nombre/ une bonne
quantité de **3.** marché *m*, accord *m*, transaction *f*; **~ *breaker*** point *m* de rupture
(dans une négociation), motif *m* de re-
fus/de renonciation; *strike a* **~** conclure
un marché.

deal² [diːl] *v* (**dealt, dealt**) **1.** *vt* distribuer, partager **2.** *vi* **~** *(with)* traiter
(avec), négocier (avec), avoir affaire à,
faire des affaires (avec) **3.** **~** *(in)* faire
le commerce de; **~** *in wines and spirits*
faire le commerce des vins et spiritueux.

dealer [ˈdiːlə] *n* **1.** *(Com)* courtier *m inv*,
concessionnaire *mf*, détaillant *m*, fournisseur *m* (*f* -euse), revendeur *m* (*f*
-euse), négociant *m*, commerçant *m* (*v.*
merchant, shopkeeper, trader); *auth-*

orized **~** concessionnaire agréé; **~
*brand*** marque *f* de grossiste; *exclusive*
~ concessionnaire exclusif **2.** *(Bs)*
courtier *m inv* **3.** *(fam)* trafiquant *m* de
stupéfiants.

dealership [ˈdiːləʃɪp] *n* concession *f*, représentation *f*.

dealing [ˈdiːlɪŋ] *n* **1.** commerce *m*; *(Fin)*
forward exchange **~** opérations *fpl*/
transactions *fpl* de change à terme
2. conduite *f*, manière *f* d'agir; *fair* **~**
loyauté *f* en affaires.

dealt [delt] *v.* **deal².**

dearth [dɜːθ] *n* disette *f*, pénurie *f*, dé-
nuement *m*.

death [deθ] *n* mort *f*, décès *m*; *(Eco)* **~
*rate*** taux *m* de mortalité; *(Jur) (UK)* **~
*duties*** droits *mpl* de succession; *(Jur)
(US)* **~ *tax*** droits *mpl* de succession.

debase [dɪˈbeɪs] *vt* dégrader, déprécier,
altérer.

debasement [dɪˈbeɪsmənt] *n* dégradation
f, dépréciation *f*, altération *f*.

debate¹ [dɪˈbeɪt] *n* débat *m*, controverse
f.

debate² [dɪˈbeɪt] *vti* débattre; *we are de-
bating whether to sell or not* nous nous
demandons si nous allons vendre ou
non.

debenture [dɪˈbentʃə] *n (Fin)* titre *m*,
valeur *f*, obligation *f*, reconnaissance *f* de
dette, *(US)* obligation garantie; **~
*conversion*** conversion *f* d'obligations;
~ *holder* obligataire *mf*.

debit¹ [ˈdebɪt] *n (Cpta)* débit *m*; **~ *account*** compte *m*/solde *m* débiteur; **~
*balance*** solde débiteur; **~ *entry*** (écriture *f* au) débit; **~ *item*** poste *m* débiteur; **~ *side*** colonne *f* débitrice.

debit² [ˈdebɪt] *vt* débiter.

debriefing [ˌdiːˈbriːfɪŋ] *n* analyse *f*,
compte *m* rendu.

debt [det] *n (Eco/Fin)* **1.** *(du point de
vue du débiteur)* dette *f*; **~ *burden***
charge *f* de la dette; **~ *ceiling*** plafond
m des encours; **~ *charges*** frais *mpl* afférents à la dette; **~ *collection*** recouvrement *m* des créances; **~-*equity ratio***
coefficient *m* d'endettement sur situation
nette; **~-*equity swap*** échange *m* de
créances contre actifs; **~ *ratio*** coefficient *m* d'endettement; **~ *redemption***
remboursement *m* d'une dette; **~ *reduction*** désendettement *m*; **~ *rescheduling*** rééchelonnement *m* d'une dette;
~ *service/servicing* service *m* de la
dette, charge *f* d'une dette **2.** *(du point
de vue du créancier)* créance *f*; *proof of*
~ titre *m* de créance; **~ *swap*** échange
m de créances; *unsecured* **~** créance *f*
non garantie.

debtor ['detə] *n* débiteur *m* (*f* -trice) ; *(Eco)* ~ **country** pays *m* débiteur.

*debtor in possession *n* *(Fin/Jur)* *(US)* débiteur qui conserve la jouissance des actifs pendant le redressement judiciaire (*v.* **Chapter 11**).

debug [,di:'bʌg] *vt* **1.** débarrasser des microphones ou écoutes téléphoniques **2.** *(Inf)* déboguer, corriger les erreurs.

debugging [,di:'bʌgɪŋ] *n* *(Inf)* débogage *m.*

deceased[1] [dɪ'si:st] *adj* décédé.

deceased[2] [dɪ'si:st] *n* défunt *m.*

decedent's estate [dɪ,si:dnts i'steɪt] *n* *(Jur)* masse *f* successorale.

deceit [dɪ'si:t] *n* **1.** tromperie *f* **2.** vol *m,* faute *f* ; *(Jur)* **fraud and** ~ escroquerie *f* qualifiée.

deceitful [dɪ'si:tfəl] *adj* trompeur (*f* -euse) ; ~ **advertising** publicité *f* mensongère.

deceive [dɪ'si:v] *vt* tromper.

deceleration [,di:selə'reɪʃn] *n* *(Eco)* décélération *f.*

December [dɪ'sembə] *n* décembre *m.*

decentralization [,di:sentrəlaɪ'zeɪʃn] *n* décentralisation *f.*

deceptive [dɪ'septɪv] *adj* trompeur (*f* -euse), mensonger (*f* -ère) ; ~ **advertising** publicité *f* mensongère ; ~ **sales practices** pratiques *fpl* commerciales trompeuses.

decile ['desaɪl] *n* décile *m,* tranche *f* de dix pour cent.

decision [dɪ'sɪʒn] *n* **1.** décision *f,* délibération *f* ; ~-**maker** décideur *m* *inv* ; ~-**making** processus *m* décisionnel ; ~-**tree analysis** analyse *f* d'un modèle de prise de décision en arborescence **2.** *(Jur)* jugement *m,* arrêt *m.*

deck [dek] *n* (bateau) pont *m* ; *(T)* ~ **crane** grue *f* de bord.

deckload ['dekləʊd] *n* *(T)* chargement *m* sur le pont.

declaration [,deklə'reɪʃn] *n* **1.** *(Pol)* déclaration *f* **2.** *(Jur)* exploit *m* introductif d'instance **3.** *(D)* ~ **of value** déclaration *f* de valeur **4.** *(Fisc)* **tax** ~ déclaration *f* d'impôt (sur le revenu).

*Declaration of Independence *n* *(Pol)* *(US)* la Déclaration *f* d'Indépendance des Etats-Unis (1776).

declaratory [dɪ'klærətrɪ] *adj* qui clarifie, déclaratoire ; *(Jur)* ~ **judgment** jugement *m* déclaratoire (clarification *f* d'un point de droit par la cour, définition *f* de la position juridique des parties) ; *(Jur)* ~ **statute** loi *f* interprétative.

declare [dɪ'kleə] *vt* déclarer ; *(Jur)* ~

bankruptcy déposer son bilan *m* ; *(D)* ~ **goods** déclarer des marchandises *fpl.*

declassification [,di:klæsɪfɪ'keɪʃn] *n* levée *f* de l'obligation de secret/de confidentialité (*v.* **classified**).

declassify [di:'klæsɪfaɪ] *vt* lever l'obligation de secret/de confidentialité en ce qui concerne...

decline[1] [dɪ'klaɪn] *n* déclin *m,* baisse *f,* régression *f.*

decline[2] [dɪ'klaɪn] *v* **1.** *vi* régresser, baisser **2.** *vt* *(Jur)* (jugement) décliner.

declining [dɪ'klaɪnɪŋ] *adj* déclinant, décroissant ; *(Cpta)* *(US)* ~ **balance depreciation** amortissement *m* décroissant.

deconsolidate [,di:kən'sɒlɪdeɪt] *vt* *(T)* dégrouper.

decrease[1] ['di:kri:s] *n* diminution *f,* baisse *f* ; *(Cpta)* ~ **in value** moins-value *f.*

decrease[2] [,di:'kri:s] *vti* diminuer, baisser.

decreasing [,di:'kri:sɪŋ] *adj* décroissant ; *(Eco)* ~ **marginal cost** coût *m* marginal décroissant ; *(Eco)* ~ **marginal returns** rendements *mpl* marginaux décroissants.

decree [dɪ'kri:] *n* **1.** *(Jur)* décision *f* judiciaire, jugement *m* d'une **Court of Equity** ; *(Jur)* ~ **in bankruptcy** jugement *m* déclaratif de faillite ; *(Jur)* ~ **of specific performance** ordonnance *f* d'exécution forcée **2.** *(Pol)* (acte du pouvoir exécutif) ordonnance *f,* décret *m.*

dedicate ['dedɪkeɪt] *vt* dédier, consacrer.

dedication [,dedɪ'keɪʃn] *n* **1.** dévouement *m* **2.** (livre) dédicace *f* **3.** *(Jur)* affectation *f* d'un bien à un usage public.

deduct [dɪ'dʌkt] *vt* déduire, rabattre.

deductible[1] [dɪ'dʌktəbl] *adj* déductible.

deductible[2] [dɪ'dʌktəbl] *n* *(Ass)* franchise *f.*

deduction [dɪ'dʌkʃn] *n* *(Fisc)* abattement *m,* déduction *f,* retenue *f* ; **tax** ~ abattement *m* fiscal.

deductive approach [dɪ,dʌktɪv ə'prəʊtʃ] *n* *(Jur)* approche *f* par déduction.

deed[1] [di:d] *n* **1.** acte *m,* action *f,* fait *m* **2.** *(Jur)* acte *m* constitutif de propriété **3.** *(Jur)* *(UK)* acte *m* notarié/authentique/formel.

deed[2] [di:d] *vt* *(Jur)* transférer par acte notarié/selon les formalités requises.

deem [di:m] *vt* croire, juger, considérer ; ~**ed to be worthy** (*of*) jugé digne (de).

deep [di:p] *adj* profond ; *(Fin/Jur)* (fam) **have a** ~ **pocket** avoir la « poche profonde », pouvoir payer ; **be in** ~ **wa-**

ter(s) être dans une mauvaise passe/dans le pétrin.

de facto [deɪ ˈfæktəʊ] *loc (situation)* de fait.

*de facto company/corporation *n (Jur)* société *f* de fait.

defalcate [ˈdiːfælkeɪt] *vi (Jur)* détourner des fonds.

defalcation [diːfælˈkeɪʃn] *n (Jur)* abus *m* de confiance, détournement *m* de fonds.

defamation [defəˈmeɪʃn] *n (Jur)* diffamation *f* (écrite ou orale).

defamatory [dɪˈfæmətrɪ] *adj (Jur)* diffamatoire.

default¹ [dɪˈfɔːlt] *n (Jur)* 1. manquement *m* à une obligation 2. déconfiture *f*, défaut *m* de paiement, état *m* de cessation *f* de paiement ; *(UK)* ~ **action** action *f* sommaire en recouvrement de dette ; ~ **clause** clause *f* de défaut 3. *(au civil)* non-comparution *f*, *(au pénal)* contumace *f* ; *judgment by* ~ jugement *m* par défaut/par contumace, jugement réputé contradictoire.

default² [dɪˈfɔːlt] *vi (Jur)* 1. manquer à ses engagements ; ~ *on a debt* ne pas honorer ses dettes 2. être défaillant, faire défaut, ne pas comparaître.

defeasance [dɪˈfiːzns] *n (Jur)* annulation *f*, abrogation *f* ; ~ **clause** clause *f* résolutoire.

defeasible [dɪˈfiːzəbl] *adj (Jur)* annulable, sujet *m (f* -ette) à modification.

defeat¹ [dɪˈfiːt] *n (Jur)* défaite *f*.

defeat² [dɪˈfiːt] *vt* vaincre, mettre en minorité.

defective [dɪˈfektɪv] *adj* défectueux *(f* -euse).

defence/defense [dɪˈfens] *n* 1. *(Pol)* défense *f* (nationale) 2. *(Jur)* défense *f* ; *counsel for the* ~ avocat *m* de la défense ; *witness for the* ~ témoin *m inv* à décharge.

defendant [dɪˈfendənt] *n (Jur)* 1. *(au civil)* défendeur *m inv* 2. *(au pénal)* accusé *m*, inculpé *m*, mis *m* en examen.

defer [dɪˈfɜː] *vt* reporter, remettre, renvoyer à plus tard.

deferment [dɪˈfɜːmənt] *n* report *m*, renvoi *m*.

deferred [dɪˈfɜːd] *adj* différé, à long terme ; *(Cpta)* ~ **charges** charges *fpl* différées ; ~ **payment** paiement *m* différé.

deficiency [dɪˈfɪʃnsɪ] *n* insuffisance *f*, manque *m* ; *(budget)* ~ **appropriation** loi *f* de finances rectificative, rallonge *f* budgétaire ; ~ **judgment** jugement *m* rendu en faveur d'un créancier qui n'a pu recouvrer l'intégralité de sa créance ;

~ **payment** montant *m* compensatoire, paiement *m* différentiel.

deficit [ˈdefəsɪt] *n (Eco)* déficit *m* ; *trade (balance)* ~ déficit *m* commercial/de la balance commerciale ; ~ *of the trade balance* déficit *m* de la balance commerciale.

deflate [diːˈfleɪt] *vt (Eco)* corriger de la hausse des prix (en exprimant en prix constants).

deflation [diːˈfleɪʃn] *n (Eco)* déflation *f*.

deflationary [diːˈfleɪʃnrɪ] *adj (Eco)* déflationniste ; ~ **gap** écart *m* déflationniste.

defraud [dɪˈfrɔːd] *vt (Jur)* frauder.

defuse [diːˈfjuːz] *vt (aussi fig)* désamorcer.

degree [dɪˈgriː] *n* 1. degré *m*, teneur *f* ; ~ *of disablement* coefficient *m* d'incapacité physique ; *(Jur) (US) murder in the first* ~ homicide *m* volontaire avec préméditation ; *(Jur) (US) murder in the second* ~ homicide *m* volontaire 2. diplôme *m*, grade *m*, titre *m* universitaire.

degressive [dɪˈgresɪv] *adj* dégressif *(f* -ive) ; *(Fisc)* ~ **tax** impôt *m* dégressif.

de-industrialization [diːɪndʌstrɪəlaɪˈzeɪʃn] *n* désindustrialisation *f*.

de jure [deɪ ˈdʒʊərɪ] *loc (Jur)* en droit, de droit ; ~ *company/corporation* société *f* de droit.

delay¹ [dɪˈleɪ] *n* retard *m*, sursis *m*.

delay² [dɪˈleɪ] *vt* retarder.

delayer [dɪˈleɪə] *n (Mgt)* suppression *f* des niveaux intermédiaires de management.

del credere [del ˈkreɪdərɪ] *n* ducroire *m* ; ~ **agent** agent *m inv* ducroire.

delegate¹ [ˈdelɪgət] *n* délégué *m* ; *non-committed* ~ *(Pol) (US)* délégué *m* qui n'a pris d'engagement vis-à-vis d'aucun des candidats.

delegate² [ˈdelɪgeɪt] *vt* déléguer.

*delegated legislation *n (Jur/Pol)* décret-loi *m*.

delegation [delɪˈgeɪʃn] *n* 1. délégation *f* (de représentants) 2. *(Jur)* délégation *f* ; *(contrat)* ~ *of duties* délégation d'obligations ; ~ *of power* délégation de pouvoirs.

deliberate¹ [dɪˈlɪbrət] *adj* 1. délibéré, prémédité, voulu 2. circonspect, réfléchi, posé.

deliberate² [dɪˈlɪbəreɪt] *vi (on)* délibérer (de).

deliberation [dɪˌlɪbəˈreɪʃn] *n* 1. délibération *f* 2. circonspection *f*.

delicate [ˈdelɪkət] *adj* délicat ; *(Emb)* fragile.

delinquency [dɪˈlɪŋkwənsɪ] *n* 1. délinquance *f*; *juvenile* ~ délinquance *f* juvénile **2.** manquement *m* à une obligation; *mortgage* ~ non-remboursement *m* d'un prêt hypothécaire **3.** *(Bq/Cpta) (UK)* créance *f* douteuse.

delinquent[1] [dɪ'lɪŋkwənt] *adj* hors des délais légaux; ~ *account* compte *m* à découvert; ~ *tax return* déclaration *f* d'impôt tardive.

delinquent[2] [dɪ'lɪŋkwənt] *n (Jur)* délinquant *m*, contrevenant *m*; *juvenile* ~ délinquant juvénile.

delist [di:'lɪst] *vt* **1.** *(Mkg)* déréférencer **2.** *(Bs) (société)* retirer de la cote officielle.

delisting [di:'lɪstɪŋ] *n* **1.** *(Mkg)* déréférencement *m* **2.** *(Bs)* retrait *m* d'une société de la cote officielle.

deliver [dɪ'lɪvə] *vt* livrer; *(Jur)* ~ *a licence/license* accorder une licence; *(T)* ~ *the goods* remettre la marchandise.

delivered [dɪ'lɪvəd] *adj (T)* rendu, livré.
*****delivered at frontier (DAF)** *loc* rendu frontière.
*****delivered duty paid (DDP)** *loc* rendu droits acquittés.
*****delivered duty unpaid (DDU)** *loc* rendu droits non acquittés.
*****delivered ex quay (duty paid) (DEQ)** *loc* rendu à quai (droits acquittés).
*****delivered ex ship (DES)** *loc* rendu ex ship.

deliveree [dɪˌlɪvə'ri:] *n (T)* destinataire *mf*.

delivery [dɪ'lɪvri] *n* **1.** *(Com/T)* livraison *f*, exécution *f*, remise *f*; *cash on* ~ *(COD)* paiement *m* à la livraison; ~ *form* feuille *f* de livraison; ~ *note* bon *m* de livraison, bordereau *m (pl* -x) de livraison; ~ *service* messagerie *f*; ~ *slip* bon *m* de livraison; *split deliveries* livraisons *fpl* fractionnées; ~ *time* délai *m* de livraison; ~ *van* camion *m* de livraison **2.** *(Jur)* tradition *f*, délivrance *f*, signification *f*; ~ *of a summons* signification *f* d'une assignation.

deluxe [də'lʌks] *adj* de luxe *inv*; *(Mkg)* ~ *goods* produits *mpl* de luxe.

demand[1] [dɪ'mɑːnd] *n* **1.** demande *f*, réclamation *f*, exigence *f* **2.** *(Jur)* mise *f* en demeure **3.** *(Eco)* demande *f*; ~ *elasticity* élasticité *f* de la demande; ~ *for labour/labor* demande de main-d'œuvre; ~ *management* gestion de la demande; ~ *for money* demande de monnaie; ~*pull inflation* inflation *f* induite par la demande; ~ *reflation* reflation *f* par la demande; *supply and* ~ l'offre *f* et la demande **4.** *(Bq/Fin)* sur demande, à vue; ~ *deposit* dépôt *m* à vue, compte *m* à vue; *payable on* ~ réglable à vue/sur présentation.

demand[2] [dɪ'mɑːnd] *vt* réclamer, exiger.

demarketing [ˌdi:'mɑːkɪtɪŋ] *n (Mkg) (J.O.)* démercatique *f*.

dematerialization ['di:məˌtɪərɪəlaɪ'zeɪʃn] *n (Eco/Fin)* dématérialisation *f*; ~ *of money* dématérialisation de l'argent.

demise [dɪ'maɪz] *n* **1.** décès *m* **2.** *(Jur)* transfert *m* de propriété pour une durée définie, legs *m*.
*****demise of the Crown** *n (Pol) (UK)* dévolution *f* de la Couronne, succession *f* au trône.

democracy [dɪ'mɒkrəsi] *n* démocratie *f*.

democrat ['deməkræt] *n* démocrate *mf*.

democratic [deməˈkrætɪk] *adj* démocrate.
*****Democratic Party** *n (Pol) (US)* Parti *m* démocrate.

demographic [deməˈgræfɪk] *adj* démographique.

demography [dɪ'mɒgrəfi] *n* démographie *f*.

demonetization ['di:ˌmʌnɪtaɪ'zeɪʃn] *n (Eco/Fin)* démonétisation *f*; ~ *of gold* démonétisation de l'or.

demonstrate ['demənstreɪt] *v* **1.** *vt* démontrer, *(produit)* faire la démonstration de, *(courage)* faire preuve de **2.** *vi* manifester.

demonstration [ˌdemən'streɪʃn] *n* **1.** démonstration *f* **2.** *(défilé)* manifestation *f*.

demonstrative evidence [dɪ'mɒnstrətɪv 'evɪdns] *n (Jur)* pièces *fpl* à conviction.

demonstrator ['demənstreɪtə] *n* **1.** démonstrateur *m (f* -trice) **2.** *(défilé)* manifestant *m*.

demur [dɪ'mɜː] *vi (Jur)* soulever une objection, opposer une exception.

demurrage [dɪ'mɜːrɪdʒ] *n (T)* pénalité *f* de retard (pour détention prolongée), surestaries *fpl*, frais *mpl* de stationnement dans un port.

demurrer [dɪ'mɜːrə] *n (Jur)* exception *f* péremptoire, fin *f* de non-recevoir, exception *f* de qualification erronée.

denationalization ['di:ˌnæʃnəlaɪ'zeɪʃn] *n (Eco)* privatisation *f*.

denial [dɪ'naɪəl] *n* **1.** *(objection)* refus *m*, démenti *m* **2.** *(rejet)* reniement *m*.

Denmark ['denmɑːk] *n* Danemark *m*; *to/in D*~ au Danemark.

denominate [dɪ'nɒmɪneɪt] *vt (Fin)* dénommer, libeller; *a deposit* ~*d in dollars* un dépôt libellé en dollars.

denomination [dɪˌnɒmɪ'neɪʃn] *n* **1.** *(religion)* confession *f*, foi *f* **2.** *(Fin)* unité *f*, coupure *f*, dénomination *f*.

denounce [dɪˈnaʊns] *vt* dénoncer, s'élever contre.

de novo [deɪ ˈnəʊvəʊ] *loc (Jur)* à nouveau ; *trial* ~ nouvelle instance *f*.

department [dɪˈpɑːtmənt] *n* **1.** service *m*, rayon *m* ; *legal* ~ service juridique, service du contentieux ; *sales* ~ service des ventes ; *(US)* ~ *store* grand magasin *m* **2.** *(Pol) (US)* ministère, service d'un ministère.

Department of Commerce (DOC) *n (US)* ministère *m* du Commerce.

Department of Defense (DOD) *n (US)* ministère *m* de la Défense.

Department of Education and Science (DES) *n (UK)* ministère *m* de l'Education et des Sciences.

Department of Employment *n (UK)* ministère *m* de l'Emploi.

Department of Energy (DOE) *n (US)* ministère *m* de l'Energie.

Department of Health and Human Services (DHHS) *n (US)* ministère *m* de la Santé et de l'Assistance publique.

Department of Health and Social Security (DHSS) *n (UK)* ministère *m* de la Santé et de la Sécurité sociale.

Department of Justice *n (US)* ministère *m* de la Justice.

Department of State *n (US)* ministère *m* des Affaires étrangères.

Department of Trade and Industry (DTI) *n (UK)* ministère *m* du Commerce et de l'Industrie.

Department of the Treasury *n (US)* ministère *m* des Finances.

departmental [ˌdiːpɑːˈtmentl] *adj* ministériel *(f* -ielle*)* ; *(UK) non-*~ *minister* ministre *m* sans portefeuille.

departure [dɪˈpɑːtʃə] *n* départ *m* ; ~ *date* date *f* de départ.

dependence [dɪˈpendns] *n* dépendance *f*.

dependents [dɪˈpendnts] *npl* charges *fpl* de famille, personnes *fpl* à charge.

deplete [dɪˈpliːt] *vt* épuiser.

depletion [dɪˈpliːʃn] *n* épuisement *m* ; ~ *of exhaustible natural resources* épuisement *m* des ressources naturelles non renouvelables ; *(Cpta)* ~ *allowance* amortissement *m*.

deponent [dɪˈpəʊnənt] *n (Jur)* déposant *m (v.* **deposition**).

deposit[1] [dɪˈpɒzɪt] *n* **1.** *(Bq)* dépôt *m*, versement *m* ; ~ *account* compte *m* de dépôts ; *bank* ~ dépôt bancaire ; ~ *bank* banque *f* de dépôts ; ~ *certificate* certificat *m* de dépôt ; *(US) demand* ~ dépôt à vue ; ~ *note* bordereau *m (pl* -x*)* de versement ; ~ *receipt* récépissé *m* de dépôt, bon *m* de caisse, obligation *f* de caisse ; ~ *slip* bordereau *m (pl* -x*)* de versement ; ~ *and trust account*

compte *m* de dépôts et de fiducie **2.** *(Fin)* acompte *m*, arrhes *fpl*, provision *f*, cautionnement *m* ; *make a* ~ verser des arrhes/un dépôt *m* de garantie **3.** *(Emb)* consigne *f*.

deposit[2] [dɪˈpɒzɪt] *vt* déposer.

depositary [dɪˈpɒzɪtrɪ] *n* institution *f*/personne *f* dépositaire *(à dist.* **depository**).

deposition [ˌdepəˈzɪʃn] *n (Jur)* déposition *f* des témoins (dans le cadre de la phase précontentieuse) *(v.* **discovery**).

depositor [dɪˈpɒzɪtə] *n* déposant *m*.

depository [dɪˈpɒzɪtrɪ] *n* **1.** lieu *m (pl* -x*)* de dépôt *(à dist.* **depositary**) **2.** dépositaire *mf*.

depot [ˈdepəʊ/dɪˈpəʊ] *n* entrepôt *m*, dépôt *m* ; *(T) freight* ~ gare *f* de marchandises.

depreciable [dɪˈpriːʃɪəbl] *adj (Cpta)* amortissable ; ~ *asset* actif *m* amortissable ; ~ *machine* machine *f* amortissable.

depreciate [dɪˈpriːʃɪeɪt] *v* **1.** *vt (Cpta)* *(matériel)* amortir **2.** *vi (Eco)* se déprécier, perdre de sa valeur, se dévaluer.

depreciation [dɪˌpriːʃɪˈeɪʃn] *n* **1.** *(Eco)* dépréciation *f*, moins-value *f*, dévalorisation *f* ; ~ *of money* dévalorisation *f* de l'argent/de la monnaie ; ~ *of the pound* dépréciation *f* de la livre **2.** *(Cpta)* dépréciation *f*, amortissement *m* ; ~ *allowance* provision *f* pour amortissement, dotation *f* aux amortissements ; ~ *expense* amortissement comptable ; ~ *of fixed assets* amortissement des immobilisations ; ~ *fund* fonds *m* d'amortissement ; ~ *of a machine* amortissement d'une machine ; ~ *schedule* plan *m*/table *f* d'amortissement **3.** *(Fin)* moins-value *f*.

depression [dɪˈpreʃn] *n (Eco)* dépression *f (v.* **slump**) ; *Great D~* crise *f* de 1929 aux Etats-Unis.

depth [depθ] *n* profondeur *f* ; *in-*~ *study* étude *f* approfondie.

deputy [ˈdepjʊtɪ] *n* fondé *m inv* de pouvoir, suppléant *m*, adjoint *m* ; ~ *manager* directeur *m* adjoint ; ~ *mayor* maire *m* adjoint.

DEQ *v.* **delivered ex quay**.

deregulate [diːˈregjʊleɪt] *vt* déréglementer.

deregulation [ˈdiːˌregjʊˈleɪʃn] *n* déréglementation *f (v.* **liberalization**).

derelict[1] [ˈderəlɪkt] *adj (bâtiment)* abandonné, en ruine.

derelict[2] [ˈderəlɪkt] *n* épave *f*, objet *m* abandonné.

dereliction [ˌderəˈlɪkʃn] *n* abandon *m*,

délaissement *m* ; ~ *of duty* manquement *m* au devoir.

derivative[1] [dɪ'rɪvətɪv] *adj* dérivé.

derivative action *n* (*Jur*) action *f* d'un ou de plusieurs actionnaires contre un tiers au nom de la société.

derivative[2] [dɪ'rɪvətɪv] *n* dérivé *m* ; (*Fin*) produit *m* financier dérivé (*à dist.* by-product).

derivatives market *n* (*Fin*) marché *m* des produits financiers dérivés.

derive [dɪ'raɪv] *vi* (*from*) dériver (de).

derived [dɪ'raɪvd] *adj* (*Eco*) dérivé ; ~ *demand* demande *f* dérivée.

derogation [derə'geɪʃn] *n* 1. dérogation *f* 2. (*Jur*) abrogation *f* partielle.

derogatory [dɪ'rɒgətrɪ] *adj* 1. dérogatoire 2. (*commentaire*) blessant, désobligeant.

derrick ['derɪk] *n* 1. (*pétrole*) derrick *m* 2. (*T*) mât *m* de charge.

DES[1] *v.* **delivered ex ship.**

DES[2] *v.* **Department of Education and Science.**

descendant [dɪ'sendnt] *n* descendant *m* ; ~s descendance *f*.

descent [dɪ'sent] *n* 1. descendance *f*, lignée *f* ; *lineal* ~ descendance en ligne directe 2. (*Jur*) transmission *f* de biens par voie de succession (ab intestat).

descriptive [dɪs'krɪptɪv] *adj* descriptif (*f* -ive) ; (*Mkg*) ~ *literature* documentation *f* publicitaire ; ~ *labelling* étiquetage *m* informatif.

desegregation [di:segrɪ'geɪʃn] *n* déségrégation *f*, intégration *f* raciale (*v.* affirmative action).

desertion [dɪ'zɜ:ʃn] *n* (*Jur*) 1. désertion *f*, défection *f* 2. abandon *m* du conjoint/du foyer.

deshelve [di:'ʃelv] *vt* (*Mkg*) déréférencer.

deshelving [di:'ʃelvɪŋ] *n* (*Mkg*) déréférencement *m*.

design[1] [dɪ'zaɪn] *n* 1. dessin *m*, conception *f* ; ~ *department* bureau *m* (*pl* -x) d'études, service *m* création ; ~ *lead time* délai *m* de conception 2. (*Mkg*) esthétique *f* industrielle, stylique *f*.

design[2] [dɪ'zaɪn] *vt* dessiner.

designer [dɪ'zaɪnə] *n* dessinateur *m* (*f* -trice), concepteur *m* (*f* -trice), styliste *mf* ; (*Mkg*) stylicien *m* (*f* -ienne).

desired [dɪ'zaɪəd] *adj* souhaitable ; (*Eco*) ~ *balance* équilibre *m* souhaitable.

desk [desk] *n* 1. bureau *m* (*pl* -x) ; *international* ~ antenne *f* « affaires internationales » 2. (*Mkg*) ~ *research* recherche *f*/étude *f* documentaire 3. (*US*)

(*presse*) secrétariat *m* de la rédaction, salle *f* des dépêches.

deskill [di:'skɪl] *vt* déqualifier.

deskilling [di:'skɪlɪŋ] *n* déqualification *f*.

desktop ['desktɒp] *n* 1. dessus *m* de bureau ; (*Inf*) ~ *computer* ordinateur *m* de bureau ; (*Inf*) ~ *publishing* micro-édition, publication *f* assistée par ordinateur (PAO) *f* 2. secrétariat *m* de rédaction, bureau *m* (*pl* -x) de presse.

despatch[1] [dɪs'pætʃ] *n* (*aussi* dispatch) (*T*) 1. envoi *m*, expédition *f* ; *advice of* ~ avis *m* d'expédition ; ~ *department* service *m* des expéditions ; ~ *note* bon *m*/bordereau *m* (*pl* -x) d'expédition 2. célérité *f* ; ~ *money* prime *f* de célérité 3. diligence *f* ; *with all* ~ en toute diligence 4. dépêche *f*.

despatch[2] [dɪs'pætʃ] *vt* (*aussi* dispatch) 1. (*T*) expédier, envoyer, faire partir 2. distribuer, diffuser, répartir.

despatcher [dɪs'pætʃə] *n* (*aussi* dispatcher) expéditeur *m* (*f* -trice).

destination [destɪ'neɪʃn] *n* destination *f* ; (*T*) ~ *agent* agent *m inv* à destination ; (*D*) ~ *country* pays *m* de destination.

destitute ['destɪtju:t] *adj* indigent ; *the* ~ *n* les pauvres *m*, les démunis *m*.

destitution [destɪ'tju:ʃn] *n* misère *f*, indigence *f*, pauvreté *f*.

destock [di:'stɒk] *vt* déstocker.

detail[1] ['di:teɪl] *n* 1. détail *m*, précision *f* 2. (*US*) personne *f*/groupe *m* de personnes à qui on confie une tâche/mission/corvée.

detail[2] ['di:teɪl] *vt* 1. détailler 2. (*US*) affecter à une tâche.

detailed ['di:teɪld] *adj* détaillé.

detain [dɪ'teɪn] *vt* détenir, retarder.

detainer [dɪ'teɪnə] *n* (*Jur*) 1. (*bien*) détention *f* illégale, (*propriété*) occupation *f* illégale 2. incarcération *f* ; *writ of* ~ mandat *m* de dépôt (prolongeant la détention).

detective [dɪ'tektɪv] *n* détective *m inv*.

detector [dɪ'tektə] *n* (*appareil*) détecteur *m* ; *lie* ~ détecteur de mensonges.

detention [dɪ'tenʃn] *n* (*Jur*) détention *f* ; (*UK*) ~ *centre* maison *f* de redressement pour mineurs.

deter [dɪ'tɜ:] *vt* (*from*) dissuader (de).

deteriorate [dɪ'tɪərɪəreɪt] 1. *vt* altérer, détériorer 2. *vi* s'altérer, se détériorer.

deterioration [dɪtɪərɪə'reɪʃn] *n* altération *f*, détérioration *f*.

determinable [dɪ'tɜ:mɪnəbl] *adj* 1. déterminable 2. (*Jur*) résoluble, résiliable.

determinate sentence [dɪ'tɜ:mɪnət 'sentns] *n* (*Jur*) sentence *f* de durée déterminée par la loi.

determine [dɪˈtɜːmɪn] *vti (to)* **1.** déterminer, fixer **2.** décider (de) **3.** *(Jur)* résilier, résoudre.

determinism [dɪˈtɜːmɪnɪzm] *n* déterminisme *m*.

deterrent [dɪˈterənt] *n* moyen *m* de dissuasion ; *nuclear* ~ force *f* de frappe nucléaire, force de dissuasion nucléaire.

detinue [ˈdetɪnjuː] *n (Jur)* action *f* en recouvrement de biens meubles détenus abusivement.

detriment [ˈdetrɪmənt] *n* dommage *m*, préjudice *m* ; *without* ~ *to* sans préjudice de/pour.

detrimental [ˌdetrɪˈmentl] *adj* nuisible, préjudiciable ; ~ *clause* clause *f* restrictive.

devaluate [diːˈvæljʊeɪt] *v.* **devalue**.

devaluation [diːˈvæljʊeɪʃn] *n (Eco)* dévaluation *f*.

devalue [diːˈvæljuː] *vt (aussi* **devaluate***) (Eco)* dévaluer.

devanning [ˌdiːˈvænɪŋ] *n (T)* dépotage *m*.

devastate [ˈdevəsteɪt] *vt* dévaster, ravager.

devastation [ˌdevəˈsteɪʃn] *n* dévastation *f*, ravage *m*.

develop [dɪˈveləp] *vt* **1.** exploiter, développer ; *(produit)* mettre au point **2.** *vi* se développer.

*developing countries *n* pays *mpl* en voie de développement (PVD).

developed [dɪˈveləpt] *adj* avancé, évolué, développé.

*developed country *n* pays *m* développé.

developer [dɪˈveləpə] *n* promoteur *m inv* immobilier.

development [dɪˈveləpmənt] *n* **1.** développement *m*, évolution *f* ; *(Mkg)* ~ *of customer loyalty* fidélisation *f* des clients ; *product* ~ mise *f* au point/ élaboration *f* de produits nouveaux **2.** *(Eco)* ~ *centre/center* centre *m* de développement ; ~ *pattern* schéma *m* de développement ; ~ *policy* politique *f* de développement ; *stage of* ~ étape *f* de développement **3.** *(Jur)* ~ *risk* risque *m* de développement.

*Development Aid Committee (DAC) *n (Eco)* Comité *m* d'aide au développement.

deviant[1] [ˈdiːvɪənt] *adj* anormal *(mpl -aux)*.

deviant[2] [ˈdiːvɪənt] *n* anormal *m (pl -aux)*, perverti *m*.

deviate [ˈdiːvɪeɪt] *vi (from)* dévier (de), s'écarter (de).

deviation [ˌdiːvɪˈeɪʃn] *n* écart *m*, déviation *f*.

device [dɪˈvaɪs] *n* **1.** expédient *m*, stratagème *m* **2.** dispositif *m*, procédé *m* ; *(T) hoisting* ~ dispositif *m* de levage.

devise[1] [dɪˈvaɪz] *n (Jur)* transmission *f* des biens immobiliers par testament, legs *m (à dist.* **bequest, legacy***) ; specific* ~ legs *m* à titre particulier.

devise[2] [dɪˈvaɪz] *vt* **1.** inventer, imaginer **2.** *(Jur)* transmettre des biens immobiliers par testament.

devisee [dɪvaɪzˈiː] *n (Jur)* légataire *mf* des biens immobiliers.

devisor [dɪvaɪˈzɔː] *n (Jur)* testateur *m (f -trice)* des biens immobiliers.

devolution [ˌdiːvəˈluːʃn] *n* **1.** dévolution *f* **2.** *(UK)* délégation *f* de pouvoirs aux collectivités locales.

devote [dɪˈvəʊt] *vt* consacrer.

devotion [dɪˈvəʊʃn] *n* dévotion *f*, dévouement *m*.

DHHS *v.* **Department of Health and Human Services**.

DHSS *v.* **Department of Health and Social Security**.

diagnosis [ˌdaɪəgˈnəʊsɪs] *n* diagnostic *m*.

diagram [ˈdaɪəgræm] *n* diagramme *m*.

dial[1] [ˈdaɪəl] *n* cadran *m*.

dial[2] [ˈdaɪəl] *vt* composer un numéro ; *(Tél)* ~*(l)ing tone* tonalité *f*.

dialectical materialism [ˌdaɪəˈlektɪkl məˈtɪərɪəlɪzm] *n (Eco)* matérialisme *m* dialectique.

diamond [ˈdaɪəmənd] *n* diamant *m*.

diary [ˈdaɪərɪ] *n* agenda *m*, journal *m (pl -aux)*.

dictate[1] [ˈdɪkteɪt] *n* diktat *m*, commandement *m*.

dictate[2] [dɪkˈteɪt] *vt* dicter, prescrire.

dictator [dɪkˈteɪtə] *n* dictateur *m inv*.

dictum [ˈdɪktəm] *n (Jur) (ab de* **obiter dictum***)* opinion *f* incidente du juge figurant dans les attendus et qui ne peut théoriquement servir de précédent car elle n'est pas directement nécessaire à la solution du litige *(v.* **holding***)*.

diehard [ˈdaɪhɑːd] *n (Pol)* extrémiste *mf*, jusqu'au-boutiste *mf*.

difference [ˈdɪfrəns] *n* **1.** différence *f*, écart *m* **2.** *(Jur)* désaccord *m*, différend *m*, divergence *f (v.* **dispute***)*.

differential [ˌdɪfəˈrenʃl] *n* écart *m*, marge *f*, différentiel *m* ; *(Eco) wage* ~*s* écarts *mpl* des salaires.

digest [ˈdaɪdʒest] *n* abrégé *m*, condensé *m* ; *American D*~ *System (Jur) (US)* système *m* de recherche de jurisprudence.

digit ['dɪdʒɪt] *n* chiffre *m*, caractère *m* alphanumérique ; *(Eco)* **double ~ inflation** inflation *f* à deux chiffres.

digital ['dɪdʒɪtl] *adj* digital *(mpl* -aux), numérique ; *(Inf)* **~ keyboard** clavier *m* numérique.
*****digitally-controlled machine-tool** *n (Ind)* machine *f* à commande numérique.

digitize ['dɪdʒɪtaɪz] *vt* numériser.

dilatory ['dɪlətrɪ] *adj* dilatoire ; *(Jur)* **~ pleas** moyens *mpl* dilatoires, exceptions *fpl* dilatoires.

diligence ['dɪlɪdʒəns] *n* diligence *f*; *(Jur)* **due ~** obligation *f* de diligence.

dilution [daɪ'lu:ʃn] *n* dilution *f*; *(Fin)* **~ of earnings** dilution du bénéfice ; **~ of capital** dilution du capital.

diminish [dɪ'mɪnɪʃ] *v* **1.** *vt* diminuer, atténuer, réduire **2.** *vi* s'atténuer, diminuer.
*****diminished capacity** *n (Jur)* capacité *f* réduite, incapacité *f* partielle entraînant une atténuation de la responsabilité.

diminishing [dɪ'mɪnɪʃɪŋ] *adj* décroissant ; *(Eco)* **~ marginal cost** coût *m* marginal décroissant ; *(Eco)* **~ marginal utility** utilité *f* marginale décroissante.

diminution [dɪmɪn'juːʃn] *n* diminution *f*; *(Jur)* **~ in value** diminution de valeur, règle *f* d'évaluation des dommages-intérêts.

direct[1] [də'rekt] *adj* direct ; *(Mkg)* **~ advertising** publicité *f* directe ; *(Cpta)* **~ cost** coût *m* direct ; *(Cpta)* **~ costing** méthode *f* des coûts variables ; *(Mkg)* **~ distribution** vente *f* directe ; **~ effect** effet *m* direct ; *(Eco)* **~ exporting** exportation *f* directe ; **foreign ~ investment (FDI)** investissement *m* direct à l'étranger (IDE) ; *(Mkg)* **~ mail** publipostage *m* direct ; *(Mkg)* **~ marketing** marketing *m* direct, vente *f* par correspondance.
*****direct examination** *n (Jur)* interrogatoire *m* d'un témoin par son propre avocat.

direct[2] [də'rekt] *adv* directement.

direct[3] [də'rekt] *vt* diriger.

direction [də'rekʃn] *n* **1.** *(sens)* direction *f* **2.** instruction *f*; **~s for use** mode *m* d'emploi.

director [də'rektə] *n* **1.** directeur *m (f* -trice) **2.** *(Mgt)* administrateur *m (f* -trice) ; **board of ~s** conseil *m* d'administration ; **~s' fees** tantièmes *mpl*/ jetons *mpl* de présence **3.** *(théâtre)* metteur *m inv* en scène ; *(cinéma)* réalisateur *(f* -trice).

directorate [də'rektrət] *n* directorat *m*, conseil *m* d'administration.

directory [də'rektrɪ] *n* annuaire *m*, répertoire *m*; **telephone ~** annuaire *m* téléphonique, bottin® *m*.

dirty ['dɜːtɪ] *adj* sale ; *(T)* **~ bill of lading** connaissement *m* avec réserves ; *(Eco/Fin)* **~ float** flottement *m* incontrôlé ; *(Fin)* **~ money** argent *m* sale.

disability [ˌdɪsə'bɪlətɪ] *n* incapacité *f* juridique/physique, empêchement *m*; *(Ass)* **~ coverage** assurance *f* en cas d'incapacité ; **~ pension** pension *f* d'invalidité.

disable [dɪ'seɪbl] *vt* rendre incapable/invalide.

disabled [dɪ'seɪbld] *adj (personne)* invalide, handicapé.

disablement [dɪ'seɪblmənt] *n* invalidité *f (v.* **disability**).

disadvantage[1] [ˌdɪsəd'vɑːntɪdʒ] *n* désavantage *m*, inconvénient *m*; **at a ~** en position de faiblesse ; **sell at a ~** vendre à perte.

disadvantage[2] [ˌdɪsəd'vɑːntɪdʒ] *vt* désavantager.

disaffirm [ˌdɪsə'fɜːm] *v* **1.** *vi* revenir sur son engagement, se dédire, se rétracter **2.** *vt (Jur)* rapporter, *(décision)* casser, *(contrat)* dénoncer.

disagio [dɪs'ædʒɪəʊ] *n (Fin)* disagio *m*.

disagree [ˌdɪsə'griː] *vi (with)* être en désaccord (avec).

disagreement [ˌdɪsə'griːmənt] *n* désaccord *m*, différend *m*.

disallow [ˌdɪsə'laʊ] *vt* **1.** ne pas reconnaître **2.** *(Jur) (témoignage)* rejeter.

disapproval [ˌdɪsə'pruːvl] *n* désapprobation *f*.

disapprove [ˌdɪsə'pruːv] *vti (of)* désapprouver.

disarmament [dɪs'ɑːməmənt] *n* désarmement *m*.

disbar [dɪs'bɑː] *vt (Jur) (avocat)* radier ; **~red for misconduct** radié du Barreau pour faute professionnelle.

disbarment [dɪs'bɑːmənt] *n (Jur)* radiation *f* du Barreau.

disburse [dɪs'bɜːs] *vt* décaisser.

disbursement [dɪs'bɜːsmənt] *n* débours *m*, déboursement *m*, frais *mpl*.

discard [dɪs'kɑːd] *vt* **1.** mettre au rebut, mettre de côté **2.** *(personnel)* congédier.

discharge[1] [dɪs'tʃɑːdʒ] *n* **1.** accomplissement *m*; **~ of one's duties** accomplissement *m* de ses fonctions **2.** renvoi *m*, congé *m* **3.** *(Jur)* mise *f* en liberté **4.** *(Cpta)* paiement *m*, quitus *m* **5.** *(T)* déchargement *m*.

discharge[2] [dɪs'tʃɑːdʒ] *vt* **1.** renvoyer ; **~ an employee** renvoyer un salarié (pour faute) **2.** *(Jur)* libérer, mettre en liberté ; ~ *a prisoner* relaxer/élargir un détenu **3.** (*Cpta*) décharger, s'acquitter de ; ~ *a debt* s'acquitter d'une dette **4.** (*Jur*) ~ *a bankrupt* réhabiliter un failli, donner quitus à un failli ; ~*ed bankrupt* failli *m* réhabilité.

discipline[1] ['dısıplın] *n* discipline *f*.

discipline[2] ['dısıplın] *vt* discipliner.

disclaimer [dıs'kleımə] *n* **1.** renonciation *f* explicite à un droit/à un pouvoir **2.** avis *m* de dégagement de responsabilité.

disclose [dıs'kləʊz] *vt* divulguer, révéler.

disclosure [dıs'kləʊʒə] *n* divulgation *f* ; *full* ~ divulgation complète ; (*Jur*) (*acquisition*) ~ *letter* lettre *f* de divulgation ; ~ *statement* déclaration *f* de divulgation.

discontinue [dıskən'tınju:] *vt* interrompre ; ~ *production* arrêter la production.

discount[1] ['dıskaʊnt] *n* **1.** (*Mkg*) remise *f*, rabais *m*, réduction *f* sur vente, vente *f* à prix réduit ; *at a* ~ à prix réduit ; ~ *house* magasin *m* minimarge ; ~ *price* prix *m* minimarge, prix réduit, discompte *m* ; ~ *store* magasin *m* minimarge **2.** (*Fin*) escompte *m*, décote *f*, disagio *m* ; ~ *bond* obligation *f* émise au-dessous du pair ; ~ *credit* crédit *m* d'escompte ; ~ *factor* coefficient *m* d'actualisation ; ~ *house* maison *f* de réescompte, banque *f* d'escompte ; ~ *rate* taux *m* d'escompte.

discount[2] [dıs'kaʊnt] *vt* **1.** (*Mkg*) accorder une remise **2.** (*Fin*) escompter.

discountable [dıs'kaʊntəbl] *adj* (*Fin*) escomptable ; ~ *bill/paper* effet *m* escomptable.

discounted [dıs'kaʊntıd] *adj* réduit, à prix réduit ; (*Cpta/Eco*) ~*bill* traite *f* escomptée ; ~ *value* valeur *f* actualisée.

discounter [dıs'kaʊntə] *n* (*Com/Mkg*) (*J.O.*) minimargeur *m inv*, discompteur *m inv*.

discovery [dıs'kʌvri] *n* (*Jur*) investigation *f* de la cause par les parties à une action, communication *f* de pièces et interrogatoire *m* sur les faits (durant la phase précontentieuse).

discrepancy [dıs'krepənsi] *n* désaccord *m*, écart *m*, décalage *m*.

discrepant [dıs'krepnt] *adj* différent, en désaccord, en décalage, contradictoire.

discretion [dıs'kreʃn] *n* **1.** discrétion *f*, sagesse *f* **2.** pouvoir *m* d'appréciation ; (*Jur*) *abuse of* ~ abus *m* de pouvoir.

discretionary [dıs'kreʃnri] *adj* discrétionnaire ; (*Eco*) ~ *income* revenu *m* discrétionnaire/disponible ; ~ *spending* dépenses *fpl* discrétionnaires.

discretionary release *n* (*Jur*) (*UK*) li-

bération *f* d'un détenu laissée à la discrétion de la commission chargée de l'application des peines.

discriminate [dıs'krımıneıt] *vt* (*against*) exercer une discrimination (à l'égard de).

discrimination [dıskrımı'neıʃn] *n* **1.** discernement *m* **2.** discrimination *f* envers les minorités ; *racial* ~ discrimination raciale.

discriminatory [dıs'krımınətri] *adj* discriminatoire ; (*Fisc*) *non-* ~ *tax treatment* neutralité *f* fiscale ; ~ *practice* pratique *f* discriminatoire.

discuss [dıs'kʌs] *vt* discuter de ; ~ *a problem* discuter d'un problème.

diseconomies [dısı'kɒnəmız] *npl* (*Eco*) épargne *f* négative, désépargne *f* (v. **dissaving**).

diseconomies of scale *npl* (*Eco*) déséconomies *fpl* d'échelle.

disembark [dısım'ba:k] *vt* (*T*) débarquer.

disencumber [dısın'kʌmbə] *v* **1.** débarrasser de **2.** (*Jur*) (*hypothèque*) purger.

disenfranchise [dısın'fræntʃaız] *vt* (*Pol*) priver du droit de vote/de représentation.

disenfranchisement [dısın'fræntʃaızmənt] *n* privation *f* du droit de vote (v. **franchise**).

disequilibrium [dısi:kwı'lıbrıəm] *n* (*Eco*) déséquilibre *m*.

disestablishment [dısı'stæblıʃmənt] *n* (*Pol*) séparation *f* de l'Eglise et de l'Etat.

disguised [dıs'gaızd] *adj* déguisé ; (*Eco*) ~ *unemployment* chômage *m* masqué/déguisé.

dishoarding [dıs'hɔ:dıŋ] *n* (*Eco*) déthésaurisation *f*.

dishonour/dishonor [dı'sɒnə] *vt* déshonorer ; (*Bq*) ~ *a draft* ne pas honorer une traite ; ~*ed* sans provision, impayé ; ~*ed bill* effet *m* impayé ; ~*ed cheque/check* chèque *m* impayé, chèque *m* sans provision.

disincentive [dısın'sentıv] *n* (*Eco*) frein *m*.

disinflation [dısın'fleıʃn] *n* (*Eco*) désinflation *f*.

disinflationary [dısın'fleıʃənri] *adj* (*Eco*) désinflationniste.

disinherit [dısın'herıt] *vt* (*Jur*) déshériter.

disinheritance [dısın'herıtns] *n* (*Jur*) action *f* de déshériter.

disintermediation [dısıntəmi:di'eıʃn] *n* (*Fin*) désintermédiation *f*.

disinvestment [dısın'vestmənt] *n* (*Eco*) désinvestissement *m*.

dissent

diskette [dɪˈsket] *n (Inf)* disquette *f.*

dislocate [ˈdɪsləˈkeɪt] *vt* désorganiser, bouleverser.

dislocation [ˌdɪsləˈkeɪʃn] *n* désorganisation *f,* bouleversement *m.*

dismantle [dɪsˈmæntl] *vt* démanteler, dépouiller.

dismember [dɪsˈmembə] *vt* démanteler, démembrer.

dismiss [dɪsˈmɪs] *vt* 1. licencier, congédier, démettre de ses fonctions, révoquer (*v.* **lay off**) 2. *(assemblée)* dissoudre 3. *(Jur)* débouter ; ~ *a charge* rendre un non-lieu.

dismissal [dɪsˈmɪsl] *n* 1. congédiement *m,* licenciement *m,* révocation *f,* mise *f* à l'écart, mise *f* à pied ; *be threatened with* ~ être menacé de renvoi 2. *(demande)* rejet *m* ; ~ *of an action* classement *m* d'une affaire, non-lieu *m* (*pl* -x).

disorder [dɪsˈɔːdə] *n* 1. désordre *m* 2. délit *m,* infraction *f.*

disorderly [dɪsˈɔːdəlɪ] *adj* turbulent, séditieux (*f* -ieuse), illicite ; *(Jur)* ~ *conduct* inconduite *f* notoire, atteinte *f* à l'ordre public, attentat *m* aux bonnes mœurs ; *drunk and* ~ en état d'ébriété sur la voie publique.

disparage [dɪsˈpærɪdʒ] *vt* dénigrer, déprécier.

disparagement [dɪsˈpærɪdʒmənt] *n* dénigrement *m.*

disparate treatment [ˌdɪspərət ˈtriːtmənt] *n (Jur) (US)* traitement *m* discriminatoire des minorités, discrimination *f.*

disparity [dɪsˈpærɪtɪ] *n* inégalité *f,* disparité *f.*

dispatch [dɪsˈpætʃ] *v.* **despatch.**

dispatcher [dɪsˈpætʃə] *v.* **despatcher.**

dispatching [dɪsˈpætʃɪŋ] *n* 1. envoi *m,* expédition *f* 2. répartition *f,* ventilation *f.*

dispense [dɪsˈpens] *vt* 1. exécuter, administrer ; ~ *justice* dispenser la justice. *****dispense from** *v part* dispenser de, exempter de. *****dispense with** *v part* se passer de, écarter.

dispenser [dɪsˈpensə] *n* distributeur *m* automatique ; *cash* ~ distributeur automatique de billets (DAB).

displace [dɪsˈpleɪs] *vt* 1. déplacer 2. évincer, destituer.

displacement tonnage [dɪsˈpleɪsmənt ˈtʌnɪdʒ] *n (T) (navire)* déplacement *m.*

display¹ [dɪsˈpleɪ] *n* 1. *(Mkg)* étalage *m,* présentation *f* ; ~ *area* surface *f* d'exposition ; ~ *case* vitrine *f* ; ~ *material*

matériel *m* destiné à la promotion sur le lieu de vente ; ~ *pack* emballage *m* de présentation ; ~ *stand* présentoir *m* 2. *(Inf)* ~ *device* dispositif *m* visuel, visualisation *f,* affichage *m.*

display² [dɪsˈpleɪ] *vt* étaler, présenter, exposer.

disposable [dɪsˈpəʊzəbl] *adj* 1. disponible ; *(Eco)* ~ *income* revenu *m* disponible 2. *(Emb)* jetable.

disposal [dɪsˈpəʊzl] *n* 1. vente *f,* cession *f,* écoulement *m* ; ~ *sale* déstockage *m* 2. élimination *f* ; *waste* ~ élimination *f* des déchets.

dispose [dɪsˈpəʊz] *v* 1. *vt* disposer, arranger ; ~ *the goods* disposer les marchandises 2. *vi* disposer, décider 3. ~ *of* se débarrasser de ; *(Mkg)* écouler, vendre ; *(Mgt)* ~ *of the agenda* épuiser l'ordre *m* du jour.

disposition [ˌdɪspəˈzɪʃn] *n (Jur)* disposition *f,* aliénation *f* ; ~ *by will* disposition *f* par voie de testament.

dispossess [ˌdɪspəˈzes] *vt (Jur)* déposséder, exproprier.

dispossession [ˌdɪspəˈzeʃn] *n (Jur)* dépossession *f,* expropriation *f.*

dispute¹ [dɪsˈpjuːt] *n* litige *m,* conflit *m,* différend *m* ; *(Pol) election* ~ contentieux *m* électoral ; *(Jur) jurisdictional* ~ conflit *m* de juridiction ; *(Jur)* ~*-settlement procedure* procédure *f* de règlement des conflits/litiges ; *without* ~ sans conteste.

dispute² [dɪsˈpjuːt] *v* 1. *vt* discuter, débattre 2. contester, mettre en doute 3. *vi (about)* se quereller (à propos de).

disqualification [dɪsˌkwɒlɪfɪˈkeɪʃn] *n* 1. *(Jur)* incapacité *f* 2. disqualification *f.*

disqualify [dɪsˈkwɒlɪfaɪ] *vt* 1. rendre incapable 2. *(Jur)* frapper d'incapacité 3. retirer un droit/un privilège à, disqualifier.

disregard¹ [ˌdɪsrɪˈgɑːd] *n* 1. indifférence *f,* négligence *f* 2. non-respect *m,* inobservation *f* ; *(Jur)* ~ *of the corporate entity* non-respect *m* de l'écran juridique (que constitue une société) et engagement *m* de la responsabilité des actionnaires (*v.* **piercing the corporate veil**).

disregard² [ˌdɪsrɪˈgɑːd] *vt* 1. faire peu de cas de, passer outre à 2. *(loi)* enfreindre.

dissaving [dɪsˈseɪvɪŋ] *n (Eco)* épargne *f* négative, désépargne *f.*

disseisin [dɪsˈsiːzɪn] *n (Jur)* dépossession *f* illégitime (*v.* **seisin**).

dissent¹ [dɪˈsent] *n* 1. dissidence *f,* avis *m* contraire 2. *(Jur)* opinion *f* d'un ou de plusieurs juges en désaccord avec la majorité.

dissent[2] [dr'sent] *v* être en désaccord ; *(Jur)* **~ing opinion** opinion *f* d'un ou de plusieurs juges en désaccord avec la majorité.

dissolution [ˌdɪsə'luːʃn] *n* **1.** dissolution *f* ; **~ of a marriage** dissolution d'un mariage **2.** annulation *f* ; **~ of an injunction** annulation d'une injonction.

distance[1] ['dɪstəns] *n* distance *f*.

distance[2] [ˈdɪstəns] *vt* mettre à l'écart, tenir à distance ; **~ oneself from sth** prendre ses distances *fpl* par rapport à qch.

distinguish [dɪs'tɪŋgwɪʃ] *vt* **1.** distinguer **2.** *(Jur)* **(between)** établir des distinctions (entre) (dans l'application des précédents).

distort [dɪs'tɔːt] *v* **1.** *vt* déformer, dénaturer, fausser **2.** *vi* se déformer.

distortion [dɪs'tɔːʃn] *n* distorsion *f*.

distrainee [ˌdɪstreɪ'niː] *n* *(Jur)* débiteur *m* saisi.

distraint [dɪs'treɪnt] *n* *(Jur)* saisie *f*, saisie-exécution *f*.

distress[1] [dɪs'tres] *n* **1.** détresse *f* **2.** *(Jur)* saisie *f*.
***distress budget** n budget m d'austérité.

distress[2] [dɪs'tres] *vt* **1.** affliger, peiner **2.** *(Jur)* saisir.

distributable [dɪs'trɪbjʊtəbl] *adj* distribuable.

distribute [dɪs'trɪbjuːt] *vt* distribuer ; *(Cpta)* **~d profits** bénéfices *mpl* distribués.

distribution [ˌdɪstrɪ'bjuːʃn] *n* **1.** *(Mkg)* distribution *f* ; **~ centre/center** centre *m* de distribution ; **~ channel** circuit *m* de distribution ; **~ cost** coût *m* de distribution ; **~ network** réseau *m* (*pl* -x) de distribution **2.** *(Eco)* répartition *f*, partage *m* ; **~ per capita** partage par tête ; **~ principle** principe *m* de répartition/distribution ; **~ of profits** partage des bénéfices **3.** *(Jur)* partage *m* ; *(succession)* **~ per stirpes** partage *m* par souche.

distributional effect [ˌdɪstrɪ'bjuːʃnəl ɪ'fekt] *n* *(Eco)* effet *m* de répartition.

distributive [dɪs'trɪbjʊtɪv] *adj* distributif (*f* -ive) ; *(Eco)* **~ effect of taxation** effet *m* de redistribution de l'impôt.

distributor [dɪs'trɪbjʊtə] *n* distributeur *m inv* ; **authorized ~** distributeur agréé ; **~'s brand** marque *f* de distributeur ; **sole ~** distributeur exclusif.

district[1] ['dɪstrɪkt] *n* **1.** région *f*, circonscription *f* administrative **2.** *(Pol)* circonscription *f* électorale ; *(US)* **Congressional electoral ~** circonscription électorale pour les élections à la Chambre des représentants.

***district attorney (D.A.)** n (Jur) (US) procureur m inv de la République (au niveau des Etats).
***District of Columbia (D.C.)** n (US) district m fédéral dans lequel se trouve la capitale des Etats-Unis, Washington.
***district court** n (Jur) (US) tribunal m (pl -aux) fédéral de première instance.
***district judge** n (Jur) **1.** (US) juge m inv fédéral de première instance **2.** (UK) juge-greffier m inv.

district[2] [ˈdɪstrɪkt] *vt* diviser en districts.

distrust[1] [dɪs'trʌst] *n* méfiance *f*.

distrust[2] [dɪs'trʌst] *vt* ne pas faire confiance à, se méfier de.

disturb [dɪs'tɜːb] *vt* **1.** déranger **2.** *(Jur)* **~ the peace** troubler l'ordre public.

disturbance [dɪs'tɜːbəns] *n* **1.** trouble *m*, dérangement *m* **2.** *(Jur)* trouble *m* de jouissance ; **~ of the peace** trouble de l'ordre public.

disuse [dɪs'juːs] *n* **1.** désuétude *f* ; **fall into ~** tomber en désuétude **2.** abandon *m*.

disused [dɪs'juːzd] *adj* hors d'usage, *(T)* *(ligne, gare)* désaffecté.

disutility [ˌdɪsjuː'tɪləti] *n* *(Eco)* désutilité *f*.

diverge [daɪ'vɜːdʒ] *vi* diverger, s'écarter (de).

divergence [daɪ'vɜːdʒəns] *n* divergence *f*.

diversification [daɪˌvɜːsɪfɪ'keɪʃn] *n* diversification *f*.

diversify [daɪ'vɜːsɪfaɪ] *v* **1.** *vt* diversifier, varier **2.** *vi* se diversifier, varier.

diversion [daɪ'vɜːʃn] *n* **1.** détour *m*, diversion *f* **2.** *(D)* détournement *m* d'utilisation.

diversity [daɪ'vɜːsəti] *n* diversité *f* ; *(Jur)* *(US)* **~ of citizenship** diversité *f* de citoyenneté ; appartenance *f* des parties à un procès à différents Etats de l'Union, ce qui leur permet de saisir les tribunaux fédéraux si le montant du litige est supérieur ou égal à $50 000.

divert [daɪ'vɜːt] *vt* **1.** détourner, dériver **2.** divertir.

divest [daɪ'vest] *vt* *(of)* déposséder (de) ; **~ oneself of an asset** se dessaisir d'un actif ; **~ oneself of a right** renoncer à un droit.

divestiture [daɪ'vestɪtʃə] *n* (aussi **divestment**) **1.** dessaisissement *m* **2.** cession *f* d'actifs.

divestment [daɪ'vestmənt] *n* *(aussi **divestiture**)* **1.** dessaisissement *m* **2.** cession *f* d'actifs.

divide [dɪ'vaɪd] *v* **1.** *vt* diviser, répartir

2. *vi (Pol) (UK)* passer au vote (en se divisant entre les « oui » et les « non »).

dividend ['dɪvɪdend] *n (Cpta/Fin)* **1.** dividende *m*; *declare a* ~ déclarer un dividende; ~ *payment* versement *m* des dividendes; ~ *payout ratio* ratio *m* des dividendes au bénéfice; ~ *policy* politique *f* de distribution/de versement des dividendes; ~ *rate* rendement *m* des actions; ~ *share* action *f* bénéficiaire; ~ *yield* rendement *m* d'une action **2.** boni *m* de liquidation.

divider [dɪ'vaɪdə] *n (Emb)* cloison *f* (à l'intérieur d'un carton).

divisibility [dɪˌvɪzə'bɪləti] *n* divisibilité *f*.

division [dɪ'vɪʒn] *n* division *f*; *(Eco)* ~ *of costs* répartition *f* des frais; *(Eco) (international)* ~ *of labour/labor* division *f* (internationale) du travail.

***division bell** *n (Pol) (UK)* cloche *f* qui appelle les députés à voter (au Parlement).

divisional [dɪ'vɪʒnəl] *adj* divisionnaire.

divorce[1] [dɪ'vɔːs] *n* divorce *m*; *start* ~ *proceedings* demander le divorce, intenter une procédure en demande de divorce.

divorce[2] [dɪ'vɔːs] *vti* divorcer (d'avec), se séparer (de); *get* ~*d from* divorcer d'avec, se séparer de.

divvy[1] ['dɪvi] *n (UK) (fam) ab de* **dividend**.

divvy[2] ['dɪvi] *v part* ~ *up (US) (fam)* partager.

Dixie ['dɪksi] *n (US)* **1.** Sud *m* des Etats-Unis **2.** chant *m* des Sudistes pendant la guerre de Sécession (1861-1865).

DIY *v.* **do-it-yourself.**

Djibouti [dʒɪ'buːti] *n* Djibouti; *to/in D*~ à Djibouti.

DOC *v.* **Department of Commerce.**

dock[1] [dɒk] *n* **1.** *(Jur)* banc *m* des accusés/des prévenus; *be in the* ~ être dans le box des accusés (*à dist.* **witness box**) **2.** *(T)* bassin *m*, dock *m*; *loading* ~ embarcadère *m*; ~ *receipt* bon *m* de quai; *unloading* ~ débarcadère *m*; *(D)* ~ *warrant* warrant *m*.

dock[2] [dɒk] *v (T)* **1.** *vt* mettre à quai; *dry* ~ mettre en cale sèche **2.** *vi* se mettre à quai.

dockage ['dɒkɪdʒ] *n (T)* ~ *dues* droits *mpl* de bassin.

docker ['dɒkə] *n* docker *m inv*, débardeur *m inv*.

docket[1] ['dɒkɪt] *n* **1.** *(Jur)* bordereau *m* (*pl* -x), résumé *m*/extrait *m* de jugement **2.** *(Jur) (US)* rôle *m* des affaires à juger **3.** *(D)* récépissé *m* de douane.

docket[2] ['dɒkɪt] *vt* **1.** *(Jur) (jugement)* enregistrer **2.** *(T)* étiqueter, classer.

dockyard ['dɒkjɑːd] *n (T)* chantier *m* naval.

doctor[1] ['dɒktə] *n* docteur *m inv*; ~*'s degree* doctorat *m*.

doctor[2] ['dɒktə] *vt* falsifier, truquer.

doctrine ['dɒktrɪn] *n* doctrine *f*, principe *m*.

document[1] ['dɒkjumənt] *n* document *m*; ~ *bill* effet *m* documentaire; *legal* ~ document/acte *m* authentique.

***documents against acceptance (D/A)** *npl (CI)* documents *mpl* contre acceptation.

***documents against payment (D/P)** *npl (CI)* documents *mpl* contre paiement.

document[2] ['dɒkjument] *vt* documenter, apporter des éléments à l'appui de.

documentary [ˌdɒkju'mentri] *adj* documentaire, qui repose sur un document; *(Fin)* ~ *bill* effet *m*/traite *f* documentaire; ~ *collection* encaissement *m* documentaire; ~ *credit* crédit *m* documentaire; *(Jur)* ~ *evidence* document *m* probant; *(Fin/Jur)* ~ *letter of credit* lettre *f* de crédit documentaire.

documentation [ˌdɒkjumen'teɪʃn] *n* documentation *f*.

DOD *v.* **Department of Defense.**

dodge[1] [dɒdʒ] *n* astuce *f*, esquive *f*, artifice *m*.

dodge[2] [dɒdʒ] *vt* éviter, esquiver, éluder; ~ *taxation* frauder le fisc.

dodger ['dɒdʒə] *n* personne *f* qui cherche à éviter/tourner une réglementation, combinard *m*, resquilleur *m (f* -euse), adepte *mf* du « système D »; *draft-*~ insoumis *m*; *tax* ~ fraudeur *m (f* -euse) fiscal(e).

Doe [dəʊ] *n (Jur) John D*~ demandeur *m* fictif correspondant au « X » français; patronyme *m* employé couramment en procédure judiciaire quand l'une des parties veut garder l'anonymat.

DOE *v.* **Department of Energy.**

dog-ear ['dɒgɪə] *vt* **1.** *(une page)* corner **2.** *(Fin) (fonds)* affecter.

doing business ['duːɪŋ 'bɪznɪs] *loc (Jur)* ayant une activité.

***doing business as (dba)** *loc* agissant en tant que.

do-it-yourself (DIY) [ˌduː ɪt jə'self] *loc* bricolage *m*; ~ *store* magasin *m* de bricolage.

doldrums ['dɒldrəmz] *loc be in the* ~ *(personne)* broyer du noir, avoir le cafard; *(Aff)* être dans le marasme.

dole[1] [dəʊl] *n* allocation *f* chômage;

(UK) **be on the** ~ être inscrit au chômage ; **~-money** argent *m* distribué, allocation *f* chômage.

dole² ['dəʊl] *v part (out) (fam)* distribuer, répartir.

dollar ['dɒlə] *n (Fin)* dollar *m* ; ~ **area** zone *f* dollar ; ~ **balances** balances *fpl* en dollars ; **~-denominated** libellé en dollars ; ~ **gap** pénurie *f* de dollars ; ~ **glut** surabondance *f* de dollars ; ~ **rate** taux *m* du dollar ; ~ **standard** étalon *m* dollar.

domestic [də'mestık] *adj* **1.** *(Eco)* intérieur, national *(mpl* -aux) ; ~ **consumption** consommation *f* intérieure ; ~ **demand** demande *f* intérieure ; ~ **investment** investissement *m* intérieur ; ~ **market** marché *m* intérieur ; ~ **price** prix *m* intérieur ; ~ **production** production *f* intérieure ; ~ **supply** offre *f* intérieure ; ~ **trade** commerce *m* intérieur **2.** *(T)* intérieur ; ~ **flight** vol *m* intérieur ; ~ **line** ligne *f* intérieure **3.** *(Jur) (US)* ~ **corporation** société *f* établie dans l'Etat *(v.* **foreign corporation**) **4.** domestique ; ~ **appliances** appareils *mpl* électroménagers ; ~ **consumption** consommation *f* des ménages ; ~ **relations** relations *fpl* familiales ; ~ **service** emploi *m* en tant que domestique.

*domestic content *n (Cl/D)* pourcentage *m* de pièces/contenu *m* d'un produit fabriqué sur le territoire national.

*domestic credit expansion (DCE) *n (Eco)* expansion *f* interne du crédit.

domicile¹ ['dɒmısaıl] *n (Jur)* résidence *f* permanente, domicile *m*.

domicile² ['dɒmısaıl] *v* **1.** *vt (Bq)* domicilier **2.** *vi* se domicilier.

domiciliation [dɒmısılı'eıʃn] *n* domiciliation *f*.

dominance ['dɒmınəns] *n* dominance *f*.

dominant ['dɒmınənt] *adj* dominant ; *(Eco)* ~ **economy** économie *f* dominante ; *(Eco/Jur)* ~ **position** position *f* dominante.

Dominica [dɒmı'niːkə] *n* Dominique *f* ; **to/in D** ~ à la Dominique.

Dominican¹ [də'mınıkən] *adj* dominicain.

*Dominican Republic *n* République *f* Dominicaine.

Dominican² [də'mınıkən] *n* Dominicain *m*.

dominion [də'mınjən] *n (Pol)* dominion *m* ; désignation de certaines anciennes colonies britanniques.

donation [dəʊ'neıʃn] *n* don *m*, donation *f*.

donee [dəʊ'niː] *n (Jur)* donataire *mf*.

*donee beneficiary *n (Jur)* bénéficiaire *mf* d'une stipulation pour autrui.

donor ['dəʊnə] *n (Jur)* donateur *m (f* -trice).

door [dɔː] *n* porte *f* ; *(T)* **~-to-door delivery** livraison *f* à domicile ; *(Mkg)* **~-to-door sales/selling** démarchage *m* à domicile, vente *f* de porte à porte ; **~-to-door salesman** démarcheur *m (f* -euse).

dormant ['dɔːmənt] *adj* inactif *(f* -ive), oisif *(f* -ive), tombé en désuétude ; ~ **capital** capitaux *mpl* oisifs ; *(Jur)* ~ **partner** commanditaire *m inv*.

do's and don'ts [duːz ən 'dəʊnts] *loc* les choses *fpl* à faire et à ne pas faire.

double¹ ['dʌbl] *adj* double **1.** *(Cpta)* **~-entry accounting** comptabilité *f* en partie double **2.** *(Eco)* **~-digit inflation** inflation *f* à deux chiffres **3.** *(Fisc)* ~ **taxation** double imposition *f*, double taxation *f* **4.** *(Emb)* ~ **bottom** double fond *m* **5.** *(T)* ~ **stacking** superposition *f* de deux conteneurs **6.** *(Ass)* ~ **indemnity** double dédommagement *m* **7.** *(Mkg/Pub)* **~-page spread** publicité *f* en double page ; *(US)* ~ **truck** annonce *f* sur deux pages.

*double jeopardy *n (Jur) (US)* doubles poursuites *fpl* pour la même accusation, interdites par le 5ᵉ amendement à la Constitution des Etats-Unis.

double² ['dʌbl] *vti* doubler.

doublespeak ['dʌblspiːk] *n* langue *f* de bois.

doubtful ['daʊtfəl] *adj* **1.** indécis **2.** douteux *(f* -euse) ; *(Cpta/Fin)* ~ **debt** créance *f* douteuse.

dough [dəʊ] *ns inv (fam)* fric *m*.

dower ['daʊə] *n (Jur)* droit *m* d'une femme à l'usufruit des propriétés de son mari (à la mort de celui-ci) *(v.* **curtesy**).

Dow Jones [daʊ 'dʒəʊnz] *(Bs)* **D** ~ **J** ~ **Index** indice *m* de la Bourse de New York (mis au point par MM. Dow et Jones du **Wall Street Journal**).

down [daʊn] *adv* vers le bas ; *(Emb) (marques sur des colis)* « **down** » « bas ».

downbeat ['daʊnbiːt] *adj* pessimiste, à la baisse.

downfall ['daʊnfɔːl] *n* baisse *f*, chute *f*, effondrement *m*.

downgrade¹ ['daʊngreıd] *n* **1.** *(Inf)* réduction *f* de performance **2.** *(personne)* passage *m* à une catégorie inférieure, déclassement *m*.

downgrade² [daʊn'greıd] *vt* faire passer à une catégorie inférieure, déclasser.

downgrading [daʊn'greıdıŋ] *n (Inf)* réduction *f* de performance.

downhill [daʊn'hıl] *adv* **go** ~ péricliter, descendre la pente.

down-market [daʊn ˈmɑːkɪt] *adj (Mkg)* bas de gamme ; ~ *product* produit *m* bas de gamme.

down payment [ˈdaʊn ˌpeɪmənt] *n (Fin)* acompte *m*, avance *f*, paiement *m* comptant, dépôt *m*.

downsize [ˌdaʊnˈsaɪz] *vt* 1. *(Mgt)* réduire la taille de, diminuer les effectifs de 2. *(Inf)* micromiser.

downsizing [ˌdaʊnˈsaɪzɪŋ] *n* 1. *(Mgt)* réduction *f* de taille, diminution *f* des effectifs 2. *(Inf)* micromisation *f*.

downslide [ˈdaʊnslaɪd] *n* baisse *f*, chute *f*, effondrement *m*.

downstream [ˌdaʊnˈstriːm] *adv* en aval ; ~ *factories* usines *fpl* en aval de la production.

downswing [ˈdaʊnswɪŋ] *n* baisse *f*, chute *f*, phase *f* descendante.

downtown [ˈdaʊnˈtaʊn] *n (US)* centre-ville *m*.

downtrend [ˈdaʊntrend] *n* évolution *f* défavorable, tendance *f* à la baisse.

downturn [ˈdaʊntɜːn] *n (Eco)* récession *f (v. recession).*

downward [ˈdaʊnwəd] *adj (Eco)* à la baisse, descendant ; ~ *trend* tendance *f* à la baisse.

dowry [ˈdaʊrɪ] *n (Jur)* dot *f*.

D/P v. **documents against payment.**

draft[1] [drɑːft] *n* 1. brouillon *m*, projet *m*, ébauche *f*, avant-projet *m* ; ~ *legislation* projet de texte législatif 2. *(Fin)* traite *f*, effet *m*, lettre *f* de change 3. *(US) (armée)* contingent *m*, conscription *f* ; ~-*evaders* insoumis *mpl*, réfractaires *mpl*, « embusqués » *mpl* 4. *(US) (UK* **draught***)* courant *m* d'air.

draft[2] [drɑːft] *vt (US) (armée)* enrôler pour la conscription.

draftsman [ˈdrɑːftsmən] v. **draughtsman.**

drag[1] [dræg] *n* entrave *f*, obstacle *m*, frein *m*.

drag[2] [dræg] *vti* traîner, tirer ; ~ *one's feet* traîner les pieds ; *(Mkg)* ~-*along sales* ventes *fpl* induites.

dragnet [ˈdrægnet] *n* 1. *(pêche)* chalut *m* 2. *(fig)* souricière *f*, piège *m*.

drain[1] [dreɪn] *n* 1. canal *m (pl* -aux*)*, tranchée *f* 2. perte *f*, fuite *f* ; *brain* ~ exode *m*/fuite *f* des cerveaux ; *(Eco/Fin) gold* ~ pertes *fpl* en or.

drain[2] [dreɪn] *vt* 1. évacuer, drainer 2. épuiser, mettre à sec.

Dram Shop Acts [dræm ʃɒp ækts] *npl (Jur) (US)* lois *fpl* étatiques imposant une responsabilité civile aux vendeurs d'alcool.

drastic [ˈdræstɪk] *adj* draconien *m (f* -ienne*)*, très strict.

draught [drɑːft] *n* 1. traction *f* ; ~ *horse* cheval *m (pl* -aux*)* de trait 2. *(T)* tirant *m* d'eau 3. *(UK) (US* **draft***)* courant *m* d'air.

draughtsman [ˈdrɑːftsmən] *n (UK) (US* **draftsman***)* 1. dessinateur *m (f* -trice*)* 2. *(texte)* rédacteur *m (f* -trice*)*.

draw[1] [drɔː] *n* 1. tirage *m* au sort 2. marchandises *fpl* en réclame 3. *(vote, élection)* égalité *f*, match *m* nul.

draw[2] [drɔː] *vt* (**drew, drawn**) 1. dessiner *(v.* **draft**[1]*)* 2. *(Fin)* tirer, retirer, prélever ; ~ *a bill* émettre une traite. *draw up v part* dresser, rédiger ; *(Cpta)* ~ *up the balance sheet* établir le bilan ; ~ *up a report* rédiger un rapport.

drawback [ˈdrɔːbæk] *n* 1. inconvénient *m* 2. *(Cl/D)* remboursement *m* des droits d'importation, remboursement *m* partiel des droits de douane.

drawee [drɔːˈiː] *n (Fin) (traite)* tiré *m*, payeur *m inv*.

drawer [drɔːˈə] *n* 1. *(Fin)* tireur *m (f* -euse*)* d'une traite 2. tiroir *m*.

drawing [ˈdrɔːɪŋ] *n* 1. dessin *m* 2. *(Fin)* prélèvement *m*, tirage *m* ; ~ *of a bill* tirage d'un effet ; ~ *right* droit de tirage.

drawn [drɔːn] v. **draw.**

drayage [ˈdreɪɪdʒ] *n (T)* 1. camionnage *m* sur courte distance 2. frais *mpl* de camionnage.

dredge[1] [dredʒ] *n* drague *f*.

dredge[2] [dredʒ] *vt* draguer, dévaser.

dress [dres] *vt* 1. habiller 2. *(Cpta)* falsifier ; ~ *up the books* habiller les comptes.

drew [druː] v. **draw.**

drift[1] [drɪft] *n* 1. mouvement *m*, *(Aff)* marche *f* ; ~ *from the land* exode *m* rural 2. glissement *m*, dérive *f* ; *(Eco) wage* ~ dérive *f* des salaires.

drift[2] [drɪft] *vi* flotter, dériver.

drill[1] [drɪl] *n* 1. foret *m*, mèche *f* 2. *(appareil)* perceuse *f* 3. *(armée)* exercice *m*, manœuvres *fpl*.

drill[2] [drɪl] *vt* 1. forer, percer 2. *(armée)* faire faire l'exercice à.

drive[1] [draɪv] *n* 1. promenade *f* en voiture 2. énergie *f*, dynamisme *m* 3. campagne *f* ; *advertising* ~ campagne publicitaire ; *export promotion* ~ campagne de promotion des exportations.

drive[2] [draɪv] *vti* (**drove, driven**) 1. conduire, faire marcher 2. ~ *a hard bargain* conclure un marché à des conditions difficiles, être dur en affaires.

*drive down *v part (prix)* faire baisser.

*drive up *v part (prix)* faire monter.

drive-in ['draɪvɪn] *adj* avec accès voitures; ~ *cinema/theater* cinéma *m* en plein air, « drive-in » *m*; ~ *bank* banque *f* avec accès voitures.

driven ['drɪvn] *v.* drive.

drive-off ship ['draɪvɔf ʃɪp] *n (T)* navire *m* porte-véhicules.

drive-on ship ['draɪvɔn ʃɪp] *n (T)* navire *m* porte-véhicules.

driver ['draɪvə] *n* 1. conducteur *m (f* -trice) 2. *(Inf)* pilote *mf*, gestionnaire *mf* de périphérique.

driving ['draɪvɪŋ] *n* conduite *f.*

*driving under the influence (DUI) *n (Jur) (US)* conduite *f* en état d'ivresse.

*driving while intoxicated (DWI) *n (Jur) (US)* conduite *f* en état d'ivresse.

droop[1] [druːp] *n* abaissement *m*, fléchissement *m.*

droop[2] [druːp] *vi* s'abaisser, *(marché)* fléchir.

drop[1] [drɔp] *n* 1. goutte *f* 2. chute *f*, baisse *f*, diminution *f*; ~ *in prices* baisse des prix.

drop[2] [drɔp] *v* 1. *vi* tomber goutte à goutte 2. *vi* baisser, diminuer, décliner, descendre, décroître 3. *vt (T) (marchandises)* débarquer 4. *vt (objet)* laisser tomber, *(projet)* renoncer à, éliminer; ~ *barriers* supprimer les barrières commerciales.

*drop out *v part* tout laisser tomber, abandonner une activité/ses études.

drop-out ['drɔp aʊt] *n* personne *f inv* qui a tout laissé tomber/qui a abandonné ses études.

drought [draʊt] *n* sécheresse *f.*

drove [drəʊv] *v.* drive.

drug [drʌg] *n* 1. drogue *f*; *take ~s* se droguer 2. produit *m* pharmaceutique, médicament *m*; ~ *companies* laboratoires *mpl* pharmaceutiques.

drugstore ['drʌgstɔː] *n (US)* pharmacie *f.*

drum[1] [drʌm] *n* 1. tambour *m* 2. tonneau *m (pl* -x); *(Emb)* bidon *m*; *oil ~* baril *m.*

drum[2] [drʌm] *v* 1. *vi* jouer du tambour 2. *vi (US) (fam)* faire du battage, chercher à accrocher le client.

*drum up *v part* racoler, solliciter; ~ *up sales* dynamiser les ventes, faire augmenter les ventes.

drummer ['drʌmə] *n* 1. *(personne)* tambour *m* 2. *(US) (fam)* voyageur *m inv* de commerce, VRP *m inv.*

drunken driving [drʌŋkən 'draɪvɪŋ] *n (Jur)* conduite *f* en état d'ivresse.

dry[1] [draɪ] *adj* sec *(f* sèche); *(US)* ~ *State* Etat qui prohibait l'alcool (v. **prohibition**); *(T)* ~ *cargo* cargaison *f* sèche; *(T)* ~ *cargo ship (céréales)* vraquier *m*; *(T)* ~ *dock* cale *f* sèche; ~ *goods* tissus *mpl*, textiles *mpl*, nouveautés *fpl*; ~ *run* lancement *m* préliminaire, essai *m* test.

dry[2] [draɪ] *vt* sécher.

*dry up *v part* tarir, se tarir.

DTI *v.* **Department of Trade and Industry.**

dual ['djuːəl] *adj* double; ~ *capacity* capacité *f* double; *(T) (UK)* ~ *carriageway* route *f* à double voie; ~ *economy* économie *f* double; ~ *pricing* système *m* de prix doubles; *(Fin)* ~*-rate system* double marché *m* des changes; ~*-use technologies* technologies *fpl* à double usage possible (civil ou militaire).

*dual citizenship *n (Jur)* double citoyenneté *f*, double nationalité *f.*

due [djuː] *adj* 1. approprié, *with ~ care* avec l'attention qui convient *(syn.* **reasonable care**); *in ~ form* en bonne et due forme; *with ~ notice* dans un délai *m* réglementaire 2. attendu; *(T) (lieu)* ~ *at* arrivée prévue à…; *(temps)* ~ *on* arrivée prévue le… 3… *(Cpta/Fin) (paiement)* exigible, échu.

*due date *n (Cpta/Fin)* échéance *f*, date *f* d'exigibilité.

*due process of law *n (Jur) (US)* clause *f* de sauvegarde des libertés individuelles (protection contre une privation arbitraire de la vie, de la liberté ou des biens) prévue par les 5e et 14e amendements à la Constitution des Etats-Unis.

dues [djuːz] *npl* droits *mpl*; *(T) dock ~* droits *mpl* de bassin; *port ~* droits *mpl* de port; *union ~* cotisations *fpl* syndicales.

DUI *v.* **driving under the influence.**

dummy ['dʌmi] *n* 1. mannequin *m inv*, homme *m* de paille 2. *(Jur)* ~ *company* société *f* fictive; ~ *corporation* société *f* écran 3. *(Mkg) (publicité)* maquette *f.*

dump[1] [dʌmp] *n* décharge *f*, dépôt *m* d'ordures.

dump[2] [dʌmp] *v* 1. *vt* décharger, déverser; *(T)* ~*-lorry/-truck* camion-bascule *m*, tombereau *m (pl* -x) 2. *vti* écouler à perte sur les marchés extérieurs, faire du dumping.

dumping ['dʌmpɪŋ] *n (Cl/Eco)* dumping *m*, vente *f* à l'étranger à perte, vente à l'étranger à des prix inférieurs à ceux pratiqués sur le marché intérieur; *social ~* dumping *m* social, surenchère *f* à l'absence de protection sociale pour attirer les entreprises.

eastern

dun¹ [dʌn] *n* agent *m inv* de recouvrement.

dun² [dʌn] *vt* **1.** harceler, pourchasser **2.** réclamer paiement (auprès d'un débiteur en retard) ; **~ning letter** lettre *f* de recouvrement.

dunnage ['dʌnɪdʒ] *n* (*T*) fardage *m*, calage *m*.

Dunn and Bradstreet (D&B) [,dʌn ən 'brædstri:t] *n* (*Fin*) agence *f* de renseignements de notoriété ; **D~ and B~ report** *n* rapport *m* de solvabilité.

duopoly [dju'ɒpəli] *n* (*Eco*) duopole *m*.

duopsony [dju'ɒpsəni] *n* (*Eco*) duopsone *m*.

duplicate¹ ['dju:plɪkət] *n* (*document*) double *m*, copie *f*, duplicata *m*.

duplicate² ['dju:plɪkeɪt] *vt* copier, reproduire, dupliquer.

durable ['djuərəbl] *adj* durable ; (*Eco*) **~ goods** biens *mpl* durables.

durables ['djuərəblz] *npl* (*Eco*) biens *mpl* durables (*v.* **durable goods**).

duration [dju'reɪʃn] *n* durée ; **~ of work** durée *f* du travail.

duress [dju'res] *n* (*Jur*) contrainte *f*, violence *f*, vice *m* de consentement en **common law** ; **act under ~** agir sous la menace/à son corps défendant (*v.* **undue influence**).

Dutch [dʌtʃ] *adj* néerlandais/hollandais ; **the D~** les Néerlandais/Hollandais (*v.* **Netherlands**).

*****dutch auction** *n* enchères *fpl* à l'envers.

Dutchman ['dʌtʃmən] *n* (*pl* **-men**) Néerlandais/Hollandais *m*.

Dutchwoman ['dʌtʃwʊmən] *n* (*pl* **-men**) Néerlandaise/Hollandaise *f*.

dutiable ['dju:tiəbl] *adj* (*D*) soumis à droits de douane.

duty ['dju:ti] *n* **1.** devoir *m*, charge *f* **2.** corvée *f* militaire **3.** (*Jur*) obligation *f* ; **~ of care** obligation *f* de vigilance (à la base de tout délit de **negligence**) **4.** (*Fisc*) droit *m*, taxe *f* ; **~ free** en franchise de droits **5.** (*D*) droit *m* de douane ; **ad valorem ~** droit ad valorem ; **antidumping ~** droit *m* antidumping ; **countervailing ~** droit *m* compensatoire ; **~-paid price** prix *m* marchandises dédouanées.

duty-free [,dju:ti 'fri:] *adj* (*CI/D*) exempté de droits de douane, hors taxes ; **~ port** port franc ; **~ treatment** exemption *f* de droits de douane.

DWI *v.* **driving while intoxicated**.

dynamic [daɪ'næmɪk] *adj* dynamique ; **~ analysis** analyse *f* dynamique ; **~ equilibrium** équilibre *m* dynamique.

E

EAEC *v.* **European Atomic Energy Community**.

EAGGF *v.* **European Agricultural Guidance and Guarantee Fund**.

early¹ ['ɜ:li] *adj* **1.** rapide ; **~ delivery** livraison *f* rapide **2.** anticipé ; **~ payment/settlement** paiement *m* anticipé ; **~ retirement** préretraite *f* ; (*Eco*) **~-warning indicator** indicateur *m* d'alerte.

early² ['ɜ:li] *adv* tôt.

earmark ['ɪəmɑ:k] *vt* (**for**) (*fonds*) réserver (à, pour), destiner (à).

earn [ɜ:n] *vt* gagner, rapporter ; (*Bq/Fin*) **~ interest** rapporter un intérêt.

earned [ɜ:nd] *adj* gagné ; (*Fisc*) **~ income** revenu *m* du travail ; (*Cpta*) **~ surplus** bénéfices *mpl* mis en réserve.

earnest money ['ɜ:nɪst ,mʌni] *n* (*Fin*) arrhes *fpl*.

earning ['ɜ:nɪŋ] *adj* (*Eco/Fin*) **~ capacity** capacité *f* salariale, capacité bénéficiaire ; **~ power** capacité *f* de gain ; **~ performance** rentabilité *f*.

earnings ['ɜ:nɪŋz] *npl* **1.** (*Cpta/Fin*) gain *m*, recettes *fpl*, rémunération *f*, revenu *m* ; **exchange ~** recettes en devises **2.** salaire *m* ; **wage ~** rémunération salariale **3.** (*Cpta*) revenu de l'entreprise ; **retained ~** bénéfices *mpl* non distribués/en réserve ; (*US*) **~ statement** compte *m* de résultats.

*****earnings per share (EPS)** *npl* (*Bs*) gains *mpl* par action.

earphone ['ɪəfəʊn] *n* écouteur *m*.

easement ['i:zmənt] *n* (*Jur*) servitude *f* ; **~ by prescription** servitude par prescription ; **implied ~** servitude implicite ; **public ~** servitude à caractère public.

east [i:st] *n* est *m*, Orient *m* ; **the Far E~** l'Extrême-Orient ; **the Middle E~** le Moyen-Orient.

eastern ['i:stən] *adj* est, de l'est, oriental

(mpl -aux); *E~ European countries* pays mpl de l'Europe de l'Est.

easy ['i:zi] adj facile, simple; (Fin) ~ *money* argent m à bon marché; ~ *terms* facilités fpl de paiement (v. **tight credit**).

eavesdropping ['i:vzdrɔpɪŋ] n écoute f indiscrète; *electronic* ~ surveillance f électronique.

ebb[1] [eb] n déclin m, reflux m.

ebb[2] [eb] vi (away) baisser, décliner.

EC v. **European Community**.
EC Directives npl (UE) directives fpl de la Communauté européenne.

ecclesiastical [ɪ,kli:zi'æstɪkl] adj ecclésiastique, religieux (f -ieuse); ~ *law* droit m canon/canonique.

ECGD v. **Export Credit Guarantee Department**.

ecological [i:kə'lɒdʒɪkl] adj écologique.

ecologist [i:'kɒlədʒɪst] n écologiste mf.

ecology [i:'kɒlədʒi] n écologie f.

econometrician [i:,kɒnəme'trɪʃn] n économètre mf.

econometrics [i:,kɒnə'metrɪks] n économétrie f.

economic [i:kə'nɒmɪk] adj (à dist. **economical**) économique, qui relève de la science économique; ~ *analysis* analyse f économique; ~ *crisis* crise f économique; ~ *cycle* cycle m économique; ~ *dynamics* dynamique f économique; ~ *efficiency* efficience f économique; ~ *equilibrium* équilibre m économique; ~ *goods* biens mpl économiques; ~ *growth* croissance f économique; ~ *indicator* indicateur m économique; ~ *integration* intégration f économique; ~*interest grouping* groupement m d'intérêt économique; ~ *mechanism* mécanisme m économique; ~ *miracle* miracle m économique; ~ *model* modèle m économique; ~ *outlook* conjoncture f économique; ~ *policy* politique f économique; ~ *progress* progrès m économique; ~ *region* région f économique; ~ *sociology* sociologie f économique; ~ *system* système m économique; ~ *union* union f économique; ~ *unit* catégorie f économique.
Economic and Monetary Union (EMU) n (Eco/Fin) (UE) Union f économique et monétaire (UEM).

economical [i:kə'nɒmɪkl] adj économique, peu cher (à dist. **economic**).

economics [i:kə'nɒmɪks] n économie f; science f économique.

economist [i:'kɒnəmɪst] n économiste mf.

economize [i:'kɒnəmaɪz] vti (on) économiser (sur), épargner.

economy [i:'kɒnəmi] n (pl -ies) **1.** économie f, système m économique **2.** *economies* économies fpl; *make economies* faire des économies; *economies of scale* économies d'échelle.
economy size n (Emb) emballage m économique.

ECSC v. **European Coal and Steel Community**.

ECU [e'kju:] v. **European Currency Unit**.

Ecuador ['ekwədɔ:] n Equateur m; *in/to E~* en Equateur.

Ecuadoran[1] [ekwə'dɔ:rən] adj (aussi **Ecuadorean, Ecuadorian**) équatorien (f -ienne).

Ecuadoran[2] [ekwə'dɔ:rən] n Equatorien m (f -ienne).

EDF v. **European Development Fund**.

edge [edʒ] n avance f, avantage m; *technological* ~ avance technologique; *have an* ~ *on/over* avoir un avantage sur.

EDI v. **electronic data interchange**.

edict ['i:dɪkt] n (Jur) édit m.

edit ['edɪt] vt **1.** (texte) revoir, remanier **2.** (revue, journal) diriger **3.** (Inf) éditer.

editor ['edɪtə] n **1.** rédacteur (f -trice) en chef **2.** (Inf) éditeur m.

editorial [edɪ'tɔ:riəl] adj éditorial (mpl -iaux), rédactionnel (f -elle); ~ *advertising* publicité f rédactionnelle; ~ *space* espace m rédactionnel.

EDP v. **electronic data processing**.

education [edju'keɪʃn] n **1.** enseignement m **2.** formation f.

educational [edju'keɪʃnəl] adj éducatif (f -ive); (Inf) ~ *software* didacticiel m.

EEA v. **European Economic Area**.

EEC v. **European Economic Community**.

effect[1] [ɪ'fekt] n **1.** effet m, incidence f **2.** (Jur) application f; *come/go into* ~ entrer en application.

effect[2] [ɪ'fekt] vt effectuer; ~ *delivery* effectuer la livraison.

effective [ɪ'fektɪv] adj **1.** efficace **2.** réel (f -elle), effectif (f -ive); (Jur) *become* ~ entrer en vigueur; ~ *date* date f d'effet; (Eco) ~ *demand* demande f effective; (Bq/Fin) ~ *interest rate* taux m d'intérêt effectif.

effectiveness [ɪ'fektɪvnəs] n efficacité f; ~ *of economic policy* efficacité f de la politique économique.

efficacy ['efɪkəsi] n efficacité f.

efficiency [ɪ'fɪʃnsi] n **1.** *(personne)* efficacité f **2.** productivité f, rendement m.
efficient [ɪ'fɪʃnt] adj **1.** *(personne)*
compétent **2.** *(méthode)* efficace, rentable.
EFTA ['eftə] v. **European Free Trade
Association**.
Egypt ['iːdʒɪpt] n Egypte f; *in/to E~* en
Egypte.
Egyptian¹ [iː'dʒɪpʃn] adj égyptien *(f
-ienne)*.
Egyptian² [iː'dʒɪpʃn] n Egyptien m *(f
-ienne)*.
EIB v. **European Investment Bank**.
Eighteenth Amendment [eɪ'tiːnθ
ə'mendmənt] n *(Jur/Pol)* *(US)* 18ᵉ amendement m à la Constitution, ratifié en
1919; interdit la fabrication, le transport
et la vente d'alcool aux Etats-Unis
jusqu'à son abrogation en 1933.
Eighth Amendment [eɪtθ ə'mend-
mənt] n *(Jur/Pol)* *(US)* 8ᵉ amendement
m *(1791)* à la Constitution; stipule qu'il
ne pourra être exigé de cautionnement
exagéré ni imposé d'amendes excessi-
ves, ni infligé de peines cruelles à qui
que ce soit.
eject [iː'dʒekt] vt *(Jur)* *(locataire)* expulser.
ejectment [iː'dʒektmənt] n *(Jur)* procédure f d'éviction en **common law**.
elaborate¹ [ɪ'læbrət] adj complexe, sophistiqué.
elaborate² [ɪ'læbəreɪt] v **1.** vt élaborer
2. vi *(on)* préciser, développer, entrer
dans les détails de .
elaboration [ɪ,læbə'reɪʃn] n élaboration f.
elastic [ɪ'læstɪk] adj élastique.
***elastic clause** n *(Jur/Pol)* *(US)* « clause
élastique » de la Constitution des
Etats-Unis (v. **Commerce Clause**).
elasticity [iː,læs'tɪsəti] n élasticité f;
(Eco) *~ coefficient* coefficient m
d'élasticité; *~ of expectations* élasticité
f d'anticipation; *~ of supply* élasticité
f de l'offre; *~ of X with respect to Y*
élasticité de X par rapport à Y.
elect [ɪ'lekt] vt **1.** *(Pol)* élire **2.** *~ to do
sth* choisir de faire qch.
election [ɪ'lekʃn] n *(Pol)* élection f; *~
campaign* campagne f électorale; *(UK)
general ~* élection législative; *(US)*
consultation f de l'ensemble des électeurs aux Etats-Unis *(à dist.* **primary
election)**; *local ~* élection municipale/
régionale; *primary ~* élection primaire,
consultation f de l'ensemble des électeurs d'un parti *(à dist.* **general election)**; *run-off ~* élection finale en l'absence de majorité absolue, qui

correspond à un deuxième tour; *run/
stand for ~* se présenter à une élection,
être candidat.
electioneering [ɪ,lekʃən'ɪərɪŋ] n *(Pol)*
propagande f électorale.
elective [ɪ'lektɪv] adj **1.** *(Pol)* électif *(f
-ive)* **2.** facultatif *(f -ive)*.
elector [ɪ'lektə] n *(Pol)* électeur m *(f
-trice)* *(à dist.* **voter)**.
electoral [ɪ'lektrəl] adj *(Pol)* électoral
(mpl -aux).
***Electoral College** *(Pol)* *(US)* collège m
électoral chargé de désigner le président
des Etats-Unis. Il réunit au sein de chaque Etat les grands électeurs (**electors**)
qui choisissent le président à la majorité
simple.
electorate [ɪ'lektrət] n *(Pol)* électorat m.
electricity [ɪ,lek'trɪsəti] n électricité f; *~
bill* quittance f d'électricité.
electronic [ɪ,lek'trɒnɪk] adj électronique; *~ component* composant m électronique; *~ equipment* matériel m électronique; *(Bq) ~ money* monétique f.
***electronic data interchange (EDI)** n
échange m de données informatisées.
***electronic data-processing (EDP)** n
analyse f/traitement m électronique des
données.
***electronic mail (e-mail)** n *(Inf)* mes-
sagerie f électronique.
***electronic publishing** n éditique f, pub-
lication f assistée par ordinateur (PAO).
electronics [ɪ,lek'trɒnɪks] n. électronique f.
element ['elɪmənt] n élément m; *(Jur)*
élément (d'un crime).
elicit [ɪ'lɪsɪt] vt *~ a response from* ob-
tenir/tirer une réponse de.
eligibility [,elɪdʒə'bɪləti] n *(for)* éligibilité f (à).
eligible ['elɪdʒəbl] adj *(for)* ayant droit
(à); *(Fin) ~ bill* effet primaire; *(Jur)
~ party* ayant droit.
eliminate [ɪ'lɪmɪneɪt] vt éliminer, supprimer.
elimination [ɪ,lɪmɪ'neɪʃn] n élimination f.
El Salvador [el 'sælvədɔː] n le Salvador; *in/to ~* au Salvador.
e-mail ['iː ˌmeɪl] v. **electronic mail**.
emancipation [ɪ,mænsɪ'peɪʃn] n émancipation f.
embargo [ɪm'bɑːgəʊ] n embargo m, séquestre m; *lay an ~ on* mettre l'embargo sur.
embark [ɪm'bɑːk] vti **1.** *(T)* *(marchandises, passagers)* embarquer **2.** *(fig)*
(entreprise, programme) *~ on* se lan-
cer/s'engager dans.

embassy ['embəsi] *n* ambassade *f.*

embezzle [ɪmˈbezl] *vt (Jur)* ~ *funds* détourner des fonds.

embezzlement [ɪmˈbezlmənt] *n (Jur)* **1.** détournement *m* de fonds **2.** abus *m* de confiance, abus de biens sociaux.

embezzler [ɪmˈbezlə] *n* escroc *m inv.*

embracery [ɪmˈbreɪsri] *n (Jur) (UK) (obs)* tentative *f* de corruption d'un jury.

EMCF *v.* **European Monetary Co-operation Fund.**

emerge [ɪˈmɜːdʒ] *vi* émerger, apparaître.

emergence [ɪˈmɜːdʒəns] *n* apparition *f.*

emergency [ɪˈmɜːdʒənsi] *n* urgence *f.*

emerging [ɪˈmɜːdʒɪŋ] *adj* émergent ; ~ *markets* marchés *mpl* émergents.

emigration [ˌemɪˈɡreɪʃn] *n* émigration *f.*

eminent ['emɪnənt] *adj* éminent ; *(Jur)* *right of* ~ *domain* (pouvoir *m* d') expropriation *f* pour cause d'utilité publique.

empanel [ɪmˈpænəl] *vt (Jur)* ~ *a jury* constituer un jury.

emphasize ['emfəsaɪz] *vt* mettre l'accent sur, souligner.

employ [ɪmˈplɔɪ] *vt* **1.** *(méthode)* employer, utiliser **2.** *(personnel)* employer, embaucher, engager.

employed [ɪmˈplɔɪd] *adj* employé *m* ; *(Eco)* ~ *population* population *f* active.

employee [ɪmˌplɔɪˈiː] *n* employé *m*, salarié *m* ; ~ *s' social security contributions* cotisations *fpl* des salariés à la Sécurité sociale.

employer [ɪmˈplɔɪə] *n* employeur *m inv*, patron *m* (f -onne) ; ~*s* patronat *m* ; ~*s' association* association *f* patronale ; ~*s' liability insurance* assurance *f* accidents du travail ; ~*s' social security contributions* cotisations *fpl* des employeurs à la Sécurité sociale, cotisations patronales.

employment [ɪmˈplɔɪmənt] *n* **1.** *(méthode)* utilisation *f* **2.** emploi *m*, ensemble *m* des emplois actifs ; ~ *adjustment* restructuration *f* de l'emploi ; ~ *agency* Agence *f* pour l'emploi, bureau *m* de placement, *(Fr)* Agence *f* nationale pour l'emploi (ANPE) ; ~ *area* bassin *m* d'emploi ; *conditions of* ~ conditions *fpl* d'embauche ; ~ *contract* contrat *m* de travail ; *female* ~ emploi *m* des femmes ; ~ *gap* insuffisance *f* de l'emploi ; ~ *growth area* pôle *m* de croissance de l'emploi ; ~ *opportunities* perspectives *fpl* d'emploi ; ~ *outlook* perspectives *fpl* d'emploi ; ~ *policy* politique *f* de l'emploi ; ~ *premium* prime *f* à l'embauche ; ~ *security* sécurité *f* de l'emploi ; ~ *services* services *mpl* de

l'emploi ; ~ *support scheme* programme *m* de soutien de l'emploi.

empties ['emptɪz] *npl (Emb)* emballages *mpl* vides.

empty ['empti] *adj* vide.

EMS *v.* **European Monetary System.**

EMU *v.* **Economic and Monetary Union.**

enact [ɪnˈækt] *vt (Jur)* **1.** *(législatif)* adopter, voter **2.** *(exécutif)* promulguer.

enacting formula [ɪnˈæktɪŋ ˈfɔːmjʊlə] *n (Jur)* formule *f* de promulgation (d'un texte).

enactment [ɪnˈæktmənt] *n (Jur)* **1.** promulgation *f*, adoption *f* ; *by legislative* ~ par voie législative **2.** texte *m* promulgué, loi *f*, ordonnance *f.*

en banc [ɑ̃ bɑ̃] *loc (Jur) (tribunal)* en assemblée plénière.

enclose [ɪnˈkləʊz] *vt* joindre ; ~ *sth in a letter* joindre qch à une lettre.

enclosed [ɪnˈkləʊzd] *pp* enclose ; *please find* ~ veuillez trouver ci-joint.

enclosure [ɪnˈkləʊʒə] *n* **1.** pièce *f* jointe **2.** *(Agr)* clôture *f.*
***Enclosure Acts** npl (UK)* lois *fpl* sur les **enclosures** (clôture *f* des terres).

encroachment [ɪnˈkrəʊtʃmənt] *n (Jur) (on)* usurpation *f* d'un droit, empiétement *m* sur la propriété d'autrui.

encumber [ɪnˈkʌmbə] *vt* **1.** encombrer, entraver **2.** *(Fin/Jur)* grever.

encumbrance [ɪnˈkʌmbrəns] *n (Fin/Jur)* charge *f*, servitude *f* ; *free from all* ~ libre et quitte de toute charge.

end [end] *n* fin *f* ; *(Eco)* ~ *product* produit *m* fini ; ~ *user* utilisateur *m* (f -trice) final ; *(Com)* ~*-of-year clearance/sales* soldes *mpl* de fin d'année.

ending ['endɪŋ] *n* fin *f* ; *(Cpta)* ~ *inventory* inventaire *m* de fin d'exercice.

endogenous [enˈdɒdʒənəs] *adj* endogène ; *(Eco)* ~ *variable* variable *f* endogène.

endorsable [ɪnˈdɔːsəbl] *adj (Fin)* endossable ; ~ *bill* effet *m* endossable.

endorse [ɪnˈdɔːs] *vt (UK* **indorse)** **1.** *(Fin)* inscrire au verso, endosser ; ~ *a check* endosser un chèque **2.** *(Pol)* appuyer, soutenir, accorder l'investiture d'un parti à un candidat ; *(US)* ~ *a candidate* soutenir un candidat.

endorsee [ɪnˌdɔːˈsiː] *n (UK* **indorsee)** bénéficiaire *mf.*

endorsement [ɪnˈdɔːsmənt] *n (UK* **indorsement) 1.** *(Fin)* endos *m*, endossement *m* **2.** *(Mkg)* cautionnement *m* (technique *f* publicitaire faisant appel à des célébrités).

endowment [ɪnˈdaʊmənt] *n* dotation *f* ;

(Ass) ~ **insurance** assurance *f* à capital différé.

energetic [ˌenəˈdʒetɪk] *adj* énergique.

energy [ˈenədʒɪ] *n* énergie *f*; ~ **crisis** crise *f* de l'énergie.

enforce [ɪnˈfɔ:s] *vt* faire valoir, faire appliquer, faire respecter, imposer; ~ **the law** appliquer la loi.

enforceability [ɪnˌfɔ:səˈbɪləti] *n* 1. *(Jur)* caractère *m* exécutoire/obligatoire 2. *(Fin)* exigibilité *f*.

enforceable [ɪnˈfɔ:səbl] *adj* 1. *(Jur)* (qui a force) exécutoire 2. susceptible d'exécution.

enforcement [ɪnˈfɔ:smənt] *n* *(Jur)* application *f*, exécution *f*, mise *f* en vigueur.

enfranchise [ɪnˈfræntʃaɪz] *vt* *(Pol)* accorder/donner le droit de vote à.

enfranchisement [ɪnˈfræntʃaɪzmənt] *n* *(Pol)* octroi *m* du droit de vote.

engage [ɪnˈgeɪdʒ] *vt* *(UK)* embaucher, recruter.

engagement [ɪnˈgeɪdʒmənt] *n* 1. rendez-vous *m* 2. fiançailles *fpl*.

engine [ˈendʒɪn] *n* 1. moteur *m* 2. locomotive *f*.

engineer [ˌendʒɪˈnɪə] *n* ingénieur *m inv*.

engineering [ˌendʒɪˈnɪərɪŋ] *n* 1. génie *m*; *civil* ~ génie civil; ~ *company* société *f* d'étude; ~ *department* bureau *m* d'études 2. organisation *f*; *industrial* ~ organisation scientifique de la production 3. technique *f*; *sales* ~ techniques *fpl* de vente 4. mécanique *f*; ~ *industry* industrie *f* mécanique.

England [ˈɪŋglənd] *n* Angleterre *f*; *to/in E*~ en Angleterre.

English [ˈɪŋglɪʃ] *adj* anglais.

Englishman [ˈɪŋglɪʃmən] *n* Anglais *m*.

Englishwoman [ˈɪŋglɪʃwʊmən] *n* Anglaise *f*.

enhance [ɪnˈhɑ:ns] *vt* 1. rehausser, mettre en valeur 2. accroître, renforcer; ~ *cooperation* renforcer la coopération.

enjoin [ɪnˈdʒɔɪn] *vt* *(Jur)* 1. ordonner, prescrire, enjoindre (*v.* **injunction**) 2. interdire.

enjoyment [ɪnˈdʒɔɪmənt] *n* *(Jur)* jouissance *f*, exercice *m* (d'un droit).

enquire [ɪnˈkwaɪə] *v.* **inquire**.

enquiry [ɪnˈkwaɪərɪ] *v.* **inquiry**.

enrichment [ɪnˈrɪtʃmənt] *n* enrichissement *m*; *(Mgt) job* ~ enrichissement des tâches; *(Jur) unjust* ~ enrichissement sans cause.

enrol/enroll [ɪnˈrəʊl] *v* 1. *vt* enregistrer, inscrire 2. *vi* s'inscrire.

ensure [ɪnˈʃɔ:] *vti* assurer, garantir; ~ *(sb) that* assurer/garantir (à qn) que.

entail [ɪnˈteɪl] *vt* entraîner.

enter [ˈentə] *v* 1. *vti* entrer; *(fig)* ~ *the job market* arriver sur le marché du travail; ~ *the legal profession* choisir la carrière juridique 2. *vti* entrer; ~ *into an agreement* adhérer à un accord; *(accord, traité)* ~ *into force* entrer en vigueur; ~ *into negotiations* entamer des négociations 3. *vt (D)* ~ *goods* déclarer des marchandises en douane 4. *vt (Jur)* inscrire, enregistrer, consigner; ~ *an action* intenter une action, aller en justice; ~ *an appearance* comparaître en justice; ~ *a deed/a judgment* enregistrer un acte/un jugement; ~ *into possession (of property)* entrer en possession/en jouissance/prendre possession (d'un bien).

enterprise [ˈentəpraɪz] *n* 1. *(US)* exploitation *f* 2. entreprise *f*, esprit *m* d'entreprise; *free* ~ libre entreprise.

enterprising [ˈentəpraɪzɪŋ] *adj* entreprenant.

entertainment [ˌentəˈteɪnmənt] *n* distraction *f*, divertissement *m*; ~ *products* produits *mpl* audiovisuels.

entitle [ɪnˈtaɪtl] *vt* habiliter, autoriser; *be* ~*d to* être en droit de.

entitlement [ɪnˈtaɪtlmənt] *n* 1. habilitation *f* 2. droit *m* acquis.
*entitlement programs *npl* *(Pol) (US)* programmes *mpl* d'assistance sociale.

entity [ˈentəti] *n* entité *f*; *(Jur) legal* ~ personne *f* morale.

entrapment [ɪnˈtræpmənt] *n* *(Jur)* action de « piéger » qn dans une activité criminelle.

entrepôt [ˈɒntrəpəʊ] *n* entrepôt *m*; *(T)* ~ *port* port *m* franc.

entrepreneur [ˌɒntrəprəˈnɜ:] *n* entrepreneur *m inv*.

entrepreneurial [ˌɒntrəprəˈnɜ:rɪəl] *adj* ayant l'esprit d'entreprise; ~ *spirit* esprit *m* d'entreprise.

entrepreneurship [ˌɒntrəprəˈnɜ:ʃɪp] *n* esprit *m* d'entreprise.

entrust [ɪnˈtrʌst] *vt* confier.

entry [ˈentri] *n* 1. enregistrement *m*, écriture *f*, passation *f* d'écriture; *make an* ~ passer une écriture 2. entrée *f*; *(Jur)* ~ *into force* entrée en vigueur; *(D)* ~ *of goods into a country/into a market* entrée des produits dans un pays/ sur un marché; ~ *under bond* acquit-à-caution *m*; *unlawful* ~ introduction *f* illicite 3. entrée *f*, adhésion *f*; ~ *into the EU* adhésion à l'UE 4. *(D)* déclaration *f* en douane.

entryism [ˈentriɪzm] *n* *(Pol) (UK)* « entrisme » *m*, stratégie *f* de pénétration par les « extrémistes » du **Labour Party**.

envelope [ˈenvələʊp] *n* enveloppe *f*.

environment [ɪnˈvaɪrənmənt] *n* environnement *m*, milieu *m*.

environmental [ɪnˌvaɪrənˈmentl] *adj* écologique ; ~ *protection* protection *f* de l'environnement.

*environmental impact statement *n* (US)* rapport *m* sur l'impact d'un projet sur l'environnement.

*Environmental Protection Agency (EPA) *n* (US)* agence *f* de protection de l'environnement.

environmentalist [ɪnˌvaɪrənˈmentlɪst] *n* écologiste *mf*.

EPA *v.* **Environmental Protection Agency**.

e pluribus unum [eɪ ˌplʊərɪbəs ˈuːnəm] *loc* « de plusieurs un seul » ; devise *f* figurant sur les pièces de monnaie américaines et symbole de l'unité que constitue la Fédération des Etats américains.

EPS *v.* **earnings per share**.

EPU *v.* **European Payments Union**.

equal [ˈiːkwəl] *adj* égal (*mpl* -aux), paritaire ; ~ *to* égal à ; ~ *pay for* ~ *work* à travail égal salaire égal.

*Equal Protection Clause *n* (Jur) (US)* clause *f* du 14ᵉ amendement à la Constitution des Etats-Unis qui garantit la protection égale de tous les citoyens devant la loi.

equality [iːˈkwɒləti] *n* égalité *f*.

equalization [ˌiːkwəlaɪˈzeɪʃn] *n* régularisation *f* ; *(Bq/Fin)* ~ *account* compte *m* de régularisation.

equation [ɪˈkweɪʒn] *n* équation *f*.
*equation of exchange *n* (Eco)* équation *f* des échanges (*v.* **Fisher equation**).

Equatorial Guinea [ˌekwəˈtɔːrɪəl ˈɡɪni] *n* Guinée Equatoriale *f* ; *in/to* E~ G~ en Guinée Equatoriale.

equilibrium [ˌiːkwɪˈlɪbrɪəm] *n* équilibre *m*.

equip [ɪˈkwɪp] *vt* équiper.

equipment [ɪˈkwɪpmənt] *n* matériel *m*.

equitable [ˈekwɪtəbl] *adj* **1.** juste, équitable **2.** *(Jur)* qui correspond aux principes de l'Equité, droit/intérêt reconnu en **Equity** ; *(UK)* ~ *assignment* cession *f* de créance autorisée en Equité ; ~ *claim* réclamation *f* selon l'Equité ; ~ *remedy* recours *m* en Equité.

equity [ˈekwəti] *n* **1.** équité *f*, traitement *m* équitable, justice *f* **2.** *(Jur)* E~ Equité, ensemble des règles dégagées et appliquées par la juridiction du chancelier (*v.* **Chancery**) aux XVᵉ et XVIᵉ siècles pour compléter et réviser le système de la **common law** lorsque celui-ci présen-

tait des lacunes ou des insuffisances. Les deux systèmes ont été fusionnés au XIXᵉ siècle ; *maxims of E~* maximes *fpl* gouvernant l'Equité **3.** *(Fin)* fonds *mpl* propres réalisables, masse *f* de biens qui resterait à répartir entre les actionnaires après paiement des créanciers, situation *f* nette de l'entreprise ; ~ *base* fonds *mpl* propres ; ~ *capital* capitaux *mpl* propres ; ~ *market* marché *m* des actions ; ~ *participation* titre *m* de participation ; ~ *security* titre de participation ; ~ *share* action *f* ordinaire (*v.* **common share/stock, ordinary share**) ; *stockholders'* ~ capital *m* propre.

erase [ɪˈreɪz] *vt* effacer, gommer.

ERDF *v.* **European Regional Development Fund**.

erect [ɪˈrekt] *vt* élever, dresser ; *(CI)* ~ *trade barriers* élever des barrières aux importations, prendre des mesures protectionnistes.

ergonomics [ˌɜːɡəˈnɒmɪks] *n* ergonomie *f*.

Erie v. Tompkins *(Jur) (US)* décision *f* de la Cour suprême qui réduit au minimum l'existence d'une **common law** fédérale.

Eritrea [ˌerɪˈtreɪə] *n* Erythrée *f* ; *in/to* E~ en Erythrée.

Eritrean[1] [erɪˈtreɪən] *adj* érythréen (*f* -éenne).

Eritrean[2] [erɪˈtreɪən] *n* Erythréen *m* (*f* -éenne).

ERM *v.* **Exchange-Rate Mechanism**.

error [ˈerə] *n* erreur *f*, méprise *f* ; *(Jur)* reversible ~ erreur susceptible de faire infirmer le jugement en appel.

ESA *v.* **European System of Integrated Economic Accounts**.

escalate [ˈeskəleɪt] *vi* augmenter, monter en flèche.

escalation [ˌeskəˈleɪʃn] *n* montée *f*, escalade *f* (*v.* spiral) ; ~ *of interest rates* hausse *f* des taux d'intérêt ; *price/wage* ~ flambée *f* des prix/salaires ; *tariff* ~ progressivité *f* des droits de douane.

escalator [ˈeskəleɪtə] *n* escalier *m* roulant.

*escalator clause *n* (Jur)* clause *f* d'indexation (prévue dans les conventions collectives nord-américaines).

escape[1] [ɪˈskeɪp] *n* évasion *f*, fuite *f* ; ~ *clause* clause *f* dérogatoire/résolutoire.

escape[2] [ɪˈskeɪp] *v* **1.** *vi* s'évader, s'échapper ; *he* ~*d from prison* il s'est évadé de prison **2.** *vt* ~ *justice* échapper à la justice.

ESCB *v.* **European System of Central Banks**.

escheat [ɪs'tʃi:t] *n (Jur)* déshérence *f*, dévolution *f* d'héritage à l'Etat.

escrow [es'krəʊ] *n (Jur)* acte *m* entiercé ; document *m* remis à un tiers qui le garde jusqu'à la réalisation d'une condition déterminée, et le remet alors à une autre partie ; ~ *account* compte *m* séquestre.

espionage ['espiəna:ʒ] *n* espionnage *m* ; *industrial* ~ espionnage industriel.

esquire [ɪs'kwaɪə] *n* 1. *(UK)* chevalier *m* 2. *(US)* titre *m* honorifique des avocats (*équiv.* maître).

establish [ɪ'stæblɪʃ] *vt* établir, installer ; ~ *an operation* s'implanter ; ~ *operations overseas* délocaliser ; ~ *quotas* fixer des quotas.

established [ɪ'stæblɪʃt] *adj (produit, firme)* bien installé, établi, implanté (sur un marché).

establishment [ɪ'stæblɪʃmənt] *n* 1. établissement *m* 2. création *f*, constitution *f* 3. *(UK) the E*~ l'Administration *f*, les pouvoirs *mpl* publics, la classe *f* dirigeante/dominante.
*Establishment Clause *n (Jur) (US)* clause *f* du 1ᵉʳ amendement à la Constitution des Etats-Unis qui garantit la séparation de l'Eglise et de l'Etat.

estate [ɪ'steɪt] *n* 1. *(Jur)* biens *mpl*, propriété *f* ; ~ *in bankruptcy* masse *f* de la faillite ; *real* ~ biens *mpl* immobiliers, immeubles 2. *(Jur)* intérêts *mpl* ou faisceau *m* d'intérêts qu'un individu a sur une chose ; *life* ~ biens *mpl* en viager ; ~ *at will* possession *f* à titre précaire ; ~ *for years* droit *m* de propriété d'une durée déterminée (*v.* **trust**) 3. *(Jur)* masse *f* successorale ; ~ *duties* droits *mpl* de succession ; *insolvent* ~ succession *f* insolvable ; ~ *tax* impôt *m* successoral 4. *the Fourth E*~ la presse.

estimate ['estɪmət] *n* 1. estimation *f* 2. *(Com)* devis *m*.

estimate ['estɪmeɪt] *vt* estimer, évaluer.

estimated ['estɪmeɪtɪd] *adj* estimé, prévisionnel (*f* -elle) ; ~ *cost* coût *m* approximatif ; ~ *value* valeur *f* estimative.
*estimated time of arrival (ETA) *n (T)* heure *f* d'arrivée prévue.

estimation [ˌestɪ'meɪʃn] *n* 1. évaluation *f* 2. opinion *f*, estimation *f*.
*estimation of tax *n (Fisc)* taxation *f* d'office.

Estonia [es'təʊniə] Estonie *f* ; *in/to E*~ en Estonie.

Estonian[1] [es'təʊniən] *adj* estonien (*f* -ienne).

Estonian[2] [es'təʊniən] *n* Estonien *m* (*f* -ienne).

estoppel [ɪ'stɒpl] *n (Jur)* préclusion *f*/

interdiction *f* faite aux parties de revenir sur une déclaration ou d'alléguer un fait alors que ce changement pourrait porter préjudice à une autre personne qui s'était fondée légitimement sur ces déclarations ou sur ces faits ; ~ *by conduct* estoppel du fait du comportement ; *equitable* ~ estoppel en Equité.

ETA *v.* **estimated time of arrival.**

Ethiopia [ˌi:θi'əʊpiə] *n* Ethiopie *f* ; *in/to E*~ en Ethiopie.

Ethiopian[1] [ˌi:θi'əʊpiən] *adj* éthiopien (*f* -ienne).

Ethiopian[2] [ˌi:θi'əʊpiən] *n* Ethiopien *m* (*f* -ienne).

EU *v.* **European Union.**

EUA *v.* **European Unit of Account.**

euro ['jʊərəʊ] *n (Eco/Fin) (UE)* euro *m*.

Eurobank ['jʊərəʊbæŋk] *n (Eco/Fin)* eurobanque *f*.

Eurobond ['jʊərəʊbɒnd] *n (Eco/Fin)* euro-obligation *f* ; ~ *market* marché *m* des euro-obligations.

Eurocheque/Eurocheck ['jʊərəʊtʃek] *n (Eco/Fin)* eurochèque *m*.

Eurocommercial paper [ˌjʊərəʊkə'mɜ:ʃl 'peɪpə] *n (Eco/Fin)* eurobillet *m* de trésorerie.

Eurocurrency ['jʊərəʊkʌrənsi] *n (Eco/Fin)* eurodevise *f*.

Eurodeutschemark ['jʊərəʊ'dɔɪtʃmɑ:k] *n (Eco/Fin)* euromark *m*.

Eurodollar ['jʊərəʊdɒlə] *n (Eco/Fin)* eurodollar *m*.

Euroequities [ˌjʊərəʊ'ekwətɪz] *npl (Eco/Fin)* euro-actions *fpl*.

Eurofranc ['jʊərəʊfræŋk] *n (Eco/Fin)* eurofranc *m*.

Euroissue ['jʊərəʊ'ɪʃu:] *n (Eco/Fin)* euro-émission *f*.

Euroloan ['jʊərəʊləʊn] *n (Eco/Fin)* eurocrédit *m*.

Euromarket ['jʊərəʊmɑ:kɪt] *n (Eco/Fin)* euromarché *m*.

Europe ['jʊərəp] *n* Europe *f* ; *to/in E*~ en Europe.

European[1] [ˌjʊərə'pi:ən] *adj* européen (*f* -éenne).
*European Agricultural Guidance and Guarantee Fund (EAGGF) *n (UE)* Fonds *m* européen d'orientation et de garantie agricole (FEOGA).
*European Atomic Energy Community (EAEC) *n (UE)* Communauté *f* européenne de l'énergie atomique (CEEA).
*European Coal and Steel Community (ECSC) *n (UE)* Communauté *f* européenne du charbon et de l'acier (CECA).

*European Common Market n (UE) Marché m commun européen.

*European Communities npl (UE) Communautés fpl européennes.

*European Community (EC) n Communauté f européenne.

*European Council n Conseil m de l'Europe.

*European Currency Unit (ECU) n (Eco/Fin) (UE) unité f monétaire européenne, écu m.

*European Development Fund (EDF) n (UE) Fonds m européen de développement (FED).

*European Economic Area (EEA) n (CI) Espace m économique européen (EEE).

*European Economic Community (EEC) n (UE) Communauté f économique européenne (CEE).

*European Free Trade Association (EFTA) n (CI) Association f européenne de libre-échange (AELE).

*European Freight Association n (T) Association f européenne de fret.

*European Investment Bank (EIB) n Banque f européenne d'investissement (BEI).

*European Monetary Agreement n (UE) Accord m monétaire européen.

*European Monetary Cooperation Fund (EMCF) n Fonds m européen de coopération monétaire (FECOM).

*European Monetary System (EMS) n (Fin) (UE) Système m monétaire européen.

*European Monetary Union (EMU) n (Fin) (UE) Union f monétaire européenne.

*European Patent Office n Office m européen des brevets.

*European Payments Union (EPU) n Union f européenne des paiements (UEP).

*European Regional Development Fund (ERDF) n (UE) Fonds m européen de développement régional (FEDER).

*European Social Fund (ESF) n Fonds m social européen (FSE).

*European System of Central Banks (ESCB) n Système m européen de banques centrales (SEBC).

*European System of Integrated Economic Accounts (ESA) n système m européen de comptes économiques intégrés.

*European Union (EU) n Union f européenne (UE).

*European Unit of Account (EUA) n Unité f de compte européenne (UCE).

European[2] [juərəu'pɪ:ən] n Européen m (f -éenne).

Eurosterling ['juərəustɜ:lɪŋ] n (Eco/Fin) eurosterling m.

Euroyen ['juərəujen] n (Eco/Fin) euroyen m.

evade [ɪ'veɪd] vt éviter, esquiver, se dérober à ; ~ **taxation** frauder le fisc.

evaluate [ɪ'væljueɪt] vt évaluer.

evaluation [ɪˌvælju'eɪʃn] n évaluation f ; (Mgt) **job** ~ évaluation des tâches.

evasion [ɪ'veɪʒn] n fuite f ; **tax** ~ fraude f fiscale.

even ['i:vn] adj égal (mpl -aux), régulier (f -ière) ; **get** ~ **with sb** régler ses comptes avec qn ; **your letter of** ~ **date** votre lettre de ce jour ; ~ **number** nombre m pair.

even off/out ['i:vn ɔf/aut] v part niveler.

evening-out [ˌi:vnɪŋ 'aut] n nivellement m.

event [ɪ'vent] n **1.** événement m **2.** (Mkg) manifestation f commerciale ; (Mkg) ~ **promotion** communication f événementielle.

*event of default n (Jur) déchéance f du terme.

eventually [ɪ'ventʃuəli] adv enfin, à la longue.

evict [ɪ'vɪkt] vt (Jur) (locataire) expulser.

eviction [ɪ'vɪkʃn] n (Jur) (locataire) expulsion f.

evidence ['evɪdəns] ns inv (Jur) preuve f, éléments mpl de preuve, témoignage m, déposition f ; **admissible** ~ preuve recevable ; **circumstantial** ~ preuve indirecte ; **documentary** ~ preuve par écrit.

evolution [ˌi:və'lu:ʃn] n évolution f.

exaction [ɪg'zækʃn] n exaction f, extorsion f.

exactness [ɪg'zæktnəs] n exactitude f.

examination [ɪgˌzæmɪ'neɪʃn] n **1.** examen m, épreuve f **2.** vérification f, contrôle m ; **post-mortem** ~ autopsie f **3.** (Jur) interrogatoire m d'une partie, audition f d'un témoin ; **cross-**~ contre-interrogatoire m du témoin par l'avocat de la partie adverse ; **direct** ~ interrogatoire m du témoin par son propre avocat **4.** (Jur) instruction f (d'une cause).

examine [ɪg'zæmɪn] vt **1.** examiner, étudier **2.** (Jur) interroger un témoin/un suspect.

ex-ante [ˌeks 'ænti] adj ex-ante.

exceed [ɪk'si:d] vt dépasser (en poids, en durée) ; (CI) ~ **a quota** dépasser un quota.

exception [ɪk'sepʃn] n **1.** clause f dérogatoire, dérogation f **2.** (Jur) objection f, récusation f, fin f de non-recevoir.

excess [ɪk'ses] n excès m ; (Eco) ~ **de-**

mand demande *f* excessive ; ~ *profit* surprofit *m* ; ~ *supply* excès *m* de l'offre ; *(Ass)* ~*-of-loss reinsurance* réassurance *f* en excédent de sinistre, réassurance *f* non proportionnelle.

exchange [ɪks'tʃeɪndʒ] *n* **1.** échange *m*, troc *m* **2.** *(Eco/Fin)* change *m*, opérations *fpl* de change, arbitrage *m* ; ~ *control* contrôle *m* des changes ; ~ *cross-rates* parités *fpl* croisées de change ; ~ *exposure* risque *m* de change ; ~ *futures* contrats *mpl* à terme de devises ; ~ *hedging* couverture *f* cambiaire ; ~ *market* marché *m* des changes ; ~ *office* bureau *m* de change ; ~ *parity* parité *f* des changes ; *protection against* ~ *risks* protection *f* contre les risques de change (*v.* **hedging**) ; ~ *rate* taux *m* de change ; ~*-rate parity realignment* réalignement *m* monétaire ; ~*-rate policy* politique *f* de change ; ~ *risk* risque *m* de change.
Exchange Equalization Account *n* Fonds *m* d'égalisation des changes.
Exchange-Rate Mechanism (ERM) *n (Fin) (UE)* Accord *m* sur le rétrécissement des marges (dans le Système monétaire européen, SME).
Exchange Stabilization Fund *n* Fonds *m* d'égalisation des changes.

Exchequer [ɪks'tʃekə] *n (UK)* **1.** *(Jur)* tribunal *m* de **common law**, aboli au XIXᵉ siècle **2.** Trésor *m* public, compte *m* de l'Etat auprès de la Banque d'Angleterre ; *Chancellor of the E~* chancelier *m* de l'Echiquier, ministre *m* des Finances.
Exchequer bonds *npl (Fin) (UK)* obligations *fpl* du Trésor.

excisable [ek'saɪzəbl] *adj* soumis aux droits de régie.

excise ['eksaɪz] *n (D)* ~ *duty* impôt *m* sur la consommation ; ~ *taxes* droits *mpl* d'accise.

exclusion [ɪks'klu:ʒn] *n* exclusion *f* ; *(Jur)* ~ *of inadmissible evidence* exclusion des preuves irrecevables.

exclusionary rule [ɪks,klu:ʒnrɪ 'ru:l] *n (Jur) (US)* principe *m* de l'irrecevabilité de tout témoignage ou preuve obtenu illégalement en violation du 4ᵉ amendement à la Constitution (*v.* **Fourth Amendment, Miranda Rule, Mapp v. Ohio**).

exclusive [ɪks'klu:sɪv] *adj* **1.** exclusif (*f* -ive) ; *(Jur)* ~ *agent* agent *m inv* exclusif ; *(Jur)* ~ *agreement/* ~ *dealing agreement* contrat *m* d'exclusivité ; ~ *contract* contrat *m* d'exclusivité **2.** ~ *of* hors, non compris ; ~ *of packing charges* emballage *m* non compris ; ~ *of tax* hors taxe.

execute ['eksɪkju:t] *vt* **1.** *(Jur)* effectuer, exécuter ; ~ *a deed* souscrire un acte, accomplir toutes les formalités nécessaires à la validité d'un acte **2.** *(condamné)* exécuter.

execution [,eksɪ'kju:ʃn] *n* exécution *f*.

executive[1] [ɪg'zekjʊtɪv] *adj* exécutif (*f* -ive) ; ~ *board* direction *f*, conseil *m* de direction ; *chief* ~ *officer (CEO)* président-directeur général *m*, PDG *m* ; ~ *officer* fondé *m* de pouvoir ; ~ *staff* personnel *m* d'encadrement.
executive agreement *n (Pol) (US)* accord *m* en matière internationale ne nécessitant pas l'accord du Sénat.
Executive Branch *n (Pol)* pouvoir *m* exécutif.
executive order *n (Pol) (US)* décret *m*.
executive session *n* session *f* à huis clos.

executive[2] [ɪg'zekjʊtɪv] *n* **1.** cadre *m inv* de direction, dirigeant *m* ; *junior* ~ jeune cadre en début de carrière ; *senior* ~ cadre en fin de carrière/en haut de la hiérarchie **2.** *(Jur/Pol) The E~* l'Exécutif *m*.

executor [ɪg'zekjʊtə] *n (f* **-trix)** *(Jur)* exécuteur *m (f* -trice) testamentaire.

executory [ɪg'zekjʊtrɪ] *adj (Jur)* non réalisé, qui doit être exécuté ; ~ *contract* contrat *m* qui n'a pas été exécuté ; ~ *interest* droit *m* non réalisé.

exemplary [ɪg'zempləri] *adj* exemplaire ; *(Jur)* ~ *damages* dommages-intérêts *mpl* à titre d'exemple (*v.* **punitive damages**).

exempt[1] [ɪg'zempt] *adj* exempt, exonéré ; *(D)* ~ *from duty* exempté de droits de douane ; ~ *from taxation* exempt d'impôt.

exempt[2] [ɪg'zempt] *vt (from)* exempter.

exemption [ɪg'zempʃn] *n* exonération *f*, exemption *f*, franchise *f* ; ~ *clause* clause *f* d'exonération ; *(Fisc) tax* ~ exemption fiscale.

exercise[1] ['eksəsaɪz] *n* exercice *m* ; ~ *price* prix *m* d'exercice ; *(Fin)* ~ *of an option* levée *f* d'une option.

exercise[2] ['eksəsaɪz] *vt* exercer, pratiquer ; ~ *a power* exercer un pouvoir.

exhibit[1] [ɪg'zɪbɪt] *n* **1.** *(Jur)* pièce *f* à conviction **2.** *(Jur)* annexe *f* (à un contrat) **3.** *(Mkg)* (foire, salon) produit *m* exposé.

exhibit[2] [ɪg'zɪbɪt] *vt* exposer.

exhibition [,eksɪ'bɪʃn] *n* exposition *f* ; ~ *centre/center* hall *m* d'exposition.

exhibitor [ɪg'zɪbɪtə] *n* exposant *m*.

Eximbank ['eksɪmbæŋk] *(ab de* **Export-Import Bank**) *n (CI) (US)* organisme *m* d'assurance-crédit à l'export, équiv. COFACE.

existing [ɪgˈzɪstɪŋ] *adj* existant ; *(Eco)* **~ capacity** capacités *fpl* (de production) existantes.

ex officio [eks əˈfɪʃɪəʊ] *loc* membre *m inv* de droit, membre d'office ; **~ counsel** avocat *m* commis d'office ; **~ member of the committee** membre de droit de la commission.

exogenous [ekˈsɒdʒənəs] *adj* exogène ; *(Eco)* **~ variable** variable *f* exogène.

exonerate [ɪgˈzɒnəreɪt] *vt* **1.** dispenser, exonérer, décharger **2.** *(Jur)* disculper.

exoneration [ɪgˌzɒnəˈreɪʃn] *n* **1.** décharge *f*, quitus *m* **2.** disculpation *f*.

expand [ɪkˈspænd] *v* **1.** *vt* développer **2.** *vi* se développer.

expansion [ɪkˈspænʃn] *n* expansion *f*.

expansionary [ɪkˈspænʃnrɪ] *adj* expansionniste ; *(Eco)* **~ budget** budget *m* expansionniste.

ex parte hearing [ˌeks ˈpɑːtɪ ˈhɪərɪŋ] *n* *(Jur)* procédure *f* non contradictoire où une seule partie est entendue.

expatriate[1] [eksˈpætrɪət] *adj* expatrié ; **~ package** ensemble *m* d'avantages liés à l'expatriation.

expatriate[2] [eksˈpætrɪət] *n* travailleur *m (f* -euse) expatrié(e).

expatriation [eksˌpætrɪˈeɪʃn] *n* expatriation *f.*

expectancy [ɪkˈspektənsɪ] *n* expectative *f*, anticipation *f*, prévision *f*, espérance *f* ; *(Eco)* **life ~** espérance *f* de vie ; *(Jur)* **interest in ~** simple expectative *f (à dist.* **vested interest**).

expectation [ˌekspekˈteɪʃn] *n* anticipation *f*, attente *f*, espérance *f*.

expedite [ˈekspədaɪt] *vt* accélérer, accomplir avec diligence.

expenditure [ɪkˈspendɪtʃə] *n* dépense(s) *f (pl)* ; **~ account** compte *m* de charges.

expense [ɪkˈspens] *n (Cpta)* dépense *f* ; **~ account** note *f* de frais ; **~ sheet** feuille *f* de frais ; **~s** frais *mpl*, charges *fpl.*

experience [ɪkˈspɪərɪəns] *n* expérience *f*, antécédents *mpl (à dist.* **experiment**).

experiment[1] [ɪkˈsperɪmənt] *n (scientifique)* expérience *f*, essai *m*.

experiment[2] [ɪkˈsperɪment] *vi* expérimenter.

expert[1] [ˈekspɜːt] *adj* expert ; **~ appraisal** expertise *f* ; *(Inf)* **~ system** système *m* expert ; *(Jur)* **~ testimony** déposition *f* d'un expert ; **~ valuation** expertise *f* ; *(Jur)* **~ witness** expert cité comme témoin.

expert[2] [ˈekspɜːt] *n* expert *m* ; **~'s report** rapport *m* d'expertise.

expertise [ˌekspɜːˈtiːz] *n* savoir-faire *m*, compétence *f* technique.

expiration [ˌekspəˈreɪʃn] *n* expiration *f* ; **~ date** date *f* d'échéance.

expire [ɪkˈspaɪə] *vi* expirer.

expired [ɪkˈspaɪəd] *adj* **1.** terminé, parvenu à expiration **2.** périmé ; *(Fin)* **~ bill** effet *m* périmé.

expiry [ɪkˈspaɪərɪ] *n (UK)* expiration *f* ; **~ date** échéance *f*, date *f* de péremption.

exploit [ɪkˈsplɔɪt] *vt* exploiter.

exploitable [ɪkˈsplɔɪtəbl] *adj* exploitable.

exploitation [ˌeksplɔɪˈteɪʃn] *n* exploitation *f* ; **~ of labour/labor** exploitation (capitaliste) du travail.

exponential [ˌekspəˈnenʃl] *adj* exponentiel *(f* -ielle).

export[1] [ˈekspɔːt] *n (CI) (action d'exporter et marchandise exportée)* exportation *f* ; **~ agent** commissionnaire *m* exportateur ; **~ coverage** taux *m* de couverture des exportations ; **~ credit** crédit *m* à l'exportation ; **~ customs entry** déclaration *f* d'exportation ; **~ division/department** service *m* export ; **~ drive** campagne *f* de promotion des exportations ; **~ duty** taxe *f* à l'export ; **~ financing** financement *m* à l'export ; **~ industry** poste *m* à l'exportation, industrie *f* d'exportation ; **~ licence/license** licence *f* d'exportation ; **~ management company** société *f* de commerce international ; **~ merchant** négociant *m* import-export ; **~ multiplier** multiplicateur *m* des exportations ; **~ oriented/orientated** *(pays, industrie, firme)* tourné vers l'exportation ; **~ promotion program** plan *m* de promotion des exportations ; **~ quota** quota *m*/contingent *m* d'exportation ; **~ salesman** voyageur *m inv* de commerce à l'export ; **~ sales manager** directeur *m inv* export ; **~ subsidies/grants** aides *fpl* aux exportations ; **~ trade** commerce *m* d'exportation ; **~ traveller** voyageur *m inv* de commerce à l'export.

*Export Credit Guarantee Department (ECGD) *n (CI) (UK)* organisme *m* d'assurance export, *équiv.* COFACE.

*export-import ratio *n (CI/Eco)* taux *m* de couverture des importations par les exportations.

export[2] [ɪkˈspɔːt] *vt* exporter ; **~ to** exporter (vers).

Export-Import Bank *v.* **Eximbank.**

exportable [ɪkˈspɔːtəbl] *adj* exportable.

exportation [ˌekspɔːˈteɪʃn] *n (activité)* exportation *f.*

exporter [ɪksˈpɔːtə] *n* exportateur *m* (*f* -trice).

exporting [ɪksˈpɔːtɪŋ] *adj* exportateur (*f* -trice); ~ *country* pays *m* exportateur; ~ *firm* entreprise *f* exportatrice.

expose [ɪkˈspəuz] *vt* **1.** mettre au jour, dévoiler, exposer **2.** ~ *to* mettre au contact de.

exposed [ɪkˈspəuzd] *adj* **1.** exposé **2.** vulnérable.

*****exposed sector** *n* (*Eco*) secteur *m* exposé à la concurrence internationale.

ex-post [eks ˈpəust] *adj* ex-post.

ex post facto [ˌeks pəust ˈfæktəu] *loc* (*Jur*) rétroactif (*f* -ive); ~ *law* loi *f* rétroactive.

exposure [ɪkˈspəuʒə] *n* **1.** risque *m* **2.** exposition *f* au froid **3.** familiarisation *f* **4.** révélation *f*, (*Jur*) dénonciation *f*; (*Jur*) *indecent* ~ attentat *m* à la pudeur.

EXQ *v.* ex quay.

express [ɪkˈspres] *adj* **1.** rapide, sans délai, en grande vitesse; *by* ~ en régime accéléré; ~ *courier service* messagerie *f* **2.** exprès, explicite; (*Jur*) ~ *agency* mandat *m* exprès; (*Jur*) ~ *warranty* garantie *f* explicite.

expressway [ɪkˈspreswei] *n* (*T*) (*US*) voie *f* rapide, autoroute *f*.

expropriate [ɪksˈprəuprieɪt] *vt* (*Jur*) exproprier.

expropriation [ɪksˌprəupriˈeɪʃn] *n* (*Jur*) expropriation *f*.

expungement of record [ɪkˈspʌndʒmənt əv ˈrekɔːd] *n* (*Jur*) effacement *m* du casier judiciaire.

ex quay (**EXQ**) [ˌeks ˈkiː] *loc* (*T*) à quai.

EXS *v.* ex ship.

ex ship (**EXS**) [ˌeks ˈʃip] *loc* (*T*) ex ship (EXS).

extend [ɪkˈstend] *vt* étendre, prolonger; ~ *a loan* accorder un prêt.

extension [ɪkˈstenʃn] *n* **1.** prorogation *f*, extension *f*; (*Mkg*) *line* ~ extension *f*, extension de gamme **2.** (*Tél*) poste *m*; ~ *number* numéro *m* de poste.

extensive [ɪkˈstensɪv] *adj* extensif (*f* -ive), étendu, vaste.

extenuating circumstances [ɪksˈtenjueɪtɪŋ ˈsɜːkəmstænsɪz] *npl* (*Jur*) circonstances *fpl* atténuantes.

external [ɪkˈstɜːnəl] *adj* extérieur, externe; ~ *audit* audit *m* /contrôle *m* externe; ~ *competitiveness* compétitivité *f* extérieure; ~ *debt* dette *f* extérieure; ~ *demand* demande *f* extérieure; ~ *diseconomies* déséconomies *fpl* externes; ~ *economies* économies *fpl* externes; ~ *effect* effet *m* externe; ~ *evidence of wealth* signes *mpl* extérieurs de richesse; ~ *trade* commerce *m* extérieur; ~ *transactions account* compte des opérations avec l'extérieur/avec le reste du monde.

externalities [ˌekstɜːˈnælətiz] *npl* (*Eco*) effets *mpl* externes, retombées *fpl*.

extortion [ɪkˈstɔːʃn] *n* (*Jur*) extorsion *f*.

extra [ˈekstrə] *adj* supplémentaire, accessoire; ~ *charge* supplément *m*; ~ *earnings* revenus *mpl* accessoires.

extra-curricular [ˌekstrəkəˈrɪkjulə] *adj* hors programme; ~ *activities* autres activités *fpl* (sports, hobbies, etc.).

extract[1] [ˈekstrækt] *n* extrait *m*.

extract[2] [ɪkˈstrækt] *vt* extraire, arracher.

extradition [ˌekstrəˈdɪʃn] *n* (*Jur*) extradition *f*; ~ *treaty* traité *m* d'extradition.

extraordinary [ɪkˈstrɔːdnri] *adj* extraordinaire, exceptionnel (*f* -elle); ~ *charges* charges *fpl* exceptionnelles; ~ *income* revenu *m* exceptionnel; ~ *loss* perte *f* exceptionnelle.

extrapolation [ɪkˌstræpəˈleɪʃn] *n* extrapolation *f*.

extraterritoriality [ˈekstrəˌterɪtɔːriˈæləti] *n* extra-territorialité *f*.

extra vires [ˌekstrə ˈvairiːz] *v.* ultra vires.

extrinsic evidence [eksˈtrɪnsɪk ˈevidns] *n* (*Jur*) preuves *fpl* extérieures (à un accord).

EXW *v.* ex works.

ex wharf [ˌeks ˈwɔːf] (*loc*) (*T*) à prendre à quai.

ex works (**EXW**) [ˌeks ˈwɜːks] *loc* (*T*) (*aussi* **ex factory, ex mill, ex warehouse**) (prix *m*) départ usine/ex magasin.

eye [ai] *n* œil *m* (*pl* yeux); (*Pol*) (*UK*) *catch the Speaker's* ~ obtenir la parole aux Communes; ~*-catcher/-stopper* objet *m* qui attire, qui accroche l'attention; (*Jur*) ~*-witness* témoin *m* oculaire.

F. 2d ['ef.tu:'di:] *(Jur) (US)* référence *f* de jurisprudence à chercher dans le **Federal Reporter**, 2ᵉ série.

Fabianism ['feɪbɪənɪzm] *n (Pol) (UK)* fabianisme *m*.

fabric ['fæbrɪk] *n* tissu *m*; *the social* ~ le tissu/l'édifice social.

fabricate ['fæbrɪkeɪt] *vt* **1.** inventer **2.** *(falsifier)* contrefaire.

face[1] [feɪs] *n* **1.** face *f*, physionomie *f*, visage *m*; *lose* ~ perdre la face **2.** façade *f*.
*face value n valeur *f* nominale; *take sth at* ~ *value* prendre qch pour argent comptant.

face[2] [feɪs] *vt* faire face à, être confronté à/menacé de.

facilitate [fə'sɪlɪteɪt] *vt* faciliter.

facilities [fə'sɪlɪtɪz] *npl* **1.** installations *fpl*, aménagements *mpl*, locaux *mpl* **2.** facilités *fpl*, possibilités *fpl*; *credit* ~ facilités de crédit.
*facilities management n (Inf) gérance *f* informatique, infogérance *f*.

facsimile [fæk'sɪməli] *n* télécopie *f*, fax *m*.

fact [fækt] *n* fait *m*; *~-finder* enquêteur *m* (*f* -euse); *(Jur) issue of* ~ point *m* de fait; *(Jur) material* ~ fait pertinent; *(Jur)* ~ *of the case* exposé *m* des faits.
*fact-finding commission n commission *f* d'enquête.

factor ['fæktə] *n* **1.** *(Eco)* facteur *m*; ~ *analysis* analyse *f* factorielle; ~ *content* intensité *f* factorielle; ~ *market* marché *m* des facteurs; ~ *of production* facteur de production; ~ *productivity* productivité *f* des facteurs; ~ *substitution* substitution *f* des facteurs **2.** *(Fin)* facteur *m*, société *f* d'affacturage.

factorage ['fæktərɪdʒ] *n (Fin)* commission *f* d'affacturage.

factoring ['fæktrɪŋ] *n (Fin)* affacturage *m*, technique *f* de gestion financière selon laquelle un organisme spécialisé gère les comptes-clients d'entreprises en assumant la responsabilité des recouvrements.

factory ['fæktrɪ] *n* fabrique *f*, usine *f*, établissement *m* industriel; ~ *closure* fermeture *f* d'usine; ~ *inspector* inspecteur *m* du travail; ~ *outlet* magasin *m* d'usine, usine-center *m*; ~ *price* prix *m* sortie usine.

factual ['fæktʃuəl] *adj* reposant sur les faits, effectif (*f* -ive).

fail [feɪl] *v* **1.** *vi* échouer **2.** *vt* ~ *to do sth* négliger de faire qch, manquer à ses obligations; *~ing payment* défaut *m* de paiement.

failure ['feɪljə] *n* **1.** échec *m*, manquement *m*, faute *f*, non-accomplissement *m* (de); *(Jur)* ~ *of consideration* non-exécution *f* de la « contrepartie »; ~ *to pay a bill* défaut *m* de paiement d'un effet **2.** *(Jur)* faillite *f*, déconfiture *f*; *business/company* ~ défaillance *f* (d'entreprise) **3.** panne *f*; *power* ~ panne d'électricité.

fair[1] [feə] *adj* net (*f* nette), loyal (*mpl* -aux), équitable **1.** *(Eco/Fin)* ~ *competition* libre concurrence *f*; ~ *market value* juste valeur *f* marchande, juste valeur *f* de/du marché; ~ *price* juste prix *m*; ~ *trade* commerce *m* fondé sur des accords de réciprocité; ~ *wage* salaire *m* équitable **2.** *(Jur)* ~ *comment* commentaire *m* de bonne foi (en droit de la diffamation); ~ *competition* concurrence *f* loyale, libre concurrence *f* (*v.* **antitrust**); ~ *hearing* audience *f* respectant les principes de la justice; *~-use doctrine* doctrine *f* de l'utilisation juste, respect *m* du droit d'auteur **3.** *(Cpta) (US)* ~ *presentation* présentation *f*/image *f* fidèle des comptes.

fair[2] [feə] *n* foire *f*; *trade* ~ foire *f* commerciale; *book* ~ salon *m* du livre.

fairly ['feəli] *adv* **1.** équitablement **2.** relativement, moyennement.

fairness ['feənəs] *n* équité *f*, justice *f*.

faith [feɪθ] *n* confiance *f*, bonne foi *f*, fidélité *f*, loyauté *f*.

faithfully ['feɪθfəli] *adv* fidèlement; *(lettre)* ~ *yours* « salutations distinguées ».

fake[1] [feɪk] *adj* faux (*f* fausse).

fake[2] [feɪk] *n* **1.** contrefaçon *f*, objet *m* contrefait, faux *m* **2.** supercherie *f* **3.** imposteur *m inv*.

fake[3] [feɪk] *vti* **1.** truquer, falsifier **2.** simuler.

fakery ['feɪkri] *n (activité)* contrefaçon *f*.

fall[1] [fɔ:l] *n* **1.** chute *f*, diminution *f*, baisse *f* **2.** *(US)* automne *m*.

fall[2] [fɔ:l] *vi* (**fell, fallen**) diminuer; *(Bq/Fin)* ~ *due* échoir.
*fall back v part reculer; ~ *back on* se rabattre sur qch à défaut d'autre chose.
*fall behind v part prendre du retard.
*fall down v part s'effondrer.
*fall off v part baisser, décroître.
*fall through v part échouer, tomber à l'eau.

fallen ['fɔ:lən] *v.* **fall**[2].

fallout ['fɔːlaʊt] n retombées fpl, impact m.

false [fɔːs] adj faux (f fausse), arbitraire ; ~ **advertising** publicité f mensongère ; (Jur) ~ **imprisonment/arrest** détention f /arrestation f arbitraire/abusive ; (Jur) ~ **representation/pretences** allégations fpl mensongères.

falsify ['fɔːsɪfaɪ] vt falsifier ; ~ **a balance sheet** falsifier un bilan.

fame [feɪm] n notoriété f, renommée f.

family ['fæmli] n famille f 1. ~ **allowances** allocations fpl familiales ; ~ **budget** budget m familial ; ~ **business/concern** entreprise f familiale ; ~ **income** revenu m familial ; ~-**run company** entreprise f familiale 2. (Jur) ~ **law** droit m de la famille.

fancy ['fænsi] adj de fantaisie ; (UK) ~ **goods** nouveautés fpl.

FAO v. Food and Agricultural Organization.

FAQ v. free alongside quay.

far [fɑː] adj lointain ; ~-**reaching** de grande portée ; ~-**reaching decision** décision f d'une portée considérable.
*F~ **East** v. l'Extrême-Orient m.

fare [feə] n 1. (T) prix m du voyage, de la course, tarif m passager 2. nourriture f, régime m alimentaire.

farm[1] [fɑːm] n 1. ferme f, exploitation f agricole ; ~-**hand** ouvrier m (f -ière) agricole ; ~ **policy** politique f agricole ; ~ **products** produits mpl agricoles ; ~ **subsidies** subventions fpl aux agriculteurs ; ~ **trade** exportations fpl agricoles.

farm[2] [fɑːm] vt cultiver, exploiter.
*farm out v part sous-traiter (à l'extérieur de l'entreprise).

farmer ['fɑːmə] n agriculteur m (f -trice), exploitant m agricole, fermier m (f -ière).

farming ['fɑːmɪŋ] n agriculture f.

FAS v. free alongside ship.

FASB v. Financial Accounting Standards Board.

fashion ['fæʃn] n 1. mode f ; ~ **goods** articles mpl de mode 2. façon f, manière f.

fast[1] [fɑːst] adj rapide ; ~ **food** restauration f rapide ; (T) ~ **freight** (envoi m) à grande vitesse, express ; ~ **goods service** service m en grande vitesse.
*fast track legislation (Pol) (US) autorisation f accordée par le Congrès pour une procédure législative rapide et simplifiée.

fast[2] [fɑːst] adv rapidement ; ~-**growing** en pleine expansion ; ~-**growing market** marché m à croissance rapide ;

~-**selling item** article m qui se vend bien.

fastidious [fæs'tɪdiəs] adj exigeant, pointilleux (f -euse).

fatherland ['fɑːðəlænd] n patrie f.

fathom[1] ['fæðəm] n (unité de mesure) brasse f.

fathom[2] ['fæðəm] vt sonder ; I can't ~ **it!** je n'y comprends rien !

fault [fɔːlt] n défaut m, faute f, défaillance f ; **at** ~ dans son tort ; (Jur) **the party at** ~ **in an accident** la partie responsable de l'accident, la partie en tort ; (Inf) ~ **tolerance** tolérance f aux pannes.

faulty ['fɔːti] adj défectueux (f -euse) ; (T) ~ **packing** emballage m défectueux.

favourable/favorable ['feɪvrəbl] adj favorable ; (CI) ~ **trade balance** balance f commerciale excédentaire.

fax [fæks] n (ab de facsimile) 1. télécopieur m 2. télécopie f, fax m.

FCA v. free carrier.

FCL v. full container load.

FCR v. forwarding agent's certificate of receipt.

FDI v. foreign direct investment.

feasibility [fiːzə'bɪləti] n faisabilité f ; ~ **study** étude f de faisabilité.

feasible ['fiːzəbl] adj faisable, réalisable.

featherbedding [ˌfeðə'bedɪŋ] n (Eco) emploi m d'une force de travail surabondante pour éviter les licenciements, malthusianisme m économique.

feature[1] ['fiːtʃə] n trait m, caractéristique f.

feature[2] ['fiːtʃə] vt 1. comporter, caractériser 2. (presse) mettre en gros titres.

February ['februəri] n février m.

Fed [fed] v. Federal Reserve System.

federal ['fedrəl] adj fédéral (mpl -aux) ; (US) ~ **courts** tribunaux mpl fédéraux ; (US) ~ **government** le pouvoir m, les autorités fpl fédérales (Congrès et Président des Etats-Unis) ; (Jur) (US) ~ **question** question f relevant (en vertu de la Constitution) du pouvoir fédéral.
*Federal Business Development Bank n (Can) Banque f fédérale de développement.
*Federal Communications Commission (FCC) n (Pol) (US) commission f fédérale des communications, chargée de la réglementation dans le domaine des télécommunications.
*Federal Register n (Jur) (US) équiv. Journal Officiel (où sont quotidiennement publiés les décisions présidentielles, les décrets-lois et les décrets).
*Federal Reporter n (Jur) (US) recueil

m de jurisprudence des cours d'appel fédérales.

*Federal Reserve System (Fed) *n (Fin) (US)* Système *m* fédéral de réserve ; la Banque centrale américaine compte 12 banques régionales et 24 succursales qui sont placées sous le contrôle du **Federal Reserve Board** à Washington.

*Federal Supplement (F. Supp.) *n (Jur) (US)* recueil *m* de jurisprudence des juridictions de première instance.

*Federal Trade Commission *n (Pol) (US)* commission *f* fédérale chargée de veiller à la bonne marche du commerce.

federalism ['fedrəlɪzm] *n (Pol)* fédéralisme *m.*

federalist ['fedrəlɪst] *adj* fédéraliste.

*Federalist Papers *npl (Pol) (US)* essais *mpl* fédéralistes, écrits par Hamilton, Madison et Jay, pour expliquer et encourager l'adoption de la Constitution des Etats-Unis.

fee [fiː] *n* **1.** redevance *mpl*, droits *mpl*, redevance *f* ; *attorney's* ~*s* honoraires d'avocat ; *tuition* ~*s* frais *mpl* de scolarité ; *union* ~*s* cotisations *fpl* syndicales **2.** *(Fin)* commission *f* **3.** droit *m*, frais *mpl*, taxe *f* ; *registration* ~ droit d'enregistrement d'inscription **4.** *(Jur)* terre *f*, propriété *f* ; *property held in* ~ *simple* bien *m* en toute propriété, propriété *f* inconditionnelle.

feedback ['fiːdbæk] *n* **1.** remontée *f* de l'information, retour *m* de l'information **2.** effet *m* de retour.

feeder line ['fiːdə laɪn] *n* **1.** *(T)* ligne *f* secondaire **2.** câble *m* électrique alimentant un réseau.

feedstuffs ['fiːdstʌfs] *npl (Agr)* fourrage *m.*

feeler ['fiːlə] *n* antenne *f* ; *put out* ~*s* lancer un ballon d'essai.

fell [fel] *v.* **fall.**

fellow ['feləʊ] *n* **1.** compagnon *m*, confrère *m* (*f* consœur) ; ~ *citizen* concitoyen *m* (*f* -enne) **2.** *(Jur)* ~ *servant rule* règle *f* en **common law** selon laquelle l'employeur n'est pas responsable des accidents du travail dus à la négligence des collègues de la victime **3.** *(enseignement)* boursier *m* (*f* -ière), membre *m inv* associé d'une société savante ou membre du conseil d'une université.

fellowship ['feləʊʃɪp] *n* **1.** association *f*, société *f* **2.** solidarité *f* **3.** appartenance *f* à une association **4.** *(enseignement)* bourse *f* de recherche.

felon ['felən] *n* criminel *m* (*f* -elle), auteur *m inv* d'une infraction grave.

felony ['feləni] *n (Jur) (US)* infraction *f*

majeure, punissable d'une peine d'au moins un an (*à dist.* **misdemeanour**.

*felony murder doctrine *n (Jur) (US)* doctrine *f* qui considère comme meurtre un homicide commis, même par imprudence, lors de la perpétration d'un autre acte criminel (**felony**).

feminism ['femɪnɪzm] *n* féminisme *m.*

feminist[1] ['femənɪst] *adj* féministe.

feminist[2] ['femənɪst] *n* féministe *mf.*

ferry ['feri] *n (T)* ferry *m*, bac *m.*

fertility [fɜːˈtɪləti] *n* fécondité *f* ; *(Eco)* ~ *rate* taux *m* de fécondité.

fertilize ['fɜːtəlaɪz] *vt* fertiliser.

fertilizer ['fɜːtəlaɪzə] *n (Agr)* engrais *m.*

feud [fjuːd] *n* inimitié *f*, hostilité *f.*

feudal ['fjuːdl] *adj* féodal (*mpl* -aux) ; ~ *economy* économie *f* féodale ; ~ *system* féodalité *f.*

feudalism ['fjuːdlɪzm] *n* féodalité *f.*

fiat ['fiːæt] *n (Jur)* décret *m*, ordonnance *f* ; ~ *money* monnaie *f* fiduciaire.

fibre/fiber ['faɪbə] *n* fibre *f.*

*Multifibre Arrangement (MFA) *n (CI)* Accord *m* Multifibre.

fictitious [fɪkˈtɪʃəs] *adj* fictif (*f* -ive) ; ~ *bill* traite *f* de complaisance.

fiduciary[1] [fɪˈdjuːʃɪəri] *adj (Jur)* fiduciaire, de confiance ; ~ *duty* devoir *m* fondé sur un rapport de confiance.

fiduciary[2] [fɪˈdjuːʃɪəri] *n (Jur)* fidéicommissaire *m inv.*

field [fiːld] *n* **1.** *(Agr)* champ *m*, pré *m* **2.** *(fig)* champ *m*, domaine *m* **3.** *(Mkg) in the* ~ sur le terrain ; ~ *operations* opérations *fpl* de terrain ; *(Mkg)* ~ *research/study* étude *f* sur le terrain ; ~ *survey* enquête *f* sur le terrain ; ~ *upgradable* évolutif (*f* -ive) en clientèle ; ~ *work* travail *m* sur le terrain.

FIFO *v.* **first-in-first out.**

Fifth Amendment [fɪfθ əˈmendmənt] *n (Jur) (US)* 5ᵉ amendement *m* à la Constitution des Etats-Unis qui apporte des garanties importantes dans le domaine des libertés individuelles (*v.* **self-incrimination, due process of law**) ; *take the F*~ *A*~ invoquer le 5ᵉ amendement (pour ne pas avoir à témoigner contre soi-même).

fight[1] [faɪt] *n* lutte *f*, combat *m.*

fight[2] [faɪt] *vt* (**fought, fought**) lutter contre, combattre.

fighting ['faɪtɪŋ] *adj* agressif (*f* -ive).

*fighting words doctrine *n (Jur) (US)* doctrine *f* des insultes et mots blessants (non protégés par la liberté d'expression du 1ᵉʳ amendement).

figure[1] ['fɪgə] *n* chiffre *m* ; ~*s* chiffres *mpl*, statistiques *fpl.*

figure² ['fɪgə] vt **1.** chiffrer, estimer **2.** représenter.

*figure out v part **1.** évaluer **2.** se montrer à.

Fiji ['fiːdʒiː] n (les îles fpl) Fidji ; *to/in F~* aux îles Fidji.

Fijian¹ [fɪ'dʒiːən] adj fidjien (f -ienne).

Fijian² [fɪ'dʒiːən] n fidjien m (f -ienne).

file¹ [faɪl] n dossier m, fichier m, classeur m ; **~s** archives fpl.

file² [faɪl] vt **1.** classer ; **~ a document** classer un document, verser une pièce (au dossier) **2.** enregistrer, inscrire, déposer ; **~ an application for** (emploi, brevet, etc.) déposer une demande ; (D) **~ a customs entry** remplir une déclaration de douane ; **~ for a patent** déposer une demande de brevet ; **~ a petition** déposer une demande, enregistrer une requête ; (Fin/Jur) **~ a petition in bankruptcy** déposer son bilan **3.** (acte officiel) accomplir.

filibuster ['fɪlɪbʌstə] n° (Pol) (US) flibuste f, technique f d'obstruction systématique ; abolie à la Chambre des représentants en 1809, elle est encore utilisée au Sénat et a pour but d'empêcher ou de forcer l'adoption d'un texte.

filing ['faɪlɪŋ] n classement m ; (meuble) **~ cabinet** classeur m.

Filipino [ˌfɪlɪ'piːnəʊ] n Philippin m.

fill [fɪl] vt remplir ; (T) (conteneur) empoter.

*fill in/out v part remplir (un formulaire, un imprimé).

final ['faɪnəl] adj **1.** final (mpl -aux), ultime ; (Eco) **~ consumption** consommation f finale ; **~ demand** demande f finale ; (D) **~ destination control** contrôle m de la destination finale **2.** définitif (f -ive), irrévocable ; (Jur) **~ judgement** jugement m définitif, sans possibilité d'appel, après épuisement de toutes les voies de recours ; **~ order** décision f finale.

finalize ['faɪnəlaɪz] vt (accord, contrat) mettre au point (les détails de).

finance¹ ['faɪnæns] n finance f ; **~ bill** effet m financier ; **~ company** société f de financement ; **~ market** marché m financier.

*Finance Act n (Pol) (UK) loi f de finances.

finance² ['faɪnæns] vt financer.

financial [faɪ'nænʃl] adj financier (f -ière) ; **~ accounting** comptabilité f financière ; **~ analysis** analyse f financière ; **~ analyst** analyste m financier ; **~ asset** actif m financier ; **~ capital** capital m financier ; **~ channels** circuit m financier ; **~ director** directeur m inv financier ; **~ futures** contrats mpl à terme d'instruments financiers ; **~ futures market** marché m à terme d'instruments financiers (MATIF) ; **~ highlights** principaux résultats mpl financiers ; **~ institution** institution f financière ; **~ instrument** instrument m financier ; **~ investment** investissement m financier ; **~ leverage** levier m financier ; **~ management** gestion f financière ; **~ market** marché m financier ; **~ operation** opération f financière ; **~ policy** politique f financière ; **~ reporting** information f financière fournie par les sociétés ; **~ statement** état m financier ; **~ strength** surface f financière ; **~ transaction** opération f financière ; **~ wealth** patrimoine m financier.

*Financial Accounting Standards Board (FASB) n (US) Agence f de normalisation comptable américaine.

*Financial Times Stock Exchange Index (FOOTSIE index) n (UK) indice m boursier du *Financial Times*.

*financial year (FY) n année f budgétaire.

financing ['faɪnænsɪŋ] n financement m ; **~ costs** charges fpl financières ; **~ plan** plan m de financement ; (UCC) **~ statement** publication f d'une sûreté.

find [faɪnd] vt (found, found) trouver.

findings ['faɪndɪŋz] npl **1.** découverte f, résultat m **2.** (Jur) verdict m d'un jury, conclusions fpl d'un tribunal.

fine¹ [faɪn] adj fin ; **~ print** en petits caractères ; **read the ~ print** lire le document très attentivement.

fine² [faɪn] n (Jur) amende f.

fine³ [faɪn] vt **~ sb** condamner qn à une amende, infliger une amende à qn.

finish ['fɪnɪʃ] vt finir, achever.

finished goods [ˌfɪnɪʃt 'gʊdz] npl (Com) produits mpl finis.

Finland ['fɪnlənd] n Finlande f ; *in/to ~* en Finlande.

Finn [fɪn] n Finlandais m.

Finnish ['fɪnɪʃ] adj finlandais, finnois.

FIO v. free in and out.

FIOS v. free in and out stowed.

fire¹ ['faɪə] n feu m (pl -x), incendie m ; (Ass) **~ insurance** assurance f incendie.

fire² ['faɪə] vt (fam) mettre à la porte, licencier, renvoyer, (fam) virer.

fireproof ['faɪəpruːf] adj (Emb) ignifugé.

firing ['faɪərɪŋ] n licenciement m, mise f à la porte, renvoi m.

firm¹ [fɜːm] adj ferme, solide ; **~ price** prix m ferme et définitif ; (Jur) **~ offer** offre f ferme.

firm² [fɜːm] *n* **1.** compagnie *f*, firme *f*, entreprise *f* **2.** cabinet *m*; *law* ~ cabinet *m* d'avocats.

firm up [ˌfɜːm ˈʌp] *v part* **1.** se raffermir **2.** confirmer **3.** se confirmer.

firmware [ˈfɜːmweə] *n (Inf)* microprogramme *m*.

first [fɜːst] *adj* premier (*f* -ière); ~ *bid* première enchère *f*; ~ *choice* de premier choix; ~ *instal(l)ment* acompte *m*; ~ *line* première ligne *f* hiérarchique; *(T)* ~ *officer* copilote *m inv*.

*First Amendment *n (Jur) (US)* 1ᵉʳ amendement *m* à la Constitution des Etats-Unis qui protège les libertés individuelles des citoyens.

*first-degree murder *n (Jur) (US)* homicide *m* volontaire avec préméditation.

*first-impression case *n (Jur) (US)* affaire *f* posant une question de droit pour laquelle il n'existe pas de précédent.

*first in-first out (FIFO) *loc (Cpta)* premier entré, premier sorti.

*first mortgage *n (Jur)* première hypothèque *f*.

*first-past-the-post system *n (Pol) (UK)* scrutin *m* majoritaire à un tour.

fiscal [ˈfɪskl] *adj* fiscal *(mpl* -aux*)*; ~ *boost* relance *f* budgétaire; ~ *domicile* domicile *m* fiscal; ~ *drag* drainage *m* fiscal; ~ *policy* politique *f* fiscale.

*fiscal year (FY) *n* année *f* fiscale, exercice *m* budgétaire.

Fisher equation [ˌfɪʃər ɪˈkweɪʒn] *n (Eco)* équation *f* de Fisher (*v.* **equation of exchange**).

fishing [ˈfɪʃɪŋ] *n* pêche *f*; ~ *industry* industrie *f* de la pêche; ~ *port* port *m* de pêche.

fishyback service [ˈfɪʃɪbæk ˌsɜːvɪs] *n (T)* combinaison *f* de transport routier et fluvial, variante du ro-ro.

fit¹ [fɪt] *adj (for)* digne, capable de.

fit² [fɪt] *vt* **1.** bien aller (à) **2.** *(with)* s'entendre (avec), concorder (avec), cadrer (avec).

fitness [ˈfɪtnəs] *n (for)* aptitude *f* (à), compétence *f* (pour).

*fitness for a particular purpose *n (UCC) (US)* adaptabilité *f* à un usage spécifié (*v.* **merchantability**).

five [faɪv] *n* cinq; ~-*year plan* plan *m* quinquennal.

fivefold [ˈfaɪvfəʊld] *adv* au quintuple.

fix [fɪks] *vt* **1.** fixer; ~ *the price/the rate* tarifer **2.** réparer.

fixed [fɪkst] *adj* fixe; *(Fin)* ~ *but adjustable exchange rates* taux *mpl* de change fixes mais ajustables; *(Cpta)* ~ *assets* immobilisations *fpl*, actif *m* immobilisé; ~ *capital* capital *m* fixe;

~ *charges* frais *mpl* fixes; ~ *cost* coût *m* fixe; ~ *exchange rate* taux *m* de change fixe; ~ *expenses* frais *mpl* fixes; ~-*interest bond* obligation *f* à revenu fixe; ~-*interest security* titre *m* à revenu fixe; ~ *parity* parité *f* fixe; ~-*term deposit* dépôt *m* à terme; ~-*term market* marché *m* à terme; ~-*yield investment* placement *m* à revenu fixe.

fixing [ˈfɪksɪŋ] *n* **1.** fixation *f*; *gold* ~ fixation du cours de l'or; *(Jur) price* ~ entente *f* illicite sur les prix, *(J.O.)* fixage *m* des prix **2.** trucage *m*, manipulation *f*.

fixtures [ˈfɪkstʃəz] *npl* installations *fpl* fixes; *(Jur)* immeubles *mpl* par destination; *trade* ~ objets *mpl* fixés en vue de l'exploitation d'un commerce.

fizzle out [ˌfɪzl ˈaʊt] *v part* rater, échouer.

flag [flæg] *n* drapeau *m (pl* -x*)*, pavillon *m*; *(T)* ~ *of convenience* pavillon *m* de complaisance.

flagging [ˈflægɪŋ] *adj* en déclin, en baisse.

flagship [ˈflægʃɪp] *n (T)* vaisseau *m (pl* -x*)* amiral; *(Mkg)* ~ *brand/store* marque *f*/magasin *m* vedette, fleuron *m* de l'entreprise; ~ *product* produit *m* phare.

flap [flæp] *n (Emb) (caisse, carton)* rabat *m*.

flashing indicator [ˌflæʃɪŋ ˈɪndɪkeɪtə] *n (Eco)* clignotant *m*.

flat¹ [flæt] *adj* **1.** plat; *(T) (UK)* ~-*goods truck* wagon *m* plate-forme; ~ *rate* tarif *m* uniforme/forfaitaire; ~ *rate of increase* taux *m* uniforme d'augmentation; *(Fisc)* ~-*rate taxation* imposition *m* à taux uniforme **2.** catégorique; ~ *refusal* refus *m* catégorique.

flat² [flæt] *n* **1.** *(UK)* appartement *m*; *show-*~ appartement *m* témoin **2.** *(T) (US)* pneu *m* crevé.

flatcar [ˈflætkɑː] *n (T)* wagon *m* plat, wagon plate-forme.

flaw [flɔː] *n* **1.** défaut *m* **2.** *(Jur)* vice *m* de forme (entraînant la nullité).

flawless [ˈflɔːləs] *adj* parfait, sans défaut.

fleet [fliːt] *(T)* **1.** flotte *f* **2.** parc *m* de véhicules.

*Fleet Street *n (UK)* rue *f* londonienne où se trouve le siège des principaux journaux britanniques, symbole *m* du pouvoir de la presse.

flew [fluː] *v.* **fly.**

flexibility [ˌfleksəˈbɪləti] *n* flexibilité *f*, souplesse *f*.

flexible [ˈfleksəbl] *adj* flexible, souple; *(Fin)* ~ *exchange rate* taux *m* de change flexible/flottant (*v.* **floating exchange rate**) ; ~ *parity* parité *f* flexible ; *(Mgt)* ~ *working-hours* horaires *mpl* de travail flexibles, horaires à la carte.

flexitime ['fleksɪtaɪm] *n* (*aussi* **flextime**) *(Mgt)* horaire *m* à la carte.

flight [flaɪt] *n* **1.** *(avion)* vol *m* **2.** fuite *f* *(Fin)* ; ~ *capital* capitaux *mpl* fugitifs/spéculatifs ; ~ *from cash/money/ currency* fuite *f* devant la monnaie.

flipchart ['flɪptʃɑːt] *n* tableau *m* (*pl* -x) à feuilles mobiles.

float[1] [fləʊt] *n* **1.** *(Eco)* flottement *m* ; *joint* ~ *of currencies* flottement concerté de monnaies **2.** *(Fin)* décalage *m* entre l'émission et la perception d'un instrument de crédit **3.** *(Fin)* ensemble *m* des effets en circulation qui n'ont pas encore été présentés à l'encaissement **4.** *(Com)* fond *m* de caisse.

float[2] [fləʊt] *v* **1.** *vi* flotter, fluctuer **2.** *vt* lancer, créer ; ~ *a company* lancer/créer une entreprise ; ~ *a loan* lancer un emprunt.

floatation/flotation [fləʊ'teɪʃn] *n (Bs)* introduction *f* en Bourse ; ~ *cost* coût *m* d'introduction en Bourse.

floating ['fləʊtɪŋ] *adj* **1.** *(Eco)* flottant, variable ; ~ *currency* monnaie *f* flottante ; ~ *debt* dette *f* flottante, partie *f* de la dette nationale qui est constituée d'emprunts à court terme ; ~ *exchange-rate* taux *m* de change flottant ; ~ *interest-rate* taux *m* d'intérêt variable **2.** *(Ass)* ~ *policy* police *f* flottante **3.** *(Pol)* ~ *voters* électeurs *mpl* indécis.

flood[1] [flʌd] *n* inondation *f*.

flood[2] [flʌd] *vt* inonder ; *(Mkg)* ~ *a market* inonder un marché.

floor [flɔː] *n* **1.** plancher *m*, seuil *m* ; ~ *price* prix/cours *m* plancher **2.** *(Bs) (UK)* corbeille ; ~ *broker* commissionnaire *m inv* agréé **3.** *(Jur)* prétoire *m* d'un tribunal/d'une assemblée *f* ; *(réunion, assemblée)* *take the* ~ prendre la parole.

floorwalker ['flɔːwɔːkə] *n (Mkg)* chef *m inv* de rayon.

flop [flɒp] *n* fiasco *m*, échec *m*.

floppy disk [ˌflɒpi 'dɪsk] *n (Inf)* disquette *f*.

flotation [fləʊ'teɪʃn] *v.* **floatation**.

flourish ['flʌrɪʃ] *vi* prospérer, être florissant.

flourishing ['flʌrɪʃɪŋ] *adj* florissant.

flow[1] [fləʊ] *n* **1.** flux *m*, circulation *f* ; *(Fin)* ~ *of funds* flux financier ; ~ *of goods/persons* circulation des marchandises/des personnes ; *(CI)* ~ *of trade* courants *mpl* d'échange **2.** *(Mgt)* ~ *chart* diagramme *m* d'ordonnancement.

flow[2] [fləʊ] *vi* couler, s'écouler, circuler.

flown [fləʊn] *v.* **fly**.

fluctuate ['flʌktʃueɪt] *vi* fluctuer, changer.

fluctuating ['flʌktʃueɪtɪŋ] *adj* fluctuant.

fluctuation [ˌflʌktʃu'eɪʃn] *n* fluctuation *f*.

flurry ['flʌri] *n* agitation *f*.

fly [flaɪ] *v* (**flew, flown**) **1.** *vt (T)* voler, naviguer ; ~ *a flag* arborer un pavillon ; ~ *goods* expédier des marchandises par avion **2.** *vi* voyager en avion.

flyer ['flaɪə] *n (Mkg)* prospectus *m*.

FOB *v.* **free on board**.

FOC *v.* **free of charge**.

focus[1] ['fəʊkəs] *n* foyer *m*, centre *m* ; *(Mkg)* ~ *group* groupe *m* test.

focus[2] ['fəʊkəs] *(on)* *vt* focaliser, mettre l'accent (sur), se concentrer (sur).

foil[1] [fɔɪl] *n* **1.** *(rétroprojection)* transparent *m* **2.** *(Emb)* papier *m* aluminium.

foil[2] [fɔɪl] *vt* déjouer, contrecarrer.

fold [fəʊld] *vt* plier ; *(US) (fam)* ~ *up* fermer boutique.

folder ['fəʊldə] *n* dossier *m*, chemise *f* ; *(Mkg)* ~ *test* test *m* de porte-annonces, fausse revue *f*.

folding ['fəʊldɪŋ] *adj* pliant, repliable ; *(Emb)* ~ *box* caisse *f* repliable.

follow-up ['fɒləʊ ʌp] *n* suivi *m* ; *customer* ~ suivi *m* clients ; *order* ~ suivi des commandes ; ~ *study/survey* étude *f* complémentaire.

food [fuːd] *n* produit(s) *m(pl)* alimentaire(s), nourriture *f* ; ~ *crops* cultures *fpl* vivrières ; ~*-processing industry* industrie *f* alimentaire.

Food and Agricultural Organization (FAO) *n (UN)* Organisation *f* pour l'alimentation et l'agriculture (OAA).

foodstuffs ['fuːdstʌfs] *npl* produits *mpl* alimentaires.

foothold ['fʊthəʊld] *n* ; *gain a* ~ *in a market* s'introduire sur un marché.

FOOTSIE index [ˌfʊtsi 'ɪndeks] *n (Bs) (UK)* (*ab de* **Financial Times Stock Exchange Index**) indice *m* du *Financial Times*.

footwear ['fʊtweə] *n* chaussures *fpl* ; *the* ~ *industry* l'industrie *f* de la chaussure.

for [fɔː] *prép* pour ; ~ *approval* pour approbation ; ~ *sale* à vendre.

FOR *v.* **free on rail**.

forbearance [fɔː'beərəns] *n* **1.** *(Fin)* délai *m* accordé à un débiteur, tolérance *f* **2.** *(Jur)* renonciation *f* à l'exercice d'un droit.

force[1] [fɔːs] *n* **1.** violence *f*, effort *m*, force *f* ; *obtain by* ~ obtenir par la force

2. validité *f*; *(Jur)* **come into ~** *(traité, loi)* entrer en vigueur **3.** groupe *m*, rassemblement *m*; *the US air ~* l'armée *f* de l'air américaine.

force[2] [fɔːs] *vt* forcer, contraindre.

*force down *v part* faire baisser.

*force open *v part* **~ open a market** forcer l'ouverture *f* d'un marché.

*force out *v part* éliminer.

*force up *v part* faire monter.

Fordism [ˈfɔːdɪzm] *n* fordisme *m*.

forecast[1] [ˈfɔːkɑːst] *n* prévision *f*.

forecast[2] [ˈfɔːkɑːst] *vt* (**forecast, forecast**) prévoir.

forecasting [ˈfɔːkɑːstɪŋ] *n* prévisions *fpl*; *hazard-~* prévisions aléatoires; *~ studies* prospectives *fpl*; *top-down ~* prévisions hiérarchisées.

foreclose [fɔːˈkləʊz] *v* **1.** *vt* exclure **2.** *vi (Bq)* forclore **3.** *vt* mettre fin à un prêt.

foreclosure [fɔːˈkləʊʒə] *n (Jur)* **1.** saisie *f* immobilière, saisie-exécution *f* **2.** forclusion *f* (d'une hypothèque).

forego [fɔːˈgəʊ] *vt* (**forewent, foregone**) renoncer à, s'abstenir de.

foregone [fɔːˈgɒn] *pp* **forego**; *it's a ~ conclusion* c'est couru d'avance.

foreign [ˈfɒrən] *adj* étranger *(f* -ère); *~ agent* représentant *m* à l'étranger; *~ aid/assistance* aide *f* étrangère; *~ branch* succursale *f* étrangère; *(Fin) ~ capital issue* émission *f* à l'étranger; *~ consignee* agent *m inv* consignataire; *(US) ~ corporation* société *f* établie dans un autre Etat; *~ currency* devise *f* étrangère; *~ currency-denominated assets* actifs *mpl* libellés en monnaies étrangères; *(Bq) ~ currency deposit* dépôt *m* en devises; *(Fin) ~ currency issue* émission *f* en devises; *~ currency option* option *f* sur devises; *~ currency option market* marché *m* des options sur devises; *~ exchange* change *m*, monnaie *f* étrangère, devise *f*; *~ investment* investissement *m* à l'étranger; *~ issue* émission *f* étrangère; *(Jur) (US) ~ judgment* jugement *m* étranger, prononcé à l'étranger ou dans un autre Etat; *(CI) ~ market* marché *m* à l'étranger; *~ -owned/-controlled company* société *f* à capitaux étrangers; *~ sales representative* agent *m inv* commercial à l'étranger; *~ trade* commerce *m* international/extérieur.

*foreign direct investment (FDI) *n* investissements *mpl* directs à l'étranger.

*foreign trade zone (FTZ) *n* zone *f* franche.

foreign exchange [ˌfɒrən ɪksˈtʃeɪndʒ] *n (Fin)* change *m*, monnaie *f* étrangère, devise *f*; *~ ~ broker/dealer* cambiste *mf*; *~ ~ dealing* opération(s) *f(pl)* de

change/sur devises; *~ ~ deposit* dépôt *m* en monnaie étrangère; *~ ~ market* marché *m* des changes; *~ ~ office* bureau *m* de change; *~ ~ option* option *f* de change; *~ ~ regulations* réglementation *f* des changes; *~ ~ speculation* spéculation *f* sur les (taux de) change(s).

foreigner [ˈfɒrənə] *n* étranger *m (f* -ère).

foreman [ˈfɔːmən] *n* **1.** contremaître *m inv*, chef *m inv* d'atelier **2.** *(Jur)* président *m* du jury, premier juré *m*.

forensic [fəˈrensɪk] *adj* légal *(mpl* -aux), judiciaire; *~ doctor* médecin *m* légiste; *~ pathology* médecine *f* légale.

forerunner [ˈfɔːrʌnə] *adj* précurseur *m inv*.

foresaw [fɔːˈsɔː] *v.* **foresee**.

foresee [fɔːˈsiː] *vt* (**foresaw, foreseen**) prévoir.

foreseeability [fɔːˌsiːəˈbɪləti] *n* prévisibilité *f*.

foreseen [fɔːˈsiːn] *v.* **foresee**.

forestall [fɔːˈstɔːl] *vt* *~ goods* accaparer des denrées *fpl* à des fins spéculatives.

forewent [fɔːˈwent] *v.* **forego**.

forfeit[1] [ˈfɔːfɪt] *n* dédit *m*.

forfeit[2] [ˈfɔːfɪt] *vt* **1.** abandonner, perdre; *~ one's rights* perdre ses droits **2.** *(Jur)* perdre par confiscation.

forfeiture [ˈfɔːfɪtʃə] *n (Jur)* **1.** perte *f* par confiscation, séquestration *f* **2.** dédit *m*, abandon *m*, renonciation *f*; *~ of a right* déchéance *f* d'un droit.

forgave [fəˈgeɪv] *v.* **forgive**.

forge [fɔːdʒ] *vt* falsifier, contrefaire.

forger [ˈfɔːdʒə] *n* faussaire *mf*, *(billets de banque)* faux-monnayeur *m inv*.

forgery [ˈfɔːdʒəri] *n* **1.** *(objet)* falsification *f*, faux *m* contrefaçon *f*, document *m* falsifié **2.** *(délit)* faux *m* et usage *m* de faux; *prosecute for ~* poursuivre un faussaire, intenter une action en faux.

forgive [fəˈgɪv] *vt* (**forgave, forgiven**) pardonner, faire remise (d'une dette).

forgiven [fəˈgɪvn] *v.* **forgive**.

forgiveness [fəˈgɪvnəs] *n* **1.** pardon *m* **2.** *(Jur)* remise *f* d'une dette (d'un principal, d'un intérêt).

forklift [ˈfɔːklɪft] *n (T)* *~ (truck)* chariot *m* frontal à fourches, chariot élévateur.

form[1] [fɔːm] *n* **1.** forme *f*, formalité *f*; *(Jur)* **in due/in proper ~** en bonne et due forme **2.** formulaire *m*, imprimé *m*; *application ~* formulaire de candidature.

*forms of action *npl (Jur)* formes *fpl* d'action en justice.

form[2] [fɔːm] *vt* former.

formality [fɔːˈmæləti] *n* formalité *f*.

forthcoming [fɔːθˈkʌmɪŋ] *adj* à venir, à paraître, futur.

forthwith [ˌfɔːθˈwɪð] *adv* sur-le-champ, sans délai.

fortnight [ˈfɔːtnaɪt] *n* (*UK*) quinzaine *f*, période *f* de quinze jours.

fortuitous [fɔːˈtjuːɪtəs] *adj* fortuit ; (*Ass*) ~ *event* événement *m* aléatoire.

forum [ˈfɔːrəm] *n* forum *m*.
　*forum shopping *n* (*Jur*) (*US*) recherche *f* de la juridiction la plus favorable à sa cause.
　*forum non conveniens *loc* (*Jur*) (*US*) pouvoir *m* discrétionnaire d'une juridiction de se déclarer non compétente.

forward[1] [ˈfɔːwəd] *adj* en avant ; (*Bs/Fin*) ~ *cover* couverture *f* à terme ; ~ *delivery* livraison *f* à terme ; (*Eco/Fin*) ~ *exchange* échange *m* à terme ; (*Eco*) ~ *integration* intégration *f* descendante ; (*Bs*) ~ *market* marché *m* à terme ; (*Bs*) ~ *price* cours *m* à terme ; ~ *sale* vente *f* à terme ; (*Bs*) ~ *swap* échange *m* à terme ; (*Bs*) ~ *transaction* opération *f* à terme.

forward[2] [ˈfɔːwəd] *vt* expédier, (*courrier*) faire suivre.

forwarder [ˈfɔːwədə] *n* (*T*) transitaire *mf*.

forwarding [ˈfɔːwədɪŋ] *n* expédition *f* ; (*T*) ~ *agent* transitaire *mf* ; ~ *charges* frais *m* d'expédition ; ~ *company* entreprise *f* de transport ; ~ *station* gare *f* de départ/d'expédition.
　*forwarding agent's certificate of receipt (FCR) *n* reçu *m* du transitaire.

foster[1] [ˈfɒstə] *adj* ~ *child* enfant *mf* placé(e) dans une famille d'accueil ; ~ *home/parents* famille *f* d'accueil.

foster[2] [ˈfɒstə] *vt* 1. (*confiance*) stimuler, encourager, favoriser 2. (*Jur*) ~ *a child* élever un enfant (sans l'adopter) ; *the child was* ~*ed with the Smiths* l'enfant a été placé chez les Smith.

FOT *v.* free on truck.

fought[1] [fɔːt] *v.* fight.

foul [faʊl] *adj* malhonnête ; (*T*) ~ *bill of lading* connaissement *m* avec réserves.

found[1] [faʊnd] *v.* find.

found[2] [faʊnd] *vt* fonder.

foundation [faʊnˈdeɪʃn] *n* 1. (*société*) fondation *f*, création *f* 2. (*bâtiment*) ~*s* fondations *fpl*.

founder [ˈfaʊndə] *n* fondateur (*f* -trice) ; ~*'s shares* parts *fpl* de fondateurs.

fourfold [ˈfɔːfəʊld] *adv* au quadruple.

Four Tigers/Four Dragons [ˌfɔː-

ˈtaɪgəz / fɔː ˈdrægənz] *npl* (*CI*) les Quatre Dragons.

Fourteenth Amendment [fɔːˈtiːnθ əˈmendmənt] *n* (*Jur*) (*US*) 14ᵉ amendement *m* à la Constitution des Etats-Unis (adopté en 1868 après la guerre de Sécession) qui impose le respect du **Bill of Rights** non seulement au gouvernement fédéral mais aussi aux Etats fédérés.

Fourth Amendment [ˌfɔːθ əˈmendmənt] *n* (*Jur*) (*US*) 4ᵉ amendement *m* à la Constitution des Etats-Unis qui affirme le droit des citoyens d'être protégés dans leur personne, leur maison, leurs papiers et effets, et d'être mis à l'abri de toute perquisition et saisie déraisonnable (*v.* **search**[1]).

Fourth Branch of Government [ˌfɔːθ ˈbræntʃ əv ˈgʌvnmənt] *n* (*US*) quatrième pouvoir *m* (désigne les agences fédérales).

FRA *v.* future rate agreement.

fragile [ˈfrædʒaɪl / ˈfrædʒəl] *adj* fragile.

fragmentation [ˌfrægmənˈteɪʃn] *n* fragmentation *f*.

framework [ˈfreɪmwɜːk] *n* cadre *m*, infrastructure *f* ; ~ *agreement* accord-cadre *m*.

franc [fræŋk] *n* (*Fin*) franc *m* ; (*Eco/Fin*) ~ *area* zone *f* franc.

France [frɑːns] *n* France *f* ; *in/to F*~ en France.

franchise [ˈfræntʃaɪz] *n* 1. franchise *f*, immunité *f* 2. (*Jur*) concession *f*, licence *f*, franchise *f*, contrat *m* de franchise ; ~ *agreement* contrat *m* de franchise ; *grant a* ~ *to* franchiser ; (*US*) ~ *tax* patente *f* 3. (*Pol*) privilège *m*, droit *m* de vote ; *universal* ~ suffrage *m* universel.

franchisee [ˌfræntʃaɪˈziː] *n* (*Jur*) concessionnaire *mf*, franchisé *m*.

franchising [ˈfræntʃaɪzɪŋ] *n* (*Jur/Mkg*) franchisage *m*, franchise *f*.

franchisor [ˈfræntʃaɪˈzɔː] *n* (*Jur*) concédant *m*, franchiseur *m* inv.

frank[1] [fræŋk] *adj* franc (*f* franche).

frank[2] [fræŋk] *vt* 1. affranchir à la machine 2. exempter.

franking [ˈfræŋkɪŋ] *n* affranchissement *m* ; ~ *machine* machine *f* à affranchir ; ~ *privilege* (*Pol*) (*US*) franchise *f* postale (dont jouissent les membres du Congrès).

fraud [frɔːd] *n* 1. fraude *f* ; *electoral* ~ fraude électorale 2. (*Jur*) dol *m*, abus *m* de confiance ; *bank* ~ escroquerie *f* financière.

fraudulent [ˈfrɔːdjʊlənt] *adj* (*Jur*) frauduleux (*f* -euse) ; ~ *conveyance* cession *f* frauduleuse par un débiteur, vente *f* à vil prix (portant atteinte aux droits du créancier), transfert *m* frauduleux de propriété.

FRC, *v.* free carrier.

free¹ [fri:] *adj* **1.** libre ; ~ *balance* solde *m* disponible ; ~ *circulation* libre circulation *f* ; ~ *competition* libre concurrence *f* ; ~ *enterprise* économie *f* libérale, libre entreprise *f* ; ~ *exchange-rate* taux *m* de change flottant ; ~ *goods* biens *mpl* libres ; ~-*market economy* économie *f* de marché ; ~ *movement of goods, capital, labour/labor* libre circulation *f* des marchandises, des capitaux et des personnes ; ~ *trade* libre-échange *m*, multilatéralisme *m* ; ~-*trade area* zone *f* de libre-échange ; ~ *trader* libre-échangiste *mf* ; ~ *zone* zone *f* franche **2.** gratuit ; ~ *of charge* gratuit ; ~ *port* port *m* franc **3.** *(D)* ~ *admission/ entry* admission *f* en franchise ; ~ *list* liste *f* des exemptions **4.** *(Mkg)* ~ *recall* notoriété *f* spontanée.

***free alongside quay (FAQ)** *loc (T)* franco à quai.

***free alongside ship (FAS)** *loc (T)* franco le long du navire.

***free carrier (FRC)** *loc (T)* franco transporteur.

***free in and out (FIO)** *loc (T)* franco bord à bord (BAB).

***free in and out stowed (FIOS)** *loc (T)* franco à bord, calé et arrimé.

***free of charge (FOC)** *loc (T)* à titre gratuit.

***free on board (FOB)** *loc (T)* franco à bord (FOB).

***free on rail (FOR)** *loc (T)* franco wagon.

***free on truck (FOT)** *loc (T)* franco wagon.

***free rider** *n* passager *m* (*f* -ère) clandestin(e) ; *(Jur)* profiteur *m* (*f* -euse).

***free trade Agreement (FTA)** *n* Accord *m* de libre-échange Etats-Unis/ Canada.

***free trade zone (FTZ)** *n* zone *f* franche.

free² [fri:] *vt* libérer ; ~ *up trade* libéraliser le commerce *m*.

freebie ['fri:bi] *n (Mkg) (fam)* cadeau *m* (*pl* -x).

freedom ['fri:dəm] *n* liberté *f* (d'exercer un droit) (*à dist.* liberty) ; ~ *of assembly* liberté de réunion ; ~ *of speech* liberté d'expression ; ~ *of worship* liberté de culte.

***Freedom of Information Act** *(Jur) (US)* *n* législation *f* sur la liberté de communication et le droit d'accès aux documents gouvernementaux.

freehold ['fri:həʊld] *n (Jur)* bien *m* immobilier détenu en pleine propriété.

freeholder ['fri:həʊldə] *n (Jur)* propriétaire *mf* foncier (à perpétuité).

freelance ['fri:lɑ:ns] *n (Mkg)* indépendant *m*.

freeware ['fri:weə] *n (Inf)* logiciel *m* public.

freeze¹ [fri:z] *n* blocage *m*, gel *m* ; *price/ wage-*~ blocage des prix/des salaires.

freeze² [fri:z] *vt* (froze, frozen) geler.

freight¹ [freit] *n (T)* **1.** fret *m*, transport *m* (maritime et aérien) ; ~ *building* gare *f* de fret ; ~ *car* wagon *m* de marchandises ; ~ *carrier* transporteur *m inv* ; ~ *charge* tarif *m* du transport marchandises ; ~ *clerk* agent *m inv* de fret ; *(US)* ~ *collect* port *m* dû ; ~ *company* transporteur *m inv* ; ~ *depot* gare *f* de fret ; ~ *forward* fret payable à destination ; ~ *forwarder* transitaire *mf* ; ~ *on hand* fret prêt à embarquer ; *home* ~ fret de retour ; ~ *manifest* manifeste *m* de cargaison ; ~ *note* bordereau *m* (*pl* -x) d'expédition, facture *f* de fret ; *onward* ~ fret de sortie ; ~ *plane* avion *m* cargo ; ~ *prepaid* fret payé d'avance ; ~ *rate* taux *m* de fret, tarif *m* marchandises ; ~ *to be prepaid* fret à payer d'avance ; ~ *train* train *m* de marchandises ; ~ *yard* dépôt *m* de marchandises **2.** marchandise *f* transportée **3.** fret *m*, prix *m* du transport.

***freight or carriage and insurance paid (CIP)** *loc (T)* fret *m* ou port *m* payé, assurance comprise.

***freight or carriage paid** *loc (T)* fret *m* ou port *m* payé.

freight² [freit] *v (T)* **1.** *vt* affréter **2.** *vi* transporter des marchandises.

freightage ['freitidʒ] *n* frais *mpl* de transport.

freighter ['freitə] *n (T)* **1.** cargo *m* ; ~ *cargo vessel* cargo *m* **2.** avion *m* cargo.

freightliner ['freitlainə] *n (T)* cargo *m* ; ~ *train* train *m* porte-conteneurs.

French [frentʃ] *adj* français ; *the F*~ les Français *mpl*.

***French Bank for Foreign Trade** *n (Bq)* Banque *f* française du commerce extérieur (BFCE).

***French franc area** *n* zone *f* franc.

***French Overseas Trade Insurance Company** *n (CI)* Compagnie *f* française d'assurances pour le commerce extérieur (COFACE).

Frenchman ['frentʃmən] *n (pl* -men) Français *m*.

Frenchwoman ['frentʃwumən] *n (pl* -men) Française *f*.

frequency ['fri:kwənsi] *n* fréquence *f*.

frictional ['frikʃənəl] *adj* frictionnel (*f*

-elle) ; *(Eco)* ~ **unemployment** chômage *m* de transition.

Friday ['fraɪdeɪ] *n* vendredi *m*.

friendly ['frendlɪ] *adj* amical (*mpl* -aux) ; *(Aff)* ~ **bid** offre *f* publique d'achat (OPA) amicale.

*****friendly society** *n (UK)* mutuelle *m*, amicale *f*.

fringe ['frɪndʒ] *n* bord *m*, bordure *f* ; *(Bq) (UK)* ~ **bank** banque *f* secondaire (dans la City) ; ~ **benefits** avantages *mpl* en nature.

frisk[1] [frɪsk] *n (D/Jur) (personne)* fouille *f* manuelle rapide.

frisk[2] [frɪsk] *vt (Jur) (personne)* fouiller rapidement.

frivolous ['frɪvələs] *adj* frivole, abusif (*f* -ive) ; *(Jur)* ~ **action** action *f* abusive, recours *m* sans fondement ; *(Jur)* ~ **appeal** appel *m* abusif, souvent dilatoire.

frontier [frʌntɪə] *n* frontière *f* ; *(D)* ~ **post** poste *m* frontière.

fronting ['frʌntɪŋ] *n (J.O.)* façade *f*.

froze [frəʊz] *v.* **freeze**.

frozen [frəʊzn] *v.* **freeze**.

fruit [fruːt] *n* fruit *m*.

*****fruit of the poisonous tree (doctrine)** *n (Jur) (US)* irrecevabilité *f* des preuves obtenues de façon illégale.

frustration [frʌsˈtreɪʃn] *n* frustration *f*.

*****frustration of purpose** *n (Jur)* modification *f* des objectifs du contrat susceptible d'écarter la responsabilité du débiteur de l'obligation.

FTA *v.* **Free Trade Agreement**.

FTZ *v.* **free trade zone, foreign trade zone**.

fuel[1] ['fjuːəl] *n* combustible *m*, carburant *m* ; ~ **oil** fioul *m*.

fuel[2] ['fjuːəl] *vt (T)* alimenter ; *(fig)* ~ **the debate** alimenter, entretenir le débat.

fulfilment/fulfillment [fʊlˈfɪlmənt] *n* satisfaction *f*, exécution *f* ; ~ **of an order** exécution d'une commande.

full [fʊl] *adj* plein, complet (*f* -ète), intégral (*mpl* -aux), total (*mpl* -aux) ; ~ **budgeting** budgétisation *f* intégrale ; **at** ~ **capacity** à plein régime ; *(Eco)* ~ **convertibility** convertibilité *f* intégrale ; *(Jur)* ~ **disclosure** divulgation *f* complète ; ~ **employment** plein-emploi *m* ; ~ **repayment** remboursement *m* in-

tégral ; *(T) (documents)* ~ **set** jeu (*pl* -x) *m* complet ; ~ **time** à plein temps ; ~**-time job** emploi *m* à plein temps ; ~**-time work** travail *m* à plein temps.

*****full container load (FCL)** *n (T)* conteneur *m* complet (CC).

*****full faith and credit clause** *n (Jur) (US)* clause *f* de la Constitution des Etats-Unis (art. IV, sect. 1) obligeant les Etats à reconnaître les jugements rendus par les tribunaux des autres Etats (*v.* **enforcement**).

function[1] ['fʌŋkʃn] *n* fonction *f*.

function[2] ['fʌŋkʃn] *vi* fonctionner, marcher.

functional ['fʌŋkʃnəl] *adj* fonctionnel (*f* -elle).

fund[1] [fʌnd] *n (Fin)* **1.** fonds *m*, caisse *f* **2.** ~**s** fonds *mpl*, ressources *fpl* financières.

fund[2] [fʌnd] *vt* **1.** financer **2.** *(compte)* provisionner.

fundamental [fʌndəˈmentl] *adj* fondamental (*mpl* -aux).

*****fundamental rights** *npl (Jur/Pol)* droits *mpl* fondamentaux.

fundamentals [fʌndəˈmentlz] *npl* bases *fpl*, fondements *mpl*.

funding ['fʌndɪŋ] *n* financement *m*.

fungibility [fʌndʒəˈbɪlətɪ] *n* fongibilité *f*.

fungible goods [fʌndʒəbl ˈgʊdz] *npl (Eco)* biens *mpl* fongibles.

further[1] ['fɜːðə] *adj* supplémentaire ; ~ **details** renseignements *mpl* supplémentaires ; **until** ~ **notice** jusqu'à nouvel ordre.

further[2] ['fɜːðə] *adv* **1.** plus loin **2.** en supplément ; ~ **to your letter** suite à votre lettre.

future[1] ['fjuːtʃə] *adj* futur, à venir ; ~ **interest** intérêt *m* à venir, droit *m* futur.

*****Future Rate Agreement (FRA)** *n (Fin)* accord *m* de taux futur (ATF).

future[2] ['fjuːtʃə] *n* avenir *m*.

futures ['fjuːtʃəz] *npl (Bs/Fin)* **1.** opérations *fpl* à terme, livraisons *fpl* à terme **2.** marché *m* à terme ; ~ **contract** contrat *m* à terme financier ; ~ **market** marché *m* de contrats à terme ; ~ **option** option *f* sur contrat à terme.

FY *v.* **financial year, fiscal year**.

FYI (*ab de* **for your information**) à titre indicatif.

GAAP v. **generally accepted accounting principles**.

Gabon ['gæbɔn] n Gabon m ; **in/to G~** au Gabon.

Gabonese[1] [ˌgæbə'ni:z] adj gabonais.

Gabonese[2] [ˌgæbə'ni:z] n (pl inv) Gabonais m.

gage [geɪdʒ] n (Jur) (UK) garantie f, gage m, nantissement m.

gag order ['gægˌɔːdə] (Jur) (US) **1.** ordonnance f interdisant à la presse de publier certains aspects d'une affaire **2.** ordonnance f prescrivant un « bâillonner » un inculpé indiscipliné (à l'audience).

gag rule ['gægˌruːl] n (Pol) (US) « règle f du bâillon » ; procédure f parlementaire limitant le temps de parole pour éviter la pratique du **filibuster**.

gain[1] [geɪn] n gain m, profit m, avantage m ; **capital ~s** plus-value f en capital ; **ill-gotten ~s** avantages mpl obtenus illicitement.

gain[2] [geɪn] vt gagner, obtenir ; **~ access to a market** obtenir l'accès à un marché ; **~ a foothold (in)** prendre pied (sur) ; (mouvement, tendance) **~ momentum** s'amplifier, prendre de l'élan.

gainful ['geɪnfəl] adj **1.** lucratif (f -ive), rentable **2.** rémunéré ; **in ~ employment** salarié.

gallon ['gælən] n gallon m ; (UK) 4,54 litres, (US) 3,75 litres.

Gambia ['gæmbɪə] n **the G~** Gambie f ; **in/to (the) G~** en Gambie.

Gambian[1] ['gæmbɪən] adj gambien (f -ienne).

Gambian[2] ['gæmbɪən] n Gambien m (f -ienne).

gamble[1] ['gæmbl] n **1.** pari m **2.** entreprise f risquée.

gamble[2] ['gæmbl] vi jouer ; **~ on** miser sur.

gambler ['gæmblə] n **1.** joueur m (f -euse), parieur m inv **2.** (fig) spéculateur m (f -trice).

gambling ['gæmblɪŋ] n jeu m (pl -x) d'argent.

game [geɪm] n jeu m (pl -x) ; **~ theory** théorie f des jeux ; **~ tree** arbre m de décision.

gaming ['geɪmɪŋ] n jeu m (pl -x) d'argent.

gantry crane [ˌgæntrɪ'kreɪn] n (T) grue f à flèche sur rails, pont m roulant.

GAO v. **General Accounting Office**.

gaol [dʒeɪl] n (Jur) (UK) (US **jail**) maison f d'arrêt, centrale f.

gap [gæp] n écart m, fossé m, déficit m,

retard m technologique ; **bridge the ~** combler le retard, rattraper un concurrent.

garment ['gɑːmənt] n vêtement m ; **the ~ industry/trade** la confection, l'industrie f de l'habillement.

garnish ['gɑːnɪʃ] vt **1.** (Emb) garnir **2.** (Jur) effectuer une saisie-arrêt.

garnishee [ˌgɑːnɪ'ʃiː] n (Jur) tiers m saisi.

garnishment ['gɑːnɪʃmənt] n (Jur) saisie-arrêt f.

garnishor [ˌgɑːnɪ'ʃɔː] n (Jur) créancier m (f -ière) saisissant.

gas [gæs] n **1.** gaz m (pl inv) ; (Jur) **~ chamber** chambre f à gaz **2.** (US) (ab de **gasoline**) essence f.

gasoline ['gæsəliːn] n (US) essence f.

gate [geɪt] n (T) (aéroport) porte f ; **~-crashing** fait m d'entrer sans payer, en resquillant.

GATT [gæt] v. **General Agreement on Tariffs and Trade**.

gauge [geɪdʒ] n **1.** calibre m, étalon m **2.** (T) écartement m des voies **3.** jauge f, indicateur m **4.** tirant m d'eau.

gave [geɪv] v. **give**.

gavel ['gævl] n (vente aux enchères) marteau m (pl -x), maillet m.

GDP v. **Gross Domestic Product**.

gear[1] [gɪə] n **1.** matériel m, équipement m **2.** (T) transmission f, engrenage m ; **~ box** boîte f de vitesses.

gear[2] [gɪə] vt (to) adapter (à).

gearing ['gɪərɪŋ] n (Fin) (UK) surface f financière, ratio m d'endettement, effet m de levier (v. **leverage**).

general ['dʒenrəl] adj **1.** général (mpl -aux) ; **~ equilibrium** équilibre m général ; (Cpta) **~ expenses** frais mpl généraux ; (Fr) **~ farmers** fermiers mpl généraux ; (Cpta) **~ ledger** grand livre m ; **~ level of prices** niveau m (pl -x) général des prix ; **~ manager** directeur m (f -trice) général(e) ; **~ meeting** assemblée f générale ; (Jur) **~ partner** associé m commandité ; (Jur) **~ partnership** société f en nom collectif ; **~ public** grand public m ; (US) **~ store** épicerie-bazar f (en zone rurale) ; **~ strike** grève f générale **2.** (T) **~ cargo** marchandises fpl générales ; **~ cargo vessel** cargo m de marchandises générales.

*General Accounting Office (GAO) n (Pol) (US) agence f fédérale chargée de contrôler les opérations financières de l'Exécutif (équiv. Cour des comptes).

*General Agreement on Tariffs and Trade (GATT) n (CI) Accord m géné-

ral sur les tarifs douaniers et le
commerce (v. **World Trade Organization**).
*****general appearance** n (Jur) (US) ac-
ceptation f de la compétence du tribunal.
*****General Post Office (GPO)** n (UK) la
Poste.
generalized ['dʒenrəlaɪzd] adj généralisé.
*****Generalized System of Preferences
(GSP)** n (CI) Système m généralisé de
préférences.
generally ['dʒenrəli] adv généralement.
*****generally accepted accounting prin-
ciples (GAAP)** npl (Cpta) (US) principes mpl comptables généralement ac-
ceptés.
generate ['dʒenəreɪt] vt **1.** engendrer,
créer **2.** causer, entraîner.
generic[1] [dʒə'nerɪk] adj générique;
(Mkg) ~ **good/product** produit m générique (v. **unbranded good**).
generic[2] [dʒə'nerɪk] n produit m générique.
genius ['dʒi:nɪəs] n **1.** (personne) génie
m inv **2.** (talent) génie m.
genuine ['dʒenuɪn] adj authentique, véritable.
*****genuine assent** n (Jur) consentement
m véritable.
geographical [dʒi:ə'græfɪkl] adj géographique; ~ **concentration** concentration f géographique; ~ **environment**
milieu m géographique; ~ **mobility** mobilité f géographique.
geography [dʒi'ɒgrəfi] n géographie f.
Georgia ['dʒɔ:dʒɪə] n Géorgie f; in/to
G~ en Géorgie.
Georgian[1] ['dʒɔ:dʒɪən] adj géorgien (f
-ienne).
Georgian[2] ['dʒɔ:dʒɪən] n Géorgien m (f
-ienne).
German[1] ['dʒɜ:mən] adj allemand.
German[2] ['dʒɜ:mən] n Allemand m.
germane [dʒɜ:'meɪn] adj (to) approprié,
se rapportant au sujet (de).
Germany ['dʒɜ:məni] n Allemagne f;
in/to G~ en Allemagne.
gerrymandering ['dʒerɪmændərɪŋ] n
(Pol) découpage m non équitable/partisan
des circonscriptions électorales (v.
reapportionment).
get [get] v (got, got/gotten) **1.** vt obtenir; ~ **a discount/rebate** bénéficier
d'une remise; ~ **a job** obtenir un emploi; **he's got a job** il a un emploi **2.** vi
devenir; ~ **into debt** s'endetter; ~
worse s'aggraver.
*****get back** v part retourner, revenir.
*****get on** v part progresser, réussir.
*****get out** v part sortir.

GFCF v. **Gross Fixed Capital Formation**.
Ghana ['gɑ:nə] n Ghana m; in/to G~
au Ghana.
Ghanaian[1] [gɑ:'neɪən] adj ghanéen (f
-éenne).
Ghanaian[2] [gɑ:'neɪən] n Ghanéen m (f
-éenne).
gift [gɪft] n cadeau m (pl -x), don m;
charitable ~ donation f charitable;
(Jur) *perfected* ~ donation complète;
~ *voucher* chèque-cadeau m.
giftwrap ['gɪftræp] n (Emb) papier m cadeau.
gilt[1] [gɪlt] adj doré; (Bs) (UK) ~-*edged
market* marché m des fonds d'Etat;
(UK) ~-*edged securities* (aussi gilts)
titres mpl d'Etat, valeurs fpl de père de
famille/de tout repos.
gilt[2] [gɪlt] n (Bs) (UK) ~s valeurs fpl/
titres mpl de père de famille.
Gini coefficient ['dʒi:ni: kəʊ'fɪʃnt] n
(Eco) coefficient m, dit de Gini, qui permet de mesurer le degré de dispersion
des revenus, et donc la répartition des
revenus, dans un pays ou un groupe social donné.
giro ['dʒaɪrəʊ] n (Bq) (UK) ~ *account*
compte-chèques m postal; *bank* ~ virement m bancaire/postal.
give [gɪv] vt (gave, given) donner; (Fin)
~ *a good return/yield* avoir un bon rendement; (Jur) ~ *notice* donner un
préavis.
*****give back** v part rendre.
*****give in** v part renoncer, abandonner.
*****give up** v part abandonner, renoncer à.
give and take [gɪv ən 'teɪk] loc donnant donnant.
giveaway ['gɪvəweɪ] n cadeau m (pl -x)
(publicitaire/à but promotionnel)
given ['gɪvn] v. give.
glamour/glamor ['glæmə] n prestige
m; (Bs) ~ *stock* action f de prestige,
valeur f vedette.
glass [glɑ:s] ns inv verre m; (Emb)
«*handle ~ with care*» «attention
verre».
glassware ['glɑ:sweə] ns inv articles mpl
en verre.
glitch [glɪtʃ] n problème m, défaut m.
global ['gləʊbl] adj mondial (mpl -iaux),
global (mpl -aux); ~ *banking* banque
f universelle; ~ *custody* (J.O.) conservation f de l'environnement/du patrimoine mondial; ~ *market* marché m
global; ~ *trading system* commerce m
mondial; *go* ~ s'internationaliser,
adopter une stratégie mondiale.

globalization [gləubəlai'zeiʃn] *n* mondialisation *f*, globalisation *f*.

gloomy ['glu:mi] *adj* sombre, pessimiste, morose.

glue[1] [glu:] *ns inv (Emb)* colle *f*.

glue[2] [glu:] *vt* coller.

glut[1] [glʌt] *n* surabondance *f*, pléthore *f*, saturation *f*.

glut[2] [glʌt] *vt (marché)* saturer, inonder.

GNP *v.* **Gross National Product.**

go [gəu] *vi* (**went, gone**) aller, partir ; *(Jur) ~ bankrupt* faire faillite ; *(Bs) ~ a bear* spéculer à la baisse ; *(Bs) ~ a bull* spéculer à la hausse ; *(Cpta) (fam) ~ bust* faire faillite ; *(Jur) ~ into force* entrer en vigueur ; *(Jur) ~ into liquidation* faire faillite, être en liquidation ; *~ it alone* faire cavalier seul ; *(Bs) ~ private* se retirer de la Bourse ; *(Bs) ~ public* s'introduire en Bourse, se faire coter en Bourse ; *(Bs) ~ short* vendre à découvert ; *(D) ~ through customs* passer la douane ; *(fam) ~ under* faire faillite.

*****go down** *v part* baisser.

*****go up** *v part* augmenter, s'élever.

go-ahead[1] ['gəu ǝhed] *adj* dynamique.

go-ahead[2] ['gəu ǝhed] *n give the ~* donner le feu vert.

goal [gəul] *n* objectif *m*, but *m*.

go-between ['gəu bitwi:n] *n* intermédiaire *mf*, courtier *m inv*, entremetteur *m* (*f* -euse).

go-getter [,gəu 'getə] *n* arriviste *mf*, chevalier *m inv* d'industrie.

going ['gəuiŋ] *adj* en vigueur ; *(Cpta) ~-concern principle* principe *m* de continuité d'exploitation ; *~ rate* taux *m* en vigueur.

gold [gəuld] *ns inv* or *m* ; *(Fin) ~-bullion standard* étalon *m* or-barre/-lingot ; *~ exchange standard* étalon *m* de change-or ; *~ export(ing) point* point *m* de sortie de l'or ; *~ and foreign exchange reserves* réserves *fpl* en or et en devises ; *~ import(ing) point* point *m* d'entrée de l'or ; *~ ingot* lingot *m* d'or ; *~ points* points *mpl* d'or ; *~ pool* pool *m* de l'or ; *~-specie standard* étalon *m* or-espèces ; *~ standard* étalon *m* or ; *~ tranche* tranche *f* or.

golden ['gəuldən] *adj* doré ; *(Mgt) ~ handshake* prime *f* de départ ; *~ parachute* « parachute » *m* en or (prime *f* de départ en cas de licenciement) ; *~ rule* règle *f* d'or.

gondola ['gɒndələ] *n (Com)* gondole *f*, présentoir *m* ; *(Mkg) ~ end* tête *f* de gondole.

gone [gɒn] *v. go.*

good[1] [gʊd] *adj* bon (*f* bonne), conforme,

valable ; *~ cause* bonne raison *f* ; *in ~ faith* de bonne foi ; *(Jur) ~-faith purchaser* acquéreur *m* (*f* -euse) de bonne foi ; *(Jur) ~ title* titre *m* (de propriété) valable.

good[2] [gʊd] *n* **1.** *ns inv* bien *m* ; *the common ~* le bien public **2.** *~s* marchandises *fpl*, produits *mpl*, biens *mpl* ; *consumer ~s* biens de consommation ; *household ~s* biens d'équipement ménager ; *~s and services* biens et services *mpl* **3.** *(T) ~s in bulk* marchandises en vrac ; *~s in transit* marchandises en transit ; *~s siding* voie *f* de chargement ; *~s station* gare *f* de marchandises ; *~s train* train *m* de marchandises ; *by ~s train* à petite vitesse ; *~s yard* dépôt *m* de marchandises.

goodwill [gʊd'wil] *ns inv (Cpta/Jur)* **1.** actif *m* incorporel d'une entreprise ; nom *m* commercial, clientèle *f*, achalandage *m*, notoriété *f* **2.** fonds *m* de commerce.

go-slow [,gəu'sləu] *n* grève *f* perlée, grève du zèle.

Gosplan ['gɒsplæn] *n* Gosplan *m* ; organisme qui gérait le Plan en URSS.

got [gɒt] *v.* **get.**

gotten [gɒtn] *v.* **get.**

govern ['gʌvn] *vt* gouverner.

governance ['gʌvnəns] *n* gestion *f*, direction *f*, contrôle *m* ; *(Mgt) corporate ~* gestion d'entreprise, responsabilité *f* sociale de l'entreprise.

government ['gʌvnmənt] *n* gouvernement *m* ; *~ aid program* programme *m* d'aides gouvernementales ; *~ annuity* rente *f* sur l'Etat ; *(Fin) ~ bill* bon *m* du Trésor ; *(Fin) ~ bond* obligation *f* d'Etat ; *~ consumption* consommation *f* des administrations publiques ; *~ debt* dette *f* publique ; *~ loan* emprunt *m* public ; *~ procurement contracts* contrats *mpl* des marchés publics ; *~ saving* épargne *f* publique ; *(Fin) ~ securities* titres *mpl* publics ; *~ spending* dépenses *f* publiques.

governor ['gʌvnə] *n* gouverneur *m inv*.

GPO *v.* **General Post Office.**

grace [greis] *n* **1.** grâce *f*, délai *m* ; *~ period* délai de franchise, délai différé de l'amortissement d'un prêt **2.** amnistie *f* ; *(UK) Act of G~* loi *f* d'amnistie votée par le Parlement.

grade[1] [greid] *n* catégorie *f*, calibre *m*, qualité *f* ; *~-two product* produit *m* de deuxième choix.

grade[2] [greid] *vt* **1.** *(travail)* classer, noter, évaluer **2.** *(fruits)* calibrer.

gradient ['greidiənt] *n* pente *f*.

grading ['greidiŋ] *n* calibrage *m*.

ground

graduate¹ ['grædʒuət] n diplômé m.

graduate² ['grædʒueɪt] v 1. vi obtenir son diplôme 2. vt graduer.

graduated tax ['grædʒueɪtɪd ˌtæks] n (Fisc) impôt m progressif.

grain [greɪn] n 1. céréales fpl (en général) ; ~ feed céréales fourragères ; ~ food céréales destinées à l'alimentation humaine 2. (US) blé m.

grandfather clause ['grænfɑːðə ˌklɔːz] n 1. (Jur) (US) clause f permettant, par exception à une loi nouvelle, de continuer d'exercer l'activité maintenant interdite 2. (Pol) (US) « clause f du grand-père », utilisée jusqu'en 1915 pour empêcher les Noirs de voter.

grand jury [grænd 'dʒuəri] n (Jur) (US) chambre f de mise en accusation (v. indictment ; à dist. petty jury).

grant¹ [grænt] n subvention f, allocation f.

grant² [grænt] vt 1. accorder, octroyer ; ~ a loan accorder un prêt 2. admettre, concéder, reconnaître.

grantee [grɑːnˈtiː] n (Jur) donataire mf, cessionnaire mf, concessionnaire mf, bénéficiaire mf d'une allocation.

grantor [grɑːnˈtɔː] n (Jur) (US) donateur (f -trice), cédant m, concédant m. *grantor-grantee index n (Jur) registre m des transactions immobilières (v. title search).

graph [græf] n graphique m, diagramme m.

graphic ['græfɪk] adj graphique ; ~ design graphisme m.

grapple ['græpl] vi (with) se battre (contre), être aux prises (avec).

grasp [grɑːsp] vt 1. saisir 2. comprendre.

grass [grɑːs] n (Jur) (UK) (fam) mouchard m, informateur m (f -trice).

grassing ['grɑːsɪŋ] n (UK) (Jur) (fam) dénonciation f, délation f.

grass roots [ˌgrɑːsˈruːts] n (Pol) la base.

gratuitous [grəˈtjuːɪtəs] adj à titre gratuit.

gratuity [grəˈtjuːəti] n 1. pourboire m 2. pot-de-vin m, dessous-de-table m.

gray [greɪ] v. grey.

graying ['greɪɪŋ] v. greying.

grease-proof paper ['griːspruːf ˌpeɪpə] (Emb) papier m sulfurisé.

Great Britain ['greɪt 'brɪtn] n Grande-Bretagne f ; to/in G~ B~ en Grande-Bretagne.

Greece [griːs] n Grèce f ; in/to G~ en Grèce.

Greek¹ [griːk] adj grec (f -cque).

Greek² [griːk] n Grec m (f -cque).

green [griːn] adj vert ; ~ franc franc m vert ; ~ money monnaie f verte ; ~ pound livre f verte.

*Green Paper n (Pol) (UK) livre m vert, publication gouvernementale exposant de manière préliminaire les principes généraux qui sous-tendent un projet.

greenback ['griːnbæk] n (US) (fam) billet m vert, billet m de banque, dollar m.

greenmail ['griːnmeɪl] n (Fin/Jur) chantage m financier, paiements mpl faits pour éviter une prise de contrôle (v. takeover).

Greens [griːnz] npl (Pol) the G~ les Verts, les écologistes mpl.

Grenada [grɪˈneɪdə] n Grenade f ; in/to G~ à Grenade.

grew [gruː] v. grow.

grey/gray [greɪ] adj gris ; (Eco/Jur) ~ market marché m parallèle ; ~-market goods importations fpl grises/parallèles.

greying/graying [greɪɪŋ] n vieillissement m ; the ~ of the population le vieillissement de la population.

grid [grɪd] n (salaires, prix) grille f ; (UK) the ~ le réseau m (pl -x) électrique.

grievance ['griːvəns] n 1. grief m, plainte f, doléance f 2. conflit m, différend m, litige m.

grind [graɪnd] vi (ground, ground) ; ~ to a halt s'arrêter brutalement.

gross¹ [grəus] adj 1. grossier (f -ière) 2. patent, manifeste ; ~ miscarriage of justice déni m de justice flagrant ; (Jur) ~ negligence faute f lourde 3. (Eco) brut ; ~ disposable income revenu m disponible brut ; ~ domestic production production f intérieure brute ; ~ income revenu m brut ; ~ investment investissement m brut ; ~ margin marge f brute ; ~ operating profit bénéfice m brut d'exploitation ; ~ profit bénéfice m brut ; ~ savings épargne f brute ; ~ weight poids m brut ; ~ for net weight poids m brut pour net.

*Gross Domestic Product (GDP) n (Eco) produit m intérieur brut (PIB) ; ~ deflator déflateur m du PIB.

*Gross Fixed Capital Formation (GFCF) n (Eco) formation f brute de capital fixe.

*Gross National Product (GNP) n (Eco) produit m national brut (PNB).

gross² [grəus] n (12x12) grosse f.

gross³ [grəus] vt toucher/réaliser un salaire ou un chiffre d'affaires brut.

ground¹ [graund] n 1. sol m, terrain m ; (Fisc) ~ rent rente f foncière ; (T) ~ transportation transport m par voie terrestre **2.** *(Jur)* fondement *m*, base *f*; **on legal ~s** pour raisons *fpl* de droit.

ground[2] [graʊnd] *v.* **grind.**

grounded ['graʊndɪd] *adj* fondé.

groundless ['graʊndləs] *adj* sans fondement; **~ argument** argument *m* sans fondement.

groundwork ['graʊndwɜːk] *n* **1.** fondement *m*, structure *f* de base **2.** travail *m* préparatoire/de base.

group [gruːp] *n* groupe *m*; *(Cpta) (UK)* **~ accounts** comptes *mpl* consolidés.
***Group of Seven (G 7)** *n* Groupe *m* des Sept.
***Group of Ten (G 10)** *n* Groupe *m* des Dix (*v.* **Paris Club**).
***Group of Twenty (G 20)** *n* Groupe *m* des Vingt.

groupage ['gruːpɪdʒ] *n* *(T)* groupage *m*; **~ rate** tarif *m* de groupage; **~ shipment** expédition *f* groupée.

groupware ['gruːpweə] *n* *(Inf)* logiciel *m* de groupe, synergiciel *m*.

grow [graʊ] *v* (**grew, grown**) **1.** *vt* cultiver, faire pousser **2.** *vi* pousser **3.** *vi* *(chiffres)* augmenter, croître.
***grow scarce** *v* se raréfier.

grown [graʊn] *v.* **grow.**

growth [graʊθ] *n* *(Eco)* croissance *f*, développement *m*; **~ path** sentier *m* d'expansion; **~ sector** secteur *m* de croissance; **~ target** objectif *m* de croissance; **zero ~** croissance *f* zéro.

grubstake ['grʌbsteɪk] *vt* financer la création d'une entreprise.

GSP *v.* **Generalized System of Preferences.**

guarantee[1] [ˌgærənˈtiː] *n* garantie *f*, caution *f*, aval *m*.

guarantee[2] [ˌgærənˈtiː] *vt* **1.** garantir, se porter garant de, cautionner **2.** avaliser.

guaranteed [ˌgærənˈtiːd] *adj* garanti; *(Fin)* **~ bill** traite *f* avalisée.

guaranty ['gærəntiː] *n* *(Jur)* garantie *f*, caution *f*.

guardian ['gɑːdiən] *n* **1.** gardien *m* (*f* -ienne), défenseur *m* inv, protecteur *m* (*f* -trice) **2.** *(Jur)* tuteur *m* (*f* -trice), curateur *m* (*f* -trice); **~ ad litem** tuteur à l'instance.

guardianship ['gɑːdiənʃɪp] *n* *(Jur)* tutelle *f*, curatelle *f*.

Guatemala [ˌgwɑːtəˈmɑːlə] *n* Guatemala *m*; **in/to G~** au Guatemala.

Guatemalan[1] [ˌgwɑːtəˈmɑːlən] *adj* guatémaltèque.

Guatemalan[2] [ˌgwɑːtəˈmɑːlən] *n* Guatémaltèque *mf*.

guess [ges] *vti* deviner; *(US)* estimer, penser.

guesstimate ['gestɪmət] *n* évaluation *f* au jugé.

guest [gest] *n* **1.** invité *m* **2.** *(hôtellerie)* client *m* **3.** *(T)* passager *m* (*f* -ère) à titre gratuit.

guidelines ['gaɪdlaɪnz] *npl* directives *fpl*, grandes lignes *fpl*, lignes *fpl* directrices.

guild [gɪld] *n* corporation *f*, guilde *f*, confrérie *f*.

guilt [gɪlt] *n* *(Jur)* culpabilité *f*.

guilty ['gɪltɪ] *adj* *(Jur)* coupable; **plead ~/not ~** plaider coupable/non coupable; **verdict of ~/not ~** verdict *m* de culpabilité/d'acquittement.

Guinea ['gɪnɪ] *n* Guinée *f*; **in/to G~** en Guinée.

Guinea-Bissau [ˌgɪnɪ bɪˈsaʊ] *n* Guinée-Bissau *f*; **in/to G~** en Guinée-Bissau.

Guinean[1] ['gɪnɪən] *adj* guinéen (*f* -éenne).

Guinean[2] ['gɪnɪən] *n* Guinéen *m* (*f* -éenne).

Gulf States ['gʌlf 'steɪts] *n* Etats *mpl* du golfe Persique.

Guyana [gaɪˈænə] *n* Guyana *f*; **to/in G~** en Guyana.

Guyanese[1] [ˌgaɪəˈniːz] *adj* guyanais.

Guyanese[2] [ˌgaɪəˈniːz] *n* (*pl inv*) Guyanais *m*.

gyrate [dʒaɪˈreɪt] *vi* fluctuer.

H

habeas corpus [ˌheɪbɪəs ˈkɔːpəs] *loc* *(Jur)* garantie *f* des droits de l'individu; droit *m* à être déféré devant une autorité judiciaire.

habilitate [həˈbɪlɪteɪt] *vt* équiper.

habit ['hæbɪt] *n* habitude *f*, comporte-

ment *m*; *(Mkg)* **buying ~s** habitudes *fpl* d'achat.

habitability [ˌhæbɪtəˈbɪlətɪ] *n* *(Jur)* habitabilité *f*, salubrité *f* (d'un logement).

habitual [həˈbɪtʃʊəl] habituel (*f* -elle); *(Jur)* **~ offender** récidiviste *mf*.

hacker ['hækə] *n* *(Inf)* **1.** passionné *m*

d'informatique 2. pirate *m inv* informatique.

haggle ['hægl] *vi* ~ *(over prices)* marchander.

haggling ['hæglɪŋ] *n* marchandage *m*.

Hague [heɪg] *n The H*~ La Haye.
***Hague Convention** *n (Jur)* Convention *f* de La Haye.

hail [heɪl] *vt (T)* ~ *a ship* arraisonner un bateau.

Haiti ['heɪtɪ] *n* Haïti *m*; *in/to H*~ à Haïti.

Haitian[1] ['heɪʃn] *adj* haïtien (*f* -ienne).

Haitian[2] ['heɪʃn] *n* Haïtien *m* (*f* -ienne).

half[1] [hɑːf] *adj* demi-; ~*-pay* demisalaire *m*, demi-traitement *m*; *at* ~ *price* à moitié prix, à demi-tarif; ~*-yearly* semestriel (*f* -ielle).

half[2] [hɑːf] *n* (*pl* **halves**) moitié *f*.

hallmark ['hɔːlmɑːk] *n* 1. *(orfèvre)* poinçon *m* 2. *(fig)* signe *m* distinctif.

halt[1] [hɔːlt] *n* arrêt *m*.

halt[2] [hɔːlt] *v* 1. *vi* s'arrêter 2. *vt* arrêter, mettre fin à.

halve [hɑːv] *vt* couper/diviser en deux.

hand[1] [hænd] *n* 1. main *f* 2. ouvrier *m* (*f* -ière); manœuvre *m inv*; *factory* ~ ouvrier d'usine; *farm* ~ ouvrier agricole 3. *at* ~ à portée de la main, disponible; *(made) by* ~ fait main; *in* ~ disponible; *out of* ~ sur-le-champ; *stock in* ~ marchandises *fpl* (disponibles) en magasin.

hand[2] [hænd] *vt* passer, remettre; ~ *sth to sb* tendre/passer qch à qn.
***hand in** *v part* remettre, déposer, rendre; ~ *in one's resignation* démissionner.
***hand off** *v part (US)* déléguer.
***hand out** *v part* distribuer.

handbill ['hændbɪl] *n* prospectus *m* (*pl inv*).

handbook ['hændbʊk] *n* manuel *m*, annuaire *m*.

handcuffs ['hændkʌfs] *npl* menottes *fpl*.

handicraft ['hændɪkrɑːft] *n* 1. artisanat *m* 2. produits *mpl* artisanaux.

handle ['hændl] *vt* manipuler; *(Emb)* « ~ *with care* » « fragile ».

handling ['hændlɪŋ] 1. *(situation)* gestion *f* 2. *(marchandises)* manutention *f*, manipulation *f*; ~ *charges* frais *mpl* de manutention; ~ *gear* dispositif *m* de manutention.

hand-made [hæn'meɪd] *adj* fait main/à la main.

hand-out ['hændaʊt] *n* prospectus *m* (*pl inv*), *(conférence)* documents *mpl* d'accompagnement.

handy ['hændɪ] *adj* commode; ~ *pack* emballage *m* à poignée.

hang [hæŋ] *vti* (**hung, hung**) pendre, accrocher.
***hang on** *v part* attendre; *(Tél) please* ~ *on !* ne quittez pas !
***hang up** *v part* 1. *(tableau)* accrocher 2. *(Tél)* raccrocher.

hanging ['hæŋɪŋ] *n (Jur) (death by)* ~ pendaison *f*.

Hansard ['hænsɑːd] *n (Pol) (UK)* compte *m* rendu officiel des débats de la Chambre des communes (*v.* **Official Report of Parliamentary Debates, Congressional Record**).

harass [hærəs/hə'ræs] *vt* harceler.

harassment ['hærəsmənt/hə'ræsmənt] *n* 1. tracasseries *fpl* 2. *(Jur)* harcèlement *m*; *sexual* ~ harcèlement sexuel.

harbour/harbor ['hɑːbə] *n* port *m*, havre *m*; *(T)* ~ *authorities* autorités *fpl* portuaires; ~ *charges/dues/fees* droits *mpl* de port; ~ *facilities* installations *fpl* portuaires; ~ *station* gare *f* maritime.

hard [hɑːd] *adj* dur; ~ *cash* argent *m* liquide; ~ *currency* monnaie *f* dure; *(Mkg)* ~ *discounter* superdiscompteur *m inv*; ~ *goods* biens *mpl* durables; ~*-line stance* attitude *f* rigide/dure; ~*-liner* irréductible *mf*.

hardcore ['hɑːdkɔː] *adj* inconditionnel (*f* -elle), irréductible; ~ *unemployment* chômage *m* irréductible.

harden ['hɑːdn] *v* 1. *vi* se durcir, s'endurcir 2. *vt* durcir, renforcer.

hard sell [hɑːd 'sel] *n (Mkg)* technique *f* de vente/de publicité agressive.

hardware ['hɑːdweə] *ns inv* 1. quincaillerie *f*; ~ *store* quincaillerie *f* 2. *(Inf)* matériel *m* informatique, hardware *m* (*à dist.* **software**).

harm[1] [hɑːm] *n* dommage *m*, préjudice *m*.

harm[2] [hɑːm] *vt* nuire à.

harmful ['hɑːmfəl] *adj* nuisible, préjudiciable; ~ *effects* effets *mpl* nuisibles, nuisances *fpl*.

harmless ['hɑːmləs] *adj* inoffensif (*f* -ive).
***harmless error doctrine** *n (Jur) (US)* doctrine *f* de l'erreur sans conséquence; principe *m* selon lequel une erreur constatée mais jugée sans conséquence n'entraîne pas le renversement d'un jugement.

harmonization [ˌhɑːmənaɪˈzeɪʃn] *n* harmonisation *f*.

harmonize ['hɑːmənaɪz] *vt* harmoniser.

harvest[1] ['hɑːvɪst] *n* moisson *f*, récolte *f*.

harvest[2] [ˈhɑːvɪst] *vti* moissonner, récolter.

haste [heɪst] *n* hâte *f*, précipitation *f*; *in ~* à la hâte.

hasten [ˈheɪsn] *v* 1. *vi* se hâter, se précipiter 2. *vt* précipiter, hâter.

hastily [ˈheɪstɪli] *adv* à la hâte, dans la précipitation.

hatch [hætʃ] *n* (T) écoutille *f*; *before ~ opening* avant déchargement; *under ~* sous cale.

hatchet [ˈhætʃɪt] *n* hache *f*.
*****hatchet man** *n* personne *f* chargée des tâches délicates.

haul[1] [hɔːl] *n* (T) trajet *m*; *long-~* long-courrier; *medium-~* moyen-courrier.

haul[2] [hɔːl] *vti* (T) transporter par route.

haulage [ˈhɔːlɪdʒ] *n* (T) transport *m* terrestre; *~ contractor* transporteur *m inv* routier; *~ depot* gare *f* routière (pour camions); *~ operator* transporteur *m inv* routier; *road ~* transport routier; *road ~ firm* entreprise *f* de transport routier.

hauler [ˈhɔːlə] *v.* **haulier**.

haulier [ˈhɔːliə] *n* (UK) (US **hauler**) transporteur *m inv* routier, camionneur *m inv*.

Havana [həˈvænə] *n* La Havane.
*****Havana Charter** *n* Charte *f* de la Havane.

hawk [hɔːk] *vti* colporter.

hawker [ˈhɔːkə] *n* marchand *m* ambulant.

hazard [ˈhæzəd] *n* danger *m*, risque *m*; *occupational ~s* risques du métier.

hazardous [ˈhæzədəs] *adj* dangereux (*f* -euse); *~ goods* marchandises *fpl* dangereuses.

head[1] [hed] *n* 1. tête *f*; *~ of cattle* tête de bétail; *~-hunter* chasseur *m inv* de têtes; *(US) ~s up!* attention, problème! 2. chef *m inv*, responsable *mf*.

head[2] [hed] *v* 1. *vt* être à la tête de, diriger 2. *vi ~ forward* avancer; *~ towards sth* se diriger vers qch.

headline [ˈhedlaɪn] *n* (presse) manchette *f*; *the ~s* les grands titres *mpl*.

headnote [ˈhednəʊt] *n* (Jur) « chapeau » *m*; résumé *m* d'une décision dans un recueil de jurisprudence.

head office (HO) [hed ˈɒfɪs] *n* siège *m* (social).

headquarters (HQ) [hedˈkwɑːtəz] *n* 1. quartier *m* général (QG) 2. siège *m* social.

headway [ˈhedweɪ] *loc make ~* progresser.

health [helθ] *n* santé *f*; *~- care benefit* prestation *f* de la Sécurité sociale en cas de maladie; *~-care system* (système *m* de) protection *f* sociale; *~ certificate* certificat *m* sanitaire/de santé; *~ economics* économie *f* de la santé; *~ insurance* assurance *f* maladie.
*****health maintenance organization (HMO)** *n* (US) réseau *m* (*pl* -x) de soins coordonnés.

healthy [ˈhelθi] *adj* en bonne santé, bien-portant, sain; *a ~ economy* une économie saine.

hearing [ˈhɪərɪŋ] *n* (Jur) audition *f*, audience *f*.

hearsay [ˈhɪəseɪ] *n* (Jur) ouï-dire *m*.
*****hearsay evidence** *n* (Jur) déposition *f* sur la foi d'un tiers, preuve *f* par commune renommée; *~ rule* règle *f* selon laquelle la preuve par ouï-dire n'est pas admise.

heat [hiːt] *n* chaleur *f*; (Emb) *~-proof/ -resistant* résistant à la chaleur, calorifuge.

heating [ˈhiːtɪŋ] *n* chauffage *m*.

heave [hiːv] *vt* soulever, hisser.

heavy [ˈhevi] *adj* lourd; *~-duty* résistant; *~ goods vehicle* (camion) poids *m* lourd; *~ industry* industrie *f* lourde.

hedge[1] [hedʒ] *n* (Fin) arbitrage *m*, opération *f* de couverture; *~ funds* fonds *mpl* spéculatifs.

hedge[2] [hedʒ] *vi* (Fin) faire un arbitrage.

hedger [ˈhedʒə] *n* (Fin) opérateur *m* (*f* -trice) en couverture, arbitragiste *mf*.

hedging [ˈhedʒɪŋ] *n* (Fin) 1. opération *f* de couverture 2. garantie *f* de cours 3. arbitrage *m* de portefeuille; *~ cost* coût *m* de protection contre le risque de change.

hedonism [ˈhedɪnɪzm] *n* hédonisme *m*.

hegemony [heˈdʒæməni] *n* hégémonie *f*.

height [haɪt] *n* 1. hauteur *f* 2. apogée *m*.

heighten [ˈhaɪtn] *vt* accentuer, souligner.

heir [eə] *n* héritier *m* (*f* -ière); *~ apparent* héritier présomptif.

heiress [ˈeəres] *n* héritière *f*.

held [held] *v.* **hold**[2].

helm [helm] *n* (T) barre *f*, gouvernail *m*; *be at the ~* (aussi fig) tenir la barre.

help[1] [help] *n* 1. aide *f*, assistance *f*, secours *m* 2. (personne) aide *f inv*; *home ~* aide ménagère.

help[2] [help] *vt* aider, secourir; *I can't ~ it* je n'y peux rien; *~ yourself!* servez-vous!

hemp [hemp] *ns inv* (Emb) chanvre *m*.

hence [hens] *adv* 1. dorénavant 2. de là, d'où, c'est pourquoi.

henceforth [ˌhensˈfɔːθ] *adv* dorénavant, à l'avenir.

henceforward [ˌhensˈfɔ:wəd] *adv* dorénavant, à l'avenir.
hereafter [hɪəˈrɑ:ftə] *adv* **1.** ci-après, ci-
dessous **2.** dorénavant, à l'avenir.
hereby [hɪəˈbaɪ] *adv* par la présente.
herein [hɪəˈrɪn] *adv* ci-inclus.
hereinafter [ˌhɪərɪnˈɑ:ftə] *adv* ci-après,
ci-dessous.
hereof [hɪərˈɒv] *adv* de la présente.
hereto [ˌhɪərˈtu:] *adv* **attached ~** joint à
la présente.
heretofore [ˌhɪərtuˈfɔ:] *adv* jusqu'ici.
hereunder [hɪərˈʌndə] *adv* ci-après, ci-
dessous.
hereupon [ˌhɪərəˈpɒn] *adv* sur quoi.
herewith (**h/w**) [hɪəˈwɪð] *adv* **1.** ci-
joint, ci-inclus **2.** par la présente.
heritage [ˈherɪtɪdʒ] *n* patrimoine *m*.
hessian [ˈhesɪən] *ns inv* (*Emb*) (*UK*) (*US*
burlap) toile *f* de jute/d'emballage.
heterogeneity [ˌhetərəʊdʒəˈni:əti] *n* hétérogénéité *f*, diversité *f*.
heterogeneous [ˌhetərəʊˈdʒi:nɪəs] *adj*
hétérogène.
heuristic [hjuˈrɪstɪk] *adj* heuristique.
hid [hɪd] *v.* **hide**.
hidden [ˈhɪdn] *adj* (*pp* **hide**) caché, invisible ; **~ defect** vice *m* caché ; **~ protectionism** protectionnisme *m* déguisé ;
~ unemployment chômage *m* caché/in-
visible.
hide [haɪd] *v* (**hid, hidden**) **1.** *vi* se
cacher **2.** *vt* cacher, dissimuler.
hierarchical [haɪˈrɑ:kɪkl] *adj* hiérarchique ; **~ structure** organisation *f* hiérarchique.
hierarchy [ˈhaɪrɑ:ki] *n* hiérarchie *f*.
high[1] [haɪ] *adj* haut, élevé ; **1.** (*Eco*) **~
growth sector** secteur *m* en croissance
rapide ; **~-powered** puissant ; **~-tech**
de pointe ; **~ technology industries** industries *fpl*/secteurs *m* de pointe ; **~
wages** gros salaires *mpl* **2.** **~-class
products** produits *mpl* de marque ;
(*Mkg*) **~ end** haut-de-gamme ; **~-grade**
de qualité supérieure ; **~-profile** bien en
vue, bien établi ; **~-quality** de bonne
qualité ; (*UK*) **~ street** grand-rue *f* ;
(*UK*) **~-street store** magasin *m* de centre-ville, commerce *m* de détail ; (*Mkg/
Mgt*) **~ touch** qualité *f* des relations in-
terpersonnelles, haute personnalisation *f*
3. (*Fin*) **~ leverage position** niveau *m*
(*pl* -x) d'endettement élevé ; **~-powered
balances** encaisse *f* active ; **~-powered
money** monnaie *f* à haute puissance
4. (*T*) **~ speed** grande vitesse *f* ;
~-speed rail network réseau *m* (*pl* -x)
ferroviaire à grande vitesse ; **~-speed
train** train *m* à grande vitesse (TGV)

5. (*Bs*) **~-flyer** valeur *f* spéculative ;
~-yield bond obligation *f* à rendement
élevé.
*High Court of Justice *n* (*Jur*) (*UK*)
Haute Cour *f* de Justice (*équiv.* tribunal
de grande instance).
high[2] [haɪ] *n* haut *m*, point *m* culminant,
record *m* ; **an all-time ~** le niveau *m* le
plus élevé jamais enregistré.
highball [ˈhaɪbɔ:l] *n* (*US*) fourchette *f*
haute d'une estimation.
higher [ˈhaɪə] *comp* **high** ; plus haut, plus
élevé ; **~ bid** offre *f* supérieure ; **~ education** enseignement *m* supérieur.
highlight[1] [ˈhaɪlaɪt] *n* point *m* culminant,
événement *m* principal.
highlight[2] [ˈhaɪlaɪt] *vt* mettre en relief,
souligner.
high-rise [ˈhaɪ raɪz] *adj* **~ flats** tour(s)
f(*pl*) (d'habitation).
highway [ˈhaɪweɪ] *n* **1.** (*Jur*) (*UK*) **the
~** la voie publique **2.** (*US*) grande route
f, autoroute *f*.
hijack[1] [ˈhaɪdʒæk] *n* **1.** (*avion*) détournement *m* **2.** (*camion*) vol *m*.
hijack[2] [ˈhaɪdʒæk] *vt* **1.** (*avion*) détourner **2.** (*camion*) voler.
hijacker [ˈhaɪdʒækə] *n* **1.** pirate *m inv*
de l'air **2.** voleur *m* (*f* -euse) de camions.
hike [haɪk] *n* (*US*) hausse *f*, augmentation *f* ; **price-~** hausse du prix.
hinder [ˈhɪndə] *vt* gêner, entraver.
hindrance [ˈhɪndrəns] *n* obstacle *m*,
gêne *f*.
hindsight [ˈhaɪnsaɪt] *loc* **with ~** avec du
recul.
hinge [hɪndʒ] *n* charnière *f*.
hinge on [ˈhɪndʒ ˈɒn] *v part* dépendre de.
hint [hɪnt] *n* **1.** indication *f*, allusion *f*
2. conseil *m*, (*fam*) tuyau *m* (*pl* -x).
hint at [ˌhɪnt ˈæt] *v part* faire allusion à.
hire [haɪə] *vt* **1.** (*Mgt*) engager, recruter,
embaucher **2.** (*Com*) (*UK*) louer (*US*
rent).
*hire purchase (**HP**) *n* (*Fin*) (*UK*) achat
m à tempérament, location-vente *f* (*US*
installment purchase).
hiring [ˈhaɪərɪŋ] *n* **1.** (*Mgt*) embauche *f*,
recrutement *m* **2.** (*Com*) (*UK*) location
f.
histogram [ˈhɪstəgræm] *n* histogramme
m, graphique *m*.
historical [hɪsˈtɒrɪkl] *adj* historique ;
(*Cpta*) **~ cost** coût *m* historique, coût
m d'acquisition.
history [ˈhɪstri] *n* **1.** histoire *f* ; **~ of
economic thought** histoire de la pensée
économique **2.** historique *m* ; **~ of an
affair** historique d'une affaire **3.** (*personne*) antécédents *mpl*, formation *f*.

hit¹ [hɪt] *n* 1. coup *m* 2. réussite *f*.

hit² [hɪt] *vt* (**hit**, **hit**) frapper, cogner.
  ***hit-and-run** *loc* (*Jur*) ~ *accident* accident *m* de la route avec délit de fuite ; ~ *driver* chauffard *m* (coupable de délit de fuite).

hive [haɪv] *n* ruche *f* ; (*fig*) *it's a* ~ *of industry in here !* c'est l'usine ici !

hive off [ˌhaɪv ˈɒf] *v part* (*Mgt*) essaimer, rendre indépendant.

hiving-off [ˌhaɪvɪŋ ˈɒf] *n* (*Mgt*) essaimage *m*.

HO *v.* **head office**.

hoard¹ [hɔːd] *n* amas *m*, réserve *f* ; (*fam*) ~*s of* des quantités *fpl*.

hoard² [hɔːd] *vti* 1. amasser 2. accumuler ; (*Fin*) thésauriser.

hoarded [ˈhɔːdɪd] *adj* (*Fin*) ~ *balances* encaisses *fpl* thésaurisées.

hoarder [ˈhɔːdə] *n* (*Fin*) thésauriseur *m* (*f* -euse).

hoarding [ˈhɔːdɪŋ] *n* 1. (*Pub*) (*UK*) panneau *m* (*pl* -x) d'affichage 2. (*Fin*) thésaurisation *f*.

hock [hɒk] *vt* (*US*) mettre au clou.

hogshead [ˈhɒgzhed] *n* (*Emb*) barrique *f*.

hoist¹ [hɔɪst] *n* (*T*) palan *m*, treuil *m*.

hoist² [hɔɪst] *vt* (*T*) 1. (*charge*) soulever, hisser 2. (*drapeau*) hisser.

hold¹ [həʊld] *n* 1. (*T*) (*navire*) cale *f*, (*avion*) soute *f* ; *luggage* ~ soute à bagages 2. emprise *f*.

hold² [həʊld] *vt* (**held**, **held**) 1. tenir, détenir ; (*Tél*) ~ *the line !* ne quittez pas ! 2. contenir 3. ~ *that* juger/soutenir/déclarer que 4. (*Jur*) ~ *sb for questioning* garder qn à vue.
  ***hold back** *v part* 1. rester discret, refuser de s'engager 2. retenir.
  ***hold down** *v part* 1. (*prix*) empêcher d'augmenter 2. ~ *down a job* garder un emploi.
  ***hold off** *v part* tenir à l'écart.
  ***hold on** *v part* 1. tenir bon 2. attendre ; (*Tél*) ~ *on !* ne quittez pas !
  ***hold out** *v part* 1. *vt* tendre, présenter 2. *vi* résister, tenir bon.
  ***hold up** *v part* 1. retenir, retarder 2. ~ *up a bank* braquer une banque.

holder [ˈhəʊldə] *n* détenteur *m* (*f* -trice), porteur *m* (*f* -euse), (*compte*) titulaire *mf*.
  ***holder for value** *n* (*Jur*) détenteur *m* (*f* -trice) d'un titre de propriété pour lequel il a donné une contrepartie pécuniaire.
  ***holder in due course** *n* (*Jur*) tiers *m* de bonne foi qui a accepté un effet de commerce impayé.

holding [ˈhəʊldɪŋ] *n* 1. détention *f*, (*Jur*) tenure *f* ; (*Fin*) *foreign exchange* ~*s* avoirs *mpl* en devises 2. participation *f*, portefeuille *m* ; *minority/majority* ~ participation minoritaire/majoritaire (*v.* **interest**) 3. (*Jur*) dispositif *m*/considérant *m* d'un jugement (*v.* **ratio decidendi**).
  ***holding company** *n* (*Fin*) société *f* de contrôle/de portefeuille, société mère, holding *m*.

holdup [ˈhəʊldʌp] *n* 1. retard *m*, (*UK*) embouteillage *m* 2. (*Jur*) attaque *f* à main armée, hold-up *m*.

holiday [ˈhɒlɪdeɪ] *n* congé *m*, jour *m* férié ; (*UK*) ~(*s*) vacances *fpl* ; (*UK*) *bank* ~ jour férié.

holistic [həˈlɪstɪk] *adj* holistique.

holy joe [ˌhəʊli ˈdʒəʊ] *n* (*US*) (*fam*) enveloppe *f* de courrier interne.

home [həʊm] *n* 1. domicile *m*, foyer *m* ; ~ *address* adresse *f* personnelle ; *at* ~ à la maison ; *go* ~ rentrer à la maison 2. (*Eco*) ~ *automation* domotique *f* ; ~-*consumed production* autoconsommation *f* ; ~ *economy* économie *f* domestique/nationale ; ~ *market* marché *m* intérieur/national ; ~ *trade* commerce *m* intérieur 3. (*Bq*) ~ *banking* banque *f* à domicile 4. (*T*) ~ *delivery* livraison *f* à domicile ; ~ *freight* fret *m* de retour/de retour ; ~ *port* port *m* d'attache 5. (*Mkg*) ~ *party* vente *f* en réunion ; ~ *service* distribution *m* à domicile ; ~ *shopping* achat *m* à domicile.

homestead [ˈhəʊmsted] *n* (*Jur*) (*US*) domicile *m* familial.

homewards [ˈhəʊmwədz] *adv* sur le chemin du retour ; (*T*) ~ *cargo* fret *m* de retour.

homicide [ˈhɒmɪsaɪd] *n* (*Jur*) homicide *m*, meurtre *m*, assassinat *m*.

homogeneity [ˌhəʊmədʒəˈniːəti] *n* homogénéité *f*.

homogeneous [ˌhəʊməˈdʒiːniəs] *adj* homogène.

Honduran¹ [hɒnˈdjʊərən] *adj* hondurien (*f* -ienne).

Honduran² [hɒnˈdjʊərən] *n* Hondurien *m* (*f* -ienne).

Honduras [hɒnˈdjʊərəs] *n* Honduras *m* ; *in/to H*~ au Honduras.

Hong Kong [ˌhɒŋ ˈkɒŋ] *n* Hong-Kong ; *in/to H*~ *K*~ à Hong-Kong.

honour/honor¹ [ˈɒnə] *n* honneur *m* ; (*Fin*) *acceptor for* ~ avaliste *m inv*, donneur *m* (*f* -euse) d'aval ; (*US*) ~ *system* système *m* d'autosurveillance.

honour/honor² [ˈɒnə] *vt* honorer ; (*Fin*) ~ *a bill* acquitter une traite, payer une facture ; ~ *one's commitments* honorer ses engagements.

hoof [hu:f] *loc (cattle) on the ~* (bétail *m*) sur pied.

hook [hʊk] *n* crochet *m* ; *(T)* *« use no ~s »* « ne pas utiliser de crochets ».

hopper car [ˌhɒpə ˈkɑ:] *n (T)* wagon *m* tombereau.

horizontal [ˌhɒrɪˈzɒntl] *adj* horizontal *(mpl* -aux) ; *(Eco)* ~ *integration* concentration *f*/intégration *f* horizontale ; ~ *mobility* mobilité *f* horizontale.
*****horizontal merger** *n (Aff)* concentration *f* horizontale.
*****horizontal restraint of trade** *n (Jur)* entente *f* sur la restriction de la libre concurrence au plan horizontal.

hornbook [ˈhɔ:nbʊk] *n (Jur) (US)* livre *m* de base contenant les rudiments du droit et de la jurisprudence.

horsetrading [ˈhɔ:streɪdɪŋ] *ns inv (négociations)* marchandage *m*.

hospitality industry [ˌhɒspɪˈtælətɪ ˈɪndəstrɪ] *n (US)* hôtellerie *f*.

host [həʊst] *n* hôte *m* ; *(Inf)* ~ *computer* ordinateur *m* central, serveur *m* ; *(Fin/Mgt)* ~ *country* pays *m* d'accueil.

hostess [ˈhəʊstɪs] *n* hôtesse *f*.

hostile [ˈhɒstaɪl] *adj* hostile.
*****hostile takeover** *n (Mgt)* offre *f* publique d'achat (OPA) hostile.

hot [hɒt] *adj* chaud, brûlant ; ~ *issue* sujet *m* brûlant ; ~*line* ligne *f* directe, service *m* consommateurs ; *(Fin)* ~ *money* capitaux *mpl* spéculatifs ; *(Mgt)* ~*-stove rule* action *f* disciplinaire.

hour [ˈaʊə] *n* heure *f* ; *business/opening* ~*s* heures d'ouverture ; *office* ~*s* heures de bureau.

hourly [ˈaʊəlɪ] *adj* horaire, toutes les heures ; *paid on an* ~ *basis/at an* ~ *rate* rémunéré sur une base horaire.

house¹ [haʊs] *n* maison *f* ; *(Mkg)* ~ *brand* marque *f* de distributeur, marque d'enseigne ; ~*-to-* ~ *selling* vente *f* porte-à-porte.
*****house counsel** *n (Jur) (aussi* **in-house counsel***)* juriste *mf* d'entreprise ; avocat *m* qui travaille pour une entreprise en tant que salarié.
*****House of Commons** *n (Pol) (UK)* Chambre *f* des communes, composée de membres élus au suffrage universel (*v.* Member of Parliament, M.P.).
*****House of Lords** *n (Pol) (UK)* Chambre *f* des lords, deuxième chambre du Parlement et Haute Cour, composée des pairs du Royaume (*v.* peer).
*****House of Lords Appeal Committee** *n (Jur) (UK)* comité *m* d'appel de la Chambre des lords, maintenant cour d'appel en dernier ressort, tant au civil qu'au pénal.

*****House of Representatives** *n (Pol) (US)* Chambre *f* des représentants (*v.* Congress).

house² [haʊs] *vt* loger.

housebreaker [ˈhaʊsbreɪkə] *n (Jur) (UK)* cambrioleur *m* (*f* -euse).

housebreaking [ˈhaʊsbreɪkɪŋ] *n (Jur) (UK)* cambriolage *m*, entrée *f* avec effraction.

household [ˈhaʊshəʊld] *n (Eco)* ménage *m*, foyer *m* ; ~ *basket* panier *m* de la ménagère ; ~ *consumption* consommation *f* des ménages ; ~ *demand* demande *f* des ménages ; ~ *goods* produits *mpl* d'équipement ménager ; ~ *savings* épargne *f* des ménages ; ~ *taxation* fiscalité *f* des ménages.

housekeeping [ˈhaʊskɪːpɪŋ] *n* gestion *f* domestique/du ménage.

housewife [ˈhaʊswaɪf] *n* ménagère *f*.

housing [ˈhaʊzɪŋ] *n* logement *m* ; ~ *allowance* allocation *f* logement ; ~ *assistance* aide *f* au logement ; ~ *crisis* crise *f* du logement ; ~ *development (habitations)* ensemble *m* immobilier ; *(UK)* ~ *estate* ensemble *m* résidentiel ; ~ *project (habitations)* ensemble *m* immobilier (*équiv.* cité) ; ~ *shortage* pénurie *f* du logement.

HP *v.* hire purchase.

HQ *v.* headquarters.

HRM *v.* human resource management.

hub [hʌb] *n* 1. *(Tech)* moyeu *m* (*pl* -x) 2. centre *m* (d'activité), plaque *f* tournante 3. *(T)* ~*-and-spoke system* *n* plaque *f* tournante aéroportuaire.

huckster [ˈhʌkstə] *n (US)* 1. vendeur *m* (*f* -euse) de choc 2. profiteur *m* (*f* -euse).

hucksterism [ˈhʌkstərɪzm] *n (US)* 1. techniques *fpl* de vente agressives 2. *(Pol)* marchandage *m*, recours *m* aux combines.

huge [hju:dʒ] *adj* énorme, vaste.

hull [hʌl] *n (T)* coque *f*.

human [ˈhju:mən] *adj* humain ; *(Eco)* ~ *capital* capital *m* humain ; ~ *investment* investissement *m* en capital humain ; *(Mgt)* ~ *resources* ressources *fpl* humaines.
*****human resource management (HRM)** *n (Mgt)* gestion *f* des ressources humaines.

hunch [hʌntʃ] *n* intuition *f*.

hundredweight [ˈhʌndrədweɪt] *n* 1. *(UK) (long)* ~ 112 livres (50,802 kilos) 2. *(US) (short)* ~ 100 livres (45,359 kilos).

hung [hʌŋ] *pp* hang.
*****hung jury** *n (Jur)* jury *m* partagé, dans l'incapacité de rendre un verdict.

*hung parliament n (Pol) (UK) parlement m dans lequel aucun des partis n'a la majorité absolue.

Hungarian¹ [hʌŋˈgeəriən] adj hongrois.

Hungarian² [hʌŋˈgeəriən] n Hongrois m.

Hungary [ˈhʌŋgri] n Hongrie f ; **in/to H~** en Hongrie.

hurdle [ˈhɜːdl] n obstacle m, barrière f.

husbandry [ˈhʌzbəndri] n **1.** bonne gestion f des ressources **2.** (Agr) agriculture f et élevage m.

hush [hʌʃ] vt faire taire.
*hush money n pot-de-vin m, argent m versé pour acheter le silence de qn/pour étouffer un scandale.
*hush up v part faire taire, étouffer ; **the scandal was ~ed up** le scandale a été étouffé.

h/w v. herewith.

hydraulic [haɪˈdrɔːlɪk] adj hydraulique.

hydraulics [haɪˈdrɔːlɪks] n (Tech) hydraulique f.

hydroelectric [ˌhaɪdrəʊˈlektrɪk] adj hydro-électrique ; **~ power** hydro-électricité f.

hype [haɪp] n (US) battage m publicitaire.

hyperinflation [ˌhaɪpərɪnˈfleɪʃn] n (Eco) hyperinflation f, inflation f galopante.

hypermarket [ˈhaɪpəmɑːkɪt] n (Com) hypermarché m.

hypothecate [haɪˈpɒθəkeɪt] vt (Fin) hypothéquer, gager, nantir (v. **mortgage**²).

hypothecator [haɪˈpɒθəkeɪtə] n (Fin) gageur m inv.

hypothesis [haɪˈpɒθəsɪs] n (pl -es) hypothèse f.

I

IATA [aɪˈætə] v. International Air Transport Association.

IBEC v. International Bank for Economic Cooperation.

IBOR [ˈiːbɔː] v. Interbank Offered Rate.

IBRD v. International Bank for Reconstruction and Development.

ICAO v. International Civil Aviation Organization.

ICC¹ v. International Chamber of Commerce.

ICC² v. Interstate Commerce Commission.

iceberg [ˈaɪsbɜːg] n iceberg m ; (Mgt) **~ principle** principe m de l'iceberg.

Iceland [ˈaɪslənd] n Islande f ; **in/to I~** en Islande.

Icelander [ˈaɪsləndə] n Islandais m.

Icelandic [aɪsˈlændɪk] adj islandais.

ICJ v. International Court of Justice.

ICSID v. International Centre/Center for the Settlement of Investment Disputes.

IDA v. International Development Association.

IDB v. Inter-American Development Bank.

IDBS v. Interdealer-Broker System.

identification [aɪˌdentɪfɪˈkeɪʃn] n identification f.

identify [aɪˈdentɪfaɪ] vt identifier.

identity [aɪˈdentəti] n identité f.

ideological [ˌaɪdɪəˈlɒdʒɪkl] adj idéologique.

ideologist [ˌaɪdɪˈɒlədʒɪst] n idéologue mf.

ideology [ˌaɪdɪˈɒlədʒi] n idéologie f.

idle [ˈaɪdl] adj **1.** (personne) paresseux (f -euse), oisif (f -ive), désœuvré **2.** (Eco) inactif (f -ive) ; (équipements) à l'arrêt ; (travailleur) au chômage ; **~ capacity** potentiel m inutilisé ; (T) **~ shipping** navires mpl désarmés **3.** (Fin) oisif (f -ive), improductif (f -ive) ; **~ balances** encaisses fpl oisives ; **~ capital** capitaux mpl oisifs ; **~ money** capitaux mpl oisifs/improductifs **4.** (propos) futile.

idleness [ˈaɪdlnəs] n **1.** paresse f, oisiveté f **2.** (Eco) (équipements) inactivité f ; (travailleur) chômage m **3.** (Fin) oisiveté f **4.** (propos) futilité f.

ignore [ɪgˈnɔː] vt ignorer, refuser de reconnaître/de tenir compte de.

IIB v. International Investment Bank.

ill-advised [ˌɪl ədˈvaɪzd] adj mal avisé, mal inspiré, peu prudent.

illegal [ɪˈliːgl] adj illégal (mpl -aux), illicite ; (Jur) **~ competition** concurrence f illicite/déloyale.

illegality [ˌɪliˈgæləti] n illégalité f.

illegally [ɪˈliːgəli] adv illégalement, illicitement, de manière illégale/illicite.

illegible [ɪˈledʒəbl] adj illisible.

illegitimacy [ˌɪləˈdʒɪtəməsi] n illégitimité f.

illegitimate [ˌɪləˈdʒɪtəmət] adj 1. injustifié, illégitime 2. *(enfant)* illégitime, naturel (f -elle).

ill-gotten [ˌɪlˈɡɒtn] adj ~ **gains** avantages mpl/biens mpl mal acquis, avantages/biens obtenus illicitement.

illicit [ɪˈlɪsɪt] adj illicite, clandestin.

ill-informed [ˌɪlɪnˈfɔːmd] adj mal informé.

illiquid [ɪˈlɪkwɪd] adj *(Fin)* à court de liquidités; ~ **asset** actif m immobilisé.

illiquidity [ˌɪlɪˈkwɪdəti] n *(Fin)* illiquidité f, non-liquidité f.

ill-qualified [ɪlˈkwɒlɪfaɪd] adj peu qualifié, mal qualifié, incompétent.

ill repute [ˌɪl rɪˈpjuːt] loc of ~ de mauvaise réputation.

ill-timed [ɪlˈtaɪmd] adj 1. inopportun, mal venu 2. mal programmé.

illusory [ɪˈluːzəri] adj illusoire.

*****illusory promise** n *(Jur)* promesse f illusoire.

ILO v. **International Labour/Labor Organization.**

image [ˈɪmɪdʒ] n 1. image f 2. *(fig)* image f, image de marque; *(Mkg)* ~ **advertising** publicité f institutionnelle; **brand** ~ image de marque; ~ **building** constitution f d'une image de marque; **corporate** ~ image de marque de l'entreprise; *(Inf)* ~ **processing** traitement m des images; **public** ~ image de marque; *(Mkg)* ~ **selling** marketing m par l'image.

imbalance [ɪmˈbæləns] 1. déséquilibre m 2. *(Cpta)* déficit m.

IMF v. **International Monetary Fund.**

imitate [ˈɪmɪteɪt] vt 1. imiter 2. contrefaire.

imitation [ˌɪmɪˈteɪʃn] n 1. imitation f 2. contrefaçon f.

immaterial [ˌɪməˈtɪərɪəl] adj négligeable, indifférent, non pertinent; *(Jur)* **incompetent, irrelevant and** ~ **evidence** preuve f irrecevable, non pertinente et négligeable.

immediate [ɪˈmiːdiət] adj immédiat; **available for** ~ **delivery** disponible pour livraison immédiate.

immigrant [ˈɪmɪɡrənt] n immigré m, immigrant m; **illegal** ~ immigré clandestin; **second-generation** ~ immigré m de la deuxième génération.

immigrant worker [ˌɪmɪɡrənt ˈwɜːkə] n travailleur m (f -euse) immigré(e).

immigrate [ˈɪmɪɡreɪt] vi immigrer.

immigration [ˌɪmɪˈɡreɪʃn] n immigration f; **illegal** ~ immigration f clandestine.

imminent [ˈɪmɪnənt] adj imminent; *(Jur)* ~ **peril** danger m imminent.

immobilization [ɪˌməʊbəlaɪˈzeɪʃn] n immobilisation f.

immobilize [ɪˈməʊbəlaɪz] vt immobiliser.

immoral [ɪˈmɒrəl] adj immoral (mpl -aux).

immorality [ˌɪməˈræləti] n immoralité f.

immovable [ɪˈmuːvəbl] adj fixe.

immovables [ɪˈmuːvəblz] npl *(Jur)* biens mpl immobiliers.

immunity [ɪˈmjuːnəti] n 1. immunité f; **diplomatic** ~ immunité diplomatique; **parliamentary** ~ immunité parlementaire 2. exonération f, exemption f; **tax** ~ exonération de l'impôt, immunité fiscale.

*****immunity from prosecution** n *(Jur)* *(US)* immunité f accordée à un accusé en échange de son témoignage (v. **Fifth Amendment**).

impact [ˈɪmpækt] n 1. impact m, effet m, conséquences fpl, répercussions fpl 2. choc m; **the plane exploded on** ~ l'avion a explosé au moment de toucher le sol.

impair [ɪmˈpeə] vt 1. endommager 2. *(efficacité)* diminuer.

impairment [ɪmˈpeəmənt] n 1. altération f, dégradation f 2. *(efficacité)* diminution f.

impanel [ɪmˈpænl] vt *(Jur)* ~ **a jury/ a commission** constituer un jury/une commission.

impartial [ɪmˈpɑːʃl] adj impartial (mpl -iaux).

impeach [ɪmˈpiːtʃ] vt 1. *(Jur)* attaquer, mettre en doute; *(US)* ~ **a witness** récuser un témoin 2. *(Pol)* *(US)* ~ **sb** engager la procédure d'**impeachment** contre qn.

impeachable [ɪmˈpiːtʃəbl] adj passible des tribunaux; **the President of the United States is** ~ le président des Etats-Unis peut être mis en accusation.

impeachment [ɪmˈpiːtʃmənt] n 1. *(Jur)* mise f en accusation 2. *(Pol)* *(US)* procédure f selon laquelle un membre de l'Exécutif, un juge ou un haut fonctionnaire, est mis en accusation afin de le destituer de ses fonctions.

impede [ɪmˈpiːd] vt entraver, gêner.

impediment [ɪmˈpedɪmənt] n *(Jur)* obstacle m, empêchement m.

impending [ɪmˈpendɪŋ] adj imminent.

imperfect [ɪmˈpɜːfɪkt] adj imparfait; *(Eco)* ~ **competition** concurrence f imparfaite.

imperial [ɪmˈpɪərɪəl] *adj* impérial (*mpl* -iaux).

*Imperial Preference *n (Pol) (UK)* système *m* de préférence impériale ; tarifs *mpl* préférentiels à l'intérieur du **Commonwealth** britannique.

imperialism [ɪmˈpɪərɪəlɪzm] *n* impérialisme *m*.

imperialistic [ɪmˌpɪərɪəˈlɪstɪk] *adj* impérialiste.

impersonate [ɪmˈpɜːsəneɪt] *vt ~ sb* se faire passer pour qn, usurper l'identité de qn.

impersonation [ɪmˌpɜːsəˈneɪʃn] *n* usurpation *f* d'identité.

impervious [ɪmˈpɜːvɪəs] *adj (to) (aussi fig)* imperméable (à).

impetus [ˈɪmpɪtəs] *n* élan *m* ; *(Tech)* vitesse *f* acquise.

impinge [ɪmˈpɪndʒ] *vi ~ on* empiéter sur.

impleader [ɪmˈpliːdə] *n (Jur)* intervention *f* forcée (dans une action).

implement[1] [ˈɪmplɪmənt] *n* outil *m* ; *~s* outillage *m*, matériel *m*, équipement *m* ; *farm ~s* matériel agricole.

implement[2] [ˈɪmplɪmənt] *vt* **1.** mettre en œuvre, mener à bien **2.** *(loi)* appliquer.

implementation [ˌɪmplɪmenˈteɪʃn] *n* **1.** mise *f* en œuvre **2.** *(loi)* mise *f* en application.

implied [ɪmˈplaɪd] *adj* implicite, tacite ; *(Jur) ~ agency* représentation *f* implicite ; *(Jur) ~ contract* contrat *m* implicite ; *(Jur) ~ warranty* garantie *f* légale (à *dist.* **express warranty**).

import[1] [ˈɪmpɔːt] *n* importation *f* ; *~s* importations *fpl*, produits *mpl* importés ; *~ customs entry* déclaration *f* d'importation ; *~ duty* droit *m* d'entrée à l'importation ; *~ -export* import-export *m* ; *~ liberalization* libéralisation *f* des importations ; *~ licence/license/permit* licence *f* d'importation ; *~ price controls* contrôle *m* des prix à l'importation ; *~ quota* contingent *m* d'importation ; *~ restrictions* restrictions *fpl* à l'importation ; *~ substitution* substitution *f* aux importations.

import[2] [ɪmˈpɔːt] *vt* importer.

importable [ɪmˈpɔːtəbl] *adj* importable.

importer [ɪmˈpɔːtə] *n* importateur *m (f* -trice).

importing [ɪmˈpɔːtɪŋ] *adj* importateur *(f* -trice) ; *~ country* pays *m* importateur.

impose [ɪmˈpəʊz] *vt* imposer ; *(CI) ~ quotas on/against* contingenter, soumettre à quotas ; *(Eco) ~ sanctions (on)* prendre des sanctions (contre).

impossibility [ɪmˌpɒsəˈbɪlɪti] *n* impossibilité *f*.

*impossibility of performance *n (Jur)* impossibilité *f* d'exécution.

impostor [ɪmˈpɒstə] *n* imposteur *m inv*.

impound [ɪmˈpaʊnd] *vt (Jur/D)* saisir, confisquer.

*impound account *n (Jur)* compte *m* séquestre.

impracticability [ɪmˌpræktɪkəˈbɪlɪti] *n (Jur) (contrat)* impossibilité *f* d'exécution.

imprison [ɪmˈprɪzn] *vt (Jur)* emprisonner, incarcérer.

imprisonment [ɪmˈprɪznmənt] *n (Jur)* incarcération *f*, emprisonnement *m* ; *false ~* séquestration *f* ; *fifteen years' ~* une peine de quinze ans (de prison ferme) ; *life ~* réclusion *f* à perpétuité ; *term of ~* peine *f* de prison.

improductive [ˌɪmprəˈdʌktɪv] *adj (Fin)* improductif (*f* -ive) ; *~ investment* investissement *m* improductif.

improve [ɪmˈpruːv] *v* **1.** *vi* s'améliorer **2.** *vt* améliorer.

improved [ɪmˈpruːvd] *adj* amélioré ; *~ land* terrain *m* aménagé.

improvement [ɪmˈpruːvmənt] *n* **1.** amélioration *f* **2.** bonification *f* ; *(terrain)* aménagement *m*.

impulse [ˈɪmpʌls] *n* impulsion *f* ; *on ~* sous l'impulsion du moment ; *(Mkg) ~ buying* achat *m* par impulsion, achat impulsif ; *~ goods/items* achats *mpl* « coup de cœur ».

impulsive [ɪmˈpʌlsɪv] *adj* impulsif *(f* -ive) ; *(Mkg) ~ item* article *m* acheté sous l'impulsion du moment.

impute [ɪmˈpjuːt] *vt ~ sth to sb* attribuer qch à qn.

imputed [ɪmˈpjuːtɪd] *adj* imputé, implicite ; *(Fin) ~ interest* intérêts *mpl* implicites.

*imputed knowledge *n (Jur)* connaissance *f* que l'on attribue à qn.

IMS *v.* **International Monetary System.**

inability [ˌɪnəˈbɪləti] *n (to)* incapacité *f* (à), impuissance *f* (à).

inaccuracy [ɪnˈækjʊrəsi] *n* inexactitude *f*, imprécision *f*, manque *m* de précision/d'exactitude.

inadequate [ɪnˈædɪkwət] *adj* insuffisant.

*inadequate remedy at law *loc (Jur)* absence *f* de recours en **common law** (*v.* **equity**).

inadmissible [ˌɪnədˈmɪsəbl] *adj (Jur)* irrecevable.

inalienable [ɪnˈeɪlɪənəbl] *adj (Jur)* inaliénable.

inaugurate [ɪnˈɔːgjəreɪt] *vt* inaugurer.

inauguration [ɪnˌɔːgjəˈreɪʃn] *n* **1.** mise

f en vigueur 2. *(Pol) (US)* entrée f en fonction du président des Etats-Unis.

inboard ['inbɔːd] *adv (T)* à bord.

in bond [in'bɒnd] *loc (D)* en entrepôt sous douane.

inbound ['inbaund] *adj (T)* ~ *ship* navire qui se dirige vers le port.

Inc. [iŋk] *v.* incorporated.

in camera [in 'kæmrə] *loc (Jur)* à huis clos, en référé (*v.* in chambers).

incapacitate [,inkə'pæsiteit] *vt* 1. rendre incapable (de) 2. rendre incapable de travailler 3. *(Jur)* priver de la capacité légale.

incapacity [,inkə'pæsəti] *n* 1. incapacité f, invalidité f 2. *(Jur)* privation f de la capacité légale.

incentive [in'sentiv] *n* incitation f, avantage m ; *(Mgt)* ~ *bonus* prime f d'encouragement/de rendement ; *(Com)* ~ *discount* remise f promotionnelle ; *(Fisc)* *tax* ~ incitation f fiscale ; *(Mkg)* ~ *tour* voyage m de stimulation.

inception [in'sepʃn] *n* début m, conception f.

incest ['insest] *n (Jur)* inceste m.

incestuous [in'sestjuəs] *adj (Jur)* incestueux (f -euse).

inch [intʃ] *n* pouce m (2,54 cm).

in chambers [in 'tʃeimbəz] *loc (Jur)* à huis clos, dans le bureau du juge.

in chief [in 'tʃiːf] *loc* principal (mpl -aux), premier (f -ière) ; *(Jur) case* ~ étape f d'une audience pendant laquelle la partie ayant la charge de la preuve présente ses preuves.

inchoate [in'kəʊət] *adj (Jur)* incomplet (f -ète), en gestation, en puissance ; ~ *agreement* contrat m que certaines des parties n'ont pas encore signé ; ~ *offence/offense* infraction f non réalisée.

inch up [,intʃ'ʌp] *v part* augmenter très progressivement.

incidence ['insidəns] *n* incidence f, conséquence f.

incidental [,insi'dentl] *adj* 1. fortuit, accidentel (f -elle), contingent ; ~ *to* résultant de ; ~ *expenses* faux frais mpl 2. accessoire ; *(Jur)* ~ *beneficiary* bénéficiaire mf indirect(e).

incite [in'sait] *vt* inciter.

incitement [in'saitmənt] *n* incitation f, encouragement m.

include [in'kluːd] *vt* inclure, comprendre.

included [in'kluːdid] *adj* inclus, compris.

inclusion [in'kluːʒn] *n* inclusion f.

inclusive [in'kluːsiv] *adj* inclus, com-

pris ; ~ *of* y compris ; *(T)* ~ *of packing charges* emballage m compris.

income ['inkʌm] *n* revenu m, produit m ; *(Cpta)* ~ *account* compte m de revenu ; *(Fisc)* ~ *bracket* tranche f de revenu ; *(Eco)* ~ *distributive effect* effet m sur la répartition du revenu ; ~ *effect* effet m de revenu ; ~ *elasticity of demand* élasticité f du revenu de la demande ; ~ *maintenance* maintien m du revenu ; ~ *parity* parité f des revenus ; ~*s policy* politique f des revenus ; ~ *range* éventail m des revenus ; ~ *redistribution* redistribution f du revenu ; ~ *scale* échelle f des revenus ; ~ *spread* éventail m des revenus ; *(Cpta)* ~ *statement* compte m de résultat ; *(UK)* ~ *support* revenu m minimum d'insertion (RMI) ; *(Fisc)* ~ *tax* impôt m sur le revenu ; ~ *tax return* déclaration f fiscale/de l'impôt sur le revenu ; *(US)* ~ *tax withholdings* retenues fpl à la source de l'impôt sur le revenu ; *(Eco)* ~ *velocity of money* vitesse f du revenu de la monnaie.

incommunicado [,inkəmjuːniˈkɑːdəʊ] *loc be* ~ 1. être tenu au secret 2. être injoignable.

incompetence [in'kɒmpitəns] *n* incompétence f.

incompetent [in'kɒmpitənt] *adj* 1. incompétent, incapable 2. *(Jur)* non pertinent ; ~ *evidence* preuve f irrecevable.

inconsistency [,inkən'sistənsi] *n* incohérence f.

inconsistent [,inkən'sistənt] *adj* incohérent, contradictoire.

inconvenience[1] [,inkən'viːniəns] *n* 1. gêne f, inopportunité f 2. dérangement m, contretemps m.

inconvenience[2] [,inkən'viːniəns] *vt* déranger.

inconvenient [,inkən'viːniənt] *adj* gênant, peu commode, inopportun.

inconvertibility ['inkənvɜːtəˈbiliti] *n* *(Fin)* non-convertibilité f, inconvertibilité f.

inconvertible [,inkən'vɜːtəbl] *adj (Fin)* non convertible, inconvertible ; ~ *money* monnaie f inconvertible.

incorporate [in'kɔːpəreit] *vt* 1. incorporer 2. *(Jur) (US)* constituer en association/en société dotée de la personnalité morale.

incorporated (Inc.) [in'kɔːpəreitid] *adj (Jur)* incorporé, constitué en société ; ~ *company* société f officiellement enregistrée, société de droit, société par actions, société anonyme (SA).

incorporation [in,kɔːpə'reiʃn] *n (Jur)* octroi m de la personnalité morale, création f d'une société ; *articles of* ~

statuts *mpl* constitutifs d'une société ; *place of* ~ lieu *m* d'enregistrement/d'immatriculation (d'une société).

incorporator [ɪnˈkɔːpəreɪtə] *n* (*Jur*) fondateur *m* (*f* -trice) d'une société.

incoterms [ˈɪnkəʊtɜːmz] *npl* (*CI*) incoterms *mpl*.

increase[1] [ˈɪnkriːs] *n* **1.** augmentation *f*, montée *f*, hausse *f*, accroissement *m* ; ~ *of capital* augmentation de capital ; ~ *in prices* hausse des prix ; ~ *in value* plus-value *f* ; *wage* ~ augmentation des salaires **2.** développement *m*.

increase[2] [ɪnˈkriːs] *v* **1.** *vi* augmenter, monter, s'accroître, se développer ; ~ *fourfold/fivefold* quadrupler, quintupler **2.** *vt* augmenter, accroître, hausser.

increasing [ɪnˈkriːsɪŋ] *adj* croissant, en augmentation ; (*Eco*) ~ *marginal cost* coût *m* marginal croissant ; ~ *returns* rendements *mpl* croissants.

increment [ˈɪŋkrɪmənt] *n* **1.** augmentation *f* ; *unearned* ~ plus-value *f* **2.** (*salaire*) indice *m*.

incremental [ˌɪŋkrɪˈmentl] *adj* **1.** (*Cpta*) marginal (*mpl* -aux) ; ~ *cost* prix *m* de revient marginal, coût *m* différentiel ; ~ *returns* rentrées *fpl* marginales **2.** (*salaire*) résultant d'une augmentation/d'un changement d'indice.

incriminate [ɪnˈkrɪmɪneɪt] *vt* (*Jur*) impliquer, incriminer.

incriminating [ɪnˈkrɪmɪneɪtɪŋ] *adj* (*Jur*) ~ *evidence* pièce(s) *f(pl)* à conviction.

incumbent [ɪnˈkʌmbnt] *n* **1.** titulaire *mf* d'une charge publique, personne *f inv* en poste **2.** (*Pol*) (*US*) président *m*/ministre *m inv* sortant.

incur [ɪnˈkɜː] *vt* (*frais*) encourir, engager ; (*pertes*) subir.

incurred [ɪnˈkɜːd] *adj* encouru ; ~ *costs* frais *mpl*/dépenses *fpl* engagé(e)s.

in custody [ɪn ˈkʌstədɪ] *loc* (*Jur*) en détention préventive.

indebted [ɪnˈdetɪd] *adj* **1.** (*Fin*) endetté **2.** (*fig*) reconnaissant, redevable ; *I'm* ~ *to you* je vous suis reconnaissant.

indebtedness [ɪnˈdetɪdnəs] *n* **1.** (*Fin*) endettement *m* **2.** reconnaissance *f*.

indecency [ɪnˈdiːsənsɪ] *n* **1.** indécence *f*, inconvenance *f* **2.** (*Jur*) outrage *m* à la pudeur, outrage aux bonnes mœurs.

indecent [ɪnˈdiːsnt] *adj* indécent.

indecipherable [ˌɪndɪˈsaɪfrəbl] *adj* indéchiffrable.

indecisive [ˌɪndɪˈsaɪsɪv] *adj* **1.** peu concluant **2.** (*personne*) irrésolu, indécis.

indefinite [ɪnˈdefnət] *adj* indéfini, indéterminé.

indefinitely [ɪnˈdefnətlɪ] *adv* **1.** vaguement **2.** pour une période indéterminée.

indemnification [ɪnˌdemnɪfɪˈkeɪʃn] *n* (*Jur*) indemnisation *f*, dédommagement *m*.

indemnify [ɪnˈdemnɪfaɪ] *vt* (*Jur*) indemniser, dédommager.

indemnity [ɪnˈdemnətɪ] *n* **1.** indemnité *f*, dédommagement *m* **2.** (*Ass*) garantie *f* ; ~ *insurance* assurance *f* responsabilité civile.

indent [ɪnˈdent] *n* (*UK*) commande *f* (de l'étranger) ; bon *m* de commande reçu de l'étranger.

indenture [ɪnˈdentʃe] *n* (*Jur*) **1.** contrat *m* synallagmatique/bilatéral **2.** ~*s* contrat *m* d'apprentissage.

independence [ˌɪndɪˈpendns] *n* indépendance *f*.

independent [ˌɪndɪˈpendnt] *adj* indépendant ; ~ *goods* biens *mpl* indépendants ; ~ *worker* travailleur *m* (*f* -euse) indépendant(e).

*independent contractor *n* (*Jur*) entrepreneur *m inv* indépendant ; partie *f* qui rend son travail et a une obligation de résultat et non de moyens envers le client.

in-depth [ɪn ˈdepθ] *adj* ~ *study/survey* étude *f* en profondeur.

indeterminate [ˌɪndɪˈtɜːmɪnət] *adj* indéterminé.

*indeterminate sentence *n* (*Jur*) condamnation *f* à durée indéterminée (la durée exacte étant à la discrétion des autorités pénales).

index[1] [ˈɪndeks] *n* (*pl* **indexes/indices**) (*Fin*) indice *m* ; (*Bs*) ~ *arbitrage* arbitrage *m* sur indices ; (*Eco*) *consumer price* ~ (*CPI*) indice des prix à la consommation ; ~*-linked* indexé ; (*Bs*) ~*-linked bond* obligation *f* indexée ; ~*-linking* indexation *f* ; ~ *number* indice *m* ; ~*-pegging* indexation *f* ; ~ *of retail prices* indice des prix à la consommation ; ~*-tied* indexé.

index[2] [ˈɪndeks] *vt* **1.** (*Bs*) indexer **2.** répertorier.

indexation [ˌɪndekˈseɪʃn] *n* (*Eco*) indexation *f* ; ~ *clause* clause *f* d'indexation ; ~ *scheme* (système *m* d') indexation.

indexed [ˈɪndekst] *adj* indexé ; (*Bs*) ~ *bond* obligation *f* indexée.

indexing [ˈɪndeksɪŋ] *n* (*Bs*) indexation *f*.

India [ˈɪndɪə] *n* Inde *f* ; *in/to I~* en Inde.

Indian[1] [ˈɪndɪən] *adj* indien (*f* -ienne) ; *the I~ Ocean* l'océan *m* Indien.

Indian[2] [ˈɪndɪən] *n* Indien *m* (*f* -ienne).

indicator [ˈɪndɪkeɪtə] *n* (*Eco*) indicateur *m* ; ~ *threshold* seuil *m* d'un indicateur.

indict [ɪnˈdaɪt] *vt (Jur)* accuser, inculper, mettre en accusation.

indictable [ɪnˈdaɪtəbl] *adj (Jur)* ~ *offence/offense* délit *m* passible de poursuites.

indictment [ɪnˈdaɪtmənt] *n* 1. *(Jur)* mise *f* en accusation 2. *(fig)* critique *f*, condamnation *f*.

indifference [ɪnˈdɪfrəns] *n* indifférence *f*; *(Eco)* ~ *curve* courbe *f* d'indifférence.

indigence [ˈɪndɪdʒəns] *n* indigence *f*, pauvreté *f*.

indigent [ˈɪndɪdʒnt] *adj* indigent, nécessiteux *(f -euse)*, sans ressources.

indirect [ˌɪndəˈrekt] *adj* indirect 1. *(Fin)* ~ *arbitrage* arbitrage *m* indirect; *(Eco)* ~ *cost* coût *m* fixe/constant; *(Fin)* ~ *effect* effet *m* indirect; *(CI)* ~ *exporting* exportation *f* indirecte 2. *(Cpta)* ~ *cost* coût *m* indirect; ~ *expenses* charges *fpl* indirectes; ~ *investment* investissement *m* indirect; *(Fisc)* ~ *tax* impôt *m* indirect.

indispensable [ˌɪndɪsˈpensəbl] *adj* indispensable.

***indispensable parties** *npl (Jur) (US)* parties *fpl* indispensables à une action, ayant un intérêt direct dans celle-ci.

individual[1] [ˌɪndɪˈvɪdʊəl] *adj* individuel *(f -elle)*; ~ *demand* demande *f* individuelle.

***Individual Retirement Account (IRA)** *n (Fisc) (US)* plan *m* de retraite bénéficiant d'une exonération d'impôt *(équiv.* PEP).

individual[2] [ˌɪndɪˈvɪdʊəl] *n* 1. individu *m inv* 2. particulier *m inv*; *(Jur)* personne *f inv* physique.

indivisible [ˌɪndɪˈvɪzəbl] *adj* indivisible; ~ *goods* biens *mpl* indivisibles.

Indonesia [ˌɪndəˈniːʒiə] *n* Indonésie *f*; *in/to I~* en Indonésie.

Indonesian[1] [ˌɪndəˈniːʒiən] *adj* indonésien *(f -ienne)*.

Indonesian[2] [ˌɪndəˈniːʒiən] *n* Indonésien *m (f -ienne)*.

indorse [ɪnˈdɔːs] *vt (UK) (US endorse)* 1. endosser 2. avaliser.

indorsement [ɪnˈdɔːsmənt] *n (UK) (US endorsement)* 1. endossement *m* 2. *(fig)* aval *m* 3. *(Ass)* avenant *m*.

indorser [ɪnˈdɔːsə] *n* 1. endosseur *m inv* 2. donneur *m (f -euse)* d'aval.

induce [ɪnˈdjuːs] *v* 1. *vt* inciter, induire, provoquer 2. *vi* conclure.

induced [ɪnˈdjuːst] *adj* induit; ~ *effect* effet *m* induit; ~ *investment* investissement *m* induit.

inducement [ɪnˈdjuːsmənt] *n* incitation *f*.

industrial [ɪnˈdʌstriəl] *adj* industriel *(f -ielle)*; ~ *action* grève *f*; ~ *automation* productique *f*; ~ *capital* capital *m* industriel; ~ *and commercial profits* bénéfices *mpl* industriels et commerciaux (BIC); ~ *complex* complexe *m* industriel; ~ *concentration ratio* degré *m* de concentration industrielle; ~ *conflict* conflit *m* social/du travail; ~ *design* dessin *m* industriel; ~ *economics* économie *f* industrielle; ~ *espionage* espionnage *m* industriel; ~ *injury* accident *m* du travail; ~ *policy* politique *f* industrielle; ~ *property* propriété *f* industrielle; ~ *property rights* droits *m* sur la propriété industrielle; ~ *redeployment* reconversion *f* industrielle; ~ *relations* relations *fpl* syndicats-patronat; ~ *relocation* décentralisation *f* industrielle; ~ *revolution* révolution *f* industrielle; ~ *spying* espionnage *m* industriel; ~ *tribunal* conseil *m* de prud'hommes.

***Industrial Revenue Bond (IRB)** *n (US)* aide *f* locale (ou des Etats) à la construction d'usines et d'installations industrielles.

industrialist [ɪnˈdʌstriəlɪst] *n* industriel *m inv*.

industrialize [ɪnˈdʌstriəlaɪz] *vti* industrialiser.

***industrialized countries** *npl* pays *mpl* industrialisés.

industrials [ɪnˈdʌstriəlz] *npl (Bs)* valeurs *fpl* industrielles.

industry [ˈɪndəstri] *n* industrie *f*; *cottage* ~ artisanat *m*, industrie artisanale; *heavy* ~ industrie lourde; *light* ~ industrie légère.

ineffective [ˌɪnɪˈfektɪv] *adj* inefficace, inutile, vain.

ineffectiveness [ˌɪnɪˈfektɪvnəs] *n* inefficacité *f*.

inefficiency [ˌɪnɪˈfɪʃnsi] *n* inefficacité *f*; *(personne)* incompétence *f*.

inefficient [ˌɪnɪˈfɪʃnt] *adj* inefficace; *(personne)* incompétent.

inelasticity [ˌɪnɪlæˈstɪsɪti] *n (Eco)* inélasticité *f*; ~ *of demand* inélasticité *f* de la demande.

ineligibility [ɪnˌelɪdʒəˈbɪləti] *n* 1. *(Pol)* inéligibilité *f* 2. irrecevabilité *f*.

ineligible [ɪnˈelədʒəbl] *adj* 1. *(Pol)* inéligible 2. irrecevable, inacceptable.

inevitable [ɪnˈevɪtəbl] *adj* inévitable, inéluctable.

inexpensive [ˌɪnɪksˈpensɪv] *adj* bon marché *inv*, peu cher *(f* chère).

inexperienced [ˌɪnɪkˈspɪəriənst] *adj* inexpérimenté, sans expérience.

infancy [ˈɪnfənsi] *n* **1.** première enfance *f* **2.** *(Jur)* minorité *f*.

infant [ˈɪnfənt] *n* jeune enfant *mf*; ~ *industry* industrie *f* naissante.

inferior [ɪnˈfɪəriə] *adj* inférieur; ~ *goods* biens *mpl* inférieurs.

inflation [ɪnˈfleɪʃn] *(Eco)* inflation *f*; ~ *bias/drift* dérive *f* inflationniste; ~ *momentum* dynamique *f* de l'inflation; ~*-prone* enclin à l'inflation; ~ *rate* taux *m* d'inflation.

inflationary [ɪnˈfleɪʃnri] *adj* *(Eco)* inflationniste; ~ *expectations* anticipations *fpl*/prévisions *fpl* inflationnistes; ~ *gap* écart *m* inflationniste; ~ *mentality* comportement *m* inflationniste; ~ *pressure* tension *f* inflationniste; ~ *spiral* spirale *f* inflationniste.

influence [ˈɪnfluəns] influence *f*; *(Jur)* *undue* ~ intimidation *f*, abus *m* d'influence *(v. duress)*.

influx [ˈɪnflʌks] *n* afflux *m*; ~ *of capital* apport *m* de capitaux.

inform [ɪnˈfɔːm] *vt (of)* informer (de), aviser (de).

informal [ɪnˈfɔːməl] **1.** officieux *(f -ieuse)*; *(Eco)* ~ *sector* secteur *m* informel **2.** décontracté.

informality [ˌɪnfɔːˈmæləti] *n* absence *f* de cérémonie.

informant [ɪnˈfɔːmənt] *n (Jur)* **1.** informateur *m (f -trice)* **2.** déclarant *m inv*.

in forma pauperis [ɪn ˌfɔːmæ ˈpɔːpəris] *loc (Jur) (US)* autorisation *f* accordée aux indigents de ne pas payer les dépens.

information [ˌɪnfəˈmeɪʃn] *n* **1.** *ns inv* renseignements *mpl*, informations *fpl*; ~ *bureau* bureau *m* des renseignements; ~ *desk* guichet *m* de renseignements; *a piece of* ~ un renseignement; *(Jur) upon* ~ *and belief* en vertu de renseignements que je tiens pour véridiques **2.** *ns inv (Inf)* information *f*; ~ *processing* traitement *m* de l'information; ~ *systems* systèmes d'information; ~ *technology* industrie *f* informatique **3.** *(Jur)* acte *m* d'accusation émanant du ministère public *(à dist.* **indictment***)*; *lay an* ~ *before a magistrate* déclencher des poursuites pénales.

informer [ɪnˈfɔːmə] *n (Jur)* indicateur *m (f -trice)*.

infraction [ɪnˈfrækʃn] *n (Jur)* infraction *f*, transgression *f*.

infrastructure [ˈɪnfrəstrʌktʃə] *n* infrastructure *f*.

infringe [ɪnˈfrɪndʒ] *vt (Jur)* **1.** ~ *a pat-*

ent/a product utiliser un brevet sans autorisation, contrefaire un produit **2.** *(loi)* violer, transgresser.

infringement [ɪnˈfrɪndʒmənt] *n (Jur)* *(loi)* violation *f*, transgression *f*; *(propriété)* empiétement *m* (sur); ~ *of copyright* non-respect *m* de droits d'auteur; *patent* ~ contrefaçon *f/l* utilisation *f* non autorisée de brevet.

ingot [ˈɪŋgət] *n (Bs)* lingot *m*.

inhabitant [ɪnˈhæbɪtənt] *n* habitant *m*; *(d'un logement)* résident *m*, occupant *m*.

inherent [ɪnˈhɪərənt] *adj* inhérent; *(Jur)* ~*ly dangerous* intrinsèquement dangereux *(f -euse)*.

inherit [ɪnˈherɪt] *vt* hériter.

inheritance [ɪnˈherɪtəns] *n* héritage *m*; patrimoine *m*.

inhibit [ɪnˈhɪbɪt] *vt* entraver.

in-house [ˌɪnˈhaus] *adj* interne, maison *inv*; ~ *counsel* (v. **house counsel**); ~ *engineer* ingénieur *m inv* maison; ~ *training* formation *f* interne, stage *m*.

initial¹ [ɪˈnɪʃl] *adj* initial *(mpl -iaux)*; *(Fin)* ~ *deposit* dépôt *m* de garantie; *(Cpta)* ~ *inventory* stock *m* d'ouverture.

***Initial Public Offering (IPO)** *n (Bs)* offre *f* publique de vente, introduction *f* sur le marché.

initial² [ɪˈnɪʃl] *vt* parapher.

initiate [ɪˈnɪʃieɪt] *vt* commencer, lancer; *(Pol)* ~ *a bill* proposer un projet de loi; *(Jur)* ~ *proceedings* engager des poursuites *fpl*.

initiatory [ɪˈnɪʃiətri] *adj* préliminaire.

injunction [ɪnˈdʒʌŋkʃn] *n (Jur)* ordre *m*, mise *f* en demeure, ordonnance *f*, injonction *f*; *mandatory* ~ ordonnance de faire; *prohibitory* ~ ordonnance de ne pas faire.

injure [ˈɪndʒə] *vt* blesser.

injured [ˈɪndʒəd] *adj* **1.** *the* ~ les blessés **2.** *(Jur) the* ~ *party* la personne *f inv* offensée/qui a subi un préjudice, la victime *f inv*.

injury [ˈɪndʒəri] *n* **1.** blessure *f*; *industrial* ~ accident *m* du travail **2.** *(Jur)* tort *m*, préjudice *m*, dommage *m*; *bodily/personal* ~ dommages *mpl* corporels.

in kind [ɪn ˈkaɪnd] *loc* en nature; ~ *compensation* avantages *mpl* en nature.

inland [ˈɪnlənd] *adj* intérieur **1.** *(T)* ~ *depot* centre *m* de groupage/de distribution; ~ *navigation* navigation *f* fluviale/intérieure; ~ *waterway* voie *f* navigable intérieure; ~ *waterway shipping* navigation *f* fluviale **2.** *(Eco)* ~ *trade* commerce *m* intérieur.

*Inland Revenue *n (UK)* le Fisc (*v. US Internal Revenue Service*).

inmate ['ınmeıt] *n* **1.** *(Jur)* détenu *m* **2.** *(péj)* pensionnaire *mf* (d'une maison de santé).

innocence ['ınəsəns] *n* innocence *f*.

innocent ['ınəsənt] *adj* innocent, *(Jur)* pas coupable.

innovate ['ınəveıt] *vi* innover.

innovation [,ınə'veıʃn] *n* innovation *f*.

innovative ['ınəveıtıv] *adj* innovateur (*f* -trice).

innovator ['ınəveıtə] *n* innovateur *m* (*f* -trice).

Inns of Court [,ınz əv 'kɔːt] *npl (Jur) (UK)* les quatre écoles *fpl* de droit de Londres (**Inner Temple, Middle Temple, Lincoln's Inn** et **Gray's Inn**) qui seules peuvent conférer le titre de **barrister**.

innuendo [,ınju'endəʊ] *n (Jur)* insinuation *f* malveillante.

input ['ınpʊt] *n* **1.** entrée *f*, flux *m*, alimentation *f* **2.** *(Eco)* facteur *m* de production, intrant *m* **3.** *(Inf)* **~ data** données *fpl* à traiter, input *m* ; **~ file** fichier *m* d'entrée.

input-output [,ınpʊt'aʊtpʊt] *n (Cpta)* entrées-sorties *fpl* ; **~ matrix** tableau *m* (*pl* -x) d'entrées-sorties.

in pari delicto [ın ,paːri dı'lıktəʊ] *loc (Jur)* à culpabilité égale.

in personam [ın pə'səʊnæm] *adj (Jur)* **~ jurisdiction** compétence *f* fondée sur la personne.

in propria persona [ın ,prəʊprıə pə'səʊnə] *loc (Jur) (comparution)* en son propre nom (*à dist.* par un avocat).

inquest ['ınkwest] *n (Jur)* enquête *f* judiciaire ; **coroner's ~** enquête *f* judiciaire en cas de mort violente ou suspecte.

inquire [ın'kwaıə] *vi (aussi* **enquire)** (**about/into)** se renseigner (sur).

inquiry [ın'kwaıəri] *n (aussi* **enquiry)** **1.** *(Jur)* enquête *f* **2.** demande *f* de renseignements.

in re [ın 'reı] *loc (Jur)* en matière de.

in rem [ın 'rem] *adj (Jur)* **~ jurisdiction** compétence *f* fondée sur la chose.

insanity [ın'sænəti] *n* folie *f*, démence *f*.

inscribed [ın'skraıbd] *adj* inscrit ; *(Bs)* **~ stock** actions *fpl* nominatives/inscrites.

insecure [,ınsı'kjʊə] *adj* instable, précaire ; **~ employment** travail *m* précaire.

insecurity [,ınsı'kjʊərıti] *n* insécurité *f*.

insert[1] ['ınsɜːt] *n (Pub)* encart *m*.

insert[2] [ın'sɜːt] *vt* insérer ; *(Pub)* **~ an ad** passer une annonce.

inset ['ınset] *n (Pub)* encart *m*.

inside [ın'saıd] *adj* interne ; **~ information** informations *fpl* privilégiées ; **~ money** monnaie *f* interne.

insider [,ın'saıdə] *n (Jur)* personne *f inv* ayant connaissance de faits ignorés du public ; **~ dealing/trading** délit *m* d'initié.

insolvable [ın'sɒlvəbl] *adj* insolvable ; en faillite.

insolvency [ın'sɒlvənsi] *n* insolvabilité *f*, défaillance *f*.

inspect [ın'spekt] *vt* inspecter, contrôler, vérifier.

inspection [ıns'pekʃn] *n* inspection *f*, contrôle *m* ; *(Com)* **buy on ~** acheter sur examen ; *(D)* **~ order** bon *m* d'ouverture.

*inspection of documents *n (Jur) (US)* examen *m* de documents remis par la partie adverse (*v.* **discovery**).

inspector [ın'spektə] *n* contrôleur *m* (*f* -euse).

instability [,ınstə'bıləti] *n* instabilité *f*.

install [ın'stɔːl] *vt* installer ; **~ a factory** monter une usine.

instalment/installment [ın'stɔːlmənt] *n (Fin)* **1.** acompte *m*, versement *m* **2.** traite *f*, tranche *f* ; **~ loan** emprunt *m* remboursable par tranches ; **pay by ~s** payer par versements échelonnés ; **~ plan** système *m* de crédit ; *(US)* **~ purchase** achat *m* à crédit.

instance ['ınstəns] *n* **1.** cas *m* ; **in the first ~** en premier lieu **2.** *(Jur)* instance *f* ; **court of first ~** juridiction *f* de première instance.

institution [,ınstı'tjuːʃn] *n* **1.** institution *f*, organisme *m* **2.** *(action)* ouverture *f*, institution *f*, mise *f* en train.

institutional [,ınstı'tjuːʃnəl] *adj* institutionnel (*f* -elle) ; **~ advertising** publicité *f* institutionnelle ; **~ investor** investisseur *m inv* institutionnel ; **~ sector** secteur *m* institutionnel.

instruct [ın'strʌkt] *vt* **1.** informer **2.** donner des directives à.

instruction [ın'strʌkʃn] *n* **1.** **~s** instructions *fpl*, directives *fpl* **2.** formation *f*, enseignement *m*.

instrument ['ınstrəmənt] *n* **1.** outil *m*, instrument *m* **2.** *(Jur)* acte *m* notarié/juridique **3.** *(Fin) (financial)* **~** instrument *m* financier ; **~ to order** titre *m* à ordre ; **negotiable ~** effet *m* de commerce.

instrumental [,ınstrə'mentl] *adj* **be ~ in** contribuer à.

instrumentality [,ınstrəmen'tælıti] *n (Jur)* **~ rule** si une filiale n'est qu'un prolongement ou un « instrument » entre les mains de la société mère, l'« écran juridique » entre les deux disparaît (*v.* **piercing the corporate veil**).

insufficiency [ˌɪnsəˈfɪʃnsɪ] *n* insuffisance *f.*

insufficient [ˌɪnsəˈfɪʃnt] *adj* insuffisant ; *(Bq)* ~ *funds* fonds *mpl* insuffisants.

insuperable [ɪnˈsuːprəbl] *adj* insurmontable.

insurance [ɪnˈʃʊərəns] *n* assurance *f* ; ~ *agent* courtier *m inv*, assureur *m inv* ; ~ *benefit* indemnité *f* d'assurance ; ~ *bonus* prime *f* d'assurance ; ~ *broker* courtier *m inv* d'assurances ; ~ *company* compagnie *f* d'assurances ; *comprehensive* ~ assurance tous risques ; *fire* ~ assurance *f* incendie ; *life* ~ assurance-vie *f* ; ~ *policy* police *f* d'assurance ; *third-party* ~ assurance au tiers ; *unemployment* ~ assurance *f* chômage.

insure [ɪnˈʃʊə] *vt* assurer.

insured [ɪnˈʃʊəd] *n (Jur) the* ~ l'assuré *m.*

intangible [ɪnˈtændʒəbl] *adj* **1.** intangible ; ~ *factors* facteurs *mpl* impondérables **2.** *(Cpta)* incorporel (*f* -elle), intangible ; ~ *assets* actif *m* immatériel/incorporel, immobilisations *fpl* incorporelles ; ~ *goods/property* biens *mpl* immatériels/incorporels.

intangibles [ɪnˈtændʒəblz] *npl (Cpta)* biens *mpl* intangibles.

integrate [ˈɪntɪɡreɪt] *vt* intégrer.

integrated [ˈɪntɪɡreɪtɪd] *adj* intégré ; *(Cpta)* ~ *accounts* comptabilité *f* intégrée ; *(T)* ~ *transport* *m* transport mixte.

*integrated contract *n (Jur)* version *f* définitive d'un contrat.

integration [ˈɪntɪˈɡreɪʃn] *n* intégration *f*, concentration *f* ; *(Ind) horizontal* ~ intégration horizontale ; *vertical* ~ intégration verticale.

intellectual [ˌɪntəˈlektʃʊəl] *adj* intellectuel (*f* -elle) ; ~ *property* propriété *f* intellectuelle.

intensify [ɪnˈtensɪfaɪ] *vt* intensifier, accentuer.

intensity [ɪnˈtensətɪ] *n* intensité *f.*

intensive [ɪnˈtensɪv] *adj* intensif (*f* -ive) ; *labour-/labor-* ~ *industry* industrie *f* de main-d'œuvre.

intent [ɪnˈtent] *n* **1.** intention *f* **2.** *(Jur)* dessein *m* ; *with* ~ de propos délibéré ; *with criminal* ~ dans un but délictueux.

Inter-American Development Bank (IDB) [ˌɪntərəˈmerɪkən dɪˈveləpmənt ˈbæŋk] *n* Banque *f* interaméricaine de développement (BID).

interbank [ˌɪntəˈbæŋk] *adj* interbancaire ; ~ *exchange rate* taux *m* de change interbancaire ; ~ *market* marché *m* interbancaire ; ~ *rate* taux *m* interbancaire.

*Interbank Offered Rate (IBOR) *n* taux *m* interbancaire offert (TIO).

interchangeable [ˌɪntəˈtʃeɪndʒəbl] *adj* interchangeable.

Interdealer-Broker System (IDBS) *n (Bs)* système *m* inter-agents de marché.

interdependence [ˌɪntədɪˈpendns] *n* interdépendance *f.*

interest [ˈɪntrəst] *n* **1.** intérêt *m*, groupe *m* d'intérêt ; ~ *group* groupe *m* d'intérêt, cercle *m*, club *m* ; *(Ass) insurable* ~ intérêt assurable ; *of public* ~ d'intérêt public ; *(Pol) (US) special* ~ *group* groupe *m* de pression **2.** *ns inv (Fin)* intérêt(s) *m(pl)*, rémunération *f* du capital ; *bear* ~ fructifier, rapporter un intérêt ; *(Bq)* ~-*bearing account* compte *m* rémunéré ; *compound* ~ intérêts *mpl* composés ; ~ *due* intérêts *mpl* échus/exigibles ; ~ *expense* frais *mpl* financiers ; ~ *income* intérêts *mpl* actifs ; ~-*indexed bond* obligation *f* à intérêt indexé ; ~ *on loans* intérêts *mpl* d'emprunt ; ~ *rate* taux *m* d'intérêt, loyer *m* de l'argent ; *(Bs)* ~-*rate futures* opérations *fpl* à terme sur taux d'intérêt ; ~-*rate option* option *f* de taux d'intérêt ; ~ *(rate) swap* *(J.O.)* échange *m* de taux d'intérêt **3.** *(Jur)* droit *m* de propriété ; *terminable* ~ droit résoluble ; *vested* ~ droit acquis **4.** *(Aff)* participation *f* ; *have an* ~ *in a business* avoir des intérêts dans une affaire ; *majority/minority* ~ participation majoritaire/minoritaire (*v.* **holding**).

interested [ˈɪntrəstɪd] *adj (Jur) the* ~ *party* l'ayant droit *m inv*, l'intéressé *m.*

interfere [ˌɪntəˈfɪə] *vi (in)* se mêler (de), s'immiscer (dans), gêner.

interference [ˌɪntəˈfɪərəns] *n* **1.** intrusion *f* **2.** *(Pol)* ingérence *f* **3.** *(TV, radio)* parasites *mpl.*

interim[1] [ˈɪntərɪm] *adj* provisoire, temporaire, intérimaire **1.** *(Cpta)* ~ *account* compte *m* d'attente ; ~ *dividend* acompte *m* sur dividende ; ~ *report* compte rendu *m* provisoire, états *mpl* financiers provisoires ; ~ *statement* bilan *m* provisoire **2.** *(Jur)* ~ *order* injonction *f* avant dire droit (*v.* **interlocutory**).

interim[2] [ˈɪntərɪm] *n* intérim *m* ; *in the* ~ dans l'intérim.

interindustrial [ˌɪntərɪnˈdʌstrɪəl] *adj* interindustriel (*f* -ielle) ; ~ *input-output*

table/matrix tableau *m* (*pl* -x) des échanges interindustriels.

interlineation [ˌɪntəlɪniˈeɪʃn] *n* interligne *m*.

interlocking [ˌɪntəˈlɒkɪŋ] *adj* (*Aff*) ~ *directorate* conseils *mpl* d'administration croisés.

interlocutory [ˌɪntələˈkjʊtrɪ] *adj* (*Jur*) interlocutoire, préjudiciel (*f* -ielle); ~ *judgment* arrêt *m* préjudiciel/ interlocutoire (*v.* interim).

intermediary[1] [ˌɪntəˈmiːdɪərɪ] *adj* intermédiaire.

intermediary[2] [ˌɪntəˈmiːdɪərɪ] *n* intermédiaire *m inv*.

intermediate [ˌɪntəˈmiːdɪət] *adj* intermédiaire; (*Eco*) ~ *consumption* consommation *f* intermédiaire; ~ *goods* biens *mpl* intermédiaires; ~ *products* produits *mpl* intermédiaires.

intermodal [ˌɪntəˈməʊdl] *adj* intermodal (*mpl* -aux); (*T*) ~ *transport* transport *m* intermodal.

internal [ɪnˈtɜːnl] *adj* interne; (*Cpta*) ~ *audit* audit *m* interne; (*Eco*) ~ *diseconomies of scale* déséconomies *fpl* internes d'échelle; ~-*external balance conflict* contrainte *f* interne-externe; ~ *financing* financement *m* interne; ~ *growth* croissance *f* interne.

internal rate of return (IRR) *n* (*Cpta*) taux *m* de rendement annuel.

Internal Revenue Service (IRS) *n* (*US*) le Fisc (*v.* UK Inland Revenue).

international [ˌɪntəˈnæʃnəl] *adj* international (*mpl* -aux); ~ *capital market* marchés *mpl* financiers internationaux; ~ *currency* devise *f*/monnaie *f* clé; ~ *liquidities* liquidités *fpl* internationales; ~ *loan* crédit *m* international; ~ *payments* paiements *mpl* internationaux; ~ *trade* commerce *m* international; ~ *trading corporation* société *f* de commerce international.

International Air Transport Association (IATA) *n* Association *f* internationale des transports aériens.

International Bank for Economic Cooperation (IBEC) *n* Banque *f* internationale pour la coopération économique (BICE).

International Bank for Reconstruction and Development (IBRD) *n* (*UN*) Banque *f* internationale pour la reconstruction et le développement (BIRD).

International Centre/Center for the Settlement of Investment Disputes (ICSID) *n* Centre *m* international de règlement des différends touchant aux investissements (CIRDI).

International Chamber of Commerce (ICC) *n* Chambre *f* de commerce internationale (CCI).

International Civil Aviation Organization (ICAO) *n* Organisation *f* de l'aviation civile internationale (OACI).

International Court of Justice (ICJ) *n* (*UN*) Cour *f* internationale de justice (CIJ).

International Development Association (IDA) *n* Association *f* internationale de développement (AID).

International Division of Labour/Labor *n* Division *f* internationale du travail.

International Finance Corporation *n* Société *f* financière internationale.

International Investment Bank (IIB) *n* Banque *f* internationale d'investissement (BII).

International Labour/Labor Organization (ILO) *n* (*UN*) Bureau *m* international du travail (BIT).

International Monetary Fund (IMF) *n* Fonds monétaire international (FMI).

International Monetary System (IMS) *n* Système *m* monétaire international (SMI).

International Petroleum Exchange (IPE) *n* marché *m* à terme des produits pétroliers (créé à Londres en 1980).

International Rail Transit *n* Transit *m* international fer (TIF).

International Road Transport *n* Transport *m* international routier (TIR).

International Standards Organization (ISO) *n* Organisation *f* internationale de normalisation.

International Stock Exchange (ISE) *n* (*UK*) Bourse *f* de Londres (appellation depuis le Big Bang de 1986) (*v.* London Stock Exchange).

International Trade Commission (ITC) *n* (*US*) Agence *f* fédérale responsable des questions de commerce international.

International Trade Organization (ITO) *n* Organisation *f* internationale du commerce (OIC).

Internet [ˈɪntəːnet] *n* (*Inf*) (réseau *m*) Internet *m*.

internment [ɪnˈtɜːnmənt] *n* (*Jur*) **1.** internement *m*, emprisonnement *m* **2.** assignation *f* à résidence.

interpleader [ˌɪntəˈpliːdə] *n* (*Jur*) action *f* pétitoire; action intentée par le détenteur d'un bien pour établir qui des deux demandeurs y a droit.

interpretation [ɪnˌtɜːprəˈteɪʃn] *n* interprétation *f*.

interrelated [ˌɪntərɪˈleɪtɪd] *adj* réciproque, en corrélation.

interrogate [ɪn'terəgeɪt] *vt (Jur) (US)* interroger (*équiv. UK* question).

interrogation [ɪn,terə'geɪʃn] *n (Jur) (US)* interrogatoire *m* (*équiv. UK* questioning).

interrogatories [,ɪntə'rɒgətɔːriz] *npl (Jur) (US)* questions *fpl* écrites échangées entre les parties pendant la phase préparatoire d'un procès (*v.* discovery).

in terrorem [,ɪn te'rɔːrem] *adj (Jur)* ~ *clause* clause *f* dissuasive/comminatoire.

interstate [,ɪntə'steɪt] *adj (US)* entre Etats, interétatique ; ~ *commerce* commerce *m* entre les Etats.

*Interstate Commerce Commission (ICC) *n (US)* Bureau *m* fédéral de réglementation des transports interétatiques (*v.* carrier).

intervene [,ɪntə'viːn] *vi* intervenir, s'interposer.

intervening [,ɪntə'viːnɪŋ] *adj (Jur)* intervenant ; ~ *act* acte *m* d'un tiers qui rompt la chaîne de causalité ; ~ *cause* événement *m* indépendant qui interrompt la chaîne de causalité.

intervention [,ɪntə'venʃn] *n* **1.** intervention *f* ; ~ *price* prix *m* d'intervention ; ~ *rate* taux *m* d'intervention **2.** *(Jur)* ~ *on protest* intervention *f* à protêt.

interventionism [,ɪntə'venʃnɪzm] *n* interventionnisme *m*.

interview ['ɪntəvjuː] *n* entretien *m*, entrevue *f* ; *in-depth* ~ entretien en profondeur ; *unstructured* ~ entretien non directif.

inter vivos [,ɪntə 'viːvəʊs] *loc (Jur)* entre vifs.

intestacy [ɪn'testəsi] *n (Jur)* succession *f* ab intestat.

intestate [ɪn'testeɪt] *adj (Jur)* intestat *inv* ; ~ *estate* succession *f* ab intestat.

intoxicating [ɪn'tɒksɪkeɪtɪŋ] *adj* qui rend ivre ; *(Jur) (US)* ~ *liquors* boissons *fpl* alcoolisées.

intoxication [ɪn,tɒksɪ'keɪʃn] *n* intoxication *f*, ivresse *f*.

intrapreneur [,ɪntrəprə'nɜː] *n* « entrepreneur » *m inv* au sein d'une grande entreprise.

intrastate [,ɪntrə'steɪt] *adj (US)* à l'intérieur d'un Etat fédéral (*à dist.* interstate).

introduce ['ɪntrədjuːs] *vt* **1.** présenter ; *(produit)* lancer **2.** *(Pol)* ~ *a bill* proposer un projet de loi.

introductory [,ɪntrə'dʌktri] *adj* préliminaire, préalable ; ~ *advertising* publicité *f* de lancement.

intruder [ɪn'truːdə] *n* intrus *m*.

invalid[1] ['ɪnvəliːd / 'ɪnvələd] *adj* **1.** *(per-*

sonne) invalide, infirme **2.** *(décision)* non valide, nul (*f* nulle), périmé.

invalid[2] ['ɪnvəliːd / 'ɪnvələd] *n* **1.** malade *mf* **2.** invalide *mf*, infirme *mf*.

invalidate [ɪn'vælɪdeɪt] *vt (Jur)* invalider, *(décision)* casser.

invasion [ɪn'veɪʒn] *n* **1.** invasion *f* **2.** *(Jur)* ~ *of privacy* atteinte *f* à la vie privée.

invent [ɪn'vent] *vt* inventer.

invention [ɪn'venʃn] *n* invention *f*.

inventory ['ɪnvəntri / 'ɪnvəntɔːri] *n* **1.** inventaire *m*, liste *f* **2.** *(Cpta)* inventaire *m*, stocks *mpl* ; ~ *build-up* accumulation *f* de stocks ; *(US)* ~ *control* gestion *f* des stocks ; ~ *cost* coût *m* du stock ; ~ *of fixtures* état *m* des lieux ; ~ *management* gestion *f* des stocks ; ~ *shortage* rupture *f* de stock ; *take* ~ faire/établir un inventaire ; ~ *turnover* rotation *f* des stocks.

inverse [ɪn'vɜːs] *adj (Jur) (US)* ~ *condemnation* action *f* en cas d'expropriation informelle.

invert [ɪn'vɜːt] *vt* intervertir, inverser.

inverted [ɪn'vɜːtɪd] *adj* inversé ; ~ *yield curve* courbe *f* de taux inversée.

invest [ɪn'vest] *vti* investir, placer de l'argent.

investigate [ɪn'vestɪgeɪt] *v* **1.** *vi (Jur)* faire une enquête **2.** *vt* examiner, étudier ; *(Jur)* enquêter sur ; *(Mkg)* ~ *a market* prospecter un marché.

investigation [ɪn,vestɪ'geɪʃn] *n (Jur)* enquête *f* ; ~ *of a case* examen *m* d'un dossier.

investiture [ɪn'vestɪtʃə] *n (Jur)* investiture *f*.

investment [ɪn'vestmənt] *n* investissement *m*, placement *m* ; ~ *abroad* investissement *m* à l'étranger ; ~ *allowance* amortissement *m* fiscal, déduction *f* fiscale pour investissements ; *(US)* ~ *bank* banque *f* d'affaires/d'investissement ; ~ *of capital* placement *m* de capitaux ; ~ *company* société *f* de placement/d'investissement, fonds *m* commun de placement ; *equity* ~ prise *f* de participation ; ~ *fund* fonds *m* commun de placement ; ~ *goods* biens *mpl* d'investissement ; ~ *incentives* avantages *mpl* fiscaux pour investissements ; ~ *income* produits *mpl* financiers, revenu *m* du capital/des investissements ; ~ *instrument* instrument *m* d'investissement ; ~ *in intangible assets* investissement *m* incorporel ; ~ *multiplier* multiplicateur *m* d'investissement ; ~ *plan* plan *m* d'investissement ; ~ *portfolio* portefeuille *m* de titres ; ~ *project selection* choix *m* des investis-

sements; **~ rate** taux *m* d'investissement; **~ recovery** reprise *f* de l'investissement; **~ in tangible assets** investissement *m* corporel; *(UK)* **~ trust**
société *f* d'investissement, organisme *m*
de placement collectif en valeurs mobilières.

investor [ɪn'vestə] *n* investisseur *m inv*.

invisible [ɪn'vɪzɪbl] *adj* invisible; **~
hand** main *f* invisible.

invisibles [ɪn'vɪzɪblz] *npl (Cpta)* invisibles *mpl*.

invitation [ˌɪnvɪ'teɪʃn] *n* invitation *f*; **~
to tender/for bids** appel *m* d'offres.

invite [ɪn'vaɪt] *vt* inviter; **~ tenders** mettre en adjudication, faire un appel
d'offres.

invitee [ˌɪnvaɪ'tiː] *n (Jur)* invité *m*; personne *f inv* autorisée à pénétrer dans un
lieu ou à s'y trouver.

invoice¹ ['ɪnvɔɪs] *n* facture *f*; **as per ~**
conformément à la facture; **franco ~**
facture franco; *(US)* **interim ~** facture
pro forma; **make out an ~** établir/dres-
ser une facture; **payment on ~** paiement *m* à réception de la facture; **pro
forma ~** facture pro forma; **receipt an
~** acquitter une facture; **shipping ~**
facture d'expédition.

invoice² ['ɪnvɔɪs] *vt* facturer.

invoicing ['ɪnvɔɪsɪŋ] *n* facturation *f*.

involuntary [ɪn'vɒləntrɪ] *adj* involontaire; *(US)* **~ petition** mise *f* en liquidation judiciaire par des créanciers; **~
servitude** servitude *f* involontaire; **~
unemployment** chômage *m* involontaire.

involve [ɪn'vɒlv] *vt* impliquer, concerner,
mettre en cause.

involvement [ɪn'vɒlvmənt] *n* implication *f*, participation *f*.

inward¹ ['ɪnwəd] *adj* vers l'intérieur; *(T)*
~ charges frais *mpl* d'entrée (d'un navire au port); **~ manifest** manifeste *m*
d'entrée; **~ pilotage** pilotage *m* d'entrée; *(D)* **~ processing** perfectionnement *m* actif.

inward² ['ɪnwəd] *adv (T) (navire)* **~
bound** sur le chemin du retour; *(Bs)*
~-looking replié sur soi, « frileux » *(f
-euse)*.

IOU *(ab I owe you)* reconnaissance *f* de
dette (sans valeur juridique).

IPE *v.* **International Petroleum Exchange.**

IPO *v.* **Initial Public Offering.**

IRA¹ *v.* **Individual Retirement Account.**

IRA² *v.* **Irish Republican Army.**

Iran [ɪ'rɑːn] *n* Iran *m*; **in/to I~** en Iran.

Iranian¹ [ɪ'reɪnɪən] *adj* iranien (*f* -ienne).

Iranian² [ɪ'reɪnɪən] *n* Iranien *m* (*f*
-ienne).

Iraq [ɪ'rɑːk] *n* Irak *m*; **in/to I~** en Irak.

Iraqi¹ [ɪ'rɑːkɪ] *adj* irakien (*f* -ienne).

Iraqi² [ɪ'rɑːkɪ] *n* Irakien *m* (*f* -ienne).

IRB *v.* **Industrial Revenue Bond.**

Ireland ['aɪələnd] *n* Irlande *f*; **in/to I~**
en Irlande.

Irish ['aɪrɪʃ] *adj* irlandais; **the I~** les Irlandais.

*Irish Republican Army (IRA) *n* Armée *f* républicaine irlandaise.

Irishman ['aɪrɪʃmən] *n (pl* -men) Irlandais *m*.

Irishwoman ['aɪrɪʃwomən] *n (pl* -men)
Irlandaise *f*.

iron ['aɪən] *ns inv* fer *m*; *(Emb)* **~-
hooped** cerclé de fer; *(Eco)* **~ law of
wages** théorie *f* du salaire naturel; **~
and steel industry** sidérurgie *f*, industrie
f sidérurgique.

iron out [aɪən 'aʊt] *v part (problème,
difficultés)* aplanir, résoudre.

ironworks ['aɪənwɜːks] *n* usine *f* sidérurgique, fonderie *f*.

IRR *v.* **internal rate of return.**

irrecoverable [ˌɪrɪ'kʌvrəbl] *adj*
1. *(perte)* irrémédiable, *(objet)* irrécu-
pérable **2.** *(Fin)* irrecouvrable.

irredeemable [ˌɪrɪ'diːməbl] *adj (Fin)*
(obligation) irremboursable; *(devise)* inconvertible; **~ bond** obligation *f* perpétuelle.

irregularity [ɪˌregjʊ'lærətɪ] *n (Jur)* irrégularité *f*, vice *m* de forme.

irrelevant [ɪ'reləvənt] *adj* non pertinent,
hors de propos; *(Jur)* **~ evidence**
preuve *f* non pertinente.

irrespective [ˌɪrɪ'spektɪv] *loc* **~ of** indépendamment de.

irresponsibility ['ɪrɪsˌpɒnsə'bɪlətɪ] *n* irresponsabilité *f*.

irrevocable [ɪ'revəkəbl] *adj* irrévocable; *(Fin)* **~ documentary credit** crédit
m documentaire irrévocable; **~ letter of
credit** lettre *f* de crédit irrévocable.

IRS *v.* **Internal Revenue Service.**

ISE *v.* **International Stock Exchange.**

ISO *v.* **International Standards Organization.**

iso-cost ['aɪsəʊˌkɒst] *adj (Eco)* **~ curve**
courbe *f* d'isocoût.

iso-product ['aɪsəʊˌprɒdʌkt] *adj (Eco)*
~ curve courbe *f* d'isoproduit.

isoquant ['aɪsəʊˌkwɒnt] *n (Eco)* isoquant
m, courbe *f* d'isoproduit.

Israel ['ɪzreɪl] *n* Israël *m (sans article)*;
I~ is in the Middle East Israël se

trouve au Moyen-Orient ; *in/to I~* en Israël.

Israeli[1] [ɪzˈreɪlɪ] *adj* israélien (*f* -ienne).

Israeli[2] [ɪzˈreɪlɪ] *n* Israélien *m* (*f* -ienne).

issue[1] [ˈɪʃuː] *n* **1.** (*Fin*) émission *f* ; *~ above par* émission au-dessus du pair ; *~ at par* émission au pair ; *~ below par* émission au-dessous du pair ; *~ price* prix *m* d'émission ; *~ of shares* émission d'actions **2.** (*revue*) numéro *m* **3.** problème *m*, question *f* ; *social ~s* problèmes *mpl* de société **4.** (*Jur*) question *f*/sujet *m* de litige ; *~ of fact* question *f* de fait ; *~ of law* question *f* de droit **5.** (*Jur*) progéniture *f*, descendants *mpl* ; *die without ~* mourir sans héritier en ligne directe.

issue[2] [ˈɪʃuː] *vt* **1.** (*Fin*) émettre (*v.* float[2]) **2.** (*revue*) publier **3.** (*document*) délivrer, (*Mkg*) lancer, mettre sur le marché.

issuing [ˈɪʃuːɪŋ] *adj* (*Fin*) émetteur (*f* -trice) ; *~ bank* banque *f* émettrice.

Italian[1] [ɪˈtæljən] *adj* italien (*f* -ienne).

Italian[2] [ɪˈtæljən] *n* Italien *m* (*f* -ienne).

Italy [ˈɪtəlɪ] *n* Italie *f* ; *in/to I~* en Italie.

ITC *v.* **International Trade Commission.**

item [ˈaɪtəm] *n* **1.** (*Cpta*) article *m*, poste *m* ; *~ of expenditure* poste de dépense **2.** sujet *m*, rubrique *f* ; *~ on the agenda* point *m* à l'ordre du jour.

itemization [aɪtəmaɪˈzeɪʃn] *n* détail *m*, ventilation *f*.

itemize [ˈaɪtəmaɪz] *vt* détailler, faire une liste détaillée (de) ; *~ a bill/invoice* détailler une facture.

itemized [ˈaɪtəmaɪzd] *adj* détaillé, ventilé ; justifié ; *~ account* compte *m* détaillé/ventilé ; *~ bill* facture *f* détaillée ; (*Fisc*) *~ deduction* déduction *f* d'impôt spécifiée et justifiée.

itinerary [aɪˈtɪnərərɪ] *n* itinéraire *m*.

ITO *v.* **International Trade Organization.**

Ivorian[1] [aɪˈvɔːrɪən] *adj* ivoirien (*f* -ienne).

Ivorian[2] [aɪˈvɔːrɪən] *n* Ivoirien *m* (*f* -ienne).

Ivory Coast [aɪvrɪ ˈkəʊst] *n* *the I~ C~* la Côte-d'Ivoire ; *to/in the I~ C~* en Côte-d'Ivoire.

J

jack up [dʒæk ˈʌp] *v part* (*prix*) hausser.

jail[1] [ˈdʒeɪl] *n* (*Jur*) **1.** prison *f* **2.** incarcération *f*.

jail[2] [ˈdʒeɪl] *vt* envoyer en prison, incarcérer.

Jamaica [dʒəˈmeɪkə] *n* Jamaïque *f* ; *in/to J~* à la Jamaïque.

Jamaican[1] [dʒəˈmeɪkən] *adj* jamaïcain.

Jamaican[2] [dʒəˈmeɪkən] *n* Jamaïcain *m*.

January [ˈdʒænjuərɪ] *n* janvier *m*.

Japan [dʒəˈpæn] *n* Japon *m* ; *in/to J~* au Japon.

Japanese[1] [ˈdʒæpəˈniːz] *adj* japonais.

Japanese[2] [ˈdʒæpəˈniːz] *n* (*pl inv*) Japonais *m*.

jar [dʒɑː] *n* (*Emb*) bocal *m* (*pl* -aux).

J curve [ˈdʒeɪ kɜːv] *n* courbe *f* en J.

J.D. [ˈdʒeɪ ˈdiː] (*ab de* **Juris Doctor**) (*Jur*) (*US*) diplôme *m* de droit (permettant de passer le **Bar exam**).

jelly-belly pack [ˈdʒeliˈbeli ˌpæk] *n* (*T*) conteneur *m* souple.

jeopardize [ˈdʒepədaɪz] *vt* mettre en danger, compromettre.

jeopardy [ˈdʒepədɪ] *n* **1.** danger *m* ; *in ~* en danger **2.** (*Jur*) (*US*) *~ clause* clause *f* de sauvegarde ; *double ~ n* (*Jur*) (*US*) garantie *f* énoncée dans le 5ᵉ amendement à la Constitution des Etats-Unis et interdisant la traduction en justice d'une personne deux fois pour le même délit.

jerry-built [ˈdʒeribɪlt] *adj* (*bâtiment*) de mauvaise qualité, mal construit.

jetlag [ˈdʒetlæg] *n* fatigue *f* due au décalage horaire, jetlag *m*.

jetliner [ˈdʒetlaɪnə] *n* (*T*) avion *m* à réaction.

jetsam [ˈdʒetsəm] *ns inv* (*T*) objets *mpl* jetés à la mer.

jettison [ˈdʒetɪsən] *vt* (*T*) jeter des marchandises *f* par-dessus bord.

jingle [ˈdʒɪŋgl] *n* (*Mkg*) jingle *m*, (*J.O.*) sonal *m*.

job [dʒɒb] *n* emploi *m*, métier *m*, travail *m* ; *~ applicant* demandeur *m* (*f* -euse) d'emploi ; *~ application* demande *f* d'emploi ; *~ description* profil *m* de poste ; *~ enhancement/enrichment* enrichissement *m* des tâches ; *~ evaluation* évaluation *f* des postes de travail ; *~-hopping* changements *mpl* répétés de poste ; *~ market* marché *m* du travail ;

~ offer offre *f* d'emploi ; **~ posting** offres *fpl* d'emploi internes (à l'entreprise) ; **~ preview** essai *m* de préembauche ; **~ prospects** perspectives *fpl* d'emploi/de carrière ; **~ rotation** rotation *f* des postes ; **~ satisfaction** satisfaction *f* professionnelle ; **~-seeker** demandeur *m* (*f* -euse) d'emploi ; **~-surfing** v. **job-hopping** ; **~ vacancy** offre *f* d'emploi, poste *m* à pourvoir.

jobber ['dʒɔbə] *n* (*Bs*) agent *m inv* de change.

jobbing ['dʒɔbɪŋ] *n* (*Bs*) courtage *m*.

jobless ['dʒɔblɪs] *adj* sans emploi.

joblessness ['dʒɔbləsnəs] *n* chômage *m*.

John Doe v. **Doe**.

join [dʒɔɪn] *vti* adhérer (à), devenir membre (de) ; **~ a firm** entrer dans une entreprise.

joinder ['dʒɔɪndə] *n* (*Jur*) jonction *f*, cumul *m* ; **~ of causes** cumul *m* de causes d'action, jonction *f* d'instances ; **compulsory ~** jonction *f* d'instances obligatoire.

joint [dʒɔɪnt] *adj* commun, conjoint ; (*Bq*) **~ account** compte *m* joint ; (*Jur*) **~ custody** garde *f* conjointe/alternée ; (*Fin*) **~ debt** dette *f* solidaire ; (*Jur*) **~ defendants** codéfendeurs *mpl* ; (*Mgt*) **~ management** cogestion *f* ; (*Com*) **~ products** produits *mpl* conjoints ; (*T*) (*transport multimodal*) **~ rate** tarif *f* global ; (*Jur*) **~ and several debtors** débiteurs *mpl* solidaires ; (*Jur*) **~ and several liability** responsabilité *f* conjointe et solidaire ; (*Jur*) **~ and several obligation** obligation *f* conjointe et solidaire ; (*Mgt*) **~-stock company** société *f* de capitaux, société *f* par actions ; **~ study** étude *f* conjointe ; (*Mgt*) **~ subsidiary** filiale *f* détenue par plusieurs sociétés mères ; (*Fisc*) **~ taxation** imposition *f* conjointe ; (*Jur*) **~ tenancy** copropriété *f* indivise.

joint venture [dʒɔɪnt 'ventʃə] *n* (*Jur*) société *f* mixte, joint-venture *f*, filiale *f* commune, entreprise *f* conjointe/en participation ; (*J.O.*) coentreprise *f*.

Jordan ['dʒɔ:dn] *n* Jordanie *f* ; **in/to J~** en Jordanie.

Jordanian[1] [dʒɔ:'deɪnɪən] *adj* jordanien (*f* -ienne).

Jordanian[2] [dʒɔ:'deɪnɪən] *n* Jordanien *m* (*f* -ienne).

journal ['dʒɜ:nəl] *n* 1. revue *f* spécialisée 2. (*Cpta*) livre-journal *m* (*pl* -aux) ; **~ entry** écriture *f* de journal ; **~ voucher** pièce *f* de journal.

journey ['dʒɜ:ni] *n* voyage *m*, trajet *m*.

journeyman ['dʒɜ:nimən] *n* (*pl* -**men**) journalier *m*.

joyriding ['dʒɔɪraɪdɪŋ] *n* (*fam*) virée *f* (en voiture volée) ; **go ~** faire une virée (en voiture volée).

joystick ['dʒɔɪstɪk] *n* manche *m* à balai ; (*Inf*) poignée *f*, manette *f* de jeu.

J.P. v. **Justice of the Peace**.

judge [dʒʌdʒ] *n* (*Jur*) juge *m inv*, magistrat *m inv* ; **~-made law** droit *m* d'origine judiciaire, jurisprudence *f* ; **presiding ~** président *m* du tribunal ; (*UK*) **puisne ~** juge de la **High Court** (Haute Cour).

judgement/judgment ['dʒʌdʒmənt] *n* (*Jur*) jugement *m*, décision *f* judiciaire ; **~ creditor** créancier *m* (*f* -ière) titulaire d'une créance exécutoire en vertu d'un jugement ; **~ debtor** débiteur *m* (*f* -trice) condamné(e) ; **enforceable ~** jugement exécutoire ; **execution of ~** exécution *f* d'un jugement ; **~ on the merits** jugement au fond ; **pronounce/deliver a ~** prononcer/rendre un jugement, statuer sur une affaire ; **rescind a ~** annuler un jugement ; **reserve ~** surseoir à juger, mettre en délibéré ; **reverse a ~** infirmer un jugement.

judicature ['dʒu:dɪkətʃə] *n* 1. magistrature *f* 2. pouvoir *m* judiciaire.

judicial [dʒu:'dɪʃl] *adj* (*Jur*) judiciaire ; (*Pol*) **~ branch** pouvoir *m* judiciaire ; **~ collection** recouvrement *m* forcé ; **~ immunity** immunité *f* judiciaire ; **~ notice** reconnaissance *f* de certains faits par les tribunaux sans preuve formelle ; **~ proceeding** procédure *f* judiciaire. *****judicial review** *n* (*Jur*) « révision *f* judiciaire », contrôle *m* de la constitutionnalité des textes législatifs et décisions de l'Exécutif.

judiciary [dʒu:'dɪʃəri] *n* (*Jur*) magistrature *f*, système *m* judiciaire, pouvoir *m* judiciaire.

juggernaut ['dʒʌgənɔ:t] *n* (*T*) poids lourd *m* gros porteur.

July [dʒu:'laɪ] *n* juillet *m*.

jumbo jet [dʒʌmbəʊ 'dʒet] *n* (*T*) avion *m* gros porteur.

jump[1] [dʒʌmp] *n* bond *m*, saut *m* ; (*fig*) (*prix*) augmentation *f* rapide.

jump[2] [dʒʌmp] *vti* 1. sauter 2. (*fig*) faire un bond, augmenter rapidement. *****jump bail** *loc* (*Jur*) (*fam*) ne pas comparaître après une mise en liberté provisoire, se dérober à la justice.

June [dʒu:n] *n* juin *m*.

junior ['dʒu:nɪə] *adj* subalterne, de second rang 1. (*Mgt*) **~ associate** jeune collaborateur *m* (*f* -trice) ; **~ executive** cadre *m inv* moyen ; **~ partner** associé *m* minoritaire ; **~ position** poste *m* de débutant 2. (*Fin/Jur*) **~ bond** obligation *f* de rang inférieur/de second rang ; ~ *interest* participation *f* subalterne/minoritaire ; ~ *mortgage* hypothèque *f* de rang inférieur.

junk [dʒʌŋk] *n* camelote *f* ; ~ *mail* prospectus *mpl* publicitaires.
*****junk bond** *n* (*Bs*) obligation *f* à haut risque.

junket ['dʒʌŋkɪt] *n* (*Pol*) (*US*) voyage *m* « aux frais de la princesse » (offert aux membres du Congrès).

jurisdiction [‚dʒʊərɪs'dɪkʃn] *n* (*Jur*) compétence *f*, juridiction *f*, ressort *m* ; *appellate* ~ compétence en appel/en cassation ; *lack of* ~ incompétence *f* ; *original* ~ compétence en première instance.

Juris Doctor [‚dʒʊərɪs dɒk'tɔ:] *v.* **J.D.**

jurisprudence [‚dʒʊərɪs'pru:dns] *n* (*Jur*) philosophie *f* générale du droit (*à dist.* **case law**).

juror ['dʒʊərə] *n* (*Jur*) juré *m inv*, membre *m inv* du jury ; *alternate* ~ juré de remplacement.

jury ['dʒʊəri] *n* (*Jur*) jury *m* ; ~ *box* banc *m* des jurés ; ~ *challenge* récusation *m* d'un juré ; *empanel a* ~ constituer un jury, procéder au tirage au sort et à la sélection du jury ; *hung* ~ jury dans l'impasse ; ~ *instructions* indications *fpl* du président du tribunal aux jurés ; ~*man* juré *m inv* ; ~ *member* juré *m inv* ; (*UK*) (*fam*) ~*-nobbling* intimidation *f*/corruption *f* des jurés ; ~ *panel* liste *f* des personnes parmi lesquelles seront choisis les jurés ; *the* ~ *returns a verdict* le jury rend son ver-

dict ; ~ *trial* jugement *m* par jury (*v.* **grand jury, petty jury**).

just [dʒʌst] *adj* (*Jur*) juste.
*****just compensation** *n* (*Jur*) indemnisation *f* équitable lors d'une expropriation.

justice ['dʒʌstɪs] *n* (*Jur*) **1.** justice *f* ; *bring sb to* ~ traduire qn en justice ; *miscarriage of* ~ erreur *f* judiciaire **2.** juge *m inv* ; titre *m* donné aux magistrats des instances les plus élevées et de certaines juridictions inférieures ; *associate* ~ juge *m inv* assesseur.
*****Justice Department** *n* (*Pol*) (*US*) ministère *m* de la Justice.
*****Justice of the Peace (J.P.)** *n* juge *m inv* de paix (*UK* bénévole, *US* juriste *mf* professionnel[le]).
*****Justice of the Supreme Court** *n* (*US*) juge *m inv* de la Cour suprême ; *Chief Justice of the Supreme Court* président *m* de la Cour suprême.

justiciable [dʒʌˈstɪʃəbl] *adj* (*Jur*) justiciable.
*****justiciable controversy** *n* (*Jur*) litige *m* recevable des tribunaux.

justifiable ['dʒʌstɪfaɪəbl] *adj* justifiable, légitime.

just-in-time [‚dʒʌst ɪn 'taɪm] *adj* juste à temps ; (*Mgt*) ~ *method* méthode *f* du juste-à-temps/des flux tendus ; ~ *production* production *f* juste-à-temps.

jute [dʒu:t] *n* (*Emb*) jute *m*.

juvenile ['dʒu:vənaɪl] *adj* adolescent, juvénile ; ~ *court* tribunal *m* (*pl* -x) pour enfants ; ~ *delinquency* délinquance *f* juvénile ; ~ *delinquent* jeune délinquant *m*.

K

kaizen [kaɪˈzen] *n* (*Mgt*) kaizen *m* ; système *m* d'amélioration permanente.

kanban ['kænbæn] *n* (*Mgt*) méthode *f* de production à flux tendus.

kangaroo [‚kæŋgəˈru:] *n* (*aussi* **kangaroo closure**) (*Pol*) (*UK*) procédure *f* destinée à accélérer le travail parlementaire.

Kazakh[1] [kəˈzæk] *adj* kazakh.

Kazakh[2] [kəˈzæk] *n* Kazakh *mf*.

Kazakhstan [kæzækˈstɑ:n] *n* Kazakhstan *m* ; *in/to K* ~ au Kazakhstan.

keel [ki:l] *n* (*T*) quille *f*.

keelage ['ki:lɪdʒ] *n* (*T*) droit *m* de mouillage.

keen [ki:n] *adj* **1.** enthousiaste **2.** aigu,

vif (*f* vive) ; ~ *competition* concurrence *f* vive.

keep [ki:p] *vt* (**kept, kept**) **1.** garder, conserver, maintenir ; (*Emb*) « ~ *in a cool place* » « maintenir au frais » ; « ~ *dry* » « craint l'humidité » ; (*Cpta*) ~ *the books* tenir les livres **2.** ~ *a pub/shop* tenir un pub/un magasin **3.** stocker, tenir en magasin **4.** ~ *a date* respecter un délai **5.** ~ *abreast of* se tenir au courant de.
*****keep ahead** *v part* (*of*) rester en avance (sur), garder son avance (sur).
*****keep down** *v part* **1.** empêcher d'augmenter **2.** ~ *down a job* garder un emploi.

*keep out v part empêcher d'entrer, interdire l'entrée (à qn).

*keep up v part **1.** maintenir ; (Mgt) **~ up manning levels** maintenir le niveau des effectifs **2. ~ up with the Joneses** « vouloir faire mieux que les voisins » (expression décrivant la consommation dictée par l'imitation).

keg [keg] n (Emb) tonnelet m.

Kenya ['kenjə] n Kenya m ; **in/to K ~** au Kenya.

Kenyan[1] ['kenjən] adj kényan.

Kenyan[2] ['kenjən] n Kényan m.

Keogh ['ki:əʊ] n (US) **K~ plan** plan m de retraite (pour travailleurs indépendants).

kept [kept] v. **keep**.

key[1] [ki:] adj vital (mpl -aux), essentiel (f -ielle), clé f inv, stratégique ; (Eco) **~ currency** devise f/monnaie f clé ; **~ economic indicators** principaux indicateurs mpl économiques ; **~ industry** industrie f clé ; (Fin) **~ rate** taux m directeur ; **~ sector** secteur m clé.

key[2] [ki:] n clé/clef f ; **~ money** pas-de-porte m, reprise f.

keyboard ['ki:bɔːd] n (Inf) clavier m ; **~ operator** opérateur m (f -trice) de saisie.

Keynesian ['keɪnziən] adj (Eco) keynésien (f -ienne) ; **K~ economics** économie f keynésienne ; **K~ multiplier** multiplicateur m de Keynes/d'investissement ; **K~ unemployment** chômage m keynésien.

keyword ['ki:wɜːd] n (Mkg) mot m clé.

kickback ['kɪkbæk] n pot-de-vin m.

kick-off ['kɪkɒf] adj (Mkg/Mgt) (US) **~ meeting** réunion f de lancement.

kick out [kɪk 'aʊt] v part (fam) renvoyer, (fam) virer.

kind [kaɪnd] loc **in ~** en nature.

kindly ['kaɪndli] adv **would you ~...?** auriez-vous l'obligeance de... ?

king [kɪŋ] n roi m ; (Jur) (UK) **K~'s Bench Division** v. **Queen's Bench Division**.

Kirghiz[1] ['kɜːgɪz] adj kirghiz.

Kirghiz[2] ['kɜːgɪz] n (pl inv) Kirghiz mf.

Kirghizistan v. **Kyrgyzstan**.

KISS [kɪs] loc (ab de **keep it simple, stupid !**) faites simple et concis.

kite[1] [kaɪt] n (Fin) (fam) traite f de cavalerie, effet m en l'air, chèque m sans provision.

kite[2] [kaɪt] vi **1.** (Fin) (fam) émettre un chèque en bois ; signer une traite en l'air **2. ~ upward** monter en flèche.

klingon ['klɪŋɒn] n (Mkg) (fam) concurrent m menaçant.

knock [nɒk] vti frapper, cogner.

*knock down v part **1.** (piéton) renverser, écraser **2.** (prix) faire baisser, sacrifier.

*knock off v part (fam) débaucher, finir sa journée.

knockdown ['nɒkdaʊn] adj **~ prices** prix mpl sacrifiés.

knockoff ['nɒkɒf] n (Mkg) copie f d'un produit de marque, contrefaçon f.

knock-out ['nɒkaʊt] adj **~ price** prix m défiant toute concurrence.

knot [nɒt] n (Emb) nœud m.

know-how ['nəʊhaʊ] n savoir-faire m, expertise f.

knowledge ['nɒlɪdʒ] n **1.** savoir m, connaissance(s) f(pl) ; **~-driven** à base d'information/d'expertise **2.** (Jur) **carnal ~** acte m sexuel ; **of common ~** de notoriété publique ; **personal ~** connaissance f directe.

Korea [kə'rɪə] n Corée f ; **in/to K~** en Corée ; **North K~** Corée du Nord ; **South K~** Corée du Sud.

Korean[1] [kə'rɪən] adj coréen (f -éenne) ; **North K~** nord-coréen (f -éenne) ; **South K~** sud-coréen (f -éenne).

Korean[2] [kə'rɪən] n Coréen m (f -éenne) ; **North K~** Nord-Coréen m (f -éenne) ; **South K~** Sud-Coréen m (f -éenne).

Kuwait [ku'weɪt] n Koweit/Kuweit m ; **in/to K~** au Koweit/au Kuwait.

Kuwaiti[1] [ku'weɪti] adj kowéitien (f -ienne).

Kuwaiti[2] [ku'weɪti] n Kowéitien m (f -ienne).

Kyrgyz ['kɜːgɪz] v. **Kirghiz**.

Kyrgyzstan [kɜːgɪz'stɑːn] n Kirghizistan m, Kirghizie f ; **in/to K~** au Kirghizistan, en Kirghizie.

label[1] ['leɪbl] *n* **1.** *(Emb)* étiquette *f* **2.** *(Mkg)* marque *f*; *own/private* ~ marque *f* de distributeur.

label[2] ['leɪbl] *vt* **1.** *(Emb)* étiqueter **2.** *(as)* qualifier (de), désigner (comme).

labelling ['leɪblɪŋ] *n* étiquetage *m*.

labour/labor ['leɪbə] *n* travail *m* (*pl* -aux), main-d'œuvre *f*; ~ *agreement* convention *f* salariale; *casual* ~ main-d'œuvre *f* temporaire; ~ *costs* coût *m* de la main-d'œuvre; *(US)* ~ *court* conseil *m* de prud'hommes; ~ *cutback/cuts* compression *f* des effectifs; ~ *demand* demande *f* de travail; *(UK)* ~ *exchange* bourse *f* du travail, équiv. ANPE; ~ *force* force *f* de travail, effectifs *mpl*, *(Eco)* population *f* active; *(Jur)* *hard* ~ travaux forcés; ~ *inspector* inspecteur *m* (*f* -trice) du travail; ~*-intensive* à forte utilisation de main-d'œuvre; *(Jur)* ~ *law* droit *m* du travail, législation *f* sur le travail; *(Eco)* ~ *market* marché *m* du travail; *(Eco)* ~ *mobility* mobilité *f* de la main-d'œuvre; ~ *movement* mouvement *m* ouvrier; ~ *productivity* productivité *f* du travail; *(Jur)* ~ *regulations* réglementation *f* du travail; ~*-saving* qui économise la main-d'œuvre; ~*-shedding* dégraissage *m* de main-d'œuvre; *skilled* ~ main-d'œuvre qualifiée; ~*-starved* en manque de main-d'œuvre; *(Eco)* ~ *supply* offre *f* du travail; ~ *turnover* taux *m* de rotation de la main-d'œuvre; *unskilled* ~ main-d'œuvre non qualifiée, équiv. ouvriers *mpl* spécialisés (OS).

*Labor Day *n* *(US/Can)* fête *f* du Travail (premier lundi de septembre).

*Labour Party *n* *(Pol)* *(UK)* Parti *m* travailliste.

labourer/laborer ['leɪbərə] *n* manœuvre *m* *inv*, ouvrier *m* (*f* -ière).

laches ['lætʃɪz] *n* *(Jur)* délai *m* immotivé pour faire valoir un droit, prescription *f* par acquiescement implicite en équité.

Laffer curve ['læfə ˌkɜːv] *n* *(Eco)* courbe *f* de Laffer.

lag[1] [læg] *n* retard *m*; *technological* ~ retard *m* technologique.

lag[2] [læg] *vi* ~ *behind* être en retard/à la traîne; ~ *behind one's competitors* être en retard sur ses concurrents.

laid [leɪd] *v.* **lay**[3].

lain [leɪn] *v.* **lie**.

laissez-faire [ˌleɪseɪ 'feə] *n* *(Eco)* libre-échange *m*, libéralisme *m* économique; ~ *policy* politique *f* de libre-échange.

lame duck [ˌleɪm 'dʌk] *n* **1.** canard *m* boiteux; secteur *m*/entreprise *ff*personnalité *f* *inv* vulnérable/en difficulté **2.** *(Pol)* *(US)* homme *m* politique privé de pouvoirs en fin de mandat.

LAN *v.* **local area network**.

land[1] [lænd] *n* terre *f*, terres *fpl*, terrain *m*; *(UK)* ~ *agent* courtier *m* *inv*, agent *m* *inv* immobilier; ~ *bank* banque *f* de crédit foncier; ~ *laws* lois *fpl* agraires; ~*owner* propriétaire *mf* foncier (*f* -ière); ~ *reform* réforme *f* agraire; ~ *reshaping* remembrement *m*; ~ *rights* droits *mpl* et servitudes *fpl* de la propriété; *(UK)* ~ *tax/taxation* impôt *m* foncier; *(Jur)* ~ *use* *(planning)* aménagement *m* du territoire.

*land grant *n* *(Jur)* *(US)* don *m* de terres publiques à une collectivité territoriale, à une société, ou à un individu.

*Land Office *n* *(Jur)* *(US)* Administration *f* des domaines.

land[2] [lænd] *v* **1.** *vi* *(T)* atterrir **2.** *vt* *(T)* faire atterrir **3.** *vt* *(fam)* ~ *a job/a sale* décrocher un boulot/une vente.

landing ['lændɪŋ] *n* *(T)* atterrissage *m*, débarquement *m*; ~ *card* carte *f* de débarquement; ~ *charges* frais *mpl* de débarquement; ~ *gear* train *m* d'atterrissage; ~ *order* permis *m* de débarquement; ~ *platform* quai *m* de débarquement.

landlord ['lænlɔːd] *n* (*f* **landlady**) *(Jur)* propriétaire *mf* foncier (*f* -ière).

landmark ['lænmɑːk] *n* point *m* de repère; *(fig)* étape *f*, événement *m* important, date *f* clé; *(Jur)* ~ *decision* décision *f* qui fait date.

landslide ['lænslaɪd] *n* **1.** glissement *m* de terrain **2.** *(Pol)* ~ *victory* raz *m* de marée (électoral).

Laos [laʊs] *n* Laos *m*; *in/to* L~ au Laos.

Laotian[1] ['laʊʃn] *adj* laotien (*f* -ienne).

Laotian[2] ['laʊʃn] *n* Laotien *m* (*f* -ienne).

lapse[1] [læps] *n* **1.** erreur *f* **2.** durée *f*, période *f*; ~ *of time* délai *m* **3.** déchéance *f*, péremption *f*; *(Ass)* ~ *of cover* fin *f* de couverture; *(Jur)* ~ *of offer* caducité *f* de l'offre.

lapse[2] [læps] *vi* s'interrompre.

laptop ['læptop] *n* *(Inf)* ~ *(computer)* ordinateur *m* portatif/portable.

larceny ['lɑːsnɪ] *n* *(Jur)* vol *m*, larcin *m*; *(UK)* *aggravated/(US)* *grand* ~ vol qualifié; *petty* ~ vol simple, *(UK)* vol sans circonstances aggravantes, *(US)* vol *m* d'une valeur inférieure à un montant donné.

large [lɑːdʒ] *loc at* ~ **1.** *(criminel)* en liberté, en cavale **2.** en gros, dans l'ensemble.

largely ['lɑ:dʒli] *adv* en grande partie.

lash [læʃ] *vt* (T) attacher, arrimer.

*****lash out** *v part* **1.** (*at*) attaquer violemment **2.** (*UK*) ~ **on sth** s'offrir qch.

LASH [læʃ] *v.* **lighter aboard ship.**

last[1] [lɑ:st] *adj* dernier (*f* -ière); **as a** ~/**in the** ~ **resort** en dernier ressort; (*Jur*) **court of** ~ **resort** cour *f* de dernier appel.

*****last in-first out (LIFO)** *loc* (*Cpta*) dernier entré, premier sorti (DEPS).

last[2] [lɑ:st] *vi* durer, perdurer.

late [leɪt] *adj* **1.** tardif (*f*-ive), en retard, retardé; ~ **delivery** retard *m* de livraison **2.** récent **3.** **her** ~ **husband** feu son mari.

lately ['leɪtli] *adv* récemment.

lateness ['leɪtnəs] *n* **1.** retard *m* **2.** date *f* récente.

latent ['leɪtnt] *adj* latent, caché; (*Jur*) ~ **defect** vice *m* caché.

Latvia ['lætvɪə] *n* Lettonie *f*; **in/to L**~ en Lettonie.

Latvian[1] ['lætvɪən] *adj* letton (*f* -onne), latvien (*f* -ienne).

Latvian[2] ['lætvɪən] *n* Letton *m* (*f* -onne), Latvien *m* (*f* -ienne).

launch[1] [lɔ:ntʃ] *n* **1.** (*Mkg/T*) lancement *m* **2.** (*T*) vedette *f*, canot *m* automobile, chaloupe *f*.

launch[2] [lɔ:ntʃ] *vt* **1.** (*T*) lancer; (*navire*) mettre à la mer **2.** (*Mkg*) ~ **a product** lancer un produit.

launching ['lɔ:ntʃɪŋ] *n* **1.** (*T*) lancement *m* **2.** (*Mkg*) lancement *m*, sortie *f* d'un produit; ~ **cost** coût *m* de lancement.

launder ['lɔ:ndə] *vt* (*Jur*) ~ **money** blanchir des fonds *mpl*.

laundering ['lɔ:ndrɪŋ] *n* (*Jur*) **money** ~ blanchiment *m* de l'argent.

law [lɔ:] *n* **1.** (*Jur*) **L**~ le droit; le droit objectif par opposition aux droits subjectifs; ~ **department** service *m* juridique; ~ **report/reporter** recueil *m* de jurisprudence; ~ **school** faculté *f* de droit; **study L**~ faire son droit **2.** (*Jur*) **administrative** ~ droit administratif; **air** ~ droit aérien; **bank** ~ droit bancaire; **case** ~ droit jurisprudentiel; **civil** ~ droit civil; **common** ~ droit commun, droit jurisprudentiel; **commercial** ~ droit commercial; (*UK*) **company** ~ droit des sociétés; ~ **of contract** droit des obligations; (*US*) **corporation** ~ droit des sociétés; **criminal** ~ droit pénal; **maritime** ~ droit maritime; **mercantile** ~, **merchant** ~ droit commercial; **statutory** ~ droit écrit **3.** (*Jur*) justice *f*; **action at** ~ action *f* en justice; ~ **of the case** autorité *f* de la chose jugée; **court of** ~ tribunal *m* (*pl* -aux); ~ **and order** ordre *m* public **4.** (*Jur*) législation *f*, loi *f*, règle *f*; **break the** ~ transgresser la loi **5.** (*Eco*) ~ **of diminishing returns** des rendements décroissants; ~ **of diminishing marginal utility** loi de l'utilité marginale décroissante; ~ **of reciprocal markets** loi des débouchés réciproques; ~ **of supply and demand** loi de l'offre et de la demande.

*****Law Lords** *npl* (*Jur*) (*UK*) membres *mpl* juristes de la Chambre des lords qui composent la Chambre d'appel.

*****law review** *n* (*Jur*) revue *f* de droit (publiée par la plupart des facultés de droit).

*****Law School Admission Test (LSAT)** *n* (*US*) examen *m* d'entrée en faculté de droit.

*****Law Society** *n* (*Jur*) (*UK*) ordre *m* des **solicitors.**

lawful ['lɔ:fəl] *adj* (*Jur*) licite, valide, légal (*pl* -aux); ~ **arrest** arrestation *f* en bonne et due forme.

lawfulness ['lɔ:fəlnəs] *n* légalité *f*, caractère *m* légal.

lawless ['lɔ:ləs] *adj* **1.** sans loi **2.** contraire à la loi.

lawsuit ['lɔ:su:t] *n* (*Jur*) procès *m*, action *f* juridique.

lawyer ['lɔ:jər] *n* (*Jur*) homme *m* de loi, juriste *mf*, avocat *m*, conseil *m inv* juridique; **criminal** ~ pénaliste *mf*; **tax** ~ fiscaliste *mf*.

lax [læks] *adj* relâché, laxiste.

lay[1] [leɪ] *adj* laïc (*f* laïque), profane; (*Jur*) ~ **witness** témoin *m inv* sans expertise.

lay[2] [leɪ] *v.* **lie.**

lay[3] [leɪ] *vt* (**laid, laid**) poser.

*****lay away** *v part* (*Fin*) mettre de côté (un bien pour achat ultérieur).

*****lay by** *v part* (*argent*) mettre de côté.

*****lay off** *v part* licencier.

*****lay out** *v part* disposer.

lay-by ['leɪbaɪ] *n* (*UK*) (*T*) aire *f* de stationnement/de repos.

laydays ['leɪdeɪz] *n* (*T*) jours *m* de planche, temps *m* d'escale.

layoff ['leɪɔf] *n* licenciement *m* économique, réduction *f* des effectifs, mise *f* en chômage technique (*v.* **redundancy**).

layout ['leɪaʊt] *n* **1.** agencement *m*, disposition *f*, implantation *f* **2.** (*presse*) mise *f* en page.

LCA *v.* **Local Commissioner for Administration.**

LCL *v.* **less than container load.**

LDCs *v.* **less developed countries.**

lead[1] [li:d] *adj* principal (*mpl* -aux), majeur; (*Jur*) ~ **counsel** avocat *m* principal; (*Mgt*) ~ **manager** chef *m inv* de file ; **~ time** délai *m* d'approvisionnement ; **~ time before payment** délai *m* de carence.

lead² [li:d] *n* avance.

*leads and lags *npl (Cpta)* termaillage *m*, avances *fpl* et retards *mpl*.

lead³ [led] *ns inv* plomb *m*.

lead⁴ [li:d] *vt* (**led, led**) mener, être en tête.

leader ['li:də] *n* **1.** chef *m inv*, dirigeant *m* **2.** entreprise *f* dominante.

leading ['li:dɪŋ] *adj* principal *(mpl* -aux*)*, majeur, en tête ; *(Bs)* **~ equity** *(J.O.)* valeur *f* vedette ; **~ indicator** indicateur *m* économique.

*leading case *n (Jur)* cas *m* d'espèce qui fait autorité.

leaflet ['li:flət] *n* **1.** prospectus *m (pl inv)*, dépliant *m* **2.** brochure *f* publicitaire.

leak¹ [li:k] *n* fuite *f*.

leak² [li:k] *v* **1.** *vi (liquide, récipient)* fuir **2.** *vt (liquide)* perdre ; *(information)* dévoiler, faire savoir par des fuites.

leakage [li:kɪdʒ] *n (Emb)* fuite *f*, suintement *m*.

lean [li:n] *adj* maigre ; **~ years** années *fpl* maigres/déficitaires.

leap¹ [li:p] *n* bond (en avant).

leap² [li:p] *vi* (**leapt/leaped, leapt/leaped**) faire un bond.

leapfrog ['li:pfrɒg] *vi* **1.** faire des bonds en avant **2.** **~ over sth** sauter par-dessus qch.

*leapfrog procedure *n (Jur) (UK)* pourvoi *m* direct ; procédure *f* par laquelle l'appel d'un jugement de la **High Court** est entendu directement par la Chambre des lords sans avoir été entendu préalablement par la cour d'appel.

leapt [lept] *v.* leap².

learn [lɜ:n] *vt* (**learnt/learned, learnt/learned**) apprendre, découvrir.

learnt [lɜ:nt] *v.* learn.

lease¹ [li:s] *n (Jur)* bail *m (pl* baux*)*, concession *f* ; *(Fin)* **~ with option to purchase** location *f* avec option d'achat ; **sub~** sous-location *f*.

lease² [li:s] *vt (Jur)* **1.** louer, donner à bail **2.** prendre à bail, affermer.

*lease out *v part* donner à bail.

leaseback ['li:sbæk] *n (Fin)* cession-bail *f*.

leasehold ['li:shəʊld] *n (Jur)* **1.** tenure *f* à bail, droit *m* au bail **2.** bail *m (pl* baux*)*.

leaseholder ['li:shəʊldə] *n* locataire *mf* à bail.

leasing ['li:sɪŋ] *n* crédit-bail *m*, bail *m (pl* baux*)*.

leave¹ [li:v] *ns inv* **1.** permission *f*, autorisation *f* ; **~ of absence** autorisation d'absence ; *(Jur)* **~ of court** autorisation du tribunal **2.** congé *m* ; **bereavement ~** congé pour décès ; **maternity ~** congé de maternité *m* ; **paid ~** congé payé ; **sick ~** congé de maladie *m* ; **unpaid ~** congé sans solde.

leave² [li:v] *v* (**left, left**) **1.** *vi* partir, s'en aller **2.** *vt* quitter ; *(T)* **~ harbour/harbor** appareiller ; **~ the rails** dérailler.

Lebanese¹ [ˌlebəˈni:z] *adj* libanais.

Lebanese² [ˌlebəˈni:z] *n (pl inv)* Libanais *m*.

Lebanon ['lebənən / 'lebənɑ:n] *n* Liban *m* ; **in/to L~** au Liban.

led [led] *v.* lead⁴.

ledger ['ledʒə] *n (Cpta)* grand livre *m*, registre *m* ; *(Bs)* **share ~** registre des actionnaires.

leeway ['li:weɪ] *n* liberté *f* d'action, marge *f* de manœuvre.

left [left] *pp* leave² ; *(T)* **~-luggage office** consigne *f*.

legacy ['legəsi] *n* héritage *m*, legs *m* d'un bien mobilier.

legal ['li:gl] *adj (Jur)* **1.** licite, légal *(mpl* -aux*)* **2.** **~ right** droit *m* fondé sur le **common law** *(à dist.* équitable*)* **3.** légal, juridique ; **~ advice** consultation *f* juridique ; **~ adviser** conseiller *m (f* -ère*)* juridique ; **~ aid** aide *f* juridique ; **~ conclusion** conclusion *f* de droit ; **~ custody** garde *f* légale ; **~ department** service *m* juridique ; **~ description** *(propriété)* description *f* cadastrale ; **~ duty** obligation *f* imposée par la loi ; **~ entity** personne *f* morale ; **~ expenses** frais *mpl* de justice ; **~ holiday** fête *f* légale ; **~ interest rate** taux *m* d'intérêt légal ; **~ monopoly** monopole *m* légal ; **~ newspaper** périodique *m* juridique ; **~ notice** annonce *f* légale ; **~ opinion** avis *m* d'un avocat ; **~ owner** propriétaire *mf* en titre/légitime ; **~ person** personne *f* morale ; **~ precedent** précédent *m* ; **~ process** procédure *f* (juridique) ; **~ rate of exchange** taux *m* de change légal ; **~ representative** représentant *m inv* légal ; **~ reserve** réserve *f* légale ; **~ settlement** règlement *m* judiciaire ; **~ tender** monnaie *f* ayant cours légal ; **~ title** titre *m* de propriété.

*Legal Aid Scheme *n (Jur) (UK)* système *m* d'aide judiciaire.

*Legal Services Ombudsman (LSO) *n (Jur) (UK)* médiateur *m inv* en matière de prestations juridiques.

legalese [ˌli:gəˈli:z] *n (Jur)* jargon *m* juridique.

legalization [ˌliːgəlaɪˈzeɪʃn] *n (Jur)* légalisation *f.*

legalize [ˈliːgəlaɪz] *vt (Jur)* légaliser.

legatee [ˌlegəˈtiː] *n (Jur)* légataire *mf.*

legation [lɪˈgeɪʃn] *n (Pol)* légation *f.*

legislation [ˌledʒɪsˈleɪʃn] *n (Jur)* législation *f*, lois *fpl* adoptées par le législateur; *delegated* ~ législation déléguée, décret-loi *m.*

legislative [ˈledʒɪslətɪv] *adj (Jur)* législatif (*f* -ive); *(Pol) the* ~ *branch* le pouvoir législatif; ~ *immunity* immunité *f* parlementaire; ~ *intent* intention *f* du législateur; ~ *power* pouvoir *m* législatif.
***legislative history of a law** n (Jur)* historique *m* d'une loi (permettant au juge d'interpréter l'intention du législateur).

legislator [ˈledʒɪsleɪtə] *n (Pol)* législateur *m inv.*

legislature [ˈledʒɪsleɪtʃə] *n (Pol)* corps *m* législatif, législateur *m inv.*

legitimacy [lɪˈdʒɪtəməsɪ] *n* légitimité *f.*

legitimate [lɪˈdʒɪtəmət] *adj* légitime.

legitimize [lɪˈdʒɪtɪmaɪz] *vt* rendre légitime, légitimer.

lemon [ˈlemən] *n* **1.** citron *m* **2.** *(fam)* achat *m* de mauvaise qualité, mauvaise affaire *f.*
***lemon laws** npl (Jur) (US)* lois *fpl* visant à dédommager les acheteurs de voitures défectueuses.

lend [lend] *vt* (lent, lent) prêter.

lender [ˈlendə] *n (Bq/Fin)* prêteur *m (f* -euse), créancier *m (f* -ière), bailleur *m inv* de fonds; ~ *of last resort* prêteur *m (f* -euse) en dernier ressort.

lending [ˈlendɪŋ] *n (Bq/Fin)* prêt *m*; ~ *institution* établissement *m* de crédit; ~ *limit* limite *f* d'avance; ~ *market* marché *m* du crédit; ~ *minimum* ~ *rate* taux *m* de base bancaire, taux *m* de crédit préférentiel; ~ *operation* opération *f* de crédit.

lent [lent] *v.* **lend.**

Lesotho [ləˈsuːtuː/ˌl əˈsəʊtəʊ] *n* Lesotho *m*; *in/to L~* au Lesotho.

less [les] *adv* moins; *(Eco)* ~ *favoured/favored area* zone *f* prioritaire.
***less than container load (LCL)** loc (T)* conteneur *m* incomplet.
***less developed countries (LDCs)** npl* pays *mpl* en voie de développement.
***less than fair value (LTFV)** loc (D)* prix *m* anormalement bas (faussant le jeu de la concurrence).

lessee [leˈsiː] *n (Jur)* preneur *m inv* à bail, locataire *mf (v.* **lessor**).

lesser [ˈlesə] *adj* mineur, de moindre importance.

***lesser included offence/offense** n (Jur)* infraction *f* incluse dans une autre infraction plus grave.

lessor [leˈsɔː] *n (Jur)* bailleur *m inv (v.* lessee).

let [let] *vt* (let, let) **1.** permettre, autoriser; ~ *sb do sth* permettre à qn de faire qch **2.** louer.

letter [ˈletə] *n* lettre *f*, document *m*; *(Bs)* ~ *of advice* lettre *f* d'avis; *(Jur) (US)* ~ *of attorney* procuration *f*; ~ *of commitment* lettre *f* d'engagement; ~ *of consent* lettre *f* d'agrément; *(Mgt) follow-up* ~ lettre *f* de relance; *the* ~ *of the law* la lettre de la loi; *(Mgt) registered* ~ lettre *f* recommandée; *(Jur)* ~ *of reprimand* action *f* disciplinaire versée au dossier.
***letters of administration** npl (Jur)* lettres *fpl* d'administration désignant l'administrateur du patrimoine d'une personne décédée ab intestat.
***letter of credit** n (Bq/Fin)* lettre *f* de crédit/de créance.
***letter of intent (LOI)** n (Jur)* lettre *f* d'intention.
***letters rogatory** npl (Jur)* commission *f* rogatoire.
***letters testamentary** npl (Jur)* nomination *f* d'un exécuteur testamentaire.

let-up [ˈletʌp] *n* diminution *f*, accalmie *f.*

level[1] [ˈlevl] *adj* à niveau, plan; uniforme; ~ *with* à la hauteur de.

level[2] [ˈlevl] *n* niveau *m (pl* -x), niveau *m* de poste; *at a high* ~ à haut niveau.

level[3] [ˈlevl] *vt* niveler, mettre à niveau; *(fig)* ~ *the playing field* rééquilibrer les conditions, revoir les règles du jeu.
***level off** v part **1.** vi se stabiliser, marquer une pause **2.** vt stabiliser.

lever [ˈliːvə/ˈlevər] *n* levier *m.*

leverage [ˈliːvərɪdʒ/ˈlevərɪdʒ] *n* **1.** levier *m* **2.** effet *m* de levier **3.** pression *f*, influence *f* **4.** *(Fin)* rapport *m* entre l'endettement d'une entreprise et la rentabilité de ses capitaux propres.

leveraged [ˈliːvərɪdʒd/ˈlevərɪdʒd] *adj* ~ *buyout (LBO)* rachat *m* d'une entreprise financé largement par des fonds empruntés.
***leveraged management buyout (LMBO)** rachat *m* d'une entreprise par ses salariés (RES).

levy[1] [ˈlevɪ] *n* **1.** impôt *m*, taxe *f* **2.** prélèvement *m* (d'une taxe).

levy[2] [ˈlevɪ] *vt* **1.** *(Fisc)* lever, collecter autoritairement; ~ *a tax* percevoir/prélever un impôt **2.** *(Jur)* réquisitionner, exécuter; ~ *an execution on sb's* *goods* faire une saisie-exécution sur les biens de qn.

LEXIS ['leksɪs] *(Jur) n* Lexis ; banque *f* de données juridiques (*v.* **WESTLAW**).

liability [ˌlaɪə'bɪləti] *n* **1.** *(Cpta)* passif *m*, montant *m* des engagements, exigibilités *fpl*, engagements *mpl* ; ~ *account* compte *m* de passif ; *current liabilities* passif exigible ; *meet one's liabilities* faire face à ses engagements **2.** *(Jur)* obligation *f* de payer, responsabilité *f* juridique (*à dist.* **accountability**) ; *absolute* ~ responsabilité inconditionnelle ; *contingent* ~ responsabilité dépendant de la survenance d'événements aléatoires ; ~ *insurance* assurance *f* responsabilité civile ; *joint and several* ~ responsabilité solidaire ; *limited* ~ responsabilité limitée ; *vicarious* ~ responsabilité du fait d'autrui.

liable ['laɪəbl] *adj* **1.** ~ *to* susceptible de ; *bill* ~ *to be amended* projet *m* de loi susceptible d'être amendé **2.** ~ responsable ; ~ *to* assujetti à, astreint à ; ~ *to a tax/a fine* passible d'un impôt/d'une amende **3.** *(D)* ~ *to duty* soumis à droits de douane.

libel ['laɪbl] *n (Jur)* diffamation *f* écrite ; *bring an action for* ~ intenter un procès en diffamation.

libellous/libelous ['laɪbləs] *adj* diffamatoire.

liberalism ['lɪbrəlɪzm] *n* libéralisme *m*.

liberalization [ˌlɪbrəlaɪ'zeɪʃn] *n* libéralisation *f* ; *trade* ~ libéralisation du commerce.

liberalize ['lɪbrəlaɪz] *vt* libéraliser.

Liberia [laɪ'bɪərɪə] *n* Libéria *m* ; *in/to L~* au Libéria.

Liberian[1] [laɪ'bɪərɪən] *adj* libérien (*f* -ienne).

Liberian[2] [laɪ'bɪərɪən] *n* Libérien *m* (*f* -ienne).

liberty ['lɪbəti] *n* liberté *f* ; *be at* ~ *to* être libre de ; *(Jur)* ~ *of contract* liberté *f* de contracter.

LIBOR *v.* **London Interbank Offered Rate.**

Libya ['lɪbɪə] *n* Libye *f* ; *in/to L~* en Libye.

Libyan[1] ['lɪbɪən] *adj* libyen (*f* -enne).

Libyan[2] ['lɪbɪən] *n* Libyen *m* (*f* -enne).

licence/license[1] ['laɪsns] *n* permis *m*, licence *f* ; ~ *application* demande *f* de licence ; *driving/driver's* ~ permis de conduire ; *import* ~ licence d'importation ; ~ *tax* taxe *f* professionnelle.

license[2] ['laɪsns] *vt* accorder une licence/une autorisation pour ; ~ *a patent* ac-

corder une licence de fabrication/le droit d'exploiter un brevet.

licensed ['laɪsnst] *adj* autorisé, patenté.

licensee [ˌlaɪsn'siː] *n (Jur)* concessionnaire *mf*, licencié *m* ; toute personne détenant une **licence/license.**

licensing ['laɪsnsɪŋ] *n* octroi *m* d'une licence ; ~ *fee* droit *m* de licence, redevance *f* ; ~ *renewal procedure* procédure *f* de renouvellement de licence.

lid [lɪd] *n (Emb)* couvercle *m*.

lie [laɪ] *vi* (**lay, lain**) **1.** *(T)* être au port, mouiller **2.** ~ *in wait (for)* guetter, être aux aguets ; se tenir en embuscade.

Liechtenstein ['lɪktənstaɪn] *n* Liechtenstein *m* ; *in/to L~* au Liechtenstein ; *of/from L~* liechtensteinois ; *native/inhabitant of L~* Liechtensteinois *m*.

lien ['liːən] *n (Jur)* privilège *m*, droit *m* de rétention, gage *m* ; ~ *on goods* droit *m* de nantissement ; *mechanic's* ~ privilège des constructeurs et des fournisseurs de matériaux ; *tax* ~ créance *f* privilégiée du fisc ; *vendor's* ~ privilège du vendeur.

lienee [ˌliːə'niː] *n (Jur)* débiteur *m inv* gagiste (*v.* **lienholder, lienor**).

lienholder ['liːənhəʊldə] *n (Jur)* titulaire *mf* d'un privilège ; créancier *m* (*f* -ière) rétentionnaire (*v.* **lienor**).

lienor [ˌliːə'nɔː] *n (Jur)* titulaire *mf* d'un privilège ; créancier *m* (*f* -ière) gagiste/rétentionnaire (*v.* **lienee, lienholder**).

life [laɪf] *n (pl* **lives**) **1.** vie *f*, durée *f* d'existence ; *(Jur)* ~ *annuity* rente *f* viagère ; *(Ass) (UK)* ~ *assurance* assurance-vie *f* ; *(T)* ~*boat* canot *m* de sauvetage ; *(T)* ~ *buoy* bouée *f* de sauvetage ; *(Mkg) (produit, marque)* ~ *cycle* cycle *m* de vie ; *(Jur)* ~ *estate* biens *mpl* meubles en viager ; ~ *expectancy* espérance *f* de vie ; *(Ass)* ~*insurance* assurance-vie *f* ; *(T)* ~ *jacket* gilet *m* de sauvetage ; *(Mkg) shelf* ~ *(produit)* durée *f* de vie ; ~ *span* durée *f* de vie ; *(Fisc)* ~ *style* train *m* de vie.
*****life tenure** *n (Jur) (US) have* ~ être titulaire à vie, avoir une charge/une chaire à vie.

lifetime ['laɪftaɪm] *n* durée *f* de vie.

LIFO *v.* **last in-first out.**

lift[1] [lɪft] *n (UK) (US* **elevator**) ascenseur *m*.

lift[2] [lɪft] *vt* **1.** soulever ; *(Emb)* « ~ *here* » « soulever ici » **2.** *(restrictions)* lever, supprimer.

lifting gear ['lɪftɪŋ ˌgɪə] *n (T)* dispositif *m* de levage.

lift on-lift off (**lo-lo**) [ˌlɪftˌɒn ˈlɪftˌɒf] *loc (T)* manutention *f* verticale (chargement *m* du bateau par grue).

liftvan ['lɪftvæn] *n* (T) caisse *f* fermée (maritime).

light [laɪt] *adj* **1.** léger (*f* -ère); ~ *industry* industrie *f* légère **2.** clair, lumineux (*f* -euse); (*Inf*) ~ *pen* photostyle *m*; crayon *m* optique.

lighten ['laɪtn] *vt* **1.** alléger **2.** réduire.

lighter ['laɪtə] *n* (T) péniche *f*, allège *f*; ~*-carrier* navire *m* porte-barges.

*****lighter aboard ship (LASH)** *n* (T) allège *f* mise directement à bord avec son conteneur.

lighterage ['laɪtərɪdʒ] *n* (T) ac(c)onage *m*; ~ *charges* frais *mpl* d'allège; ~ *contractor* ac(c)onier *m inv*.

lighterman ['laɪtəmən] *n* (T) ac(c)onier *m inv*.

lightweight ['laɪtweɪt] *adj* (Emb) léger (*f* -ère).

like-kind [,laɪk 'kaɪnd] *adj* (Fisc) (US) ~ *exchange* échange *m* à des fins fiscales, de biens meubles similaires.

limit[1] ['lɪmɪt] *n* limite *f*; (Bs) ~ *order* ordre *m* à l'appréciation.

limit[2] ['lɪmɪt] *vt* limiter.

limitation [,lɪmɪ'teɪʃn] *n* **1.** limitation *f*, réserve *f*; (*Jur*) ~ *of liability* limitation de responsabilité, clause *f* restrictive **2.** (*Jur*) prescription *f*; *statute of* ~*s* loi *f* de prescription.

limited ['lɪmɪtɪd] *adj* limité, partiel (*f* -ielle); ~ *convertibility* convertibilité *f* partielle; ~ *flexibility* flexibilité *f* limitée; (*Jur*) ~ *partner* associé *m* passif, commanditaire *m inv* passif; (*Jur*) ~ *partnership* société *f* en commandite simple.

*****limited liability company (Ltd)** *n* (Jur) (UK) société *f* à responsabilité limitée.

Lincoln's Inn [,lɪŋkənz 'ɪn] *v.* Inns of Court.

line[1] [laɪn] *n* **1.** ligne *f*; ~ *of business* branche *f* d'activité; (Fin) ~ *of credit* ligne de crédit, autorisation *f* de crédit; (*Mgt*) ~ *organization* organisation *fl* structure *f* hiérarchique; (*Ind*) ~ *production* production *f* à la chaîne; *production* ~ chaîne *f* de production **2.** (Mkg) *product* ~ gamme *f*/ligne *f* de produits; ~ *extension* extension *f* de gamme **3.** (US) queue *f*; *wait in* ~ faire la queue.

line[2] [laɪn] *vt* (Emb) garnir, doubler, tapisser (l'intérieur d'une caisse).

lineage ['lɪnɪɪdʒ] *n* **1.** (Jur) lignée *f* **2.** (Pub) tarif *m* à la ligne, lignage *m*.

linear ['lɪnɪə] *adj* linéaire; (Inf) ~ *programming* programmation *f* linéaire.

liner ['laɪnə] *n* (T) navire *m* (de ligne régulière); ~ *agency* agence *f* maritime;

~ *agent* agent *m inv* de ligne, agent maritime; ~ *terms* conditions *f* de ligne.

lineup ['laɪnʌp] *n* (Jur) (US) (UK identity parade) alignement *m* de suspects pour identification.

link[1] [lɪŋk] *n* **1.** lien *m* **2.** (T) liaison *f*, correspondance *f*; *rail* ~ liaison ferroviaire.

link[2] [lɪŋk] *vt* relier.

linkage ['lɪŋkɪdʒ] *n* lien *m*, liaison *f*.

liquid[1] ['lɪkwɪd] *adj* **1.** liquide **2.** (Fin) liquide, disponible; (Cpta) ~ *assets* actif *m* réalisable, fonds *mpl* de roulement; ~ *investment* titre *m* de placement liquide; ~ *portfolio* portefeuille *m* liquide.

liquid[2] ['lɪkwɪd] *n* (Emb) ~*s* liquides *mpl*.

liquidate ['lɪkwɪdeɪt] *vt* **1.** (Jur) (société) mettre en liquidation **2.** (Bq/Fin) (dette) amortir.

liquidated ['lɪkwɪdeɪtɪd] *adj* (Jur) ~ *damages* montant *m* des dommages prévus en cas de rupture de contrat, dommages-intérêts *mpl* conventionnels; ~ *debt* dette *f* amortie.

liquidating ['lɪkwɪdeɪtɪŋ] *adj* (Fin) ~ *dividend* dividende *m* de liquidation.

liquidation [,lɪkwɪ'deɪʃn] *n* **1.** (Jur) (société) liquidation *f*, mise *f* en liquidation; *compulsory* ~ liquidation judiciaire; *voluntary* ~ liquidation volontaire **2.** (Bq/Fin) (dette) remboursement *m*.

liquidator ['lɪkwɪdeɪtə] *n* **1.** (Jur) liquidateur *m inv*; ~ *in bankruptcy* syndic *m inv* de faillite **2.** (Mkg) soldeur *m inv*.

liquidity [lɪ'kwɪdəti] *n* (Fin) liquidité *f*; ~ *control* régulation *f* de la liquidité; ~ *position* position *f* de trésorerie; ~ *preference* préférence *f* pour la liquidité; ~ *ratio* coefficient *m* de liquidité/de trésorerie; ~ *squeeze* compression *f* des liquidités; ~ *trap* trappe *f*/piège *m* de la liquidité.

Lisbon ['lɪzbən] *n* Lisbonne.

lis pendens [,lɪs 'pendənz] *loc* (Jur) affaire *f* en instance.

list[1] [lɪst] *n* **1.** liste *f*, bordereau *m* (*pl* -x); *mailing* ~ fichier *m* d'adresses; *price* ~ tarif *m*; ~ *price* prix *m* courant/au public; ~ *rental* location *f* de liste (*v.* mailing, direct mail).

list[2] [lɪst] *vt* **1.** faire la liste/l'inventaire de, énumérer **2.** (Bs) coter **3.** (Mkg) (produit) référencer **4.** (Inf) lister.

listed ['lɪstɪd] *adj* **1.** répertorié **2.** (Bs) inscrit, coté en Bourse; ~ *company* société *f* cotée; ~ *security* titre *m* coté; ~ *share* action *f* cotée (*v.* quoted share) **3.** (Mkg) (produit) référencé.

listing   116

listing ['lɪstɪŋ] *n* **1.** *(Bs)* cotation *f*
2. *(Jur)* contrat *m* de mandat en matière
immobilière entre un propriétaire et un
agent immobilier.
literature ['lɪtrətʃə] *n* documentation *f*.
Lithuania [ˌlɪθjuˈeɪnɪə] *n* Lituanie *f*;
in/to L~ en Lituanie.
Lithuanian[1] [ˌlɪθjuˈeɪnɪən] *adj* lituanien
(*f* -ienne).
Lithuanian[2] [ˌlɪθjuˈeɪnɪən] *n* Lituanien
m (*f* -ienne).
litigant ['lɪtɪgənt] *n* *(Jur)* plaideur *m* (*f*
-euse), partie *f* au procès.
litigation [ˌlɪtɪˈgeɪʃn] *n* *(Jur)* contentieux
m, litige *m*, procès *m*.
litmus test ['lɪtməs ˌtest] *n* *(Mgt)* révé-
lateur *m*, épreuve *f* décisive.
livestock ['laɪvstɒk] *ns inv* *(Agr)* cheptel
m; *~ farmer* éleveur *m* (*f* -euse) de bétail.
Lloyd's of London [ˌlɔɪdz əv ˈlʌndən]
n *(Ass)* la Lloyd's de Londres, association *f* de réassureurs.
LMBO *v.* **leveraged management buyout**.
LME *v.* **London Metal Exchange**.
load[1] [ləʊd] *n* **1.** fardeau *m* (*pl* -x),
charge *f*; *work ~* charge de travail
2. *(T)* charge *f*, chargement *m*, marchandises *fpl* transportées; *~ factor*
coefficient *m* de chargement; *~ made
up* fret *m* préparé pour être embarqué;
pay~ charge utile.
load[2] [ləʊd] *vti* **(with)** *(T)* charger (de).
load up v part *(T)* charger, prendre sa
charge/cargaison.
loading ['ləʊdɪŋ] *n* *(T)* chargement *m*;
~ bay aire *f* de chargement; *~ berth*
emplacement *m* de chargement; *~
charges* frais *mpl* de chargement; *~
coordinator* chef *m inv* chargeur; *~ details* modalités *f* de chargement; *~
ramp* rampe *f* de chargement; *~ siding*
voie *f* de chargement.
loan[1] [ləʊn] *n* emprunt *m*, prêt *m*; *~
agreement* contrat *m* de prêt, accord *m*
d'emprunt; *~ capital* capital *m* d'emprunt; *educational ~* prêt pour frais
d'études; *~ plan* contrat *m* de prêt; *secured ~* emprunt garanti; *(fam) ~
shark* usurier *m* (*f* -ière).
loan[2] [ləʊn] *vt* prêter.
loaned [ləʊnd] *adj* prêté.
loaned employee n (Jur) employé *m*
en mission temporaire chez un autre employeur.
loansharking ['ləʊnʃɑːkɪŋ] *n* *(Fin)*
(fam) usure *f*.
lobby ['lɒbɪ] *n* *(Pol)* groupe *m* de pres-
sion/d'intérêt, lobby *m*.

lobbying ['lɒbiɪŋ] *n* *(Pol)* « lobbying »
m, *(J.O.)* influençage *m*, pression *f* de la
part de groupes d'intérêts particuliers
afin d'influencer le législateur ou l'opinion publique.
local ['ləʊkl] *adj* **1.** local (*mpl* -aux),
régional (*mpl* -aux), municipal (*mpl*
-aux), sur place; *(Fisc) (UK) ~ authority rates* impôts *mpl* locaux; *(Pol) ~
government* administration *f*/collectivité
f locale; *(T) ~ transport* transport *m*
pré-/post-acheminement **2.** local (*mpl*
-aux), national (*mpl* -aux); *(Cl/Jur) ~
content* contenu *m* national; *(Cl/Jur) ~
content rule* règle *f* qui impose un certain pourcentage de composants d'origine nationale dans un produit.
local area network (LAN) n (Inf) réseau *m* (*pl* -x) local.
*Local Commissioner for Administra-
tion (LCA) n (UK)* médiateur *m inv*
chargé des conflits avec l'administration
locale (*v.* **Parliamentary Commissioner for Administration**).
localized ['ləʊkəlaɪzd] *adj* local (*mpl*
-aux).
locate [ləʊˈkeɪt] *vt* situer, implanter.
location [ləʊˈkeɪʃn] *n* site *m*, emplacement *m*.
lock[1] [lɒk] *n* **1.** serrure *f* **2.** *(T)* écluse
f.
lock[2] [lɒk] *vt* fermer à clé; *~ borders*
fermer ses frontières *fpl*.
lock out v part exclure; *be locked out
of a market* être exclu d'un marché.
lockout ['lɒkaʊt] *n* *(Jur)* « lock-out » *m*,
fermeture *f* d'une usine ou d'ateliers dé-
cidée par l'employeur en cas de désaccord grave entre la direction et les syndicats.
loco price ['ləʊkəʊ ˌpraɪs] *loc* *(T)* prix
m lieu de départ.
lodge [lɒdʒ] *vt* **1.** héberger **2.** *~ a complaint* faire une réclamation.
log [lɒg] *n* **1.** bûche *f* **2.** *ab de* **logbook**.
log rolling n (Pol) (US) (fam) renvoi
m de l'ascenseur (*au* Congrès).
logbook ['lɒgbʊk] *n* **1.** registre *m* **2.** *(T)*
journal *m* de bord, carnet *m* de route,
carnet *m* de vol **3.** *(T) (UK)* équiv. carte
f grise.
loggerheads ['lɒgəhedz] *loc at ~* à
couteaux tirés.
logistics [ləˈdʒɪstɪks] *npl* logistique *f*.
logjam ['lɒgdʒæm] *n* blocage *m*.
logo ['ləʊgəʊ] *n* logo *m*.
LOI *v.* **letter of intent**.
loitering ['lɔɪtrɪŋ] *n* *(Jur)* vagabondage
m délictueux; *~ with intent* vagabondage *m* avec délit d'intention.
lo-lo *v.* **lift on-lift off**.

Lombard rate ['lɒmbəd ˌreɪt] *n* taux *m* lombard (de **Lombard Street**, Londres).

Lomé Agreement [ˌləʊmeɪ əˈgriːmənt] *n* (CI) (UE) Accord *m* de Lomé.

London ['lʌndən] *n* Londres.

*London Interbank Offered Rate (LIBOR)** *n* (Bq/Fin) libor *m*, taux *m* interbancaire londonien.

*London Metal Exchange (LME)** *n* (Bs/Fin) Bourse *f* des métaux de Londres.

*London Stock Exchange** *n* Bourse *f* de Londres (avant le **Big Bang** de 1986) (v. **International Stock Exchange**).

long [lɒŋ] *adj* long (f longue) ; (Bs) ~ *position* position *f* longue, position à la hausse ; ~ *in the* ~ *run/term* à long terme ; ~*-run equilibrium* équilibre *m* à long terme ; (Emb) ~ *ton (lt)* tonne *f* (anglaise), 1 016 kg.

*long arm statute** *n* (Jur) (US) loi *f* d'un Etat fédéré conférant compétence aux tribunaux de cet Etat concernant des personnes résidant dans un autre Etat.

longshoreman ['lɒŋʃɔːmən] *n* (T) docker *m inv*.

long-standing [ˌlɒŋˈstændɪŋ] *adj* bien établi ; qui dure depuis longtemps ; ~ *arrangement* accord *m* ancien.

long-term [ˌlɒŋˈtɜːm] *adj* à long terme ; ~ *asset* actif *m* immobilisé ; ~ *capital* capitaux *mpl* à long terme ; ~ *contract* contrat *m* de longue durée ; ~ *credit* crédit *m* à long terme ; ~ *cycle* cycle *m* de longue durée ; ~ *investment* placement *m* à long terme, participation *f* permanente, valeurs *fpl* mobilières immobilisées ; ~ *liabilities* dettes *fpl* à long terme ; ~ *loan* emprunt *m* à long terme ; ~ *and medium-term credit banks* banques *fpl* de crédit à long et moyen terme ; ~ *unemployment* chômage *m* de longue durée.

*long-term disability (LTD)** *n* (Jur/Ass) incapacité *f* permanente partielle (IPP).

look for ['lʊk fɔː] *v part* chercher ; ~ *for a job* être à la recherche d'un emploi.

loophole ['luːpʰəʊl] *n* faille *f*, échappatoire *f* ; (Jur) lacune *f* dans un texte de loi qui permet de contourner celle-ci en toute légalité ; *tax* ~ faille *f* dans la législation fiscale.

loose [luːs] *adj* (à dist. lose) **1.** relâché ; (corde) mou (f molle) ; (cargaison) mal arrimé ; ~ *sheet (of paper)* feuille *f* volante **2.** (T) non emballé, en vrac ; ~ *load* marchandises *fpl* en vrac.

loosen ['luːsn] *vt* (corde) desserrer ; (Mkg) ~ *a market* réussir à s'introduire sur un marché.

loot[1] [luːt] *n* **1.** butin *m* **2.** (fam) fric *m*.

loot[2] [luːt] *vti* (Jur) piller ; (fam) faire de la casse.

looter ['luːtə] *n* (Jur) pillard *m*, casseur *m inv*.

lopsided [ˌlɒpˈsaɪdɪd] *adj* mal équilibré, boiteux (f -euse).

lord [lɔːd] *n* (Pol) (UK) pair *m*, membre *m inv* de la Chambre des lords. v. **Law Lords**.

*Lord Chancellor** *n* (Pol) (UK) Lord *m* Chancelier *m*, président *m* de la Chambre des lords.

*Lord Justices of Appeal** *npl* (UK) juges *mpl* de la cour d'appel de la Chambre des lords (v. **Law Lords**).

lorry ['lɒri] *n* (T) (UK) camion *m*.

lose [luːz] *vt* (lost, lost) (à dist. loose) perdre ; ~ *one's job* perdre son emploi ; ~ *money* perdre de l'argent.

loss [lɒs] *n* **1.** perte *f* ; *dead* ~ perte sèche ; (Bq) ~ *on exchange* perte de change ; (Mkg) ~ *leader* produit *m* d'appel, article *m* promotionnel vendu à perte ; ~ *of momentum* perte d'élan/de vitesse ; ~ *of profit* manque *m* à gagner ; ~ *of a right* perte *f*/déchéance *f* d'un droit ; *sell at a* ~ vendre à perte ; *show a* ~ accuser une perte **2.** (Ass) préjudice *m*, sinistre *m*.

lost [lɒst] *v.* lose.

lot [lɒt] *n* **1.** lot *m* **2.** *a* ~ *of*/~*s of* beaucoup de, des quantités de.

lottery ['lɒtri] *n* loterie *f* ; (Bs) ~ *bond* obligation *f* à lots.

low[1] [ləʊ] *adj* bas (f basse), faible ; ~ *income bracket* tranche *f* des revenus modestes ; (Mkg) ~ *end of the range* bas *m* de gamme.

low[2] [ləʊ] *n* (courbe) creux *m* ; *an all-time* ~ niveau *m* (pl -x) le plus bas jamais enregistré.

lower[1] ['ləʊə] *comp* low ; plus bas (f basse), inférieur.

lower[2] ['ləʊə] *vt* abaisser, diminuer.

low-key [ˌləʊˈkiː] *adj* discret (f -ète), modeste ; (campagne publicitaire) discret, peu agressif (f -ive).

low-profile [ˌləʊˈprəʊfaɪl] *adj* modéré, discret (f -ète).

loyal ['lɔɪəl] *adj* loyal (mpl -aux), (client) fidèle ; (Mkg) ~ *customer discount* remise *f* de fidélité.

loyalty ['lɔɪəlti] *n* loyauté *f*, fidélité *f* ; (Mkg) *customer* ~ fidélité *f* du client ; *build up customer* ~ fidéliser le client.

LSAT *v.* **Law School Admission Test**.

LSE *v.* **London Stock Exchange**.

LSO *v.* **Legal Services Ombudsman**.

Ltd *v.* **limited liability company**.

LTD v. long-term disability.

LTFV v. less than fair value.

lubricate ['lu:brɪkeɪt] vt (T) lubrifier, graisser.

luggage ['lʌgɪdʒ] ns inv (T) bagages mpl ; excess ~ excédent m de bagages ; hand ~ bagage(s) à main ; ~ hold soute f à bagages.

lumber ['lʌmbə] ns inv (US) (UK **timber**) bois m de construction/de charpente.

lump [lʌmp] n **1.** bloc m **2.** ~ sum forfait m ; somme f forfaitaire ; ~-sum

settlement règlement m forfaitaire/en une seule fois ; (T) ~ sum freight fret m forfaitaire.

Luxembourg ['lʌksəmbɜ:g] n Luxembourg m ; in/to L~ au Luxembourg.

Luxembourgeois [ˌlʌksəm'buəʒwɑ:] adj luxembourgeois.

Luxemb(o)urger ['lʌksəmbɜ:gə] n Luxembourgeois m.

luxury ['lʌkʃəri] n luxe m ; ~ goods articles mpl/produits mpl de luxe ; ~ market marché m du luxe ; (Fisc) ~ tax impôt m sur les produits de luxe.

M

M&A v. mergers and acquisitions.

M.A. v. memorandum of association.

Macedonia [ˌmæsɪ'dəʊniə] n Macédoine f ; in/to M~ en Macédoine.

Macedonian[1] [ˌmæsɪ'dəʊniən] adj macédonien (f -ienne).

Macedonian[2] [ˌmæsɪ'dəʊniən] n Macédonien m (f -ienne).

machine [mə'ʃi:n] n **1.** machine f ; ~-made fait à la machine ; ~ tools machines-outils fpl **2.** structure f, organisation f, machine f ; (Pol) the party ~ les rouages mpl du parti.

machine gun n mitrailleuse f.

machinery [mə'ʃi:nəri] n **1.** machinerie f, machines fpl, équipement m/matériel m industriel **2.** rouages mpl, structure f ; the administrative ~ les rouages mpl de l'administration.

macroeconomics ['mækrəʊˌi:kə'nɒmɪks /ˈmækrəʊˌekənə:mɪks] n macroéconomie f.

Madagascan[1] [ˌmædə'gæskən] adj (aussi **Malagasy**) malgache.

Madagascan[2] [ˌmædə'gæskən] n (aussi **Malagasy**) Malgache mf.

Madagascar [ˌmædə'gæskə] n Madagascar ; in/to M~ à Madagascar.

made[1] [meɪd] v. make.

made[2] [meɪd] adj fabriqué ; hand-~ fait main ; ~ to order fait sur commande.

Madison Avenue ['mædɪsən 'ævənju:] n (Mkg) (US) **1.** avenue f à New York, siège de nombreuses agences de publicité **2.** l'industrie f publicitaire américaine.

magazine [ˌmægə'zi:n] n magazine m ; trade ~ revue f professionnelle.

magistrate ['mædʒɪstreɪt] n (Jur) magistrat m inv, juge m inv des juridictions inférieures ; (UK) examining ~ juge d'instruction ; (UK) lay ~ juge non professionnel et non rémunéré ; (UK) stipendiary ~ juge professionnel et rémunéré.

Magistrates' Courts npl (Jur) (UK) cours fpl inférieures présidées par un juge de paix.

Magna Carta [ˌmægnə 'kɑ:tə] n (Pol) (UK) « la Grande Charte », octroyée en 1215 par le roi Jean à ses barons et qui constitue un des fondements des libertés individuelles au Royaume-Uni.

magnate ['mægneɪt] n magnat m inv.

magnetic [mæg'netɪk] adj magnétique ; ~ tape bande f magnétique ; (Inf) ~ disk disque m magnétique.

maiden ['meɪdn] adj **1.** inaugural (pl -aux), premier (f -ière) ; ~ voyage voyage m inaugural **2.** ~ name nom m de jeune fille.

mail[1] [meɪl] n courrier m ; (Jur) (US) ~ fraud (crime m de) fraude f postale ; in-coming ~ courrier à l'arrivée ; outgoing ~ courrier au départ ; (T) ~ train train m postal.

mailshot n (Mkg) publipostage m, mailing m.

mail[2] [meɪl] vt envoyer par la poste.

mailbox ['meɪlbɒks] n (US) boîte f aux lettres.

mailbox rule n (Jur) (droit des contrats) règle f en vertu de laquelle l'offre est valable à la réception et l'acceptation à l'émission.

mailing ['meɪlɪŋ] n **1.** envoi m par la poste ; ~ address adresse f postale **2.** (Mkg) publipostage m, mailing m ; ~ list fichier m d'adresses.

mail order [ˌmeɪl ˈɔːdə] *n* vente *f* par correspondance (VPC) ; *(Mkg)* ~ *business* vente par correspondance ; ~ *firm/house* entreprise *f* de vente par correspondance ; ~ *selling* vente *f* par correspondance.

maim [meɪm] *vt* estropier, mutiler.

main [meɪn] *adj* principal (*mpl* -aux) ; *(Aff)* ~ *office* siège *m* social.

mainframe [ˈmeɪnfreɪm] *n* (*Inf*) gros ordinateur *m*, macro-ordinateur *m*.

mainstay [ˈmeɪnsteɪ] *n* soutien *m* principal, point *m* d'appui ; *mail order sales are the* ~ *of this business* les ventes par correspondance sont le pilier de cette entreprise.

maintain [meɪnˈteɪn] *vt* 1. maintenir, garder 2. entretenir, assurer l'entretien de.

maintenance [ˈmeɪntənəns] *n* 1. entretien *m*, « maintenance » *f* ; *(Cpta)* ~ *of books* tenue *f* des livres ; ~ *charges/costs* frais *mpl* d'entretien ; ~ *department* service *m* d'entretien ; ~ *of a machine* entretien d'une machine ; ~ *personnel* personnel *m* chargé de l'entretien 2. maintien *m*, soutien *m* ; *(Jur)* *resale price* ~ accord *m* illicite imposant le prix de revente 3. *(Jur)* pension *f* alimentaire (en cas de séparation) ; ~ *order* obligation *f* alimentaire.

maize [meɪz] *n* (*UK*) (*US* corn) maïs *m*.

major[1] [ˈmeɪdʒə] *adj* majeur ; ~ *changes* changements *mpl* profonds ; ~ *decision* décision *f* capitale.

major[2] [ˈmeɪdʒə] *n* 1. *(Jur)* personne *f* *inv* majeure 2. *(US)* (*université*) spécialisation *f*, matière *f* principale 3. *the* ~*s* les plus grosses entreprises (dans un secteur).

majority [məˈdʒɒrəti] *n* majorité *f* ; *in the* ~ majoritaire ; *in the* ~ *of cases* dans la plupart des cas 1. *(Pol)* *absolute* ~ majorité absolue ; *overall* ~ majorité absolue ; *simple* ~ majorité simple 2. *(Jur)* ~ *opinion* opinion *f* de la majorité des juges d'un tribunal (*v.* **concurring opinion, dissenting opinion**) 3. *(Mgt)* majoritaire ; ~ *holding/interest* participation *f* majoritaire ; ~ *owner* actionnaire *mf* majoritaire ; ~ *stake* participation *f* majoritaire ; ~ *stockholder* actionnaire *mf* majoritaire 4. *(Jur)* majorité *f* légale ; *age of* ~ âge *m* de la majorité.

majority rule *n* (*Pol*) gouvernement *m* par la majorité, application *f* du principe du suffrage universel.

make [meɪk] *vt* (**made, made**) faire, fabriquer ; ~ *a bid for* faire une offre ; ~ *a higher bid* enchérir ; ~ *contacts* prendre des contacts *mpl* ; ~ *a contract* éta-blir un contrat ; *(Cpta)* ~ *an entry* passer une écriture ; ~ *a list of* répertorier ; ~ *people redundant* licencier, supprimer des emplois ; ~ *profits* faire des bénéfices *mpl* ; *(Cpta)* ~ *a record of* enregistrer.

make out *v part* (*document, chèque*) établir, rédiger.

make up *v part* 1. faire, établir 2. compenser ; ~ *up a deficit* combler un déficit ; ~ *up for lost time* rattraper le temps perdu 3. représenter, composer, constituer.

maker [ˈmeɪkə] *n* 1. fabricant *m* *inv* ; (*voitures, ordinateurs*) constructeur *m* (*f* -trice) 2. rédacteur *m* (*f* -trice), libelleur *m* (*f* -euse) ; (*Bq*) ~ *of a cheque/check* rédacteur *m* (*f* -trice)/signataire *mf* d'un chèque 3. (*Fin*) souscripteur *m* (*f* -trice).

makeshift[1] [ˈmeɪkʃɪft] *adj* de fortune.

makeshift[2] [ˈmeɪkʃɪft] *n* moyen *m* de fortune, expédient *m*.

maladministration [ˌmæləadˌmɪnɪˈstreɪʃn] *n* mauvaise gestion *f*.

Malagasy[1] [ˈmæləgæsi] *adj* (*aussi* **Madagascan**) malgache.

Malagasy[2] [ˈmæləgæsi] *n* (*aussi* **Madagascan**) Malgache *mf*.

Malawi [məˈlɑːwi] *n* Malawi *m* ; *in/to* M~ au Malawi.

Malawian[1] [məˈlɑːwiən] *adj* malawite.

Malawian[2] [məˈlɑːwiən] *n* Malawite *mf*.

Malaysia [məˈleɪziə / məˈleɪʒə] *n* Malaysia *f* ; *in/to* M~ en Malaysia.

Malaysian[1] [məˈleɪziən / məˈleɪʒən] *adj* malaysien (*f* -ienne).

Malaysian[2] [məˈleɪziən / məˈleɪʒən] *n* Malaysien *m* (*f* -ienne).

Maldives [ˈmɔːldiːvz] *npl* (îles *fpl*) Maldives ; *in/to the* M~ aux Maldives.

Maldivian[1] [mɔːlˈdɪviən] *adj* des îles Maldives.

Maldivian[2] [mɔːlˈdɪviən] *n* habitant *m* des îles Maldives.

malfeasance [mælˈfiːzns] *n* (*Jur*) accomplissement *m* d'un acte illicite, malversation *f* (à *dist.* **misfeasance**).

malfunction [ˌmælˈfʌŋkʃn] *n* défaillance *f*, dysfonctionnement *m*.

Mali [ˈmɑːli] *n* Mali *m* ; *in/to* M~ au Mali.

Malian[1] [ˈmɑːliən] *adj* malien (*f* -ienne).

Malian[2] [ˈmɑːliən] *n* Malien *m* (*f* -ienne).

malice [ˈmælɪs] *n* malice *f*, malveillance *f* ; *(Jur)* *with* ~ *aforethought* avec préméditation, avec intention délictueuse.

malicious [məˈlɪʃəs] *adj* (*Jur*) avec intention *f* criminelle/délictueuse ; ~ *damage* dommage *m* avec intention de nuire ; ~ *destruction* sabotage *m* ; ~

prosecution poursuites *fpl* abusives ; *with ~ intent* avec intention de nuire.

mall [mɔːl] *n* *(US)* *(aussi* **shopping mall***)* centre *m* commercial.

malpractice [ˌmælˈpræktɪs] *n (Jur)* négligence *f*, faute *f* professionnelle, incurie *f*, mauvaise gestion *f* ; *~ insurance* assurance *f* responsabilité professionnelle ; *~ suit* procès *m* pour faute professionnelle/pour incompétence.

Malta [ˈmɔːltə] *n* (île *f* de) Malte ; *in/to M~* à Malte.

Maltese[1] [mɔːlˈtiːz] *adj* maltais.

Maltese[2] [mɔːlˈtiːz] *n (pl inv)* Maltais *m*.

Malthusianism [mælˈθjuːzɪənɪzm] *n* malthusianisme *m*.

malum in se [ˌmæləm ɪn ˈseɪ] *n (Jur)* acte *m* mauvais en lui-même (interdit ou non par la loi).

malum prohibitum [ˌmæləm prəʊˈhɪbɪtəm] *n (Jur)* acte *m* interdit par la loi.

man[1] [mæn] *n (pl* **men***)* **1.** homme *m* ; *the ~ in the street* l'homme de la rue ; *(Jur) the reasonable ~* l'homme raisonnable, le bon père de famille **2.** ouvrier *m (f* -ière), travailleur *(f* -euse).

man[2] [mæn] *vt* équiper, fournir en personnel ; *~ a stand* équiper un stand en personnel.

manage [ˈmænɪdʒ] *vt* **1.** diriger, gérer **2.** *~ to do* parvenir/réussir à faire.

manageable [ˈmænɪdʒəbl] *adj* faisable, gérable.

managed [ˈmænɪdʒd] *adj* géré, dirigé ; *~ competition* concurrence *f* organisée ; *(Fin) ~ float* flottement *m* contrôlé ; *~ health care* système *m* de gestion des soins médicaux visant à obtenir le meilleur rapport qualité/coût ; *(CI) ~ trade* commerce *m* administré/planifié.

management [ˈmænɪdʒmənt] *n* **1.** conduite *f* d'une affaire, gestion *f*, gérance *f*, administration *f* ; *~ accounting* comptabilité *f* de gestion ; *~ chart* tableau *m (pl* -x) de bord ; *~ consultant* conseiller *m (f* -ère) en gestion d'entreprise ; *~ contract* contrat *m* de gérance ; *~ control* contrôle *m* de gestion ; *~ controller* contrôleur *m (f* -euse) de gestion ; *~ investment company* société *f* de gestion **2.** direction *f*, cadres *mpl* supérieurs ; *middle ~* cadres *mpl* moyens ; *upper ~* cadres *mpl* supérieurs ; *under new ~* changement *m* de propriétaire.

***management by objectives (MBO)** *n* gestion *f*/direction *f* par objectifs.

manager [ˈmænɪdʒə] *n* directeur *m (f* -trice), administrateur *m (f* -trice), gérant *m*, gestionnaire *mf* ; *area ~* directeur ré-

gional ; *assistant ~* sous-directeur *m* ; *deputy ~* directeur *m* adjoint ; *line ~* cadre *m inv* opérationnel ; *personnel ~* chef *m inv* du personnel.

managerial [ˌmænəˈdʒɪərɪəl] *adj* de direction, de management ; *~ accounting* comptabilité *f* de gestion ; *~ expenses* frais *mpl* de gestion ; *~ functions* fonctions *fpl* de direction ; *~ staff* personnel *m* d'encadrement.

managing [ˈmænɪdʒɪŋ] *adj* *~ agent* gérant *m* ; *~ director* président-directeur *m inv* général (PDG) ; *~ partner* associé *m* gérant.

mandamus [mænˈdeɪməs] *n (Jur)* ordonnance *f* d'exécution.

mandate[1] [ˈmændeɪt] *n* **1.** *(Pol)* mandat *m* **2.** *(Jur)* ordre *m*/injonction *f* adressé(e) à une instance inférieure, mandement *m* judiciaire **3.** *(Pol)* mandat *m* remis à certaines grandes puissances après la Première Guerre mondiale pour administrer les territoires coloniaux des vaincus.

mandate[2] [mænˈdeɪt] *vt* autoriser.

mandatory [ˈmændətrɪ / ˈmændətəːrɪ] *adj* obligatoire ; *~ retirement age* âge *m* obligatoire de la retraite.

manifest [ˈmænɪfest] *n (T)* manifeste *m* de bord.

manipulation [məˌnɪpjuˈleɪʃn] *n* manœuvre *f*.

manning [ˈmænɪŋ] *n* effectifs *mpl* ; *~ levels* niveau *m (pl* -x) des effectifs.

manpower [ˈmænpaʊə] *n* main-d'œuvre *f* ; *~ management* gestion *f* des effectifs.

Mansholt Plan [ˈmænshəʊlt ˌplæn] *n (UE)* Plan *m* Mansholt ; plan de modernisation de l'agriculture européenne présenté en 1968.

manslaughter [ˈmænslɔːtə] *ns inv (Jur)* homicide *m* involontaire.

manual[1] [ˈmænjuəl] *adj* manuel *(f* -elle) ; *~ worker* ouvrier *m (f* -ière).

manual[2] [ˈmænjuəl] *n* manuel *n*, guide *m* ; *instruction ~* manuel d'utilisation ; *service ~* notice *f* d'entretien.

manufacture[1] [ˌmænjuˈfæktʃə] *n* **1.** fabrication *f* **2.** *~s* produits *mpl* manufacturés.

manufacture[2] [ˌmænjuˈfæktʃə] *vt* fabriquer, produire.

manufactured [ˌmænjuˈfæktʃəd] *adj* *~ product* produit *m* manufacturé.

manufacturer [ˌmænjuˈfæktʃərə] *n* producteur *m (f* -trice), fabricant *m*, constructeur *m (f* -trice), industriel *m (f* -ielle) ; *~'s representative* agent *m inv*/concessionnaire *m inv* exclusif.

manufacturing [ˌmænjuˈfæktʃərɪŋ] *n*
1. production *f*, fabrication *f*; ~
capacity capacité *f* de production; ~
facility/plant unité *f* de fabrication; ~
licence/license licence *f* de fabrication;
~ *process* mode *m* de fabrication; ~
shop atelier *m* de fabrication; ~ *subsidiary* filiale *f* de production; ~ *town*
ville *f* industrielle **2.** secteur *m* manufacturier; ~ *industries* industries *fpl* de
transformation; ~ *industry/sector* secteur manufacturier.

Maoism [ˈmaʊɪzəm] *n (Pol)* maoïsme *m*.

map[1] [mæp] *n* carte *f*, plan *m*.

map[2] [mæp] *vt* dresser une carte/un plan.
***map out** *v part* organiser, élaborer; ~
out a strategy définir une stratégie.

Mapp v. Ohio *n (Jur) (US)* arrêt *m* de
1961 dans lequel la Cour suprême dé-
clara irrecevables, devant les juridictions
étatiques ainsi que devant les juridictions fédérales, les preuves obtenues illégalement (*v.* **Fourth Amendment,
Fourteenth Amendment**).

maquiladora [ˌmækiˌjɑːˈdɔːrə] *n (US)*
usine *f* en zone franche à la frontière
Etats-Unis/Mexique.

Marbury v. Madison *n (Jur) (US)* arrêt *m* de 1803 dans lequel la Cour suprême pose les bases du contrôle de la
constitutionnalité (*v.* **judicial review**).

March [mɑːtʃ] *n* mars *m*.

margin [ˈmɑːdʒɪn] *n* **1.** marge *f*; ~ *of
error* marge d'erreur; *operating* ~
marge d'exploitation; *profit* ~ marge
bénéficiaire **2.** *(Bs/Fin)* marge *f*, couverture *f*, acompte *m*; *(US)* ~ *account*
compte *m* de marge; ~ *call* appel *m* de
marge; ~ *ratio* taux *m* de couverture.

marginal [ˈmɑːdʒɪnəl] *adj* **1.** limite,
marginal (*mpl* -aux); ~ *case* cas *m* limite; *(Agr)* ~ *lands* terres *fpl* de faible
rendement **2.** *(Eco)* marginal (*mpl*
-aux); ~ *cost* coût *m* marginal; ~ *cost
pricing* fixation *f* du prix au cours marginal; ~ *efficiency of capital* efficacité
f marginale du capital; ~ *productivity*
productivité *f* marginale; ~ *propensity*
propension *f* marginale; ~ *propensity
to import* propension *f* marginale à importer; ~ *revenue* recette *f* marginale;
~ *utility* utilité *f* marginale.
***marginal propensity to consume**
(MPC) *n (Eco)* propension *f* marginale
à consommer.
***marginal propensity to save (MPS)** *n*
(Eco) propension *f* marginale à épargner.
***marginal rate of substitution (MRS)**
n (Eco) taux *m* marginal de substitution.

marine [məˈriːn] *adj* maritime; *(Jur)* ~
court tribunal *m* maritime; *(Ass)* ~ *in-*

surance assurance *f* maritime; *(Ass)* ~
underwriter assureur *m* *inv* maritime.

marital [ˈmærɪtl] *adj* marital (*mpl* -aux),
matrimonial (*mpl* -iaux); ~ *agreements*
contrats *mpl* matrimoniaux; *(Jur) (US)*
~ *communications privilege* confidentialité *f* des informations communiquées
entre époux; ~ *property* acquêts *mpl*.

maritime [ˈmærɪtaɪm] *adj* maritime; ~
conference conférence *f* maritime; ~
law droit *m* maritime; *(T)* ~ *transport*
transport *m* maritime.

mark[1] [mɑːk] *n* marque *f*, signe *m*;
(Emb) ~s marques *fpl* extérieures (sur
les colis).

mark[2] [mɑːk] *vt* marquer, noter, coter;
~ *a price* inscrire un prix; *(Bs)* ~
stocks coter des valeurs.
***mark down** *v part* réduire le prix de;
~ *articles down* démarquer des articles.
***mark up** *v part* augmenter le prix de.

markdown [ˈmɑːkdaʊn] *n (Mkg)* rabais
m, démarque *f*; ~ *item* article *m* dé-
marqué.

marker crude [ˈmɑːkə ˈkruːd] *n (pétrole)* brut *m* de référence.

market [ˈmɑːkɪt] *n* marché *m*, débouché
m; ~ *access* accès *m* au marché; ~
access costs frais *mpl* d'approche du
marché; ~ *account* position *f* de place;
~ *analysis* analyse *f* du marché; ~ *approval* sanction *f* du marché; ~
business prospects perspectives *fpl*
commerciales; *(Bs)* ~ *capitalization*
capitalisation *f* boursière; ~ *channels*
canaux *mpl* de distribution; ~ *coverage*
couverture *f* du marché; *(Mkg)* ~*-dri-
ven* mercatisé; ~ *economy* économie *f*
de marché; ~ *exploration* prospection
f d'un marché; *financial* ~ marché *m*
financier; ~ *forces* forces *fpl* du marché; ~ *labour/labor* ~ marché *m* du travail; ~ *leader* entreprise *f* leader sur le
marché; ~ *maker* contrepartiste *mf*, teneur *m* (*f* -euse) de marché; ~ *making*
tenue *f* de marché; ~ *maturation* mû-
rissement *m* du marché; ~ *niche* créneau *m* (*pl* -x); ~ *opening* ouverture *f*
des marchés; *(Bs)* ~ *order* ordre *m* au
mieux; ~ *penetration* pénétration *f* du
marché; ~ *position* position *f* sur le
marché; ~ *prices* cours *mpl* du marché; ~ *report* bulletin *m* de la Bourse;
~ *research* étude *f* de marché; ~ *segmentation* segmentation *f* du marché;
~ *share* part *f* de marché; ~*-sharing
agreement* accord *m* de partage des
marchés; ~ *situation* situation *f* du
marché; situation *f* du produit sur le
marché; ~ *size* part *f* de marché, taille
f du marché; ~ *survey* étude *f*/enquête
f de marché; ~ *trend* tendance *f* du

marché ; *(Bs)* ~ *valuation* évaluation *f* boursière ; ~ *value* valeur *f* marchande.

market[2] ['ma:kɪt] *vt* commercialiser, mettre sur le marché.

marketable ['ma:kɪtəbl] *adj* **1.** vendable, commercialisable **2.** marchand, négociable ; *(Fin)* ~ *bond* obligation *f* négociable ; *(Bs)* ~ *security* titre *m* négociable ; *(Jur)* ~ *title* titre *m* de propriété incontestable et donc négociable.

marketer/marketeer ['ma:kɪtə/ma:kɪ'tɪə] *n (Mkg) (J.O.)* mercaticien *m* (*f* -ienne), distributeur *m* (*f* -trice).

marketing ['ma:kɪtɪŋ] *n (Mkg) (J.O.)* mercatique *f*, marketing *m*, marchéage *m*, mise *f* sur le marché ; ~ *area* secteur *m* de distribution ; ~ *consultant* *m inv* en marketing ; ~ *costs* coûts *mpl* de commercialisation ; ~ *department* service *m* (du) marketing ; ~ *director/manager* directeur *m* (*f* -trice) marketing ; ~ *expert/man* mercaticien *m* spécialiste de marketing ; ~ *function* fonction *f* marketing ; ~ *management* management *m* mercatique ; ~ *mix* marchéage *m*, marketing mix *m* ; ~ *network* réseau *m* (*pl* -x) de commercialisation ; ~ *plan* plan *m* de marketing ; ~ *policy* politique *f* marketing ; ~ *research* recherche *f* en mercatique ; ~ *researcher* chargé *m* d'étude ; ~ *spectrum* marchéage *m* ; ~ *strategy* stratégie *f* marketing ; ~ *survey* étude *f* de marché.

marketplace ['ma:kɪt,pleɪs] *n* marché *m*.

marking ['ma:kɪŋ] *n (Emb)* marquage *m*.

markup ['ma:kʌp] *n* **1.** marge *f* brute **2.** augmentation *f* de prix.

marshal ['ma:ʃl] *n (Jur)* **1.** *(US)* fonctionnaire *mf* de police près les tribunaux fédéraux (*v.* **district court**) **2.** *(UK)* greffier *m* (*f* -ière).

marshalling yard ['ma:ʃlɪŋ ja:d] *n (T)* gare *f* de triage.

Marshall Islands ['ma:ʃl aɪləndz] *npl* (îles *fpl*) Marshall ; *in/to the M~I~* aux îles Marshall.

Marshall-Lerner Criterion [,ma:ʃl 'lɜ:nə kraɪ'tɪərɪən] *n (Eco)* condition *f* Marshall-Lerner, théorème *m* des élasticités critiques.

Marshall Plan ['ma:ʃl plæn] *n* Plan *m* Marshall.

mart [ma:t] *n (Mkg) (US)* centre *m* permanent d'exposition et de vente en gros.

martial ['ma:ʃl] *adj* martial (*mpl* -iaux) ; ~ *law* loi *f* martiale.

Marxism ['ma:ksɪzm] *n (Pol)* marxisme *m*.

• **mass** [mæs] *n* masse *f* ; ~ *advertising* publicité *f* de masse ; ~ *consumption* consommation *f* de masse ; ~ *consumption product* produit *m* de grande consommation ; ~ *display* présentation *f* de masse ; ~ *market* marché *m* de masse ; ~ *media* mass-médias *mpl*, moyens *mpl* de communication de masse ; ~*-produced* fabriqué en série ; ~ *production* fabrication *f* en série ; *(Inf)* ~ *storage* mémoire *f* de masse ; ~ *transit system* transports *mpl* en commun.

master[1] ['ma:stə] *n* **1.** maître *m*, servant de référence ; ~ *agreement* convention *f* collective/de base/de référence ; ~ *copy* (document) original *m* (*pl* -aux), (bande) bande *f* mère ; ~ *franchise* accord-cadre *m* de franchise **2.** *(T)* capitaine *m inv* **3.** ~'s *(degree)* (diplôme) maîtrise *f* ; *M~ of Arts* équiv. maîtrise *f* ès lettres ; *M~ of Science* équiv. maîtrise *f* ès sciences.
*Master of Business Administration (MBA) *n* équiv. maîtrise *f* de gestion.
*Master of the Rolls *n (Jur) (UK)* Garde *m* des Rôles, président de la chambre civile de la **Court of Appeal**.

master[2] ['ma:stə] *vt* maîtriser.

match [mætʃ] *vt* **1.** rivaliser, égaler **2.** assortir.
*matching funds *npl (Pol) (US)* financement *m* public des campagnes présidentielles à la hauteur des fonds collectés par les candidats.
*matching principle *n (Cpta)* rattachement *m* des charges et produits aux exercices correspondants.

mate [meɪt] *n* **1.** camarade *mf*, compagnon *m* (*f* compagne) ; *(Pol) (US) running* ~ colistier *m* (*f* -ière) **2.** *(T)* officier *m inv* de bord.
*mate's receipt (m/r) *n (T)* billet *m* de bord, bon *m* de chargement.

material[1] [mə'tɪərɪəl] *adj* matériel (*f* -elle) ; *(Jur)* ~ *evidence* preuve *f* matérielle/déterminante ; *(Jur)* ~ *representation* communication *f* par un contractant de faits pouvant être constitutifs d'un vice du consentement s'ils s'avèrent faux ; *(Jur)* ~ *facts* faits *mpl* essentiels.

material[2] [mə'tɪərɪəl] *n* **1.** matière *f* ; *raw* ~*s* matières premières **2.** matériel *m* ; *display* ~ matériel promotionnel **3.** matériau *m* (*pl* -x), tissu *m*.

materiality [mə,tɪərɪ'æləti] *n (Cpta)* ~ *principle* principe *m* de l'importance relative.

materialize [mə'tɪərɪəlaɪz] *vi* se concrétiser, se réaliser.

maternity [mə'tɜ:nəti] *n* maternité *f* ; ~ *leave* congé *m* de maternité.

meet

mathematical [ˌmæθəˈmætɪkl] *adj* mathématique ; **~ model** modèle *m* mathématique.

matrix [ˈmeɪtrɪks] *n* matrice *f* ; *(Inf) (dot)*
~ printer imprimante *f* matricielle.

matter[1] [ˈmætə] *n* **1.** question *f*, affaire
f ; **~ in issue** question en cause/en jeu
2. matière *f* ; **printed ~** imprimés *mpl*.

matter[2] [ˈmætə] *vi* importer ; *it doesn't*
~ ça n'a pas d'importance.

mature [məˈtʃʊə] *adj* **1.** mûr ; **~ market**
marché *m* en phase de maturité ; **~
product** produit *m* en phase de maturité
2. mûri, réfléchi **3.** *(Fin)* échu.

maturity [məˈtʃʊərəti] *n* échéance *f*,
terme *m* ; **~ of a bond** échéance/durée
f de vie d'un titre ; **~ date/date of ~**
échéance ; *(US)* **~ tickler** échéancier *m*.

Mauritania [ˌmɒrɪˈteɪnɪə] *n* Mauritanie
f ; *in/to M~* en Mauritanie.

Mauritanian[1] [ˌmɒrɪˈteɪnɪən] *adj* mauritanien (*f* -ienne).

Mauritanian[2] [ˌmɒrɪˈteɪnɪən] *n* Mauritanien *m* (*f* -ienne).

Mauritian[1] [məˈrɪʃn] *adj* mauricien (*f*
-ienne).

Mauritian[2] [məˈrɪʃn] *n* Mauricien *m* (*f*
-ienne).

Mauritius [məˈrɪʃəs] *n* (île *f*) Maurice ;
in/to M~ à l'île Maurice.

maximarketing [ˌmæksɪˈmɑːkətɪŋ] *n*
(Mkg) (J.O.) maximercatique *f*.

maximization [ˌmæksɪmaɪˈzeɪʃn] *n*
maximisation *f*, maximalisation *f*.

maximize [ˈmæksɪmaɪz] *vt* maximaliser.

May [meɪ] *n* mai *m*.

mayhem [ˈmeɪhem] *n* *(Jur)* voie *f* de
fait.

mayor [meə] *n* maire *m inv* ; *the Lord
M~ of London* le maire de Londres.

MBA *v.* **Master of Business Administration.**

MBO *v.* **management by objectives.**

M.D. *v.* **medical doctor.**

mean[1] [miːn] *adj* moyen (*f* -enne) ; **~
average** moyenne *f* arithmétique ; *(Fin)*
~ due date échéance *f* moyenne ; **~ value** valeur *f* moyenne.

mean[2] [miːn] *n* moyenne *f*, milieu *m* (*pl*
-x).

means [miːnz] *pl inv* **1.** moyen *m*,
méthode *f* ; **~ of conveyance** moyen de
transport ; **~ of payment** moyen(s) de
paiement ; **~ of production** moyens de
production ; **~ of subsistence** moyens
d'existence ; **~ of transportation**
moyen(s) de transport **2.** moyens financiers, ressources *fpl* ; **~ testing** contrôle
m des ressources/de la situation finan-

cière de quelqu'un (avant l'attribution
de certaines aides sociales).

measure[1] [ˈmeʒə] *n* **1.** *(unité)* mesure *f*
2. mesure *f*, démarche *f* ; **safety ~s**
mesures de sécurité ; **withdraw a ~** retirer une mesure **3.** *(Jur)* moyen *m* juridique ; **take legal ~s** avoir recours aux
moyens de droit **4.** évaluation *f* ; *(Jur)*
~ of damages évaluation des dommages-intérêts.

measure[2] [ˈmeʒə] *vt* mesurer, évaluer.

measurement [ˈmeʒəmənt] *n* dimension
f, mesure *f*.

mechanic [mɪˈkænɪk] *n* mécanicien *m* (*f*
-ienne).

***mechanic's lien** *n* *(Jur)* privilège *m* du
constructeur/fournisseur/réparateur.

mechanics [mɪˈkænɪks] *n* **1.** mécanique
f **2.** mécanisme *m*, technique *f*.

mechanism [ˈmekənɪzm] *n* mécanisme
m.

mechanization [ˌmekənaɪˈzeɪʃn] *n* mécanisation *f*.

mechanize [ˈmekənaɪz] *vt* mécaniser ;
~ production mécaniser la production.

media [ˈmiːdɪə] *n* *(Mkg)* médias *mpl* ; **~
coverage** couverture *f* média ; **~ hype**
battage *m* publicitaire ; **mass ~** mass-
médias *mpl*, moyens *mpl* de communication de masse ; **~ research** médialogie *f* ; **~ research man/person**
médialogue *mf*.

median[1] [ˈmiːdɪən] *adj* médian, moyen (*f*
-enne).

median[2] [ˈmiːdɪən] *n* médiane *f*.

mediation [ˌmiːdɪˈeɪʃn] *n* médiation *f*,
procédure *f* de conciliation par une tierce
personne.

Medicaid [ˈmedɪkeɪd] *ns inv* *(US)* programme *m* de couverture médicale pour
personnes à faibles ressources financé
conjointement par l'Etat fédéral et les
Etats fédérés.

medical [ˈmedɪkl] *adj* médical (*mpl*
-aux) ; **~ insurance** assurance *f* maladie.

***medical doctor (M.D.)** *n* docteur *m inv*
en médecine.

Medicare [ˈmedɪkeə] *ns inv* *(US)* plan
m d'assurance maladie pour les personnes âgées de plus de 65 ans.

medium[1] [ˈmiːdɪəm] *adj* moyen (*f*
-enne) ; **~-term** à moyen terme ;
~-term credit crédit *m* à moyen terme ;
~-term loan prêt *m* à moyen terme.

***medium term note (MTN)** *n* *(Fin)*
bon *m* à moyen terme négociable.

medium[2] [ˈmiːdɪəm] *n* *(Mkg)* moyen *m*,
support *m* ; **advertising ~** support *m* publicitaire.

meet [miːt] *vt* (met, met) **1.** rencontrer,

retrouver **2.** répondre (à), satisfaire (à) ;
~ a claim satisfaire une revendication ;
~ one's commitments remplir/honorer
ses engagements, faire face à ses obligations ; **~ demand** répondre à la demande ; **~ a need** satisfaire à un besoin ; **~ safety rules** se conformer aux
règles de sécurité ; **~ standards** se
conformer aux normes.

meeting ['mi:tɪŋ] *n* réunion *f*, assemblée
f ; **call a ~** convoquer une réunion ;
hold a ~ tenir une réunion ; *(Mgt)* **annual general ~ of shareholders** assemblée annuelle des actionnaires ; *(Mgt)* **~
of the board of directors** réunion du
conseil d'administration.

*meeting of the minds *n (Jur)* rencontre *f* des consentements préalable à un
contrat.

megamarketing [ˌmegəˈmɑːkɪtɪŋ] *n
(Mkg) (J.O.)* mégamercatique *f*.

melting pot ['meltɪŋ pɒt] *n* **1.** creuset
m **2.** *(US)* politique *f* d'assimilation des
vagues successives d'immigrants.

member ['membə] *n* membre *m inv*, adhérent *m* ; **~ country** pays *m* membre ;
~s of works committees représentants
mpl du personnel.

*member bank *n (Bq) (US)* banque *f*
faisant partie du **Federal Reserve System.**

*Member of Congress *n (Pol) (US)*
parlementaire *mf*.

*Member of Parliament (M.P.) *n (Pol)
(UK)* parlementaire *mf*.

membership ['membəʃɪp] *n (of)* adhésion *f* (à), appartenance *f* (à).

memo ['meməʊ] *n (ab de* **memorandum)** note *f* de service, note d'information.

memorandum [ˌmeməˈrændəm] *n*
1. aide-mémoire *m*, mémorandum *m*
diplomatique, circulaire *f* **2.** écrit *m*
ayant valeur juridique ; **~ of intent** déclaration *f* d'intention **3.** *(Jur)* exposé *m*
écrit d'une partie à un litige **4.** preuve
f écrite des termes d'un contrat (*v.* **Statute of Frauds).**

*memorandum of association (M.A.) *n
(Jur) (UK)* acte *m* constitutif d'une société (*v.* **articles of incorporation).**

memory ['memrɪ] *n* mémoire *f* ; *(Inf)*
mémoire *f*.

menace ['menəs] *n* danger *m* ; **a ~ to
public health** un danger pour la santé
publique.

mens rea [ˌmenz 'riːə] *n (Jur)* intention
f délictueuse.

mental ['mentl] *adj* mental (*mpl* -aux) ;
~ anguish souffrance *f* morale ; **~
cruelty** (*motif de divorce*) sévices *mpl* et
injures *fpl* graves.

mercantile ['mɜːkəntaɪl] *adj* commercial
(*mpl* -iaux) ; **~ agent** agent *m inv*
commercial ; **~ law** droit *m* commercial.

mercantilism ['mɜːkəntɪlɪzm] *n* mercantilisme *m*.

merchandise ['mɜːtʃəndaɪz] *ns inv* mar-
chandise(s) *f(pl)* ; *(Mkg)* **~ rack** gondole *f*.

merchandiser ['mɜːtʃəndaɪzə] *n (Mkg)*
marchandiseur *m (f* -euse).

merchandising ['mɜːtʃəndaɪzɪŋ] *n
(Mkg)* marchandisage *m*, techniques *fpl*
commerciales couvrant les activités de
création, d'amélioration, de présentation
et de distribution des produits (*à dist.*
marketing).

merchant ['mɜːtʃənt] *n* négociant *m*,
commerçant *m* ; **~ bank** banque *f* d'affaires ; **export/import ~** commissionnaire *m inv* exportateur/importateur ; *(T)*
~ fleet marine *f* marchande ; **~ law**
droit *m* commercial ; **~ marine** marine
f marchande ; **~ ship/vessel** navire *m* de
commerce ; **~ shipper** négociant *m inv*
import-export.

merchantability [ˌmɜːtʃəntəˈbɪlɪtɪ] *n
(US) (UCC)* qualité des marchandises
qui sont adaptées à la commercialisation
(*v.* **fitness for a particular purpose).**

merchantable ['mɜːtʃəntəbl] *adj*
commercialisable, vendable ; **of good ~
quality** de bonne qualité marchande.

MERCOSUR *n (CI) (ab de* **Mercado
Común del Sur)** Marché *m* commun du
Sud (Argentine, Brésil, Uruguay, Para-
guay).

mercy ['mɜːsɪ] *n* merci *f*, grâce *f*, clémence *f* ; *(UK)* **Royal Prerogative of
M~** droit *m* de grâce.

merge [mɜːdʒ] *vi* fusionner.

merger ['mɜːdʒə] *n* **1.** fusion *f* ; *(Jur)*
~ of Law and Equity processus *m*
d'unification du droit anglo-américain.
2. *(Mgt)* fusion *f*, concentration *f* ver-
ticale/horizontale ; **corporate ~** fusion
de sociétés.

*mergers and acquisitions (M&A) *npl
(Mgt)* fusions *fpl* et acquisitions *fpl*.

merit[1] ['merɪt] *n* **1.** mérite *m*, valeur *f* ;
(Com) **~ goods** biens *mpl* tutélaires ;
(Mgt) **~ rating** évaluation *f* du personnel **2.** *(Jur)* **~s** bien-fondé *m* d'une
affaire ; **the ~s of the case** le fond de
l'affaire ; **decision on the ~s** décision
f sur le fond.

merit[2] ['merɪt] *vt* mériter.

meritorious [ˌmerɪˈtɔːrɪəs] *adj* qui a du
mérite/de la valeur.

mesne [miːn] *adj (Jur)* intermédiaire ; **~
assignment** cession *f* intermédiaire.

met [met] *v.* **meet.**

meta-marketing [ˌmetəˈmɑːkɪtɪŋ] *n* *(Mkg)* *(J.O.)* métamercatique *f.*

meter [ˈmiːtə] *n* **1.** compteur *m*; *gas* ~ compteur à gaz; *water* ~ compteur d'eau **2.** *(US)* *(UK* **metre***)* *(mesure)* mètre *m.*

metes and bounds [ˌmiːts ən ˈbaʊndz] *npl* *(Jur)* limites *fpl* d'une propriété.

method [ˈmeθəd] *n* méthode *f*, technique *f*, mode *m*; ~ *of payment* mode *m* de paiement; ~ *of transport* moyen *m* de transport; *(Cpta)* *straight line* ~ méthode *f* d'amortissement linéaire.

methodology [ˌmeθəˈdɒlədʒi] *n* méthodologie *f.*

me-too product [ˌmiːˈtuː ˌprɒdʌkt] *n* *(Mkg)* produit *m* tactique.

metre [ˈmiːtə] *n* *(US* **meter***)* *(mesure)* mètre *m.*

Mexican[1] [ˈmeksɪkən] *adj* mexicain.

Mexican[2] [ˈmeksɪkən] *n* Mexicain.

Mexico [ˈmeksɪkəʊ] *n* Mexique *m*; *in/to M*~ au Mexique.

MFA *v.* **Multifibre/Multifiber Arrangement.**

MFN *v.* **most favoured/favored nation clause.**

MIA *v.* **missing in action.**

micro [ˈmaɪkrəʊ] *préf* micro-; ~*-decision* micro-décision *f.*

microchip [ˈmaɪkrəʊtʃɪp] *n* *(Inf)* puce *f.*

microcomputer [ˌmaɪkrəʊkəmˈpjuːtə] *n* *(Inf)* micro-ordinateur *m.*

microeconomics [ˈmaɪkrəʊˌiːkəˈnɒmɪks, ˌmaɪkrəʊekəˈnɑːmɪks] *n* *(Eco)* micro-économie *f*, micro-économique *f.*

microfiche [ˈmaɪkrəʊfiːʃ] *n* microfiche *f.*

microfilm [ˈmaɪkrəʊfɪlm] *n* microfilm *m.*

Micronesia [ˌmaɪkrəʊˈniːʒə] *n* Micronésie *f*; *in/to M*~ en Micronésie.

Micronesian[1] [ˌmaɪkrəʊˈniːʒən] *adj* micronésien *(f* -ienne).

Micronesian[2] [ˌmaɪkrəʊˈniːʒən] *n* Micronésien *m* *(f* -ienne).

microphone [ˈmaɪkrəfəʊn] *n* microphone *m.*

microprocessor [ˌmaɪkrəʊˈprəʊsesə] *n* *(Inf)* microprocesseur *m.*

microwave [ˈmaɪkrəweɪv] *n* micro-onde *f*; ~ *oven* four *m* à micro-ondes.

middle [ˈmɪdl] *adj* moyen *(f* -enne); ~ *class* classe *f* moyenne; *the M*~ *East* le Moyen-Orient; ~ *executive* cadre *m* *inv* moyen; ~ *manager* cadre *m* *inv* moyen; ~ *management* les cadres *mpl* moyens.

middleman [ˈmɪdlmæn] *n* intermédiaire *mf.*

migration [maɪˈɡreɪʃn] *n* *(Eco)* migration *f.*

mileage [ˈmaɪlɪdʒ] *n* kilométrage *m*; ~ *allowance* indemnités *fpl* kilométriques.

milestone [ˈmaɪlstəʊn] *n* événement *m* marquant, étape *f* clé.

military [ˈmɪlɪtri / ˈmɪləteri] *adj* militaire; ~ *law* code *m* de justice militaire.

mill [mɪl] *n* usine *f*; *cotton* ~ filature *f*; *steel* ~ aciérie *f*; ~ *worker* ouvrier *m* *(f* -ière) d'usine.

mine [maɪn] *n* **1.** mine *f*; *(T)* ~ *tub* wagon *m* à benne **2.** *(explosif)* mine *f*; *clear* ~*s* déminer.

minefield [ˈmaɪnfiːld] *n* champ *m* de mines.

minimarket [ˌmɪniˈmɑːkɪt] *n* *(US)* supérette *f.*

minimum [ˈmɪnɪməm] *adj* minimum *inv*; *(Jur)* *(US)* ~ *contacts* contacts *mpl* minimum avec un Etat fédéré, susceptibles d'engager la compétence des tribunaux de cet Etat; ~ *guaranteed wage* salaire *m* minimum interprofessionnel garanti (SMIG); ~ *wage* salaire *m* minimum; ~ *wage linked to growth* salaire *m* minimum interprofessionnel de croissance (SMIC).

mining [ˈmaɪnɪŋ] *n* *(activité)* exploitation *f* minière; ~ *area* région *f* minière.

minister [ˈmɪnɪstə] *n* **1.** *(Pol)* ministre *m* *inv* **2.** pasteur *m*, ministre du culte.

ministry [ˈmɪnɪstri] *n* ministère *m.*
*Ministry for Consumer Affairs *n* *(Pol)* *(UK)* secrétariat *m* d'Etat à la Consommation.
*Ministry of International Trade and Industry **(MITI)** *n* ministère *m* japonais du Commerce extérieur.

minority [maɪˈnɒrəti] *n* minorité *f*; *(Mgt)* ~ *interest* participation *f* minoritaire; *(Pol)* ~ *leader* chef *m* *inv* de l'opposition; *(Pol)* ~ *party* parti *m* minoritaire/d'opposition; *(Mgt)* ~ *shareholder* actionnaire *mf* minoritaire.

mint[1] [mɪnt] *n* hôtel *m* de la monnaie.

mint[2] [mɪnt] *vt* *(monnaie)* frapper.

minting [ˈmɪntɪŋ] *n* frappe *f* (d'une monnaie).

minute [ˈmɪnɪt] *n* **1.** minute *f* **2.** ~*s* procès-verbal *m*, compte *m* rendu; ~*s of the meeting* compte rendu de la réunion.

Miranda Rule [məˈrændə ˈruːl] *n* *(Jur)* *(US)* règle *f* de Miranda; énoncée par la Cour suprême dans l'affaire de *Miranda v. Arizona* (1966), elle précise que les déclarations faites par un individu questionné par la police sont irrecevables si avant l'interrogatoire la police n'a pas mis en garde l'individu et ne l'a pas prévenu qu'il a le droit de garder le silence et d'avoir un avocat présent (*v.* **Fifth Amendment, Sixth Amendment**).

misappropriate [ˌmɪsəˈprəʊprɪeɪt] *vt (Jur) (fonds)* détourner.

misappropriation [ˈmɪsəˌprəʊprɪˈeɪʃn] *n (Jur)* détournement *m* de fonds, abus *m* de confiance ; ~ *of corporate funds* abus de biens sociaux.

miscarriage of justice [mɪsˌkærɪdʒ əv ˈdʒʌstɪs] *n (Jur)* erreur *f* judiciaire, déni *m* de justice.

miscellaneous [ˌmɪsəˈleɪnɪəs] *adj* divers ; *(Cpta)* ~ *revenues* recettes *fpl* diverses.

mischief [ˈmɪstʃɪf] *n (Jur)* tort *m*, mal *m*, trouble *m*.

misconduct [mɪsˈkɒndʌkt] *n* faute *f* professionnelle, abus *m* d'autorité.

misdemeano(u)r [ˌmɪsdɪˈmiːnə] infraction *f*, *(US)* délit *m* entraînant une peine de prison inférieure à un an.

misdirect [ˌmɪsdaɪˈrekt] *vt (colis, lettre)* mal acheminer.

misfeasance [mɪsˈfiːzns] *n (Jur)* exécution *f* défectueuse d'une obligation (*à dist.* **malfeasance**).

mishandle [mɪsˈhændl] *vt* manipuler sans précaution.

mishandling [mɪsˈhændlɪŋ] *n* manipulations *fpl* sans soin/sans ménagement.

mislabel [mɪsˈleɪbl] *vt* étiqueter par erreur/incorrectement.

mislead [mɪsˈliːd] *vt* (**misled, misled**) tromper, induire en erreur.

misleading [mɪsˈliːdɪŋ] *adj* trompeur (*f* -euse), fallacieux (*f* -ieuse), qui induit en erreur ; ~ *advertising* publicité *f* mensongère.

misled [mɪsˈled] *v.* **mislead**.

mismanagement [mɪsˈmænɪdʒmənt] *n* mauvaise gestion *f*.

mismatch [ˈmɪsmætʃ] *n* inadéquation *f*.

misrepresentation [ˌmɪsˌreprɪzenˈteɪʃn] *n (Jur)* fausse déclaration *f*, présentation *f* inexacte des faits, rapport *m* tendancieux, dénaturation *f* des faits ; *fraudulent* ~ dol *m* ; *innocent* ~ erreur *f* provoquée par l'une des parties sans qu'il y ait eu fraude.

miss [mɪs] *vt* manquer, rater.

missing [ˈmɪsɪŋ] *adj* manquant.
*****missing in action (MIA)** porté disparu (au combat).

mistake [mɪsˈteɪk] *n* erreur *f*, faute *f*, méprise *f* non intentionnelle ; *by* ~ par erreur ; *(Jur)* ~ *of fact* erreur sur le fait ;

(Jur) ~ *of law* erreur de droit sur la loi positive.

mistrial [ˈmɪsˈtraɪəl] *n (Jur)* **1.** procès *m* entaché d'un vice de procédure **2.** *(US)* procès *m* ajourné pour défaut d'unanimité dans le jury.

MITI *v.* **Ministry of International Trade and Industry**.

mitigate [ˈmɪtɪgeɪt] *vt* atténuer.

mitigating [ˈmɪtɪgeɪtɪŋ] *adj (Jur)* ~ *circumstances* circonstances *fpl* atténuantes.

mitigation [ˌmɪtɪˈgeɪʃn] *n* mitigation *f*, atténuation *f* ; *(Jur)* ~ *of damages* obligation *f* d'une partie ayant subi un préjudice de prendre toute action « raisonnable » pour atténuer le préjudice subi.

mixed [mɪkst] *adj* mélangé, mixte ; *(T)* ~ *cargo* cargaison *f* mixte ; ~ *economy* économie *f* mixte ; *(Jur)* ~ *question of law and fact* question *f* à la fois de droit et de fait.

MLM *v.* **multilevel marketing**.

MNC *v.* **multinational company**.

MNE *v.* **multinational enterprise**.

mob [mɒb] *n* **1.** foule *f*, populace *f* ; ~ *rule* voyoucratie *f* **2.** *(US) the M*~ la Mafia.

mobility [məʊˈbɪləti] *n* mobilité *f* ; *(Eco)* ~ *of labour/labor* mobilité de la main-d'œuvre (*v.* **turnover**).

mobilization [ˌməʊbəlaɪˈzeɪʃn] *n* mobilisation *f*.

mobster [ˈmɒbstə] *n* gangster *m inv*.

mockup [ˈmɒkʌp] *(Mkg) n* maquette *f*.

model [ˈmɒdl] *n* **1.** modèle *m* **2.** *(personne)* mannequin *m inv*.

modem [ˈməʊdem] *n (Inf)* modem *m*.

modernization [ˌmɒdənaɪˈzeɪʃn] *n* modernisation *f*.

modernize [ˈmɒdənaɪz] *v* **1.** *vt* moderniser **2.** *vi* se moderniser.

modification [ˌmɒdɪfɪˈkeɪʃn] *n* modification *f* ; ~ *of the terms of a contract* modification des termes d'un contrat.

modify [ˈmɒdɪfaɪ] *vt* modifier.

modus operandi [ˈməʊdəs ˌɒpəˈrændiː] *n (Jur)* modus operandi *m*, façon *fl* manière *f* d'opérer.

Moldova [mɒlˈdəʊvə] *n (aussi* **Moldavia**) Moldavie *f* ; *in/to M*~ en Moldavie.

Moldovan[1] [mɒlˈdəʊvən] *adj (aussi* **Moldavian**) moldave.

Moldovan[2] [mɒlˈdəʊvən] *n (aussi* **Moldavian**) Moldave *mf*.

mom-and-pop store [ˌmɑːm ən ˈpɒp ˌstɔːr] *n (US) (fam)* commerce *m* familial.

momentum [məʊ'mentəm] n élan m;
gain ~ accélérer, prendre de l'élan, être
bien engagé.

Monaco ['mɒnəkəʊ] n (Principality of)
M~ (principauté f de) Monaco; in/to
M~ à Monaco.

Monday ['mʌndeɪ] n lundi m.

Monegasque[1] [ˌmɒnɪ'gæsk] adj monégasque.

Monegasque[2] [ˌmɒnɪ'gæsk] n Monégasque mf.

monetarism ['mʌnɪtərɪzm] n (Eco) monétarisme m.

monetarist ['mʌnɪtərɪst] adj (Eco) monétariste.

monetary ['mʌnɪtrɪ] adj (Eco) monétaire; ~ **aggregate** agrégat m monétaire; ~ **authorities** autorités fpl monétaires; ~ **base** base f monétaire; ~
economics économie f monétaire; ~ **financing** financement m monétaire; ~
instrument instrument m monétaire; ~
policy politique f monétaire; ~ **reserves**
réserves fpl monétaires; ~ **squeeze** austérité f monétaire; ~ **system** système m
monétaire; ~ **union** union f monétaire.

monetization [ˌmʌnɪtaɪ'zeɪʃn] n (Eco)
monétisation f.

monetize ['mʌnɪtaɪz] vt (Eco) monétiser.

money ['mʌnɪ] n argent m, monnaie f,
capital m (pl -aux); ~ **balances** encaisses fpl monétaires; ~ **capital** capital monétaire; (Eco) ~ **in circulation**
monnaie en circulation; (Eco) ~ **creation** création f monétaire; ~ **erosion**
érosion f monétaire; (Eco) ~ **financing
of the deficit** financement m monétaire
du déficit; ~ **flow** flux m monétaire;
~ **illusion** illusion f monétaire; (Jur) ~
laundering blanchiment m de capitaux;
(Fin) ~ **lender** prêteur m (f -euse)/bail-
leur m inv de fonds; (Fin) ~ **market**
marché m monétaire; (Fin) (US) ~
market fund fonds m commun de placement; (UK) ~ **market trust fund/**~
market mutual trust SICAV f de trésorerie; ~ **masters** grands argentiers
mpl; (Eco) ~ **multiplier** multiplicateur
m de crédit; (Bq) ~ **order** mandat m;
(Eco) ~ **sector** secteur m monétaire;
(Eco) ~ **supply** masse f monétaire; ~
target objectif m monétaire; ~ **wage** salaire m nominal.

*****money-back guarantee** n garantie f
« satisfait ou remboursé ».

*****money-off voucher** n (Fin) titre m de
remboursement, bon m de remboursement.

Mongolia [mɒŋ'gəʊlɪə] n Mongolie f;
in/to M~ en Mongolie.

Mongolian[1] [mɒŋ'gəʊlɪən] adj mongol.

Mongolian[2] [mɒŋ'gəʊlɪən] n Mongol m.

monitor[1] ['mɒnɪtə] n 1. moniteur m (f
-trice) 2. appareil m de surveillance/de
contrôle 3. (Inf) écran m.

monitor[2] ['mɒnɪtə] vt surveiller, contrôler.

monometallism [ˌmɒnəʊ'metəlɪzm] n
(Eco) monométallisme m.

monopolist [mə'nɒpəlɪst] n (Eco) monopoleur m inv.

monopolistic [məˌnɒpə'lɪstɪk] adj monopolistique; (Eco) ~ **competition**
concurrence f monopolistique.

monopolize [mə'nɒpəlaɪz] vt monopoliser.

monopoly [mə'nɒpəlɪ] n (Eco) monopole m.

*****Monopolies and Mergers Commis-
sion (MMC)** n (Jur) (UK) équiv.
Conseil de la concurrence.

*****Monopolies and Restrictive Practices
Act** n (Jur) (UK) législation f visant à
promouvoir la concurrence (v. **antitrust
legislation**).

monopsony [mə'nɒpsənɪ] n (Eco)
monopsone m.

monthly[1] ['mʌnθlɪ] adj mensuel (f
-elle); ~ **instalment/installment/pay-
ment** mensualité f; ~ **settlement** règlement m mensuel; (Bq) ~ **statement** relevé m mensuel; (Fin) ~ **yield rate** taux
m mensuel de rendement.

monthly[2] ['mʌnθlɪ] adv mensuellement.

monthly[3] ['mʌnθlɪ] n (revue) mensuel m.

moonlight ['muːnlaɪt] vt (fam) avoir
deux emplois.

moonlighting ['muːnlaɪtɪŋ] n (fam) cumul m d'emplois/de salaires.

moor [mʊə] vti amarrer, mouiller.

moorage ['mʊərɪdʒ] n (T) mouillage m;
~ **fee** droits mpl d'amarrage/de mouillage.

moot [muːt] adj litigieux (f -euse), sujet
(f sujette) à controverse; (Jur) ~ **case**
cas m d'école, litige m soulevant des
questions théoriques/sans partie ayant un
intérêt pour agir; (Jur) ~ **court** entraînement m aux débats pratiqué par les
étudiants en droit/les futurs avocats.

mop up [mɒp 'ʌp] v part 1. éponger
2. (dettes, déficit) absorber.

moral ['mɒrəl] adj moral (mpl -aux);
(Pol) (US) **the M~ Majority** les néo-
conservateurs mpl; (Jur) ~ **turpitude**
turpitude f morale.

moratorium [ˌmɒrə'tɔːrɪəm] n moratoire
m.

Moroccan[1] [mə'rɒkən] adj marocain.

Moroccan[2] [mə'rɒkən] n Marocain m.

Morocco [mə'rɒkəʊ] *n* Maroc *m*; *in/to M~* au Maroc.

mortality [mɔ:'tæləti] *n* mortalité *f*; *~ rate* taux *m* de mortalité.

mortgage[1] ['mɔ:gɪdʒ] *n* (*Fin/Jur*) hypothèque *f*, gage *m* immobilier, nantissement *m*; *~ bond* obligation *f* hypothécaire; *~ credit* crédit *m* hypothécaire; *~ debenture* obligation *f* hypothécaire; *first ~* hypothèque de premier rang; *~ lien* garantie *f* hypothécaire; *~ loan* crédit *m* immobilier, prêt *m* hypothécaire; *pay off/redeem a ~* purger une hypothèque; *second ~* hypothèque de deuxième rang; *secure a debt by a ~* hypothéquer une créance.

mortgage[2] ['mɔ:gɪdʒ] *vt* (*Fin/Jur*) hypothéquer.

mortgagee [ˌmɔ:gɪ'dʒi:] *n* (*Fin/Jur*) créancier *m* (*f* -ière) hypothécaire (*v.* **mortgagor**).

mortgagor [ˌmɔ:gɪ'dʒɔ:] *n* (*Fin/Jur*) débiteur *m* (*f* -trice) hypothécaire (*v.* **mortgagee**).

Moslem ['mɒzləm] *v.* **Muslim**.

most favoured/favored nation clause (MFN) [ˌməʊst 'feɪvəd 'neɪʃn klɔ:z] *n* (*CI*) clause *f* de la nation la plus favorisée; permet aux Etats qui l'ont obtenue de bénéficier automatiquement des conditions commerciales les plus avantageuses déjà accordées à d'autres pays.

mothball ['mɒθbɔ:l] *vt* mettre en réserve, mettre temporairement hors service.

motion ['məʊʃn] *n* 1. mouvement *m* 2. (*Pol*) motion *f*, résolution *f*, proposition *f* présentée à une assemblée; *~ to adjourn* motion de renvoi 3. (*Jur*) demande *f*, requête *f* en justice; *dilatory ~* motion dilatoire; *~ to dismiss* requête en référé de la défense visant à faire rejeter une demande comme non fondée; *~ in limine* motion avant dire droit (destinée à éviter la production de preuves non pertinentes ou irrecevables).

motivation [ˌməʊtɪ'veɪʃn] *n* motivation *f*; *~ research* étude *f* de motivation.

motive ['məʊtɪv] *n* motif *m*, (*crime*) mobile *m*.

motor ['məʊtə] *n* moteur *m*; (*Ass*) (*UK*) *~ insurance* assurance-automobile *f*.

*Motor Show *n* (*UK*) (*US* **Auto Show**) salon *m* de l'automobile.

*motor vessel (MV) *n* (*T*) bateau *m* à moteur.

motorway ['məʊtəweɪ] *n* (*T*) (*UK*) autoroute *f*.

mouse [maʊs] *n* (*pl* **mice**) (*Inf*) souris *f*.

movables ['mu:vəblz] *npl* (*Jur*) biens *mpl* mobiliers, biens meubles.

move[1] [mu:v] *n* 1. mouvement *m*, action *f*, démarche *f* 2. déménagement *m*.

move[2] [mu:v] *vti* 1. bouger, progresser; *~ abroad/~offshore* délocaliser; *~ the talks forward* faire avancer les négociations; (*Mkg*) *~ upmarket* se repositionner à la hausse 2. déménager.

movement ['mu:vmənt] *n* mouvement *m*, circulation *f*; (*D*) *~ certificate* certificat *m* de circulation; *~ of goods/people* circulation *f* des marchandises/des personnes; (*T*) *shipping ~* mouvements des navires.

Mozambican[1] [ˌməʊzəm'bi:kən] *adj* mozambicain.

Mozambican[2] [ˌməʊzəm'bi:kən] *n* Mozambicain *m*.

Mozambique [ˌməʊzəm'bi:k] *n* Mozambique *m*; *in/to M~* au Mozambique.

M.P. *v.* **Member of Parliament**.

MPC *v.* **marginal propensity to consume**.

MPS *v.* **marginal propensity to save**.

m/r *v.* **mate's receipt**.

MRS *v.* **marginal rate of substitution**.

MTN *v.* **medium term note**.

muckraker ['mʌkreɪkə] *n* (journaliste) dénonciateur *m* de scandales.

mudslinger ['mʌdslɪŋə] *n* calomniateur *m* (*f* -trice).

mugwump ['mʌgwʌmp] *n* (*Pol*) (*US*) personne *f* *inv* infidèle à son parti.

multi ['mʌlti] *préf* multi; (*Mkg*) *~-brand strategy* stratégie *f* multimarque; (*T*) *~-purpose ship* navire *m* polyvalent.

*multicurrency clause *n* (*Fin*) clause *f* multimonnaie.

*multidistrict litigation *n* (*Jur*) (*US*) rassemblement *m* des instances intentées devant plusieurs cours de district (*v.* **district court**).

*Multifibre/Multifiber Arrangement (MFA) *n* (*CI*) Accord *m* Multifibre (AMF).

multilateral [ˌmʌlti'lætrəl] *adj* multilatéral (*mpl* -aux); *~ agreement* accord *m* multilatéral; (*CI*) *~ trade negotiations* négociations *f* commerciales multilatérales.

multilateralism [ˌmʌlti'lætrəlɪzm] *n* multilatéralisme *m*.

multilevel marketing (MLM) [ˌmʌlti-levl 'ma:kɪtɪŋ] *n* (*Mkg*) vente *f* par réseau coopté (VRC).

multimodal [ˌmʌlti'məʊdl] *adj* multimodal (*mpl* -aux); (*T*) *~ station* gare *f* multimodale ; *(T)* ~ *transport/transportation* transport *m* multimodal.

multinational[1] [ˌmʌltiˈnæʃnəl] *adj* multinational (*mpl* -aux).

multinational company (MNC) n (UK) firme *f* multinationale (FMN), multinationale *f*.

multinational enterprise (MNE) n (US) firme *f* multinationale (FMN), multinationale *f*.

multinational[2] [ˌmʌltiˈnæʃnəl] *n* multinationale *f*, firme *f* multinationale (FMN).

multipack [ˈmʌltipæk] *n (Emb)* emballage *m* multiple.

multiple[1] [ˈmʌltipl] *adj* multiple ; *(Fin)* ~ *exchange rates* taux *mpl* de change multiples ; *(US)* ~ *listing* fichier *m* immobilier informatisé ; *(Mkg)* ~ *shop* magasin *m* à succursales multiples.

multiple[2] [ˈmʌltipl] *n (Mkg)* magasin *m* à succursales multiples.

multiplicity [ˌmʌltiˈplisiti] *n* multiplicité *f* ; *(Jur)* ~ *of actions* multiplicité des actions en justice.

multiplier [ˈmʌltiplaiə] *n (Eco)* multiplicateur *m* ; ~ *effect* effet *m* multiplicateur ; *foreign trade* ~ multiplicateur du commerce extérieur ; *income* ~ multiplicateur de revenu.

multiply [ˈmʌltiplai] *v* 1. *vt* multiplier 2. *vi* se multiplier.

multiplying [ˈmʌltiplaiiŋ] *adj* multiplicateur (*f* -trice) ; ~ *factor* coefficient *m* multiplicateur.

multiprocessing [ˌmʌltiˈprəʊsesiŋ] *n (Inf)* multitraitement *m*.

municipal [mjuˈnisipl] *adj* municipal (*mpl* -aux) ; ~ *authorities* autorités *fpl* municipales ; *(Fin) (US)* ~ *bonds* titres *mpl* émis par les municipalités et dont le revenu est exonéré d'impôt ; *(US)* ~ *corporation* conseil *m* municipal ; *(Jur) (US)* ~ *courts* tribunaux *mpl* municipaux (dont la compétence est limitée aux affaires mineures).

municipality [mjuˌnisiˈpæləti] *n* municipalité *f*.

murder[1] [ˈmɜːdə] *n (Jur)* meurtre *m*, homicide *m* ; *(prémédité)* assassinat *m* ; *attempted* ~ tentative *f* de meurtre ; *(US) first-degree* ~ assassinat *m* ; *(US) second-degree* ~ homicide *m* volontaire.

murder[2] [ˈmɜːdə] *vt* assassiner.

murderer [ˈmɜːdərə] *n (f* **murderess)** meurtrier *m (f* -ière), assassin *m inv*.

Muslim[1] [ˈmʊzləm] *adj (aussi* **Moslem)** musulman.

Muslim[2] [ˈmʊzləm] *n (aussi* **Moslem)** musulman *m*.

mutation [mjuːˈteiʃn] *n* mutation *f*.

mutiny [ˈmjuːtəni] *n* mutinerie *f*.

mutual [ˈmjuːtʃuəl] *adj* mutuel (*f* -elle), réciproque ; *(Jur)* ~ *assent* accord *m* des parties ; *(Ass)* ~ *benefit society* mutuelle *f* ; ~ *company* société *f* mutuelle ; *(Fin)* ~ *funds (UK)* fonds *m* commun de placement ; *(US)* société *f* d'investissement à capital variable (SICAV) ; *(Ass)* ~ *insurance company* société *f* coopérative d'assurance ; *(Jur)* ~ *mistake* erreur *f* réciproque ; *(Fin) open-end* ~ *company* société *f* d'investissement à capital variable (SICAV).

mutuality [ˌmjuːtuˈæləti] *n* mutualité *f* ; *(Jur) (contrat)* ~ *of obligation* réciprocité *f* des obligations.

MV *v.* **motor vessel**.

Myanmar [ˈmaiənmɑː] *v.* **Burma**.

N

NAACP *v.* **National Association for the Advancement of Colored People**.

Nader's raiders [ˌneidəz ˈreidəz] *npl (US)* défenseurs *mpl* des consommateurs (travaillant avec R. Nader).

NAFTA [ˈnæftə] *v.* **North American Free Trade Agreement**.

nail [neil] *vt* clouer ; *(fig)* clouer au pilori.

NAM [næm] *v.* **National Association of Manufacturers**.

name [neim] *n* 1. nom *m* ; *brand* ~ marque *f* de fabrique ; *corporate* ~ raison *f* sociale ; *trade* ~ raison *f* sociale, enseigne *f* 2. réputation *f* 3. *(Ass)* souscripteur *m (f* -trice) à la **Lloyd's of London**.

Namibia [nəˈmibiə] *n* Namibie *f* ; *in/to* N~ en Namibie.

Namibian[1] [nəˈmibiən] *adj* namibien (*f* -ienne).

Namibian[2] [nəˈmibiən] *n* Namibien *m (f* -ienne).

narcotics [nɑːˈkɒtiks] *npl (US)* stupéfiants *mpl* ; ~ *squad* brigade *f* des stupéfiants.

narrow[1] ['nærəʊ] *adj* étroit ; ~ *margin* marge *f* faible ; ~ *market* marché *m* étroit.

narrow[2] ['nærəʊ] *v* **1.** *vi* se réduire **2.** *vt* réduire ; ~ *the gap* réduire l'écart.

NASDAQ ['næsdæk] *v.* National Association of Securities Dealers Automated Quotations.

nation ['neɪʃn] *n* nation *f*.

national[1] ['næʃnəl] *adj* national (*mpl* -aux) ; ~ *accounts/accounting* comptabilité *f* nationale ; ~ *debt* dette *f* publique, endettement *m* de l'Etat ; (*UK*) ~ *health contributions* cotisations *fpl* sociales ; (*Eco*) ~ *income* revenu *m* national ; (*Eco*) ~ *income per capita* revenu *m* national par habitant ; (*Eco*) ~ *output* production *f* nationale ; ~ *treatment* traitement *m* national ; ~ *wealth* richesse *f* nationale.

*****National Association for the Advancement of Colored People (NAACP)** *n* (*US*) Association nationale militant pour les droits des gens de couleur.

*****National Association of Manufacturers (NAM)** *n* (*US*) Association *f* nationale des industriels ; *équiv.* (*Fr*) CNPF.

*****National Association of Securities Dealers Automated Quotations (NASDAQ)** *n* (*Bs*) (*US*) marché *m* hors cote électronique.

*****National Federation of Independent Business (NFIB)** *n* (*US*) Association *f* des dirigeants des PME/PMI.

*****National Health Service** *n* (*UK*) système *m* de la Sécurité sociale britannique.

*****National Rifle Association (NRA)** *n* (*US*) Association *f* qui revendique le droit de porter des armes.

*****National Savings Bank** *n* (*Bq*) (*US*) Caisse *f* nationale d'épargne.

national[2] ['næʃnəl] *n* ressortissant *m* ; *foreign* ~*s* ressortissants étrangers.

nationalism ['næʃnəlɪzm] *n* nationalisme *m*.

nationalization [,næʃnəlaɪ'zeɪʃn] *n* nationalisation *f*.

nationalize ['næʃnəlaɪz] *vt* nationaliser.

nationalized ['næʃnəlaɪzd] *adj* nationalisé ; ~ *banks* banques *fpl* nationalisées.

nationwide [,neɪʃn'waɪd] *adj* à travers tout le pays, à l'échelon national.

natural ['nætʃrəl] *adj* naturel (*f* -elle) ; ~ *gas* gaz *m* naturel ; (*Eco*) ~ *monopoly* monopole *m* naturel ; ~ *rate of increase* taux *m* d'accroissement naturel ; ~ *resources* ressources *fpl* naturelles ; (*Jur*) ~ *law* droit *m* naturel/fondé sur la raison.

naturalization [,nætʃrəlar'zeɪʃn] *n* naturalisation *f*.

naught [nɔ:t] *n* (*aussi* **nought**) zéro *m*.

naval ['neɪvl] *adj* naval (*mpl* -s) ; ~ *law* droit *m* maritime ; ~ *port* port *m* militaire ; ~ *shipyards* chantiers *mpl* navals.

navigable ['nævɪgəbl] *adj* (*T*) navigable ; ~ *waters* eaux *fpl* navigables.

navigation [,nævɪ'geɪʃn] *n* navigation *f* ; (*T*) *coasting* ~ navigation au cabotage ; (*T*) ~ *company* compagnie *f* de navigation ; ~ *law* droit *m* maritime.

navy ['neɪvi] *n* marine *f* ; *merchant* ~ marine marchande.

near [nɪə] *adj* proche ; (*Fin*) ~ *money* quasi-monnaie *f*.

*****Near East** *n* Proche-Orient *m* ; *in/to the N~E~* au Proche-Orient.

necessary ['nesəsri] *adj* nécessaire ; (*Jur*) ~ *parties* parties *fpl* indispensables à une action.

need [ni:d] *n* besoin *m* ; (*Fin*) *capital* ~*s* besoins *mpl* d'investissement ; *constant* ~*s* besoins constants ; *consumer* ~*s* besoins des consommateurs ; *current* ~*s* besoins courants ; *market* ~*s* besoins du marché.

needy ['ni:di] *adj* nécessiteux (*f* -euse).

negative ['negətɪv] *adj* négatif *m* (*f* -ive) ; (*Cpta*) ~ *cash flow* trésorerie *f* négative ; (*Fisc*) ~ *income tax* impôt *m* négatif sur le revenu ; (*Fin*) ~ *interest* intérêt *m* négatif ; (*Fin*) ~ *investment* investissement *m* négatif ; (*Fin*) ~ *saving* épargne *f* négative.

negligence ['neglɪdʒəns] *n* (*Jur*) négligence *f*, incurie *f* ; *contributory* ~ imprudence *f* commise par la victime et ayant contribué à la survenance du dommage ; *criminal* ~ faute *f* grave ; *gross* ~ faute *f* lourde et grave ; ~ *per se* négligence intrinsèque qui n'a pas à être prouvée (parce qu'elle constitue une violation de la loi) ; *slight* ~ faute *f* légère.

negotiability [nɪ,gəʊʃiə'bɪləti] *n* (*Bq/Fin*) négociabilité *f*.

negotiable [nɪ'gəʊʃiəbl] *adj* (*Bq/Fin*) négociable ; ~ *bill* effet *m* négociable ; ~ *bond* titre *m* négociable ; (*UCC*) ~ *instruments* valeurs *fpl* mobilières, effets *mpl* de commerce ; ~ *letter of credit* lettre *f* de crédit négociable ; ~ *paper* effet *m* négociable.

negotiate [nɪ'gəʊʃiet] *vti* négocier.

negotiated [nɪ'gəʊʃietɪd] *adj* négocié ; (*Jur*) ~ *plea* accord *m* négocié entre l'accusation et la défense, selon lequel l'accusé plaide coupable en échange de l'abandon d'autres chefs d'accusation, et/ou d'une peine plus légère (v. **plea bargaining**).

negotiation [nɪˌgəʊʃɪ'eɪʃn] n négociation f ; ~s pourparlers mpl ; **break** ~s rompre les négociations ; **enter into** ~s entamer des négociations ; **trade** ~s négociations commerciales.

negotiator [nɪ'gəʊʃieɪtə] n négociateur m (f -trice).

neighbour/neighbor ['neɪbə] n voisin m.

neighbourhood/neighborhood ['neɪbəhʊd] n quartier m ; (US) ~ **store** commerce m de proximité.

neocapitalism [ˌniːəʊ'kæpɪtəlɪzm] n (Eco) néo-capitalisme m.

neoclassical [ˌniːəʊ'klæsɪkl] adj néoclassique ; ~ **economics** économie f néo-classique.

neocolonialism [ˌniːəʊkə'ləʊnɪəlɪzm] n néo-colonialisme m.

neomalthusianism [ˌniːəʊmæl'θjuːziənɪzm] n (Eco) néo-malthusianisme m.

neoprotectionism [ˌniːəʊprə'tekʃənɪzm] n (CI) néo-protectionnisme n.

Nepal [nɪ'pɔːl] n Népal m ; **in/to N**~ au Népal.

Nepalese[1] [ˌnepə'liːz] adj népalais.

Nepalese[2] [ˌnepə'liːz] n (pl inv) Népalais.

net[1] [net] adj net (f nette) ; (Cpta) ~ **assets** actifs mpl nets ; (Cpta) ~ **current assets** actifs circulants nets ; (Eco) ~ **domestic product** produit m intérieur net ; (Eco) ~ **domestic production** production f intérieure nette ; (Cpta) ~ **earnings** bénéfice m net ; (Cpta) ~ **income** revenu m net ; (Fin) ~ **investment** investissement m net ; (Cpta) ~ **loss** perte f nette ; (Cpta) ~ **operating profit** bénéfices mpl d'exploitation nets ; (Cpta) ~ **proceeds** produit m net ; (Cpta) ~ **profits** bénéfices mpl nets ; (Eco) ~ **savings** épargne f nette ; ~ **wages** salaire m net ; ~ **weight** poids m net ; (Cpta/Fin) ~ **worth** situation f nette, actif m net.

***net national product (NNP)** n (Eco) produit m national net (PNN).

***net present value (NPV)** n (Cpta) valeur f actuelle nette (VAN).

net[2] [net] vt (salaire, revenu) toucher en net.

Netherlander ['neðələndə] n Néerlandais m.

Netherlandish ['neðələndɪʃ] adj néerlandais.

Netherlands ['neðələndz] n les Pays-Bas mpl ; **in/to the N**~ aux Pays-Bas (v. **Dutch**).

netting ['netɪŋ] n (Fin) compensation f

des créances internes, compensation f monétaire de groupe.

network ['netwɜːk] n réseau m (pl -x) ; (Inf) **computer** ~ réseau informatique ; **distribution** ~ réseau de distribution ; **rail** ~ réseau ferroviaire ; **road** ~ réseau routier ; **road transport** ~ réseau des transports routiers.

networking ['netwɜːkɪŋ] n **1.** (Inf) connexion f en réseau **2.** maillage m en réseau.

new [njuː] adj nouveau (f -elle) ; (Bs) ~ **issue market** marché m des nouvelles émissions.

***New Deal** n (Pol) (US) New Deal m ; politique économique et programmes sociaux lancés par Franklin Roosevelt à partir de 1933.

newly ['njuːli] adv nouvellement, récemment ; ~ **industrializing countries** pays mpl en voie d'industrialisation.

***newly industrialized countries (NICs)** npl nouveaux pays mpl industrialisés (NPI).

news [njuːz] s inv nouvelle(s) f(pl) ; ~ **agency** agence f de presse ; ~ **bulletin** bulletin m d'information.

newsletter ['njuːzletə] n bulletin m, circulaire f.

newspaper ['njuːzpeɪpə] n journal m (pl -aux).

New York [njuː'jɔːk] n New York.

***New York Mercantile Exchange (NYMEX)** n (Bs) Bourse f des marchandises de New York.

***New York Stock Exchange (NYSE)** n (Bs) Bourse f de New York.

New Zealand[1] [njuː'ziːlənd] adj néozélandais.

New Zealand[2] [njuː'ziːlənd] n Nouvelle-Zélande f ; **in/to N**~ **Z**~ en Nouvelle-Zélande.

New Zealander [njuː'ziːləndə] n Néo-Zélandais m.

next in-first out [ˌnekst'ɪn ˌfɜːst'aʊt] loc (Cpta) prochain entré, premier sorti.

NFIB v. **National Federation of Independent Business**.

Nicaragua [ˌnɪkə'rægjuə] n Nicaragua m ; **in/to N**~ au Nicaragua.

Nicaraguan[1] [ˌnɪkə'rægjuən] adj nicaraguayen (f -enne).

Nicaraguan[2] [ˌnɪkə'rægjuən] n Nicaraguayen m (f -enne).

niche [niːʃ] n (Mkg) créneau m (pl -x), marché m ; ~ **marketing** mercatique f de niche.

nicher ['niːʃə] n (Mkg) spécialiste mf (dans une niche).

niching ['ni:ʃɪŋ] *n (Mkg)* segmentation *f* en niches.

NICs *v.* **newly industrialized countries.**

Niger [ni:'ʒeə/'naɪdʒr] *n* Niger *m* ; *in/to N~* au Niger.

Nigeria [naɪ'dʒɪərɪə] *n* Nigeria *m* ; *in/to N~* au Nigeria.

Nigerian[1] [naɪ'dʒɪərɪən] *adj (Nigeria)* nigérian.

Nigerian[2] [naɪ'dʒɪərɪən] *n (Nigeria)* Nigérian *m*.

Nigerien[1] [naɪ'dʒɪərɪən] *adj (Niger)* nigérien (*f* -ienne).

Nigerien[2] [naɪ'dʒɪərɪən] *n (Niger)* Nigérien *m* (*f* -ienne).

Nikkei index [nɪ'keɪ ˌɪndeks] *n (Bs)* indice *m* Nikkei.

nisi ['naɪsaɪ] *adj (Jur) (UK)* provisoire, sous condition ; *decree ~* jugement *m* provisoire (de divorce).

nisi prius [ˌnaɪsaɪ 'praɪəs] *loc (Jur) (UK)* « à moins qu'avant » ; système *m* judiciaire établi en Angleterre au XIIIᵉ siècle permettant que certaines affaires soient entendues dans les comtés bien que le jugement soit rendu au siège de la cour à Westminster.

NNP *v.* **net national product.**

no[1] [nəʊ] *adj* aucun.
*****no fault** *adj (Ass)* sans faute.
*****no par share** *n (Bs/Fin)* action *f* sans valeur nominale de quotité.
*****no-strike clause** *n (Jur)* clause *f* de non-grève.

no[2] [nəʊ] *adv* non.

no[3] [nəʊ] *n (pl* noes) non *inv* ; *the ~es have it* les « non » l'emportent.

nolle prosequi [ˌnɒli 'prɒskwaɪ] *loc (Jur)* « il n'y a pas lieu de poursuivre » ; décision *f* de non-poursuite prise par le demandeur lors d'une affaire civile ou par le procureur lors d'une affaire criminelle.

nolo contendere [nəʊləʊ kɒn'tendəri] *loc (Jur)* non-contestation *f* de culpabilité.

nominal ['nɒmɪnəl] *adj* nominal (*pl* -aux), fictif (*f* -ive), de principe ; *~ cost* coût *m* nominal ; *(Jur) ~ damages* équiv. franc *m* symbolique ; *~ partner* associé *m* fictif ; *~ price* prix *m* nominal ; *~ value* valeur *f* nominale.

nominate ['nɒmɪneɪt] *vt* **1.** désigner, nommer **2.** sélectionner, proposer (le nom de).

nomination [ˌnɒmɪ'neɪʃn] *n* **1.** désignation *f* **2.** *(Pol) (US)* investiture *f* officielle d'un candidat.

nominative ['nɒmənətɪv] *adj* nominatif

(*f* -ive) ; *(Fin) ~ share* action *f* nominative.

nominee [ˌnɒmɪ'ni:] *n (Pol) (US)* candidat *m*.

non- [nɒn] *préf* non-.
*****non-cash entry** *n (Cpta)* écriture *f* hors caisse.
*****non-compliance** *n* non-respect *m* (de).
*****non-concurrence** *n* refus *m* de soutien.
*****non-conforming** *adj (Jur)* non conforme.
*****non-conformity** *n (Jur)* non-conformité *f*.
*****non-cumulative share** *n (Bs/Fin)* action *f* à dividende non cumulatif.
*****non-cumulative voting** *n (Fin/Mgt) (action)* vote *m* non cumulatif.
*****non-delivery** *n (T)* non-livraison *f*.
*****non-discriminatory tax treatment** *n (Fisc)* neutralité *f* fiscale.
*****non-durable** *adj* non durable ; *~ goods* biens *mpl* non durables.
*****non-dutiable** *adj (D)* non soumis à droits.
*****non-marketable production** *n (Ind)* production *f* non marchande.
*****non-negotiable** *adj (Bq/Fin)* non négociable ; *~ bill* effet *m* non bancable.
*****non obstante verdicto** *loc (Jur)* rejet *m* du verdict du jury par le juge quand il estime que le jury a commis une erreur.
*****non-price competition** *n (Mkg)* pratique *f* concurrentielle ne portant pas sur les prix.
*****non-profit (making)** *adj* à but non lucratif ; *~ institution* association *f*/organisation *f* à but non lucratif.
*****non-resident** *adj* non résident ; *(US)* personne *f* inv/société *f* non domiciliée dans l'Etat.
*****non-returnable packing** *n (Emb)* emballage *m* perdu/non consigné.
*****non-stock corporation** *n (Jur)* société *f* sans actions.
*****non-support** *n (Jur)* refus *m* d'entretien normal de la famille, non-paiement *m* de la pension alimentaire.
*****non-tariff barrier (NTB)** *n (CI)* barrière *f* non tarifaire.
*****non-trading profits** *npl (Cpta)* bénéfices *mpl* non commerciaux.
*****non-voting shares** *npl (Bs)* titres *mpl* participatifs.

nonfeasance [ˌnɒn'fi:zəns] *n (Jur)* inexécution *f* d'une obligation.

nonsuit [nɒn'su:t] *n (Jur)* cessation *f* de poursuites sans jugement sur le fond ; non-lieu *m* (*pl* -x).

norm [nɔ:m] *n* norme *f*.

normal ['nɔ:ml] *adj* normal (*mpl* -aux) ;

(Eco) ~ **consumption** consommation *f* normale ; ~ **income** revenu *m* normal.

normalization [ˌnɔːməlaɪˈzeɪʃn] *n* normalisation *f*.

normalize [ˈnɔːməlaɪz] *vt (relations)* normaliser.

normative [ˈnɔːmətɪv] *adj* normatif *(f -ive)* ; ~ **economics** économie *f* normative.

north¹ [nɔːθ] *adj* nord *inv*.

north² [nɔːθ] *n* nord *m* ; **the N~** le Nord.

*North American Free Trade Agreement (NAFTA) *n (CI) (US)* Accord *m* de libre-échange nord-américain (ALENA).

northern [ˈnɔːðən] *adj* du nord.

*Northern Ireland *n* Irlande *f* du Nord ; *in/to* **N~ I~** en Irlande du Nord.

Norway [ˈnɔːweɪ] *n* Norvège *f* ; *in/to* **N~** en Norvège.

Norwegian¹ [nɔːˈwiːdʒən] *adj* norvégien *(f -ienne)*.

Norwegian² [nɔːˈwiːdʒən] *n* Norvégien *m (f -ienne)*.

nosedive [ˈnəʊzdaɪv] *vi (chiffres, ventes)* descendre en flèche, plonger.

notary public [ˌnəʊtəri ˈpʌblɪk] *n* notaire *m inv* ; personne *f inv* habilitée à légaliser les signatures apposées sur les actes.

note¹ [nəʊt] *n* **1.** *(Fin)* promesse *f* écrite de paiement, effet *m* de commerce ; **credit** ~ avoir *m* ; ~ **payable** effet à payer ; ~ **receivable** effet à recevoir ; **promissory** ~ billet *m* à ordre **2.** note *f*, mémorandum *m* ; **diplomatic** ~ note diplomatique **3.** *(Bq)* billet *m*, coupure *f*.

note² [nəʊt] *vt* **1.** prendre note de, inscrire **2.** constater, remarquer.

notebook [ˈnəʊtbʊk] *n* carnet *m*, bloc-notes *m* ; *(Inf)* ~ **computer** ordinateur *m* bloc-notes.

notepad [ˈnəʊtpæd] *n* bloc-notes *m* ; *(Inf)* ~ **computer** ardoise *f* électronique.

not guilty [ˈnɒt ˈgɪlti] *adj (Jur)* non coupable ; **plead** ~ plaider non coupable, se déclarer innocent ; **be declared** ~ être innocenté/déclaré non coupable.

notice [ˈnəʊtɪs] *n* **1.** écriteau *m (pl -x)*, avis *m*, avertissement *m* ; **give** ~ *(to)* notifier ; *(Jur)* ~ **of appeal** intimation *f*, acte *m* d'appel ; ~ **to creditors** notification *f* aux créanciers ; *(T)* ~ **of dispatch** avis *m* d'expédition ; **public** ~ avis *m* au public ; *(T)* ~ **of receipt** bon *m* de réception des marchandises **2.** *ns inv* préavis *m*, délai *m* ; **give sb notice** donner congé à qn ; **seven days'** ~ préavis *m* d'une semaine **3.** *ns inv (Jur)*

instructions *fpl* formelles, mise *f* en demeure ; ~ **to appear** sommation *f* de comparaître devant un tribunal, assignation *f* ; ~ **of defect** dénonciation *f* d'un vice de forme ; ~ **to pay** sommation *f* de payer ; ~ **to perform** sommation *f* d'exécuter ; ~ **to produce** sommation *f* à la partie adverse de présenter des documents pour inspection *(v.* **discovery)** **4.** *ns inv (Jur)* connaissance *f* ; **actual** ~ connaissance réelle ; **constructive** ~ connaissance présumée/imputée ; **judicial** ~ connaissance judiciaire.

notorious [nəʊˈtɔːriəs] *adj* reconnu, notoire.

nought [nɔːt] *n (aussi* **naught)** zéro *m*.

novation [nəˈveɪʃn] *n (Jur)* novation *f*.

novelty [ˈnɒvlti] *n* nouveauté *f*, chose *f* nouvelle, innovation *f*.

November [nəʊˈvembə] *n* novembre *m*.

NPV *v.* **net present value.**

NRA *v.* **National Rifle Association.**

NSF check [ˌenesˈef ˈtʃek] *n (Bq) (US)* chèque *m* marqué « **insufficient funds** » (sans provision).

NTB *v.* **non-tariff barrier.**

nudum pactum [ˌnjuːdəm ˈpæktəm] *n (Jur)* contrat *m* sans **consideration** ; contrat à titre gratuit.

nuisance [ˈnjuːsəns] *n* **1.** ennui *m* **2.** *(Jur)* nuisance *f*, tort *m* causé à autrui, dommage *m* ; **attractive** ~ source *f* de danger pour autrui qui engage la responsabilité du propriétaire ; **private/public** ~ atteinte *f* aux droits privés/du public.

null [nʌl] *adj* nul *(f* nulle), caduc *(f* caduque) ; *(Jur)* ~ **and void** nul et non avenu.

nullification [ˌnʌlɪfɪˈkeɪʃn] *n (Jur)* nullification *f*, annulation *f*, invalidation *f*.

nullify [ˈnʌlɪfaɪ] *vt (Jur)* annuler, rendre nul.

nullity [ˈnʌlɪti] *n (Jur)* nullité *f*, invalidité *f*.

number¹ [ˈnʌmbə] *n* **1.** nombre *m*, quantité *f* **2.** chiffre *m*, numéro *m* ; *(US)* **800** ~ numéro d'appel gratuit, numéro vert.

number² [ˈnʌmbə] *v* **1.** *vt* numéroter **2.** *vi* compter, s'élever à.

numbered [ˈnʌmbəd] *adj* numéroté ; *(Bq)* ~ **account** compte *m* numéroté.

numerical [njuːˈmerɪkl] *adj* numérique ; ~ **data** données *fpl* numériques

nunc pro tunc [ˌnʌŋk prəʊ ˈtʌŋk] *loc (Jur) (jugement)* à effet rétroactif.

NYMEX [ˈnaɪmeks] *v.* **New York Mercantile Exchange.**

NYSE *v.* **New York Stock Exchange.**

O

OAS v. **Organization of American States.**

oath [əʊθ] n serment m ; *take an* ~ prêter serment ; *(Pol) (US)* ~ *of office* serment m solennel prononcé par le président élu des Etats-Unis devant le président de la Cour suprême lors de son investiture (v. **inauguration**).

obey [ə'beɪ] vt *(personne)* obéir à, *(règle)* se conformer à.

obiter dictum [ˌɒbɪtə 'dɪktəm] v. **dictum.**

object[1] ['ɒbdʒɪkt] n objet m, but m, objectif m ; *(Inf)* ~*-oriented programming* programmation f par objets ; ~*-oriented language* langage m à objets.

object[2] [əb'dʒekt] vi *(to)* élever une objection (à).

objection [əb'dʒekʃn] n 1. objection f ; 2. exception f, objection f émise par une des parties lors d'un procès ; ~ *overruled* objection rejetée ; ~ *sustained* objection admise/retenue 2. *(Jur)* récusation f ; ~ *to a witness* récusation d'un témoin (v. **challenge**[1]).

objective[1] [əb'dʒektɪv] adj objectif (f -ive).

objective[2] [əb'dʒektɪv] n objectif m, but m.

obligate ['ɒblɪgeɪt] vt obliger.

obligation [ˌɒblɪ'geɪʃn] n obligation f, engagement m.

obligational authority [ˌɒblɪ'geɪʃnəl ɔː'θɒrəti] n *(Cpta)* *(année budgétaire)* montant m maximum affecté.

obligatory [ə'blɪgətri] adj obligatoire.

oblige [ə'blaɪdʒ] vt 1. forcer, obliger ; ~ *sb to do sth* obliger qn à faire qch 2. ~ *sb* rendre service à qn.

obligee [ˌɒblɪ'dʒiː] n *(Jur)* créancier m (f -ière), obligataire mf.

obligor [ˌɒblɪ'gɔː] n *(Jur)* débiteur m (f -trice), obligé m.

OBO n *(T)* *(ab de* **oil, bulk, ore)** navires mpl polyvalents (pour le transport d'hydrocarbures, de vrac ou de minerais).

obscene [əb'siːn] adj obscène ; ~ *publication* publication f obscène.

obscenity [əb'senəti] n obscénité f ; ~ *laws* lois fpl sur l'obscénité.

obsolescence [ˌɒbsə'lesəns] n obsolescence f.

obsolete ['ɒbsəliːt] adj obsolète, vieilli, dépassé.

obstruct [əb'strʌkt] vt 1. gêner ; *(Jur)* ~ *(the course of) justice* entraver sciemment le cours/l'action de la justice

2. *(voie publique)* encombrer, obstruer, bloquer.

obstruction [əb'strʌkʃn] n 1. empêchement m, obstacle m ; *cause an* ~ encombrer la voie publique, provoquer un embouteillage 2. *(Jur)* obstruction f délibérée.

obvious ['ɒbvɪəs] adj évident, manifeste ; *(Jur)* ~ *danger* danger m manifeste ; *(Jur)* ~ *error* erreur f manifeste.

occasion[1] [ə'keɪʒn] n 1. occasion f, circonstance f 2. événement m 3. motif m ; *there is no* ~ *to be anxious* il n'y a pas de quoi être inquiet.

occasion[2] [ə'keɪʒn] vt provoquer, causer ; ~ *losses* occasionner des pertes.

occasional [ə'keɪʒnəl] adj occasionnel (f -elle) ; ~ *worker* travailleur m (f -euse) occasionnel(le).

occupancy ['ɒkjʊpənsi] n occupation f (des lieux) ; ~ *rate* taux m d'occupation.

occupant ['ɒkjʊpənt] n 1. occupant m 2. locataire mf 3. *(poste)* titulaire mf.

occupation [ˌɒkjʊ'peɪʃn] n métier m, profession f, emploi m.

occupational [ˌɒkjʊ'peɪʃnəl] adj professionnel (f -elle) ; ~ *disease* maladie f professionnelle ; ~ *distribution* répartition f/ventilation f par secteur d'activité ; ~ *injury* accident m du travail ; ~ *mobility* mobilité f professionnelle ; ~ *skills* qualifications fpl professionnelles ; ~ *training programme/program* programme m de formation professionnelle.

***Occupational Safety and Health Act (OSHA)** n *(Jur) (US)* loi f sur la sécurité du travail.

***Occupational Safety and Health Administration (OSHA)** n *(US)* Inspection f du travail.

occurrence [ə'kʌrəns] n 1. événement m, circonstance f ; *it's a common/everyday* ~ cela se produit souvent 2. existence f.

ocean ['əʊʃn] n océan m, mer f ; *(T)* ~*-going vessel* navire m long-courrier ; ~ *transport* transport m maritime.

October [ɒk'təʊbə] n octobre m.

odd [ɒd] adj 1. *(nombre)* impair 2. *(article)* dépareillé 3. bizarre, curieux (f -ieuse).

odds [ɒdz] npl probabilités fpl, risques mpl, chances fpl.

OECD v. **Organization for Economic Cooperation and Development.**

OEEC v. **Organization for European Economic Cooperation.**

off [ɒf] adv 1. *day* ~ jour m de congé ;

~-peak hors (des heures) de pointe ; **~-peak hours** heures *fpl* creuses **2.** *(Mkg)* **~-price chain** chaîne *f* de superminimarges ; **~-price store** superminimarge *m*, superdiscompteur *m* **3.** *(T)* **~-loading** rupture *f* de charge.

offence/offense [əˈfens] *n (Jur)* violation *f* de la loi, infraction *f* ; *inchoate* **~** infraction non consommée ; *indictable* **~** délit *m* ; *petty* **~** infraction mineure ; *traffic* **~** infraction au code de la route.

offender [əˈfendə] *n (Jur)* délinquant *m*, *(code de la route)* contrevenant *m* ; *first time* **~** délinquant *m* primaire ; *second* **~** récidiviste *mf*.

offensive[1] [əˈfensɪv] *adj* **1.** offensant, injurieux (*f* -euse) ; **~** *language* propos *mpl* choquants, grossièretés *fpl* **2.** *(technique)* offensif (*f* -ive) ; *(Jur) possession of an* **~** *weapon* port *m* d'armes prohibées.

offensive[2] [əˈfensɪv] *n* offensive *f* ; *(Mkg) sales* **~** offensive commerciale.

offer[1] [ˈɒfə] *n* **1.** offre *f*, proposition *f* (à *dist.* supply, bid) ; **~** *of employment* offre d'emploi ; *special* **~** « offre spéciale », promotion *f* **2.** *(Jur)* offre *f*, proposition *f* dont l'acceptation crée une obligation réciproque et donne naissance à un contrat.

offer of proof *n (Jur)* éléments *mpl* versés au dossier par une des parties hors de la présence du jury en cas d'objection retenue.

offer[2] [ˈɒfə] *vt* offrir, proposer ; **~** *a price* proposer un prix.

offeree [ˌɒfəˈriː] *n (Jur)* personne *f inv* qui reçoit une proposition de contrat, destinataire *mf* de l'offre.

offering [ˈɒfrɪŋ] *n (Bs) (activité)* émission *f* d'actions.

offeror [ˌɒfəˈrɔː] *n (Jur)* offrant *m*, personne *f* qui fait une proposition de contrat, pollicitant *m*.

office [ˈɒfɪs] *n* **1.** charge *f*, fonction *f*, mandat *m* ; *take* **~** entrer en fonction, prendre ses fonctions **2.** *(Pol) (UK)* ministère *m* ; *Foreign O*~ ministère des Affaires étrangères ; *Home O*~ ministère de l'Intérieur **3.** bureau *m* (*pl* -x), guichet *m*, siège *m*, cabinet *m* ; *branch* **~** succursale *f* ; *head/registered* **~** siège social **4.** *(lieu de travail)* bureau *m* (*pl* -x) ; **~** *automation* bureautique *f* ; **~** *employee* agent *m inv* de bureau **~** *hours* heures *fpl* de bureau ; **~** *job* emploi *m* de bureau ; **~** *staff* personnel *m* de bureau ; **~** *supplies* fournitures *fpl* de bureau.

Office of Fair Trading *n (UK)* Commission *f* de la libre concurrence.

officer [ˈɒfɪsə] *n* **1.** fonctionnaire *mf*, dirigeant *m* ; *judicial* **~** fonctionnaire de l'ordre judiciaire **2.** responsable *mf* d'une organisation ; *(Mgt)* **~***s of a company* administrateurs *mpl*/dirigeants *mpl* d'une société **3.** officier *m inv*.

official[1] [əˈfɪʃl] *adj* officiel (*f* -ielle) ; **~** *accounting plan* plan *m* comptable ; **~** *credits* crédits *mpl* publics ; **~** *documents* documents *mpl* officiels ; *(Bs)* **~** *list* cote *f* officielle ; **~** *market* marché *m* officiel ; *(Fin)* **~** *market rate* taux *m* directeur ; *(Fin)* **~** *rate of exchange* taux *m* de change officiel ; **~** *records* archives *fpl* officielles ; **~** *reserve* réserves *fpl* de change.

Official Report of Parliamentary Debates *n (Pol) (UK)* compte *m* rendu officiel des débats de la Chambre des communes (*v.* Hansard, Congressional Record).

official[2] [əˈfɪʃl] *n* responsable *mf* ; *trade* **~***s* responsables du commerce extérieur.

off-line [ˈɒflaɪn] *adj (Inf)* déconnecté, autonome.

offset[1] [ˈɒfset] *n* **1.** compensation *f* ; *tax* **~** déduction *f* fiscale **2.** offset *m*, compensation *f* commerciale avec coopération industrielle et transferts de technologie.

offset[2] [ˌɒfˈset] *vt* compenser ; *(Cpta)* **~***ting entry* écriture *f* de compensation.

offshoot [ˈɒfʃuːt] *n (produit, projet)* dérivé *m*.

offshore[1] [ˌɒfˈʃɔː] *adj* hors frontière, extra-territorial (*mpl* -iaux) ; **~** *bank* banque *f* offshore ; **~** *market* zone *f* franche bancaire ; **~** *trust* trust *m* implanté à l'étranger.

offshore[2] [ˌɒfˈʃɔː] *adv* au large, en haute mer ; *shift business* **~** délocaliser.

of record [əv ˈrekɔːd] *loc (Jur)* inscrit.

of right [əv ˈraɪt] *loc (Jur)* de droit.

oil[1] [ɔɪl] *ns inv* **1.** pétrole *m* ; **~** *company* compagnie *f* pétrolière ; **~** *crisis* crise *f* pétrolière ; **~** *crude* **~** pétrole *m* brut, brut *m* ; **~** *field* gisement *m* de pétrole ; **~** *market* marché *m* du pétrole ; **~** *prices* cours *m* du pétrole ; **~** *rig* plate-forme *f* pétrolière ; *(Bs)* **~** *shares* valeurs *fpl* pétrolières ; **~** *shock* choc *m* pétrolier ; **~** *slick/spill* marée *f* noire ; *(T)* **~** *tanker* pétrolier *m* ; **~** *terminal* terminal *m* pétrolier ; **~** *well* puits *m* de pétrole **2.** huile *f* ; **~***-producing crops* oléagineux *mpl* ; **~***-seeds* oléagineux *mpl*.

oil[2] [ɔɪl] *vt* huiler, graisser.

old age [ˌəʊld ˈeɪdʒ] *n* vieillesse *f* ; **~** *insurance* assurance *f* vieillesse ; **~** *pension* pension *f* de retraite/de vieillesse, *(fam)* retraite *f*.

*old-age pensioner (OAP) n (UK) retraité m.

oligopoly [ˌɒlɪˈɡɒpəli] n (Eco) oligopole m.

oligopsony [ˌɒlɪˈɡɒpsəni] n (Eco) oligopsone m.

O&M v. organization and methods.

Oman [əʊˈmɑːn] n Oman; **to/in O~** à Oman.

Omani[1] [əʊˈmɑːni] adj omanais.

Omani[2] [əʊˈmɑːni] n Omanais m.

ombudsman [ˈɒmbʊdzmən] médiateur m (f -trice).

omission [əˈmɪʃn] n **1.** omission f **2.** négligence f.

omit [əˈmɪt] vt omettre.

omnibus [ˈɒmnɪbəs] adj général (mpl -aux); (Pol) ~ **bill** projet m de loi « fourre-tout », comprenant des mesures hétéroclites.

on [ɒn] prép sur **1.** (date) ~ **or about** aux alentours de; ~ **or before June 5** d'ici le 5 juin au plus tard **2.** (Fin) ~**-account payment** paiement m partiel; **bills** ~ **tap** effets mpl placés de gré à gré; ~ **call** (payable) à la demande; ~ **credit** à tempérament, à crédit; ~ **demand** à vue; ~ **a financial year basis** d'un exercice à l'autre; ~ **sight** à vue; ~ **tap** disponible, à guichet ouvert **3.** (Eco) ~ **(the) average** en moyenne; **be** ~ **piece work** travailler à la tâche; ~ **sale** en vente.

*on all fours loc (Jur) (deux affaires fpl) identiques et susceptibles de servir de précédent.

one [wʌn] adj un, unique; ~**-price store** magasin m à prix unique.

*one-man business n entreprise f individuelle à responsabilité illimitée; à dist. entreprise individuelle à responsabilité limitée (EURL) (v. **sole proprietorship**).

onerous [ˈəʊnərəs] adj (responsabilité) lourd, pénible, qui impose des obligations disproportionnées (v. **burdensome**).

on-line [ɒnˈlaɪn] adj connecté, en ligne; (Inf) ~ **data service** service m de données en ligne, serveur m; (Mkg) ~ **interviewing** enquête f téléphonique en ligne.

onslaught [ˈɒnslɔːt] n attaque f, assaut m.

o.o.p. v. out-of-pocket.

OPEC [ˈəʊpek] v. **Organization of Petroleum Exporting Countries**.

open[1] [ˈəʊpn] adj ouvert; (Bq) ~ **account** compte m courant; (Jur) ~ **court** audience f publique; (Eco) ~ **economy** économie f ouverte; ~ **market** marché m ouvert; (Mgt) ~**-plan office** bureau m (pl -x) paysagé; (Bs/Fin) ~ **position** position f ouverte; (Mgt) ~ **shop** entreprise f employant des ouvriers syndiqués et non syndiqués (à dist. **closed shop**); (Jur) ~ **terms** conditions fpl ouvertes; (T) (UK) ~ **truck** wagon m ouvert/découvert.

open[2] [ˈəʊpn] vt ouvrir; ~ **an account with a bank** ouvrir un compte en banque.

*open up v part (Cl) ~ **up a market** ouvrir un marché.

open-end [ˌəʊpənˈend] adj ouvert, modifiable; (Fin) ~ **investment company** société f d'investissement à capital variable (SICAV); (Jur) ~ **transaction** contrat m dont les termes peuvent varier.

opening[1] [ˈəʊpnɪŋ] adj initial (mpl -iaux), d'ouverture; (Cpta) ~ **balance** report m à nouveau; ~ **bid** première offre f; (Cpta) ~ **inventory** stock m initial, stock m au début d'exercice; (Bs) ~ **price** cours m d'ouverture; (Jur) ~ **statement of counsel** déclaration f initiale de l'avocat (lors d'une audience); (Com) ~ **time** heure f d'ouverture.

opening[2] [ˈəʊpnɪŋ] n ouverture f, débouché m; (Bq) ~ **of an account** ouverture de compte; **career** ~**s** débouchés mpl professionnels; **market** ~**s** créneaux mpl sur le marché.

operate [ˈɒpəreɪt] v **1.** vt exploiter, faire marcher **2.** vi fonctionner **3.** (Bs) opérer (à la Bourse).

operating [ˈɒpəreɪtɪŋ] adj d'exploitation, de fonctionnement; (Cpta) ~ **account** compte m d'exploitation; (Cpta) ~ **capital** capital m d'exploitation; (Cpta) ~ **cost** coût m opérationnel; (Cpta) ~ **expenditure/expenses** dépenses fpl d'exploitation/de fonctionnement; ~ **plan** plan m d'opérations; ~ **process** mode m de fonctionnement; (Cpta) ~ **profit** bénéfice m d'exploitation; (Cpta) ~ **profit/result** résultat m d'exploitation; (US) ~ **statement** compte m d'exploitation; ~ **system** système m d'exploitation.

operation [ˌɒpəˈreɪʃn] n opération f, fonctionnement m, exploitation f; ~**s management** gestion f de la production; ~**s manager** chef m inv d'exploitation; ~**s research** recherche f opérationnelle.

operational [ˌɒpəˈreɪʃnəl] adj opérationnel (f -elle); ~ **expenses** dépenses fpl de fonctionnement; ~ **research** recherche f opérationnelle.

operative[1] [ˈɒprətɪv] adj qui prend effet, qui est en vigueur; (Jur) ~ **words** termes mpl essentiels.

operative² [ˈɒprətɪv] *n* ouvrier *m* (*f* -ière); **~s** main-d'œuvre *f*.

operator [ˈɒpəreɪtə] *n* **1.** opérateur (*f* -trice) **2.** (*Tél*) standardiste *mf*.

OPIC *v.* **Overseas Private Investment Corporation.**

opinion [əˈpɪnɪən] *n* **1.** opinion *f*, avis *m*; (*Jur*) **~ of counsel** avis *m* d'un avocat; (*Jur*) **~ evidence** opinion *f* des témoins (habituellement non recevable); (*Jur*) **expert ~** avis *m* d'expert; (*Mkg*) **~ leader** leader *m* d'opinion; (*Mkg*) **~ poll** sondage *m* d'opinion; (*Mkg*) **~ shopping** chalandage *m* d'opinion **2.** (*Jur*) exposé *m* des motifs d'une décision judiciaire.

opportunity [ɒpəˈtjuːnətɪ] *n* **1.** occasion *f*; **career opportunities** possibilités *fpl* de carrière, débouchés *mpl* professionnels **2.** (*Eco*) **~ cost** coût *m* d'opportunité; **~ cost of capital** coût *m* d'opportunité du capital.

oppose [əˈpəʊz] *vt* s'opposer à.

opposite [ˈɒpəzɪt] *adj* opposé, contraire; (*Jur*) **~ party** partie *f* adverse.

opposition [ɒpəˈzɪʃn] *n* **1.** (*Pol*) opposition *f* parlementaire **2.** concurrence *f* **3.** (*Jur*) demande *f* de rejet; **affidavit in ~** déclaration *f* sous serment présentée pour obtenir le rejet d'une requête.

oppressive [əˈpresɪv] *adj* écrasant, abusif (*f* -ive); (*Jur*) **~ agreement** contrat *m* léonin.

opt [ɒpt] *vi* (*for*) choisir; **~ to do sth** choisir/décider de faire qch.

***opt in** v part* décider de participer, s'engager.

***opt out** v part* décider de ne pas participer, se retirer.

optical [ˈɒptɪkl] *adj* optique.

***optical character recognition (OCR)** n* reconnaissance *f* optique de caractères.

optimal [ˈɒptɪml] *adj* optimal (*mpl* -aux); **~ growth** croissance *f* optimale; (*Eco*) **~ structure of capital** structure *f* optimale du capital.

optimization [ˌɒptɪmaɪˈzeɪʃn] *n* optimisation *f*.

optimize [ˈɒptɪmaɪz] *vt* optimiser.

optimum [ˈɒptɪməm] *adj* optimal (*mpl* -aux), optimum *inv*.

option [ˈɒpʃn] *n* **1.** choix *m*, possibilité *f* **2.** (*Bs/Fin*) option *f*, prime *f*; **~ bonds** emprunts *mpl* à options; **~ to buy** option *f* d'achat; **call ~** option *f* d'achat; **~ cost** coût *m* d'option; **~ market** marché *m* d'options; **~ order** ordre *m* à prime; **~ price** prix *m* de l'option; **put ~** option *f* de vente; **~ rate** taux *m* de la prime; **~ to sell** option *f* de vente; **~ valuation** évaluation *f* des op-

tions **3.** (*Jur*) **~ contract** contrat *m* d'option.

optional [ˈɒpʃnəl] *adj* optionnel (*f* -elle), facultatif (*f* -ive); **~ insurance** assurance *f* facultative; **~ product** produit *m* optionnel.

oral [ˈɔːrəl] *adj* oral (*mpl* -aux); (*Jur*) **~ argument** exposé *m* des moyens devant la cour; **~ contract** contrat *m* verbal.

ordeal [ɔːˈdiːl] *n* **1.** épreuve *f* pénible **2.** (*Jur*) (*obs*) ordalie *f*.

order [ˈɔːdə] *n* **1.** ordre *m*; **O~ of the Knights of Malta** ordre des chevaliers de Malte **2.** (*Com*) commande *f*; **back ~** commande *f* en souffrance; **~ book** carnet *m* de commandes; **~ form** bon *m* de commande; **~ follow-up** suivi *m* de commande; **place an ~** passer une commande; **~ processing** traitement *m* des commandes; **~-processing cost** coût *m* de traitement des commandes; **purchase ~** bon *m* de commande; **trial ~** commande *f* à l'essai **3.** (*Bq/Fin*) mandat *m*, ordre *m* de paiement; **~ for the account** ordre *m* à terme; **~ clause** clause *f* « à ordre »; **~ instrument** titre *m* à ordre; **~ of payment/for payment** mandat *m*/ordre *m* de paiement; **~ for payment** ordre *m* de paiement; **to ~** à ordre **4.** toute décision *f* judiciaire autre qu'un **judgment**; **court ~** injonction *f*, ordonnance *f* délivrée par le tribunal; **deportation ~** (étranger) arrêté *m* d'expulsion; **Anton Piller ~** (*UK*) injonction de saisie d'éléments de preuve **5.** (*Jur*) règlement *m*, ordonnance *f*, décret *m* du pouvoir exécutif; (*US*) **executive ~** décret-loi *m*, décret *m*.

***Order in Council** n* (*Jur*) (*UK*) ordonnance *f* royale délibérée en Conseil privé (*v.* **Privy Council**).

ordinance [ˈɔːdɪnəns] *n* (*Jur*) ordonnance *f*, décret *m*, règlement *m*; (*US*) **municipal ~** arrêté *m* municipal.

ordinary [ˈɔːdnərɪ / ˈɔːrdnerɪ] *adj* ordinaire; **~ interest** intérêt *m* commercial; (*Mgt*) **~ meeting** assemblée *f* générale ordinaire; (*Bs*) **~ share** action *f* ordinaire.

ore [ɔː] *n* minerai *m*; (*T*) **~-carrier** minéralier *m*; **iron ~** minerai *m* de fer.

organic [ɔːˈgænɪk] *adj* organique; (*Eco*) **~ composition of capital** composition *f* organique du capital.

organization [ˌɔːgənaɪˈzeɪʃn] *n* organisation *f*; **~ chart** organigramme *m*.

***organization and methods (O&M)** n* (*Mgt*) méthodes *fpl* et organisation *f*.

***Organization of American States (OAS)** n* Organisation *f* des Etats américains (OEA).

***Organization for Economic Cooper-**

ation and Development (OECD) *n* Organisation *f* de coopération et de développement économique (OCDE).

*Organization for European Economic Cooperation (OEEC) *n (UE)* Organisation *f* européenne de coopération économique.

*Organization of Petroleum Exporting Countries (OPEC) *n* Organisation *f* des pays exportateurs de pétrole (OPEP).

organize [ˈɔːɡənaɪz] *vt* organiser.

orient [ˈɔːrɪənt] *vt (toward)* orienter (sur/vers).

orientation [ˌɔːrɪənˈteɪʃn] *n* 1. orientation *f* 2. *(US)* réunion *f* d'information.

oriented [ˈɔːrɪəntɪd] *adj* orienté ; *customer-~* soucieux (*f* -ieuse) du service à la clientèle ; *export-~* tourné vers l'exportation.

origin [ˈɒrɪdʒɪn] *n* origine *f* ; *(Cl) certificate of ~* certificat *m* d'origine.

original[1] [əˈrɪdʒnəl] *adj* 1. *(unique)* original *(mpl* -aux) ; *~ cost* coût *m* historique ; *(Jur) ~ document* original *m* (*pl* -aux) d'un acte, acte *m* primordial ; *(Jur) ~ jurisdiction* juridiction *f* de première instance, compétence *f* en première instance 2. *(Cpta)* originel (*f* -elle), d'origine.

original[2] [əˈrɪdʒnəl] *n* original *m* (*pl* -aux) ; *~ of a document* original *m* d'un document.

originate [əˈrɪdʒəneɪt] *vi (from)* venir/provenir de ; *(Bq) originating bank* banque *f* émettrice.

origination fee [əˌrɪdʒəˈneɪʃn ˈfiː] *n (Bq)* commission *f* versée d'avance.

OSHA *v.* **Occupational Safety and Health Act, Occupational Safety and Health Administration.**

ostensible [ɒˈstensəbl] *adj* en apparence, prétendu, ostensible ; *(Jur) (mandataire) ~ authority* autorité *f* apparente.

OTC *v.* **over-the-counter market.**

other things being equal [ˈʌðə ˈθɪŋz ˈbiːɪŋ ˈiːkwəl] *loc (Jur) (aussi* **ceteris paribus)** toutes choses égales.

oust [aʊst] *vt* chasser, expulser, déposséder.

out [aʊt] *adv* au-dehors, à l'extérieur ; *(Jur) ~-of-court settlement* règlement *m* à l'amiable ; *~-of-date* dépassé, périmé ; *(Bs) ~-of-the-money* hors du cours ; *(Cpta) ~ money* débit *m* externe ; *~ of order* hors service, en panne ; *(US) ~ of the state* en dehors de l'Etat ; *(article) ~ of stock* épuisé.

*out-of-pocket (o.o.p.) *adj (Cpta) ~ loss* perte *f* sèche.

outbid [aʊtˈbɪd] *vt* (**outbid, outbid**) enchérir sur.

outbreak [ˈaʊtbreɪk] *n (guerre, crise)* début *m.*

outburst [ˈaʊtbɜːst] *n ~ of anger* accès *m* de colère.

outcome [ˈaʊtkʌm] *n* résultat *m.*

outdoor [ˈaʊtdɔː] *adj* extérieur ; *(Mkg) ~ advertising* affichage *m* publicitaire extérieur.

outflow [ˈaʊtfləʊ] *n (Fin)* flux *m* sortant, sortie *f* ; *~s of capital* sorties *fpl* de capital/de capitaux.

outgoing [aʊtˈɡəʊɪŋ] *adj* 1. *(T)* en partance ; *(Mgt) ~ mail* courrier *m* au départ 2. *(personne)* ouvert.

outlaw[1] [ˈaʊtlɔː] *n* hors-la-loi *m inv.*

outlaw[2] [ˈaʊtlɔː] *vt* bannir, proscrire, interdire.

outlay [ˈaʊtleɪ] *n* dépenses *fpl.*

outlet [ˈaʊtlet] *n* 1. débouché *m* 2. point *m* de vente ; *~ mall* centre *m* commercial spécialisé ; *~ store* magasin *m* d'usine.

outlook [ˈaʊtlʊk] *n* perspectives *fpl* ; *economic ~* perspectives économiques.

outmoded [aʊtˈməʊdɪd] *adj* dépassé, obsolète.

outplacement [ˈaʊtpleɪsmənt] *n (Mgt)* replacement *m* (d'un employé).

outport [ˈaʊtpɔːt] *n (T)* avant-port *m.*

output [ˈaʊtpʊt] *n* 1. production *f*, rendement *m*, résultats *mpl* ; *~ bonus* prime *f* de rendement ; *~ index* indice *m* de production ; *~ per capita* production par tête ; *~ standard* norme *f* de rendement 2. *(Inf)* sortie *f.*

outright [aʊtˈraɪt] *adv* entièrement, en une seule fois ; *buy sth ~* acheter qch au comptant.

outsell [aʊtˈsel] *vt* (**outsold, outsold**) *~ sb* vendre davantage que qn.

outset [ˈaʊtset] *n* commencement *m*, début *m* ; *at the ~* au départ, au début.

outside [ˈaʊtsaɪd] *adj* extérieur ; *~ lift/ elevator* ascenseur *m* externe, *(T)* échelle *f* mobile.

outsider [aʊtˈsaɪdə] *n (T)* navire *m* hors conférence.

outsold [aʊtˈsəʊld] *v.* **outsell.**

outsourcing [ˈaʊtsɔːsɪŋ] *n (Mgt)* externalisation *f*, approvisionnement *m* à l'extérieur de l'entreprise.

outstanding [aʊtˈstændɪŋ] *adj* 1. exceptionnel (*f* -elle), éminent, remarquable, hors du commun 2. *(Bq/Fin)* en cours, échu, impayé ; *(Cpta) ~ credits* encours *mpl* de crédit ; *(Cpta) ~ debts* créances *fpl* à recouvrer ; *(Bs) ~ shares* actions *fpl* en circulation.

outstrip [aut'strip] *vt* dépasser, distancer.

outward ['autwəd] *adv* vers l'extérieur ; *(T) (navire)* ~ **bound** en partance ; ~ **cargo** chargement *m* d'aller ; ~ **mission** mission *f* à l'étranger ; *(D)* ~ **entry** déclaration *f* de sortie ; ~ **processing** perfectionnement *m* passif.

Oval Office ['ouvl 'ɒfɪs] *n (Pol) (US)* Bureau *m* ovale ; présidence *f* des Etats-Unis.

over ['əuvə] *prép* au-dessus de, par-dessus.
***over-the-counter drugs** *npl* médicaments *mpl* pouvant être obtenus sans prescription médicale.
***over-the-counter (OTC) market** *n (Bs)* marché *m* hors cote, marché *m* de gré à gré.

overall ['əuvərɔ:l] *adj (T)* ~ **measurements** dimensions *fpl* hors-tout.

overcapacity [əuvəkə'pæsəti] *n* surcapacité *f*.

overcharge [əuvə'tʃɑ:dʒ] *vt* surfacturer.

overdraft ['əuvədrɑ:ft] *n (Bq)* découvert *m*, avance *f* en compte courant ; ~ **facilities** facilités *fpl* de caisse.

overdue [əuvə'dju: / əuvər'du:] *adj* **1.** en retard **2.** *(Bq/Fin)* impayé.

overevaluation ['əuvərɪˌvælju'eɪʃn] *n* surévaluation *f*.

overestimate [əuvər'estɪmeɪt] *vt* surestimer, surévaluer.

overhead ['əuvəhed] *adj* **1.** *(Cpta) (US)* ~ **charges/costs** frais *mpl* généraux **2.** *(UK)* ~ **projector** rétroprojecteur *m*.

overheads ['əuvəhedz] *npl (Cpta) (UK)* frais *mpl* généraux.

overheating [əuvə'hi:tɪŋ] *n* surchauffe *f*.

overkill ['əuvəkɪl] *n (Mkg)* matraquage *m* (publicitaire).

overland ['əuvəlænd] *adj (T)* par voie de terre ; ~ **transport** transport *m* terrestre.

overlap ['əuvəlæp] *n* chevauchement *m* ; *(Pub)* débordement *m*.

overload[1] ['əuvələud] *n* surcharge *f*.
overload[2] [əuvə'ləud] *vt* surcharger.

overloading [əuvə'ləudɪŋ] *n (T) (activité)* surcharge *f*.

overmanning [əuvə'mænɪŋ] *n (Mgt)* sureffectifs *mpl*.

overnight [əuvə'naɪt] *adv* du jour au lendemain, pendant la nuit ; *(Fin)* ~ **money** argent *m* au jour le jour.

overpopulation ['əuvəˌpɒpju'leɪʃn] *n* **1.** *(excédent)* surpopulation *f* **2.** ~ **of a region** surpeuplement *m* d'une région.

overproduction [əuvəprə'dʌkʃn] *n* surproduction *f*.

overrate [əuvə'reɪt] *vt* surestimer.

overreaching [əuvə'ri:tʃɪŋ] *n (Jur)* tromperie *f*, duperie *f*.

override [əuvə'raɪd] *vt* (**overrode**, **overridden**) outrepasser, l'emporter sur ; *(US)* ~ **the President's veto** passer outre au veto présidentiel (*v.* **veto, pocket veto**).

overridden [əuvə'rɪdn] *v.* **override**.

overriding [əuvə'raɪdɪŋ] *adj* primordial (*mpl* -iaux), prépondérant.

overrode [əuvə'rəud] *v.* **override**.

overrule [əuvə'ru:l] *vt* annuler, casser, rejeter, passer outre ; ~ **a decision** revenir sur une décision, *(Jur)* annuler un jugement/un arrêt ; *(Jur)* ~ **an objection** rejeter une objection.

overseas [əuvə'si:z] *adj* étranger (*f* -ère), à l'étranger ; ~ **trade** commerce *m* extérieur ; ~ **ventures** investissements *mpl* à l'étranger.
***Overseas Private Investment Corporation (OPIC)** *n (CI) (US)* organisme *m* d'assurance-investissements (*équiv.* COFACE).

overshadow [əuvə'ʃædəu] *vt* reléguer au second plan.

overshipment [əuvə'ʃɪpmənt] *n (CI)* dépassement *m* de quotas.

overside loading [əuvəsaɪd 'ləudɪŋ] *n (T)* chargement *m* par allèges.

oversight ['əuvəsaɪt] *n* omission *f*.

overt [əu'vɜ:t] *adj* ouvert, franc (*f* franche), visible, patent, manifeste ; *(Jur)* ~ **act** acte *m* manifeste ; ~ **protectionism** protectionnisme *m* ouvert.

overtime ['əuvətaɪm] *ns inv* heures *fpl* supplémentaires ; **be paid** ~ toucher des heures supplémentaires.

overvalue [əuvə'vælju:] *vt* surestimer.

overview ['əuvəvju:] *n* **1.** vue *f* d'ensemble, panorama *m* **2.** aperçu *m*.

own[1] [əun] *adj* propre ; *(Mkg)* ~ **brand/label** marque *f* de distributeur.

own[2] [əun] *vt* **1.** posséder, être propriétaire de **2.** reconnaître, admettre.

owner ['əunə] *n* propriétaire *mf*, patron *m* (*f* -onne) ; *(Jur)* **beneficial** ~ titulaire d'un droit de jouissance ; **legal** ~ propriétaire (selon la **common law**) ; **rightful** ~ propriétaire légitime ; ~**'s equity** capitaux *mpl* propres.

ownership ['əunəʃɪp] *n* propriété *f*, droit *m* de propriété.

PA v. particular average; personal assistant; power of attorney; public address system.

PAC v. political action committee.

pace [peɪs] n allure f, rythme m.
*pacesetting effect n effet m d'entraînement.

Pacific [pəˈsɪfɪk] n the P~ (Ocean) (l'océan) Pacifique m.

pack[1] [pæk] n 1. paquet m 2. (Emb) balle f 3. (Mkg) on ~ hors emballage 4. (Pol) meute f, peloton m; lead the ~ être en tête.

pack[2] [pæk] vt (Emb) emballer.

package[1] [ˈpækɪdʒ] n 1. série f, ensemble m; ~ settlement (négociations) règlement m global 2. paquet m, colis m, ballot m; (T) ~ carrier/delivery company/service messagerie f; ~ express company messagerie f express 3. (Emb) emballage m 4. (Inf) progiciel m.

package[2] [ˈpækɪdʒ] vt (Emb) emballer, conditionner.

packaging [ˈpækɪdʒɪŋ] n (Emb) emballage m, conditionnement m.

packer [ˈpækə] n (Emb) société f d'emballage.

packet [ˈpækɪt] n (Emb) paquet m.

packing [ˈpækɪŋ] n (Emb) emballage m; ~ charges frais mpl d'emballage; ~ extra emballage en sus; ~ included emballage compris; ~ list/note liste f de colisage.

pact [pækt] m pacte m, accord m, convention f, contrat m; trade ~ accord commercial.

pad[1] [pæd] n 1. tampon m, tampon-amortisseur m 2. bloc-notes m.

pad[2] [pæd] vt (Emb) capitonner, rembourrer.

padded [ˈpædɪd] adj (Emb) capitonné; ~ envelope enveloppe f matelassée.

padding [ˈpædɪŋ] n (Emb) rembourrage m.

paddy wagon [ˈpædi ˌwægən] n (Jur) « panier m à salade » (v. Black Maria).

paid [peɪd] (pp de pay) adj payé; ~-in capital capital m versé; (Fin) (US) ~-in surplus prime f d'émission; (Fin) ~-up capital capital libéré, capital versé; (UK) ~ holiday/ (US) ~ vacation congés mpl payés.

pain [peɪn] n douleur f, souffrance f.
*pain and suffering loc (Jur) « pretium doloris », indemnités fpl pour préjudice moral.

painstaking [ˈpeɪnzteɪkɪŋ] adj appliqué, soigneux (f -euse).

pairing [ˈpeərɪŋ] n (Pol) (UK) appariement m; pratique f parlementaire permettant à deux députés « opposés » de s'abstenir lors d'un vote.

Pakistan [ˌpɑːkɪˈstɑːn] n Pakistan m; in/to P~ au Pakistan.

Pakistani[1] [ˈpɑːkɪˈstɑːni] adj pakistanais.

Pakistani[2] [ˌpɑːkɪˈstɑːni] n Pakistanais m.

Palau [pəˈlaʊ] n les îles fpl Palaos.

Palestine [ˈpæləstaɪn] n Palestine f; in/to P~ en Palestine.
*Palestine Liberation Organization (PLO) n (Pol) Organisation pour la libération de la Palestine (OLP).

Palestinian[1] [ˌpæləˈstɪniən] adj palestinien (f -ienne).

Palestinian[2] [ˌpæləˈstɪniən] n Palestinien (f -ienne).

palimony [ˈpælɪməni] n (Jur) (relations de concubinage) pension f alimentaire (v. alimony).

pallet [ˈpælət] n (T) palette f; ~ truck transpalette f.

palletize [ˈpælətaɪz] vt (T) palettiser.

palmtop [ˈpɑːlmtɒp] adj ~ computer ordinateur m de poche.

Panama [ˈpænəmɑː] n Panama m; in/to P~ au Panama.

Panamanian[1] [ˌpænəˈmeɪniən] adj panaméen (f -éenne).

Panamanian[2] [ˌpænəˈmeɪniən] n Panaméen (f -éenne).

panel [ˈpænəl] n 1. panneau m (pl -aux), tableau m (pl -aux) 2. commission f, panel m, échantillon m; (Mkg) consumer ~ panel de consommateurs; ~ of experts commission d'experts; ~ of judges collège m de juges; (Jur) jury ~ liste f de personnes parmi lesquelles seront choisis les jurés (v. voir dire).

paper [ˈpeɪpə] n 1. papier m; ~back (book) livre m de poche; ~ clip trombone m; (Cpta) ~ loss perte f comptable; (Cpta) ~ profit plus-value f non matérialisée 2. (ab. de newspaper) journal m (pl -aux) 3. (Fin) effet m, papier m; ~ commercial ~ effet m de commerce; ~ currency papier-monnaie m; ~ document titre m, effet m, bulletin m, exposé m; ~ money papier-monnaie m, billets mpl de banque 4. document m; (T) ship's ~s documents mpl de bord.

paperwork [ˈpeɪpəwɜːk] n paperasserie f, formalités fpl administratives.

Papua New Guinea [ˌpæpuə njuː ˈgɪni]

n Papouasie-Nouvelle-Guinée *f*; *to/in* P~ N~ G~ en Papouasie.

Papuan[1] [ˈpæpuən] *adj* papou.

Papuan[2] [ˈpæpuən] *n* Papou *m*.

par [pɑː] *n* (*Fin*) pair *m*, parité *f*; *above/ below par* au-dessus/au-dessous du pair; ~ *value* valeur *f* au pair, valeur nominale; ~ *value share* action *f* à valeur nominale; *issue shares at* ~ émettre des actions au pair.

paradigm [ˈpærədaim] *n* paradigme *m*.

paradox [ˈpærədɒks] *n* paradoxe *m*; ~ *of value* paradoxe de la valeur.

paragraph [ˈpærəɡrɑːf] *n* paragraphe *m*, (*Jur*) alinéa *m*.

Paraguay [ˈpærəɡwai] *n* Paraguay *m*; *in/to* P~ au Paraguay.

Paraguayan[1] [ˌpærəˈɡwaiən] *adj* paraguayen (*f* -enne).

Paraguayan[2] [ˌpærəˈɡwaiən] *n* Paraguayen *m* (*f* -enne).

paralegal [ˈpærəˈliːɡəl] *n* (*Jur*) (*US*) (*non-avocat*) assistant *m* juridique.

parallel [ˈpærəlel] *adj* parallèle; (*CI*) ~ *imports* importations *fpl* parallèles.

parameter [pəˈræmətə] *n* paramètre *m*.

parcel [ˈpɑːsl] *n* **1.** partie *f*, parcelle *f* d'un lotissement **2.** paquet *m*; ~ *post* messagerie *f* postale; ~ *service* messagerie *f*; *by* ~ *post* par colis postal.

pardon [ˈpɑːdn] *n* (*Jur*) **1.** droit *m* de grâce **2.** remise *f* de peine accordée par l'Exécutif.

parent [ˈpeərənt] *n* **1.** ascendant *m* en ligne directe, parent *m* **2.** (*Mgt*) ~ *company* société *f* mère, maison *f* mère.

parental [pəˈrentl] *adj* parental (*mpl* -aux); ~ *leave* congé *m* parental; (*Jur*) ~ *liability* responsabilité *f* civile des parents du fait de leurs enfants; ~ *responsibility* autorité *f* parentale; ~ *rights* autorité *f* parentale, puissance *f* paternelle.

Paris Club [ˈpæris ˈklʌb] *n* Club *m* de Paris, Groupe *m* des Dix.

parish [ˈpæriʃ] *n* paroisse *f*; (*UK*, *Louisiane*) *civil* ~ commune *f*.

Paris Interbank Offered Rate (PIBOR) [ˈpæris ˌintəˈbæŋk ˈɒfəd ˈreit] *n* (*Bq*) taux *m* interbancaire offert à Paris.

parity [ˈpæriti] *n* parité *f*; (*Fin*) ~ *grid* grille *f* de parité; (*Fin*) ~ *index* indice *m* synthétique.

park [pɑːk] *n* parc *m*; *business* ~ parc d'activités; (*US*) *industrial* ~ zone *f* industrielle.

parliament [ˈpɑːləmənt] *n* parlement *m*.

parliamentary [ˌpɑːləˈmentri] *adj* parlementaire; ~ *privilege* immunité *f* parlementaire.

*****Parliamentary Commissioner for Administration (PCA)** *n* (*Pol*) (*UK*) médiateur *m* (*f* -trice) chargé(e) des conflits avec l'administration centrale (*v.* **Local Commissioner for Administration**).

parochialism [pəˈrəukiəlizm] *n* esprit *m* de clocher.

parol[1] [pəˈrəul] *adj* (*Jur*) verbal (*mpl* -aux), non écrit; ~ *contract* contrat *m* conclu verbalement; ~ *evidence* témoignage *m* verbal; ~ *evidence rule* règle *f* de l'irrecevabilité des éléments de preuve en contradiction avec les dispositions écrites d'un contrat.

parol[2] [pəˈrəul] *n* (*Jur*) *by* ~ verbalement, oralement.

parole[1] [pəˈrəul] *n* (*Jur*) engagement *m* sur l'honneur, libération *f* sur parole ou conditionnelle; *become eligible for* ~ pouvoir bénéficier d'une libération conditionnelle; ~ *board* commission *f* de l'application des peines; ~ *officer* agent *m inv* chargé de la surveillance des personnes placées en liberté provisoire ou surveillée.

parole[2] [pəˈrəul] *vt* (*Jur*) mettre en liberté conditionnelle.

parolee [pərəuˈliː] *n* (*Jur*) détenu *m* ayant bénéficié de la libération conditionnelle.

parrot sliding [ˈpærət ˌslaidiŋ] *n* (*Eco*) effet *m* d'entraînement de la hausse d'un prix (*à dist.* **ratchet**) (*v.* **inflation**).

part[1] [pɑːt] *adj* partiel (*f* -ielle); ~ *payment* paiement *m* partiel; ~ *shipment* expédition *f* partielle; ~-*time employment* emploi *m* à temps partiel; ~-*time job* travail *m* à mi-temps; ~-*time work* travail *m* à mi-temps.

part[2] [pɑːt] *n* **1.** partie *f* **2.** (*Ind*) pièce *f*; *spare* ~*s* pièces *fpl* de rechange; ~*s supplier* équipementier *m inv*.

partial [ˈpɑːʃl] *adj* partiel (*f* -ielle); ~ *equilibrium* équilibre *m* partiel; ~ *payment* acompte *m*, paiement *m* partiel; ~ *shipment* expédition *f* partielle.

participate [pɑːˈtisipeit] *vi* (*in*) participer (à).

participation [pɑːˌtisiˈpeiʃn] *n* participation *f*; (*Bs*) ~ *share* action *f* de dividende.

particular [pəˈtikjulə] *adj* particulier (*f* -ière), spécial.

*****particular average (PA)** *n* (*Ass*) avarie *f* simple.

*****particular lien** *n* (*Jur*) droit *m* de rétention.

particularism [pəˈtikjulərizm] *n* (*Pol*) (*US*) particularisme *m*; souveraineté *f* pleine et entière conservée par les Etats au sein de la Confédération (*v.* **Articles of Confederation**).

particulars [pə'tıkjʊləz] *npl* **1.** détails *mpl*, renseignements *mpl* **2.** *(Jur)* signalement *m*; **bill of ~** communication *f* à la partie adverse des moyens de défense, conclusions *fpl* au fond; **~ of a charge** chefs *mpl* d'accusation; **~ of the claim** éléments *mpl* de la demande **3.** *(Cpta)* libellé *m*.

partition [pɑ'tıʃn] *n* partage *m*, morcellement *m*; *(Jur)* **action for ~** demande *f* de partage pour sortir de l'indivision.

partly ['pɑ:tlı] *adv* partiellement, en partie; **~-finished goods** produits *mpl* semi-finis.

partner ['pɑ:tnə] *n* partenaire *mf*, associé *m*; **~ in a law firm** associé *m* dans un cabinet juridique (*v.* **associate**²).

partnership ['pɑ:tnəʃıp] *n* **1.** *(Jur)* société *f* de personnes; **~ agreement** statuts *mpl*; **general ~** société *f* commerciale en nom collectif; **limited ~** société *f* en commandite simple **2.** association *f*, partenariat *m*.

party ['pɑ:tı] *n* **1.** partie *f* **2.** *(Pol)* parti *m* politique **3.** *(Jur) (action in justice, contrat)* partie *f*, ayant droit *m inv*; **be ~ to a suit** être en cause; **contracting ~** partie *f* contractante, adjudicataire *mf*; **the injured ~** la partie lésée; **~ in interest** l'ayant droit *m inv*, l'intéressé *m*; **third ~** tiers *m*.
*****party-plan selling** *n (Mgt)* vente *f* en réseau.
*****party wall** *n (Jur)* mur *m* mitoyen.

pass [pɑ:s] *vt* **1.** réussir; **~ a test** subir une épreuve avec succès; *(Jur)* **~ the Bar exam** réussir l'examen du Barreau **2.** *(Pol)* adopter, accepter, voter; **~ a bill** voter un projet de loi; **~ the budget** adopter le budget **3.** *(Jur)* prononcer, formuler; **~ judg(e)ment** statuer, prononcer un jugement **4.** *(D)* passer; **~ customs** passer la douane.

passbook ['pɑ:sbʊk] *n* **1.** *(Bq)* livret *m* de comptes **2.** *(D)* carnet *m* de passage en douane.

passenger ['pæsındʒə] *n* voyageur *m* (*f* -euse), passager *m* (*f* -ère); **~ train** train *m* de voyageurs.

passive ['pæsıv] *adj* passif (*f*- ive); **~ loss** perte *f* passive.

past [pɑ:st] *adj* passé.
*****past consideration** *n (Jur)* préjudice *m* subi avant la formation du contrat et ne pouvant tenir lieu de **consideration**.
*****past-due** *adj (Cpta)* en souffrance, non réglé.

patent¹ ['peıtnt] *adj* manifeste, patent; *(Jur)* **~ defect** vice *m* manifeste.

patent² ['peıtnt] *n* **1.** *(Jur)* brevet *m* (d'invention); **~ application** demande *f* de brevet; **~ attorney** conseil *m inv* en propriété intellectuelle; **~ design** modèle *m* de fabrique; **~ infringement** contrefaçon *f* **2.** *(UK)* privilège *m* conféré par la Couronne, lettres *fpl* de noblesse.
*****Patent and Trademark Office (PTO)** *n (Jur) (US)* bureau *m* (*pl* -x) des brevets et de la propriété industrielle; *équiv.* INPI.
*****Patents Office** *n (Jur) (UK)* bureau *m* (*pl* -x) des brevets; *équiv.* INPI.

patent³ ['peıtnt] *vt* breveter.

patentability [ˌpeıtntə'bılıtı] *n* brevetabilité *f*.

patentable ['peıtntəbl] *adj* brevetable.

patentee [peıtn'ti:] *n (Jur)* titulaire *mf* d'un brevet.

paternity [pə'tɜ:nıtı] *n* paternité *f*; *(Jur)* **~ suit** action *f* en recherche de paternité.

patient ['peıʃnt] *n* patient *m*, malade *mf*.
*****patient's contribution** *n (Fr)* ticket *m* modérateur.

patrimony ['pætrımənı] *n* patrimoine *m*.

patron ['peıtrən] *n* **1.** client *m*, habitué *m* **2.** mécène *m*.

pattern ['pætən] *n* structure *f*, régime *m*, modèle *m*; **~ of trade** structure *f* des échanges.

pauper ['pɔ:pə] *n* indigent *m*, pauvre *m* (*f* pauvresse).

pauperization [ˌpɔ:pəraı'zeıʃn] *n* paupérisation *f*.

pawn [pɔ:n] *n* **1.** gage *m*, nantissement *m*; **~broker** prêteur *m* (*f* -euse) sur gages; **in ~** *(fam)* au clou **2.** *(échecs)* pion *m*.

pay¹ [peı] *n* salaire *m*, rémunération *f*; **~ claim** revendication *f* salariale; **~ dispute/fight** conflit *m* salarial; **~ freeze** blocage *m* des salaires; **~ slip** bulletin *m*/feuille *f* de paie; **take home ~** salaire *m* net.

pay² [peı] *vt* (**paid, paid**) payer, régler, acquitter; **~ the balance of an account** régler le solde d'un compte; **~ the bill** régler la facture/la note; **~ cash** payer comptant; **~ in cash** payer en espèces; **~ by cheque/check** régler par chèque; **~ interest** verser un intérêt; **~ in kind** payer en nature; **~ money into an account** verser de l'argent sur un compte; **~ on a monthly basis** mensualiser ses paiements.
*****pay-as-you-earn (PAYE)** *loc (Fisc) (UK) (impôt)* prélèvement *m* à la source.
*****pay back** *v part* rembourser.
*****pay in** *v part* **~ in a sum** verser une

somme sur son compte ; *pay-in slip* bordereau *m* (*pl* -x) de versement.

*pay off *v part* **1.** *vi* rapporter, être rentable **2.** *vt* rembourser ; *~ off an overdraft* solder un découvert.

*pay out *v part* décaisser.

*pay up *v part* régler.

payability [ˌpeɪəˈbɪlɪti] *n* exigibilité *f*.

payable [ˈpeɪəbl] *adj* payable, exigible ; *~ to bearer* payable au porteur ; *~ by* à la charge de ; *~ on demand* payable à vue ; *~ to order* payable à ordre.

payables [ˈpeɪəblz] *npl* (*Cpta*) (*US*) compte *m* de passif.

payback period [ˈpeɪbæk ˌpɪərɪəd] *n* (*Fin*) période *f* de remboursement/de récupération de capital.

paycheck [ˈpeɪtʃek] *n* (*US*) salaire *m*.

paydown [ˈpeɪdaʊn] *n* acompte *m*, paiement *m* partiel.

payee [peɪˈiː] *n* bénéficiaire *mf*.

payer [ˈpeɪə] *n* (*aussi* payor) payeur *m* (*f* -euse), tiré *m*.

paying-off [ˌpeɪɪŋˈɒf] *n* (*dette*) amortissement *m*, remboursement *m*.

paying third [ˌpeɪɪŋ ˈθɜːd] *n* tiers *m* payant.

payload [ˈpeɪləʊd] *n* (*T*) charge *f* utile.

payment [ˈpeɪmənt] *n* paiement *m*, versement *m*, décaissement *m* ; (*CI*) *balance of ~s* balance *f* des paiements ; *~ card* carte *f* de paiement ; *~ in cash* paiement en espèces ; (*Jur*) *~ into court* paiement (du débiteur) entre les mains du tribunal ; *~ in due course* paiement en temps voulu ; *~ in kind* paiement en nature ; *~ by the month* mensualisation *f* ; *progress ~* acompte *m* versé en fonction de l'état d'avancement des travaux à exécuter ; *welfare ~* prestation *f* sociale.

payoff [ˈpeɪɒf] *n* **1.** règlement *m* total **2.** (*Fin*) rentabilité *f*, rapport *m*.

payor [ˈpeɪə] *v.* payer.

payroll [ˈpeɪrəʊl] *n* effectifs *mpl* ; *~ charges* frais *mpl* de personnel ; (*US*) *~ tax* impôt *m* sur les salaires.

PC *v.* **personal computer.**

PCA *v.* **Parliamentary Commissioner for Administration.**

peak [piːk] *n* pointe *f*, sommet *m*, record *m* ; *~ attendance* affluence *f* record ; *~ hour* heure *f* d'affluence ; *~ period* période *f* de pointe ; (*D*) *~ tariffs* « pics » *mpl* tarifaires.

pecuniary [prˈkjuːnɪərɪ] *adj* pécuniaire, financier (*f* -ière) ; *~ injury* dommage *m* pécuniaire.

peddle [ˈpedl] *vt* colporter.

peddler/pedlar [ˈpedlə] *n* marchand *m* ambulant.

peer [pɪə] *n* **1.** pair *m inv* ; *be tried by a jury of one's ~s* être jugé par ses pairs **2.** (*Pol*) (*UK*) membre *m inv* de la Chambre des lords ; *Hereditary P~s* membres *mpl* héréditaires de la Chambre des lords ; *Life P~s* pairs à vie, lords choisis par le Premier ministre et nommés à vie par la Reine.

peg [peg] *vt* (*Eco*) indexer ; *~ prices/ wages (on)* aligner les prix/les salaires (sur).

penal [ˈpiːnəl] *adj* (*Jur*) pénal (*mpl* -aux) ; *~ code* code *m* pénal ; *~ institutions* institutions *fpl* pénitentiaires.

penalize [ˈpiːnəlaɪz] *vt* pénaliser.

penalty [ˈpenltɪ] *n* (*Jur*) peine *f*, amende *f*, pénalisation *f*, sanction *f* ; *death ~* peine *f* de mort ; *~ clause* clause *f* pénale/de dommages-intérêts ; *~ for non-performance of a contract* pénalité *f* pour inexécution du contrat, dédit *m* sur non-exécution.

pendent jurisdiction [ˈpendənt dʒʊərɪsˈdɪkʃn] *n* (*Jur*) (*US*) compétence *f* induite de la juridiction fédérale.

pending [ˈpendɪŋ] *adj* pendant, en instance, en cours, en souffrance.

penetrate [ˈpenətreɪt] *vt* pénétrer.

penetration [ˌpenəˈtreɪʃn] *n* pénétration *f* ; (*Mkg*) *market ~* pénétration du marché.

penitentiary [ˌpenɪˈtenʃərɪ] *n* (*Jur*) (*US*) prison *f* d'État.

penny [ˈpenɪ] *n* penny *m* ; (*Bs*) *~ stocks* valeurs *fpl* boursières à bas prix/ spéculatives.

pension [ˈpenʃn] *n* **1.** retraite *f* ; *~ fund* caisse *f* de retraite ; *~ plan* plan *m* de retraite ; *~ scheme* régime *m* de retraite **2.** pension *f*, allocation *f* ; *disability ~* pension d'invalidité.

pensioner [ˈpenʃnə] *n* retraité *m* ; (*UK*) *old-age ~* (*OAP*) retraité.

pent-up [ˌpentˈʌp] *adj* contenu, réprimé ; (*Eco*) *~ inflation* inflation *f* contenue/ latente.

people [ˈpiːpl] *n* **1.** *ns* peuple *m*, nation *f* **2.** *npl* citoyens ; *~'s republic* république *f* populaire ; *the will of the ~* la volonté du peuple **3.** *npl* gens *mpl*.

PER *v.* **price-earnings ratio.**

per capita [pə ˈkæpɪtə] *loc* par tête ; *~ consumption* consommation *f* par tête ; *~ growth* croissance *f* par tête ; *~ income* revenu *f* par tête.

percentage [pəˈsentɪdʒ] *n* pourcentage *m*.

per curiam [pɜːˈkjʊəriæm] *loc (Jur)* par le tribunal, selon la cour.

per diem [pɜː ˈdiːem] *loc* par jour.

peremptory [pəˈremptri] *adj* absolu, péremptoire, impératif (f -ive) ; ~ *challenge of jurors* récusation f pure et simple (non motivée) des jurés.

perfect [ˈpɜːfɪkt] *adj* parfait ; *(Eco)* ~ *competition* concurrence f parfaite ; *(Eco)* ~ *elasticity* élasticité f parfaite ; *(Eco)* ~ *market* marché m parfait ; *(Eco)* ~ *monopoly* monopole m parfait ; *(Eco)* ~ *oligopoly* oligopole m parfait.

perfection [pəˈfekʃn] *n* perfection f. *perfection of security interest* *n (Jur) (US)* formalisation f d'une sûreté, enregistrement m d'une sûreté (afin de la rendre opposable aux tiers).

perform [pəˈfɔː] *vt (tâche, devoir)* accomplir, exécuter.

performance [pəˈfɔːməns] *n* 1. exécution f, réalisation f ; *(Jur) impossibility of* ~ cas m de force majeure ; *(Jur) specific* ~ exécution f intégrale d'un contrat 2. rendement m, résultats mpl, efficacité f ; ~ *bond* caution f de bonne fin, garantie f de bonne exécution ; ~ *evaluation* évaluation f des résultats.

per head [pə ˈhed] *loc* par tête.

peril [ˈperəl] *n* péril m ; *(Ass)* ~*s of the sea* risque m maritime.

per incuriam [pɜː ɪnˈkjʊəriæm] *loc (Jur) (UK)* par incurie, par inadvertance, par omission.

period [ˈpɪəriəd] *n* période f.

periodic [ˌpɪəriˈɒdɪk] *adj* périodique.

perishable [ˈperɪʃəbl] *adj* périssable.

perishables [ˈperɪʃəblz] *npl* marchandises fpl périssables.

perjurer [ˈpɜːdʒərə] *n (personne)* parjure mf.

perjury [ˈpɜːdʒəri] *n (Jur)* parjure m, faux serment m, faux témoignage m (délibéré).

perk [pɜːk] *n* avantage m en nature (v. **perquisite**).

permanent [ˈpɜːmənənt] *adj* permanent, fixe ; *(Cpta)* ~ *assets* valeurs fpl immobilisées ; *(Mkg)* ~ *consumption* consommation f permanente ; *(Jur)* ~ *disability* incapacité f permanente ; *(Fisc)* ~ *establishment* établissement m stable ; *(Eco)* ~ *income* revenu m permanent ; *(Eco)* ~ *income theory* théorie f du revenu permanent ; *(Jur)* ~ *injury* invalidité f permanente ; ~ *job* emploi m permanent/fixe ; *(Jur)* ~ *residence* résidence f habituelle.

permission [pəˈmɪʃn] *n* permission f, autorisation f.

permissive [pəˈmɪsɪv] *adj* 1. permissif (f -ive), tolérant 2. facultatif (f -ive). *permissive counterclaim* *n (Jur)* demande f reconventionnelle facultative.

permit[1] [ˈpɜːmɪt] *n* permis m, autorisation f ; *construction* ~ permis de construire.

permit[2] [pəˈmɪt] *vt* permettre, autoriser ; ~ *sb to do sth* autoriser/permettre à qn de faire qch.

perpetrator [ˈpɜːpətreɪtə] *n* auteur m *inv* (d'un crime).

perpetuity [ˌpɜːpəˈtjuːəti] *n* 1. perpétuité f, durée f perpétuelle 2. rente f perpétuelle 3. *(Jur) (droit de propriété) rule against perpetuities* règle f qui interdit les stipulations à trop long terme.

perquisite [ˈpɜːkwɪzɪt] *n* revenu m occasionnel/non monétaire, avantage m en nature (v. **perk**).

per se [ˌpɜː ˈseɪ] *loc* de/en lui-même, en tant que tel.

person [ˈpɜːsn] *n (Jur)* personne f *inv* physique ou morale.

personal [ˈpɜːsnəl] *adj* personnel (f -elle) ; *(Jur)* ~ *bankruptcy* faillite f personnelle ; *(Eco)* ~ *consumption* consommation f privée ; *(Bq)* ~ *credit* crédit m personnel ; *(Fisc)* ~ *income tax* impôt m sur le revenu ; *(Jur)* ~ *jurisdiction* compétence f personnelle ; *(Bq)* ~ *loan* crédit m personnel ; *(Jur)* ~ *property* biens mpl meubles (v. **chattel, real property**) ; *(Jur)* ~ *representative* représentant m personnel ; *(Bq)* ~ *savings* épargne f privée.

personal assistant (PA) *n (Mgt)* secrétaire mf particulier (f -ière).

personal computer (PC) *n (Inf)* ordinateur m individuel.

personalty [ˈpɜːsnəlti] *n (Jur)* biens mpl meubles, fortune f mobilière.

personnel [pɜːsəˈnel] *n (Mgt)* personnel m ; ~ *department* service m du personnel ; ~ *evaluation* notation f du personnel ; ~ *manager/officer* directeur m (f -trice) du personnel.

persuasive [pəˈsweɪsɪv] *adj* persuasif (f -ive) ; *(Jur)* ~ *authority* force f non impératrice d'une décision (v. **dictum**).

PERT [pɜːt] *v.* **Programme Evaluation and Review Techniques.**

pertinent [ˈpɜːtɪnənt] *adj* pertinent.

Peru [pəˈruː] *n* Pérou m ; *in/to P*~ au Pérou.

Peruvian[1] [pəˈruːviən] *adj* péruvien (f -ienne).

Peruvian[2] [pəˈruːviən] *n* Péruvien m (f -ienne).

perverse [pəˈvɜːs] *adj* pervers ; *(Eco)* ~

effect effet *m* pervers (d'une décision économique).

petition [pə'tɪʃn] *n* recours *m*, requête, *f*, demande *f*; *(Jur)* ~ *in bankruptcy* demande *f* de mise en liquidation; *(Jur) (US)* ~ *for certiorari* requête *f* soumise à la Cour suprême pour qu'un appel soit entendu; *(Jur)* ~ *for divorce* demande *f* de divorce; *(Jur)* ~ *for relief* demande *f* en réparation.

petitioner [pə'tɪʃnə] *n* requérant *m*.

petrodollar ['petrəʊdɒlə] *n (Fin)* pétrodollar *m*; ~ *recycling* recyclage *m* des pétrodollars.

petty ['peti] *adj* de moindre importance; *(Cpta)* ~ *cash* petite caisse *f*; *(Jur)* ~ *jury (aussi* **petit jury)** jury *m* de jugement (*à dist.* **grand jury**); *(Jur) (UK)* ~ *session* session *f* d'un tribunal de police.

phalanstery ['fælənstri] *n (Mgt)* phalanstère *m*.

pharmaceutical [ˌfɑːməˈsjuːtɪkl] *adj* pharmaceutique; ~ *industry* industrie *f* pharmaceutique.

pharmaceuticals [ˌfɑːməˈsjuːtɪklz] *npl* produits *mpl* pharmaceutiques.

phase [feɪz] *n* phase *f*; ~ *of the cycle* phase du cycle.
phase in *v part (accord)* introduire, mettre en œuvre graduellement.
phase out *v part* éliminer progressivement.

Philippine ['fɪləpiːn] *adj* philippin.

Philippines ['fɪləpiːnz] *npl* **the P~** les Philippines *fpl*; *in/to the P~* aux Philippines (*v.* **Filipino**).

Phillips curve [ˌfɪlɪps 'kɜːv] *n (Eco)* courbe *f* de Phillips.

phone[1] [fəʊn] *n* téléphone *m*; *(Mkg)* ~ *marketing* mercatique *f* téléphonique, mercaphonie *f*.

phone[2] [fəʊn] *vti* téléphoner.

phoning ['fəʊnɪŋ] *n (Mkg)* démarchage *m* téléphonique.

phony ['fəʊni] *adj* faux (*f* fausse); ~ *goods* contrefaçons *fpl*.

physical ['fɪzɪkl] *adj* physique; ~ *assets* biens *mpl* corporels, actifs *mpl* corporels.

physician [fɪˈzɪʃn] *n* médecin *m inv.*
physician-patient privilege *n (Jur)* secret *m* professionnel; droit *n* à la confidentialité de l'information échangée entre médecin et patient (*v.* **discovery**).

physiocracy [ˌfɪziˈɒkrəsi] *n (Eco)* physiocratie *f*.

phytosanitary [ˌfaɪtəʊˈsænɪtri] *adj* phytosanitaire.

PIBOR *v.* **Paris Interbank Offered Rate.**

picket ['pɪkɪt] *n* **1.** piquet *m*, poste *m* **2.** *strike* ~ piquet de grève.

picketing ['pɪkɪtɪŋ] *n* constitution *f* de piquets de grève à l'entrée du lieu de travail.

pickup ['pɪkʌp] *n* **1.** reprise *f* économique **2.** enlèvement *m* de la marchandise **3.** *(T) (US)* ~ *truck* camionnette *f* ouverte.

pick up [ˌpɪk 'ʌp] *v part* **1.** *vi (économie, demande)* reprendre, redémarrer, se redresser **2.** *vt (marchandises)* enlever.

pictogram ['pɪktəʊgræm] *n* pictogramme *m*.

piece [piːs] *n* pièce *f*, morceau *m* (*pl* -x).
piece work *n* travail *m* à la pièce.

piecemeal ['piːsmiːl] *adj (mesures)* fragmentaire, partiel (*f* -ielle).

pie chart ['paɪ ˌtʃɑːt] *n* « camembert » *m*.

pierce [pɪəs] *vt* percer, trouer.
piercing the corporate veil *loc (Jur)* passer outre à l'écran juridique (que constitue une société) (*v.* **alter ego**).

pigeonhole ['pɪdʒənhəʊl] *vt* **1.** *(dossier)* classer, ranger **2.** *(projet)* enterrer temporairement.

piggy-backing ['pɪgibækɪŋ] *n* **1.** *(CI)* portage *m*, exportation *f* conjointe, export-kangourou *m* **2.** *(T)* ferroutage *m*.

pilfer ['pɪlfə] *vt* voler, chaparder.

pilferage ['pɪlfrɪdʒ] *n* vol *m*, petits larcins *mpl*, chapardage *m* (souvent pendant le transport de marchandises).

pilferer ['pɪlfərə] *n* chapardeur (*f* -euse).

pilot ['paɪlət] *n* pilote *m inv*; *(T)* ~ *boat* bateau-pilote *m*; ~ *study* préétude *f*.

pilotage ['paɪlətɪdʒ] *n (T)* pilotage *m*; *inshore* ~ pilotage côtier.

PIMS *v.* **profit impact of marketing strategy.**

PIN [pɪn] *(ab de* **personal identification number)** *n* code *m* confidentiel.

pin [pɪn] *n* épinglette *f*.

pin down [ˌpɪn 'daʊn] *v part* **1.** attacher, immobiliser **2.** *pin sb down to do sth* obliger qn à faire qch.

pioneer[1] [ˌpaɪəˈnɪə] *n* pionnier *m* (*f* -ière).

pioneer[2] [ˌpaɪəˈnɪə] *vt (produit, domaine)* être le premier à créer/à étudier/à lancer.

pipeline ['paɪplaɪn] *n (pétrole)* oléoduc *m*, pipeline *m*, *(gaz)* gazoduc *m*.

piracy ['paɪrəsi] *n* **1.** *(en mer)* piraterie *f* **2.** *(vidéo, logiciel)* piratage *m* **3.** contrefaçon *f*.

pirate[1] ['paɪrət] *n* pirate *m inv*, contrefacteur *m inv*.

pirate[2] ['paɪrət] *vt* pirater, contrefaire.

pirated ['paɪrətɪd] *adj* piraté ; ~ *goods* marchandises *fpl* contrefaites/piratées.

pit [pɪt] *n (Bs)* corbeille *f* ; *the wheat* ~ la bourse du blé.

pitch [pɪtʃ] *n sales* ~ argumentaire *m* de vente.

pitfall ['pɪtfɔːl] *n* embûche *f*.

place[1] [pleɪs] *n* lieu *m (pl* -x), endroit *m* ; ~ *of business* lieu d'activité ; *(US)* ~ *of contract* endroit *m* où un contrat est conclu, déterminant ainsi quelle loi s'applique au contrat ; ~ *of delivery* lieu de livraison.

place[2] [pleɪs] *vt* placer ; ~ *an ad* passer une annonce/une publicité ; *(UK)* ~ *a compulsory purchase order on* exproprier ; ~ *an order with sb* passer commande à qn.

placement ['pleɪsmənt] *n* stage *m* étudiant, stage *m* en entreprise.

plagiarism ['pleɪdʒərɪzm] *n* plagiat *m*.

plain [pleɪn] *adj* simple, clair, direct.
*****plain-view doctrine** *n (Jur)* doctrine *f* qui autorise la saisie sans mandat de perquisition de ce qui est en vue et placé en évidence.

plaintiff ['pleɪntɪf] *n (Jur)* demandeur *m (f* -eresse), requérant *m*, partie *f* plaignante.

plan[1] [plæn] *n* plan *m*, projet *m*, système *m*.

plan[2] [plæn] *vt* planifier, projeter.

plane [pleɪn] *n (T)* avion *m*.

plank [plæŋk] *n* planche *f* **2.** *(Pol)* article *m* du programme électoral (*v.* **platform**).

planning ['plænɪŋ] *n* planification *f* ; *town/city* ~ urbanisme *m*.
*****planning, programming and budgeting system (PPBS)** *n* rationalisation *f* des choix budgétaires.

plant [plɑːnt] *n* **1.** usine *f* ; ~ *closure* fermeture *f* d'usine **2.** matériel *m* et installations *fpl* d'une usine.

plastic ['plæstɪk] *n* plastique *m* ; *(Emb)* ~ *bag* sac *m* en plastique.

plat map ['plæt ˌmæp] *n (Jur) (US)* cadastre *m*.

platform ['plætfɔːm] *n* **1.** tribune *f*, estrade *f* **2.** *(Pol)* plate-forme *f*, programme *m* (d'un parti) **3.** *(T) (gare)* quai *m*.

p.l.c. *v.* **public limited company**.

plea [pliː] *n (Jur)* **1.** exception *f* ; ~ *in abatement* demande *f* en nullité ; ~ *of voidance* exception *f* de nullité **2.** conclusions *fpl*, moyens *mpl* de défense ; ~ *of guilty* aveu *m (pl* -x) de culpabilité fait à l'audience ; ~ *of insanity* exception *f* d'irresponsabilité

(pour aliénation mentale) ; *on the* ~ *that* en alléguant que... ; *make/enter a* ~ *of guilty/not guilty* plaider coupable/non coupable ; *make a* ~ *for mercy* implorer la clémence.
*****plea bargaining** *n (Jur)* négociations *fpl* entre l'accusation et la défense à l'issue desquelles l'accusé plaide coupable, ce qui lui vaut généralement l'abandon de chefs d'accusation sérieux et/ou une peine plus légère (*v.* **negotiated plea**).

plead [pliːd] *vt (Jur)* plaider.

pleadings ['pliːdɪŋz] *npl (Jur)* conclusions *fpl*, exposés *mpl* des prétentions des parties, plaidoiries *fpl* écrites.

plebiscite ['plebɪsaɪt] *n (Pol)* plébiscite *m*.

pledge[1] [pledʒ] *n* **1.** promesse *f*, engagement *m* **2.** *(Jur)* nantissement *m*.

pledge[2] [pledʒ] *vt* **1.** promettre, engager sa parole **2.** *(Jur)* gager, nantir ; ~ *one's property* gager ses biens ; ~ *securities* nantir des valeurs.

plenary ['pliːnərɪ] *adj* complet (*f* -ète), plénier (*f* -ière) ; *(Jur)* ~ *action* action *f* en justice aboutissant à une décision sur le fond après due considération de tous les points ; ~ *powers* pleins pouvoirs *mpl* ; ~ *session* séance *f* plénière.

Plessy v. Ferguson *v.* **separate-but-equal doctrine**.

PLO *v.* **Palestine Liberation Organization**.

plough back/plow back [ˌplaʊ ˈbæk] *v part (Fin)* réinvestir ; ~*ed-back profits* bénéfices *mpl* réinvestis.

ploy [plɔɪ] *n* stratagème *m* ; *(Pol)* *election* ~ manœuvre *f* électorale.

plummet ['plʌmɪt] *vt* chuter, diminuer de façon spectaculaire.

plunge [plʌndʒ] *vi* **1.** chuter **2.** *(marché)* s'effondrer.

plural system ['plʊərəl ˌsɪstəm] *n (Pol)* scrutin *m* majoritaire (*v.* **first-past-the-post system**).

plurality [plʊˈrælɪtɪ] *n (Pol)* **1.** pluralité *f*, cumul *m* ; ~ *of offices* cumul des fonctions **2.** *(US)* majorité *f* relative.

ply [plaɪ] *vi (T)* faire la navette.

plywood ['plaɪwʊd] *n* contre-plaqué *m*.

poach [pəʊtʃ] *v* **1.** *vti* braconner **2.** *vt (idée)* voler, piquer ; *(employé)* débaucher.

poacher ['pəʊtʃə] *n (Jur)* braconnier *m inv*.

poaching ['pəʊtʃɪŋ] *n* braconnage *m*.

pocket ['pɒkɪt] *n* poche *f* ; *(Inf)* ~ *computer* ordinateur *m* de poche.
*****pocket veto** *n (Pol) (US)* « veto *m* de poche » ; veto dont dispose le chef de

l'Exécutif américain pendant les dix derniers jours d'une session du Congrès.

point [pɔɪnt] *n* **1.** point *m*; *decimal ~* virgule *f* (qui précède la décimale); *~ system* système *m* à points, *(conduite)* permis *m* à points; *(Eco) ~ elasticity* élasticité *f* ponctuelle **2.** argument *m*; *make a ~* faire ressortir un argument; *(Jur) ~ of law* point *m* de droit; *(Pol) ~ of order* point d'ordre **3.** point *m*, pôle *m*; *(T) ~ of departure/entry* point de départ/d'arrivée; *(Com) ~ of sale* point de vente; *(Pub) ~-of-sale advertising* publicité *f* sur le lieu de vente.

poisonous tree doctrine [ˌpɔɪznəs ˈtriː ˌdɒktrɪn] *n (Jur) (US)* doctrine *f* qui déclare irrecevables les preuves obtenues, même de façon licite, à la suite d'une arrestation/perquisition illégale.

Poland [ˈpəʊlənd] *n* Pologne *f*; *in/to P~* en Pologne.

polarisation [ˌpəʊlərarˈzeɪʃn] *n* polarisation *f*.

Pole [pəʊl] *n* Polonais *m*.

police [pəˈliːs] *npl* police *f*; *~ officer* agent *m inv* de police; *~ court* tribunal *m (pl -aux)* de police, tribunal chargé seulement de l'instruction dans le cas d'infractions graves; *(US) ~ power* pouvoir *m* de police (pouvoir réglementaire qui appartient aux Etats).

policy [ˈpɒləsi] *n* **1.** *(Ass)* police *f*; *insurance ~* police d'assurance **2.** *(à dist.* **politics**) politique *f*, ligne *f* de conduite d'un gouvernement/d'une entreprise; *(UE) common agricultural policy (CAP)* politique agricole commune (PAC); *foreign ~* politique étrangère/extérieur **3.** *(Jur) matter of public ~* question *f* d'intérêt public/d'ordre public.

policy-holder [ˈpɒləsihəʊldə] *n (Ass)* assuré *m*.

Polish [ˈpəʊlɪʃ] *adj* polonais.

political [pəˈlɪtɪkl] *adj* politique; *~ crime* crime *m* politique, atteinte *f* à la sûreté de l'Etat; *~ economy* économie *f* politique; *~ party* parti *m* politique; *(Jur) ~ questions* questions *fpl* purement politiques que les juridictions refusent de trancher.

*political action committee (PAC) *n (Pol) (US)* comité *m* chargé de la collecte et de la distribution des dons destinés au financement des campagnes électorales.

politician [ˌpɒləˈtɪʃn] *n (Pol)* homme *m* politique; *(souvent péj)* politicien *m (f -ienne)*.

politics [ˈpɒlətɪks] *n (à dist.* **policy**) politique *f*, sciences *fpl* politiques.

polity [ˈpɒləti] *n (Pol)* constitution *f*, régime *m* politique.

poll[1] [pəʊl] *n* **1.** *(Pol)* vote *m*, scrutin *m*; *go to the ~s* aller aux urnes **2.** sondage *m*, consultation *f*/analyse *f* de l'opinion; *opinion ~* sondage d'opinion.

*poll tax *n (Fisc)* **1.** cens *m*, impôt *m* de capitation **2.** *(UK)* contribution *f* par tête aux impôts locaux (*v.* **community charge**).

poll[2] [pəʊl] *vt* **1.** *(Pol)* obtenir des voix **2.** sonder **3.** *(Jur) ~ a jury* demander individuellement à chaque juré de rendre son verdict.

pollee [pəʊˈliː] *n* sondé *m*.

polling [ˈpəʊlɪŋ] *n* **1.** sondage *m*; *~ institute* institut *m* de sondage **2.** vote *m*; *~ booth* isoloir *m*; *(UK) ~ station* bureau *m (pl -x)* de vote.

pollster [ˈpəʊlstə] *n* enquêteur *m (f -euse)*.

polygamy [pəˈlɪɡəmi] *n (Jur)* polygamie *f*.

polystyrene [ˌpɒliˈstaɪriːn] *n* polystyrène *m*; *(Emb) ~ chips* billes *fpl* de polystyrène.

polythene [ˈpɒliθiːn] *n* plastique *m*; *(Emb) ~ bag* sac *m* en plastique.

pool[1] [puːl] *n* **1.** *(Fin)* groupement *m*, fonds *m* commun, mise *f* en commun des ressources **2.** *(Bs/Fin)* syndicat *m* commercial, syndicat *m* de placement d'actions, syndicat *m* de prix fermes, tour *m* de table.

pool[2] [puːl] *vt (fonds, ressources)* mettre en commun, réunir.

*pooling agreement *n (Mgt)* accord *m* entre actionnaires s'étant concertés quant au vote.

poor[1] [pɔː] *adj* **1.** médiocre; *~ quality* de mauvaise qualité **2.** pauvre.

poor[2] [pɔː] *npl the ~* les pauvres *mpl*, les démunis *mpl*.

population [ˌpɒpjuˈleɪʃn] *n* population *f*; *~ density* densité *f* de peuplement; *~ explosion* explosion *f* démographique; *~ figures* démographie *f*; *~ growth rate* croissance *f* démographique; *working ~* population *f* active.

pork barrel [ˈpɔːk ˌbærəl] *n (Pol) (US)* projet *m* d'intérêt local défendu par un membre du Congrès à des fins électoralistes.

pornographic [ˌpɔːnəˈɡræfɪk] *adj* pornographique.

pornography [pɔːˈnɒɡrəfi] *n* pornographie *f*.

port [pɔːt] *n* **1.** *(T)* port *m*; *~ of arrival* port d'arrivée; *~ of call* port d'escale; *~ charges/dues* droits *mpl* de port; *~ of destination* port de destination; *~ of* *discharge* port de déchargement ; ~ *of entry* port d'arrivée, port de débarquement ; ~ *facilities* installations *fpl* portuaires ; ~ *of loading* port de chargement ; ~ *of registry* port d'attache, d'immatriculation ; ~ *of sailing* port de départ 2. *(T)* ~ *(side)* bâbord *m* ; *to* ~ à bâbord 3. *(vin)* porto *m*.

portable ['pɔːtəbl] *adj* portable, portatif (*f* -ive) ; *(Inf)* ~ *computer* ordinateur *m* portable ; *(US)* ~ *health insurance* assurance *f* maladie transférable d'un emploi à l'autre ; ~ *phone* téléphone *m* portable, téléphone sans fil.

portage ['pɔːtɪdʒ] *n (T)* factage *m*.

porterage ['pɔːtərɪdʒ] *n (T)* frais *mpl* de portage.

portfolio [pɔːt'fəʊliəʊ] *n* portefeuille *m* ; *(Mkg) brand* ~ portefeuille *m* de marques ; *(Fin)* ~ *diversification* diversification *f* de portefeuille ; *(Fin)* ~ *investments* investissements *mpl* de portefeuille ; *(Fin)* ~ *management* gestion *f* de portefeuille.

portion ['pɔːʃn] portion *f* ; *(Jur)* ~ *which can be disposed of* quotité *f* disponible.

Portugal ['pɔːtʃʊgl] *n* Portugal *m* ; *in/to* P~ au Portugal.

Portuguese¹ [pɔːtʃu'giːz] *adj* portugais.

Portuguese² [pɔːtʃu'giːz] *n (pl inv)* Portugais *m*.

position¹ [pə'zɪʃn] *n* 1. position *f* 2. emploi *m* 3. poste *m* de travail ; ~ *closed* guichet *m* fermé.

position² [pə'zɪʃn] *vt (Mkg)* positionner ; ~ *oneself* se positionner.

positioning [pə'zɪʃnɪŋ] *n (Mkg)* positionnement *m* ; ~ *strategy* stratégie *f* de positionnement.

positive ['pɒzɪtɪv] *adj* positif (*f* -ive).

possession [pə'zeʃn] *n* possession *f*, jouissance *f* ; *(Jur) warrant of* ~ ordonnance *f* de recouvrement.

possessory [pə'zesəri] *adj (Jur)* possessoire ; ~ *action* action *f* en possession ; ~ *interest* droit *m* de possession ~ *lien* droit *m* de rétention, droit de gage.

post¹ [pəʊst] *n* 1. *(service)* poste *f* ; *by* ~ par la poste ; ~*-free* franco ; ~*-paid* port payé 2. poste *m*, emploi *m*.

post² [pəʊst] *vt* 1. afficher 2. *(poste)* poster, affranchir 3. *(Cpta)* inscrire/porter un article au grand livre ; ~ *a surplus/a deficit* enregistrer un excédent/un déficit ; ~ *an entry* passer une écriture 4. tenir au courant, informer ; *keep sb* ~*ed (on/about sth)* tenir qn au courant (de qch) 5. nommer, affecter ; ~ *sb to*

a command porter qn à un poste de commandement.

post¹ [pəʊst] *préf* post-.
post-industrial society *n* société *f* postindustrielle.
post-mortem examination *n (Jur)* autopsie *f*.

postal ['pəʊstl] *adj* postal (*pl* -aux) ; ~ *order* mandat-poste *m*.

postage ['pəʊstɪdʒ] *n* 1. affranchissement *m* 2. port *m*.

postdate [pəʊst'deɪt] *vt* postdater ; ~*d cheque/check* chèque *m* postdaté.

posted ['pəʊstɪd] *adj* 1. affiché ; ~ *price* prix *m* affiché 2. *(Cpta)* inscrit, enregistré ; *gains/losses* ~ gains *mpl*/pertes *fpl* enregistré(e)s.

poster ['pəʊstə] *n* affiche *f*.

posthumous ['pɒstjʊməs] *adj* posthume.

posting ['pəʊstɪŋ] *n* 1. affichage *m* 2. *(Cpta)* passation *f* d'écriture 3. nomination *f* à un poste, poste *m*.

postmark ['pəʊstmɑːk] *n* cachet *m* de la poste.

postpone [pəʊst'pəʊn] *vt* reporter, remettre à plus tard.

postponement [pəʊst'pəʊnmənt] *n* report *m*.

potential¹ [pə'tenʃl] *adj* potentiel (*f* -ielle), futur ; ~ *customer* client *m* potentiel, prospect *m inv* ; ~ *demand* demande *f* potentielle ; ~ *growth* croissance *f* potentielle.

potential² [pə'tenʃl] *n* potentiel *m* ; *sales* ~ potentiel de vente.

pound [paʊnd] *n* 1. *(monnaie)* livre *f* (sterling) 2. *(poids)* livre *f*.

poverty ['pɒvəti] *n* pauvreté *f* ; ~ *line* seuil *m* de pauvreté.

POW *v.* **prisoner of war**.

power [paʊə] *n* 1. énergie *f*, puissance *f* ; ~ *station* centrale *f* électrique 2. capacité *f*, faculté *f* ; *(Fin) earning* ~ capacité bénéficiaire 3. pouvoir *m*, autorité *f* ; ~ *of appointment* pouvoir *m* de désignation/de nomination ; *(Jur)* ~ *of disposition* pouvoir de disposer (de ses biens), droit *m* d'aliénation ; ~ *of investment* pouvoir de placement/d'investissement ; *(Eco) purchasing* ~ pouvoir d'achat ; ~ *of sale* pouvoir de vente ; *(Jur)* ~ *of termination* en cas de legs sous condition, pouvoir d'y mettre fin en cas de non-respect de la condition 4. *(Jur)* mandat *m*, procuration *f*.
power of attorney (PA) *n (Jur)* procuration *f* écrite.

PPBS *v.* **planning, programming and budgeting system**.

PR *v.* **public relations**.

practice ['præktɪs] *n* **1.** pratique *f*, usage *m* ; ~ *of law* exercice *m* de la profession d'avocat **2.** clientèle *f* ; *buy a* ~ acheter une clientèle (à un confrère).

practise/practice ['præktɪs] *vt* pratiquer ; ~ *law* exercer la profession d'avocat ; *practising/practicing lawyer* avocat *m* en exercice.

practised/practiced ['præktɪst] *adj* expérimenté.

practitioner [præk'tɪʃnə] *n* praticien *m* (*f* -ienne).

prayer [preə] *n* **1.** prière *f*, supplique *f* **2.** *(Jur)* pétition *f*, récapitulatif *m* de la demande ; demande *f* en Equité.

preamble [prɪ'æmbl] *n* *(constitution)* préambule *m*, *(traité)* préliminaire *m*, *(loi)* exposé *m* des motifs, *(arrêté, jugement)* attendus *mpl*.

precarious [prɪ'keərɪəs] *adj* précaire.

precatory ['prekətrɪ] *adj* précatif (*f* -ive), exprimé en forme de prière (sans caractère impératif) ; *(Jur)* ~ *words (in a will)* termes *mpl* exprimant un vœu ou un espoir (du testateur).

precautionary [prɪ'kɔ:ʃnrɪ] *adj* de précaution ; *(Cpta)* ~ *balance* encaisse *f* de précaution.

precedence ['presɪdns] *n* préséance *f*, priorité *f* ; *to take* ~ *over* prévaloir sur.

precedent ['presɪdnt] *n* **1.** précédent *m* **2.** *(Jur)* précédent *m*, décision *f* faisant jurisprudence ; *binding* ~ précédent qui lie impérativement/qui fait jurisprudence ; *persuasive* ~ précédent non impératif (*v.* **holding, stare decisis**).

precept ['pri:sept] *n* **1.** précepte *m*, principe *m* **2.** *(Jur)* mandat *m* (de comparution).

precinct ['pri:sɪŋkt] *n* **1.** enceinte *f* ; *pedestrian* ~ zone *f* piétonne **2.** ressort *m*, juridiction *f*, arrondissement *m*, division *f* administrative **3.** *(Pol) (US)* ~ division *f* d'une circonscription électorale **4.** *(Jur) (US)* ~ *station* poste *m* de police, commissariat *m* de quartier.

predatory ['predətrɪ] *adj* prédateur (*f* -trice), nuisible ; *(Eco)* ~ *prices* prix *mpl* sauvages (nuisant à la juste concurrence) ; ~ *pricing* vente *f* à des prix abusivement bas.

predecessor ['pri:dɪsesə] *n* prédécesseur *m inv*.

predisposed [pri:dɪs'pəʊzd] *adj (to)* prédisposé (à).

predisposition [pri:dɪspə'zɪʃn] *n* prédisposition *f*.

preemption [prɪ'empʃn] *n* **1.** *(Jur)* (droit *m* de) préemption *f* **2.** *(Jur) (US)* ~ *doctrine* primauté *f* du droit fédéral

sur le droit des Etats (dans des domaines donnés) (*v.* **interstate commerce**).

preemptive right [prɪ'emptɪv 'raɪt] *n* *(Jur)* droit *m* de préemption.

pre-existing duty [prɪ:ɪg'zɪstɪŋ 'dju:tɪ] *n* *(Jur)* obligation *f* préexistante.

preference ['prefrəns] *n* préférence *f*, traitement *m* préférentiel ; ~ *right* droit *m* de préférence ; ~ *scale* échelle *f* de préférence ; *(Bs) (UK)* ~ *share* action *f* privilégiée ; *(Bs)* ~ *non-voting share* action *f* à dividende prioritaire sans droit de vote.

preferential [prefə'renʃl] *adj* préférentiel (*f* -ielle) ; *(Jur)* ~ *assignment* préférence *f* accordée par le débiteur en cessation de paiement à un créancier qui sera remboursé en priorité ; ~ *rates* tarifs *mpl* préférentiels.

preferred [prɪ'fɜ:d] *adj* préféré ; *(Bq/Jur)* ~ *creditor* créancier *m* (*f* -ière) privilégié(é) qui sera payé(e) avant les autres ; *(Bs)* ~ *ordinary share* action *f* ordinaire de préférence ; *(Bs)* ~ *share*, *(US)* ~ *stock* action *f* privilégiée.

prefinancing [pri:'faɪnænsɪŋ] *n* préfinancement *m*.

prejudice ['predʒudɪs] *n* **1.** préjugé *m*, prévention *f* **2.** *(Jur)* préjudice *m*, dommage *m*, tort *m* ; *without* ~ sous toutes réserves, sans préjudice (de).

prejudicial [predʒu'dɪʃl] *adj* préjudiciable, nuisible ; *(Jur)* ~ *error* erreur *f* préjudiciable.

preliminary [prɪ'lɪmɪnrɪ] *adj* préliminaire ; *(Jur)* ~ *hearing* audience *f* avant dire droit ; *(Jur)* ~ *injunction* ordonnance *f* interlocutoire ; *(Jur)* ~ *investigation* instruction *f* (d'une affaire).

premarital agreement [pri:'mærɪtl ə'gri:mənt] *n* *(Jur)* contrat *m* de mariage (*syn.* **prenuptial agreement**).

premeditate [pri:'medɪteɪt] *vt* préméditer ; *(Jur)* ~*d murder* meurtre *m* avec préméditation, assassinat *m*.

premeditation [pri:medɪ'teɪʃn] *n* préméditation *f*.

premise ['premɪs] *n* **1.** prémisse *f*, exposé *m* des faits **2.** *(Jur) the* ~*s* locaux *mpl* ; *on the* ~ sur les lieux ; *rental value of the* ~ valeur *f* locative des locaux.

premium ['pri:mɪəm] *n* prime *f*, agio *m* ; *(Ass) insurance* ~ prime *f* d'assurance ; *at a* ~ très recherché ; ~ *price* prix *m* élevé.

***premium rate service (PRS)** *n (Mkg)* service *m* à valeur ajoutée.

prenuptial agreement [prɪ'nʌpʃl ə'gri:mənt] *n* *(Jur)* contrat *m* de mariage (*syn.* **premarital agreement**).

prepack [ˌpriːˈpæk] *vt (Emb)* préemballer.

prepaid [ˌpriːˈpeɪd] *adj* payé d'avance ; ~ *expenses* charges *fpl* payées d'avance ; *(Bq)* ~ *interest* intérêt *m* précompté.

preparation [ˌprepəˈreɪʃn] *n* préparation *f*.

prepare [prɪˈpeə] *vt* préparer ; *(Cpta)* ~ *financial statements* dresser les états financiers.

prepayment [ˌpriːˈpeɪmənt] *n* paiement *m* anticipé ; *(Jur)* ~ *penalty* pénalité *f* à acquitter en cas de remboursement anticipé.

preponderance [prɪˈpɒndrəns] *n* supériorité *f*, prépondérance *f*.
*preponderance of evidence** *n (Jur)* supériorité *f* des preuves.

prerequisite [ˌpriːˈrekwɪzɪt] *n* condition *f* préalable.

prerogative [prɪˈrɒɡətɪv] *n* prérogative *f* ; ~ *of age* bénéfice *m* de l'âge ; *(Jur)* *(UK)* ~ *orders* ordonnances *fpl* de prérogative *(v.* **mandamus, prohibition**).

prescription [prɪˈskrɪpʃn] *n* **1.** *(médecine)* ordonnance *f* **2.** *(Jur)* prescription *f*.

prescriptive [prɪˈskrɪptɪv] *adj (Jur)* ~ *easement* droit *m* de servitude acquis par prescription acquisitive ; ~ *right* droit *m* de prescription.

presence [ˈprezns] *n* présence *f*.

present [ˈpreznt] *adj* présent, actuel *m* -elle) ; ~ *economic situation* conjoncture *f* ; *(Cpta)* ~ *value* valeur *f* actuelle.

pre-sentence hearing [ˌpriː ˈsentəns ˈhɪərɪŋ] *n (Jur)* *(US)* audience *f* préalable au prononcé de la sentence, durant laquelle sont exposés des éléments pertinents à la sévérité de la peine.

presenting bank [prɪˈzentɪŋ bæŋk] *n (Bq)* banque *f* notificatrice/présentatrice.

presentment [prɪˈzentmənt] *n* **1.** *(Jur)* acte *m* d'accusation émanant du **grand jury 2.** *(Bq)* présentation *f* d'un titre à l'acceptation ou au paiement.

president [ˈprezɪdənt] *n* **1.** président *m* **2.** *(US)* président-directeur *m inv* général (PDG).

presidential [ˌprezɪˈdenʃl] *adj* présidentiel *(f* -ielle).
*presidential electors** *n (Pol)* *(US)* grands électeurs *mpl* qui choisissent le Président au sein du collège électoral *(v.* **Electoral College**).

press [pres] *n* presse *f* ; ~ *bureau* agence *f* de presse ; ~ *conference* conférence *f* de presse ; *freedom of the* ~ liberté *f* de la presse ; ~-*relations officer* attaché *m* de presse.

pressure [ˈpreʃə] *n* pression *f* ; ~ *group* groupe *m* de pression *(v.* **lobby**).

prestige [presˈtiːʒ] *n* prestige *m* ; ~ *goods* biens *mpl* de luxe.

presumption [prɪˈzʌmpʃn] *n* présomption *f* ; *(Jur)* ~ *of fact/of law* présomption de fait/de droit ; *(Jur)* ~ *of innocence* présomption d'innocence ; *(Jur)* *irrebuttable* ~ présomption irréfutable/irréfragable ; *(Jur)* *rebuttable* ~ présomption qui admet la preuve contraire.

presumptive [prɪˈzʌmptɪv] *adj* présomptif *(f* -ive) ; *(Fisc)* ~ *taxation* imposition *f* forfaitaire.

pretax [ˌpriːˈtæks] *adj (Cpta)* avant impôt ; ~ *earnings/profit* bénéfice *m* avant impôt/hors impôt.

pretest[1] [ˌpriːˈtest] *n (Mkg)* prétest *m*.

pretest[2] [ˌpriːˈtest] *vt (Mkg)* prétester.

pre-trial [ˌpriːˈtraɪəl] *adj (Jur)* ~ *conference* réunion *f* de travail entre avocats et juge au stade précontentieux ; ~ *discovery* investigation *f* de la cause (phase précontentieuse).

prevail [prɪˈveɪl] *vi* **1.** dominer, régner sur **2.** avoir cours, l'emporter/prévaloir (sur).

prevailing [prɪˈveɪlɪŋ] *adj* courant, en vigueur, répandu ; *(Jur)* *the* ~ *party* la partie qui obtient gain de cause dans un procès.

prevarication [prɪˌværɪˈkeɪʃn] *n* équivoques *fpl*, mensonge *m*.

prevention [prɪˈvenʃn] *n* prévention *f*.

previous [ˈpriːvɪəs] *adj* précédent, antérieur.

price[1] [praɪs] *n* prix *m (pl inv)*, cours *m (pl inv)*, tarif *m* ; ~ *agreement* entente *f* sur les prix ; *ceiling* ~ prix plafond ; ~ *collusion* entente *f* sur les prix ; ~ *competitiveness* compétitivité-prix *f* ; ~ *control* contrôle *m* des prix ; ~ *decrease* baisse *f* des prix ; ~ *discrimination* discrimination *f* en matière de prix (lorsque des prix différents sont demandés pour un même bien à des acheteurs différents) ; ~ *effect* effet *m* de prix ; *(Eco)* ~ *elasticity* élasticité-prix *f* ; *(Eco)* *elasticity of supply* élasticité *f* de l'offre (par rapport au prix) ; *(Eco)* ~ *elasticity of wages* élasticité *f* des salaires (par rapport aux prix) ; ~ *fixing* fixation *f* des prix ; ~-*fixing agreement* accord *f* de fixation des prix ; ~ *freeze* blocage *m* des prix ; *(US)* ~ *hike* hausse *f* des prix ; ~ *increase* hausse *f* des prix ; ~ *index* indice *m* des prix ; *(Eco)* ~ *inflation* inflation *f* des prix ; ~ *level* niveau *m (pl* -x) des prix ; ~ *list* tarif *m*, prix *mpl* courants ; ~ *maker* (J.O.) fixeur *m* de prix ; *(Bq)* ~ *of money* prix

m de l'argent, cours *m* de la monnaie ;
~ *offer* offre *f* de prix ; ~ *quotation*
cotation *f* ; ~ *rise* hausse *f* des prix ;
(US) ~ *schedule* tarif *m* ; ~ *spread*
écart *m* des prix ; ~ *support* soutien *m*
des prix ; ~ *system* régime *m* des prix ;
~ *tag* étiquette *f* de prix ; *(Bs)* ~ *taker*
(J.O.) preneur *m* (*f* -euse) de prix.

*prices and incomes policy *n (Eco)* politique *f* des prix et des revenus.

*price-earnings ratio (PER) *n (Bs)*
coefficient *m* de capitalisation des résultats.

price² [praɪs] *vt* **1.** fixer/établir le prix
de ; ~ *oneself out of a market* se fermer un marché en vendant trop cher
2. *(Fin) (J.O.)* priser.

pricer ['praɪsə] *n (Fin) (J.O.)* priseur *m
inv.*

pricing ['praɪsɪŋ] *n* **1.** tarification *f*, fixation *f* des prix **2.** *(Fin) (J.O.)* prisée *f*.

priest [priːst] *n* prêtre *m inv.*

*priest-penitent privilege *n (Jur)* privilège *m* du secret du confessionnal.

prima facie [ˌpraɪmə 'feɪʃi] *adj* à première vue, en première analyse ; *(Jur)*
~ *case* affaire *f* qui semble fondée ; ~
evidence preuve *f* suffisante à première
vue.

primage ['praɪmɪdʒ] *n* primage *m.*

primary ['praɪmərɪ / 'praɪmerɪ] *adj* **1.** primaire ; *(Fin)* ~ *dealer* spécialiste *mf* en
valeurs du Trésor ; ~ *goods* biens *mpl*
primaires, produits *mpl* de base ; ~ *in-*
come revenus *mpl* primaires ; ~ *liqui-*
dities ¹iquidités *fpl* primaires ; ~ *mar-*
ket marché *m* primaire ; ~ *products*
produits *mpl* de base ; *(Eco)* ~ *sector*
secteur *m* primaire **2.** *(Pol) (US)* ~
election élection *f* primaire.

prime [praɪm] *adj* **1.** principal (*mpl*
-aux), fondamental (*mpl* -aux) ; ~ *im-*
portance de toute première importance
2. excellent, de première qualité ; *in* ~
condition en parfait état ; *of* ~ *quality*
de première qualité.

*prime interest rate *n (Bq) (US)* taux
m d'intérêt préférentiel consenti par les
banques commerciales aux entreprises
les plus sûres.

*prime cost *n (Eco)* coût *m* initial.

*prime time *n (TV)* heures *fpl* de grande
écoute ; ~ *rate* tarif *m* de forte écoute.

Prime Minister [ˌpraɪm 'mɪnɪstə] *n*
(Pol) Premier ministre *m inv.*

primogeniture [ˌpraɪməʊ'dʒenɪtʃə] *n*
primogéniture *f.*

primus inter pares [ˌpriːməs ɪntə
'pɑːriːz] *loc (Pol) (UK)* « le premier
parmi ses pairs » ; terme utilisé pour dé-
crire la relation entre le Premier ministre
et les autres élus de son parti.

principal¹ ['prɪnsəpl] *adj* principal (*mpl*
-aux).

principal² ['prɪnsəpl] *n* **1.** *(Jur)* mandant
m, commettant *m inv*, donneur *m* (*f*
-euse) d'ordre (*v.* **agency**) **2.** *(Jur)*
auteur *m inv* principal d'un crime ou
d'un délit **3.** *(Fin)* principal *m*, capital
m nominal d'une dette.

principle ['prɪnsəpl] *n* principe *m.*

principled ['prɪnsəpld] *adj* qui a des
principes.

print¹ [prɪnt] *ns inv (imprimerie)* caractères *mpl* ; *in small* ~ en petits caractères ; *read the small* ~ lire toutes les
clauses du document.

print² [prɪnt] *vt* **1.** imprimer **2.** écrire à
la main en capitales.

*print out *v part (Inf)* sortir sur imprimante.

printer ['prɪntə] *n (Inf)* imprimante *f.*

prior [praɪə] *adj* préalable ; ~ *agree-*
ment autorisation *f*/accord *m* préalable ;
(Jur) ~ *restraint* censure *f* préalable de
la presse (*v.* **clear and present danger**).

prioritize [praɪ'ɒrɪtaɪz] *vt (US)* prioriti-
ser.

priority [praɪ'ɒrɪtɪ] *n* priorité *f*, préférence *f* ; *(Bq/Jur)* ~ *creditor* créancier
m (*f* -ière) privilégié(e).

prise open [praɪz 'əʊpn] *v part (UK)* ~
open a market forcer l'ouverture d'un
marché (*v.* **pry open**).

prison ['prɪzn] *n* prison *f*, maison *f* d'arrêt ; ~ *inmate* détenu *m*, prisonnier *m*
(*f* -ière).

prisoner ['prɪznə] *n* détenu *m*, prisonnier
m (*f* -ière).

*prisoner of war (POW) *n* prisonnier
m (*f* -ière) de guerre.

privacy ['prɪvəsɪ] *n* intimité *f*, vie *f* privée ; *right of* ~ droit *m* à la protection
de la vie privée.

private ['praɪvət] *adj* privé ; *(Mkg)* ~
brand/label marque *f* de distributeur ;
(T) ~ *carrier* transporteur *m inv* pour
compte propre ; ~ *goods* biens *mpl* individuels ; *(Jur)* ~ *law* droit *m* privé ;
~ *sector* secteur *m* privé ; *(train)* ~
siding voie *f* de raccordement.

*private limited company *n (Jur)*
(UK) société *f* à responsabilité limitée
(SARL).

*Private Members' Bill *n (Pol) (UK)*
proposition *f* de loi présentée par un élu
non membre du gouvernement.

privatization [ˌpraɪvətaɪ'zeɪʃn] *n* privatisation *f.*

privatize ['praɪvətaɪz] *vt* privatiser.

privilege ['prɪvɪlɪdʒ] *n* **1.** privilège *m* ;
(Jur) (US) ~ *against self-incrimination*
garantie *f* contenue dans le 5ᵉ amende-

ment à la Constitution des Etats-Unis :
« nul ne pourra être contraint de témoigner contre soi-même » **2.** immunité *f*;
(Jur) (UK) parliamentary ~ immunité
f parlementaire.

*privileged communications *npl (Jur)*
communications *fpl* protégées par le secret professionnel ; immunité *f* contre les
poursuites en diffamation accordée aux
juges et aux parlementaires.

privity of contract ['prɪvəti əv
'kɒntrækt] *n (Jur)* lien *m* direct entre les
parties contractantes, intérêt *m* mutuel.

privy ['prɪvɪ] *adj (Jur)* privé ; ~ *to* en
rapport étroit avec, au courant de.

*Privy Council *n (Pol) (UK)* Conseil *m*
privé du Souverain.

prize [praɪz] *n* **1.** *(récompense)* prix *m*
2. *(Fin)* lot *m* **3.** *(Jur) (maritime)* ~
court conseil *m* des prises.

pro¹ [prəʊ] *n (ab de* **professional)** professionnel *m (f* -elle), pro *m inv*.

pro² [prəʊ] *préf* favorable à ; ~*-Ameri-
can* proaméricain.

probability [ˌprɒbə'bɪlətɪ] *n* probabilité
f.

probable cause [ˌprɒbəbl 'kɔːz] *n (Jur)
(US)* existence d'une cause « raisonnable » (pour un mandat/une perquisition).

probate ['prəʊbeɪt] *n (Jur)* validation *f*,
homologation *f* d'un testament/de la procédure de succession ; *contentious* ~
succession *f* litigieuse ; ~ *court* tribunal
m (pl -x) des successions et tutelles ; ~
estate patrimoine *m* du défunt.

probation [prə'beɪʃn] *n* **1.** *(emploi)*
période *f* d'essai **2.** *(Jur)* liberté *f* surveillée, sursis *m*, mise *f* à l'épreuve ; ~
officer agent *m inv* chargé de surveiller
une personne bénéficiant d'une mise à
l'épreuve.

probationer [prə'beɪʃnə] *n (Jur)* personne *f inv* bénéficiant d'une mise à
l'épreuve.

probative ['prəʊbətɪv] *adj (Jur)* probatoire ;
(Jur) ~ *evidence* preuve *f* probante.

probatory ['prəʊbətrɪ] *adj (Jur)* probatoire.

probe [prəʊb] *n (Mkg)* enquête *f*, sondage *m*.

probing ['prəʊbɪŋ] *n (Mkg)* enquête *f* de
satisfaction.

pro bono [ˌprəʊ 'bɒnəʊ] *loc (Jur)* à titre
bénévole.

procedural [prə'siːdʒərəl] *adj* de la procédure ; ~ *defect* vice *m* de forme ;
(Jur) (US) ~ *due process* protection *f*
des droits individuels contre l'arbitraire
du gouvernement (*v.* **Fourteenth
Amendment**).

procedure [prə'siːdʒə] *n* procédure *f*.

proceedings [prə'siːdɪŋz] *n* **1.** débats
mpl, délibération *f*, travaux *mpl*, session
f, séance *f* ; *the* ~ *of an assembly* les
délibérations d'une assemblée **2.** *(Jur)*
poursuites *fpl* judiciaires ; *begin/initiate/
take (legal)* ~ intenter un procès, engager des poursuites, ouvrir une information ; *collection* ~ procédure *f* en
recouvrement ; *criminal* ~ poursuites
fpl au criminel ; *stay of* ~ sursis *m* à
statuer.

proceeds ['prəʊsiːdz] *npl (Cpta)* produit
m, recettes *fpl*, rentrées *fpl*.

process¹ ['prəʊsɛs] *n* **1.** méthode *f*, procédé *m*, processus *m* ; ~ *patent* brevet
m de processus **2.** *(Jur)* ensemble *m* des
moyens de contrainte dont disposent les
tribunaux ; ~*-server* huissier *m inv* ;
personne *f inv* autorisée à faire parvenir
les assignations aux défendeurs.

process² ['prəʊsɛs] *vt* traiter, transformer
(des marchandises).

processed ['prəʊsɛst] *adj* traité, trans-
formé ; ~ *foods* produits *mpl* alimentaires transformés ; ~ *goods* produits
mpl élaborés/transformés.

processing ['prəʊsɛsɪŋ] *n* traitement *m* ;
~ *facilities* installations *fpl* de traitement ; ~ *industries* industries *fpl* de
transformation.

processor ['prəʊsɛsə] *n (Inf)* processeur
m.

proclamation [ˌprɒklə'meɪʃn] *n* proclamation *f*, déclaration *f*.

procuration [ˌprɒkjʊ'reɪʃn] *n* procuration *f* (*v.* **proxy, power of attorney**).

procurement [prə'kjʊəmənt] *n* **1.** approvisionnement *m*, achat *m*, acquisition
f ; ~ *contract* contrat d'approvisionnement ; *(Mkg)* ~ *function* fonction *f*
d'approvisionnement **2.** marchés *mpl*
publics ; *government* ~ marché *m* public **3.** *(Jur)* proxénétisme *m*.

produce¹ ['prɒdjuːs] *ns inv* produits *mpl*
agricoles.

produce² [prə'djuːs] *vt* **1.** *(Ind)* produire
2. présenter, produire ; ~ *documents*
produire, présenter des pièces ; *(Jur)* ~
a witness produire un témoin.

producer [prə'djuːsə] *n* producteur *m (f*
-trice) ; ~ *equilibrium* équilibre *m* du
producteur ; ~ *goods* biens *mpl* de production ; ~ *price* prix *m* à la production.

product ['prɒdʌkt] *n* produit *m* ; *(Mkg)*
~ *adaptation* adaptation *f* du produit ;
~ *curve* courbe *f* d'isoproduit ; ~ *design* conception *f* du produit ; ~ *differentiation* différenciation *f* du produit ;
~ *image* image *f* du produit ; ~ *launch*
lancement *m* de produit ; *(Jur)* ~ *lia-*

bility responsabilité *f* du fait des produits ; **~ life cycle** cycle *m* de vie d'un produit ; **~ line** éventail *m*/gamme *f* de produits ; **~ management** gestion *f* des produits ; **~ manager** chef *m* *inv* de produit ; **~-market grid** grille *f* produit-marché ; **~-market matrix** matrice *f* produit-marché ; **~ mix** éventail *m* de produits, choix *m* de modèles ; **~-planning policy** politique *f* de planification produit ; **~ portfolio** portefeuille *m* de produits ; **~ range** gamme *f* de produits ; **~ strategy** stratégie *f* de produit.

production [prə'dʌkʃn] *n* production *f* ; **~ capacity** capacité *f* de production ; **~ cost** coût *m* de production ; **~ cycle** cycle *m* de production ; **~-factor endowment** dotations *fpl* en facteurs de production ; **~ function** fonction *f* de production ; **~ goods** biens *mpl* de production ; **~ mode** mode *m* de production ; **~ process** processus *m* de production ; **~ unit** unité *f* de production.

productive [prə'dʌktɪv] *adj* productif (*f* -ive) ; **~ capacity** capacité *f* de production ; **~ consumption** consommation *f* productive ; **~ investment** investissement *m* productif.

productivity [,prɒdʌk'tɪvəti] *n* productivité *f* ; **~ bonus** prime *f* de rendement ; *(Fin)* **~ of capital** productivité du capital ; *(Cpta)* **~ deal** contrat *m* de productivité ; **~ of labour/labor** productivité de la main-d'œuvre ; **~ per capita** productivité par tête.

profession [prə'feʃn] *n* profession *f*, métier *m* ; **the ~s** les professions *fpl* libérales.

professional[1] [prə'feʃnəl] *adj* **1.** professionnel (*f* -elle) ; **~ background** expérience *f* professionnelle **2.** de profession *f* libérale.
*professional liability insurance *n* *(Ass)* assurance *f* responsabilité professionnelle.
*professional rules of conduct *npl* règles *fpl* de déontologie.

professional[2] [prə'feʃnəl] *n* professionnel *m* (*f* -elle).

professionalism [prə'feʃnəlɪzm] *n* professionnalisme *m*.

proficiency [prə'fɪʃənsi] *n* compétence *f* aptitude *f* ; **~ in English required** maîtrise *f* de l'anglais exigée.

profile ['prəʊfaɪl] *n* profil *m* ; **job ~** profil de poste.

profit[1] ['prɒfɪt] *n* **1.** profit *m* **2.** gain *m*, bénéfice *m* ; **~ centre/center** centre *m* de profit ; *(Eco)* **~ inflation** inflation *f* induite par les profits ; *(Cpta)* *(UK)* **~ and loss account** compte *m* de pertes et profits, compte de résultats, compte

d'exploitation ; **~-making** lucratif (*f* -ive), à but lucratif ; **non-~(-making)** à but non lucratif ; *(Cpta)* **~ margin** marge *f* bénéficiaire ; **~ rate** taux *m* de profit ; *(Mgt)* **~-sharing** participation *f* aux bénéfices, intéressement *m* des salariés ; *(Bs)* **~ taking** prise *f* des bénéfices.
*profit impact of marketing strategy (PIMS) *n* *(Mkg)* impact *m* sur la rentabilité de la stratégie mercatique.

profit[2] ['prɒfɪt] *vi* **(from/by)** profiter (de), tirer avantage (de).

profitability [,prɒfɪtə'bɪləti] *n* rentabilité *f*.

profitable ['prɒfɪtəbl] *adj* profitable, rentable.

profiteer[1] [,prɒfɪ'tɪə] *n* profiteur *m* (*f* -euse), mercanti *m* *inv*.

profiteer[2] [,prɒfɪ'tɪə] *vi* faire des bénéfices excessifs.

pro forma [,prəʊ 'fɔːmə] *adj* théorique, de pure forme ; **~ invoice** facture *f* pro forma.

programme/program ['prəʊɡræm] *n* programme *m*.
*Programme Evaluation and Review Techniques (PERT) *n* *(Mgt)* techniques *fpl* d'évaluation et de révision des programmes, méthode *f* PERT.

programming ['prəʊɡræmɪŋ] *n* programmation *f* ; *(Inf)* **~ language** langage *m* de programmation.

progress ['prəʊɡres/'prɑːɡres] *ns* *inv* progrès *m* ; **~ payment** acompte *m*.

progressive [prə'ɡresɪv] *adj* progressif (*f* -ive) ; *(Cpta)* **~ depreciation** amortissement *m* croissant ; *(Fisc)* **~ tax/taxation** imposition *f* progressive.

progressivity [,prəʊɡres'ɪvɪti] *n* progressivité *f*.

prohibit [prə'hɪbɪt] *vt* interdire.

prohibition [,prəʊɪ'bɪʃn] *n* **1.** interdiction *f* **2.** *(Jur)* défense *f* de statuer adressée à une juridiction ou à une instance administrative inférieure **3.** *(US)* **P~** législation *f* réglementant le commerce, le débit et la consommation de spiritueux, en vigueur de 1919 à 1933.

project ['prɒdʒekt / 'prəʊdʒekt] *n* projet *m* ; **~ management** gestion *f* de projet ; **~ manager** chef *m* *inv* de projet.

projection [prə'dʒekʃn] *n* projection *f*.

proletarian [,prəʊlə'teərɪən] *adj* prolétaire.

proletariat [,prəʊlə'teərɪət] *n* prolétariat *m*.

proletarization [,prəʊlətəraɪ'zeɪʃn] *n* prolétarisation *f*.

promise[1] ['prɒmɪs] *n* promesse *f*.

promise[2] ['prɒmɪs] *vi* **(to)** promettre (de) ; **~ sb that you will do sth** promettre à qn de faire qch.

promisee [,prɒmɪ'siː] *n (Jur)* personne *f inv* à laquelle une promesse est faite.

promisor [,prɒmɪ'sɔː] *n (Jur)* personne *f inv* qui fait une promesse.

promissory ['prɒmɪsrɪ] *adj* promissoire, qui a trait à un engagement ; *(Jur)* **~ estoppel** force *f* obligatoire d'une promesse faite sans contrepartie, lorsque le détenteur de celle-ci s'y est fié pour agir ; *(Fin)* **~ note** billet *m* à ordre, effet *m* de commerce à deux signatures.

promotable [prə'məʊtəbl] *adj* promouvable.

promote [prə'məʊt] *vt* **1.** *(employé)* promouvoir **2.** *(idée)* encourager, soutenir.

promoter [prə'məʊtə] *n* **1.** organisateur *m (f* -trice), animateur *m (f* -trice) **2.** fondateur *m (f* -trice) d'une société ; *(Jur)* **~'s contracts** contrats *mpl* passés par le fondateur d'une société avant que celle-ci ne soit formellement constituée.

promotion [prə'məʊʃn] *n* **1.** *(Mkg)* promotion *f* ; **~ drive** campagne *f* promotionnelle ; **sales ~** promotion des ventes **2.** avancement *m* ; **~ by seniority** avancement à l'ancienneté.

promotional [prə'məʊʃnəl] *adj (Mkg)* promotionnel *(f* -elle) ; **~ sale** vente *f* promotionnelle.

prompt[1] [prɒmpt] *adj* prompt, rapide ; **to take ~ action** prendre des mesures immédiates.

prompt[2] [prɒmpt] *n (Inf)* (message *m* de) guidage *m*.

prompt[3] [prɒmpt] *vt* **1.** *(acteur)* souffler **2.** inciter à agir.

prone [prəʊn] *adj* **(to)** enclin (à).

pronounce [prə'naʊns] *vt* prononcer ; *(Jur)* **~ sentence** prononcer/rendre un jugement.

proof [pruːf] *n* **1.** *(Jur)* fait *m* prouvé, fait établi à l'aide de témoignages et de preuves *(à dist.* evidence) ; **the burden of ~** la charge de la preuve **2.** essai *m*, épreuve *f* **3.** *(édition)* **~s** épreuves *fpl*.

propensity [prə'pensɪti] *n* propension *f* ; *(Eco)* **~ to consume** propension à consommer ; *(Eco)* **~ to save** propension à épargner.

property ['prɒpəti] *n* propriété *f*, biens *mpl*, avoirs *mpl*, droits *mpl* de propriété appliqués dans les biens ; **~ developer** promoteur *m inv* (immobilier) ; **~ income** revenus *mpl* de la propriété ; **~ law** droit *m* de la propriété ; **~ manager** administrateur *m inv* de biens ; **personal ~** biens *mpl* mobiliers ; *(Fisc) (UK)* **~**

rates taxe *f* foncière ; *(Jur)* **real ~** biens *mpl* immobiliers ; *(Jur)* **~ right** droit *m* de propriété, droit *m* patrimonial ; *(Jur)* **~ settlement** convention *f* de partage des biens (en cas de divorce) ; *(Fisc) (US)* **~ tax** taxe *f* foncière.

proportional [prə'pɔːʃnəl] *adj* proportionnel *(f* -elle) ; *(Fisc)* **~ tax** impôt *m* proportionnel.

proposal [prə'pəʊzl] *n* proposition *f*, offre *f*.

propose [prə'pəʊz] *vt* proposer.

proposition [,prɒpə'zɪʃn] *n* proposition *f*.

proprietary [prə'praɪətrɪ] *adj* **1.** de propriété, du propriétaire ; *(US)* **~ hospital** hôpital *m (pl* -aux) privé à but lucratif ; *(Jur)* **~ right** droit *m* du propriétaire ; **~ system** système *m* exclusif **2.** *(Inf)* spécifique à un constructeur.

proprietor [prə'praɪətə] *n* propriétaire *mf*.

pro rata [,prəʊ 'rɑːtə] *adv* au prorata, proportionnellement.

prorogation [,prəʊrə'geɪʃn] *n* prorogation *f*.

pros and cons [,prəʊz ən 'kɒnz] *npl* le pour et le contre.

prosecute ['prɒsɪkjuːt] *vti (Jur)* poursuivre en justice, engager des poursuites (judiciaires) (contre).
*prosecuting attorney *n (Jur) (US)* le ministère public, le parquet, le procureur, l'avocat général *m inv*.
*prosecuting counsel *n (Jur) (UK)* le ministère public, le parquet, le procureur, l'avocat général *m inv*.

prosecution [,prɒsɪ'kjuːʃn] *n (Jur)* **1.** poursuites *fpl* judiciaires **2.** partie *f* plaignante **3.** **the ~** le ministère public, le parquet, le procureur, l'avocat général *m inv*.

prosecutor ['prɒsɪkjuːtə] *n (Jur)* ministère *m* public, procureur *m*, avocat général *m inv*.

prospect[1] ['prɒspekt] *n* **1.** perspective *f* ; **employment ~s** perspectives *fpl* d'emploi **2.** *(Mkg)* prospect *m inv*.

prospect[2] [prə'spekt / 'prɑːspekt] *vt (terrain, marché)* prospecter.

prospecting ['prɒspektɪŋ] *n* prospection *f*.

prospective [prə'spektɪv] *adj* **1.** futur, à venir **2.** éventuel *(f* -elle) ; **~ customer** client *m* potentiel.
*prospective law *n (Jur)* loi *f* sans effet rétroactif/avec effet immédiat.

prospectus [prə'spektəs] *n (Bs)* note *f* d'information, prospectus *m (pl inv)*.

prosperity [prɒ'sperɪti] *n* prospérité *f*.

prostitute [ˈprɒstɪtjuːt] n prostituée f; **male ~** prostitué m.

prostitution [ˌprɒstɪˈtjuːʃn] n prostitution f.

protect [prəˈtekt] vt protéger.

protection [prəˈtekʃn] n **1.** protection f **2.** (Eco) protectionnisme m.

protectionism [prəˈtekʃənɪzm] n (Eco) protectionnisme m.

protectionist [prəˈtekʃənɪst] adj (Eco) protectionniste.

protective [prəˈtektɪv] adj protecteur (f -trice), de protection; (Jur) **~ clause** clause f de sauvegarde.

pro tempore [ˌprəʊ ˈtempəri] adj (Jur) provisoire, temporaire, intérimaire.

protest[1] [ˈprəʊtest] n **1.** protestation f **2.** (Fin/Jur) protêt m.

protest[2] [prəˈtest/ˈprəʊtest] v **1.** vi protester **2.** vt (Fin) (traite) protester.

prototype [ˈprəʊtətaɪp] n prototype m.

prove [pruːv] vt prouver.

proven [ˈpruːvn/ˈprəʊvn] adj **1.** indubitable **2.** (Jur) prouvé, confirmé.

provide [prəˈvaɪd] vt fournir; **~ sb with sth** approvisionner/fournir qn en qch. ***provide for** v part prévoir.

provision [prəˈvɪʒn] n **1.** provision f, fourniture f **2.** (Cpta) provision f, dotation f aux provisions; **~ for bad debts** provision pour créances douteuses; **~ for depreciation** provision pour dépréciation; **~ for liabilities and charges** provision pour risques et charges **3.** (Jur) clause f, disposition f; **~ to the contrary** clause contraire.

provisional [prəˈvɪʒnəl] adj provisoire, temporaire; (Jur) **~ remedy** mesure f provisoire, ordonnance f de référé.

proviso [prəˈvaɪzəʊ] n (Jur) clause f conditionnelle/restrictive.

proximate [ˈprɒksɪmət] adj proche, immédiat; (Jur) **~ cause** cause f immédiate (d'un accident/d'un dommage).

proximately [ˈprɒksɪmətli] adv directement, avec lien de cause à effet.

proxy [ˈprɒksi] n (Jur) **1.** procuration f, mandat m, délégation f de pouvoirs; **~ statement** information f financière à communiquer aux actionnaires avant de solliciter leur procuration (v. **Securities and Exchange Commission**); (Pol) **vote by ~** voter par procuration **2.** mandataire mf, fondé m inv de pouvoir.

PRS v. **premium rate service**.

pry open [ˌpraɪ ˈəʊpən] v part (US) **~ open a market** forcer l'ouverture d'un marché (v. **prise open**).

psephologist [sɪˈfɒlədʒɪst] n (Pol) politologue mf, spécialiste mf des questions électorales.

psychological [ˌsaɪkəˈlɒdʒɪkl] adj psychologique; (Mkg) **~ price** prix m psychologique.

PTO v. **Patent and Trademark Office**.

public [ˈpʌblɪk] adj public (f -ique); (US) **~ accommodation** logements mpl/restaurants mpl/théâtres mpl ouverts au public; **~ authorities** pouvoirs mpl publics; **~ bodies** collectivités fpl publiques; (Fin) **~ bond** effet m public; (Fin) **~ bond market** marché m des obligations d'État; **~ choice** choix m public; **~ corporation** société f nationalisée, entreprise f publique; (Fin) **~ corporation bonds** emprunts mpl des entreprises publiques; (Jur) **~ consumption** consommation f des administrations publiques; (Jur) **~ domain** domaine m public; (Eco) **~ economics** économie f publique; **~ figure** personnage m inv public; (Eco) **~ funds** fonds mpl publics; **the ~ good** le bien collectif; **~ health** santé f publique; **~ interest** l'intérêt m général; (Eco) **~ loan** emprunt m d'État; **~ money** deniers mpl publics; (Jur) **~ nuisance** atteinte f aux droits du public; (Mgt) **~ offer of sale/ offering** offre f publique de vente (OPV); **~ official** employé m de l'État, fonctionnaire mf; **~ place** lieu m (pl -x) public; **~ policy** politique f publique; **~ records** archives fpl publiques; (UK) **~ revenue** revenu m/recettes fpl de l'État; (Fin) **~ sector bonds** emprunts mpl obligataires du secteur public; (UK) **P~ Sector Borrowing Requirement** besoin m de financement du secteur public; (Eco) **~ sector** services mpl publics, administrations fpl publiques; **~ sector debt management/ ~ sector servicing** gestion f de la dette publique; **~ service** Fonction f publique; (Jur) **~ trial** audience f publique; **~ utility** service m public concédé; **~ welfare** le bien public; **~ works** travaux mpl publics.

*public address (PA) system: n système m de sonorisation.

*Public Bill n (Jur) (UK) projet m/ proposition f de loi d'intérêt général.

*public defender n (Jur) (US) **1.** avocat m commis d'office **2.** agence f gouvernementale qui accorde automatiquement la représentation des indigents au pénal (v. **UK Legal Aid Scheme**).

*public limited company (p.l.c.) n (Jur) (UK) société f cotée en Bourse, équiv. société f anonyme (SA).

*Public Prosecutor n (Jur) (UK) équiv. procureur m inv de la République; **P~ P~'s Office** le parquet.

*public relations (PR) n relations fpl publiques ; **~ expenses** frais mpl de représentation ; **~ officer** responsable mf des relations publiques.

*public school n **1.** (US) école f publique **2.** (UK) école f privée.

publication [ˌpʌblɪˈkeɪʃn] n publication f.

publicity [pʌbˈlɪsəti] ns inv publicité f ; **~ campaign** campagne f publicitaire.

publicly [ˈpʌblɪkli] adv publiquement ; **~-owned enterprise** entreprise f publique.

publish [ˈpʌblɪʃ] vt éditer, publier.

publisher [ˈpʌblɪʃə] n éditeur m (f -trice).

publishing [ˈpʌblɪʃɪŋ] n (secteur) édition f ; **~ house** maison f d'éditions.

puffing [ˈpʌfɪŋ] n (Mkg) (aussi **puff**) réclame f, boniment m.

pull¹ [pʊl] n attraction f ; (Mkg) **~ strategy** stratégie f d'attraction.

pull² [pʊl] vt tirer.

*pull down v part **1.** faire baisser **2.** (US) (fam) (salaire) gagner.

*pull off v part réaliser, réussir ; **~ off a deal** boucler une affaire.

*pull out v part se retirer ; **~ out of a market** abandonner un marché.

*pull up v part lever, relever, hausser.

pulp [pʌlp] ns inv (bois) pâte f à papier.

pump priming [ˈpʌmp ˌpraɪmɪŋ] n (fig) relance f ; (Eco) **~ measures** politique f de relance.

punish [ˈpʌnɪʃ] vt sanctionner.

punishable [ˈpʌnɪʃəbl] adj (Jur) délictueux (f -euse), passible d'une peine ; **~ by a fine** passible d'amende.

punishment [ˈpʌnɪʃmənt] n (Jur) peine f encourue, punition f, châtiment m ; **capital ~** peine de mort ; **corporal ~** châtiment corporel.

punitive [ˈpjuːnətɪv] adj ayant un caractère pénal/répressif ; (Jur) **~ damages** dommages-intérêts mpl à caractère répressif/dissuasif ; (CI) (US) **~ tariffs** droits mpl de douane de représailles.

punter [ˈpʌntə] n (Bs) boursicoteur m (f -euse).

pupillage [ˈpjuːpəlɪdʒ] n (Jur) (UK) stage m obligatoire pour devenir **barrister** (v. **articled clerk**).

purchase¹ [ˈpɜːtʃəs] n achat m, acquisition f ; (Jur) (UK) **compulsory ~** ordre m d'expropriation pour cause d'utilité publique ; **~ group** centrale f d'achat ; **~ invoice** facture f d'achat ; **~s ledger** journal m des achats ; **~ note** bordereau m (pl -x) d'achat ; **~ order** commande f ; **~ price** prix m d'achat.

purchase² [ˈpɜːtʃəs] vt acheter ; **~ on credit** acheter à crédit.

purchaser [ˈpɜːtʃəsə] n acheteur m (f -euse), acquéreur m inv ; (Jur) **~ for value** acquéreur à titre onéreux.

purchasing [ˈpɜːtʃəsɪŋ] n achat m ; **~ department** service m achats ; **~ function** fonction f achats ; **~ group/office** centrale f d'achat ; **~ manager** directeur m inv des achats ; **~ patterns** habitudes fpl d'achat ; **~ power** pouvoir m d'achat.

pure [pjʊə] adj pur ; (Eco) **~ competition** concurrence f pure ; (Eco) **~ demand** demande f pure ; (Eco) **~ monopoly** monopole m pur.

purge¹ [pɜːdʒ] n épuration f, purge f ; (Pol) **party ~** nettoyage m d'un parti politique.

purge² [pɜːdʒ] v **1.** vt purger, payer ; (Jur) **~ an offence/offense** purger sa peine **2.** vi se justifier, se disculper.

purport¹ [ˈpɜːpɔːt] n (Jur) signification f, portée f.

purport² [ˈpɜːpɔːt] vt (Jur) alléguer ; **~ to be** se présenter comme étant.

purportedly [pəˈpɔːtɪdli] adv censément, prétendument.

purpose [ˈpɜːpəs] n but m, objet m, fin f ; **for a charitable ~** à fin charitable ; **public ~** fin f d'intérêt public.

*purpose-built adj construit spécialement.

purposely [ˈpɜːpəsli] adv à dessein, délibérément.

purse [pɜːs] n bourse f, portefeuille m ; **the public ~** le Trésor public.

pursuant [pəˈsjuːənt] adj **~ to** conformément à.

pursuit [pəˈsjuːt] n **1.** poursuite f ; (US) **the ~ of happiness** la recherche du bonheur **2.** activité f.

purveyor [pəˈveɪə] n fournisseur m (f -euse), pourvoyeur m (f -euse).

purview [ˈpɜːvjuː] n **1.** vue f générale, étendue f, portée f **2.** (Jur) dispositif m, corps m d'une loi.

push¹ [pʊʃ] n **1.** poussée f **2.** (Mkg) campagne f ; **sales ~** campagne de promotion des ventes **3.** dynamisme m.

*push strategy n (Mkg) stratégie f push.

push² [pʊʃ] vt (aussi fig) pousser ; **~ drugs** revendre de la drogue.

*push up v part augmenter ; **~ prices** augmenter les prix.

pusher [ˈpʊʃə] n (drug) **~** trafiquant m inv (de drogue), dealer m inv.

put¹ [pʊt] n (Bs) **1.** option m de vente, put m ; **~ price** prix m de l'option de vente **2.** prime f pour livrer.

*put and call *n (Bs)* double option *f*, stellage *m*, opération *f* sur valeurs cotées à terme.

*put option *n (Bs)* option *f* de vente.

put² [pʊt] *vt* (**put, put**) mettre.

*put away *v part* **1.** ranger **2.** mettre de côté **3.** *(fam) (prisonnier)* enfermer.

*put in *v part* déposer ; *(Ass)* ~ **in a claim** faire une déclaration (de sinistre).

*put off *v part* **1.** *(réunion, rencontre)* reporter, remettre à plus tard **2.** ~ **sb off sth** dégoûter qn de qch.

*put on *v part* monter, organiser ; ~ **on an exhibit** organiser une exposition.

*put out *v part* **1.** ennuyer, déranger **2.** *(industrie)* produire **3.** *(journal)* publier.

*put up *v part* **1.** *(prix)* augmenter **2.** ~ **up for sale** mettre en vente **3.** *(fonds)* fournir, financer **4.** *(Pol)* ~ **up a candidate** proposer/présenter un candidat (aux élections).

pyramid [ˈpɪrəmɪd] *n* pyramide *f* ; *(Mkg)* ~ **selling** vente *f* pyramidale.

pyramidal [pɪˈræmɪdl] *adj* pyramidal *(mpl -aux)*.

Q

Q&A *(ab de* **questions & answers**) questions *fpl* et réponses *fpl*.

Qatar [ˈkæːtɑ:] *n* Qatar *m* ; **in/to Q~** au Qatar.

Qatari¹ [kæˈtɑ:ri] *adj* qatarien *(f -ienne).*

Qatari² [kæˈtɑ:ri] *n* Qatarien *m (f -ienne).*

Q.C. *v.* **Queen's Counsel.**

quadruple¹ [ˈkwɒdrʊpl / kwɑːˈdruːpl] *adj* quadruple.

quadruple² [ˈkwɒdrʊpl / kwɑːˈdruːpl] *vti* quadrupler.

qualification [kwɒlɪfɪˈkeɪʃn] *n* **1.** *(for)* aptitude *f* (à) **2.** ~**s** titres *mpl*, qualifications *fpl* ; **academic** ~**s** titres *mpl* universitaires **3.** réserve *f*, restriction *f*, nuance *f* ; *(Cpta)* réserve *f* apportée à un rapport d'audit **4.** *(Bs)* ~ **shares** actions *fpl* de garantie.

qualified [ˈkwɒlɪfaɪd] *adj* **1.** qualifié **2.** nuancer, apporter des réserves à.

qualify [ˈkwɒlɪfaɪ] *vt* **1.** qualifier, habiliter **2.** nuancer, apporter des réserves à.

quality [ˈkwɒləti] *n* qualité *f* ; *(Mgt)* ~ **circle** cercle *m* de qualité ; ~ **control** contrôle *m* de qualité ; ~ **standards** normes *fpl*/standards *mpl* de qualité.

quango [ˈkwæŋgəʊ] *n (UK) (ab de* **quasi-autonomous non-governmental organization)** organisme *m* non gouvernemental, largement autonome vis-à-vis de l'Etat, auquel sont confiées des tâches administratives.

quantification [ˌkwɒntɪfɪˈkeɪʃn] *n* quantification *f*.

quantify [ˈkwɒntɪfaɪ] *vt* quantifier.

quantitative [ˈkwɒntɪtətɪv] *adj* quantitatif *(f -ive)* ; ~ **economics** économie *f* quantitative ; ~ **restrictions** quotas *mpl*, contingentements *mpl*.

quantity [ˈkwɒntəti] *n* quantité *f* ; *(Eco)* ~ **theory of money** théorie *f* quantitative de la monnaie.

quantum [ˈkwɒntəm] *n* quantum *m*.

*quantum meruit *loc (Jur)* autant qu'il mérite.

*quantum valebant *loc (Jur)* ce que ça vaut.

quarantine [ˈkwɒrənti:n] *n* quarantaine *f*.

quarter [ˈkwɔ:tə] *n* **1.** quart *m* **2.** *(Cpta)* trimestre *m*.

quarterly¹ [ˈkwɔ:təli] *adj* trimestriel *(f -ielle).*

quarterly² [ˈkwɔ:təli] *n* revue *f* trimestrielle.

quash [kwɒʃ] *vt* **1.** *(révolte)* écraser, mater **2.** *(Jur) (jugement)* casser, infirmer, frapper de nullité, invalider ; **motion to** ~ demande *f* d'infirmation.

quasi [ˈkweɪzaɪ] *préf* quasi ; *(Jur)* ~-**contract** quasi-contrat *m*, obligation *f* imposée par la loi en l'absence de contrat pour empêcher un enrichissement illicite/sans cause ; ~-**corporate enterprises** quasi-sociétés *fpl* ; *(US)* ~-**judicial** quasi judiciaire ; *(Eco)* ~-**money** quasi-monnaie *f*.

*quasi in rem jurisdiction *n (Jur) (US)* compétence *f* d'attribution (sur la chose).

quaternary sector [kwəˈtɜ:nəri ˈsektə] *n (Eco)* secteur *m* quaternaire.

quay [ki:] *n (T)* quai *m* (du port).

*quay duties on buyer's account *loc* (T) à quai non dédouané.

*quay duty paid *loc* (T) à quai dédouané.

quayage ['ki:ɪdʒ] *n* (T) droits *mpl* de quai.

Quebec [kwɪ'bek] *n* Québec *m* ; *in/to* Q~ au Québec.

Quebecker [kwɪ'bekə] *n* (*aussi* **Quebecer**) Québécois *m*.

queen [kwi:n] *n* reine *f*.

*Queen's Counsel (Q.C.) *n* (Jur) (UK) titre *m* conféré à des membres éminents du Barreau (v. **barrister**).

*Queen's Bench Division *n* (Jur) (UK) l'une des trois divisions de la **High Court of Justice**.

*Queen's Speech *n* (Pol) (UK) allocution *f* de la Reine ; préparée par le gouvernement et prononcée lors de la rentrée parlementaire, elle définit les grands axes de la politique gouvernementale.

query ['kwɪərɪ] *n* question *f*, demande *f* de renseignements.

question ['kwestʃən] *n* **1.** question *f*, interrogatoire *m* ; (Jur) *leading* ~ question tendancieuse ; *without* ~ sans conteste **2.** problème *m*, question *f* ; (Jur) ~ *of fact* question *f*/élément *m* de fait ; (Jur) ~ *of law* question *f* de droit. ***question time** *n* (Pol) (UK) heure *f* réservée aux questions orales des députés adressées au Premier ministre (à la Chambre des communes).

questionnaire [ˌkwestʃən'eə] *n* questionnaire *m* ; (Mkg) ~ *analysis* dépouillement *m* de questionnaire ; ~ *construction* construction *f*/élaboration *f* d'un questionnaire ; ~ *preparation* préparation *f*/rédaction *f* d'un questionnaire ; ~ *survey* enquête *f* par questionnaire.

queue¹ [kju:] *n* (UK) queue *f*.

queue² [kju:] *vi* (UK) (*aussi* **queue up**) faire la queue.

quick [kwɪk] *adj* rapide ; (Fin) (US) ~ *assets* actifs *mpl* réalisables ; ~ *ratio* ratio *m* de liquidité immédiate.

quicken ['kwɪkən] *v* **1.** *vt* accélérer **2.** *vi* s'accélérer.

quid pro quo [ˌkwɪd prəʊ 'kwəʊ] *n* **1.** équivalent *m* **2.** compensation *f*, contrepartie *f*, (Pol) échange *m* de bons procédés.

quiet ['kwaɪət] *adj* calme, tranquille ; (Jur) ~ *enjoyment* jouissance *f* paisible.

quintuple¹ ['kwɪntʊpl / kwɪn'tu:pl] *adj* quintuple.

quintuple² ['kwɪntʊpl / kwɪn'tu:pl] *vti* quintupler.

quit [kwɪt] *vt* **1.** (emploi) quitter **2.** (US) ~ *doing sth* arrêter de faire qch.

quitclaim deed ['kwɪtkleɪm 'di:d] *n* (Jur) acte *m* transférant un droit ou un titre par voie de renonciation, mais sans garantie de validité.

quorum ['kwɔ:rəm] *n* quorum *m*, nombre *m* requis.

quota ['kwəʊtə] *n* **1.** quotité *f*, objectif *m* d'un vendeur ; (Mkg) ~ *method* méthode *f* des quotas **2.** quote-part *f* **3.** (CI) quota *m*, contingentement *m* ; (D) ~ *goods* marchandises *fpl* contingentées ; *import* ~ contingent *m* d'importation.

quotation [kwəʊ'teɪʃn] *n* **1.** citation *f* **2.** (Bs) cote *f*, cours *m* inscrit ; *opening/closing* ~ cours d'ouverture/de clôture **3.** indication *f* de prix, devis *m*.

quote¹ [kwəʊt] *n* cotation *f*, devis *m*.

quote² [kwəʊt] *vt* (texte) citer, (Bs) coter ; ~ *a price* indiquer un prix.

quoted ['kwəʊtɪd] *adj* (Bs) coté en Bourse ; ~ *share* action *f* cotée en Bourse (v. **listed share**).

quotient ['kwəʊʃnt] *n* quotient *m*.

qwerty ['kwɜ:tɪ] *n* (Inf) ~ *keyboard* clavier *m* qwerty, clavier anglais.

R

race [reɪs] *n* **1.** race *f* ; ~ *relations* relations *fpl* interethniques **2.** course *f* ; *the arms* ~ la course aux armements.

racial ['reɪʃl] *adj* racial (*mpl* -iaux) ; ~ *discrimination* discrimination *f* raciale.

racism ['reɪsɪzəm] *n* (*aussi* **racialism**) racisme *m*.

racist ['reɪsɪst] *n* raciste *mf*.

rack [ræk] *n* **1.** (Com) présentoir *m*,

(supermarché) linéaire *m* ; étagère *f* ; (T) *luggage* ~ porte-bagages *m* (pl inv) ; *newspaper* ~ porte-journaux *m* (pl inv) ; *roof* ~ galerie *f* (porte-bagages) **2.** (Tech) crémaillère *f* ; ~ *and pinion* crémaillère et pignon *m* ; (T) ~ *railway* chemin *m* de fer à crémaillère.

racket ['rækɪt] *n* **1.** fracas *m*, vacarme *m* ; *what a* ~ ! quel vacarme ! **2.** (Jur) escroquerie *f*, entreprise *f* de gangsters racket *m*; *what a ~ !* quelle escroquerie !

racketeer [ˌrækəˈtɪə] *n* (*Jur*) gangster *m inv*, racketteur *m* (*f* -euse).

*Racketeer Influenced and Corrupt Organization (RICO) laws *n* (*Jur*) (*US*) lois *fpl* contre le crime organisé.

racketeering [ˌrækəˈtɪərɪŋ] *n* (*Jur*) escroquerie *f*, gangstérisme *m*, activité *f* criminelle organisée.

rackjobber [ˈrækdʒɒbə] *n* (*Com*) installateur *m* (*f* -trice), approvisionneur *m* (*f* -euse) en rayon.

rack up [ˌræk ˈʌp] *v part* (*US*) atteindre, réaliser ; *~ up profits* faire de gros bénéfices.

radical[1] [ˈrædɪkl] *adj* radical (*mpl* -aux).

radical[2] [ˈrædɪkl] *n* (*Pol*) extrémiste *mf*, radical *m* (*pl* -aux).

radio[1] [ˈreɪdɪəʊ] *n* radio *f*; *~ station* station *f* de radio.

radio[2] [ˈreɪdɪəʊ] *vt* transmettre (un message) par radio.

radioactive [ˌreɪdɪəʊˈæktɪv] *adj* radioactif (*f* -ive).

radioactivity [ˌreɪdɪəʊækˈtɪvɪti] *n* radioactivité *f*.

radio-controlled [ˈreɪdɪəʊ kənˈtrəʊld] *adj* radioguidé, téléguidé.

raider [ˈreɪdə] *n* (*Bs*) raider *m inv*, « prédateur » *m inv* ; personne *f inv* qui achète des actions dans le but de prendre le contrôle d'une entreprise et d'y installer de nouveaux administrateurs.

rail[1] [reɪl] *adj* (*T*) ferroviaire ; *~ freight* fret *m* ferroviaire ; *~ shipment* expédition *f* par chemin de fer ; *~ transport* transport *m* ferroviaire.

rail[2] [reɪl] *n* (*T*) **1.** rail *m* **2.** chemin *m* de fer **3.** (*navire*) bastingage *m*, lisse *f*; *at ship's ~* sous palan.

railhead [ˈreɪlhed] *n* (*T*) tête *f* de ligne.

railroad [ˈreɪlrəʊd] *n* (*T*) (*US*) chemin *m* de fer ; *~ waybill* (*aussi* **railroad bill of lading**) lettre *f* de voiture ferroviaire.

railway [ˈreɪlweɪ] *n* (*UK*) (*T*) chemin *m* de fer ; *~ line* ligne *f* de chemin de fer ; *~ station* gare *f* de chemin de fer ; *~ track* voie *f* de chemin de fer ; *~ yard* dépôt *m* de chemin de fer.

raise[1] [reɪz] *n* (*US*) augmentation *f* (de salaire) ; *ask for a ~* demander une augmentation de salaire.

raise[2] [reɪz] *vt* **1.** (*salaire, prix*) augmenter **2.** rassembler ; *~ capital* se procurer/réunir des fonds ; *~ taxes* augmenter des taxes/des impôts **3.** (*US*) (*famille, bétail*) élever **4.** soulever, susciter ; *~ an issue* soulever une question ; *~ objections* élever des objections/des protestations.

rake in [ˌreɪk ˈɪn] *v part* ramasser en quantité ; *~ in profits* faire de gros bénéfices.

rake-off [ˈreɪkɒf] *n* participation *f* aux bénéfices (souvent illicites).

rally[1] [ˈrælɪ] *n* **1.** (*Bs*) reprise *f* **2.** rassemblement *m*, assemblée *f*.

rally[2] [ˈrælɪ] *v* **1.** *vt* rassembler **2.** *vi* (*marché*) reprendre, se redresser, se ressaisir.

RAM *v.* **random access memory**.

rampage [ræmˈpeɪdʒ] *n* agitation *f*, folie *f*; *to go on the ~* se déchaîner.

rampant [ˈræmpənt] *adj* effréné, déchaîné ; *~ inflation* inflation *f* galopante, hyperinflation *f*.

ran [ræn] *v.* **run**[2].

random [ˈrændəm] *adj* aléatoire ; *at ~* au hasard ; (*Inf*) *~ access* accès *m* aléatoire ; (*Mkg*) *~ sampling* sondage *m*/ échantillonnage *m* aléatoire.

*random access memory (RAM) *n* (*Inf*) mémoire *f* vive.

randomization [ˌrændəmaɪˈzeɪʃn] *n* (*statistiques*) dispersion *f* systématique des facteurs.

rang [ræŋ] *v.* **ring**[2].

range [reɪndʒ] *n* **1.** étendue *f*, champ *m*, portée *f*; *~ of action* champ d'action ; *~ of vision* champ visuel ; (*T*) *cruising ~* autonomie *f* à vitesse de croisière **2.** éventail *m*, gamme *f*; *price ~* éventail *m* des prix ; *top of the ~* haut *m* de gamme.

rank[1] [ræŋk] *n* **1.** rang *m*, niveau *m* (*pl* -x) **2.** (*hiérarchie*) grade *m*.

*rank and file *n* **1.** (*armée*) simples soldats *mpl* **2.** (*syndicat*) la base **3.** (*Pol*) électeurs *mpl* de base.

rank[2] [ræŋk] *v* **1.** *vt* classer, situer **2.** *vi* se classer, se ranger, se situer ; *to ~ with the best* compter parmi les meilleurs.

ranking [ˈræŋkɪŋ] *n* classement *m*, position *f*.

rape [reɪp] *n* **1.** (*Jur*) viol *m*; *statutory ~* relations *fpl* sexuelles avec une mineure **2.** *ns inv* (*Agr*) (*UK*) (*US* **colsa**) colza *m*.

rapist [ˈreɪpɪst] *n* (*Jur*) violeur *m*.

ratchet [ˈrætʃɪt] *n* (*Tech*) cliquet *m*; (*Eco*) *~ effect* effet *m* de cliquet.

rate[1] [reɪt] *n* **1.** taux *m*, rythme *m*, cadence *f*; *birth ~* taux *m* de natalité ; *death ~* taux de mortalité ; (*Eco*) *~ of saving* taux d'épargne **2.** (*Fin*) taux *m*; *~ of exchange* taux de change ; *~ of interest* taux d'intérêt ; *~ of return* taux de rendement **3.** *(Fin)* cours *m* ; ***forward ~*** cours à terme ; ***spot ~*** cours au comptant, taux du disponible **4.** tarif *m*, prix *m* ; *(T)* ***freight ~s*** tarifs de fret ; ***postal ~s*** tarifs postaux **5.** *(Fisc) (UK)* contribution *f*, impôt *m* ; ***~s*** impôts locaux.

rate² [reɪt] *vt* **1.** classer, situer **2.** évaluer, estimer, fixer la valeur de.

ratification [ˌrætɪfɪˈkeɪʃn] *n (Jur)* ratification *f*, entérinement *m*.

ratify [ˈrætɪfaɪ] *vt* ratifier, entériner, approuver.

rating [ˈreɪtɪŋ] *n* **1.** évaluation *f*, appréciation *f*, estimation *f* ; *(Bq/Fin)* ***credit ~*** évaluation de solvabilité **2.** *(employé)* notation *f*, classement *m*.

ratings [ˈreɪtɪŋz] *npl (TV)* audience *f*, indice *m* d'écoute.

ratio [ˈreɪʃɪəʊ] *n* ratio *m*, rapport *m*, proportion *f*.

ratio decidendi [ˈreɪʃɪəʊ deˈsɪdendi] *n (Jur)* point *m* de droit principal d'une décision judiciaire, et qui seul constitue la règle jurisprudentielle *(syn.* **holding***)*.

rational [ˈræʃnəl] *adj* rationnel *(f* -elle*)*, raisonnable ; ***~ expectations*** anticipations *fpl* rationnelles.

rationale [ˌræʃəˈnɑːl] *n* **1.** raison *f* d'être, motivation *f* **2.** *(Mkg)* argumentaire *m*.

rationality [ˌræʃəˈnælɪtɪ] *n* rationalité *f*.

rationalization [ˌræʃnəlaɪˈzeɪʃn] *n* rationalisation *f* ; *(Eco)* ***~ investment*** investissements *mpl* de rationalisation.

rationalize [ˈræʃnəlaɪz] *vt* rationaliser.

rationing [ˈræʃnɪŋ] *n* rationnement *m*.

raw [rɔː] *adj* **1.** cru **2.** brut, non traité ; *(Inf)* ***~ data*** données *fpl* à traiter/avant traitement ; *(Ind)* ***~ materials*** matières *fpl* premières.

R&D *v.* **research and development.**

reach¹ [riːtʃ] *n* étendue *f*, portée *f* ; ***out of ~*** hors de portée ; ***within ~ of*** à portée de.

reach² [riːtʃ] *vt* **1.** atteindre ; ***~ an agreement*** parvenir à un accord ; ***~ a consensus*** parvenir à un consensus **2.** *(destination)* arriver à.

react [rɪˈækt] *vi* réagir.

reactivate [rɪˈæktɪveɪt] *vt* redynamiser.

read only memory (ROM) [ˈriːd ˈəʊnli ˈmemərɪ] *n (Inf)* mémoire *f* morte.

readership [ˈriːdəʃɪp] *n* **1.** *(journal)* lecteurs *mpl* **2.** nombre *m* de lecteurs (d'un journal), lectorat *m*, tirage *m*.

reading [ˈriːdɪŋ] *n (Pol)* lecture *f* par une assemblée parlementaire, étape dans l'examen d'un projet ou d'une proposition de loi ; ***first ~*** présentation *f* du texte ; ***second ~*** discussion *f* générale

sur le texte ; ***third ~*** examen *m* final du texte avant le vote.

readout [ˈriːdaʊt] *n (Inf)* sortie *f* de données/de renseignements.

ready [ˈredɪ] *adj* **1.** prêt ; ***~-to-wear*** prêt-à-porter **2.** à portée de la main ; ***~ money*** argent *m* comptant/liquide.

Reaganomics [ˌreɪgəˈnɒmɪks] *n (Eco) (US)* politique *f* économique libérale sous la présidence de Ronald Reagan (1981-1989) *(v.* **supply-side economics***)*.

real [rɪəl] *adj* **1.** réel *(f* -elle*)* ; *(Inf)* ***~ time*** temps *m* réel **2.** en volume *m* réel, en valeur *f* réelle ; *(Cpta)* ***~ balances*** encaisse *f* réelle ; *(Eco)* ***~ capital*** capital *m* réel ; *(Eco)* ***~ income*** revenu *m* réel/corrigé de la hausse des prix ; *(Fin)* ***~ interest rate*** taux *m* d'intérêt réel ; *(Fin)* ***~ money*** monnaie *f* réelle/effective ; *(Eco)* ***~ wage*** salaire *m* réel. ****real party in interest*** *n (Jur)* l'intéressé *m*, ayant droit *m* inv.

real estate [rɪəl ɪsˈteɪt] *n (US)* biens *mpl* immobiliers, propriété *f* foncière *(syn.* **real property, realty** ; *à dist.* **personal property***)* ; ***~ agent*** agent *m inv* immobilier ; ***~ developer*** promoteur *m inv* immobilier ; ***~ tax*** contribution *f* foncière. ****real estate investment trust (REIT)*** *n (Fin)* fonds *m* de placement immobilier. ****real property*** *n (Jur)* biens *mpl* immobiliers, propriété *f* foncière *(v.* **real estate, personal property***)*.

realignment [ˌriːəˈlaɪnmənt] *n* réalignement *m*, réajustement *m*.

realize [ˈrɪəlaɪz] *vt* **1.** ***~ that*** prendre conscience *f* que **2.** *(Fin)* réaliser, convertir en espèces ; ***~d gain*** plus-value *f* réalisée ; ***~d loss*** perte *f* réalisée ; ***~d profit*** bénéfice *m* réalisé.

reallocation [ˌriːæləˈkeɪʃn] *n* réaffectation *f*.

realtor [ˈrɪəltə] *n (US)* agent *m inv* immobilier.

realty [ˈrɪəltɪ] *n* biens *mpl* immobiliers *(syn.* **real estate, real property***)*.

reap [riːp] *v* **1.** *vti* moissonner **2.** *vt (fig)* recueillir, acquérir ; ***~ big profits*** faire de gros bénéfices.

reapportionment [ˌriːəˈpɔːʃənmənt] *n (Pol)* révision *f* du découpage électoral en fonction de l'évolution de la démographie, nouvelle répartition *f* des sièges *(v.* **gerrymandering***)*.

reargument [ˌriːˈɑːgjumənt] *n (Jur)* nouvelle présentation *f* de l'argumentation.

reasonable [ˈriːznəbl] *adj* raisonnable ; *(Jur)* ***~ care*** soin *m* « raisonnable »

(Jur) (UK) **beyond all ~ doubt/***(US)* **be-** **yond a ~ doubt** au-delà de tout doute raisonnable (charge *f* de la preuve qui pèse sur le procureur) ; *(Jur)* **~ person** **standard** critère *m* de référence au comportement d'une personne raisonnable en droit de la responsabilité civile.

reassessment [ˌriːəˈsesmənt] *n* **1.** réévaluation *f* **2.** *(Fisc)* réimposition *f*.

reassurance [ˌriːəˈʃʊərəns] *n* **1.** réconfort *m* **2.** *(Ass) (UK) (US* **reinsurance)** réassurance *f*.

rebate [ˈriːbeɪt] *n* ristourne *f*, rabais *m*, réduction *f*, escompte *m* ; *(Fisc)* **tax ~** dégrèvement *m* d'impôt.

rebound [ˈriːbaʊnd] *n* reprise *f*, rebondissement *m*.

rebuild [riːˈbɪld] (**rebuilt, rebuilt**) *vt* reconstruire.

rebuilt [riːˈbɪlt] *v*. **rebuild**.

rebut [rɪˈbʌt] *vt* réfuter (par argument ou preuve contraire) ; *(Jur)* **~ a presump-** **tion** réfuter une présomption ; *(Jur)* **~ting evidence** preuve *f* contraire.

recall [rɪˈkɔːl] *n* **1.** mémorisation *f*, rappel *m* **2.** *(Com)* rappel *m*, retrait *m* du marché d'un produit défectueux **3.** *(Pol)* *(US)* révocation *f* d'un fonctionnaire, d'un juge, ou d'un homme politique à l'initiative des électeurs.

recant [rɪˈkænt] *v* **1.** *vt* rétracter, revenir sur **2.** *vi* se rétracter.

recapitalization [ˌriːkæpɪtəlaɪˈzeɪʃn] *n* *(Eco)* recapitalisation *f*.

receipt [rɪˈsiːt] *n* **1.** reçu *m*, quittance *f*, récépissé *m* ; *(D)* **customs ~** quittance de douane **2.** réception *f* ; **acknowledge** **~** accuser réception ; **pay on ~** payer à (la) réception.

receipts [rɪˈsiːts] *npl (Cpta)* recettes *fpl*, rentrées *fpl*, encaissements *mpl* ; **~ and** **expenses** recettes et dépenses *fpl*.

receivable [rɪˈsiːvəbl] *adj (Cpta)* recevable, exigible ; **accounts ~** créances *fpl*, sommes *fpl* à encaisser *(syn.* **due for** **payment)**.

receivables [rɪˈsiːvəblz] *npl (Cpta)* effets *mpl* à recevoir.

receive [rɪˈsiːv] *vt* **1.** recevoir ; *(T)* **~** **cargo** recevoir la cargaison **2.** *(Jur)* receler ; **~ stolen goods** receler des objets *mpl* volés.

receiver [rɪˈsiːvə] *n (Jur)* **1.** administrateur *m* inv judiciaire ; **~ in bankruptcy** mandataire *m* inv, liquidateur *m* (*f* -trice), syndic *m* de faillite **2.** séquestre *m* inv.

receivership [rɪˈsiːvəʃɪp] *n (Jur)* règlement *m*/liquidation *f* judiciaire.

receiving [rɪˈsiːvɪŋ] *loc (Jur)* **~ stolen** **goods** recel *m*.

recess[1] [rɪˈses/ˈriːses] *n* **1.** vacances *fpl* (judiciaires ou parlementaires), vacations *fpl* **2.** *(Jur)* suspension *f* de séance.

recess[2] [rɪˈses/ˈriːses] *vi (Jur) (US)* suspendre la séance, ajourner.

recession [rɪˈseʃn] *n (Eco)* récession *f*, crise *f* économique.

rechargeable [ˌriːˈtʃɑːdʒəbl] *adj* qui peut être rechargé.

recidivist [rɪˈsɪdɪvɪst] *n (Jur)* récidiviste *mf*.

recipient [rɪˈsɪpiənt] *n* **1.** *(lettre)* destinataire *mf* **2.** *(allocation)* bénéficiaire *mf* ; **welfare ~** bénéficiaire d'une assistance sociale.

reciprocal [rɪˈsɪprəkl] *adj* réciproque, mutuel (*f* -elle) ; *(Eco)* **~ demand** demande *f* réciproque ; *(Fin)* **~ holdings** participations *fpl* croisées.

reciprocity [ˌresɪˈprɒsəti] *n* réciprocité *f*.

recital [rɪˈsaɪtl] *n* **1.** rapport *m*, compte *m* rendu **2.** *(Jur)* exposé *m* des intentions des parties et des motifs à l'origine d'un document ; attendus *mpl*.

reckless [ˈrekləs] *adj* imprudent, insouciant.

recklessness [ˈrekləsnəs] *n* manque *f* de prudence, insouciance *f*.

reclaim [rɪˈkleɪm] *vt* **1.** récupérer **2.** *(terrain)* défricher, amender.

recognition [ˌrekəgˈnɪʃn] *n* reconnaissance *f*.

recognizance [rɪˈkɒgnɪzəns] *n (Jur)* engagement *m* pris devant un tribunal ; *(US)* **release OR (on his own ~)** libération *f* sous caution/sur engagement/ sur promesse du suspect.

recognize [ˈrekəgnaɪz] *vt* **1.** *(personne, objet)* reconnaître **2.** *(faits)* admettre, reconnaître **3.** agréer, homologuer **4.** *(Pol)* **~ sb** donner la parole à qn (lors d'une séance parlementaire) **5.** *(Pol)* **~** **a government/regime** reconnaître officiellement un gouvernement/un régime **6.** *(Jur)* **~ an illegitimate child** reconnaître un enfant naturel **7.** *(Fisc)* comptabiliser, constater ; **~d gain** gain *m* imposable ; **~d loss** perte *f* donnant droit à un abattement fiscal.

recollection [ˌrekəˈlekʃn] *n* souvenir *m*.

recommend [ˌrekəˈmend] *vt* recommander, conseiller ; *(Mkg)* **~ed sales price** prix *m* de vente conseillé.

recommendation [ˌrekəmenˈdeɪʃn] *n* **1.** recommandation *f* ; **letter of ~** lettre *f* de recommandation **2.** *(Jur)* avis *m* d'un tribunal/d'une commission.

recommittal [ˌriːkəˈmɪtl] *n (Pol)* renvoi *m* en commission.

reconciliation [ˌrekənsɪliˈeɪʃn] *n* **1.** réconciliation f, conciliation f 2. *(Cpta)* apurement m/rapprochement m des comptes; **~ statement** état m de rapprochement.

recondition [ˌriːkənˈdɪʃn] vt rénover, remettre en état.

reconsider [ˌriːkənˈsɪdə] vt 1. réexaminer, revoir 2. revenir sur une décision/ sur un jugement.

reconstitution [ˈriːˌkɒnstɪˈtjuːʃn] n reconstitution f.

reconstruction [ˌriːkənˈstrʌkʃn] n reconstruction f, reconstitution f; *(US)* **R~** période f (1865-1877) d'intervention du gouvernement fédéral afin de réintégrer les Etats sécessionnistes du Sud.

reconversion [ˌriːkənˈvɜːʃn] n reconversion f.

reconvey [ˌriːkənˈveɪ] vt *(Jur)* rétrocéder.

record[1] [ˈrekɔːd] adj record inv; **~ output** chiffre f de production sans précédent; **~ sales** ventes fpl records.

record[2] [ˈrekɔːd] n 1. registre m, compte m rendu, archives fpl; **~ of attendance** registre des présences; **off the ~** « confidentiel », « pas pour attribution » 2. *(Jur)* tout document m faisant foi pour avoir été enregistré; **~ notice** connaissance f implicite d'informations contenues dans les archives publiques (v. **constructive notice**). 3. antécédents mpl, états mpl de service; *(Jur)* **have a clean ~** avoir un casier judiciaire vierge; *(Jur)* **have a criminal ~** être fiché, avoir un casier judiciaire chargé 4. record m; **all-time ~** record sans précédent 5. disque m.

record[3] [rɪˈkɔːd] vt 1. enregistrer 2. consigner par écrit, noter.

recordation [ˌrekəˈdeɪʃn] n *(Jur)* enregistrement m des documents.

recorder [rɪˈkɔːdə] n 1. archiviste mf, greffier m (f -ière) 2. *(Jur) (UK)* juge m inv d'une chambre correctionnelle siégeant à temps partiel.

recording [rɪˈkɔːdɪŋ] n enregistrement m.

recount [ˈriːkaunt] n *(Pol)* deuxième décompte m des suffrages exprimés.

recoup [rɪˈkuːp] v 1. vt dédommager, indemniser 2. vt récupérer, rattraper; **~ one's losses** compenser ses pertes 3. vi se dédommager.

recourse [rɪˈkɔːs / rɪˈkɔːs] n recours m; **without ~** sans recours.

recover [rɪˈkʌvə] v 1. vt reprendre, récupérer, retrouver; *(Jur)* **~ damages** obtenir des dommages-intérêts 2. vi se remettre, se rétablir.

recovery [rɪˈkʌvrɪ] n 1. recouvrement m,

récupération f 2. *(Eco)* reprise f, redressement m économique.

recruit[1] [rɪˈkruːt] n recrue f inv.

recruit[2] [rɪˈkruːt] vt recruter, embaucher.

recruiting [rɪˈkruːtɪŋ] n embauche f, recrutement m.

rectify [ˈrektɪfaɪ] vt rectifier, corriger.

recurrent [rɪˈkʌrənt] adj répété, périodique, qui se reproduit.

recusal [rɪˈkjuːzl] n *(Jur)* récusation f, par lui-même ou par un tiers, d'un juge.

recuse [rɪˈkjuːz] vt *(Jur)* récuser (v. **challenge**).

recyclable [riːˈsaɪkləbl] adj recyclable.

recycle [riːˈsaɪkl] vt recycler.

recycling [riːˈsaɪklɪŋ] n recyclage m.

red [red] adj 1. rouge; *(Emb)* **~ label goods** marchandises fpl dangereuses 2. *(Bq/Fin)* déficitaire, à découvert; **in the ~** déficitaire, en perte.

*redbrick university n *(UK)* université f récente réputée, mais n'ayant pas le prestige de Cambridge et d'Oxford.

*red carpet n tapis m rouge.

*red-handed adv en flagrant délit.

*red herring n 1. faux problème m destiné à « noyer le poisson » 2. *(Jur) (US)* copie f préliminaire du prospectus à remettre à la **Securities and Exchange Commission**.

*red ink n déficit m.

*red-light district n quartier m des prostituées.

*redneck n *(US) (péj)* personne f inv inculte et raciste, paysan m (f anne).

*red tape n *(fam)* bureaucratie f, formalités fpl administratives longues et complexes.

redeem [rɪˈdiːm] vt *(Fin)* racheter, rembourser, amortir, purger; **~ a debt** rembourser une dette; **~ a mortgage** purger une hypothèque.

redeemable [rɪˈdiːməbl] adj *(Fin)* remboursable, amortissable; **~ capital** capital m comptable; **~ debt** dette f amortissable; **~ securities** titres mpl boursiers amortissables; **~ share** action f amortissable.

redeemed [rɪˈdiːmd] adj *(Fin)* remboursé, payé; **~ loan** emprunt m amorti; **~ share** action f rachetée.

redemption [rɪˈdempʃn] n 1. rédemption f, réparation f, rachat m; **crime without ~** crime m inexpiable 2. *(Fin)* amortissement m financier, remboursement m; **~ period** période f de rachat d'une hypothèque; **~ price** prix m de rachat; **~ rate** taux m de remboursement; **~ value** valeur f de rachat.

redeployment [ˌriːdɪˈplɔɪmənt] n réaffectation *f*, reconversion *f*, redéploiement *m*.

redevelopment [ˌriːdɪˈveləpmənt] *n* rénovation *f*, redéveloppement *m*.

redial [ˌriːˈdaɪəl] *vt* (*Tél*) recomposer un numéro de téléphone ; *automatic* ~ rappel *m* automatique du dernier numéro composé, touche *f* « bis ».

redirect [ˌriːdəˈrekt] *vt* **1.** réorienter **2.** (*courrier*) réexpédier.

redirection [ˌriːdəˈrekʃn] *n* **1.** réorientation *f* **2.** (*courrier*) réexpédition *f*.

rediscount [riːˈdɪskaʊnt] *n* (*Fin*) réescompte *m* ; ~ *ceiling* plafond *m* de réescompte.

redistribute [ˌriːdɪsˈtrɪbjuːt] *vt* redistribuer.

redistribution [ˈriːˌdɪstrɪˈbjuːʃn] *n* redistribution *f* ; (*Eco*) ~ *effect of inflation* effet *m* redistributif de l'inflation ; ~ *of income* redistribution des revenus.

redlining [redˈlaɪnɪŋ] *n* (*Bq*) (*US*) pratique *f* discriminatoire dans l'octroi des prêts (caractérisée par le « marquage en rouge » des quartiers « à risque »).

redress [rɪˈdres] *n* réparation *f*, redressement *m*, recours *m* à la justice.

reduce [rɪˈdjuːs] *vt* réduire, diminuer ; ~ *one's indebtedness/liabilities* se désendetter.

reduced [rɪˈdjuːst] *adj* **1.** réduit **2.** (*Com*) soldé, en solde ; ~ *price* prix *m* réduit.

reduction [rɪˈdʌkʃn] *n* **1.** réduction *f*, diminution *f* ; ~ *in staff* réduction des effectifs ; ~ *in value* moins-value *f* **2.** (*Fisc*) dégrèvement *m*.

redundancy [rɪˈdʌndənsi] *n* **1.** fait d'être en surnombre/d'être excédentaire, double emploi *m* **2.** (*Eco*) (*UK*) licenciement *m* pour des raisons économiques, chômage *m* technique (*US* layoff) ; ~ *payment* indemnité *f* de licenciement.

redundant [rɪˈdʌndənt] *adj* **1.** superflu, redondant **2.** (*UK*) au chômage *m* technique ; *be made* ~ être licencié (pour des raisons économiques) ; ~ *staff* personnel *m* licencié/en chômage technique.

reefer [ˈriːfə] *n* (*T*) (*fam*) (*ab de* **refrigerated unit**) conteneur *m* réfrigéré.

reelection [ˌriːɪˈlekʃn] *n* (*Pol*) réélection *f*.

reenactment [ˌriːɪnˈæktmənt] *n* (*loi, pratique*) remise *f* en vigueur.

re-entry [riːˈentri] *n* **1.** rentrée *f*, réintroduction *f* **2.** (*D*) réimportation *f*.

reeve [riːv] *n* (*Pol*) **1.** (*UK*) pendant l'époque anglo-saxonne, le représentant

local de la Couronne **2.** (*Can*) président du conseil municipal d'un village.

re-export¹ [riːˈekspɔːt] *n* (*D*) bien *m* réexporté.

re-export² [riːɪkˈspɔːt] *vt* (*D*) réexporter.

re-exportation [ˌriːeksˈpɔːˈteɪʃn] *n* (*D*) réexportation *f*.

refer [rɪˈfɜː] *v* **1.** *vt* saisir, renvoyer à l'autorité compétente, en référer à ; (*Jur*) ~ *a matter to arbitration* soumettre une affaire à l'arbitrage **2.** *vi* (*to*) faire allusion à, avoir trait à ; ~ *to a document as proof* invoquer un document comme preuve.

referee [ˌrefəˈriː] *n* **1.** (*Jur*) arbitre *m inv*, médiateur *m* (*f* -trice) ; (*US*) (*obs*) ~ *in bankruptcy* liquidateur *m* judiciaire (*v.* **trustee in bankruptcy**) **2.** (*UK*) personne *f inv* qui écrit une lettre de recommandation.

reference [ˈrefrəns] *n* **1.** référence *f* ; ~ *price* prix *m* de référence ; *terms of* ~ cahier *m* des charges, instructions *fpl* **2.** références *fpl*, recommandation *f* ; *banker's* ~ références bancaires ; *act as a* ~ écrire une (lettre de) recommandation.

referendum [ˌrefəˈrendəm] *n* (*Pol*) référendum *m*.

refinance [ˌriːfaɪˈnæns] *vt* (*Fin*) refinancer.

refinancing [ˌriːfaɪˈnænsɪŋ] *n* (*Fin*) **1.** refinancement *m* **2.** octroi *m* d'un nouveau prêt pour rembourser un prêt antérieur.

reflation [riːˈfleɪʃn] *n* (*Eco*) relance *f* économique par augmentation de la masse monétaire.

reflationary [riːˈfleɪʃənəri] *adj* (*Eco*) ~ *policy* politique *f* de relance.

refloat [riːˈfləʊt] *vt* **1.** (*Fin*) émettre à nouveau **2.** (*T*) (*navire*) renflouer.

reforestation [riːˌfɒrɪˈsteɪʃn] *n* (*Agr*) reboisement *m*.

reform¹ [rɪˈfɔːm] *n* **1.** réforme *f* ; *welfare* ~ réforme du système d'aide sociale **2.** assainissement *m*.

reform² [rɪˈfɔːm] *vt* **1.** réformer, améliorer **2.** (*Jur*) modifier, amender ; ~ *a contract* modifier les termes d'un contrat.

reformation [ˌrefəˈmeɪʃn] *n* (*Jur*) nouvelle rédaction *f* d'un contrat qui ne traduit pas la volonté des parties.

refreshing the memory [rɪˈfreʃɪŋ ðə ˈmeməri] *n* (*Jur*) action *f* d'un témoin qui consulte des documents afin de se rafraîchir la mémoire.

refrigerated [rɪˈfrɪdʒəreɪtɪd] *adj* réfrigéré ; (*T*) ~ *ship* navire *m* frigorifique ; ~ *wagon* wagon *m* réfrigéré.

refugee [ˌrefjuˈdʒiː] *n (Pol)* réfugié *m*.

refund¹ [ˈriːfʌnd] *n* remboursement *m*, ristourne *f*; *(Fisc)* **tax ~** remboursement *m* de l'impôt.

refund² [rɪˈfʌnd] *vt* rembourser, ristourner.

refundable [rɪˈfʌndəbl] *adj* remboursable; *(Emb)* **~ empties** emballages *mpl* consignés.

refunding [rɪˈfʌndɪŋ] *n* **1.** remboursement *m* **2.** refinancement *m* de dette; **~ bond** consolidation *f* d'obligations.

refurbish [riːˈfɜːbɪʃ] *vt* rénover, remettre en état.

refurbishment [riːˈfɜːbɪʃmənt] *n* rénovation *f*, restauration *f*, remise *f* en état.

refusal [rɪˈfjuːzl] *n* refus *m*; **have the right of first ~** avoir l'option (sur qch), avoir le droit de faire la première offre, avoir le droit de préemption.

refuse¹ [ˈrefjuːs] *ns inv* déchets *mpl*, détritus *mpl*.

refuse² [rɪˈfjuːz] *vt* refuser, rejeter.

region [ˈriːdʒən] *n* région *f*.

regional [ˈriːdʒənəl] *adj* régional (*mpl* -aux); **~ market** marché *m* régional; **~ policy** politique *f* régionale; **~ trading area** espace *m* économique régional.

regionalism [ˈriːdʒənəlɪzm] *n* régionalisme *m*.

register¹ [ˈredʒɪstə] *n* registre *m*; **~ of shareholders** registre des actionnaires; *(Jur) (US)* **Federal R~** équiv. Journal *m* Officiel; **trade r~** registre du commerce.

register² [ˈredʒɪstə] *v* **1.** *vt* enregistrer, inscrire **2.** *vi* s'inscrire; **~ for unemployment benefits** s'inscrire au chômage **3.** *vt* **~ a letter** envoyer une lettre en recommandé.

registered [ˈredʒɪstəd] *adj* **1.** enregistré, inscrit; **~ address** adresse *f* du siège; *(Jur)* **~ agent** mandataire *mf* officiel (-ielle) d'une société; *(Fin)* **~ bond** obligation *f* nominative; *(Bq)* **~ cheque/check** chèque *m* «enregistré» mais non certifié; *(Jur)* **~ corporation** société *f* inscrite; *(UK)* **~ office** siège *m* social; *(Bs)* **~ share** action *f* nominative; *(Jur)* **~ trademark** marque *f* déposée; *(Pol)* **~ voter** électeur *m* (*f* -trice) inscrit sur les listes électorales **2.** recommandé; **~ mail** envoi *m* en recommandé, lettre recommandée.

registrar [ˌredʒɪˈstrɑː] *n* **1.** greffier *m* (*f* -ière) **2.** *(UK)* officier *m* *inv* de l'état civil **3.** archiviste *mf*; *(UK)* **R~ of Companies** conservateur *m* (*f* -trice) du registre des sociétés/du commerce **4.** *(Jur) (UK) (obs)* ancienne appellation des juges des **County Courts**.

registration [ˌredʒɪˈstreɪʃn] *n* enregistrement *m*, inscription *f*, immatriculation *f*; *(Pol)* **voting ~** inscription sur les listes électorales.

registry [ˈredʒɪstri] *n* enregistrement *m*, inscription *f*; *(Jur) (UK)* **~ office** bureau *m* (*pl* -x) de l'état civil; *(T)* **port of ~** port *m* d'attache.

regressive [rɪˈgresɪv] *adj* régressif (*f* -ive), dégressif (*f* -ive); *(Fisc)* **~ tax** impôt *m* dégressif.

regular [ˈregjʊlə] *adj* **1.** régulier (*f* -ière), dans les règles; *(Jur)* **~ on its face** apparemment fait selon les normes **2.** ordinaire, habituel (*f* -elle); **in the ~ course of business** dans le cadre des activités habituelles; **~ customer** client *m* fidèle; **~ use** usage *m* régulier, utilisation *f* régulière.

regulate [ˈregjʊleɪt] *vt* **1.** réglementer, contrôler **2.** régler, ajuster.

regulated [ˈregjʊleɪtɪd] *adj* réglementé; *(Eco)* **~ market** marché *m* réglementé.

regulation [ˌregjʊˈleɪʃn] *n* règle *f*, réglementation *f*; **~s** règlement *m*; **safety ~s** règles de sécurité.

regulatory [ˌregjʊˈleɪtri] *adj* chargé de la réglementation; **~ agency** organisme *m* chargé de la réglementation.

rehabilitation [ˈriːəˌbɪlɪˈteɪʃn] *n* **1.** réadaptation *f*, reclassement *m* **2.** *(personne)* réinsertion *f* **3.** *(Fin)* réhabilitation *f*, redressement *m*.

rehearing [riːˈhɪərɪŋ] *n (Jur)* nouvelle audience *f*.

rehearsal [rɪˈhɜːsəl] *n* répétition *f*.

rehire [riːˈhaɪə] *vt* réembaucher.

reimburse [ˌriːɪmˈbɜːs] *vt* rembourser.

reimbursement [ˌriːɪmˈbɜːsmənt] *n* remboursement *m*.

reimport [ˌriːɪmˈpɔːt] *vt (D)* réimporter.

reimportation [ˈriːˌɪmpɔːˈteɪʃn] *n* réimportation *f*.

reinforce [ˌriːɪnˈfɔːs] *vt* renforcer.

reinforced [ˌriːɪnˈfɔːst] *adj* renforcé.

reinstate [ˌriːɪnˈsteɪt] *vt* remettre en place, rétablir, réintégrer dans ses fonctions.

reinsurance [ˌriːɪnˈʃʊərəns] *n (Ass)* réassurance *f*.

reinvest [ˌriːɪnˈvest] *vt* réinvestir.

reinvested [ˌriːɪnˈvestɪd] *adj* réinvesti; *(Fin)* **~ earnings** bénéfices *mpl* réinvestis/non distribués.

reinvestment [ˌriːɪnˈvestmənt] *n* réinvestissement *m*.

reissue¹ [riːˈɪʃuː] *n* **1.** réédition *f* **2.** *(Fin)* nouvelle émission *f*.

reissue² [riːˈɪʃuː] *vt* **1.** rééditer **2.** *(Fin)* réémettre.

REIT *v.* real estate investment trust.

reject[1] ['riːdʒekt] *n* pièce *f* mise au rebut, article *m* non conforme ; **~ bin** panier *m* à rebuts.

reject[2] [rɪ'dʒekt] *vt* rejeter, refuser, mettre au rebut.

rejection [rɪ'dʒekʃn] *n* rejet *m*, refus *m* ; **~ rate** taux *m* de rejet/de rebut.

rekindle [riː'kɪndl] *vt* rallumer ; *(Eco)* **~ inflation** relancer l'inflation.

relabel [riː'leɪbl] *vt* réétiqueter.

related [rɪ'leɪtɪd] *adj* lié, associé ; *(Jur)* **~ proceedings** procédures *fpl* liées.

relation [rɪ'leɪʃn] *n* **1.** parent *m* **2.** **~ of the facts** récit *m*/rapport *m* des faits **3.** relation *f*, rapport *m* ; **in ~ to** par rapport à **4.** **~s** relations *fpl* ; **business ~s** relations commerciales ; **foreign ~s** relations extérieures ; **public ~s** (PR) relations publiques.

relative ['relətɪv] *adj* relatif (*f* -ive) ; **~ advantage** avantage *m* relatif ; **~ price** prix *m* relatif.

relax [rɪ'læks] *vt* *(règlement, restriction)* assouplir.

relaxation [ˌriːlæk'seɪʃn] *n* assouplissement *m*.

release[1] [rɪ'liːs] *n* **1.** *(Jur)* libération *f*, relaxe *f*, décharge *m* ; *(UK)* **~ on licence** liberté *f* conditionnelle ; **order of ~** levée *f* d'écrou **2.** *(Mkg)* mise *f* en vente, mise *f* sur le marché, sortie *f* ; **new ~** dernière nouveauté *f* **3.** émission *f*, diffusion *f* ; **press ~** communiqué *m* de presse **4.** *(Jur)* renonciation *f* à un droit ; **settlement and ~** règlement à l'amiable entraînant renonciation à agir.

release[2] [rɪ'liːs] *vt* **1.** libérer ; *(D)* **~ the goods** remettre les marchandises qui sont en circulation **2.** *(Mkg)* sortir, lancer un produit **3.** *(Jur) (un droit)* renoncer à.

relevance ['reləvəns] *n* pertinence *f*, applicabilité *f*.

relevant ['reləvənt] *adj* significatif (*f* -ive), pertinent, utile ; *(Jur)* **~ evidence** pièces *fpl* pertinentes.

reliability [rɪˌlaɪə'bɪlɪti] *n* **1.** *(témoin)* fiabilité *f*, crédibilité *f* **2.** *(produit)* fiabilité *f*, solidité *f*.

reliance [rɪ'laɪəns] *n* **1.** confiance *f* **2.** *(Jur)* le fait de s'être fié à une information erronée ; **detrimental ~** le fait d'avoir subi un préjudice en se fiant à une information erronée (*v.* **misrepresentation, promissory estoppel**).

relief [rɪ'liːf] *n* **1.** aide *f*, assistance *f*, secours *m* ; **~ organization** organisation *f* humanitaire **2.** *(Jur)* réparation *f* (d'un tort), compensation *f*, dédommagement *m* **3.** dégrèvement *m* ; **tax ~** allégement *m* fiscal.

relieve [rɪ'liːv] *vt* **1.** secourir, aider **2.** soulager.

religious [rɪ'lɪdʒəs] *adj* *(Jur)* religieux (*f* -euse), confessionnel (*f* -elle) ; *(Jur)* **~ freedom** liberté *f* de culte (*v.* **Establishment Clause**).

relinquish [rɪ'lɪŋkwɪʃ] *vt* *(un droit)* abandonner, renoncer à.

reload [riː'ləʊd] *vt* **1.** recharger **2.** *(T)* transborder.

relocate [ˌriːləʊ'keɪt] *vti* délocaliser, déménager, (se) réimplanter ; **~ abroad** délocaliser à l'étranger.

relocation [ˌriːləʊ'keɪʃn] *n* délocalisation *f*, déménagement *m*, réimplantation *f* ; **~ of a plant** délocalisation d'une industrie *f*/d'une entreprise *f*.

rely [rɪ'laɪ] *vi* **on** compter sur, se fier à (*v.* **reliance**).

remainder [rɪ'meɪndə] *n* **1.** reste *m*, solde *m* **2.** *(Jur)* droit *m* réversible ; **vested ~** droit réversible dévolu **3.** *(Cpta)* **~s** invendus *mpl*.

remainderman [rɪ'meɪndəmən] *n* *(Jur)* titulaire *mf* d'un droit réversible.

remand[1] [rɪ'mɑːnd] *n* *(Jur)* renvoi *m* à une autre audience/juridiction ; *(UK)* **~ centre** centre *m* de détention préventive ; *(UK)* **~ home** maison *f* d'arrêt ; *(UK)* **on ~ in custody** en détention préventive ; *(UK)* **on ~ on bail** en liberté provisoire.

remand[2] [rɪ'mɑːnd] *vt* **1.** renvoyer à une autre audience/juridiction **2.** *(US)* renvoyer (une affaire) devant une instance inférieure.

remedial [rɪ'miːdɪəl] *adj* *(Jur)* réparateur (*f* -trice) ; **~ action** action *f* en dédommagement.

remedy ['remədi] *n* **1.** remède *m* **2.** *(Jur)* recours *m*, réparation *f*, redressement *m* ; **equitable ~** recours en Equité ; **legal ~** recours en **common law** ; **statutory ~** recours en vertu d'une loi ; « **remedies precede rights** » les recours précèdent les droits.

reminder [rɪ'maɪndə] *n* **1.** rappel *m* **2.** lettre *f* de rappel.

remission [rɪ'mɪʃn] *n* remise *f*, abattement *m* ; **~ of customs duties** remise de droits de douane ; *(Jur)* **~ of sentence** remise de peine.

remit [rɪ'mɪt] *vt* **1.** *(argent)* verser, remettre ; *(Bq)* **~ting bank** banque *f* remettante **2.** *(Jur) (peine)* remettre, faire remise de **3.** *(Jur)* renvoyer à une autre instance.

remittal [rɪ'mɪtl] *n* **1.** *(dette)* remise *f* **2.** *(Jur)* renvoi *m* d'un procès à une autre instance, souvent au tribunal de première instance.

remittance [rɪˈmɪtəns] *n (Cpta)* remise *f*, versement *m*, rapatriement *m*.

remittitur [rɪˈmɪtɪtɜː] *n (Jur)* procédure *f* de diminution des dommages-intérêts excessifs alloués par un jury.

remnant [ˈremnənt] *n* **1.** reste *m*, restant *m* **2.** *(Com)* soldes *mpl* (de fin de série).

remodel [riːˈmɒdəl] *vt* remanier, réorganiser, transformer.

remote [rɪˈməʊt] *adj* isolé, éloigné ; **~ control** télécommande *f* ; **~-controlled** télécommandé, téléguidé ; **~ maintenance** télémaintenance *f* ; *(Inf)* **~ processing** traitement *m* à distance.

removable [rɪˈmuːvəbl] *adj* amovible, détachable, démontable.

removal [rɪˈmuːvl] *n* **1.** déplacement *m*, déménagement *m* **2.** élimination *f*, suppression *f* **3.** révocation *f* (d'un fonctionnaire), destitution *f* **4.** *(Jur)* renvoi *m* devant une autre instance.

remove [rɪˈmuːv] *vt* supprimer, enlever, éliminer.

remunerate [rɪˈmjuːnəreɪt] *vt* rémunérer.

remuneration [rɪˌmjuːnəˈreɪʃn] *n* rémunération *f*.

rename [riːˈneɪm] *vt* rebaptiser, renommer.

render [ˈrendə] *vt* rendre, livrer, remettre.

renege [rɪˈniːg] *vi* **1.** manquer à sa parole **2.** *(Jur)* se rétracter.

renegotiate [ˌriːnɪˈgəʊʃieɪt] *vt* renégocier.

renew [rɪˈnjuː] *vt* renouveler.

renewable [rɪˈnjuːəbl] *adj* renouvelable, reconductible ; *(Fin)* **~ bond** obligation *f* renouvelable.

renewal [rɪˈnjuːəl] *n* **1.** renouvellement *m*, reconduction *f* ; **~ of a lease** renouvellement d'un bail **2.** rénovation *f* ; **urban ~** rénovation des zones urbaines.

renounce [rɪˈnaʊns] *vt* renoncer à, dénoncer ; **~ one's oath** abjurer ; **~ one's rights** renoncer à ses droits ; **~ a treaty** dénoncer un traité.

rent[1] [rent] *n* **1.** loyer *m* ; **high ~** loyer élevé **2.** *(US)* location *f* ; **for ~** à louer **3.** revenu *m* foncier **4.** *(Fin)* rente *f*.

rent[2] [rent] *vt* louer ; prendre en location.

rental[1] [ˈrentl] *adj* locatif (*f* -ive) ; *(US)* **~ car** voiture *f* de location ; **~ expenses** charges *fpl* locatives.

rental[2] [ˈrentl] *n* **1.** revenu *m* de location **2.** *(US)* propriété *f* en location.

renunciation [rɪnʌnsɪˈeɪʃn] *n* renonciation *f*, abandon *m*.

reorder [riːˈɔːdə] *vt* passer une nouvelle commande.

reorganization [rɪˌɔːgənaɪˈzeɪʃn] *n* réorganisation *f*, reconversion *f*, restructuration *f*, *(finances)* assainissement *m* ; *(US)* **bankruptcy ~** redressement *m* judiciaire permettant au failli de poursuivre son activité sous contrôle (*v.* **Chapter 11**).

reorganize [riːˈɔːgənaɪz] *vt* réorganiser, restructurer, *(finances)* assainir.

reorient [riːˈɔːrient] *vt* (*aussi* **reorientate**) réorienter.

reorientation [riːˌɔːriənˈteɪʃn] *n* réorientation *f*.

rep [rep] *n* (*ab de* **representative**) représentant *m inv* ; **sales ~** représentant de commerce, VRP *m inv*.

repack [riːˈpæk] *vt* *(Emb)* réemballer.

repaid [riːˈpeɪd] *v.* **repay**.

repair[1] [rɪˈpeə] *n* réparation *f* ; **in good ~** en bon état, entretenu ; **under ~** en travaux.

repair[2] [rɪˈpeə] *vt* réparer.

repairman [rɪˈpeəmæn] *n* réparateur *m* (*f* -trice).

reparation [ˌrepəˈreɪʃn] *n* **1.** réparation *f* ; **make ~s for** réparer **2.** *(Jur)* dédommagement *m*, réparation *f* ; **war ~s** réparations de guerre.

repatriate [riːˈpætrieɪt / riːˈpeɪtrieɪt] *vt* rapatrier.

repatriation [riːˌpætriˈeɪʃn / riːˌpeɪtriˈeɪʃn] *n* rapatriement *m*.

repay [rɪˈpeɪ] *vt* (**repaid**, **repaid**) rembourser.

repayable [rɪˈpeɪəbl] *adj* remboursable ; **~ in monthly installments** remboursable par mensualités.

repayment [rɪˈpeɪmənt] *n* *(Bq/Fin)* remboursement *m* ; **~ ratio** capacité *f* de remboursement ; **~ schedule** échéancier *m*.

repeal[1] [rɪˈpiːl] *n* *(Jur)* (*loi*) abrogation *f*, (*décret*) révocation *f*, (*sentence*) annulation *f*.

repeal[2] [rɪˈpiːl] *vt* *(Jur)* abroger, annuler ; **~ a law** abroger une loi.

repeat[1] [rɪˈpiːt] *n* répétition *f* ; *(Jur)* **~ offender** récidiviste *mf* ; **~ order** commande *f* renouvelée ; **~ purchase** réachat *m* ; **~ sales** ventes *fpl* de renouvellement.

repeat[2] [rɪˈpiːt] *vti* répéter.

repercussion [ˌriːpəˈkʌʃn] *n* (*souvent pl*) répercussion *f*.

repetitive [rɪˈpetətɪv] *adj* répétitif (*f* -ive), monotone.

replace [rɪˈpleɪs] *vt* **1.** remplacer, substituer **2.** replacer, remettre à sa place.

replacement [rɪˈpleɪsmənt] *n* remplacement *m*, substitution *f* ; *(Cpta)* **~ cost**

coût *m* de remplacement ; ~ *investment* investissements *mpl* de remplacement ; ~ *level* taux *m* de remplacement ; ~ *part* pièce *f* de rechange ; *(Cpta)* ~ *value* valeur *f* de remplacement.

replay ['ri:pleɪ] *n* répétition *f* ; *instant* ~ retour *m* immédiat sur image.

replenish [rɪ'plenɪʃ] *vt* réapprovisionner.

replenishment [rɪ'plenɪʃmənt] *n* réapprovisionnement *m* ; ~ *time* délai *m* d'approvisionnement.

replevin [rɪ'plevɪn] *n (Jur)* mainlevée *f*, saisie-revendication *f*.

replevy [rɪ'plevɪ] *vt (Jur)* saisir (des biens mobiliers suite à une injonction de **replevin**).

reply[1] [rɪ'plaɪ] *n* réponse *f*, réplique *f* ; *(US)* ~*-card* carte *f* T (exonérée d'affranchissement) ; ~*-slip* talon *m* à retourner.

reply[2] [rɪ'plaɪ] *vt* répondre.

repo ['ri:pəʊ] *n (US) (fam)* **1.** *(ab de* **repurchase agreement)** contrat *m* de vente à réméré **2.** *(ab de* **repossessed property)** biens *mpl* saisis.

report[1] [rɪ'pɔ:t] *n* **1.** rapport *m*, compte *m* rendu ; *(Cpta/Fin)* **annual** ~ rapport annuel ; *weather* ~ bulletin *m* météorologique **2.** *(Jur) (aussi* **reporter)** volume *m* de jurisprudence.

report[2] [rɪ'pɔ:t] *v* **1.** *vt* rapporter, relater, rendre compte de **2.** *vt* signaler ; ~ *an accident* signaler un accident **3.** *vt (Pol)* présenter, rapporter sur ; ~ *a bill* rapporter sur un projet de loi/une proposition de loi **4.** *vt (Jur)* en référer à ; ~ *to the court* en référer au tribunal **5.** *vi* rendre compte, être rattaché à, dépendre de ; *he* ~*s to the president* il dépend hiérarchiquement du président, il rend compte au président.

reportedly [rɪ'pɔ:tɪdli] *adv* selon des sources officieuses.

reporter [rɪ'pɔ:tə] *n* **1.** rapporteur *m (f* -euse) **2.** journaliste *mf* **3.** sténographe *mf (v.* **court reporter) 4.** *(Jur) (aussi* **report)** volume *m* de jurisprudence.

reporting [rɪ'pɔ:tɪŋ] **1.** compte *m* rendu, rapport *m* **2.** *(Cpta)* publication *m* d'états financiers **3.** *(Mkg) (J.O.)* mercatique *f* après-vente (MAV).

reposition [,ri:pə'zɪʃn] *vt* repositionner.

repossess [,ri:pə'zes] *vt (Jur)* reprendre possession de, saisir, faire saisir.

repossession [,ri:pə'zeʃn] *n (Jur)* reprise *f* de possession, saisie *f (v.* **repo**).

represent [,reprɪ'zent] *vt* **1.** représenter **2.** déclarer.

re-present [,ri:prɪ'zent] *vt* présenter à nouveau ; *(Fin)* ~ *a bill* présenter un effet *m* à nouveau.

representation [,reprɪzen'teɪʃn] *n* **1.** représentation *f* **2.** *(Jur)* déclaration *f* ; *false* ~ fausse déclaration, déclaration mensongère *(v.* **misrepresentation**).

representative[1] [,reprɪ'zentətɪv] *adj* représentatif *(f* -ive).

representative[2] [,reprɪ'zentətɪv] *n* **1.** représentant *m inv* ; *sales* ~ représentant de commerce, VRP *m inv* **2.** *(Pol) (US)* **R~** député *m inv*, membre *m inv* de la Chambre des représentants.

repressive [rɪ'presɪv] *adj* répressif *(f* -ive).

reprieve[1] [rɪ'pri:v] *n* **1.** sursis *m*, répit *m* **2.** *(Jur)* sursis *m*, commutation *f* de peine.

reprieve[2] [rɪ'pri:v] *vt* accorder un sursis à.

reprimand[1] ['reprɪmɑ:nd] *n* réprimande *f*.

reprimand[2] ['reprɪmɑ:nd] *vt* réprimander.

reprint[1] ['ri:prɪnt] *n* réimpression *f*, réédition *f*, retirage *m*.

reprint[2] [ri:'prɪnt] *vt* réimprimer, faire un nouveau tirage de.

reprisals [rɪ'praɪzlz] *npl* représailles *fpl*.

reprocess [ri:'prəʊses] *vt* **1.** recycler **2.** *(Inf)* retraiter.

reproduce [,ri:prə'dju:s] *vt* reproduire.

reproduction [,ri:prə'dʌkʃn] *n* reproduction *f*.

repudiate [rɪ'pju:dɪeɪt] *vt* **1.** désavouer, répudier **2.** ~ *a debt* refuser de payer/ d'honorer une dette.

repudiation [rɪ,pju:dɪ'eɪʃn] *n* répudiation *f*, désaveu *m (pl* -x) ; *(Jur)* ~ *of a contract* désaveu du contrat entraînant sa résiliation.

repurchase[1] [ri:'pɜ:tʃəs] *n* rachat *m* ; *(Fin) (US)* ~ *agreement* contrat *m* de vente à réméré *(v.* **repo**) ; ~ *price* prix *m* de rachat.

repurchase[2] [ri:'pɜ:tʃəs] *vt* racheter.

reputable ['repjʊtəbl] *adj* réputé, de bonne réputation.

reputation [,repju'teɪʃn] *n* réputation *f*, renommée *f*.

reputed [rɪ'pju:tɪd] *adj* ~ *to be* réputé/ présumé être.

request[1] [rɪ'kwest] *n* demande *f*, requête *f* ; *available upon* ~ disponible sur demande.

request[2] [rɪ'kwest] *vt* demander.

required [rɪ'kwaɪəd] *adj* nécessaire, exigé.

requirement [rɪ'kwaɪəmənt] **1.** exigence *f*, besoin *m*, nécessité *f* ; *(Jur)* ~*s contract* contrat *m* d'approvisionnement exclusif **2.** condition *f* requise ; *job* ~*s* conditions requises pour un poste.

requisite[1] ['rekwɪzɪt] *adj* nécessaire, requis.

requisite[2] ['rekwɪzɪt] *n* objet *m* nécessaire.

requisition[1] [ˌrekwɪ'zɪʃn] *n* **1.** demande *f* **2.** (*Jur*) réquisition *f*, expropriation *f*.

requisition[2] [ˌrekwɪ'zɪʃn] *vt* réquisitionner.

reran [riːˈræn] *v.* **rerun**[2].

reroute [riːˈruːt] *vt* (*T*) réacheminer, modifier l'itinéraire de.

rerun[1] ['riːrʌn] *n* (*TV*) (*US*) rediffusion *f* d'une émission télévisée.

rerun[2] [riːˈrʌn] *vt* (**reran, rerun**) rediffuser, réexécuter.

res [reɪz] *n* (*Jur*) « chose » *f*, objet *m* de droit.

resale ['riːseɪl] *n* revente *f* ; ~ *price* prix *m* de revente ; (*Jur*) ~*-price maintenance* accord *m* illicite imposant le prix de revente.

reschedule [riːˈʃedjuːl/riːˈskedʒʊl] *vt* **1.** (*réunion*) modifier la date de, reporter **2.** (*Bq/Fin*) modifier l'échéance de, rééchelonner ; ~ *a debt* rééchelonner une dette.

rescind [rɪˈsɪnd] *vt* (*Jur*) **1.** annuler, abroger une loi **2.** casser, invalider, rapporter ; ~ *a contract* résilier un contrat ; ~ *a measure* rapporter une mesure.

rescission [rɪˈsɪʒn] *n* (*Jur*) **1.** annulation *f*, abrogation *f* **2.** résiliation *f* (d'un contrat), action *f* en nullité.

rescue[1] ['reskjuː] *n* secours *m*, sauvetage *m* ; (*Mgt*) ~ *plan* plan *m* de sauvetage.

rescue[2] ['reskjuː] *vt* sauver, secourir.

research[1] [rɪˈsɜːtʃ] *ns inv* recherche(s) *f(pl)* ; ~ *assistant* assistant *m* de recherche ; ~ *department* bureau *m* (pl -x) d'études.

*research and development (R&D) *n* (*Mgt*) recherche *f* et développement *m*.

research[2] [rɪˈsɜːtʃ] *v* **1.** *vi* faire des recherches **2.** *vt* faire des recherches sur, étudier.

researcher [rɪˈsɜːtʃə] *n* chercheur *m* (*f* -euse).

resell [riːˈsel] *vt* (**resold, resold**) revendre.

reseller [riːˈselə] *n* revendeur *m* (*f* -euse).

reservation [ˌrezə'veɪʃn] *n* **1.** réservation *f* ; *make a* ~ faire une réservation **2.** restriction *f*, réserve *f* ; *with* ~*s* sous toutes réserves **3.** réserve *f*, parc *m* naturel, espace *m* réservé ; (*US*) *Indian R*~ réserve indienne.

reserve[1] [rɪˈzɜːv] *n* **1.** (*souvent pl*) provision *f*, réserve(s) *f(pl)* ; (*Cpta*) ~ *in-*ventory/stock stock *m* de précaution **2.** restriction *f*, réserve *f* ; *without* ~ sans réserve **3.** (*Cpta*) provision *f* ; ~ *assets ratio* coefficient *m* d'actifs liquides ; ~ *for bad debts* provision pour créances douteuses ; *currency* ~ réserve en devises ; ~ *for depreciation* provision pour dépréciation ; ~ *for repairs* provision pour réparations ; ~ *requirements* réserve obligatoire.

*Federal Reserve Bank *n* (*Eco/Fin*) (*US*) banque *f* régionale membre du **Federal Reserve System**.

*Federal Reserve System *n* (*Eco/Fin*) (*US*) (*aussi* **the Fed**) système *m* fédéral de réserve (qui joue le rôle de banque centrale).

reserve[2] [rɪˈzɜːv] *vt* réserver.

reserved [rɪˈzɜːvd] *adj* réservé ; *all rights* ~ tous droits réservés.

*reserved powers *npl* (*Pol*) (*US*) pouvoirs *mpl* réservés que la Constitution des Etats-Unis n'attribue pas expressément à l'Etat fédéral et qu'elle ne refuse pas explicitement aux Etats fédérés ; ils reviennent, par conséquent, à ces derniers (*v.* **Tenth Amendment**).

reset[1] ['riːset] *n* (*Inf*) réinitialisation *f*.

reset[2] [riːˈset] *vt* (**reset, reset**) **1.** restaurer **2.** (*Inf*) réinitialiser.

reship [riːˈʃɪp] *vt* (*T*) **1.** réexpédier **2.** transborder.

reshipment [riːˈʃɪpmənt] *n* (*T*) **1.** réexpédition *f* **2.** transbordement *m*.

reshuffle[1] ['riːʃʌfl] *n* remaniement *m* ; (*Pol*) *cabinet* ~ remaniement ministériel.

reshuffle[2] [riːˈʃʌfl] *vt* remanier, réorganiser.

reside [rɪˈzaɪd] *vi* résider.

residence ['rezɪdəns] *n* **1.** résidence *f* ; ~ *permit* permis *m*, carte *f* de séjour **2.** domicile *m* ; *legal* ~ domicile légal.

resident[1] ['rezɪdənt] *adj* résidant ; (*Jur*) (*US*) ~ *agent* agent *m* inv, mandataire *mf* domicilié (dans un Etat) ; ~ *industries* unités *fpl* de production implantées sur le territoire national.

resident[2] ['rezɪdənt] *n* résident *m* ; *permanent* ~ résident permanent.

residual [rɪˈzɪdjuəl] *adj* résiduel (*f* -elle), restant ; ~ *effect* effet *m* résiduel ; ~ *value* valeur *f* résiduelle.

residuals [rɪˈzɪdjuəlz] *npl* droits *mpl* versés aux interprètes lors de la rediffusion d'un film, d'un programme télévisé, d'une publicité, etc.

residuary [rɪˈzɪdjuəri] *adj* résiduel (*f* -elle), du reliquat ; (*Jur*) ~ *devisee* légataire *mf* universel(le) des biens immobiliers ; (*Jur*) ~ *estate* propriété *f* résiduelle, montant *m* net de la succession ; *(Jur)* ~ **legatee** légataire *mf* universel(le).

residue ['rezɪdjuː] *ns inv* **1.** reste(s) *m(pl)* **2.** *(Jur)* reliquat *m* (d'une succession).

resign [rɪ'zaɪn] *vti (from)* **1.** démissionner (de) ; ~ *from one's duties* se démettre de ses fonctions **2.** abandonner, renoncer à.

resignation [ˌrezɪg'neɪʃn] *n* démission *f* ; *tender one's* ~ remettre sa démission.

resist [rɪ'zɪst] *vt* résister à, s'opposer à.

resisting arrest [rɪ'zɪstɪŋ ə'rest] *n (Jur)* (délit de) résistance *f* à l'arrestation, refus *m* d'obtempérer.

res judicata ['reɪz ˌdʒuː'drˈkaːtə] *n (Jur)* doctrine *f* de la chose jugée.

resold [riː'səʊld] *v.* **resell**.

resolution [ˌrezə'luːʃn] *n* **1.** résolution *f*, mesure *f* proposée ou adoptée par une assemblée **2.** *(difficulté)* résolution *f* **3.** *(TV/Inf)* résolution *f*, définition *f* (de l'image).

*****Resolution Trust Corporation (RTC)** *n (Fin) (US)* établissement *m* public chargé de la liquidation des institutions d'épargne-logement en crise (*v.* **savings and loan association**).

resolve[1] [rɪ'zɒlv] *n* résolution *f*, fermeté *f*.

resolve[2] [rɪ'zɒlv] *vt* résoudre ; ~ *an issue* résoudre une question *f*/un problème *m*.

resource [rɪ'zɔːs] *n* ressource *f*, moyen *m* ; ~ *allocation* allocation *f* des ressources ; *human* ~s ressources *fpl* humaines.

respondeat superior [resˈpɒndɪət suːˈpiːrɪə] *n (Jur)* responsabilité *f* de l'employeur du fait de son employé.

respondent [rɪ'spɒndənt] *n* **1.** *(Mkg)* personne *f* interrogée/sondée **2.** *(Jur)* défendeur *m* (*f* -eresse) en Equité **3.** *(Jur)* intimé *m* en appel.

response [rɪ'spɒns] *n* réaction *f*, réponse *f* ; ~ *rate* taux *m* de réponse ; ~ *time* délai *m* de réponse.

responsibility [rɪˌspɒnsə'bɪlətɪ] *n* responsabilité *f*.

responsible [rɪ'spɒnsəbl] *adj* responsable.

responsive [rɪ'spɒnsɪv] *adj* **1.** qui répond à ; *(Jur)* ~ *pleading* mémoire *m* en réponse **2.** réactif (*f* -ive), qui réagit à.

rest[1] [rest] *n* **1.** reste *m*, reliquat *m* **2.** repos *m*, congé *m*.

rest[2] [rest] *v* **1.** *vi* se reposer **2.** *vi* poser sur, appuyer sur **3.** *vt (Jur) (plaidoyer)*

conclure ; ~ *one's case* conclure son plaidoyer ; l'une des parties informe la cour qu'elle ne souhaite pas lui communiquer d'éléments supplémentaires.

restart [riː'staːt] *vt* relancer, redémarrer.

restate [riː'steɪt] *vt* répéter, exposer à nouveau.

restatement [riː'steɪtmənt] *n* répétition *f*, réexposé *m*.

*****Restatement of Contracts** *n (Jur) (US)* étude *f*/synthèse *f* du droit des contrats.

*****Restatement of Law** *n (Jur) (US)* étude *f* récapitulant les normes et principes dégagés dans le domaine du droit par l'**American Law Institute** ; ces études jouent un rôle important en tant que source secondaire de droit (*v.* **American Law Institute**).

*****Restatement of Torts** *n (Jur) (US)* étude *f*/synthèse *f* du droit de la responsabilité civile.

restaurant ['restərɒnt] *n* restaurant *m* ; *(T)* ~ *car* wagon-restaurant *m*.

restitution [ˌrestɪ'tjuːʃn] *n* **1.** restitution *f* **2.** *(Jur)* réparation *f*, indemnisation *f*.

restock [riː'stɒk] *v* **1.** *vt* réapprovisionner, réassortir **2.** *vi* se réapprovisionner, renouveler les stocks.

restore [rɪ'stɔː] *vt* **1.** *(rendre)* restituer, rétablir **2.** *(bâtiment)* restaurer **3.** *(réputation)* réhabiliter, *(personne)* réintégrer.

restrain [rɪ'streɪn] *vt* ralentir, limiter ; *(Jur)* ~*ing order* ordonnance *f* de référé.

restraint [rɪ'streɪnt] *n* **1.** limitation *f*, restriction *f*, entrave *f* ; *(Jur)* ~ *on alienation* limitation du droit d'aliéner ; *(Jur)* ~ *of trade* entrave à la liberté des transactions ; *wage* ~ limitation des salaires **2.** *(Jur)* contrainte *f* par corps, détention *f*.

restriction [rɪ'strɪkʃn] *n* restriction *f*, réduction *f*, limitation *f* ; *(CI)* *import* ~s limitations des importations.

restrictive [rɪ'strɪktɪv] *adj* restrictif (*f* -ive) ; *(Jur)* ~ *covenant* clause *f* restrictive ; *(Jur)* ~ *trade agreement* accord *m* de non-concurrence ; ~ *trade practices* ententes *fpl* entravant la liberté du commerce.

restroom ['restruːm] *n (US)* toilettes *fpl*.

restructure [riː'strʌktʃə] *vt* restructurer.

restructuring [riː'strʌktʃərɪŋ] *n* reconversion *f*, réorganisation *f*, restructuration *f*.

result[1] [rɪ'zʌlt] *n* résultat *m*, conséquence *f*.

result[2] [rɪ'zʌlt] *vi* **1.** *(from)* résulter de, provenir de, découler de **2.** *(in)* amener, entraîner, avoir pour conséquence.

resume [rɪ'zju:m] vt reprendre, recommencer.

résumé ['rezjumeɪ] n **1.** résumé m **2.** (US) curriculum vitae m.

resumption [rɪ'zʌmfən] n reprise f.

retail ['ri:teɪl] n (Com) détail m, vente f au détail ; (Bq) **~ bank** banque f de dépôt ; (Com) **~ chain** circuit m de détail ; (Fin) **~ credit** crédit m à la consommation ; (Com) **~ merchant** détaillant m ; (Com) **~ outlet** point m de vente au détail ; (Com) **~ price** prix m à la consommation ; (Com) **~ purchase** achat m au détail ; (Com) **~ sale** vente f au détail ; (Com) **~ selling** vente f au détail ; (Com) **~ shop** magasin m de vente au détail ; (Com) **~ trade** commerce m de détail.

***retail price index (RPI)** n (Eco) indice m des prix de détail.

retailer ['ri:teɪlə] n détaillant m ; distributeur m (f -trice).

retain [rɪ'teɪn] vt conserver, maintenir, retenir.

retained [rɪ'teɪnd] adj retenu, conservé ; (Cpta) **~ earnings** bénéfices mpl non distribués ; (Cpta) **~ surplus** bénéfices mpl réinvestis/non distribués.

retainer [rɪ'teɪnə] n arrhes fpl, honoraires mpl, (Jur) provision f versée à un avocat dont on s'assure les services ; **be on ~** être sous contrat.

retaining lien [rɪ'teɪnɪŋ 'li:ən] n (Jur) droit m de rétention d'un avocat.

retaliate [rɪ'tælɪeɪt] vt exercer des représailles fpl (à l'encontre de), prendre des mesures fpl de rétorsion (contre).

retaliation [rɪˌtælɪ'eɪʃn] n représailles fpl, rétorsion f.

retaliatory [rɪ'tælɪətrɪ] adj de représailles, de rétorsion ; (Jur) **~ eviction** expulsion f d'un locataire par mesure de représailles ; **~ measures** mesures fpl de rétorsion.

retention [rɪ'tenʃn] n **1.** conservation f, maintien m **2.** (prélèvement) **~ on wages** retenue f sur salaires.

retire [rɪ'taɪə] v **1.** vi prendre sa retraite, cesser ses activités **2.** vt (personnel) mettre à la retraite, retirer du service **3.** vt (monnaie) retirer de la circulation **4.** vt (Fin) (effet) rembourser.

retired [rɪ'taɪəd] adj à la retraite.

retiree [rɪˌtaɪə'ri:] n (US) retraité m.

retirement [rɪ'taɪəmənt] n retraite f ; **early ~** retraite anticipée ; **~ pension** pension f de retraite ; **~ plan** régime m de retraite.

retraction [rɪ'trækʃn] n désaveu m (pl -x), rétractation f ; **publish a ~** publier une rétractation.

retrain [ri:'treɪn] v **1.** vt recycler, reconvertir **2.** vi se recycler, se reconvertir.

retraining [ri:'treɪnɪŋ] vt reconversion f de personnel.

retrial [ri:'traɪəl] n (Jur) nouveau procès m.

retrieve [rɪ'tri:v] vt **1.** récupérer, (chose enfouie) extraire **2.** (Inf) récupérer des données.

retroactive [ˌretrəʊ'æktɪv] adj rétroactif (f -ive).

retrospective [ˌretrəʊ'spektɪv] adj rétrospectif (f -ive).

return[1] [rɪ'tɜ:n] n **1.** (personne) retour m, rentrée f **2.** (objet) retour m, renvoi m ; **~ address** adresse f de l'expéditeur ; (T) **~ freight** cargaison f de retour ; (T) **~ load** chargement m de retour **3.** (Fin) rendement m, recettes fpl, gains mpl, rémunération f ; **~ on capital** rémunération du capital ; **~ on equity** rendement des fonds propres ; **rate of ~** taux de rendement **4.** (Fisc) déclaration f ; **income tax ~** déclaration d'impôt sur le revenu **5.** exposé m statistique ; **census ~s** résultats mpl de recensement ; (Pol) **election ~s** résultats mpl des élections **6.** (Jur) preuve f à fournir au tribunal qu'une sommation a été délivrée dans les règles.

***return on assets (ROA)** n (Fin) rentabilité f des actifs.

***return on investment (ROI)** n (Fin) rendement m des capitaux investis, retour m sur investissement.

return[2] [rɪ'tɜ:n] v **1.** vi revenir, retourner **2.** vt rendre, remettre, restituer ; **~ to sender** retourner à l'expéditeur **3.** vt refuser ; (Bq) **~ed cheque/check** chèque m refusé **4.** vt (Jur) (verdict) rendre ; **the jury ~ed a verdict of guilty** le jury a déclaré l'accusé coupable **6.** vt (Pol) élire/réélire ; **~ to Congress** élire/réélire au Congrès.

returnable [rɪ'tɜ:nəbl] adj (Emb) consigné ; **~ empties** emballages mpl consignés.

reusable [ri:'ju:zəbl] adj réutilisable ; (Emb) **~ packaging** conditionnement m réutilisable.

revaluation [ri:ˌvælju'eɪʃn] n réévaluation f.

revalue [ri:'vælju:] vt réévaluer.

revenue ['revənju:] n **1.** produit m, revenu m, recettes fpl, chiffre m d'affaires ; (Cpta) **~ accounts** comptes m de produits ; (Cpta) **~ allotment** affectation f des recettes ; (Cpta) **~-producing properties** immeubles mpl de rapport **2.** (Fisc) recettes fpl de l'Etat ; **~ bill** législation f fiscale ; (UK) **Inland**

R~ l'administration *f* des impôts, le Fisc ; *(US) Internal R~ Service (IRS)* l'administration *f* des impôts, le Fisc ; **~ neutral measure** mesure *f* sans impact sur le budget ; **~ officer** inspecteur *m* (*f* -trice) des impôts ; *(US) R~ Ruling* note *f* d'interprétation du Fisc.

reversal [rɪ'vɜːsəl] *n* **1.** renversement *m*, retournement *m*, revirement *m* ; *(Cpta)* **~ of entries** renversement d'écritures ; **~ of public opinion** revirement de l'opinion publique ; **~ in the trend** inversion *f* de la tendance **2.** *(Jur)* annulation *f*, réformation *f* d'un jugement **3.** revers *m*, échec *m*.

reverse¹ [rɪ'vɜːs] *adj* inverse, contraire ; *(US)* **~ discrimination** discrimination *f* à l'envers (c-à-d contre les Blancs) (*v.* **affirmative action**) ; **~ engineering** ingénierie *f* inverse.

reverse² [rɪ'vɜːs] *n* inverse *m*, contraire *m*, opposé *m*.

reverse³ [rɪ'vɜːs] *vt* **1.** *(tendance)* renverser, inverser **2.** *(Jur)* infirmer, abroger, rapporter ; **~ a judgment** infirmer/réformer un jugement **3.** annuler, contre-passer ; *(Cpta)* **~ an entry** contre-passer une écriture.

reversion [rɪ'vɜːʃn] *n* **1.** *(Jur)* réversion *f*, retour *m* d'un bien ; **right of ~** droit *m* de réversion **2.** retour *m* à un stade antérieur.

review¹ [rɪ'vjuː] *n* **1.** réexamen *m*, révision *f* ; *(Jur)* **judicial ~** révision judiciaire ; contrôle *m* de la constitutionnalité des lois par le pouvoir judiciaire **2.** *(Jur)* révision *f* judiciaire pour contrôler les juridictions inférieures **3.** revue *f*, magazine *m* ; **law ~** revue de droit (publiée par une faculté de droit).

review² [rɪ'vjuː] *vt* **1.** réexaminer, réétudier **2.** *(Jur)* *(décision)* revoir **3.** faire un compte rendu de.

revise [rɪ'vaɪz] *vt* réviser, revoir, modifier, corriger ; **~ downward** réviser à la baisse ; **~d edition** édition revue et corrigée ; **~ upward** réviser à la hausse.

revision [rɪ'vɪʒn] *n* révision *f*.

revival [rɪ'vaɪvl] *n* reprise *f*, relance *f* ; *(Jur)* **~ of debt** reconnaissance *f* d'une dette éteinte par prescription.

revive [rɪ'vaɪv] *v* **1.** *vt* ranimer, relancer ; **~ economic growth** relancer la croissance économique **2.** *vi* reprendre, se rétablir.

revocable ['revəkəbl] *adj* révocable ; *(Bq/Fin)* **~ credit** crédit *m* révocable ; *(Bq/Fin)* **~ letter of credit** lettre *f* de crédit révocable.

revocation [revə'keɪʃn] *n* révocation *f*, abrogation *f*, annulation *f*.

revoke [rɪ'vəʊk] *vt* rapporter, abroger, annuler ; *(Jur)* **~ a law** abroger une loi.

revolution [revə'luːʃn] *n* révolution *f* ; *(Eco) the Industrial R~* la Révolution industrielle.

revolving [rɪ'vɒlvɪŋ] *adj* **1.** tournant, en rotation **2.** *(Fin)* renouvelable ; **~ credit** crédit *m* renouvelable, crédit à renouvellement automatique ; **~ fund** fonds *m* d'avances renouvelables/remboursables.

reward¹ [rɪ'wɔːd] *n* récompense *f*.

reward² [rɪ'wɔːd] *vt* récompenser.

rewind [riː'waɪnd] **(rewound, rewound)** *vt* rembobiner.

rework [riː'wɜːk] *vt* retravailler, remanier.

rewound [riː'waʊnd] *v.* **rewind**.

rewrite [riː'raɪt] **(rewrote, rewritten)** *vt* réécrire, remanier.

RICO laws ['riːkəʊ 'lɔːz] *npl (Jur) (US)* *v.* **Racketeer Influenced and Corrupt Organization laws.**

ride out [raɪd 'aʊt] *v part* **(rode out, ridden out)** résister (à), pendurer, surmonter ; **~ the recession out** surmonter la crise économique.

rider ['raɪdə] *n (Jur)* annexe *f* (à un document), avenant *m* (à un contrat), clause *f* additionnelle ; se dit particulièrement d'un amendement attaché à une loi et traitant d'une question totalement distincte.

RIF [rɪf] *n (ab de reduction in force)* *(Mgt)* suppression *f* d'emplois.

rig¹ [rɪg] *n* **1.** installation *f*, équipement *m* ; **oil ~** plate-forme *f* pétrolière, derrick *m* **2.** *(T) (US)* (camion) semi-remorque *m*.

rig² [rɪg] *vt* truquer ; **~ the market** manipuler le marché ; **~ prices** truquer les prix.

*rig out *v part* **(with)** équiper (de).

*rig up *v part* improviser, faire avec les moyens du bord ; **~ up a temporary structure** improviser une installation de fortune.

right [raɪt] *n* **1.** *(Pol) the ~* la droite *f* **2.** *(Jur)* un droit *m* subjectif (*à dist.* **law**, qui est le droit objectif) ; **~ of appeal** droit d'appel ; **~ of contribution** droit du débiteur solidaire de se retourner contre ses codébiteurs ; *(US)* **~-to-die laws** lois *fpl* qui reconnaissent le « droit de mourir », accordant au malade le droit de refuser l'acharnement thérapeutique ; **~ of entry** droit d'entrée ; **~ of possession** droit de possession ; **property ~s** droits de propriété ; **~ of redemption** droit de rachat ; **~ of survivorship** droit à l'usufruit dont jouit la

partie survivante; **vested** ~s droits acquis; ~ *of way* servitude f/jouissance f de passage 3. *(Jur)* civic ~s droits civiques; *civil* ~ droits fondamentaux; *human* ~s droits de l'homme; ~ *of asylum* droit d'asile; ~ *to vote* droit de vote 4. *(Bs)* ~s droits mpl; *subscription* ~s droits de souscription; ~s *issue* émission f de droits de souscription.
rightful ['raɪtfəl] *adj* légitime.
rigid ['rɪdʒɪd] *adj* rigide, strict.
rigidity [rɪ'dʒɪdɪtɪ] *n* rigidité f; *(Eco)* **labour/labor market** ~ rigidité du marché du travail.
ring[1] [rɪŋ] *n* 1. anneau *m* (pl -x), cercle *m*; *(T)* *(UK)* ~ *road* boulevard *m* périphérique/circulaire *f* 2. *(UK)* coup *m* de téléphone; *give him a* ~ passez-lui un coup de fil 3. *(Bs)* le parquet; ~ *trading* marché *m* officiel 4. *(Mkg)* anneau *m* (pl -x) de présentation des produits.
ring[2] [rɪŋ] *v* (**rang, rung**) 1. *vt* sonner 2. *vt* téléphoner à 3. *vi* sonner; « ~ *for service* » « prière de sonner ».
riot[1] ['raɪət] *n* émeute f; ~ *police* brigade f anti-émeute.
riot[2] ['raɪət] *vi* se livrer à des émeutes, manifester avec violence.
rioter ['raɪətə] *n* émeutier *m* (f -ière), *(fam)* casseur *m* (f -euse).
rip [rɪp] *vt* déchirer.
*****rip off** *v part* 1. arracher, déchirer 2. *(fam)* arnaquer, voler, escroquer.
riparian [raɪ'peərɪən] *adj* riverain; *(Jur)* ~ *owner* riverain *m*, propriétaire *mf* riverain(e); *(Jur)* ~ *rights* droits mpl des riverains.
ripeness ['raɪpnəs] *n* maturité f.
*****ripeness doctrine** *n* (~ f) *(Jur)* *(US)* doctrine f de la «maturité d'une affaire», ce qui justifie l'intervention de la justice.
rip-off ['rɪp ɒf] *n* *(fam)* arnaque *m*, vol *m*, escroquerie f; *what a* ~ ! quel arnaque !
ripple ['rɪpl] *n* ondulation f; ~ *effect* propagation f/réaction f en chaîne.
rise[1] [raɪz] *n* montée f, augmentation f, accroissement *m*; *a* ~ *in unemployment* une montée du chômage; ~ *in wages* augmentation de salaires.
rise[2] [raɪz] *vi* (**rose, risen**) augmenter, monter; *costs have risen* les coûts ont augmenté.
risen ['rɪzn] *v.* **rise**[2].
rising ['raɪzɪŋ] *adj* en augmentation, en hausse; ~ *inflation* montée f de l'inflation; ~ *protectionism* montée f du protectionnisme.
risk[1] [rɪsk] *n* risque *m*; *(Ass/Bq)* ~ *assessment* évaluation f des risques; *(Fin)*

~ *assets* placements mpl à risque; *at your own* ~ *(AYOR)* à vos risques et périls; ~ *aversion* aversion f pour le risque; *(Fin)* ~ *capital* capital *m* (pl -aux) risque; *(T)* *at carrier's* ~ aux risques du transporteur *(Fin)* *exchange* ~ risque de change; *(Ass/Fin)* **high** ~ *country* pays *m* à risque; ~ *management* gestion f des risques; *(T)* *on shore* ~ risque de séjour à terre; *(Ass/T)* *at owner's* ~ aux risques du propriétaire; *(Ass)* *political* ~ risque politique; *(Fin)* ~ *position* position f de risque; *(Fin)* ~ *premium* prime f de risque; *(Ass)* ~ *reduction* réduction f des risques.
risk[2] [rɪsk] *vt* risquer.
risky [rɪskɪ] *adj* risqué, hasardeux (f -euse).
rival[1] ['raɪvl] *adj* rival (mpl -aux), concurrent.
rival[2] ['raɪvl] *n* rival *m* (pl -aux), concurrent *m*.
rival[3] ['raɪvl] *vt* rivaliser avec, concurrencer, faire concurrence à.
river ['rɪvə] *n* fleuve *m*, rivière f; *(T)* ~ *bill of lading* connaissement *m* fluvial; ~ *transport* transport *m* fluvial.
ROA *v.* **return on assets**.
road [rəʊd] *n* route f; *(T)* ~ *haulage* transport *m* routier; *(T)* ~-*haulage unit* unité f de transport routier; *(T)* *(UK)* ~ *haulier* transporteur *m inv* routier; *on the* ~ en déplacement; *(T)* ~ *and rail transport* transport *m* route-fer; ~ *test* essai *m* sur route; *(T)* ~ *transport* transport *m* routier; *(Mkg)* ~ *show* tournée f de présentation, démonstration f mobile.
robber ['rɒbə] *n* *(Jur)* voleur *m* (f -euse), cambrioleur *m* (f -euse); *bank* ~ cambrioleur/casseur *m inv* de banque.
robbery ['rɒbrɪ] *n* *(Jur)* vol *m* qualifié; *armed* ~ vol à main armée.
robot ['rəʊbɒt] *n* robot *m*.
robotics [rəʊ'bɒtɪks] *n* robotique f.
robotize ['rəʊbɒtaɪz] *vt* robotiser.
rock [rɒk] *n* rocher *m*, roche f; *(fam)* *on the* ~s en faillite.
rock-bottom ['rɒk 'bɒtəm] *n* niveau *m* (pl -aux) le plus bas; ~ *prices* prix mpl sacrifiés.
rocket ['rɒkɪt] *vt* monter en flèche.
rode out [rəʊd 'aʊt] *v.* **ride out**.
rogatory letters ['rəʊgətrɪ 'letəz] *npl* *(Jur)* *(aussi* **letters rogatory***)* lettres fpl rogatoires, commission f rogatoire.
ROI *v.* **return on investment**.
roll[1] [rəʊl] *n* 1. rouleau *m* (pl -x); *be on a* ~ vivre une période prospère/de succès 2. liste f, registre *m*; ~ *call*

appel *m* nominal ; **~-call vote** vote *m* par appel nominal.

roll[2] [rəʊl] *vti* rouler.

*roll back *v part* **~ back prices** faire reculer/baisser les prix.

*roll in *v part* affluer ; **orders are ~ing in** les commandes arrivent en grand nombre.

*roll over *v part* **~ over a loan** renouveler un prêt.

*roll up *v part* **~ up profits** faire de gros bénéfices *mpl*.

rolling stock ['rəʊlɪŋ 'stɒk] *n* (T) matériel *m* ferroviaire roulant.

roll on-roll off (ro-ro) [ˌrəʊl ɒn rəʊl 'ɒf] *n* (T) manutention *f* horizontale, roulage *m*, fret *m* intégral/« ro-ro ».

*roll on-roll off ship *n* (T) navire *m* porte-conteneurs à manutention horizontale, roulier *m*.

rollover credit ['rəʊləʊvə 'kredɪt] *n* (Fin) crédit *m* renouvelable.

ROM *v.* **read only memory**.

Romania [ruˈmeɪnɪə] *n* (aussi **Roumania**) Roumanie *f* ; **in/to R~** en Roumanie.

Romanian[1] [ruˈmeɪnɪən] *adj* (aussi **Roumanian**) roumain.

Romanian[2] [ruˈmeɪnɪən] *n* (aussi **Roumanian**) Roumain *m*.

room [ruːm] *n* 1. salle *f*, pièce *f* 2. *ns inv* place *f*, espace *m* ; **there's no more ~** il n'y a plus de place.

ro-ro *v.* **roll on-roll off**.

ro-ro ship *v.* **roll on-roll off ship**.

rose [rəʊz] *v.* **rise**[2].

roster ['rɒstə] *n* liste *f*, tableau *m* (*pl* -x), rôle *m*.

rotation [rəʊˈteɪʃn] *n* rotation *f*, roulement *m* ; (Agr) **crop ~** rotation des cultures, assolement *m* ; (Mgt) **job ~** rotation des postes ; (Cpta) **stock ~** rotation des stocks.

rotten boroughs ['rɒtn 'bʌrəz] *npl* (Pol) (UK) circonscriptions *fpl* « pourries », « bourgs *mpl* pourris » ; circonscriptions surreprésentées dont l'existence a contribué à l'adoption en 1832 de la première réforme (**First Reform Act**) du système électoral en Grande-Bretagne.

rough [rʌf] *adj* 1. dur, rude, pénible ; (Emb) **~ handling/treatment** manipulation *f* sans soin/sans ménagement 2. approximatif (*f* -ive) ; **~ draft** brouillon *m* ; **~ estimate** estimation *f* approximative.

Roumania *v.* **Romania**.

Roumanian *v.* **Romanian**.

round [raʊnd] *n* 1. série *f*, cycle *m* ; **a ~ of negotiations** une série de négo-

ciations 2. cercle *m*, rond *m* ; **~ table** table *f* ronde ; (T) **~ trip** voyage *m* aller-retour.

round off [ˌraʊnd 'ɒf] *vt* arrondir ; **~ figures round** arrondir les chiffres *mpl*.

round-the-clock ['raʊnd ðə 'klɒk] *adj* 24 heures sur 24.

roundup ['raʊndʌp] *n* 1. (bétail) rassemblement *m*, (personnes) rafle *f* ; **police ~** rafle de suspects 2. (US) résumé *m* des renseignements ; **news ~** résumé des informations.

round up [ˌraʊnd 'ʌp] *vt* 1. rassembler 2. (chiffres) arrondir au chiffre supérieur.

route[1] [ruːt] *n* itinéraire *m*, ligne *f*, parcours *m*, route *f* ; **air ~** route aérienne, couloir *m* aérien ; **trade ~** route commerciale.

route[2] [ruːt] *vt* router, acheminer.

routing ['ruːtɪŋ] *n* acheminement *m*, routage *m* ; (T) **~ order** instructions *mpl* d'acheminement.

Royal Assent ['rɔɪəl əˈsent] *n* (Pol) (UK) assentiment *m* royal accordé aux lois votées par le Parlement.

royalty ['rɔɪəltɪ] *n* 1. royauté *f*, membres *mpl* de la famille royale 2. prérogative *f* royale.

*royalties *npl* (Jur) redevances *fpl*, droits *mpl* d'auteur, « royalties » *fpl* ; **oil ~** redevances pétrolières.

RPI *v.* **retail price index**.

RTC *v.* **Resolution Trust Corporation**.

rubber ['rʌbə] *n* 1. caoutchouc *m* ; (Bq) (US) (fam) **~ check** chèque *m* sans provision 2. (Bs) **~s** les valeurs *fpl* caoutchouc.

rubber stamp ['rʌbə 'stæmp] *n* 1. tampon *m* 2. (fam) béni-oui-oui *m inv* ; **~ Parliament/legislature** chambre *f* d'enregistrement/Parlement *m* Croupion/béni-oui-oui.

rubber-stamp [ˌrʌbəˈstæmp] *vt* entériner sans discussion.

rule[1] [ruːl] *n* 1. domination *f*, gouvernement *m*, pouvoir *m*, juridiction *f* ; **under British ~** sous l'autorité *f*/la responsabilité britannique ; (Pol) **majority ~** gouvernement *m* par la majorité 2. (Jur) (aussi **ruling**) ordonnance *f* du tribunal au cours d'une instance 3. règle *f*, réglementation *f*.

*rule of law *n* (Jur) suprématie *f* du Droit ; doctrine qui affirme l'égalité de tous devant la loi et devant la justice.

*Rule 10b-5 *n* (Bs) (US) règle *f* de la **Securities and Exchange Commission** concernant les déclarations erronées en matière d'émission de titres.

*Rules Committee *n* (Pol) (US)

commission *f* de la procédure qui joue un rôle important à la Chambre des représentants en arrêtant notamment l'ordre du jour.

*Rules of Civil Procedure *npl (Jur) (US)* règles *fpl* de procédure civile.

*Rules of Court *npl (Jur) (US)* règles *fpl* de procédure d'un tribunal.

*Rules of Criminal Procedure *(Jur) (US)* règles *fpl* de procédure pénale.

*Rules of Evidence *npl (Jur) (US)* règles *fpl* en matière de preuve.

*Rules of Professional Conduct *npl (US) (Jur)* règles *fpl* de déontologie.

rule² [ru:l] *v* **1.** *vt* gouverner, régir **2.** *vi* statuer, décider.

*rule out *v part* écarter, exclure ; *we cannot ~ that possibility out* nous ne pouvons pas exclure cette possibilité.

rule of thumb [ˌru:l əv ˈθʌm] *n* méthode *m* empirique ; *by ~* au jugé, *(fam)* au pif.

ruling¹ [ˈru:lɪŋ] *adj* dominant ; *the ~ classes* les classes dominantes/dirigeantes.

ruling² [ˈru:lɪŋ] *n (Jur)* décision *f*, ordonnance *f*, jugement *m*.

run¹ [rʌn] *n* **1.** trajet *m*, parcours *m* ; *dry run* essai *m* ; *trial ~* parcours/marche *f* d'essai ; *in the long/short ~* à long/court terme **3.** ruée *f*, panique *f* ; *~ on the banks* ruée sur les banques, retrait *m* massif de dépôts ; *~ on the dollar* ruée spéculative sur le dollar.

run² [rʌn] *v* **(ran, run) 1.** *vt* diriger, gérer, tenir ; *~ a hotel* tenir un hôtel **2.** *vt* faire circuler ; *~ trains between Paris and London* établir un service ferroviaire entre Paris et Londres **3.** *vt* faire fonctionner, faire marcher ; *~ the engine* faire tourner le moteur ; *(Inf) ~ a software program* faire tourner un logiciel **4.** *vt ~ a risk* courir un risque **5.** *vt* publier, imprimer, faire passer ; *~ an ad* passer une annonce **6.** *vt (Eco) ~ a deficit* présenter un déficit ; *~ a surplus* dégager un excédent **7.** *vi* courir, être applicable ; *(Bq) interest ~s from the first of the month* les intérêts courent à partir du premier du mois ; *(Jur) right ~ning with the land* droit *m* attaché à une propriété foncière **8.** *vi* expirer, venir à expiration ; *(Jur) statute of limitations has ~* le délai de prescription s'est écoulé **9.** *vi* fonctionner, tourner ; *the engine is ~ning* le moteur tourne **10.** *vi (Pol)* se présenter aux élections ; *~ for office* se porter candidat **11.** *vi* être libellé ; *the document ~s as follows* le document est li-

bellé comme suit **12.** *vi* circuler ; *that train does not ~ on Tuesdays* ce train ne circule pas le mardi.

*run down *v part* réduire, faire baisser ; *~ down stocks* déstocker.

*run into *v part* rencontrer, se heurter à ; *~ into debt* s'endetter.

*run out *v part* **1.** *vi* expirer, s'épuiser ; *time has ~out* c'est l'heure **2.** *vi (of)* être à court (de), manquer (de).

runaway [ˈrʌnəweɪ] *adj* incontrôlable ; *~ lorry/truck* camion *m* fou ; *(Eco) ~ inflation* inflation *f* galopante, hyperinflation *f*.

rundown [ˈrʌndaʊn] *n* **1.** compte *m* rendu, rapport *m*, résumé *m* **2.** *(production, activité)* réduction *f*, diminution *f*.

rung [rʌŋ] *v.* ring².

running [ˈrʌnɪŋ] *n* **1.** fonctionnement *m*, marche *f*, *(usine)* exploitation *f* ; *(Cpta) ~ expenses* charges *fpl* d'exploitation **2.** course *f*, compétition *f* ; *be in the ~* être dans la course, avoir des chances de réussir.

run-off primary [ˈrʌn ɒf ˈpraɪmrɪ] *n (Pol) (US)* deuxième tour *m* d'une élection primaire.

run-of-the-mill [ˌrʌn əv ðə ˈmɪl] *adj* ordinaire, normal *(pl* -aux), banal *(pl* -s).

runway [ˈrʌnweɪ] *n (T)* piste *f* d'envol/ d'atterrissage.

rural [ˈrʊərəl] *adj* rural *(mpl* -aux).

rush¹ [rʌʃ] *n* **1.** ruée *f* ; *gold ~* ruée vers l'or ; *~ hour* heure *f* de pointe **2.** précipitation *f*, hâte *f* ; *in a ~* à la hâte ; *~ job* travail *m* d'urgence ; *~ order* commande *f* urgente.

rush² [rʌʃ] *v* **1.** *vt* dépêcher, expédier/ exécuter d'urgence ; *~ reinforcements* envoyer des renforts en toute urgence **2.** *vi* se précipiter, se dépêcher.

Russia [ˈrʌʃə] *n* Russie *f* ; *in/to R~* en Russie.

Russian¹ [ˈrʌʃn] *adj* russe.

Russian² [ˈrʌʃn] *n* Russe *mf*.

rust¹ [rʌst] *n* rouille *f*.

rust² [rʌst] *vi* se rouiller.

rustbelt [ˈrʌstbelt] *n (US)* région *f* en déclin (centre-nord des Etats-Unis, siège de l'industrie lourde).

rustproof [ˈrʌspru:f] *adj* inoxydable.

rusty [ˈrʌstɪ] *adj* rouillé.

Rwanda [ˈrwændə] *n* Rwanda *m*, Ruanda *m* ; *in/to R~* au Rwanda/ Ruanda.

Rwandan¹ [ˈrwændən] *adj* rwandais, ruandais.

Rwandan² [ˈrwændən] *n* Rwandais, Ruandais *m*.

S&A statement ['es ən 'eɪ 'steɪtmənt] *n (Fin) (UK) (ab de* source and application statement) source *f* et application *f* des flux financiers.

sabbatical [sə'bætɪkl] *n* congé *m* sabbatique.

sack[1] [sæk] *n (Emb)* sac *m*.

sack[2] [sæk] *vt (UK) (fam)* licencier, renvoyer, *(fam)* virer.

sackcloth ['sæk ˌklɒθ] *ns inv (Emb)* toile *f* à sac.

sacking ['sækɪŋ] *n* 1. *(UK) (fam)* licenciement *m*, mise *f* à la porte, renvoi *m* 2. *(Emb)* toile *f* à sac.

SAD *v.* single administrative document.

SADC *v.* Southern African Development Community.

safe[1] [seɪf] *adj* sûr, sans risque; ~-*conduct* sauf-conduit *m*; *(T)* ~ *load* charge *f* admissible.
*safe deposit *n (Bq) (UK)* salle *f* des coffres en location.
*safe deposit box *n (Bq)* coffre-fort *m* dans une banque.

safe[2] [seɪf] *n* coffre-fort *m*; *(Bq)* night ~ coffre-fort de nuit.

safeguard[1] ['seɪfgɑːd] *n* protection *f*, sauvegarde *f*; *(Jur)* ~ *provision* clause *f* de sauvegarde.

safeguard[2] ['seɪfgɑːd] *vt* sauvegarder, protéger.

safety ['seɪfti] *ns inv* sécurité *f*; *(T)* ~ *belt* ceinture *f* de sécurité; *(Ind)* ~ *regulations* consignes *fpl* de sécurité; ~ *standards* normes *fpl* de sécurité.
*safety deposit box *v.* safe deposit box.

sag [sæg] *vi* baisser, fléchir; *the Stock Market* ~ *ged today* la Bourse a été morose aujourd'hui.

said [sed] *adj (pp* say) ledit *(f* ladite); *by the* ~ *witness* par ledit témoin.

sail[1] [seɪl] *n (T)* voile *f*; *(navire)* set ~ appareiller, partir.

sail[2] [seɪl] *v (T)* 1. *vi (navire)* appareiller, partir; *(ship) due to* ~ *this morning (navire)* devant appareiller ce matin 2. *vt* naviguer; ~ *the seven seas* parcourir les mers.

sailing ['seɪlɪŋ] *n (T)* 1. navigation *f* 2. départ *m*; ~ *card* liste *f* des navires en partance; ~*s at fixed times* départs *mpl* à dates/heures fixes.

Saint Kitts and Nevis [sənt 'kɪts ən 'nevɪs] *n* (l'archipel *m* de) Saint-Christophe et Nevis; *in/to* S~ K~ *and* N~ à Saint-Christophe et Nevis.

Saint Lucia [sənt 'luːʃə] *n* (l'île *f* de)

Sainte-Lucie; *in/to* S~L~ à Sainte-Lucie.

Saint Vincent and the Grenadines [sənt 'vɪnsənt ən ðə 'grenədiːnz] *n* (les îles *fpl* de) Saint-Vincent et les Grenadines; *in/to* S~V~ à Saint-Vincent; *in/to the* G~ aux Grenadines.

salary ['sæləri] *n* 1. salaire *m*; *(fonctionnaire)* traitement *m*; *draw a* ~ toucher un salaire; ~ *range* éventail *m* des salaires; ~ *scale* grille *f* des salaires 2. appointements *mpl*, émoluments *mpl*.

sale [seɪl] *n* 1. vente *f*; *for* ~ à vendre; *on* ~ en vente; *bill of* ~ contrat *m* de vente; *cash* ~ vente *f* au comptant; *clearance* ~ réalisation *f* du stock; ~ *on credit* vente *f* à crédit; ~ *by instal(l)ments* vente *f* à tempérament; ~ *and leaseback* vente *f* et crédit-bail *m* en retour; ~ *of a patent* cession *f* d'un brevet; ~ *price* prix *m* de levée, prix *m* de vente; ~ *with repurchase option* vente *f* à réméré; ~ *value* valeur *f* marchande 2. *(Mkg)* soldes *mpl*; ~ *prices* prix *mpl* soldés, prix *mpl* de soldes 3. ~*s* les ventes *fpl*, les activités *fpl* commerciales, chiffre *m* d'affaires; ~*s account* compte *m* de vente; ~*s agent* agent *m inv* commercial; ~*s area* surface *f* de vente; ~*s contract* contrat *m*/acte *m* de vente; ~*s department* service *m* commercial; ~*s director* directeur *m (f* -trice) des ventes/commercial(e); ~*s drive* campagne *f* de vente; ~*s engineer* technico-commercial *m*, ingénieur *m inv* commercial; ~*s executive* cadre *m inv* commercial; ~*s force* force *f* de vente; ~*s forecast* prévisions *fpl* de vente; ~*s literature* documentation *f* publicitaire; ~*s manager* directeur *m (f* -trice) des ventes, chef *m inv* des ventes; ~*s outlet* point *m* de vente; ~*s outlook* perspectives *fpl* de vente; ~*s pitch* argumentaire *m* de vente; ~*s promotion* promotion *f* commerciale; campagne *f* de promotion des ventes; ~*s receipt* ticket *m* de caisse; ~*s records* registres *mpl* des ventes; ~*s representative (rep)* représentant *m inv* de commerce, VRP *m inv*; ~*s results* chiffre *m* des ventes; ~*s tax* impôt *m* sur le chiffre d'affaires; *(US)* taxe *f* à l'achat; *(VRP)* ~*s territory* secteur *m* de vente, zone *f* d'intervention; ~*s trend* évolution *f* des ventes.

salesclerk ['seɪlzklɑːk /'seɪlzklɜːk] *n (US)* vendeur *m (f* -euse).

salesgirl ['seɪlzgɜːl] *n* vendeuse *f*.

salesman ['seɪlzmən] *n* 1. vendeur *m (f* -euse) 2. agent *m inv* commercial, représentant *m inv* de commerce ; *door-to-door* ~ démarcheur *m* (*f* -euse) à domicile ; *travelling* ~ voyageur *m inv* de commerce, VRP *m inv*.

salesmanship ['seɪlzmənʃɪp] *n* art *m* de la vente.

salesperson ['seɪlzpɜːsən] *n* vendeur *m* (*f* -euse).

salt [sɔːlt] *ns inv* sel *m* ; ~ *tax* gabelle *f*.

Salvador(i)an[1] [ˌsælvəˈdɔːr(i)ən] *adj* salvadorien (*f* -ienne).

Salvador(i)an[2] [ˌsælvəˈdɔːr(i)ən] *n* Salvadorien *m* (*f* -ienne).

salvage[1] ['sælvɪdʒ] *n* 1. renflouement *m*, sauvetage *m* d'un navire 2. (*Ass*) prime *f* de renflouement, indemnité *f* de sauvetage 3. objets *mpl* récupérés après un incendie/un naufrage ; (*Cpta/Ass*) ~ *value* valeur *f* résiduelle des objets récupérés.

salvage[2] ['sælvɪdʒ] *vt* 1. (*navire*) renflouer 2. (*objets*) récupérer.

same [seɪm] *adj* même, identique ; ~-*day delivery* livraison *f* dans la journée.

Samoa [səˈməʊə] *n* (les îles *fpl*) Samoa ; *in/to* S~ aux Samoa.

sample[1] ['sɑːmpl] *n* 1. (*Mkg*) échantillon *m* ; *free* ~ échantillon gratuit ; *sale on* ~ vente *f* sur échantillon ; *true to* ~ conforme à l'échantillon 2. (*statistiques*) échantillon *m* ; *probability* ~ échantillon aléatoire ; *random* ~ échantillon aléatoire/prélevé au hasard ; *representative* ~ échantillon représentatif ; (*Mkg*) ~ *survey* enquête *f* par sondage.

sample[2] ['sɑːmpl] *v* 1. *vt* échantillonner 2. *vi* sonder, faire une enquête 3. *vt* goûter.

sampling ['sɑːmplɪŋ] *n* échantillonnage *m*, sondage *m* ; ~ *deviation* écart *m* statistique ; ~ *offer* offre *f* d'essai ; *random* ~ échantillonnage aléatoire ; *statistical* ~ échantillonnage statistique.

sanction[1] ['sæŋkʃn] *n* 1. sanction *f*, peine *f* ; *economic* ~*s* sanctions économiques ; (*CI*) *trade* ~*s* sanctions commerciales 2. approbation *f*.

sanction[2] ['sæŋkʃn] *vt* 1. punir, sanctionner 2. approuver, sanctionner ; ~*ed by usage* sanctionné par l'usage.

sandwich ['sænwɪdʒ] *n* sandwich *m* ; (*Pub*) ~ *board* panneau *m* (*pl* -x) publicitaire porté par un homme-sandwich ; (*UK*) ~ *courses* formation *f* et stage *m* en entreprise en alternance.

sanitation [ˌsænɪˈteɪʃn] *n* hygiène *f*.

sanity ['sænɪti] *n* santé *f* d'esprit ; (*Jur*) (*US*) ~ *hearing* enquête *f* sur la santé mentale d'un prévenu.

sank [sæŋk] *v*. **sink**.

San Marino [ˌsæn məˈriːnəʊ] *n* Saint-Marin ; *in/to* S~ M~ à Saint-Marin.

São Tomé and Príncipe [ˌsaʊn təʊˈmeɪ ən ˈprɪnsɪpeɪ] *n* São Tomé e Príncipe ; (les îles *fpl* de) São Tomé et du Prince ; *in/to* S~ T~ à São Tomé ; *in/to* P~ à l'île du Prince.

sat [sæt] *v*. **sit**.

satellite ['sætəlaɪt] *n* satellite *m* ; *communications* ~ satellite de communications ; (*Pol*) ~ *country* pays *m* satellite.

satisfaction [ˌsætɪsˈfækʃn] *n* 1. satisfaction *f* ; (*Mkg*) *consumer* ~ satisfaction du consommateur 2. (*Jur*) acquittement *m*, exécution *f*, réparation *f* ; ~ *of a creditor* désintéressement *m* d'un créancier ; ~ *of a debt* règlement *m* d'une dette ; ~ *of a judgment* exécution d'un jugement ; ~ *of an obligation* accomplissement *m* d'une obligation.

satisfactory [ˌsætɪsˈfæktri] *adj* satisfaisant ; (*Jur*) ~ *evidence* preuve *f* suffisante.

satisfied ['sætɪsfaɪd] *adj* satisfait ; (*Mkg*) ~ *customer* client *m* satisfait.

satisfy ['sætɪsfaɪ] *v* 1. *vt* satisfaire 2. *vi* (*besoin/demande*) satisfaire à, répondre à ; ~ *demand* répondre à la demande 3. *vt* s'acquitter de, exécuter, (*créancier*) désintéresser.

saturate ['sætʃəreɪt] *vt* saturer.

saturation [ˌsætʃəˈreɪʃn] *n* saturation *f* ; *market* ~ saturation du marché.

Saturday ['sætədeɪ] *n* samedi *m*.
Saturday night special *n* (*US*) (*fam*) arme *f* à feu de petit calibre facilement disponible.

Saudi[1] ['saʊdi] *adj* saoudien (*f* -ienne).

Saudi[2] ['saʊdi] *n* Saoudien *m* (*f* -ienne).

Saudi Arabia ['saʊdi əˈreɪbɪə] *n* Arabie *f* Saoudite ; *in/to* S~A~ en Arabie Saoudite.

save[1] [seɪv] *v* 1. *vi* (*Fin*) épargner, économiser 2. *vt* conserver, économiser ; ~ *electricity* économiser l'électricité 3. sauver, protéger ; (*Jur*) ~ *harmless clause* clause *f* d'indemnisation 4. (*Inf*) sauvegarder, enregistrer.
save-as-you-earn (*loc*) (*UK*) plan *m* d'épargne par prélèvements sur salaire.

save[2] [seɪv] *prép* sauf, excepté ; ~ *as indicated* sauf indications contraires.

saver ['seɪvə] *n* épargnant *m*.

saving ['seɪvɪŋ] *n* 1. épargne *f*, action *f* d'épargner ; *compulsory* ~ épargne *f* forcée ; *corporate* ~ épargne *f* des entreprises 2. action *f* d'économiser ; *labour-/labor-* ~ *device* dispositif *m* réducteur d'effort ; *time-* ~ qui fait gagner du temps **3.** ~s économies *fpl* ; ~s **account** compte *m* d'épargne ; ~s **bank** caisse *f* d'épargne ; ~s **bond** bon *m* d'épargne, bon *m* de caisse ; ~s **deposit** dépôt *m* d'épargne ; ~s **passbook** livret *m* de caisse d'épargne ; *(Eco)* ~s **ratio** taux *m* d'épargne ; ~s **scheme** plan *m* d'épargne.

*savings and loan association *n (Bq)* *(US)* caisse *f* d'épargne, institution *f* qui propose un système d'épargne-logement.

*Savings and Provident Bank *n (Bq)* *(UK)* caisse *f* d'épargne et de prévoyance.

SBA *v.* **Small Business Administration**.

SBU *v.* **strategic business unit**.

scab [skæb] *n (péj)* jaune *mf*, briseur *m* (*f* -euse) de grève.

scale [skeɪl] *n* **1.** échelle *f*, barème *m* ; *sliding* ~ échelle mobile ; *wage* ~ échelle des salaires **2.** échelle *f* ; *on a large* ~ à grande échelle ; *economies of* ~ économies *fpl* d'échelle **3.** ~s bascule *f*, balance *f*.

scalper ['skælpə] *n (Bs) (fam)* spéculateur *m* (*f*- trice) « à la petite semaine ».

scam [skæm] *n (US) (fam)* arnaque *f*, escroquerie *f*.

scan [skæn] *vt* **1.** examiner minutieusement **2.** *(Inf)* balayer (une image).

scanner ['skænə] *n* scanner *m* ; *optical* ~ lecteur *m* optique.

scarce [skeəs] *adj* rare, peu abondant.

scarcity ['skeəsɪti] *n* pénurie *f*, manque *m*, rareté *f*.

schedule[1] ['ʃedjuːl / 'skedjuːl] *n* **1.** programme *m*, plan *m* d'exécution **2.** *(T)* horaire *m* ; *behind* ~ en retard ; *on* ~ à l'heure **3.** barème *m*, nomenclature *f* ; *rate* ~ barème des tarifs ; *tax* ~ barème d'imposition **4.** *(Jur)* annexe *f* à un contrat/à une déclaration d'impôts/à un acte **5.** *(Fin)* échéancier *m*.

schedule[2] ['ʃedjuːl / 'skedjuːl] *vt* **1.** programmer, prévoir, établir ; ~ *a meeting* fixer une réunion **2.** inscrire (sur une liste).

scheduled ['ʃedjuːld / 'skedjuːld] *adj* **1.** prévu, programmé ; *(T)* ~ *flight* vol *m* régulier ; ~ *route* ligne *f* régulière **2.** inscrit ; *(Ass)* ~ *property* liste *f* des objets qui seront remboursés en cas de sinistre.

scheduling ['ʃedjuːlɪŋ / 'skedjuːlɪŋ] *n* **1.** programmation *f* **2.** ordonnancement *m*.

scheme [skiːm] *n* **1.** projet *m*, plan *m* d'action **2.** système *m*, régime *m* ; *health insurance* ~ système d'assu-

rance maladie ; *pension* ~ régime de retraite ; *profit-sharing* ~ système de participation des salariés aux bénéfices de l'entreprise **3.** machination *f*, intrigue *f* **4.** arrangement *m* ; ~ *of composition* concordat *m*, règlement *m* à l'amiable conclu avec les créanciers.

school [skuːl] *n* école *f* ; *business* ~ école de commerce ; *(US) law* ~ faculté *f* de droit.

science ['saɪəns] *n* science *f*.

scienter [saɪˈentə] *n (Jur)* fait *m* d'agir sciemment, en connaissance de cause ; *act with* ~ *of* agir en toute connaissance de cause ; ~ *on the part of the defendant must be shown in order to prove fraud* afin de prouver le dol, on doit démontrer que le défendeur a agi en connaissance de cause.

scientific [ˌsaɪənˈtɪfɪk] *adj* scientifique ; ~ *progress* progrès *m* scientifique ; ~ *research* recherche *f* scientifique.

scintilla of evidence rule [sɪnˈtɪlə əv ˈevɪdəns ˈruːl] *n (Jur) (US)* règle *f* du jury infime élément de preuve (sur lequel le jury aura à se prononcer).

scoop [skuːp] *n* nouvelle *f* sensationnelle, reportage *m* exclusif, scoop *m*.

scope [skəʊp] *n* portée *f*, champ *m* d'action, envergure *f* ; *(Jur)* ~ *of authority* étendue *f* de l'autorité conférée (à un mandataire) ; *(Jur) within the* ~ *of employment* dans le domaine de l'emploi.

score[1] [skɔː] *n* **1.** score *m*, nombre *m* des points marqués **2.** sujet *m*, question *f*, point *m* ; *complain on the* ~ *of low wages* se plaindre au sujet des salaires trop bas **3.** vingt, vingtaine *f*.

score[2] [skɔː] *v* **1.** *vi* marquer des points ; *the runner* ~s le coureur marque un point **2.** *vt* marquer ; *he* ~*d ten points* il a marqué dix points.

Scot [skɒt] *n* Ecossais *m*.

Scotch® tape ['skɒtʃ 'teɪp] *n (Emb)* ruban *m* adhésif.

Scotland ['skɒtlənd] *n* Ecosse *f* ; *in/to* S~ en Ecosse.

Scottish ['skɒtɪʃ] *adj* écossais.

scrap[1] [skræp] *n* **1.** déchets *mpl*, produits *mpl* résiduels ; *(métal)* ~ *dealer* ferrailleur *m inv* ; ~ *iron* ferraille *f* ; ~ *value* valeur *f* résiduelle ; *go for* ~ aller au rebut/à la casse.

scrap[2] [skræp] *vt* **1.** mettre au rebut/à la ferraille **2.** abandonner ; ~ *an agreement/a deal* renoncer à un accord.

screen[1] [skriːn] *n* écran *m* ; *(Jur)* ~ *rights* droits *mpl* d'adaptation à l'écran ; ~ *test* bout *m* d'essai.

screen[2] [skriːn] *vt* **1.** projeter, porter à l'écran **2.** passer au crible, filtrer, trier ;

~ **candidates for a job** passer au crible les candidats à un poste **3.** protéger, abriter, cacher.

screening ['skri:nɪŋ] *n* **1.** sélection *f*, tri *m*, filtrage *m* **2.** (*film*) projection *f*.

screw[1] [skru:] *n* **1.** vis *f* **2.** (*UK*) (*péj*) (*prison*) maton *m* (*f* -onne).

screw[2] [skru:] *vt* visser.
*screw up *v part* (*fam*) gâcher, (*fam*) bousiller.

screwdriver ['skru:draɪvə] *n* tournevis *m* ; ~ **plant** usine-tournevis *f*.

scrip [skrɪp] *n* (*Fin*) **1.** monnaie *f* provisoire **2.** certificat *m* d'actions provisoire.

scripholder ['skrɪphəʊldə] *n* (*Fin*) détenteur *m* (*f* -trice) de titres provisoires.

scroll [skrəʊl] *vt* (*Inf*) faire défiler ; ~ **up/down** faire défiler vers le haut/le bas.

scrolling ['skrəʊlɪŋ] *n* (*Inf*) défilement *m* (à l'écran).

scrutiny ['skru:tɪnɪ] *n* examen *m* minutieux.

sea [si:] *n* mer *f* ; (*T*) **at** ~ en mer ; ~ **carriage** transport *m* maritime ; ~ **carrier** transporteur *m inv* maritime ; ~ **chest** caisse *f* maritime ; ~ **letter** permis *m* de navigation ; ~ **transport** transport *m* maritime.

seaborne ['si:bɔ:n] *adj* transporté par mer ; (*T*) ~ **freight** fret *m* maritime.

seal[1] [si:l] *n* sceau *m* (*pl* -x), cachet *m*, scellés *mpl* ; **corporate** ~ cachet *m* de la société.

seal[2] [si:l] *vt* **1.** cacheter ; ~ed **bid** offre *f* scellée **2.** (*Emb*) fermer hermétiquement, plomber, sceller **3.** (*Jur*) apposer les scellés *mpl*.

seaman ['si:mən] *n* (*pl* seamen) marin *m inv*.

search[1] [sɜ:tʃ] *n* **1.** recherche *f* **2.** fouille *f* **3.** (*Jur*) perquisition *f* ; ~ **incident to arrest** perquisition à l'occasion de l'arrestation.
*search warrant *n* (*Jur*) mandat *m* de perquisition.

search[2] [sɜ:tʃ] *v* **1.** *vi* (*for*) rechercher **2.** *vt* ~ **the record** vérifier minutieusement le dossier **3.** *vi* (*Jur*) perquisitionner, fouiller.

season ['si:zn] *n* saison *f* ; **high** ~ haute saison.

seasonable ['si:znəbl] *adj* **1.** (*temps*) de saison **2.** opportun.

seasonal ['si:znəl] *adj* saisonnier (*f* -ière) ; ~ **adjustment** correction *f* saisonnière ; ~ **fluctuation** fluctuation *f* saisonnière ; ~ **job** travail *m* saisonnier ; ~ **unemployment** chômage *m* saisonnier ; ~ **variations** variations *fpl* sai-

sonnières ; ~ **workers** travailleurs *mpl* saisonniers.

seasonally ['si:znəli] *adv* ~ **adjusted** corrigé des variations saisonnières.

seaworthiness ['si:ˌwɜ:ðɪnəs] *n* (*T*) (*navire*) navigabilité *f*.

seaworthy ['si:ˌwɜ:ði] *adj* **1.** en bon état de navigabilité **2.** (*Emb*) qui résiste au transport maritime ; ~ **packing** emballage *m* maritime.

SEC *v.* Securities and Exchange Commission.

second[1] ['sekənd] *adj* second, deuxième ; (*Fin*) ~ **lien** hypothèque *f* mobilière de second rang ; (*Fin*) ~ **mortgage** hypothèque *f* de second rang ; ~ **opinion** deuxième avis *m*.
*second-class *adj* de deuxième classe ; ~ **citizen** citoyen *m* (*f* -enne) de seconde zone, exclu *m*.
*second-degree murder *n* (*Jur*) (*US*) homicide *m* (sans préméditation).
*second-grade *adj* de deuxième ordre, de qualité inférieure.
*second-rate *adj* de deuxième ordre, de qualité inférieure.

second[2] ['sekənd] *n* **1.** (*temps*) seconde *f* **2.** ~s *npl* biens *mpl* défectueux/de deuxième qualité.

second[3] ['sekənd] *vt* **1.** seconder, appuyer ; ~ **a motion** soutenir une proposition **2.** (*UK*) (*fonctionnaire*) détacher temporairement.

Second Amendment ['sekənd ə'mendmənt] *n* (*Pol*) (*US*) 2ᵉ amendement *m* à la Constitution des Etats-Unis, souvent invoqué à l'appui du droit de porter des armes à feu.

secondary ['sekəndrɪ] *adj* **1.** secondaire, accessoire ; (*Fin*) ~ **liquidities** liquidités *fpl* secondaires ; (*Fin*) ~ **market** marché *m* secondaire ; (*Eco*) ~ **sector** secteur *m* secondaire ; ~ **strike** grève *f* de solidarité **2.** indirect ; ~ **evidence** preuve *f* accessoire, preuve *f* qui laisse supposer l'existence d'une preuve plus importante.

second-hand [ˌsekənd 'hænd] *adj* d'occasion, de deuxième main ; ~ **goods** biens *mpl* d'occasion.
*second-hand smoke *n* tabagisme *m* passif.

secrecy ['si:krəsɪ] *n* secret *m*, discrétion *f*.

secret ['si:krət] *adj* secret (*f* -ète) ; (*Pol*) ~ **ballot** scrutin *m* à bulletin secret, bulletin *m* secret.

secretarial [ˌsekrə'teərɪəl] *adj* de secrétariat ; ~ **work** travail *m* de secrétariat.

secretary ['sekrətrɪ] *n* **1.** secrétaire *mf* ;

private ~ secrétaire particulier (*f* -ière) **2.** *(Pol)* ministre *m inv*.

Secretary of State ['sekrətrɪ əv 'steɪt] *n* (*Pol*) **1.** *(UK)* ministre *m inv* détenteur d'un portefeuille clé **2.** *(US)* ministre *m inv* des Affaires étrangères (*UK* **Foreign Secretary**) **3.** *(US)* fonctionnaire *mf* d'un Etat chargé(e) de l'annonce des résultats électoraux et de l'immatriculation des sociétés.

section ['sekʃn] *n* **1.** section *f*, partie *f* **2.** *(Jur)* paragraphe *m*, article *m*, section *f*.

*Section 301 *n* (*CI*) *(US)* article *m* du **Trade Act** de 1974 prévoyant des représailles unilatérales contre les pays coupables de pratiques commerciales déloyales.

sector ['sektə] *n* (*Eco*) secteur *m* ; *corporate* ~ secteur de l'entreprise ; *private* ~ secteur privé ; *public* ~ secteur public.

secure[1] [sɪ'kjʊə] *adj* sûr, en sécurité ; ~ *investment* placement *m* sûr/de tout repos.

secure[2] [sɪ'kjʊə] *vt* **1.** protéger, mettre à l'abri **2.** obtenir, se procurer ; *(Pol)* ~ *a majority* obtenir la majorité **3.** *(Fin)* nantir, garantir ; ~ *a debt by mortgage* garantir une créance par hypothèque ; ~ *a loan* garantir un emprunt **4.** *(T)* fixer, caler, assujettir, arrimer.

secured [sɪ'kjʊəd] *adj* (*Fin*) garanti, nanti ; ~ *bond* obligation *f* garantie ; ~ *creditor* créancier *m* (*f* -ière) nanti(e) ; ~ *loan* prêt *m* garanti ; ~ *transaction* transaction *f* garantie (par une sûreté).

securities [sɪ'kjʊərɪtɪz] *npl* (*Fin*) titres *mpl*, valeurs *fpl* mobilières ; *bearer* ~ titres au porteur ; *government* ~ titres d'Etat ; *listed* ~ titres cotés en Bourse ; ~ *market* marché *m* des valeurs ; *negotiable* ~ titres transférables ; *registered* ~ titres nominatifs.

*Securities and Exchange Commission (SEC) *n* (*Bs*) *(US)* équiv. Commission *f* des opérations en Bourse (COB).

*Securities and Investments Board (SIB) *n* (*Bs*) *(UK)* équiv. Commission *f* des opérations en Bourse (COB).

securitization [sɪˌkjʊərɪtaɪ'zeɪʃn] *n* (*Fin*) titrisation *f*.

securitize [sɪ'kjʊərɪtaɪz] *vt* (*Fin*) titriser.

security [sɪ'kjʊərɪtɪ] *n* **1.** sécurité *f* (*à dist.* **safety**) ; *job* ~ sécurité de l'emploi ; *social* ~ sécurité sociale **2.** *(Fin)* caution *f*, garantie *f*, gage *m*, nantissement *m* ; ~ *agreement* convention *f* créatrice de sûreté ; ~ *deposit* dépôt *m* de garantie ; ~ *interest* sûreté *f*, privilège *m* **3.** *(Fin)* garant *m* ; *to act as* ~ *for sb* se porter garant pour qn **4.** *(Fin)*

valeur *f*, titre *m* ; *interest bearing* ~ valeur à revenu fixe ; ~ *investment trust* société *f* d'investissement en valeurs mobilières ; ~ *issue* émission *f* de titres ; *(UK)* ~ *money* devise-titre *f* (*v.* **securities**).

Security Council [sɪ'kjʊərɪtɪ 'kaʊnsəl] *n* (*UN*) Conseil *m* de Sécurité.

sedition [sɪ'dɪʃn] *n* (*Pol*) sédition *f*.

seed money ['si:d 'mʌnɪ] *n* (*Fin*) capital *m* (*pl* -aux) de départ, investissement *m* initial.

seek [si:k] *vt* (**sought**, **sought**) chercher, rechercher ; ~ *advice* demander conseil ; ~ *employment* chercher un emploi/du travail.

seesaw ['si:sɔ:] *n* balançoire *f* ; ~ *effect* effet *m* balançoire, oscillation *f*.

segment[1] ['segment] *n* segment *m*, secteur *m*.

segment[2] ['segment] *vt* segmenter.

segmentation [segmen'teɪʃn] *n* segmentation *f* ; *(Mkg)* *market* ~ segmentation du marché.

segregation [segrɪ'geɪʃn] *n* ségrégation *f* ; *racial* ~ ségrégation raciale.

seignorage ['seɪnjərɪdʒ] *n* seigneuriage *m*.

seisin ['si:zɪn] *n* (*Jur*) droit *m* de propriété donnant droit à la possession et à la jouissance du bien-fonds.

seize [si:z] *vt* **1.** saisir **2.** *(Jur)* saisir, opérer la saisie de, confisquer ; ~ *goods* saisir des biens *mpl*, des marchandises *fpl*.

seizure ['si:ʒə] *n* (*Jur*) saisie *f*, prise *f* de corps, saisie-arrêt *f*.

select [sə'lekt] *vt* sélectionner, choisir.

selection [sə'lekʃn] *n* sélection *f*, choix *m*.

selective [sə'lektɪv] *adj* sélectif (*f* -ive) ; *(Mkg)* ~ *selling* distribution *f* sélective.

*Selective Service System *n* (*US*) recensement *m* du contingent.

self-dealing [self 'di:lɪŋ] *n* (*Jur*) le fait d'agir illicitement pour son compte personnel ; délit *m* d'initié.

self-defence/defense [self dɪ'fens] *n* **1.** autodéfense *f* **2.** *(Jur)* *act in* ~ agir en état de légitime défense.

self-employed [self ɪm'plɔɪd] *adj* ~ *worker* travailleur *m* (*f* -euse) indépendant(e) ; *the* ~ les travailleurs indépendants.

self-employment [self ɪm'plɔɪmənt] *n* travail *m* indépendant.

self-explanatory [self ɪks'plænətrɪ] *adj* qui va de soi, évident.

self-financing [self 'faɪnænsɪŋ] *n* (*Fin*) autofinancement *m*.

self-government [‚self 'gʌvnmənt] *n* *(Pol)* autonomie *f*.

self-help [‚self 'help] *n* *(Jur)* auto-assistance *f*, efforts *mpl* personnels.

self-incrimination [‚self ɪn,krɪmɪ'neɪʃn] *n* *(Jur)* témoignage *m* contre soi-même (*v.* **Fifth Amendment**).

self-insurance [‚self ɪn'ʃʊərəns] *n* *(Ass)* auto-assurance *f*.

self-management [‚self 'mænɪdʒmənt] *n* autogestion *f*.

self-service [‚self 'sɜːvɪs] *n* libre-service *m*, self-service *m*.

self-sufficiency [‚self sə'fɪʃənsɪ] *n* auto-suffisance *f*.

self-sufficient [‚self sə'fɪʃənt] *adj* **(in)** autosuffisant (en).

self-supporting [‚self sə'pɔːtɪŋ] *adj* économiquement indépendant/autonome.

sell [sel] *v* (sold, sold) **1.** *vt* vendre ; ~ **at auction** vendre aux enchères ; ~ **cheaply** brader ; ~ **on credit** vendre à crédit ; ~ **at discount prices** solder ; *(Bs)* ~ **short** vendre à découvert **2.** *vi* se vendre ; *this article* ~*s well* cet article se vend bien.

*sell off *v part* solder, liquider, brader.

*sell out *v part* **1.** tout vendre, épuiser son stock **2.** ~ **out (on)** *sb* trahir qn.

*sell up *v part (UK) (fam)* vendre (une affaire), fermer boutique.

sell-by date [‚sel baɪ deɪt] *n* date *f* limite de vente, date *f* de péremption.

seller [‚selə] *n* **1.** vendeur *m* (*f* -euse) ; ~*'s market* marché *m* vendeur, *(Bs)* marché *m* à la hausse **2.** article *m* en vente ; *a poor* ~ article qui se vend mal ; *a strong* ~ article qui se vend bien.

selling [‚selɪŋ] *n* vente *f* ; ~ **agent** commissionnaire *m inv* à la vente ; ~ **area** zone *f* de chalandise ; ~ **costs** frais *mpl* de vente ; **direct** ~ vente directe ; *(Bs)* ~ **group** syndicat *m* de placement ; ~ **price** prix *m* de vente ; ~ **space** espace *m* de vente.

sellotape® [‚seləteɪp] *n* *(Emb)* ruban *m* adhésif.

sellout [‚selaʊt] *n* **1.** vente *f* totale **2.** capitulation *f*, trahison *f*.

semi[1] [‚semɪ] *n* **1.** *(T) (US) (ab de* **semi-trailer**) semi-remorque *m* **2.** *(UK) (ab de* **semi-detached house**) maison *f* mitoyenne.

semi-[2] [‚semɪ] *préf* semi-.

semiannual [‚semɪ'ænjʊəl] *adj* semestriel (*f* -ielle), semi-annuel (*f* -elle).

semiconductor [‚semɪkən'dʌktə] *n* *(Inf)* semi-conducteur *m*.

semi-finished goods [‚semɪ 'fɪnɪʃt 'gʊdz] *npl* produits *mpl* semi-finis.

seminar [‚semɪnɑː] *n* séminaire *m*, colloque *m*.

semi-official [‚semɪ ə'fɪʃl] *adj* semi-officiel (*f* -ielle), officieux (*f* -ieuse).

semi-skilled worker [‚semɪ 'skɪld 'wɜːkə] *n* ouvrier *m* (*f* -ière) spécialisé(e) (OS).

semi-trailer [‚semɪ 'treɪlə] *n* *(T) (US)* semi-remorque *m*.

Senate [‚senət] *n* *(Pol)* **1.** sénat *m* **2.** *(US)* Chambre *f* haute du Congrès.

senator [‚senətə] *n* *(Pol)* sénateur *m inv*.

send [send] *vt* (sent, sent) envoyer, expédier, adresser ; ~ **for collection** envoyer à l'encaissement.

*send away *v part* ~ **away for** commander par correspondance.

*send back *v part* renvoyer.

*send for *v part (personne)* faire venir, *(objet)* commander.

*send in *v part (demande)* envoyer, soumettre.

*send off *v part* expédier.

*send on *v part (courrier)* faire suivre.

sender [‚sendə] *n* expéditeur *m* (*f* -trice).

Senegal [‚senɪˈgɔːl] *n* Sénégal *m* ; *in/to* **S~** au Sénégal.

Senegalese[1] [‚senɪgə'liːz] *adj* sénégalais.

Senegalese[2] [‚senɪgə'liːz] *n* (*pl inv*) Sénégalais *m*.

senior [‚siːnɪə/'siːnjər] *adj* **1.** aîné, le plus âgé ; ~ **citizen** personne *f* âgée/du troisième âge **2.** de rang supérieur ; ~ **executive** cadre *m inv* supérieur ; ~ **management** cadres *mpl* supérieurs, la direction ; ~ **partner** associé *m* principal **3.** prioritaire ; ~ **mortgage** hypothèque *f* prioritaire ; ~ **shares** actions *fpl* privilégiées.

seniority [siːnɪ'ɒrətɪ] *n* ancienneté *f*, priorité *f*.

sensitive [‚sensɪtɪv] *adj* sensible ; *(Eco)* ~ **goods** marchandises *fpl* sensibles ; ~ **market** marché *m* instable/sensible.

sensitivity [‚sensɪ'tɪvətɪ] *n* sensibilité *f*.

sent [sent] *v.* **send**.

sentence[1] [‚sentəns] *n* **1.** phrase *f* **2.** *(Jur)* condamnation *f*, peine *f*, sentence *f* ; **death** ~ peine de mort ; **life** ~ condamnation à perpétuité ; **suspended** ~ peine avec sursis ; **defer** ~ ajourner/reporter le prononcé de la peine ; **hand down a** ~ prononcer une peine ; **serve a** ~ purger une peine.

sentence[2] [‚sentəns] *vt* *(Jur)* prononcer une sentence contre, condamner.

separate[1] [‚seprət] *adj* séparé, distinct ; *(Jur)* ~ **property** biens *mpl* propres.

*separate but equal doctrine *n* *(Jur) (US)* principe *m* énoncé par la Cour suprême dans l'arrêt **Plessy v. Ferguson**

(1896), et qui resta en vigueur jusqu'en 1954, selon lequel l'égalité entre les Noirs et les Blancs était considérée comme compatible avec la ségrégation raciale dans la vie quotidienne (transports, écoles, etc.) (v. **Brown v. Board of Education**).

separate[2] ['sepəreɪt] vt séparer.

separation [,sepə'reɪʃn] n séparation f.

***separation of powers** n (Pol) séparation f des pouvoirs exécutif, législatif et judiciaire.

September [sep'tembə] n septembre m.

sequence ['si:kwəns] n séquence f, ordre m, série f.

sequential [sɪ'kwenʃl] adj séquentiel (f -ielle).

sequester [sɪ'kwestə] vt (Jur) saisir, mettre sous séquestre.

sequestration [,si:kwə'streɪʃn] n (Jur) saisie f, mise f sous séquestre.

Serb [sɜ:b] n Serbe mf.

Serbia ['sɜ:bɪə] n Serbie f; in/to S~ en Serbie.

Serbian ['sɜ:bɪən] adj serbe.

sergeant-at-arms ['sɑ:dʒənt ət 'ɑ:mz] n (aussi UK **serjeant-at-arms**) fonctionnaire mf des assemblées législatives chargé(e) de maintenir l'ordre.

serial ['sɪərɪəl] adj de série; ~ **number** numéro m de série; ~ **killer** tueur m en série; (Inf) ~ **access** accès m séquentiel.

series ['sɪərɪːz] n (pl inv) série f, succession f.

serjeant-at-arms v. sergeant-at-arms.

servant ['sɜ:vənt] n 1. domestique mf, serviteur m inv 2. employé m; civil ~ fonctionnaire mf.

serve [sɜ:v] v 1. vt être utile à, servir; ~ **the purpose** faire l'affaire 2. vt (Com) ~ **a customer** servir un client 3. vt (T) desservir; ~d **by all major airlines** desservi par toutes les principales compagnies aériennes 4. vt accomplir, purger; (Jur) ~ **a sentence** purger sa peine 5. vt (Jur) signifier, notifier; ~ **a summons** notifier une citation à comparaître 6. vi servir; ~ **on a committee** être membre d'une commission.

service[1] ['sɜ:vɪs] n 1. service m, prestation f; be of ~ rendre service, être utile; ~ **charge** frais mpl de gestion, charges fpl locatives; (US) ~ **contract** contrat m de travail; ~ **industry** secteur m des services, secteur m tertiaire; 2. service m, emploi m, carrière f; **record of** ~ états mpl de service 3. administration f; **civil** ~ Fonction f publique; **the Foreign S**~ le corps diplomatique; **public** ~ l'administration f; **the postal** ~ la poste 4. (voiture, machine) entretien m, réparation f 5. (of) service m; **bus** ~ service d'autocars 6. (Jur) assignation f, signification f; ~ **of process** signification par huissier; **personal** ~ assignation à personne, assignation délivrée personnellement.

***service mark** n (Jur) marque f déposée d'un service.

service[2] ['sɜ:vɪs] vt 1. assurer l'entretien de, réparer 2. (Bq/Fin) payer des intérêts sur; ~ **a loan** payer les intérêts sur un emprunt.

servitude ['sɜ:vɪtjuːd] n 1. (Jur) servitude f 2. (penal) ~ travaux mpl forcés.

session ['seʃn] n 1. session f parlementaire/judiciaire; **special** ~ session extraordinaire 2. séance f (d'une assemblée); (US) **joint** ~ **of Congress** séance commune des deux chambres du Congrès 3. (Jur) audience f; **Court is in** ~ l'audience est ouverte.

set[1] [set] n 1. série f, jeu m (pl -x), ensemble m; ~ **of documents** jeu de documents; ~ **of tools** jeu d'outils 2. (TV) plateau m (pl -x) de tournage.

set[2] [set] v (**set, set**) 1. vt poser; ~ **a glass on the table** poser un verre sur la table 2. vt fixer, établir, arrêter; ~ **a deadline** fixer une date limite; ~ **a quota** établir un quota; ~ **standards** fixer/établir des normes fpl 3. vt régler; ~ **the alarm clock** régler le réveille-matin 4. vt apposer; ~ **one's seal to a document** apposer son sceau sur un document 5. vi (soleil) se coucher.

***set aside** v part 1. mettre de côté 2. annuler, infirmer; **set an agreement aside** résilier un accord; (Jur) ~ **aside a judgment** infirmer un jugement.

***set back** v part 1. retarder, gêner 2. (fam) **that** ~ **me back $10** ça m'a coûté 10 dollars.

***set down** v part inscrire; ~ **down in writing** mettre par écrit.

***set forth** v part énoncer, présenter; **the conditions** ~ **forth in the contract** les conditions énoncées dans le contrat.

***set off** v part 1. vt compenser; ~ **off gains against losses** compenser les pertes par les gains 2. vt déclencher; ~ **off an explosion** déclencher une explosion 3. vi partir, se mettre en route.

***set out** v part 1. vt étaler, disposer, exposer, présenter; ~ **out one's reasons** exposer ses raisons 2. vi entreprendre de; **he** ~ **out to prove his innocence** il a entrepris de prouver son innocence 3. vi partir, se mettre en route.

***set up** v part 1. vt établir, créer, monter, implanter; **~ up a firm** créer une entreprise, monter une affaire; **~ up operations abroad** délocaliser; **~ up a plant** implanter une usine; **~ shop/business overseas** s'implanter à l'étranger; **~ up trade barriers** mettre en place des entraves au commerce **2.** *vi* s'implanter.

setback ['setbæk] *n* **1.** revers *m* de fortune **2.** *(prix, cours)* rechute *f*, recul *m* **3.** *(Jur)* distance *f* réglementaire entre un bâtiment et la rue.

setoff ['setɔf] *n* **1.** compensation *f*, contrepartie *f*; **as a ~ against a loss** en contrepartie d'un dommage **2.** *(Cpta)* écriture *f* inverse **3.** *(Jur)* demande *f* reconventionnelle.

setting ['setɪŋ] *n* **1.** cadre *m*, environnement *m* **2.** réglage *m*.

settle ['setl] *v* **1.** *vt* régler, résoudre; *the question is* **~d** la question est réglée **2.** *vt* régler, acquitter, solder; **~ an account** arrêter un compte; **~ the bill** régler la note; **3.** *vt* fixer, déterminer; *it's* **~d** c'est convenu **4.** *vt (Jur) (problème, dispute)* régler à l'amiable **5.** *vt* calmer, apaiser; **~ investors' doubts** dissiper les doutes des investisseurs **6.** *vi* s'installer **7.** *vi* se calmer, s'apaiser, rentrer dans l'ordre.

*settle down v part **1.** se calmer **2.** se stabiliser professionnellement et/ou dans sa vie personnelle.

*settle for v part accepter, se contenter de.

*settle up v part **1.** *vt* régler, s'acquitter de **2.** *vi* régler ses comptes/la note.

settlement ['setlmənt] *n* **1.** peuplement *m*, implantation *f* d'une colonie **2.** *(Bq/Cpta/Fin)* paiement *m*, règlement *m*; **~ day** jour *m* de la liquidation; **~ of a debt** règlement *m* d'une dette **3.** *(Jur)* règlement *m*, solution *f*; **~ of a dispute** résolution *f* d'un conflit; **amicable ~** règlement à l'amiable; **out-of-court ~** règlement à l'amiable **4.** *(Jur)* contrat *m*, accord *m* juridique; **marriage ~** contrat de mariage **5.** *(Jur)* disposition *f* d'un bien; **voluntary ~** disposition à titre gracieux.

settlor ['setlə] *n (Jur)* **1.** donateur *m (f -trice)* **2.** disposant *m* d'un trust.

Seventh Amendment ['sevnθ ə'mendmənt] *n (Jur) (US)* 7ᵉ amendement *m* à la Constitution des Etats-Unis qui réaffirme l'importance des règles de la **common law** et le droit à un jugement par jury (**jury trial**).

sever ['sevə] *vt* **1.** détacher, couper **2.** rompre; **~ diplomatic relations** rompre les relations *fpl* diplomatiques **3.** *(Jur)* disjoindre (deux causes)

4. *(Jur)* morceler une copropriété pour la répartir entre différents bénéficiaires.

severable ['sevrəbl] *adj* qui peut être séparé; *(Jur)* **~ claim** demande *f* qui peut être dissociée des autres causes devant un tribunal, demande non connexe.

several ['sevrəl] *adj* **1.** plusieurs **2.** séparé, différent; *(Jur)* **~ property** bien *m* individuel; *(Jur)* **~ liability** responsabilité *f* non solidaire (*v.* **joint and several liability**).

severance ['sevrəns] *n* rupture *f*, interruption *f*; **~ pay** indemnité *f* de licenciement; *(Jur)* **~ of actions** dissociation *f* des instances.

sexual ['sekʃuəl] *adj* sexuel (*f* -elle); **~ abuse** violences *fpl* sexuelles; **~ assault** agression *f* sexuelle; **~ harassment** harcèlement *m* sexuel.

Seychelles [seɪ'ʃelz] *n* Seychelles *fpl*; *in/to the S~* aux Seychelles.

shadow ['ʃædəʊ] *n* ombre *f*; **~ price** prix *m* virtuel, pseudo-prix *m*, prix *m* fictif.

*shadow cabinet n (Pol) (UK) membres *mpl* de l'opposition parlementaire chargés, chacun, de suivre de près les actions et la politique d'un ministre du gouvernement.

shady ['ʃeɪdi] *adj* **1.** qui donne de l'ombre **2.** ombragé **3.** *(fam)* louche, douteux (*f* -euse).

shake [ʃeɪk] *vt* (**shook, shaken**) secouer, agiter, ébranler; *these results are likely to* **~ the shareholders** ces résultats sont susceptibles d'inquiéter les actionnaires.

*shake down v part **1.** *(US) (fam)* extorquer; **~ sb down for $20** soutirer 20 dollars à qn **2.** fouiller.

*shake off v part se débarrasser de, *(concurrent)* semer.

*shake up v part secouer, bouleverser.

shaken ['ʃeɪkən] *v.* **shake**.

shakeout ['ʃeɪkaʊt] *n (Eco)* restructuration *f* d'un secteur (impliquant fermetures et licenciements).

shake-up ['ʃeɪkʌp] *n (personnel)* remaniement *m*.

shaky ['ʃeɪki] *adj* instable, précaire, chancelant.

shallow ['ʃæləʊ] *adj* peu profond, superficiel (*f* -ielle).

sham¹ [ʃæm] *adj* simulé, feint; **~ dividend** dividende *m* fictif; *(Jur)* **~ plea** moyen *m* dilatoire; **~ transaction** transaction *f* fictive.

sham² [ʃæm] *n* **1.** feinte *f*, comédie *f* **2.** imposteur *m inv*.

sham³ [ʃæm] *vt* simuler, feindre.

shape [ʃeɪp] *n* forme *f*, condition *f*; *in*

good ~ en pleine forme ; *in bad* **~** en mauvais état.

*shape up *v part (US)* **1.** prendre forme, se préciser **2.** s'améliorer.

share[1] [ʃeə] *n* **1.** part *f*, portion *f*, quotepart *f* ; *(Mkg) market* **~** part de marché **2.** *(Fin) (syn.* **stock)** action *f*, titre *m*, valeur *f* ; *bearer* **~** action au porteur ; *bonus* **~** action gratuite ; **~** *certificate* titre/certificat *m* d'action ; *common* **~** action ordinaire ; *cumulative preference* **~** action privilégiée cumulative ; **~** *dividend* dividende *m* en actions ; **~***s with equity options* actions à bons de souscription d'actions ; **~** *index* indice *m* des valeurs, indice *m* boursier ; **~** *issue* émission *f* d'actions ; **~** *ledger* registre *m* des actionnaires ; *listed* **~** action cotée en Bourse ; *non-voting* **~** action sans droit de vote ; **~** *price index* indice *m* du cours des actions ; *registered* **~** action nominative ; **~** *split* division *f* d'actions ; **~** *warrant* certificat *m* d'actions.

share[2] [ʃeə] *vt* partager.

sharecropping [ˈʃeəkrɒpɪŋ] *n (Agr)* métayage *m*.

shareholder [ˈʃeəhəʊldə] *n (syn.* **stockholder)** actionnaire *mf* ; *majority* **~** actionnaire majoritaire ; *minority* **~** actionnaire minoritaire ; *(Jur) (US)* **~***s' derivative action (aussi* **stockholders' derivative action)** action *f* oblique intentée par des actionnaires au profit de la société ; **~***s' equity* actif *m* net, situation *f* nette, fonds *mpl* propres, capital *m* social ; **~***s' meeting* assemblée *f* des actionnaires.

shareware [ˈʃeəweə] *n (Inf)* logiciel *m* à contribution volontaire.

sharing [ˈʃeərɪŋ] *n* partage *m* ; *job-***~** partage *m* du travail ; *profit-***~** participation *f* aux bénéfices de l'entreprise.

sharp [ʃɑːp] *adj* **1.** vigoureux (*f* -euse), vif (*f* vive), prononcé ; **~** *competition* concurrence *f* acharnée ; **~** *rise in prices* forte hausse des prix **2.** peu scrupuleux (*f* -euse) ; **~** *practice* pratique *f* malhonnête.

sheet [ʃiːt] *n* feuille *f*, feuillet *m* ; *attendance* **~** feuille de présence ; *(Cpta) balance* **~** bilan *m* ; *(Inf)* **~** *feeder* dispositif *m* d'alimentation feuille-à-feuille.

shelf [ʃelf] *n (pl* **shelves)** étagère *f*, rayonnage *m*, rayon *m* ; **~***-facing* frontage *m* de rayonnage ; **~** *life* durée *f* de vie (d'un produit en rayon) ; *(Mkg)* **~** *management* gestion *f* de linéaire ; *(Mkg)* **~** *space* linéaire *m*.

shelter [ˈʃeltə] *n* abri *m*, refuge *m* ; *tax* **~** (*à dist.* **tax haven)** échappatoire *f* fiscale.

shelve [ʃelv] *vt* **1.** classer, enterrer, mettre au rancart ; **~** *a project* classer un projet **2.** mettre en suspens.

shelves [ʃelvz] *v.* **shelf.**

shelving [ˈʃelvɪŋ] *n* rayonnage *m*, linéaire *m*.

sheriff [ˈʃerɪf] *n* **1.** *(UK)* principal représentant *m inv* de la Couronne dans un comté **2.** *(US)* chef *m inv* de la police d'un comté.

*sheriff's sale *n (Jur) (US)* vente *f* sur saisie.

Sherman Antitrust Act [ˈʃɜːmən ænˈtɪtrʌst ˈækt] *n (Jur) (US)* première loi *f* (1890) destinée à lutter contre le pouvoir des monopoles (*v.* **Clayton Act).**

shield laws [ˈʃiːld ˈlɔːz] *n (Jur) (US)* lois *fpl* protégeant le privilège dont jouissent les journalistes de ne pas avoir à divulguer leurs notes ou la source de leurs informations.

shift[1] [ʃɪft] *n* **1.** changement *m*, transfert *m* ; *(Eco)* **~** *in demand* mouvement *m* spontané de la demande ; *(Eco)* **~** *in supply* mouvement *m* spontané de l'offre **2.** déplacement *m*, transfert *m* ; *population* **~** déplacement de la population **3.** *(Mgt)* équipe *f* ; *the night* **~** l'équipe de nuit ; **~** *work* travail *m* par relais/par équipes ; *work in three* **~***s* faire les trois huit.

shift[2] [ʃɪft] *v* **1.** *vt* changer, modifier ; *(Jur)* **~** *the burden of proof* renverser la charge de la preuve **2.** *vt* déplacer ; **~** *business offshore* délocaliser **3.** *vi (T)* bouger, se désarrimer.

ship[1] [ʃɪp] *n (T)* bateau *m (pl* -x), navire *m* ; *container* **~** porte-conteneurs *m* ; *merchant* **~** navire de commerce ; **~** *agent* agent *m inv* maritime ; **~** *broker* courtier *m inv* maritime ; **~** *chandler* shipchandler *m inv*, fournisseur *m (f* -euse) d'équipements pour bateaux ; **~***'s manager* armateur *m inv* (exploitant) ; **~***'s manifest* manifeste *m* du navire ; **~***'s papers* documents *mpl* de bord ; *at* **~***'s rail* sous palan.

ship[2] [ʃɪp] *vt* **1.** envoyer, expédier **2.** charger, embarquer.

shipbuilding [ˈʃɪpbɪldɪŋ] *n* construction *f* navale.

shipload [ˈʃɪpləʊd] *n* cargaison *f*, fret *m*, chargement *m*.

shipmaster [ˈʃɪpmɑːstə] *n* capitaine *m inv* du bateau.

shipment [ˈʃɪpmənt] *n* **1.** envoi *m*, expédition *f* **2.** cargaison *f*, livraison *f* **3.** embarquement *m*, chargement *m*.

shipowner [ˈʃɪpəʊnə] *n* armateur *m inv*.

shipper [ˈʃɪpə] *n* expéditeur *m (f* -trice), chargeur *m inv*.

shipping ['ʃɪpɪŋ] *n* **1.** navigation *f* **2.** transport *m* maritime ; ~ *conference* conférence *f* maritime ; ~ *line* compagnie *f* maritime **3.** chargement *m*, mise à bord **4.** envoi *m*, expédition *f* ; ~ *agent* agent *m inv* maritime, transitaire *mf* ; ~ *and handling charges* frais *mpl* d'envoi ; *(D)* ~ *bill* déclaration *f* de réexportation d'entrepôt ; ~ *broker* courtier *m inv* maritime ; ~ *clerk* expéditionnaire *mf* ; ~ *company* compagnie *f* maritime ; ~ *documents* documents *mpl* d'expédition ; ~ *marks* marques *fpl* extérieures (sur les emballages) ; ~ *port* port *m* d'embarquement ; ~ *terms* conditions *fpl* du contrat de transport ; ~ *weight* poids *m* embarqué **5.** tonnage *m* de l'ensemble des navires (d'un pays, d'un port).
***shipping note (SN)** *n (T)* note *f* de quai, note de bord/de chargement.

shipshape ['ʃɪpʃeɪp] *adj* bien rangé, en bon ordre.

shipwreck ['ʃɪprek] *n (T)* **1.** naufrage *m* **2.** épave *f*.

shipyard ['ʃɪpjɑːd] *n* chantier *m* naval.

shire ['ʃaɪə] *n (UK)* comté *m*.

shock [ʃɒk] *n* choc *m* ; *(Emb)* ~-*proof/ -resistant* résistant aux chocs.

shoddy ['ʃɒdɪ] *adj* de mauvaise qualité.

shoestring ['ʃuːstrɪŋ] *n* lacet *m* de chaussure : *on a* ~ avec des fonds réduits.

shook [ʃʊk] *v.* **shake**.

shop[1] [ʃɒp] *n* **1.** boutique *f*, magasin *m* (*v.* **store**) ; ~ *assistant* vendeur *m*, vendeuse *f* ; *duty-free* ~ boutique hors taxes ; ~ *window* vitrine *f*, devanture *f* (de magasin) ; *set up* ~ s'établir dans le commerce ; *(fam) talk* ~ parler affaires **2.** atelier *m* ; ~ *floor* atelier **3.** entreprise *f* ; ~ *steward* délégué *m* du personnel, délégué *m* syndical ; *closed* ~ entreprise qui n'embauche que du personnel syndiqué, monopole *m* syndical ; *open* ~ entreprise qui admet du personnel non syndiqué **4.** *(Bs)* introducteurs *mpl*.

shop[2] [ʃɒp] *vi* faire des courses.
***shop around** *v part* comparer les prix avant d'acheter.

shopkeeper ['ʃɒpkiːpə] *n* commerçant *m*, marchand *m* ; *small* ~ petit commerçant *m*.

shoplifter ['ʃɒplɪftə] *n (Jur)* voleur *m (f* -euse) à l'étalage.

shoplifting ['ʃɒplɪftɪŋ] *n (Jur)* vol *m* à l'étalage.

shopper ['ʃɒpə] *n* client *m*, acheteur *m (f* -euse).

shopping ['ʃɒpɪŋ] *n* achats *mpl* ; ~ *arcade* galerie *f* marchande ; ~ *basket* pa-

nier *m* de la ménagère ; *(US) (supermarché)* ~ *cart* chariot *m* ; ~ *centre/center* centre *m* commercial ; ~ *habits* habitudes *fpl* d'achat ; *(US)* ~ *mall* galerie *f* marchande, centre *m* commercial ; *(UK) (supermarché)* ~ *trolley* chariot *m*.

shopwalker ['ʃɒpwɔːkə] *n* **1.** chef *m inv* de rayon **2.** surveillant *m* (dans un magasin).

shore [ʃɔː] *n* rivage *m*, côte *f*.

shore up [ʃɔːr ʌp] *v part* **1.** renforcer, consolider **2.** soutenir, étayer.

short[1] [ʃɔːt] *adj* **1.** court, bref *(f* brève) ; *at/on* ~ *notice* dans un bref délai ; ~ *list* présélection *f*, candidats sélectionnés pour entretien ; *in the* ~ *run* à court terme **2.** insuffisant, incomplet *(f* -ète), déficitaire ; ~ *delivery* livraison *f* incomplète ; *in* ~ *supply* rare **3.** *(Bs)* ~ *position* position *f* à découvert ; ~ *seller* vendeur *m (f* -euse) à découvert.
***short swing profits** *npl (Jur) (US)* bénéfices *mpl* à court terme dégagés à la suite d'un délit d'initié.

short[2] [ʃɔːt] *adv* **1.** *fall* ~ *of the goal* ne pas atteindre le but **2.** *(Bs)* à découvert ; *sell* ~ vendre à découvert.

shortage ['ʃɔːtɪdʒ] *n* pénurie *f*, manque *m*, insuffisance *f* ; *(Fin)* ~ *of capital* pénurie de capitaux.

shortchange [ʃɔːt'tʃeɪndʒ] *vt* **1.** ~ *sb* ne pas rendre assez de monnaie à qn **2.** *(fig)* escroquer.

shortcoming ['ʃɔːtkʌmɪŋ] *n* défaut *m*, imperfection *f*.

shortfall ['ʃɔːtfɔːl] *n* déficit *m*, manque *m*.

shorthand ['ʃɔːthænd] *n* sténographie *f* ; ~ *typist* sténo-dactylo *mf*.

shorthanded [ʃɔːt'hændɪd] *adj* à court de personnel/de main-d'œuvre, sous-encadré.

short haul [ʃɔːt 'hɔːl] *n (T)* transport *m* sur de faibles distances/à courte distance.

short-landed [ʃɔːt 'lændɪd] *adj (T)* ~ *cargo* cargaison *f* débarquée en moins.

short-lived [ʃɔːt 'lɪvd] *adj* de courte durée, éphémère.

short-term [ʃɔːt 'tɜːm] *adj* à court terme ; ~ *credit* crédit *m* à court terme ; ~ *investment* placement *m* à court terme ; ~ *loan* emprunt *m* à court terme ; ~ *note* bon *m* de caisse ; ~ *policy* politique *f* conjoncturelle.

show[1] [ʃəʊ] *n* **1.** spectacle *m* ; ~ *business* le monde du spectacle **2.** salon *m*, exposition *f* ; *(UK) motor* ~ salon de l'automobile **3.** démonstration *f* ; *a* ~

of courage une démonstration de courage.

*show of hands n vote m à main levée.

show² [ʃəʊ] vt (**showed, shown/showed**) **1.** montrer, exposer, présenter **2.** afficher, accuser ; ~ *a profit* enregistrer un bénéfice.

showcase [ˈʃəʊkeɪs] n (*aussi fig*) vitrine f.

show cause order [ʃəʊ ˈkɔːz ˈɔːdə] n (*Jur*) (*US*) ordre m de comparaître devant le tribunal et de présenter ses arguments.

showdown [ˈʃəʊdaʊn] n épreuve f de force, confrontation f.

shown [ʃəʊn] v. **show²**.

showroom [ˈʃəʊruːm] n (*Mkg*) salle f d'exposition, magasin m d'exposition, expovente f.

shrank [ʃræŋk] v. **shrink**.

shred¹ [ʃred] n **1.** lambeau m (pl -x) ; *in* ~s en lambeaux **2.** grain m, petite quantité f ; *not a* ~ *of evidence* pas la moindre preuve.

shred² [ʃred] vt déchirer, broyer.

shrink [ʃrɪŋk] vi (**shrank, shrunk**) se contracter, diminuer, se rétrécir ; *a* ~*ing market* un marché qui se contracte.

*shrink-wrap pack n (*Emb*) emballage m sous film rétractile.

shrinkage [ˈʃrɪŋkɪdʒ] n **1.** rétrécissement m, diminution f **2.** (*Com*) vol m de stock, freinte f.

shrunk [ʃrʌŋk] v. **shrink**.

shunt¹ [ʃʌnt] n (*T*) aiguillage m.

shunt² [ʃʌnt] vt (*T*) aiguiller.

shut [ʃʌt] vt (**shut, shut**) fermer ; ~ *an account* fermer un compte.

*shut down v part fermer définitivement, (*fam*) fermer boutique.

*shut off v part **1.** (*approvisionnement*) couper, interrompre **2.** isoler.

*shut out v part exclure, interdire l'accès à ; ~ *imports out* se fermer aux importations.

shuttle¹ [ˈʃʌtl] n (*T*) navette f.

shuttle² [ˈʃʌtl] vti (*T*) faire la navette.

shyster [ˈʃaɪstə] n **1.** (*péj*) avocat m peu scrupuleux **2.** escroc m inv.

SIB v. **Securities and Investments Board**.

sic [sɪk] adv sic, ainsi.

sick [sɪk] adj malade ; ~ *leave* congé m de maladie.

sickness [ˈsɪknəs] n maladie f ; ~ *benefits* indemnités fpl de maladie ; ~ *insurance* assurance f maladie.

SICS v. **Standard Industrial Classification System**.

side¹ [saɪd] adj secondaire, annexe ; ~

effect effet m secondaire ; ~ *issue* question f secondaire/moins importante.

side² [saɪd] n côté m, camp m ; *take* ~s prendre position, sortir de la neutralité.

side-bar [ˈsaɪd baː] n (*Jur*) (*US*) côté m du banc du juge où celui-ci discute avec les avocats pendant l'audience sans que le jury puisse entendre ; ~ *conference* aparté m.

sidestep [ˈsaɪdstep] vt esquiver, éluder ; ~ *an issue* éviter un problème.

sidetrack¹ [ˈsaɪdtræk] n (*T*) voie f de garage.

sidetrack² [ˈsaɪdtræk] vt ~ *sb* écarter qn de son sujet, détourner qn de son but.

siding [ˈsaɪdɪŋ] n (*T*) voie f de garage/de raccordement.

Sierra Leone [siˌerə liˈəʊn] n Sierra Leone f ; *in/to S~L~* en Sierra Leone.

Sierra Leonean¹ [siˌerə liˈəʊniən] adj sierra-léonien (f -ienne).

Sierra Leonean² [siˌerə liˈəʊniən] n Sierra-Léonien m (f -ienne).

sight [saɪt] n vue f ; (*Fin*) *at* ~ à vue, sur présentation ; (*Fin*) ~ *balances* disponibilités fpl à vue ; (*Fin*) ~ *bill* effet m à vue, traite f à vue ; (*Bq*) ~ *deposit* dépôt m à vue ; (*Fin*) ~ *document* titre m payable à vue ; (*Fin*) ~ *draft* effet m payable à vue/sur présentation.

sign¹ [saɪn] n **1.** signe m ; ~ *of recognition* signe de reconnaissance **2.** indice m, indication f ; *it's a good* ~ c'est bon signe ; (*Eco*) ~ *of recovery* signe de la reprise **3.** panneau m (pl -x) ; *road* ~s signalisation f routière ; *traffic* ~ panneau (pl -x) de signalisation **4.** enseigne f ; *neon* ~ enseigne au néon, néon m.

sign² [saɪn] vt signer ; (*Jur*) (*loc*) *set one's hand and* ~ apposer sa signature.

*sign away v part ~ *away one's rights* renoncer à ses droits (en signant un document).

*sign in v part pointer à l'arrivée.

*sign off v part vi indiquer la fin (d'une émission) ; indiquer son approbation.

*sign on v part **1.** vt engager, embaucher **2.** vi s'inscrire ; (*UK*) s'inscrire au chômage.

*sign out v part **1.** vi pointer à la sortie **2.** vt sortir, emprunter ; ~ *out a book* emprunter un livre.

*sign up v part **1.** vi s'inscrire **2.** vt inscrire.

signal [ˈsɪgnəl] n signal m (pl -aux).

signatory [ˈsɪgnətri] n signataire mf.

signature [ˈsɪgnətʃə] n signature f ; (*Bq*) ~ *card* carte f de signature (comportant un spécimen de la signature).

significant [sɪgˈnɪfɪkənt] adj significatif (f -ive), important, de grande portée.

signing ['saɪnɪŋ] *n* signature *f* (d'un document, d'un contrat).

silence ['saɪləns] *n* silence *m*.

silent ['saɪlənt] *adj* silencieux (*f* -ieuse); *(Pol) the ~ majority* la majorité silencieuse; *(Mgt) ~ partner* associé *m* passif, bailleur *m inv* de fonds.

silicon ['sɪlɪkən] *n* silicium *m*; *(Inf) ~ chip* puce *f* électronique.

silicone ['sɪlɪkəʊn] *n* silicone *f*.

silver ['sɪlvə] *n* argent *m*; *(Eco) ~ standard* étalon *m* argent.

similar ['sɪmələ] *adj* similaire, semblable.

simple ['sɪmpl] *adj* simple; *(Fin) ~ interest* intérêts *mpl* simples.

*simple contract *n* *(Jur)* *(UK)* contrat *m* sous seing privé (*v.* **specialty contract**).

simultaneous death clause [ˌsɪməl-'teɪnɪəs 'deθ ˈklɔːz] *n (Jur)* clause *f* de dévolution de l'héritage en cas de la mort simultanée du testateur et d'une autre personne, le plus souvent son conjoint.

Singapore [sɪŋə'pɔː] Singapour *m*; *in/to S~* à Singapour.

Singaporean[1] [ˌsɪŋə'pɔːrɪən] *adj* singapourien (*f* -ienne).

Singaporean[2] [ˌsɪŋə'pɔːrɪən] *n* Singapourien *m* (*f* -ienne).

single ['sɪŋgl] *adj* unique, seul; *~ room* chambre *f* pour une personne; *~ capacity* capacité *f* unique; *(Fin) ~-coupon bond* obligation *f* à coupon unique; *(Cpta) ~-entry bookkeeping* comptabilité *f* en partie simple; *(Mkg) ~-niche strategy* stratégie *f* du créneau unique.

*single administrative document (SAD) *n (D)* document *m* administratif unique (DAU).

*single-outlet retailer (SOR) *n (Mkg)* *(UK)* entreprise *f* n'ayant qu'un seul point de vente.

Single European Act *n (UE)* Acte *m* unique européen.

Single European Market *n (UE)* Marché *m* unique européen.

single out [ˌsɪŋgl 'aʊt] *v part* choisir, sélectionner, distinguer; *~ out for praise* désigner comme digne d'éloges.

sink [sɪŋk] *v* (**sank, sunk**) **1.** *vi (bateau, société)* couler, sombrer **2.** *vi (chiffres)* plonger, baisser fortement **3.** *vt* faire couler **4.** *vt* investir; *~ funds into* investir à fonds perdus dans.

*sinking fund *n (Fin)* fonds *m* d'amortissement.

sister ['sɪstə] *n* sœur *f*; *(Mgt) ~ company* société *f* appartenant au même groupe, société *f* sœur; *(T) ~ ship* navire *m* du même type, « sistership » *m*.

sit [sɪt] *vi* (**sat, sat**) siéger; *(Mgt) ~ on the board of directors* siéger au conseil d'administration.

sit-down strike ['sɪtdaʊn 'straɪk] *n* grève *f* sur le tas, grève *f* des bras croisés.

site[1] [saɪt] *n* **1.** site *m*, emplacement *m* **2.** chantier *m*; *construction ~* chantier de construction.

site[2] [saɪt] *vt* implanter, situer.

sit-in strike ['sɪtɪn 'straɪk] *n* occupation *f* d'usine.

sitting[1] ['sɪtɪŋ] *adj* en place; *the ~ legislature* le parlement élu/en session.

sitting[2] ['sɪtɪŋ] *n* audience *f*, session *f* (judiciaire ou parlementaire).

situation [ˌsɪtjʊ'eɪʃn] *n* **1.** situation *f*; *the economic ~* la conjoncture (économique); *the political ~* la situation politique **2.** poste *m*, emploi *m*; *~s vacant* offres *fpl* d'emploi; *~s wanted* demandes *fpl* d'emploi **3.** emplacement *m*, situation *f*.

Sixteenth Amendment [ˌsɪks'tiːnθ ə'mendmənt] *n (Pol) (US)* 16ᵉ amendement *m* à la Constitution des Etats-Unis (1913), donnant au Congrès le pouvoir d'établir et de percevoir l'impôt sur le revenu.

Sixth Amendment ['sɪksθ ə'mendmənt] *n (Pol) (US)* 6ᵉ amendement *m* à la Constitution des Etats-Unis (1791) qui énonce les droits dont jouit un accusé (être jugé promptement et publiquement par un jury impartial, avoir l'assistance d'un avocat, etc.).

size [saɪz] *n* taille *f*, dimension *f*, ampleur *f*.

sizeable ['saɪzəbl] *adj* (*aussi* **sizable**) assez important, considérable.

size up [ˌsaɪz 'ʌp] *v part* jauger, évaluer, juger.

skeleton ['skelɪtən] *n* squelette *m*; *~ staff* personnel *m* réduit au strict minimum.

sketch [sketʃ] *n* croquis *m*, esquisse *f*.

sketchy ['sketʃɪ] *adj* qui manque de détails, vague, incomplet (*f* -ète).

skew [skjuː] *vt* obliquer; trafiquer; *~ data* orienter les données.

skid [skɪd] *vi* déraper, glisser; *prices have ~ded* les prix ont dérapé.

skids [skɪdz] *loc on the ~* au bord de la faillite, sur la voie de la faillite.

skill [skɪl] *n* **1.** talent *m*, habileté *f*, adresse *f* **2.** métier *m*, spécialisation *f*; *job ~s* aptitudes *fpl* à un emploi.

skilled [skɪld] *adj* qualifié, compétent, expérimenté; *~ labour/labor* main-d'œuvre *f* qualifiée, ouvriers *mpl* qua-

skimming ['skɪmɪŋ] *n* **1.** *(Mkg)* écrémage *m* **2.** *(Fisc)* fraude *f* fiscale.

skimp [skɪmp] *vt (on)* lésiner (sur).

skin pack ['skɪn pæk] *n (Emb)* enveloppe *f* pelliplaquée, pelliplacage *m*.

skiptracing ['skɪptreɪsɪŋ] *n (US)* service *m* de recherche de débiteurs défaillants, d'héritiers inconnus, etc.

skyrocket ['skaɪrɒkɪt] *vi* grimper en flèche.

slack [slæk] *adj* **1.** négligent, nonchalant, peu sérieux (*f* -euse) **2.** peu actif (*f* -ive), stagnant ; ~ *demand* faible demande *f* ; ~ *money* argent *m* à bon marché ; ~ *season* morte-saison *f*.

slander[1] ['slændə] *n (Jur)* diffamation *f* verbale, calomnie *f*.

slander[2] ['slændə] *vt (Jur)* diffamer verbalement, calomnier.

slanderous ['slɑːndrəs] *adj (Jur)* diffamatoire.

slap [slæp] *vt* **1.** frapper, gifler ; *(fig)* ~ *duties/tariffs on Japanese imports* frapper de droits de douane les importations japonaises.

slash [slæʃ] *vt* réduire considérablement ; ~ *prices* écraser les prix *mpl*.

slat [slæt] *n (Emb)* latte *f*.

slate [sleɪt] *n* **1.** ardoise *f* ; *have a clean* ~ avoir un casier (judiciaire) vierge/un dossier irréprochable **2.** *(Pol) (US)* liste *f* des candidats.

slaughter[1] ['slɔːtə] *n* massacre *m*, carnage *m*.

slaughter[2] ['slɔːtə] *vt* abattre, massacrer.

slaughterhouse ['slɔːtəhaʊs] *n* abattoir *m*.

slave [sleɪv] *n* esclave *mf*.

slavery ['sleɪvri] *n (aussi fig)* esclavage *m*.

sleeper ['sliːpə] *n (T)* wagon-lit *m*.

sleeping partner [ˌsliːpɪŋ ˈpɑːtnə] *n (Mgt)* commanditaire *mf*, bailleur *m inv* de fonds, associé *m* passif.

slice [slaɪs] *n* tranche *f*, part *f*, portion *f* ; *a* ~ *of the market* une part du marché.

slick[1] [slɪk] *adj* adroit, habile, malin (*f* maligne).

slick[2] [slɪk] *n (oil)* ~ nappe *f* de pétrole, marée *f* noire.

slid [slɪd] *v.* **slide**[2].

slide[1] [slaɪd] *n* **1.** glissement *m*, baisse *f* **2.** diapositive *f* ; ~ *projector* projecteur *m* de diapositives.

slide[2] [slaɪd] *vti* (**slid, slid**) glisser, baisser.

sliding ['slaɪdɪŋ] *adj* mobile, coulissant ; *(Eco/Fin)* ~ *peg* parité *f* à crémaillère, parité *f* mobile ; ~ *scale* échelle *f* mobile, tarif *m* dégressif ; ~ *wage scale* échelle *f* mobile des salaires.

sling [slɪŋ] *n (T)* cordage *m*, courroie *f*, élingue *f*.

slip[1] [slɪp] *n* **1.** bordereau *m (pl -x)*, fiche *f*, feuille *f* ; *(Jur)* ~ *law* loi *f* publiée sous forme de feuillet immédiatement après adoption ; *(Jur)* ~ *opinion* décision *f* publiée sous forme de feuillet (avant d'être insérée dans un recueil de jurisprudence) ; *pay* ~ fiche de paie **2.** erreur *f*, faux pas *m (pl inv)* **3.** baisse *f*, déclin *m*, recul *m* ; *a* ~ *in sales* une baisse des ventes **4.** *(Ass) insurance* ~ police *f* provisoire.

slip[2] [slɪp] *vti* reculer, glisser.

slipway ['slɪpweɪ] *n (T)* cale *f* de lancement/de chargement.

slogan ['sləʊgən] *n (Pub)* slogan *m*.

slot [slɒt] *n* **1.** créneau *m (pl -x)* ; *time* ~ créneau horaire **2.** fente *f* ; ~ *machine (US)* machine *f* à sous, *(UK)* distributeur *m* de boissons.

Slovak[1] ['sləʊvæk] *adj* slovaque.

Slovak[2] ['sləʊvæk] *n* Slovaque *mf*.

Slovakia [sləʊˈvækiə] *n* Slovaquie *f* ; *in/to S*~ en Slovaquie.

Slovene[1] ['sləʊviːn] *adj* slovène.

Slovene[2] ['sləʊviːn] *n* Slovène *mf*.

Slovenia [sləʊˈviːniə] *n* Slovénie *f* ; *in/to S*~ en Slovénie.

slow[1] [sləʊ] *adj* **1.** lent ; *in* ~ *motion* au ralenti ; *(T)* ~ *freight* (fret *m* en) petite vitesse ; *by* ~ *freight train* en petite vitesse ; ~ *goods* service *m* en petite vitesse **2.** stagnant ; *business is* ~ les affaires vont mal.

slow[2] [sləʊ] *vti* ralentir.

*slow down *v part* **1.** *vi* ralentir **2.** *vt* ralentir, retarder.

slowdown ['sləʊdaʊn] *n* **1.** ralentissement *m* **2.** grève *f* perlée, grève *f* du zèle.

sluggish ['slʌgɪʃ] *adj* léthargique, mou (*f* molle), terne.

sluggishness ['slʌgɪʃnəs] *n* lourdeur *f*, léthargie *f* ; *(Eco)* ~ *of demand* faiblesse *f* de la demande.

slum [slʌm] *n* **1.** *(logement)* taudis *m* **2.** quartier *m* pauvre/insalubre ; ~ *clearance* aménagement *m* des quartiers défavorisés.

slump [slʌmp] *n* **1.** *(Eco)* récession *f*, marasme *m*, crise *f* économique **2.** effondrement *m* ; ~ *in prices* effondrement des prix.

slush fund ['slʌʃ fʌnd] *n* fonds *mpl* secrets (des groupes de pression ou des partis politiques), caisse *f* noire.

small [smɔ:l] *adj* petit, limité, restreint ; **~ change** monnaie *f* d'appoint ; **~ investor** petit épargnant *m* ; **~- and medium-sized businesses** petites et moyennes entreprises (PME) *fpl*.

*small business *n* **1.** petite entreprise *f* **2.** les petites entreprises *fpl*.

*Small Business Administration (SBA) *n* (US) agence *f* indépendante créée en 1953 pour aider les petites et moyennes entreprises.

*small claims court *n* (Jur) tribunal *m* qui s'occupe des litiges mineurs.

*small print *n* les petits caractères *mpl* ; *you should always read the ~ in a contract carefully* il faut toujours lire attentivement les clauses en petits caractères d'un contrat.

smart card ['smɑ:tkɑ:d] *n* (UK) carte *f* de crédit, carte *f* à puce.

Smithsonian Agreement *n* (Fin) Accords *mpl* de Washington de 1973 mettant fin à la parité de 35 dollars l'once d'or.

smoke [sməʊk] *n* fumée *f*.

*smoke-filled rooms *npl* (Pol) (US) « salles enfumées » ; réunions *fpl* secrètes de marchandage et de collecte de fonds des partis politiques.

*smoke-free *adj* sans tabac, non fumeur.

smokestack ['sməʊkstæk] *n* cheminée *f* d'usine ; **~ industries** industries *fpl* lourdes.

smooth [smu:ð] *adj* régulier (*f* -ière), sans problème.

smooth out [ˌsmu:ð 'aʊt] *v part* **1.** aplanir, atténuer ; **~ out fluctuations** atténuer les fluctuations **2.** (*situation*) calmer.

smuggle ['smʌgl] *v* **1.** *vt* passer en fraude/contrebande **2.** *vi* faire de la contrebande.

smuggler ['smʌglə] *n* contrebandier *m* (*f* -ière), trafiquant *m*.

smuggling ['smʌglɪŋ] *n* contrebande *f*, trafic *m*.

SN v. **shipping note**.

snake [sneɪk] *n* (Fin) (UE) serpent *m* monétaire européen.

snap up [ˌsnæp 'ʌp] *v part* saisir, sauter sur ; *the merchandise on sale was ~ped up* les articles soldés se sont vendus comme des petits pains.

snarl [snɑ:l] *n* (US) complication *f*, blocage *m* ; **~ traffic ~** embouteillage *m*.

snowball ['snəʊbɔ:l] *vi* faire boule de neige ; *demand has ~ed* la demande est montée en flèche.

soar [sɔ:] *vi* monter en flèche ; *prices have ~ed* les prix ont fait un bond.

sobriety checkpoint [səʊ'braɪətɪ 'tʃekpɔɪnt] *n* (US) point *m* de contrôle du taux d'alcoolémie.

social ['səʊʃl] *adj* social (*mpl* -iaux) ; **~ benefits** prestations *fpl* sociales ; **~ class** classe *f* sociale ; **~ climate** climat *m* social ; **~ costs** coûts *mpl* sociaux ; **~ demand** demande *f* collective ; **~ marketing** marketing *m* social ; **~ mobility** mobilité *f* sociale ; **~ policy** politique *f* sociale ; **~ progress** progrès *m* social ; **~ welfare** bien-être *m* social.

social security ['səʊʃl sɪ'kjʊərətɪ] *n* Sécurité *f* sociale, protection *f* sociale ; **~ contributions** cotisations *fpl* à la Sécurité sociale.

*Social Security Act *n* (US) loi *f* de 1935 sur la Sécurité sociale mettant en place un programme d'assistance publique, d'assurance vieillesse et d'assurance chômage.

socialism ['səʊʃəlɪzm] *n* (Pol) socialisme *m*.

socialist ['səʊʃəlɪst] *n* socialiste *mf*.

society [sə'saɪətɪ] *n* **1.** société *f* ; *consumer ~* société de consommation **2.** le monde, la vie mondaine ; *high ~* la haute société **3.** association *f* à but non lucratif (*à dist.* **company, corporation**) ; (UK) **~ building** société d'investissement et de crédit immobilier ; *charitable ~* société de bienfaisance ; (UK) *friendly ~* caisse *f* de prévoyance, mutuelle *f*, amicale *f* ; (UK) *Law S ~* association *f* des **solicitors**, « Chambre *f* des avoués ».

socioeconomic ['səʊʃɪəʊ ˌi:kə'nɒmɪk] *adj* socio-économique.

sociologist [ˌsəʊʃɪ'ɒlədʒɪst] *n* sociologue *mf*.

sociology [ˌsəʊʃɪ'ɒlədʒɪ] *n* sociologie *f*.

socioprofessional group [ˌsəʊʃɪəʊ prə'feʃnəl 'gru:p] *n* (Eco) catégorie *f* socioprofessionnelle.

soft [sɒft] *adj* doux (*f* douce), mou (*f* molle), faible ; (Fin) **~ currency** monnaie *f* faible ; **~ goods** biens *mpl* de consommation non durables ; **~ drinks** boissons *fpl* non alcoolisées ; (Mkg) **~ sell/selling** technique *f* de vente et de publicité non agressive (v. **hard sell**).

software ['sɒftweə] *n* (Inf) logiciel *m* ; **~ engineering** génie *m* logiciel ; **~ package** progiciel *m*.

solatium [səʊ'leɪʃɪəm] *n* (Jur) (UK) dommages-intérêts *mpl* pour préjudice moral.

sold [səʊld] *adj* (v. **sell**) vendu ; (Cpta) **~-ledger** grand livre *m* des ventes.

sole [səʊl] *adj* seul, exclusif (*f* -ive), unique ; ~ *agent* représentant *m* exclusif ; (*Jur*) ~ *legatee* légataire *mf* universel(le) ; ~ *owner* propriétaire *mf* unique ; ~ *proprietorship* entreprise *f* individuelle ; ~ *right* droit *m* exclusif.

solicit [sə'lısıt] *v* **1.** (*demander*) solliciter **2.** faire du racolage.

solicitation [sə,lısı'teıʃn] *n* sollicitation *f*, invitation *f*.

soliciting [sə'lısıtıŋ] *n* (*Jur*) racolage *m*.

solicitor [sə'lısıtə] *n* (*Jur*) (*UK*) officier *m inv* de justice qui cumule les fonctions d'avoué et de notaire ; intermédiaire *mf* entre l'avocat et son client (*v.* **barrister**).

*****Solicitor General**[1] *n* (*Jur*) (*US*) avocat *m* général qui représente le gouvernement des Etats-Unis dans les procès touchant à l'intérêt public.

*****Solicitor General**[2] *n* (*Jur*) (*UK*) conseiller *m* (*f* -ière) juridique de la Couronne, adjoint de l'**Attorney General**.

solitary confinement [,sɒlətrı kən-'faınmənt] *n* (*Jur*) cachot *m*, isolement *m* cellulaire ; *in* ~ au régime cellulaire.

Solomon Islands [,sɒləmən 'aıləndz] *n* îles *fpl* Salomon ; *in/to the S~I~* aux îles Salomon.

solvency [sɒlvənsı] *n* solvabilité *f*.

solvent [sɒlvənt] *adj* solvable.

Somalia [sə'mɑ:lıə] *n* Somalie *f* ; *in/to S~* en Somalie.

Somalian[1] [sə'mɑ:lıən] *adj* somalien (*f* -ienne).

Somalian[2] [sə'mɑ:lıən] *n* Somalien *m*.

Son of Sam law [´sʌn əv ´sæm ´lɔ:] *n* (*Jur*) (*US*) loi *f*, d'après le nom d'un tueur en série célèbre, qui stipule que les bénéfices qu'un malfaiteur tire de son crime doivent être cédés à ses victimes ou à leurs ayants droit.

sophisticated [sə,fıstı'keıtıd] *adj* évolué, perfectionné, sophistiqué.

SOR *v.* **single-outlet retailer**.

sort[1] [sɔ:t] *n* sorte *f*, genre *m*.

sort[2] [sɔ:t] *vt* **1.** trier **2.** (*Inf*) trier.

sought [sɔ:t] *v.* **seek**.

sound [saʊnd] *adj* sain, solide ; (*Fin*) ~ *financial position* situation *f* financière solide ; (*Fin*) ~ *investment* placement *m* sans risque ; (*Jur*) ~ *and disposing mind and memory* sain d'esprit.

soundproof[1] [´saʊnpru:f] *adj* insonorisé.

soundproof[2] [´saʊnpru:f] *vt* insonoriser.

soundproofing [´saʊnpru:fıŋ] *n* insonorisation *f*.

source [sɔ:s] *n* source *f*, origine *f* ; ~ *of income* source *f* de revenus ; ~ *document* document *m* de base.

*****source and application (S&A) statement** *n* (*Fin*) source *f* et application *f* des flux financiers.

sourcing [´sɔ:sıŋ] *n* approvisionnement *m*.

South Africa [,saʊθ ´æfrıkə] *n* Afrique *f* du Sud ; *in/to S~A~* en Afrique du Sud.

South African[1] [,saʊθ ´æfrıkən] *adj* sud-africain.

South African[2] [,saʊθ ´æfrıkən] *n* Sud-Africain *m*.

Southern [´sʌðən] *adj* du sud, austral (*mpl* -s).

*****Southern African Development Community (SADC)** *n* (*Eco/Pol*) Communauté *f* de développement de l'Afrique australe.

sovereign immunity [,sɒvrın ı'mju:-nıtı] *n* (*Jur*) immunité *f* de juridiction dont jouit un Etat souverain.

sovereignty [´sɒvrəntı] *n* (*Pol*) souveraineté *f*.

space [speıs] *n* **1.** espace *m*, place *f* **2.** l'espace *m* ; the ~ *industry* l'industrie *f* spatiale ; ~ *shuttle* navette *f* spatiale **3.** (*typographie*) espacement *m* ; *single* ~ interligne *m* simple.

Spain [speın] *n* Espagne *f* ; *in/to S~* en Espagne.

span [spæn] *n* durée *f* ; *life* ~ durée de vie.

Spaniard [´spænjəd] *n* Espagnol *m*.

Spanish [´spænıʃ] *adj* espagnol ; *the S~* les Espagnols.

spare [´speə] *adj* **1.** disponible ; ~ *capacity* capacité *f* de production disponible ; ~ *time* temps *m* disponible/libre **2.** de rechange ; ~ *parts* pièces *fpl* de rechange.

spark [spɑ:k] *vt* (*aussi* **spark off**) déclencher.

speak [spi:k] *vi* (**spoke, spoken**) parler.

Speaker [´spi:kə] *n* (*Pol*) **1.** (*UK*) président *m* de la Chambre des communes **2.** (*US*) président *m* de la Chambre des représentants.

special [´speʃəl] *adj* exceptionnel (*f* -elle), particulier (*f* -ière) ; ~ *case* cas *m* particulier ; ~ *effects* effets *mpl* spéciaux ; (*Mkg*) ~ *offer* offre *f* spéciale, promotion *f* ; (*Pol*) ~ *interest group* groupe *m* de pression ; (*Bq*) (*UK*) ~ *deposits* réserves *fpl* obligatoires ; (*Bq*) ~ *drawing rights* droits *mpl* de tirage spéciaux ; (*Cpta*) ~ *journal* journal *m* (*pl* -aux) auxiliaire ; (*Jur*) ~ *damages* dommages-intérêts *mpl* particuliers ; (*Jur*) ~ *jurisdiction* compétence *f* d'exception.

specialist ['speʃlɪst] n spécialiste mf.

specialization [ˌspeʃəlaɪ'zeɪʃn] n spécialisation f.

specialize ['speʃəlaɪz] vi se spécialiser.

specialized ['speʃəlaɪzd] adj spécialisé ; (Bq) ~ *financial institution* institution f financière spécialisée.

specialty contract [ˌspeʃəltɪ 'kɒntrækt] n (Jur) (UK) contrat m revêtu d'un sceau (v. **simple contract**).

specie ['spiːʃi] n (Fin) espèces fpl, numéraire m.

specific [spə'sɪfɪk] adj spécifique, précis ; (Jur) ~ *intent* intention f spécifique ; (D) ~ *duties* droits mpl spécifiques.
*specific performance n (Jur) exécution f en nature.

specification [ˌspesəfɪ'keɪʃn] n 1. spécification f, description f détaillée ; ~ *sheet* notice f technique 2. (D) déclaration f d'embarquement.

specifications [ˌspesəfɪ'keɪʃnz] npl (ab fam **specs**) 1. caractéristiques fpl techniques ; *job* ~ caractéristiques/profil m d'un poste/d'un travail 2. cahier m des charges.

specify ['spesɪfaɪ] vt spécifier, préciser, stipuler, indiquer.

specimen ['spesəmɪn] n spécimen m, échantillon m, exemplaire m ; ~ *signature* échantillon de signature.

specs [speks] v. **specifications**.

speculate ['spekjuleɪt] vi (Fin) spéculer.

speculation [ˌspekju'leɪʃn] n (Fin) spéculation f.

speculative ['spekjʊlətɪv] adj spéculatif (f -ive) ; (Fin) ~ *shares* valeurs fpl spéculatives.

speculator ['spekjuleɪtə] n spéculateur m (f -trice).

speed [spiːd] n vitesse f.

speeding ['spiːdɪŋ] n (Jur) excès m de vitesse.

speed up [ˌspiːd 'ʌp] v part 1. vt accélérer 2. vi aller plus vite, accélérer.

speedy ['spiːdɪ] adj rapide ; ~ *delivery* livraison f rapide.
*speedy trial n (Jur) (US) the right to a ~ le droit d'être jugé promptement (v. **Sixth Amendment**).

spell out [ˌspel 'aʊt] v part (spelt/spelled, spelt/spelled) expliquer clairement.

spelt [spelt] v. **spell**.

spend [spend] vt (spent, spent) 1. dépenser 2. (temps) consacrer, passer.

spending ['spendɪŋ] n dépenses fpl ; ~ *cuts* compression f des dépenses ; ~ *power* pouvoir m d'achat ; *consumer* ~

dépenses de consommation ; *government* ~ dépenses publiques.

spendthrift ['spenθrɪft] n prodigue m, dépensier m (f -ière), (fam) panier m inv percé ; (US) ~ *trust* trust m de gestion des biens d'un prodigue, trust à participation protégée.

spent [spent] v. **spend**.

sphere [sfɪə] n sphère f, domaine m ; ~ *of influence* zone f d'influence.

spin-off ['spɪnɒf] n 1. avantage m supplémentaire, retombée f 2. (Mgt) essaimage m, scission f (quand une filiale devient une société indépendante) 3. (Mkg) sous-produit m, dérivé m.

spiral ['spaɪrəl] n spirale f ; *wage-price* ~ la spirale des prix et des salaires.

splinter group ['splɪntə gruːp] n (Pol) groupe m dissident.

split¹ [splɪt] n 1. division f, partage m, fractionnement m ; (Fin) *stock* ~ division d'actions 2. (Pol) scission f ; ~ *vote* vote m indécis ; ~ *ticket* système m permettant le panachage.

split² [splɪt] vt (split, split) fendre, diviser ; (Jur) ~ *a cause of action* scinder une instance.

split-off ['splɪt ɒf] n (Mgt) constitution f d'une nouvelle filiale par la société mère.

split-up ['splɪt ʌp] n (Mgt) scission f d'une société en deux ou plusieurs nouvelles sociétés.

spoil [spɔɪl] v (spoilt/spoiled, spoilt/spoiled) 1. vt gâcher, abîmer 2. vi s'avarier, se gâter.

spoilage ['spɔɪlɪdʒ] n gâchis m, quantité f perdue (v. **waste¹**).

spoils system ['spɔɪlz ˌsɪstəm] n (Pol) (US) « système m du butin » en vertu duquel les postes de certains fonctionnaires étaient attribués aux partisans du parti qui avait remporté les élections.

spoke [spəʊk] v. **speak**.

spoken ['spəʊkən] v. **speak**.

spokesman ['spəʊksmən] n porte-parole m inv.

spokesperson ['spəʊkspɜːsən] n porte-parole m inv.

spokeswoman ['spəʊkswʊmən] n porte-parole m inv.

spoliation [ˌspəʊliˈeɪʃn] n (Jur) destruction f des preuves, altération f d'un document.

sponsor¹ ['spɒnsə] n 1. mécène m inv, parrain m (f marraine) 2. (Pol) initiateur m (f -trice) d'une proposition de loi 3. (Fin) garant m.

sponsor² ['spɒnsə] vt 1. parrainer,

patronner **2.** *(Fin)* se porter caution pour.

sponsorship ['spɒnsəʃip] *n* parrainage *m*, mécénat *m*, patronage *m*.

spot [spɒt] *n* **1.** lieu *m* (*pl* -x), endroit *m*; ~ **delivery** livraison *f* immédiate; *(Bs)* ~ **market** marché *m* au comptant; *(Fin)* ~ **exchange rate** taux *m* de change au comptant; *(Fin)* ~ **price** cours *m* du disponible, prix *m* sur le marché libre **2.** *(Mkg/TV)* message *m*/spot *m* publicitaire.

spouse [spaʊs] *n* conjoint *m*.

spread[1] [spred] *n* **1.** dissémination *f*, propagation *f*, diffusion *f* **2.** étendue *f*, extension *f* **3.** éventail *m*, différence *f*, échelle *f*; **income** ~ éventail des revenus; **price** ~ différence *f* entre le prix de revient et le prix de vente **4.** *(Bs)* marge *f*, écart *m* de cours, stellage *m*.

spread[2] [spred] *v* (**spread, spread**) **1.** *vt* propager **2.** *vt* étaler, échelonner, répartir; ~ **a risk** répartir un risque; **payments are ~ over several months** les paiements sont échelonnés sur plusieurs mois **3.** *vi* se développer, s'étendre, se répandre.

spreadsheet ['spredʃi:t] *n* **1.** *(Inf)* tableur *m* **2.** feuille *f* de calcul.

spur [spɜ:] *vt* (*aussi* **spur on**) stimuler, inciter; ~ **economic growth** stimuler la croissance économique.

spurious ['spjʊəriəs] *adj* faux (*f* fausse), fallacieux (*f* -ieuse), contrefait.

spying ['spaɪɪŋ] *n* espionnage *m*.

squander ['skwɒndə] *vt* (*fonds*) gaspiller, dissiper.

square ['skweə] *vt* régler, payer; ~ **accounts** régler ses comptes.

squeeze [skwi:z] *n (Eco)* **credit** ~ restrictions *fpl* de crédit.

squeeze-out ['skwi:z aʊt] *n (Bs)* expulsion *f* des actionnaires minoritaires.

Sri Lanka [sri 'læŋkə] *n* Sri Lanka; *in/to* S~L~ au Sri Lanka.

Sri Lankan[1] [sri 'læŋkən] *adj* sri-lankais.

Sri Lankan[2] [sri 'læŋkən] *n* Sri-Lankais *m*.

s/s *v.* **steamship**.

stability [stə'bɪləti] *n* stabilité *f*.

stabilization [ˌsteɪbəlaɪ'zeɪʃn] *n* stabilisation *f*; ~ **policy** politique *f* de stabilisation.

stabilize ['steɪbəlaɪz] *vt* stabiliser.

stabilizer ['steɪbəlaɪzə] *n* stabilisateur *m*; *(Eco)* **built-in** ~**s** stabilisateurs organiques.

stable ['steɪbl] *adj* stable; ~ **equilibrium** équilibre *m* stable.

stack[1] [stæk] *n* pile *f*.

stack[2] [stæk] *vt (T)* empiler.

stacking ['stækɪŋ] *n (T)* gerbage *m*/ empilage *m* des conteneurs; ~ **device** dispositif *m* de gerbage.

staff[1] [stɑ:f] *ns inv* personnel *m*; **clerical** ~ personnel de bureau; ~ **meeting** réunion *f* du personnel; ~ **organization** structure *f* fonctionnelle; ~ **reduction** compression *f* des effectifs; ~ **representative** représentant *m* du personnel.

staff[2] [stɑ:f] *vt* pourvoir en personnel.

stage[1] [steɪdʒ] *n* **1.** étape *f*, stade *m*, phase *f*; **production** ~**s** phases de production **2.** scène *f* de (théâtre).

stage[2] [steɪdʒ] *vt* organiser, mettre sur pied.

stagflation [stæg'fleɪʃn] *n (Eco)* stagflation *f*.

stagger ['stægə] *vt* échelonner, espacer; ~ **lunch hours** échelonner les heures de déjeuner.

staggering ['stægrɪŋ] *adj* incroyable, stupéfiant; **a** ~ **amount of money** une somme d'argent faramineuse.

stagnant ['stægnənt] *adj* stagnant, dans le marasme.

stagnate [stæg'neɪt] *vi* stagner.

stagnation [stæg'neɪʃn] *n (Eco)* stagnation *f*, marasme *m*.

stake[1] [steɪk] *n* **1.** enjeu *m* (*pl* -x), mise *f*; **at** ~ en jeu **2.** *(Fin)* participation *f* financière.

stake[2] [steɪk] *vt* **1.** mettre en jeu, risquer **2.** ~ **a claim** revendiquer un droit.

stakeholder ['steɪkhəʊldə] *n* **1.** personne *f inv* ayant un intérêt dans une affaire **2.** dépositaire *mf* d'une somme contestée.

*****stakeholder capitalism** *n (Mgt)* doctrine *f* selon laquelle la priorité doit être donnée aux salariés d'une entreprise plutôt qu'aux actionnaires (*v.* **shareholder**).

stale [steɪl] *adj* **1.** (*bière*) éventé, (*pain*) rassis, (*lait*) pas frais (*f* fraîche) **2.** *(Jur)* prescrit, périmé; *(Bq)* ~ **cheque/check** chèque *m* périmé.

stalemate ['steɪlmeɪt] *n* impasse *f*; **negotiations have reached (a)** ~ les négociations sont dans l'impasse/sont au point mort.

stall[1] [stɔ:l] *n (Com)* éventaire *m*, étalage *m*, stand *m*.

stall[2] [stɔ:l] *vti (moteur)* caler, bloquer; *(fig)* perdre de la vitesse; **the negotiations have ~ed** les négociations sont dans l'impasse.

stamp[1] [stæmp] *n* **1.** *(poste)* timbre *m*, timbre-poste *m*; **no** ~ **required** ne pas affranchir **2.** sceau *m* (*pl* -x), cachet *m*, poinçon *m* ; ~ **duty** droit *m* de timbre.

stamp[2] [stæmp] *vt* **1.** tamponner, cacheter **2.** affranchir.

*stamp out *v part* écraser, étouffer, enrayer.

stampede [stæm'pi:d] *n* **1.** panique *f*, débandade *f* **2.** ruée *f*.

stance [stæns] *n* position *f*, attitude *f* ; **take a** ~ adopter une position.

stand[1] [stænd] *n* **1.** *(Com)* stand *m*, étalage *m*, éventaire *m* **2.** attitude *f*, position *f* **3.** *(Jur)* *(US)* barre *f* des témoins ; **take the** ~ paraître à la barre.

stand[2] [stænd] *v* (**stood, stood**) **1.** *vti* tenir ferme/bon, demeurer valable ; ~ **one's ground** tenir bon, ne pas reculer ; **our offer still** ~**s** notre offre reste valable **2.** *vt* supporter, tolérer **3.** *vi* se situer ; **as the law** ~**s** en l'état actuel de la législation **4.** *vi* prendre position, se situer ; **where do you** ~ **on this issue ?** quelle est votre position sur cette question ? **5.** *(Bs)* ~ **at a premium** faire prime, être au-dessus du pair.

*stand by *v part* **1.** *vi* se tenir prêt, être disponible **2.** *vt* rester fidèle à ; ~ **by an agreement** respecter un accord.

*stand down *v part* se désister ; ~ **down in favour/favor of another candidate** se désister en faveur d'un autre candidat.

*stand for *v part* **1.** *vt* représenter ; **what does this** ~ **for ?** que signifie ceci ? **2.** *vi* *(Pol)* *(UK)* ~ **for Parliament** se porter candidat aux élections parlementaires.

*stand out *v part* ressortir, se faire remarquer.

*stand up *v part* **1.** *(for)* prendre le parti (de), défendre **2.** *(to)* résister (à), tenir tête (à).

standard[1] ['stændəd] *adj* standard *inv*, normal (*pl* -aux), habituel (*f* -elle) ; ~ **agreement** contrat *m* type ; ~ **charge** forfait *m* ; ~ **cost** coût *m* standard ; ~ **deviation** écart *m* type ; ~ **time** heure *f* légale ; *(T)* ~**-railway/line** voie *f* à écartement normal.

standard[2] ['stændəd] *n* **1.** étendard *m*, drapeau *m* (*pl* -x) ; **the** ~ **bearer of his party** le « champion »/le porte-étendard de son parti **2.** niveau *m* (*pl* -x), degré *m* ; ~ **of living** niveau de vie ; *(Jur)* ~ **of care** niveau de prudence exigé ; *(Jur)* ~ **of proof** charge *f* de la preuve (*v.* **beyond a reasonable doubt, preponderance of evidence**) **3.** modèle *m*, type *m*, norme *f*, référence *f* ; ~ **accounting** ~**s** normes comptables ; **safety** ~**s** normes de sécurité **4.** *(Eco)* étalon *m* ; **gold** ~ étalon-or *m*.

*Standard and Poor's Index *n* *(Bs)* *(US)* indice *m* Standard et Poor.

*Standard Industrial Classification System (SICS) *n* *(US)* nomenclature *f* des industries.

standardization [ˌstændədaɪˈzeɪʃn] *n* standardisation *f*, normalisation *f*, mise *f* aux normes.

standardize ['stændədaɪz] *vt* mettre aux normes ; normaliser.

stand-by ['stænbaɪ] *adj* de réserve ; *(T)* ~ **passenger** passager *m* en liste d'attente/ en « stand-by » ; *(T)* ~ **freight** fret *m* à embarquer en attente ; *(Fin)* ~ **credit** ligne *f* de crédit ; *(Fin)* ~ **letter of credit** lettre *f* de crédit « stand-by »/de réserve.

stand-in ['stændɪn] *n* remplaçant *m*.

standing[1] ['stændɪŋ] *adj* **1.** permanent ; ~ **credit** crédit *m* permanent ; ~ **order for a newspaper** abonnement *m* ; *(Bq)* ~ **order** virement *m*/prélèvement *m* automatique ; *(Pol)* ~ **committee** commission *f* permanente **2.** debout, sur pied ; ~ **ovation** ovation *f* debout ; ~ **vote** vote *m* par assis et levés.

standing[2] ['stændɪŋ] *n* **1.** situation *f*, statut *m*, rang *m* ; **financial** ~ situation financière ; **social** ~ position *f* sociale **2.** durée *f* ; **of long** ~ de longue date **3.** *(Jur)* ~ **to sue** intérêt *m* pour agir.

standoff ['stændɒf] *n* impasse *f*, situation *f* bloquée.

standstill ['stænstɪl] *n* point *m* mort, impasse *f*.

staple[1] ['steɪpl] *adj* de base, courant ; ~ **commodities** produits *mpl* de première nécessité, produits principaux ; ~ **industry** industrie *f* de base.

staple[2] ['steɪpl] *n* **1.** produit *m* de base **2.** *(Emb)* agrafe *f*.

staple[3] ['steɪpl] *vt* *(Emb)* agrafer.

stapler ['steɪplə] *n* *(Emb)* agrafeuse *f*.

star [stɑː] *n* **1.** étoile *f* **2.** vedette *f inv*, star *f inv* ; **our** ~ **salesman** notre meilleur vendeur.

*Star Chamber *n* *(Jur)* *(UK)* « la Chambre étoilée » ; tribunal correctionnel aboli au XVIIe siècle et caractérisé par ses délibérations secrètes et l'absence d'un jury, qui en ont fait le symbole d'une justice expéditive et arbitraire.

*Star-Spangled Banner *n* *(US)* « La Bannière étoilée » ; titre de l'hymne *m* national américain.

*Stars and Stripes *npl* *(US)* drapeau *m* (*pl* -x) américain.

starboard ['stɑːbəd] *n* *(T)* tribord *m* ; **to** ~ à tribord.

stare decisis [ˌsteəri drˈsaɪzɪs] *n* *(Jur)* principe *m* clé de la **common law** qui impose le respect des décisions rendues et de la jurisprudence (v. **precedent**).

start¹ [stɑːt] *n* commencement *m*, début *m*.

start² [stɑːt] *v* **1.** *vt* commencer, entamer, lancer, ouvrir ; ~ *a business* créer un commerce ; ~ *negotiations* entamer des négociations **2.** *vi* commencer, démarrer.

starting ['stɑːtɪŋ] *adj* initial (*mpl* -iaux), de départ, de début ; ~ *price* prix *m* de départ ; ~ *salary* salaire *m* d'embauche.

start-up ['stɑːt ʌp] *adj* initial (*mpl* -iaux), de départ ; ~ *capital* capital *m* de départ, capital initial ; ~ *expenses* frais *mpl* d'établissement/d'installation.

state¹ [steɪt] *n* **1.** état *m*, condition *f* ; ~ *of the art* à la pointe de la technique ; ~ *of mind* état d'esprit ; *(Pol) (US) Message on the S*~ *of the Union* bilan *m* annuel présenté par le Président des Etats-Unis devant le Congrès **2.** Etat *m* ; *welfare* ~ Etat-providence *m* ; ~*-controlled economy* économie *f* dirigée ; ~*-controlled enterprise* entreprise *f* publique ; *(Jur) (US)* ~ *action* action *f* de l'Etat en contravention des droits civils **3.** *(Pol) (US) the S*~*s* les 50 Etats de l'Union fédérale ; ~ *capital* la capitale d'un Etat fédéré ; ~ *courts* tribunaux étatiques.

*****State Department** *n (Pol) (US)* ministère *m* des Affaires étrangères.

*****states' rights** *npl (Pol) (US)* droits *mpl* que la Constitution réserve aux Etats de l'Union en vertu du 10ᵉ amendement.

state² [steɪt] *vt* déclarer, affirmer, spécifier, préciser.

stated ['steɪtɪd] *adj* fixé, stipulé ; *(Fin)* ~ *capital* capital *m* déclaré ; *(Cpta)* ~ *value* valeur *f* comptable.

statehood ['steɪthʊd] *n (Pol)* statut *m* d'Etat.

statement ['steɪtmənt] *n* **1.** exposé *m*, déclaration *f* ; *(Jur)* ~ *of claim* déclaration *f* du demandeur ; ~ *of requirements* cahier *m* des charges ; *(Jur) the witness'* ~ la déposition *f* du témoin **2.** *(Fin)* état *m*, bilan *m* comptable ; ~ *of account* relevé *m*/extrait *m* de compte ; *(US)* ~ *of change in financial position* source *f* et application *f* des flux financiers ; *(US)* ~ *of retained earnings* compte *m* d'affectation des réserves.

statesman ['steɪtsmən] *n (Pol)* homme *m* d'Etat.

statesmanship ['steɪtsmənʃɪp] *n (Pol)* **1.** habileté *f* politique **2.** diplomatie *f*.

static ['stætɪk] *adj* statique ; ~ *analysis* analyse *f* statique ; ~ *model* modèle *m* statique.

station ['steɪʃn] *n* **1.** *(T)* gare *f*, *(métro)* station *f* **2.** poste *m*, station *f* ; *police* ~ commissariat *m* de police ; *power* ~ centrale *f* électrique ; *service* ~ station-service *f* **3.** position *f*, rang *m*, condition *f*, situation *f* **4.** station *f* de radio, chaîne *f* de télévision.

stationary ['steɪʃnri] *adj* stationnaire ; ~ *state* état *m* stationnaire.

stationery ['steɪʃnri] *ns inv* (articles de) papeterie *f*.

statistic [stə'tɪstɪk] *n* statistique *f*, chiffre *m* (v. **statistics**).

statistical [stə'tɪstɪkl] *adj* statistique ; ~ *distribution* distribution *f* statistique ; ~ *estimation* estimation *f* statistique ; ~ *series* série *f* statistique.

statistics [stə'tɪstɪks] *n* **1.** *(étude)* la statistique **2.** *(chiffres)* statistiques *fpl* (v. **statistic**).

status ['steɪtəs] *n* **1.** situation *f*, position *f*, statut *m* ; *legal* ~ statut légal ; *social* ~ position sociale **2.** situation *f*, position *f* ; ~ *of accounts* situation des comptes ; *credit* ~ solvabilité *f* ; ~ *report* état *m* d'avancement des travaux **3.** prestige *m* ; ~ *symbol* marque *f* de prestige.

status quo [ˌsteɪtəs ˈkwəʊ] *n* statu quo *m*.

statute ['stætjuːt] *n (Jur)* loi *f*, ordonnance *f* ; ~*-barred* prescrit ; ~ *book* code *m* ; *on the* ~ *book* inscrit dans la législation ; ~ *law* législation *f*, droit *m* écrit ; *remedial* ~ loi réformatrice.

*****Statute of Frauds** *n (Jur)* loi *f* sur les fraudes et les parjures qui exige que certains contrats soient établis par écrit.

*****statute of limitations** *n (Jur)* loi *f* de prescription extinctive (après la survenance d'un préjudice).

*****statute of repose** *n (Jur)* loi *f* de prescription extinctive (indépendamment de l'existence ou non d'un préjudice).

statutory ['stætjʊtri] *adj* légal (*mpl* -aux), réglementaire, statutaire ; ~ *instrument* instrument *m* législatif ; ~ *law* législation *f*, droit *m* écrit/positif ; ~ *notice* délai *m* légal de préavis ; ~ *rape* relations *fpl* sexuelles avec un(e) mineur(e).

stave off [ˌsteɪv ˈɒf] *v part* éviter, prévenir, repousser, échapper à ; ~ *off bankruptcy* échapper à la faillite ; ~ *off foreclosure* éviter la saisie.

stay¹ [steɪ] *n* **1.** séjour *m* **2.** *(Jur)* suspension *f*, sursis *m* ; ~ *of execution* sursis d'exécution ; ~ *of proceedings* suspension d'instance/d'audience.

stay² [steɪ] *v* **1.** *vi* rester, séjourner **2.** *vt* retarder, *(Jur)* différer, surseoir à.

steady¹ ['stedi] *adj* régulier (*f* -ière),

constant, continu ; **~ *increase*** augmentation *f* régulière ; **~ *improvement*** progression *f* régulière/constante.

steady[2] ['stedi] *v* **1.** *vt* stabiliser, raffermir, régulariser **2.** *vi* se stabiliser, se raffermir.

steal[1] [sti:l] *n* (*US*) **1.** vol *m* **2.** affaire *f*, occasion *f*.

steal[2] [sti:l] *vt* (**stole, stolen**) voler, dérober.

stealth [stelθ] *loc by ~* furtivement, à la dérobée, clandestinement.

steam [sti:m] *ns inv* vapeur *f*.

steamboat ['sti:mbəʊt] *n* (*T*) bateau *m* (*pl* -x) à vapeur, vapeur *m*.

steamroller ['sti:mrəʊlə] *n* rouleau *m* (*pl* -x) compresseur.

steamship (s/s) ['sti:mʃɪp] *n* (*T*) paquebot *m*.

steel [sti:l] *n* acier *m* ; **~ *industry*** la sidérurgie *f*.

steelworker ['sti:lwɜ:kə] *n* sidérurgiste *mf*.

steep [sti:p] *adj* raide, abrupt ; *a ~ rise in prices* une forte hausse des prix.

steer [stɪə] *vt* conduire, diriger.
 *****steering committee** *n* (*Pol*) (*US*) commission *f* qui prépare le programme d'une session parlementaire.

stem [stem] *vt* freiner, endiguer, enrayer, contenir.
 *****stem from** *v part* provenir de, être issu de.

stenographer [stə'nɒgrəfə] *n* sténographe *mf*.

stenography [stə'nɒgrəfi] *n* sténographie *f*.

step [step] *n* **1.** pas *m* **2.** démarche *f*, mesure *f* ; *take ~s* prendre des dispositions *fpl* **3.** étape *f*.
 *****step back** *v part* reculer.
 *****step down** *v part* se retirer, se désister.
 *****step in** *v part* intervenir, s'interposer.
 *****step up** *v part* augmenter, accélérer ; **~ *up production*** accélérer la production.

sterling[1] ['stɜ:lɪŋ] *adj* de bonne qualité, solide, de bon aloi.

sterling[2] ['stɜ:lɪŋ] *n* (*Fin*) livre *f* sterling ; **~ *area*** zone *f* sterling ; **~ *balance*** balance *f* sterling.

stevedore ['sti:vədɔ:] *n* (*T*) arrimeur *m inv*, docker *m inv*.

stevedoring ['sti:vədɔ:rɪŋ] *n* (*T*) manutention *f* maritime.

steward ['stjuːəd] *n* régisseur *m inv*, intendant *m* ; *shop ~* délégué *m* du personnel/délégué *m* syndical.

stewardship ['stjuːədʃɪp] *n* intendance *f*.

stick [stɪk] *vt* (**stuck, stuck**) coller ; (*UK*) **~ *no bills*** défense d'afficher.

sticker ['stɪkə] *n* étiquette *f* (autocollante) ; **~ *price*** prix *m* affiché ; (*fam*) **~ *shock*** scandale *m* des prix.

stiff [stɪf] *adj* **1.** rigide, raide ; **~ *regulations*** règlement(s) *m(pl)* draconien(s) **2.** difficile, ardu ; **~ *competition*** concurrence *f* vive.

stimulate ['stɪmjuleɪt] *vt* stimuler, relancer.

stipend ['staɪpend] *n* traitement *m*, salaire *m*.

stipulate ['stɪpjuleɪt] *vt* stipuler, préciser.

stipulation [ˌstɪpjuˈleɪʃn] *n* **1.** stipulation *f*, condition *f*, clause *f* **2.** (*Jur*) accord *m* conclu entre les avocats des parties pour ne pas soulever certains points pendant l'audience.

stock[1] [stɒk] *adj* commun, ordinaire ; **~ *phrase*** expression *f* consacrée, cliché *m*.

stock[2] [stɒk] *n* **1.** marchandises *fpl*, provisions *fpl*, stock *m* ; *take ~ of* faire l'inventaire *m* ; *in ~* en stock ; *out of ~* épuisé ; (*Agr*) *live ~* bétail *m* sur pied, cheptel *m* ; (*T*) *rolling ~* matériel *m* ferroviaire roulant ; **~-*building*** accumulation *f* des stocks ; **~ *control*** gestion *f* des stocks ; **~ *shortage*** rupture *f* de stock ; **~ *turnover*** rotation *f* des stocks **2.** (*Bs*) (*syn.* **share**) titre *m*, valeur *f*, (*US*) action *f* ; *ordinary ~* actions ordinaires ; *preferred ~* actions privilégiées ; **~ *certificate*** certificat *m* d'actions, titre *m* au porteur ; **~ *exchange/market*** bourse *f* des valeurs ; **~ *market crash*** crise *f* boursière ; **~ *market speculation*** spéculation *f* boursière ; **~ *option plan*** plan *m* d'option sur titres ; **~ *split*** division *f* d'actions.
 *****stocks and bonds** *npl* (*Fin*) valeurs *fpl* mobilières.

stock[3] [stɒk] *vt* **1.** approvisionner **2.** stocker, avoir en stock.

stock.broker ['stɒkbrəʊkə] *n* (*Bs*) courtier *m inv* en valeurs, agent *m inv* de change.

stockholder ['stɒkhəʊldə] *n* (*Fin*) détenteur *m* (*f* -trice) de titres, (*US*) actionnaire *mf* ; (*Jur*) (*US*) *~s' derivative action* (*aussi* **shareholders' derivative action**) action *f* oblique intentée par des actionnaires au profit de la société ; (*US*) **~ *equity*** fonds *mpl* propres, situation *f* nette ; (*US*) *~s' liability* responsabilité *f* des actionnaires ; (*US*) *~s' meeting* assemblée *f* des actionnaires.

stockjobber ['stɒkdʒɒbə] *n* (*Fin*) **1.** marchand *m* de titres, négociant *m inv* en valeurs **2.** (*Bs/Fin*) agioteur *m inv*.

strict

stock-keeper ['stɒkki:pə] n magasinier m inv.

stockpiling ['stɒkpaɪlɪŋ] n accumulation f de marchandises (en magasin).

stockroom ['stɒkru:m] n entrepôt m.

stocktaking ['stɒkteɪkɪŋ] n inventaire m.

stockyard ['stɒkjɑ:d] n parc m à bestiaux.

stole [stəʊl] v. **steal²**.

stolen [stəʊlən] v. **steal²**.

stood [stʊd] v. **stand²**.

stop¹ [stɒp] n **1.** arrêt m, halte f, pause f **2.** (Bs) ~ **order** ordre m stop; ~ **limit order** ordre m d'achat stop; ~ **sell order** ordre m de vente stop.

*****stop-and-go** n (Eco) politique f économique en accordéon, avec succession de relances et de coups de frein.

stop² [stɒp] v **1.** vt arrêter, bloquer, interrompre, cesser **2.** vi s'arrêter, se terminer, cesser.

*****stop and frisk** n (Jur) (US) fouille f rapide d'un suspect (sur place).

*****stop-payment order** n (Bq) **issue a** ~ faire opposition à un chèque.

stopgap ['stɒpgæp] n (mesure, personne) bouche-trou m inv; ~ **measure** mesure f provisoire.

stopover ['stɒpəʊvə] n (T) escale f.

stoppage ['stɒpɪdʒ] n arrêt m, interruption f; (T) ~ **in transit** arrêt m/ récupération f par le vendeur de marchandises (non réglées) en cours de transport; **work** ~ arrêt de travail.

storage ['stɔ:rɪdʒ] n **1.** emmagasinage m, entreposage m, stockage m; ~ **area** aire f de stockage; ~ **capacity** capacité f d'emmagasinage; ~ **charges** frais mpl de stockage; **2.** (Inf) mise f en mémoire; ~ **capacity** capacité f mémoire/de stockage.

store¹ [stɔ:] n **1.** entrepôt m, magasin m **2.** réserve f, stock m **3.** (US) (UK **shop**) magasin m; ~ **brand** marque f de distributeur; (D) **bond** ~ magasin sous douane; **department** ~ grand magasin; **multiple** ~ magasin à succursales multiples; **refrigerator** ~ magasin réfrigéré; (US) **specialty** ~ magasin spécialisé.

store² [stɔ:] vt stocker, entreposer; (D) ~ **under bond** entreposer sous douane.

storehouse ['stɔ:haʊs] n entrepôt m.

storekeeper ['stɔ:ki:pə] n magasinier m inv, commerçant m.

storeroom ['stɔ:ru:m] n dépôt m, entrepôt m, réserve f.

stout [staʊt] adj robuste.

stow [stəʊ] vt (T) arrimer.

stowage ['stəʊɪdʒ] n (T) **1.** arrimage m **2.** frais mpl d'arrimage.

straddle ['strædl] n (Bs) ordre m lié, opération f à cheval, stellage m.

straight [streɪt] adj **1.** franc (f franche), direct, net (f nette); **set the record** ~ mettre les choses au net; (Fin) ~ **bond** obligation f à taux fixe **2.** en ordre, bien rangé **3.** droit; (Cpta) ~**-line depreciation** amortissement m linéaire, amortissement m constant.

strain [streɪn] n tension f, pression f.

strained [streɪnd] adj tendu; ~ **relations** relations fpl tendues.

straits [streɪts] npl **in dire** ~ dans une situation désespérée.

stranglehold ['stræŋglhəʊld] n **economic** ~ mainmise f économique, quasi-monopole m.

strap¹ [stræp] n (Emb) courroie f, sangle f.

strap² [stræp] vt (Emb) cercler, renforcer par des sangles fpl.

strategic [strə'ti:dʒɪk] adj stratégique.

*****strategic business unit (SBU)** n (Mgt) domaine m d'activité stratégique.

strategist ['strætədʒɪst] n stratège m inv.

strategy ['strætədʒɪ] n stratégie f.

straw [strɔ:] n paille f; (US) ~ **poll** sondage m officieux; (Jur) ~**man** homme m de paille.

stream [stri:m] n flot m, flux m; **bring on** ~ mettre en service; **down**~ en aval; **up**~ en amont.

*****stream of commerce** n (Jur) (US) commerce m interétatique de marchandises soumis à la législation fédérale.

streamer ['stri:mə] n **1.** banderole f **2.** (Inf) dévideur m.

streamline ['stri:mlaɪn] vt **1.** rendre aérodynamique **2.** moderniser, simplifier, rationaliser; ~ **a process** rationaliser un processus.

street [stri:t] n rue f; (UK) **high** ~ (US **main street**); grand-rue f, rue commerçante; ~ **hawker** marchand m ambulant.

*****street price** n (Bs) prix m hors Bourse.

strength [streŋθ] n force f, solidité f; **the** ~ **of the dollar** la solidité du dollar.

strengthen ['streŋθən] v **1.** vt renforcer, raffermir, consolider **2.** vi se renforcer, se raffermir, se consolider.

stress [stres] n **1.** pression f, tension f, stress m **2.** insistance f; **put the** ~ **on** mettre l'accent sur.

strict [strɪkt] adj strict, rigoureux (f -euse).

*****strict construction** n (Jur) (US) interprétation *f* stricte de la loi/de la Constitution.

*strict liability *n* (*Jur*) responsabilité *f* objective, responsabilité sans faute.

*strict scrutiny test *n* (*Jur*) (*US*) test *m* de droit constitutionnel permettant l'examen approfondi d'une action du gouvernement.

strike¹ [straɪk] *n* **1.** grève *f*, débrayage *m* ; *right to* ~ droit *m* de grève ; *no-~ clause* interdiction *f* de faire grève (stipulée dans le contrat d'engagement) ; *go on* ~ faire grève ; *ca'canny* ~ grève du zèle ; *general* ~ grève générale ; *hunger* ~ grève de la faim ; *sit-down* ~ grève sur le tas ; *sit-in* ~ occupation *f* d'usine ; *sympathy* ~ grève de solidarité ; *wildcat* ~ grève sauvage **2.** découverte *f* ; *oil* ~ découverte de pétrole.

strike² [straɪk] *v* (**struck, struck**) **1.** *vi* faire grève **2.** *vt* frapper **3.** *vt* établir, conclure ; ~ *a deal* arriver à un accord **4.** ~ *from the list* rayer de la liste.

*strike down *v part* (*Jur*) déclarer inconstitutionnel, annuler.

strikebreaker ['straɪkbreɪkə] *n* briseur *m* (*f* -euse) de grève, jaune *mf*.

string [strɪŋ] *n* (*Emb*) ficelle *f*.

stringent ['strɪndʒənt] *adj* strict, rigoureux (*f* -euse).

strip¹ [strɪp] *n* bande *f* ; *comic* ~ bande dessinée ; (*US*) ~ *mine* mine *f* à ciel ouvert.

strip² [strɪp] *vt* **1.** dépouiller **2.** (*T*) (*conteneur*) dépoter.

stripping ['strɪpɪŋ] *n* **1.** démembrement *m* **2.** (*T*) dépotage *m* de conteneur.

strong [strɒŋ] *adj* robuste.

struck [strʌk] *v.* **strike²**.

structural ['strʌktʃərəl] *adj* structurel (*f* -elle) ; (*Eco*) ~ *inflation* inflation *f* structurelle ; (*Eco*) ~ *unemployment* chômage *m* structurel.

structure ['strʌktʃə] *n* structure *f*.

structured ['strʌktʃəd] *adj* structuré.

stub [stʌb] *n* (*chèque*) talon *m*, souche *f*.

stuck [stʌk] *v.* **stick.**

student ['stjuːdnt/'stuːdnt] *n* étudiant *m*.

study¹ [stʌdi] *n* étude *f*, enquête *f* ; ~ *group* groupe *m* d'étude.

study² [stʌdi] *vt* étudier, examiner.

stuff [stʌf] *vt* **1.** bourrer **2.** (*T*) (*conteneur*) empoter.

stuffing ['stʌfɪŋ] *n* **1.** bourrage *m* **2.** (*T*) (*conteneur*) empotage *m*.

stumbling block ['stʌmblɪŋ blɒk] *n* obstacle *m*, pierre *f* d'achoppement.

sturdy ['stɜːdi] *adj* robuste.

style [staɪl] *n* **1.** style *m*, manière *f* ; ~ *of living* manière de vivre, mode *m* de vie **2.** mode *f* ; *out of* ~ démodé.

sua sponte [ˌsuəˈspɒntiː] *loc* (*Jur*) d'office.

Subchapter C corporation ['sʌbtʃæptə ˈsiː ˌkɔːpəˈreɪʃn] *n* (*Fisc*) (*US*) société *f* soumise à l'impôt sur les sociétés.

Subchapter S corporation ['sʌbtʃæptər ˈes ˌkɔːpəˈreɪʃn] *n* (*Fisc*) (*US*) petite société *f* imposée comme s'il s'agissait d'une entreprise individuelle.

subcommittee ['sʌbkəmɪti] *n* sous-commission *f*.

subcompact [ˌsʌbkəmˈpækt] *adj* de petit format, miniature.

subcontract¹ [sʌbˈkɒntrækt] *n* contrat *m* de sous-traitance.

subcontract² [ˌsʌbkənˈtrækt] *vt* sous-traiter.

subcontractor [ˌsʌbkənˈtræktə] *n* sous-traitant *m*.

subdivide [ˌsʌbdɪˈvaɪd] *vt* subdiviser.

subgroup ['sʌbgruːp] *n* sous-groupe *m*.

subject¹ ['sʌbdʒekt] *adj* **1.** (*to*) soumis à ; (*Jur*) ~ *to military law* justiciable des tribunaux militaires ; (*D*) ~ *to duty* soumis à droits de douane ; ~ *to quotas* contingenté, soumis à quotas **2.** (*to*) sous réserve de, sauf ; ~ *to ratification* sous réserve de ratification.

subject² ['sʌbdʒekt] *n* **1.** (*d'un pays*) sujet *m*, ressortissant *m* **2.** matière *f* enseignée **3.** sujet *m*, question *f* **4.** (*Jur*) objet *m* (d'un contrat).

*subject matter jurisdiction *n* (*Jur*) compétence *f* d'attribution.

subject³ [səbˈdʒekt] *vt* ~ *sb to sth* exposer qn à qch.

sub judice [sʌb ˈdʒuːdɪsi] *adj* (*Jur*) en instance, pendant.

sublease¹ ['sʌbliːs] *n* (*Jur*) sous-location *f*.

sublease² [ˌsʌbˈliːs] *vt* (*Jur*) sous-louer.

sublessee [ˌsʌbleˈsiː] *n* (*Jur*) sous-locataire *mf*.

sublessor [ˌsʌbleˈsɔː] *n* (*Jur*) sous-bailleur *m* (*f* -eresse).

sublet [ˌsʌbˈlet] *vt* (*Jur*) sous-louer, sous-traiter.

subliminal [ˌsʌbˈlɪmɪnəl] *adj* subliminal (*pl* -aux) ; (*Mkg*) ~ *advertising* publicité *f* subliminale.

submerged [səbˈmɜːdʒd] *adj* submergé, invisible ; (*Eco*) ~ *economy* économie *f* informelle.

submission [səbˈmɪʃn] *n* **1.** communication *f*, soumission *f* ; ~ *of a government proposal* dépôt *m* d'un projet de loi **2.** (*Jur*) plaidoirie *f*, thèse *f* **3.** (*Jur*)

convention *f* arbitrale, clause *f* compromissoire.

submit [səb'mɪt] *v* **1.** *vt (documents,
rapport)* remettre **2.** *vt* soumettre ; *(Jur)*
~ *the case to* en référer à, saisir **3.** *vi*
affirmer, alléguer ; *(Jur)* **we ~ *that
there is no case*** nous plaidons le non-
lieu.

sub-office [ˌsʌb 'ɒfɪs] *n* succursale *f*,
sous-agence *f*.

subordinate[1] [sə'bɔ:dɪnət] *adj* subalterne, subordonné ; *(Pol) (US)* **~ *legislation*** pouvoir *m* législatif « délégué »
(accordé à l'exécutif par délégation du
législatif).

subordinate[2] [sə'bɔ:dɪnət] *n* subordonné
m, subalterne *mf*.

subordinate[3] [sə'bɔ:dɪneɪt] *vt* subordonner.

subordination [səˌbɔ:dɪ'neɪʃn] *n* subordination *f* ; *(Jur)* **~ *agreement*** acceptation *f* de rang secondaire par un créancier privilégié.

subornation [ˌsʌbɔ:'neɪʃn] *n (Jur)* corruption *f* ; **~ *of perjury*** incitation *f* au
faux témoignage, subornation *f* de témoin.

subparagraph [ˌsʌb'pærəgræf] *n* sous-
alinéa *m*.

subpoena[1] [sə'pi:nə] *n (Jur)* citation *f*,
assignation *f* à comparaître sous peine
d'amende.

subpoena[2] [sə'pi:nə] *vt (Jur)* citer, assigner à comparaître.

subrogate ['sʌbrəgeɪt] *vt (Ass)* subroger.

subrogation [ˌsʌbrə'geɪʃn] *n (Ass)* subrogation *f* ; *(Ass)* **~ *clause*** clause *f* su-
brogatoire.

subscribe [səb'skraɪb] *v* **1.** *vi (to)*
s'abonner à ; **~ *to a newspaper*** s'abonner à un journal **2.** *vt (Jur)* signer ; **~
*a document*** signer un document **3.** *vi
(Fin)* souscrire ; **~ *for a loan*** souscrire
à un emprunt.

subscribed [səb'skraɪbd] *adj (Fin)* souscrit ; *capital fully* **~** capital *m (pl* -aux)
entièrement souscrit.

subscriber [səb'skraɪbə] *n* **1.** *(contrat)*
signataire *mf* **2.** *(journal)* abonné *m*
3. *(Fin)* souscripteur *m (f* -trice).

subscription [səb'skrɪpʃn] *n* **1.** signature *f* **2.** abonnement *m*, cotisation *f*
3. *(Fin)* souscription *f* ; **~ *price*** prix *m*
de souscription ; **~ *rights*** droits *mpl* de
souscription.

subside [səb'saɪd] *vi* baisser, diminuer,
se calmer.

subsidiary[1] [səb'sɪdiəri] *adj* auxiliaire,
annexe, subsidiaire ; **~ *condition*** condition *f* subsidiaire.

subsidiary[2] [səb'sɪdiəri] *n (Mgt)* filiale
f ; *wholly-owned* **~** filiale détenue à
100 %.

subsidize ['sʌbsɪdaɪz] *vt* subventionner ;
~*d housing* logements *mpl* sociaux.

subsidy ['sʌbsədi] *n* subvention *f*, apport
m ; *price subsidies* subventions *fpl* à la
consommation, visant à faire baisser ar-
tificiellement les prix de certains produits de consommation courante.

subsistence [səb'sɪstəns] *n* subsistance
f ; **~ *economy*** économie *f* de subsistance ; **~ *level*** niveau *m (pl* -x) de subsistance ; **~ *wage*** salaire *m* de subsistance.

substandard [ˌsʌb'stændəd] *adj* de qualité inférieure.

substantial [səb'stænʃl] *adj* **1.** considérable, réel *(f* -elle), important, fondé ;
(Jur) **~ *performance*** exécution *f* substantielle suffisant à engager l'autre partie ; **~ *progress*** un progrès sensible
2. suffisant, concluant ; *(Jur)* **~ *evidence*** preuve *f* concluante.

substantive [səb'stæntɪv] *adj* **1.** indépendant, autonome, réel *(f* -elle) ; *(Jur)*
~ *charge* chef *m* d'accusation qui repose sur un fait matériel précis **2.** positif *(f* -ive), de fond ; *(Jur)* **~ *law*** droit
m positif, envisagé dans sa substance
comme un ensemble de règles de fond ;
(Jur) **~ *evidence*** preuves *fpl* au fond.

substitute[1] ['sʌbstɪtju:t] *adj* de remplacement ; **~ *products*** produits *mpl*
de substitution.

substitute[2] ['sʌbstɪtju:t] *n* **1.** suppléant
m, remplaçant *m*, mandataire *mf* **2.** produit *m* de remplacement ; **~*s*** biens *mpl*
substituables.

substitute[3] ['sʌbstɪtju:t] *v* **1.** *vt* substituer ; **~ *capital for labour/labor*** substituer le capital à la main-d'œuvre ; *(Jur)*
~*d service* mode *m* d'assignation autre
qu'à personne dénommée **2.** *vi* suppléer,
remplacer qn.

substitution [ˌsʌbstɪ'tju:ʃn] *n* substitution *f* ; *(Eco)* **~ *elasticity*** élasticité *f* de
substitution ; *(Eco)* **~ *effect*** effet *m* de
substitution.

subtenancy [ˌsʌb'tenənsi] *n (Jur)* sous-
location *f*.

subtenant [ˌsʌb'tenənt] *n (Jur)* sous-
locataire *mf*.

subtitle ['sʌbtaɪtl] *n* sous-titre *m*.

suburb ['sʌbɜ:b] *n* banlieue *f* ; *in the* **~*s***
en banlieue ; *the London* **~*s*** la banlieue
de Londres.

suburban [sə'bɜ:bən] *adj* de banlieue.

subversion [səb'vɜ:ʃn] *n (Pol)* subversion *f*.

subway ['sʌbweɪ] *n* **1.** *(UK)* passage *m* souterrain **2.** *(T)* *(US)* métro *m*.

succeed [sək'si:d] *v* **1.** *vi (in)* réussir à **2.** *vt (suivre)* succéder à.

succeeding [sək'si:dɪŋ] *adj* suivant.

success [sək'ses] *n* succès *m (pl inv)*; ~ *story* exploit *m*, réussite *f*, succès *m*.

successful [sək'sesfəl] *adj* réussi; *(enchères)* ~ *bidder* adjudicataire *mf*; *(appel d'offres)* ~ *tenderer* adjudicataire *mf*.

succession [sək'seʃn] *n* **1.** série *f*, succession *f* **2.** *(Pol)* *(US)* *Presidential S~ Act* loi *f* (1947) de succession à la présidence; *(Jur)* *law of* ~ droit *m* successoral.

successor [sək'sesə] *n* successeur *m inv*; *(Jur)* ~ *in interest* qui succède/fait suite à un droit de propriété.

Sudan [su'dɑːn] *n* Soudan *m*; *in/to S~* au Soudan.

Sudanese[1] [ˌsuːdə'niːz] *adj* soudanais.

Sudanese[2] [ˌsuːdə'niːz] *n (pl inv)* Soudanais *m*.

sudden ['sʌdn] *adj* brusque.

sue [sjuː / suː] *v (Jur)* **1.** *vt* poursuivre en justice; ~ *sb for damages* poursuivre qn en dommages-intérêts **2.** *vi* entamer une action en justice, intenter un procès.

sufferance ['sʌfrəns] *n* **1.** *(Jur)* permission *f*, acceptation *f* passive, tolérance *f* **2.** *(D)* exemption *f* de droits de douane; *bill of* ~ lettre *f* d'exemption de droits de douane.

sufficient [sə'fɪʃnt] *adj* suffisant; *self-*~ autosuffisant; *(Jur)* ~ *evidence* preuve *f* suffisante.

suffrage ['sʌfrɪdʒ] *n (Pol)* droit *m* de vote, suffrage *m*, vote *m*; *universal* ~ suffrage universel.

suggested [sə'dʒestɪd] *adj* suggéré, conseillé; *(Mkg)* ~ *retail price* prix *m* conseillé.

suggestion [sə'dʒestʃn] *n* suggestion *f*.

suicide ['suːɪsaɪd] *n* **1.** *(acte)* suicide *m*; ~ *bid/attempt* tentative *f* de suicide **2.** *(victime)* suicidé *m*.

suit[1] [suːt] *n (Jur)* action *f*, instance *f*, procès *m*, poursuites *fpl*; *creditor's* ~ action en recouvrement de créance; *be a party to a* ~ être en cause.

suit[2] [suːt] *vt* convenir à, bien aller à; *that* ~*s him* ça lui convient/lui va bien.

suitable ['suːtəbl] *adj* qui convient, adéquat.

suitor ['suːtə] *n (Jur)* plaideur *m* (*f* -euse).

sum [sʌm] *n* somme *f*; *lump* ~ somme forfaitaire; ~*s advanced* avance *f* de

fonds; *(Jur)* ~ *certain* montant *m* déterminé; ~ *total* somme totale.

summarize ['sʌməraɪz] *vt* résumer, récapituler.

summary[1] ['sʌmrɪ] *adj* sommaire; *(Jur)* ~ *judgment* jugement *m* sommaire (uniquement basé sur des points de droit); *(Jur)* ~ *procedure* référé *m*.

summary[2] ['sʌmrɪ] *n* résumé *m*, récapitulation *f*, sommaire *m*; ~ *statement* état *m* récapitulatif; ~ *of the proceedings* compte *m* rendu de la séance.

summit ['sʌmɪt] *n (Pol)* sommet *m*, réunion *f* au sommet.

summon ['sʌmən] *vt* **1.** *(Jur)* citer à comparaître, convoquer; ~ *a witness* citer un témoin **2.** *(Pol)* convoquer une assemblée; ~ *Parliament* convoquer le Parlement.

summons ['sʌmənz] *n (Jur)* citation *f* à comparaître, mandat *m*; *serve a* ~ *on sb* signifier une assignation à qn.

Sunbelt ['sʌnbelt] *n (US)* région *f* du sud et du sud-ouest des Etats-Unis préférée des retraités.

Sunday ['sʌndeɪ] *n* dimanche; *(Jur)* *S~-closing laws* (*aussi* **blue laws**) lois *fpl* sur la fermeture dominicale.

sundry ['sʌndrɪ] *adj* divers; *(Cpta)* ~ *creditors account* compte *m* dettes diverses; *(Cpta)* ~ *debtors account* compte *m* créances diverses; *(Cpta)* ~ *liabilities* passifs *mpl* divers.

sunk [sʌŋk] *v.* **sink**.

sunk cost *n (Eco)* coût *m* fixe.

sunset law ['sʌnset lɔː] *n (Jur)* *(US)* loi *f* exigeant des entités administratives qu'elles justifient périodiquement de leur existence auprès du législateur.

sunshine law ['sʌnʃaɪn lɔː] *n (Jur)* *(US)* loi *f* sur la transparence des agences gouvernementales.

Superfund ['suːpəfʌnd] *n (US)* fonds *m* destiné à réhabiliter les sites contaminés (*v.* **Environmental Protection Agency**).

superior [su'pɪərɪə] *adj* supérieur.

superior court *n (Jur)* **1.** *(US)* désignation *f* donnée aux tribunaux d'instance dans plusieurs Etats **2.** désignation *f* donnée à la **High Court of Justice**, à la **Crown Court**, à la **Court of Appeal** et à la **House of Lords** (*v.* **Supreme Court**).

supermarket ['suːpəmɑːkɪt] *n (Com)* supermarché *m*.

supersede [ˌsuːpə'siːd] *vt* remplacer, supplanter; *(Jur)* *superseding cause* acte *m* d'un tiers qui exonère de sa responsabilité l'auteur d'un dommage.

superstore ['su:pəstɔ:] *n* (*Com*) grande surface *f*, hypermarché *m*.

supertanker ['su:pətæŋkə] *n* (*T*) pétrolier *m* géant.

supervene [,su:pə'vi:n] *vi* survenir ; (*Jur*) *supervening cause* fait *m* postérieur qui exonère de sa responsabilité l'auteur d'un dommage.

supervise ['su:pəvaɪz] *vt* surveiller, diriger, superviser.

supervisor ['su:pəvaɪzə] *n* surveillant *m*, contremaître *m* (*f* contremaîtresse).

supervisory ['su:pəvaɪzrɪ] *adj* de surveillance ; *~ board* conseil *m* de surveillance.

supplement¹ ['sʌplɪmənt] *n* supplément *m*, complément *m*.

supplement² ['sʌplɪment] *vt* compléter, augmenter.

supplementary [,sʌplɪ'mentrɪ] *adj* complémentaire, supplémentaire ; *~ budget* loi *f* de finances rectificative ; (*Cpta*) *~ costs* charges *fpl* supplétives ; (*Jur*) *~ proceedings* actes *mpl* de procédure complémentaires.

supplier [sə'plaɪə] *n* fournisseur *m* (*f* -euse) ; *~ credit* crédit *m* fournisseur.

supply¹ [sə'plaɪ] *n* 1. (*Cpta*) provision *f*, stock *m*, approvisionnement *m*, ravitaillement *m* ; *food ~* vivres *mpl*, disponibilités *fpl* alimentaires ; *~ schedule* plan *m* d'approvisionnement ; (*Mgt*) *~ function* fonction *f* d'approvisionnement/d'achat 2. *supplies* fournitures *fpl*, matières *fpl* consommables 3. (*Eco*) offre *f* ; *law of ~ and demand* loi *f* de l'offre et de la demande ; *~ elasticity* élasticité *f* de l'offre ; *~ management* régulation *f* de l'offre ; *~ policy* politique *f* de l'offre ; *~-side economics* économie *f* de l'offre 4. (*Fin*) (*UK*) crédits *mpl* budgétaires accordés.

supply² [sə'plaɪ] *vt* fournir, approvisionner.

support¹ [sə'pɔ:t] *n* soutien *m*, appui *m* ; *~ and maintenance* entretien *m* de la famille ; *public ~* mobilisation *f* de l'opinion publique ; *documents in ~* pièces *fpl* à l'appui ; *government ~* aide *f* gouvernementale ; *~ price* prix *m* de soutien ; *price ~* soutien *m* des prix.

support² [sə'pɔ:t] *vt* soutenir, appuyer ; *she has three children to ~* elle a trois enfants à sa charge.

suppression [sə'preʃn] *n* 1. suppression *f*, répression *f* 2. dissimulation *f*.
suppression of evidence *n* (*Jur*) dissimulation *f*/suppression *f* des preuves.

supra ['su:prə] *adv* supra, ci-dessus.

supremacy [su'preməsɪ] *n* suprématie *f* ;

black/white ~ suprématie de la race noire/blanche.
supremacy clause *n* (*Jur*) (*US*) clause *f* de la suprématie du droit fédéral (*v.* preemption).

supreme [su'pri:m] *adj* suprême.
Supreme Court *n* (*Jur*) 1. (*US*) la Cour suprême des Etats-Unis 2. (*US*) Cour *f* suprême dans la plupart des 50 Etats 3. (*UK*) la Cour suprême de l'Angleterre et du Pays de Galles (comprenant la **Crown Court**, la **High Court of Justice** et la **Court of Appeal**) (*v.* superior court).

surcharge ['sɜ:tʃɑ:dʒ] *n* surtaxe *f*, charge *f* supplémentaire, majoration *f*.

surety ['ʃɔ:rətɪ] *n* (*Jur*) sûreté *f*, caution *f*, garantie *f*, (*personne*) garant *m* ; *~ bond* cautionnement *m*.

surface ['sɜ:fɪs] *n* surface *f* ; *~ mail* courrier *m* ordinaire ; (*T*) *~ shipment* lot *m* maritime.

surge ['sɜ:dʒ] *n* vague *f*, montée *f* ; *a ~ in prices* une montée soudaine des prix.

Surinam [,suərɪ'næm] *n* Surinam *m* ; *in/to S~* au Surinam.

Surinamese¹ [,suərɪ'næmi:z] *adj* surinamais.

Surinamese² [,suərɪ'næmi:z] *n* (*pl inv*) Surinamais *m*.

surpass [sə'pɑ:s] *vt* dépasser, excéder, devancer.

surplus ['sɜ:pləs] *n* 1. surplus *m*, excédent *m* ; *budget ~* excédent budgétaire ; *trade ~* excédent commercial 2. (*Cpta/Fin*) profit *m*, bénéfice *m* ; *earned ~* bénéfices *mpl* non distribués ; *operating ~* excédent net d'exploitation.

surrender¹ [sə'rendə] *n* 1. abandon *m*, renonciation *f* ; *~ of rights* abdication *f* de droits 2. (*Ass*) *~ (of a policy)* rachat *m* d'une police ; *~ value* prix *m* de rachat.

surrender² [sə'rendə] *v* 1. *vt* renoncer à, abandonner, céder 2. *vi* se rendre.

surrogate ['sʌrəgət] *n* 1. suppléant *m*, subrogé *m* ; *~ mother* mère *f* porteuse 2. (*Jur*) (*US*) magistrat *m inv* compétent en matière de successions et tutelles (*v.* probate) ; (*US*) *S~ Court* tribunal *m* (*pl* -aux) des successions et tutelles.

surtax ['sɜ:tæks] *n* (*Fisc*) surtaxe *f*.

survey¹ ['sɜ:veɪ] *n* 1. examen *m*, enquête *f*, étude *f*, tour *m* d'horizon, aperçu *m* ; *market ~* étude de marché 2. (*Ass*) expertise *f*, inspection *f* ; *~ report* rapport *m* d'expertise 3. relevé *m* topographique.

survey² [sə'veɪ] *vt* 1. faire une étude

de **2.** examiner, inspecter, expertiser **3.** *(terrain)* relever, arpenter.

surveyor [sə'veɪə] *n* **1.** *(terrain)* géomètre *m* **2.** expert *m*, inspecteur *m* (*f* -trice); **insurance** ~ expert d'assurance.

survivor [sə'vaɪvə] *n* survivant *m*, rescapé *m*.

survivorship [sə'vaɪvəʃɪp] *n* survie *f*; *(Jur)* **right of** ~ droit *m* revenant au survivant parmi les propriétaires indivis (*v.* **joint tenancy**).

suspect[1] ['sʌspekt] *n (Jur)* suspect *m*.

suspect[2] [sə'spekt] *vt* soupçonner, suspecter.

suspend [sə'spend] *vt* **1.** *(séance)* suspendre, interrompre **2.** *(Jur)* surseoir; ~ **a decision** surseoir à statuer; ~ **a sentence** accorder un sursis.

suspension [sə'penʃn] *n* **1.** suspension *f*, interruption *f*; ~ **of payment** cessation *f* de paiement **2.** *(personne)* exclusion *f* temporaire, mise *f* à pied, *(produit)* retrait *m* temporaire.

sustain [sə'steɪn] *vt* **1.** subir, éprouver; ~ **a loss** subir une perte **2.** soutenir, admettre; *(Jur)* **objection** ~**ed** objection *f* accordée; ~ **the plaintiff in his plea** admettre la validité d'une plainte.

sustainable [sə'steɪnəbl] *adj* durable; *(Eco)* ~ **growth** croissance *f* durable.

swap[1] [swɒp] *n* **1.** troc *m*, échange *m*; *(T)* ~ **bodies** caisses *fpl* mobiles **2.** *(Fin)* swap *m*, échange *m*; ~ **agreements** crédits *mpl* croisés; ~ **transaction** opération *f* liée.

swap[2] [swɒp] *vti* échanger, troquer.

swaption ['swɒpʃn] *n (Fin)* option *f* d'échange.

swatch [swɒtʃ] *n* échantillon *m* de tissu, spécimen *m*.

sway [sweɪ] *vt* influencer, influer sur.

Swazi[1] [swɑ:zi] *adj* swazi.

Swazi[2] [swɑ:zi] *n* Swazi *m*.

Swaziland ['swɑ:zilænd] *n* Swaziland *m*; **in/to S~** au Swaziland.

swear [sweə] *v* (**swore**, **sworn**) *vi* jurer, prêter serment.
*swear in *v part (Jur)* faire prêter serment à; ~ **a witness in** faire prêter serment à un témoin; **be sworn in** prêter serment.

sweat [swet] *vi* transpirer, suer; ~**ed labour/labor** main-d'œuvre *f* exploitée.

sweatshop ['swetʃɒp] *n* **1.** entreprise *f* qui exploite la main-d'œuvre et où le personnel travaille dans des conditions pénibles **2.** atelier *m* clandestin.

Swede [swi:d] *n* Suédois *m*.

Sweden ['swi:dn] *n* Suède *f*; **in/to S~** en Suède.

Swedish ['swi:dɪʃ] *adj* suédois; **the S~** les Suédois *mpl*.

swell [swel] *v* **1.** *vt* gonfler, augmenter **2.** *vi* se gonfler, (s')augmenter.

swindle[1] ['swɪndl] *n (Jur)* escroquerie *f*.

swindle[2] ['swɪndl] *vt* escroquer; ~ **sb out of sth** extorquer qch à qn, obtenir qch de qn par escroquerie.

swindler ['swɪndlə] *n* escroc *m inv*.

swing [swɪŋ] *n* **1.** variation *f* brusque, fluctuation *f*, oscillation *f*, balancement *m*; **seasonal** ~**s** variations saisonnières **2.** *(Fin)* marge *f*; **credit** ~ marge de crédit.

Swiss[1] [swɪs] *adj* suisse.

Swiss[2] [swɪs] *n* Suisse *m* (*f* -esse).

switch[1] [swɪtʃ] *n* **1.** changement *m*, modification *f* **2.** *(Tech)* interrupteur *m*, commutateur *m* **3.** *(T) (train)* aiguillage *m* **4.** *(Fin)* switch *m*.

switch[2] [swɪtʃ] *vt* **1.** changer, réorienter; ~ **jobs** changer de travail **2.** *(T)* aiguiller.
*switch off *v part* éteindre.
*switch on *v part* allumer, mettre en route/en marche.

switchboard ['swɪtʃbɔ:d] *n* standard *m* téléphonique; ~ **operator** standardiste *mf*.

Switzerland ['swɪtsələnd] *n* Suisse *f*; **in/to S~** en Suisse.

swore [swɔ:] *v.* **swear**.

sworn [swɔ:n] *adj* (*v.* **swear**) assermenté, sous serment; ~ **statement** attestation *f* sous serment.

symbolic speech [sɪm'bɒlɪk 'spi:tʃ] *n (Jur) (US)* action *f* considérée comme relevant de la liberté d'expression, et protégée par le 1er amendement à la Constitution.

sympathy ['sɪmpəθi] *n* solidarité *f*; ~ **strike** grève *f* de solidarité; *(Bs)* **prices moved in** ~ **with...** les cours ont évolué en rapport avec...

syndicate[1] ['sɪndɪkət] *n (à dist.* **union**) consortium *m*, groupement *m*, syndicat *m*; **banking** ~ consortium de banques; *(Fin)* **issue** ~ syndicat d'émission.

syndicate[2] ['sɪndɪkeɪt] *v (Fin)* **1.** *vt* syndiquer; ~**d loan** crédit *m* consenti par un consortium de banques; ~**d swap** échange *m* syndiqué **2.** *vi* former un groupement, un syndicat.

synergy ['sɪnədʒɪ] *n* synergie *f*.

synthesis ['sɪnθəsɪs] *n (pl* -**es**) synthèse *f*.

synthetic [sɪn'θetɪk] *adj* synthétique.

Syria ['sırıə] *n* Syrie *f*; *in/to* S~ en Syrie.
Syrian[1] ['sırıən] *adj* syrien (*f* -ienne).
Syrian[2] ['sırıən] *n* Syrien *m* (*f* -ienne).
system ['sıstəm] *n* **1.** régime *m*, système

m **2.** *(Inf)* système *m*; *disk-operating* ~ *(DOS)* système d'exploitation **3.** *(Inf)* ~*s analyst* analyste *mf* de système.
systematize ['sıstəmətaız] *vt* systématiser.

T

table[1] ['teıbl] *n* tableau *m* (*pl* -x), plan *m*; *(Ass)* *actuarial* ~ table *f* de mortalité; *(Jur)* ~ *of cases* index *m* des arrêts; ~ *of contents* table des matières.
table[2] ['teıbl] *vt* ~ *a motion* **1.** *(UK)* présenter une motion **2.** *(US)* ajourner une motion.
tabloid ['tæblɔıd] *n* tabloïde *m*; *the* ~*s* la presse *f* populaire, la presse à sensation.
tabulate ['tæbjuleıt] *vt* **1.** disposer sous forme de tableau **2.** classifier, cataloguer.
tabulation [,tæbju'leıʃn] *n* **1.** disposition *f* sous forme de tableau **2.** *(Cpta)* tabulation *f*.
tacit ['tæsıt] *adj* tacite, implicite; *(Jur)* ~ *renewal* reconduction *f* tacite.
tackle[1] ['tækl] *n* (T) matériel *m* de levage.
tackle[2] ['tækl] *vt* (*problème, marché*) aborder, attaquer, s'attaquer à.
tactic ['tæktık] *n* tactique *f*.
Tadzhik [tɑ:'dʒi:k] *v.* **Tajik**.
Taft-Hartley Act [,tæft 'hɑ:tlı: ækt] *n* *(Jur) (US)* loi *f* de 1917 sur les relations de travail (*v.* **closed shop**).
tag[1] [tæg] *n* *(Emb) (bagages)* étiquette *f*.
tag[2] [tæg] *vt* **1.** étiqueter **2.** référencer.
tailgate ['teılgeıt] *n* (T) hayon *m*.
tail lift ['teıl lıft] *n* (T) hayon *m* élévateur.
tailor[1] ['teılə] *n* tailleur *m* *inv*.
tailor[2] ['teılə] *vt* **1.** façonner **2.** adapter, personnaliser.
tailor-made *adj* sur mesure, *(fig)* personnalisé.
tailspin ['teılspın] *n* chute *f* verticale.
Taiwan [,taı'wɑ:n] *n* Taïwan; *in/to* T~ à Taïwan.
Taiwanese[1] [,taıwə'ni:z] *adj* taïwanais.
Taiwanese[2] [,taıwə'ni:z] *n* (*pl inv*) Taïwanais *m*.
Tajik[1] [tɑ:'dʒi:k] *adj* (*aussi* **Tadzhik**) tadjik.

Tajik[2] [tɑ:'dʒi:k] *n* (*aussi* **Tadzhik**) Tadjik *m*.
Tajikistan [tɑ:,dʒi:kı'stɑ:n] *n* Tadjikistan *m*; *in/to* T~ au Tadjikistan.
take[1] [teık] *n* **1.** prise *f*; *(fam) on the* ~ corrompu **2.** *(US) (fam) (UK* **takings**) recette *f*, bénéfices *mpl*.
take[2] [teık] *vt* (**took, taken**) **1.** prendre, confisquer, saisir; ~ *it or leave it!* c'est à prendre ou à laisser!; ~ *delivery* prendre livraison; ~ *effect* entrer en vigueur **2.** accepter; *how much will you* ~ *for it?* vous voulez/prenez combien? **3.** transporter, emmener; *this road will* ~ *you to Los Angeles* cette route vous conduira à Los Angeles.
take back *v part* reprendre.
take down *v part* **1.** noter, prendre (note de) **2.** démonter.
take in *v part* (T) ~ *in cargo* charger la marchandise.
take off *v part* **1.** *vt* enlever; ~ *5% off* accorder une ristourne/un rabais de 5% **2.** *vi* décoller, démarrer.
take out *v part* **1.** sortir, enlever, emporter **2.** prendre, obtenir; ~ *out an insurance policy* souscrire une police d'assurance; ~ *out a patent* prendre un brevet.
take over *v part* **1.** *(from)* prendre la suite de, reprendre **2.** *(Mgt)* racheter (une entreprise), prendre le contrôle (d'une entreprise).
take-home pay [,teık həʊm 'peı] *n* salaire *m* net.
taken ['teıkən] *v.* **take**.
takeoff ['teıkɒf] *n* (*aussi fig*) décollage *m*, démarrage *m*.
takeover ['teıkəʊvə] *n* *(Mgt)* rachat *m*, prise *f* de participation/de contrôle; *(Mgt)* ~ *bid* offre *f* publique d'achat (OPA).
taker ['teıkə] *n* preneur *m* (*f* -euse), acheteur *m* (*f* -euse); *there are no* ~*s* il n'y a pas d'acheteurs.
taking ['teıkıŋ] *n* **1.** prise *f* **2.** ~*s (Cpta)* recette *f*.
talk [tɔ:k] *n* **1.** discussion *f*; *have a* ~

discuter **2.** communication *f*, exposé *m*, intervention *f* **3.** **~s** négociations *fpl*, pourparlers *mpl*; *trade* **~** négociations commerciales.

tally¹ ['tælɪ] *n* **1.** pointage *m*, comptage *m*; **~** *sheet* feuille *f* de pointage, bordereau *m* (*pl* -x) **2.** *(T)* inventaire *m* (au déchargement de la cargaison).

tally² ['tælɪ] *v* **1.** *vt* compter, pointer **2.** *vi* *(with)* s'accorder (avec), concorder (avec).

tamper ['tæmpə] *vi* *(with)* **1.** maquiller, falsifier; **~** *with the accounts* trafiquer les comptes **2.** frelater.

tampering ['tæmprɪŋ] *n* falsification *f*, adultération *f*; *(Jur)* *jury* **~** subornation *f* des jurés.

tangible ['tændʒəbl] *adj* tangible, matériel (*f* -ielle), corporel (*f* -elle); **~** *assets* (*Jur*) biens *mpl* corporels; *(Fin)* actifs *mpl* corporels; *(Jur)* **~** *property* biens *mpl* corporels.

tank [tæŋk] *n* réservoir *m*, cuve *f*, citerne *f*; *(T)* *fuel* **~** réservoir à carburant; *(US)* **~** *car/(UK)* *wagon* wagon-citerne *m*.

tanker ['tæŋkə] *n* **1.** *(T)* *(navire)* pétrolier *m* **2.** camion-citerne *m*, wagon-citerne *m*; *(UK)* **~-lorry** camion-citerne *m*.

Tanzania [,tænzə'ni:ə] *n* Tanzanie *f*; *in/to T~* en Tanzanie.

Tanzanian¹ [,tænzə'ni:ən] *adj* tanzanien (*f* -ienne).

Tanzanian² [,tænzə'ni:ən] *n* Tanzanien *m* (*f* -ienne).

tap¹ [tæp] *n* **1.** robinet *m* **2.** (*ab de* **wiretap**) écoute *f* téléphonique **3.** *on* **~** disponible; *(Fin)* à guichet ouvert.

tap² [tæp] *vt* **1.** exploiter; *(Mkg)* **~** *a market* exploiter un marché; **~** *resources* utiliser des ressources **2.** *(ligne téléphonique)* brancher sur table d'écoute.

tape¹ [teɪp] *n* **1.** bande *f* magnétique; **~** *recorder* magnétophone *m* **2.** *(Emb)* ruban *m* adhésif **3.** *(fam)* *red* **~** paperasserie *f*.

tape² [teɪp] *vt* **1.** enregistrer (sur bande magnétique) **2.** *(Emb)* *(aussi* **tape up**) fermer avec du ruban adhésif, scotcher.

taper ['teɪpə] *vi* *(off)* décroître, diminuer, se raréfier.

tapering ['teɪprɪŋ] *adj* dégressif (*f* -ive); **~** *rate* tarif *m* dégressif; *(D)* **~** *tariff* barème *m* dégressif.

tar [tɑ:] *n*s *inv* goudron *m*; *(Emb)* **~** *-per* papier *m* goudronné.

tare [teə] *n* *(T)* tare *f*, poids *m* net.

target¹ ['tɑ:gɪt] *n* cible *f*, but *m*, objectif *m*; *(Mgt)* **~** *company* entreprise *f* cible; **~** *market* marché *m* cible; **~** *price* prix *m* indicatif; **~** *zone* zone *f* cible.

*target pricing *n* *(Mkg)* ciblage *m* des prix.

target² ['tɑ:gɪt] *vt* viser, cibler; **~** *a market* viser/cibler un marché.

tariff ['tærɪf] *n* *(D)* droit *m* de douane, tarif *m* douanier; **~** *barrier* barrière *f* douanière; *external* **~** tarif extérieur; **~** *negotiations* négociations *fpl* tarifaires; **~** *policy* politique *f* tarifaire; *punitive* **~** droits de douane de représailles; **~** *schedule* régime *m* douanier; **~-rate** *quotas* contingentements *mpl* tarifaires; **~** *wall* barrière *f* douanière.

tarpaulin [tɑ:'pɔ:lɪn] *n* *(Emb)* toile *f* goudronnée.

task [tɑ:sk] *n* tâche *f*, charge *f*; **~** *force* groupe *m* d'étude/de travail.

tax¹ [tæks] *n* **1.** impôt *m*, taxe *f*; *levy/lay a* **~** *on* imposer; **~** *abatement* abattement *m* fiscal; **~** *allowance* déduction *f*/abattement *m*/exonération *f* partielle d'impôt; **~** *assessment* calcul *m* de l'impôt; **~** *authorities* le Fisc; **~** *avoidance* minimisation *f* (licite) de l'impôt (*à dist.* **tax evasion**); **~** *base* base *f* d'imposition, assiette *f* de l'impôt; **~** *bracket* tranche *f* d'imposition; **~** *break* avantage *m* fiscal; **~** *burden* pression *f* fiscale; **~** *collection* recouvrement *m* des impôts; **~** *collector* percepteur *m* (*f* -trice); **~** *court* tribunal *m* (*pl* -aux) des impôts; **~** *credit* avoir *m* fiscal; **~** *deduction* déduction *f* fiscale, crédit *m* d'impôt; **~** *dodging* fraude *f* fiscale; **~** *evasion* fraude *f* fiscale (*à dist.* **tax avoidance**); **~-exempt** non imposable, exonéré d'impôt; **~** *exemption* détaxe *f*, franchise *f* fiscale; *(US)* **~** *field audit* contrôle *m* fiscal; **~** *haven* paradis *m* fiscal; **~** *incentive* avantage *m* fiscal, mesure *f* d'incitation fiscale; **~** *inspector* inspecteur *m* (*f* -trice) des impôts; **~** *law* droit *m* fiscal; **~** *liability* assujettissement *m* à l'impôt; **~** *loophole* échappatoire *f* fiscale; **~** *notice* avis *m* d'imposition; **~** *policy* politique *f* fiscale; **~** *rate* taux *m* d'imposition; **~** *rebate* dégrèvement *m* fiscal; **~** *reduction* avantage *m* fiscal; **~** *reform* réforme *f* fiscale; **~** *refund* remboursement *m* de trop-perçu; **~** *relief* dégrèvement *m* fiscal; **~** *return* déclaration *f* d'impôts; **~** *scale* barème *m* d'imposition; **~** *schedule* barème *m* des impôts; **~** *shelter* « abri » *m* fiscal; **~** *system* fiscalité *f*; *(US)* **~** *withholding* système *m* de retenue à la source;

~ year année *f* fiscale **2. capital gains ~** impôt sur les plus-values ; *corporate* **~** impôt sur les sociétés ; *estate/death* **~** droits *mpl* de succession ; *excess profits* **~** impôt sur les bénéfices exceptionnels ; *excise* **~** impôt indirect, droit *m* ; *gift* **~** droits *mpl* sur les donations ; *(US) payroll* **~** taxes *fpl* sur les salaires versés (cotisation acquittée par les employeurs) ; *property* **~** impôt foncier ; *personal income* **~** impôt sur le revenu des personnes physiques ; *(US) withholding* **~** impôt *m* retenu à la source, retenue *f* à la source.

tax[2] [tæks] *vt (Fisc)* imposer, taxer.

taxable ['tæksəbl] *adj (Fisc)* imposable ; **~ event** fait *m* générateur de l'impôt ; **~ income** revenu *m* imposable ; *profit* bénéfice *m* imposable ; **~ surplus** revenu *m* imposable (d'une société) ; **~ value** valeur *f* imposable.

taxation [tæk'seɪʃn] *n (Fisc)* imposition *f*, taxation *f* ; *corporate* **~** impôt *m* sur les sociétés ; *double* **~** double imposition.

taxpayer ['tækspeɪə] *n (Fisc)* contribuable *mf*.

T-bill ['tiː bɪl] *v.* **Treasury bill.**

T-bond ['tiː bɒnd] *v.* **Treasury bond.**

T&Cs [ˌtiː ən 'siːz] *v.* **terms and conditions.**

team [tiːm] *n* équipe *f* ; **~work** travail *m* d'équipe.

teamster ['tiːmstə] *n (US)* camionneur *m inv.*

*Teamsters' Union *n (US)* syndicat *m* des transporteurs routiers/des camionneurs.

tear[1] [teə] *n* déchirure *f* ; *wear and* **~** usure *f*.

tear[2] [teə] *vt* **(tore, torn)** déchirer.

teaser ['tiːzə] *n (Mkg)* aguiche *f*.

teasing ['tiːzɪŋ] *n (Mkg)* aguichage *m*.

technical ['teknɪkl] *adj* technique ; **~ advance/progress** progrès *m (pl inv)* technique ; **~ skill** compétence *f* technique ; *(Jur)* **~ point** question *f* de procédure.

technicality [ˌteknɪ'kælɪti] *n* **1.** détail *m* technique **2.** problème *m* administratif **3.** *(Jur)* question *f* de procédure.

technician [tek'nɪʃn] *n* technicien *m (f* -ienne).

technique [tek'niːk] *n* technique *f*, méthode *f*.

technological [ˌteknə'lɒdʒɪkl] *adj* technologique ; **~ edge** avance *f* technologique ; **~ gap** retard *m* technologique ; **~ progress** progrès *m (pl inv)* technologique.

technology [tek'nɒlədʒi] *n* technologie *f* ; *high* **~** *(aussi* **high tech)** haute technologie ; **~ transfer** transfert *m* de technologie.

technostructure [ˌteknəʊ'strʌktʃə] *n* technostructure *f*.

telecommunications ['telikəmjuːnɪ'keɪʃnz] *npl* télécommunications *fpl*.

telecopy ['telɪkɒpi] *n* télécopie *f*, fax *m*.

telegram ['telɪgræm] *n* télégramme *m*.

telegraph[1] ['telɪgræf] *n* télégraphe *m*.

telegraph[2] ['telɪgræf] *vti* télégraphier.

telemarket [ˌteli'mɑːkɪt] *n (Mkg)* télémarché *m*.

telemarketing [ˌteli'mɑːkɪtɪŋ] *n (Mkg) (J.O.)* télémercatique *f*, télédémarchage *m*.

telephone[1] ['telɪfəʊn] *n* téléphone *m* ; **~ booth/box** cabine *f* téléphonique ; **~ call** communication *f* téléphonique ; **~ directory** annuaire *m* téléphonique, bottin® *m*.

telephone[2] ['telɪfəʊn] *vti* téléphoner (à).

teleprocessing [ˌteli'prəʊsesɪŋ] *n (Inf)* télétraitement *m*.

teleprompter [ˌteli'prɒmptə] *n* télésouffleur *m (f* -euse).

telesales ['telɪseɪlz] *n (Mkg)* vente *f* par téléphone.

teleselling ['telɪselɪŋ] *n (Mkg)* télédémarchage *m*, vente *f* par téléphone.

teleshopping ['telɪʃɒpɪŋ] *n (Mkg)* téléachat *m*.

teletype ['telitaɪp] *n* télétype *m*.

televise ['telivaɪz] *vt* téléviser.

television ['telivɪʒn] *n* télévision *f* ; **~ set** poste *m* de télévision, téléviseur *m*.

telex[1] ['teleks] *n* télex *m*.

telex[2] ['teleks] *vt* envoyer par télex, télexer.

teller ['telə] *n (Bq)* caissier *m (f* -ière) ; *automatic* **~** distributeur *m* automatique de billets (DAB).

temp[1] [temp] *n (ab de* **temporary)** *(personnel)* intérimaire *mf*.

temp[2] [temp] *vi (ab de* **temporary)** travailler comme intérimaire.

temporary ['temprəri] *adj* temporaire, provisoire ; *(D)* **~ admission** admission *f* temporaire ; **~ disability** incapacité *f* temporaire ; **~ employment** travail *m* intérimaire/temporaire ; *(D)* **~ importation** importation *f* temporaire ; **~ jobs** emplois *mpl* intérimaires ; **~ measures** mesures *fpl* transitoires ; **~ staff** personnel *m* intérimaire ; **~ worker** travailleur *m (f* -euse) intérimaire.

*temporary restraining order (TRO) *n (Jur) (US)* équiv. ordonnance *f* de référé.

tenancy ['tenənsı] *n (Jur)* **1.** location *f*
2. droit *m*, propriété *f* du **tenant**; *life*
~ usufruit *m*, viager *m*; ~ *in common*
propriété *f* en commun où chaque copropriétaire dispose d'une fraction théorique du droit de propriété; ~ *in fee*
simple propriété *f* pleine et entière;
joint ~ copropriété *f* indivise; ~ *at will*
occupation *f* au « bon vouloir » du bailleur; ~ *for years* occupation *f* pour un
temps déterminé.

tenant ['tenənt] *n (Jur)* **1.** locataire *mf*;
~ *farmer* métayer *m* (*f* -ère) **2.** usufruitier *m* (*f* -ière) **3.** propriétaire *mf*;
joint ~ propriétaire conjoint; ~ *in*
common propriétaire commun.

tendency ['tendənsı] *n* tendance *f*.

tender[1] ['tendə] *n* **1.** *(Fin)* cours *m*;
legal ~ cours légal, monnaie *f* libératoire **2.** soumission *f*, offre *f*; *by* ~ par
voie d'adjudication; *invite* ~*s* faire un
appel d'offres; ~ *panel* syndicat *m*
d'enchères.

*tender offer *n (Bs)* offre *f* publique
d'achat (OPA).

tender[2] ['tendə] *v* **1.** *vt* proposer, présenter; ~ *one's resignation* donner sa
démission; *(Jur)* ~ *performance of a*
contract proposer l'exécution *f* d'un
contrat **2.** *vi* soumissionner.

tenderer ['tendərə] *n* soumissionnaire
mf.

tendering ['tendərıŋ] *n* soumission *f*.

Tennessee Valley Authority (TVA)
[,tenə'si: 'vælı ɔ:'θɒrıtı] *n (US)* agence *f*
fédérale créée en 1933 pour développer
par un programme de grands travaux
(hydro-électriques notamment) la vallée
du Tennessee.

tentative ['tentətıv] *adj* provisoire; ~
agreement accord *m* provisoire.

Tenth Amendment ['tenθ ə'mend-
mənt] *n (Pol) (US)* 10ᵉ amendement *m*
à la Constitution des Etats-Unis (1791)
en vertu duquel les pouvoirs que la
Constitution ne réserve pas expressément à l'autorité fédérale et qu'elle ne
refuse pas explicitement aux Etats sont
réservés à ces derniers (*v.* **reserved**
powers).

tenure ['tenjə] *n* **1.** période *f* d'occupa-
tion/de jouissance; *(Pol)* ~ *of office*
durée *f* du mandat/de l'exercice des
fonctions **2.** *(Jur)* tenure *f*; *system of*
land ~ régime *m* foncier.

tenured ['tenjəd] *adj* titulaire; ~ *posi-*
tion poste *m* titulaire.

term [tɜ:m] *n* **1.** durée *f*, période *f*; *in*
the long/short ~ à long/court terme;
(Pol) ~ *of office* (durée *f* du) mandat
m; ~ *of a lease* durée d'un bail **2.** *(Jur)*

condition *f*, clause *f*, terme *m*; ~*s of a*
contract clauses d'un contrat; *payment*
~*s* conditions de paiement; ~*s of ref-*
erence attributions *fpl*, modalités *fpl*,
instructions *fpl*; ~*s of trade* termes de
l'échange.

*terms and conditions (T&Cs) *npl*
(Jur) conditions *fpl* contractuelles.

terminable ['tɜ:mınəbl] *adj (Jur)* résiliable, résoluble; ~ *at will* résiliable à
volonté.

terminal[1] ['tɜ:mınəl] *adj* **1.** terminal
(*mpl* -aux); *(T)* ~ *port* port *m* de tête
de ligne **2.** *(Bs)* ~ *market* marché *m* à
terme.

terminal[2] ['tɜ:mınəl] *n* **1.** *(T)* terminus
m, terminal *m* (*pl* -aux); *air* ~ aérogare
f **2.** *(Inf)* terminal *m* (*pl* -aux) d'ordinateur.

terminate ['tɜ:mıneıt] *vt* **1.** terminer,
mettre fin à; ~ *employment* licencier
2. *(Jur) (contrat)* résilier, résoudre.

termination [,tɜ:mı'neıʃn] *n* **1.** expiration *f*, fin *f*, conclusion *f*; ~ *of em-*
ployment licenciement *m*; ~ *pay* indemnité *f* de licenciement **2.** *(Jur)*
résiliation *f*, résolution *f*; ~ *of a*
contract résiliation d'un contrat; ~
clause clause *f* de résiliation.

territorial [,terı'tɔ:rıəl] *adj* territorial
(*mpl* -iaux); ~ *waters* eaux *fpl* territoriales.

territory ['terıtrı] *n* territoire *m*; *sales*
~ territoire/secteur *m* de vente.

terrorism ['terərızm] *n* terrorisme *m*.

terrorist ['terərıst] *n* terroriste *mf*.

tertiary ['tɜ:ʃərı] *adj* tertiaire; *(Eco)* ~
sector secteur *m* tertiaire; ~ *industries*
entreprises *fpl* du tertiaire.

test[1] [test] *n* **1.** examen *m* **2.** essai *m*,
épreuve *f*; *(fig) acid* ~ épreuve déci-
sive; *blind* ~ test *m* en aveugle; *(Jur)*
~ *case* affaire *f* test; ~ *drive* essai *m*
de route; *litmus* ~ test *m* décisif;
(Mkg) ~ *market* marché *m* test; *(Mkg)*
market ~ essai *m* de vente, essai *m* de
marché.

test[2] [test] *vt* tester, essayer.

testacy ['testəsı] *n (Jur)* fait d'avoir
testé/d'avoir fait un testament (*à dist.* **in-**
testacy).

testament ['testəmənt] *n (Jur)* testament
m.

testamentary [,testə'mentrı] *adj (Jur)*
testamentaire.

testator [te'steıtə] *n (Jur) (f testatrix*
[tes'teıtrıks]) testateur *m* (*f* -trice).

tester ['testə] *n* examinateur *m* (*f* -trice).

testify ['testıfaı] *vti (Jur)* témoigner.

testimonial [,testı'məunıəl] *n* recommandation *f*/attestation *f*/certificat *m* non confidentiel(le) (*à dist.* **reference**).

testimony ['testɪmənɪ] *n* (*Jur*) témoignage *m* ; *in* ~ *whereof* en foi de quoi.

testing ['testɪŋ] *n* essais *mpl* ; ~ *procedures* procédures *fpl* d'essai (de produits).

text [tekst] *n* texte *m* ; (*Inf*) ~ *file* fichier *m* de texte ; ~ *processing* traitement *m* de texte.

textile[1] ['tekstaɪl] *adj* textile ; ~ *industry* l'industrie *f* textile ; ~ *mill* usine *f* textile.

textile[2] ['tekstaɪl] *n* textile *m* ; ~*s* les textiles, l'industrie *f* textile/du textile.

Thai[1] [taɪ] *adj* thaïlandais.

Thai[2] [taɪ] *n* Thaïlandais *m*.

Thailand ['taɪlænd] *n* Thaïlande *f* ; *in/to T*~ en Thaïlande.

thank [θæŋk] *vt* remercier.

thanks [θæŋks] *npl* remerciements *mpl*.

theft [θeft] *n* (*Jur*) vol *m*.

theme [θiːm] *n* thème *m* ; ~ *park* parc *m* à thème, parc d'attractions ; (*Mkg*) *advertising* ~ thème publicitaire.

theoretical [θɪəˈretɪkl] *adj* théorique ; (*Fin*) ~ *parity* parité *f* théorique ; (*Fin*) ~ *rate of exchange* taux *m* de change théorique.

theory ['θɪərɪ] *n* théorie *f* ; (*Mgt*) *critical path* ~ théorie du chemin critique ; (*Mgt*) *game* ~ théorie des jeux ; (*Jur*) ~ *of the case* base *f* juridique de l'instance.

thereby [ˌðeərˈbaɪ] *adv* de ce fait, ainsi.

thereunder [ˌðeərˈʌndə] *adv* en vertu de cela/de quoi.

thief [θiːf] *n* (*pl* **thieves**) (*Jur*) voleur *m* (*f* -euse).

thin [θɪn] *adj* maigre ; (*Jur*) ~ *capitalization* capitalisation *f* insuffisante.

think tank ['θɪŋk ˌtæŋk] *n* groupe *m* de réflexion.

third [θɜːd] *adj* troisième ; ~ *country* pays *m* tiers ; ~ *market* marché *m* tiers ; *the T*~ *World* le tiers monde *m*.

*third party *n* tiers *m* ; (*Ass*) ~ *insurance* assurance *f* au tiers ; (*Bq*) ~ *check* chèque *m* endossé ; (*Jur*) ~ *beneficiary* bénéficiaire *mf* d'une stipulation pour autrui.

Thirteenth Amendment [θɜːˈtiːnθ əˈmendmənt] *n* (*Pol*) (*US*) 13ᵉ amendement *m* à la Constitution des Etats-Unis (1865) qui abolit l'esclavage sur tout le territoire national.

thorny ['θɔːnɪ] *adj* épineux (*f* -euse), difficile.

threat [θret] *n* menace *f*.

threaten ['θretn] *vt* menacer.

threshold ['θreʃhəʊld] *m* seuil *m* ; ~ *price* prix *m* de seuil ; ~ *level* niveau *m* (*pl* -aux) seuil.

thrift [θrɪft] *n* économie *f*, épargne *f* ; (*Bq*) (*US*) ~ *account* compte *m* d'épargne.

thrifty ['θrɪftɪ] *adj* économe.

thrive [θraɪv] *vi* prospérer.

thriving [θraɪvɪŋ] *adj* florissant, prospère.

through [θruː] *adj* direct ; (*T*) ~ *train* train *m* direct ; ~ *bill of lading* connaissement *m* direct.

throughway ['θruːweɪ] *n* (*T*) (*US*) autoroute *f*.

throwaway[1] ['θrəʊəweɪ] *adj* jetable, non consigné ; (*Emb*) ~ *packing* emballage *m* perdu.

throwaway[2] ['θrəʊəweɪ] *n* (*Emb*) ~*s* emballages *mpl* jetables.

thru [θruː] *ab* de **through**.

Thursday ['θɜːzdeɪ] *n* jeudi *m*.

ticker ['tɪkə] *n* (*Bs*) téléscripteur *m* ; ~ *tape* bande *f* de téléscripteur.

ticket ['tɪkɪt] *n* **1.** billet *m*, ticket *m* ; (*T*) (*UK*) *single* ~/(*US*) *one-way* ~ aller simple *m* ; (*UK*) *return*/(*US*) *round-trip* ~ aller-retour *m* **2.** étiquette *f* ; *price* ~ étiquette de prix **3.** (*Bs*) fiche *f* **4.** (*Jur*) contravention *f*, procès-verbal (PV) *m* **5.** (*Pol*) (*US*) liste *f* électorale, bulletin *m* de vote ; programme *m* électoral ; *vote a split* ~ panacher son bulletin de vote en retenant des candidats des deux listes.

tickler file ['tɪklə faɪl] *n* (*US*) échéancier *m*, aide-mémoire *m*.

tie[1] [taɪ] *n* **1.** (*attache*) lien *m* **2.** égalité *f* des voix, « match *m* nul » ; *a* ~ *is broken by the Chairman* le président a voix prépondérante en cas d'égalité.

tie[2] [taɪ] *vt* nouer, attacher.

*tie up *vt* immobiliser, arrêter ; ~ *up production* immobiliser la production.

tied [taɪd] *adj* lié, attaché ; (*CI*) ~ *aid* aide *f* liée ; ~ *cottage/house* logement *m* de fonction ; ~ *credit* crédit *m* lié ; (*Jur*) ~ *product* produit *m* lié.

tie-in ['taɪ ɪn] *n* **1.** lien *m*, rapport *m* **2.** (*Mkg*) rappel *m* publicitaire ; ~ *advertising* publicité *f* de liaison.

tier [tɪə] *n* niveau *m* (*pl* -x), étage *m*, rangée *f*.

tie-up ['taɪ ʌp] *n* immobilisation *f*, interruption *f*, retard *m*.

tight [taɪt] *adj* serré ; ~ *schedule* emploi *m* du temps serré ; (*Eco/Fin*) ~ *credit* crédit *m* cher/rare ; (*Eco*) ~ *money* argent *m* cher ; (*Eco*) ~ *monetary policy* politique *f* de l'argent cher.

tighten ['taɪtn] *vti* resserrer, renforcer.

till [tɪl] *n* caisse *f* enregistreuse, tiroir-caisse *m* ; ~ *money* encaisse *f* ; ~ *receipt* ticket *m* de caisse.

tilt [tɪlt] *v* **1.** *vt* incliner, faire pencher ; ~ *the balance* faire pencher la balance ; *(Fin)* ~*ed funds* fonds *mpl* d'investissement destinés à dépasser les indices **2.** *vi* s'incliner.

timber ['tɪmbə] *ns inv* bois *m* d'œuvre.

time[1] [taɪm] *n* **1.** temps *m* ; *on* ~ à l'heure ; *full* ~ (à) plein temps ; *part* ~ (à) temps partiel ; *closing* ~ heure *f* de fermeture ; ~ *clock* horloge *f* pointeuse ; ~-*consuming* qui prend du temps ; *(US) down* ~ délai *m* d'immobilisation ; ~ *lag* décalage *m* (horaire) ; ~ *limit* délai *m* ; ~ *period* tranche *f* horaire ; ~ *sheet* fiche *f* de présence ; ~ *value* valeur *f* temps ; ~ *zone* fuseau *m* (*pl* -x) horaire **2.** *(Bq/Fin)* ~ *bill* effet *m* à terme ; ~ *deposit* dépôt *m* à terme ; ~ *draft* traite *f* à terme ; ~ *loan* prêt *m* à échéance fixe **3.** *(Jur)* ~ *bar* prescription *f* ; ~-*barred* prescrit **4.** *(T)* ~ *charter* affrètement *m* au temps ; ~ *freight* fret *m* à temps.

time[2] [taɪm] *vt* **1.** chronométrer **2.** fixer/choisir l'heure de.

timeliness ['taɪmlɪnəs] *n* opportunité *f*, à-propos *m*, bonne synchronisation *f*, faculté *f* de tenir les délais.

timely ['taɪmlɪ] *adj* opportun, à propos, en temps utile/voulu.

timeshare ['taɪmʃeə] *n* *(Jur)* propriété *f* en temps partagé, multipropriété *f*.

timesharing ['taɪmʃeərɪŋ] *n* **1.** *(Jur)* propriété *f* en temps partagé, multipropriété *f* **2.** *(Inf)* travail *m* en temps partagé.

timetable ['taɪmteɪbl] *n* **1.** *(T)* (*chemin de fer*) horaire *m* **2.** emploi *m* du temps.

timing ['taɪmɪŋ] *n* **1.** chronométrage *m*, minutage *m* **2.** opportunité *f*, à-propos *m*, choix *m* du moment, synchronisation *f*.

tin[1] [tɪn] *n* **1.** *(métal)* étain *m*, fer-blanc *m* **2.** *(Emb) (UK)* boîte *f* de conserve, boîte en métal.

tin[2] [tɪn] *vt* *(UK)* mettre en conserve.

tinfoil ['tɪnfɔɪl] *n* *(Emb)* papier *m* aluminium.

tip[1] [tɪp] *n* **1.** bout *m*, extrémité *f* **2.** renseignement *m* confidentiel, tuyau *m* (*pl* -x) ; *(Bs) stock* ~ tuyau *m* (*pl* -x) boursier **3.** pourboire *m* **4.** *(UK) rubbish* ~ décharge *f*.

tip[2] [tɪp] *vt* **1.** donner un pourboire à **2.** renverser, basculer ; ~ *the scales* faire pencher la balance.

*tip off *v part* renseigner, donner un tuyau à.

*tip truck *n* *(T) (UK)* wagon *m* à bascule *(US dump truck)*.

tipper ['tɪpə] *n* *(T) (UK)* wagon *m* à benne.

tissue ['tɪʃuː] *n* mouchoir *m* en papier ; *(Emb)* ~ *paper* papier *m* de soie.

tit-for-tat [tɪt fə 'tæt] *loc* un prêté pour un rendu ; *(CI)* ~ *retaliations* représailles *fpl* impitoyables.

tithe [taɪð] *n* *(Fisc)* dîme *f*.

title ['taɪtl] *n* **1.** *(livre, personne)* titre *m* **2.** *(Jur)* titre *m* de propriété ; *abstract of* ~ résumé *m* des titres (indiquant les charges grevant le bien-fonds) ; *clear* ~ titre incontestable ; *deed of* ~ titre (constitutif) de propriété ; *document of* ~ titre de propriété ; *quiet* ~ action *f* négatoire ; ~ *company* organisme *m* de vérification des titres de propriété immobilière ; ~ *documents* documents *mpl* faisant foi ; ~ *insurance* assurance *f* contestation de titres ; ~ *search* vérification *f* que le titre de propriété n'est pas grevé **3.** *(Jur) (loi)* partie *f*, titre *m*.

titular ['tɪtjʊlə] *adj* titulaire, nominal (*mpl* -aux).

TNC *v.* **transnational corporation**.

tobacco [təˈbækəʊ] *n* tabac *m*.

Togo ['təʊgəʊ] *n* Togo *m* ; *in/to T*~ au Togo.

Togolese[1] [ˌtəʊgəˈliːz] *adj* togolais.

Togolese[2] [ˌtəʊgəˈliːz] *n* (*pl inv*) Togolais *m*.

token[1] ['təʊkn] *adj* symbolique ; ~ *payment* versement *m* symbolique ; ~ *strike* grève *f* symbolique.

token[2] ['təʊkn] *n* **1.** jeton *m* **2.** signe *m*, témoignage *m*.

tolerance ['tɒlrəns] *n* tolérance *f*.

toll[1] [təʊl] *n* **1.** péage *m*, droit *m* de passage ; ~ *road* route *f* à péage **2.** *(US)* frais *mpl* de téléphone interurbain ; ~-*free number* numéro *m* vert, numéro d'appel gratuit *(syn.* **800 number**) **3.** *(accident, désastre)* conséquences *fpl*, dégâts *mpl*, victimes *fpl* ; *a heavy* ~ un lourd tribut.

toll[2] [təʊl] *vt* *(Jur)* suspendre, interrompre ; ~ *the statute of limitations* interrompre la prescription extinctive.

tombstone ['tuːmstəʊn] *n* *(Bs)* circulaire *f* « pierre tombale », publicité *f* pour actions non conforme à la réglementation de la **Securities and Exchange Commission** (*v.* **Securities and Exchange Commission**).

ton [tʌn] *n* **1.** tonne *f* ; *freight* ~ tonne d'affrètement ; *metric* ~ tonne métrique **2.** *(T)* tonneau *m* (*pl* -x).

tonnage ['tʌnɪdʒ] *n* tonnage *m*.

tonne [tʌn] *n* tonne *f* métrique.

took [tʊk] *v.* **take**².

tool [tuːl] *n* outil *m*, instrument *m*.

top¹ [tɒp] *adj* supérieur, du haut ; ~ *executive* cadre *m inv* supérieur/dirigeant ; ~ *ped a million units* les ventes ont dépassé un million d'unités 2. venir en tête (de) ; ~ *the polls* venir en tête dans les sondages.

***top out** *v part* plafonner.

tore [tɔː] *v.* **tear**².

torn [tɔːn] *v.* **tear**².

tort [tɔːt] *n* (*Jur*) délit *m* civil, acte *m* dommageable extra-contractuel, préjudice *m* matériel donnant droit à réparation, responsabilité *f* délictuelle.

tortfeasor [ˌtɔːtˈfiːzə] *n* (*Jur*) auteur *m inv* d'un délit civil.

tortious [ˈtɔːʃəs] *adj* (*Jur*) qui relève de la responsabilité délictuelle ; ~ *act* action *f* préjudiciable entraînant obligation de réparation.

Tory [ˈtɔːri] *n* (*Pol*) 1. (*UK*) membre *m inv* du Parti conservateur 2. (*US*) royaliste *m inv* pendant la période révolutionnaire.

total¹ [ˈtəʊtl] *adj* total (*mpl* -aux), global (*mpl* -aux) ; ~ *cost* coût *m* total ; (*Ass*) ~ *loss* sinistre *m* total (*mpl* -aux), destruction *f* totale ; ~ *production* production *f* totale ; (*Cpta*) ~ *revenue* recette *f* totale ; (*Eco*) ~ *utility* utilité *f* totale ; (*Eco*) ~ *variable cost* coût *m* variable total.

***total quality control (TQC)** *n* contrôle *m* total de qualité.

total² [ˈtəʊtl] *n* total *m* (*pl* -aux), somme *f* ; *the grand* ~ le total global.

total³ [ˈtəʊtl] *v* 1. *vt* totaliser, additionner 2. *vi* totaliser, monter à, se chiffrer à.

totten trust [ˈtɒtn ˈtrʌst] *n* (*Jur*) (*US*) trust *m* temporaire révocable tant que le disposant n'est pas mort.

touch¹ [tʌʃ] *n* toucher *m*, contact *m* ; (*Inf*) ~ *screen* écran *m* tactile.

touch² [tʌʃ] *vti* 1. toucher 2. concerner, toucher (à).

tough [tʌf] *adj* dur, difficile, rude ; ~ *competition* forte concurrence *f*.

tourism [ˈtʊərɪzm] *n* tourisme *m*.

tourist [ˈtʊərɪst] *n* touriste *mf* ; ~ *bureau* office *m* du tourisme ; ~ *industry* l'industrie *f* du tourisme ; ~ *visa* visa *m* de tourisme.

tout¹ [taʊt] *n* démarcheur *m* (*f* -euse), racoleur *m* (*f* -euse), rabatteur (*f* -euse).

tout² [taʊt] *v* 1. *vi* ~ *for business* solliciter la clientèle, faire du racolage/du démarchage 2. *vt* vendre avec insistance.

tow¹ [təʊ] *n* (*T*) remorquage *m*.

tow² [təʊ] *vt* (*T*) remorquer.

towage [ˈtəʊɪdʒ] *n* (*T*) remorquage *m* ; ~ *charges* frais *mpl* de remorquage.

towboat [ˈtəʊbəʊt] *n* (*T*) (*US*) (*UK* tug) remorqueur *m*.

towing [ˈtəʊɪŋ] *n* (*T*) remorquage *m*.

town [taʊn] *n* ville *f* ; (*UK*) ~ *council* conseil *m* municipal ; ~ *planning* urbanisme *m*.

***town and gown** *loc* (*fam*) relations *fpl* université/ville (*v.* **corp and gown**).

township [ˈtaʊnʃɪp] *n* municipalité *f*.

towtruck [ˈtəʊtrʌk] *n* (*T*) (*US*) dépanneuse *f*.

toxic waste [ˌtɒksɪk ˈweɪst] *n* déchets *mpl* toxiques.

TQC *v.* **total quality control**.

trace¹ [treɪs] *n* trace *f*.

trace² [treɪs] *vt* 1. rechercher, suivre la trace de ; (*T*) suivre (des marchandises pendant le transport) 2. (*route*) tracer.

track¹ [træk] *n* 1. piste *f* ; *fast* ~ voie *f* rapide pour l'avancement professionnel ; (*US*) procédure *f* législative accélérée ; (*fam*) (*US*) *mommy* ~ voie *f* lente empruntée par une femme qui doit concilier sa carrière et sa vie familiale ; ~ *record* expérience *f* professionnelle 2. (*T*) voie *f* ferrée.

track² [træk] *vt* surveiller, suivre ; (*T*) ~ *a shipment* suivre une expédition.

trackball [ˈtrækbɔːl] *n* (*Inf*) boule *f* de commande (à déplacement du curseur).

tracking [ˈtrækɪŋ] *n* suivi *m* ; *computer* ~ suivi *m* informatisé.

tract [trækt] *n* 1. (*terrain*) parcelle *f* 2. brochure *f*, tract *m*.

tractor [ˈtræktə] *n* (*Agr*) tracteur *m* ; (*T*) (*US*) ~*-trailer* camion *m* semi-remorque.

trade¹ [treɪd] *n* 1. profession *f*, corps *m* de métier ; ~ *advertising* publicité *f* professionnelle ; ~ *allowance* escompte *m* commercial ; ~ *association* association *f* professionnelle ; ~ *discount* escompte *m* commercial ; ~ *journal/magazine* revue *f* professionnelle ; (*Mkg*) ~ *marketer* (*J.O.*) mercaticien *m* (*f* -ienne) de filière ; ~ *marketing* (*J.O.*) mercatique *f* de filière ; ~ *union* syn-

dicat *m* ; **~ unionism** syndicalisme *m*
2. commerce *m*, échanges *mpl* commerciaux ; **foreign/domestic ~** commerce extérieur/intérieur ; **wholesale/retail ~** commerce de gros/de détail ; **~ agreement** accord *m* commercial ; **~ balance** balance *f* commerciale ; **~ barrier** barrière *f* douanière ; **~ bloc/trading bloc** bloc *m* économique régional ; **~ deal** accord *m* commercial ; **~ deficit** déficit *m* de la balance commerciale ; **~ fair** foire *f* commerciale ; **~ gap** déficit *m* commercial ; **~ issues/~-related issues** problèmes *mpl* commerciaux, enjeux *mpl* commerciaux ; **~ libel** dénigrement *m* commercial ; **~ liberalization** libéralisation *f* des échanges ; **~ mart** expo-marché *m* ; **~ mission** mission *f* commerciale ; **~ network** circuit *m* commercial ; **~ officials** responsables *mpl* du commerce extérieur, négociateurs *mpl* officiels ; **~ pact** accord *m* commercial ; **~ preference system** régime *m* préférentiel ; **~ register** registre *m* du commerce ; **~ relations** relations *fpl* commerciales ; **~ show** exposition *f* interprofessionnelle ; **~ surplus** excédent *m* de la balance commerciale ; **~ talks** négociations *fpl* commerciales ; **~ terms** conditions *fpl* de vente ; **~ value** valeur *f* marchande, valeur vénale ; **~ weapon** arme *f* commerciale.

*Trade Acts *npl* (*CI*) (*US*) lois *fpl* sur le commerce et les échanges.

*Trade Board *n* (*US*) chambre *f* de commerce.

*Trade Descriptions Act *n* (*Jur*) (*UK*) loi *f* sur la publicité mensongère.

*trade fixtures *npl* (*Jur*) biens *mpl* meubles utilisés dans le commerce, meubles à fixe demeure.

*trade name *n* raison *f* sociale, nom *m* de marque, enseigne *f*.

*Trade-Related Intellectual Property Rights Agreement (TRIPS) *n* accord *m* du GATT sur la protection de la propriété intellectuelle.

*trade representative *n* **1.** représentant *m* de commerce **2.** (*US*) haut fonctionnaire *m* chargé des relations commerciales avec l'étranger ; *équiv.* secrétaire *mf* d'Etat au commerce extérieur.

*trade secret *n* secret *m* de fabrication.

*trade usage *n* usage *m* commercial.

trade² ['treɪd] *v* **1.** *vt* échanger, troquer **2.** *vi* commercer, avoir des relations *fpl* commerciales ; **trading with the enemy** commercer avec les puissances ennemies **3.** *vi* (*Bs*) se négocier, être coté ; **these shares ~ on the New York Stock Exchange** ces actions sont cotées à la Bourse de New York.

*trade in *v part* vendre en reprise.

*trade off *v part* échanger, troquer.

*trade with *v part* avoir des relations commerciales avec.

traded ['treɪdɪd] *adj* (*Bs*) négocié, coté ; **publicly ~ company** société *f* cotée en Bourse ; **~ option market** marché *m* des options négociables.

trade-in ['treɪd ɪn] *n* reprise *f* ; **~ allowance** valeur *f* de reprise.

trademark ['treɪdmɑːk] *n* (*Jur*) marque *f* de fabrique ; **~ infringement** utilisation *f* non autorisée de marque ; **registered ~** marque déposée.

trade-off ['treɪdɒf] *n* compromis *m*, échange *m*.

trader ['treɪdə] *n* **1.** commerçant *m*, négociant *m* *inv* ; **free ~** libre-échangiste *mf* **2.** (*Bs/Fin*) opérateur *m* (*f* -trice), cambiste *mf*.

tradesman ['treɪdzmən] *n* commerçant *m*, fournisseur *m* (*f* -euse).

Trades Union Congress (TUC) [ˌtreɪdz juːniən ˈkɒŋgres] *n* (*UK*) Congrès *m* de la confédération des syndicats britanniques.

trading¹ ['treɪdɪŋ] *adj* ; **~ profit/result** résultat *m* d'exploitation.

trading² ['treɪdɪŋ] *n* **1.** commerce *m*, négoce *m* ; **~ area** secteur *m* de vente ; **~ company** société *f* de commerce ; **~ loss** perte *f* d'exploitation ; **~ margin** marge *f* commerciale ; **~ partner** partenaire *mf* commercial(e) ; **~ profit** bénéfice *m* d'exploitation ; **~ stamp** timbre-prime *m* ; **~ year** année *f* d'exploitation, exercice *m* **2.** (*Bs*) transactions *fpl*, opérations *fpl* ; **~ floor** salle *f* des marchés ; **~ price** cours *m* fait ; **~ room** salle *f* des marchés ; **~ volume** volume *m* des transactions.

traffic ['træfɪk] *n* **1.** commerce *m*, trafic *m* ; **the drug ~** le trafic de la drogue **2.** circulation *f* ; **road ~** circulation routière ; **air/sea ~** trafic aérien/maritime ; **~ jam** embouteillage *m*.

trailblazer ['treɪlbleɪzə] *n* pionnier *m* (*f* -ière).

trailer ['treɪlə] *n* **1.** (*T*) remorque *f*, (*US*) caravane *f* (de camping) ; **~ ship** navire *m* porte-remorques ; (*US*) **~ truck** camion *m* semi-remorque **2.** bande-annonce *f* de film.

train¹ [treɪn] *n* (*T*) train *m* ; **~-ferry** train-ferry *m*.

train² [treɪn] *v* **1.** *vt* former, instruire **2.** *vi* s'entraîner, se former.

trainee [treɪˈniː] *n* stagiaire *mf* ; **~s** personnel *m* en formation ; **management ~** stagiaire de direction.

training ['treɪnɪŋ] *n* formation *f*, enseignement *m* ; **~ period** stage *f* de formation ; **~ scheme** programme *m* de formation ; **~ tax** taxe *f* d'apprentissage.

tramp [træmp] *n* **1.** (*T*) navire *m* travaillant à la demande, tramp *m* **2.** vagabond *m*, clochard *m*.

tramping ['træmpɪŋ] *n* (*T*) tramping *m*.

transact [træn'zækt] *vt* **~ business** faire des affaires, négocier, traiter.

transaction [træn'zækʃn] *n* **1.** transaction *f*, opération *f* commerciale ; **~ balances** encaisse *f* de transaction ; *cash* **~** transaction/opération au comptant ; **~ costs** coûts *mpl* de transaction ; **~ money** monnaie *f* de transaction **2.** procès-verbaux *mpl* d'une académie/d'un club/d'une société savante.

transcontainer [ˌtrænzkən'teɪnə] *n* (*T*) transconteneur *m*.

transcribe [træn'skraɪb] *vt* transcrire.

transcript ['trænskrɪpt] *n* **1.** copie *f* conforme, procès-verbal *m* (*pl* -aux) **2.** (*US*) relevé *m* des résultats scolaires.

transfer[1] ['trænsfɜ:] *n* **1.** mutation *f* **2.** (*Bq*) virement *m*, versement *m* ; *bank* **~/~ of funds** virement bancaire ; **~ order** ordre *m*/mandat *m* de virement **3.** (*Jur*) transmission *f*, cession *f* ; **~ price** prix *m* de transfert ; **~ of risks** transfert *m* de risques ; **~ tax** droit *m* de mutation **4.** (*Jur*) renvoi *m* devant une autre instance **5.** (*Eco*) transfert *m* ; **~ payments** paiements *mpl* de transfert **6.** (*Pol*) transfert *m*, passation *f* ; **~ of power** passation *f* des pouvoirs **7.** (*T*) correspondance *f* ; **~ passenger** passager *m* en correspondance.

transfer[2] [træns'fɜ:] *vt* **1.** transférer **2.** (*employé*) muter **3.** (*Bq*) transférer, virer **4.** (*Jur*) céder, transmettre.

transferable [træns'fɜ:rəbl] *adj* transmissible, cessible ; (*Jur*) **~ right** droit *m* transmissible ; (*Fin*) **~ share** action *f* cessible/au porteur.

transferee [ˌtrænsfɜ:'ri:] *n* (*Jur*) cessionnaire *mf*.

transferor [træns'fɜ:rə] *n* (*Jur*) cédant *m*.

tranship *v.* transship.

transhipment *v.* transshipment.

transire [træn'zaɪə] *n* (*D*) passavant *m*.

transit[1] ['trænsɪt] *n* (*T*) transit *m* ; *in* **~** en cours de transport, en transit ; **~ air freight agent** agent *m inv* de transit en fret aérien ; **~ documents** documents *mpl* de transit ; **~ goods** marchandises *fpl* en transit ; (*D*) **~ bill** passavant *m* ; **~ entry** déclaration *f* de transit.

transit[2] ['trænsɪt] *vi* (*T*) (*through*) transiter (par).

transition [træn'zɪʃn] *n* transition *f*.

transitional [træn'zɪʃənl] *adj* transitionnel (*f* -elle), de transition ; (*Eco*) **~ unemployment** chômage *m* de transition/frictionnel.

translator [trænz'leɪtə] *n* traducteur *m* (*f* -trice).

transmission [trænz'mɪʃn] *n* transmission *f*.

transmit [trænz'mɪt] *vt* **1.** transmettre **2.** émettre.

transnational [ˌtrænz'næʃnəl] *adj* transnational (*mpl* -aux).

*transnational corporation (TNC) *n* entreprise *f* transnationale.

transparency [træns'pærənsi] *n* **1.** transparence *f* ; *market* **~** transparence du marché **2.** diapositive *f*, transparent *m* (pour rétroprojecteur).

transplant[1] ['trænspla:nt] *n* transplant *m* ; **~ factory** usine *f* délocalisée.

transplant[2] [ˌtræns'pla:nt] *vt* transplanter ; **~ production abroad** délocaliser.

transport[1] ['trænspɔ:t] *n* (*T*) transport *m* ; **~ agent** transporteur *m inv* ; **~ company** entreprise *f* de transport ; **~ contract** contrat *m* de transport ; **~ costs** frais *mpl* de transport ; **~ documents** documents *mpl* de transport.

transport[2] [træns'pɔ:t] *vt* transporter.

transportation [ˌtrænspɔ:'teɪʃn] *n* (*US*) (*UK* transport) transport *m* ; *public* **~** transports *mpl* en commun.

transposition [ˌtrænspə'zɪʃn] *n* transposition *f*, inversion *f*.

transship [træns'ʃɪp] *vt* (*aussi* **tranship**) **1.** (*T*) transborder **2.** (*CI*) faire transiter des marchandises *fpl* par un pays tiers.

transshipment [træns'ʃɪpmənt] *n* (*aussi* **transhipment**) **1.** (*T*) transbordement *m*, rupture *f* de charge **2.** (*CI*) détournement *m* des marchandises par un pays tiers pour contourner les quotas.

travel[1] ['trævl] *ns inv* voyage(s) *m(pl)* ; **~ agency** agence *f* de voyages ; **~ agent** agent *m inv* de voyages ; **~ allowance** indemnités *fpl* de déplacement ; **~ expenses** frais *mpl* de déplacement.

travel[2] ['trævl] *vi* voyager, se déplacer.

traveller/traveler ['trævlə] *n* voyageur *m* (*f* -euse) ; (*Mkg*) **commercial ~** voyageur *m inv*/représentant *m inv* de commerce, VRP *m inv* ; **~'s cheque/check** chèque *m* de voyage.

treason ['tri:zn] *n* (*Jur*) trahison *f*.

treasure ['treʒə] *n* trésor *m* ; **~ trove** trésor de propriétaire inconnu.

treasurer ['treʒərə] *n* trésorier *m* (*f* -ière) ; **corporate ~** trésorier d'entreprise, directeur *m inv* financier ; *T~ of* the United States Trésorier général des Etats-Unis.

treasury ['treʒəri] n Trésor m public ; (UK) the T~ ministère m des Finances ; (US) the T~ Department ministère m des Finances ; (US) Secretary of the T~ ministre m des Finances ; (Fin) (US) T~ certificate bon m du Trésor à un an ; (Fin) T~ note bon m du Trésor ; ~ official inspecteur m inv des finances ; ~ share (Fin) (UK) bon m du Trésor à long terme ; (Mgt) (US) action f rachetée par la société.

*Treasury bill (T-bill) n (Fin) (US) bon m du Trésor à court terme.

*Treasury bond (T-bond) n (Fin) (US) bon m du Trésor à long terme.

treat [tri:t] vt traiter.

treatment ['tri:tmənt] n traitement m ; non-discriminatory tax ~ égalité f fiscale.

treaty ['tri:ti] n traité m, convention f, accord m ; (Fisc) tax ~ convention fiscale ; ~ shopping utilisation f abusive des conventions fiscales.

*Treaty on European Union n (UE) traité m de l'Union européenne.

*Treaty of Maastricht n (UE) traité m de Maastricht.

*Treaty of Rome n (UE) traité m de Rome.

treble[1] ['trebl] adj triple ; (Jur) ~ damages dommages-intérêts mpl triplés.

treble[2] ['trebl] vti tripler.

trend [trend] n tendance f, évolution f ; upward/downward ~ tendance à la hausse/à la baisse ; reverse a ~ renverser une tendance.

trendsetter ['trendsetə] n lanceur m (f -euse) de mode, innovateur m (f -trice).

trendy ['trendi] adj à la mode.

trespass[1] ['trespəs] n (Jur) 1. transgression f causant un préjudice et donnant droit à des dommages-intérêts 2. empiètement m 3. intrusion f, entrée f non autorisée ; no ~ing défense d'entrer.

trespass[2] ['trespəs] vi (Jur) 1. transgresser/violer la loi 2. (on) empiéter (sur) 3. s'introduire/entrer sans autorisation.

trespasser ['trespəsə] n (Jur) 1. transgresseur m inv, violeur m (f -euse) du droit d'autrui 2. intrus m.

trial ['traiəl] n 1. essai m ; épreuve f ; by ~ and error au jugé, par tâtonnements ; (Cpta) ~ balance bilan m prévisionnel ; ~ balloon ballon m d'essai ; ~ offer offre f d'essai ; ~ order commande f d'essai ; ~ period période f d'essai 2. (Jur) procès m, jugement m ; ~ by jury jugement par jury ; ~ court tribunal m de première instance ; ~ calen-

dar calendrier m d'instance ; ~ on the merits jugement au fond ; ~ jury jury m de jugement (syn. petty jury).

tribunal [traɪ'bju:nəl] n (Jur) tribunal m (pl -aux).

trickle[1] ['trikl] n filet m (d'eau), goutte-à-goutte m ; sales were down to a ~ il n'y avait presque plus de ventes.

trickle[2] ['trikl] vi arriver au compte-gouttes/peu à peu.

tried [traid] v. try[2].

trier of fact ['traiər əv 'fækt] n (Jur) juge m inv/jury m chargé de l'appréciation des faits.

trigger[1] ['trigə] n 1. gâchette f, détente f, (fig) déclencheur m ; (Eco) ~ point seuil m d'intervention ; (Eco) ~ price prix m d'intervention ; (CI) (US) ~ level seuil m de déclenchement des quotas d'importations.

trigger[2] ['trigə] vt (aussi trigger off) déclencher.

trim [trim] vt 1. réduire, tailler, (effectifs) dégraisser ; ~ the budget réduire le budget ; ~ the workforce dégraisser le personnel 2. (T) arrimer.

trimming ['trimiŋ] n 1. dégraissage m, compression f ; cost ~ réduction f des coûts 2. (T) arrimage m.

Trinidad and Tobago ['trinidæd ən tə'beigəʊ] n (îles fpl de) Trinité et Tobago ; in/to T~ à la Trinité, à Tobago.

trip [trip] n voyage m, déplacement m ; business ~ voyage d'affaires ; round ~ aller-retour m.

triple[1] ['tripl] adj triple.

triple[2] ['tripl] vt tripler.

triplicate ['triplikət] in ~ en triple exemplaire.

TRIPS v. Trade-Related Intellectual Property Rights Agreement.

TRO v. temporary restraining order.

trolley ['troli] n 1. (UK) (supermarché, bagages) chariot m 2. (US) tramway m, trolley m.

trotting peg ['trotiŋ 'peg] n (Fin) (UE) changes mpl fixes mais ajustables.

trouble ['trʌbl] n 1. ennui m, difficulté f ; money ~s problèmes mpl d'argent 2. mal m (pl maux), peine f 3. trouble m, conflit m ; labour/labor ~s troubles sociaux.

troubleshoot ['trʌblʃu:t] vi régler des problèmes.

troubleshooter ['trʌblʃu:tə] n 1. dépanneur m (f -euse), spécialiste mf de la résolution de problèmes 2. médiateur m (f -trice), conciliateur m (f -trice).

trough [trof] n creux m de la vague.

trover ['trəʊvə] n (Jur) action f en

common law pour appropriation illicite des biens meubles.

truce [truːs] *n* trêve *f*.

truck[1] [trʌk] *n* (T) **1.** (UK) wagon *m* de marchandises **2.** (US) camion *m*.

truck[2] [trʌk] *vt* (T) (US) transporter par camion.

truckage ['trʌkɪdʒ] *n* (T) (US) camionnage *m*.

truckdriver ['trʌk̩draɪvə] *n* (T) (US) chauffeur *m inv* routier.

trucker ['trʌkə] *n* (T) (US) **1.** camionneur *m inv* **2.** entreprise *f* de transport routier.

trucking ['trʌkɪŋ] *n* (T) (US) transport *m* routier; **~** *bill of lading* lettre *f* de voiture; **~** *company* transporteur *m inv* routier.

truckload ['trʌkləʊd] *n* (T) **1.** (UK) wagon *m* complet **2.** (US) camion *m* plein.

true [truː] *adj* vrai, exact, conforme; **~** *copy* copie *f* conforme; **~** *to sample* conforme à l'échantillon.

trunk [trʌŋk] *n* **1.** malle *f* **2.** (US) (voiture) coffre *m* (UK **boot**) **3.** (T) **~** *(road)* artère *f* principale; (chemin de fer) **~** *line* grande ligne *f*.

trust [trʌst] *n* **1.** confiance *f* **2.** (Jur) fidéicommis *m*, trust *m*; rapport *m* de droit fondé sur la confiance et dans lequel une personne (le **trustee**) détient le titre de propriété (**trust estate** ou **trust property**) au profit d'une autre personne (**beneficiary**); **~** *deed* acte *m* fiduciaire; **~** *instrument* document *m* établissant un trust; **~** *property* biens *mpl* en fiduciaire; **constructive** **~** fiction *f* en Équité imposant l'obligation de restituer en cas d'enrichissement sans cause **3.** (Eco) trust *m*, cartel *m* (v. **antitrust**) **4.** (Bq/Fin) fonds *mpl*; **~** *account* compte *m* en fidéicommis; **~** *company* société *f* fiduciaire/d'investissement; **~** *fund* fonds *mpl* en fidéicommis; **~** *receipt* sûreté *f* dans laquelle l'acheteur a la jouissance des biens du vendeur pour le compte de l'établissement financier; (UK) *unit* **~** fonds *mpl* de placement (équiv. SICAV) **5.** tutelle *f*; (UN) **~** *territory* territoire *m* sous tutelle.

trustbusting ['trʌstbʌstɪŋ] *n* (Jur) (fam) démantèlement *m* des trusts, action *f* antitrust.

trustee [trʌ'stiː] *n* **1.** (Jur) fidéicommissaire *m inv*, fiduciaire *m inv* **2.** (Jur) mandataire *mf*, administrateur *m* (*f* -trice) de biens; (US) **~** *in bankruptcy* mandataire-liquidateur *m inv*, syndic *m inv* de faillite **3.** administrateur *m* (*f*

-trice), gestionnaire *mf*; **board of** **~s** conseil *m* de gestion/d'administration.

trustworthy ['trʌstwɜːðɪ] *adj* digne de confiance; **~** *firm* entreprise *f* de confiance.

truth [truːθ] *n* vérité *f*; **~** *in advertising* transparence *f* publicitaire.

*Truth-in-Lending Act *n* (Bq/Jur) (US) loi *f* sur la transparence des conditions réelles de crédit.

try[1] [traɪ] *n* essai *m*, tentative *f*.

try[2] [traɪ] *vti* (**tried, tried**) **1.** essayer; (Mkg) **~** *and buy* achat *m* à l'essai **2.** (Jur) juger.

TUC *v.* **Trades Union Congress**.

Tuesday ['tjuːzdeɪ] *n* mardi *m*.

tug [tʌg] *n* (T) (aussi **tugboat**) remorqueur *m*.

Tunisia [tjuːˈnɪzɪə] *n* Tunisie *f*; *in/to* *T***~** en Tunisie.

Tunisian[1] [tjuːˈnɪzɪən] *adj* tunisien (*f* -ienne).

Tunisian[2] [tjuːˈnɪzɪən] *n* Tunisien *m* (*f* -ienne).

Turk [tɜːk] *n* Turc *m* (*f* Turque).

Turkey ['tɜːkɪ] *n* Turquie *f*; *in/to* *T***~** en Turquie.

Turkish ['tɜːkɪʃ] *adj* turc (*f* turque).

Turkmen[1] ['tɜːkmen] *adj* turkmène

Turkmen[2] ['tɜːkmen] *n* Turkmène *mf*.

Turkmenistan [ˌtɜːkmenɪˈstɑːn] *n* Turkménistan *m*; *in/to* *T***~** au Turkménistan.

turn[1] [tɜːn] *n* **1.** tour *m*, révolution *f* **2.** changement *m* de direction, revirement *m*; **~** *of events* tournure *f* des événements; **take a** **~** *for the better* s'améliorer; **take a** **~** *for the worse* s'aggraver **3.** (Bs) **~** *of the market* écart *m* entre les prix d'achat et les prix de vente.

turn[2] [tɜːn] *vti* **1.** tourner, se retourner; (fig) **~** *the corner* sortir d'une mauvaise passe **2.** changer, transformer.

*turn around *v. turn round.*

*turn away *v part* **1.** *vt* refuser, repousser **2.** *vi* partir.

*turn down *v part* rejeter, refuser.

*turn off *v part* éteindre, couper.

*turn on *v part* allumer, mettre en marche/en route.

*turn out *v part* **1.** produire, fabriquer **2.** sortir, se présenter **3.** éteindre.

*turn over *v part* **1.** réaliser **2.** (rotation) tourner.

*turn round/turn around *v part* **1.** se retourner **2.** redresser, se redresser, se rétablir.

turnaround *v. turn-round.*

turning point ['tɜːnɪŋ pɔɪnt] *n* point *m* décisif, moment *m* critique.

turnkey ['tɜːnkiː] *adj* clés en main ; ~ *contract* contrat *m* de construction clés en main ; ~ *factory* usine *f* clés en main.

turnover ['tɜːnəʊvə] *n* **1.** chiffre *m* d'affaires **2.** rotation *f* ; *labour/labor* ~ rotation du personnel ; ~ *rate* taux *m* de rotation

turnpike ['tɜːnpaɪk] *n* (T) (US) autoroute *f* à péage.

turn-round/turnaround ['tɜːnraʊnd/ 'tɜːnəraʊnd] *n* **1.** redressement *m* **2.** volte-face *f* (*pl inv*), revirement *m* **3.** (T) estarie *f*, jour *m* de planche ; ~ *time* temps *m* de déchargement d'un bateau au port.

tutorial [tjuː'tɔːrɪəl] *n* cours *m* d'instruction individualisé/par petits groupes.

TV *ab* de **television**.

TVA *v.* **Tennessee Valley Authority**.

twin pack ['twɪn pæk] *n* (*Emb*) paquet *m* double.

two-party system [ˌtuː ˈpɑːti ˌsɪstəm] *n* (*Pol*) bipartisme *m*.

tycoon [taɪˈkuːn] *n* magnat *m inv*, brasseur *m* (*f* -euse) d'affaires.

tying arrangement ['taɪɪŋ əˈreɪndʒmənt] *n* (*Jur*) accord *m* illicite de ventes liées.

type[1] [taɪp] *n* **1.** type *m*, modèle *m* **2.** (*imprimerie*) caractères *mpl* ; *bold* ~ caractères gras ; *italic* ~ caractères en italique.

type[2] [taɪp] *vti* taper à la machine.

typeface ['taɪpfeɪs] *n* police *f* de caractères.

typesetting ['taɪpsetɪŋ] *n* composition *f* typographique.

typewriter ['taɪpraɪtə] *n* machine *f* à écrire.

typist ['taɪpɪst] *n* dactylographe *mf*.

typo ['taɪpəʊ] *n* (*fam*) (*ab de* **typographical error**) faute *f* de frappe.

U

UAE *v.* **United Arab Emirates**.

uberrimae fidei [juːˈberɪmə ˈfaɪdeɪiː] *loc* (*Jur*) de bonne foi.

UCC *v.* **Uniform Commercial Code**.

Uganda [juːˈgændə] *n* Ouganda *m* ; *in/to U*~ en Ouganda.

Ugandan[1] [juːˈgændən] *adj* ougandais.

Ugandan[2] [juːˈgændən] *n* Ougandais *m*.

UK *v.* **United Kingdom**.

Ukraine [juːˈkreɪn] *n* Ukraine *f* ; *in/to U*~ en Ukraine.

Ukrainian[1] [juːˈkreɪnɪən] *adj* ukrainien (*f* -ienne).

Ukrainian[2] [juːˈkreɪnɪən] *n* Ukrainien (*f* -ienne).

ULD *v.* **unit loading devices**.

ultimate ['ʌltɪmət] *adj* final (*mpl* -aux) ; ~ *consumer* consommateur *m* (*f* -trice) final ; (*Jur*) ~ *issue* question *f* ultime (d'une procédure).

ultra large crude carrier [ˌʌltrə ˈlɑːdʒ ˈkruːd ˌkærɪə] *n* (T) pétrolier *m* géant.

ultra vires ['ʌltrə ˈvaɪriːz] *adj* (*Jur*) « au-delà des pouvoirs » ; ~ *act* abus *m* de pouvoir, acte *m* sans valeur légale puisqu'il dépasse l'autorité conférée par les textes.

umbrella [ʌmˈbrelə] *n* parapluie *m* ; ~ *company* société *f* écran ; ~ *contract* accord *m* cadre.

umpire ['ʌmpaɪə] *n* arbitre *m inv*.

UN *v.* **United Nations**.

unacceptable [ˌʌnəkˈseptəbl] *adj* inacceptable.

unaccounted [ˌʌnəˈkaʊntɪd] *adj* (*for*) inexpliqué.

unaccredited [ˌʌnəˈkredɪtɪd] *adj* non accrédité.

unacknowledged [ˌʌnəkˈnɒlɪdʒd] *adj* sans réponse.

unambiguous [ˌʌnæmˈbɪgjuəs] *adj* sans ambiguïté.

unanimous [juːˈnænɪməs] *adj* unanime.

unanticipated [ˌʌnænˈtɪsɪpeɪtɪd] *adj* imprévu.

unapproved [ˌʌnəˈpruːvd] *adj* non agréé, non autorisé.

unattainable [ˌʌnəˈteɪnəbl] *adj* inaccessible.

unaudited [ʌnˈɔːdɪtɪd] *adj* (*Cpta*) non vérifié, non contrôlé.

unauthenticated [ˌʌnɔːˈθentɪkeɪtɪd] *adj* (*Jur*) non légalisé.

unauthorized [ʌnˈɔːθəraɪzd] *adj* non autorisé.

unavailability [ˌʌnəveɪləˈbɪlɪti] *n* indisponibilité *f*.

unavailable [ˌʌnəˈveɪləbl] *adj* non disponible.

unavoidable [ˌʌnəˈvɔɪdəbl] *adj* inévitable ; *(Jur)* ~ **accident** accident *m* inévitable/dû à un cas de force majeure.

unbalanced [ʌnˈbælənst] *adj* déséquilibré ; *(Eco)* ~ **growth** croissance *f* déséquilibrée.

unbeknownst to [ˌʌnbɪˈnəʊnst tə] *loc* à l'insu de.

unbiased [ʌnˈbaɪəst] *adj* impartial (*mpl* -iaux).

unblock [ʌnˈblɒk] *vt* débloquer.

unbranded good [ʌnˈbrændɪd ˈgʊd] *n* *(Mkg)* produit *m* anonyme (*v.* **generic good**).

unbroken [ʌnˈbrəʊkn] *adj* ininterrompu, continu.

uncashed [ʌnˈkæʃt] *adj* *(Bq)* non encaissé.

uncertain [ʌnˈsɜːtn] *adj* aléatoire, incertain.

uncertainty [ʌnˈsɜːtnti] *n* incertitude *f*.

unclaimed [ʌnˈkleɪmd] *adj* non réclamé.

uncleared [ʌnˈklɪəd] *adj* *(D)* non dédouané.

uncollectable [ˌʌnkəˈlektəbl] *adj* *(Bq/ Fin)* non recouvrable.

uncollected [ˌʌnkəˈlektɪd] *adj* *(Bq/Fin)* non perçu, non recouvré.

unconditional [ˌʌnkənˈdɪʃnəl] *adj* sans condition.

unconfirmed [ˌʌnkənˈfɜːmd] *adj* non confirmé ; *(Bq)* ~ **letter of credit** lettre *f* de crédit non confirmée.

unconscionability [ˌʌnˌkɒnʃnəˈbɪlɪti] *n* *(Jur)* caractère *m* léonin (d'un contrat).

unconsolidated [ˌʌnkənˈsɒlɪdeɪtɪd] *adj* *(Cpta/Fin)* non consolidé.

unconstitutional [ˌʌnkɒnstɪˈtjuːʃnəl] *adj* *(Pol)* inconstitutionnel (*f* -elle), anti-constitutionnel (*f* -elle).

uncontested [ˌʌnkənˈtestɪd] *adj* incontesté.

uncontrollable [ˌʌnkənˈtrəʊləbl] *adj* *(Fin)* qui ne peut être maîtrisé/contenu ; ~ **budget items** « services *mpl* votés ».

unconvertible [ˌʌnkənˈvɜːtəbl] *adj* *(Fin)* non convertible.

UNCTAD *v.* **United Nations Conference on Trade and Development**.

undamaged [ʌnˈdæmɪdʒd] *adj* non endommagé, en bon état.

undated [ʌnˈdeɪtɪd] *adj* non daté.

undecided [ˌʌndɪˈsaɪdɪd] *adj* indécis.

undelivered [ˌʌndɪˈlɪvəd] *adj* non livré.

under [ˈʌndə] *prép* **1.** sous, au-dessous de ; ~ **construction** en construction ; ~ **the influence of alcohol** en état d'ivresse ; ~ **oath** sous serment ; *(Jur)* ~ **protest** sous protêt **2.** dans le cadre

de, en vertu de ; ~ **the terms of the contract** selon les termes du contrat.

underassessment [ˌʌndəˈsesmənt] *n* **1.** sous-évaluation *f* **2.** *(Fisc)* sous-imposition *f*.

underbid [ˌʌndəˈbɪd] *vti* (**underbid, underbid**) **1.** faire une soumission moins élevée (que qn d'autre) **2.** offrir des conditions plus avantageuses (que qn d'autre).

undercapitalized [ˌʌndəˈkæpɪtəlaɪzd] *adj* *(Fin)* sous-capitalisé.

undercharge [ˌʌndəˈtʃɑːdʒ] *vt* ne pas faire payer assez.

underconsumption [ˌʌndəkənˈsʌmpʃn] *n* sous-consommation *f*.

undercover [ˈʌndəkʌvə] *adj* secret (*f* -ète), clandestin ; ~ **agent** agent *m* *inv* secret.

undercut [ˈʌndəkʌt] *vt* **1.** *(personne)* vendre moins cher que **2.** *(marchandises)* réduire la valeur de.

underdeveloped [ˌʌndədɪˈveləpt] *adj* sous-développé ; ~ **country** pays *m* sous-développé/en voie de développement.

underdevelopment [ˌʌndədɪˈveləpmənt] *n* sous-développement *m*.

underemployment [ˌʌndərɪmˈplɔɪmənt] *n* sous-emploi *m*.

underestimation [ˌʌndərestɪˈmeɪʃn] *n* sous-estimation *f*, sous-évaluation *f*.

underfinanced [ˌʌndəˈfaɪnænst] *adj* sous-financé.

underfunded [ˌʌndəˈfʌndɪd] *adj* sous-financé.

underground [ˈʌndəgraʊnd] *adj* **1.** souterrain ; ~ **economy** économie *f* souterraine **2.** clandestin, secret (*f* -ète).

underhand [ˌʌndəˈhænd] *adj* clandestin, secret (*f* -ète), en sous-main.

underinsure [ˌʌndərɪnˈʃʊə] *vt* sous-assurer.

underinvest [ˌʌndərɪnˈvest] *vt* sous-investir.

underline [ˌʌndəˈlaɪn] *vt* souligner, mettre en évidence.

underlying [ˌʌndəˈlaɪɪŋ] *adj* sous-jacent ; ~ **asset** actif *m* sous-jacent ; *(Eco)* ~ **inflation** inflation *f* tendancielle.

undermanning [ˌʌndəˈmænɪŋ] *n* sous-effectifs *mpl*, manque *m* de personnel.

undermine [ˌʌndəˈmaɪn] *vt* saper, miner.

underpay [ˌʌndəˈpeɪ] *vt* sous-payer, sous-rémunérer.

underpin [ˌʌndəˈpɪn] *vt* étayer.

underpopulated [ˌʌndəˈpɒpjuleɪtɪd] *adj* sous-peuplé.

underprice [ˌʌndəˈpraɪs] *vt* ~ **sth** fixer un prix trop bas pour qch.

underprivileged [ˌʌndəˈprɪvɪlɪdʒd] *adj* défavorisé, déshérité.

underproduction [ˌʌndəprəˈdʌkʃn] *n* *(Eco)* sous-production *f.*

underrate [ˌʌndəˈreɪt] *vt* sous-estimer, sous-évaluer.

underreport [ˌʌndərɪˈpɔːt] *vt* *(on)* minorer, faire une déclaration incomplète sur.

underrepresented [ˈʌndəˌreprɪˈzentɪd] *adj* sous-représenté.

underscore [ˌʌndəˈskɔː] *vt* souligner.

undersecretary [ˌʌndəˈsekrətrɪ] *n (Pol)* sous-secrétaire *mf.*

undersell [ˌʌndəˈsel] *vt* (**undersold**, **undersold**) 1. ~ *sth* vendre qch au-dessous du cours 2. ~ *sb* vendre moins cher que qn.

undersigned [ˌʌndəˈsaɪnd] *n the*~ le/la soussigné(e).

undersold [ˌʌndəˈsəʊld] *v.* **undersell.**

understaffed [ˌʌndəˈstɑːft] *adj* à court de personnel, en sous-effectif.

understand [ˌʌndəˈstænd] *vt* (**understood**, **understood**) comprendre.

understanding [ˌʌndəˈstændɪŋ] *n* 1. accord *m* informel, entente *f,* arrangement *m*; *come to an* ~ parvenir à s'entendre/à un accord 2. compréhension *f.*

understood [ˌʌndəˈstʊd] *v.* **understand.**

undersubscribed [ˌʌndəsəbˈskraɪbd] *adj* non entièrement souscrit, non couvert ; *(Fin) the issue was* ~ l'émission *f* n'a pas été entièrement souscrite.

undertake [ˌʌndəˈteɪk] *vt* (**undertook**, **undertaken**) entreprendre.

undertaken [ˌʌndəˈteɪkən] *v.* **undertake.**

undertaking [ˌʌndəˈteɪkɪŋ] *n* 1. entreprise *f*; *joint* ~ entreprise en participation 2. *(Jur)* engagement *m,* promesse *f.*

under-the-counter [ˌʌndə ðə ˈkaʊntə] *adj* clandestin, secret (*f* -ète), illégal (*mpl* -aux) ; ~ *payment* pot-de-vin *m.*

undertook [ˌʌndəˈtʊk] *v.* **undertake.**

undervaluation [ˈʌndəˌvæljuˈeɪʃn] *n* sous-évaluation *f.*

undervalue [ˌʌndəˈvæljuː] *vt* sous-estimer, sous-évaluer.

undervalued [ˌʌndəˈvæljuːd] *adj* sous-évalué, sous-estimé.

underwrite [ˌʌndəˈraɪt] *vt* (**underwrote**, **underwritten**) 1. parrainer, financer ; ~ *a project* soutenir un projet 2. *(Ass)* assurer 3. *(Bs/Bq) (émission)* garantir, souscrire.

underwriter [ˈʌndəˌraɪtə] *n* 1. *(Ass)* assureur *m inv* 2. *(Bs/Bq)* garant *m,*

membre *m inv* d'un syndicat de placement.

underwriting [ˈʌndəˌraɪtɪŋ] *n* 1. *(Ass)* assurance *f,* souscription *f* 2. *(Bs/Bq)* garantie *f* (d'une émission) ; ~ *agreement* contrat *m* de garantie/de placement ; ~ *fee* commission *f* de garantie ; ~ *group* syndicat *m* de prise ferme ; ~ *syndicate* syndicat *m* de placement/d'émission.

underwritten [ˌʌndəˈrɪtn] *v.* **underwrite.**

underwrote [ˌʌndəˈrəʊt] *v.* **underwrite.**

undischarged [ˌʌndɪsˈtʃɑːdʒd] *adj* 1. *(dette)* impayé, non réglé 2. *(Jur)* non réhabilité ; ~ *bankrupt* failli *m* non réhabilité 3. *(T) (marchandises)* non déchargé.

undisclosed [ˌʌndɪsˈkləʊzd] *adj* non révélé ; *(Jur)* ~ *agency* mandat *m* non révélé ; ~ *principal* mandant *m inv/* commettant *m inv* non révélé.

undisputed [ˌʌndɪsˈpjuːtɪd] *adj* incontesté, indiscutable.

undistributed [ˌʌndɪsˈtrɪbjuːtɪd] *adj* non distribué ; *(Fin)* ~ *earnings* bénéfices *mpl* non distribués ; ~ *profits* bénéfices *mpl* non distribués.

undivided [ˌʌndɪˈvaɪdɪd] *adj* indivisé, *(Jur)* indivis ; ~ *interest* droit *m* indivis.

undocumented [ʌnˈdɒkjumentɪd] *adj* 1. non documenté 2. *(US)* sans papiers ; ~ *worker* travailleur *m* (*f* -euse) clandestin(e).

undue [ʌnˈdjuː] *adj* illégitime ; ~ *influence* intimidation *f,* abus *m* d'influence (*v.* duress) ; *(Jur) use of* ~ *authority* abus *m* de pouvoir.

unduly [ʌnˈdjuːlɪ] *adv* indûment, à tort, illégalement.

unearned [ʌnˈɜːnd] *adj* 1. non gagné ; ~ *income* revenu *m* du capital, rentes *fpl* 2. *(fig)* immérité.

unemployable [ˌʌnɪmˈplɔɪəbl] *adj* inapte au travail.

unemployed [ˌʌnɪmˈplɔɪd] *adj* sans emploi, au chômage ; ~ *person* chômeur *m* (*f* -euse).

unemployment [ˌʌnɪmˈplɔɪmənt] *n* chômage *m* ; ~ *benefits* allocations *fpl* de chômage ; *(US)* ~ *compensation* allocations *fpl* de chômage ; ~ *insurance* assurance *f* chômage ; *(Eco)* ~ *rate* taux *m* de chômage.

unencumbered [ˌʌnɪnˈkʌmbəd] *adj* *(Fin/Jur)* franc (*f* franche) d'hypothèques, non grevé.

unendorsed [ˌʌnɪnˈdɔːst] *adj* *(Bq/Fin)* non endossé.

unenforceable [ˌʌnɪnˈfɔːsəbl] *adj* *(Jur)*

non exécutoire ; ~ *contract* contrat *m* non exécutoire.

UNESCO [juːˈneskəʊ] v. **United Nations Educational, Scientific and Cultural Organization**.

unethical [ʌnˈeθɪkl] adj contraire à la déontologie.

unexecuted [ʌnˈeksɪkjuːtɪd] adj (Jur) non satisfait, non exécuté.

unexpired [ʌnɪkˈspaɪəd] adj en vigueur, non périmé.

unfair [ʌnˈfeə] adj injuste, déloyal (mpl -aux), inéquitable ; ~ *competition* concurrence f déloyale ; ~ *dismissal* licenciement m abusif ; (US) ~ *practice* pratique f antisyndicale (d'un employeur) ; ~ *trade/trading practices* pratiques fpl commerciales déloyales.

unfavourable/unfavorable [ʌnˈfeɪvrəbl] adj défavorable ; ~ *trade balance* balance f commerciale déficitaire.

unfeasible [ʌnˈfiːzəbl] adj irréalisable.

unfettered [ʌnˈfetəd] adj sans entraves ; ~ *access* accès m totalement libre.

unfilled [ʌnˈfɪld] adj non rempli, non satisfait ; ~ *jobs* postes mpl vacants/non pourvus ; ~ *orders* commandes fpl non satisfaites.

unfinished [ʌnˈfɪnɪʃt] adj inachevé, non façonné, brut ; ~ *goods* produits mpl inachevés.

unfit [ʌnˈfɪt] adj inapte, impropre ; ~ *for human consumption* impropre à la consommation.

unforeseeable [ʌnfɔːˈsiːəbl] adj imprévisible.

unforeseen [ʌnfɔːˈsiːn] adj imprévu, inattendu.

unformatted [ʌnˈfɔːmætɪd] adj (Inf) non formaté, non initialisé.

unfreeze [ʌnˈfriːz] vt (unfroze, unfrozen) débloquer.

unfriendly [ʌnˈfrendli] adj hostile ; (Mgt) ~ *takeover bid* offre f publique d'achat (OPA) hostile.

unfroze [ʌnˈfrəʊz] v. **unfreeze**.

unfrozen [ʌnˈfrəʊzn] v. **unfreeze**.

unfunded [ʌnˈfʌndɪd] adj non financé, non capitalisé ; ~ *debt* dette f flottante.

UNHCR v. **United Nations High Commissioner for Refugees**.

UNICEF [ˈjuːnɪsef] v. **United Nations International Children's Emergency Fund**.

UNIDO v. **United Nations Industrial Development Organization**.

uniform [ˈjuːnɪfɔːm] adj uniforme ; (Cpta) ~ *accounting* comptabilité f normalisée ; (Jur) (US) ~ *laws* lois fpl uniformes.

*Uniform Commercial Code (UCC) n (Jur) (US) Code m de commerce uniforme ; harmonise la réglementation des ventes et des effets de commerce dans les 50 Etats.

unilateral [juːnɪˈlætrəl] adj unilatéral (mpl -aux) ; (Jur) ~ *contract* contrat m unilatéral ; (Jur) ~ *mistake* erreur f d'une des parties.

unimproved [ʌnɪmˈpruːvd] adj 1. non amélioré 2. non construit ; ~ *property* terrain m non bâti.

unincorporated [ʌnɪnˈkɔːpəreɪtɪd] adj (Jur) non enregistré ; ~ *company* entreprise f sans personnalité juridique ; ~ *enterprise* entreprise f sans personnalité juridique ; ~ *joint stock company* société f créée de fait, société putative.

uninsured [ʌnɪnˈʃʊəd] adj (Ass) non assuré ; ~ *motorist coverage* couverture f des préjudices causés par un automobiliste non assuré.

union [ˈjuːnɪən] n 1. union f, concorde f ; *customs* ~ union douanière ; (US) *the U*~ la Fédération f, par opposition aux Etats fédérés 2. syndicat m ; ~ *card* carte f syndicale ; ~ *contract* convention f collective (signée au niveau d'une entreprise) ; ~ *dues* cotisations fpl syndicales ; (US) *labor* ~ syndicat m ; ~ *representatives* représentants mpl syndicaux ; (US) ~ *shop* atelier m qui n'admet que des travailleurs syndiqués (v. closed shop) ; *trade* ~ syndicat m.

*Union Jack n (UK) pavillon m britannique.

*Union of Shop, Distributive and Allied Workers (USDAW) n (UK) syndicat m du personnel de la vente et de la distribution.

*Union of Soviet Socialist Republics (USSR) n Union f des Républiques socialistes soviétiques (URSS).

unionism [ˈjuːnɪənɪsm] n syndicalisme m.

unionized [ˈjuːnɪənaɪzd] adj syndiqué ; ~ *labour/labor* main-d'œuvre f syndiquée.

unique [juːˈniːk] adj unique.

*unique selling proposition (USP) n (Mkg) proposition f exclusive de vente (PEV).

unissued [ʌnˈɪʃuːd] adj non émis ; (Bs) ~ *stock* actions fpl non émises.

unit [ˈjuːnɪt] n unité f ; (Cpta) ~ *of account* unité de compte ; ~ *cost* (Cpta) prix m de revient unitaire ; (Eco) coût m unitaire total ; (Eco) *labour/labor* ~ *cost* coût m unitaire de main-d'œuvre ; (Eco) ~ *elasticity* élasticité f unitaire ; (Fin) (UK) ~ *trust* société f d'investissement à capital variable (SICAV) ;

(T) ~ **load** unité de charge ; *(Inf)* **central processing** ~ *(CPU)* unité *f* centrale de traitement.

*unit loading devices (ULD) *npl (T)* unités *fpl* de chargement.

unitarism ['ju:nɪtərɪzm] *n (Pol) (US)* « unitarisme » *m* ; doctrine *f* qui refuserait toute souveraineté aux Etats membres de la Fédération américaine.

unitary ['ju:nɪtəri] *adj* unitaire ; *(Fisc) (US)* ~ **taxation** imposition *f* unitaire.

united [ju:'naɪtɪd] *adj* unifié, uni.

United Arab Emirates (UAE) [ju:naɪtɪd 'ærəb 'emərəts] *npl* Emirats *mpl* arabes unis (EAU) ; *in/to the U~A~E~* aux Emirats arabes unis.

United Kingdom (UK) [ju:naɪtɪd 'kɪŋdəm] *n* Royaume-Uni *m* ; *in/to the U~K~* au Royaume-Uni.

United Nations (Organization) (UN) [ju:naɪtɪd 'neɪʃənz ɔ:gənaɪ'zeɪʃn] *n* Organisation *f* des Nations Unies (ONU).

*United Nations Conference on Trade and Development (UNCTAD) *n* Conférence *f* des Nations Unies pour le commerce et le développement (CNUCED).

*United Nations Educational, Scientific and Cultural Organization (UNESCO) *n* Organisation *f* des Nations Unies pour l'éducation, la science et la culture.

*United Nations High Commissioner for Refugees (UNHCR) *n* Haut Commissaire *m inv* des Nations Unies pour les réfugiés.

*United Nations Industrial Development Organization (UNIDO) *n* Organisation *f* des Nations Unies pour le développement industriel.

*United Nations International Children's Emergency Fund (UNICEF) *n* Fonds *m* des Nations Unies pour l'enfance.

United States (US) [ju:naɪtɪd 'steɪts] *npl* Etats-Unis (EU) *mpl* ; *in/to the U~S~* aux Etats-Unis.

*United States Attorney *n (Jur)* procureur *m inv* général près les tribunaux fédéraux (*v.* **district court**).

*United States Code (USC) *n (Jur)* codification *f* officielle de la législation fédérale.

*United States Code Annotated (USCA) *n (Jur)* codification *f* officielle de la législation fédérale avec annotations sur la jurisprudence importante.

*United States marshal *n (Jur)* fonctionnaire *m inv* de police près les tribunaux fédéraux (*v.* **district court**).

*United States Reports *npl (Jur)* re-

cueils *mpl* de la jurisprudence de la Cour suprême.

*United States Trade Representative (USTR) *n (CI)* secrétaire *mf* d'Etat au commerce extérieur.

United States of America (USA) [ju:naɪtɪd steɪts əv ə'merɪkə] *npl* Etats-Unis *mpl* d'Amérique ; *in/to the U~S~ of A~* aux Etats-Unis d'Amérique.

unitize ['ju:nɪtaɪz] *vt (T)* ~ **cargo** unitariser le fret *m*, mettre le fret en conteneurs.

universal [ju:nɪ'vɜ:səl] *adj* universel (*f* -elle) ; *(Bq)* ~ **bank** banque *f* universelle ; *(Ass)* ~-**life policy** assurance vie *f* entière.

*Universal Product Code (UPC) *n (Mkg)* code *m* produit universel.

unjust [ʌn'dʒʌst] *adj (to)* injuste (envers).

*unjust enrichment doctrine *n (Jur)* doctrine *f* en Equité de l'enrichissement sans cause.

unknown [ʌn'nəʊn] *adj* inconnu.

unlawful [ʌn'lɔ:fəl] *adj (Jur)* contraire à la loi, illicite, illégal ; ~ **assembly** attroupement *m* séditieux ; ~ **detainer** détention *f* illicite des biens.

unleaded [ʌn'ledɪd] *adj* sans plomb ; *(UK)* ~ **petrol**/*(US)* ~ **gasoline** carburant *m* sans plomb.

unlicensed [ʌn'laɪsənst] *adj* non autorisé, sans patente.

unlimited [ʌn'lɪmɪtɪd] *adj* illimité ; *(Eco)* ~ **legal tender** pouvoir *m* libératoire illimité ; *(Jur)* ~ **liability** responsabilité *f* illimitée.

unliquidated [ʌn'lɪkwɪdeɪtɪd] *adj* de montant incertain.

unlisted [ʌn'lɪstɪd] *adj (Bs)* non coté, non inscrit à la cote ; ~ **market** marché *m* libre/hors cote ; ~ **share** action *f* non cotée ; ~ **security** titre *m* non coté ; ~ **securities market** marché *m* hors-cote.

unload [ʌn'ləʊd] *vt* décharger.

unloading [ʌn'ləʊdɪŋ] *n* déchargement *m*.

unmarked [ʌn'mɑ:kt] *adj* sans marque, non estampillé.

unmarketable [ʌn'mɑ:kɪtəbl] *adj* invendable, non négociable.

unofficial [ʌnə'fɪʃəl] *adj* officieux (*f* -ieuse), non officiel (*f* -ielle).

unpack [ʌn'pæk] *vt (T)* déballer, dépoter.

unpaid [ʌn'peɪd] *adj* impayé, non acquitté ; *(Bq/Fin)* ~ **bill** effet *m* impayé ; *(Fin)* ~ **dividends** dividendes *mpl* non distribués ; ~ **leave** congé *m* sans solde.

unpriced [ˌʌnˈpraɪst] *adj* sans indication de prix.

unproductive [ˌʌnprəˈdʌktɪv] *adj* improductif (*f* -ive).

unprofessional [ˌʌnprəˈfeʃnəl] *adj* peu professionnel (*f* -elle), contraire à la déontologie.

unprofitable [ʌnˈprɒfɪtəbl] *adj* peu profitable, non rentable.

unqualified [ʌnˈkwɒlɪfaɪd] *adj* **1.** incompétent, sans qualification **2.** général (*mpl* -aux), sans réserve; ~ *approval* approbation *f* sans condition/sans réserve.

unquoted [ʌnˈkwəʊtɪd] *adj* (*Bs*) non coté; ~ *share* action *f* non admise à la cote officielle.

unrealized [ʌnˈrɪəlaɪzd] *adj* (*Cpta*) non réalisé; ~ *gain* plus-value *f* latente; ~ *(foreign) exchange gains* gains *mpl* de change non réalisés; ~ *(foreign) exchange losses* pertes *fpl* de change non réalisées; ~ *losses on securities* provision *f* de conversion-actif pour dépréciation de titres.

unreasonable [ʌnˈriːznəbl] *adj* déraisonnable, excessif (*f* -ive); (*Jur*) ~ *restraint on alienation* restriction *f* déraisonnable du droit d'aliéner; (*Jur*) ~ *search and seizure* fouille *f* et perquisition *f* sans justification et sans autorisation.

unrecorded [ˌʌnrɪˈkɔːdɪd] *adj* non enregistré; (*Eco*) ~ *economy* économie *f* informelle/souterraine; (*Eco*) ~ *unemployment* chômage *m* non déclaré.

unrecoverable [ˌʌnrɪˈkʌvrəbl] *adj* irrecouvrable.

unredeemable [ˌʌnrɪˈdiːməbl] *adj* non remboursable, non amortissable.

unredeemed [ˌʌnrɪˈdiːmd] *adj* non remboursé, non amorti; (*Fin*) ~ *capital* capital *m* non amorti.

unregistered [ʌnˈredʒɪstəd] *adj* non inscrit, non enregistré.

unrelated [ˌʌnrɪˈleɪtɪd] *adj* non lié; (*Jur*) ~ *offences/offenses* infractions *fpl* non liées.

unreliable [ˌʌnrɪˈlaɪəbl] *adj* peu fiable, peu sûr.

unrepealed [ˌʌnrɪˈpiːld] *adj* (*Jur*) non abrogé.

unrequited [ˌʌnrɪˈkwaɪtɪd] *adj* non réciproque; (*Cpta*) (*budget*) ~ *current transfers* transferts *mpl* courants non contractuels; (*Eco*) ~ *exports* exportations *fpl* sans contrepartie.

unrest [ʌnˈrest] *n* troubles *mpl*, agitation *f*; *labour/labor* ~ agitation ouvrière; *social* ~ malaise *m* social.

unrestricted [ˌʌnrɪˈstrɪktɪd] *adj* libre, sans restriction; ~ *access* accès *m* ouvert.

unsafe [ʌnˈseɪf] *adj* dangereux (*f* -euse), peu sûr.

unsalaried [ʌnˈsælərɪd] *adj* non salarié, non rémunéré.

unsatisfactory [ˌʌnsætɪsˈfæktrɪ] *adj* peu satisfaisant, défectueux (*f* -euse), qui laisse à désirer.

unsatisfied [ʌnˈsætɪsfaɪd] *adj* **1.** mécontent **2.** (*Fin/Jur*) non satisfait, non réglé.

unscrupulous [ʌnˈskruːpjʊləs] *adj* peu scrupuleux (*f* -euse), malhonnête.

unseasonable [ˌʌnˈsiːznəbl] *adj* inopportun.

unseat [ʌnˈsiːt] *vt* (*Pol*) faire perdre son siège à, battre; ~ *the incumbent Congressman* battre le député sortant.

unseaworthiness [ʌnˈsiːwɜːðɪnəs] *n* (*T*) mauvais état *m* de navigabilité.

unseaworthy [ʌnˈsiːwɜːðɪ] *adj* (*T*) en mauvais état de navigabilité.

unsecured [ˌʌnsɪˈkjʊəd] *adj* (*Bq/Fin*) non garanti; ~ *bond* obligation *f* non garantie; ~ *creditor* créancier *m* (*f* -ière) chirographaire; ~ *debt* dette *f* non garantie.

unsettled [ʌnˈsetld] *adj* **1.** instable, troublé **2.** (*Fin*) non réglé.

unsigned [ʌnˈsaɪnd] *adj* non signé.

unskilled [ʌnˈskɪld] *adj* non qualifié, sans qualification; ~ *labour/labor* main-d'œuvre *f* non qualifiée; ~ *worker* ouvrier *m* (*f* -ière) non qualifié(e), ouvrier *m* (*f* -ière) spécialisé(e) (OS).

unsold [ʌnˈsəʊld] *adj* invendu; ~ *items* invendus *mpl*.

unsolicited [ˌʌnsəˈlɪsɪtɪd] *adj* non sollicité, spontané; ~ *application* candidature *f* spontanée.

unsound [ʌnˈsaʊnd] *adj* peu sûr, hasardeux (*f* -euse), mauvais; (*Jur*) *be of* ~ *mind* ne pas avoir toute sa raison.

unspent [ʌnˈspent] *adj* non dépensé.

unstable [ʌnˈsteɪbl] *adj* instable; (*Eco*) ~ *equilibrium* équilibre *m* instable.

unstamped [ʌnˈstæmpt] *adj* non tamponné, non estampillé; (*Bs*) ~ *share* action *f* non estampillée.

unstuffing [ʌnˈstʌfɪŋ] *n* (*T*) (*UK*) dépotage *m*.

unsubscribed [ˌʌnsəbˈskraɪbd] *adj* (*Fin*) non souscrit.

unsubsidized [ʌnˈsʌbsɪdaɪzd] *adj* non subventionné.

unsubstantiated [ˌʌnsəbˈstænʃɪeɪtɪd] *adj* non fondé, non prouvé, non corroboré.

unsuccessful [ˌʌnsək'sesfəl] *adj* sans succès, infructueux (*f* -euse), non réussi.

unsuitable [ʌn'su:təbl] *adj* mal adapté, (*moment*) inopportun.

unsuited [ˌʌn'su:tɪd] *adj* mal adapté, (*moment*) inopportun.

unsupported [ˌʌnsə'pɔ:tɪd] *adj* non corroboré, non prouvé.

untapped [ʌn'tæpt] *adj* inexploité ; (*Eco*) ~ *market* marché *m* inexploité.

untenable [ʌn'tenəbl] *adj* intenable, insoutenable, indéfendable.

untested [ʌn'testɪd] *adj* non testé, non vérifié, qui n'a pas été mis à l'épreuve.

untied [ˌʌn'taɪd] *adj* non lié ; (*CI*) ~ *aid* aide *f* non liée.

untrained [ʌn'treɪnd] *adj* qui n'a pas reçu de formation professionnelle.

untransferable [ˌʌntræns'fɜ:rəbl] *adj* non transférable ; (*Bq*) ~ *bill* effet *m* nominatif.

untried [ʌn'traɪd] *adj* **1.** non essayé, non testé **2.** (*Jur*) qui n'a pas encore été jugé.

unused [ʌn'ju:zd] *adj* inutilisé, non exploité.

unverified [ʌn'verɪfaɪd] *adj* non vérifié.

unwanted [ʌn'wɒntɪd] *adj* non désiré, superflu.

unwarranted [ʌn'wɒrəntɪd] *adj* injustifié, indu.

unweighted [ʌn'weɪtɪd] *adj* non pondéré ; (*Eco*) ~ *index* indice *m* non pondéré.

unworkable [ʌn'wɜ:kəbl] *adj* impraticable, inexécutable.

unwrap [ʌn'ræp] *vt* (*Emb*) déballer.

unwritten [ʌn'rɪtn] *adj* non écrit ; (*Jur*) ~ *law* droit *m* coutumier et jurisprudentiel.

up¹ [ʌp] *adv* **1.** en hausse, en augmentation ; *prices are* ~ *10 %* les prix sont en hausse de 10 % **2.** en dessus ; (*Emb*) « *this end* ~ » « haut », « dessus ».

up² [ʌp] *vt* augmenter ; ~ *the price* augmenter le prix.

upbeat ['ʌpbi:t] *adj* (*US*) optimiste.

UPC *v.* **Universal Product Code.**

update¹ ['ʌpdeɪt] *n* mise *f* à jour, nouvelle *f* récente.

update² [ʌp'deɪt] *vt* mettre à jour.

upgrade¹ ['ʌpgreɪd] *n* mise *f* à niveau, modernisation *f*.

upgrade² [ʌp'greɪd] *vt* **1.** améliorer, moderniser **2.** promouvoir, reclassifier.

upheaval [ʌp'hi:vl] *n* bouleversement *m*, agitation *f*.

upheld [ʌp'held] *v.* **uphold.**

uphold [ʌp'həʊld] *vt* (*Jur*) (**upheld**,

upheld) confirmer, ratifier, déclarer valable.

upkeep ['ʌpki:p] *n* entretien *m*.

upmarket [ʌp'mɑ:kɪt] *adj* (*Mkg*) haut de gamme *inv*.

upper ['ʌpə] *adj* supérieur ; ~ *limit* plafond *m* ; (*Mgt*) ~ *management* cadres *mpl* supérieurs ; (*Pol*) *U*~ *House* Chambre *f* haute.

ups-and-downs ['ʌps ən 'daʊnz] *npl* hauts et bas *mpl*, fluctuations *fpl*.

upscale [ʌp'skeɪl] *adj* haut de gamme *inv*.

upset price ['ʌpset praɪs] *n* (*enchères*) mise *f* à prix, prix *m* minimum de vente.

upshot ['ʌpʃɒt] *n* résultat *m*, conclusion *f*.

upstream [ʌp'stri:m] *adv* en amont ; (*Eco*) ~ *integration* intégration *f* en amont.

upswing ['ʌpswɪŋ] *n* redressement *m*, phase *f* ascendante du cycle économique.

uptick ['ʌptɪk] *n* (*US*) redressement *m*, reprise *f*.

up-to-date [ʌp tə 'deɪt] *adj* à jour, moderne, récent.

uptrend ['ʌptrend] *n* (*Eco*) évolution *f* favorable, tendance *f* à la hausse.

upturn ['ʌptɜ:n] *n* (*Eco*) reprise *f* économique, redressement *m*.

upward¹ ['ʌpwəd] *adj* ascendant, montant ; ~ *mobility* mobilité *f* ascendante ; ~ *trend* tendance *f* à la hausse.

upward² ['ʌpwəd] *adv* (*aussi* **upwards**) vers le haut, en montant ; *unemployment figures were revised* ~ les chiffres du chômage ont été revus à la hausse.

urban ['ɜ:bən] *adj* urbain ; ~ *concentration* concentration *f* urbaine ; ~ *renewal* réaménagement *m* des zones urbaines ; ~ *sprawl* urbanisation *f* incontrôlée.

urbanization [ˌɜ:bənaɪ'zeɪʃn] *n* urbanisation *f*.

urbanize ['ɜ:bənaɪz] *vt* urbaniser.

urge [ɜ:dʒ] *vt* **1.** recommander **2.** encourager, inciter.

urgent ['ɜ:dʒənt] *adj* urgent.

Uruguay ['jʊərəgwaɪ] *n* Uruguay *m* ; *in/to U*~ en Uruguay.

Uruguayan¹ [ˌjʊərə'gwaɪən] *adj* uruguayen (*f* -enne).

Uruguayan² [ˌjʊərə'gwaɪən] *n* Uruguayen *m* (*f* -enne).

US *v.* **United States.**

USA *v.* **United States of America.**

usability [ˌju:zə'bɪlɪti] *n* aptitude *f* à l'emploi.

usable ['ju:zəbl] *adj* utilisable.

usage ['ju:sɪdʒ] *n* **1.** utilisation *f* **2.** traitement *m*; **ill-~** mauvais traitement **3.** *(Jur)* usage *m*, pratique *f* établie qui devient coutume; **~ of trade** usages commerciaux.

usance ['ju:zəns] *n* **1.** *(Bq/Fin)* usance *f*; **~ bill** effet *m* à terme/à usance; **~ credit** crédit *m* documentaire de rembours, accréditif *m* de rembours **2.** *(Fin)* revenu *m* d'une fortune.

USC *v.* **United States Code.**

USCA *v.* **United States Code Annotated.**

USDAW *v.* **Union of Shop, Distributive and Allied Workers.**

use[1] [ju:s] *n* **1.** usage *m*, utilisation *f*; *(Fisc) (US)* **~ tax** taxe *f* à la vente acquittée par l'acheteur résidant dans un Etat autre que celui dans lequel l'achat est effectué; *(Jur) (US)* **~ immunity** immunité *f* accordée au témoin (*v.* **Fifth Amendment, self-incrimination**) **2.** coutume *f*, pratique *f*; **the prevailing ~** l'usage *m* dominant **3.** *(Jur)* jouissance *f* à titre précaire; **full right of ~** pleine jouissance **4.** *(Jur)* **~s** ancêtre *m* du trust moderne.
*use value *n* **1.** *(Bs)* valeur *f* de nantissement **2.** *(Cpta)* valeur *f* d'usage/d'exploitation.

use[2] [ju:z] *vt* employer, utiliser.
*use up *v part* épuiser, utiliser totalement.

used [ju:zd] *adj* d'occasion, de seconde main.

useful ['ju:sfəl] *adj* utile, pratique; *(produit)* **~ life** durée de vie *f* utile.

user ['ju:zə] *n* utilisateur *m* (*f* -trice); **end ~** utilisateur final; **heavy ~** gros consommateur *m* (*f* -trice); **~ fee** taxe *f* imposée pour l'utilisation des services publics; *(Inf)* **~-friendly** convivial (*mpl* -iaux), facile à utiliser; **~'s manual** manuel *m* de l'utilisateur.

USP *v.* **unique selling proposition.**

USSR *v.* **Union of Soviet Socialist Republics.**

USTR *v.* **United States Trade Representative.**

usual ['ju:ʒuəl] *adj* usuel (*f* -elle), habituel (*f* -elle), ordinaire.

usufruct ['ju:zjufrʌkt] *n* *(Jur)* usufruit *m*; **ownership without ~** nue-propriété *f*.

usufructuary[1] [ju:zju'frʌktuəri] *adj* *(Jur)* usufruitier (*f* -ière), usufructuaire *m*.

usufructuary[2] [ju:zju'frʌktuəri] *n* *(Jur)* usufruitier *m* (*f* -ière).

usurer ['ju:ʒərə] *n* *(Jur)* usurier *m* (*f* -ière).

usurious [ju'zjuəriəs] *adj* *(Jur)* usuraire; **~ rate of interest** taux *m* d'intérêt usuraire.

usury ['ju:ʒəri] *n* *(Jur)* usure *f*.

utility [ju:'tɪlti] *n* **1.** utilité *f*; *(Eco)* **marginal ~** utilité marginale **2.** service *m* public (fournissant eau, gaz, électricité, etc.) **3.** *(Inf)* utilitaire *m*.

utilization [ju:tɪlar'zeɪʃn] *n* utilisation *f*.

utilize ['ju:tɪlaɪz] *vt* utiliser.

utopia [ju'təʊpiə] *n* utopie *f*.

utopian [ju'təʊpiən] *adj* utopique.

utter[1] ['ʌtə] *adj* absolu, total (*mpl* -aux).

utter[2] ['ʌtə] *vt* **1.** dire, prononcer, proférer **2.** émettre, mettre en circulation; **~ counterfeit notes/bills** faire circuler/fabriquer de faux billets.

U-turn ['ju: tɜ:n] *n* *(T)* demi-tour *m*, *(fig)* volte-face *f*.

Uzbek[1] ['ʊzbek] *adj* ouzbek.

Uzbek[2] ['ʊzbek] *n* Ouzbek *mf*.

Uzbekistan [ʊzbekɪ'sta:n] *n* Ouzbékistan *m*; **in/to U~** en Ouzbékistan.

V

v. *v.* **versus.**

vacancy ['veɪkənsi] *n* **1.** emploi *m*/poste *m* vacant; *(annonce)* **vacancies** offres *fpl* d'emploi **2.** *(locaux)* non-occupation *f*.

vacant ['veɪkənt] *adj* **1.** *(locaux)* vide, inoccupé; **~ lot** terrain *m* non bâti **2.** *(poste)* vacant, libre, à pourvoir **3.** *(Jur)* **~ possession** libre possession *f*; **with ~ possession** avec jouissance *f* immédiate.

vacate [və'keɪt / 'veɪkeɪt] *vt* **1.** *(lieu)* quitter, laisser libre **2.** *(poste)* libérer **3.** *(contrat)* résilier **4.** *(Jur)* annuler; **~ a judg(e)ment** réformer un jugement, infirmer en appel.

vacation [və'keɪʃn / veɪ'keɪʃn] *n* **1.** *(US)* vacances *fpl*, congé *m* **2.** *(Jur) (UK)* vacations *fpl*/vacances *fpl* judiciaires.

vacuum ['vækjuəm] *n* vide *m*; *(Emb)* **~-packed** (conditionné) sous vide.

vagrancy ['veɪɡrənsɪ] n (Jur) vagabondage m.

vagrant ['veɪɡrənt] n vagabond m.

vague [veɪɡ] adj vague, indéterminé.
*vagueness doctrine n (Jur) (US) principe m selon lequel une loi est nulle et non avenue si elle n'est pas suffisamment claire.

valid ['vælɪd] adj valable, valide; ~ argument argument m solide; (Jur) ~ contract contrat m valable; no longer ~ périmé; (Jur) ~ objection objection f bien fondée.

validate ['vælɪdeɪt] vt valider.

validity [və'lɪdətɪ] n validité f; extend the ~ of a document prolonger (la validité d') un document.

valorization [,vælərɑɪ'zeɪʃn] n maintien m artificiel (d'un prix).

valuable ['væljʊbl] adj de valeur, précieux (f -ieuse); (Jur) for a ~ consideration à titre onéreux.

valuables ['væljʊbəlz] npl (Jur) objets mpl de valeur.

valuation [,væljʊ'eɪʃn] n 1. expertise f, évaluation f; (D) customs ~ valeur f en douane 2. (Ass) ~ of the risks appréciation f du risque; agreed ~ clause clause f valeur agréée 3. (Cpta) ~ effect effet m de valorisation; ~ ratio ratio m d'évaluation.

value¹ ['væljuː] n valeur f, prix m; (Cpta) ~ in account valeur en compte; ~ analysis analyse f de la valeur; (Cpta/Mgt) book ~ valeur comptable; (Cpta) break-up ~ valeur d'inventaire/de liquidation; (Cpta) ~ for collection valeur à l'encaissement; commercial ~ valeur marchande; (Cpta) ~ at cost valeur au prix coûtant; (Bq) ~ date date f de valeur; discount ~ valeur actualisée; for ~ à titre onéreux; good ~ bon rapport qualité-prix; ~ in exchange valeur en échange; increase in ~ plus-value f; ~ index indice m de valeur; ~ judg(e)ment/judgment jugement m de valeur; ~ of labour/labor valeur f du travail; lose ~ se dévaloriser; market ~ valeur marchande, valeur négociable; of no ~ sans valeur; paper ~ valeur nominale; (Bs) par ~ valeur au pair; present ~ valeur actualisée; (Fisc) (UK) rateable ~ valeur fiscale (d'une propriété); (Cpta) redemption ~ valeur de rachat; rentable ~ valeur locative; (Ass/Cpta) salvage ~ valeur de récupération; (Eco) scarcity ~ valeur attachée à la rareté; scrap ~ valeur à la casse; (Ass) surrender ~ valeur de rachat; taxable ~ valeur imposable; ~ in use valeur d'usage.
*value-added tax (VAT) n (Fisc) taxe

f à la valeur ajoutée (TVA); (D) VAT cut réduction f du taux de TVA.

value² ['væljuː] vt 1. évaluer, expertiser 2. (marchandises) inventorier 3. estimer, priser 4. (chèque) valoriser.

valued ['væljuːd] adj 1. évalué 2. estimé, précieux (f -ieuse).
*valued customer card n (Mkg) carte f de fidélité.

valueless ['væljʊləs] adj sans valeur.

valuer ['væljʊə] n expert m inv.

van [væn] n (T) 1. fourgonnette f, camionnette f; ~-driver chauffeur m inv de camionnette, chauffeur-livreur m inv 2. fourgon m/wagon m de chemin de fer.

vandal ['vændəl] n (Jur) vandale mf, casseur m (f -euse).

vandalism ['vændəlɪzəm] n (Jur) vandalisme m.

vanning ['vænɪŋ] n (T) empotage m/ groupage m des marchandises; mise f en conteneur.

Vanuatu [,vænuˈɑːtuː] n (République f) de Vanuatu; to/at V~ à Vanuatu.

variable¹ ['veərɪəbl] adj variable; (Eco/Cpta) ~ costs coûts mpl variables; (Bq) ~ interest rate taux m d'intérêt variable; (Bs) ~ parity parité f variable; (Bs) ~ rate bond obligation f à taux variable.

variable² ['veərɪəbl] n variable m.

variance ['veərɪəns] n 1. désaccord m, divergence f; at ~ with the facts ne correspondant pas à la réalité 2. (statistiques) écart m, variation f, variance f.

variation [,veərɪ'eɪʃn] n variation f; (Ass) ~ of risk modification f de risque; (Eco) (données) adjusted for seasonal ~s corrigé des variations saisonnières.

variety [və'raɪətɪ] n variété f, diversité f; (US) ~ store magasin m populaire, bazar m.

various ['veərɪəs] adj varié, divers.

vary ['veərɪ] v 1. vi varier, fluctuer, se modifier 2. vt varier, diversifier, modifier.

VAT v. value-added tax.

Vatican ['vætɪkən] n the V~ le Vatican; in/to the V~ au Vatican.

vault [vɔːlt] n (Bq) chambre f forte, salle f des coffres.

VCR v. video cassette recorder.

VDU v. visual display unit.

vector ['vektə] n vecteur m.

vehicle ['viːɪkl] n 1. (T) véhicule m; commercial ~ véhicule utilitaire; heavy goods ~ (HGV) poids lourd m 2. (fig) véhicule m.

vehicular [vɪˈhɪkjʊlə] *adj (Jur)* **~ homicide** homicide *m* par véhicule interposé.

velocity [vəˈlɒsəti] *n* vitesse *f*; *(Eco)* **~ of circulation of money** vitesse de circulation de la monnaie; *income* **~ of money** vitesse-revenu *f* de la monnaie.

vendee [ˌvenˈdiː] *n (Jur)* acheteur *m (f* -euse*)*, acquéreur *m inv*.

vending [ˈvendɪŋ] *n (Mkg)* distribution *f* automatique; **~ machine** distributeur *m* automatique.

vendor [ˈvendɔː] *n* **1.** *(Jur)* vendeur *m (f* -euse*)* **~'s assets** valeurs *fpl* d'apport; **~'s lien** privilège *m* du vendeur **2.** *(Com)* fournisseur *m inv*.

Venezuela [ˌvenəˈzweɪlə] *n* Venezuela *m*; *to/at V***~** au Venezuela.

Venezuelan[1] [ˌvenəˈzweɪlən] *adj* vénézuélien *(f* -ienne*)*.

Venezuelan[2] [ˌvenəˈzweɪlən] *n* Vénézuélien *m (f* -ienne*)*.

venireman [vəˈnɪəmæn] *n (Jur) (US)* candidat-juré *m inv* (*v.* **voir dire**).

venture[1] [ˈventʃə] *n* **1.** risque *m* **2.** entreprise *f*, opération *f*; **~ capital** capital-risque *m*; *(Bs)* capitaux *mpl* spéculatifs; *foreign* **~** implantation *f* à l'étranger; *joint* **~** coentreprise *f*.

venture[2] [ˈventʃə] *v* **1.** *vt* hasarder **2.** *vi* s'aventurer.

venturesome [ˈventʃəsəm] *adj* risqué, hasardeux *(f* -euse*)*.

venue [ˈvenjuː] *n* **1.** lieu *m (pl* -x*)* de rendez-vous **2.** *(Jur)* juridiction *f*, compétence *f* territoriale; *change of* **~** renvoi *m* d'une affaire devant une autre juridiction.

VER *v.* **voluntary export restraint**.

verbatim [vɜːˈbeɪtɪm] *adv* textuellement, mot pour mot.

verdict [ˈvɜːdɪkt] *n (Jur)* verdict *m*; *directed* **~** verdict imposé au jury par le juge (qui estime les faits incontestables); *pronounce/(US)* **hand down a ~** rendre un verdict; *setting aside the* **~** rejet *m* du verdict par le juge (qui estime que le jury a commis une erreur).

verifiable [ˈverɪfaɪəbl] *adj* vérifiable, contrôlable.

verification [ˌverɪfɪˈkeɪʃn] *n* **1.** vérification *f* **2.** *(Jur)* confirmation *f* (sous serment de la véracité des allégations contenues dans les actes de procédure).

verify [ˈverɪfaɪ] *vt* **1.** vérifier, contrôler **2.** *(Jur)* confirmer.

versatile [ˈvɜːsətaɪl] *adj* polyvalent, souple.

versus (*v.*) [ˈvɜːsəs] *prép* **1.** contre; *(Jur) the case of Marbury v. Madison* l'af-

faire *f* Marbury contre Madison **2.** par opposition à, par rapport à.

vertical [ˈvɜːtɪkl] *adj* vertical *(mpl* -aux*)*; *(Eco)* **~ integration** concentration *f* verticale; **~ merger** fusion *f* verticale; *(Eco)* **~ restraint of trade** atteinte *f* à la liberté de la concurrence par concentration verticale.

Very Large Crude Carrier (VLCC) [ˌveri ˌlɑːdʒ ˈkruːd ˌkærɪə] *n (T)* pétrolier *m* géant.

vessel [ˈvesl] *n* **1.** *(T)* bateau *m (pl* -x*)*, navire *m* **2.** récipient *m*.

vest [vest] *vt (Jur)* **~ sb with authority** revêtir/investir qn de l'autorité; **~ property in sb** assigner des biens à qn.

vested [ˈvestɪd] *adj (Jur)* dévolu, acquis; **~ interests** droits *mpl* acquis; **~ right** droit *m* dévolu.

vet [vet] *vt (dossier)* contrôler, vérifier.

veto[1] [ˈviːtəʊ] *n* veto *m*; *(Pol) (US)* **pocket ~** « veto de poche » (intervenant à la fin d'une session parlementaire); *right of* **~** droit *m* de veto.

veto[2] [ˈviːtəʊ] *vt* opposer son veto (à), interdire.

viability [ˌvaɪəˈbɪləti] *n* viabilité *f*.

viable [ˈvaɪəbl] *adj* viable; *commercially* **~** rentable.

vicarious [vɪˈkeərɪəs] *adj* délégué, substitué; *give* **~ authority to** déléguer son autorité à; *(Jur)* **~ liability** responsabilité *f* civile (du fait d'autrui).

vice- [vaɪs] *préf* vice-; **~-chairman/president** vice-président *m*.

vice versa [ˌvaɪs ˈvɜːsə] *loc* vice versa.

vicinity [vəˈsɪnəti] *n* voisinage *m*; *in the* **~** *(of)* à proximité (de).

victim [ˈvɪktɪm] *n* victime *f inv*.

victimization [ˌvɪktɪmaɪˈzeɪʃn] *n* **1.** traitement *m* défavorable/discriminatoire **2.** représailles *fpl*.

victimize [ˈvɪktɪmaɪz] *vt* **~ sb** faire subir un traitement défavorable/discriminatoire à qn; exercer des représailles contre qn.

victimless [ˈvɪktɪmləs] *adj* sans victime; *(Jur)* **~ crime** crime *m* sans victime (possession de stupéfiants, etc).

video [ˈvɪdiəʊ] *n* vidéo *f*; **~ clip** vidéoclip *m*; *(Mkg)* **~shopping** vidéoachat *m*; *(Mkg)* **~show** vidéoprésentation *f*. ***video cassette recorder (VCR)*** *n* magnétoscope *m*.

vie [vaɪ] *vi (with)* rivaliser (avec), concurrencer.

Vienna [viˈenə] *n* Vienne.

Vietnam [ˌviːetˈnæm, ˌviːetˈnɑːm] *n* Viêtnam *m*; *to/in V***~** au Viêt-nam; *North*

V~ Viêt-nam du Nord; *South V~* Viêt-nam du Sud.

Vietnamese¹ [vɪˌetnəˈmiːz] *adj* vietnamien (*f* -ienne); *North V~* nord-vietnamien (*f* -ienne); *South V~* sud-vietnamien (*f* -ienne).

Vietnamese² [vɪˌetnəˈmiːz] *n (pl inv)* Vietnamien *m* (*f* -ienne); *North V~* Nord-Vietnamien *m* (*f* -ienne); *South V~* Sud-Vietnamien *m* (*f* -ienne).

view¹ [vjuː] *n* **1.** idée *f*, opinion *f*, position *f* **2.** *in ~ of* eu égard à, en raison de; *with a ~ to* en vue de, afin de **3.** *(Jur) ~ (of a scene)* descente *f* (du jury, du juge) sur les lieux (*v.* **inquest**).

view² [vjuː] *vt* **1.** *(TV)* regarder; *(film)* visionner **2.** considérer, scruter.

viewer [ˈvjuːə] *n* **1.** téléspectateur *m* (*f* -trice) **2.** *(appareil)* visionneuse *f*.

viewing [ˈvjuːɪŋ] *n (Mkg)* **1.** *(film)* projection *f* **2.** *(TV)* écoute *f*; *~ figures* taux *m(pl)* d'écoute; *~ habits* habitudes *fpl* d'écoute; *peak ~ time* heures *fpl* de grande écoute.

viewpoint [ˈvjuːpɔɪnt] *n* point *m* de vue.

vindicate [ˈvɪndɪkeɪt] *vt* **1.** prouver, justifier **2.** *(droits)* faire valoir.

vindictive [vɪnˈdɪktɪv] *adj* vindicatif (*f* -ive); *(Jur) ~ damages* dommages-intérêts *mpl* à titre punitif (*v.* **exemplary damages, punitive damages**).

vine [vaɪn] *n* vigne *f*; *(UK) ~ grower* viticulteur *m inv*, vigneron *m* (*f* -onne); *~ growing* viticulture *f*; *~yard* vignoble *m*.

vintage [ˈvɪntɪdʒ] *n* **1.** vendange(s) *f(pl)* **2.** *(vin)* année *f*, millésime *m*.

vintner [ˈvɪntnə] *n* négociant *m inv* en vins.

vinyl [ˈvaɪnəl] *n* vinyle *m*.

violate [ˈvaɪəleɪt] *vt (Jur) (loi, règle)* enfreindre, violer, contrevenir à.

violation [ˌvaɪəˈleɪʃn] *n (Jur) (loi, règle)* infraction *f*, contravention *f*, violation *f*; *in ~ of* en violation de; *safety ~* infraction aux règles de la sécurité; *(US) traffic ~* infraction au code de la route.

VIP *(ab de* **Very Important Person)** personnalité *f inv*, personne *f inv* importante.

virtual [ˈvɜːtʃuəl] *adj* **1.** en fait, quasi-; *a ~ monopoly* un quasi-monopole **2.** *(Inf)* virtuel (*f* -elle). **virtual reality* **(VR)** *n* réalité *f* virtuelle.

virus [ˈvaɪrəs] *n (Inf) (computer) ~* virus *m* (informatique).

visible [ˈvɪzəbl] *adj* visible.

visibles [ˈvɪzəbəlz] *npl (Eco)* visibles *mpl*.

visit¹ [ˈvɪzɪt] *n* **1.** visite *f*; *on an official/private ~* en visite officielle/privée **2.** *(visite d')* inspection *f*.

visit² [ˈvɪzɪt] *vti* **1.** rendre visite (à) **2.** *(usine)* inspecter.

visitation [ˌvɪzɪˈteɪʃn] *n (Jur) (US) ~ rights* droit *m* de visite (du parent qui n'a pas la garde) (*v.* **custody**).

visiting [ˈvɪzɪtɪŋ] *adj* *~ card* carte *f* de visite.

visitor [ˈvɪzɪtə] *n* **1.** visiteur *m* (*f* -euse) **2.** touriste *mf*; *foreign ~s* touristes étrangers **3.** *(hôtel)* client *m*.

visual [ˈvɪʒuəl] *adj* visuel (*f* -elle); *~ aids* supports *mpl* visuels; *(Mkg) ~ appeal* attrait *m*/impact *m* visuel. **visual display unit* **(VDU)** *n (Inf)* écran *m* de visualisation.

vital [ˈvaɪtl] *adj* vital *(mpl* -aux), essentiel (*f* -ielle); *~ statistics* détails *mpl* de l'état civil.

vitalize [ˈvaɪtəlaɪz] *vt* revitaliser, dynamiser.

vitiate [ˈvɪʃɪeɪt] *vt (Jur) (contrat)* vicier, annuler, rendre nul.

VLCC *v.* **Very Large Crude Carrier.**

vocation [vəʊˈkeɪʃn] *n* vocation *f*, profession *f*.

vocational [vəʊˈkeɪʃnəl] *adj* professionnel (*f* -elle); *~ guidance* orientation *f* professionnelle; *~ training* formation *f* professionnelle; *~ training course* stage *m* de formation professionnelle.

voice¹ [vɔɪs] *n* voix *f*; *advisory ~* voix consultative.

voice² [vɔɪs] *vt (opinion)* formuler, exprimer; *(objection)* soulever.

voice-over [ˈvɔɪs ˌəʊvə] *n (Mkg)* commentaire *m*, voix *f* « off ».

void¹ [vɔɪd] *adj* **1.** vide; *~ of* vide/dépourvu de **2.** *(Jur)* nul (*f* nulle); *~ ab initio* nul dès l'origine, nul d'office; *~ contract* contrat *m* nul; *~ on its face* apparemment nul; *null and ~* nul et non avenu.

void² [vɔɪd] *vt (Jur)* résilier, annuler, rendre nul.

voidable [ˈvɔɪdəbl] *adj (Jur)* annulable, résiliable; résolutoire. **voidable contract n (Jur)* contrat *m* susceptible d'être frappé de nullité relative.

voidance [ˈvɔɪdəns] *n (Jur) ~ clause* clause *f* d'annulation.

voir dire [ˈvwɑː ˈdɪːr] *n (Jur)* **1.** vérification *f* de l'aptitude des témoins et jurés potentiels **2.** *(US)* procédure *f* de sélection du jury.

volatile [ˈvɒlətaɪl] *adj (Bs) (marché)* fluctuant, changeant, erratique.

volatility [ˌvɒləˈtɪləti] *n (Bs)* volatilité *f.*

volume [ˈvɒljuːm] *n* volume *m* ; *(Mgt)* **business** ~ volume d'affaires ; *(Bs)* **index** indice *m* de volume ; *(Cpta) sales* ~ volume des ventes, chiffre *m* d'affaires ; *(Bs) trading* ~ volume des transactions.

voluntary [ˈvɒləntri] *adj* **1.** volontaire, facultatif (*f* -ive), spontané ; *(Jur)* ~ **confession** aveu *m (pl* -x) spontané ; *(Mkg)* ~ **consumption spending** demande *f* effective ; *(Jur)* ~ **liquidation** liquidation *f* volontaire ; *(Jur)* **go into** ~ **liquidation** déposer son bilan ; *(Eco)* ~ **saving** épargne *f* volontaire ; *(Eco)* ~ **unemployment** chômage *m* volontaire **2.** bénévole, gratuit ; ~ **assignment** cession *f* à titre gratuit.

***voluntary export restraint (VER)** n (CI)* accord *m* d'autolimitation, limitation *f* volontaire des importations.

***voluntary restraint agreement (VRA)** n (Jur)* accord *m* d'autolimitation.

***voluntary wage restraint** n (Eco)* limitation *f* volontaire des salaires.

vote[1] [vəʊt] *n (Pol)* vote *m*, scrutin *m*, suffrage *m* ; **take a** ~ procéder au scrutin ; ~**s cast** suffrages *mpl* exprimés ; *(UK)* ~ **of confidence** motion *f* de confiance ; ~ **counting** dépouillement *m* ; *(UK) free* ~ liberté *f* de vote (au Parlement) ; *(UK)* ~ **of no confidence** motion *f* de censure ; *(US) voice* ~ vote *m* par acclamation.

vote[2] [vəʊt] *v* **1.** *vi* voter ; ~ **by a show of hands** voter à main levée **2.** *vt* voter, adopter, approuver.

voter [ˈvəʊtə] *n* électeur *m (f* -trice).

voting [ˈvəʊtɪŋ] *adj* **1.** *(Pol)* ~ **booth** isoloir *m* ; ~ **machine** pupitre *m* électronique de vote ; ~ **qualifications** conditions *fpl* requises pour être électeur ; ~ **right** droit *m* de vote **2.** *(Bs)* ~ **shares/stock** actions *fpl* avec droit de vote.

vouch [vaʊtʃ] *vi* ~ **for** se porter garant de.

voucher [ˈvaʊtʃə] *n* **1.** pièce *f* justificative, reçu *m* ; *(Cpta)* pièce *f* comptable, bordereau *m (pl* -x) de versement **2.** *(Mkg)* bon *m* d'échange, bon *m* de réduction ; *gift* ~ bon-cadeau *m.*

voyage [ˈvɔɪɪdʒ] *n* voyage *m* en mer ; *(T)* ~ **charter** affrètement *m* au voyage ; *(Ass)* ~ **policy** police *f* d'assurance au voyage.

VR *v.* **virtual reality**.

VRA *v.* **voluntary restraint agreement**.

vulnerability [ˌvʌlnərəˈbɪlɪti] *n* vulnérabilité *f.*

vulnerable [ˈvʌlnərəbl] *adj* vulnérable.

W

W-2 form [ˌdʌbljuː ˈtuː ˈfɔːm] *n (US) (Fisc)* déclaration *f* fiscale.

wage [weɪdʒ] *n* salaire *m* ; *(Eco)* ~ **adjustment** réajustement *m*/revalorisation *f* des salaires ; ~ **agreement** convention *f* salariale ; ~ **arrears** arriérés *mpl* de salaire ; ~ **bargaining** négociations *fpl* salariales ; ~ **bill** masse *f* salariale ; ~ **claims** revendications *fpl* salariales ; ~ **contract** contrat *m* salarial ; ~ **cost** coût *m* salarial ; ~ **differentials** éventail *m* des salaires ; *(Eco)* ~ **drift** dérive *f* des salaires ; ~ **earner** salarié *m* ; *(US)* ~ **escalator** échelle *f* mobile des salaires ; ~ **freeze** blocage *m* des salaires ; *(Jur)* ~ **garnishment** saisie-arrêt *f* sur salaires ; *(US)* ~ **hike** hausse *f* des salaires ; ~ **increase** augmentation *f* de salaire ; *(Eco)* ~ **inflation** inflation *f* salariale ; *minimum (living)* ~ salaire minimum (vital) (*équiv.* SMIC) ; ~ **packet** salaire *m* ; *(US)* ~ **pact** convention *f* salariale ; *(Eco)* ~ **policy** politique *f* des salaires ; *(Eco)* ~ **and price controls** contrôle *m* des prix et des salaires ; *(Eco)* ~**-price spiral** spirale *f* des salaires et des prix ; ~ **restraint** limitation *f* des salaires ; ~ **round** négociations *fpl* salariales ; ~ **and salary earners** salariat *m*, les salariés *mpl* ; ~ **scale** échelle *f* des salaires ; ~ **settlement** accord *m* salarial ; ~ **sheet/slip** bordereau *m (pl* -x) de salaire, bulletin *m* de paie ; ~ **standstill** pause *f* salariale ; ~ **talks** négociations *fpl* salariales.

wager [ˈweɪdʒə] *n* pari *m.*

waggon/wagon [ˈwægən] *n (T)* wagon *m* de marchandises.

wait [weɪt] *vi (for)* attendre ; ~**-and-see policy** politique *f* d'attente, immobilisme *m.*

waiting [ˈweɪtɪŋ] *adj* en attente ; ~ *list*

liste f d'attente ; ~ **period** période f d'attente.

waive ['weɪv] vt *(Jur)* abandonner, renoncer à ; ~ **a claim** abandonner une demande ; ~ **an objection** ne pas soulever une objection ; ~ **a right** renoncer à un droit.

waiver ['weɪvə] n *(of)* abandon m (de), renonciation f (à), dérogation f (à), dispense f (de) ; *(Jur)* ~ **clause** clause f d'abandon ; **implied** ~ renonciation f tacite.

walkout ['wɔ:kaʊt] n 1. débrayage m, grève f 2. éclat m.

Wall Street ['wɔ:l stri:t] n (rue f où se trouve) la Bourse de New York.

*Wall Street Journal n journal m le plus influent du monde des affaires américain.

want [wɒnt] n 1. besoin m, manque m ; **for** ~ **of** faute de 2. désir m ; *(Mkg)* **customer** ~s besoins mpl des consommateurs, ce que recherche le consommateur.

want-ads ['wɒnt ædz] npl petites annonces fpl ; demandes fpl diverses.

wanted ['wɒntɪd] *(pp want)* « **wanted X** » cherche « X ».

wanton ['wɒntən] adj dévergondé ; *(Jur)* ~ **conduct** agissements mpl inconsidérés/d'une imprudence caractérisée.

war [wɔ:] n guerre f ; ~ **of attrition** guerre d'usure ; *(Jur)* ~ **crimes** crimes mpl de guerre ; *(Mkg)* **price** ~ guerre des prix.

*War Powers Resolution n *(Pol) (US)* résolution f sur le pouvoir du Président d'envoyer les armées en guerre sans le consentement du Congrès.

ward [wɔ:d] n 1. *(hôpital)* salle f ; *(prison)* quartier m 2. *(Pol) (UK)* quartier m, arrondissement m ; **electoral** ~s circonscriptions fpl électorales 3. pupille mf ; *(Jur)* ~ **of the court** pupille sous tutelle judiciaire.

ward off [,wɔ:d 'ɒf] v part écarter, éviter.

warehouse[1] ['weəhaʊs] n entrepôt m, magasin m ; *(Com)* ~ **club/store** magasin-entrepôt m ; *(Fin)* ~ **receipt** récépissé m d'entrepôt ; ~ **system** système m de stockage en entrepôt.

*warehouse warrant (W/W) n *(Fin)* récépissé-warrant m, certificat m d'emmagasinage.

warehouse[2] ['weəhaʊs] vt entreposer, stocker.

warehouseman ['weəhaʊsmən] n *(pl -men)* entreposeur m inv, magasinier m inv ; ~'s **lien** droit m de rétention d'entreposeur.

warehousing ['weəhaʊzɪŋ] n entreposage m ; ~ **charges** frais mpl d'entreposage/de magasinage ; *(Fin)* ~ **loan** avance f sur marchandises.

wares [weəz] npl marchandises fpl.

war-horse ['wɔ:hɔ:s] n *(fig)* cheval m de bataille.

warning ['wɔ:nɪŋ] n 1. avertissement m, avis m ; *(Emb)* ~s **and directions** instructions fpl de manipulation (sur l'emballage) ; *(Eco)* ~ **indicator** indicateur m d'alerte ; ~ **signal** clignotant m 2. préavis m ; **without** ~ sans préavis, sans prévenir.

warrant[1] ['wɒrənt] n 1. *(Bs)* garantie f, bon m de souscription ; ~s **emprunts** mpl garantis ; **dividend** ~ coupon m de dividende ; ~ **indenture** contrat m de droit d'achat d'actions 2. *(D/T)* billet m à ordre garanti par des marchandises ; récépissé m, warrant m, bon m ; *(D)* ~ **discounting** warrantage m ; **dock** ~ certificat m d'entrepôt 3. *(Jur)* autorisation f, mandat m officiel ; **arrest** ~ mandat d'amener/d'arrêt ; ~ **of attorney** procuration f, pouvoir m ; ~ **for payment** ordonnance f de paiement ; **search** ~ mandat de perquisition 4. *(US)* avis m officiel de nomination à un poste 5. *(UK)* brevet m ; **Royal W**~ brevet de fournisseur de la Cour.

warrant[2] ['wɒrənt] vt 1. justifier 2. garantir.

warrantee [,wɒrən'ti:] n *(Jur)* personne f inv garantie/cautionnée.

warrantless ['wɒrəntləs] adj *(Jur)* ~ **arrest** arrestation f sans mandat ; ~ **search** perquisition f sans mandat.

warrantor ['wɒrəntə] n *(Jur)* répondant m inv, garant m.

warranty ['wɒrənti] n *(Jur)* garantie f, caution f, engagement m ; ~ **card** carte f de garantie ; **express** ~ garantie expresse ; ~ **of title** attestation f du titre ; **breach of** ~ rupture f de garantie (d'un contrat) ; **implied** ~ garantie tacite ; **under** ~ sous garantie.

wash-out ['wɒʃaʊt] n échec m, fiasco m.

wash-sale ['wɒʃseɪl] n *(Bs) (US)* vente f fictive.

WASP [wɒsp] n *(US) (ab de White Anglo-Saxon Protestant)* Américain m blanc protestant ; catégorie qui a longtemps détenu tous les pouvoirs et privilèges face aux autres groupes ethniques, culturels et confessionnels.

wastage ['weɪstɪdʒ] n 1. gaspillage m, déchets mpl, produits mpl résiduels 2. fuites fpl, pertes fpl, déperdition 3. *(pertes par vol)* coulage m 4. *(Mgt)* départs mpl naturels (du personnel).

weighing

waste[1] [weɪst] *adj* inutile, perdu ; ~ *disposal unit* broyeur *m* d'ordures ; ~ *land* terrain *m* vague ; ~ *management* gestion *f* des déchets ; ~ *paper* vieux papiers *mpl* ; ~ *-paper basket* corbeille *f* à papiers ; *(Ind)* ~ *products* déchets *mpl* de fabrication ; ~ *water* eaux *fpl* usées.

waste[2] [weɪst] *n* 1. gaspillage *m*, gâchis *m* 2. perte(s) *f(pl)*, déperdition *f* (*v.* **spoilage**) 3. déchets *mpl*, détritus *mpl* ; *household* ~ ordures *fpl* ménagères ; *liquid* ~ déchets *mpl* liquides ; *nuclear* ~ déchets *mpl* nucléaires.

watchdog ['wɒtʃdɒg] *n* « chien *m* de garde » ; ~ *committee* comité *m* de vigilance ; *(Pol) (US) Congressional* ~ commission *f* parlementaire de surveillance ; ~ *State* Etat *m* gendarme.

water ['wɔːtə] *n* eau *f* (*pl* -x) 1. *(Emb)* ~ *-resistant* hydrorésistant 2. *(T)* ~ *line* ligne *f* de flottaison ; ~ *route* voie *f* navigable.

water down [ˌwɔːtə 'daʊn] *v part* 1. diluer, couper d'eau 2. *(fig)* édulcorer ; *(effet)* atténuer.

watered ['wɔːtəd] *adj (Bs)* ~ *stock* titre *m* dévalorisé, action *f* émise sans contrepartie adéquate.

Watergate ['wɔːtəgeɪt] *n (Pol) (US)* Watergate *m* 1. siège *m* du Parti démocrate à Washington où furent surpris en 1972 cinq cambrioleurs 2. affaire *f* que la Maison Blanche tenta d'étouffer et qui entraîna la démission du Président Nixon (*v.* **impeach**).

waterman ['wɔːtəmən] *n (T) (pl* -men) batelier *m* (*f* -ière).

waterproof ['wɔːtəpruːf] *adj (Emb) (matière)* imperméable, étanche à l'air.

watershed ['wɔːtəʃed] *n* 1. ligne *f* de partage des eaux 2. *(fig)* grand tournant *m*.

watertight ['wɔːtətaɪt] *adj (Emb) (conteneur)* étanche à l'eau.

waterway ['wɔːtəweɪ] *n (T)* voie *f* navigable ; *inland* ~s réseau *m (pl* -x) navigable.

wax [wæks] *n* cire *f* ; *(Emb)* ~*ed paper* papier *m* sulfurisé.

way [weɪ] *n* 1. chemin *m*, route *f* ; *be in the* ~ gêner ; *under* ~ *(bateau)* en route, *(démarche)* en cours, *(projet)* en voie de réalisation 2. moyen *m*, façon *f* ; ~ *of life* mode *m* de vie ; *(Eco)* ~s *and means* voies *fpl* et moyens *mpl*.

***Ways and Means Committee** *n (Pol) (US)* Commission *f* des finances de la Chambre des représentants.

waybill (WB) ['weɪbɪl] *n (T)* feuille *f* de route, lettre *f* de voiture.

WB *(aussi* **W/B**) *v.* **waybill**.

weak [wiːk] *adj* faible ; ~ *arguments/ case* arguments *mpl* peu convaincants ; *(Eco)* ~ *money* monnaie *f* faible.

weaken ['wiːkən] *v* 1. *vi* faiblir, s'affaiblir ; *(marché)* fléchir, se tasser 2. *vt* affaiblir.

weakness ['wiːknəs] *n* faiblesse *f* ; *(monnaie)* repli *m*.

weal [wiːl] *n* bien *m*, bien-être *m*, prospérité *f* ; *the public* ~ le bien commun.

wealth [welθ] *ns inv* 1. fortune *f*, richesse *f* ; *national* ~ patrimoine *m* national ; *(Eco)* ~ *effect* effet *m* de la richesse, effet *m* Prigou-Patinkin, effet *m* d'encaisse réelle ; ~ *tax* impôt *m* sur les grandes fortunes 2. abondance *f* ; *a* ~ *of questions* une profusion de questions.

wealthy ['welθɪ] *adj* riche, fortuné, aisé ; *the* ~ les riches *mpl*.

wear [weə] *v* (**wore, worn**) 1. *vt (vêtement)* porter 2. *vi* s'user.

wear and tear [ˌweər ən 'teə] *n* usure *f*, dégradation *f*, dépréciation *f* ; *(UK) fair* ~*/(US) normal* ~ usure normale.

weather ['weðə] *n* temps *m* ; ~ *permitting* si le temps le permet.

weatherproof ['weðəpruːf] *adj* qui résiste aux intempéries.

weave [wiːv] *vti* (**wove, woven**) tisser.

weaver ['wiːvə] *n* tisserand *m*.

weaving ['wiːvɪŋ] *n* tissage *m* ; ~ *loom* métier *m* à tisser ; ~ *mill* atelier *m* de tissage ; ~ *trade* industrie *f* du tissage.

wedge[1] [wedʒ] *n* 1. cale *f* 2. *part f* en forme de coin.

wedge[2] [wedʒ] *vt (T)* caler.

wedging ['wedʒɪŋ] *n (T)* calage *m*.

Wednesday ['wenzdeɪ] *n* mercredi *m*.

week [wiːk] *n* semaine *f* ; *a* ~ *from today* aujourd'hui en huit ; *a* ~ *on Monday* lundi en huit ; *twice a* ~ deux fois par semaine ; *within a* ~ d'ici une semaine, sous huitaine.

weekly[1] ['wiːklɪ] *adj* hebdomadaire.

weekly[2] ['wiːklɪ] *adv* toutes les semaines.

weekly[3] ['wiːklɪ] *n (revue)* hebdomadaire *m*.

weigh [weɪ] *vt* peser, soupeser ; *(T)* ~ *anchor* lever l'ancre.

***weigh up** *v part* peser, évaluer ; ~ *up the odds* peser le pour et le contre.

weigh bridge ['weɪ brɪdʒ] *n (T)* pont-bascule *m*.

weighing ['weɪɪŋ] *n* pesée *f* ; pesage *m* ; ~ *instruments* instruments *mpl* de pesage ; ~ *machine* bascule *f*, *(T)* pont-bascule *m*.

weight[1] [weɪt] *n* **1.** poids *m (pl inv)* ; **~s and measures** poids *mpl* et mesures *fpl* **2.** *(T)* **~ allowed free** franchise *f* de poids ; **~ ascertained** poids constaté ; **~ cargo** marchandises *fpl* lourdes ; **chargeable** **~** poids taxé ; **dead** **~** charge *f* en lourd ; **delivered** **~** poids rendu ; **~ when empty** poids à vide ; **excess** **~** excédent *m* de poids ; **gross** **~** poids brut ; **loaded** **~** poids embarqué ; **loaded net** **~** poids net embarqué ; **~ or measurement** poids ou encombrement ; **~ note** bulletin *m* de pesage ; **shipped** **~** poids embarqué ; **sold by** **~** vendu au poids ; **~ stamp** griffe *f* de pesée **3.** *(Jur)* **~ of the evidence** poids *m* des preuves.

weight[2] [weɪt] *vt* pondérer.

weighted [ˈweɪtɪd] *adj (Eco)* pondéré ; **~ arithmetic mean** moyenne *f* composée ; **~ average cost of capital** coût *m* moyen pondéré du coût du capital ; **~ index** indice *m* pondéré.

weighting [ˈweɪtɪŋ] *n* **1.** pondération *f* **2.** *(sur salaire)* indemnité *f*, allocation *f*, prime *f*.

welcome[1] [ˈwelkəm] *n* accueil *m*.

welcome[2] [ˈwelkəm] *vt* accueillir.

weld [weld] *vti (Ind)* souder.

welder [ˈweldə] *n (Ind)* **1.** *(personne)* soudeur *m (f* -euse) **2.** *(machine)* soudeuse *f*.

welfare [ˈwelfeə] *ns inv* **1.** bien-être *m* **2.** assistance *f* publique ; **be on** **~** bénéficier de l'aide sociale ; **~ benefits** avantages *mpl* sociaux ; **~ capitalism** capitalisme *m* rhénan ; **~ department** service *m* social (d'une entreprise) ; **~ economics** économie *f* du bien-être ; **~ payments** avantages *mpl* sociaux ; **~ plan** plan *m* social ; **~ recipient** bénéficiaire *mf* de l'aide sociale ; **~ services** services *mpl* sociaux ; **~ state** Etat-providence *m* ; **~ support** aide *f* sociale.

went [went] *v.* **go**.

west[1] [west] *adj* ouest *inv*, de l'ouest, occidental *(mpl* -aux).

west[2] [west] *n the W~* l'Ouest *m*, l'Occident *m*.

western [ˈwestən] *adj* ouest, de l'ouest, occidental *(mpl* -aux) ; **~ countries** les pays *mpl* occidentaux.

WESTLAW [ˈweslɔː] *n (Jur) (US)* banque *f* de données juridiques (*v.* **LEXIS**).

Westminster [ˈwesmɪnstə] *n (Pol) (UK)* le Parlement britannique, siège du pouvoir législatif.

wet [wet] *adj* mouillé, humide ; *(T)* **~ dock** bassin *m* à flot ; **~ goods** marchandises *fpl* liquides.

wetback [ˈwetbæk] *n (US) (fam)* immigré *m* clandestin.

wharf [wɔːf] *n (T)* quai *m* (de marchandises).

wharfage [ˈwɔːfɪdʒ] *n (T)* **1.** mise *f* à quai, mise en entrepôt des marchandises **2.** droits *mpl* de mise à quai ; **~ charges** frais *mpl* de mise à quai.

wharfinger [ˈwɔːfɪndʒə] *n (T)* agent *m inv* de quai ; **~'s receipt** billet *m* de bord, bon *m* de quai.

wheat [wiːt] *ns inv* blé *m*.

whereas [weərˈæz] *conj (Jur)* considérant que, attendu que.

Whigs [wɪgz] **1.** *(Pol) (UK)* *(XVIIIᵉ-XIXᵉ siècles)* ancêtres *mpl* des Libéraux **2.** *(Pol) (US)* parti *m* qui joua un rôle important entre 1834 et 1855.

whip[1] [wɪp] *n (Pol)* « fouet » *m* ; député *m* « chef de file » chargé de veiller au respect de la discipline de vote des parlementaires ; *(UK)* **three-line** **~** vote *m* imposé par un parti à ses députés au Parlement.

whip[2] [wɪp] *vt* **1.** fouetter **2.** *(fam)* vaincre.

***whip up** v part (intérêt, enthousiasme)* stimuler.

whistle [ˈwɪsəl] *n* sifflet *m* ; **blow the** **~** sonner l'alarme *f*.

***whistle-blower** n* sonneur *m (f* -euse) d'alarme, délateur *m (f* -trice).

white [waɪt] *adj* blanc *(f* blanche) ; *(Pol)* **~ book** livre *m* blanc ; **~ goods** produits *mpl* blancs, électroménager *m* ; *(Mgt)* **~ knight** chevalier *m* blanc (*v.* **takeover**).

***white-collar** adj* « à col blanc », de bureau ; *(Jur)* **~ crimes** criminalité *f* en col blanc ; **~ job** emploi *m* de bureau ; **~ worker** col-blanc *m*, employé *m* de bureau

***White House** n (Pol) (US)* la Maison Blanche, siège de l'Exécutif américain à Washington, D.C.

***White Paper** n (Pol) (UK)* livre *m* blanc, publication *f* gouvernementale qui expose les données d'un problème et les solutions proposées pour le régler.

Whitehall [ˈwaɪthɔːl] *n (Pol) (UK)* **1.** quartier *m* des ministères à Londres **2.** l'administration *f* britannique dans son ensemble.

whitewash [ˈwaɪtwɒʃ] *vt (fam)* blanchir, disculper.

WHO *v.* **World Health Organization**.

wholesale[1] [ˈhəʊlseɪl] *adj* de gros ; *(Bq)* **~ banking** banque *f* de gros ; *(Com)* **~ buying** achat *m* en gros ; **~ dealer** grossiste *mf* ; **~ price** prix *m* de gros ; *(Eco)* **~ price index** indice *m* des prix de gros ; ~ *trade* commerce *m* de gros ; ~ *trader* grossiste *mf*.

wholesale² [ˈhəʊlseɪl] *adv* en gros ; *buy/sell* ~ acheter/vendre en gros.

wholesale³ [ˈhəʊlseɪl] *vt* vendre en gros.

wholesaler [ˈhəʊlseɪlə] *n* grossiste *mf*.

wholesaling [ˈhəʊlseɪlɪŋ] *n* vente *f* en gros, commerce *m* de gros.

wholly [ˈhəʊli] *adv* entièrement, complètement ; *(Mgt)* ~-*owned subsidiary* filiale *f* à cent pour cent.

wide¹ [waɪd] *adj* large ; *(gamme)* étendu ; ~ *connections* clientèle *f* importante, « grosse » clientèle *f*.

wide² [waɪd] *adv* ~ *of the mark* loin du but, loin du résultat escompté ; ~-*ranging study* enquête *f* de grande envergure.

widen [ˈwaɪdn] *v* **1.** *vi* s'élargir, s'étendre ; *(écart)* se creuser **2.** *vt* élargir, étendre.

widespread [ˈwaɪdspred] *adj* répandu, courant.

widow [ˈwɪdəʊ] *n* veuve *f*.

widower [ˈwɪdəʊə] *n* veuf *m*.

widowhood [ˈwɪdəʊhʊd] *n* veuvage *m*.

wildcat [ˈwaɪldkæt] *adj* extravagant, risqué ; ~ *strike* grève *f* sauvage.

wilful/willful [ˈwɪlfəl] *adj (Jur)* intentionnel *(f -elle)*, avec préméditation ; ~ *misrepresentation of the facts* distorsion *f* volontaire des faits, fausse déclaration *f* ; ~ *murder* homicide *m* volontaire ; ~ *tort* délit *m*.

will [wɪl] *n* **1.** volonté *f* **2.** *(Jur)* testament *m* ; ~ *contest* action *f* pour invalider un testament ; *contest/dispute a* ~ attaquer un testament ; *last* ~ *and testament (formule consacrée)* testament *m*, dernières volontés *fpl* ; *leave sth to sb in one's* ~ léguer qch à qn ; *make a* ~ faire son testament ; *probate of a* ~ homologation *f* d'un testament.

win [wɪn] *vti* (**won, won**) **1.** gagner ; ~ *customers* attirer une clientèle ; ~ *hands down* gagner haut la main ; ~ *a market* conquérir un marché **2.** *(Ind)* *(charbon, minerai)* extraire.

***win back** *v part (marché)* reconquérir.

***win-win** *adj* gagnant-gagnant ; ~ *negotiation* négociation *f* positive/sans perdant.

winback [ˈwɪnbæk] *n* reconquête *f*.

windfall [ˈwɪndfɔːl] *n* aubaine *f* ; *(Fin)* ~ *profits* bénéfices *mpl* exceptionnels ; *(Fisc)* ~ *profits tax* impôt *m* sur les bénéfices exceptionnels.

winding-up [ˌwaɪndɪŋ ˈʌp] *n* **1.** *(Jur)* *(société)* dissolution *f*, liquidation *f* ; *compulsory* ~ mise *f* en règlement

judiciaire ; *voluntary* ~ liquidation volontaire **2.** *(réunion)* clôture *f*.

window [ˈwɪndəʊ] *n* **1.** fenêtre *f*, *(boutique)* ~ vitrine *f*, devanture *f* ; *(Bq)* guichet *m* **2.** *(fig)* fenêtre *f*, ouverture *f* momentanée.

***window-dressing** *n* **1.** *(Com)* habillage *m* de vitrine **2.** *(fig) (Cpta)* habillage *m* de bilan.

wind up [ˌwaɪnd ˈʌp] *v part* (**wound up, wound up**) *(Jur) (société)* liquider ; *(réunion, compte bancaire)* clore, clôturer ; *(activité)* terminer.

wine [waɪn] *n* vin *m* ; *(US)* ~-*grower* viticulteur *m* (*f* -trice) ; *(US)* ~-*growing* viticulture *f* ; ~-*merchant* marchand *m* de vins, négociant *m* en vins ; ~ *trade* industrie *f* viticole.

winery [ˈwaɪnəri] *n (US)* établissement *m* viticole.

winner [ˈwɪnə] *n* gagnant *m*.

***winner-take-all** *loc (Pol)* ~ *rule* règle *f* électorale du « tout au gagnant ».

wipe [waɪp] *vt* essuyer.

***wipe off** *v part* effacer, enlever ; ~ *off a debt* effacer/régler/apurer une dette.

***wipe out** *v part* éliminer.

wire¹ [waɪə] *n* **1.** câble *m*, fil *m* **2.** *(Emb)* fil *m* de fer **3.** *(US)* télégramme *m*.

wire² [waɪə] *vt* **1.** *(Emb)* attacher avec du fil de fer **2.** *(US)* câbler, télégraphier.

wiretapping [ˈwaɪətæpɪŋ] *n* mise *f* sur table d'écoute.

wishful [ˈwɪʃfʊl] *adj that's* ~ *thinking* c'est un vœu pieux.

witch-hunt [ˈwɪtʃhʌnt] *n* chasse *f* aux sorcières.

withdraw [wɪðˈdrɔː] *v* (**withdrew, withdrawn**) **1.** *vt* retirer, supprimer ; *(Jur)* ~ *a charge (procureur)* lever une inculpation, *(plaignant)* se rétracter ; ~ *a claim* retirer sa plainte ; *(Bq)* ~ *money from an account* retirer de l'argent d'un compte ; ~ *an order* annuler une commande **2.** *vi* se retirer, se désengager ; ~ *from an agreement* dénoncer un accord ; ~ *in favor of sb* se désister en faveur de qn.

withdrawal [wɪðˈdrɔːl] *n* **1.** désengagement *m*, retrait *m* ; *(Jur)* ~ *clause* clause *f* de retrait **2.** *(Bq)* retrait *m*, prélèvement *m* ; ~ *on demand* retrait *m* à vue ; ~ *of capital* retrait *m* (de fonds) **3.** *(Mkg)* ~ *product* ~ retrait *m* de commercialisation *(à dist.* **recall***)*.

withdrawn [wɪðˈdrɔːn] *v.* **withdraw**.

withdrew [wɪðˈdruː] *v.* **withdraw**.

withheld [wɪðˈheld] *v.* **withhold**.

withhold [wɪðˈhəʊld] *vt* (**withheld, withheld**) **1.** retenir ; *(Fisc) (UK)* ~ *tax* refuser de payer ses impôts ; *(Fisc) (US)*

~ *a tax* prélever un impôt à la source **2.** *(décision)* différer **3.** *(informations)* cacher, taire.

withholding [wɪð'həʊldɪŋ] *n* **1.** rétention *f* **2.** *(Fisc) (US)* prélèvement *m* ; **~** *tax* retenue *f* à la source *(v.* UK **pay-as-you-earn) 3.** *(Jur)* **~** *of evidence* dissimulation *f* de preuves.

within [wɪ'ðɪn] *prép* à l'intérieur de ; **~** *a week* d'ici une semaine, sous huitaine.

without [wɪð'aʊt] *prép* sans ; **~** *notice* sans préavis ; *(Jur)* **~** *prejudice* sans préjudice, sous toutes réserves ; *(Bq)* **~** *protest* sans protêt ; **~** *recourse* sans recours.

withstand [wɪð'stænd] *vt* (**withstood**, **withstood**) résister à.

withstood [wɪð'stʊd] *v.* **withstand**.

witness ['wɪtnəs] *n (Jur)* **1.** témoin *m inv* ; **~** *box* box *m*/barre *f* des témoins ; **~** *for the defence/defense* témoin à décharge ; *eye-***~** témoin oculaire ; *material* **~** témoin de fait ; **~** *for the prosecution* témoin à charge ; *subpoena a* **~** citer un témoin à comparaître ; **~** *to a will* témoin testamentaire **2.** témoignage *m* ; *bear* **~** *to* porter témoignage de ; *in* **~** *whereof* en foi de quoi.

won [wʌn] *v.* **win**.

wood [wʊd] *n* bois *m*.

wooden ['wʊdn] *adj* en bois, de bois.

wool [wʊl] *n* laine *f* ; **~** *industry* industrie *f* de la laine.

woollen/woolen ['wʊlən] *adj* en laine, de laine ; **~** *goods* lainages *mpl*.

word [wɜːd] *n* **1.** mot *m*, parole *f* **2.** engagement *m* ; *give one's* **~** donner sa parole.

*word-of-mouth loc by **~** par le bouche à oreille.

*word-processing n (Inf) (activité) traitement *m* de texte ; **~** *software* logiciel *m* de traitement de texte.

*word-processor n (Inf) (machine f de) traitement *m* de texte.

wording ['wɜːdɪŋ] *n* formulation *f* ; *(contrat)* termes *mpl*.

wore [wɔː] *v.* **wear**.

work¹ [wɜːk] *n* **1.** *ns inv* travail *m (pl* -aux), emploi *m* ; **~** *allocation* répartition *f* du travail ; *casual* **~** travail temporaire ; *clerical* **~** travail de bureau ; **~** *ethic* éthique *f* du travail ; **~** *experience* expérience *f* professionnelle ; *(Inf)* **~** *file* fichier *m* de travail ; **~** *force* main-d'œuvre *f* ; **~** *in hand* travail en cours ; *job* **~** travail à la pièce ; *office* **~** travail de bureau ; **~** *order* ordre *m* d'exécution de fabrication ; *out of* **~** au chômage, sans emploi ; **~** *permit* permis *m* de travail ; *piece-***~** travail à

la pièce ; *(UK)* **~** *placement* stage *m* en entreprise ; **~** *productivity* productivité *f* du travail ; **~** *prospects* perspectives *fpl* de travail, débouchés *mpl* ; **~** *in progress* (WIP) travaux *m* en cours, inventaire *m* de production ; **~** *schedule* emploi *m* du temps, calendrier *m* des travaux ; **~***-sharing* partage *m* du travail ; **~** *shift* travail posté ; **~** *station* poste *m* de travail ; **~** *stoppage* arrêt *m* de travail ; **~** *study* étude *f* des méthodes de travail **2.** **~***s* travaux *mpl* ; *public* **~***s* travaux publics ; *public* **~***s programme/program* programme *m* de travaux publics **3.** œuvre *f*, ouvrage *m* **4.** *v.* **works**.

*work furlough program n (Jur) (US) programme *m* permettant au détenu de travailler le jour et de rejoindre la prison le soir *(syn.* UK **work release programme**).

*work product rule n (Jur) règle *f* autorisant la non-divulgation d'informations résultant de la diligence de l'avocat de l'autre partie *(v.* **discovery**).

*work release programme v. **work furlough program**.

work² [wɜːk] *v* **1.** *vi* travailler ; **~** *freelance* travailler freelance/en indépendant ; **~** *full-time* travailler à plein temps ; **~** *hard* travailler dur ; **~** *part-time* travailler à mi-temps/à temps partiel ; **~** *to rule* faire la grève du zèle ; **~** *unsocial hours* travailler en dehors des heures normales **2.** *vi* marcher, fonctionner **3.** *vt (le bois, la pierre)* travailler ; *(mine)* exploiter ; **~** *an area* couvrir un secteur, opérer dans un secteur ; *(personnel)* faire travailler.

*work out v part **1.** *vi* marcher, aboutir **2.** *vt* déduire, comprendre ; réaliser ; **~** *out an agreement* parvenir à un accord ; **~** *out the differences* rapprocher les points de vue ; **~** *out a solution* trouver une solution.

workable ['wɜːkəbl] *adj* **1.** *(terrain)* exploitable **2.** *(projet)* réalisable.

workaholic [ˌwɜːkə'hɒlɪk] *n* bourreau *m inv (pl* -x) de travail.

worker ['wɜːkə] *n* travailleur *m (f* -euse), ouvrier *m (f* -ière) ; *clerical* **~** employé *m* de bureau ; *(Mgt)* **~***s' control* autogestion *f* ; *(Mgt)* **~** *participation* cogestion *f* (avec participation des travailleurs) ; *semi-skilled* **~** ouvrier *m* spécialisé (OS) ; *skilled* **~** ouvrier *m* qualifié.

*workers' compensation n (Jur) (US) programme *m* d'assurance et d'indemnisation des accidents du travail (en vigueur dans tous les Etats).

workforce ['wɜːkfɔːs] *n* **1.** *(Eco)* population *f* active **2.** *(Mgt)* main-d'œuvre *f*, effectifs *mpl*.

working ['wɜːkɪŋ] *adj* **1.** de fonctionnement ; **~** *account* compte *m* d'exploitation ; *(Cpta)* **~** *capital* fonds *m* de roulement, *(Eco)* stocks *mpl* et encaisses *fpl* ; **~** *conditions* conditions *fpl* de travail ; *(Pol)* **~** *majority* majorité *f* suffisante (pour agir) ; **~** *party* groupe *m* de travail ; **~** *stock* matériel *m* d'exploitation **2.** **~** *days/hours* jours *mpl*/ heures *fpl* ouvrables **3.** *the* **~** *classes* les classes *fpl* laborieuses.

working-out [ˌwɜːkɪŋ'aʊt] *n* mise *f* au point.

workload ['wɜːkləʊd] *n* charge *f* de travail.

workman ['wɜːkmən] *n* (*pl* **-men**) ouvrier *m* (*f* -ière).

workmanlike ['wɜːkmənlaɪk] *adj* (*attitude*) professionnel (*f*-elle).

workmanship ['wɜːkmənʃɪp] *n* qualité *f* du travail ; fini *m*.

workmate ['wɜːkmeɪt] *n* camarade *mf* de travail.

workout plan ['wɜːkaʊt plæn] *n* (*Cpta*) plan *m* de redressement.

workplace ['wɜːkpleɪs] *n* **1.** lieu *m* (*pl* -x) de travail **2.** poste *m* de travail.

works ['wɜːks] *n* **1.** usine *f* ; **~** *canteen* cantine *f* (de l'entreprise) ; **~** *committee* comité *m* d'entreprise ; *gas* **~** usine à gaz ; **~** *manager* directeur *m* (*f* -trice) d'usine ; *price ex-***~** prix **~** départ usine ; **~** *regulations* règlement *m* interne ; *steel* **~** aciérie *f* **2.** *v.* **work**[1].

worksheet ['wɜːkʃiːt] *n* **1.** grille *f* de travail **2.** *(Inf)* (*logiciel*) tableur *m*.

workshop ['wɜːkʃɒp] *n* **1.** *(Ind)* atelier *m* **2.** *(Mgt)* séminaire *m*.

work-to-rule [ˌwɜːk tə 'ruːl] *n* grève *f* du zèle.

world [wɜːld] *n* monde *m* ; *all over the* **~** partout dans le monde ; *business* **~** le monde des affaires ; **~** *economy* économie *f* mondiale ; **~** *fair* exposition *f* universelle ; **~-***famous* de renommée mondiale ; **~** *liquidity* liquidités *fpl* mondiales ; **~** *market* marché *m* mondial ; *the Third W*-**~** le tiers monde ; **~** *trade* commerce *m* mondial.

*World Bank *n* Banque *f* mondiale.

*World Court *n* Cour *f* internationale de justice (CIJ).

*World Health Organization (WHO) *n* *(UN)* Organisation *f* mondiale de la santé (OMS).

*World Trade Center *n* *(US)* Centre *m* international des affaires (à New York).

*World Trade Organization (WTO) *n* *(CI)* Organisation *f* mondiale du

commerce (OMC) (qui remplace le GATT).

worldwide[1] [ˌwɜːld'waɪd] *adj* mondial (*mpl* -iaux), universel (*f* -elle) ; *(Fin)* **~** *letter of credit* lettre *f* de crédit mondiale ; **~** *profit* bénéfice *m* mondial.

worldwide[2] ['wɜːld'waɪd] *adv* mondialement, partout dans le monde.

worn [wɔːn] *v.* **wear**.

worsen ['wɜːsən] *v* **1.** *vi* empirer, se détériorer **2.** *vt* dégrader, aggraver, empirer.

worsening ['wɜːsnɪŋ] *n* dégradation *f*, détérioration *f*, aggravation *f*.

worshipful company [ˌwɜːʃɪpfəl 'kʌmpnɪ] *n* *(UK)* guilde *f*, corporation *f*.

worth[1] [wɜːθ] *adj how much is that* **~** *?* combien cela vaut-il ? *that's* **~** *knowing* c'est bon à savoir.

worth[2] [wɜːθ] *n* fortune *f*, valeur *f* ; *(Cpta/Fin) net* **~** valeur nette.

worthless ['wɜːθləs] *adj* sans valeur ; **~** *cheque/check* chèque *m* sans provision.

wound [waʊnd] *v.* **wind**.

wove [wəʊv] *v.* **weave**.

woven ['wəʊvən] *v.* **weave**.

wrap [ræp] *vt* *(Emb)* emballer, envelopper (dans du papier/du tissu).

*wrap up *v part* **1.** emballer **2.** *(fam)* **~** *up a deal* conclure une affaire **3.** *(Mgt)* faire la synthèse (d'une réunion).

wraparound ['ræpəraʊnd] *adj* *(Bq)* **~** *mortgage* hypothèque *f* intégrante/complémentaire.

wrapper ['ræpə] *n* *(Emb)* **1.** emballage *m*, (*bonbon*) papier *m* **2.** papier *m* d'emballage.

wrapping ['ræpɪŋ] *n* *(Emb)* **1.** (*activité*) emballage *m* **2.** **~** (*paper*) papier *m* d'emballage.

wreck[1] [rek] *n* **1.** (*bateau, voiture*) épave *f* **2.** naufrage *m*.

wreck[2] [rek] *vt* **1.** provoquer le naufrage de **2.** détruire.

wreckage ['rekɪdʒ] *n* débris *mpl*, épaves *fpl*.

wrecker ['rekə] *n* *(US)* casseur *m* (*f* -euse) (de voitures).

writ [rɪt] *n* *(Jur)* acte *m* judiciaire/ordonnance *f*/ordre *m* de faire ou de ne pas faire pris(e) par un tribunal ; *serve a* **~** *on sb* assigner qn en justice, signifier une assignation à qn.

*writ of attachment *n* *(Jur)* ordonnance *f* de saisie-arrêt.

*writ of certiorari *n* *(Jur)* ordre *m* donné à une juridiction inférieure de transmettre le dossier d'une affaire à une juridiction supérieure.

*writ of execution n (Jur) ordonnance f de saisie-exécution (de jugement).

*writ of garnishment n (Jur) ordonnance f de saisie-arrêt (sur salaire).

*writ of habeas corpus n (Jur) obligation f de tout fonctionnaire ayant un prisonnier à sa charge de le déférer devant un tribunal.

*writ of mandamus n (Jur) injonction f adressée à un fonctionnaire pour que soit accompli un acte de fonction publique.

*writ of prohibition n (Jur) défense f de statuer.

*writ of subpoena n (Jur) citation f à comparaître.

write [raɪt] vti (wrote, written) **1.** écrire ; *~ a cheque/check* faire/établir un chèque **2.** (Ass) (risque) souscrire, assurer **3.** (Bs) *~ a stock option* vendre une option.

*write down v part **1.** noter **2.** (Cpta) réduire la valeur/le montant de.

*write in v part **1.** ajouter sur une liste **2.** (Pol) (US) ajouter sur un bulletin de vote le nom d'une personne qui n'a pas officiellement posé sa candidature (pratique autorisée aux Etats-Unis).

*write off v part (Cpta) passer par pertes et profits ; *~ off a debt* annuler une dette.

*write up v part **1.** faire le résumé de **2.** (Cpta) comptabiliser, enregistrer **3.** (Fin) revaloriser.

write-down ['raɪt daʊn] n (Cpta) réduction f de valeur.

write-off ['raɪt ɒf] n **1.** (Cpta) (dette) amortissement m **2.** (Cpta) créance f irrecouvrable, abandon m de créance **3.** (Fisc) *tax ~* abattement m fiscal **4.** (Ass) (véhicule) épave f, véhicule m bon pour la casse.

write-up ['raɪt ʌp] n **1.** description f, compte m rendu **2.** (Cpta) réévaluation f **3.** (US) fausse déclaration f (dans un bilan).

written ['rɪtn] v. **write**.

wrong[1] [rɒŋ] adj faux (f fausse), inexact.

wrong[2] [rɒŋ] n (Jur) tort m, injustice f, violation f d'un droit, infraction f à la loi ; *be in the ~* être dans son tort ; *do sb ~* faire du tort à qn ; *private/public ~* atteinte f aux droits de l'individu/de la collectivité.

wrong[3] [rɒŋ] vt (Jur) léser, faire du tort à.

wrongdoer ['rɒŋduːə] n (Jur) malfaiteur m inv.

wrongdoing ['rɒŋduːɪŋ] n méfaits mpl.

wrongful ['rɒŋfəl] adj (Jur) illégal (mpl -aux), injustifié ; *~ arrest* arrestation f arbitraire ; (US) *~ death (action)* (action f pour) homicide par imprudence ; *~ discharge/dismissal* licenciement m abusif.

wrote [rəʊt] v. **write**.

WTO v. **World Trade Organization**.

W/W v. **warehouse warrant**.

X

x- [eks] préf v. **ex-**.

xerography [zɪəˈrɒɡrəfi] n reprographie f, xérographie f.

xerox[8][1] ['zɪərɒks] n (US) **1.** *~ (machine)* photocopieur m, photocopieuse f **2.** *~ (copy)* photocopie f.

xerox[3][2] ['zɪərɒks] vti (US) photocopier.

X-Y plotter [eksˈwaɪˌplɒtə] n (Inf) traceur m de courbes.

Y

Yaounde Agreement [jɑːˈʊndeɪ əˈɡriːmənt] n (CI/UE) Accords mpl de Yaoundé.

yard (yd) [jɑːd] n **1.** unité m de mesure (0,914m) **2.** cour f **3.** (Ind) chantier m, dépôt m ; *builder's ~* chantier m de construction ; (T) *marshalling ~* gare f de triage ; *ship-~s* chantiers mpl navals.

yardage ['jɑːdɪdʒ] n longueur f (en yards).

yardstick ['jɑːdstɪk] n critère m d'évaluation.

yd v. **yard**.

yea [jeɪ] n oui m.

*yeas and nays npl (Pol) (US) les « oui » et les « non ».

year (yr) [jɪə] n **1.** an m, année f ; *from ~ to ~* d'année en année ; *last ~* l'année dernière ; *next ~* l'année prochaine ; *this ~* cette année ; *within a ~*

d'ici un an **2.** année *f,* *(Cpta)* exercice *m*; *(Cpta)* **accounting** ~ exercice *m* comptable; **base** ~ année de référence; **bumper** ~ année exceptionnelle; **calendar** ~ année civile; **company's** ~ année sociale; **current** ~ année en cours; **financial** ~ exercice *m* financier; **fiscal/tax** ~ année budgétaire **3.** *(Cpta)* ~**-end** clôture *f*/fin *f* d'exercice, clôture *f* des comptes; ~**-end adjustment/audit** vérification *f* de fin d'exercice; ~**-end dividend** dividende *m* de fin d'exercice; ~**-end procedures** procédures *fpl* d'inventaire *m*; ~**-to-~ results** résultats *mpl* par rapport à ceux de l'année précédente.
*year-to-date (YTD) *loc (Cpta)* cumulé sur l'exercice en cours.

yearbook ['jɪəbʊk] *n* annuaire *m*.

yearly¹ ['jɪəli] *adj* annuel (*f* -elle); **half-~** semestriel (*f* -ielle); ~ **instal(l)ment/payment** annuité *f*.

yearly² ['jɪəli] *adv* annuellement, tous les ans; **half-~** semestriellement.

yellow ['jeləʊ] *adj* jaune; ~ **journalism** journalisme *m* à sensation.
*yellow dog contract *n (Jur) (US)* contrat *m* de travail qui ne respecte pas la réglementation syndicale.

Yemen ['jemən] *n* Yémen *m*; **to/in Y~** au Yémen.

Yemeni¹ ['jeməni] *adj* yéménite.

Yemeni² ['jeməni] *n* Yéménite *mf*.

yes-man ['jes mæn] *n (péj)* partisan *m*

inconditionnel, « godillot » *m inv*, « béni-oui-oui » *m inv*.

yield¹ [ji:ld] *n* **1.** *(Fin)* rendement *m*, rapport *m*, produit *m*; **actual** ~ rendement effectif; ~ **to call** rendement minimum; **current** ~ taux *m* actuariel; ~ **curve** courbe *f* de taux inversée; **dividend** ~ rendement des actions; **effective** ~ rendement effectif/réel; **fixed** ~ **security** valeur *f* à revenu fixe; **gross current** ~ taux *m* actuariel brut; **interest** ~ taux *m* de capitalisation; *(US)* ~ **maintenance** ajustement *m* du taux de rendement; ~ **to maturity** rendement actualisé; **redemption** ~ taux *m* actuariel; ~ **to worst** rendement minimum; ~ **variance** écart *m* sur rendement **2.** *(Agr)* récolte *f*.

yield² [ji:ld] *v* **1.** *vt* rendre, rapporter, produire; *(titre)* ~ *(a return of)* X% rapporter X% **2.** *vi* céder.

youth [ju:θ] *n* **1.** *ns inv* jeunesse *f*, les jeunes *mpl*; ~ **(Eco)** ~ **unemployment** chômage *m* des jeunes **2.** *a* ~ un jeune.

yr *v.* year.

YTD *v.* year-to-date.

Yugoslav ['ju:gəslɑ:v] *n* Yougoslave *mf*.

Yugoslavia ['ju:gəˈslɑ:viə] *n* Yougoslavie *f*; **to/in Y~** en Yougoslavie.

Yugoslavian¹ ['ju:gəˈslɑ:viən] *adj (aussi* **Yugoslav***)* yougoslave.

yuppy ['jʌpi] *n (fam) (ab de* **young urban professional***)* jeune cadre *m inv* dynamique.

Z

Zaire [zaɪˈɪə] *n* Zaïre *m*; **to/in Z~** au Zaïre.

Zairian¹ [zaɪˈɪəriən] *adj* zaïrois.

Zairian² [zaɪˈɪəriən] *n* Zaïrois *m*.

Zambia ['zæmbiə] *n* Zambie *f*; **to/in Z~** en Zambie.

Zambian¹ ['zæmbiən] *adj* zambien (*f*-ienne).

Zambian² ['zæmbiən] *n* Zambien *m* (*f*-ienne).

zero ['zɪərəʊ] *n* zéro *m*; *(Cpta)* ~**-base budgeting** budget *m* à base zéro; *(Bs)* ~ **coupon** coupon *m* zéro; *(Bs)* ~**-coupon bond** obligation *f* à coupon zéro; *(Ind)* ~ **defect** zéro défaut *m*; *(Eco)* ~ **growth** croissance *f* zéro; ~ **rate** taux *m* zéro; *(Fisc)* ~**-rate taxation** fiscalité

f à taux zéro; ~**-rated for VAT** pas assujetti à la TVA.

Zimbabwe [zɪmˈbɑ:bwi] *n* Zimbabwe *m*; **to/in Z~** au Zimbabwe.

Zimbabwean¹ [zɪmˈbɑ:bwiən] *adj* zimbabwéen (*f* -éenne).

Zimbabwean² [zɪmˈbɑ:bwiən] *n* Zimbabwéen *m* (*f* -éenne).

zip code ['zɪp kəʊd] *n (US)* code *m* postal.

zone [zəʊn] *n* zone *f,* secteur *m*; **currency** ~ zone monétaire; **free** ~ zone franche; **franc/sterling** ~ zone franc/sterling; **time** ~ fuseau *m (pl* -x) horaire.

zoning ['zəʊnɪŋ] *n* zonage *m*; *(Jur)* ~ **regulation** plan *m* d'occupation des sols (POS).

FRANÇAIS-ANGLAIS

A

abaissement [abɛsmɑ̃] *nm (de)* lowering (of), reduction (in), fall (in) ; *(CI)* **~ des droits de douane** lowering of tariffs.
abaisser [abese] *v* **1.** *vt* lower, reduce **2.** *vpr s'~* drop, fall, decrease.
abandon [abɑ̃dɔ̃] *nm* **1.** abandonment, *(biens)* surrender, *(droits)* renunciation, *(ligne de produits)* interruption, discontinuation **2.** *(Cpta)* **~ de l'actif** yielding-up of assets ; *(Cpta/Bq)* **~ de créance** cancellation of a debt, write-off ; *(Bs)* **~ de l'option/de la prime** abandonment of the option/premium **3.** *(Jur)* **~ du domicile conjugal** desertion ; **faire ~ de ses droits** renounce/waive one's rights ; **~ de famille** neglect/desertion and non-support (of one's family) ; **~ de poursuites** non-suit, nolle prosequi **3.** *(loc)* **à l'~** in a state of neglect, derelict.
abandonné [abɑ̃dɔne] *adj* abandoned ; *(usine)* derelict, disused.
abandonner [abɑ̃dɔne] *v* **1.** *vt* abandon ; *(biens)* surrender ; *(droits)* renounce, waive, relinquish, give up ; *(ligne de produits)* discontinue, *(progressivement)* phase out ; *(poste)* retire from, relinquish, desert **2.** *vt (Jur) (famille)* desert ; **~ les poursuites** drop the charges **3.** *vt (Eco/Bs)* lose ; **le dollar a abandonné 2 %** the dollar has lost 2 % ; **~ la prime/l'option** relinquish the premium/option **4.** *vt (Eco)* **~ l'étalon-or** come off the gold standard **5.** *vi* give up, quit.
abattement [abatmɑ̃] *nm* **1.** *(prix)* cut, deduction, rebate, discount **2.** *(Fisc)* allowance, deduction, *(US)* tax break ; **conditions ouvrant droit à l'~** conditions of eligibility for tax relief ; **~ forfaitaire** standard allowance.
abattoir [abatwaʀ] *nm* abattoir, slaughterhouse.
abattre [abatʀ] *vt* **1.** *(arbre)* fell, cut down **2.** *(bétail)* slaughter **3.** *(homme)* shoot (down).
abdication [abdikasjɔ̃] *nf* abdication, surrender, abandonment.
abdiquer [abdike] *vti (roi, couronne)* abdicate, *(autorité)* abdicate, renounce.
abîmé [abime] *adj* spoilt/spoiled, damaged ; *articles ~s* damaged goods.
abîmer [abime] *v* **1.** *vt* spoil, damage, ruin **2.** *vpr s'~* get spoilt/spoiled/damaged ; *(aliments)* go bad, spoil ; *(équipements)* deteriorate, wear out.
ab intestat [abɛ̃tɛsta] *loc (Jur)* intestate ;

mourir ~ die intestate ; *succession ~* intestate estate.
abolir [abɔliʀ] *vt* abolish, *(fam)* do away with.
abolition [abɔlisjɔ̃] *nf* abolition ; *l'~ de la peine de mort* the abolition of the death penalty.
abondance [abɔ̃dɑ̃s] *nf* **1.** *(multiplicité)* abundance **2.** *(richesse)* wealth, affluence ; *la société d'~* the affluent society ; *vivre dans l'~* live in plenty.
abondant [abɔ̃dɑ̃] *adj* abundant, plentiful.
abonder [abɔ̃de] *vi* be abundant/plentiful ; *~ en* abound in.
abonné [abɔne] *nm* **1.** *(Tél/presse)* subscriber **2.** *(T)* season ticket holder.
abonnement [abɔnmɑ̃] *nm* **1.** *(presse)* subscription ; *bulletin d'~* subscription form ; *prendre un ~ à une revue* subscribe to a magazine **2.** rental charges ; *(gaz, électricité)* standing charges **3.** *(T)* season ticket, pass **4.** *(Ass)* **police d'~** floating policy.
abonner [abɔne] *v* **1.** *vt* **~ qn à un journal** take out a subscription to a paper for sb **2.** *vpr s'~ à un journal* subscribe to a newspaper, take out a subscription to a newspaper.
à bord [abɔʀ] *loc (T)* on board, aboard ; *~ du navire* on board ship, aboard ship.
abordable [abɔʀdabl] *adj (personne)* approachable ; *(prix)* reasonable.
abordage [abɔʀdaʒ] *nm (T)* collision (at sea).
aborder [abɔʀde] *vt* **1.** approach ; *(personne)* contact **2.** *(T) (accident maritime)* collide with **3.** *(fig)* **~ un problème** deal with/address a problem, tackle an issue.
abornement [abɔʀnəmɑ̃] *nm (Jur)* establishment of boundaries.
aborner [abɔʀne] *vt (Jur) (terrain)* fence in, set up boundaries on/around.
Abou Dhabi [abudabi] *n* Abu Dhabi.
aboutir [abutiʀ] *vi* **1.** succeed ; *son projet n'a pas abouti* his project fell through/was not successful **2.** *~ à* lead to, result in.
aboutissants [abutisɑ̃] *nmpl* **1.** *(Jur) (propriété)* **les tenants et ~** the metes and bounds **2.** *(fig)* **les tenants et ~ de l'affaire** the ins and outs of the matter.
aboutissement [abutismɑ̃] *nm* **1.** outcome, upshot, final result, conclusion **2.** success.
abrégé [abʀeʒe] *nm* summary, abstract,

synopsis ; *en* ~ in a nutshell, in summary.

abréger [abʀeʒe] *vt* **1.** *(réunion)* curtail, cut short **2.** *(texte)* condense, summarize, abridge **3.** *pour* ~ to put it in a nutshell.

abréviation [abʀevjasjɔ̃] *nf* abbreviation.

abri [abʀi] *nm (aussi fig)* shelter ; ~ *antinucléaire* nuclear bunker/shelter ; *(Fisc)* ~ *fiscal* tax shelter/haven ; *à l'*~ in a safe place, under cover ; *(Emb) conserver à l'*~ *du froid* do not store in a cold place ; *(Eco) à l'*~ *de l'inflation* safe/protected from inflation ; *mettre qch à l'*~ put sth away in a safe place ; *sans* ~ homeless.

abriter [abʀite] *v* **1.** *vt* shelter, protect ; *(fig)* accommodate **2.** *vpr s'*~ take shelter/cover.

abrogation [abʀɔgasjɔ̃] *nf (Jur)* **1.** *(loi)* abrogation, repeal **2.** *(décret)* annulment.

abrogatoire [abʀɔgatwaʀ] *adj (Jur) clause* ~ rescinding clause.

abrogeable [abʀɔʒabl] *adj (Jur)* repealable.

abroger [abʀɔʒe] *vt (Jur)* **1.** *(loi)* repeal, abrogate **2.** *(décret)* annul **3.** *(fam)* scrap.

abrupt [abʀypt] *adj* abrupt ; *(hausse)* steep, sharp ; *(chute)* sharp.

absence [apsɑ̃s] *nf* **1.** *(personne)* absence, non-attendance ; *en mon* ~ in my absence, while I am away ; ~ *illégale/non autorisée/non motivée* unauthorized absence ; *sans autorisation d'*~ without leave of absence **2.** lack ; *(Jur) en l'*~ *de preuves formelles* in the absence of conclusive evidence **3.** *(Jur)* disappearance, situation of a person missing for more than four years but whose death cannot be established.

absent[1] [apsɑ̃] *adj* **1.** absent, away **2.** *(qui manque)* missing, lacking.

absent[2] [apsɑ̃] *nm* absentee.

absentéisme [apsɑ̃teism] *nm (Mgt)* absenteeism ; *taux d'*~ rate of absenteeism.

absenter [apsɑ̃te] *vpr s'*~ be absent, go away.

absolu [apsɔly] *adj* absolute ; *démenti* ~ flat denial ; *(Pol) majorité* ~*e* absolute majority ; *règle* ~*e* hard-and-fast rule.

absolution [apsɔlysjɔ̃] *nf (Jur)* mitigation.

absolutoire [apsɔlytwaʀ] *adj (Jur)* exonerating ; *décision* ~ acquittal.

absorber [apsɔʀbe] *vt* **1.** *(dette)* absorb ; *(crédits)* swallow up **2.** *(Mgt) (firme)* acquire, take over.

absorption [apsɔʀpsjɔ̃] *nf* **1.** *(matériau)* absorption **2.** *(Mgt) (firme)* acquisition, takeover.

abstenir [apstəniʀ] *vpr* **1.** *s'*~ abstain, forbear ; *(Bs) les acheteurs s'abstiennent* buyers are remaining aloof **2.** *s'*~ *de faire qch* refrain/forbear from doing sth.

abstention [apstɑ̃sjɔ̃] *nf* abstention, restraint ; *(Jur)* ~ *délictueuse* criminal abstention.

abstentionnisme [apstɑ̃sjɔ̃nism] *nm (Pol)* abstentionism.

abstentionniste [apstɑ̃sjɔ̃nist] *nmf* abstentionist.

abstinence [apstinɑ̃s] *nf* abstinence ; *(Eco) la théorie de l'*~ the abstinence theory of interest.

abus [aby] *nm (Jur)* abuse ; ~ *d'autorité* abuse/misuse of authority ; ~ *de biens sociaux* misappropriation/misuse of corporate property, breach of trust, embezzlement of public funds ; ~ *de confiance* breach of trust/of confidence, fraudulent abuse of confidence, *(US)* defalcation ; *(Eco/Jur)* ~ *de position dominante* abuse of a monopoly situation/of dominant position ; ~ *de pouvoir* abuse of power.

abuser [abyze] *vi (de)* **1.** take advantage of, misuse ; ~ *de l'alcool* abuse alcohol, drink too much ; ~ *de son autorité/de son pouvoir* misuse one's authority/power ; *je ne voudrais pas abuser de votre gentillesse* I wouldn't like to take advantage of your kindness **2.** *(Jur) (violer)* ~ *de qn* take advantage of sb, rape sb.

abusif [abyzif] *adj (f -ive)* **1.** excessive, outrageous **2.** inappropriate, improper ; *(Jur) licenciement* ~ unfair dismissal.

académie [akademi] *nf* **1.** *(institut)* academy **2.** *(Fr)* regional educational authority.

accaparé [akapaʀe] *adj* ~ *par le travail* very busy, completely taken up by one's work.

accaparement [akapaʀmɑ̃] *nm* **1.** *(Com)* ~ *d'un marché* cornering of a market **2.** *(Fin) (valeur, produit)* forestalling, buying-up ; ~ *des moyens de production* pre-emption, monopolization of production facilities.

accaparer [akapaʀe] *vt* take possession of, *(fam)* grab ; *(production)* monopolize ; *(marché)* corner, *(marchandises)* buy up, forestall, hoard ; ~ *des denrées à des fins spéculatives* forestall goods.

accapareur [akaparœr] *nm* (*f* **-euse**) monopolizer, (*fam*) grabber.

accédant [aksedɑ̃] *nm* ~ **à la propriété** first-time house-buyer/homeowner.

accéder [aksede] *vi* (*à*) **1.** gain/have access to; ~ **à une position de responsabilité** rise to a position of responsibility; ~ **à la propriété** become a property-owner/a homeowner **2.** (*demande*) agree to, comply with.

accélérateur[1] [akseleratœr] *adj* (*f* **-trice**) accelerating, stimulating.

accélérateur[2] [akseleratœr] *nm* (*Eco*) accelerator; ~ **du commerce extérieur** foreign-trade accelerator; **principe de l'**~ acceleration principle.

accélération [akselerasjɔ̃] *nf* **1.** (*vitesse*) acceleration, speeding up **2.** (*production*) stepping up; (*Eco*) **coefficient d'**~ acceleration coefficient.

accélérer [akselere] *vti* **1.** accelerate, speed up; (*production*) step up **2.** *vpr* **s'**~ gain momentum.

accent [aksɑ̃] *nm* **1.** accent **2.** stress, emphasis; **mettre l'**~ **sur un aspect du problème** stress/emphasize one aspect of the problem.

accentuation [aksɑ̃tɥasjɔ̃] *nf* increase; (*déficit*) worsening; (*écart*) widening.

accentuer [aksɑ̃tɥe] *v* **1.** *vt* stress, emphasize **2.** *vpr* **s'**~ increase, become clearer/more marked; (*déficit*) worsen; (*écart*) widen; (*Bs*) **la tendance à la baisse s'est accentuée** the downward trend has become more marked.

acceptabilité [akseptabilite] *nf* (*Mkg*) acceptability.

acceptable [akseptabl] *adj* acceptable.

acceptation [akseptasjɔ̃] *nf* **1.** acceptance; (*Mkg*) ~ **de la marque/du produit** brand/product acceptance; (*Jur*) ~ **de l'offre** acceptance of an offer; **refus d'**~ non-acceptance, refusal of acceptance; ~ **sans réserves** unqualified/unconditional acceptance; (*Jur*) ~ **sous bénéfice d'inventaire** acceptance with the benefit of inventory; ~ **sous protêt** acceptance supra protest; ~ **sous réserve** qualified acceptance **2.** (*Bq/Fin*) ~ **bancaire** banker's acceptance; **banque d'**~ acceptance house/bank; ~ **commerciale** trade acceptance; ~ **contre documents** acceptance against documents; ~ **par intervention** acceptance by intervention/supra protest.

accepter [aksepte] *v* **1.** *vt* accept; (*offre*) agree to; (*chèque*) honour/honor **2.** *vi* ~ **de faire qch** accept/agree to do sth.

accepteur [akseptœr] *nm inv* (*Bq/Fin*) acceptor, drawee.

accès [akse] *nm* **1.** access; ~ **aux documents administratifs** access to official documents; ~ **interdit** no entry; ~ **interdit à toute personne étrangère au service** authorized personnel only; (*Eco*) ~ **au marché** market access; ~ **ouvert** unrestricted/unfettered access **2.** (*Inf*) access; ~ **aléatoire** random access; ~ **séquentiel** serial access **3.** spell, outburst; (*Bs*) **la Bourse a connu un** ~ **de faiblesse/de fièvre aujourd'hui** the Stock Exchange fell/rose sharply today; (*Eco*) ~ **d'inflation** bout/burst of inflation.

accessibilité [aksesibilite] *nf* **1.** accessibility **2.** (*Inf*) retrievability.

accessible [aksesibl] *adj* **1.** (*objet*) attainable, available; (*endroit*) accessible **2.** (*personne*) (*libre*) available, free; (*abordable*) approachable.

accession [aksesjɔ̃] *nf* **1.** accession; (*Pol*) (*Fr*) ~ **à la magistrature suprême** accession to the Presidency; **son** ~ **à un poste de responsabilité** his/her rise to a position of authority **2.** ~ **à la propriété** property ownership, home-ownership.

accessoire[1] [akseswar] *adj* accessory, secondary, incidental; **avantages** ~**s** fringe benefits, perks; (*Jur*) **clause** ~ ancillary clause; **frais** ~**s** incidental expenses, (*Jur*) ancillary costs; (*Fin*) **garantie** ~ collateral security.

accessoire[2] [akseswar] *nm* **1.** accessory **2.** (*Ind/Tech*) ~**s** fittings.

accident [aksidɑ̃] *nm* **1.** accident; (*Ass*) ~ **d'avion** plane crash; ~ **de chemin de fer** (*UK*) rail crash, (*US*) railroad accident; **les** ~**s de la circulation/de la route** road accidents; (*Jur*) ~ **de mission** work-related accident occurring while on assignment away from the normal work premises; ~ **mortel** fatal accident, fatality; ~ **de trajet** accident in the course of commuting/on the way to and from work; ~ **du travail** accident in the course of employment, industrial injury **2.** (*loc*) **par** ~ accidentally, unintentionally.

accidenté[1] [aksidɑ̃te] *adj* **1.** (*terrain*) rough, hilly **2.** (*Ass*) **personne** ~**e** injured person; **véhicule** ~ wrecked/damaged vehicle.

accidenté[2] [aksidɑ̃te] *nm* victim of an accident, accident victim, injured person, casualty; **les** ~**s de la route** road casualties, victims of road accidents.

accidentel [aksidɑ̃tel] *adj* (*f* **-elle**) accidental.

accise [aksiz] *nf* (*Fisc*) (*Can*) excise; **droits d'**~ excise taxes/duties.

accommodement [akɔmɔdmɑ̃] *nm*

1. compromise, settlement, arrangement **2.** *(dettes)* composition.

accommoder [akɔmɔde] *vpr s'~ d'une situation* make do with/come to terms with a situation.

accompagnement [akɔ̃paɲmɑ̃] *nm (UE) mesures d'~* accompanying measures.

accomplir [akɔ̃pliʀ] *vt* **1.** accomplish **2.** *(tâche)* finish, complete ; *~ ses devoirs* perform one's duties.

accomplissement [akɔ̃plismɑ̃] *nm* fulfilling/fullfilling, completion.

acconage [akɔnaʒ] *nm (aussi* **aconage)** *(T)* lighterage.

acconier [akɔnje] *nm inv (aussi* **aconier)** *(T)* stevedore, lighterage contractor, lighterman.

accord [akɔʀ] *nm* **1.** *(Eco/Jur)* agreement, accord, arrangement, deal ; *adhérer à un ~* enter into an agreement ; *~ additionnel/annexe* side agreement ; *(CI) ~ d'autolimitation des exportations* voluntary restraint agreement (VRA), voluntary export restraints (VER) ; *~ bilatéral* bilateral agreement ; *~ cadre* framework agreement ; *(Jur) ~ collectif* collective-bargaining agreement ; *(CI) ~ commercial* trade deal/agreement ; *(CI) ~ de contingentement* quota agreement ; *(Eco/Fin) ~ de crédit croisé/d'échange* swap agreement ; *~ d'exclusivité* exclusive-dealing agreement ; *~ de fond* substantive agreement ; *~ ayant force obligatoire* binding agreement ; *~s généraux et d'emprunt (AGE)* general agreements to borrow (GAB) ; *~ international* international agreement ; *(Jur/Mkg) ~ lié* tying arrangement ; *~ de moratoire* moratorium agreement ; *~ multilatéral* multilateral agreement ; *~ sur les normes* standardization agreement ; *~ sur le partage des marchés* market-sharing agreement, allocation cartel ; *~ pluriannuel* multi-year arrangement ; *~ de rachat* buy-back transaction/agreement ; *~ sur les remises* rebate agreement ; *~ de répartition* allocation agreement ; *~ salarial* wage agreement ; *~ de ventes liées* conditional sales agreement ; *(Jur) ~ de volontés* meeting of the minds **2.** approval, authorization ; *donner son ~* agree **3.** *(loc) d'~* in agreement ; *d'~ !* agreed ! ; *nous sommes tous d'~* we all agree.

*****Accord général sur les tarifs douaniers et le commerce (Agetac)** *nm (CI)* General Agreement on Tariffs and Trade (GATT).

*****Accord de libre-échange Etats-Unis-Canada** *nm (CI)* (US-Canada) Free Trade Agreement (FTA).

*****Accord de libre-échange nord-américain (ALENA)** *nm (CI)* North American Free Trade Agreement (NAFTA).

*****Accord monétaire européen (AME)** *nm (Fin) (UE)* European Monetary Agreement.

*****Accord Multifibre (AMF)** *nm (CI)* Multifibre/Multifiber Arrangement (MFA).

*****Accord sur le resserrement des liens économiques Australie-Nouvelle-Zélande** *nm (CI)* Australia-New-Zealand Closer Economic Relations Trade Agreement (ANZCERTA).

*****Accord sur le rétrécissement des marges** *nm (Eco/Fin) (UE)* Exchange Rate Mechanism (ERM).

*****accord de taux futur (ATF)** *nm (Bs) (J.O.)* future/forward-rate agreement (FRA) (*v.* **garantie de taux**).

*****Accords de Bretton Woods** *nmpl (Fin)* Bretton Woods Agreement.

*****Accords de Smithsonian Institute** *nmpl (Fin)* Smithsonian Agreement.

*****Accords de Washington** *nmpl (Eco/Fin)* Smithsonian Agreement.

*****Accords de Yaoundé** *nmpl (CI) (UE)* Yaounde Agreement.

accorder [akɔʀde] *v* **1.** *vt* grant, allow, award ; *(Jur) ~ des dommages et intérêts* award damages ; *~ un escompte* grant a discount **2.** *(reconnaître)* admit, acknowledge ; *je vous l'accorde* I agree with you, I'll grant you that **3.** *vpr s'~* agree, come to an agreement.

accoster [akɔste] *vi (T) (navire)* come alongside.

accouplement [akuplemɑ̃] *nm (T/Tech)* coupling, interlocking.

accoupler [akuple] *vt (T/Tech)* couple, pair.

accoutumé [akutyme] *adj* usual, habitual ; *loc comme à l'~e* as (is) usual.

accréditation [akʀeditasjɔ̃] *nf* accreditation ; *~ diplomatique* diplomatic accreditation.

accrédité[1] [akʀedite] *adj* **1.** accredited, authorized **2.** *(Bq) ~ auprès de...* having credit facilities with..., in good standing with...

accrédité[2] [akʀedite] *nm* **1.** *(Jur)* accredited party **2.** *(Fin)* payee, beneficiary.

accréditer [akʀedite] *vi* **1.** accredit **2.** *(Bq) ~ qn (auprès de)* give sb credit facilities (with).

accréditeur [akʀeditœʀ] *nm inv (Fin)* guarantor, surety.

accréditif[1] [akʀeditif] *adj (f* **-ive)** *(Fin)*

accreditive, accrediting; *lettre accréditive* letter of credit.

accréditif[2] [akʀeditif] *nm (Fin)* **1.** letter of credit **2.** credit; *loger un ~ auprès d'une banque* establish credit with a bank; *~ documentaire* documentary credit; *~ rotatif* revolving credit; *~ rotatif cumulatif* cumulative revolving credit.

accroche [akʀɔʃ] *nf (Mkg)* *~ publicitaire* catch phrase, catch line.

accrocher [akʀɔʃe] *v* **1.** *vt* hook up, hang up **2.** *vt (Mkg) ~ le client* attract the customer's attention, *(fam)* get the customer hooked **3.** *vi* run into difficulties, *(fam)* hit a snag/a problem **4.** *vpr* *s'~* hang on, cling on; *s'~ à qch* hang on to sth.

accrocheur [akʀɔʃœʀ] *adj (f* -euse) *(Mkg/Pub)* eye-catching; *(slogan)* catchy; *slogan ~* catch line.

accroissement [akʀwasmɑ̃] *nm (de)* increase (in), rise (in); *(Eco) taux d'~ naturel* natural rate of growth; *(Fin) ~ d'une valeur* appreciation of a security; *(Mkg) ~ des ventes* sales expansion.

accroître [akʀwatʀ] *v* **1.** *vt* increase, raise **2.** *vpr* *s'~* increase, rise, grow.

accueil [akœj] *nm* **1.** welcome, reception; *~ chaleureux* warm welcome **2.** *(hôtel) capacité d'~* accommodation facilities; *structures d'~* reception/accommodation facilities **3.** *(guichet, bureau)* reception desk.

accueillir [akœjiʀ] *vt* **1.** *(personne)* meet, welcome **2.** *(proposition)* receive **3.** *(héberger)* accommodate, take; *(congrès)* host **4.** *(Fin) ~ une traite* honour/honor a bill.

accumulation [akymylasjɔ̃] *nf* **1.** accumulation, build-up; *(Fin) ~ du capital* capital accumulation/formation; *(Eco) ~ capitalistique* capitalistic accumulation; *(Cpta) ~ de marchandises (en magasin)* stockpiling, *(résultat)* stock build-up; *(Cpta) ~ de stocks* inventory build-up, build up of inventories **2.** *(retard)* backlog.

accumuler [akymyle] *v* **1.** *vt* accumulate, build up; *(marchandises)* stockpile **2.** *vpr* *s'~* accumulate, build up.

accusateur[1] [akyzatœʀ] *adj (f* -trice) accusatory, incriminating.

accusateur[2] [akyzatœʀ] *nm (f* -trice) *(Jur)* accuser, arraigner, impeacher.

accusation [akyzasjɔ̃] *nf* **1.** accusation **2.** *(Jur)* charge, indictment; *abandonner une ~* drop a charge; *acte d'~* bill of indictment; *chef d'~* count, charge; *mettre en ~* charge, indict; *mise en ~* charging, indictment; *porter une ~ (à*

l'encontre de) bring an accusation (against).

accusatoire [akyzatwaʀ] *adj (Jur)* accusatory; *procédure ~* adversary proceeding.

accusé [akyze] *nm* **1.** *(Jur) l'~* the accused, the defendant **2.** *(document) ~ de réception* proof/acknowledgement/acknowledgment of receipt.

accuser [akyze] *vt* **1.** accuse; *~ qn de qch* accuse sb of sth, *(Jur)* charge sb with sth, indict sb for sth **2.** *(indiquer)* show, record, register; *les bénéfices accusent une baisse très nette* profits are showing a very clear drop **3.** *~ réception* acknowledge receipt.

achalandage [aʃalɑ̃daʒ] *nm (Cpta)* **1.** customers, clientele **2.** goodwill **3.** that portion of goodwill due to the location of a business.

achalandé [aʃalɑ̃de] *adj* **1.** well-patronized, with a large number of customers **2.** *(commerce) bien ~* well-stocked.

achat [aʃa] *nm* **1.** *(article)* purchase **2.** *(Com/Cpta) (activité)* purchase, purchasing, buying; *~s nets d'actifs incorporels non financiers* net purchases of intangible assets except claims; *~ sur catalogue* catalogue purchase; *centrale d'~* buying group; *~ par correspondance* mail-order buying; *~ à crédit* credit purchase, *(UK)* hire purchase; *~ au détail* retail purchase; *directeur des ~s* purchasing manager, chief/head buyer; *~ à domicile* home shopping; *~ sur échantillon* buying on sample; *(Pub) ~ d'espace* buying of advertising space; *faire des ~s* go shopping, make purchases; *(Ind) fonction ~s* purchasing function; *~ en gros* wholesale/bulk buying; *(Mkg) ~ d'impulsion* impulse buying; *(Cpta) journal des ~s* purchases ledger; *(Mgt) offre publique d'~ (OPA)* takeover bid, public tender offer; *(Eco) pouvoir d'~* purchasing power; *prix d'~* cost price, purchase price; *~ régulier* repeat purchase; *~ en retour* buyback; *service ~s* purchasing department; *~ à tempérament (UK)* hire purchase, *(US)* installment purchase **3.** *(Bs)* buying; *~ à la baisse* bear purchase/buying; *~ au comptant* buying on the spot; *~ de couverture* hedge buying, covering purchase; *~ à découvert* bull purchase; *~ à la hausse* bull buying/purchase; *(Bs) ~ en liquidation* buying for the account; *~ d'option de vente* long put; *~ de précaution* hedge buying; *~ à prime directe* giving for the call, buying a call; *~ à terme (livraison et paiement différés)* purchase for the account, *(ap-*

propriation différée) forward purchase, futures buying; *valeur à l'~* buying price/rate.

acheminement [aʃminmɑ̃] *nm (T)* dispatching, forwarding, sending; *durée d'~* forwarding/routing time; *post-~* local transport (from delivery point); *pré-~* local transport (to point of dispatch).

acheminer [aʃmine] *vt (T)* dispatch, forward, convey.

achetable [aʃtabl] *adj* purchaseable.

acheter [aʃte] *vt* buy, purchase 1. *(Com)* ~ *comptant* buy for cash; ~ *à crédit* buy on credit, *(UK)* buy on hire-purchase; ~ *au détail* buy retail; ~ *en gros* buy wholesale; *(Mkg)* ~ *par impulsion* buy on impulse; ~ *d'occasion* buy secondhand; ~ *à tempérament* buy on credit, *(UK)* buy on hire-purchase 2. *(Bs)* ~ *à la baisse* buy for a fall, buy a bear; ~ *au comptant* buy on the spot market; ~ *à découvert* buy a bull, bull the market; ~ *à la hausse* buy long, buy for a rise, buy a bull; ~ *long* buy long; ~ *à terme (livraison et paiement différés)* buy for the account, *(appropriation différée)* buy forward 3. *(fam) (corrompre)* ~ *qn* bribe sb, buy sb off.

acheteur [aʃtœʀ] *nm (f -euse)* buyer, purchaser 1. *(Com/Mkg)* ~ *cible* target customer; *(Cl/Com) crédit* ~ buyer credit; *(Pub)* ~ *d'espace* advertising-space buyer; ~ *potentiel* potential/prospective buyer; *(Com)* ~ *principal* chief/head buyer; *(Mkg)* ~ *régulier* repeat buyer; *(Mkg)* ~ *spontané* impulse buyer 2. *(Bs) cours* ~ buying rate, bid price; *position* ~ bull/long position.

achèvement [aʃevmɑ̃] *nm* completion; *date d'~* completion date; *vente en l'état futur d'~* sale for possession on completion; *en voie d'~* nearing completion.

achever [aʃve] *v* 1. *vt* finish, complete 2. *vpr s'~* come to an end, *(projet, tâche)* near completion.

acier [asje] *nm* steel.

aciérie [asjeʀi] *nf* steelworks, steel mill/plant.

acompte [akɔ̃t] *nm (Fin)* partial payment, (first) instalment/installment, down payment, deposit; ~ *sur dividende* interim dividend; *(Fisc)* ~ *provisionnel* advance payment, provisional instal(l)ment; *(Cpta)* ~*s reçus* payments on account received, *(US)* advance payments from customers; *recevoir un* ~ receive sth on account; *verser un* ~ make a deposit/down payment.

aconage [akɔnaʒ] *v.* **acconage**.

aconier [akɔnje] *v.* **acconier**.

à-côté [akote] *nm* 1. side issue 2. *(avantage)* extra, money made on the side.

à-coup [aku] *nm* 1. jerk, jolt 2. *(fig)* jolt; *avancer par* ~*s* progress in fits and starts; *sans* ~*s* smoothly, *(fam)* without a hitch.

acquéreur [akeʀœʀ] *nm inv* buyer, purchaser.

acquérir [akeʀiʀ] *vt* 1. *(expérience)* acquire, gain 2. *(biens)* acquire, purchase, buy.

acquêt [akɛ] *nm (Jur)* acquisition, acquest; ~*s* property acquired after marriage.

acquiescement [akjɛsmɑ̃] *nm* acquiescence, agreement, consent; *(Jur)* ~ *licite* lawful consent.

acquis[1] [aki] *adj (pp de* **acquérir**) acquired, gained; *avantages* ~ acquired/long-established advantages; *(Jur) droits* ~ vested interests; *(Jur) fait* ~ established fact; *ça, on le tient pour* ~ we take that for granted.

acquis[2] [aki] *nm* 1. experience 2. advantage gained; *les* ~ *sociaux* established welfare entitlements.

acquisition [akizisjɔ̃] *nf* acquisition; *faire l'~ de qch* acquire sth; *prix d'~* acquisition/purchase cost.

acquit [aki] *nm* 1. *(Cpta)* receipt, proof of payment; *pour* ~ received (with thanks); *(D)* ~ *de douane* customs receipt; ~ *de sortie* clearance outwards 2. *(Jur)* acquittal; *ordonnance d'~* order of acquittal.

acquit-à-caution [akitakosjɔ̃] *nm (D)* 1. bond note, entry under bond 2. authorization to transport alcoholic beverages.

acquittement [akitmɑ̃] *nm* 1. *(Jur)* acquittal; *verdict d'~* verdict of not guilty 2. *(Cpta)* payment, settlement; *(dette)* discharge.

acquitter [akite] *v* 1. *vt (Jur)* acquit 2. *vt (Cpta)* settle, pay; *(chèque)* endorse 3. *vpr s'~ de (dette)* discharge, settle, pay off; *(obligation)* honour/honor, meet, fulfil/fulfill.

acronyme [akʀɔnim] *nm* acronym.

acte [akt] *nm* 1. *(action)* act, action; ~*s de gestion* acts of management 2. *(Jur)* instrument, document, *(UK)* deed; ~ *d'accusation* (bill of) indictment; ~ *additionnel* rider; ~ *administratif* administrative document, instrument of a government authority; ~ *d'association* partnership agreement; ~ *authentique* authenticated document, *(UK)* notarial/

legalized deed; ~ *de cautionnement* surety bond; ~ *de cession* (UK) deed of transfer, (US) document of transfer; ~ *de commerce* commercial instrument, instrument governed by commercial law; ~ *de concession* franchise concession; ~ *de décès* death certificate; ~ *de disposition* instrument of disposition/settlement; *dresser un* ~ draw up a deed/instrument; ~ *entiercé* escrow; ~ *de l'état civil* certified document stating vital data (marital status, etc.); ~ *exécutoire* enforceable instrument; ~ *fiduciaire* trust deed/document; ~ *hypothécaire* mortgage deed/document; ~ *introductif d'instance* initial pleading, (UK) statement of claim, complaint; ~ *de mariage* marriage certificate; ~ *de naissance* birth certificate; ~ *notarié* instrument authenticated by a notary; ~ *de notoriété* affidavit of several persons containing facts of common knowledge; *prendre* ~ *de* take note of; ~ *de société* partnership agreement; ~ *solennel* (UK) notarial deed; ~ *sous seing privé* instrument made by a private individual, (UK) private deed, simple contract; ~ *de succession* deed/instrument of inheritance; ~ *de transfert* deed/instrument of conveyance, deed/instrument of transfer; ~ *entre vifs* inter vivos instrument; ~ *de vente* bill of sale, sales contract 3. (Pol) act (ratified by Parliament).

*acte juridique *nm* (Jur) 1. legal instrument, (UK) deed 2. legal transaction 3. act resulting in liability/tort.

*Acte unique (européen) *nm* (UE) Single (European) Act.

actif[1] [aktif] *adj* (f -ive) active, (marché) buoyant, (dette) outstanding; (Eco) *monnaie active* high-powered money; (Eco) *population active* working population; (Bs) *valeurs actives* heavily traded stocks; (Eco) *vie active* professional life; *entrer dans la vie active* start work (after studies, interruption, etc.), enter professional life.

actif[2] [aktif] *nm* asset 1. (Eco/Fin) ~ *économique* economic asset; ~ *financier* financial asset, paper asset; ~ *sous-jacent* underlying asset 2. (Cpta) ~s assets; ~s *amortissables* depreciable assets; ~s *circulants* current assets; ~s *comptables* total value assets; ~s *corporels* tangible assets; ~s *à court terme* current assets; ~s *disponibles* liquid assets, (US) liquid funds; ~s *d'exploitation* operating assets; ~s *hors exploitation* non-operating assets; ~s *immatériels* intangible assets; ~s *immobilisés* fixed assets; ~s *incorporels* intangible assets; ~s *libellés en monnaies étrangères* foreign-currency-denominated assets; ~s *nets* net assets, shareholders' equity; ~s *à moins d'un an* current assets; ~s *réalisables* liquid assets, (US) quick assets; ~s *réalisables à court terme* current assets 3. (Jur) ~ *de la succession* assets of a decedent's estate 4. (Eco) *les* ~s the active/working/employed population (v. **population active**).

action [aksjɔ̃] *nf* 1. (Bs) equity, security, share, (US) stock; ~ *admise à la cote officielle* officially listed/quoted share; ~ *d'apport* founder's share; ~s *à bons de souscription d'*~s shares with equity options; *céder des* ~s transfer shares; ~ *cessible* transferable share; *cession d'*~s transfer of shares; ~ *cotée* quoted/listed share; ~ *de croissance* growth share; ~ *à dividende cumulatif* cumulative share; ~ *à dividende fixe* fixed-dividend share/stock; ~ *à dividende garanti* guaranteed dividend share/stock; ~ *à dividende prioritaire* priority dividend share, preferred share, (UK) preference share, (US) preferred stock; ~ *à dividende prioritaire sans droit de vote* preference/preferred non-voting share; ~ *avec droit de vote* voting share; ~ *sans droit de vote* non-voting share; ~ *fractionnée* split share; *fractionnement d'*~s share split, (US) stock split; ~ *gratuite* bonus share; ~ *nominative* registered share/stock; ~ *non attribuée* unallotted share; ~ *ordinaire* equity/common/ordinary share; (US) common stock; ~ *ordinaire de préférence* preferred ordinary share; ~ *à ordre* to-order share, registered share; ~ *émise au pair* share issued at par/at face value; ~ *émise au-dessous du pair/au-dessus du pair* share issued at a discount/at a premium, share issued below par/above par; ~ *au porteur* bearer share/security; ~s *préférentielles convertibles en actions ordinaires* convertible preferred stock; ~ *de priorité* preferred share; ~ *privilégiée* preferred share, (UK) preference share, (US) preferred stock; *registre des* ~s share ledger, register of shareholders, (US) stockholders' ledger; *regroupement d'*~s reverse split of shares; ~ *remboursable* redeemable share/stock; ~ *à la souche (non émise)* unissued share; *souscription d'*~s application/subscription for shares; *souscrire des* ~s apply for shares, subscribe shares 2. (Jur) ~ *(en justice)* legal action; ~ *pour atteinte à la propriété privée* action for trespass; ~ *civile* civil suit (seeking compensation for damages suffered as a result of a crime); **~ en contrefaçon** action for infringement of patent; **~ en déchéance de brevet** action for forfeiture of patent; **~ en diffamation** action for defamation, libel suit; **~ en dommages et intérêts** claim/action for damages; *intenter une* **~** *(en justice)* bring an action, initiate proceedings, take legal action; **~ de nature civile** civil suit; **~ en nullité** action for avoidance/rescission of contract; **~ oblique** indirect action of creditors; **~ paulienne** revocatory action, action by creditors to void fraudulent transfers by debtor; **~ personnelle** action in personam; **~ pétitoire et possessoire** action for title and possession; **~ en recouvrement de créance** action for debt; **~ réelle** action in rem; **~ en réparation de préjudice** action for redress; **~ pour vices cachés** action alleging hidden defects **3.** *(activité)* **champ d'~** sphere of activity; **~ concertée** joint/concerted action; *(syndicat)* **journée d'~** day of protest/of union action.

actionnaire [aksjɔnɛʀ] *nmf* shareholder, *(US)* stockholder; *être* **~ majoritaire** have a majority shareholding; **~ principal** leading shareholder; *registre des* **~s** share ledger, register of shareholders, *(US)* stockholders' ledger.

actionnariat [aksjɔnaʀja] *nm* shareholding, *(US)* stockholding; *(Mgt)* **~ ouvrier** employee shareholding/stockholding.

actionner [aksjɔne] *vt* **1.** *(machine)* operate **2.** *(Jur)* sue, bring an action against; **~ qn en dommages et intérêts** sue sb for damages.

activation [aktivasjɔ̃] *nf* activation.

active [aktiv] *v.* **actif**[1].

activer [aktive] *vt* **1.** *(machine)* activate **2.** *(marché, ventes)* stimulate, speed up, give a boost to.

activité [aktivite] *nf* **1.** activity, *(marché)* buoyancy; **~ bancaire** banking; **~ boursière** trading (on the Stock Exchange); *(Bq)* **taux d'~** activity rate/ratio **2.** *loc en* **~** active, *(usine)* in use, *(personne)* in employment.

actuaire [aktɥɛʀ] *nmf (Fin)* actuary.

actualisation [aktɥalizasjɔ̃] *nf* **1.** updating **2.** *(Cpta)* current-value accounting, discounting; *taux d'~* rate of discount.

actualiser [aktɥalize] *vt* **1.** update, bring up to date **2.** *(Cpta)* convert to current value.

actuariat [aktɥaʀja] *nm* functions of an actuary, the actuarial profession.

actuarie [aktɥaʀi] *nf (Fin)* function of an actuary.

actuariel [aktɥaʀjɛl] *adj (f* **-ielle)** actuarial.

actuel [aktɥɛl] *adj (f* **-elle)** present, current.

acuité [akɥite] *nf* acuteness, seriousness.

adage [adaʒ] *nm (Jur)* legal maxim.

adaptation [adaptasjɔ̃] *nf* adaptation, adjustment; *capacité d'~* adaptability, *(marché)* resilience; *(Mkg)* **~ aux besoins du client** customization.

adapté [adapte] *adj* adapted, *(moyens)* appropriate, *(produit)* customized.

adapter [adapte] *v* **1.** *vt* adapt; **~ un produit aux besoins du client** customize a product; **~ un produit pour l'export** adapt a product for the export market **2.** *vpr s'~* adapt, adjust.

additif [aditif] *nm* **1.** supplement; **~ budgétaire** supplement to the budget **2.** *(Jur) (clause)* rider, additional clause **3.** *(substance)* additive; **~ alimentaire** (food) additive.

addition [adisjɔ̃] *nf* **1.** *(opération)* addition **2.** *(note)* bill, *(US)* check.

additionnel [adisjɔnɛl] *adj (f* **-elle)** additional, supplementary.

additionner [adisjɔne] *vt* add up, tot up.

adéquat [adekwa] *adj* adequate.

adéquation [adekwasjɔ̃] *nf* suitability, appropriateness; *(Mkg)* **~ produit/marché** product-market match.

adhérent [adeʀɑ̃] *nm* member.

adhérer [adeʀe] *vi (à)* **1.** *(organisme)* join, become a member of, *(accord)* enter into **2.** *(organisme)* belong to, be a member of.

adhésion [adezjɔ̃] *nf (à)* **1.** *(organisme)* entry into, joining of; *demande d'~* application for membership **2.** *(appartenance)* membership of, belonging to; *(à un point de vue)* support for, backing/approval of **3.** *(Jur)* **contrat d'~** adhesion contract, form contract.

adjudicataire [adʒydikatɛʀ] *nmf* **1.** *(appel d'offres)* successful tenderer **2.** *(enchères)* successful bidder, highest bidder.

adjudicateur [adʒydikatœʀ] *nm (f* **-trice)** **1.** *(contrat)* awarder **2.** *(vente aux enchères)* adjudicator, seller.

adjudication [adʒydikasjɔ̃] *nf* **1.** *(Jur)* *(d'un contrat)* awarding, allocation; **~ forcée** compulsory sale; **~ de gré à gré** tendering by private contract; *mettre en* **~** put out to tender; **~ au mieux-disant** allocation to the lowest tenderer; *obtenir l'~* obtain the contract; *par* **~** by tender; **~ restreinte** limited/

restricted allocation/tender/bid **2.** *(vente aux enchères)* sale by auction, auctioning; *(Jur)* sale by court order; **~ des bons du Trésor** *(UK)* weekly Treasury bill tender, *(US)* bill auction; **mettre en ~** put up for auction; **par ~** by auction; **vendre par ~** sell at/by auction.

adjuger [adʒyʒe] *vt* **1.** *(contrat)* award **2.** *(enchères)* auction; **adjugé, vendu!** sold!

ad litem [adlitɛm] *adj (Jur)* ad litem, for the purposes of the lawsuit; **mandat ~** power to act for the purposes of the lawsuit.

admettre [admɛtʀ] *vt* admit, allow; *(Bs) (valeur)* **~ à la cote** list; *(D)* **~ en franchise** allow in duty-free.

administrateur [administʀatœʀ] *nm (f -trice)* administrator, *(conseil d'administration)* director, board member; *(Jur)* **~ de biens** property manager, trustee; *(Mgt)* **~ sortant** retiring director; *(Jur)* **~ d'une succession** administrator/administratrix, executor, executrix.

*administrateur-séquestre *nm inv (Jur)* official receiver, referee in bankruptcy.

administratif [administʀatif] *adj (f -ive)* administrative; **bâtiments ~s** official buildings; **charges administratives** administrative costs; **lenteurs administratives** red tape.

administration [administʀasjɔ̃] *nf* **1.** administration; **les ~s publiques** general government, the public services; **~s locales** local government **2.** public service; **l'A~** the Administration, the Civil Service; **~ des douanes** customs service, *(UK)* Customs and Excise; **~ fiscale** tax authority, *(UK)* Inland Revenue, *(US)* Internal Revenue Service (IRS) **3.** management; **conseil d'~** board of directors; *(Jur/Mgt)* **mauvaise ~** mismanagement **4.** *(Jur)* **~ d'un bien** trusteeship; **~ de la preuve** production of evidence.

administré [administʀe] *adj (prix)* administered.

administrer [administʀe] *vt* **1.** administer, *(US)* administrate, *(pays)* govern **2.** *(Mgt) (entreprise)* manage, run **3.** *(Jur) (preuve)* produce **4.** *(coups)* deal/deliver.

admis [admi] *adj (pp de* **admettre***)* allowed, authorized; *(Bs)* **~ à la cote** listed; *(D)* **marchandises ~es en franchise** goods allowed to enter tax free.

admissibilité [admisibilite] *nf* eligibility.

admission [admisjɔ̃] *nf* **1.** admission, entry; **droit d'~** entry fee; **~ dans**

l'Union européenne entry into the European Union **2.** *(D)* **~ en franchise de douane** duty-free entry; **~ temporaire** temporary importation **3.** *(Bs)* **~ à la cote** listing, admission to quotation/to stock exchange dealing **4.** *(Jur)* acceptance; **~ des créances** acceptance of creditors' claims (in liquidation or reorganization proceedings).

adoptant [adɔptɑ̃] *nm (Jur)* person who adopts a child.

adopter [adɔpte] *vt* **1.** *(Pol)* adopt, *(loi)* vote, pass; **~ le budget** adopt/pass the budget; **~ une proposition** accept/carry a proposal **2.** *(Jur)* **~ un enfant** adopt a child.

adoptif [adɔptif] *adj (f -ive) (Jur)* **fille adoptive** adopted daughter; **fils ~** adopted son; **parents ~s** adoptive parents.

adoption [adɔpsjɔ̃] *nf* **1.** *(dispositions)* accepting, adopting; *(loi)* passing **2.** *(Jur) (enfant)* adoption; **~ plénière** adoption involving the severing of all links with the child's natural parents; **~ simple** adoption which maintains links with the child's natural parents.

adresse [adʀɛs] *nf* address **1.** **carnet d'~s** address book; **changement d'~** change of address; **~ du siège** registered address, business address; **~ personnelle** home address; **~ postale** postal/mailing address; **~ professionnelle** business address **2.** *(CI)* **~ de notification** notifying address **3.** *(Inf)* **~ de lancement** entry address **4.** skill, dexterity.

adresser [adʀese] *v* **1.** *vt (remarque, question)* address, direct, *(reproche)* aim, level; *(colis)* address, send, dispatch **2.** *vpr* **s'~ à qn** address sb, speak to sb, *(requête)* ask sb for help; **pour tous renseignements, s'~ au chef du personnel** all inquiries should be addressed to the personnel manager.

adultère[1] [adyltɛʀ] *adj (Jur)* adulterous.

adultère[2] [adyltɛʀ] *nm (Jur)* adultery.

ad valorem [advalɔʀɛm] *adj (Fin/Fisc)* ad valorem.

adversaire [advɛʀsɛʀ] *nmf* adversary, rival, challenger.

adverse [advɛʀs] *adj* opposite, adverse; *(Jur)* **la partie ~** the opposing party.

AEE *v.* **Agence pour les économies d'énergie**.

AELE [aɛlə] *v.* **Association européenne de libre-échange**.

AEN *v.* **Agence pour l'énergie nucléaire**.

aérien [aeʀjɛ̃] *adj (f -ienne) (T)* aerial, air; **compagnie ~ne** airline (company);

ligne ~*ne* airline service/route; *transport* ~ air transport.

aérogare [aeʀogaʀ] *nf (T)* air terminal.

aéroglisseur [aeʀoglisœʀ] *nm (T)* hovercraft.

aérogramme [aeʀogʀam] *nm* aerogramme, airmail letter.

aéronautique [aeʀonotik] *nf (Ind)* aeronautics, the aerospace industry.

aéronef [aeʀonɛf] *nm (T)* aircraft.

aéroport [aeʀopoʀ] *nm (T)* airport.

affacturage [afaktyʀaʒ] *nm (Fin)* factoring; *commission d'*~ factoring charges; *société d'*~ factoring company, factor.

affaiblir [afebliʀ] *v* **1.** *vt* weaken **2.** *vpr* *s'*~ weaken.

affaiblissement [afeblismɑ̃] *nm* weakening.

affaire [afɛʀ] *nf* **1.** matter, business; *avoir* ~ *à* deal with; *c'est à moi que vous aurez* ~ ! I'm the one you'll have to answer to! *c'est une* ~ *à suivre* it's worth keeping an eye on **2.** *(Pol)* affair; ~ *d'Etat* affair of State; *les* ~*s étrangères* foreign affairs; *ministère des A*~*s étrangères* Ministry of Foreign Affairs, *(équiv. UK* Foreign Office, *US* State Department *(gouvernement par intérim)* **expédier les** ~*s courantes* deal with current/ongoing matters (only) **3.** *(Com)* **les** ~*s* business; *anglais des* ~*s* business English; *chiffre d'*~*s* turnover, *(US)* sales; *déjeuner d'*~*s* business lunch; *droit des* ~*s* business/ corporate law; *femme d'*~*s* business-woman; *homme d'*~*s* businessman; *le milieu des* ~*s* business circles, the business world; *les* ~*s reprennent* business is picking up/looking up; *avoir le sens des* ~*s* have a good head for business; *voyage d'*~*s* business trip **4.** firm, company, business concern; *une grosse* ~ a big company; *une* ~ *qui marche* a going concern; *reprendre une* ~ take over a business **5.** *(transaction)* deal; ~ *blanche* break-even deal; *faire* ~ *avec qn* clinch a deal with sb; *nous avons fait* ~ we came to an agreement; *une grosse* ~ a big deal **6.** *une bonne* ~ a bargain; *quelle* ~ ! what a bargain! **7.** *(Jur)* affair, case; ~ *civile* civil case; *étouffer une* ~ hush a matter up, avoid a scandal; *une* ~ *de meurtre* a case of murder; ~ *mise en délibéré* case submitted for deliberation; ~ *de mœurs* sex scandal.

affairisme [afeʀism] *nm* wheeling and dealing.

affairiste [afeʀist] *nmf* wheeler-dealer.

affaissement [afesmɑ̃] *nm (marché)* collapse, *(cours, prix)* sagging, sinking.

affaisser [afese] *vpr s'*~ *(marché)* collapse, *(cours, prix)* sag, sink.

affectation [afɛktasjɔ̃] *nf* **1.** *(personnel)* appointment, posting **2.** *(fonds)* allocation, allotment, designation, appropriation; *(à l'avance)* earmarking; *(Cpta)* ~ *des recettes* revenue allotment; *(Eco)* ~ *des ressources* allocation of resources; *(Cpta)* ~ *du résultat* appropriation of the profit, treatment of the loss.

affecter [afɛkte] *vt* **1.** *(personnel)* assign, appoint **2.** *(fonds, ressources)* allocate, allot; *(à l'avance)* earmark.

afférent [afeʀɑ̃] *adj (à)* pertaining to, relating to.

affermage [afɛʀmaʒ] *nm* **1.** *(Jur)* farm lease **2.** *(Mkg)* farming out, leasing.

affermer [afɛʀme] *vt* **1.** *(Jur)* *(ferme)* lease **2.** *(Mkg)* farm out, lease out.

affermir [afɛʀmiʀ] *v* **1.** *vt* strengthen, consolidate **2.** *vpr s'*~ strengthen, grow stronger; *(Bourse, monnaie)* rally.

affermissement [afɛʀmismɑ̃] *nm* strengthening, consolidation; *(Bourse, monnaie)* rallying.

affichage [afiʃaʒ] *nm* **1.** *(Pub)* *(annonce, affiche)* posting, sticking-up; *campagne d'*~ poster campaign, *(UK)* bill-posting campaign; *panneau d'*~ billboard, *(UK)* hoarding; *publicité par voie d'*~ poster advertising; *régie d'*~ poster agency **2.** *(Inf)* display.

affiche [afiʃ] *nf (Pub)* poster, notice; *par voie d'*~ by public notice; *colleur d'*~*s* bill-poster.

afficher [afiʃe] *vti* **1.** post, stick up; *défense d'*~ ! post/stick no bills! **2.** *(montrer)* show, display; *prix affichés* marked prices **3.** *(Inf)* display.

affichiste [afiʃist] *nmf (Pub)* poster designer.

affidavit [afidavit] *nm (Jur)* affidavit, written statement (under oath).

affiliation [afiljasjɔ̃] *nf* affiliation, registration, membership; ~ *à un régime de retraite (UK)* membership of a pension scheme, *(US)* membership in a pension scheme; *(Fr)* ~ *à la Sécurité sociale* registration with the French national health-care system.

affilié [afilje] *nm* affiliated member.

affilier [afilje] *v* **1.** *vt* affiliate **2.** *vpr s'*~ become affiliated; *s'*~ *à* join.

affinage [afinaʒ] *nm (métaux)* refining.

affirmatif [afiʀmatif] *adj (f -ive)* affirmative.

affirmation [afiʀmasjɔ̃] *nf* **1.** assertion,

statement **2.** *(Jur)* declaration attesting to the truthfulness of a document or action; **~ de créance** proof of indebtedness; **~ sous serment** sworn statement, affidavit.

affirmer [afiʀme] *v* **1.** *vt* state, declare **2.** *vpr* s'**~** *(marché, tendance)* become firmer, become more pronounced, *(personne)* become more confident; *la tendance s'est affirmée* the trend has become more marked.

affluence [aflɥɑ̃s] *nf* **1.** abundance, large numbers, *(personnes)* crowds; *pendant les heures d'~* in the rush hour **2.** *(flux)* inflow, influx.

affluer [aflɥe] *vi* **1.** *(personnes)* arrive in large numbers, flock in **2.** *(commandes, réclamations)* pour in.

afflux [afly] *nm* inflow, influx; **~ de capitaux** capital inflow.

affranchir [afʀɑ̃ʃiʀ] *vt (courrier)* stamp, *(à la machine)* frank; *machine à ~* franking machine, *(US)* postage meter; *ne pas ~* no stamp required.

affranchissement [afʀɑ̃ʃismɑ̃] *nm* **1.** stamping, *(à la machine)* franking **2.** *(coût)* postage.

affrètement [afʀɛtmɑ̃] *nm (T)* chartering; *(Cl)* charter/chartering of a ship; **~ coque nue** bare-boat charter; **~ à temps** time charter; **~ au voyage** voyage charter.

affréter [afʀete] *vt (T)* affreight, freight, charter.

affréteur [afʀetœʀ] *nm inv (T)* charterer.

afghan [afgã] *adj* Afghan.

Afghan [afgã] *nm* Afghan.

Afghanistan [afganistɑ̃] *nm* Afghanistan.

AFNOR [afnɔʀ] *v.* **Association française de normalisation.**

africain [afʀikɛ̃] *adj* African.

Africain [afʀikɛ̃] *nm* African.

Afrique [afʀik] *nf* Africa; *A~ du Nord* North Africa.

Afrique du Sud [afʀikdysyd] *nf* South Africa (*v.* **sud-africain**).

AG *v.* **assemblée générale annuelle.**

AGE *v.* **assemblée générale extraordinaire.**

âge [ɑʒ] *nm* age; *groupe d'~* age group/ bracket; *avoir l'~ légal* be of age, have reached the age of majority; *limite d'~* age limit; *moyenne d'~* average age; **~ obligatoire de la retraite** compulsory retirement age; *pyramide des ~s* age pyramid.

agence [aʒɑ̃s] *nf* **1.** agency, office, bureau; **~ commerciale** sales office;

commission d'~ agency fees; **~ en douane** customs agency; **~ immobilière** *(UK)* estate agent's (office), *(US)* real estate agency; *(T)* **~ maritime** liner agency, shipping agency; **~ de placement** employment agency, *(UK)* job centre, *(US)* center for job placement; **~ de presse** news agency, press bureau; **~ de publicité** advertising agency; **~ de voyages** travel agency **2.** branch (office).

Agence pour les économies d'énergie (AEE) *nf (Fr)* energy-saving agency.

Agence pour l'énergie nucléaire (AEN) *nf (Fr)* nuclear energy agency.

Agence internationale de l'énergie atomique (AIEA) *nf* International Atomic Energy Agency (IAEA).

Agence nationale pour l'emploi (ANPE) *nf (Fr)* national employment agency.

Agence spatiale européenne (ASE) *nf (UE)* European Space Agency (ESA).

agencement [aʒɑ̃smɑ̃] *nm* **1.** *(bureaux)* arrangement, layout **2.** *(Cpta)* **~s et aménagements** fixtures and fittings.

agencer [aʒɑ̃se] *vt* arrange, lay out; *mal agencé* badly planned.

agenda [aʒɛ̃da] *nm* diary, appointment book.

agent [aʒã] *nm inv* **1.** *(Jur)* agent, representative; **~ mandataire** authorized representative **2.** employee, official; **~ de bureau** office employee, clerk; *(Eco)* **~ économique** (economic) actor; **~ de l'Etat** public employee; *(Pol)* state representative; *(Ind)* **~ de maîtrise** supervisor, foreman; *(Ind)* **~s de maîtrise** first-line management; **~ de police** police officer, policeman, policewoman; **~ des postes** postal worker/employee; **~ public** public employee **3.** *(Fin)* broker; *(Ass)* **~ d'assurances** insurance broker; *(Bs)* **~ de change** stockbroker, stockdealer; *(Cpta)* **~ comptable** (public sector) accountant; **~ immobilier** *(UK)* estate agent, *(US)* real estate agent, realtor **4.** *(Com/CI)* **~ d'achat** buying agent; **~ d'affaires** business agent; **~ agréé/autorisé** appointed/authorized agent; **~ commercial**, sales representative; **~ commercial à l'étranger** foreign sales agent; **~ consignataire** foreign consignee; **~ ducroire** del credere agent; **~ exclusif** sole/ exclusive agent **5.** *(T)* **~ en douane** customs agent; **~ à destination** destination agent; **~ de fret** freight clerk; **~ de ligne/maritime** liner agent; **~ de quai** wharfinger; **~ de transit en fret aérien** transit air freight agent; **~ dégroupeur** breakbulk agent; **~ maritime** shipping agent.

Agetac [aʒetak] *v.* **Accord général sur les tarifs douaniers et le commerce.**

agglomération [aglɔmeʀasjɔ̃] *nf* built-up area, urban district.

aggravant [agʀavɑ̃] *adj (Jur) circonstances* ~*es* aggravating circumstances.

aggravation [agʀavasjɔ̃] *nf* worsening, deterioration, *(Jur)* aggravation.

aggraver [agʀave] *v* **1.** *vt* worsen, make worse; *(Jur)* aggravate **2.** *vpr* s'~ get worse.

agio [aʒjo] *nm (souvent pl) (Bq)* **1.** agio, premium, bank charge/commission **2.** overdraft interest charge.

agiotage [aʒjɔtaʒ] *nm (Bs)* agiotage, speculation, money changing, *(péj)* stock-jobbing.

agioteur [aʒjɔtœʀ] *nm inv (Bs)* speculator, *(péj)* rigger.

agir [aʒiʀ] *vi* act; *(Jur)* ~ *civilement contre qn* sue sb; ~ *au nom de qn* act on behalf of sb.

agissements [aʒismɑ̃] *nmpl (péj)* dealings, machinations.

agitation [aʒitasjɔ̃] *nf* agitation, confusion; ~ *sociale* social unrest.

agité [aʒite] *adj (Bs) (marché)* restless, feverish.

agiter [aʒite] *v* **1.** *vt (drapeau)* wave, *(arme)* brandish **2.** *vpr* s'~ become restless; *(fam) il faut qu'on s'agite un peu!* we must make ourselves heard!

agrafe [agʀaf] *nf (Emb)* staple.

agrafer [agʀafe] *vt (Emb)* staple.

agrafeuse [agʀaføz] *nf (Emb)* stapler.

agraire [agʀɛʀ] *adj* agrarian; *loi* ~ land act; *réforme* ~ land reform.

agrandir [agʀɑ̃diʀ] *vt* enlarge, increase, extend.

agréé[1] [agʀee] *adj* approved, authorized; *(Com) agent* ~ appointed/authorized agent; *fournisseur* ~ registered supplier.

agréé[2] [agʀee] *nm inv* **1.** *(Jur) (Fr) (obs)* lawyer representing parties before the commercial courts **2.** *(D)* ~ *en douane* customs broker.

agréer [agʀee] *vt* **1.** *(agent)* approve, appoint **2.** *(formule de politesse) veuillez* ~ *l'expression de nos salutations distinguées* yours faithfully.

agrégat [agʀega] *nm (Eco)* aggregate; ~ *de crédit* credit aggregate; ~ *monétaire* monetary aggregate; ~ *normalisé* normalized aggregate; ~ *territorial* domestic aggregate.

agrément [agʀemɑ̃] *nm* **1.** approval, consent; *(budget)* ~ *fiscal* tax consent; *(Eco)* ~ *unique* single agreement **2.** pleasure; *voyage d'*~ pleasure trip.

agresser [agʀese] *vt (Jur)* attack, aggress; ~ *avec voies de fait dans un lieu public* mug.

agresseur [agʀesœʀ] *nm inv (Jur)* aggressor, assailant, attacker, *(avec voies de fait dans un lieu public)* mugger.

agressif [agʀesif] *adj (f -ive)* aggressive; *(Mkg) technique de vente agressive* hard-sell technique.

agression [agʀesjɔ̃] *nf (Jur)* attack, assault, *(avec voies de fait dans un lieu public)* mugging; *être victime d'une* ~ be mugged.

agricole [agʀikɔl] *adj* agricultural; *économie* ~ agricultural economy; *exploitant* ~ farmer, *(US)* agriculturist; *exploitation* ~ farm, farming concern; *politique* ~ agricultural policy; *produits* ~*s* farm produce.

agriculteur [agʀikyltœʀ] *nm (f -trice)* farmer, *(US)* agriculturist.

agriculture [agʀikyltyʀ] *nf* agriculture, farming; ~ *industrielle* factory farming; ~ *de subsistance* subsistence farming.

agro-alimentaire[1] [agʀoalimɑ̃tɛʀ] *adj industrie* ~ food (processing) industry; agribusiness; *produits* ~*s* processed food products, agristuffs.

agro-alimentaire[2] [agʀoalimɑ̃tɛʀ] *nm l'*~ the food (processing) industry/sector, agribusiness.

agronome [agʀɔnɔm] *nmf* agronomist; *ingénieur* ~ agricultural engineer.

agronomie [agʀɔnɔmi] *nf* agronomy, agronomics.

agronomique [agʀɔnɔmik] *adj* agronomic.

aguichage [agiʃaʒ] *nm (Mkg)* teasing.

AID *v.* **Association internationale de développement.**

aide[1] [ɛd] *nf* **1.** help, assistance, support, *(subvention)* grant, incentive; *(Eco)* ~ *alimentaire* food aid; ~ *au développement* assistance for economic development; ~ *étrangère/extérieure* foreign aid/assistance; *(CI)* ~*s aux exportations* export subsidies/grants; ~ *familiale* welfare assistance; ~ *gouvernementale* government aid/support, government assistance; *(Jur)* ~ *judiciaire/juridictionnelle* legal aid; *(CI/Eco)* ~ *liée* tied aid; ~ *non liée* untied aid; ~ *au logement (des particuliers)* housing grant; ~ *sociale* welfare support payments.

aide[2] [ɛd] *nmf (personne)* assistant; ~*-comptable* assistant accountant, bookkeeper; *(personne)* ~ *ménagère* home help.

aider [ede] *vt* **1.** help; ~ *qn à faire qch*

help sb to do sth **2.** *(industrie, secteur)* subsidize.

AIEA v. **Agence internationale de l'énergie atomique.**

aïeul [ajœl] *nm (pl* **aïeux)** ancestor.

aiguillage [eg ija3] *nm (T)* **1.** *(équipement)* points **2.** *(manœuvre) (UK)* shunt, shunting, *(US)* switch, switching.

aiguiller [eguije] *vt* **1.** *(T) (UK)* shunt, *(US)* switch **2.** *(fig)* direct.

aiguilleur [eguijœR] *nm inv (T) (UK)* shuntman, *(US)* switchman ; **~ du ciel** air-traffic controller.

airain [εRɛ̃] *loc (Eco)* **la loi d'~** the iron law of wages, the wage fund theory.

aire [εR] *nf* area ; *(T)* **~ de chargement** loading bay/area ; **~ de repos** *(UK)* lay-by, rest area ; **~ de stationnement** parking/waiting area ; **~ de stockage** storage area.

aisé [eze] *adj* well-off, well-to-do.

ajournement [aʒuRnəmɑ̃] *nm* **1.** adjournment, postponement, deferment **2.** *(Jur) (obs)* service of process.

ajourner [aʒuRne] *vt* adjourn, postpone, defer.

ajout [aʒu] *nm* addition.

ajouter [aʒute] *vt* add.

ajustage [aʒystaʒ] *nm (Ind)* fitting ; **atelier d'~** fitters' shop.

ajustement [aʒystəmɑ̃] *nm* adjustment, regulation, modification ; **~ à la baisse** downward adjustment ; *(Eco)* **~s chronologiques** timing adjustments ; **~ à la hausse** upward adjustment ; *(Fin)* **~ monétaire** currency realignment ; *(Eco)* **~ pour variations saisonnières** adjustment for seasonal variations.

ajuster [aʒyste] *vt* adjust.

ajusteur [aʒystœR] *nm inv (Ind)* fitter.

alarmant [alaRmɑ̃] *adj* alarming, worrying, disturbing.

alarme [alaRm] *nf* alarm ; **signal d'~** alarm signal.

alarmer [alaRme] *vpr* **s'~** get worried, become alarmed ; **il n'y a pas de quoi s'~** there is nothing to be alarmed about.

albanais [albanɛ] *adj* Albanian.

Albanais [albanɛ] *nm* Albanian.

Albanie [albani] *nf* Albania.

aléa [alea] *nm* hazard ; **les ~s de la vie** life's ups and downs ; *(Cpta)* **provisions pour ~s** contingency reserves.

aléatoire [aleatwaR] *adj* **1.** uncertain, risky ; *(Ass)* **événement ~** fortuitous event **2.** random ; *(Inf)* **accès ~** random access ; *(Mkg)* **échantillonnage ~** random sampling.

ALENA [alena] v. **Accord de libre-échange nord-américain.**

Alger [alʒe] *n* Algiers.

Algérie [alʒeRi] *nf* Algeria.

algérien [alʒeRjɛ̃] *adj (f* **-ienne)** Algerian.

Algérien [alʒeRjɛ̃] *nm (f* **-ienne)** Algerian.

alias [aljas] *nm* alias, assumed name, pseudonym.

alibi [alibi] *nm (Jur)* alibi.

aliénabilité [aljenabilite] *nf (Jur)* alienability, transferability.

aliénable [aljenabl] *adj* alienable, transferable.

aliénataire [aljenatɛR] *nmf (Jur)* alienee, transferee.

aliénateur [aljenatœR] *nm (f* **-trice)** *(Jur)* alienator, transferor.

aliénation [aljenasjɔ̃] *nf* **1.** *(Eco)* alienation *(v.* **marxisme) 2.** *(Jur)* alienation ; **~ à fonds perdus** alienation of annuities for life ; **~ mentale** insanity.

aliéner [aljene] *vt (Jur)* alienate, transfer.

alignement [aliɲəmɑ̃] *nm* alignment ; *(Fin)* adjustment, balancing ; *(Bq)* matching ; *(Eco)* **~ des salaires sur les prix** cost-of-living adjustment ; *(Eco/ Fin)* **~ des taux de change** exchange-rate adjustments, monetary alignment.

aligner [aliɲe] *v* **1.** *vt (sur)* bring into line with, align (with) ; *(Cpta)* adjust **3.** *vpr* **s'~** *(sur)* fall into line with.

aliment [alimɑ̃] *nm* **1.** food, foodstuff ; **~s pour bétail** cattle food/feed ; **~s surgelés** frozen foods **2.** *(Jur)* support, alimony.

alimentaire [alimɑ̃tɛR] *adj* **1.** nutritive ; **denrées/produits ~s** food products ; *(ré-gime)* **~** diet **2.** *(Jur)* **pension ~** maintenance, *(US)* alimony ; *(hors mariage) (US)* palimony.

alimentation [alimɑ̃tasjɔ̃] *nf* **1.** food ; **magasin d'~** *(UK)* grocery shop, *(US)* grocery store ; **rayon ~** food/grocery department ; *(régime)* diet, *(fig)* supply ; **~ en eau potable** drinking water supply ; **~ en électricité** electricity/power supply **3.** *(activité)* feeding, *(fig)* supplying.

alimenter [alimɑ̃te] *vt* **1.** *(aussi fig)* feed, *(rumeur)* encourage, *(machine)* power, supply power to **2.** *(en)* supply (with) ; **~ la ville en eau potable** supply the town with drinking water.

alinéa [alinea] *nm (Jur) (décret, contrat)* paragraph.

allégation [alegasjɔ̃] *nf (Jur)* allegation.

allège [alɛʒ] *nf (T)* lighter ; **frais d'~**

lighterage (costs); **~ mise directement à bord avec son conteneur** lighter aboard ship (LASH).

allégement [aleʒmɑ̃] *nm* **1.** lightening **2.** reduction, decrease, easing; *(Mgt)* **~ des effectifs** labour/labor shedding/reduction/cutback; *(Fisc)* **~ fiscal** tax reduction, tax relief, *(US)* tax break, easing of taxation.

alléger [aleʒe] *vt* lighten, *(impôts, charges)* ease, reduce, *(budget)* trim.

alléguer [alege] *v (Jur)* **1.** *vt* quote, cite **2.** *vi* **~ que** allege/claim/plead that.

Allemagne [almaɲ] *nf* Germany.

allemand [almɑ̃] *adj* German.

Allemand [almɑ̃] *nm* German.

aller [ale] *nm* **1.** *(T)* outward trip; **à l'~** on the outward trip; **fret d'~** outward freight; **~ (et) retour** *(UK)* return trip, *(US)* round trip, *(billet)* *(UK)* return ticket, *(US)* round trip ticket **2.** *(Ass)* **police à l'~ et au retour** round policy **3.** *(Bs)* **~ et retour** round trip/turn (on the same security).

alliance [aljɑ̃s] *nf (Pol)* alliance, pact.

allié [alje] *nm* **1.** *(Pol)* ally **2.** *(Jur)* **~s** relatives by/through marriage.

allier [alje] *vpr* **s'~** become allies, *(fig)* become partners.

allocataire [alɔkatɛʀ] *nmf* beneficiary, recipient; **~ de la Sécurité sociale** welfare recipient.

allocation [alɔkasjɔ̃] *nf* **1.** *(activité)* *(fonds, actions)* allocation, attribution, allotment; *(indemnité)* granting, awarding; *(Eco)* **~ des ressources** resource allocation **2.** *(somme versée)* allowance, benefit; **~ chômage** unemployment benefit; **~ d'études** study grant; **~s familiales** family allowances; **~ logement** housing benefit, rent allowance; **~ maladie** sickness benefit; **~ de maternité** maternity benefit; **~ de parent isolé** assistance to single parents; **~ de vie chère** cost-of-living allowance; **~ vieillesse** old-age pension.

allonge [alɔ̃ʒ] *nf (Bq)* addendum, rider.

allongement [alɔ̃ʒmɑ̃] *nm* lengthening, extension.

allonger [alɔ̃ʒe] *vt* lengthen, prolong, *(délai)* extend.

allotissement [alɔtismɑ̃] *nm (Cl/D/Jur)* allotment, apportionment.

allouer [alwe] *vt (ressources, temps)* allot, allow, allocate; *(indemnité)* grant, award.

alourdir [aluʀdiʀ] *vt* **1.** *(charges, impôts)* increase **2.** *vpr* **s'~** *(situation)* worsen, *(Bourse, marché)* become dull.

alourdissement [aluʀdismɑ̃] *nm*

1. *(charges, impôts)* increase; **~ fiscal** *(dû à l'inflation)* fiscal drag (due to inflation) **2.** *(Bourse, marché)* slowing down, increasing dullness.

alphabète [alfabɛt] *adj* literate.

alphabétique [alfabetik] *adj* alphabetical; **par ordre ~** in alphabetical order, *(US)* by alphabetical order.

alphabétisation [alfabetizasjɔ̃] *nf* literacy; **taux d'~** literacy rate.

altération [alteʀasjɔ̃] *nf* change, deterioration; *(produit)* adulteration; *(texte)* falsification; *(Fin)* **~ monétaire** currency debasement.

altérer [alteʀe] *vt* change, deteriorate; *(produit)* adulterate; *(texte)* falsify; *(monnaie)* debase.

alternance [altɛʀnɑ̃s] *nf* **1.** alternation; **formation en ~** *(UK)* sandwich course, *(US)* work and training program, work study program **2.** *(Pol)* change of government from left to right/right to left; **choisir l'~** opt for a change of government.

alternative [altɛʀnativ] *nf* choice, alternative; *(Jur)* **~s à l'emprisonnement** alternatives to imprisonment.

alterné [altɛʀne] *adj* alternating; **formation ~e** *(UK)* sandwich course, *(US)* work and training program, work study program.

amarrage [amaʀaʒ] *nm* **1.** *(T)* *(navire)* mooring; **droits d'~** berthing, mooring fees **2.** *(marchandises)* stowage, stowing.

amarrer [amaʀe] *vti (T)* moor, berth.

amasser [amase] *vt* **1.** gather, collect; **~ une fortune** amass a fortune **2.** *(empiler)* pile up **3.** stocker; *(or)* hoard.

ambassade [ɑ̃basad] *nf* embassy.

ambassadeur [ɑ̃basadœʀ] *nm (f -drice)* ambassador.

ambulant [ɑ̃bylɑ̃] *adj* **marchand ~** pedlar/peddler, *(US)* hawker.

AME *v.* **Accord monétaire européen.**

amélioration [ameljɔʀasjɔ̃] *nf* **1.** improvement; **apporter des ~s** carry out/ make improvements **2.** *(Eco)* upturn.

améliorer [ameljɔʀe] *v* **1.** *vt* improve **2.** *vi* improve, get better.

aménagement [amenaʒmɑ̃] *nm* **1.** *(activité)* arranging, organization; *(locaux)* fitting-out; *(Fin/Cpta)* **~s financiers** financial adjustments; **~ du territoire** town/regional planning; *(Mgt)* **~ du temps de travail** introduction of flexible working hours/flexitime/flextime **2.** *(équipements)* **~s** facilities, amenities.

aménager [amenaʒe] *vt* **1.** *(locaux)* fit

out, arrange, equip **2.** modify, adjust ; ~ *le temps de travail* introduce flexible working hours/flexitime/flextime **3.** *(terrain)* develop.

amende [amãd] *nf (Jur)* fine ; *condamner à une* ~ fine ; ~ *forfaitaire* fixed fine ; *entrée interdite sous peine d'*~ trespassers will be prosecuted.

amendement [amãdmã] *nm* **1.** *(Pol)* amendment ; *droit d'*~ right to amend (the text of a bill) **2.** *(Jur) (contrat)* amendment, addition.

amenuisement [amənɥizmã] *nm* dwindling, shrinking.

amenuiser [amənɥize] *vpr* s'~ dwindle, shrink.

américain [ameʀikɛ̃] *adj* American.

Américain [ameʀikɛ̃] *nm* American.

Amérique [ameʀik] *nf* America ; *l'A*~ *centrale/latine/du Nord/du Sud* Central/ Latin/North/South America.

ameublissement [amœblismã] *nm* *(Jur)* conversion of separate realty.

AMF *v.* **Accord Multifibres.**

amiable [amjabl] *adj (Jur)* **1.** amicable ; ~ *compositeur* compounder, ex aequo et bono arbitrator **2.** *loc à l'*~ by mutual agreement ; *accord à l'*~ amicable agreement/settlement ; *(Ass)* *faire un constat à l'*~ draw up a jointly-agreed accident report (for one's insurance company) ; *règlement à l'*~ out-of-court settlement ; *régler une affaire à l'*~ settle a matter out of court.

amnistie [amnisti] *nf* amnesty ; *(Fr)* *la loi d'*~ amnesty for traffic and other minor offences/offenses traditionally granted by a newly-elected President.

amnistier [amnistje] *vt* amnesty, grant an amnesty to, pardon.

amodiataire [amɔdjatɛʀ] *nmf (Jur)* lessee.

amodiateur [amɔdjatœʀ] *nm (f* -**trice**) *(Jur)* lessor.

amodiation [amɔdjasjɔ̃] *nf (Jur)* **1.** *(activité)* leasing **2.** *(bail)* lease.

amodier [amɔdje] *vt (Jur)* lease.

amoindrir [amwɛ̃dʀiʀ] *v* **1.** *vt* lessen, reduce, decrease ; *(efficacité)* impair **2.** *vpr* s'~ diminish, reduce.

amoindrissement [amwɛ̃dʀismã] *nm* *(de)* lessening (of), reduction (in), decrease (in).

amonceler [amɔ̃sle] *vt (aussi vpr* s'~) accumulate, pile up, heap up.

amoncellement [amɔ̃sɛlmã] *nm* **1.** *(activité)* accumulation, piling up, heaping up **2.** pile, heap, accumulation.

amont [amɔ̃] *loc adv en* ~ upstream ; *(fig)* at a higher level.

amorçage [amɔʀsaʒ] *nm (aussi fig)* pump-priming ; *(Fin)* *emprunt d'*~ pump-priming loan.

amorce [amɔʀs] *nf* start, beginning ; *(Pub)* ~ *publicitaire* teaser.

amorcer [amɔʀse] *v* **1.** *vt* start, begin ; *(Eco)* ~ *la pompe* prime the pump ; ~ *une reprise/un redressement* start to improve **2.** *vpr* s'~ start, begin ; *la reprise économique s'est amorcée* there has been an improvement/an upturn in the economic situation.

amortir [amɔʀtiʀ] *vt* **1.** *(choc)* soften ; *(Eco)* *(l'effet d'une évolution)* cushion **2.** *(Cpta) (dette)* redeem, *(frais)* amortize, *(emprunt, matériel)* write off, depreciate.

amortissable [amɔʀtisabl] *adj (Cpta)* **1.** *(dette, titres)* redeemable ; *emprunt* ~ *sur quinze ans* loan repayable over fifteen years **2.** *(matériel)* depreciable ; *biens* ~s depreciable assets.

amortissement [amɔʀtismã] *nm* **1.** *(choc)* softening, *(Eco)* *(effet d'une évolution)* cushioning **2.** *(Fin/Cpta)* *(titres)* redemption, *(frais, actifs incorporels)* amortization, *(matériel)* depreciation, writing-off ; ~ *accéléré* accelerated depreciation ; *annuité d'*~ annual depreciation charge ; *caisse d'*~ redemption fund ; ~ *du capital* writing-off of capital ; ~ *comptable* depreciation expense ; ~ *constant* straight-line depreciation ; ~ *croissant* progressive depreciation ; ~ *dégressif* degressive depreciation, declining, *(US)* accelerated depreciation, declining-balance depreciation ; ~ *de la dette publique* paying-off of the public/national debt ; *dotation aux* ~s depreciation allowance ; ~ *des immobilisations* accumulated depreciation ; ~ *industriel* depreciation/writing-off of capital ; ~ *linéaire* straight-line depreciation ; *plan d'*~ depreciation schedule ; *tableau d'*~ amortization table ; *taux d'*~ depreciation rate.

ampleur [ãplœʀ] *nf* extent, scale, range.

ampliation [ãplijasjɔ̃] *nf (Jur)* certified copy ; *pour* ~ certified true copy.

amplification [ãplifikasjɔ̃] *nf* development, expansion ; *(Eco)* ~ *de la demande dérivée* derived demand theory.

amplifier [ãplifje] *vt (aussi vpr* s'~) amplify, develop, expand.

amplitude [ãplityd] *nf* magnitude, extent.

amputer [ãpyte] *vt (crédits)* cut back, drastically reduce.

AN *v.* **Assemblée nationale.**

an [ã] *nm* year (*v.* **année**).

analyse [analiz] *nf* **1.** analysis *(pl analyses)*; *(Mkg)* ~ *des besoins du consommateur* consumer research; *(Cpta)* ~ *de bilan* balance-sheet analysis; *(Eco)* ~ *conjoncturelle* cyclical analysis; *(Cpta)* ~ *des coûts* cost analysis; *(Cpta)* ~ *coût-efficacité* cost-effectiveness analysis; *(Cpta)* ~ *coûts-avantages* cost-benefit analysis; ~ *croisée* cross analysis; *(Inf)* ~ *des données* data analysis; *(Cpta)* ~ *d'entrées-sorties* input-output analysis; ~ *financière* financial analysis, *(Bs)* security analysis, investment research; *(Mkg)* ~ *d'impacts croisés* cross-analysis impact; *(Mkg)* ~ *de marché* market analysis; *(Bs/Fin)* ~ *de portefeuille* custody-account analysis; *(Cpta)* ~ *de rendement* cost-benefit analysis; ~ *des séries temporelles* time-series analysis; *(Inf)* ~ *de systèmes* systems analysis; ~ *de la valeur* value analysis **2.** *(compte rendu)* debriefing.

analyser [analize] *vt* analyze.

analyste [analist] *nmf* analyst; *(Fin)* ~ *financier* financial/security analyst; *(Mkg)* ~ *de marché* market analyst; *(Fin)* ~ *en placements* investment analyst; *(Inf)* ~**-programmeur** program analyst; *(Inf)* ~ *de systèmes* systems analyst.

analytique [analitik] *adj* analytical.

ANASE [anaz] *v.* **Association des nations de l'Asie du Sud-Est.**

anatocisme [anatɔsism] *nm* *(Fin)* anatocism, capitalization of interest, compound interest.

ancienneté [ɑ̃sjɛnte] *nf* seniority; *avancement à l'*~ promotion by seniority; *prime d'*~ seniority bonus.

ancre [ɑ̃kʀ] *nf* *(T)* anchor; *lever l'*~ weigh anchor, sail, *(aussi fig)* leave.

andorran [ɑ̃dɔʀɑ̃] *adj* Andorran.

Andorran [ɑ̃dɔʀɑ̃] *nm* Andorran.

Andorre [ɑ̃dɔʀ] *nf* Andorra.

anglais [ɑ̃glɛ] *adj* English.

Anglais [ɑ̃glɛ] *nm* Englishman; *A*~*e* Englishwoman; *les A*~ the English.

Angleterre [ɑ̃glətɛʀ] *nf* England.

Angola [ɑ̃gɔla] *nm* Angola.

angolais [ɑ̃gɔlɛ] *adj* Angolan.

Angolais [ɑ̃gɔlɛ] *nm* Angolan.

animateur [animatœʀ] *nm* *(f* **-trice)** **1.** *(formation, stage)* instructor, instructress **2.** leader; ~ *de réunion* person responsible for conducting a meeting; *(Mkg)* ~ *des ventes* sales manager; *(Mkg)* ~ *de la force de vente* sales-force coordinator.

animation [animasjɔ̃] *nf* **1.** activity; *(marché)* briskness, buoyancy **2.** or-ganization, coordination; *(Mkg)* ~ *de la force de vente* coordination of the sales force **3.** ~ *d'une réunion* conducting of a meeting.

animé [anime] *adj* lively, *(marché)* brisk, buoyant.

animer [anime] *v* **1.** *vt (stage, réunion)* organize, run, conduct; *(Mkg)* ~ *la force de vente* coordinate/head the sales force.

année [ane] *nf* *(Fin/Cpta)* year; ~ *de base* base year; ~ *budgétaire* financial year; ~ *civile* calendar year; ~ *fiscale (UK)* financial year, *(US)* fiscal year; ~ *de référence* base year.

annexe[1] [anɛks] *adj* adjoining, attached; *documents* ~*s* enclosures; *revenus* ~*s* supplementary income.

annexe[2] [anɛks] *nf* **1.** appendix *(pl* appendices), rider, *(pièce jointe)* enclosure; *(Cpta)* ~*s (aux états financiers)* notes to the accounts, notes to the financial statement **2.** *(bâtiment)* annex.

annexer [anɛkse] *vt* **1.** *(Pol) (territoire)* annex **2.** *(document)* append, attach.

annexion [anɛksjɔ̃] *nf (Pol)* annexation.

annonce [anɔ̃s] *nf* **1.** *(avis)* announcement, notice; *(Jur)* ~ *légale* legal notice **2.** *(Pub)* advertisement, ad, *(UK)* advert; *mettre une* ~ insert/place an ad; *passer une* ~ advertise; *petites* ~*s* classified ads.

*annonce judiciaire et légale *nf (Jur)* publication required by law or judicial decision.

annoncer [anɔ̃se] *vt* **1.** announce, inform **2.** forecast, herald, show, indicate **3.** *(Pub)* advertise **4.** *(prix, termes)* quote **5.** *vpr s'*~ appear; *la reprise s'annonce difficile* the recovery is likely to be difficult.

annonceur [anɔ̃sœʀ] *nm* *(f* **-euse)** **1.** *(Pub)* advertiser **2.** *(TV)* announcer.

annonciateur [anɔ̃sjatœʀ] *adj (f* **-trice)** heralding; *des signes* ~*s d'une reprise économique imminente* signs to indicate imminent economic recovery.

annoncier [anɔ̃sje] *nm inv (Pub)* advertising agent.

annuaire [anɥɛʀ] *nm* directory, list; *(Tél)* (telephone) directory, phone book.

annualisation [anɥalizasjɔ̃] *nf (Cpta)* annualization, calculation on a yearly basis.

annualiser [anɥalize] *vt (Cpta)* annualize, calculate on a yearly basis.

annuel [anɥɛl] *adj (f* **-elle)** annual, yearly.

annuité [anɥite] *nf* **1.** *(Cpta)* annual instalment/installment, annual payment, *(US)* annuity; ~ *d'amortissement* an-

nual depreciation charge; **~ de remboursement** annual charge/repayment,
(US) annuity **2.** *(Ass)* **~ à vie** life
annuity.

annulabilité [anylabilite] *nf (Jur)*
voidability.

annulable [anylabl] *adj* **1.** cancellable
2. *(Cpta)* annullable, voidable, *(contrat)*
rescindable.

annulation [anylasjɔ̃] *nf* **1.** cancellation
2. *(Cpta) (dette)* writing-off **3.** *(Jur)*
(contrat) nullification, voidance, rescission; *(décision)* avoidance, voidance;
(mariage) annulment; **clause d'~**
voidance clause.

annuler [anyle] *vt* **1.** cancel **2.** *(Cpta)*
(dette) write off **3.** *(Jur) (contrat)* terminate, nullify, rescind, *(décision)* void,
(jugement) quash, *(mariage)* annul.

anomalie [anɔmali] *nf* **1.** *(curiosité)*
anomaly, oddity **2.** irregularity; **~
technique** fault, flaw.

anonymat [anɔnima] *nm* anonymity;
(Jur) **garder l'~** remain anonymous.

anonyme [anɔnim] *adj* anonymous;
(Jur) **société ~** équiv. *(UK)* public
limited company (PLC), *(US)* corporation; **société ~ par actions** joint-stock
company.

ANPE *v.* **Agence nationale pour l'emploi.**

antécédents [ātesedā] *nmpl (personne,
affaire)* past history; *(personne) (fam)*
track record; **~ judiciaires** criminal
record.

antémémoire [ātememwaʀ] *nf (Inf)*
cache memory, cache storage.

antenne [āten] *nf* **1.** *(TV) (UK)* aerial,
(US) antenna **2.** office, branch, sub-
office.

antérieur [āteʀjœʀ] *adj (à)* previous
(to), earlier (than), prior (to); **engagement ~** prior commitment.

antériorité [āteʀjɔʀite] *nf* **1.** anteriority
2. *(Jur)* priority, precedence; **droit d'~**
priority claim.

anti- [āti] *préf* anti-.

antichrèse [ātikʀez] *nf (Fin/Jur)*
(immobilier) living pledge, contract to
transfer an immovable thing to a creditor as security until full reimbursement
of the debt.

anticipation [ātisipasjɔ̃] *nf* **1.** anticipation; **par ~** in advance; *(Com)* **vente
par ~** lay-away **2.** *(Bs)* **achat d'~**
hedge buying **3.** *(Eco)* **~s** expectations;
~s conjoncturelles economic forecasting; **~s inflationnistes** inflationary
expectations; **~s rationnelles** rational
expectations.

anticipé [ātisipe] *adj* **1.** early; **retraite

~e** early retirement **2.** *(Fin)* anticipated, advance; **dividende ~** advance
dividend; **remboursement ~** repayment
before due date, advance/early repayment **3.** *(Jur) (contrat)* **clause de remboursement ~** acceleration clause.

anticiper [ātisipe] *v* **1.** *vt* anticipate;
(Cpta) **~ un paiement** anticipate a payment, pay before due date **2.** *vi (Jur)* **~
sur les droits de qn** encroach on sb's
rights.

anticommercial [ātikɔmeʀsjal] *adj*
(mpl -iaux) *(attitude)* unbusinesslike.

anticoncurrentiel [ātikɔ̃kyʀɑ̃sjel] *adj*
(f -ielle) **pratiques ~les** unfair trading
practices.

anticonjoncturel [ātikɔ̃ʒɔ̃ktyʀɛl] *adj (f
-elle)* *(Eco)* counter-cyclical.

anticyclique [ātisiklik] *adj (Eco)* counter-cyclical, contracyclical.

antidater [ātidate] *vt (chèque)* antedate,
predate.

antidumping [ātidœmpiŋ] *nm (CI)*
antidumping; **droits ~** antidumping
duties.

Antigua-Barbuda [ātigabaʀbyda] *n
(Etat d')* **A~-B~/d'A~ et B~** Antigua and Barbuda.

anti-inflationniste [ātiɛ̃flasjɔnist] *adj*
(Eco) (mesures) anti-inflationary, counter-inflationary.

antillais [ātije] *adj* West Indian.

Antillais [ātije] *nm* West Indian.

Antilles [ātij] *nfpl* **les A~** the West
Indies.

antitrust [ātitrœst] *adj inv (Jur)*
antitrust; **lois ~** antitrust laws.

AOC *v.* **appellation d'origine contrôlée.**

août [u(t)] *nm* August.

apaisement [apɛzmā] *nm* **1.** *(Bourse,
marché)* calming/quietening down, lull
2. **donner des ~s à qn** give sb assurances.

apaiser [apeze] *v* **1.** *vt* ease, calm **2.** *vpr*
s'~ *(Bourse, marché)* calm down.

aparté [apaʀte] *nm* private conversation; *(Jur)* side-bar conference.

apartheid [apaʀted] *nm (Pol)* apartheid.

apathie [apati] *nf (marché)* apathy.

apatride [apatʀid] *nmf* stateless indi-
vidual/person.

APE *v.* **Assemblée parlementaire européenne.**

APEC [apɛk] *v.* **Association pour l'emploi des cadres.**

apériter [apeʀite] *vt (Ass)* underwrite.

apériteur [apeʀitœʀ] *nm (f -trice) (Ass)*
lead insurer/underwriter.

apérition [aperisjɔ̃] *nf (Ass)* lead.

aplanir [aplaniʀ] *vt* **1.** *(terrain)* level **2.** *(fig) (difficultés)* iron out.

aplanissement [aplanismɑ̃] *nm* **1.** *(terrain)* levelling/flattening-out **2.** *(fig) (difficultés)* ironing-out.

apogée [apɔʒe] *nm* climax, apogee, *(courbe)* peak.

appareil [apaʀɛj] *nm* **1.** apparatus, appliance ; ~ *ménager* domestic/household appliance ; ~ *photo* camera **2.** *(T) (avion)* aircraft **3.** *(équipements)* apparatus, machinery, equipment ; ~ *de production* production apparatus **4.** *(fig)* ~ *commercial* business facilities ; *(Pol)* l'~ *du parti* party machinery.

appareillage [apaʀɛjaʒ] *nm* **1.** *(T)* sailing, setting sail **2.** *(Tech)* equipment, fittings ; ~ *électrique* electrical equipment.

appareiller [apaʀeje] *v* **1.** *(T) vi* leave harbour/harbor, sail **2.** *(Tech) vt* equip, fit out (with).

apparent [apaʀɑ̃] *adj* apparent, obvious ; *(Jur) vice* ~ obvious/visible defect.

apparenté [apaʀɑ̃te] *adj* **1.** related **2.** *(Jur/Mgt) (société)* affiliated.

appartement [apaʀtəmɑ̃] *nm* **1.** *(logement) (UK)* flat, *(US)* apartment **2.** *(Fin) (loc) vendre par* ~s sell off piecemeal, unbundle.

appartenance [apaʀtənɑ̃s] *nf (à)* membership (of/in), belonging (to).

appartenir [apaʀtəniʀ] *vi (à)* **1.** *(bien)* belong to ; *(personne)* be a member of **2.** *il ne m'appartient pas de prendre la décision* it is not up to me to make the decision.

appel [apel] *nm* **1.** call, request ; *faire* ~ *à qn* call on sb's services, ask sb for help ; ~ *à la grève* strike call ; *par* ~ *nominal* by roll-call vote ; *(Jur)* ~ *d'offres* call for bids, bid invitation, invitation to tender ; ~ *aux témoins* call for witnesses ; *(Jur)* ~ *des témoins* roll-call of witnesses **2.** *(Tél)* telephone call ; ~ *gratuit* free call, *(US)* toll-free call, *(UK)* freephone call ; *numéro d'*~ phone number ; ~ *en PCV (UK)* reverse-charge call, *(US)* collect call ; ~ *téléphonique* phone call **3.** *(Fin/Bs)* ~ *en couverture* call for cover ; ~ *de fonds* call for funds, capital call-up ; ~ *de marge* margin call ; ~ *public à l'épargne* public offering/issue **4.** *(Jur)* appeal ; *à charge d'*~ subject to appeal ; *cour d'*~ court of appeal, *(US)* appellate/circuit court ; *délai d'*~ time allowed for filing an appeal ; *faire* ~ *d'une décision* appeal (against) a decision ; *interjeter* ~ lodge

an appeal, *(US)* file an appeal ; *jugement sans* ~ final judgement/judgment.

appelant [aplɑ̃] *nm (Jur)* appellant.

appeler [aple] *vt* **1.** call ; *(aide)* call for, send for **2.** *(Tél)* call (up), phone (up) **3.** ~ *qn à un poste/à une fonction* appoint sb to a post/position **4.** *(nécessiter)* call for ; ~ *qn à faire qch* require/oblige sb to do sth **4.** *(Jur)* ~ *qn en justice* summon sb before the court.

appellation [apelasjɔ̃] *nf (Jur)* **1.** designation, denomination **2.** *(vins)* ~ *contrôlée* quality label, label of origin ; ~ *d'origine* label of country of origin, regional denomination.

*appellation d'origine contrôlée (AOC) *nf (vins, produits du terroir)* guaranteed quality label.

applicable [aplikabl] *adj (Jur) (loi)* applicable, enforceable.

application [aplikasjɔ̃] *nf* **1.** *(Jur) (loi, mesure)* application, enforcement, implementation ; *circulaire d'*~ decree stipulating the measures required for the enforcement of a law ; *domaine d'*~ *d'une loi* scope of a law ; *en* ~ *de...* in application of..., in pursuance of... ; *(loi) mettre en* ~ implement, enforce **2.** *(Bs)* ~ *de titres* crossed trading **3.** *(Inf) logiciel d'*~ application software **4.** *(diligence)* dedication.

appliquer [aplike] *v* **1.** *vt (loi, mesures)* enforce, apply, implement **2.** *vpr s'*~ *(à) (mesure)* apply (to), *(personne)* pay attention (to).

appoint [apwɛ̃] *nm* **1.** *faire l'*~ pay the exact sum **2.** *(supplément) personnel/salaire d'*~ extra staff/wages.

appointements [apwɛ̃tmɑ̃] *nmpl* emoluments, salary.

appointer [apwɛ̃te] *vt* pay a salary to ; *appointé à l'année* paid on a yearly basis.

apport [apɔʀ] *nm* **1.** contribution, supply ; *(Fin/Cpta)* ~s subscriptions of capital ; ~ *de capitaux étrangers* foreign capital inflow **2.** *(Jur)* estate/assets brought into a business ; ~ *en capital* capital subscription/contribution ; *capital d'*~ initial capital ; ~ *de commanditaire* limited partner's capital contribution ; ~ *en espèces* cash contribution ; ~ *en industrie* contribution in the form of skill/of labour/of labor ; ~ *en nature* contribution in kind ; ~ *en numéraire* cash contribution ; ~s *en société* assets brought into a business.

apporter [apɔʀte] *v* **1.** *vt* bring **2.** *vti (Fin)* contribute.

apporteur [apɔʀtœʀ] *nm inv (Fin)* contributor.

apposer [apoze] *vt (Jur)* affix ; *~ les scellés* affix seals (to prevent entry to the scene of a crime) ; *~ sa signature au bas d'un document* sign/put one's signature to a document.

appréciation [apʀesjasjɔ̃] *nf* **1.** evaluation, assessment, appraisal ; *(Ass) ~ des risques* risk assessment **2.** *(Fin) (d'une monnaie)* rise, appreciation ; *(Bs) ordre à ~* discretionary order **3.** *(Jur)* opinion, judgement/judgment ; *recours en ~ de légalité* proceeding challenging the legality of a governmental act.

apprécier [apʀesje] *v* **1.** *vt (évaluer)* assess, appraise, estimate, evaluate **2.** *vt (personne)* appreciate, like, esteem **3.** *vpr s'~ (Fin) (monnaie)* appreciate, rise (in value).

appréhender [apʀeɑ̃de] *vt* **1.** *(Jur) (suspect)* apprehend, arrest **2.** *(fig) (notion)* grasp.

appréhension [apʀeɑ̃sjɔ̃] *nf* **1.** *(d'une idée)* grasp, understanding **2.** *(angoisse) ~s* apprehensions, misgivings **3.** *(Jur) (criminel)* apprehension, arrest, *(biens)* seizing ; *~ des biens du débiteur* attachment of debtor's property.

apprenti [apʀɑ̃ti] *nm* **1.** *(Jur)* apprentice ; *~ plombier* plumber's apprentice **2.** *(fig)* beginner, novice.

apprentissage [apʀɑ̃tisaʒ] *nm* **1.** *(Jur)* apprenticeship, *(chez un solicitor)* articles, clerkship ; *contrat d'~* indentures, articles of apprenticeship, apprenticeship contract ; *être en ~ chez qn* be apprenticed to sb ; *faire son ~* serve as an apprentice ; *mettre qn en ~ chez qn* apprentice/article sb to sb ; *(Cpta) taxe d'~* apprenticeship tax **2.** *(fig)* training.

approbation [apʀɔbasjɔ̃] *nf* **1.** approval ; *pour ~* for approval ; *soumettre une décision à l'~ d'un comité* submit a decision to a committee **2.** *(Pol)* confirmation ; *(Fr)* approval by Parliament of international agreements concluded by the Foreign Ministry (*v.* **ratification**) **3.** *(Cpta) ~ des comptes* clearance/certifying/approval of the accounts.

approche [apʀɔʃ] *nf (Mkg)* approach.

appropriation [apʀɔpʀijasjɔ̃] *nf (Jur)* appropriation ; *~ illicite/frauduleuse de fonds* embezzlement, misappropriation of funds.

approprié [apʀɔpʀije] *adj* appropriate, suitable ; *par les moyens ~s* by the appropriate means.

approuver [apʀuve] *vt* **1.** *(loi, mesure)* approve, pass ; *(comptes)* certify, clear ; *lu et approuvé (contrat)* read and approved, *(déposition)* read and confirmed **2.** *(être d'accord avec)* approve of.

approvisionnement [apʀɔvizjɔnmɑ̃] *nm* **1.** *(activité)* procurement, purchasing, supply ; *(Cpta) acomptes sur ~* advance payments on materials supplied ; *fonction d'~* supply/purchasing/ procurement function ; *plan d'~* supply schedule **2.** *(marchandises)* supply, supplies **3.** *(Bq)* funding ; *~ d'un compte* replenishing/crediting of an account.

approvisionner [apʀɔvizjɔne] *v* **1.** *vt* supply ; *(compte)* replenish, credit **2.** *vpr s'~ (en)* stock up/lay in supplies (of) ; *s'~ chez qn* buy from sb.

approximatif [apʀɔksimatif] *adj (f -ive)* approximate ; *une estimation approximative* a rough estimate.

approximation [apʀɔksimasjɔ̃] *nf* approximation, rough estimate.

approximativement [apʀɔksimativmɑ̃] *adv* roughly, approximately.

appui [apɥi] *nm* support, backing ; *à l'~ de* in support of ; *avec chiffres à l'~* with figures to back it up ; *~ financier* financial backing.

appuyer [apɥije] *v* **1.** *vt* support, back (up) **2.** *vpr s'~ sur (personne)* rely on, base one's argument on ; *cette proposition s'appuie sur les résultats des cinq dernières années* this proposal is based on the figures for the last five years.

après-bourse [apʀɛbuʀs] *nm (Bs) marché ~* street market, *(US)* curb market.

après-vente [apʀɛvɑ̃t] *nm* after-sales ; *service ~* after-sales service.

apte [apt] *adj (à)* fit/qualified (for), capable (of) ; *(Jur) ~ à hériter* entitled to inherit.

aptitude [aptityd] *nf* **1.** *(personne)* capacity ; *~ à un emploi* aptitude/suitability for a job **2.** *(produit)* suitability ; *~ à l'emploi* usability.

apurement [apyʀmɑ̃] *nm (Cpta)* auditing, clearing ; *~ d'une dette* settlement/ wiping-off of a debt.

apurer [apyʀe] *vt (Cpta)* audit, clear, *(debt)* wipe off, settle ; *~ les comptes* audit the accounts, *(UK)* agree the accounts.

à qui de droit [akidədʀwa] *loc (Jur)* to whom it may concern.

arabe[1] [aʀab] *adj* Arab ; *les pays ~s* the Arab countries.

arabe[2] [aʀab] *nm (langue)* Arabic.

Arabe [aʀab] *nmf* Arab.

Arabie Saoudite [aʀabi saudit] *nf* Saudi Arabia.

arbitrage [aʀbitʀaʒ] *nm* **1.** *(Com/Jur)* arbitration ; *convention d'~* arbitration agreement ; *cour d'~* arbitration tribunal ; *recourir à l'~* resort to arbitration ;

tribunal d'~ arbitration tribunal **2.** *(Bs)* arbitrage, arbitraging; *~ composé* compound arbitrage/arbitraging; *~ comptant contre terme* hedging between cash and settlement; *~ en couverture d'effectif* hedging; *~ de devises* arbitration in exchange; *~ sur indices* index arbitrage; *~ sur les matières d'or et d'argent* arbitrage in bullion; *~ de place à place* shunting stocks, space arbitrage; *~ de portefeuille* portfolio switch; *~ en reports* jobbing in contangoes; *~ sur les taux de change* exchange rate arbitrage, arbitration of exchange; *~ des taux de change au comptant* spot exchange (rate) arbitrage; *~ des taux de change à terme* forward exchange (rate) arbitrage; *~ triangulaire* indirect arbitrage, compound arbitrage; *~ sur valeurs* arbitrage on stocks/in securities.

arbitragiste [aʀbitʀaʒist] *nmf (Bs)* arbitrager, arbitrageur, hedger.

arbitral [aʀbitʀal] *adj (mpl -aux) (Jur)* arbitral; *sentence ~e* arbitration award; *tribunal ~* arbitration tribunal.

arbitre [aʀbitʀ] *nm inv (Jur)* arbitrator; *~ unique* sole arbitrator.

arbitrer [aʀbitʀe] *v (Jur)* **1.** *vt (conflit)* arbitrate **2.** *vi* act as arbitrator; *(Bs)* carry out an arbitrage operation.

archivage [aʀʃivaʒ] *nm* filing.

archiver [aʀʃive] *vt* file.

archives [aʀʃiv] *nfpl* archives, records.

ardoise [aʀdwaz] *nf* **1.** *(matériau, objet)* slate **2.** *(fig)* debt, unpaid bill **3.** *(Inf) ~ électronique* notepad computer.

argent [aʀʒɑ̃] *nm* **1.** *(métal)* silver **2.** *(Fin)* money, cash, funds; *~ à bon marché* cheap money; *~ en caisse* money in the till, *(fig)* cash in hand; *~ cher* dear money; *~ comptant* (hard) cash; *~ facile* easy money/credit, slack money; *~ au jour le jour (UK)* day-to-day credit, *(US)* overnight money; *~ liquide* cash; *loyer de l'~* cost of money; *~ mort* dead money, idle capital; *payer ~ comptant* pay cash; *placer de l'~* invest money; *~ à vingt-quatre heures/à vue* call money, day-to-day money.

argentier [aʀʒɑ̃tje] *nm* financier; *grands ~s* money masters.

argentin [aʀʒɑ̃tɛ̃] *adj (UK)* Argentinian, *(US)* Argentine, Argentinean.

Argentin [aʀʒɑ̃tɛ̃] *nm (UK)* Argentinian, *(US)* Argentine, Argentinean.

Argentine [aʀʒɑ̃tin] *nf* Argentina.

arguer [aʀgɥe] *vi (Jur) ~ de faux* challenge a document as false.

argument [aʀgymɑ̃] *nm* argument,

reasoning in support of a position; *(Mkg) ~ de vente* sales pitch.

argumentaire [aʀgymɑ̃tɛʀ] *nm* **1.** rationale **2.** *~ (de vente)* sales pitch.

argumenter [aʀgymɑ̃te] *vt (position)* argue.

aristocratie [aʀistɔkʀasi] *nf* aristocracy.

armateur [aʀmatœʀ] *nm inv (T)* **1.** shipowner **2.** *(exploitant)* ship's manager; *~-affréteur* owner-charterer.

arme [aʀm] *nf* **1.** *(Jur)* weapon; *~ blanche* knife; *~ du crime* murder weapon; *~ à feu* firearm; *port d'~s (prohibées)* (illegal) possession of firearms **2.** *(fig) ~ commerciale* trade weapon.

armement [aʀməmɑ̃] *nm* **1.** *(T)* shipowners, the shipping business/industry **2.** *(T)* equipping/fitting out/manning of a ship; *(armes)* armaments, weapons, arms; supplying of arms.

Arménie [aʀmeni] *nf* Armenia.

arménien [aʀmenjɛ̃] *adj (f -ienne)* Armenian.

Arménien [aʀmenjɛ̃] *nm (f -ienne)* Armenian.

armer [aʀme] *vt* **1.** *(T) (navire)* fit out, equip, man **2.** *(personne, pays)* arm, supply with arms/weapons.

armistice [aʀmistis] *nm* armistice.

arnaque [aʀnak] *nf (fam)* swindle.

arnaqueur [aʀnakœʀ] *nm (f -euse) (fam)* swindler, cheat.

arpent [aʀpɑ̃] *nm* acre.

arpentage [aʀpɑ̃taʒ] *nm* surveying.

arpenter [aʀpɑ̃te] *vt* survey.

arpenteur [aʀpɑ̃tœʀ] *nm (f -euse)* surveyor.

arrangement [aʀɑ̃ʒmɑ̃] *nm* **1.** agreement, settlement, understanding; *en vertu d'~s existants* under standing agreements **2.** *(Fin)* composition; *trouver un ~ avec ses créanciers* compound with one's creditors.

arranger [aʀɑ̃ʒe] *v* **1.** *vt (rencontre)* arrange, organize, *(fam)* fix up **2.** *vt (situation)* settle, improve, *(fam)* fix **3.** *vt (personne)* oblige, please **4.** *vpr s'~ avec qn* come to an agreement with sb, arrange sth with sb **5.** *vpr (situation) ça va s'~* things will get better, things will sort themselves out.

arrangeur [aʀɑ̃ʒœʀ] *nm inv (J.O.) (Fin)* arranger.

arrérager [aʀeʀaʒe] *vi (Cpta) (intérêts)* accumulate.

arrérages [aʀeʀaʒ] *nmpl (Cpta)* **1.** arrears; *~ de loyer* back-rent; *~ de salaire* wage-arrears, *(récupérés)* back-pay **2.** *(Fin)* annuity, pension.

arrestation [aʀɛstasjɔ̃] *nf (Jur)* arrest ; ~ *abusive* unlawful arrest ; *en état d'*~ under arrest ; *procéder à une* ~ make an arrest.

arrêt [aʀɛ] *nm* **1.** stop, discontinuation ; *(production, usine)* **à l'**~ idle, at a standstill ; *donner un coup d'*~ *à l'inflation* stop/curb inflation ; *marquer un temps d'*~ pause ; ~ *de travail (grève)* work stoppage, *(congé)* sick leave, *(document)* sick note, doctor's certificate ; *en* ~ *de travail* on sick leave **2.** *(Cpta)* ~ *des comptes* closing of accounts **3.** *(Jur)* ruling, injunction, decision ; ~ *de mort* death penalty **4.** *(Jur)* arrest, attachment, impoundment ; *faire* ~ *sur des marchandises* impound goods ; *ordonner un* ~ *sur salaire* issue a writ of attachment of earnings ; *mandat d'*~ arrest warrant.

*arrêt de règlement nm (Jur) (Fr) (obs) parliamentary decision binding upon inferior tribunals (now forbidden).

arrêté [aʀete] *nm* **1.** *(Cpta)* ~ *de compte (fermeture)* settlement of account, *(relevé)* statement of account ; *(Bq)* bank statement **2.** *(Jur)* (governmental) order/decree/ordinance ; *(fonctionnaire)* ~ *de nomination* appointment by the appropriate government department.

*arrêté d'application nm (Jur) (Fr) decree specifying enforcement measures of a law.

*arrêté ministériel nm (Jur) (Fr) ministerial order.

*arrêté municipal nm (Jur) (Fr) bye-law, *(US)* municipal ordinance.

*arrêté préfectoral nm (Jur) (Fr) order issued by Prefect's Office (v. **préfet**).

arrêter [aʀete] *v* **1.** *vt* stop, discontinue, *(progressivement)* phase out ; ~ *la production* discontinue production, bring production to a standstill **2.** *vt (choix, stratégie)* announce, *(date)* fix ; ~ *une décision* make a decision, decide **3.** *vt (Jur) (suspect)* arrest **4.** *vt (Jur) (jugement)* announce, decree **5.** *vt (Cpta)* ~ *les comptes* close/balance/ settle the accounts **6.** *vpr s'*~ *(de faire qch)* stop (doing sth).

arrêteur [aʀetœʀ] *nm inv (Bs)* receiver, last buyer.

arrhes [aʀ] *nfpl* **1.** deposit, down payment, *(reprise)* key money ; *verser des* ~ pay a deposit **2.** *(Jur)* non-refundable deposit paid at the time a contract is made.

arriéré [1] [aʀjeʀe] *adj (Cpta) (paiement)* overdue, *(dette)* outstanding ; *loyer* ~ back-rent.

arriéré [2] [aʀjeʀe] *nm (Cpta)* **1.** backlog ;

~ *de commandes* backlog of orders, back orders ; ~ *de travail* backlog of work **2.** arrears ; ~ *d'impôts* tax arrears ; ~ *d'intérêts* arrears of interest, back interest ; ~ *de paiement* arrears ; ~ *de salaire* wage arrears, *(récupéré)* back pay.

arrière-boutique [aʀjɛʀbutik] *nf* back-shop, back of the shop.

arrière-pays [aʀjɛʀpei] *nm (pl inv)* hinterland.

arriérer [aʀjeʀe] *v (Cpta)* **1.** *vt* ~ *un paiement* defer a payment **2.** *vpr s'*~ fall behind with/in payments, fall into arrears.

arrimage [aʀimaʒ] *nm (T)* **1.** stowage ; *défaut d'*~ cargo shifting ; *(avion)* ~ *du fret* cargo tie-down **2.** *(droits)* stowage (costs).

arrimer [aʀime] *vt (T)* stow, lash, secure ; « *ne pas* ~ *sur le pont* » do not stow on deck.

arrimeur [aʀimœʀ] *nm inv (T)* stevedore.

arrivage [aʀivaʒ] *nm (T)* **1.** *(activité)* arrival, delivery **2.** *(marchandises)* shipment, delivery, consignment.

arrivant [aʀivɑ̃] *nm nouvel* ~ newcomer ; *les nouveaux* ~*s* newcomers.

arrivée [aʀive] *nf* **1.** arrival ; *courrier à l'*~ incoming mail, in-tray/in-box **2.** *(T) gare/port d'*~ station/port of destination ; ~ *prévue à... (lieu)* due at... ; ~ *prévue le... (date)* due on...

arriver [aʀive] *vi* **1.** arrive **2.** *(Fin)* ~ *à échéance (paiement)* fall due, *(contrat)* expire, *(police)* come to maturity **3.** ~ *à faire qch* manage to do sth.

arrivisme [aʀivism] *nm (péj)* ambition, social climbing.

arriviste [aʀivist] *nmf (péj)* social climber.

arroger [aʀɔʒe] *vpr s'*~ *un droit/un titre* usurp a right/a title.

arrondir [aʀɔ̃diʀ] *vt (chiffres)* ~ *au chiffre inférieur* round down ; ~ *au chiffre supérieur* round up ; ~ *au franc inférieur* round down to the nearest franc.

arrondissement [aʀɔ̃dismɑ̃] *nm (Pol) (Fr)* district ; administrative subdivision of French departments and certain large cities.

art [aʀ] *nm* art ; *salon des* ~ *ménagers* équiv. *(UK)* Ideal Home Exhibition ; ~ *de la vente* salesmanship.

article [aʀtikl] *nm* **1.** *(Com)* article, item ; *(Mkg)* ~ *d'appel* loss-leader ; ~*s de consommation courante/de grande consommation* staple products, staples ; ~ *défraîchi* shop-soiled item ; ~*s* *d'importation* imported products ; **~s de luxe** luxury goods ; **~s de marque** branded goods ; **~s en réclame** goods on offer ; **~ vedette** hot seller **2.** (*Cpta*) **~s manquants** inventory shortage/shrinkage **3.** (*Jur*) article, section ; *en vertu de l'~ 2* pursuant to article 2.

artisan [aʀtizɑ̃] *nm* **1.** craftsman **2.** self-employed worker ; *les* **~s** the self-employed.

artisanal [aʀtizanal] *adj* (*mpl* -aux) **1.** (*méthode*) traditional, small-scale ; *au stade* **~** on a small scale **2.** *profession* **~e** craft (industry).

artisanat [aʀtizana] *nm* **1.** handicraft, arts and crafts **2.** the craft industries, craftsmen.

ascendance [asɑ̃dɑ̃s] *nf* (*Jur*) ancestry, ancestors.

ascendant [asɑ̃dɑ̃] *nm* (*Jur*) ancestor.

ASE *v.* **Agence spatiale européenne.**

asiatique [azjatik] *adj* Asian.

Asiatique [azjatik] *nmf* Asian.

Asie [azi] *nf* Asia.

asile [azil] *nm* (*Jur*) asylum, sanctuary ; *droit d'*~ right of asylum ; **~ politique** political asylum.

asphyxie [asfiksi] *nf* **~ économique** economic strangulation.

assainir [aseniʀ] *vt* **1.** (*terrain*) drain, reclaim **2.** (*Eco/Fin*) reform, reorganize.

assainissement [asenismɑ̃] *nm* **1.** (*terrain*) draining, reclamation **2.** (*Eco/Fin*) reorganization, reform **3.** (*Jur*) policing.

assassin [asasɛ̃] *nm inv* (*Jur*) murderer, (*politique*) assassin.

assassinat [asasina] *nm* (*Jur*) premeditated murder, (*US*) premeditated homicide, (*US*) first-degree murder.

assassiner [asasine] *vt* (*Jur*) murder, (*politique*) assassinate.

ASSEDIC [asedik] *nfpl* (*Fr*) (*ab de* **Associations pour l'emploi dans l'industrie et le commerce**) *toucher les* **~** receive unemployment benefits.

assemblée [asɑ̃ble] *nf* **1.** assembly, meeting ; (*Jur*) **~ des créanciers** creditors' meeting ; **~ plénière** plenary meeting **2.** (*Pol*) assembly ; **~ constituante** constituent assembly ; **~ parlementaire** parliament, legislature.

***assemblée générale (des actionnaires)** *nf* (*UK*) (*Mgt*) general meeting of shareholders, shareholders' (*US*) stockholders' meeting.

***assemblée générale annuelle (AG)** *nf* (*Mgt*) annual general meeting (AGM).

***assemblée générale extraordinaire (AGE)** *nf* (*Mgt*) extraordinary general meeting.

***Assemblée nationale (AN)** *nf* (*Pol*) (*Fr*) National Assembly (*équiv.* UK House of Commons, *US* House of Representatives).

***Assemblée parlementaire européenne (APE)** *nf* (*UE*) European Parliament.

assembler [asɑ̃ble] *vt* (*Ind*) assemble.

assembleur [asɑ̃blœʀ] *nm inv* (*Ind*) fitter.

asseoir [aswaʀ] *v* **1.** *vt* (*Fisc*) **~ un impôt** fix/assess a tax **2.** *vpr s'*~ sit down ; *s'*~ *autour d'une table* sit down to negotiate.

assermenté [aseʀmɑ̃te] *adj* (*Jur*) **1.** sworn ; *témoin* ~ witness under oath **2.** (*traducteur*) officially designated.

assesseur [asesœʀ] *nm inv* (*Jur*) assessor.

assiduité [asidɥite] *nf* (*Mgt*) **1.** dedication, perseverance **2.** regular attendance ; *prime d'*~ attendance bonus.

assiette [asjɛt] *nf* **1.** stability, balance **2.** (*Fisc*) **~ d'un impôt/d'imposition** tax base/assessment, taxable value **3.** (*Jur*) **~ des hypothèques** situs of mortgages ; **~ d'une rente** property/funds securing a mortgage/annuity.

assignat [asiɲa] *nm* (*Jur*) (*Fr*) assignat.

assignation [asiɲasjɔ̃] *nf* **1.** (*Fin*) **~ d'une somme** allocation/assignment/transfer of a sum **2.** (*Jur*) **~ à comparaître** summons, subpoena ; *signifier une* ~ *à qn* serve a writ/summons on sb ; **~ à résidence** house-arrest ; (*saisie-arrêt*) **~ d'un tiers** garnishment.

assigner [asiɲe] *vt* **1.** (*Fin*) (*somme*) appoint, allot, allocate **2.** (*Jur*) **~ à comparaître** summons/summon to appear (before a court), subpoena ; **~ qn en justice** serve a writ/summons on sb ; *faire* ~ *qn en justice* sue sb, bring an action against sb.

assises [asiz] *nfpl* **1.** (*Jur*) (*Fr*) *cour d'*~ criminal court of general jurisdiction (*équiv.* UK Crown Court) **2.** meeting, conference ; (*Pol*) convention, (*US*) caucus.

assistance [asistɑ̃s] *nf* **1.** (*activité*) presence, attendance **2.** (*personnes*) audience, spectators **3.** (*aide*) assistance, aid, help, relief ; **~ judiciaire** legal aid ; **~ sociale** welfare ; **~ technique** technical assistance.

***Assistance publique** *nf* (*Fr*) Welfare Service, state hospital service.

assistant [asistɑ̃] *nm* assistant ; **~e sociale** social worker.

assisté [asiste] *adj* **1.** helped, aided ; (*Inf*) **~ par ordinateur** computer-aided, computer-assisted 2. *(démuni)* on welfare.

assister [asiste] v 1. vt help, aid 2. vi *(réunion)* ~ à attend, be present at.

associatif [asɔsjatif] adj (f **-ive**) associative; *vie associative* community life, activities within an association.

association [asɔsjasjɔ̃] nf 1. *(rapport)* association, connection 2. *(organisme)* association, body; ~ à but lucratif profit-making institution/company; ~ à but non lucratif *(UK)* non-profit-making association, *(US)* not-for-profit/non-profit association; ~ *patronale* employers' association; ~ *de personnes* partnership; ~ *professionnelle* trade association; ~ *syndicale* trade union 3. *(Jur)* ~ de malfaiteurs conspiracy.

Association des courtiers en valeurs mobilières nf *(Bs)* investment dealers' association.

Association pour l'emploi des cadres (APEC) nf *(Fr)* employment agency for executives/management personnel.

Association européenne de libre-échange (AELE) nf *(CI)* European Free Trade Area (EFTA).

Association française de normalisation (AFNOR) nf *(Fr)* French Standards Association *(équiv. UK* British Standards Institute, *US* American National Standards Institute).

Association internationale de développement (AID) nf International Development Association (IDA).

Association internationale des transports aériens nf *(T)* International Air Transport Association (IATA).

Association des nations de l'Asie du Sud-Est (ANASE) nf Association of South-East Asian Nations (ASEAN).

Associations pour l'emploi dans l'industrie et le commerce (ASSEDIC) nfpl *(Fr)* v. ASSEDIC.

associé [asɔsje] nm *(Jur)* associate, partner; ~ *commanditaire (UK)* sleeping/silent partner, *(US)* dormant partner; ~ *commandité* active partner; ~ *fictif* nominal partner; ~ *majoritaire/minoritaire* senior/junior partner.

associer [asɔsje] v 1. vt (à) associate (with); *(Fin) (intérêts)* combine (with); ~ *qn à un projet* include sb in a project 2. vpr s'~ (à, avec) *(Jur) (entreprise)* enter into association (with), *(personnes)* form a partnership (with), go into partnership (with).

assolement [asɔlmɑ̃] nm *(Agr)* crop rotation.

assorti [asɔrti] adj matched, suited;

bien ~ well-matched; *mal* ~ ill-matched.

assortiment [asɔrtimɑ̃] nm 1. variety, assortment, range 2. *(compatibilité)* matching.

assortir [asɔrtiR] vt 1. (de) accompany (with); *la nouvelle politique sera assortie d'une baisse de l'impôt* the new policy will include a tax cut 2. *(Com)* stock; ~ *un magasin de marchandises* stock a shop with goods 3. match; ~ *un produit avec un autre* match one product with another.

assouplir [asupliR] vt *(mesures)* relax, *(crédit)* ease, *(position)* ease, tone down.

assouplissement [asuplismɑ̃] nm *(mesures)* relaxing, *(position)* easing, toning down; relaxation; *(Fin)* ~ des facilités de crédit easing of credit.

assujettir [asyʒetiR] vt (à) subject to; *(Fisc) les personnes assujetties à l'impôt sur le revenu* people subject to income tax, people who are liable to income tax.

assujettissement [asyʒetismɑ̃] nm liability; ~ à l'impôt tax liability, liability to pay tax.

assumer [asyme] vt *(risque, responsabilité)* assume, accept; *(frais)* meet, accept.

assurable [asyRabl] adj *(Ass)* insurable, *(UK)* assurable.

assurance [asyRɑ̃s] nf 1. assurance, confirmation; *veuillez croire à l'assurance de... (UK)* Yours faithfully/sincerely..., *(US)* Sincerely, Yours truly... 2. *(Ass) (compagnie)* insurance company 3. *(Ass)* insurance, *(UK) (vie, incendie)* assurance; ~-accidents du travail employers' liability insurance; ~-automobile car insurance; ~-chômage unemployment insurance; ~-crédit credit insurance; ~ contre l'incendie fire insurance, *(UK)* fire assurance; *(T)* ~ sur corps hull insurance; ~-décès insurance payable on death of the insured; *(T)* ~ sur facultés cargo insurance; ~-maladie sickness/health/medical insurance; *(T)* ~ maritime marine insurance, underwriting; ~ multirisque comprehensive insurance; ~-pertes d'exploitation business interruption insurance; *police d'~* insurance policy; *prendre une* ~ take out insurance/an insurance policy; *prime d'~* insurance premium; ~-responsabilité civile liability insurance; ~-responsabilité professionnelle professional liability/indemnity insurance; ~-risques divers casualty insurance; ~ au tiers third-party insurance; ~ tous risques comprehensive insurance; ~-vie life insurance, *(UK)* life assurance ; **~-vieillesse** old-age insurance ; **~ contre le vol** theft insurance, insurance against theft ; **~ contre le vol et l'incendie** fire and theft insurance.

assuré[1] [asyʀe] *adj* certain, sure.

assuré[2] [asyʀe] *nm (Ass)* insured person, policy-holder ; *(contrat)* **l'~** the insured ; **~ social** welfare recipient, *(UK)* member of the National Insurance Scheme.

assurer [asyʀe] *v* **1.** *vt* assure ; *je vous assure que c'est vrai* I can assure you it's true **2.** *vt (Ass)* insure, cover, *(UK) (vie, incendie)* assure **3.** *vpr* **s'~ *(contre)*** insure oneself (against), take out insurance/an insurance policy (against).

assureur [asyʀœʀ] *nm inv (Ass)* insurer, insurance company, insurance agent, *(courtier)* insurance broker ; **~ maritime** marine underwriter.

astreinte [astʀɛ̃t] *nf (Jur)* penalty levied in proportion to period of non-payment or non-compliance with an order.

atelier [atalje] *nm (aussi fig)* workshop ; *(Ind)* **les ~s** the shopfloor, shopfloor workers ; **chef d'~** foreman, forewoman ; **délégué d'~** shop steward ; **~ de fabrication** manufacturing shop ; **~ flexible** automated factory ; **~ de montage** assembly shop.

atermoiement [atɛʀmwamɑ̃] *nm* prevarication, procrastination ; *(Jur)* arrangement concluded with creditors to extend time of payment.

ATF *v.* accord de taux futur.

atomicité [atɔmisite] *nf (Eco)* atomicity ; **~ de l'offre** atomicity of supply.

atonie [atɔni] *nf (Eco)* sluggishness.

atout [atu] *nm* asset, strongpoint ; **~ principal** main asset.

attache [ataʃ] *nf* **1.** *(Emb)* clip, fastener, strap **2.** *(fig)* tie, link **3.** *(T) (navire)* mooring ; **droits d'~** mooring rights ; **être à l'~** be moored ; **port d'~** port of registry.

attaché [ataʃe] *nm* attaché, representative ; **~ commercial** *(ambassade)* commercial attaché, *(entreprise)* sales representative, salesman ; **~ culturel** cultural attaché ; **~ de presse** press attaché.

attachement [ataʃmɑ̃] *nm* **1.** *(liens)* attachment **2.** *(bâtiment)* job cost sheet.

attacher [ataʃe] *vt* **1.** *(Emb)* attach, fix, fasten, *(charge)* make fast **2.** *(Bs)* **coupon attaché** cum coupon, with coupon, coupon on **3.** *(fig)* *je n'y attache*

aucune importance I attach no importance to that.

attaquant [atakɑ̃] *nm inv (Fin) (J.O.)* raider.

attaque [atak] *nf* **1.** *(contre) (aussi fig)* attack (on), assault (on) **2.** *(critique)* criticism.

attaquer [atake] *vti* **1.** attack, assault **2.** *(fig) (problème)* tackle, *(marché)* tackle, tap ; *(critiquer)* criticize **3.** *(Jur)* **~ en justice** sue, bring an action against.

atteindre [atɛ̃dʀ] *vt* **1.** *(but)* reach, attain **2.** *(d'une balle)* hit.

atteint [atɛ̃] *adj* hit, hurt ; **les secteurs ~s par la crise** the sectors hit/affected by the crisis.

atteinte [atɛ̃t] *nf* **1.** reach ; **hors d'~** out of reach **2.** *(Jur)* attack, offence/offense ; **~ à la libre concurrence** unfair trading practice ; **~ à l'ordre public** breach of the peace ; **porter ~ à** interfere with, impair ; **~ à la sécurité de l'Etat** betrayal of national security, treason ; **~ à la vie privée** invasion of privacy.

attenant [atnɑ̃] *adj* contiguous, adjoining.

attendu [atɑ̃dy] *loc* **~ que** given that, seeing that, considering.

attendus [atɑ̃dy] *nmpl (Jur)* **les ~ d'un jugement** portion of a judgement/judgment explaining its reasoning *(v.* **considérant**).

attentat [atɑ̃ta] *nm (Jur)* attack ; **~ (à la bombe)** bomb attack, (terrorist) bombing ; **~ aux mœurs** public indecency, indecent behaviour/behavior ; **~ à la pudeur** indecent exposure.

attentatoire [atɑ̃tatwaʀ] *adj (à) (Jur)* prejudicial (to).

attente [atɑ̃t] *nf* **1.** wait, waiting ; *(courrier)* **dans l'~ de** in anticipation of ; *dans l'~ de vos nouvelles* we look forward to hearing from you ; **file d'~** *(UK)* queue, *(US)* line ; **liste d'~** waiting list ; **salle d'~** waiting room **2.** *(loc)* **en ~** waiting ; **commandes en ~** backlog of orders ; *(Jur)* **affaire en ~** case pending **3.** *(résultat souhaité/escompté)* expectations ; *le produit ne correspond pas à mon ~* the product does not come up to/meet my expectations ; **~ du marché** consumer/market expectations.

attentisme [atɑ̃tism] *nm* wait-and-see policy.

attentiste [atɑ̃tist] *nmf* person whose policy is to "wait-and-see".

atténuant [atenɥɑ̃] *adj (Jur)* mitigating ; *circonstances* **~es** extenuating circumstances.

authentifier

atténuer [atenɥe] *vt* lessen, reduce, *(Jur) (peine)* mitigate.

atterrir [ateʀiʀ] *vti (T)* land ; ~ *en catastrophe* crash land, make a crash landing.

atterrissage [ateʀisaʒ] *nm (T)* landing ; ~ *en catastrophe* crash landing ; *piste d'*~ *(aéroport)* runway, *(de fortune)* landing strip.

attestation [atɛstasjɔ̃] *nf* **1.** *(activité)* certification **2.** *(document)* certificate, *(référence)* testimonial, *(Jur)* affidavit ; *(Ass)* ~ *d'assurance* insurance certificate ; *(T)* ~ *de transport* certificate of transport.

attester [atɛste] *v (Jur)* **1.** *vt (vérité, réalité)* testify to, vouch for **2.** *vi* ~ *de* indicate, be a sign of ; ~ *que* attest/testify that, *(fig)* prove that.

attitré [atitʀe] *adj* **1.** appointed, registered **2.** *(habituel)* usual, regular.

attitude [atityd] *nf* attitude ; *(négociations)* ~ *dure* hard-line stance.

attractif [atʀaktif] *adj (f* -ive*) (Mkg)* attractive.

attrait [atʀɛ] *nm* attraction, appeal ; *(Mkg)* ~ *d'une marque* brand appeal.

attribuable [atʀibɥabl] *adj (à)* attributable (to) ; *(Fin) bénéfices* ~*s* attributable profits.

attribuer [atʀibɥe] *vt* attribute, allocate ; *(récompense)* award ; *(actions)* allot.

attributaire [atʀibytɛʀ] *nmf* **1.** *(Jur)* beneficiary **2.** *(Bs)* ~ *d'actions* allottee.

attribution [atʀibysjɔ̃] *nf* **1.** attribution, assigning, *(récompense)* awarding **2.** *(Fin)* allotment, *(prêt)* granting ; *(Bs) droits d'*~ allotment rights ; *(Bs)* ~ *gratuite d'actions* free allotment (of shares), scrip issue ; *(Cpta)* ~ *aux réserves* allocation to reserves **3.** *(Jur)* competence, power ; ~ *de juridiction* grant of jurisdiction/jurisdictional clause.

aubaine [obɛn] *nf* windfall.

au comptant [okɔ̃tɑ̃] *loc (Fin)* in cash.

au-dessous [odsu] *prép* ~ *de* below ; *(Cpta)* ~ *de la ligne* below-the-line.

au-dessus [odsy] *prép* ~ *de* above ; *(Cpta)* ~ *de la ligne* above-the-line.

audience [odjɑ̃s] *nf* **1.** *(Jur)* hearing ; ~ *des parties* testimony of parties ; ~ *des témoins* testimony of witnesses **2.** *(Pub)* audience ; ~ *d'un média* audience of a media.

audit [odit] *nm (Cpta)* audit, auditing, *cabinet d'*~ auditing firm ; ~ *externe* external audit ; ~ *fiscal* tax audit ; ~ *interne* internal audit ; *rapport d'*~ audit report.

auditeur [oditœʀ] *nm (f* -trice*) (Cpta)* auditor.

audition [odisjɔ̃] *nf (Jur)* hearing ; ~ *des témoins* hearing of witnesses.

augmentation [ɔgmɑ̃tasjɔ̃] *nf* **1.** rise, increase, *(US)* hike, *(US)* raise ; ~ *de prix* price increase ; ~ *de salaire* wage increase, pay rise, *(US)* pay hike/raise ; *réclamer une* ~ *de salaire (collective)* make a wage claim, *(individuelle)* put in for a rise/raise **2.** *(Cpta)* ~ *de capital* (share) capital increase ; ~ *de capital par conversion de créances* capitalization of debts ; ~ *de capital par émission d'actions* capital increase through issuance of shares/stock ; ~ *de capital par incorporation de réserves* capitalization of reserves/scrip issues ; ~ *de capital par incorporation du report à nouveau* capitalization of retained earnings/of profits.

augmenter [ɔgmɑ̃te] *v* **1.** *vi* rise, increase, go up ; ~ *fortement* increase/rise sharply ; ~ *petit à petit* increase/rise gradually, inch up **2.** *vt (salaire)* raise, increase ; *(employé)* award/give a wage increase to.

au marc le franc [omaʀləfʀɑ̃] *loc (Jur)* pro rata, proportionally.

au moins disant [omwɛ̃dizɑ̃] *loc (Fin)* to the lowest bidder.

au plus offrant [oplyzɔfʀɑ̃] *loc (Fin)* to the highest bidder.

aurifère [ɔʀifɛʀ] *adj (Eco)* gold-bearing ; *(CI) exportations* ~*s* gold exports.

austérité [osteʀite] *nf* austerity, squeeze ; ~ *budgétaire* budget stringency ; *mesures d'*~ austerity measures ; ~ *monétaire* monetary squeeze ; *politique d'*~ austerity policy.

Australie [ɔstʀali] *nf* Australia.

australien [ɔstʀaljɛ̃] *adj (f* -ienne*)* Australian.

Australien [ɔstʀaljɛ̃] *nm (f* -ienne*)* Australian.

autarcie [otaʀsi] *nf (Eco)* autarky, autarchy, self-sufficiency.

autarcique [otaʀsik] *adj (Eco)* autarkical, self-sufficient.

auteur [otœʀ] *nm inv* **1.** *(livre, invention)* author ; *(Jur) droits d'*~ copyright, royalties **2.** *(Jur)* transferor, assignor **3.** ~ *d'un crime* perpetrator of a crime.

authenticité [otɑ̃tisite] *nf* authenticity.

authentification [otɑ̃tifikasjɔ̃] *nf (Jur)* authentication.

authentifier [otɑ̃tifje] *vt (Jur)* authenticate, certify.

authentique [otãtik] *adj* authentic, genuine.

auto- [oto] *préf* auto-, self-.

autobus [otobys] *nm (T)* bus.

autocar [otokaʀ] *nm (T) (UK)* coach, *(US)* bus.

autocollant [otokɔlã] *nm (Emb)* self-adhesive label, *(Mkg/Pub)* sticker.

autoconcurrence [otokɔ̃kyʀãs] *nf* self-competition, cannibalization.

autoconsommation [otokɔ̃sɔmasjɔ̃] *nf* self-consumption, domestically-consumed production.

autocorrecteur [otokɔʀɛktœʀ] *adj (f -trice)* self-correcting.

autodéfense [otodefãs] *nf (Jur)* self-help, defence/defense of one's own interests outside the normal legal process (*à dist.* **légitime défense**).

autofinancement [otofinãsmã] *nm (Cpta)* self-financing, internal financing; *capacité d'~* cash-flow.

autogestion [otoʒestjɔ̃] *nf* self-management.

autolimitation [otolimitasjɔ̃] *nf* self-limitation, voluntary restraint.

automation [ɔtɔmasjɔ̃] *nf* automation.

automatique [ɔtɔmatik] *adj* automatic; *distributeur ~* vending machine; *(Bq) distributeur ~ de billets* automatic teller-ing/teller machine (ATM), cash dispenser; *(UK)* cashpoint machine; *(Bq) guichet ~ (de banque)* automatic teller-ing/teller machine (ATM).

automatisation [ɔtɔmatizasjɔ̃] *nf (Ind)* automatization.

automatiser [ɔtɔmatize] *vti* automate.

automobile [ɔtɔmɔbil] *adj* car, *(US)* automobile; *l'industrie ~* the car industry, the automotive industry, *(US)* the automobile industry; *usine ~* car factory/plant.

autonome [ɔtɔnɔm] *adj* autonomous, *(personne)* independent, self-sufficient.

autonomie [ɔtɔnɔmi] *nf* autonomy, *(personne)* independence, self-sufficiency.

*autonomie de la volonté *nf (Jur)* free will of parties to a contract (especially to choose the applicable law and jurisdiction).

autorégulation [otoʀegylasjɔ̃] *nf (Bs)* self-regulation.

autorisation [ɔtɔʀizasjɔ̃] *nf* 1. permission, authorization, *(Fin)* clearance; *~ d'absence* leave of absence; *(Fin) ~ de crédit* credit line, line of credit; *~ préalable* prior agreement/approval; *(budget) ~ de programme* credit line 2. *(document)* permit, licence/license;

~ d'exporter/d'importer export/import licence.

autorisé [ɔtɔʀize] *adj* authorized, official; *représentant ~* accredited representative.

autoriser [ɔtɔʀize] *vt* 1. allow, authorize; *~ qn à faire qch* authorize/allow sb to do sth, give sb permission to do sth 2. *(Fin)* authorize, clear.

autorité [ɔtɔʀite] *nf* 1. *(sur)* power/authority (over); *~ parentale* parental authority 2. *(instance)* authority; *les ~s* the authorities; *~s douanières* customs authorities; *~s fiscales* tax authorities; *~s locales* local authorities; *~s monétaires* monetary authorities; *~s publiques* government/public authorities; *~s régionales* regional authorities; *~ de tutelle* supervisory/regulatory body 3. *(Jur)* jurisdiction; *~ de la chose jugée* res judicata, matter adjudged finally; *par ~ de justice* by court order.

autoroute [otoʀut] *nf (T) (UK)* motorway, *(US)* throughway, expressway, freeway; *~ à péage* toll road, *(US)* turnpike.

autosuffisance [otosyfizãs] *nf (Eco)* self-sufficiency, independence.

autosuffisant [otosyfizã] *adj (en) (Eco)* self-sufficient (in).

autosurveillance [otosyʀvejãs] *nf (Mgt)* self-monitoring.

autovérification [otoveʀifikasjɔ̃] *nf* self-checking, self-verification.

Autriche [otʀiʃ] *nf* Austria.

autrichien [otʀiʃjɛ̃] *adj (f -ienne)* Austrian.

Autrichien [otʀiʃjɛ̃] *nm (f -ienne)* Austrian.

auxiliaire[1] [ɔksiljɛʀ] *adj* 1. auxiliary, secondary 2. *(Inf) mémoire ~* additional memory.

auxiliaire[2] [ɔksiljɛʀ] *nmf* 1. helper, aid 2. *~s* casual workers, non-tenured government employees; *(Jur) les ~s de justice* lawyers and other legal personnel.

aval[1] [aval] *nm* 1. permission, authorization; *bon pour ~...* guaranteed by...; *donner son ~* give the green light 2. *(Fin)* guarantee, endorsement; *(Bq)* bill guarantee; *~ conditionnel* limited bill guarantee; *donneur d'~* guarantor, endorser; *~ inconditionnel* unlimited bill guarantee.

aval[2] [aval] *loc en ~* downstream; *(fig)* at a lower level; *secteurs en ~* downstream sectors.

avaliser [avalize] *vt (Bq)* endorse, guarantee, stand security for.

avaliseur [avalizœR] *nm inv (Bq)* guarantor, endorser, surety.

à-valoir [avalwaR] *nm* **1.** *(Cpta)* instalment/installment (paid); sum on account **2.** advance (payment).

avance [avãs] *nf* **1.** lead, edge, advance; *à l'~* beforehand, in advance; *en ~* ahead; *arriver en ~* arrive early; *avoir de l'~ dans son travail* be ahead of schedule; *avoir de l'~ sur ses concurrents* be ahead of one's competitors, have the edge on one's competitors; *~ technologique* technological lead/edge **2.** *(paiement) (UK)* payment in advance, *(US)* advance payment, *(fam)* loan **3.** *(Bq/Cpta)* cash credit; *~ sur avoirs financiers* financial asset-backed loan; *~ compte courant* overdraft; *~s consolidables* permanent advance; *~ sur créances* assignment credit; *~ en devises* advance in foreign currencies; *~ sur effets* advance against pledged bills; *~ sur garantie* collateral loan, loan on collaterals; *~ sur marchandises* goods loan, warehousing loan; *~ contre nantissement* loan against pledge; *~ à terme* fixed advance; *~ sur titres* security-backed loan, advance against securities.

avancement [avãsmã] *nm* **1.** progress; *état d'~ de travaux* status report **2.** *(Mgt)* promotion; *~ à l'ancienneté* promotion by seniority; *avoir de l'~* be promoted **3.** *(date)* bringing forward.

avancer [avãse] *v* **1.** *vt* bring forward; *~ l'âge de la retraite* lower the retirement age **2.** *vt (argent)* lend **3.** *vi* advance, move forward; *les travaux avancent* the work is making progress.

avantage [avãtaʒ] *nm* **1.** *(supériorité)* advantage; *(Eco) ~ absolu* absolute advantage; *~ concurrentiel* competitive advantage/edge; *théorie des ~s absolus/des ~s comparatifs* law of absolute costs/of comparative costs **2.** *(accordé, acquis)* advantage, incentive; *~s acquis* acquired advantages; *~ fiscal* tax break; *~ pour investissement* investment incentive; *~s en nature* benefits in kind, fringe benefits, perquisites, perks; *~s sociaux* welfare benefits.

avantageux [avãtaʒø] *adj (f -euse)* advantageous; *des prix ~* attractive/bargain prices.

avant-contrat [avãkɔ̃tra] *nm* precontract.

avant dire droit [avãdirdrwa] *adj (Jur) jugement ~* interlocutory decision.

avant-projet [avãprɔʒɛ] *nm* pilot study.

avarie [avari] *nf* **1.** *(T)* damage; *~ en cours de transport* damage in transit; *frais d'~* damage/breakdown costs **2.** *(Ass)* average; *commissaire d'~s* average surveyor; *~ commune* general average; *~ particulière* particular average; *répartition d'~s* average adjustment.

avarier [avarje] *vt* **1.** *vt (T)* spoil, damage **2.** *vpr s'~* spoil, suffer damage, get damaged.

avenant [avnã] *nm (Jur)* rider, supplemental clause modifying a contract.

avenir [avniR] *nm* **1.** future; *à l'~* in the future; *métier d'~* job with prospects; *métier sans ~* dead-end job **2.** *(Jur)* summons.

avertir [avɛRtiR] *vt* **1.** *(mettre en garde)* warn **2.** *(informer à l'avance)* notify, advise, inform.

avertissement [avɛRtismã] *nm* **1.** *(mise en garde)* warning, *(Jur)* caveat **2.** *(préavis)* notice; *~ du fisc* notice of (tax) assessment.

avertisseur [avɛRtisœR] *nm* **1.** *(voiture)* horn **2.** *(Eco)* business barometer.

aveu [avø] *nm (pl -x) (Jur)* confession, admission; *des ~x complets* a full confession; *faire des ~x/passer aux ~x* confess, make a confession.

avilir [avilir] *v (Fin) (monnaie)* **1.** *vt* lower the value of **2.** *vpr s'~* depreciate, fall in value.

avilissement [avilismã] *nm (Fin) ~ d'une monnaie* depreciation of a currency.

avion [avjɔ̃] *nm (T)* plane, aircraft, *(UK)* aeroplane, *(US)* airplane; *~-cargo* cargo plane, freight plane, freighter; *expédier des marchandises par ~* send goods by air/airfreight goods; *~ gros porteur* jumbo jet; *~ de ligne* airliner; *~ à réaction* jetliner; *~-transbordeur* air ferry.

avis [avi] *nm* **1.** opinion; *~ consultatif* advisory opinion **2.** *(document)* advice, (advice) note, notice **3.** *(T) ~ d'arrivée* arrival notice; *~ d'expédition* advice/notice of despatch; *~ de livraison* delivery note; *~ de réception* acknowledgement/acknowledgment of receipt **4.** *(Fin/Cpta) ~ d'attribution d'actions* letter of allotment; *(Bq) ~ de crédit* credit notice; *(Bq) ~ de débit* debit note; *~ d'échéance* notice to pay; *~ d'encaissement* advice of collection; *(Bs) ~ d'introduction en Bourse* notice of listing; *(Bs) ~ d'opéré* broker's contract note, bought note; *(Bq) ~ de prélèvement* debit note; *~ de virement* transfer notice, notice of payment

5. *(Fisc)* ~ *d'imposition* tax notice; ~ *de mise en recouvrement* notice of execution proceedings for unpaid taxes.

aviser [avize] *vt* inform, notify.

avocat [avɔka] *nm* **1.** *(Jur)* counsel having the right to appear in court; *(UK)* barrister, *(US)* attorney; ~*-conseil* legal advisor; ~ *de la défense* defence/defense counsel; ~ *général* assistant public prosecutor; *(Fr)* ~ *de la partie civile* counsel for the victim in a criminal case **2.** *(partisan d'un point de vue, d'une politique)* advocate, supporter.

avoir [avwaʀ] *nm* **1.** *(Cpta)* asset, credit; ~*s en devises* currency holdings; ~*s à l'étranger* foreign holdings/assets; *facture d'*~ credit note; ~ *fiscal (Fisc)* dividend tax credit, *(CI)* tax credit **2.** *(Jur)* ~ *social* legal/registered capital; the entirety of the assets of an individual or business.

avortement [avɔʀtəmɑ̃] *nm* abortion; ~ *provoqué* abortion; ~ *spontané* miscarriage (*v.* **interruption volontaire de grossesse**).

avoué [avwe] *nm inv (Jur)* barrister/attorney-at-law authorized to practise/practice before the courts of appeal.

avouer [avwe] *vti (Jur)* confess; ~ *un crime* confess (to) a crime.

avril [avʀil] *nm* April.

axer [akse] *vt (sur) (politique, stratégie)* centre/center on.

ayant cause [ejɑ̃koz] *nm inv (Jur)* assignee, beneficiary; party receiving a right from another, successor in interest; ~ *à titre particulier* successor to a particular right; ~ *à titre universel* universal successor.

ayant droit [ɛjɑ̃dʀwa] *nm inv (Jur)* assignee, beneficiary; party having a right or claim, party in interest.

Azerbaïdjan [azeʀbaidʒɑ̃] *nm* Azerbaijan.

azerbaïdjanais [azeʀbaidʒanɛ] *adj* (*aussi* **azeri**) Azerbaijani.

Azerbaïdjanais [azeʀbaidʒanɛ] *nm* (*aussi* **Azeri**) Azerbaijani.

azeri [azeʀi] *v.* **azerbaïdjanais.**

Azeri [azeʀi] *v.* **Azerbaïdjanais.**

B

bâbord [babɔʀ] *nm (T)* port, portside; *à* ~ to port, on the portside.

bac [bak] *nm* **1.** *(T)* ferry **2.** *(récipient)* *(UK)* skip, *(liquides)* tank; ~ *à ordures* *(UK)* rubbish skip **3.** *(fam)* ab de **baccalauréat.**

baccalauréat [bakalɔʀea] *nm (Fr)* school-leaving certificate, *(équiv.* UK "A" level).

bâche [baʃ] *nf (T)* sheet, cover; ~ *goudronnée* tarpaulin.

bachelier [baʃəlje] *nm (f* -**ière***) (Fr)* holder of the **baccalauréat**/French school-leaving certificate.

bâcher [baʃe] *vt (T)* cover (with a tarpaulin).

bagage [bagaʒ] *nm (T)* **1.** bag, case **2.** ~*s* baggage (*s inv*), luggage (*s inv*); *excédent de* ~*s* excess luggage; ~*s à main* cabin luggage, carry-on luggage, hand luggage; *soute à* ~*s* luggage hold.

bagagiste [bagaʒist] *nmf (T)* baggage handler, porter.

Bahamas [baamas] *nfpl* **les B**~ the Bahamas.

bahamien [baamjɛ̃] *adj (f* -**ienne***)* Bahamian.

Bahamien [baamjɛ̃] *nm (f* -**ienne***)* Bahamian.

Bahreïn [baʀɛn] *n* Bahrain.

bahreïni [baʀeni] *adj* Bahraini.

Bahreïni [baʀeni] *nm* Bahraini.

baie [bɛ] *nf* bay; *(T)* ~ *de chargement* loading bay.

bail [baj] *nm (pl* **baux***) (Jur)* lease; *(propriétaire) donner à* ~ lease/rent (out); *durée d'un* ~ term of a lease; *passer un* ~ enter into a lease; *(locataire) prendre à* ~ lease; *tenir à* ~ hold in lease; ~ *à titre précaire* lease at will, tenancy at will.

bailleur [bajœʀ] *nm (f* **bailleresse***)* **1.** *(Jur)* lessor **2.** *(Fin)* ~ *de fonds* financial sponsor/backer/investor.

baisse [bɛs] *nf* **1.** drop, fall, decrease; ~ *des prix* drop/fall in prices, lowering of prices; *(Eco) (loi de la)* ~ *tendancielle du taux de profit* law of falling rate of profit **2.** *en* ~ falling, dropping, decreasing; *(Bs) le marché est en* ~ the market is falling.

baisser [bese] *v* **1.** *vi* drop, fall, decline, decrease **2.** *vt* lower, decrease.

baissier[1] [besje] *adj (f* -**ière***) (Bs)* bearish; *tendance baissière* downward trend, bearish trend, bearish tendency.

baissier² [besje] *nm inv (Bs)* bear (speculator), short-seller.

balance [balɑ̃s] *nf* **1.** scales, weighing machine **2.** *(Eco)* balance; *~ de base* basic balance; *~ des capitaux* balance on capital flows; *~ commerciale* balance of trade, trade balance; *~s dollars* dollar balances; *(CI) ~ des invisibles* balance of invisible trade; *(CI) ~ des paiements* balance of payments, balance of trade and transfers; *~ des paiements en termes de règlements* settlements balance, balance of payments on a settlement basis; *(CI) ~ des règlements officiels* balance for official financing, official reserve transactions balance; *~s sterling* sterling balances; *~ des transferts unilatéraux* balance of unrequited transfers.

*__balance commerciale__ *nf (Eco/CI)* balance of trade, trade balance; *~ déséquilibrée* adverse trade balance, unfavourable/unfavorable trade balance, trade deficit; *~ équilibrée* favourable/favorable trade balance, trade surplus.

*__balance des opérations courantes (BOC)__ *nf (CI)* balance on current account, current account balance, balance of current payments.

balancer [balɑ̃se] *vt* **1.** *(Cpta) (comptes)* balance **2.** *(fam) (jeter)* chuck (away).

balancier [balɑ̃sje] *nm* pendulum; *mouvement de ~* swing of the pendulum; *retour de ~* backlash.

balayage [balɛjaʒ] *nm* **1.** sweeping **2.** *(Inf)* scanning.

balayer [baleje] *vt* **1.** sweep **2.** *(Inf)* scan.

balise [baliz] *nf (T)* beacon, buoy.

baliser [balize] *vt (T)* mark out.

balle [bal] *nf* **1.** ball; *la ~ est dans votre camp* the ball is in your court **2.** bullet, *(US) (fam)* slug; *tué par ~* shot **3.** *(Emb)* bale, pack.

ballon d'essai [balɔ̃desɛ] *nm* trial balloon; *(Mkg) lancer un ~* put out feelers.

ballot [balo] *nm (Emb)* bundle, package.

ballottage [balɔtaʒ] *nm (Pol) (Fr)* tie; situation where no candidate has obtained an absolute majority in the first round of an election, thus making a second round necessary; *il y a ~* there has to be a second round/ballot.

banc [bɑ̃] *nm* **1.** bench; *(Mgt) ~ d'essai* testing bench/ground **2.** *(Jur) ~ des accusés* dock; *~ des témoins (UK)* witness box, *(US)* witness stand.

bancable [bɑ̃kabl] *adj (Fin)* bankable, discountable.

bancaire [bɑ̃kɛʀ] *adj* banking; *agence ~* (bank) branch; *compte ~* bank account; *réglementation ~* banking regulations; *secteur ~* banking sector; *succursale ~* (bank) branch.

bande [bɑ̃d] *nf* **1.** group, crowd, party **2.** gang; *~ de voyous* band of hooligans **3.** *~ de terrain* strip of land **4.** tape, cassette; *~ son* sound track; *~ vidéo* video cassette **5.** *(Emb) ~ adhésive* adhesive tape.

banderole [bɑ̃dʀɔl] *nf ~ publicitaire* advertising banner, streamer.

bangladais [bɑ̃glade] *adj* Bangladeshi.

Bangladais [bɑ̃glade] *nm* Bangladeshi.

Bangladesh [bɑ̃gladeʃ] *nm* Bangladesh.

bannir [baniʀ] *vt* **1.** *(personnes)* banish **2.** *(objets)* ban, prohibit.

bannissement [banismɑ̃] *nm* banishment.

banque [bɑ̃k] *nf* **1.** bank, banking; *~ d'acceptation* accepting house; *~ d'affaires (UK)* merchant bank, *(US)* investment bank; *~ cambiste* exchange dealer; *~ centrale* central bank, *(UK)* Bank of England, *(US)* Federal Reserve System (Fed); *~ commerciale* commercial/deposit bank; *~ de compensation* clearing bank; *~ correspondante* correspondent bank; *~ de crédit à moyen et long terme* long-and medium-term credit bank; *~ de dépôts* deposit bank; *(J.O.) ~ de détail* retail bank(ing); *~ de deuxième rang* second-tier bank, commercial bank; *(J.O.) ~ à domicile* home banking; *~ d'émission* bank of issue, issuing bank; *(J.O.) ~ d'entreprise* corporate bank(ing); *~ hors-lieu* offshore bank, offshore banking unit; *~ inscrite* registered bank; *~ mandataire* agent bank; *~ nationalisée* nationalized bank; *~ non inscrite* non-registered bank; *(CI) (crédoc) ~ notificatrice* advising bank; *(CI) (crédoc) ~ présentatrice* presenting bank; *(CI) (crédoc) ~ remettante* remitting bank; *~ secondaire (UK) (dans la City)* fringe bank; *~ spécialisée* specialized financial institution; *~ à succursale* branch banking; *syndicat de ~* bank syndicate; *(J.O.) ~ universelle* universal bank(ing), global banking **2.** *(Inf) ~ de données* data base; *~ de données juridiques* data base of legal decisions, texts, statutes, etc. (v. LEXIS).

*__Banque africaine de développement__ *nf* African Development Bank.

*__Banque de développement asiatique__ *nf* Asian Development Bank.

*__Banque européenne d'investissement__

(BEI) nf (UE) European Investment Bank (EIB).

*Banque fédérale de développement (Canada) nf Federal Business Development Bank (Canada).

*Banque fédérale de réserve nf (US) Federal Reserve Bank.

*Banque française du commerce extérieur (BFCE) nf French Bank for Foreign Trade.

*Banque de France nf Bank of France; French central bank, équiv. UK Bank of England, US Federal Reserve System (Fed).

*Banque interaméricaine de développement (BID) nf Inter-American Development Bank (IDB).

*Banque internationale pour la coopération économique (BICE) nf International Bank for Economic Cooperation (IBEC).

*Banque internationale d'investissement (BII) nf International Investment Bank (IIB).

*Banque internationale pour la reconstruction et le développement (BIRD) nf (UN) International Bank for Reconstruction and Development (IBRD).

*Banque mondiale nf World Bank.

*Banque des règlements internationaux (BRI) nf Bank for International Settlements (BIS).

banqueroute [bãkrut] nf bankruptcy; **faire ~** go bankrupt; (Jur) **~ frauduleuse** fraudulent bankruptcy; **~ simple** bankruptcy tainted by irregularities, but not amounting to a crime.

banqueroutier [bãkrutje] nm (f -ière) (fraudulent) bankrupt.

banquier [bãkje] nm (f -ière) banker.

bans [bã] nmpl (Jur) **~ matrimoniaux** (wedding) banns.

baratin [baratɛ̃] nm (fam) **~ du vendeur** sales talk, sales pitch.

Barbade [barbad] nf **la B~** Barbados.

barbadien [barbadjɛ̃] adj (f -ienne) Barbadian.

Barbadien [barbadjɛ̃] nm (f -ienne) Barbadian.

barème [barɛm] nm **1.** scale, schedule; (Fisc) **~ d'imposition** tax scale/schedule **2.** rate, tariff; (D) **~ dégressif** tapering tariff, decreasing rates.

barge [barʒ] nf (T) barge, lighter.

baril [baril] nm (Emb) barrel, cask; **~ de pétrole** barrel of oil.

baromètre [baromɛtr] nm (aussi fig) barometer; **~ de l'opinion publique** barometer/indicator of public opinion.

barque [bark] nf (T) boat; **~ de pêche** fishing boat.

barrage [baraʒ] nm **1.** (digue) dam **2.** **~ routier** roadblock **3.** (loc) **faire ~ (à)** block, obstruct.

barre [bar] nf **1.** rod, bar; **~ de fer** iron bar; **~ de protection** safety rail **2.** (Jur) (Fr) bar; the place in a courtroom from which lawyers plead; **~ des témoins** (UK) witness box, (US) witness stand **3.** (T) (bateau) helm, rudder; **tenir la ~** steer; (fig) be at the helm.

barreau [baro] nm (pl -x) **1.** bar; **derrière les ~x** behind bars, in prison **2.** (Jur) **le B~** the Bar, the members of the legal profession; **radier qn du B~** disbar sb.

barrement [barmã] nm (Bq) (d'un chèque) crossing.

barrer [bare] vt **1.** block, bar, obstruct; **~ la route à qn** bar sb's way, (fig) obstruct sb **2.** (bateau) steer **3.** cross off/out; **il a été barré de la liste** he was crossed off the list **4.** (Bq) **~ un chèque** cross a cheque/check.

barrière [barjɛr] nf **1.** barrier, (obstacle) hurdle **2.** (Eco/CI) **~s commerciales** trade barriers; **~s douanières** customs barriers; **~ à l'entrée** barrier to entry; **~ à la mobilité** barrier to mobility; **~s non tarifaires** non-tariff barriers (NTBs); **~ à la sortie** barrier to exit; **~s tarifaires** tariff barriers.

barrique [barik] nf (Emb) barrel, cask, hogshead.

bas¹ [ba] adj (f **basse**) low.

bas² [ba] nm bottom, bottom end; (Emb) « bas » « down », « this side down »; (Mkg) **~ de gamme** downmarket; **le ~ de gamme** the lower end of the product range.

bas³ [ba] nm stocking; (Eco) (fam) **~ de laine** savings, nest egg.

bascule [baskyl] nf **1.** scales **2.** (T) weighing machine; **pont à ~** weighbridge.

basculer [baskyle] vti turn over, tip up, tilt; (Pol) **~ dans l'opposition** switch to the opposition.

base [baz] nf **1.** basis (pl -es), grounds; **une bonne ~ de discussion** a good basis for discussion; (Inf) **~ de données** data base; **~ de référence** comparison base **2.** (Pol) **la ~** the grassroots; (syndicats) the rank and file **3.** (Fin) **~ monétaire** monetary base, high-power money, high-powered money **4.** (Fisc) **~ d'imposition** tax base **5.** **de ~** basic; **industries de ~** staple/basic industries; **période de ~** base period;

produit de ~ basic/staple commodity **6.** *(J.O.)* **les** ~**s** fundamentals.

baser [baze] *vt (sur)* base (on).

bassin [basɛ̃] *nm* **1.** *(T)* dock **2.** *(Eco)* ~ ***d'emploi*** labour/labor pool ; ~ ***houiller*** coal field, coal-mining area.

bastingage [bastɛ̃gaʒ] *nm* ship's rail ; ***par-dessus le*** ~ overboard.

bastion [bastjɔ̃] *nm (Pol)* stronghold, bastion.

bâtard [bɑtaʀ] *adj* hybrid ; ***solution*** ~***e*** compromise.

bateau [bato] *nm (pl* **-x**) *(T)* ship, boat, vessel, craft ; ~***-citerne*** tanker ; ~ ***à moteur*** motor vessel (MV) ; ~ ***pilote*** pilot vessel ; ~ ***de sauvetage*** lifeboat.

batelage [batlaʒ] *nm (T)* lighterage.

batelier [batəlje] *nm (f* **-ière**) **1.** boatman, *(de bac)* ferryman **2.** bargeman, bargee, lighterman.

batellerie [batɛlʀi] *nf (T)* **1.** lighterage **2.** inland water transport.

bâti [bati] *adj* **1.** built **2.** built-up, developed ; ***terrain non*** ~ undeveloped site.

bâtiment [batimɑ̃] *nm* **1.** building **2.** *le* ~ the building trade/industry ; ***entrepreneur en*** ~ building contractor ; ***les métiers du*** ~ the building trades ; ***ouvrier en*** ~ building/construction worker ; ***peintre en*** ~ (house-)painter **3.** *(T)* vessel, craft ; ~ ***fluvial*** river craft.

bâtir [batiʀ] *vt* **1.** build, erect ; ***terrain à*** ~ (plot of) building land/land suitable for construction **2.** *(fig)* ~ ***une réputation*** build up a reputation.

bâtonnier [batɔnje] *nm inv (Jur) (Fr)* elected head of the Bar.

battage [bataʒ] *nm (Pub)* publicity ; ~ ***publicitaire*** media hype ; ***faire du*** ~ ***autour d'un produit*** give a product a lot of publicity.

battre [batʀ] *v* **1.** *vt* beat, batter ; ***femmes battues*** battered wives **2.** *vt (vaincre)* beat, defeat ; *(Pol)* ***le parti au pouvoir a été battu*** the party in power was defeated **3.** *vt (Eco)* ~ ***monnaie*** strike/mint coins, coin money **4.** *vt (T)* ~ ***pavillon*** fly the flag (of) ; ~ ***pavillon libérien*** fly the Liberian flag **5.** *vpr se* ~ fight, struggle ; ***pour réussir, il faut se*** ~ you have to struggle to succeed.

baux [bo] *v.* **bail.**

bavure [bavyʀ] *nf* **1.** *(erreur)* flaw, hitch **2.** ~ ***policière*** slip-up/scandal involving the police.

bazar [bazaʀ] *nm (Com)* general store.

bazarette [bazaʀɛt] *nf (Com)* convenience store.

béhaviorisme [bievjɔʀism] *nm (Mgt)* behaviourism/behaviorism.

BEI *v.* **Banque européenne d'investissement.**

belge [bɛlʒ] *adj* Belgian.

Belge [bɛlʒ] *nmf* Belgian.

Belgique [bɛlʒik] *nf* Belgium.

Bélize [beliz] *nm* Belize.

bélizien [belizjɛ̃] *adj (f* **-ienne**) Belizean.

Bélizien [belizjɛ̃] *nm (f* **-ienne**) Bélizean.

bénéfice [benefis] *nm* **1.** profit, advantage, benefit ; ***au*** ~ ***de l'âge*** by prerogative of age **2.** *(Cpta)* profit, income ; ~ ***après impôt*** after-tax profit ; ~ ***avant impôt*** pre-tax profit ; ~ ***brut*** gross profit ; ~ ***brut d'exploitation*** gross operating profit ; ~**s *consolidés*** consolidated profits ; ~**s *distribuables*** profits available for distribution ; ~**s *distribués*** distributed profits ; ~ ***de l'exercice*** profit for the period ; ~ ***d'exploitation*** operating profit ; ***faire un*** ~ make a profit ; ***faire de gros*** ~**s** reap big profits ; ~ ***forfaitaire*** presumptive profit ; ~ ***imposable*** taxable profit/income ; ~**s *mis en réserve*** retained earnings, earned surplus ; ~ ***net*** net profit ; ~ ***net par action*** earnings per share ; ~ ***net d'exploitation*** net operating profit ; ~**s *non commerciaux*** nontrading profits ; ~**s *non distribués*** retained earnings ; ~ ***non imposable*** tax-exempt profit ; ***part de*** ~ share of profit ; ~**s *réinvestis*** ploughed-back profits, reinvested profits ; ~**s *mis en réserve*** retained earnings, revenue reserve.

*bénéfices industriels et commerciaux (BIC) *mpl* business profits.

bénéficiaire[1] [benefisjɛʀ] *adj* profit-making, money-making, profitable ; ***être*** ~ show a profit ; ***solde*** ~ profit balance.

bénéficiaire[2] [benefisjɛʀ] *nmf* **1.** recipient, *(d'un paiement)* payee, endorsee ; ~ ***de l'aide sociale*** welfare recipient **2.** *(Jur)* beneficiary.

bénéficier [benefisje] *vi (de)* enjoy, benefit from ; *(Jur)* ~ ***d'un non-lieu*** have charges against one dismissed ; *(Com)* ~ ***d'une remise*** get a rebate/a discount ; *(Jur)* ~ ***d'une remise de peine*** be granted a reduction of sentence.

bénéfique [benefik] *adj* beneficial, positive.

Benelux [benelyks] *nm* Benelux.

bénévole[1] [benevɔl] *adj* voluntary ; ***travailleur*** ~ voluntary/unpaid worker.

bénévole² [benevɔl] *nmf* volunteer, voluntary worker.

Bénin [benɛ̃] *nm* Benin.

béninois [beninwa] *adj* Beninese.

Béninois [beninwa] *nm* Beninese *(pl inv)*.

benne [bɛn] *nf* **1.** *(UK)* skip, *(US)* cage ; ~ **à ordures** rubbish skip/cage **2.** *(camion à)* ~ *(UK)* tipper, tip lorry, *(US)* dump truck.

besoin [bəzwɛ̃] *nm* **1.** want, need ; *dans le* ~ in want/need **2.** need, requirement ; ~*s concurrents* competitive needs ; ~*s des consommateurs* consumer needs ; ~*s essentiels de l'être humain* basic human needs ; ~*s primaires* primary needs **3.** *(Fin)* ~ *de financement* borrowing requirement ; ~ *de financement du secteur public* borrowing requirement of the public sector, *équiv. UK* Public Sector Borrowing Requirement (PSBR) ; ~*s en fonds de roulement* working capital deficiency, negative working capital **4.** *(Inf)* ~ *d'accès/de savoir* need to know (NTK).

bestiaux [bɛstjo] *nmpl* livestock *(s inv)* ; *(T) wagon à* ~ cattle wagon.

bétail [betaj] *nm* cattle, livestock *(s inv)* ; *(T) camion à* ~ cattle truck ; *élevage de* ~ cattle breeding, *(US)* cattle raising, stockbreeding ; ~ *sur pied* cattle on the hoof.

bête [bɛt] *nf* **1.** animal, *(bétail)* beast ; ~ *de trait* draught/draft animal **2.** *(fig)* ~ *de travail* workaholic.

béton [betɔ̃] *nm* **1.** concrete **2.** *(fig) dossier en* ~ cast-iron case.

bétonnière [betɔnjɛʀ] *nf (Ind)* concrete-mixer, cement-mixer.

betterave [bɛtʀav] *nf* beet ; ~ *à sucre* sugar beet.

BFCE *v.* Banque française du commerce extérieur.

Bhoutan [butɑ̃] *nm (aussi Bhûtân)* Bhutan.

biais [bjɛ] *nm* **1.** *(statistique)* bias, deviation **2.** means, way ; *par le* ~ *de* by means of.

bibliothèque [biblijɔtɛk] *nf* library.

BIC *v.* bénéfices industriels et commerciaux.

bicaméralisme [bikameʀalism] *nm (Pol)* bicameralism.

BICE *v.* Banque internationale pour la coopération économique.

BID *v.* Banque interaméricaine de développement.

bidon¹ [bidɔ̃] *adj inv (fam)* bogus, phony ; *chèque* ~ bogus cheque/check.

bidon² [bidɔ̃] *nm (Emb)* can, canister, drum.

bidonville [bidɔ̃vil] *nm* shanty-town, *(fig)* slum.

biélorusse [bjelɔʀys] *adj* Belorussian, Byelorussian.

Biélorusse [bjelɔʀys] *nmf* Belorussian, Byelorussian.

Biélorussie [bjelɔʀysi] *nf* Belarus.

bien¹ [bjɛ̃] *adv* well ; *tout va* ~ all's well, everything's fine.

bien² [bjɛ̃] *nm* **1.** good ; *pour le* ~ *public* for the public good **2.** *(Jur)* property, possession ; ~*s corporels* tangible property ; ~*s incorporels* intangible property ; ~*s insaisissibles* property exempted from execution proceedings ; ~*s matrimoniaux* marital property ; ~*s personnels* goods, chattels, personal estate ; ~*s propres* property acquired before marriage or during marriage by gift or inheritance **3.** *(Eco)* ~*s* goods ; ~*s collectifs* public goods ; ~*s complémentaires* complements, complementary goods ; ~*s de consommation* consumer goods, consumption goods ; ~*s consomptibles* consumable goods ; ~*s durables* durable goods, durables ; ~*s économiques* economic goods ; ~*s d'équipement* capital goods ; ~*s immatériels* intangible goods ; ~*s imposables* taxable goods ; ~*s incorporels* intangible goods ; ~*s individuels* private goods ; ~*s indivisibles* indivisible goods ; ~*s inférieurs* inferior goods ; ~*s d'intérêt public* merit goods ; ~*s intermédiaires* intermediate goods ; ~*s libres* free goods ; ~*s de luxe* luxury goods ; ~*s non durables* non-durable goods, non-durables ; ~*s non reproductibles* non-reproducible goods ; ~*s normaux* normal goods ; ~*s de production* capital goods, producer goods ; ~*s publics* public goods, social capital ; ~*s reproductibles* reproducible goods ; ~*s secondaires* secondary goods ; ~*s semi-finis* semi-finished goods ; ~*s et services* goods and services ; ~*s sociaux* social goods ; ~*s substituables* substitutes ; ~*s superflus* unnecessary goods, superfluities ; ~*s tutélaires* merit goods.

bien-être [bjɛ̃nɛtʀ] *nm* well-being ; *économie du* ~ welfare economics.

bienfaisance [bjɛ̃fazɑ̃s] *nf association/œuvre de* ~ charity, charitable association.

bien-fondé [bjɛ̃fɔ̃de] *nm* validity ; *établir le* ~ *d'une réclamation* recognize the validity of/substantiate a claim.

bien-fonds [bjɛ̃fɔ̃] *nm (Jur)* real property, *(US)* real estate.

biennal [bjenal] *adj (mpl -aux)* biennial.

bienveillance [bjɛ̃vejɑ̃s] *nf* benevolence.

biffer [bife] *vt* cross out, delete.

bigamie [bigami] *nf (Jur)* bigamy.

BII *v.* **Banque internationale d'investissement**.

bilan [bilɑ̃] *nm* **1.** appraisal, assessment, evaluation ; *(fig) faire le ~ de la situation* assess the situation **2.** *(Cpta)* balance sheet ; *comptes de ~* balance sheet accounts ; *~ consolidé* consolidated balance sheet ; *établir le ~* draw up the balance sheet ; *habillage de ~* window-dressing of the balance sheet ; *~ prévisionnel* trial balance **3.** *(Jur) déposer son ~* file for bankruptcy ; *(fam)* close down.

*bilan social *nm (Jur) (Fr)* audit of a firm's compliance with social welfare requirements.

bilatéral [bilateʀal] *adj (mpl -aux)* bilateral ; *accords bilatéraux* bilateral agreements ; *(Jur) contrat ~* bilateral contract.

bilatéralisme [bilateʀalism] *nm* bilateralism.

bilingue [bilɛ̃g] *adj* bilingual.

bille [bij] *nf* **1.** *(Ind) roulement à ~* ball bearing **2.** *(Emb) ~s de polystyrène* polystyrene chips.

billet [bijɛ] *nm* **1.** *(T)* ticket **2.** *(Bq)* note, bill ; *(Bq) ~ de banque* bank note, *(US)* bank bill ; *~s et pièces en circulation* notes and coins in circulation **3.** *(Fin)* note, instrument ; *~ à ordre* order instrument, promissory note, *(US)* commercial paper ; *~ à ordre convertible* convertible note ; *~ à ordre du Trésor* Treasury promissory note ; *~ au porteur* bearer instrument ; *(J.O.) ~ de trésorerie* commercial paper ; *~ à vue* sight bill **4.** *(T) ~ de bord/d'embarquement* mate's receipt (m/r).

billeterie [bijɛtʀi] *nf* **1.** ticket office **2.** *(Bq)* cash dispenser, automatic teller machine (ATM).

bimensuel [bimɑ̃sɥɛl] *adj (f -elle)* twice monthly, twice a month, *(UK)* fortnightly.

bimétallisme [bimetalism] *nm (Eco)* bimetallism ; *~ boiteux* limping standard.

binaire [binɛʀ] *adj* binary.

bio- [bjo] *préf* bio- ; *biodégradable* biodegradable ; *~-industries* bio-industries.

bipartisme [bipaʀtism] *nm (Pol)* two-party system.

bipolarisation [bipɔlaʀizasjɔ̃] *nf (Pol)* bipolarization.

BIRD [bœʀd] *v.* **Banque internationale**

pour la reconstruction et le développement.

birman [biʀmɑ̃] *adj* Burmese.

Birman [biʀmɑ̃] *nm* Burmese *(pl inv)*.

Birmanie [biʀmani] *nf* Burma, Myanmar.

bissextile [bisɛkstil] *adj année ~* leap year.

bit [bit] *nm (Inf)* bit.

BIT *v.* **Bureau international du travail**.

bitume [bitym] *nm* **1.** bitumen, asphalt **2.** *(goudron)* tar.

blâme [blɑm] *nm* **1.** blame, diapproval **2.** *(fonctionnaire)* reprimand ; *recevoir un ~* be reprimanded.

blâmer [blame] *vt* blame, reprimand.

blanc[1] [blɑ̃] *adj (f blanche)* **1.** white **2.** *(fig) affaire blanche* break-even deal ; *donner carte blanche* give a free hand ; *chèque en ~* blank cheque/check ; *produits ~s* white goods, electrical goods.

blanc[2] [blɑ̃] *nm* **1.** *(formulaire)* blank, space **2.** *(Com)* household-linen ; *la quinzaine du ~* (two-week) household-linen sale.

blanchiment [blɑ̃ʃimɑ̃] *nm (aussi* **blanchissement)** *~ de fonds*, money laundering, laundering of money.

blanchir [blɑ̃ʃiʀ] *vti* **1.** whiten, bleach ; *~ à la chaux* whitewash **2.** *(fig) (argent)* launder, *(personne)* clear ; *il a été blanchi* he was cleared, he got off.

blanchissement [blɑ̃ʃismɑ̃] *nm* **1.** whitening, bleaching **2.** *(fig) (argent)* laundering (*v.* **blanchiment**).

blanc-seing [blɑ̃sɛ̃] *nm (Jur)* full powers, blanket authority.

blé [ble] *nm* wheat *(s inv)*.

blesser [blese] *vt* injure, wound.

blessure [blesyʀ] *nf* injury, *(par balle)* wound.

blindage [blɛ̃daʒ] *nm* armour-/armor-plating, reinforcement.

blinder [blɛ̃de] *vt* reinforce ; *porte blindée* security door ; *véhicule blindé* armoured/armored van, security truck.

bloc [blɔk] *nm* **1.** lump, block ; *en ~* all in one piece **2.** *(Fin)* block ; *acheter des actions en ~* buy blocks of shares ; *(Mgt) ~ de contrôle* controlling interest ; *~-or* gold pool, gold block **3.** *(CI/Pol)* bloc ; *~ économique régional* regional trade/trading bloc.

blocage [blɔkaʒ] *nm* **1.** blocking, blockage, stoppage ; *(Bq) ~ d'un compte* blocking of an account **2.** *(Eco) ~ des prix* price-freeze ; *~ des salaires* wage-freeze.

bloc-notes [blɔknɔt] *nm* memo-pad, writing pad.

blocus [blɔkys] *nm (Eco)* blockade, embargo.

bloqué [blɔke] *adj* blocked; **marchandises ~es en douane** goods held up at customs; **situation ~e** deadlock situation; **le trafic est ~** traffic is at a standstill.

bloquer [blɔke] *vti* **1.** block, halt; *(prix, salaires)* freeze; *(port)* blockade **2.** *(date)* reserve.

BML *v.* **Bourse des métaux de Londres**.

BMTN *v.* **bon à moyen terme négociable**.

bobine [bɔbin] *nf* spool, reel.

BOC *v.* **balance des opérations courantes**.

bocal [bɔkal] *nm (pl -aux) (Emb)* bottle, jar; **mettre en ~** bottle.

bœuf [bœf] *nm* **1.** ox *(pl oxen)*, steer **2.** *(viande)* beef *(s inv)*.

bogue [bɔg] *nf (Inf)* bug, error.

bois [bwa] *nm* **1.** wood; **en ~** wooden; **~ de charpente/de construction** *(UK)* timber, *(US)* lumber **2.** *(Bq)* **chèque en ~** dud/rubber cheque/check.

boisson [bwasɔ̃] *nf* drink, beverage; **~s alcoolisées** alcoholic beverages; *(Mkg)* **~s rafraîchissantes** soft drinks.

boîte [bwat] *nf* **1.** box; **~ en carton** cardboard box; **~ postale** post office (P.O.) box **2.** **~ de conserve** *(UK)* tin, *(US)* can **3.** *(fam)* firm, company.

boiteux [bwatø] *adj (f -euse)* lame, faulty; **canard ~** lame duck.

Bolivie [bɔlivi] *nf* Bolivia.

bolivien [bɔlivjɛ̃] *adj (f -ienne)* Bolivian.

Bolivien [bɔlivjɛ̃] *nm (f -ienne)* Bolivian.

bombe [bɔ̃b] *nf* bomb, **attentat à la ~** bomb attack; **désamorcer la bombe** defuse the bomb, *(fig)* defuse the time bomb.

bon[1] [bɔ̃] *adj (f* **bonne) 1.** good, suitable **2.** *(Jur)* good, right; **de bonne foi** in good faith; *(Jur)* **bonnes mœurs** good morals; *(Jur/Pol)* **~s offices** good offices.

bon[2] [bɔ̃] *nm* **1.** note, form, voucher; **~ d'achat** purchase/gift voucher, *(US)* gift certificate; **~-cadeau** gift-voucher, *(US)* gift certificate; **~ de commande** order form, purchase order; **~ d'échange** exchange voucher; **~ pour pouvoir...** procuration given by...; **~ de réduction** discount coupon, cash voucher; **~-réponse** reply coupon;

*donner le **~** à tirer* pass for press, declare ready for printing **2.** *(T)* note, receipt; **~ de chargement** mate's receipt (m/r); **~ de livraison** delivery note, delivery slip; **~ de quai** wharfinger's receipt, dock receipt; **~ de réception des marchandises** notice of receipt **3.** *(Fin)* bond, note, bill; **~ anonyme** bearer bond; **~ de caisse** deposit note, deposit receipt (D/R), certificate of deposit (CD), short-term note.

*bon d'Etat *v.* **bon du Trésor**.

*bon à moyen terme négociable (BMTN) *nm (J.O.)* medium-term note (MTN).

*bon de souscription *nm* warrant; **~ d'actions** equity warrant, share (purchase) warrant, stock certificate; **~ d'obligation** bond warrant, detachable warrant.

*bon du Trésor *nm* government bill, Treasury bill (T-bill), Treasury certificate; *(UK, US, Canada)* **~ à court terme** Treasury bill; **~ à court et moyen terme** *(US)* Treasury note; **~ à long terme** *(US)* Treasury bond; **~ à taux fixe** fixed-interest Treasury bill; **~ à taux variable** variable-interest Treasury bill.

bonbonne [bɔ̃bɔn] *nf (Emb)* carboy.

bond [bɔ̃] *nm* leap, bound; **les prix ont fait un ~** prices have shot up/have risen sharply.

boni [bɔni] *nm* **1.** profit **2.** bonus; *(Jur)* **~ de liquidation** winding-up profit, liquidating dividend.

bonification [bɔnifikasjɔ̃] *nf* **1.** improvement **2.** rebate, discount **3.** *(Ass)* bonus.

*bonification d'intérêt *nf (Bq)* interest-rate subsidy, assistance to borrowers in which the state pays a portion of the interest due.

boniment [bɔnimɑ̃] *nm* sales pitch.

bonne [bɔn] *v.* **bon**[1].

bonus [bɔnys] *nm* **1.** bonus, dividend; **~ de liquidation** liquidating dividend **2.** *(Ass)* no-claims bonus *(v.* **malus)**.

bonus-malus [bɔnysmalys] *nm (Ass) (Fr)* system by which automobile insurance premiums are increased or decreased depending on the insured's driving record.

boom [bum] *v.* **boum**.

bord [bɔr] *nm* **1.** edge, rim **2.** *(T)* **à ~** on board; **à ~ de l'avion** on board/ aboard the plane; **à ~, calé et arrimé** *(T)* free in and out stowed (FIOS); **~ à ~** *(BAB)* free in and out (FIO); **franco à ~** free on board (FOB); **monter à ~** go on board **3.** tendency; **du même ~** of the same opinion.

bordereau [bɔrdəro] *nm* (*pl* -x) 1. note, slip ; ~ *d'achat* purchase note ; ~ *de caisse* cash statement ; ~ *de salaire* wage slip, pay slip ; ~ *de versement* pay-in slip 2. (*T*) note, slip, docket, invoice ; ~ *de chargement* cargo list ; ~ *d'envoi* advice/consignment note ; ~ *d'expédition* dispatch note, freight note ; ~ *de factage* carman's delivery sheet ; ~ *de livraison* delivery slip, delivery note 3. (*D*) ~ *de douane* customs note.

bornage [bɔrnaʒ] *nm* (*Jur*) establishment/fixing of property boundaries.

borne [bɔrn] *nf* (*aussi fig*) milestone.

borner [bɔrne] *vt* limit, restrict.

bosniaque [bɔsnjak] *adj* Bosnian.

Bosniaque [bɔsnjak] *nmf* Bosnian.

Bosnie [bɔsni] *nf* Bosnia ; *B~-Herzégovine* Bosnia and Herzegovina.

Botswana [bɔtswana] *nm* Botswana.

botswanais [bɔtswanɛ] *adj* of/from Botswana.

Botswanais [bɔtswanɛ] *nm* native/inhabitant of Botswana.

botte [bɔt] *nf* 1. (*chaussure*) boot 2. bunch ; ~ *de foin* bale of hay.

bottin® [bɔtɛ̃] *nm* trade directory, telephone directory.

bouc [buk] *nm* 1. (billy) goat 2. ~ *émissaire* scapegoat.

bouché [buʃe] *adj* blocked, (*marché*) saturated.

bouchon [buʃɔ̃] *nm* 1. stopper, (*liège*) cork 2. (*T*) (traffic) jam.

boucle [bukl] *nf* (*Inf*) loop.

boucler [bukle] *vt* 1. fasten 2. (*quartier*) cordon off 3. (*fig*) (*fam*) ~ *une affaire* clinch/sew up a deal ; ~ *son budget* make ends meet.

bouder [bude] *v* 1. *vi* sulk 2. *vt* (*fig*) avoid ; (*Bs*) stay aloof (from), refuse to buy.

bouée [bwe] *nf* (*T*) buoy ; ~ *d'amarrage* mooring buoy ; ~ *de balisage* marker buoy ; ~ *de sauvetage* life buoy.

bouger [buʒe] *v* 1. *vi* move, stir ; (*Bs*) *un marché qui bouge* an active market ; (*Emb*) ~ *à l'intérieur des caisses* shift 2. *vt* move, displace.

boule [bul] *nf* ball ; (*Inf*) ~ *de commande (d'un ordinateur)* trackball, mouse ball ; (*Com*) *effet* ~ *de neige* snowball effect.

bouleverser [bulvɛrse] *vt* disrupt, turn upside down.

boum [bum] *nm* (*aussi boom*) (*Eco*) (*J.O.*) boom.

bourgeois [burʒwa] *adj* 1. middle-class 2. (*Pol*) bourgeois.

bourgeoisie [burʒwazi] *nf* 1. the middle-classes 2. (*Pol*) bourgeoisie.

bourrage [buraʒ] *nm* 1. (*Emb*) stuffing 2. (*de papier*) jam.

bourrer [bure] *vt* (*Emb*) stuff.

bourse [burs] *nf* 1. purse, bag 2. ~ *d'études* grant, scholarship 3. (*Eco*) exchange ; ~ *de commerce/de marchandises* commodity exchange, produce exchange ; ~ *du travail* labour/labor exchange 4. (*Bs*) *la B~* the Stock Exchange ; ~ *des valeurs* stock exchange, stock market.

*****Bourse de commerce de New York** *nf* New York Mercantile Exchange (NYMEX).

*****Bourse de Londres** *nf* (*Bs*) (*avant le Big Bang, 1986*) London Stock Exchange ; (*depuis le Big Bang, 1986*) International Stock Exchange (ISE).

*****Bourse des métaux de Londres (BML)** *nf* London Metal Exchange (LME).

*****Bourse de New York** *nf* (*Bs*) New York Stock Exchange (NYSE).

boursicoter [bursikɔte] *vi* (*Bs*) dabble in the stock exchange.

boursier[1] [bursje] *adj* (*f* -**ière**) (of the) stock market/stock exchange ; *le marché* ~ the stock market.

boursier[2] [bursje] *nm* (*f* -**ière**) 1. scholar 2. speculator.

bouteille [butɛj] *nf* (*Emb*) bottle ; ~ *consignée* returnable bottle ; *mettre en* ~ bottle.

boutique [butik] *nf* shop ; (*fam*) *fermer* ~ go out of business.

boutique choc [butikʃɔk] *nf* (*Mkg*) babyshark.

box [bɔks] *nm* 1. closed garage/store, (*UK*) lock-up 2. (*Jur*) ~ *des accusés* dock.

boycottage [bɔjkɔtaʒ] *nm* boycott, boycotting.

boycotter [bɔjkɔte] *vt* boycott.

brader [brade] *vt* sell cheaply, sell off.

braderie [bradri] *nf* clearance sale, (*US*) rummage sale.

branche [brɑ̃ʃ] *nf* branch, sector, industry ; (*Eco*) ~ *d'activité* line of business ; industrial sector, industry.

branchement [brɑ̃ʃmɑ̃] *nm* connection.

brancher [brɑ̃ʃe] *vt* connect, link up.

braquage [brakaʒ] *nm* (*fam*) ~ *d'une banque* bank robbery, hold-up.

braquer [brake] *vt* 1. (*arme*) aim ; ~ *une arme sur qn* aim a gun at sb 2. (*fam*) rob ; ~ *une banque* hold up a bank, rob a bank.

bras [bʀɑ] *nm* arm; *(fig)* ~ **de fer** contest, tug-of-war.

brasser [bʀase] *vt* **1.** *(bière)* brew **2.** *(argent, affaires)* handle (in large quantities), wheel and deal.

brasserie [bʀasʀi] *nf* **1.** *(bière)* brewery **2.** restaurant, brasserie.

brèche [bʀɛʃ] *nf* breach, opening; *faire une ~ dans un marché* make a breakthrough in a market.

bref [bʀɛf] *adj (f* **brève)** brief, short; *à ~ délai* shortly; *en ~* in brief.

Brésil [bʀezil] *nm* Brazil.

brésilien [bʀeziljɛ̃] *adj (f* **-ienne)** Brazilian.

Brésilien [bʀeziljɛ̃] *nm (f* **-ienne)** Brazilian.

bretelle [bʀətɛl] *nf (T) (rampe d'accès)* ramp; ~ *(d'autoroute) (UK)* slip road, *(US)* on/off ramp.

brevet [bʀəvɛ] *nm (Jur)* patent; *bureau des ~s* patent(s) office; ~ *demandé* patent pending; *déposer un ~ (UK)* register/*(US)* file a patent; *(Jur)* ~ *d'invention* patent; *prendre un ~* take out, file a patent.

brevetabilité [bʀəvtabilite] *nf (Jur)* patentability.

brevetable [bʀəvtabl] *adj (Jur)* patentable.

breveter [bʀəvte] *vt (Jur)* patent.

BRI *v.* **Banque des règlements internationaux.**

bricolage [bʀikɔlaʒ] *nm* **1.** do-it-yourself (DIY) **2.** *c'est du ~!* this is shoddy work!

bricoler [bʀikɔle] *vti* **1.** do home improvements **2.** do makeshift repairs/shoddy work.

briefing [bʀifiŋ] *nm* briefing.

brigade [bʀigad] *nf (Jur)* brigade, squad; ~ *des mœurs* vice squad; ~ *des stupéfiants* drug squad.

brigand [bʀigɑ̃] *nm inv* bandit, gangster.

brigandage [bʀigɑ̃daʒ] *nm (aussi fig)* armed robbery.

brillant[1] [bʀijɑ̃] *adj* **1.** *(objet)* brilliant, bright, shiny **2.** *(personne)* brilliant, bright, intelligent.

brillant[2] [bʀijɑ̃] *nm (J.O.)* ~ *universel (monnaie de collection)* brilliant uncirculated.

brimade [bʀimad] *nf* bullying, harassment; *faire subir des ~s à qn* victimize sb.

brique [bʀik] *nf* **1.** brick **2.** *(Emb) (lait, jus de fruits)* carton **3.** *(fam)* 10,000 francs.

bris [bʀi] *nm* **1.** breaking; *(Ass) assu-rance couvrant le ~ de glaces/de vi-trine* insurance to cover broken windows **2.** *(T)* breakage(s) **3.** *(Jur)* ~ *de clôture* breaking and entering; ~ *de scellés* breaking of seals.

briser [bʀize] *vt* break, *(en éclats)* smash.

briseur [bʀizœʀ] *nm (f* **-euse)** ~ *de grève* strike-breaker, *(péj)* scab, *(UK)* blackleg.

bristol [bʀistɔl] *nm* visiting card.

britannique [bʀitanik] *adj* British.

Britannique [bʀitanik] *nmf* Briton, *(US)* Britisher.

brocante [bʀɔkɑ̃t] *nf* **1.** *(Com)* second-hand goods trade; *être dans la ~* deal in secondhand goods **2.** *(objets)* secondhand goods.

brocanteur [bʀɔkɑ̃tœʀ] *nm (f* **-euse)** dealer in secondhand goods.

brochure [bʀɔʃyʀ] *nf* brochure, booklet.

brouiller [bʀuje] *vt* mix up; ~ *les car-tes/les pistes* obscure the issue, cause confusion.

brouillon[1] [bʀujɔ̃] *adj (f* **-onne)** disor-ganized, unmethodical.

brouillon[2] [bʀujɔ̃] *nm* (rough) draft; *papier ~ (UK)* rough paper, *(US)* scratch paper.

bruit [bʀɥi] *nm* **1.** noise **2.** rumour/rumor.

Brunei [bʀynei] *nm* Brunei.

brusque [bʀysk] *adj* sudden, abrupt.

brut[1] [bʀyt] *adj* **1.** gross; *(Cpta) béné-fice ~* gross profit; *(Eco) produit na-tional ~ (PNB)* gross national product (GNP) **2.** untreated, raw, crude; *à l'état ~* raw, in the raw state; *pétrole ~* crude oil.

brut[2] [bʀyt] *nm (pétrole)* crude (oil); ~ *de référence* marker crude.

brutal [bʀytal] *adj (mpl* **-aux)** brutal; *(Eco) chute ~e* sharp drop; *refus ~* blunt refusal, flat no.

Bruxelles [bʀyksɛl] *n* Brussels.

budget [bydʒɛ] *nm* **1.** *(Eco/Cpta)* budget; *adopter le ~* pass the budget; *inscrire/prévoir au ~* budget for; *ins-crit au ~* budgeted for; ~ *annexe* supplementary budget; *article du ~* budget heading, budget item; ~ *d'austérité* austerity budget; ~ *de charges communes* budget of common costs; ~ *civil* non-defence/non-defense budget; ~ *équilibré* balanced budget; *B~ de l'Etat* central government budget, national budget; ~ *d'exploi-tation* operating budget; ~ *familial* family budget; ~ *fonctionnel* perform-ance budget; ~ *de publicité* advertising budget ; ~ *de relance* reflationary budget ; ~ *type* typical family budget **2.** *(Pub)* account.

budgétaire [bydʒetɛʀ] *adj* budgetary, fiscal, financial ; *année* ~ financial year, fiscal year ; *austérité* ~ budget stringency ; *collectif* ~ supplementary budget ; *compressions* ~*s* budget cuts ; *contraintes* ~*s* budget constraints ; *coupes* ~*s* budget cuts ; *crédits* ~*s* budget provisions ; *déficit* ~ budget deficit ; *dépenses* ~*s* budget outlays, budget expenditure ; *déséquilibre* ~ budget shortfall/deficit ; *excédent* ~ budget surplus ; *politique* ~ fiscal policy ; *rallonge* ~ supplementary budget ; *relance* ~ fiscal boost ; *rigueur* ~ budget(ary) restraint.

budgétisation [bydʒetizasjɔ̃] *nf* budgeting ; ~ *intégrale* full budgeting.

budgétiser [bydʒetize] *vt* budget (for).

bulgare [bylgaʀ] *adj* Bulgarian.

Bulgare [bylgaʀ] *nmf* Bulgarian.

Bulgarie [bylgaʀi] *nf* Bulgaria.

bulle [byl] *nf* bubble ; *(Emb) emballage-*~ bubble pack ; *(Fin)* ~ *spéculatrice* speculation bubble.

bulletin [byltɛ̃] *nm* **1.** form, paper ; ~ *de commande* order form ; ~ *d'expédition* dispatch note ; ~ *de paie* statement of wages, pay slip, *(US)* pay stub ; ~*-réponse* reply coupon **2.** newsletter ; ~ *d'information (télévisé)* news bulletin **3.** *(Pol)* ballot paper, ballot, vote ; ~ *blanc* blank vote ; ~ *nul* spoilt/spoiled/void ballot ; ~ *secret* secret ballot ; ~ *de vote* voting ballot, ballot paper.

bullionisme [byljɔnism] *nm (Eco)* theory of the Bullion Committee.

bureau [byʀo] *nm* (*pl* -x) **1.** *(meuble)* desk **2.** *(lieu)* office, *(à domicile)* study ; ~ *des brevets* patent(s) office ; *(Fin)* ~ *de change* foreign exchange office ; *(Jur)* ~ *de conservation des titres* (land) registry office ; ~ *de douane* customs office ; *emploi de* ~ office job ;

employé de ~ clerk ; *employés de* ~ white-collar workers, clerical staff ; ~ *d'études* consulting firm, *(service)* research department, R&D ; ~ *de placement* employment agency ; ~ *de renseignements* information office ; ~ *de vente* sales office ; *(Pol)* ~ *de vote* polling place, polling station.

Bureau international du travail (BIT) *nm (UN)* International Labour/Labor Organization (ILO).

Bureau de la propriété industrielle *nm* Patent and Trademark Office (PTO).

Bureau de vérification de la publicité *nm (Fr) équiv. (UK)* Advertising Standards Authority.

bureaucrate [byʀokʀat] *nmf* bureaucrat.

bureaucratie [byʀokʀasi] *nf* bureaucracy, *(fam)* red tape.

bureaucratique [byʀokʀatik] *adj* bureaucratic.

bureautique [byʀotik] *nf* office automation (OA).

burkinabé [byʀkinabe] *adj* of/from Burkina Faso.

Burkinabé [byʀkinabe] *nm* native/inhabitant of Burkina Faso.

Burkina Faso [byʀkinafaso] *nm* Burkina Faso.

burundais [byʀundɛ] *adj* Burundian.

Burundais [byʀundɛ] *nm* Burundian.

Burundi [byʀundi] *nm* Burundi.

bus [bys] *nm (T)* bus.

but [by] *nm* aim, goal, target ; *à* ~ *lucratif* profit-making ; *(Jur) association à* ~ *non lucratif* non-profit(-making) association, *(US)* not-for-profit organization.

buter [byte] *v* **1.** *vi* ~ *contre un problème* come up against a problem **2.** *(fam) (tuer)* ~ *qn* wipe sb out, knock sb off.

butoir [bytwaʀ] *nm* buffer ; *date* ~ deadline.

buvard [byvaʀ] *nm* blotting paper.

C

cabine [kabin] *nf* **1.** booth ; ~ *téléphonique* phone box/booth, pay phone **2.** *(T)* ~ *du camion* truck cab.

cabinet [kabinɛ] *nm* **1.** agency, office, firm ; ~ *d'avocat/juridique* law firm ; ~ *de conseil* consulting firm ; ~ *d'ex-*

perts-comptables accounting firm **2.** ~ *du juge* judge's chambers ; ~ *médical (UK)* doctor's surgery, *(US)* doctor's office **3.** *(Pol)* cabinet.

câble [kabl] *nm* cable, wire.

câbler [kable] *vt* cable, wire.

cabotage [kabɔtaʒ] *nm (T)* coasting, coastal shipping ; **~ routier** cabotage, tramping.

caboter [kabɔte] *vi (T)* coast.

caboteur [kabɔtœʀ] *nm (T) (navire)* coaster.

cachet [kaʃɛ] *nm* 1. *(tampon)* stamp, *(à la cire)* seal ; **~ de fabrique** maker's mark ; **~ de la poste** postmark ; **~ de la poste faisant foi** date as guaranteed/ proved by postmark 2. *(argent)* fee.

cacheter [kaʃte] *vt (lettre, document)* seal (up) ; **sous pli cacheté** under sealed cover.

cachot [kaʃo] *nm* 1. *(obs)* prison, cell, jail 2. solitary confinement ; **trois jours de ~** three days' solitary confinement.

CAD *v.* **Comité d'aide au développement**.

cadastre [kadastʀ] *nm (Jur)* land register, real estate register ; *(terrain)* **inscrit au ~** registered.

cadeau [kado] *nm (pl -x)* gift ; *(Mkg)* **~ publicitaire** *(UK)* free gift, *(US)* give-away.

cadence [kadɑ̃s] *nf* timing, rate ; **~ de production** production rate/pace.

cadran [kadʀɑ̃] *nm* dial.

cadre [kadʀ] *nm* 1. scope, framework ; **accord ~** frame/framework agreement ; **~ comptable** accounting framework, accounting rules and standards ; **dans le ~ de** within the framework/context of 2. *nm inv (personne)* manager, managerial employee ; *(Mgt)* **~ débutant** junior executive ; **~ de direction** executive, top manager/executive ; **~ dirigeant** senior manager/executive ; **~ moyen** middle manager/executive ; **~s moyens** middle management ; **~ supérieur** senior manager, senior executive ; **~s supérieurs** senior/top management 3. *(Emb)* crate, frame.

cadrer [kadʀe] *v* 1. *vi (avec)* correspond to, go with, fit in with 2. *vt (photo)* centre/center.

cadreur [kadʀœʀ] *nm inv (TV)* camera operator.

caduc [kadyk] *adj (f* **caduque)** 1. *(Jur)* null and void ; **contrat ~** lapsed contract ; **dette caduque** statute-barred debt ; **devenir ~** lapse ; **rendre ~** nullify, make null and void 2. obsolete.

caducité [kadysite] *nf (Jur)* lapsing, nullity, state of having lapsed ; **~ des legs** lapse of bequests.

CAEM *v.* **Conseil d'aide économique mutuelle**.

CAF *v.* **coût, assurance, fret**.

cageot [kaʒo] *nm* crate, *(fruits)* tray.

cahier [kaje] *nm* copy-book.

*cahier des charges *nm* 1. specifications, requirements, statement of requirements, terms of reference 2. *(Mkg)* brief.

caillebo(t)tis [kajbɔti] *nm (pl inv)* duck board.

caisse [kɛs] *nf* 1. *(Com)* cash desk, till ; *(supermarché)* checkout ; *(argent)* cash, takings ; **~ enregistreuse/tiroir-~** cash-register ; **~ noire** slush fund 2. *(Emb/T)* box, case, *(souvent à claire-voie)* crate ; **~ repliable** folding box ; **~ aérienne** airvan ; **~ fermée** liftvan ; **~ maritime** sea chest ; **~s mobiles** swap bodies 3. *(Fin)* fund, office ; **~ d'amortissement** sinking fund, redemption fund ; **~ de retraite** pension fund 4. *(Bq)* bank, fund ; **~ d'épargne** savings bank ; **~ de retraite** pension fund.

*Caisse d'épargne et de prévoyance *nf (Bq) (UK)* Savings and Provident Bank, *(US)* Savings and Loans.

*Caisse nationale d'épargne (CNE) *nf (Bq) (Fr)* National Savings Bank.

*Caisse primaire d'assurance-maladie (CPAM) *nf (Fr)* social security office.

caissier [kesje] *nm (f* **-ière)** 1. *(Com)* cashier, checkout assistant 2. *(banque)* teller.

calage [kalaʒ] *nm (T)* wedging, dunnage.

calcul [kalkyl] *nm* 1. computation, reckoning, calculation ; *(Eco)* **~ à coûts constants** constant cost calculation ; **erreur de ~** miscalculation 2. calculus ; **~ des probabilités** probability calculus 3. assessment, estimate ; **~ de l'impôt** tax assessment ; **je me suis trompé dans mes ~s** I've made a mistake (in my calculations) 4. scheme, plan.

calculateur¹ [kalkylatœʀ] *adj (f* **-trice)** calculating.

calculateur² [kalkylatœʀ] *nm* computer.

calculatrice [kalkylatʀis] *nf* calculator ; **~ de poche** pocket calculator.

calculer [kalkyle] *vt* 1. compute, calculate, reckon, *(US)* figure out 2. assess, estimate.

calculette [kalkylɛt] *nf* pocket calculator.

cale [kal] *nf* 1. *(T) (navire)* hold ; **~ de chargement** slipway ; **eau de ~** bilge water ; **en ~** under hatch ; **~ sèche** dry dock 2. *(pour caler)* wedge.

calendrier [kalɑ̃dʀije] *nm* 1. calendar 2. *(planning)* schedule, timetable.

caler [kale] *vt (T)* chock, secure, wedge.

calibre [kalibʀ] *nm* 1. calibre/caliber, gauge, *(arme à feu)* bore 2. *(fruit)* grade 3. *(personne)* calibre/caliber.

calibrer [kalibʀe] vt **1.** calibrate, *(fruit),* grade **2.** standardize.

calme [kalm] nm **1.** calm, quiet ; *garder son ~* keep cool/calm **2.** lack of business activity.

calmer [kalme] v **1.** vt calm down **2.** vpr se ~ *(personne)* calm down, *(activités)* subside, calm down.

calomnie [kalɔmni] nf **1.** *(Jur)* defamation, *(écrite)* libel, *(orale)* slander **2.** *~s* defamatory remarks.

calomnier [kalɔmnje] vt *(par écrit)* libel, *(oralement)* slander.

cambisme [kɑ̃bism] nm *(Fin)* foreign exchange business.

cambiste [kɑ̃bist] nmf *(Fin)* foreign exchange broker/dealer.

Cambodge [kɑ̃bɔdʒ] nm Cambodia.

cambodgien [kɑ̃bɔdʒjɛ̃] adj *(f* **-ienne)** Cambodian.

Cambodgien [kɑ̃bɔdʒjɛ̃] nm *(f* **-ienne)** Cambodian.

cambriolage [kɑ̃bʀiɔlaʒ] nm *(Jur)* house breaking, burglary.

cambrioler [kɑ̃bʀiɔle] vt *(Jur)* break into, *(UK)* burgle, *(US)* burglarize.

cambrioleur [kɑ̃bʀiɔlœʀ] nm *(Jur)* *(f* **-euse)** burglar.

camelot [kamlo] nm inv hawker.

camelote [kamlɔt] nf *(fam)* trash, junk, shoddy goods.

camembert [kamɑ̃bɛʀ] nm *(Eco/Mgt)* pie chart.

caméralisme [kameʀalism] nm *(Pol)* cameralism.

Cameroun [kamʀun] nm Cameroon.

camerounais [kamʀunɛ] adj Cameroonian.

Camerounais [kamʀunɛ] nm Cameroonian.

camion [kamjɔ̃] nm *(T) (UK)* lorry ; *(US)* truck ; *~ semi-remorque* articulated lorry, trailer truck ; *~-bascule* dump-lorry ; *~-citerne* tanker-lorry, tanker ; *~-grue* tractor crane.

camionnage [kamjɔnaʒ] nm *(T)* truckage, haulage, cartage ; *~ sur courte distance* drayage.

camionnette [kamjɔnɛt] nf *(T)* van ; *~ ouverte* pickup truck ; *~ de livraison* delivery van.

camionneur [kamjɔnœʀ] nm inv *(T) (UK)* lorry driver, *(US)* trucker, truck driver, teamster.

campagne [kɑ̃paɲ] nf **1.** countryside ; *à la ~* in the countryside **2.** *(Mkg)* campaign, drive ; *~ de publicité/publicitaire* advertising campaign ; *~ de promotion des exportations* export drive ; *~ de promotion des ventes* sales-pro-

motion campaign, sales drive ; *~ promotionnelle* promotion drive **3.** *(Pol)* campaign ; *~ électorale* election campaign.

Canada [kanada] nm Canada.

canadien [kanadjɛ̃] adj *(f* **-ienne)** Canadian.

Canadien [kanadjɛ̃] nm *(f* **-ienne)** Canadian.

canal [kanal] nm *(pl* **-aux) 1.** *(T)* canal **2.** *(fig)* channel ; *canaux de distribution* distribution channels.

canalisation [kanalizasjɔ̃] nf **1.** *(Ind)* pipe, piping, conduit **2.** *(fig)* ~ *des ressources* channelling of resources.

canaliser [kanalize] vt *(énergie, ressources)* channel, harness.

candidat [kɑ̃dida] nm **1.** applicant, candidate ; *~ à un emploi* job applicant ; *se porter ~ à un emploi* apply for a job ; *~ retenu* successful candidate **2.** *(Pol)* candidate, *(US) (désigné par le Président)* nominee ; *se porter ~ à une élection* stand/run for election.

candidature [kɑ̃didatyʀ] nf **1.** *(emploi)* application ; *formulaire de ~* application form ; *lettre de ~* letter of application ; *j'ai l'honneur de faire acte de ~ pour le poste de...* I wish to apply for the position of... **2.** *(Pol)* candidacy, *(US) (désignation par le Président)* nomination.

cannibalisation [kanibalizasjɔ̃] nf *(Mgt)* **1.** cannibalization **2.** counter-productive merchandising, asset stripping.

cannibaliser [kanibalize] vt *(Mgt)* cannibalize ; *~ une société* strip a firm of its assets.

canton [kɑ̃tɔ̃] nm *(Pol)* canton, district, unit of local government in France/Switzerland.

CAO v. **conception assistée par ordinateur.**

caoutchouc [kautʃu] nm *(Emb)* rubber *(s inv).*

CAP v. **Certificat d'aptitude professionnelle.**

cap [kap] nm **1.** *(T)* course, *(aussi fig) changer de ~* change course/direction **2.** *(fig) franchir le ~ de* get past the obstacle of.

CAPA v. **Certificat d'aptitude à la profession d'avocat.**

capable [kapabl] adj capable, able, competent.

capacité [kapasite] nf **1.** *(personne)* ~ *à faire qch* capacity/ability to do sth **2.** *(Jur)* capacity ; *~ d'ester en justice* capacity to sue or be sued ; *~ de jouissance* legal right ; *~ de succéder* capacity to inherit **3.** *(Eco/Fin)* capacity ;

~ d'autofinancement self-financing capacity; **~ bénéficiaire** earning power; **~ d'emprunt** borrowing power; *(Cpta) (UK)* **~ double** dual capacity; *(Eco)* **~ de production** production capacity; **~s (de production) existantes** existing capacity; **~s (de production) inutilisées** spare capacity; *(Fin)* **~ de remboursement** ability to pay, repayment ratio; **~ unique** single capacity **4.** *(Emb)* capacity **5.** *(Inf)* **~ mémoire** storage capacity; *(Inf)* **~ de traitement** processing capacity, data-handling capacity.

capitaine [kapiten] *nm inv* captain; **~ du bateau** shipmaster; **~ d'un bateau de plaisance** skipper; *(fig)* **les ~s d'industrie** captains of industry.

capital [kapital] *nm (pl -aux)* capital *(s inv)* **1.** *(Eco)* **efficacité du ~** capital efficiency; *(Keynes)* **efficacité marginale du ~** marginal efficiency of capital; **entrée de capitaux** capital inflow; **facteur ~** capital factor; **capitaux fébriles** hot money, flight money; **~ financier** financial capital; **~ fixe** fixed capital; *(J.O.)* **capitaux flottants** hot money, flight money/capital; **formation de ~** capital formation; *(Eco)* **à forte utilisation de ~** capital-intensive; **~ humain** human capital; **capitaux improductifs** idle capital; **offre de capitaux** capital supply; **~ monétaire** money capital; **~ réel** real capital; **pénurie de capitaux** shortage of capital; **sortie de capitaux** capital outflow; **structure du ~** capital structure; **structure optimale du ~** optimal structure of capital; **~ technique** technical capital **2.** *(Fin/Jur)* capital; **~ non amorti** unredeemed capital; **~ appelé** called-up capital; **~ autorisé** authorized/approved capital; **~ de départ** start-up capital; **~ engagé** invested capital; **~ financier** financial capital; **~ fixe** fixed capital; **~ libéré** paid-up capital, fully-paid capital; **~ nominal** authorized capital; **procéder à une augmentation de ~** raise equity; **capitaux propres** equity capital, net worth, *(US)* stockholders' equity, *(UK)* shareholders' equity; **~-risque** venture capital; **~ social** capital of a corporation, nominal/registered capital, equity share capital, *(US)* capital stock; **~ souscrit** subscribed capital, *(US)* stock subscription; **~ variable** capital which is not permanently invested in the business; **~ versé** paid-up/paid-in capital; **~ non versé** capital not paid up/not paid in **3.** *(Cpta)* principal, principal amount of a debt, capital; **~ et intérêts** principal and interest.

capitalisation [kapitalizasjɔ̃] *nf* capitalization; **~ boursière** market capitalization; *(Fin)* **~ des intérêts** capitalization of interests, anatocism; **taux de ~** capitalization rate.

capitaliser [kapitalize] *vt* capitalize.

capitalisme [kapitalism] *nm* capitalism; **~ d'Etat** state capitalism.

capitaliste[1] [kapitalist] *adj* capitalist.

capitaliste[2] [kapitalist] *nmf* capitalist.

capitalistique [kapitalistik] *adj* capital-intensive, capitalistic.

capitaux [kapito] *v.* **capital.**

capitonné [kapitɔne] *adj (Emb) (écrin)* padded.

capitonner [kapitɔne] *vt (Emb)* pad.

captation [kaptasjɔ̃] *nf (Jur)* fraudulent manœuvres perpetrated to obtain a gift or inheritance.

captif[1] [kaptif] *adj (f -ive)* captive; **marché ~** captive market.

captif[2] [kaptif] *nm (f -ive)* captive, prisoner.

Cap-Vert [kapvɛʀ] *nm (les îles du) C~-V~* Cape Verde (Islands).

caractère [kaʀaktɛʀ] *nm* **1.** *(d'un événement)* nature, feature, characteristic **2.** *(typographie)* **~s gras** bold type; **~s d'imprimerie** block characters.

caractéristique [kaʀakteʀistik] *nf* characteristic, feature; **~s techniques** specifications.

carburant [kaʀbyʀɑ̃] *nm (T)* fuel.

carénage [kaʀenaʒ] *nm* **1.** *(Ind)* careening **2.** *(d'un processus)* streamlining (of a process).

carence [kaʀɑ̃s] *nf* **1.** inefficiency; **~ en** lack of; *(Jur)* **~ affective** emotional deprivation **2.** *(Jur)* insolvency.

cargaison [kaʀgɛzɔ̃] *nf (T)* cargo, freight; **embarquer une ~** take on cargo; **~ fractionnée** breakbulk cargo; **glissement de ~** cargo-shifting; **~ de retour** homeward cargo; **~ débarquée en moins** shortlanded cargo; **~ sèche** dry cargo; **~ en vrac** bulk cargo.

cargo [kaʀgo] *nm (T)* cargo boat/ship/vessel, freighter, freightliner.

caritatif [kaʀitatif] *adj (f -ive)* charitable; **association caritative** charitable association.

carnet [kaʀnɛ] *nm* notebook; **~ de commandes** order book; *(Bq)* **~ de chèques** *(UK)* chequebook, *(US)* checkbook.

*carnet ATA *nm (D)* ATA carnet.

carreau [kaʀo] *nm (pl -x)* **1.** window pane, pane of glass, *(céramique)* tile **2.** *(mine)* pit head **3.** **à ~x** chequered **4.**

carrière [kaʀjɛʀ] *nf* **1.** quarry; **~ à ciel ouvert** open air quarry **2.** *(profession)* career ; *perspectives de* ~ career prospects/openings ; *plan de* ~ career development.

carriérisme [kaʀjeʀism] *nm* careerism.

carriériste [kaʀjeʀist] *nmf* careerist.

carte [kaʀt] *nf* **1.** *(géographique)* map **2.** *(restaurant)* menu, card ; ~ *des vins* wine list **3.** card ; ~ *d'abonnement* season ticket ; ~ *de crédit* credit card, smart card ; ~ *grise (UK)* log book, certificate of automobile registration ; *(Inf)* ~ *magnétique* magnetic (storage) card, smart card ; *(Inf)* ~ *perforée* punch card ; *(Inf)* ~ *à puce* chip card, smart card ; *(Mkg)* ~*-réponse* replycard ; *(Fr)* ~ *de séjour* resident/residency permit (for foreigners) ; *(Ass) (Fr)* ~ *verte* (international) car insurance certificate, proof of automobile liability insurance ; ~ *de visite* visiting card, *(US)* business card, calling card **4.** *loc à la* ~ personalized ; *donner* ~ *blanche à qn* give sb a free hand ; *horaires à la* ~ flexitime, flextime.

*****carte bleue**® *nf (Fr)* credit card, Visa® card.

*****carte nationale d'identité (CNI)** *nf (Fr)* national identity card.

cartel [kaʀtɛl] *nm (Eco)* cartel.

cartellisation [kaʀtelizasjɔ̃] *nf* cartelization/cartellization, formation of cartels.

carton [kaʀtɔ̃] *nm (Emb)* **1.** *(matière)* cardboard ; ~ *ondulé* corrugated cardboard **2.** *(boîte)* carton.

cartouche [kaʀtuʃ] *nf* **1.** cartridge **2.** *(Inf)* ~ *d'encre* ink cartridge/refill (of a printer).

cas [ka] *nm* **1.** case, situation ; *en aucun* ~ on no account ; *le* ~ *échéant* if necessary, if the opportunity arises ; *(Mgt) étude de* ~ case study ; ~ *limite* borderline case ; *selon le* ~ as the case may be ; *en* ~ *d'urgence* in case of emergency **2.** *(Jur)* ~ *d'espèce* case in point ; *exposer son* ~ state one's case ; ~ *de force majeure* Act of God, "force majeure" ; ~ *fortuit* fortuitous/chance event.

case [kaz] *nf* **1.** *(formulaire)* box ; *cocher la* ~ *qui convient* tick the appropriate box **2.** *(casier)* pigeon-hole.

casier [kazje] *nm* pigeon-hole.

*****casier judiciaire** *nm (Jur)* record of criminal convictions, police record ; *extrait de* ~ document listing criminal convictions, if any ; ~ *vierge* clean record.

casque [kask] *nm* **1.** helmet **2.** *(chantier)* safety helmet ; *port du* ~ *obligatoire* safety helmets must be worn.

cassation [kasasjɔ̃] *nf (Jur) (Fr)* reversal, quashing of a decision by highest appeal court ; *se pourvoir en* ~ take one's case to the **Cour de cassation**.

casse¹ [kas] *nm (fam)* burglary, break-in.

casse² [kas] *nf* **1.** *(Emb)* breakage ; *il y a eu de la* ~ there have been breakages **2.** scrapyard ; *mettre une voiture à la* ~ scrap a car, send a car to the scrapyard.

casser [kase] *vt* **1.** *(objet)* break **2.** *(Mkg)* ~ *les prix* slash prices, undersell/undercut competitors **3.** *(Jur)* quash, reverse, set aside (*v.* **Cour de cassation**).

casseur [kasœʀ] *nm (f -euse) (Jur)* hooligan, vandal.

*****casseur de griffe** *nm (Mkg)* brand-name discounter.

catalogue [katalɔg] *nm* catalogue/catalog ; *prix de* ~ list/catalogue price ; *vente sur* ~ catalogue selling ; ~ *de vente par correspondance* mail-order catalogue.

cataloguer [katalɔge] *vt* catalogue/catalog, list.

catégorie [kategɔʀi] *nf* **1.** *(Eco)* category ; ~*s économiques* economic units ; ~ *socio-professionnelle* occupational category, social and economic category, socio-professional group **2.** *(Mkg) de deuxième* ~ second rate ; *de toute première* ~ first rate, top quality.

catégoriel [kategɔʀjɛl] *adj (f -ielle)* socio-professional.

causalité [kozalite] *nf* **1.** cause **2.** *(Jur)* proximate cause.

cause [koz] *nf* **1.** *(raison)* cause ; *à* ~ *de* because of ; *pour* ~ *de* on account of ; *fermé pour* ~ *d'inventaire* closed for stocktaking/inventory **2.** *(Jur)* case, action, suit ; ~ *célèbre* notorious/high-profile case ; *entendre une* ~ hear a case ; *mettre qn en* ~ sue/summon sb ; *mettre qn hors de* ~ clear sb **3.** *(Jur) (contrepartie)* consideration (for a contract) **4.** *faire* ~ *commune* combine efforts, work together.

causer [koze] *vt* cause, create, generate, bring about.

caution [kosjɔ̃] *nf* **1.** *(Com)* deposit ; *verser une* ~ pay a deposit **2.** *(Fin/Jur)* bond, guarantee, security, surety ; *(CI)* ~ *de bonne fin* performance bond ; *se porter* ~ stand surety **3.** *(Jur)* bail ; *libéré sous* ~ released on bail ; *verser une* ~ post bail **4.** *(appui)* support, backing.

cautionnement [kosjɔnmɑ̃] *nm* **1.** backing ; ~ *d'un projet* backing/supporting of a project **2.** *(Fin/Jur)* surety agreement.

cautionner [kosjɔne] *vt* **1.** back ; ~ *un projet* back a project **2.** *(Jur)* guarantee **3.** *(Jur) (personne)* stand surety for.

cavale [kaval] *nf (criminel) être en* ~ *(fam)* be on the run.

cavalerie [kavalʀi] *nf (Bq/Fin) faire de la* ~ fly a kite ; *traite de* ~ accommodation bill.

CB *v.* **carte bleue**®.

CCI *v.* **Chambre de commerce et d'industrie ; Chambre de commerce internationale.**

CCR *v.* **coefficient de capitalisation des résultats.**

CE *v.* **Conseil de l'Europe.**

CEAP *v.* **Coopération économique Asie-Pacifique.**

CECA *v.* **Communauté européenne du charbon et de l'acier.**

cédant [sedã] *nm (Jur)* assignor, grantor.

CEDEAO *v.* **Communauté économique des Etats de l'Afrique de l'Ouest.**

céder [sede] *v* **1.** *vi (personne)* give in, yield ; ~ *à des demandes/des pressions* yield to demands/pressure **2.** *vi (chose)* break, give way **3.** *vt* surrender, relinquish ; ~ *du terrain* lose ground **4.** *(Jur)* assign, grant, transfer, make over ; ~ *un bail* transfer a lease.

cedex [sedeks] *nm (ab de* **courrier d'entreprise à distribution exceptionnelle)** business post-office box number.

CEE *v.* **Communauté économique européenne.**

CEEA *v.* **Communauté européenne de l'énergie atomique.**

CEI *v.* **Communauté des Etats indépendants.**

célibataire[1] [selibatɛʀ] *adj* single, unmarried.

célibataire[2] [selibatɛʀ] *nmf (homme)* single man, bachelor, *(femme)* single woman, *(péj)* spinster.

cellule [selyl] *nf* cell ; ~ *de crise* emergency committee/task force.

CEN *v.* **Comité européen de normalisation.**

cens [sãs] *nm (pl inv)* local rate, *(Jur) (obs)* ~ *électoral* poll tax.

censeur [sãsœʀ] *nm inv* censor.

censitaire [sãsitɛʀ] *adj (Pol)* **suffrage** ~ franchise dependent on payment of a poll tax.

censure [sãsyʀ] *nf* **1.** censorship ; ~ *de la presse* press censorship **2.** *(Pol) vote de* ~ parliamentary vote of no confidence.

censurer [sãsyʀe] *vt* **1.** censor **2.** censure.

centrafricain [sãtʀafʀikɛ̃] *adj* of/from the Central African Republic ; *République* ~*e* Central African Republic.

Centrafricain [sãtʀafʀikɛ̃] *nm* native/inhabitant of the Central African Republic.

central[1] [sãtʀal] *adj (pl* -aux) central, pivotal.

central[2] [sãtʀal] *nm (mpl* -aux) ~ *téléphonique* telephone exchange, switchboard.

centrale [sãtʀal] *nf* **1.** group, union ; ~ *syndicale* confederated union **2.** station, plant ; ~ *atomique* atomic plant ; ~ *électrique* power plant/station ; ~ *nucléaire* nuclear plant.

centrale d'achat *nf (Mkg)* purchasing group, buying office, central purchasing group.

centralisateur [sãtʀalizatœʀ] *adj (f* -trice) centralizing.

centralisation [sãtʀalizasjɔ̃] *nf* centralization.

centraliser [sãtʀalize] *vt* centralize.

centre [sãtʀ] *nm* **1.** *(UK)* centre, *(US)* center ; ~ *d'activité* hub of activity ; ~ *d'affaires* business/trade center ; *(Com/ Mkg)* ~ *commercial* shopping center ; *(T)* ~ *de groupage et/ou de distribution* inland depot ; ~-*ville* city centre/ center, *(US)* downtown **2.** *(Pol) le* ~ the centre/center, the middle-of-the-road.

centre de gestion agréé *nm (Cpta/Jur) (Fr)* centre/center which handles the accounting of self-employed professionals.

Centre international de règlement des conflits relatifs aux investissements (CIRDI) *nm (Jur)* International Center for the Settlement of Investment Disputes (ICSID).

centre de magasins d'usine (CMU) *nm* factory outlet centre/center.

Centre national d'informatique juridique (CNIJ) *nm (Jur) (Fr)* agency for the protection of personal privacy, through control of data bases containing personal information.

Centre national pour la recherche scientifique (CNRS) *nm (Fr)* national organization for scientific research.

cercle [sɛʀkl] *nm* circle ; *les* ~*s politiques* political circles ; *(Mgt)* ~ *de qualité* quality circle ; ~ *vicieux* vicious circle.

cerclé [sɛʀkle] *adj (Emb)* ~ *de fer* iron-hooped.

cercler [sɛʀkle] *vt (Emb)* bind, hoop,

strap, hold with metal bands, metal-strap.

céréale [seʀeal] *nf* cereal; **~s** grain; **~s fourragères** grain feed.

céréalier¹ [seʀealje] *adj (f* **-ière)** cereal, *cultures céréalières* cereal crops; *(T) navire* **~** grain carrier.

céréalier² [seʀealje] *nm (f* **-ière)** **1.** *(Agr)* cereal grower **2.** *nm (T)* grain ship/carrier.

certificat [seʀtifika] *nm* **1.** *(Jur)* certificate; **~** *de bonne vie* certificate of good character; **~** *de coutume* affidavit of foreign law; **~** *de nationalité* certificate of nationality; **~** *de propriété* official document certifying rights in goods or instruments **2.** *(Bq/Fin)* **~** *de dépôt* certificate of deposit (CD) **3.** *(D)* certificate; **~** *d'arrivée* certificate of clearing inwards; **~** *de circulation* movement certificate; **~** *d'entrepôt* warrant; **~** *d'homologation* certificate of approval; *(UE)* **~** *de libre pratique* EU clearance certificate; **~** *d'origine* certificate of origin; **~** *sanitaire* health certificate **4.** *(T)* **~** *de chargement* mate's receipt (m/r); **~** *de navigabilité* certificate of seaworthiness; **~** *de quarantaine* certificate of quarantine; **~** *sanitaire* health certificate **5.** *(Ass)* **~** *d'avarie* damage authentification.

***Certificat d'aptitude à la profession d'avocat (CAPA)** *nm (Jur) (Fr)* Bar exam.

***Certificat d'aptitude professionnelle (CAP)** *nm (Fr)* certificate of vocational training.

certification [seʀtifikasjɔ̃] *nf* certification; *(Cpta)* **~** *des comptes* auditing of accounts; **~** *d'une signature* witnessing/authentification of a signature.

certifier [seʀtifje] *v* **1.** *vt* certify, authenticate **2.** *vi* **~** *que* assert/attest/certify/vouch that **3.** *(Jur)* **~** *conforme* attest that a copy of a document is identical to its original; *copie certifiée conforme* authenticated copy (of a document).

cessation [sesasjɔ̃] *nf* **1.** stoppage, discontinuance, termination, suspension, interruption; **~** *d'activité* closing down **2.** *(Cpta)* **~** *de la dette* legal defeasance; **~** *de paiement* default, suspension/stoppage of payment; *(Fin)* **~** *des paiements* cessation of payments.

***cessation progressive d'activité (CPA)** *nf (Fr)* semi-retirement.

cesser [sese] *v* **1.** *vt* stop, cease, discontinue, suspend **2.** *vi (de)* stop, cease to; **~** *de fabriquer* discontinue production.

cessibilité [sesibilite] *nf (Jur)* assignability, transferability.

cessible [sesibl] *adj (Jur)* assignable, transferable.

cession [sesjɔ̃] *nf* **1.** *(Jur) (droits)* assignment, *(biens)* transfer, sale assignment, concession; *acte de* **~** certificate/deed of transfer; **~** *d'actions* assignment of shares; **~** *de biens* assignment of assets; **~** *d'un brevet* sale of a patent; **~** *de créance* assignment of an obligation (by the lender); **~** *de dettes* delegation of the obligation to pay debts (by the borrower); **~** *de salaire* assignment of wages **2.** *(Cpta)* **~** *d'actif* asset disposal.

***cession-bail** *nf (Fin)* lease-back.

cessionnaire [sesjɔneʀ] *nmf (Jur)* assignee, transferee.

CFA *v.* **Communauté financière africaine.**

CFDT *v.* **Confédération française et démocratique du travail.**

CFR *v.* **coût et fret.**

CFTC *v.* **Confédération française des travailleurs chrétiens.**

CGT *v.* **Confédération générale du travail.**

chaîne [ʃɛn] *nf* **1.** *(Ind)* chain, line; **~** *de manutention* handling chain; **~** *de montage* assembly line, production line; *travail à la* **~** work on the assembly line **2.** *(Mkg)* chain; **~** *de magasins* chain of shops/stores; **~** *de supermi-nimarges* off-price chain **3.** *(TV)* channel, *(US)* network **4.** *déclencher une réaction en* **~** start a chain reaction.

chaland [ʃalɑ̃] *nm inv* **1.** *(Mkg)* customer **2.** *(T)* barge.

chalandage [ʃalɑ̃daʒ] *nm* **1.** shopping; *(Fisc/Jur)* **~** *fiscal* treaty shopping; *(Jur)* **~** *juridique* forum shopping **2.** *(T)* lighterage.

***chalandage d'opinion** *nm (Mkg)* opinion shopping.

chalandise [ʃalɑ̃diz] *nf (Mkg) zone de* **~** distribution area, commercial area, *(centre commercial)* shopping centre/center/mall.

chaloupe [ʃalup] *nf (T)* launch; **~** *de sauvetage* lifeboat.

chambre [ʃɑ̃bʀ] *nf* **1.** room, **~** *à un lit* single room; **~** *pour deux personnes* double room; *(T)* **~** *froide* cold storage unit; *mettre en* **~** *froide* put in cold storage **2.** *(Pol)* house, chamber; *(UK)* **C~** *des communes* House of Commons; *(Fr)* **C~** *des députés* (former name of the) **Assemblée nationale,** Chamber of Deputies, the lower house of a legislature; *(US)* **C~** *des*

représentants House of Representatives **3.** *(Com)* chamber; **~** *de commerce* chamber of commerce **4.** *(Jur)* division of a court, chamber; *(Fr)* **~** *d'accusation* examining court of the second degree, criminal court which handles a matter after the report of the investigating magistrate; *(Fr)* **C~** *des appels correctionnels* criminal division of the courts of appeal; *(Fr)* **C~** *civile* civil division of the **Cour de cassation**; **C~** *d'instruction* examining chamber; *(Fr)* **C~** *mixte* hearing by the **Cour de cassation** including judges from several of its divisions; *(Fr)* **C~** *régionale des comptes* regional body charged with overseeing the accounting of local government entities; *(Fr)* **C~** *des requêtes* former division of the **Cour de cassation** which screened appeals for compliance with procedural requirements before examination on the merits; **C~s réunies Cour de cassation** sitting en banc; *(Fr)* **C~** *sociale* division of the **Cour de cassation** and the court of appeals dealing with matters of Social Security and employer-employee disputes **5.** *(Bq)* house; *(J.O.)* **~** *de compensation* clearing house.

*Chambre de commerce et d'industrie (CCI) *nf* Chamber of Commerce and Industry; Chamber of Commerce, *(US)* Trade Board.

*Chambre de commerce internationale (CCI) *nf* International Chamber of Commerce (ICC).

champ [ʃã] *nm* field; **~** *d'activité* field of activity; *(loi)* **~** *d'application* scope, ambit.

chancelier [ʃãsəlje] *nm inv* chancellor.
*Chancelier de l'Echiquier *nm (UK)* Chancellor of the Exchequer.

chancellerie [ʃãselʀi] *nf* **1.** *(ambassade)* chancellery **2.** *(Pol) (Fr)* **la C~** *(syn.* **ministère de la Justice)** French Ministry of Justice.

change [ʃãʒ] *nm (Bq/Eco/Fin)* (foreign/currency) exchange *(s inv)*; *agent de* **~** exchange broker; *bureau de* **~** foreign exchange office; *bordereau de* **~** exchange slip; **~** *au comptant* spot exchange; *courtier de* **~** money changer; **~s fixes** fixed exchange rates; **~s fixes mais ajustables** trotting peg; **~s flottants** floating exchange rates; **~s glissants** crawling/sliding peg, gliding parity; *opération de* **~** foreign exchange dealing; *politique de* **~** exchange-rate policy/management; *liberté des* **~s** free exchange rate; *risque de* **~** exchange risk; *taux de* **~** exchange rate; **~** *à terme* forward exchange.

changeant [ʃãʒã] *adj* changing, unstable, erratic.

changement [ʃãʒmã] *nm* change, alteration; **~** *de dernière minute* last-minute change; **~** *d'échelon* promotion; **~** *radical* sweeping/drastic change; *(Mgt) (affiche)* **~** *de direction* change of management, "under new management".

changer [ʃãʒe] *v* **1.** *vti* change, alter; **~** *d'adresse* change address, move; **~** *d'avis* change one's mind; **~** *de métier* change/switch jobs **2.** *(déménager)* move, transfer **3.** *(Fin)* (ex)change; **~** *des livres en dollars* exchange pounds for dollars.

changeur [ʃãʒœʀ] *nm (f* -*euse)* **1.** *(personne)* money changer **2.** *nm (machine)* change machine, *(US)* money changer.

chantage [ʃãtaʒ] *nm (Jur)* extortion, blackmail; *se livrer à un* **~** *de* blackmail sb; *(Bs/Fin)* **~** *financier* greenmail.

chanter [ʃãte] *vti* **1.** sing **2.** *(Jur)* *faire* **~** *qn* blackmail sb.

chantier [ʃãtje] *nm (construction)* construction/building site; *chef de* **~** site manager; *gestion de* **~** site management; « **~** *interdit au public* » "no unauthorized entry"; *mettre en* **~** start construction on, *(fig)* start work on; **~** *naval* shipbuilding yard, shipyard.

chanvre [ʃãvʀ] *nm (Emb)* hemp *(s inv)*.

chapitre [ʃapitʀ] *nm* **1.** *(ouvrage)* chapter **2.** *(Bq)* chapter; *(Cpta)* **~** *budgétaire* budget item.

charbon [ʃaʀbɔ̃] *nm* coal *(s inv)*.

charbonnage [ʃaʀbɔnaʒ] *nm* **1.** *(industrie)* coal mine **2.** *les* **C~s de France** the French Coal Board.

charbonnier [ʃaʀbɔnje] *nm (T) (navire)* collier.

charge [ʃaʀʒ] *nf* **1.** charge, function, responsibility, task; *avoir la* **~** *de* be in charge of, be responsible for; *avoir des enfants à* **~** have dependent children; **~s de famille** dependents; **~** *de travail* workload **2.** *(Cpta/Fin)* charge, cost, expense; *à la* **~** *de X* payable by X; *(Fr)* **~s patronales** compulsory payments by employers to finance social programs; **~s constatées d'avance** prepaid expenses; **~s non déductibles** non-deductible charges; **~** *de la dette* debt burden; **~** *d'une dette* debt service, debt servicing; **~** *différée* deferred charge; **~s d'exploitation** operating expenses; **~s incorporables** production costs, inventoriable costs; **~s locatives** rental expenses, service charges, maintenance charges; **~s à**

payer accrued expenses/liability ; ~*s payées d'avance* prepaid expenses ; ~*s de personnel* payroll ; ~*s salariales* payroll charges ; ~*s sociales (UK)* social security contributions, *(UK)* National Insurance contributions, *(US)* payroll taxes ; ~*s de structure* committed costs **4.** *(Jur)* charge, encumbrance ; ~ *des dépens* taxing of costs ; ~ *grevant un bien-fonds* encumbrance on land ; *libre de toute* ~ free from all encumbrances ; ~ *de la preuve* burden of proof, onus of proof ; *renversement de la* ~ *de la preuve* shifting of the burden of proof (to the other party) **5.** *(Jur)* charge, indictment ; *témoin à* ~ witness for the prosecution **6.** *(T)* load ; ~ *admissible* safe load ; ~ *complète* full load ; ~ *de rupture* breaking load ; ~ *unitaire* unit load ; ~ *utile* payload **7.** firm ; ~ *d'agent de change* brokerage firm, brokering house.

chargé[1] [ʃaRʒe] *adj* busy ; *emploi du temps* ~ full/busy schedule.

chargé[2] [ʃaRʒe] *nm (de)* person responsible (for) ; *(Pol)* ~ *d'affaires* chargé d'affaires ; *(Jur)* ~ *de famille* person supporting a family.

chargement [ʃaRʒəmɑ̃] *nm (T)* **1.** *(action de charger)* loading ; *aire de* ~ loading bay ; ~ *par allèges* overside loading ; ~ *du conteneur* container loading ; *délai de* ~ loading time ; ~ *en vrac* bulk loading **2.** *(marchandises)* load, cargo ; ~ *entier* carload lot (CL) ; ~ *sur le pont/en pontée* deckload.

charger [ʃaRʒe] *v* **1.** *vi (T)* load, take in cargo/freight **2.** *vt (T)* ~ *un bâtiment par allèges* load a vessel overside **3.** *vt* ~ *qn de (faire) qch* entrust sb with (doing) sth, give sb responsibility for (doing) sth **4.** *vt (fig) être chargé (de)* be responsible for, be in charge of.

chargeur [ʃaRʒœR] *nm inv (T)* shipper ; *chef* ~ loading coordinator.

chariot [ʃaRjo] *nm* **1.** *(Mkg) (supermarché) (UK)* shopping trolley, *(US)* shopping cart **2.** *(T)* ~ *élévateur* forklift (truck).

charité [ʃaRite] *nf* **1.** charity **2.** almsgiving.

charlatan [ʃaRlatɑ̃] *nm inv* quack.

charlatanisme [ʃaRlatanism] *nm* quackery.

charnière [ʃaRnjɛR] *nf* **1.** *(Emb)* hinge **2.** *date* ~ turning point.

charte [ʃaRt] *nf (Jur)* charter.
*Charte de La Havane *nf (Jur)* Havana Charter.
*Charte des Nations Unies *nf* United Nations Charter.

*Charte sociale européenne *nf (UE)* European Social Charter.

charte-partie [ʃaRtpaRti] *nf (T)* charter-party ; ~ *à temps* time charter-party ; ~ *au voyage* voyage charter-party.

charter [ʃaRtɛR] *nm (T)* **1.** charter plane **2.** charter flight.

chasser [ʃase] *v* **1.** *vti (gibier)* hunt **2.** *vt* expel, drive out, dismiss ; ~ *un concurrent du marché* crowd a competitor out of the market.

chasseur [ʃasœR] *nm inv* **1.** hunter ; ~ *de têtes* headhunter **2.** *(hôtel)* bellboy, bellhop.

chaudronnerie [ʃodRɔnRi] *nf* boiler making, boiler trade.

chaudronnier [ʃodRɔnje] *nm inv* boiler maker, coppersmith.

chauffeur [ʃofœR] *nm inv* driver ; ~ *livreur* deliveryman ; ~ *routier* truck driver, lorry driver, *(US)* trucker ; *voiture sans* ~ self-drive (hire) car, *(US)* U-drive-it car.

chef [ʃef] *nm inv* **1.** head, chief, manager, boss ; ~ *des achats* purchasing manager, head/chief buyer ; ~ *d'atelier* foreman ; ~ *comptable* chief accountant, *(US)* chief controller ; *(Mgt)* ~ *d'entreprise* head of a business, company manager ; ~ *de famille* head of household ; ~ *hiérarchique* immediate superior ; ~ *magasinier* storekeeper, head storeman ; *(Mkg)* ~ *de marque* brand manager ; *(Mkg/Pub)* ~ *de publicité (agence de publicité)* account executive/manager, *(entreprise)* advertising manager ; ~ *de produit* product manager ; ~ *de rayon* department head **2.** *(Pol)* head ; *C~ des armées* Commander-in-Chief of the Armed Forces ; ~ *d'Etat* head of state ; *(Fr) le C~ de l'Etat* the French President **3.** *(Bq) banque* ~ *de file* leader/lead bank **4.** *(Jur)* ~ *d'accusation* count of an indictment, charge.

chemin [ʃmɛ̃] *nm* path, way ; *en* ~ on the way ; *ce projet a fait du* ~ this project has come a long way ; *(Mgt) méthode du* ~ *critique* critical path method.

chemin de fer [ʃmɛ̃dfɛR] *nm (T) (UK)* railway, *(US)* railroad.

cheminot [ʃmino] *nm inv (UK)* railway worker, *(US)* railroad worker.

chemise [ʃmiz] *nf* **1.** *(vêtement)* shirt **2.** *(dossier, classeur)* folder.

chemiserie [ʃmizRi] *nf* haberdashery, shirtmaking.

cheptel [ʃeptel] *nm (Agr)* ~ *(vif)* livestock *(s inv)* ; ~ *mort* farm implements.

chèque [ʃɛk] *nm* **1.** voucher; ~ *cadeau* gift voucher certificate; ~ *restaurant* luncheon/restaurant voucher **2.** *(Bq)* cheque/check; ~ *barré* crossed cheque, non-endorsable cheque, "for deposit only" cheque; ~ *en blanc* blank cheque; ~ *en bois* bad cheque, *(fam)* dud/rubber cheque; ~ *hors place* out-of-town cheque; ~ *certifié* certified cheque; *faire opposition à un* ~ stop a cheque; ~ *à ordre* order cheque, cheque to order; ~ *périmé* stale cheque; ~ *postal (UK)* giro cheque; ~ *provisionné* covered cheque; ~ *sans provision* cheque with insufficient funds, bounced/bouncing cheque, bad/dishonoured cheque; ~ *visé* certified cheque; ~ *de voyage* traveller's cheque/traveler's check.

chéquier [ʃekje] *nm (UK)* cheque book, *(US)* checkbook.

cher¹ [ʃɛʁ] *adj (f* **chère) 1.** expensive, costly; *peu* ~ inexpensive; *vie chère* high cost of living.

cher² [ʃɛʁ] *adv* expensive; *ce produit se vend* ~ this product is costly/fetches a good price; *il prend très* ~ he charges a lot; *cela ne vaut pas* ~ that isn't expensive.

chercher [ʃɛʁʃe] *vt* look for, search for, seek.

chercheur [ʃɛʁʃœʁ] *nm (f* **-euse) 1.** researcher, research worker, scientist **2.** ~ *d'emploi* job seeker, unemployed person.

chevalier [ʃəvalje] *nm inv* knight; *(Fin)* *(J.O.)* ~ *blanc* white knight; *(J.O.)* ~ *noir* black knight.

chevauchement [ʃəvoʃmɑ̃] *nm* overlap, overlapping.

chevaucher [ʃəvoʃe] *vpr se* ~ overlap.

chevronné [ʃəvʁɔne] *adj* experienced.

chiffrable [ʃifʁabl] *adj* calculable, computable.

chiffrage [ʃifʁaʒ] *nm* **1.** *(évaluation)* assessment **2.** *(code)* encoding, encryption.

chiffre [ʃifʁ] *nm* figure; ~*s clés* key figures; *inflation à deux* ~*s (UK)* two-figure inflation, *(US)* double-digit inflation.

*chiffre d'affaires *nm (Cpta)* revenue, turnover.

chiffrer [ʃifʁe] *v* **1.** *vt (dépenses)* calculate, reckon, compute, *(US)* figure out, assess **2.** *vt* code, cipher **3.** *vpr se* ~ *à* amount to, come to.

Chili [ʃili] *nm* Chile.

chilien [ʃiljɛ̃] *adj (f* **-ienne)** Chilean.

Chilien [ʃiljɛ̃] *nm (f* **-ienne)** Chilean.

chimie [ʃimi] *nf* chemistry.

chimique [ʃimik] *adj* chemical; *industrie* ~ chemical industry, chemical engineering.

Chine [ʃin] *nf* China.

chinois [ʃinwa] *adj* Chinese.

Chinois [ʃinwa] *nm* Chinese *(pl inv)*.

chirographaire [kiʁɔgʁafɛʁ] *adj (Fin/ Jur)* unsecured; *créancier* ~ unsecured creditor.

choc [ʃɔk] *nm* shock, impact; *(Eco)* ~ *pétrolier* oil crisis; *(Mkg) prix* ~ slashed prices.

choisir [ʃwaziʁ] *vt* choose, select.

choix [ʃwa] *nm* choice, selection; *article de tout premier* ~ choice/top-quality item; *grand* ~ *de produits* wide range of goods; ~ *des investissements* investment project selection; *être promu au* ~ be promoted by selection.

chômage [ʃomaʒ] *nm* **1.** unemployment *(s inv)*; *au* ~ unemployed; *être au* ~ be unemployed, *(fam)* be on the dole; *mettre au* ~ lay off, *(UK)* make redundant, *(US)* shed **2.** *(Eco)* ~ *classique* classic unemployment; ~ *complet* full unemployment; ~ *conjoncturel* unemployment due to market fluctuations; ~ *cyclique* cyclical unemployment; ~ *de courte durée (UK)* short-term/*(US)* short-duration unemployment; ~ *déclaré* registered unemployment; ~ *déguisé* disguised/concealed/covert/hidden unemployment; ~ *frictionnel* frictional /transitional unemployment; ~ *incompressible* core unemployment; ~ *involontaire* involuntary/non-voluntary unemployment; ~ *irréductible* hardcore unemployment; ~ *des jeunes* youth unemployment; ~ *keynésien* Keynesian unemployment; ~ *de longue durée (UK)* long-term/*(US)* long-duration unemployment; ~ *massif* large-scale/mass unemployment; ~ *non déclaré* unrecorded/unregistered unemployment; *période de* ~ unemployment spell; ~ *résiduel* bedrock/hardcore unemployment; ~ *saisonnier* seasonal unemployment; ~ *sectoriel* localized unemployment; ~ *structurel* structural unemployment; ~ *technique* temporary lay-off, *(US)* involuntary furlough; ~ *technologique* technological unemployment; ~ *volontaire* voluntary unemployment.

chômé [ʃome] *adj jour* ~ public holiday, *(UK)* bank holiday.

chômer [ʃome] *vi* be unemployed, be idle/out of work, *(fam)* be on the dole.

chômeur [ʃomœʁ] *nm (f* **-euse)** unemployed person, jobless person; *les* ~*s* the jobless, the unemployed.

chose [ʃoz] *nf* **1.** thing; *toutes ~s égales par ailleurs* other things being equal, ceteris paribus **2.** *~s (Jur)* property; *~s communes* public property; *~s corporelles* tangible property; *~s fongibles/de genre* fungible property **3.** *(Jur) la ~ jugée* res judicata; *passer en force de ~ jugée* become res judicata.

chronique [kʀɔnik] *adj* chronic, occasional.

chronique [kʀɔnik] *nf (presse) ~ boursière* stock-exchange news/column.

chroniqueur [kʀɔnikœʀ] *nm inv (presse)* columnist; *~ financier* financial editor.

chronologique [kʀɔnɔlɔʒik] *adj* chronological.

chronophage [kʀɔnɔfaʒ] *adj (J.O.)* time-consuming.

chute [ʃyt] *nf* fall, drop; *~ des prix* fall in prices; *les prix sont en ~ libre* prices are plummeting.

chuter [ʃyte] *vi* fall, drop, plummet.

Chypre [ʃipʀ] *n* Cyprus.

chypriote [ʃipʀiɔt] *adj (aussi* **cypriote)** Cypriot.

Chypriote [ʃipʀiɔt] *nmf (aussi* **Cypriote)** Cypriot.

ciblage [siblaʒ] *nm* targeting.

cible [sibl] *nf* target, objective; *marché ~* target market.

cibler [sible] *vt (Mkg)* **1.** target, identify; *~ un marché* target a market; *population ciblée* target audience **2.** *~ une campagne* gear a campaign (to a particular group).

Cie *ab de* **compagnie.**

circonscription [siʀkɔ̃skʀipsjɔ̃] *nf* district; *(Pol) ~ électorale* voting district, constituency.

circonstance [siʀkɔ̃stɑ̃s] *nf* **1.** circumstance; *~s indépendantes de notre volonté* circumstances beyond our control **2.** *(Jur) ~s aggravantes* aggravating circumstances; *~s atténuantes* extenuating/mitigating circumstances.

*circonstances et dépendances *nfpl (Jur)* appurtenances.

circuit [siʀkɥi] *nm* **1.** *(Eco)* channel, network; *~ commercial* trade network; *~ de détail* retail chain; *~ de distribution* distribution channel, trade channel; *~ économique* circular/economic flow; *~ financier* financial channel **2.** *(Inf)* circuit; *~ intégré* integrated circuit **3.** *(Jur) (US)* circuit.

circulaire[1] [siʀkylɛʀ] *adj* circular; *lettre de crédit ~* circular letter of credit; *voyage ~* round trip.

circulaire[2] [siʀkylɛʀ] *nf* **1.** circular (letter) **2.** *(Jur) ~s* circulars, written directives issued by and regulating a government agency.

circulant [siʀkylɑ̃] *adj* circulating; *(Cpta)* **actif ~** current/circulating assets.

circulation [siʀkylasjɔ̃] *nf* **1.** *(marchandises, personnes)* flow, movement, circulation, traffic; *~ de l'information* circulation of news; *(UE) libre ~ des biens, des personnes et des capitaux* free movement of goods, people and capital **2.** *(Fin) ~ monétaire* flow of funds **3.** *(routière)* traffic; *accident de la ~* road accident.

circuler [siʀkyle] *vi* circulate.

CIRDI *v.* **Centre international de règlement des conflits relatifs aux investissements.**

citadin [sitadɛ̃] *nm* town/city dweller.

citation [sitasjɔ̃] *nf* **1.** quotation, citation; *(Jur) ~ de la jurisprudence* citation of cases/of authority **2.** *(Jur)* summons; *~ caduque* void writ of summons; *notifier une ~* serve a summons/subpoena.

*citation en justice *nf (Jur) (accusé)* summoning of a defendant, *(témoin)* subpoena of a witness.

cité [site] *nf* **1.** city, town; *~-dortoir* dormitory town **2.** housing project, housing estate; *~ ouvrière* (workers') housing estate/development.

citer [site] *vt* **1.** quote; *(Eco) ~ un prix* quote a price **2.** *(Jur)* subpoena; *~ à comparaître* command to appear, summon, subpoena.

citoyen [sitwajɛ̃] *nm (f* **-enne)** citizen, national.

citoyenneté [sitwajɛte] *nf* citizenship, nationality.

civil[1] [sivil] *adj* civil; *(Jur) droits ~s* civil rights; *(Jur) responsabilité ~e* civil liability, tort.

civil[2] [sivil] *nm* **1.** *(personne)* civilian; *policier en ~* policeman in plain clothes, plain-clothes policeman **2.** *dans le ~* in civilian life **3.** *(Jur)* civil courts; *poursuivre qn au ~* take civil action against sb, sue sb in the civil courts.

civique [sivik] *adj* civic; *droits ~s* civic rights.

civisme [sivism] *nm* public-mindedness, public-spiritedness.

CJCE *v.* **Cour de justice des Communautés européennes.**

claire-voie [klɛʀvwa] *nf (Emb)* caisse à ~ crate.

clandestin[1] [klɑ̃dɛstɛ̃] *adj* clandestine,

illicit, secret; *(bateau) passager* ~ stowaway; *travailleur* ~ illegal/unregistered worker.

clandestin² [klɑ̃dɛstɛ̃] *nm* illegal immigrant/worker; *trafic de* ~ s smuggling of illegal immigrants.

clandestinité [klɑ̃dɛstinite] *nf* concealment, secrecy (usually for illicit purposes).

classe [klɑs] *nf* **1.** class, category, group; *(Eco)* ~ *d'âge* age group, age bracket; *(Cpta)* ~ *des comptes* class of accounts; *les* ~ s *dirigeantes* the ruling classes, the Establishment; *les* ~ s *laborieuses* the working classes; ~ *moyenne* middle class; ~ *ouvrière* working class; ~ *sociale* social class **2.** *(T)* ~ *affaires* business class; *première* ~ first class; ~ *touriste* economy class **3.** *(école)* class, *(US)* grade.

classement [klɑsmɑ̃] *nm* **1.** classification, *(rang)* ranking, rating, grading, *(tri)* sorting (out) **2.** *(Cpta)* filing; ~ *par fiches* card-indexing; *méthode de* ~ filing system **3.** *(Jur)* ~ *d'un dossier* closing of a file; ~ *sans suite* closing (of a matter), abandonment of an action, non-suit.

classer [klɑse] *v* **1.** *vt* classify, rate, *(trier)* sort (out) **2.** *(évaluer)* rate, grade **3.** *(Cpta)* file **4.** *(Jur)* *(dossier)* close **5.** *vi se* ~ rank, be placed; *cette entreprise se classe dans les cinq premières du secteur* this firm ranks among the first five in the sector.

classeur [klɑsœʀ] *nm* **1.** file, folder **2.** *(meuble)* filing cabinet.

classification [klɑsifikasjɔ̃] *nf* classification.

clause [kloz] *nf* **1.** clause, provision; ~ *de style* formal clause **2.** *(Eco)* clause; ~ *d'échelle mobile des salaires* sliding-scale clause of wages, *(US)* escalator clause (indexing compensation with reference to an outside indicator); ~ *de garantie de change* foreign-currency clause; ~ *d'indexation* escalator clause; ~ *d'indexation sur le coût de la vie* cost-of-living escalator; *(CI)* ~ *de la nation la plus favorisée* most-favored-nation clause; ~ *de non-concurrence* restrictive trade agreement; *(CI)* ~ *de sauvegarde* safeguard (provision), escape/hedge clause **2.** *(Jur)* clause, provision, covenant, proviso; ~ *d'abandon (de droits)* waiver clause; ~ *attributive de compétence* jurisdictional clause; ~ *clé* key clause; ~ *compromissoire* arbitration clause; ~ *conditionnelle* proviso; ~ *dérogatoire* escape/waiver clause; ~ *d'exonération* exemption clause; ~ *de garantie*

warranty/guarantee clause; ~ *léonine* oppressive clause; ~ *de non-concurrence* covenant not to compete, non-competition clause; ~ *de non-réembauche* covenant not to compete (in which an employee agrees not to compete with his employer after the termination of employment); ~ *pénale* liquidated-damages clause, penalty clause; ~ *de rachat* provision for redemption; ~ *de réserve de propriété* reservation of title clause, chattel mortgage; ~ *restrictive* restrictive covenant; *(Bq)* ~ *de retrait* cancellation/withdrawal clause **3.** *(Fin/Jur)* ~ *d'agrément des actionnaires* acceptance clause; ~ *d'exemption* opting-out clause; *(crédit documentaire)* ~ *rouge* "red clause"; *(Bq)* ~ *sauf bonne fin (SBF)* under-usual-reserves (UUR) clause.

clausé [kloze] *adj (T) connaissement* ~ unclean/foul bill of lading; *connaissement non* ~ clean bill of lading.

clavier [klavje] *nm (Inf)* keyboard.

clé [kle] *nf (aussi clef)* key; *industrie* ~ key industry; *contrat* ~ s *en mains* turnkey contract.

clerc [klɛʀ] *nm inv* ~ *de notaire (UK)* solicitor's clerk, *(US)* lawyer's clerk.

client [klijɑ̃] *nm* customer, *(services)* client, *(hôtel)* guest, patron; *fichier-* ~ s customer file; *service-* ~ s customer service.

*client-serveur *nm (Inf)* client-server.

clientèle [klijɑ̃tɛl] *nf* **1.** clientele, customers, patrons; ~ *de passage* passing trade/customers; *service à la* ~ customer service **2.** *(profession)* practice **3.** *(survaloir)* *droit de* ~ goodwill **4.** *(Pol)* ~ *électorale* constituency, constituents.

clignotant [kliɲɔtɑ̃] *nm* flashing indicator; *(Eco)* warning signal.

climat [klima] *nm (aussi fig)* climate, atmosphere; ~ *social* social climate.

cliquet [klikɛ] *nm (Eco) effet de* ~ ratchet effect.

cloison [klwazɔ̃] *nf (Emb)* divider.

cloisonnement [klwazɔnmɑ̃] *nm* compartmentalization.

cloisonner [klwazɔne] *vt* compartmentalize.

clore [klɔʀ] *v* **1.** *vt* close, end, finish; ~ *les débats* close discussion, adjourn **2.** *vi se* ~ come to an end.

clôture [klotyʀ] *nf* **1.** *(Agr)* fence, fencing **2.** *(Bs)* close, closing; *(Cpta)* year-end closure; *(Bs) en* ~ at the close of the Stock Exchange session.

clôturer [klotyʀe] *vt* **1.** *(Bs)* close, end,

finish, wind up **2.** *(terres)* enclose, fence in.

clou [klu] *nm* **1.** nail **2.** *(fig) le ~ du spectacle* main attraction **3.** *(fam) mettre qch au ~* pawn sth; *(US)* hock sth.

clouer [klue] *vt (Emb)* nail.

club [klœb] *nm* club; *(Eco) C~ des Dix* Group of Ten; *(Bs) ~ d'investissement* investment club.

CMU *v.* **centre de magasins d'usine.**

CNE *v.* **Caisse nationale d'épargne.**

CNI *v.* **carte nationale d'identité.**

CNIJ *v.* **Centre national d'informatique juridique.**

CNIL *v.* **Commission nationale de l'informatique et des libertés.**

CNPF *v.* **Conseil national du patronat français.**

CNRS *v.* **Centre national de la recherche scientifique.**

CNUCED *v.* **Conférence des Nations Unies pour le commerce et le développement.**

co- [ko] *préf* co-; *~-chef de file* co-manager; *cogestion* co-/joint management.

coalition [kɔalisjɔ̃] *nf* coalition, combination; *(péj)* collusion; *gouvernement de ~* coalition government.

coauteur [kootœʀ] *nm inv* co-author.

COB *v.* **Commission des opérations de Bourse.**

cocher [kɔʃe] *vt* tick; *~ la case correspondante* tick the appropriate box.

cocktail [kɔktɛl] *nm* cocktail; *(UE) ~ de monnaies* currency basket/cocktail.

COCOM [kɔkɔm] *nm (CI)* COCOM (Coordinating Committee for Multilateral Export Controls).

cocontractant [kokɔ̃tʀaktɑ̃] *nm (Jur)* contracting party.

codage [kɔdaʒ] *nm* encoding, encryption; *~ de l'information* information coding/encryption.

code [kɔd] *nm* **1.** code; *~ de bonne conduite* conduct guidelines, code of ethics; *~ de la route* highway code **2.** code, cipher; *~ à barres* bar code; *~ confidentiel d'identification* personal identity code, personal identification number (PIN); *~ postal (UK)* post code, *(US)* zip code **3.** *(Jur)* code; *(Fr)* the laws relative to a given domain and serving as a reference in that domain.
*Code civil *nm (Jur)* civil code.
*Code de commerce *nm (Jur)* commercial code, *équiv. (US)* Uniform Commercial Code (UCC).
*Code des impôts *nm (Jur)* tax code,

(UK) Inland Revenue Code, *(US)* Internal Revenue Code.
*Code Napoléon *nm (Jur) (Fr)* Napoleonic Code.
*Code pénal *nm (Jur)* criminal code.
*code produit universel (CPU) *nm* Universal Product Code (UPC).
*Code du travail *nm (Jur)* labor code.

codébiteur [kodebitœʀ] *nm (f -trice)* *(Jur)* co-debtor, joint holder, joint owner.

CODEVI [kɔdevi] *v.* **compte pour le développement industriel.**

codicille [kɔdisil] *nm (Jur)* codicil, appendix, supplement (to a will).

codification [kɔdifikasjɔ̃] *nf* codification.

codifier [kɔdifje] *vt* codify.

codirection [kodiʀɛksjɔ̃] *nf (Jur)* co-/joint management.

coefficient [kɔefisjɑ̃] *nm* **1.** coefficient, ratio; *~ de sécurité* safety margin **2.** *(Fin) ~ d'actifs liquides* reserve assets ratio; *~ d'actualisation* discount factor; *(Eco) ~ d'élasticité* elasticity coefficient; *~ d'élasticité croisée* coefficient of cross elasticity; *~ de concentration* concentration ratio; *(Fin) ~ de couverture* coverage ratio; *~ d'endettement* debt ratio; *~ de liquidité* liquidity ratio; *(Eco) ~ multiplicateur* multiplying factor; *(Bq) ~ de réserves obligatoires* special-deposits ratio; *~ de trésorerie* liquidity ratio.
*coefficient de capitalisation des résultats (CCR) *nm (Fin) (J.O.)* price-earning ratio (PER).

coentreprise [koɑ̃tʀəpʀiz] *nf (Jur)* *(J.O.)* joint venture/adventure.

coercitif [kɔɛʀsitif] *adj (f -ive)* coercive.

coercition [kɔɛʀsisjɔ̃] *nf* coercion.

coexistence [kɔɛgzistɑ̃s] *nf* coexistence; *(Pol) ~ pacifique* peaceful coexistence.

COFACE [kɔfas] *v.* **Compagnie française d'assurance pour le commerce extérieur.**

coffre [kɔfʀ] *nm* **1.** *(Bq)* safe; *~-fort* safe, strong box; *salle des ~s* strong room, safe-deposit vault **2.** *(Emb)* chest, box, case.

cogestion [koʒɛstjɔ̃] *nf (Jur/Mgt)* joint/co-management, joint participation, co-determination (by the head of a business and representatives of its employees).

cohabitation [kɔabitasjɔ̃] *nf* **1.** cohabitation (by two or more persons) **2.** *(Pol)* *(Fr)* system/period in which the President is of one political party and the parliamentary majority is of another.

cohérence [kɔeʀɑ̃s] *nf* **1.** coherence **2.** consistency.

cohérent [kɔeRᾶ] *adj* **1.** coherent **2.** consistent.

cohéritier [kɔeRitje] *nm* (*f* **-ière**) *(Jur)* co-heir, joint heir.

col [kɔl] *nm* collar; **~-blanc** white-collar (worker); **~-bleu** blue-collar (worker).

colégataire [kolegatεR] *nmf* (*Jur*) co-legatee, joint legatee.

colis [kɔli] *nm (Emb)* parcel, package; *(T)* **~ postal** postal parcel; *par ~ postal* by parcel post.

colisage [kɔlizaʒ] *nm* packing; *(T)* *liste de ~* packing list.

collaborateur [kɔlabɔRatœR] *nm* (*f* **-trice**) **1.** colleague **2.** subordinate **3.** *(Jur)* associate (in a law firm).

collaboration [kɔlabɔRasjɔ̃] *nf* cooperation, association.

collaborer [kɔlabɔRe] *vi* **1.** collaborate, cooperate **2.** **~ à un journal** contribute to a newspaper.

collatéral [kɔlateRal] *adj* (*mpl* **-aux**) *(Jur)* descended from a common ancestor, collateral; *en ligne ~e* collaterally.

collectif[1] [kɔlεktif] *adj* (*f* **-ive**) collective; *(Jur)* **convention collective** collective agreement; **identité collective** corporate identity; **licenciement ~** mass dismissal.

collectif[2] [kɔlεktif] *nm (Bg)* **~ budgétaire** supplementary budget estimates.

collection [kɔlεksjɔ̃] *nf (Com)* collection; *(Mkg)* **~ de produits** line of products, product line.

collectiviser [kɔlεktivize] *vt* collectivize.

collectivisme [kɔlεktivism] *nm* collectivism.

collectivité [kɔlεktivite] *nf* collectivity, community; *(Jur/Pol)* **~s locales** local authorities/government; **~s publiques** public bodies.

collègue [kɔlεg] *nmf* colleague; *(homologue)* opposite number, counterpart.

coller [kɔle] *vt* **1.** *(Emb)* glue, stick **2.** *(fam) (examen)* fail; **~ un candidat** fail a candidate; **se faire ~** fail an exam.

collision [kɔlizjɔ̃] *nf (véhicule)* collision, *(fig)* clash; **entrer en ~ (avec)** collide (with).

colloque [kɔlɔk] *nm* colloquium, conference.

collusion [kɔlyzjɔ̃] *nf (Jur)* collusion.

colocataire [kɔlɔkatεR] *nmf* co-tenant.

Colombie [kɔlɔ̃bi] *nf* Colombia.

colombien [kɔlɔ̃bjε̃] *adj* (*f* **-ienne**) Colombian.

Colombien [kɔlɔ̃bjε̃] *nm* (*f* **-ienne**) Colombian.

colonial [kɔlɔnjal] *adj* (*mpl* **-iaux**) colonial; **système ~** colonial system.

colonialisme [kɔlɔnjalism] *nm* colonialism.

colonie [kɔlɔni] *nf* colony; **les anciennes ~s françaises** the former French colonies; **~ pénitentiaire** penal colony.

colonisation [kɔlɔnizasjɔ̃] *nf* colonization.

coloniser [kɔlɔnize] *vt* colonize.

colorant [kɔlɔRᾶ] *nm* colouring/coloring (agent).

colportage [kɔlpɔRtaʒ] *nm (Mkg)* door-to-door selling, peddling, *(US)* hawking.

colporter [kɔlpɔRte] *vt (Mkg)* peddle, *(US)* hawk.

colporteur [kɔlpɔRtœR] *nm* (*f* **-euse**) pedlar/peddler, *(US)* hawker.

combinaison [kɔ̃binεzɔ̃] *nf* **1.** arrangement, combination; **~ des facteurs de production** combination of production factors; **serrure à ~** combination lock **2.** *(combine) (péj)* scheme, plan **3.** *(vêtement)* overalls.

combine [kɔ̃bin] *nf (péj)* deal, scheme.

combiner [kɔ̃bine] *vt* **1.** *(réunir)* combine **2.** *(projet) (péj)* devise, mastermind.

comble[1] [kɔ̃bl] *adj* full, packed, crowded.

comble[2] [kɔ̃bl] *nm* **1.** *(bâtiment)* **les ~s** the roof; *(fig)* **de fond en ~** from top to bottom **2.** *(fig)* maximum; **à son ~** at its peak; **c'est le ~!** that's the last straw!

combler [kɔ̃ble] *vt* make good, make up; **~ un déficit** make up a deficit; **~ l'écart** bridge the gap, close the gap; **~ le retard** catch up.

COMECON [kɔmekɔn] *v.* **Conseil pour l'aide mutuelle économique**.

comestible [kɔmεstibl] *adj* edible.

comice [kɔmis] *nm* **~s agricoles** agricultural show.

comité [kɔmite] *nm* committee; *(Mgt)* **~ de direction** board, management committee; *(Jur)* **~ d'entreprise** works committee, consultative committee (consisting of workers' representatives); *(UE)* works committee, joint-production committee; **être membre d'un ~** sit on a committee, be a committee-member; **~ de restructuration** steering committee.

*Comité d'aide au développement (CAD) *nm (Eco)* Development Aid Committee (DAC).

*Comité des établissements de crédit *nm (Bq) (Fr)* Credit Institutions Committee.

*Comité européen de normalisation (CEN) *nm (UE)* European Standards Committee.

*comité d'hygiène, de sécurité et des conditions de travail *nm (Jur/Mgt)* committee within a company charged with accident prevention and the application of laws regarding working conditions.

*Comité national de la consommation *nm (Fr)* National Consumer Council.

*Comité de la réglementation bancaire *nm (Fr)* Bank Regulatory Committee.

commandant [kɔmɑ̃dɑ̃] *nm inv (T)* captain; *(avion)* **~ de bord** flight captain.

commande [kɔmɑ̃d] *nf* **1.** control; *être* *aux **~**s* be in charge/in control; **~ à** *distance* remote control; **~** *numérique* numerical/digital control **2.** *(Com)* order; *bon de **~*** purchase order; *carnet de **~**s* order book; *exécuter une **~*** fill an order; *fait sur **~*** made to order; *passer **~*** order; **~** *en gros* bulk order; *passer **~** à qn* place an order with sb, order from sb; **~** *permanente* standing order; *règlement à la **~*** cash with order; *renouvellement de **~*** repeat order; **~** *urgente* rush order.

commandement [kɔmɑ̃dmɑ̃] *nm (Jur)* writ, summons; **~** *de payer* order to pay.

commander [kɔmɑ̃de] *v* **1.** *vt (marchandises)* order, place an order for **2.** *vi* be in charge, command; *c'est lui qui commande!* he's in charge!

commanditaire [kɔmɑ̃ditɛr] *nm inv* **1.** *(Jur)* limited partner, sleeping/silent partner **2.** *(Jur)* **~** *d'un meurtre* person behind a murder, person who finances a murder **3.** *(Pub)* sponsor.

commandite [kɔmɑ̃dit] *nf (Jur)* interest or capital invested by sleeping partner; *société en **~*** limited partnership.

commandité [kɔmɑ̃dite] *nm (Jur)* general partner, active partner (in a limited partnership).

commanditer [kɔmɑ̃dite] *vt* **1.** *(Jur)* finance, support **2.** *(Jur)* **~** *un meurtre* hire a murderer **3.** *(Pub)* sponsor.

commencement [kɔmɑ̃smɑ̃] *nm* beginning.

*commencement de preuve par écrit *nm (Jur)* prima facie evidence, preliminary proof in writing.

commerçant¹ [kɔmɛrsɑ̃] *adj* commercial; *quartier **~*** shopping district.

commerçant² [kɔmɛrsɑ̃] *nm* **1.** shop-

keeper, trader; **~** *en détail* retail trader; **~** *en gros* wholesaler; **~** *indépendant* independent retailer; *les petits **~**s* small shopkeepers **2.** *(Jur)* merchant.

commerce [kɔmɛrs] *nm* **1.** *(activité)* commerce, business, domestic trade; **~** *administré/organisé* managed trade; **~** *de détail* retail trade; **~** *extérieur* foreign/visible trade, external/overseas trade; *faire du **~** avec* trade with; *faire du **~** de détail* be in the retail business; *faire du **~** de gros* be in the wholesale business; *faire le **~** de* deal in; **~** *de gros* wholesale trade; **~** *intérieur* domestic trade, home trade, inland trade; **~** *international* international/foreign trade; *(Fr) ministère du C**~*** équiv. *(UK)* Department of Trade, *(US)* Department of Commerce; **~** *mondial* global trade; *monde du **~*** business world; *(Jur) registre du **~*** trade register; *traité de **~*** trade agreement **2.** *(Jur) fonds de **~*** stock-in-trade, goodwill **3.** *(boutique)* shop, store; *le petit **~*** small traders, shopkeepers, storekeepers.

commercer [kɔmɛrse] *vi* trade; **~** *avec* trade/deal with, have a business relationship with.

commercial¹ [kɔmɛrsjal] *adj (mpl -iaux)* commercial; *accord **~*** trade agreement/accord; *adresse **~**e* business address; *centre **~*** shopping centre/center, *(US)* shopping mall; *directeur **~*** sales manager, sales executive; *droit **~*** commercial law, merchant law; *entreprise **~**e* trading firm; *politique **~**e* trade policy; *service **~*** sales department.

commercial² [kɔmɛrsjal] *nm (pl -iaux)* salesperson, salesman; *les commerciaux* salespeople; *technico-**~*** sales engineer.

commercialisable [kɔmɛrsjalizabl] *adj* marketable, merchantable.

commercialisation [kɔmɛrsjalizasjɔ̃] *nf* commercialization; **~** *d'un produit* marketing of a product.

commercialiser [kɔmɛrsjalize] *vt* commercialize, market.

commettant [kɔmetɑ̃] *nm inv (Jur)* principal (v. *agent*).

commettre [kɔmɛtr] *vt* **1.** *(crime)* commit **2.** *(désigner)* appoint; **~** *un expert* appoint an expert.

comminatoire [kɔminatwar] *adj* threatening, comminatory.

commis¹ [kɔmi] *adj* appointed; *(Jur) avocat **~** d'office* court-appointed lawyer; *droit à un avocat **~** d'office* right to counsel.

commis² [kɔmi] *nm inv* **1.** clerk ; ~ *principal* senior clerk **2.** *(Bs/Fin)* floor broker **3.** ~ *voyageur* (UK) commercial traveller, (US) traveling salesman **4.** *(Jur)* agent **5.** *(Fr)* les grands ~ *de l'Etat* senior civil servants.

commissaire [kɔmisɛʀ] *nm inv* commissioner ; *(Jur)* ~ *aux apports* person charged with valuating contributions to a corporation ; *(Cpta)* ~ *aux comptes* auditor of corporate accounts ; *(Jur)* ~ *de police* police superintendent, Chief of Police ; *(Jur)* ~-*priseur* auctioneer.
*****Commissaire du Gouvernement** *nm inv (Jur) (Fr)* member of the **ministère public** in "administrative" courts.
*****Commissaire de la République** *nm inv (Fr) (obs)* title of the chief officer of a department (in use 1982-1987) (*v.* **préfet**).

commissariat [kɔmisaʀja] *nm* **1.** *(Cpta)* ~ *aux comptes* auditorship **2.** *(Jur)* ~ *de police* police station.

commission [kɔmisjɔ̃] *nf* **1.** *(comité)* panel, commission **2.** *(Pol)* committee ; ~ *d'enquête* investigating committee ; ~ *paritaire* joint committee ; ~ *parlementaire* parliamentary committee ; ~ *permanente* standing committee **3.** *(Fin)* commission, fee ; *(Bq)* bank charges/commission ; ~ *d'acceptation* commission for acceptance ; ~ *de chef de file* management fee ; ~ *d'encaissement* commission for collection ; ~ *d'engagement* commitment fee ; ~ *de gestion* agency fee ; *(Bs)* ~ *de placement* underwriting fee, best efforts offerings **4.** *(action)* appointment, act of commissioning ; *(Jur)* ~ *d'office* court appointment of counsel, measure appointing counsel to assist in the defense of an indigent accused **5.** *(Jur)* commission ; ~ *rogatoire* rogatory commission.
*****Commission des communautés européennes** *nf (UE)* European Commission.
*****Commission de la concurrence** *nf (Jur) (Fr)* French antitrust commission, équiv. (UK) Monopolies and Mergers Commission, Office of Fair Trading, (US) Federal Trade Commission, Antitrust Division of the Department of Justice.
*****Commission européenne des droits de l'homme** *nf (UE)* European Commission on Human Rights.
*****Commission nationale de l'informatique et des libertés (CNIL)** *nf (Fr)* French commission charged with protecting privacy and interests affected by the use of computerized data.
*****Commission des Nations Unies pour le commerce et le développement (CNUCED)** *nf (UN)* United Nations Conference for Trade and Development (UNCTD).
*****Commission des opérations de Bourse (COB)** *nf (Bs) (Fr)* Stock Exchange Commission, agency regulating the French stock exchange, équiv. (US) Securities and Exchange Commission.

commissionnaire [kɔmisjɔnɛʀ] *nm inv* agent, broker, commission agent ; ~ *à l'achat* buying agent ; *(D)* ~ *en douane* customs agent, customs broker ; *(Jur)* ~ *ducroire* del credere agent ; ~ *exportateur* export agent ; *privilège du* ~ commission agent lien ; *(T)* ~ *de transport* forwarding agent ; ~ *à la vente* selling agent.

commissionner [kɔmisjɔne] *vt* commission.

commodité [kɔmɔdite] *nf* convenience, comfort ; *biens de* ~ convenience goods.

commuer [kɔmɥe] *vt* commute ; *(Jur)* ~ *une peine* commute a sentence ; *peine de mort commuée en quinze ans de détention* death sentence commuted to fifteen years' imprisonment.

commun [kɔmœ̃] *adj* common, ordinary ; *mise en* ~ pooling ; *(Ass)* *avarie* ~*e* general average.

communautaire [kɔmynotɛʀ] *adj* community ; *(UE)* *droit* ~ community law.

communauté [kɔmynote] *nf* **1.** community ; ~ *urbaine* urban community/district **2.** *(Jur)* the spouses ; ~ *de biens* joint estate.
*****Communauté des Caraïbes** *nf (CI)* Caribbean Community (CARICOM).
*****Communauté économique des Etats de l'Afrique de l'Ouest (CEDEAO)** *nf (CI)* Economic Community of West African States (ECOWAS).
*****Communauté économique européenne (CEE)** *nf (UE)* European Economic Community (EEC).
*****Communauté des Etats indépendants (CEI)** *nf (Pol)* Commonwealth of Independent States (CIS).
*****Communauté européenne (CE)** *nf (UE)* European Community (EC).
*****Communauté européenne du charbon et de l'acier (CECA)** *nf (Eco) (UE)* European Coal and Steel Community (ECSC).
*****Communauté européenne de défense (CED)** *nf (Pol) (UE)* European Defense Community (EDC).
*****Communauté européenne de l'énergie atomique (CEEA)** *nf* European Atomic Energy Community (EAEC).
*****Communauté financière africaine**

(CFA) *nf (Eco/Fin)* African Financial Community.

commune [kɔmyn] *nf (Pol) (Fr)* local district, smallest local unit of government.

communication [kɔmynikasjɔ̃] *nf*
1. *(activité, renseignements)* communication/transmission; *(Jur)* ~ *du dossier* communication/transmission of a file; ~ *de pièces* (obligation of) litigants to communicate to one another the pieces of evidence they intend to use at a trial **2.** *(échange de renseignements)* communication, contact; *aucune* ~ *avec les témoins n'est autorisée* no contact with the witnesses is permitted; *(Pub)* ~ *institutionnelle* corporate communication **3.** *(Tél)* ~ *(téléphonique)* telephone call; *je vous passe une* ~ I'll put a call through to you; ~ *longue distance* long distance call **4.** *(colloque)* paper, presentation; *faire une* ~ give a paper.

communiqué [kɔmynike] *nm* statement; ~ *à la presse* statement to the press; *(écrit)* ~ *de presse* press release.

communiquer [kɔmynike] *vt* communicate.

communisme [kɔmynism] *nm (Pol)* Communism.

commutation [kɔmytasjɔ̃] *nf (Jur)* commutation; ~ *de peine* commutation of sentence.

Comores [kɔmɔʀ] *nfpl les (îles)* ~ the Comoros.

comorien [kɔmɔʀjɛ̃] *adj (f* -ienne*)* of/ from the Comoros.

Comorien [kɔmɔʀjɛ̃] *nm (f* -ienne*)* native/inhabitant of the Comoros.

compagnie [kɔ̃paɲi] *nf (Jur)* company; ~ *aérienne* airline (company); ~ *d'assurances* insurance company; ~ *à charte* chartered company; ~ *maritime* shipping company, shipping line; ~ *mère* parent company.
***Compagnie française d'assurance pour le commerce extérieur (COFACE)** nf (CI)* French Export Insurance Company, French Overseas Trade Insurance Company, *équiv. (US)* Eximbank, the Export-Import Bank of the USA, *(UK)* Export Credits Guarantee Department (ECGD).
***Compagnies républicaines de sécurité (CRS)** nfpl (Pol/Jur)* French national security police.

comparaître [kɔ̃paʀɛtʀ] *vi (Jur)* appear before a court; *être cité à* ~ be summoned to appear, be subpoenaed.

comparatif [kɔ̃paʀatif] *adj (f* -ive*)* comparative; *(Mkg) publicité compara-*

tive comparative advertising; *tests* ~*s* comparative tests.

comparer [kɔ̃paʀe] *vt (à)* compare (with).

comparse [kɔ̃paʀs] *nmf (Jur)* accomplice.

compartiment [kɔ̃paʀtimɑ̃] *nm* compartment; *(T)* ~ *étanche* airtight compartment.

compartimenter [kɔ̃paʀtimɑ̃te] *vt (dépenses)* divide, segment, fragment.

comparution [kɔ̃paʀysjɔ̃] *nf (Jur)* appearance in court; ~ *personnelle exigée* compulsory personal appearance/examination; *mandat de* ~ summons to appear; *non*~ failure to appear; ~ *volontaire* voluntary appearance.

compatibilité [kɔ̃patibilite] *nf* compatibility.

compatible [kɔ̃patibl] *adj* compatible.

compensable [kɔ̃pɑ̃sabl] *adj* **1.** compensable **2.** *(Fin)* payable, clearable.

compensation [kɔ̃pɑ̃sasjɔ̃] *nf* **1.** counterpart, equalization, offsetting **2.** *(Bq)* clearing, netting; *chambre de* ~ clearing house **3.** *(CI) (échanges compensés)* countertrade, offset **4.** *(Jur)* compensation; ~ *des dépens* sharing of the costs.

compensatoire [kɔ̃pɑ̃satwaʀ] *adj* compensatory; *(Jur) dommages et intérêts* ~*s* compensatory damages, *(CI) droits* ~*s* countervailing duties; *(UE) montants* ~*s* compensatory payments/amounts.

compenser [kɔ̃pɑ̃se] *vt* compensate, counterbalance, offset; ~ *une perte* make up for a loss; *(Jur)* ~ *les dépens* divide out/share the costs between the parties.

compétence [kɔ̃petɑ̃s] *nf* **1.** competence, expertise, know-how; ~ *technique* technical skill; ~*s* skills; qualifications **2.** scope of activity; *cela ne relève pas de vos* ~*s* you are not competent to deal with this **3.** *(Jur)* jurisdiction; ~ *d'attribution/« ratione materiae »* jurisdiction based on subject matter or the amount in dispute; ~ *exclusive* exclusive jurisdiction; ~ *personnelle/« ratione personae »* jurisdiction based on the personal attributes of the accused; ~ *territoriale* venue, jurisdiction based on the place where a crime or wrong occurred, or where a defendant lives **4.** *(Pol) (domaine de la)* ~ *nationale* internal affairs of a country/state.

compétent [kɔ̃petɑ̃] *adj* **1.** *(en)* competent (in), qualified (in), well versed (in), proficient (in), conversant (with)

2. *(Jur) (tribunal)* having jurisdiction, competent.

compétiteur [kɔ̃petitœʀ] *nm (f -trice)* competitor.

compétitif [kɔ̃petitif] *adj (f -ive)* competitive.

compétition [kɔ̃petisjɔ̃] *nf* competition, contest.

compétitivité [kɔ̃petitivite] *nf (Eco)* competitiveness, competitive strength; **~-coûts** cost competitiveness; **~ extérieure** external competitiveness; **~ hors prix** non-price competitiveness; **~-prix** price competitiveness.

compilation [kɔ̃pilasjɔ̃] *nf* **1.** *(Inf) (activité)* compiling **2.** *(résultat)* compilation.

compiler [kɔ̃pile] *vt (Inf)* compile.

complaisance [kɔ̃plɛzɑ̃s] *nf* convenience; *(T)* **pavillon de ~** flag of convenience; *(Fin)* **effet/traite de ~** accommodation bill, kite.

complément [kɔ̃plemɑ̃] *nm* complement, addition; **~ d'information** supplementary information; **~ de retraite** supplementary/additional pension scheme.

complémentaire [kɔ̃plemɑ̃tɛʀ] *adj* **1.** complementary **2.** additional, supplementary; **renseignements ~s** further information.

complémentarité [kɔ̃plemɑ̃taʀite] *nf* complementarity.

complet [kɔ̃plɛ] *adj (f -ète)* **1.** comprehensive, full, total **2.** fully booked, sold out.

compléter [kɔ̃plete] *vt* **1.** *(formulaire)* fill in, fill out, complete **2.** *(augmenter)* supplement.

complexe¹ [kɔ̃plɛks] *adj* complex, intricate, sophisticated.

complexe² [kɔ̃plɛks] *nm* complex; **~ industriel** industrial complex.

complexité [kɔ̃plɛksite] *nf* complexity.

complice¹ [kɔ̃plis] *adj* **être ~ d'un crime** be accessory to a crime.

complice² [kɔ̃plis] *nmf* accomplice.

complicité [kɔ̃plisite] *nf (Jur)* aiding and abetting.

compliment [kɔ̃plimɑ̃] *nm* compliment; **avec nos ~s** with our compliments.

compliquer [kɔ̃plike] *vt (problème)* complicate, compound.

comportement [kɔ̃pɔʀtəmɑ̃] *nm (UK)* behaviour *(s inv)*, *(US)* behavior *(s inv)*; *(Mkg)* **~ d'achat** buying behaviour; **~ des consommateurs** consumer behaviour.

comporter [kɔ̃pɔʀte] *v* **1.** *vt (impliquer)* entail, imply, involve **2.** *vt (contenir)* include, contain, consist of **3.** *vpr se ~* behave, perform, react.

composant [kɔ̃pozɑ̃] *nm* component, constituent; **~ électronique** electronic component.

composé [kɔ̃poze] *adj* composed, compound; *(Fin)* **intérêt ~** compound interest.

composer [kɔ̃poze] *v* **1.** *vt* compose **2.** *vi (Jur)* **~ avec qn** come to a compromise with sb, come to an agreement/to terms with sb **3.** *vt (Tél) (numéro)* dial **4.** *vpr se ~ de* be composed of, be made up of.

composition [kɔ̃pozisjɔ̃] *nf* **1.** composition; *(Eco)* **~ organique du capital** organic composition of capital **2.** *(conseil, organisme)* structure, membership **3.** *(Jur)* arrangement, compromise, settlement; **venir à ~** come to an arrangement/a settlement.

composter [kɔ̃pɔste] *vt* punch, datestamp.

compréhensif [kɔ̃pʀeɑ̃sif] *adj (f -ive)* understanding, sympathetic.

comprendre [kɔ̃pʀɑ̃dʀ] *vt* **1.** understand **2.** *(inclure)* comprise, include.

compressible [kɔ̃pʀesibl] *adj (effectifs)* reducible.

compression [kɔ̃pʀesjɔ̃] *nf* reduction (in), cutback (in); *(Eco)* **~ des coûts** cost containment; **~ des crédits** credit squeeze; **~ des dépenses** spending cuts; **~ des effectifs** labour/labor cutback, staff reduction, labour/labor cuts; **~ de personnel** redundancy, lay-off, staff reduction.

comprimer [kɔ̃pʀime] *vt* cut back, reduce, squeeze; **~ le personnel** make workers redundant, cut the payroll.

compris [kɔ̃pʀi] *adj* **1.** understood **2.** included; **charges ~es** inclusive of all charges; **options non ~es** exclusive of extras; **tout ~** all in; **y ~** including.

compromettre [kɔ̃pʀɔmɛtʀ] **1.** *(mettre en danger)* jeopardize, endanger, *(réputation)* damage, compromise **2.** *vi (Jur)* compromise, come to a settlement.

compromis [kɔ̃pʀɔmi] *nm* **1.** *(accord)* compromise, trade-off; **solution de ~** compromise solution **2.** *(Jur)* agreement to arbitrate, submission to arbitration **3.** *(Jur)* arrangement; **~ avec les créanciers** arrangement with creditors; *(Jur)* **~ de vente** provisional/preliminary sales agreement.

compromissoire [kɔ̃pʀɔmiswaʀ] *adj (Jur)* **clause ~** arbitration clause.

comptabiliser [kɔ̃tabilize] *vt* enter in the books, record, *(fig)* take into account.

comptabilité [kɔ̃tabilite] *nf* bookkeeping, *(UK)* accountancy, *(US)* accounting; *(Cpta)* ~ **analytique (d'exploitation)** cost accounting; ~ **de caisse** cash accounting; ~ **d'exercice** accrual basis of accounting; ~ **de gestion** management accounting; *(Cpta/Eco)* ~ **nationale** national-income accounting, social accounting; ~ **en partie double** double-entry accounting; ~ **publique** national accounting.

comptable[1] [kɔ̃tabl] *adj* 1. accounting; *écriture* ~ accounting entry 2. ~ **de** accountable (for), responsible (for), answerable (for); ~ **de ses actes** responsible for his acts.

comptable[2] [kɔ̃tabl] *nmf* accountant, bookkeeper; **expert** ~ *(UK)* chartered accountant, *(US)* certified public accountant (CPA).

comptant[1] [kɔ̃tɑ̃] *adv* cash, in cash; *payer* ~ pay cash.

comptant[2] [kɔ̃tɑ̃] *nm* cash; *acheter au* ~ buy for cash; ~ **contre documents** cash against documents; ~ **contre remboursement** cash on delivery (COD); *(Bs) vente au* ~ spot sale.

compte [kɔ̃t] *nm* account; *(Bq/Fin)* *arrêter un* ~ close an account; *(Bq)* *ouvrir un* ~ open an account; *(Cpta)* ~ **arriéré** overdue account; *(Bq)* ~ **bancaire/en banque** bank(ing) account, *(US)* checking account; *(Jur)* ~ **bloqué/séquestre** escrow account; *(Cpta)* ~ **de charges** expenditure account, expense account; ~ **chèques** *(UK)* bank(ing)/cheque account, *(US)* checking account; ~ **courant** current account; *(Bq)* ~ **débiteur** debit account, overdrawn account; ~ **à découvert** overdrawn account, *(fam)* account in the red; ~ **de dépôts** 1. deposit account 2. current account, checking account; ~ **d'épargne** savings account; ~ **de dépôts et de fiducie** deposit and trust account; ~ **joint** joint account; ~ **sur livret** savings-book account; *mettez cela sur mon* ~ charge it to my account; *se mettre à son* ~ set up business as a sole trader; ~ **de passif** liability account, *(US)* payables; ~ **de pertes et profits** profit-and-loss account; *pour le* ~ *de* for the account of, on behalf of; *régler un* ~ settle an account; ~ **rémunéré** interest-bearing (banking) account; *(Cpta)* ~ **de résultats** income statement, *(UK)* profit-and-loss account, *(US)* earnings statement; *pour solde de tout* ~ in final settlement; *solder un* ~ balance an account; ~ **de virement** transfer account; ~ **à vue** demand deposit account 2. *(Cpta)* ~s accounts, reporting; ~s

clients accounts receivable; ~s **consolidés** *(UK)* group accounts, *(US)* consolidated financial statements; ~s **créditeurs** accounts payable; ~s **de fiducie** trust accounts; ~ **fournisseurs** accounts payable; ~s **de la nation** national accounts 3. *(Mkg)* ~ **de vente** sales account 4. ~ **à rebours** countdown 5. ~ **rendu** account, summary; *(procès-verbal)* ~ **rendu de réunion** minutes (of a meeting).

compte pour le développement industriel (CODEVI) nm (Bq) industrial development savings account.

compter [kɔ̃te] *v* 1. *vt* count, reckon, compute, *(voix)* tally 2. *vt* include 3. *vt* *(faire payer)* charge for 4. *vi* ~ *sur qch/sur qn* rely/depend on sth/sb.

compteur [kɔ̃tœʀ] *nm* counter, meter; *(véhicule)* speedometer, odometer.

comptoir [kɔ̃twaʀ] *nm* 1. counter, desk; *(Bq)* ~ **d'escompte** discount bank; *(T)* ~ **de compagnie aérienne** airline desk/counter; ~ **d'embarquement/d'enregistrement** check-in counter, check-in desk 2. ~ **commercial (à l'étranger)** trading-post/trading station (abroad).

computation [kɔ̃pytasjɔ̃] *nf* computation.

concéder [kɔ̃sede] *v* 1. *vt* *(droits, privilège)* concede, grant; *(Jur)* contract out 2. *vi* allow, acknowledge; *concédez que j'ai raison* admit that I'm right.

concentration [kɔ̃sɑ̃tʀasjɔ̃] *nf* *(Eco)* concentration; ~ **en amont/en aval** backward/forward integration; ~ **capitaliste** capitalist concentration; *courbe de* ~ concentration curve; *degré de* ~ **industrielle** industrial concentration ratio; ~ **géographique** geographical concentration; ~ **horizontale** horizontal integration; ~ **industrielle** industrial concentration; ~ **urbaine** urban concentration; ~ **verticale** vertical integration.

concentrer [kɔ̃sɑ̃tʀe] *v* 1. *vt* concentrate, focus 2. *vpr se* ~ *sur* focus on.

concept [kɔ̃sɛpt] *nm* concept.

concepteur [kɔ̃sɛptœʀ] *nm* *(f -trice)* designer.

conception [kɔ̃sɛpsjɔ̃] *nf* 1. view, approach 2. *(création)* conception, design.

conception assistée par ordinateur (CAO) nf (Inf) computer-assisted design (CAD).

conceptuel [kɔ̃sɛptɥɛl] *adj* *(f -elle)* conceptual.

concerné [kɔ̃sɛʀne] *adj* concerned, eligible.

concerner [kɔ̃sɛʀne] *vt* concern, involve, affect; *en ce qui concerne* concerning, as regards.

concertation [kɔ̃sɛʁtasjɔ̃] *nf* dialogue, concertation.

concerté [kɔ̃sɛʁte] *adj* concerted, consensual.

concerter [kɔ̃sɛʁte] *v* **1.** *vt* plan, arrange, concert **2.** *vpr se* ~ discuss choices.

concession [kɔ̃sesjɔ̃] *nf* **1.** concession, grant; ~s *réciproques* trade-offs; *faire des* ~ s make concessions **2.** *(Com/Jur)* dealership; ~ *réciproque de licence* cross-licensing **3.** *(Jur/Pol)* grant of privileges by a government, concession.

concessionnaire[1] [kɔ̃sesjɔnɛʁ] *adj* concessionary; *compagnie* ~ statutory company.

concessionnaire[2] [kɔ̃sesjɔnɛʁ] *nmf* agent, distributor, licensee, *(voitures)* dealer; ~ *exclusif* exclusive agent, sole agent.

concevoir [kɔ̃səvwaʁ] *vt* **1.** design, devise **2.** *(texte)* draft, write.

conciliateur[1] [kɔ̃siljatœʁ] *adj* (*f* -trice) conciliatory.

conciliateur[2] [kɔ̃siljatœʁ] *nm* (*f* -trice) **1.** mediator **2.** *(Jur)* *(Fr)* non-professional judge dealing with minor disputes.

conciliation [kɔ̃siljasjɔ̃] *nf* conciliation; *instance de* ~ conciliation authority.

concilier [kɔ̃silje] *vt* reconcile.

concitoyen [kɔ̃sitwajɛ̃] *nm* (*f* -enne) fellow citizen.

conclure [kɔ̃klyʁ] *v* **1.** *vt* conclude, end **2.** *vt* ~ *un marché* strike/close a deal **3.** *vi* conclude; *pour* ~ in conclusion **4.** *vi (déduire)* *les enquêteurs ont conclu à l'assassinat* the investigators concluded it was (a case of) murder.

conclusion [kɔ̃klyzjɔ̃] *nf* **1.** conclusion, end; *(discours)* close; *(Jur)* ~ *d'un marché* striking of a deal **2.** *(Jur)* ~s arguments, pleadings **3.** *(enquête)* ~s findings.

concordant [kɔ̃kɔʁdɑ̃] *adj* corresponding, in agreement; *témoignages* ~s testimonies which tally/which point to the same conclusions.

concordat [kɔ̃kɔʁda] *nm (Jur) (obs)* concordat, reorganization plan, scheme of arrangement with creditors.

concorder [kɔ̃kɔʁde] *vt* **1.** *(opinions)* correspond, agree **2.** *(chiffres)* tally, correspond.

concours [kɔ̃kuʁ] *nm* **1.** competition, contest; ~ *agricole* agricultural show; ~ *de vente* sales contest **2.** *(examen)* competitive examination; ~ *d'entrée* (competitive) entrance examination

3. assistance, backing (up), cooperation, aid; *avec le* ~ *de* with the cooperation/assistance of **4.** *(Bq)* ~ *bancaire* bank loan/financing/borrowings, credit facility; ~ *définitif* permanent loan **5.** ~ *de circonstances* coincidence; *par un* ~ *de circonstances* by (sheer) chance.

concrétiser [kɔ̃kʁetize] *vpr se* ~ *(projets)* take shape, come into being.

concubin [kɔ̃kybɛ̃] *nm (Jur)* ~ *notoire* common-law husband; ~*e notoire* common-law wife.

concubinage [kɔ̃kybinaʒ] *nm (Jur)* cohabitation of two persons as if they were husband and wife; *(Fr) certificat de* ~ document attesting to the fact that two people are living together as a married couple; ~ *notoire* common-law marriage; *vivre en* ~ live together as a married couple (without being married).

concurremment [kɔ̃kyʁamɑ̃] *adv* simultaneously.

concurrence [kɔ̃kyʁɑ̃s] *nf* **1.** competition; *(Jur)* ~ *déloyale* unfair competition; *faire* ~ *à* compete with; *libre* ~ free competition; ~ *hors prix* non-price competition; ~ *imparfaite* imperfect competition; ~ *loyale* fair competition; ~ *monopolistique* monopolistic competition; ~ *organisée* managed competition; ~ *par les prix* price competition; ~ *pure et parfaite* perfect competition, pure competition; ~ *vive* harsh/stiff/sharp/tough competition; *être en* ~ *avec* compete with; *être en* ~ *au sujet de qch* compete over sth **2.** *à* ~ *de 2 millions de dollars* up to the sum of 2 million dollars.

concurrencer [kɔ̃kyʁɑ̃se] *vt* compete with.

concurrent[1] [kɔ̃kyʁɑ̃] *adj* **1.** competing **2.** simultaneous.

concurrent[2] [kɔ̃kyʁɑ̃] *nm* competitor, rival.

concurrentiel [kɔ̃kyʁɑ̃sjɛl] *adj* (*f* -ielle) competitive.

concussion [kɔ̃kysjɔ̃] *nf (Jur)* embezzlement, misappropriation of funds by a public official.

condamnation [kɔ̃danasjɔ̃] *nf (Jur)* **1.** *(peine)* conviction, sentence **2.** *(action)* conviction, sentencing; ~ *par contumace* conviction in abstentia; ~ *à mort* death sentence; ~ *à une peine de dix ans* ten-year sentence.

condamné [kɔ̃dane] *nm (Jur)* sentenced person; ~ *à mort* condemned person, person sentenced to death.

condamner [kɔ̃dane] *vt* **1.** *(critiquer)*

condemn **2.** *(Jur)* condemn, sentence ; ~ **qn à une amende** fine sb ; ~ **qn à payer les dépens** order sb to pay costs **3.** *(porte, fenêtre)* block (up), *(avec des briques)* wall up, brick up.

condition [kɔ̃disjɔ̃] *nf* **1.** condition, state ; *en bonne* ~ in good condition, in good repair ; *mise en* ~ conditioning **2.** situation *(Jur)* ~ *des étrangers en France* condition of aliens present in France ; ~ *sociale* social status/position ; ~*s de travail* working conditions ; ~*s de vie* living conditions, life style **3.** *(Jur)* term, condition ; ~*s contractuelles* terms and conditions ; ~*s de paiement* credit terms ; ~ *préalable* prerequisite, precondition ; ~*s privilégiées* concessional terms ; ~ *résolutoire* condition subsequent ; ~ *suspensive* condition precedent ; ~*s de vente* sales terms, terms of sale, conditions of sale, terms and conditions **4.** *(T)* ~*s d'expédition* shipping terms ; *(maritime)* ~*s de ligne* liner terms.

conditionnel [kɔ̃disjɔnɛl] *adj (f* **-elle)** conditional ; *clause* ~*le* proviso, provisory clause ; *offre* ~*le* conditional offer.

conditionnement [kɔ̃disjɔnmɑ̃] *nm* **1.** *(Emb) (objet)* packaging, package ; ~ *réutilisable* reusable packaging **2.** *(Emb) (activité)* conditioning, packaging **3.** *(Mkg)* conditioning ; ~ *du consommateur* consumer conditioning.

conditionner [kɔ̃disjɔne] *vt* **1.** *(Emb)* pack, package **2.** *(Mkg)* condition.

conducteur [kɔ̃dyktœʀ] *nm (f* **-trice)** **1.** *(véhicule)* driver **2.** *(machine)* operator ; ~ *de travaux* foreman, supervisor.

conduire [kɔ̃dɥiʀ] *v* **1.** *vt (véhicule)* drive, operate ; *permis de* ~ *(UK)* driving licence, *(US)* driver's license **2.** *vt (négociation)* conduct, *(réunion)* run **3.** *vpr se* ~ conduct oneself, behave.

conduite [kɔ̃dɥit] *nf* **1.** *(personne)* behaviour/behavior, conduct **2.** *(entreprise)* control, management, *(réunion)* running **3.** *(véhicule)* driving.

confection [kɔ̃fɛksjɔ̃] *nf* **1.** *(industrie)* the clothing/garment industry ; *magasin de* ~ clothing store, *(US)* apparel store **2.** *(fait de fabriquer)* manufacturing.

confédération [kɔ̃federaːjɔ̃] *nf* **1.** *(Pol)* confederation, confederacy **2.** *(syndicat)* ~ *syndicale (UK)* trade union confederation, *(US)* labor union confederation.

*Confédération française et démocratique du travail (CFDT) *nf* French trade/labor union.

*Confédération française des travail-leurs **chrétiens (CFTC)** *nf* French trade/labor union.

*Confédération générale du travail (CGT) *nf* French trade/labor union.

conférence [kɔ̃feʀɑ̃s] *nf* **1.** conference, *(discours)* lecture ; ~ *de presse* press conference **2.** *(T)* ~ *maritime* maritime conference, shipping conference.

*Conférence de La Haye *nf (Jur)* the Hague Conference.

*Conférence des Nations Unies pour le commerce et le développement (CNUCED) *nf* United Nations Conference on Trade and Development (UNCTAD).

conférencier [kɔ̃feʀɑ̃sje] *nm (f* **-ière)** lecturer, public speaker.

conférer [kɔ̃feʀe] *v* **1.** *vt (à)* grant (to), award (to), bestow (upon) ; ~ *un titre à qn* grant a title to sb **2.** *vi* confer.

confiance [kɔ̃fjɑ̃s] *nf* trust, confidence ; *abus de* ~ breach of trust ; *digne de* ~ trustworthy ; *homme de* ~ right-hand man ; *poste de* ~ position of trust ; *(Pol) vote de* ~ vote of confidence.

confidentialité [kɔ̃fidɑ̃sjalite] *nf* confidentiality.

confidentiel [kɔ̃fidɑ̃sjɛl] *adj (f* **-ielle)** confidential, classified.

confidentiellement [kɔ̃fidɑ̃sjɛlmɑ̃] *adv* confidentially.

confier [kɔ̃fje] *vt* **1.** entrust, confide ; ~ *qch à qn* entrust sth to sb.

confirmation [kɔ̃fiʀmasjɔ̃] *nf* **1.** confirmation **2.** *(Jur)* affirmance by a higher court of a lower court's decision.

confirmer [kɔ̃fiʀme] *vt* **1.** confirm ; ~ *par écrit* confirm in writing **2.** *(Jur) (jugement)* affirm, uphold.

confiscation [kɔ̃fiskasjɔ̃] *nf (Jur)* confiscation, forfeiture.

confiserie [kɔ̃fizʀi] *nf* **1.** *(produits)* confectionery **2.** *(lieu)* confectioner's shop, *(US)* candy store.

confisquer [kɔ̃fiske] *vt* **1.** confiscate, seize **2.** *(D) (marchandises)* impound.

conflictuel [kɔ̃fliktɥɛl] *adj (f* **-elle)** *situation* ~*le* situation of conflict.

conflit [kɔ̃fli] *nm* **1.** *(Eco/Jur)* dispute, conflict ; ~ *collectif du travail* labour/labor conflict ; ~ *international* international dispute ; ~ *salarial* pay dispute, pay fight ; ~*s sociaux* industrial conflict, labour/labor strife **2.** *(Jur)* ~ *de compétence/de jurisdiction* conflict of jurisdiction ; ~ *de lois* conflict of laws.

conforme [kɔ̃fɔʀm] *adj (à)* in conformity with, corresponding to ; *copie certifiée* ~ certified true copy ; ~ *à la commande* as per order ; ~ *à l'échantillon* true to sample.

conformément [kɔ̃fɔʀmemã] *loc* ~ **à** in accordance with, in compliance with, *(Jur)* in pursuance to.

conformer [kɔ̃fɔʀme] *vpr* se ~ **à** conform to, abide by, comply with, *(fam)* stick to; *se* ~ *aux normes* meet standards/requirements.

conformité [kɔ̃fɔʀmite] *nf* conformity; *en* ~ *avec* in conformity with, in compliance with; *mettre en* ~ *avec* bring into compliance with.

confrère [kɔ̃fʀɛʀ] *nm (f* **consœur**) colleague.

confrontation [kɔ̃fʀɔ̃tasjɔ̃] *nf* **1.** confrontation, clash, showdown **2.** *(Jur)* testimony of witnesses given in the presence of one another, *(US)* confrontation.

confronté [kɔ̃fʀɔ̃te] *adj* être ~ **à** be confronted with/faced with.

confusion [kɔ̃fyzjɔ̃] *nf* confusion; *(Jur)* ~ *des peines* concurrent sentencing.

congé [kɔ̃ʒe] *nm* **1.** leave *(s inv)*, leave from work, *(UK)* holiday, *(US)* vacation; ~ *pour études* study leave; ~ *formation* training period; ~ *de maladie* sick leave; ~ *de maternité* maternity leave; ~ *parental* (unpaid) extended maternity/paternity leave; ~ *sans solde* unpaid leave; ~ *s payés* paid holiday/vacation **2.** *(licenciement)* dismissal; *donner* ~ *(à)* dismiss, *(locataire)* give notice to; *donner* ~ *trois mois à l'avance* give three months' notice **3.** *(D/T)* ~ *de navigation* clearance certificate.

congédiement [kɔ̃ʒedimã] *nm* dismissal, discharge.

congédier [kɔ̃ʒedje] *vt* dismiss, fire, *(UK) (fam)* sack.

conglomérat [kɔ̃glɔmeʀa] *nm* conglomerate.

Congo [kɔ̃go] *nm* Congo.

congolais [kɔ̃gɔlɛ] *adj* Congolese.

Congolais [kɔ̃gɔlɛ] *nm* Congolese *(pl inv)*.

congrès [kɔ̃gʀɛ] *nm* convention, conference.

congruence [kɔ̃gʀɥãs] *nf* congruence.

conjecture [kɔ̃ʒɛktyʀ] *nf* **1.** conjecture **2.** estimate, guess, *(fam)* guesstimate.

conjecturer [kɔ̃ʒɛktyʀe] *vti* surmise, guess; *on ne peut rien conjecturer* we can't conjecture anything.

conjoint[1] [kɔ̃ʒwɛ̃] *adj* joint.

conjoint[2] [kɔ̃ʒwɛ̃] *nm* spouse; *les* ~*s* husband and wife.

conjointement [kɔ̃ʒwɛ̃tmã] *adv* jointly; *(Jur)* ~ *et solidairement* jointly and severally.

conjoncture [kɔ̃ʒɔ̃ktyʀ] *nf (Eco) (présent) la* ~ the present economic situation business outlook; *indicateur de* ~ business indicator; *période de haute* ~ boom; *point de retournement de la* ~ cyclical turning point.

conjoncturel [kɔ̃ʒɔ̃ktyʀɛl] *adj (f* -**elle**) *(Eco)* relating to the present state of the economy, cyclical; *chômage* ~ cyclical unemployment; *creux* ~ cyclical low/trough; *décalage* ~ cyclical lag; *facteurs* ~*s* cyclical factors; *phase* ~*le* phase of the cycle; *pic* ~ cyclical peak/high; *ralentissement* ~ cyclical slow-down.

connaissance [kɔnesãs] *nf* **1.** knowledge; *dans l'état actuel des* ~*s* given the present stage of research; *(Ind/Jur) état actuel des* ~*s* state of the art; *(Mkg)* ~ *de la marque* brand awareness; *prendre* ~ *de qch* learn about sth, become aware of sth, *(document)* read **2.** *avoir* ~ *de* be aware of; *porter qch à la* ~ *de qn* bring sth to sb's notice/attention, tell sb about sth.

connaissement [kɔnesmã] *nm (T)* bill of lading (B/L); ~ *abrégé* short-form bill of lading; ~ *aérien* air waybill (AWB); ~ *à bord* on-board bill of lading, shipped bill of lading; ~ *chef* master's bill of lading; ~ *clausé* unclean/claused bill of lading; ~ *complet* long-form bill of lading; ~ *direct* through bill of lading; ~ *établi au nom de...* bill of lading consigned to ...; ~ *établi aux conditions «voyage de retour»* homeward bill of lading; ~ *fluvial (US)* barge bill of lading, *(UK)* inland-waterway bill of lading; ~ *groupé* groupage bill of lading; ~ *libre* clean bill of lading; ~ *maritime* bill of lading; ~ *négociable* negotiable bill of lading; ~ *net* clean bill of lading; ~ *nominatif* bill of lading to a named person; ~ *à ordre* to-order bill of lading; ~ *à personne dénommée* straight bill of lading; ~ *au porteur* bearer bill of lading; ~ *reçu à quai* FAS bill of lading; ~ *reçu pour embarquement* received-for-shipment bill of lading; ~ *routier (US)* truck bill of lading; ~ *avec réserves* unclean/ foul/ dirty/ bill of lading; ~ *de transport combiné* combined bill of lading; *(US)* ~ *pour tout mode de transport terrestre intérieur par lignes régulières* inland bill of lading; ~ *présenté tardivement* stale bill of lading; ~ *sans transbordement* direct bill of lading.

connecté [kɔnekte] *adj (Inf)* on-line.

connecter [kɔnekte] *v* **1.** *vt* connect, link **2.** *vpr (Inf)* se ~ log on.

conquérir [kɔ̃keʀiʀ] *vt (marché)* conquer, win, capture.

consacrer [kɔ̃sakʀe] *vt* devote, dedicate ; ~ *du temps à qch* devote time to sth.

consanguins [kɔ̃sɑ̃gɛ̃] *nmpl (Jur)* siblings having the same father, but different mothers.

conscience [kɔ̃sjɑ̃s] *nf* conscience ; ~ *de classe* class-consciousness ; ~ *professionnelle* conscientiousness, dedication.

consécutif [kɔ̃sekytif] *adj (f -ive)* consecutive, in succession ; *pendant trois années consécutives* for three years running 2. ~ *à* due to, resulting from.

conseil [kɔ̃sej] *nm* 1. advice *(s inv)* ; *demander* ~ *à qn* ask sb for advice 2. *(comité)* council, committee ; *(Fr)* ~ *municipal* local council ; *(Jur/Mgt)* ~ *de surveillance* supervisory board, watchdog committee ; ~ *syndical* management committee, body elected by co-owners of a building to assist in the management of a building 3. *(entreprise)* board ; ~ *d'administration* board of directors 4. *(Jur)* counsel, attorney ; ~ *juridique* legal advisor/counsellor (merged into profession of lawyer (**avocat**) in France in 1992) ; ~ *en propriété industrielle* patent attorney.

Conseil d'aide économique mutuelle (CAEM) *nm* Mutual Economic Aid Council.

Conseil pour l'aide mutuelle économique (COMECON) *nm (Pol/Eco) (obs)* Council for Mutual Economic Assistance ; trading block of former Soviet Union and allies.

Conseil de la concurrence *nm (Fr)* commission charged with sanctioning anti-competitive trading practices.

Conseil constitutionnel *nm (Pol/Jur) (Fr)* council which considers/reviews the constitutionality of laws and settles election disputes.

Conseil économique et social *nm (UN)* Economic and Social Council (ECOSOC).

Conseil d'Etat *nm (Jur) (Fr)* Council of State, the highest administrative tribunal in France ; also provides legal advice for the government.

Conseil de l'Europe (CE) *nm (Jur/Pol) (UE)* Council of Europe.

Conseil général *nm (Pol) (Fr)* elected assembly governing a *département*.

conseil interministériel *nm (Pol) (Fr)* inter-ministerial meeting called by the President or Prime Minister.

Conseil national du patronat français (CNPF) *nm (Fr)* council of French Employers, *équiv.* (UK) CBI, (US) NAM.

Conseil de l'Ordre *nm (Jur) (Fr)* council of the Bar, having administrative and disciplinary functions.

conseil de prud'hommes *nm (Jur) (Fr)* labour/labor tribunal/court (charged with mediating and deciding labour/labor disputes).

Conseil régional *nm (Pol) (Fr)* elected assembly governing a region.

Conseil de Sécurité *nm (UN)* Security Council.

Conseil supérieur de l'audiovisuel (CSA) *nm (Fr)* agency charged with regulating radio and television ; *équiv.* (US) Federal Communications Commission (FCC), (UK) Independent Broadcasting Authority (IBA).

Conseil supérieur de la magistrature *nm (Jur) (Fr)* advisory council regarding nomination and promotion of judges ; its task is to guarantee the independence of the judiciary.

Conseil de Tutelle *nm (UN)* Trusteeship Council.

conseiller [kɔ̃seje] *nm (f -ère)* 1. advisor ; ~ *fiscal* tax consultant ; ~ *juridique* legal advisor 2. *(Jur)* appellate judge 3. *(membre d'un conseil)* councillor ; ~ *municipal* regional/town/ city councillor.

consensuel [kɔ̃sɑ̃sɥel] *adj (f -elle)* consensual.

consensus [kɔ̃sɛ̃sys] *nm* consensus ; *il y a* ~ there is a consensus.

consentement [kɔ̃sɑ̃tmɑ̃] *nm* 1. agreement, assent ; *donner son* ~ *à qch* give one's consent to sth, consent to sth 2. *(Jur)* consent ; *(contrat) vices du* ~ situations which nullify consent ; *au su et avec le* ~ *de* with the privity and consent of.

conséquence [kɔ̃sekɑ̃s] *nf* consequence, impact ; ~s aftermath, fallout ; ~s *indirectes* side-effects.

conservateur¹ [kɔ̃sɛʀvatœʀ] *adj* conservative, *(Pol)* (UK) Conservative, Tory ; *le parti* ~ the Conservative Party.

conservateur² [kɔ̃sɛʀvatœʀ] *nm* 1. *(Jur)* registrar ; ~ *des actes/des titres* registrar of deeds 2. *(Pol)* (UK) *les C*~*s* the Conservatives/Tories, the Conservative Party.

conservation [kɔ̃sɛʀvasjɔ̃] *nf* 1. *(écologie)* preservation, conservation ; *(J.O.)* ~ *internationale* global custody ; *(J.O.)* ~ *nationale* local custody, subcustody 2. keeping, storing ; *(Jur)* ~ *des hypothèques* registry of liens/mortgages affecting real property 3. *(Mkg) durée de* ~ display period.

conservatoire [kɔ̃sɛʀvatwaʀ] *adj (Jur)* protective ; *mesure* ~ protective measure (to conserve creditor's rights).

conserver [kɔ̃sɛʀve] *vt* keep.

considérable [kɔ̃sideʀabl] *adj* 1. *(somme)* substantial 2. *(pertes)* huge, heavy.

considérant [kɔ̃sideʀɑ̃] *nm (Jur)* preamble, the portion of a judgment explaining its reasoning (v. **attendus**).

considération [kɔ̃sideʀasjɔ̃] *nf* consideration ; *en* ~ *de* because of, considering ; *sans* ~ *de* regardless of, irrespective of.

consignataire [kɔ̃siɲatɛʀ] *nm inv (Jur)* consignee, depositary.

consignation [kɔ̃siɲasjɔ̃] *nf* 1. *(somme d'argent)* deposit 2. *(Jur)* consignment ; *en* ~ on consignment.

consigne [kɔ̃siɲ] *nf* 1. instruction, recommendation 2. *(Emb) (à payer)* deposit ; *ni retour ni* ~ no deposit or return 3. *(gare) (UK)* left-luggage office, *(US)* baggage check.

consigner [kɔ̃siɲe] *vt* 1. *(T) (marchandises)* consign 2. *(Emb)* charge a deposit (on) ; ~ *l'emballage* put a deposit on packaging ; *bouteille consignée* returnable bottle 3. *(bagages)* leave at the left-luggage office/*(US)* at the baggage check 4. ~ *par écrit* commit to writing, record, put down on paper.

consolidation [kɔ̃sɔlidasjɔ̃] *nf* 1. *(Cpta/Fin)* consolidation ; ~ *d'un bilan* balance-sheet consolidation ; ~ *d'un crédit* funding consolidation 2. *(position)* strengthening, consolidation.

consolidé [kɔ̃sɔlide] *adj (Cpta/Fin)* consolidated ; *comptes* ~s consolidated accounts.

consolider [kɔ̃sɔlide] *vt* 1. *(position)* strengthen, reinforce 2. *(Cpta/Fin)* consolidate.

consomaction [kɔ̃sɔmaksjɔ̃] *nf (Mkg)* consumerism.

consomérisme [kɔ̃sɔmeʀism] *nm (Mkg)* consumerism

consommateur [kɔ̃sɔmatœʀ] *nm (f -trice)* consumer ; ~ *potentiel* potential/prospective consumer ; *panel de* ~s consumer panel.

consommation [kɔ̃sɔmasjɔ̃] *nf* 1. *(Eco)* consumption ; ~ *autonome* autonomous consumption ; ~ *des administrations publiques* government/public consumption ; *biens de* ~ consumer goods ; *crédit à la* ~ consumer credit ; *étude de* ~ consumer survey ; ~ *finale des administrations* government final consumption ; *fonction de* ~ consumption function ; *habitudes de* ~ consumer habits ; ~ *incompressible* autonomous consumption ; *indice des prix à la* ~ consumer price index (CPI) ; ~ *intérieure* home consumption, expenditure on the domestic market ; ~s *intermédiaires* semi-finished goods, intermediate output ; ~ *de masse* mass-consumption ; ~ *des ménages* personal/household consumption ; *produit de grande* ~ mass consumption product ; *renoncer à la* ~ *présente* forego present consumption ; *société de* ~ consumer society ; *structure de* ~ consumption pattern ; ~ *par tête* consumption per head, per capita consumption 2. *(Fin)* ~ *de capital fixe* consumption of fixed capital 3. *(Jur) (d'un acte)* consummation (of a criminal act).

consommatique [kɔ̃sɔmatik] *nf* consumer research.

consommer [kɔ̃sɔme] *v* 1. *vt* consume, *(carburant)* use up 2. *vi* have a drink.

consomptible [kɔ̃sɔ̃ptibl] *adj* consumable.

consortium [kɔ̃sɔʀsjɔm] *nm* consortium, cartel, trust, syndicate ; *(Bq)* ~ *bancaire* pool of banks, banking syndicate.

constant [kɔ̃stɑ̃] *adj* constant ; *(Eco) en termes* ~s in real terms ; *en francs* ~s in constant/inflation-adjusted francs.

constat [kɔ̃sta] *nm* report, statement ; *(Ass)* ~ *à l'amiable* accident report drawn up by the parties involved ; *établir un* ~ draw up a report ; *(Jur)* ~ *d'huissier* bailiff's report, document in which a **huissier** sets out observations of facts (v. **huissier**).

constatation [kɔ̃statasjɔ̃] *nf* 1. observation, fact 2. ~s findings ; *(Jur)* reports or testimony (assisting a judge's investigation).

constater [kɔ̃state] *vt* note, ascertain ; *comme vous pouvez le* ~ as you can see.

constituer [kɔ̃stitɥe] *v* 1. *vt* constitute, form 2. *vt (Jur)* set up, *(société)* incorporate ; ~ *un jury* empanel a jury ; ~ *une société* incorporate a company/corporation 3. *vpr se* ~ *partie civile* institute legal proceedings for damages as part of a criminal proceeding.

constitution [kɔ̃stitysjɔ̃] *nf* 1. *(Pol)* constitution 2. *(Jur) (création)* setting-up, incorporation ; ~ *d'une société* incorporation of a company.

*constitution de partie civile *nf (Jur)* procedure where the demand for compensation by the victim of a crime is heard in the same proceeding as the criminal trial of the perpetrator.

constitutionnalisme [kɔ̃stitysjɔnalism] *nm (Pol)* constitutionalism.

constitutionnalité [kɔ̃stitysjɔnalite] *nf (Jur)* constitutionality ; *contrôle de la ~ des lois* review of laws to ensure conformity with the constitution, judicial review.

constitutionnel [kɔ̃stitysjɔnɛl] *adj (f -elle)* constitutional ; *droit ~* constitutional law.

constructeur [kɔ̃stʀyktœʀ] *nm (f -trice)* manufacturer, maker ; *~ automobile* car manufacturer, *(US)* automaker.

constructible [kɔ̃stʀyktibl] *adj terrain ~* building land ; *parcelle ~* building lot.

construction [kɔ̃stʀyksjɔ̃] *nf* 1. *(fabrication)* construction, building, making 2. *la ~* the building trade ; *chantier de ~* construction/building site 3. *(Cpta) ~s* buildings 4. *(Pol) (UE) la ~ européenne* the building of Europe.

consul [kɔ̃syl] *nm inv* consul.

consulaire [kɔ̃sylɛʀ] *adj* consular ; *facture ~* consular invoice.

consulat [kɔ̃syla] *nm* consulate.

consultance [kɔ̃syltɑ̃s] *nf* consulting.

consultant [kɔ̃syltɑ̃] *nm* consultant ; *cabinet de ~s* consultancy firm.

consultatif [kɔ̃syltatif] *adj (f -ive)* advisory ; *comité ~* advisory board.

consultation [kɔ̃syltasjɔ̃] *nf* 1. consultation, consulting ; *~ d'expert* professional advice ; *~ juridique* legal advice/opinion 2. *(Pol) ~ électorale* election, going to the polls.

consulter [kɔ̃sylte] *v* 1. *vt* consult 2. *vpr se ~* confer, consult (together).

consumérisme [kɔ̃symeʀism] *nm* consumerism.

contact [kɔ̃takt] *nm* contact ; *être en ~ avec* be in touch with ; *prise de ~* préalable preliminary contacts.

contacter [kɔ̃takte] *vt* contact, approach.

container [kɔ̃tenɛʀ] *v.* **conteneur**.

contenance [kɔ̃tənɑ̃s] *nf (Emb)* capacity.

conteneur [kɔ̃tnœʀ] *nm (aussi container) (T)* container ; *~ calorifique/ chauffé* heated container ; *~-citerne* tank container ; *~ complet (CC)* full container load (FCL) ; *~ fermé aéré* closed ventilated container ; *~ incomplet* LCL (less-than-container load) ; *~ isotherme* insulated container, temperature-controlled container ; *~ plate-forme* platform container ; *~ pour marchandises générales* general cargo container ; *~ pour marchandises solides en vrac* dry-bulk container ; *~ pour marchandises spécifiques* speci-

fic-cargo container ; *~ à porteur aménagé* container with special fittings for handling ; *~ à roues fixes* container with fixed wheels ; *~ à toit ouvert* open-top container ; *~ pour usage général* general-purpose container ; *~ à/ pour usage spécifique* specific-purpose container ; *~ réfrigéré* reefer (refrigerated unit) ; *~ repliable* collapsible container ; *~ de soute* hold container ; *~ type plate-forme (parois latérales ouvertes)* (open-sided) platform-based container ; *~ souple* jelly-belly pack.

conteneurisable [kɔ̃tənœʀizabl] *adj (T)* containerizable.

conteneurisation [kɔ̃tənœʀizasjɔ̃] *nf (T)* containerization.

conteneuriser [kɔ̃tənœʀize] *vt (T)* containerize.

contenir [kɔ̃tniʀ] *vt* 1. contain, *(salle)* accommodate, hold 2. *(maîtriser)* curb, contain, restrain.

contentieux¹ [kɔ̃tɑ̃sjø] *adj (f -ieuse)* contentious, disputed.

contentieux² [kɔ̃tɑ̃sjø] *nm (Jur)* litigation ; *(Jur/Pol) ~ électoral* election dispute, dispute concerning elections ; *(Jur) service du ~* legal department ; *(Jur) ~ technique* action to determine the degree of disability (due to a work-related accident).

contenu [kɔ̃təny] *nm* content(s).

contestation [kɔ̃tɛstasjɔ̃] *nf* dispute ; *sans ~* with no opposition.

contesté [kɔ̃tɛste] *adj* controversial.

contester [kɔ̃tɛste] *vt* contest, challenge.

contingent [kɔ̃tɛ̃ʒɑ̃] *nm* 1. quota, allowance 2. *(D)* quota, quantitative restriction ; *~ tarifaire* tariff-rate quota.

contingenté [kɔ̃tɛ̃ʒɑ̃te] *adj (D)* subject to quotas ; *produit ~* restricted product.

contingentement [kɔ̃tɛ̃ʒɑ̃tmɑ̃] *nm* 1. *(D)* quota system, application of quotas 2. *(production)* reduction, curtailing, curtailment.

contingenter [kɔ̃tɛ̃ʒɑ̃te] *vt (D)* 1. impose quotas on/against 2. *(réduire la production)* curtail.

continu [kɔ̃tiny] *adj* continuous, ongoing ; *formation ~e* continuing education, further education.

continuité [kɔ̃tinɥite] *nf* continuity ; *(Cpta) ~ d'exploitation* going-concern principle.

***continuité de l'Etat** *nf (Pol)* principle by which a government may not repudiate obligations undertaken by its predecessor.

contourner [kɔ̃tuʀne] *vt* bypass, circumvent.

contractant [kɔ̃traktɑ̃] *nm (Jur)* contracting party.

contracter [kɔ̃trakte] *v* 1. *vi (Jur)* enter into a contract ; *les parties contractantes* the contracting parties 2. *vt (Ass)* ~ *une assurance* take out an insurance policy ; ~ *un emprunt* raise/take out a loan 3. *vpr (Eco) se* ~ shrink.

contraction [kɔ̃traksjɔ̃] *nf (marché)* shrinking ; *(Bq/Fin)* ~ *du crédit* credit crunch/contraction.

contractuel [kɔ̃traktɥɛl] *adj (f -elle)* contractual ; *sur une base ~le* on a contractual basis ; *travail* ~ contract work.

contradiction [kɔ̃tradiksjɔ̃] *nf* contradiction, incompatibility, discrepancy.

contradictoire [kɔ̃tradiktwar] *adj* 1. incompatible, inconsistent 2. *(Jur)* *examen* ~ cross-examination ; *expertise* ~ counter-test, second opinion ; *principe du* ~ principle governing all court hearings and giving to parties the right to a fair hearing, including the right to a defense and the right to be confronted, in open court, with all evidence and witnesses used by the other party.

contraindre [kɔ̃trɛ̃dr] *vt* ~ *qn à faire qch* compel/force sb to do sth ; *(Jur)* ~ *par corps* imprison non-payment of for debts.

contrainte [kɔ̃trɛ̃t] *nf* 1. constraint, coercion, restriction ; *(Eco)* ~ *externe* balance of payments constraint, external constraint ; ~ *interne-externe* internal-external balance conflict 2. *(Jur) (physique)* duress ; ~ *morale* indue influence 3. *(Jur)* writ of execution ; ~ *par corps* imprisonment (for non-payment of debts).

contraire [kɔ̃trɛr] *adj* contrary ; *(Jur)* *sauf stipulations* ~*s* unless otherwise stipulated/provided for/agreed.

contrariété [kɔ̃trarjete] *nf* 1. annoyance 2. *(Jur)* conflicting nature ; ~ *de jugements* conflicting decisions ; situation in which two courts have reached conflicting decisions involving the same parties and the same issues.

contrat [kɔ̃tra] *nm* 1. *(Eco/Jur)* contract, agreement, deed ; ~ *d'adhésion* adhesion contract ; ~ *administratif* government contract ; ~ *aléatoire* aleatory/contingency contract ; *clauses d'un* ~ provisions/terms of a contract ; ~ *commutatif* contract with continuing performance ; ~ *de dépôt* bailment ; ~ *emploi-formation* fixed-term employment contract (to ease unemployment) ; *s'engager par* ~ *à faire qch* contract to do sth ; ~ *d'entreprise* contract for work by the job ; ~ *d'exclusivité* exclusive contract ; *faire exécuter un* ~ enforce a contract ; ~ *de franchise* franchise agreement ; ~*s innommés* contracts which are not the subject of specific regulations ; ~ *instantané* contract which contemplates a single discrete performance ; ~ *de licence* licensing agreement ; ~ *de marchés publics* government procurement contracts ; ~ *de mariage* pre-nuptial/antenuptial agreement ; ~ *nommé* contract which is the subject of specific regulations ; ~ *de productivité* productivity contract/agreement ; *projet de* ~ draft agreement ; *prolongation/reconduction d'un* ~ renewal of a contract ; ~ *de représentation* agency agreement ; *résilier un* ~ void a contract ; *rupture de* ~ breach of contract ; ~ *salarial* wage contract ; ~ *scellé (US)* sealed contract, *(UK)* specialty contract ; ~ *de sous-ordre* sub-contract for work by the job ; ~ *successif* contract which contemplates performance continuing over a period of time ; ~ *synallagmatique* bilateral contract ; ~ *à titre onéreux* contract which confers a money benefit on both parties, contract for value ; ~ *de travail* employment contract, *(US)* service contract ; *(T)* ~ *de transport* carriage transport contract, contract of carriage ; ~ *type* form contract ; ~ *unilatéral* unilateral contract ; ~ *de vente* sales contract, agreement to sell 2. *(Fin)* ~ *à terme* futures contract ; ~*s à terme de devises* exchange/foreign-currency futures ; *(J.O.)* ~*s à terme d'instruments financiers* financial futures ; ~*s à terme de taux d'intérêt* interest-rate futures.

contravention [kɔ̃travɑ̃sjɔ̃] *nf* 1. *(fam)* fine, parking/speeding ticket 2. *(Jur)* minor violation of the law, misdemeanour/misdemeanor ; *en* ~ *avec* in violation of.

contre-achat [kɔ̃traʃa] *nm (Eco)* counter-purchase.

contrebalancer [kɔ̃trəbalɑ̃se] *vt* counter-balance, offset.

contrebande [kɔ̃trəbɑ̃d] *nf (D)* smuggling ; *se livrer à la* ~ smuggle goods.

contrecarrer [kɔ̃trəkare] *vt* foil, thwart.

contrecoup [kɔ̃trəku] *nm* 1. aftermath, side-effects 2. *(choc en retour)* backlash.

contre-enquête [kɔ̃trɑ̃kɛt] *nf (Jur)* counter-investigation.

contre-expertise [kɔ̃trɛkspɛrtiz] *nf (Jur)* second opinion ; investigation by an expert for the purpose of verifying the conclusions of a prior expert.

contrefaçon [kɔ̃trəfasɔ̃] *nf* 1. *(activité)*

counterfeiting, forgery, piracy **2.** *(Jur)* infringement; **~ d'un brevet** infringement of patent, counterfeiting, forgery **3.** *(produits)* **~s** phony/bogus/pirated goods, counterfeit goods, counterfeits, fakes.

contrefacteur [kɔ̃trəfaktœr] *nm (f -trice)* counterfeiter, forger, pirate.

contrefaire [kɔ̃trəfɛr] *vt* counterfeit, forge, pirate; **~ un produit breveté** counterfeit a patented product.

contre-lettre [kɔ̃trəlɛtr] *nf (Jur)* secret agreement (binding between the contracting parties).

contremaître [kɔ̃trəmɛtr] *nm (construction, usine)* foreman, supervisor (*v.* **contremaîtresse**).

contremaîtresse [kɔ̃trəmɛtrɛs] *nf (construction, usine)* forewoman, supervisor (*v.* **contremaître**).

contre-offre [kɔ̃trɔfr] *nf* counter-offer.

contrepartie [kɔ̃trəparti] *nf* **1.** thing given in exchange, quid pro quo; **en ~** in exchange **2.** *(Eco)* counterpart; **~s de la masse monétaire** credit counterparts; **~ or et devises** gold-and-foreign-assets counterpart **3.** *(Bs/Fin)* counter-offer, market-making **4.** *(Jur)* (contrat) (paiement) consideration; (garantie, sûreté) collateral.

contrepartiste [kɔ̃trəpartist] *nmf (Bs/Fin)* market-maker, dealer, jobber.

contre-passation [kɔ̃trəpasasjɔ̃] *nf (Cpta)* reversal (of an entry).

contre-passer [kɔ̃trəpase] *vt (Cpta)* reverse; **~ une écriture** reverse an entry.

contreplaqué [kɔ̃trəplake] *nm (Emb)* plywood.

contre-proposition [kɔ̃trəprɔpozisjɔ̃] *nf* counter-proposal.

contre-publicité [kɔ̃trəpyblisite] *nf (Mkg/Pub)* adverse publicity.

contreseing [kɔ̃trəsɛ̃] *nm (Jur/Pol)* countersignature; **~ ministériel** countersignature by the appropriate official/minister required for the validity of government acts.

contresigner [kɔ̃trəsiɲe] *vt* **1.** *(Jur/Pol)* countersign **2.** *(Fin)* endorse.

contre-spéculation [kɔ̃trəspekylasjɔ̃] *nf* counter-speculation.

contrevenant [kɔ̃trəvənɑ̃] *nm (Jur)* delinquent, offender, infringer.

contrevenir [kɔ̃trəvənir] *vi (Jur)* **~ à un règlement** contravene/infringe a rule.

contribuable [kɔ̃tribɥabl] *nmf* taxpayer.

contribution [kɔ̃tribysjɔ̃] *nf* **1.** contribution; **~ électorale** campaign contribution; **~s sociales imputées** unfunded employee welfare contributions **2.** *(Fisc)* duty; input; **~s directes** direct taxation; **~ indirecte** excise duty **3.** *(Jur)* partition by which the unsecured creditors of an insolvent debtor divide the proceeds of his property on a pro rata basis.

*contribution à la dette *nf (Jur)* contribution; right of one who has discharged a common liability to recover from another, also liable, the portion he should have paid.

*contribution sociale généralisée (CSG) *nf (Fisc) (Fr)* contribution, based on sales and income figures, made by businesses and individuals to the French social security fund.

contrôle [kɔ̃trol] *nm* **1.** *(Eco)* control, checking, monitoring, supervision; **~ budgétaire** supervision over the budgetary process; **~ des changes** currency exchange controls; **~ du crédit** credit control; **~ de gestion** management control; **~ des naissances** birth control; **~ des prix** price control; **~ des prix à l'import** import-price controls; **~ des prix et des salaires** wage and price control; *(Mgt)* **~ de qualité** quality control **2.** *(Jur)* control, check; **~ d'identité** identification/I.D. check; **~ judiciaire** judicial supervision **3.** *(Cpta/Fisc)* audit, auditing; **~ fiscal** *(UK)* inland revenue inspection, *(US)* tax field-audit **4.** *(D)* control; **~ de la destination finale** final destination control; **~ douanier** customs check **5.** *(maîtrise)* control; **avoir le ~ d'une société** have a controlling interest in a firm; **sous ~ de l'Etat** state-owned; **prise de ~** takeover.

contrôler [kɔ̃trole] *vt* **1.** *(vérifier)* check, control **2.** *(Cpta)* audit; **~ les livres** check the books **3.** supervise, monitor.

contrôleur [kɔ̃trolœr] *nm (f -euse)* **1.** inspector, auditor; *(Cpta/Fin)* **~ financier** comptroller; **~ de gestion** management controller **2.** *(autobus)* conductor, ticket-collector **3.** *(T)* **~ du trafic aérien** air-traffic controller.

controverse [kɔ̃trɔvɛrs] *nf* controversy, debate; **prêter à ~** be debatable/controversial.

controversé [kɔ̃trɔvɛrse] *adj* controversial.

contumace [kɔ̃tymas] *loc (Jur)* **par ~** in absentia; **condamné par ~** sentenced in absentia.

convaincre [kɔ̃vɛ̃kr] *vt* **1.** convince, persuade **2.** *(Jur)* **~ qn d'un crime** convict sb of a crime.

convenance [kɔ̃vnɑ̃s] *nf* convenience,

appropriateness; *à votre* ~ at your convenience; *pour raisons de* ~ *personnelle* for personal reasons.

convenir [kɔ̃vniʀ] *vi* **1.** admit, acknowledge; ~ *de qch* agree on sth; *c'est cher, j'en conviens* it's expensive, I agree **2.** ~ *à qn* suit sb, be convenient for sb.

convention [kɔ̃vɑ̃sjɔ̃] *nf (Jur)* **1.** agreement, contract, convention; ~ *collective* collective-bargaining agreement; ~ *fiscale internationale* international tax treaty; ~ *matrimoniale* marital agreement; ~ *salariale* wage agreement, *(US)* wage pact **2.** rule, convention; ~*s sociales* social rules **3.** *(Fr)* ~*s* agreements made between the Social Security administration and groups representative of the various elements of the medical profession.

*Convention CMR *nf (T) (transport routier international)* CMR convention.

*Convention européenne des droits de l'homme *nf* European Convention on Human Rights.

*Convention internationale du travail *nf* International Labor Convention.

*Convention de Lomé *nf (CI/Eco) (UE)* Convention of Lomé, Lomé Agreement.

*Convention des Nations Unies sur les contrats de vente internationale de marchandises *nf (aussi Convention de Vienne)* United Nations Convention on Contracts for the International Sale of Goods (CISG).

conventionné [kɔ̃vɑ̃sjɔne] *adj* **1.** *(Fr) (Sécurité sociale)* recognized by the French social security administration **2.** *(Jur/Fin) prêt* ~ low-interest loan.

conventionnement [kɔ̃vɑ̃sjɔnmɑ̃] *nm (Fr)* compliance by a medical professional with the agreement between his profession and the French social security administration.

convenu [kɔ̃vny] *adj* agreed, stipulated; *comme* ~ as agreed.

conversion [kɔ̃vɛʀsjɔ̃] *nf* **1.** *(Fin)* conversion; ~ *d'obligations en actions* debenture conversion; ~ *de dettes en actifs* debt-equity swap; ~ *de devises* foreign-currency conversion/translation **2.** *(Mgt) congé de* ~ retraining period.

convertibilité [kɔ̃vɛʀtibilite] *nf (Eco/Fin)* convertibility; ~ *externe/interne* external/internal convertibility; ~ *en or* convertibility into gold; ~ *en or externe* convertibility into external gold.

convertir [kɔ̃vɛʀtiʀ] *vt (en) (Fin)* convert/change (into); ~ *des francs en dollars* exchange francs for dollars.

conviction [kɔ̃viksjɔ̃] *nf* **1.** *(opinion)*

conviction; *c'est l'intime* ~ *des jurés* the jurors have decided beyond any reasonable doubt **2.** *(Jur) pièce à* ~ exhibit, object produced in evidence.

convivial [kɔ̃vivjal] *adj (mpl* -iaux*)* friendly; *(Inf)* user-friendly.

convocation [kɔ̃vɔkasjɔ̃] *nf* **1.** *(assemblée, réunion)* convening; *(candidat)* notification **2.** *(Jur) (témoin)* summons.

convoi [kɔ̃vwa] *nm (T)* convoy; ~ *exceptionnel* long vehicle.

convoquer [kɔ̃vɔke] *vt* **1.** *(assemblée)* convene, *(réunion)* convene, call **2.** *(personne)* call in; *(Jur) (témoin)* summon.

convoyeur [kɔ̃vwajœʀ] *nm inv* ~ *de fonds* security guard.

coopératif [kɔɔpeʀatif] *adj (f* -ive*)* cooperative.

coopération [kɔɔpeʀasjɔ̃] *nf* cooperation.

*Coopération économique Asie-Pacifique (CEAP) *nf* Asia-Pacific Economic Cooperation Forum (APEC).

*coopération politique *nf (Pol) (UE)* cooperation in foreign policy matters among the members of the European Union.

coopérative [kɔɔpeʀativ] *nf* cooperative; ~ *d'achat* consumers' cooperative; ~ *agricole* agricultural cooperative; ~ *de crédit* credit union.

coopérer [kɔɔpeʀe] *vi* cooperate.

cooptation [kɔɔptasjɔ̃] *nf* co-optation, co-option.

coordinateur [kɔɔʀdinatœʀ] *nm (f* -trice*) (aussi* **coordonnateur**) coordinator.

coordonnateur [kɔɔʀdɔnatœʀ] *nm (f* -trice*) v.* **coordinateur**.

coordonnées [kɔɔʀdɔne] *nfpl* address and phone number; ~ *bancaires* bank-account particulars.

coparticipation [kopaʀtisipasjɔ̃] *nf (Jur)* co-partnership, joint venture.

copie [kɔpi] *nf* **1.** copy; *(Mkg)* ~ *d'un produit de marque* knockoff; *(Inf)* ~ *de secours* back-up copy **2.** *(Jur)* ~ *certifiée conforme* true certified copy; ~ *exécutoire* copy of a judgment which can be used for its enforcement.

copier [kɔpje] *vt* copy, duplicate, *(imiter)* emulate.

copilote [kɔpilɔt] *nmf (T)* first officer, co-pilot.

copropriétaire [kopʀɔpʀieteʀ] *nmf (Jur)* co-owner, joint owner.

copropriété [kopʀɔpʀiete] *nf (Jur)* **1.** co-ownership of property, joint ownership **2.** *(propriété)* condominium.

coque [kɔk] *nf* hull ; *(T) affrètement en ~ nue* bareboat charter.

corbeille [kɔʀbɛj] *nf* **1.** basket **2.** *(Bs)* floor, *(US)* pit.

cordage [kɔʀdaʒ] *nm* rope, *(T)* sling.

Corée [kɔʀe] *nf* Korea ; *C~ du Nord* North Korea ; *C~ du Sud* South Korea.

coréen [kɔʀeẽ] *adj (f -éenne)* Korean ; *nord-~* North Korean ; *sud-~* South Korean.

Coréen [kɔʀeẽ] *nm (f -éenne)* Korean ; *Nord-C~* North Korean ; *Sud-C~* South Korean.

corépondant [kɔʀepɔ̃dã] *nm inv (Jur)* co-surety, co-guarantor.

coresponsabilité [kɔʀɛspɔ̃sabilite] *nf* joint responsibility.

corporation [kɔʀpɔʀasjɔ̃] *nf* **1.** guild, trade association **2.** *(Jur)* corporate body.

corporatisme [kɔʀpɔʀatism] *nm* **1.** corporatism **2.** (defense of) sectional/vested interests.

corporel [kɔʀpɔʀɛl] *adj (f -elle)* **1.** bodily ; *dommage ~* bodily harm **2.** *(Jur)* tangible ; *biens ~s* tangible goods/property.

corps [kɔʀ] *nm* **1.** body, *(cadavre)* corpse **2.** group, corps ; *~ d'armée* corps ; *~ diplomatique* diplomatic corps ; *~ électoral* electorate, constituents, constituency ; *(Fr) ~ de fonctionnaires* one of several subdivisions of French civil servants **3.** *(Jur) contrainte par ~* imprisonment for non-payment of debts ; *~ du délit* corpus delicti **4.** *(T) (coque)* hull.
*corps certain nm (Jur) unique good *(à dist.* **choses fongibles/de genre**).
*corps mort nm (T) moorings.

corpus [kɔʀpys] *nm (Jur)* corpus.

correctif [kɔʀɛktif] *nm* corrective, amendment, *(Ass)* rider ; *(Bq) ~ budgétaire* supplementary estimates.

correction [kɔʀɛksjɔ̃] *nf* **1.** *(Eco)* correction ; *~ des variations saisonnières* seasonal adjustment ; *chiffres après ~ des variations saisonnières* seasonally-adjusted figures **2.** *(fait d'être correct)* correctness, propriety.

correctionnalisation [kɔʀɛksjɔnalizasjɔ̃] *nf (Jur) (Fr) ~ judiciaire* characterizing/judging a felony as a misdemeanour/misdemeanor.

correctionnel [kɔʀɛksjɔnɛl] *adj (f -elle) (Jur) délit ~* minor offence/offense, misdemeanour/misdemeanor ; *tribunal ~* lower criminal court, court of summary jurisdiction *(équiv. UK* magistrates' court).

corrélation [kɔʀelasjɔ̃] *nf* correlation.

corréler [kɔʀele] *vt* correlate.

correspondance [kɔʀɛspɔ̃dãs] *nf* **1.** *(courrier)* correspondence, mail, letters ; *~ commerciale* business correspondence ; *vente par ~* mail order sales/selling **2.** connection, link **3.** *(fait d'être en rapport)* dealing **4.** *(T)* connection, connecting flight/train.

corrigé [kɔʀiʒe] *adj* corrected ; *~ des variations saisonnières* after seasonal adjustment, seasonally adjusted.

corriger [kɔʀiʒe] *vt* correct, adjust ; *~ à la baisse/à la hausse* revise downwards/upwards.

corrompre [kɔʀɔ̃pʀ] *vt* corrupt, bribe.

corruption [kɔʀypsjɔ̃] *nf* corruption, bribery ; *~ de fonctionnaire* bribery of a public official/police officer.

Costa Rica [kɔstaʀika] *nm* Costa Rica.

costaricien[1] [kɔstaʀisjẽ] *adj (aussi* **Costaricain**) *(f -ienne)* Costa Rican.

Costaricien[2] [kɔstaʀisjẽ] *nm (f -ienne) (aussi* **Costaricain**) Costa Rican.

cotation [kɔtasjɔ̃] *nf* **1.** *(Bs)* quotation, listing, quote ; *~ par casier* pigeon-hole quotation ; *~ à la criée* open outcry quotation **2.** *(Fin)* fixing **3.** *(T)* quotation.

cote [kɔt] *nf* **1.** *(Bs)* rate, quotation ; *~ boursière* stock exchange value ; *la ~ officielle* the official list **2.** *(T) ~s* dimensions, references ; *~ d'alerte* danger point.

côte [kot] *nf* **1.** *(mer)* coast, coastline, shoreline **2.** *(pente)* slope, hill.

coté [kɔte] *adj* **1.** *(Bs) (valeur) ~ en Bourse* quoted, listed **2.** *(fig)* high-priced, high-valued.

Côte-d'Ivoire [kotdivwaʀ] *nf* Ivory Coast *(v.* **ivoirien**).

coter [kɔte] *vt (Bs)* list ; *valeurs cotées en Bourse* listed securities.

coterie [kɔtʀi] *nf* small circle, clique.

cotisant [kɔtizã] *nm* contributor.

cotisation [kɔtizasjɔ̃] *nf* contribution, fees, dues ; *assiette des ~s* contribution base ; *~s à la sécurité sociale* social security contributions ; *~s patronales (à la Sécurité sociale)* employers' (social security) *(UK)* contributions/ *(US)* taxes ; *~s salariales (à la Sécurité sociale)* employees' (social security) contributions ; *~s aux caisses de retraite* contributions to pension funds ; *~s sociales (UK)* National Health contributions ; *~ syndicales* union dues.

cotiser [kɔtize] *vti (à)* contribute (to).

couchette [kuʃɛt] *nf (T) (train, bateau)* berth.

coulage [kulaʒ] *nm* **1.** waste, wastage, (*démarque inconnue, vol*) pilferage.

couler [kule] *v* **1.** *vi* (*eau*) flow, leak **2.** *vi* (*navire, entreprise*) sink **3.** *vt* ruin.

couloir [kulwar] *nm* corridor; (*Jur*) (*US*) ~ *de la mort* death row.

coup [ku] *nm* **1.** blow; (*Eco*) ~ *d'accordéon* stop-and-go policy; (*Cpta*) capital restructuring; ~ *d'arrêt* sudden stop; ~ *d'envoi* kickoff; ~ *de fouet* boost; ~ *de frein* brake, check; *politique du* ~ *par* ~ piecemeal policy; ~ *de pub* publicity stunt; *réussir un gros* ~ (*fam*) make a killing **2.** (*Jur*) ~ *de feu* shot; ~(*s*) *de couteau* stabbing; ~*s et blessures* assault, grievous bodily harm (GBH); ~*s et blessures par imprudence* negligently caused injuries; ~*s et blessures volontaires ayant entraîné la mort sans intention de la donner* manslaughter (resulting from assault).

*coup d'Etat *nm* (*Pol*) coup (d'état).

coupable¹ [kupabl] *adj* (*Jur*) guilty; *plaider* ~/*non* ~ plead guilty/not guilty.

coupable² [kupabl] *nmf* (*Jur*) guilty person, culprit.

coupe [kup] *nf* **1.** cut; *faire des* ~*s sombres* make drastic cuts **2.** cross section **3.** control; *être sous la* ~ *de qn* be under sb's power/control.

couper [kupe] *vt* cut, (*détacher*) cut off.

coupon [kupɔ̃] *nm* **1.** (*Fin*) coupon, voucher; (*Bs*) ~ *zéro* zero coupon **2.** (*Com*) coupon, voucher; ~-*réponse* reply coupon.

couponnage [kupɔnaʒ] *nm* (*Mkg*) couponing; ~ *croisé* cross couponing.

coupure [kupyr] *nf* **1.** cut **2.** (*eau*) cutting-off, (*électricité*) power breakdown **3.** (*Bq*) ~ *de billets* denomination (of notes) **4.** (*de journal*) press cutting.

cour [kur] *nf* (*Jur*) court; (*Fr*) ~ *administrative d'appel* court of appeal for administrative and government matters; ~ *d'appel* court of appeal; ~ *d'assises* trial court for serious criminal matters (*équiv.* UK Crown Court).

*Cour d'arbitrage de la Chambre de commerce internationale (CCI) *nf* (*CI/Jur*) Arbitration Court of the International Chamber of Commerce (ICC).

*Cour de cassation *nf* (*Fr*) supreme court for civil and criminal matters.

*Cour des comptes *nf* (*Fr*) court with jurisdiction to audit the accounts of public entities.

*Cour des comptes européenne *nf* (*UE*) European Court of Auditors.

*Cour de discipline budgétaire et fi-

nancière *nf* (*Fr*) court with jurisdiction to punish misuse of public funds.

*Cour européenne des droits de l'homme *nf* (*Jur*) (*UE*) European Court of Human Rights.

*Cour internationale de justice *nf* (*UN*) International Court of Justice (ICJ).

*Cour de justice des Communautés européennes (CJCE) *nf* (*UE*) European Court of Justice (ECJ).

*Cour permanente d'arbitrage *nf* (*UN*) Permanent Court of Arbitration.

*Cour de sûreté de l'Etat *nf* (*Fr*) State Security Court (abolished 1981).

courant¹ [kurã] *adj* **1.** (*actuel*) current, present **2.** (*moyen*) standard, average; *prix* ~ current price, market price, average price.

courant² [kurã] *nm* **1.** current, (*Eco*) (*tendance*) trend; ~ *électrique* electric current **2.** (*Eco/Fin*) flow; ~*s d'affaires* business relations; ~*s d'échange* flows of trade, channels of trade **3.** (*fig*) *mettre qn au* ~ inform/brief sb; *se tenir au* ~ (*de*) keep abreast of things; *tenir qn au* ~ keep sb posted/informed **4.** *dans le* ~ *de la semaine* during the coming week.

courbe [kurb] *nf* curve, graph; (*Mgt*) ~ *d'acquisition d'expérience* learning curve; (*Eco*) ~ *de demande coudée* kinked demand curve; ~ *d'indifférence* indifference curve; ~*s IS-LM* IS and LM curves; ~ *en J* J curve; (*Eco*) ~ *de Phillips* Phillips curve; ~ *des taux d'intérêt* yield curve; ~ *de taux inversée* inverted yield curve.

courir [kurir] *vi* **1.** run **2.** (*intérêts*) accrue.

courrier [kurje] *nm* post, mail; ~ *à l'arrivée* incoming mail; ~ *au départ* outgoing mail; (*journal*) ~ *des lecteurs* letters to the editor; *par retour de* ~ (*UK*) by return of post, (*US*) by return mail.

courroie [kurwa] *nf* (*Emb*) strap.

cours [kur] *nm* (*pl inv*) **1.** (*Eco*) price, rate; ~ *du change* exchange rate; ~ *du dollar* price of the dollar; ~ *du marché* market prices; ~ *du pétrole* oil prices **2.** (*Bs/Fin*) price, quotation, rate; ~ *de Bourse* market price, stock exchange quotation; (*J.O.*) *dans le* ~ in the money; (*J.O.*) *hors du* ~ out of the money; ~ *acheteur* bid rate/price, buying rate/price; ~ *acheteur et vendeur* bid and offered price; ~ *boursier* quotation; ~ *de change* exchange rate; ~ *de clôture* closing price; ~ *au comptant* spot price/rate; ~ *indicatif* quote; (*Fin*) *avoir* ~ *légal* be legal tender; ~ **à terme** forward quotation, forward/futures price; ~ **vendeur** asked rate **3.** **en** ~ in process, in progress **4.** *(Ens)* course, lesson, class.

course [kuʀs] *nf* **1.** race, *(fig)* spiral **2.** **faire des** ~**s** go shopping; **garçon de** ~**s** errand boy.

court [kuʀ] *adj* **1.** short; ~ **terme** short term; **à** ~ **terme** current, in the short run/term **2.** **à** ~ **de** short of.

courtage [kuʀtaʒ] *nm* brokerage; **commission de** ~ brokers' commission/turn; **société de** ~ brokerage firm.

court-circuit [kuʀsiʀkɥi] *nm* short circuit, short cut.

court-circuiter [kuʀsiʀkɥite] *vt* bypass, short-circuit.

courtier [kuʀtje] *nm (f* -**ière**) *(J.O.)* broker, dealer; *(Jur)* ~ **agréé** authorized agent; *(Ass)* ~ **d'assurances** insurance broker; ~ **de change** exchange broker; *(Bs)* ~ **d'émission** issue broker; ~ **en matières premières** commodity broker; *(T)* ~ **maritime** ship agent, shipbroker; *(Bs)* ~ **en valeurs mobilières** stockbroker.

courtoisie [kuʀtwazi] *nf* **1.** *(politesse)* courtesy **2.** *(Jur)* ~ **internationale (comitas gentium)** comity.

couru [kuʀy] *adj* accrued; **intérêts** ~**s** accrued interests.

coût [ku] *nm* cost; ~ **du capital** cost of capital; *(Cpta/Fin)* ~ **de cession** transfer price; *(théorie des)* ~**s comparatifs** (theory of) comparative costs; ~**-efficacité** cost-benefit; ~ **des facteurs** factor costs; ~**s de faillite** bankruptcy costs; *(Eco)* ~**s de main-d'œuvre** labour/labor costs; *(Mkg)* ~**s de lancement** launching costs; *(Eco)* ~ **marginal** marginal cost; ~ **moyen** average cost; ~ **moyen pondéré du** ~ **du capital** weighted average cost of capital; ~ **opérationnel** operating cost; *(Eco)* ~ **d'opportunité** opportunity cost; ~ **d'opportunité du capital** opportunity cost of capital; ~ **d'option** option cost; ~**s de production** production costs; *(Fin)* ~ **de protection contre le risque de change** hedging cost; ~ **salarial** wage cost; ~**s sociaux** social costs; ~ **total** total cost; ~ **de traitement d'une commande** order-processing cost; ~**s de transaction** transaction costs; *(Eco)* ~ **de pénétration** cost of entry; ~ **de remplacement** replacement cost; ~ **salarial** wage cost; ~ **standard** standard cost; ~ **total** total cost; ~ **unitaire** unit cost, cost per unit; ~**s variables** variable costs; *(Eco)* ~ **de la vie** cost of living.

*****coût et fret (CFR)** *loc (T)* cost and freight (CFR).

*****coût, assurance, fret (CAF,** *aussi* **CIF)** *loc (T)* cost, insurance and freight (CIF).

coûtant [kutã] *adj* **prix** ~ cost price.

coutellerie [kutɛlʀi] *nf* cutlery.

coûter [kute] *vti* cost.

coûteux [kutø] *adj (f* -**euse**) costly.

coutume [kutym] *nf* custom, use, usage; **avoir** ~ **de faire qch** be accustomed to doing sth; *(Jur)* ~ **internationale** international custom; **us et** ~**s** habits and customs.

coutumier [kutymje] *adj (f* -**ière**) customary, usual; *(Jur)* **droit** ~ common law.

couture [kutyʀ] *nf* **la haute** ~ fashion design, the fashion trade.

couvercle [kuvɛʀkl] *nm (Emb)* lid.

couvert [kuvɛʀ] *adj (Ass)* covered, guaranteed, insured.

couverture [kuvɛʀtyʀ] *nf* **1.** *(Ass)* cover, covering, coverage; ~ **globale** blanket coverage; **lettre de** ~ covering letter, *(UK)* cover note; **note de** ~ provisional coverage letter; ~ **sociale** social security cover **2.** *(Bs/Fin)* cover, margin, hedging; **faire un appel en** ~ make a margin call; ~ **croisée** cross hedge; ~ **glissante** rolling hedge; **taux de** ~ margin ratio; ~ **à terme** forward cover **3.** *(Bq)* collateral (security) **4.** *(Eco)* cover, coverage; ~ **du marché** market coverage **4.** *(Mkg/Pub)* ~ **médiatique** media coverage; ~ **publicitaire** advertising coverage.

couvrir [kuvʀiʀ] *v* **1.** *vt* cover **2.** *vpr (Bs/Fin)* **se** ~ hedge; **se** ~ **contre les risques de change** hedge against exchange risks.

CPA *v.* **cessation progressive d'activité.**

CPAM *v.* **Caisse primaire d'assurance-maladie.**

CPU *v.* **code produit universel.**

crayon [kʀɛjɔ̃] *nm (Inf)* ~ **optique** bar-code scanner.

créance [kʀeɑ̃s] *nf* **1.** *(Fin/Jur)* debt, claim, obligation; ~ **certaine** debt certain; ~ **cessible** transferable claim; ~ **douteuse** bad debt, delinquency; **exigibilité d'une** ~ enforceability of a claim; ~ **hypothécaire** debt secured by mortgage; **perte sur** ~ credit loss **2.** *(Cpta)* ~**s commerciales** receivables; ~**s à recouvrer** receivables, outstanding debts.

créancier [kʀeɑ̃sje] *nm (f* -**ière**) *(Fin/Jur)* creditor, lender; *(Jur)* ~ **chirographaire** unsecured creditor; ~ **hypo-**

thécaire secured creditor ; ~ *privilégié* preferred/priority creditor.

créatif[1] [kʀeatif] *adj (f* -**ive**) creative.

créatif[2] [kʀeatif] *nm* designer ; *(Mkg)* ~ *indépendant* freelance designer.

création [kʀeasjɔ̃] *nf* creation ; ~ *d'emplois* job creation ; ~ *d'entreprise* business formation ; *(Pub) directeur de la* ~ design manager ; *(Eco)* ~ *de monnaie* credit creation ; *(Pub) service* ~ design department.

crédit [kʀedi] *nm* **1.** credit *(ce qui est dû)* ; *(Jur)* ~ *d'heures* number of hours with pay which a labour/labor representative is entitled to take off work ; *(Fisc)* ~ *d'impôt* tax credit, fiscal measure operating to reduce the double taxation of dividends paid by French subsidiaries abroad ; ~*s de paiement* annual limit on expenditures placed on a government entity **2.** *(Eco/Fin) (emprunt)* credit ; *assouplissement de l'encadrement du* ~ easing of credit restrictions ; ~ *acheteur* buyer credit ; ~ *à court terme* short-term credit ; ~ *à la consommation* consumer credit ; ~*s croisés* swap agreements, cross currency swaps ; *encadrement du* ~ credit control/ restrictions, credit expansion limits ; *(Cpta) encours de* ~ credit outstanding ; *(Bq)* ~ *évolutif* estimated credit ; *expansion du* ~ credit expansion/growth ; *expansion du* ~ *intérieur (ECI)* domestic credit expansion (DCE) ; *(CI)* ~ *fournisseur* supplier credit ; ~ *hypothécaire* mortgage loan, mortgage credit ; ~ *immobilier* mortgage loan, *(UK)* home loan, *(US)* real estate credit ; ~ *international* international loans ; ~ *lié* tied credit ; ~ *à long terme* long-term credit ; ~ *à moyen terme* medium-term credit/loan ; ~ *permanent* revolving credit ; *plafonnement du* ~ ceilings on credit/ lending ; *politique de blocage du* ~ credit-freeze policy ; *politique de resserrement du* ~ tight-credit policy ; credit tightening/rationing, credit squeeze/crunch ; ~*s aux particuliers* retail credits ; ~*s publics* official credits ; ~ *relais* stand-by credit ; *(Bq)* ~ *rotatif* revolving credit ; ~ *de trésorerie* cash advance **3.** *(Bq/Fin)* credit ; *à* ~ on credit ; *établissement de* ~ credit institution ; *ligne automatique de* ~ automatic credit line **4.** ~*s* funds ; *manque de* ~ lack/shortage of funds.

*crédit-bail nm (J.O.) leasing, leaseback ; ~ *immobilier* real estate leasing.

*crédit documentaire nm (aussi cré-doc) (CI) documentary credit.

créditer [kʀedite] *vt (Bq)* credit ; ~ *son compte* put money into one's account.

créditeur [kʀeditœʀ] *adj (f* -**trice**) ; *compte* ~ account in credit, credit account, account in the black.

crédoc [kʀedɔk] *v.* **crédit documentaire.**

créneau [kʀeno] *nm (pl* -**x**) **1.** *(Mkg)* slot, niche, market ; ~ *porteur* growth market **2.** *(emploi du temps)* (time) slot ; *je n'ai plus aucun* ~ *de libre* I have no more free time at all.

creux [kʀø] *nm (pl inv) (Eco)* ~ *de la vague* trough.

criée [kʀije] *nf vendre à la* ~ sell at by auction ; *(vente à la)* ~ auction, sale of real property at auction.

crieur [kʀijœʀ] *nm inv* **1.** auctioneer **2.** hawker.

crime [kʀim] *nm (Jur)* **1.** felony, crime ; ~*s contre l'humanité* crimes against humanity **2.** *(meurtre)* murder, *(US)* homicide ; *l'arme du* ~ the murder weapon ; ~ *passionnel* crime of passion ; *retourner sur les lieux du* ~ go back to the scene of the murder.

criminalistique [kʀiminalistik] *nf* criminalistics.

criminalité [kʀiminalite] *nf* criminality, crime, crime rate ; *la* ~ *est en baisse* the crime rate is falling.

criminel[1] [kʀiminɛl] *adj (f* -**elle**) *(Jur)* criminal ; *droit* ~ criminal law.

criminel[2] [kʀiminɛl] *nm (f* -**elle**) *(Jur)* **1.** criminal, murderer *(f* murderess) **2.** *(juridiction)* avocat au ~ criminal lawyer ; *poursuivre qn au* ~ start criminal proceedings against sb ; *(Jur) le* ~ *tient le civil en état* principle whereby a civil court must abstain from deciding issues of compensation for injuries due to a crime until criminal proceedings have ended.

criminologie [kʀiminɔlɔʒi] *nf* criminology.

criminologue [kʀiminɔlɔg] *nmf* criminologist.

crise [kʀiz] *nf* crisis *(pl* crises), slump, depression, *(contraction brutale)* crunch ; ~ *boursière* stock market crash ; ~ *économique* economic crisis ; ~ *de l'énergie* energy crisis/crunch/shortage ; *la* ~ *du logement* the housing shortage ; *(Pol)* ~ *ministérielle* event which causes the fall of a government ; ~ *pétrolière* oil crisis/shock.

critère [kʀitɛʀ] *nm* criterion *(pl* criteria) ; ~*s de choix des investissements* criteria for investment project selection.

critique[1] [kʀitik] *adj* critical ; *(Mgt) seuil* ~ breakeven point.

critique² [kʀitik] *nmf (personne)* critic.

critique³ [kʀitik] *nf (remarque)* criticism.

croate [kʀɔat] *adj* Croatian.

Croate [kʀɔat] *nmf* Croatian.

Croatie [kʀɔasi] *nf* Croatia.

croisé [kʀwaze] *adj* **1.** crossed **2.** cross; *(Bq) opération ~e* swap, *(Bs)* switch order; *(Fin) participation ~e* cross-holding.

croissance [kʀwasɑ̃s] *nf* expansion, growth; *(Eco) ~ déséquilibrée* unbalanced growth; *~ économique* economic growth; *~ équilibrée* balanced growth; *~ garantie* warranted growth; *marché à ~ rapide* fast-growing market; *~ optimale* optimal growth; *secteur en ~ rapide* high-growth sector; *taux de ~* growth rate; *~ zéro (de la population)* zero (population) growth.

croissant [kʀwasɑ̃] *adj* growing, increasing.

croître [kʀwatʀ] *vi* grow, increase.

croquis [kʀɔki] *nm* sketch, rough plan.

CRS *v.* **Compagnies républicaines de sécurité.**

CSG *v.* **contribution sociale généralisée.**

Cuba [kyba] *n* Cuba.

cubage [kybaʒ] *nm (Emb)* cubic content.

cubain [kybɛ̃] *adj* Cuban.

Cubain [kybɛ̃] *nm* Cuban.

cubitainer [kybitenɛʀ] *nm (T)* cubitainer.

cueillette [kœjɛt] *nf* **1.** *(fruit)* picking **2.** *(T) navigation à la ~* tramping; *navire en ~* tramp.

cuir [kɥiʀ] *nm* leather; *simili~* imitation leather.

cuisine [kɥizin] *nf* **1.** *(activité)* cooking **2.** *(Pol) (fig) ~ électorale* electioneering, election rigging, *(découpage)* gerrymandering.

cuivre [kɥivʀ] *nm* copper *(s inv)*.

cul-de-sac [kydsak] *nm* **1.** blind alley, dead end, cul-de-sac **2.** *(fig)* dead end.

culminant [kylminɑ̃] *adj* culminating; *point ~* high (point), peak, climax.

culpabilité [kylpabilite] *nf (Jur)* guilt; *établir la ~ de qn* establish/prove sb's guilt, prove sb guilty.

cultivable [kyltivabl] *adj (terres)* arable, cultivable, tillable.

cultivateur [kyltivatœʀ] *nm (f -trice)* **1.** farmer **2.** *(machine)* cultivator.

cultivé [kyltive] *adj* **1.** *(personne)* well-educated **2.** *(Agr)* cultivated, farmed.

culture [kyltyʀ] *nf* **1.** *(Agr)* farming, *(récolte)* crop; *~ d'exportation* cash crop; *~ extensive/intensive* extensive/intensive farming; *~ vivrière* food crop **2.** *(Mgt)* culture; *~ d'entreprise* corporate culture.

culturel [kyltyʀɛl] *adj (f -elle)* cultural; *(Jur) association à but ~* cultural association.

cumul [kymyl] *nm* **1.** cumulation; *(Eco) ~ des emplois* double jobbing, *(fam)* moonlighting; *~ des fonctions* cumulation of posts/jobs, plurality of offices; *(Jur) ~ des causes d'action* joinder of causes of action; *(Pol) ~ des mandats* cumulation of public offices, plurality of offices; *(Jur) ~ des peines* concurrence of sentences **2.** *(Cpta) ~ jusqu'à ce jour* year-to-date; *~ des revenus* total income; *~ des traitements* concurrent drawing of salaries.

cumulable [kymylabl] *adj (postes)* which can be held concurrently/at the same time; *(paiements)* which can be drawn concurrently.

cumulatif [kymylatif] *adj (f -ive)* cumulative.

cumuler [kymyle] *vt* **1.** cumulate, accumulate **2.** *(Pol) ~ des postes/fonctions* hold a plurality of offices, hold several offices concurrently.

curatelle [kyʀatɛl] *nf (Jur)* curatorship (of an incompetent adult), *(UK)* committeeship, *(US)* conservatorship.

curateur [kyʀatœʀ] *nm (f -trice) (Jur)* curator, *(UK)* committee, *(US)* conservator.

cure [kyʀ] *nf ~ de désintoxication* drug/alcohol dependency treatment, treatment for drug dependency/alcohol abuse.

curriculum vitae (CV) [kyʀikylɔmvite] *nm* data sheet, personal record, curriculum vitae (CV), *(US)* resumé.

CV *v.* **curriculum vitae.**

cycle [sikl] *nm* **1.** cycle; *~ des affaires* business cycle; *~ du bâtiment* construction/building cycle; *~ économique* economic cycle; *(Cpta) ~ d'exploitation* operating cycle; *~ infernal de l'inflation* inflationary spiral; *(Agr) ~ porcin* hog cycle **2.** *(Mkg) (produit, marque) ~ de vie* life cycle; *~ de vie d'un produit* product life cycle; *~ de vie de la marque* brand life cycle **3.** *(CI) (négociations)* round; *~ de l'Uruguay* Uruguay Round.

cyclique [siklik] *adj* cyclical.

cypriote [sipʀijɔt] *v.* **chypriote.**

D/A *v.* **documents contre acceptation.**

DAB [dab] *v.* **distributeur automatique de billets.**

dactylographe [daktilɔgʀaf] *nmf (aussi* **dactylo)** typist.

dactylographie [daktilɔgʀafi] *nf* typing, typewriting.

dactylographier [daktilɔgʀafje] *vti* type; *documents dactylographiés* typewritten documents.

Danemark [danmaʀk] *nm* Denmark.

dangereux [dɑ̃ʒʀø] *(f* -euse*) adj* dangerous, hazardous; *produits ~* hazardous goods.

danois [danwa] *adj* Danish.

Danois [danwa] *nm* Dane.

datation [datasjɔ̃] *nf* dating.

date [dat] *nf* **1.** date; *en ~ du 1ᵉʳ avril* dated the 1st of April; *prendre ~* fix an appointment; *relation de longue ~* long-standing relationship **2.** *~ butoir* deadline, *(Fin)* cut-off date; *~ de clôture* closing date; *~ d'échéance* due date, date of maturity; *~ d'effet* effective date; *(T) ~ de départ* date of departure, *(navire)* date of sailing; *(T) ~ d'embarquement* shipping date; *~ d'entrée en fonction* date of appointment; *(Jur) ~ d'entrée en vigueur* effective date; *(Bs) ~ d'exercice* expiration date; *(Bq) ~ d'exigibilité* due date, required date; *~ d'expiration* expiry date; *~ limite* deadline; *~ limite de vente* sell-by date; *~ de péremption* expiry date; *(Bq) ~ de valeur* value date.

dater [date] *v* **1.** *vt* date **2.** *vi ~ de* date from, date back to **3.** *vi* be outdated/outmoded.

dation [dasjɔ̃] *nf (Jur) ~ en paiement* payment in kind, giving in kind.

débâcle [debɑkl] *nf* collapse, crash.

déballage [debalaʒ] *nm* **1.** unpacking **2.** display of goods.

déballer [debale] *vt (Emb)* unpack, unwrap.

débarcadère [debaʀkadɛʀ] *nm (T)* wharf, unloading dock.

débardeur [debaʀdœʀ] *nm (f* -euse*) (T)* docker, stevedore, *(US)* longshoreman.

débarquement [debaʀkəmɑ̃] *nm* **1.** *(marchandises)* unloading **2.** *(passagers)* landing.

débarquer [debaʀke] *vt (T)* **1.** *(marchandises)* unload **2.** *(passagers)* land.

débat [deba] *nm* **1.** debate **2.** *(Jur) ~s* proceedings, oral arguments at trial; *~*

à huis clos in camera hearing, hearing behind closed doors.

débattre [debatʀ] *vt* **1.** discuss, debate **2.** *(prix)* discuss; *~ (des prix)* bargain, haggle (over prices); *prix à ~* price subject to negotiation.

débauchage [deboʃaʒ] *nm* **1.** *(licenciement)* laying off, dismissing **2.** *(chez le concurrent)* hiring away, poaching.

débaucher [deboʃe] *vt* **1.** *(licencier)* lay off, make redundant **2.** entice an employee away from an employer by inciting him to breach his employment contract, poach, hire away.

débet [debɛ] *nm (Cpta/Fin)* amount due.

débit [debi] *nm* **1.** *(production)* output, rhythm, pace, rate, going rate **2.** *(vente)* turnover, retail sales **3.** *(Cpta/Fin)* debit, charge; *écriture au ~* debit entry; *~ externe* out-of-pocket money.

*****débit de tabac** *nm (Fr)* tobacconist's; authorized sales outlet for tobacco products.

débiter [debite] *vt* **1.** *(Fin)* charge, debit; *~ un compte* debit an account; *débitez mon compte* charge the sum to my account **2.** *(Com)* sell, retail **3.** *(découper)* cut up.

débiteur[1] [debitœʀ] *adj (f* -trice*)* debit; *colonne débitrice* debit side; *avoir un compte ~* be in the red, be overdrawn; *(Jur) ~ hypothécaire* mortgagor; *solde ~* debit balance, disbursement.

débiteur[2] [debitœʀ] *nm (f* -trice*) (Fin)* borrower, debtor; *(Jur) ~s solidaires* joint and several debtors; *~ sur gage* pledgee.

déblocage [deblɔkaʒ] *nm* **1.** *(fonds)* release **2.** *(salaires)* unfreezing **3.** *le ~ de la situation* the end of (a) deadlock, the unblocking of the situation.

débloquer [deblɔke] *vt* **1.** *(situation)* unblock; *~ la situation* end the deadlock **2.** *(fonds)* make available, issue, release **3.** *(salaires)* lift controls on, unfreeze, unpeg.

débogage [debɔgaʒ] *nm (Inf)* debugging.

déboguer [debɔge] *vt (Inf)* debug.

déboire [debwaʀ] *nm* disappointment, setback.

de bonne foi [dəbɔnfwa] *loc* in good faith.

débordement [debɔʀdəmɑ̃] *nm* **1.** overflow **2.** *(Pub)* overlap.

débouché [debuʃe] *nm* **1.** *(marché)* outlet, channel, market; *(Eco) loi des ~s* Say's law of markets **2.** *(perspective)* prospect, opportunity, opening.

débouclage [debuklaʒ] *nm (Fin) (position)* closing.

déboucler [debukle] *vt* **1.** unbuckle **2.** *(Fin)* ~ *sa position* close one's position.

débours [debuʀ] *nmpl* **1.** outlays, disbursements **2.** *(Jur)* sums advanced by a lawyer on behalf of his client.

déboursement [debuʀsəmã] *nm* outlay.

débourser [debuʀse] *vt* disburse, lay out, spend.

débouter [debute] *vt (Jur)* ~ *qn de sa demande* dismiss an action; *être débouté de sa demande* have one's case dismissed.

débrayage [debʀejaʒ] *nm* **1.** *(véhicule)* clutch **2.** strike, work stoppage, walkout.

débrayer [debʀeje] *vi* **1.** *(véhicule)* declutch **2.** go on strike, down tools, walk out, walk off the job.

décacheter [dekaʃte] *vt* unseal, open.

décaissement [dekesmã] *nm* disbursement, payment, paying out.

décaisser [dekese] *vt* disburse, pay out.

décalage [dekalaʒ] *nm* **1.** gap; ~ *horaire* time difference; *souffrir du* ~ *horaire* suffer from jet lag **2.** discrepancy.

décélération [deseleʀasjɔ̃] *nf (Eco)* deceleration.

décembre [desãbʀ] *nm* December.

décentralisateur [desãtʀalizatœʀ] *adj (f -trice) (Pol)* decentralizing.

décentralisation [desãtʀalizasjɔ̃] *nf* **1.** *(Pol)* decentralization **2.** *(Eco)* ~ *industrielle* industrial relocation.

décentraliser [desãtʀalize] *vti* **1.** *(Pol)* decentralize **2.** *(Eco)* relocate.

décerner [deseʀne] *vt (prix)* award, grant.

décès [dese] *nm (pl inv)* death, decease; *acte de* ~ death certificate.

décharge [deʃaʀʒ] *nf* **1.** ~ *publique* *(UK)* rubbish dump, *(US)* garbage dump **2.** *(Jur)* discharge; *témoin à* ~ witness for the defence/defense **3.** *(Fin) donner* ~ give receipt; *porter une somme en* ~ mark a sum as paid **4.** *(Fisc)* ~ *d'un impôt* tax exemption.

déchargement [deʃaʀʒəmã] *nm (T)* unloading; *avant* ~ before hatch opening; ~ *du conteneur* container unloading; *port de* ~ port of discharge.

décharger [deʃaʀʒe] *vt* **1.** *(marchandises)* unload **2.** *(Jur)* discharge, release; ~ *d'une obligation* release from an obligation; ~ *qn d'une dette* relieve sb of a debt.

déchéance [deʃeãs] *nf* **1.** loss; ~ *d'un droit* forfeiture of a right; ~ *professionnelle* forfeiture of the right to practise/practice a profession **2.** *(Ass) (police)* expiration, termination (of an insurance policy) **3.** *(Bq)* ~ *du terme* event of default.

déchet [deʃɛ] *nm (souvent pl)* waste *(s inv)*, scrap *(s inv)*, refuse *(s inv)*; ~*s nucléaires* nuclear waste; *(T)* ~ *de route* loss in transit; *(fig)* ~ *de la société* social outcast.

déchu [deʃy] *adj* fallen; *(Jur) être* ~ *d'un droit* forfeit a right, be deprived of a right; *être* ~ *de la nationalité française* be stripped/deprived of French citizenship.

décider [deside] *vti* decide; ~ *de faire qch* decide to do sth.

décideur [desidœʀ] *nm (f -euse)* decision-maker.

décile [desil] *nm* decile.

décimal [desimal] *adj (pl -aux)* decimal; *adopter le système* ~ go decimal, adopt the decimal system.

décision [desizjɔ̃] *nf* **1.** decision **2.** *(Jur)* ruling, award; *(Jur)* ~ *d'arbitrage* arbitration award; *(Jur)* ~ *gracieuse* decision made without an adversary proceeding, ex parte order; *(Jur)* ~ *d'un jury* jury verdict.

décisionnaire [desizjɔnɛʀ] *nmf* decision-maker.

déclarant [deklaʀã] *nm inv (D)* ~ *en douane* declarant, applicant, customs entry applicant.

déclaration [deklaʀasjɔ̃] *nf* **1.** declaration; ~ *de guerre* declaration of war; ~ *de l'état d'urgence* declaration of emergency **2.** *(Pol)* address, statement; *(US) D*~ *sur l'état de l'Union* State of the Union Address **3.** *(Fisc)* ~ *fiscale* income tax return **4.** *(Jur)* notice, notification; ~ *d'appel* notice of appeal; ~ *sous serment* affidavit **5.** *(D)* declaration; ~ *d'autorisation de sortie* customs clearance outwards; ~ *en douane* bill of entry, customs entry, customs declaration; ~ *d'entrée* clearance inwards; ~ *d'entrepôt* warehousing bill; ~ *d'exportation* export customs entry; ~ *d'importation* import customs entry; ~ *de réexportation* shipping bill; ~ *de valeur* declaration of value.

*déclaration de politique générale *nf (Pol) (Fr)* statement of political policies and goals made by the Prime Minister to the National Assembly, *équiv.* *(US)* the State of the Union Address, *(UK)* the Queen's Speech before Parliament.

*Déclaration universelle des droits de l'homme *nf (UN)* Universal Declaration of Human Rights.

déclaré [deklaʀe] *adj* declared ; *travailleur ~* registered/official worker ; *travailleur non ~* unregistered/illegal worker.

déclarer [deklaʀe] *vt* **1.** announce, declare, state **2.** *(Jur)* notify ; *~ qn en faillite* adjudicate sb bankrupt **3.** *(D) ~ des marchandises en douane* enter goods, declare goods.

déclassé [deklɑse] *adj* declassified, reclassified, downgraded ; *(Bs) valeurs ~es* unbackable/displaced securities.

déclassement [deklɑsmɑ̃] *nm* **1.** downgrading **2.** *(Bs) (valeurs)* displacement **3.** *(documents secrets)* declassifying.

déclasser [deklɑse] *vt* **1.** reclassify **2.** downgrade.

déclencher [deklɑ̃ʃe] *v* **1.** *vt* set off, spark off, trigger (off) **2.** *vpr se ~* start, begin, be triggered (off).

déclin [deklɛ̃] *nm* decline, fall ; *en ~* in decline, on the decline.

déclinatoire [deklinatwaʀ] *nm (Jur) ~ de compétence* challenge to the jurisdiction of a court.

décliner [dekline] *v* **1.** *vi* decline, fall **2.** *vt* decline, disclaim ; *~ toute responsabilité dans l'affaire* decline all responsibility in the matter **3.** *(Jur)* declare ; *déclinez vos nom, prénom et qualités* state your surname, first name, qualifications and status.

décloisonnement [deklwazɔnmɑ̃] *nm* decompartmentalization.

décloisonner [deklwazɔne] *vt* decompartmentalize.

décodage [dekɔdaʒ] *nm* decoding, deciphering.

décollage [dekɔlaʒ] *nm* **1.** *(T) (avion)* take-off **2.** *(Eco)* take-off.

décoller [dekɔle] *vi* **1.** *(T)* take off **2.** *(Eco)* take off ; *(fig)* get off the ground.

décolonisation [dekɔlɔnizasjɔ̃] *nf* decolonization.

décoloniser [dekɔlɔnize] *vt* decolonize.

décommander [dekɔmɑ̃de] *vt (commande)* cancel, *(réunion)* call off.

de commodo et incommodo [dekɔmɔdoe ɛ̃kɔmɔdo] *loc (Jur)* enquête *~* inquiry to determine if condemnation of property is in the public interest.

décomposer [dekɔ̃poze] *v* **1.** *vt (chiffres)* break down, *(liste)* itemize **2.** *vpr se ~* fall to pieces, *(corps)* decompose ; *se ~ en* break down into.

décomposition [dekɔ̃pozisjɔ̃] *nf* **1.** *(chiffres)* breakdown, *(liste)* itemization **2.** *(corps)* decomposition.

décompte [dekɔ̃t] *nm* **1.** *(calcul)* break-

down, detailed account ; *~s d'une transaction* details of a transaction ; *(Ass) ~ de primes* premium statement **2.** deduction ; *faire le ~* make out the *(UK)* bill/*(US)* check.

décompter [dekɔ̃te] *vt* deduct.

déconcentration [dekɔ̃sɑ̃trasjɔ̃] *nf* **1.** *(Eco)* deconcentration **2.** *(Jur/Pol)* devolution *(à dist.* decentralization).

déconfiture [dekɔ̃fityʀ] *nf* **1.** collapse **2.** *(Jur)* insolvency, default in payment ; *tomber en ~* default, go bankrupt.

déconnecté [dekɔnekte] *adj* **1.** *(personne)* out of touch **2.** *(Inf)* disconnected, offline, *(US)* logged off.

déconnecter [dekɔnekte] *vt (Inf)* disconnect.

déconseiller [dekɔ̃seje] *vti ~ à qn de faire qch* advise sb against doing sth.

décote [dekɔt] *nf* **1.** *(Eco)* discount, fall, drop **2.** *(Fisc)* allowance, reduction in tax liability.

découpage [dekupaʒ] *nm* **1.** *(marché)* carving up **2.** *(Pol) ~ électoral* division into constituencies, redistricting.

décourager [dekuʀaʒe] *vt (de)* discourage (from), deter (from).

découvert [dekuvɛʀ] *nm* **1.** *(Bq)* overdraft ; *autorisation de ~* overdraft facility ; *compte à ~* overdrawn account ; *crédit à ~* unsecured credit **2.** *(budget)* deficit ; *~ budgétaire* budget deficit ; *~ de la loi de finances* budget deficit **3.** *(Bs) acheter à ~* bull, bull the market ; *vendre à ~* sell short, sell a bear.

découverte [dekuvɛʀt] *nf* discovery, breakthrough.

décret [dekʀɛ] *nm (Jur)* decree, *(US)* executive order, *(UK)* order in council. *décret en Conseil d'Etat* *nm (Pol) (Fr)* order having received prior approval from the **Conseil d'Etat**, the highest administrative court.

décréter [dekʀete] *nm* assert, *(Jur)* decree ; *(Jur) ~ l'état d'urgence* declare a state of emergency.

décroissant [dekʀwasɑ̃] *adj* declining, decreasing ; *par ordre d'importance ~e* in descending order of importance.

décroître [dekʀwatʀ] *vi* decrease, decline, diminish, fall.

décryptage [dekʀiptaʒ] *nm* deciphering, decoding.

de cujus [dekyʒys] *nm (Jur)* the deceased ; *les descendants du ~* the descendants of the deceased.

décuplé [dekyple] *adj* tenfold.

dedans [dədɑ̃] *adv* inside ; *(Fin) option en ~* in-the-money option.

dédier [dedje] *vt* dedicate.

dédire [dediʀ] *vpr se ~ de ses engagements* back out of one's commitments.

dédit [dedi] *nm* forfeit, withdrawal; *(Jur)* penalty; *clause de ~* forfeiture/penalty clause.

dédommagement [dedɔmaʒmɑ̃] *nm (Jur)* compensation, indemnification; *à titre de ~* in compensation.

dédommager [dedɔmaʒe] *vt (de) (Jur)* compensate/indemnify (for).

dédouané [dedwane] *adj* cleared through customs, out of bond; *(D) non ~* uncleared.

dédouanement [dedwanmɑ̃] *nm (D) formalités de ~* customs clearance, taking out of bond; *~ à domicile* clearance at trader's premises.

dédouaner [dedwane] *vt (D)* clear through customs; *~ à l'import/à l'export* clear goods for import/for export.

déductible [dedyktibl] *adj* deductible; *(Cpta/Fisc) dépense ~* deductible/(US) allowable expense.

déductif [dedyktif] *adj (f -ive) (approche)* deductive.

déduction [dedyksjɔ̃] *nf* **1.** *(conclusion)* deduction **2.** *(Fisc)* deduction, allowance; *~ fiscale* tax allowance; *~ faite de* after deducting, allowing for.

déduire [dedɥiʀ] *v* **1.** *vi (conclure)* deduce **2.** *vt (retrancher)* deduct, take off.

de facto [defakto] *loc (Jur)* de facto, in fact.

défaillance [defajɑ̃s] *nf* **1.** *(machine)* breakdown, failure, malfunction **2.** *(personne)* weakness **3.** *(Eco/Jur)* failure (of a business), bankruptcy, default, delinquency; *~ d'entreprise* bankruptcy, company failure, business failure.

défaillant [defajɑ̃] *adj* defaulting; *(Jur) contribuable/débiteur ~* defaulting taxpayer/debtor.

de fait [dəfɛ] *loc* de facto, in fact.

défalcation [defalkasjɔ̃] *nf* deduction, writing-off; *(Cpta) ~ faite des frais* after deduction of expenses.

défalquer [defalke] *vt* deduct.

défaut [defo] *nm* **1.** defect, flaw, *(Inf)* bug, default; *à ~ de* failing, for want of; *~ caché* latent defect **2.** lack; *~ de fonctionnement* malfunction; *panne due à un ~ d'entretien* breakdown resulting from defective maintenance/from lack of maintenance **3.** *(Jur)* absence, default; *par ~* by default; *jugement par ~* judgment by default.

défavorable [defavɔʀabl] *adj* unfavourable/unfavorable, negative; *(Eco) balance commerciale ~* unfavourable/

adverse trade balance; *taux de change ~* unfavourable exchange rate(s).

défection [defɛksjɔ̃] *nf* **1.** *(Pol)* defection **2.** desertion, withdrawal of support.

défectueux [defɛktɥø] *adj (f -euse)* defective, bad, faulty, inadequate, substandard; *produit ~* defective product; *(Jur) responsabilité du fait des produits ~* product liability.

défectuosité [defɛktɥɔzite] *nf* defect, fault.

défenderesse [defɑ̃dʀɛs] *nf (Jur)* defendant *(v.* **défendeur**).

défendeur [defɑ̃dœʀ] *nm (f -eresse) (Jur)* defendant *(à dist.* **défenseur**).

défendre [defɑ̃dʀ] *vt* **1.** protect, defend **2.** *(interdire)* prohibit, forbid, ban; *~ à qn de faire qch* forbid sb to do sth.

défense [defɑ̃s] *nf* **1.** defence/defense; *ministère de la D~* Ministry of Defence; *(Pol) la ~ nationale* national defense; *dépenses de ~ nationale* national defense expenditures **2.** prohibition; *~ d'entrer* no trespassing **3.** *(Jur)* defence/defense; *assurer la ~* conduct the case for the defence; *avocat de la ~ (UK)* defence counsel, *(US)* defense attorney; *~ au fond* defence/defense on the merits; *liberté de la ~* right of parties to be heard in court.

défenseur [defɑ̃sœʀ] *nm inv* **1.** *(point de vue)* advocate, *(projet)* backer **2.** *(Jur)* attorney hired to represent a client in court, counsel for the defence/defense, *(UK)* barrister *(à dist.* **défendeur**).

déférer [defere] *v* **1.** *vt (Jur)* refer, submit; *~ qn à la cour* take sb to court; *~ qn à la justice* hand sb over to justice; *~ le serment* (à l'autre partie) demand that the other party take an oath/swear in a witness/ swear in a juror **2.** *vi (Jur) ~ à une demande* comply with a request **3.** *vt (titre)* confer, bestow.

défi [defi] *nm* challenge; *lancer un ~ à qn* challenge sb; *relever un ~* meet/take up a challenge.

déficience [defisjɑ̃s] *nf* deficiency.

déficient [defisjɑ̃] *adj* faulty, deficient.

déficit [defisit] *nm* deficit, gap, shortfall; *avoir un ~* run a deficit; *(Eco/CI) ~ de la balance commerciale* deficit on the trade balance, trade balance deficit; *~ de la balance des transactions courantes* current account deficit/imbalance; *(Fin) ~ budgétaire* budget deficit; *~ commercial* trade gap; *~ public* public/government (spending) deficit; *(Fr) ~ de la Sécurité sociale* deficit of the health-care system.

*déficit de trésorerie d'exploitation (DTE) nm (Cpta) operating cash deficit.

déficitaire [defisitɛʀ] adj in deficit, deficient ; (production) inadequate, (Cpta) negative, (entreprise) loss-making ; **être ~** show a deficit ; **ce secteur est ~ en main-d'œuvre** there is a shortage of labour/labor in this sector ; **solde ~** debit balance.

défier [defje] vt challenge ; (Com) **à des prix défiant toute concurrence** at unbeatable prices, at the lowest prices ever.

défilement [defilmɑ̃] nm (Inf) scrolling.

définitif [definitif] adj (f -ive) final, permanent, (refus) flat.

défiscalisation [defiskalizasjɔ̃] nf exemption from taxation.

défiscaliser [defiskalize] vt exempt from taxation.

déflateur [deflatœʀ] nm deflator ; (Eco) **~ du produit intérieur brut (PIB)** gross domestic product (GDP) deflator.

déflation [deflasjɔ̃] nf (Eco) deflation.

déflationniste [deflasjɔnist] adj (Eco) deflationary ; **mesures ~s** deflationary measures.

déformation [defɔʀmasjɔ̃] nf distortion ; **~ professionnelle** job-conditioning ; **c'est une ~ professionnelle** it's because of the job he/she does.

déformer [defɔʀme] vt distort.

défraîchi [defʀeʃi] adj (marchandises) shop-soiled.

défrayer [defʀeje] vt 1. **~ qn** pay sb's expenses, defray sb's costs 2. (fig) **une affaire qui a défrayé la chronique** an affair which hit the headlines/was the talk of the town.

défrichage [defʀiʃaʒ] nm (Agr) clearing (of land).

défunt [defœ̃] nm **le ~** the deceased.

dégager [degaʒe] v 1. vt show ; (Cpta/Eco) **~ un bénéfice** make a profit ; **~ un excédent** run a surplus 2. vt (odeur) give off, release ; (crédits) release, (objet en gage) redeem, take out of pawn 3. vt (Jur) **~ sa responsabilité** reject responsibility, exonerate oneself of one's liability 4. vpr se **~** (horizon) become clear ; **se ~ d'une dette/responsabilité** free oneself of a debt/responsibility ; (Bs) **se ~** sell off.

dégât [dega] nm (souvent pl) (T) damage ; **~s à la charge de** damages chargeable to ; **évaluer les ~s** assess the damages ; (Ass) **~s matériels** damage to property (as opposed to persons).

dégeler [deʒle] v 1. vt (prix, salaires) unfreeze, unblock 2. vi thaw.

dégonflement [degɔ̃flemɑ̃] nm de-

flating ; (Com) **~ des stocks** working off, reduction of stocks.

dégonfler [degɔ̃fle] vt 1. deflate 2. (stocks) work off, reduce.

dégradation [degʀadasjɔ̃] nf deterioration (in), weakening (of), defacement ; (Jur) **~ de monuments** defilement of monuments.

*dégradation civique nf (Jur) deprivation of civic rights as a punishment, loss of civic rights.

dégrader [degʀade] v 1. vt damage 2. vpr se **~** get worse.

dégraissage [degʀesaʒ] nm cutting back, lopping off, pruning, trimming ; (Eco) **~ d'actifs** asset stripping ; **~ de main-d'œuvre** shedding of labour/labor.

dégraisser [degʀese] vt 1. (vêtements) clean 2. (Eco/Fin) cut back, trim, (actifs) strip, (main-d'œuvre) shed.

degré [dəgʀe] nm 1. degree ; **~ de parenté** degree of kin, kinship 2. (Eco/Fin) **~ de solvabilité** credit rating, credit worthiness 3. (Jur) **~ de juridiction** level of a court in the judicial hierarchy.

de gré à gré [dəgʀeagʀe] loc (Jur) **contrats ~** (public) contracts made by direct negotiation between the parties rather than by competitive tender.

dégrèvement [degʀevmɑ̃] nm abatement, reduction ; (Fisc) abatement of tax, relief from taxation, tax relief.

dégrever [degʀəve] vt (Jur) (bien) free from encumbrance, disencumber, (société, personne) award tax relief to.

dégriffer [degʀife] vt (Mkg) sell off-label ; **articles dégriffés** off-label/unmarked goods.

dégroupage [degʀupaʒ] nm (T) break-bulk.

dégrouper [degʀupe] vt (T) break bulk, deconsolidate.

dégroupeur [degʀupœʀ] nm inv (T) breakbulk agent.

déguisement [degizmɑ̃] nm 1. (d'une personne) disguise 2. (Jur) (des faits) dissimulation, disguise.

déjouer [deʒwe] vt (complot) foil.

de jure [deʒyʀe] loc (Jur) de jure, rightfully, according to law.

délai [dele] nm 1. time, date, deadline ; **dans le plus bref ~** as soon as possible (a.s.a.p.) ; **dans les meilleurs ~s** as soon as possible ; **dans les ~s impartis** in the allotted time ; **livrer dans les ~s** deliver on time ; **~ de rigueur** absolute deadline ; (Com/Mgt) **~ d'approvisionnement** lead time, replenishment time ; (T) **~ de chargement** loading time ; **~s de livraison** delivery terms ; **respecter**

les ~s de livraison meet/keep delivery terms/dates/deadlines ; *~s de paiement* terms of payment ; *~ de récupération des liquidités* cash-payback delay ; *~ de réponse* time-lag effect **2.** *(Jur) (Fr) ~ de carence* lead time before payment, period of three days after a work disability before social security payments begin ; *~ franc* time period stating performance of an act may include the day after the deadline ; *~ non franc* time period stating the performance of an act up to and including the day of the deadline ; *~ de grâce* period of grace, additional time granted to a debtor to make payment ; *~ de préavis* notice period ; *obtenir un ~* get a time extension ; *~ de procédure* procedural time limit ; *proroger un ~* extend a deadline ; *~ de réflexion* time for consideration (before a hire-purchase agreement becomes binding) ; *~ réglementaire* period of validity ; *~ de viduité* period which must elapse before a widow or divorced woman may remarry. **délai-congé nm (Jur)* period of notice (required to terminate employment contracts of no fixed duration).

délaissement [delɛsmɑ̃] *nm* **1.** abandonment **2.** *(Jur)* relinquishment, surrender of collateral by a debtor to a secured creditor.

délation [delasjɔ̃] *nf* **1.** betrayal **2.** *(Jur) ~ du serment* administration of oath.

délégataire [delegatɛʀ] *nmf (Jur)* **1.** proxy **2.** assignee.

délégation [delegasjɔ̃] *nf* **1.** *(groupe)* delegation ; *la ~ française* the French delegation **2.** *(bureau)* branch office ; *~ commerciale* trade branch **3.** *(Jur) (pouvoirs, obligations)* delegation ; *~ de pouvoirs* delegation of powers, power of attorney.

délégué [delege] *nm* delegate, representative ; *~ d'atelier* shop steward ; *(Jur) ~ du personnel* elected representative of employees, *(UK)* shop steward ; *~ syndical* union representative.

délestage [delɛstaʒ] *nm* **1.** *(électricité)* loadshedding **2.** *(circulation) itinéraire de ~* relief route, traffic diversion.

délibération [deliberasjɔ̃] *nf* **1.** *(discussion)* deliberation, consideration ; *décision prise après ~* decision taken after discussion ; *mettre une question en ~* debate an issue **2.** *(Jur)* deliberation (by the court) ; *~ du jury* deliberation by the jury.

délibéré [delibeʀe] *nm (Jur)* deliberation ; *mise en ~* adjournment for deliberation.

délibérer [delibeʀe] *vi (Jur)* deliberate.

délictueux [deliktɥø] *adj (f -euse) (Jur)* punishable by law, in violation of criminal law ; *acte ~* misdemeanour/misdemeanor, offence/offense.

délier [delje] *vt* release ; *(Jur) ~ qn d'une obligation* free sb of an obligation ; *~ d'un serment* release from an oath.

délimitation [delimitasjɔ̃] *nf* determination, definition, limit, boundary ; *(Pol) ~ des frontières (internationales)* establishment of (international) boundaries.

délimiter [delimite] *vt* **1.** *(sujet, rôle)* define **2.** *(frontières)* demarcate, establish.

délinquance [delɛ̃kɑ̃s] *nf (Jur)* delinquency, crime rate ; *~ en col blanc* white-collar crime.

délinquant [delɛ̃kɑ̃] *nm (Jur)* delinquent ; *~ primaire* first-time offender, first-offender.

délit [deli] *nm (Jur)* **1.** *(droit pénal) (UK)* offence, misdemeanour, *(US)* offense, misdemeanor *(à dist.* felony) ; *~ d'audience* contempt of court ; *le corps du ~* corpus delicti ; *en flagrant ~* in flagrante delicto, *(fam)* red-handed ; *(sur)prendre qn en flagrant ~* catch sb in flagrante delicto/*(fam)* red-handed ; *~ de fuite* failure to report an accident, leaving the scene of an accident ; *(Bs) ~ d'initié* insider trading/dealing **2.** *(Jur) (droit civil)* tort ; *(quasi) ~ civil* tort.

délivrance [delivʀɑ̃s] *nf* **1.** *(prisonnier, pays)* freeing, liberation, relief ; *quelle ~ !* what a relief ! **2.** *(Jur)* grant ; *~ d'un brevet* grant of a patent **3.** *(livraison)* delivery ; *(Jur) ~ d'immeubles* delivery of immovables ; *(T) lieu de ~* place of delivery ; *~ des marchandises* delivery of goods sold.

délivrer [delivʀe] *vt* **1.** *(personne)* free, release **2.** *(brevet, licence, documents)* issue, deliver, grant **3.** *(Jur) ~ une assignation* serve a summons ; *(Jur) ~ congé* give notice of termination of employment/lease ; *~ la grosse* deliver the original contract/judgment.

délocalisation [delɔkalizasjɔ̃] *nf* **1.** *(activité, industrie, entreprise)* relocation **2.** *(unité délocalisée)* offshore production.

délocaliser [delɔkalize] *v* **1.** *vi (CI)* establish operations overseas, move offshore/abroad, set up operations/shop/business overseas **2.** *vt* relocate, move/shift offshore, transplant abroad.

déloyal [delwajal] *adj (pl -aux)* unfair, dishonest ; *concurrence ~e* unfair competition ; *pratiques commerciales* ~*es* restrictive trade practices.

demande [dəmãd] *nf* **1.** request, claim, application ; *conformément à votre* ~ in accordance with your request ; *échantillons sur* ~ samples sent on request ; ~ *de crédit* application for credit ; ~ *d'emploi* job application, application for a job ; *(petites annonces)* ~*s d'emploi* situations wanted ; *(Jur)* *faire une* ~ *de brevet* apply for a patent ; *(Bs)* ~ *d'introduction à la cote* application for quotation ; *faire une* ~ *de licence* apply for a licence/license ; ~ *de renseignements* inquiry **2.** *(Eco)* demand ; ~ *atypique* upward-sloping demand curve ; ~ *collective* social demand ; ~ *concurrentielle* competitive/substitute demand ; ~ *coudée* kinked/cornered demand ; ~ *dérivée* derived demand ; ~ *effective* voluntary consumption spending ; ~ *excédentaire* excess demand ; *faiblesse de la* ~ sluggishness of demand ; *fléchissement de la* ~ fall in demand ; ~ *finale* final demand ; ~ *globale* aggregate demand ; ~ *intérieure totale* total domestic expenditure/demand ; *loi de l'offre et de la* ~ law of supply and demand ; ~ *des ménages* household demand ; ~ *réciproque* reciprocal demand ; ~ *solvable* solvent demand ; ~ *de travail* demand for labour/labor **3.** *(Ass/Jur)* claim, claim ; ~ *additionnelle* additional claim related to the subject matter of litigation ; ~ *de dommages et intérêts* claim for damages ; ~ *incidente* claim made during the course of litigation ; ~ *indéterminée* unliquidated claim ; ~ *initiale* initial claim ; ~ *en justice* filing of an action ; ~ *nouvelle* additional claim (unrelated to the subject matter of litigation) ; *(Jur)* ~ *reconventionnelle* counterclaim, additional demand ; *(Jur)* ~ *de remboursement* claim for refund, interlocutory claim ; *(Jur)* ~ *en révision* demand for revision.

demandé [dəmãde] *adj* wanted, asked ; *(Com/Mkg)* *article très* ~ hot item ; *prix* ~ price asked, asking price.

demander [dəmãde] *vt* **1.** ask for, request, *(emploi)* apply for ; *(temps)* take, require ; *(fig)* *ce travail* ~ *beaucoup de temps* this work takes/requires a lot of time, this work is time-consuming **2.** *(Ass/Jur)* claim ; ~ *des dommages et intérêts* claim for damages.

demanderesse [dəmãdʀɛs] *v.* **demandeur²**.

demandeur¹ [dəmãdœʀ] *nm (f* -**euse**)

applicant ; ~ *d'emploi* applicant for employment, job applicant/seeker/hunter.

demandeur² [dəmãdœʀ] *nm (f* -**eresse**) *(Jur)* plaintiff, claimant ; ~ *en appel* appellant ; *avocat du* ~ counsel for the plaintiff ; ~ *en divorce* divorce petitioner.

démantèlement [demãtɛlmã] *nm* dismantling, breaking-up.

démanteler [demãtle] *vt* dismantle, break up ; *(CI)* ~ *les barrières commerciales* dismantle/remove trade barriers ; *(Jur)* ~ *un trust* break up a trust.

démarchage [demaʀʃaʒ] *nm* **1.** *(Mkg)* door-to-door canvassing/selling ; ~ *téléphonique* phoning, telephone selling **2.** *(Pol)* ~ *électoral* canvassing.

démarche [demaʀʃ] *nf* step, approach ; ~*s administratives* administrative procedures.

démarcher [demaʀʃe] *vt* **1.** *(produits)* sell door-to-door **2.** *(clients, électeurs)* canvass.

démarcheur [demaʀʃœʀ] *nm (f* -**euse**) **1.** door-to-door salesman/woman **2.** *(enquête, élection)* canvasser.

démarque [demaʀk] *nf* **1.** *(Com)* marking down **2.** *(vol)* ~ *inconnue* pilferage, shrinkage.

démarquer [demaʀke] *v* **1.** *vt (Com)* mark down, sell at a discount ; *marchandises démarquées* goods sold off-price/at a discount **2.** *vpr se* ~ *de qn* differ from sb, show one is different from sb.

démarrage [demaʀaʒ] *nm (véhicule)* start-up, *(campagne)* launch, *(Eco)* take-off ; *prêt de* ~ start-up loan.

démarrer [demaʀe] *vi (véhicule)* start up ; *faire* ~ *le moteur* start the engine ; *(campagne)* launch.

dématérialisation [demateʀjalizasjɔ̃] *nf (Eco/Fin)* ~ *de la monnaie* dematerialization of money ; *(Bs)* ~ *des valeurs mobilières* dematerialization of securities.

dématérialiser [demateʀjalize] *vt (Eco/Fin)* dematerialize.

de mauvaise foi [dəmovezfwa] *loc in* bad faith.

démembrement [demãbʀəmã] *nm* **1.** breaking up, dismembering **2.** *(Mgt)* stripping ; ~ *des actifs* asset stripping ; *(Jur)* ~ *de la propriété* dividing up the estate, separation of the components of the right of property (the rights to use, to enjoy the fruits of, and to dispose of the property).

démembrer [demãbʀe] *vt* carve up, break up.

déménagement [demenaʒmã] *nm* removal, moving ; *frais de ~ (personne)* removal/moving expenses, *(entreprise)* relocation expenses : *indemnité de ~* removal/relocation allowance.

déménager [demenaʒe] *v* **1.** *vt* move, remove **2.** *vi* move (house).

démence [demɑ̃s] *nf (Jur)* insanity.

démenti [demɑ̃ti] *nm* denial ; *les déclarations ont donné lieu à un ~ formel de la part de Matignon* the declarations were formally denied by Matignon/by the Prime Minister's office.

démentir [demɑ̃tir] *vt* deny ; *les déclarations du Premier ministre n'ont pas été démenties* the Prime Minister's declarations have not been denied.

démercatique [demɛrkatik] *nf (Mkg) (J.O.)* demarketing.

démettre [demɛtr] *v* **1.** *vt ~ qn de ses fonctions* dismiss sb **2.** *vpr se ~ de ses fonctions* resign from one's duties, step down, quit.

demeure [dəmœr] *nf* **1.** abode, dwelling **2.** *(Jur)* formal ; *mise en ~* give formal notice ; *mise en ~ (Jur)* formal notice, summons, *(fig)* ultimatum ; *mise en ~ de payer* formal notice to pay.

démission [demisjɔ̃] *nf* resignation ; *donner sa ~* hand in/tender one's resignation.

démissionnaire [demisjɔnɛr] *adj* outgoing, resigning ; *le ministre ~* the resigning minister.

démissionner [demisjɔne] *v* **1.** *vi (poste)* resign, step down, quit **2.** *vt (fam) ~ qn* compel sb to resign.

démocrate[1] [demɔkrat] *adj* democratic ; *(Pol) (US) le Parti ~* the Democratic Party.

démocrate[2] [demɔkrat] *nmf* democrat, *(Pol) (US)* Democrat.

démocratie [demɔkrasi] *nf (Pol)* democracy ; *~ directe* direct democracy ; *~ médiatisée* mediatized democracy ; *~ parlementaire* parliamentary democracy ; *~ politique* political democracy ; *~ populaire* popular democracy ; *~ représentative* representative democracy ; *~ semi-directe* semi-direct democracy, system combining elements of representative and direct democracy.

démocratique [demɔkratik] *adj (Pol)* democratic.

démocratisation [demɔkratizasjɔ̃] *nf (Pol)* democratization.

démodé [demɔde] *adj* dated, outdated, outmoded, out-of-date.

démographe [demɔgraf] *nmf* demographer.

démographie [demɔgrafi] *nf* demo-

graphy ; *~ galopante* population explosion, rapid population growth.

démographique [demɔgrafik] *adj* demographic ; *(Eco) accroissement /croissance ~* population growth ; *explosion ~* population boom/explosion ; *statistiques ~s* vital (population) statistics ; *tendances ~s* population trends.

démonétisation [demɔnetizasjɔ̃] *nf (Eco) ~ de l'or* demonetization of gold.

démonétiser [demɔnetize] *vt* demonetize.

démonstration [demɔ̃strasjɔ̃] *nf* show, demonstration ; *(Mkg) faire la ~ d'un produit* demonstrate a product ; *salle de ~* showroom.

démontrer [demɔ̃tre] *vt* prove, determine, establish.

démultiplicateur [demyltiplikatœr] *adj (f -trice)* demultiplying.

dénationalisation [denasjɔnalizasjɔ̃] *nf* denationalization.

dénégation [denegasjɔ̃] *nf* **1.** denial **2.** *(Jur)* denial, disclaimer.

déni [deni] *nm* denial, refusal ; *(Jur) ~ de justice* refusal of a court to hear a matter or render a decision, miscarriage of justice.

denier [dənje] *nm* **1.** *(obs)* penny **2.** *les ~ publics* public funds/money.

dénier [denje] *vt* deny, disclaim.

dénigrement [denigrəmɑ̃] *nm (Jur)* defamation.

dénigrer [denigre] *vt (Jur)* denigrate.

dénombrement [denɔ̃brəmɑ̃] *nm* count, tally, census ; *~ de la population* population census.

dénombrer [denɔ̃bre] *vt* count.

dénominateur [denɔminatœr] *nm* denominator ; *~ commun* common denominator.

dénomination [denɔminasjɔ̃] *nf* name ; *(Jur) ~ sociale* corporate name.

dénommé [denɔme] *adj le ~ X* the man called X ; *un ~ Dugenou* a certain Mr. Dugenou.

dénoncer [denɔ̃se] *vt* **1.** *(personne)* denounce, *(abus)* expose ; *~ qn à la police* hand sb over to the police **2.** criticize, oppose.

dénonciateur [denɔ̃sjatœr] *nm (f -trice)* denouncer, informant, *(fam) (US)* snitch.

dénonciation [denɔ̃sjasjɔ̃] *nf* **1.** denunciation, denouncing ; *(Jur) ~ calomnieuse* defamatory accusation ; *~ d'un traité* denouncement of a treaty **2.** *(Jur) ~ d'un crime* reporting of a crime ; *~ d'une personne* reporting of sb to the

police 3. *(Fin)* ~ *d'une dette* cancellation of a debt (by the debtor).

dénouement [denumã] *nm (affaire)* outcome.

denrée [dãʀe] *nf* commodity; ~*s alimentaires* foodstuffs, foodstuff produce; ~*s de consommation courante* basic consumer goods/products; ~*s périssables* perishable goods, perishables.

dense [dãs] *adj* dense; *population peu* ~ sparse population.

densité [dãsite] *nf* density; ~ *de peuplement/de la population* population density.

déontologie [deɔ̃tɔlɔʒi] *nf* professional code/rules of conduct, business/professional ethics.

dépannage [depanaʒ] *nm* **1.** repairing; *service de* ~ breakdown/repair service **2.** *(fam)* help out; *numéro de* ~ helpline, hot line.

dépanner [depane] *vt* **1.** fix, repair, *(client)* help out; ~ *un client* help out a client.

dépanneur [depanœʀ] *nm (f -euse)* repairman, repairwoman.

dépanneuse [depanœz] *nf (véhicule)* *(UK)* breakdown lorry, *(US)* tow truck.

départ [depaʀ] *nm* departure, *(bateau)* sailing; *courrier au* ~ outgoing mail; *capital de* ~ start-up money; *date de* ~ date of departure; ~*s à dates fixes* regular departures/sailings at fixed times; *(Mgt)* ~*s naturels* natural wastage; *point de* ~ starting point; *(T) prix* ~ *usine* ex works price; ~ *à la retraite* retirement; *sur le* ~ about to leave.

département [depaʀtəmã] *nm* **1.** department; *(Pol)* ~ *ministériel* government ministry **2.** *(Fr)* department, French administrative and geographical subdivision.

*Départements d'Outre-Mer (DOM) *nmpl (Fr)* French overseas departments.

*Départements d'Outre-Mer-Territoires d'Outre-Mer (DOM-TOM) *nmpl (Fr)* French overseas departments and territories.

départiteur [depaʀtitœʀ] *nm inv (Pol)* one who casts the deciding vote in case of a tie; *(Jur) (Fr) (conseils de prud'hommes) juge* ~ judge who casts the deciding vote.

dépassé [depase] *adj* out-of-date, dated, obsolete.

dépassement [depasmã] *nm* excess, overrun; ~ *de coût* cost overrun; *(CI)* ~ *de quotas* overshipment, violation of quotas.

dépasser [depase] *vt* **1.** *(quota, poids, durée)* exceed; *(Com/Eco)* ~ *la con-*

currence outstrip the competition; ~ *en nombre* outnumber **2.** *(voiture) (UK)* overtake, *(US)* pass.

dépêche [depeʃ] *nf* telegram, wire.

dépénalisation [depenalizasjɔ̃] *nf (Jur)* decriminalization.

dépendance [depãdãs] *nf* **1.** *(de)* dependence (on); *non-*~ self-sufficiency **2.** *(Jur)* ~*s* appurtenances.

dépendant [depãdã] *adj (de)* dependent (on).

dépendre [depãdʀ] *vi (de)* depend (on), be dependent (on).

dépens [depã] *nmpl* **1.** *(Jur)* costs *(à dist.* fees) of litigation, legal costs; *condamner qn aux* ~ order sb to pay costs **2.** *(aussi fig) aux* ~ *de qn* at sb's expense.

dépense [depãs] *nf* expenditure, expense, disbursement, outlay, spending; *(Eco)* ~*s budgétaires* public expenditures; ~*s en capital* capital expenditures; ~*s de fonctionnement* operating/operational expenses; *imputer une* ~ *à un compte* charge an expense to an account; ~*s d'investissement* capital expenditure/spending; ~ *nationale* total national expenditure; *postes de* ~ items of expenditure; *prévision de* ~*s* estimated expenditures; ~*s publicitaires* advertising expenditure; ~*(s) publique(s)* government spending, public expenditure; *recettes et* ~*s* receipts and expenses, cash revenues and outgoings.

dépenser [depãse] *vt* spend; *(Cpta) solde non dépensé* unspent balance.

dépensier [depãsje] *adj (f -ière) être* ~ be a spendthrift.

déperdition [depeʀdisjɔ̃] *nf* waste, wastage.

dépérissement [depeʀismã] *nm* deterioration, decay.

dépeuplement [depœpləmã] *nm (Eco)* depopulation.

dépeupler [depœple] *vpr se* ~ become depopulated.

déphasé [defaze] *adj* out of touch/phase/sync. *(fam)*

déplacé [deplase] *adj* **1.** *(personnes)* displaced **2.** *(remarque)* uncalled-for, irrelevant, ill-timed.

déplacement [deplasmã] *nm* **1.** displacement, shift; *(Eco)* ~ *de la demande* demand shift; ~ *de la main-d'œuvre* displacement of labour/labor; ~ *d'une usine* plant relocation **2.** *(voyage)* travelling; *être en* ~ be on a business trip; *frais de* ~ travel expenses; *indemnité de* ~ travel allowance **3.** *(T) (navire)* displacement, tonnage.

déplacer [deplase] *v* **1.** *vt* move, displace, shift, transfer **2.** *vpr se* ~ travel.

déplafonnement [deplafɔnmã] *nm* removal of the ceiling/upper limit (from/of).

déplafonner [deplafɔne] *vt (Fin)* lift/raise the ceiling (on/of).

dépliant [deplijã] *nm* brochure, folder, leaflet.

déport [depɔr] *nm* **1.** *(Fin)* discount ; *avec un* ~ *sur le marché des changes* at a discount **2.** *(Bs)* backwardation.

déposant [depozã] *nm* **1.** *(Fin)* depositor **2.** *(Jur)* applicant ; ~ *d'une demande de brevet* patent applicant.

déposé [depoze] *adj* **1.** *(somme)* deposited **2.** registered ; *(Jur) marque ~e* registered trademark ; *modèle ~* registered pattern.

déposer [depoze] *v* **1.** *vt (Bq/Fin)* deposit ; ~ *de l'argent à la banque* deposit money in the bank **2.** *vt (Jur) (demande, dossier)* file, lodge ; ~ *son bilan* file for bankruptcy, go bankrupt ; ~ *une marque* register a trademark ; ~ *une demande de brevet* file an application for a patent, apply for a patent **3.** *vi (Jur)* testify, give evidence ; ~ *en justice* testify in court **4.** *vt (Pol)* ~ *une motion de censure* move for a vote of no confidence.

dépositaire [depoziter] *nmf (Jur)* depository, trustee ; *(Jur)* ~ *légal* trustee, bailee.

déposition [depozisjɔ̃] *nf (Jur)* deposition, testimony, statement made by a witness ; *fausse* ~ false testimony.

dépôt [depo] *nm* **1.** *(Bq/Fin)* deposit, down payment ; *banque de* ~ deposit bank ; ~ *de banque* interbank fund ; *effectuer un* ~ make a deposit ; *(Bq)* ~ *de couverture* reserve deposit ; ~ *en devises* foreign currency/foreign exchange deposit ; ~ *de garantie* security deposit ; *(Bq)* ~ *à terme* time/term deposit ; ~ *à vue* sight deposit, demand deposit **2.** *(Jur)* bailment **3.** *(Jur)* filing, registration ; ~ *de bilan* suspension of payments, bankruptcy, business failure, bankruptcy filing ; ~ *de candidature* application ; *(Fr)* ~ *légal* registration of copyright, deposit with government authorities of a certain number of copies (precondition for publication of written, musical or audiovisual works) ; ~ *de marque* registration of a trademark **4.** *(D/I) (lieu)* warehouse, depot ; *(statut)* bond, consignment ; ~ *de marchandises* freight yard, goods yard ; *en* ~ on consignment ; *être en* ~ be in bond ; *mettre en* ~ bond.

dépotage [depɔtaʒ] *nm (T) (conteneur)*

(US) stripping, *(UK)* unstuffing, container destuffing/devanning.

dépoter [depɔte] *vt (T) (conteneur)* unload, unpack, *(US)* strip.

dépouillement [depujmã] *nm* **1.** *(de biens)* destitution, deprivation ; *(Jur)* ~ *volontaire de ses biens* relinquishment of one's property **2.** *(de documents)* collection and analysis **3.** *(Pol)* ~ *des bulletins de vote* counting/*(US)* tally of votes.

dépouiller [depuje] *vt* **1.** ~ *qn de ses biens* strip/deprive sb of his property **2.** *(documents)* collect and analyse, analyse, open and sort **2.** *(Pol) (bulletins) (UK)* count, *(US)* tally.

dépourvu[1] [depurvy] *adj* ~ *de* devoid of.

dépourvu[2] [depurvy] *loc au* ~ unexpectedly ; *prendre qn au* ~ take sb unawares/by surprise.

dépréciation [depresjasjɔ̃] *nf* **1.** *(Eco)* depreciation ; ~ *monétaire* depreciation of money, currency depreciation **2.** *(Cpta)* depreciation ; ~ *technologique* obsolescence ; ~ *par usure* wear and tear.

déprécier [depresje] *vpr se* ~ depreciate.

dépression [depresjɔ̃] *nf (Eco)* depression, slump.

déprimé [deprime] *adj (Eco)* depressed.

député [depyte] *nm inv (Pol) (Fr)* deputy, person elected to the National Assembly, *équiv. (UK)* Member of Parliament (M.P.), *(US)* Member of Congress ; *(UE)* ~ *européen* Member of the European Parliament, Euro-M.P.

déqualification [dekalifikasjɔ̃] *nf (Eco/Mgt)* de-skilling.

déqualifier [dekalifje] *vt (Eco/Mgt)* de-skill.

dérailler [deraje] *vi (T)* derail, be derailed.

dérangement [derãʒmã] *nm* **1.** *(gêne)* trouble, disarray ; *(Tél) en* ~ out of order.

déranger [derãʒe] *v* **1.** *vt (personne)* bother, inconvenience, *(plan, calme)* disrupt **2.** *vpr se* ~ *pour faire qch* take the trouble to do sth ; *ne vous dérangez pas* don't bother, don't put yourself to any inconvenience.

dérapage [derapaʒ] *nm* **1.** *(voiture)* skid, loss of control **2.** *(fig)* ~ *des prix* unexpected increase in prices.

déraper [derape] *vi* **1.** *(voiture)* skid, get/go out of control **2.** *(fig) (prix)* rise, go/shoot up.

déréférencement [dereferãsmã] *nm (Mkg)* delisting.

déréférencer [deʀefeʀɑ̃se] *vt (Mkg)* de-list.

déréglementation [deʀegləmɑ̃tasjɔ̃] *nf (Eco/Fin)* deregulation.

déréglementer [deʀegləmɑ̃te] *vt (Eco/Fin)* deregulate, liberalize.

dérive [deʀiv] *nf* drift ; *à la ~ (bateau)* adrift, *(situation)* out of control ; *(Eco) ~ inflationniste* inflation bias/drift ; *(Eco) ~ des salaires* wage drift.

dérivé[1] [deʀive] *adj* derived ; *(Eco) produit ~* by-product.

dérivé[2] [deʀive] *nm* derivative.

dériver [deʀive] *vi* 1. drift, go adrift 2. *(de)* result from, originate in/from.

dernier [dɛʀnje] *adj (f -ière)* 1. last ; *(Bs) ~s cours* closing prices ; *(Fin) ~ versement* last instal(l)ment ; *(Jur) dernières volontés* last will and testament 2. *(récent)* latest.
*dernier entré, premier sorti *loc (Cpta)* last in-first out (LIFO).

dérobée [deʀɔbe] *loc à la ~* secretly, furtively.

dérober [deʀɔbe] *vt (voler)* steal ; *~ qch à qn* steal sth from sb.

dérogation [deʀɔgasjɔ̃] *nf* 1. exemption, dispensation 2. *(Jur)* exemption, *(contrat)* exemption clause ; *~ à la loi* limitation (of the scope of a law).

dérogatoire [deʀɔgatwaʀ] *adj* dispensatory ; exemption ; *clause ~ (Jur)* overriding clause.

déroger [deʀɔʒe] *vi (à)* go against, fail to comply with.

déroulement [deʀulmɑ̃] *nm (d'un processus)* development ; *(Mgt) ~ de carrière* career record/advancement.

dérouler [deʀule] *vpr se ~* progress, develop ; *les négociations se sont déroulées dans le calme* the negotiations took place in an atmosphere of calm.

dérouter [deʀute] *vt* 1. *(T)* divert, reroute 2. *(personne)* confuse, disconcert.

désaccord [dezakɔʀ] *nm* difference, disagreement ; *être en ~ avec* disagree with.

désaffectation [dezafɛktasjɔ̃] *nf* 1. closing down, disuse 2. *(Jur) ~ d'une propriété publique* dedication of public property to private use, closing down.

désaffecté [dezafɛkte] *adj (T) (ligne, gare)* disused ; *(église)* deconsecrated, *(usine)* abandoned.

désaisonnalisation [dezezɔnalizasjɔ̃] *nf (Eco)* adjustment for seasonal variations.

désaisonnaliser [dezezɔnalize] *vt* adjust for seasonal variations.

désapprovisionné [dezapʀɔvizjɔne] *adj* 1. unstocked 2. *(Bq) compte ~* overdrawn account.

désarrimer [dezaʀime] *vt (T)* unstow ; *~ la cargaison* unstow/unload cargo.

désastre [dezastʀ] *nm* disaster, flop.

désavantageux [dezavɑ̃taʒø] *adj (f -euse)* unfavourable/unfavorable, prejudicial.

désaveu [dezavø] *nm (pl -x)* denial, disavowal, repudiation ; *(Jur) ~ de paternité* refusal to recognize a child, repudiation of paternity, overcoming of the presumption of paternity.

désavouer [dezavwe] *vt* repudiate, disavow.

descendance [desɑ̃dɑ̃s] *nf (Jur)* descendants.

descendant[1] [desɑ̃dɑ̃] *adj* downward, descending, decreasing ; *(Eco) courbe ~e* downward curve.

descendant[2] [desɑ̃dɑ̃] *nm (Jur)* 1. descendant 2. *~s* offspring, progeny.

descendre [desɑ̃dʀ] *v* 1. *vi* decline, fall, drop, go down ; *(Eco) ~ en flèche* plummet, nose-dive 2. *vi ~ de* descend from 3. *vt* take/bring down, *(fam)* shoot down, kill.

descente [desɑ̃t] *nf* 1. descent, *(chiffres)* fall, decline 2. visit ; *(Jur) ~ sur les lieux* visit to the scene of a crime (by a judge/the police) ; *(Jur) (chez un suspect) ~ de police* police raid.

descriptif[1] [deskʀiptif] *adj (f -ive)* descriptive.

descriptif[2] [deskʀiptif] *nm* brochure, *(projet)* outline, abstract.

description [deskʀipsjɔ̃] *nf* description.

déséconomie [dezekɔnɔmi] *nf* diseconomy ; *(Eco) ~s d'échelle* diseconomies of scale ; *~s externes* external diseconomies ; *~s internes* internal diseconomies.

désencombrement [dezɑ̃kɔ̃bʀəmɑ̃] *nm (marché)* clearing.

désendettement [dezɑ̃dɛtmɑ̃] *nm (Fin)* debt reduction, getting out of debt.

désendetter [dezɑ̃dete] *vpr se ~* reduce indebtedness/liabilities, reduce one's debt.

désengagement [dezɑ̃gaʒmɑ̃] *nm* withdrawal.

désengager [dezɑ̃gaʒe] *v* 1. *vt* disengage 2. *vpr se ~* free/withdraw oneself from ; *se ~ d'un programme* withdraw from a programme/program.

désépargne [dezepaʀɲ] *nf (Eco)* dissaving.

désépargner [dezepaʀɲe] *vi (Eco)* dissave.

déséquilibre [dezekilibʀ] *nm* disequilibrium, imbalance ; *(Eco) corriger un* ~ adjust/correct an imbalance ; *en* ~ unbalanced ; ~ *extérieur* external imbalance.

déséquilibré [dezekilibʀe] *adj* unbalanced.

désétatisation [dezetatizasjɔ̃] *nf* privatization, denationalization.

déshérence [dezeʀɑ̃s] *nf (Jur)* escheat, situation where a person dies leaving no heirs ; *succession en* ~ escheat estate, estate which becomes the property of the state through the absence of any legal heir ; *tomber en* ~ escheat.

déshérité [dezeʀite] *adj* **1.** *(Jur)* disinherited **2.** *(Eco) les* ~*s* the underprivileged.

déshériter [dezeʀite] *vt (Jur)* disinherit.

désignation [deziɲasjɔ̃] *nf* **1.** *(Pol) (personne)* designation, *(nomination)* appointment, *(proposition)* nomination **2.** *(Eco/Fin) (biens, valeurs)* description, characterization.

désigner [deziɲe] *vt* **1.** *(Pol)* designate, *(nommer)* appoint, *(proposer)* nominate **2.** *(biens, valeurs)* describe, characterize, specify.

désigneur [deziɲœʀ] *nmf (J.O.)* designer.

désindexation [dezɛ̃deksasjɔ̃] *nf (prix)* de-indexation.

désindustrialisation [dezɛ̃dystʀijalizasjɔ̃] *nf* de-industrialization.

désinflation [dezɛ̃flasjɔ̃] *nf (Eco)* disinflation.

désinflationniste [dezɛ̃flasjɔnist] *adj (Eco)* disinflationary.

désintéressé [dezɛ̃teʀese] *adj* non profit-minded, disinterested.

désintéressement [dezɛ̃teʀesmɑ̃] *nm* **1.** unselfishness, disinterestedness **2.** *(Fin) (créancier)* paying-off **3.** *(Fin) (par rachat)* buying-out.

désintéresser [dezɛ̃teʀese] *v* **1.** *vt (Fin) (créancier)* satisfy, pay off **2.** *vt (Mgt) (par rachat)* buy out **3.** *vpr se* ~ *de* lose interest in.

désintermédiation [dezɛ̃teʀmedjasjɔ̃] *nf (Fin)* disintermediation.

désinvestir [dezɛ̃vestiʀ] *v* **1.** *vi (Eco)* disinvest **2.** *vt (Pol)* divest ; ~ *qn d'un pouvoir* divest sb of a power.

désinvestissement [dezɛ̃vestismɑ̃] *nm* **1.** *(Eco)* disinvestment **2.** *(Pol)* divestiture.

désir [deziʀ] *nm* want, desire ; ~*s des consommateurs* consumer wants/requirements.

désirabilité [deziʀabilite] *nf (Eco)* desirability, utility.

désistement [dezistəmɑ̃] *nm* **1.** *(Jur)* voluntary dismissal/withdrawal of a claim, waiver **2.** *(Pol)* withdrawal (of candidature), standing down.

désister [deziste] *vpr se* ~ **1.** *(Pol) (candidat)* stand/step down, withdraw one's candidacy **2.** *(Jur)* waive a right/ claim ; withdraw a complaint ; *se* ~ *d'une action* abandon an action ; *se* ~ *d'une poursuite* withdraw a claim.

désordre [dezɔʀdʀ] *nm* disorder.

désorganisation [dezɔʀganizasjɔ̃] *nf* disruption, disorganization.

désorganiser [dezɔʀganize] *nm* disorganize, disrupt.

déspécialisation [despesjalizasjɔ̃] *nf* **1.** *(Bq)* ~ *bancaire* despecialization of banks **2.** *(Eco/Mgt)* de-skilling.

despote [despɔt] *nm inv (Pol)* despot.

despotisme [despɔtism] *nm (Pol)* despotism.

dessaisir [deseziʀ] *v* **1.** *vt* divest, dispossess ; *(Jur)* ~ *un tribunal (d'une affaire)* withdraw/remove a case from a court's jurisdiction **2.** *vpr se* ~ *de qch* relinquish sth, part with sth ; *(Jur) se* ~ *d'un dossier* abandon a case.

dessaisissement [desezismɑ̃] *nm* divestment, dispossession.
***dessaisissement du juge/du tribunal** *nm (Jur)* divestment of a judge/court (of jurisdiction over a matter before rendering a final judgment).

dessein [desɛ̃] *nm* **1.** goal, purpose **2.** design, scheme.

desserrer [deseʀe] *vt (crédit)* loosen, relax.

desserte [desɛʀt] *nf (T)* ~ *d'une région* servicing of a region.

desservir [desɛʀviʀ] *vt* **1.** be a disadvantage (to) **2.** *(T)* serve ; *gares desservies* scheduled stops.

dessin [desɛ̃] *nm* design, drawing, pattern ; *bureau de* ~ design office ; ~ *industriel* industrial design, drafting.
***dessins et modèles** *nmpl (Jur)* copyrightable designs, drawings and patterns.

dessinateur [desinatœʀ] *nm (f* -*trice)* ~ *industriel* draughtsman/draftsman ; ~ *concepteur* visualizer.

dessiner [desine] *vt* draw, design, sketch.

dessous [dəsu] *adv* below ; *(Fin) au-*~ *du/en* ~ *du pair* below par.
***dessous-de-table** *nm* undercover payment, bribe, kickback, payoff.

dessus [dəsy] *adv* above ; *(Fin) au-*~ *du pair* above par.

dest. v. destinataire.

déstabilisateur [destabilizatœr] adj (f -trice) destabilizing ; *influences désta-bilisatrices* destabilizing influences.

déstabilisation [destabilizasjɔ̃] nf de-stabilization.

déstabiliser [destabilize] vt destabilize.

destinataire (dest.) [dɛstinatɛR] nmf 1. sendee, addressee 2. (T) (consigna-taire) consignee 3. (Fin) (fonds) payee, remittee.

destination [dɛstinasjɔ̃] nf destination ; (avion, train, colis) à ~ de bound for ; ~ *finale* place of delivery, final des-tination.

destiner [destine] vt (à) design (for), in-tend (for).

destituer [destitɥe] vt (Jur) discharge, dismiss, remove from office, (US) im-peach.

destitution [destitysjɔ̃] nf 1. dismissal, removal 2. (Jur) divestiture, the act of divesting (an official of a position), (US) impeachment.

déstockage [destɔkaʒ] nm (Cpta) de-stocking, inventory disinvestment, re-duction.

déstocker [destɔke] vt (Cpta) destock, run down stocks.

désuet [desɥe] adj (f -uète) outdated, obsolete.

désuétude [desɥetyd] nf disuse, obso-lescence ; (Jur) *tomber en* ~ lapse, fall into abeyance ; *loi tombée en* ~ law no longer enforced.

désutilité [dezytilite] nf (Eco) disutility.

détachable [detaʃabl] adj detachable.

détaché [detaʃe] adj 1. detached ; (Ind) *pièces détachées* spare parts 2. (Mgt) (personne) assigned.

détaché [detaʃe] nm (Mgt) assignee, person temporarily transferred, expa-triate.

détachement [detaʃmɑ̃] nm (Mgt) as-signment, temporary transfer of an official, (UK) (fonctionnaire) seconding.

détacher [detaʃe] vt 1. detach, cut off, tear off ; (Mkg) ~ *un coupon* tear off a coupon 2. (Mgt) (personne) assign, send overseas, (UK) (fonctionnaire) second.

détail [detaj] nm 1. detail ; *tous les* ~s full particulars 2. (Com) retail ; *au* ~ retail ; *le commerce de* ~ the retail trade ; *magasin de* ~ retail shop/store ; *prix au* ~ retail price ; *vente au* ~ retail sale 3. (Cpta) itemization ; ~ *d'un compte* breakdown of an account.

détaillant [detajɑ̃] nm retailer.

détaillé [detaje] adj 1. detailed 2. (Com) sold retail 3. (Cpta) itemized.

détailler [detaje] vt 1. detail, specify, (facture) itemize 2. (Com) retail, sell retail, sell individually.

détaxe [detaks] nf (Fisc) tax exemption, tax cut ; (D) ~ *à l'exportation* duty-free for export ; *produits en* ~ duty-free/ tax-free goods.

détaxer [detakse] vt (Fisc/D) reduce/re-move the tax on ; ~ *des marchandises* remove duty on goods.

détection [detɛksjɔ̃] nf detection.

détective [detɛktiv] nm inv detective ; ~ *privé* private detective/investigator.

détenir [detniR] vt 1. hold 2. (Jur) detain (v. **détenu**).

détention [detɑ̃sjɔ̃] nf 1. possession ; ~ *d'armes* possession of arms ; (Jur) hold-ing, tenure ; ~ *d'un bien* holding of property 2. (Jur) detention, imprison-ment, jailing ; ~ *criminelle* imprison-ment ; ~ *illégale et arbitraire* illegal and arbitrary detention ; ~ *provisoire* provisional detention ; ~ *préventive* pre-trial detention 3. (T) (navire) detain-ment.

détenu [detny] adj 1. held ; (Jur) *valeurs* ~es *en gage* securities held in pawn/as security ; *bien* ~ *en toute pro-priété* property held in fee simple 2. (Jur) (prisonnier) detained.

détenu [detny] nm (Jur) inmate, convict, prisoner.

détérioration [deterjɔRasjɔ̃] nf deteri-oration, worsening.

détériorer [deterjɔRe] v 1. vt damage 2. vpr se ~ deteriorate, get worse.

détermination [detɛRminasjɔ̃] nf 1. (résolution) determination 2. (prix, objectifs, tarifs) fixing.

déterminer [detɛRmine] vt determine ; (D) ~ *l'espèce tarifaire* classify the goods.

déterminisme [detɛRminism] nm (Eco) determinism.

déthésaurisation [detezɔRizasjɔ̃] nf (Eco) dishoarding.

détournement [detuRnəmɑ̃] nm 1. (Jur) ~ *d'avion/d'aéronef* hijacking ; ~ *de fonds* embezzlement ; (Jur) ~ *de mineur* corruption/abduction/seduction of a minor 2. (Com) diversion ; (CI) ~ *du commerce d'un pays vers un autre* trade diversion (from one country to another) ; (CI/D) ~ *des marchandises par un pays tiers pour échapper aux droits de douane* transshipment of goods via a third country to avoid duty.

détourner [detuRne] vt 1. (circulation) divert ; (avion) hijack 2. (Jur) (fonds) embezzle, misappropriate; *(Jur) (personne)* abduct, seduce; *(CI)* transship.

détresse [detrɛs] *nf* distress; **en ~** in difficulty; *signal de ~* distress signal.

détriment [detrimɑ̃] *nm* **au ~ de** to the detriment/disadvantage of.

dette [dɛt] *nf* **1.** debt; *accablé de ~s* riddled with debts, debt-ridden; *acquitter une ~* clear a debt; *amortir une ~* redeem a debt; *reconnaissance de ~* acknowledg(e)ment of debt, IOU (I owe you) **2.** *(Eco)* debt, indebtedness; **~ à long terme** *(UK)* loan capital; **~ publique** public-sector debt, national/government/public-sector debt **3.** *(Cpta)* debt, liability; **~ amortissable** redeemable debt; **~ consolidée** consolidated/permanent/fixed debt; **~s diverses** sundry debts; **~s à moins d'un an** current liabilities; *(Jur)* **~s entrant en communauté** debts which enter the community/the husband and wife's estate; **~s d'exploitation** trade/current liabilities; **~ exigible** debt due; **~s à long terme** long-term liabilities; **~s à payer** accounts payable, debts due; *(Jur)* **~s personnelles** separate debts; **~s provisionnées** debt provisions, accrued/estimated liabilities.

deuxième [døzjɛm] *adj* second; *(Fin)* *obligation de ~ rang* junior bond.

dévaliser [devalize] *vt* **~ le magasin** buy up the shop, buy everything up.

dévalorisation [devalɔrizasjɔ̃] *nf (Eco)* fall in value, depreciation, loss of value; **~ de la monnaie** depreciation of currency.

dévaloriser [devalɔrize] *v* **1.** *vt (rôle, fonction)* reduce/play down/lower the value/prestige of **2.** *vpr (Eco) se ~* fall in value, depreciate.

dévaluation [devalɥasjɔ̃] *nf (Eco)* devaluation; **~ à chaud** emergency/forced devaluation; **~ camouflée** hidden devaluation; **~ compétitive** competitive devaluation; **~ à froid** interval devaluation; **~ offensive** competitive devaluation.

dévaluer [devalɥe] **1.** *vt* devalue, *(US)* devaluate **2.** *vi se ~* depreciate.

devancer [dəvɑ̃se] *vt (concurrents)* outstrip, overtake.

devanture [dəvɑ̃tyr] *nf* **1.** shop front, shop window; *en ~* in the window, on display **2.** *(marchandises)* display.

développement [devlɔpmɑ̃] *nm* development, expansion, growth; **~ économique** economic development.

développer [devlɔpe] *v* **1.** *vt* develop, expand **2.** *se ~ vpr* develop, expand.

déverser [devɛrse] *vt* **1.** unload **2.** *(fig)* **~ ses produits sur le marché européen** flood the European market with one's products, *(dumping)* dump goods on the European market.

déviation [devjasjɔ̃] *nf* deviation; **~ de la norme** departure from the norm.

dévideur [devidœr] *nm (Inf)* streamer.

dévier [devje] *vi* **~ de ses objectifs** move away from one's objectives.

devis [dəvi] *nm* estimate, cost estimate, quotation; *établir/faire un ~* draw up/give an estimate.

devise [dəviz] *nf* **1.** *(Mkg/Pol) (slogan)* motto **2.** *(Eco)* currency, foreign currency; **~ clé** key/leading currency; **~ étrangère** foreign currency, foreign exchange; **~ à terme** forward exchange. ***devise-titre** *nf (Fin)* security money, investment premium.

dévoiler [devwale] *vt* **1.** *(statue)* unveil **2.** *(fig)* disclose, *(presse)* leak, reveal.

devoir [dəvwar] *nm* duty, task; *se faire un ~ de faire qch* make a point of doing sth.

dévolu [devɔly] *adj* **1.** *(Pol) (pouvoir)* devolved **2.** *(Jur)* vested; **~ pour jouissance future** vested in interest; *part ~e aux héritiers* share that devolves to heirs.

dévolution [devɔlysjɔ̃] *nf (Jur)* devolution; **~ héréditaire** devolution by inheritance; **~ successorale** hereditary succession by devolution.

diagnostic [djagnɔstik] *nm* diagnosis *(pl -es)*.

diagramme [djagram] *nm* diagram, chart, graph; **~ en dispersion** scatter diagram; *(Mgt)* **~ d'ordonnancement** flow chart.

dialogue [djalɔg] *nm* dialogue, discussion; *ouvrir le ~* open discussions/negotiations; *(CI/Pol)* **~ Nord-Sud** North-South dialogue.

dictateur [diktatœr] *nm inv (Pol)* dictator.

dictature [diktatyr] *nf (Pol)* dictatorship.

dicter [dikte] *vt* dictate.

didacticiel [didaktisjɛl] *nm (Inf)* educational software.

diffamant [difamɑ̃] *adj (Jur) (oral)* slanderous, *(écrit)* libellous.

diffamateur [difamatœr] *nm (f -trice) (Jur)* defamer, slanderer.

diffamation [difamasjɔ̃] *nf (Jur)* defamation, *(écrite)* libel, *(verbale)* slander; *campagne de ~* smear campaign; *procès en ~* libel suit.

diffamatoire [difamatwar] *adj (Jur)*

defamatory, *(écrit)* libellous, *(verbal)* slanderous.

diffamer [difame] *vt (Jur)* defame, *(par écrit)* libel, *(verbalement)* slander.

différé [difeʀe] *adj* deferred, postponed ; *émission en ~* recorded program/broadcast *(à dist.* **direct***).*

différence [difeʀɑ̃s] *nf* difference, margin ; *à la ~ de* unlike, as opposed to ; *(Cpta) ~s de conversion* exchange adjustment ; *~s de salaires* wage differentials.

différenciation [difeʀɑ̃sjasjɔ̃] *nf* differentiation.

différencier [difeʀɑ̃sje] *v* **1.** *vt* differentiate **2.** *vpr se ~ de* differ from.

différend [difeʀɑ̃] *nm* dispute, difference, disagreement ; *régler un ~* settle a dispute.

différentiel [difeʀɑ̃sjɛl] *adj (f* -**elle***)* differential.

différentiel [difeʀɑ̃sjɛl] *nm* differential, gap, *(éventail)* spread.

différer [difeʀe] *vt* defer, postpone, put off.

difficile [difisil] *adj (problème, question)* difficult, sticky, thorny ; *~ à vendre* hard to sell.

difficulté [difikylte] *nf* difficulty ; *connaître des ~s* be in trouble, have problems ; *être en ~* be in difficulty/trouble ; *~s de trésorerie* cash problems ; *(Jur) ~s d'exécution* difficulties due to legal actions taken to prevent execution of a judgment.

diffuser [difyze] *vt (émission)* broadcast, *(prospectus)* circulate.

diffusion [difyzjɔ̃] *nf (information)* circulation, dissemination ; *(journal) la ~ d'un journal* the circulation of a newspaper ; *(produits)* distribution ; *(émission)* broadcasting.

digne [diɲ] *adj* worthy ; *~ de confiance* trustworthy, dependable, reliable.

digue [dig] *nf* dyke/dike, dam ; *(fig)* barrier.

dilapider [dilapide] *vt (fonds)* squander, waste.

dilatoire [dilatwaʀ] *adj* dilatory ; *donner une réponse ~* play for time ; *(Jur) manœuvres ~s* procedural methods to delay court action ; *(Jur) moyen ~* sham plea ; *tactiques ~s* dilatory tactics, stalling tactics, foot-dragging.

diligence [diliʒɑ̃s] *nf* **1.** *(empressement)* haste, dispatch **2.** *à la ~ de qn* at sb's behest/request **3.** *(Jur)* diligence ; *devoir de ~* duty of diligence ; *~ nécessaire* due diligence.

diligenter [diliʒɑ̃te] *vt ~ une enquête* carry out an inquiry.

dilution [dilysjɔ̃] *nf* **1.** dilution **2.** *(Fin)* dilution of equity ; *~ de capital* watering of capital.

dimanche [dimɑ̃ʃ] *nm* Sunday.

dîme [dim] *nf* tithe, *(fig)* share.

dimension [dimɑ̃sjɔ̃] *nf* **1.** size, dimension ; *(Emb)* measurement(s), size **2.** *(Eco) déséconomies de ~* size diseconomies, diseconomies of scale ; *économies de ~* size economies, economies of scale.

diminuer [diminɥe] *v* **1.** *vt* reduce, bring down, lower, cut down **2.** *vi* decrease, drop, fall, go down.

diminution [diminysjɔ̃] *nf* **1.** *(salaires, prix)* decrease, reduction, fall, drop **2.** *(volontaire)* cut, curtailment **3.** *(impôt)* discount, allowance, rebate, reduction.

diplomate [diplɔmat] *nmf* diplomat.

diplomatie [diplɔmasi] *nf* diplomacy.

diplôme [diplom] *nm* diploma, degree ; *il aura son ~ l'année prochaine* he will graduate next year.

diplômé [diplome] *adj* graduated, certified.

diplômé [diplome] *nm* graduate, *(ancien élève)* alumnus *(f* alumna ; *pl* alumni).

direct [diʀɛkt] *adj* direct, straight ; *(TV) émission en ~* live broadcast *(à dist.* **différé***).*

directement [diʀɛktəmɑ̃] *adv* directly.

directeur [diʀɛktœʀ] *adj (f* -**trice***)* main ; *lignes directrices* guidelines ; *(Fin) taux ~* prime rate.

directeur [diʀɛktœʀ] *nm (f* -**trice***)* manager, director, head ; *~ adjoint* deputy/assistant manager ; *~ des achats* purchasing manager, chief/head buyer ; *~ export* export manager ; *~ financier* financial director, controller, treasurer, chief financial officer (CFO) ; *~ général* general manager, managing director, *(US)* president ; *~ des ventes* sales manager ; *~ de zone* area (sales) manager.

direction [diʀɛksjɔ̃] *nf* **1.** *(sens)* direction **2.** *(Mgt)* management, running ; *conseil de ~* executive board ; *fonctions de ~* managerial/management functions ; *~ par objectifs* management by objectives (MBO) **3.** *(service)* department, division ; *~ des ventes* sales department.

directive [diʀɛktiv] *nf* **1.** directive ; *(grandes lignes) ~s* guidelines **2.** *(Jur) (UE)* directive ; *~s communautaires* EU directives.

directoire [diʀɛktwaʀ] *nm (Jur/Mgt)*

executive committee, board of directors, board of management, directorate.

directorial [dirɛktɔRjal] *adj* (*mpl* -**iaux**) managerial.

dirigé [diriʒe] *adj* planned, controlled ; *économie ~e* state-run economy, centrally-planned economy.

dirigeant[1] [diriʒɑ̃] *adj* leading, executive ; *les classes ~es* the ruling classes, the Establishment ; *milieux ~s* executive circles/spheres.

dirigeant[2] [diriʒɑ̃] *nm* executive, leader, managing director ; *~ d'entreprise* corporate manager/executive ; *~ syndical* union leader/official.

diriger [diriʒe] *v* **1.** *vt* direct, (*véhicule*) steer, (*énergies*) channel **2.** *vt* (*entreprise*) manage, run, (*débat*) lead, direct ; *c'est elle qui dirige l'entreprise* she is at the head of/in charge of the firm.

dirigisme [diriʒism] *nm* (*Eco*) state intervention ; *~ économique* planned economy, centrally-planned economy.

dirigiste [diriʒist] *adj* (*Eco*) interventionist, planned ; *économie ~* state-run/centrally-planned economy.

discipline [disiplin] *nf* **1.** discipline ; *conseil de ~* disciplinary board ; (*Pol*) *~ de vote* party discipline **2.** (*enseignement*) subject matter, field.

discompte [diskɔ̃t] *nm* (*Fin*) (*J.O.*) discount.

discompter [diskɔ̃te] *vt* (*Fin*) (*J.O.*) discount.

discompteur [diskɔ̃tœr] *nm inv* (*Fin*) (*J.O.*) discounter.

discontinu [diskɔ̃tiny] *adj* intermittent.

discontinuité [diskɔ̃tinɥite] *nf* discontinuity, break.

discordance [diskɔrdɑ̃s] *nf* disagreement, conflict ; *des ~s* differences.

discordant [diskɔrdɑ̃] *adj* (*témoignages*) conflicting.

discours [diskur] *nm* speech ; *~ de clôture* closing speech ; *faire un ~* deliver a speech ; *~ d'ouverture* opening/inaugural speech, (*US*) keynote address ; *terminer un ~* wind up a speech.

discréditer [diskredite] *vt* discredit.

discret [diskrɛ] *adj* (*f* -**ète**) discreet ; (*Mkg*) *vente discrète* soft selling.

discrétion [diskresjɔ̃] *nf* discretion, confidence.

discrétionnaire [diskresjɔnɛr] *adj* discretionary.

discrimination [diskriminasjɔ̃] *nf* discrimination ; *être coupable de ~ à l'égard de qn* be guilty of discrimination against sb, discriminate against sb.

discriminatoire [diskriminatwar] *adj* discriminatory.

discriminer [diskrimine] *vt* (*distinguer*) discriminate, distinguish.

disculper [diskylpe] *vt* exonerate, acquit.

discuter [diskyte] *v* **1.** *vt* argue over, debate, discuss **2.** *vt* (*mettre en question*) question, challenge, dispute **3.** *vi* *~ d'un problème* discuss a problem.

disette [dizɛt] *nf* shortage, scarcity.

disjoindre [disʒwɛ̃dr] *vt* **1.** separate, disconnect **2.** (*Jur*) *~ des causes* treat matters separately, sever actions.

disjonction [disʒɔ̃ksjɔ̃] *nf* **1.** disjunction **2.** (*Jur*) severance ; *~ des poursuites* severance of actions.

dislocation [dislɔkasjɔ̃] *nf* **1.** dismantling, breaking up, (*réunion*) dispersal **2.** (*assemblée*) dispersal.

disloquer [dislɔke] *vt* dislocate, dismember.

disparité [disparite] *nf* disparity ; (*Eco*) *~ d'inflation* inflation disparity ; *~ régionale* regional disparity.

disparition [disparisjɔ̃] *nf* **1.** disappearance **2.** (*Jur*) quality of a person who is missing and presumed dead, disappearance and presumed death.

dispense [dispɑ̃s] *nf* (*de*) exemption (from) ; (*Jur*) *~ de peine* discretionary decision of judge not to impose a sentence on a party found guilty.

dispersion [dispersjɔ̃] *nf* (*Eco*) dispersion, scattering, spread ; *coefficient de ~* scatter coefficient.

disponibilité [disponibilite] *nf* **1.** availability **2.** (*Eco/Fin*) *~s* available funds ; *~s monétaires* monies, money supply ; *~s quasi monétaires* near monies/money ; *~s à vue* sight balances **3.** (*Fr*) (*fonctionnaires*) *mise en ~* (the fact of) being placed on leave without pay/on unpaid leave.

disponible[1] [disponibl] *adj* **1.** available ; (*Jur*) *biens ~s* transferable property ; *fonds ~s* liquid assets ; (*Com*) *~ en magasin* available from stock, in stock **2.** vacant ; *logement ~* vacant flat.

disponible[2] [disponibl] *nm* (*souvent pl*) (*Fin*) *~s* liquid assets ; (*marché*) marketable securities ; (*Bs*) *cours du ~* spot price ; *vente en ~* spot sale.

disposé [dispoze] *adj* **1.** (*personne*) prepared/willing to do sth **2.** (*articles*) laid out ; *articles ~s en vitrine* articles displayed in the (shop) window.

disposer [dispoze] *v* **1.** *vt* arrange, display, lay out ; (*Mkg*) display, lay out **2.** *vi* (*de*) have sth at one's disposal ;

(Jur) ~ *de ses biens en faveur de qn* transfer one's property to sb; ~ *de capitaux importants* command a large capital; *les crédits dont nous disposons* the funds we have available; *(Jur/Pol) le droit des peuples à* ~ *d'eux-mêmes* the right of each nation to choose its own destiny, the right of self-determination **3.** *(Jur) (prévoir)* provide for; *l'homme propose, Dieu dispose* Man proposes, God disposes **4.** *vpr se* ~ *à faire qch* prepare to do sth.

dispositif [dispɔzitif] *nm* **1.** device, mechanism; *(CI)* ~ *d'aides aux exportations* export-assistance program(me); *(T)* ~ *de gerbage* stacking device; *(T)* ~ *de levage* lifting gear; *(T)* ~ *de manutention* handling gear; *(Inf)* ~ *visuel* display device **2.** *(Jur)* purview; ~ *du jugement* portion of a judgment containing the decision of the case; ~ *de la loi* enacting terms of a law; *principe du* ~ right of parties to seek the assistance of the courts, to establish the goals of their action and to end the litigation by settlement.

disposition [dispɔzisjɔ̃] *nf* **1.** disposal; *je suis à votre entière* ~ I'm entirely at your disposal **2.** *(locaux, lettre)* layout, *(objets)* arrangement; *(Bs)* ~ *du marché* tone of the market **3.** *(Jur)* clause, provision, stipulation; *sauf* ~ *contraire* unless otherwise stipulated/ provided for; ~*s testamentaires* provisions of a will; ~*s transitoires* temporary measures **4.** *(Jur)* transfer; ~ *à titre gratuit* transfer of property without consideration/by gift or testamentary disposition, gratuitous disposition of property.

disputer [dispyte] *vpr se* ~ *un marché* compete for a market.

disque [disk] *nm* record, *(Inf)* disk; *(Inf)* ~ *dur* hard disk; ~ *magnétique* magnetic disk; *(Inf)* ~ *optique compact* CD-ROM.

disquette [disket] *nf (Inf)* diskette, floppy disk.

dissident [disidɑ̃] *adj (Pol)* dissident; *groupe* ~ splinter group.

dissimulation [disimylasjɔ̃] *nf (Jur)* concealment; ~ *d'actifs* (fraudulent) concealment of assets.

dissimuler [disimyle] *vt* conceal, hide.

dissiper [disipe] *vt (doutes)* dispel.

dissolution [disɔlysjɔ̃] *nf (Jur/Pol)* dissolution; ~ *d'un partenariat* break-up of a partnership; ~ *d'une société* winding-up of a company.

dissoudre [disudʀ] *vt (Jur/Pol) (assemblée)* dissolve, *(groupe)* disband.

dissuasif [disɥazif] *adj (f -ive)* deterrent, dissuasive.

dissuasion [disɥazjɔ̃] *nf* dissuasion; *la force de* ~ *nucléaire* nuclear deterrence.

distance [distɑ̃s] *nf* distance; *commande à* ~ remote control.

distancer [distɑ̃se] *vt (concurrent)* outdistance, outstrip; *ne pas se laisser* ~ *par ses rivaux* keep abreast of one's rivals/of the competition; *se laisser* ~ *par qn* fall behind sb.

distinguer [distɛ̃ge] *v* **1.** *vt (différencier)* distinguish **2.** *(choisir)* single out, select **3.** *vpr se* ~ *de ses concurrents* stand out among one's competitors.

distorsion [distɔʀsjɔ̃] *nf* distortion.

distraction [distʀaksjɔ̃] *nf* **1.** *(personne)* absent-mindedness **2.** *(activité)* entertainment, recreation **3.** *(Jur)* severance, taking away.

distribuable [distʀibɥabl] *adj* distributable.

distribuer [distʀibɥe] *vt (prospectus)* distribute, *(marchandises)* dispatch, deliver, *(Bs) (actions)* allocate, allot, *(prime)* pay.

distributeur [distʀibytœʀ] *nm (f -trice)* **1.** distributor, retailer; ~ *exclusif* sole distributor **2.** *(Mkg)* vending machine; ~ *automatique* automatic vending machine (AVM), vending machine.
*distributeur automatique de billets (DAB) *nm (Bq)* automated teller/telling machine (ATM), cash dispenser.

distribution [distʀibysjɔ̃] *nf* **1.** *(Com/ Mkg)* distribution, retailing; ~ *à domicile* home service; *grande* ~ supermarket distribution, mass retailing; *réseau de* ~ distribution network, distribution channels; ~ *sélective* selective selling **2.** *(Eco)* distribution; ~ *des revenus* income distribution; ~ *statistique* statistical distribution **3.** *(Fin)* payment; ~ *de dividendes* dividend payments.

district [distʀikt] *nm* district, area.

divergence [divɛʀʒɑ̃s] *nf* divergence, difference, discrepancy; ~ *d'intérêts* conflict of interest.

divergent [divɛʀʒɑ̃] *adj* divergent, differing.

diverger [divɛʀʒe] *vi* diverge, differ.

divers [divɛʀ] *adj* various, varied, miscellaneous, sundry; *frais* ~ sundry expenses; *(ordre du jour) questions* ~*es* other business.

diversification [divɛʀsifikasjɔ̃] *nf (Eco)* diversification; *(Fin)* ~ *de portefeuille* portfolio diversification.

diversifier [divɛʀsifje] *vti* diversify.

divertissement [divɛʀtismɑ̃] *nm* **1.** *(dis-*

traction) entertainment **2.** *(Jur)* diversion (of funds) by an heir or spouse, misappropriation (of funds).

dividende [dividãd] *nm* dividend; *(Fin)* **~s non distribués** unpaid dividends; **~ fictif** sham dividend.

*dividende fiscal *nm (Fisc)* tax dividend, benefit consisting of increased tax revenues received by the state in times of economic growth.

diviser [divize] *vt* divide, split up; **~ en deux** halve.

divisibilité [divizibilite] *nf* divisibility.

divisible [divizibl] *adj* divisible.

division [divizjɔ̃] *nf* **1.** *(désaccord)* division, split **2.** *(service)* **~ commerciale** trading division **3.** *(Eco)* division, split, splitting; *(Cl/Eco)* **~ internationale du travail** international division of labour/labor.

divorce [divɔʀs] *nm (Jur)* divorce; **demander le ~** seek a divorce; **intenter une action en ~** start divorce proceedings.

divorcer [divɔʀse] *vi (Jur)* divorce, get a divorce; **~ d'avec sa femme/son mari** divorce one's wife/husband.

divulgation [divylgasjɔ̃] *nf (Jur)* disclosure.

divulguer [divylge] *vt* disclose, divulge, *(fuite)* leak.

Djibouti [dʒibuti] *n* Djibouti.

djiboutien [dʒibusjɛ̃] *adj (f -ienne)* of/from Djibouti.

Djiboutien [dʒibusjɛ̃] *nm (f -ienne)* native/inhabitant of Djibouti.

dock [dɔk] *nm (T)* dock; **droits de ~** dock dues, dockage.

docker [dɔkɛʀ] *nm inv (T)* docker, stevedore, *(US)* longshoreman.

doctrine [dɔktʀin] *nf (Jur)* doctrine.

document [dɔkymã] *nm* **1.** document; *(Mgt)* **~ de présentation** chart **2.** *(Mkg/Pub) (publicité)* artwork **3.** *(D/T)* **~ administratif unique (DAU)** single administrative document (SAD); **~s de bord** ship's papers; **~ douanier** customs document; **~s d'expédition** shipping documents; **~s de transport** transport documents; **~ de transport combiné** combined transport document (CT).

*documents contre acceptation (D/A) *nmpl (Cl/Fin)* documents against acceptance (D/A).

*documents contre paiement (D/P) *nmpl (Cl/Fin)* documents against payment (D/P).

documentaire [dɔkymãtɛʀ] *adj* documentary; *(Cl/Fin)* **crédit ~** documentary credit; **traite ~** documentary bill.

documenter [dɔkymãte] *v* **1.** *vt* document, brief **2.** *vpr* **se ~ (sur)** collect information/material (about).

dol [dɔl] *nm (Jur)* fraud, intentional misrepresentation, fraudulent misrepresentation.

doléance [dɔleãs] *nf (souvent pl)* grievance, complaint.

dollar [dɔlaʀ] *nm* dollar, *(fam)* greenback, *(fam)* buck; *(Eco/Fin)* **zone ~** dollar zone.

domaine [dɔmɛn] *nm* **1.** field, area, sphere, domain; *(Jur)* **dans le ~ public** in the public domain, out of copyright. ***domaines de la loi et du règlement** *nmpl (Jur/Pol) (Fr)* respective fields of legislative and regulatory power. ***domaine privé** *nm (Jur) (Fr)* property owned by state agencies but which is subject to the rules regulating private property.

*domaine public *nm (Jur) (Fr)* public property, property of the state. ***domaine réservé** *nm (Jur/Pol) (Fr)* **1.** matters which are purely the internal affairs of states **2.** *(Fr)* matters that are the special preserve of the French President.

domicile [dɔmisil] *nm* domicile, residence (of a person); *(Jur)* **~ légal** permanent residence; *(T)* **livraison franco à ~** delivery free to customer's premises; *(Jur)* **violation de ~** breach of domicile, unauthorized entry.

domiciliataire [dɔmisiljatɛʀ] *nmf (Fin)* paying agent, person at whose place of business a payment is to be made.

domiciliation [dɔmisiljasjɔ̃] *nf (Fin)* (fixing of a) place at which payments are to be made.

dominant [dɔminã] *adj* dominant, ruling, prevailing; *(Eco)* **économie ~e** dominant economy; **position ~e** sur le marché dominant/leading position on the market.

domination [dɔminasjɔ̃] *nf* domination, leadership.

dominer [dɔmine] *v* **1.** *vt* dominate, lead **2.** *vi* be dominant.

dominicain [dɔminikɛ̃] *adj* Dominican; **République D~e** Dominican Republic.

Dominicain [dɔminikɛ̃] *nm* Dominican.

Dominique [dɔminik] *nf* **(République de) D~** (Republic of) Dominica.

dommage [dɔmaʒ] *nm (Jur)* **1.** injury, damage, loss; **~s de guerre** war damages; **~ matériel** pecuniary loss; **~ moral** non-pecuniary loss **2.** *(Jur)* **~s-intérêts** damages.

dommageable [dɔmaʒabl] *adj* detrimental, damaging, prejudicial ; *(Jur)* *acte* ~ tort.

domotique [dɔmɔtik] *nf (Inf)* home automation.

DOM-TOM [dɔmtɔm] *nmpl (ab de Départements d'Outre-Mer-Territoires d'Outre-Mer) (Fr) les D~-T~* French overseas departments and territories.

don [dɔ̃] *nm* **1.** aid, grant; ~*s aux œuvres* gifts to charity **2.** *(Jur)* gift, bequest; ~ *manuel* donation of a chattel from hand to hand.

donataire [dɔnatɛʀ] *nmf (Jur)* donee, recipient.

donateur [dɔnatœʀ] *nm (Jur) (f* **-trice)** donor, grantor, benefactor.

donation [dɔnasjɔ̃] *nf* **1.** gift; *(Jur)* donation, legal act by which a gift is completed; ~ *déguisée* gift made to look like a sale; *impôt sur les* ~*s et successions* death and gift duties; ~ *avec réserve d'usufruit* gift with reservation of usufruct; ~ *au dernier vivant* right of survivorship; ~ *entre vifs* gift inter vivos.

donné [dɔne] *adj* **1.** given; *à un prix* ~ at a given price **2.** *c'est* ~ *!* it's dirt cheap.

donnée [dɔne] *nf* fact; ~*s* data; *banque de* ~*s* data bank; *collecte de* ~*s* data collection; ~*s globales* aggregate figures; *stockage de* ~*s* data storage; *traitement des* ~*s* data processing.

donner [dɔne] *vt* **1.** give, supply, furnish; ~ *sa démission* tender one's resignation **2.** *(Jur)* ~ *acte* give official notice; *(bien)* ~ *à bail* lease; ~ *congé* give notice of termination; ~ *droit à* qualify for, entitle to; *cela vous donne droit à une remise* that entitles you to a reduction; *(Jur)* ~ *force exécutoire à une décision* make a decision effective, render a decision enforceable; ~ *en location* let; *(Jur) obligation de* ~ obligation to transfer (property).

donneur [dɔnœʀ] *nm (f* **-euse)** *(Fin)* ~ *d'aval* guarantor; *(Eco/Bs)* ~ *d'ordre principal* principal donor, grantor.

dormir [dɔʀmiʀ] *vi* **1.** sleep **2.** *(argent)* lie idle, remain inactive.

dos [do] *nm* back; *signer au* ~ sign on the back.

dossier [dosje] *nm* **1.** file; *(T)* ~ *de vol* flight documents **2.** *(Jur)* case, brief; ~ *en béton* cast-iron case; *présenter un* ~ *solide* have a strong case.

dot [dɔt] *nf (Jur)* dowry.

dotation [dɔtasjɔ̃] *nf* **1.** *(Eco)* endowment; ~ *en effectifs* staffing; ~ *en facteurs de production* production-factor endowment **2.** *(Cpta)* allowance,

allocation; ~ *aux amortissements* depreciation allowance, amortization expense, allowance/reserve for depreciation; ~ *aux amortissements et aux provisions* depreciation and amortization charges and other transfers to provisions **3.** *(Fin)* allotment.

douaire [dwɛʀ] *nm (Jur) (obs)* dower.

douairière [dwɛʀjɛʀ] *nf (Jur)* dowager.

douane [dwan] *nf (D)* customs; *acquit de* ~ customs receipt; *commissionnaire en* ~ customs agent, customs broker; *déclaration en* ~ customs declaration, customs entry; *déclarant en* ~ customs entry applicant; *(CI) droits de* ~ customs duties; *formalités de* ~ customs clearance formalities; *local de la* ~ customs shed; *passer la* ~ pass through/go through customs; *passer qch en fraude à la* ~ smuggle sth through customs; *poste de* ~ customs house, customs post; *service des* ~*s* customs service; *valeur en* ~ customs valuation; ~ *volante* mobile customs brigade.

douanier¹ [dwanje] *adj (f* **-ière)** *(D)* custom(s); *contrôle* ~ customs check; *document* ~ customs document; *facture douanière* customs invoice; *formalités douanières* customs formalities; *numéro d'enregistrement* ~ customs registered number; *procédures douanières* customs procedures; *régime* ~ customs system; *réglementation douanière* customs regulations; *tarifs* ~*s* customs tariffs; *union douanière* customs union.

douanier² [dwanje] *nm inv (D)* customs officer.

double¹ [dubl] *adj* double; *(Jur)* ~ *degré de juridiction* right of appeal; *(Fisc)* ~ *imposition* double taxation; *(Bq)* ~ *marché des changes* two-tier foreign exchange rate, dual-rate market; *(Jur)* ~ *nationalité* dual nationality/ citizenship.

double² [dubl] *nm* double.

doubler [duble] *vt* **1.** *(Eco)* double, increase twofold **2.** *(voiture) (UK)* overtake, *(US)* pass **3.** *(film)* dub **4.** *(fam) (trahir)* doublecross **5.** *(Emb)* line.

doute [dut] *nm* doubt; *sans aucun* ~ no doubt; *(Jur) bénéfice du* ~ benefit of the doubt, preventing conviction when doubt exists as to the commission of a crime or the participation of the accused therein *(à dist.* beyond a reasonable doubt).

douteux [dutø] *adj (f* **-euse)** doubtful, dubious, bad; *(Cpta) créance douteuse* bad debt; *provisions pour créances douteuses* provision for bad debts.

douzième[1] [duzjεm] *adj* twelfth.

douzième[2] [duzjεm] *nm* twelfth; *(Fin/Jur) (budget)* **~s provisoires (ou prévisionnels)** emergency appropriations permitting continuation of government operations when the budget is not adopted in timely fashion.

doyen [dwajε̃] *nm (f -enne)* **1.** *(université)* dean **2.** *(âge)* the most senior member of a body.

D/P *v.* **documents contre paiement.**

draconien [drakɔnjε̃] *adj (f -ienne)* drastic.

dragage [draga3] *nm (rivière)* dredging.

dragon [dragɔ̃] *nm* dragon; *(CI) les Quatre D~* The Four Tigers/Dragons.

drainage [drεna3] *nm* **1.** *(terrain)* draining, drainage **2.** *(Fin)* tapping **3.** *(Fisc) ~ fiscal* fiscal drag.

drapeau [drapo] *nm (mpl -x)* flag; *être sous les ~x* serve in the armed forces; *hisser le ~* hoist the flag; *atteinte au ~* disrespect for the (national) flag.

dresser [drese] *vt* **1.** *(document)* draw up, prepare; *(Cpta) ~ les états financiers* prepare financial statements **2.** *(Jur) ~ un écrou* prepare the official document evidencing admission to or release from prison; *(Jur) ~ l'état des lieux* document the condition of premises at the commencement of a lease; *(Jur) ~ procès-verbal* file a complaint with the police, file a legal document with a **huissier.**

droit [drwa] *nm (Jur)* **1.** *(droit objectif)* law; *~ administratif* administrative law; *~ d'auteur* copyright law *(à dist.* **droits d'auteur**); *~ bancaire* banking law; *~ des biens* property law; *~ cambiaire* law of negotiable instruments; *~ canonique* canon law; *~ civil* civil law; *~ commercial* commercial law; *~ commun* law of universal application; *~ communautaire* European community law; *~ constitutionnel* constitutional law; *~ de la concurrence* law of competition, *(US)* antitrust law; *~ coutumier* customary law, common law; *~ étranger* foreign law; *~ fiscal* tax law; *~ au fond* substantive law; *~ immobilier* real property law; *~ international privé* private international law; *~ judiciaire* law regulating the judicial system, rules of procedure; *~ jurisprudentiel et coutumier (UK/US)* common law; *~ maritime* maritime law, admiralty; *~ mobilier* law of personal property/chattels; *~ naturel* natural law; *~ objectif* law; *~ pénal* criminal law; *~ pénal des affaires* criminal business law; *~ privé* private law; *~ de la propriété intel-*

lectuelle/industrielle intellectual/industrial-property law; *~ public* public law; *questions de ~ et de fait* questions of law and fact; *~ substantiel* substantive law; *~ des transports* transport(ation) law; *~ du travail* labour/labor law **2.** *(droits subjectifs)* right; *~ acquis* vested right; *~ d'appel* right of appeal; *~ d'asile* right of asylum; *atteinte aux ~s* infringement of rights; *~ à un avocat* right to counsel; *~ au bail* lease right, leasehold, *(fam)* key money; *~s de chasse* hunting rights; *~s civiques* civic rights, rights of citizens, right to vote; *privation des ~s civiques* deprivation of civic rights; *~s de clientèle* goodwill; *~ corporel* tangible right; *~ extrapatrimonial* right having no commercial value; *~s féodaux* feudal rights; *~ de frappe* right of mintage/coinage; *~ de gage* legal lien, possessory lien; *~ de gage général* general right of creditor over the property of debtor in case of non-payment; *~ de garde* right to custody of children; *~ de l'homme* human rights, individual rights; *~s hors du commerce* rights which cannot be the subject of contracts; *~ incorporel* intangible right; *~s naturels* natural rights; *~ de passage* right of passage; *~ patrimonial* right having financial value; *~s de pêche* fishing rights; *~s de la personnalité* personal rights; *~s personnels* individual rights, civil liberties; *~ des peuples à disposer d'eux-mêmes* right of self-determination; *~ de préemption* right of first refusal, *(UK)* right of pre-emption; *~ de préférence* right of priority of secured creditors; *~ de propriété* property right, estate interest; *~s de propriété industrielle* industrial-property rights; *~s de propriété intellectuelle* intellectual-property rights; *~ de rétention* right of creditor to retain property to guarantee payment of debt, lien; *~ de retour* right of reversion; *~ du sang* jus sanguinis, principle by which nationality is based on consanguinity; *~ du sol* jus soli, principle by which nationality is based on place of birth; *~ subjectif* right; *~ de suite* right of creditors in collateral, even when found in the hands of third parties, right of pursuit; *~ d'usage* right of use; *~ de veuf* curtesy; *~ de visite* visiting/visitation rights; *~ de vote* right to vote, franchise, polling right **3.** *à bon ~* rightfully, lawfully; *avoir ~ à qch* be entitled to sth/eligible for sth; *avoir le ~ pour soi* have right on one's side; *être dans son (bon) ~* be within one's (own) rights ; *de plein ~* by right ; *faire ~ à* accede to, sustain ; *faire valoir ses ~s* assert one's rights ; *priver qn de ses ~s* deprive sb of his/her rights 4. *(Fisc)* right, duty ; *~ d'accise* excise duty ; *~ compensatoire* countervailing duty ; *(alcool, tabac) ~ de régie* excise duty ; *~s de succession* death duties, *(US)* death tax, *(UK)* death duties, transfer tax ; *~ de timbre* stamp duty 5. *(Bs/ Fin)* fee, right, warrant ; *~ de courtage* brokerage charges, brokerage fees ; *~ de souscription* warrant ; *~ de souscription d'actions* equity warrant ; *~ de souscription d'obligations* bond warrant 6. *(Eco/Fin)* rights ; *~s de tirage* drawing rights ; *~s de tirage spéciaux (DTS)* special drawing rights (SDRs) 7. *(Jur)* (édition) *~s d'auteur* royalties (à dist. *droit d'auteur*) 8. *(T)* dues, charges ; *~s d'amarrage* berthage fees ; *~s de bassin* dockage fees, dockage dues ; *~s de mise à quai* wharfage ; *~s de mouillage* keelage fees ; *~s de port* harbour/harbor charges/ dues, port charges/dues ; *~s de quai* quayage 9. *(Cl/D)* *~ ad valorem* ad valorem duty ; *~ antidumping* antidumping duty ; *~s consulaires* consular charges/fees ; *~ de douane* customs duty, tariff ; *soumis à ~ de douane* subject to duty, dutiable, liable to duty ; (franchise) *~ d'entrée* front-end fee ; *~ d'entrée à l'import* import duty ; *~s de douane de représailles* punitive tariffs ; *(D) ~s de douane sur les importations alignés sur les prix intérieurs* American Selling Price (ASP) ; *~s spécifiques* specific duties.

droite [dʀwat] *nf* 1. *(géométrie)* straight line 2. *(Pol)* la *~* the Right.

DTE *v.* **déficit de trésorerie d'exploitation.**

dû[1] [dy] *adj (f due)* 1. *(correct)* proper, due ; *en bonne et due forme* in due form 2. *(attribuable à)* *~ à* ascribable to, owing to, due to ; *retard ~ à* delay caused by, delay due to 3. *(que l'on doit)* owed ; *(T)* **en port ~** carriage

forward ; *(Cpta)* **solde** *~* balance due, balance owing.

dû[2] [dy] *nm* due ; *réclamer son ~* claim one's due.

dualisme [dɥalism] *nm* dualism.

ducroire [dykʀwaʀ] *adj* del credere ; *(Jur)* **agent** *~* del credere agent.

dûment [dymɑ̃] *adv* duly.

dumping [dœmpiŋ] *nm (CI)* dumping ; *faire du ~* dump goods ; *(CI) ~ social* social dumping.

duopole [dɥɔpɔl] *nm (Eco)* duopoly.

duopsone [dɥɔpsɔn] *nm (Eco)* duopsony.

duplicata [dyplikata] *nm (document)* duplicate.

dupliquer [dyplike] *vt* duplicate, copy.

durabilité [dyʀabilite] *nf* durability, *(produit)* life span.

durable [dyʀabl] *adj* 1. durable ; *biens de consommation ~s* durables 2. *(Eco)* sustainable ; *croissance ~* sustainable growth.

durcir [dyʀsiʀ] *v* 1. *vt* harden, *(mesures)* toughen 2. *vpr (situation) se ~* harden, toughen.

durcissement [dyʀsismɑ̃] *nm* hardening, toughening.

durée [dyʀe] *nf* duration, length of time, term ; *(Eco) ~ d'espérance de vie* life expectancy ; *(Eco) ~ du travail* working hours, duration of work, *(Jur)* maximum working hours permissible ; *(Eco) ~ de vie* life span ; *(Mkg) (produit)* shelf-life.

durer [dyʀe] *vi* last.

dyarchie [djaʀʃi] *nf (Pol)* diarchy.

dynamique[1] [dinamik] *adj* 1. *(personne)* dynamic ; *elle est très ~* she's a human dynamo, she's very dynamic 2. *(marché)* buoyant.

dynamique[2] [dinamik] *nf* dynamics ; *~ économique* economic dynamics.

dynamisme [dinamism] *nm* 1. *(personne)* dynamism, drive 2. *(marché)* buoyancy.

dysfonctionnement [disfɔ̃ksjɔnmɑ̃] *nm* malfunctioning, inefficiency.

E

EAO *v.* **enseignement assisté par ordinateur.**

EAU *v.* **Emirats arabes unis.**

eau [o] *nf (f -x)* 1. water ; *compagnie*

des ~x water company ; *~ potable* drinking water ; *~x usées* waste water, liquid waste, effluent 2. *(T) ~ de cale* bilge (water) ; *par voie d'~* by water ;

voies d'~ waterways **3.** *(Pol)* **~x territoriales** territorial waters.

ébauche [eboʃ] *nf* **1.** outline, rough draft **2.** *(fig)* beginning, first steps.

ébaucher [eboʃe] *v* **1.** *vt* outline, sketch, blueprint **2.** *vpr* s'~ take shape.

ébranlement [ebrɑ̃lmɑ̃] *nm* shaking ; *(Bs)* ~ **du marché** weakening of the market.

ébranler [ebrɑ̃le] *vt* shake, *(confiance)* weaken.

écart [ekar] *nm* **1.** *(Eco)* difference, gap ; ~ **déflationniste** deflationary gap ; *(J.O.)* ~ **d'inflation** inflation gap ; ~ **inflationnaire** inflation(ary) gap ; **réduire l'~** narrow the gap **2.** *(statistique)* deviation ; ~ **absolu** absolute deviation ; ~ **statistique** sampling deviation ; ~ **type** standard deviation **3.** *(Fin)* spread, margin ; ~ **budgétaire** budget variance ; ~ **de change** exchange adjustment ; ~ **de conversion** translation differential **4.** *(Cpta)* variance, difference ; ~ **de caisse négatif/positif** cash shortage/overage ; ~ **global sur main-d'œuvre** direct wages variance ; ~ **global sur matières** direct material variance ; ~ **d'inventaire négatif/positif** inventory shortage/overage ; ~ **de prix** price spread ; ~ **de production** production variance ; **~s salariaux** wage differentials.

écartement [ekartəmɑ̃] *nm (T)* ~ **des rails** railway/track gauge.

échafaudage [eʃafodaʒ] *nm* scaffolding.

échafauder [eʃafode] *vt* build up ; *(fig)* ~ **des projets** make plans.

échange [eʃɑ̃ʒ] *nm* **1.** exchange, swap ; ~ **d'idées/de lettres/de vues** exchange of ideas/letters/views ; ~ **standard** replacement, straight swap **2.** *(Eco/Com)* exchange, trade, *(fam)* swap ; **en ~ de** in exchange for ; **~s commerciaux** commercial exchanges, trade links, (international) trade ; **~s compensés** counter-trade ; *(UE)* **~s extracommunautaires** extra-community trade ; *(UE)* **~s intercommunautaires** intra-community trade ; *(Eco)* **~s inter-industriels** interindustrial exchanges/trade ; **~s internationaux** international trade ; **~s invisibles** invisible trade ; *(CI)* **libéralisation des ~s** freeing of trade, lifting of trade restrictions ; **libre-~** free trade ; **termes de l'~** trade terms, trading terms ; **volume des ~s** trade volume **3.** *(Fin)* exchange, swap ; *(J.O.)* ~ **cambiste** treasury swap ; **crédit d'~** swap credit ; *(Cpta)* *(J.O.)* ~ **de créances contre actifs** debt-equity swap ; *(J.O.)* ~ **de devises dues** currency swap ; *(J.O.)* ~ **financier** swap ; **~s d'invi-**

sibles invisible exchange, exchange of invisibles ; **monnaie d'~** money of exchange ; *(J.O.)* ~ **de taux d'intérêt** interest (rate) swap ; *(J.O.)* ~ **renouvelable** roller swap ; *(J.O.)* ~ **syndiqué** syndicated swap ; *(J.O.)* ~ **à terme** forward swap.

échangeabilité [eʃɑ̃ʒabilite] *nf* exchangeability.

échangeable [eʃɑ̃ʒabl] *adj* exchangeable.

échanger [eʃɑ̃ʒe] *v* **1.** *vt (contre)* exchange (for), *(fam)* swap (for) ; *(troc)* barter ; *(Fin)* *(J.O.)* swap ; **ni repris ni échangé** no refunds, no exchanges **2.** *vpr* s'~ *(Fin)* **le dollar s'échange à cinq francs** the dollar is trading/traded at five francs.

échangiste [eʃɑ̃ʒist] *nmf* **1.** *(Jur)* exchanger, party to an exchange **2.** *(Eco)* **libre-~** free-trader.

échantillon [eʃɑ̃tijɔ̃] *nm (Mkg)* sample ; ~ **aléatoire** random sample ; **carte d'~s** sample card ; **conforme à l'~** up to/according to sample ; ~ **faussé** biased sample ; ~ **gratuit** free sample ; **prélèvement d'~s** sampling ; ~ **publicitaire** advertising sample, give-away ; ~ **représentatif de la population** a representative sample/cross-section of the population ; ~ **témoin** check sample ; ~ **type** representative sample ; **vente sur ~** sale by sample.

échantillonnage [eʃɑ̃tijɔnaʒ] *nm (Mkg)* sampling ; ~ **aléatoire** random sampling ; ~ **dirigé** purpose sampling ; ~ **par grappes** cluster sampling ; ~ **statistique** statistical sampling ; ~ **par zone** area sampling.

échantillonner [eʃɑ̃tijɔne] *vt* sample.

échappatoire [eʃapatwar] *nf* loophole, way out ; *(Jur)* **clause ~** escape clause ; *(Fisc)* ~ **fiscale** tax loophole.

échapper [eʃape] *v* **1.** *vi (à)* escape (from), evade ; *(Jur)* ~ **à une juridiction** be beyond/outside a jurisdiction ; ~ **à la règle** be an exception **2.** *vpr* s'~ *(de) (prisonnier)* escape (from).

échéable [eʃeabl] *adj (Cpta)* payable, due.

échéance [eʃeɑ̃s] *nf* **1.** deadline ; **à courte/longue ~** in the short/long term ; **faire face à une ~** meet a deadline **2.** *(Cpta)* date of payment, due date ; **à trois mois d'~** at three months' date, three months after date ; **avis d'~** notice to pay ; **arriver à ~** fall due ; **date d'~** due date ; **~s de fin de trimestre** end-of-quarter payments ; **intérêt impayé à l'~** overdue interest ; **venir à ~** come to maturity, fall due **3.** *(Bq)* *(chèque)* value date **4.** *(Fin)* bill, draft

faire face à une ~ honour/honor a bill ;
~ **à vue** bill at sight **5.** *(Fin) (obligation)* maturity ; *effet à courte/longue* ~ short/long bill ; *payable à l'*~ payable at maturity **6.** *(Jur) (contrat)* expiry date, expiration.

échéancier [efeɑ̃sje] *nm* **1.** *(Cpta)* repayment schedule, *(US)* refunding program **2.** *(Fin) (effets)* bill book, *(US)* maturity tickler.

échéant [efeɑ̃] *loc* **le cas** ~ if necessary, should the need arise, if applicable.

échec [efɛk] *nm* failure, setback ; *(négociations)* breakdown ; *enregistrer/essuyer/subir un* ~ face a setback ; *voué à l'*~ doomed to fail/to failure.

échelle [efɛl] *nf* **1.** *(objet)* ladder ; *(T)* ~ *mobile* outside elevator **2.** *(Eco) (graduation)* scale, ladder ; *économies d'*~ economies of scale ; *en haut de l'*~ *(des salaires)* at the top of the (wage) scale ; ~ *mobile* sliding scale ; ~ *mobile des salaires* sliding wage scale ; ~ *de préférence* preference scale ; ~ *des revenus* income scale **3.** *croquis à l'*~ scale drawing, drawing to scale ; *à grande/petite* ~ on a large/small scale ; *à l'*~ *européenne* on a European scale, throughout Europe ; *à l'*~ *mondiale* worldwide, on a world scale.

échelon [efl̃ɔ̃] *nm* **1.** *(hiérarchie)* level, grade, rung ; *grimper rapidement les* ~*s* rise quickly, get rapid promotion ; *monter d'un* ~ climb a rung, be promoted ; *rétrograder d'un* ~ be demoted **2.** *(niveau)* à l'~ *européen/mondial/national* at (the) European/world/national level.

échelonnement [efl̃ɔnmɑ̃] *nm* **1.** *(activité) (paiements, livraisons)* staggering, spreading (out) **2.** *(échéances)* spread ; ~ *des prix* price bracket ; ~ *des salaires* wage spread.

échelonner [efl̃ɔne] *v* **1.** *vt (paiements, livraisons)* spread (out), stagger **2.** *vpr* *s'*~ *(sur)* (be) spread over.

échevinage [efvinaʒ] *nm (Jur)* panel composed of professional and lay judges.

échiquier [efikje] *nm* **1.** chessboard ; *(fig) sur l'*~ *européen/mondial* on the European/world scene **2.** *(UK)* exchequer ; *chancelier de l'E*~ Chancellor of the Exchequer.

échoir [efwaʀ] *vi* **1.** *(Cpta) (dette)* fall due, come to maturity, *(intérêts)* accrue ; *intérêts à* ~ accruing interest **2.** *(Jur) (délai)* expire **3.** *(somme)* ~ *à qn* be payable to sb.

échouage [efwaʒ] *nm v.* **échouement.**

échouement [efumɑ̃] *nm (aussi* **échouage)** *(T/Ass) (navire)* running aground, stranding ; ~ *avec bris absolu* stranding with total loss of vessel.

échouer [efwe] *vi* **1.** *(T/Ass) (navire)* run aground **2.** fail ; *le projet a échoué* the project was a failure.

échu [efy] *adj (Cpta) (dette)* outstanding, *(paiement)* due ; *billets* ~*s* overdue bills ; *intérêts* ~*s et non payés* overdue interest.

ECI *(ab de* **expansion du crédit intérieur)** *v.* **crédit.**

éclaircir [eklɛʀsiʀ] *v* **1.** *vt (situation)* clarify **2.** *vpr* *s'*~ *(horizon, perspectives)* brighten up ; *(problème)* become clear.

éclaircissement [eklɛʀsismɑ̃] *nm* **1.** *(situation)* clarification **2.** *(explication)* explanation.

éclatement [eklatmɑ̃] *nm* dispersal ; ~ *du marché* disruption/break-up of the market.

éclater [eklate] *vi (grève, guerre)* break out.

écluse [eklyz] *nf (T)* lock.

école [ekɔl] *nf* school, college ; ~ *(supérieure) de commerce/de gestion* business school ; ~ *hôtelière* hotel management school, *(UK)* catering college. *****Ecole nationale d'administration (ENA)** *nf (Fr)* National School of Administration ; selective institution which trains students for careers in the higher levels of government *(v.* **énarque).** *****Ecole nationale de la magistrature** *nf (Fr)* National School of Magistrates ; institution which trains future judges. *****Ecole polytechnique (l'X)** *nf (Fr)* prestigious French engineering school. *****Ecole supérieure de sciences économiques et commerciales (ESSEC)** *nf (Fr)* one of the major French schools of business and economics.

écologie [ekɔlɔʒi] *nf* ecology, environmental studies.

écologique [ekɔlɔʒik] *adj* ecological, environmental.

écologiste [ekɔlɔʒist] *nmf* ecologist, environmentalist ; *(Pol) les E*~*s* the Ecologists, the Greens.

économat [ekɔnɔma] *nm* **1.** staff co-operative/store ; store operated by an employer and offering goods on credit to employees **2.** bursarship, stewardship.

économe[1] [ekɔnɔm] *adj (personne)* economical, thrifty.

économe[2] [ekɔnɔm] *nmf* bursar, steward.

économétrie [ekɔnɔmetʀi] *nf* econometrics.

économie [ekɔnɔmi] *nf* **1.** *(science)* economics; ~ *appliquée* applied economics; ~ *du bien-être* welfare economics; ~ *classique* classical economics; ~ *industrielle* industrial economics; ~ *mathématique* mathematical economics; ~ *monétaire* monetary economics; ~ *néo-classique* neo-classical economics; ~ *de l'offre* supply-side economics; ~ *publique* public economics; ~ *de la santé* health economics **2.** *(d'un pays)* economy; ~ *de capitaux/de financement* capital economy; ~ *concertée* economy based on dialogue between State and Industry; ~ *dirigée* command/controlled/state-controlled economy; ~ *domestique* domestic economy; ~ *d'endettement* debt/overdraft economy; ~ *étatique* state-controlled economy; ~ *féodale* feudal economy; ~ *fermée* closed economy; ~ *informelle* unrecorded/parallel/submerged economy; ~ *libérale* free market economy; ~ *de marché* market/free-market economy, market-directed economy; ~ *mixte* mixed economy; ~ *mondiale* world economy; ~ *monétarisée* cash/money economy; ~ *ouverte* open economy; ~ *à planification centralisée* centrally-planned economy; ~ *planifiée* non-market economy, centrally-planned economy; ~ *politique* political economy; *redresser/relancer l'*~ boost/revive the economy; *renflouer l'*~ put the economy back on its feet; ~ *souterraine* unrecorded/parallel/submerged economy; ~ *de subsistance* subsistence economy; ~ *de troc* barter economy **3.** economy, saving; ~s *d'échelle* economies of scale; ~ *d'énergie* energy-saving; ~s *externes* external economies; *faire des* ~s save money, reduce expenditure; ~s *de main-d'œuvre* labour-saving/labor-saving; ~ *de temps* time-saving.

économique [ekɔnɔmik] *adj* **1.** *(de l'économie)* economic; *relance* ~ economic pump-priming; *reprise* ~ economic recovery; *sciences* ~s economics; *union* ~ economic union **2.** *(peu coûteux)* economical, capital-saving.

économiser [ekɔnɔmize] *vt* economize, save.

économiste [ekɔnɔmist] *nmf* economist; ~ *d'entreprise* business economist; ~ *libéral* free-market economist, free-marketeer; ~ *de l'offre* supply-sider.

écossais [ekɔsε] *adj* Scottish.

Ecossais [ekɔsε] *nm* Scot.

Ecosse [ekɔs] *nf* Scotland.

écot [eko] *nm* *(loc)* *payer son* ~ pay one's part/share.

écoulement [ekulmã] *nm* *(Com)* *(marchandises)* selling, distribution, disposal; *marchandises à* ~ *lent/rapide* slow-selling/quick-selling goods.

écouler [ekule] *v* **1.** *vt* *(stocks)* dispose of, sell; *(Cpta)* ~ *les stocks excédentaires* work off excess inventories **2.** *vpr s'*~ *(stocks)* be sold/disposed of; *(temps)* go by, pass.

écoute [ekut] *nf* *(Mkg)* listening; *à l'*~ *du client/du marché* responsive to the customer/to the market, market-driven; *(TV)* *heures de grande* ~ peak viewing time, *(US)* prime time; *les taux d'*~ ratings.

écran [ekrã] *nm* **1.** screen; *à l'*~ on the screen; *le petit* ~ the television screen; *(Inf)* ~ *tactile* touch screen **2.** *(Jur)* ~ *juridique* corporate veil.

écrasant [ekrazã] *adj* *(fardeau)* crushing; *(majorité)* overwhelming.

écraser [ekraze] *v* **1.** *vt* crush, *(prix)* slash, *(concurrence)* eliminate, *(piéton)* knock down, run over **2.** *vpr s'*~ *(T)* *(avion)* crash.

écrémage [ekremaʒ] *nm* *(Mkg)* skimming, creaming-off.

écrémer [ekreme] *vt* *(Mkg)* skim, cream off.

écrin [ekrɛ̃] *nm* *(Emb)* case.

écrit[1] [ekri] *adj* written; *(Jur)* *déclaration* ~*e* written statement; *droit* ~ statutory law; *preuve* ~*e* written proof, proof in writing.

écrit[2] [ekri] *nm* *(Jur)* document; *déclaration par* ~ declaration in writing, written statement, affidavit; *par* ~ in writing.

écriteau [ekrito] *nm* *(pl* -x*)* sign, notice, notice-board.

écriture [ekrityr] *nf* **1.** writing, handwriting **2.** *(Cpta)* entry, item (in the book); ~s accounts; *arrêter les* ~s balance/close the books; ~ *de clôture* closing entry; ~ *comptable* book-entry; ~ *de compensation* offsetting entry; ~ *de contre-passement* transfer entry; ~ *hors caisse* non-cash entry; *passer une* ~ make an entry; ~ *portée au crédit/au débit* entry to the credit/debit side; *redresser une* ~ correct an entry; *tenir les* ~s keep the books; ~ *de virement* transfer entry **3.** *(Jur)* *faux en* ~s forging of documents, falsification of account.

écrou [ekru] *nm* **1.** *(Tech)* nut **2.** *(Jur)* document attesting to the status of a prisoner, committal to prison; *levée d'*~ release of a prisoner, discharge from prison; *sous* ~ detained, in detention.

écrouer [ekʀue] *vt (Jur)* imprison.

écroulement [ekʀulmã] *nm (aussi fig)* collapse, breakdown.

écrouler [ekʀule] *vpr* s'~ *(marché, cours)* collapse, slump.

écu [eky] *nm (ab de* **European Currency Unit**) *(UE)* ecu; *compte en* ~s account in ecus (*v.* **euro** [1]).

édicter [edikte] *vt (Jur)* decree, promulgate.

édifier [edifje] *vt* build, *(réputation)* build up.

édit [edi] *nm (Jur) (Fr) (obs)* decree.

éditer [edite] *vt* 1. publish 2. edit.

éditeur [editœʀ] *nm (f* -trice) 1. publisher, publishing house 2. editor; *(Inf)* editor.

édition [edisjɔ̃] *nf* 1. publishing; *maison d'*~s publisher, publishing house/company 2. *(activité)* publishing, publication, release 3. *(version)* edition; *dernière* ~ latest edition.

éditique [editik] *nf (Inf)* electronic publishing.

éducatif [edykatif] *adj (f* -ive) educational.

éducation [edykasjɔ̃] *nf* 1. upbringing 2. *(enseignement)* education; ~ *permanente* continuing education, adult education; *(Fr) ministère de l'E*~ *nationale* Ministry of Education, Department of Education.

EEE *v.* **Espace économique européen**.

effacer [efase] *vt* erase.

effectif [1] [efektif] *adj (f* -ive) effective, actual.

effectif [2] [efektif] *nm* staff, workforce, manpower; *augmentation des* ~s increase in numbers/in the workforce; *compression des* ~s job/payroll cuts, trimming the workforce; *faire partie des* ~s be on the payroll; *gestion des* ~s manpower management; *maintenir le niveau des* ~s keep up manning levels; *réduction des* ~s payroll/workforce reduction.

effectivement [efektivmã] *adv (réellement)* actually.

effectuer [efektɥe] *vt* carry out, *(stage)* complete; *(Cpta)* ~ *un paiement* make a payment.

effet [efe] *nm* 1. effect, consequence, impact; *(Mkg)* ~ *d'annonce* announcement effect; *(Eco)* ~ *de cliquet* ratchet effect; ~ *direct* direct effect; *(Eco)* ~ *d'encaisses réelles* real balances effect; ~ *d'entraînement* pacesetting effect; ~ *d'éviction* crowding-

out effect; ~ *externe* external effect, externality; *faire de l'*~ have an impact; ~ *indirect* indirect effect; ~ *induit* induced effect; ~ *de levier* lever/leverage effect; *(Eco)* ~ *multiplicateur* multiplier effect; ~ *de patrimoine* wealth effect; *(Eco)* ~ *de perroquet* price-wage escalation effect, parrot effect; ~ *pervers* perverse effect; ~-*prix* price effect; *(Eco)* ~ *redistributif de l'inflation* redistribution effect of inflation; *(Eco)* ~ *redistributif de la fiscalité* distributive effect of taxation; ~ *résiduel* residual effect; ~ *revenu* income effect; ~ *de richesse* wealth effect; ~ *de seuil* threshold effect; *(Mkg)* ~ *de retour* feedback; ~ *rétroactif* retroactive effect; ~ *de substitution* substitution effect; ~ *de taille* scale effect, size effect; ~ *de valorisation* valuation effect 2. *(Fin/Cpta)* bill, note, security; ~ *accepté* accepted bill; ~ *avalisé* backed bill; ~s *bancables* eligible bills; ~ *bancaire* bank bill; *(Jur)* ~ *de commerce* bill of exchange, *(UK)* trade bill, *(US)* commercial bill; ~ *de cavalerie/de complaisance* accommodation bill, *(US)* kite; ~ *échu* due bill; ~ *à l'encaissement* bill for collection; ~ *escomptable* discountable bill; ~ *sur l'étranger* foreign bill; ~ *de garantie* collateral bill/security; ~ *impayé* dishonoured/dishonored/unpaid bill; ~ *sur l'intérieur* inland bill; ~ *libre* clean bill; ~ *négociable* negotiable bill; ~ *nominatif* unnegotiable bill; ~ *à payer* bill payable; ~ *au porteur* bearer bill; ~s *publics* government securities/stock; ~s *à recevoir* bills receivable; ~s *en souffrance* overdue/outstanding bills; *(Bq)* ~ *à usance* usance bill, bill at usance; ~ *à vue* sight bill.

*effet immédiat de la loi nouvelle *nm (Jur) (Fr)* the immediate application of new laws; principle by which new laws come into effect immediately.

*effet suspensif des voies de recours *nm (Jur)* principle by which a judgment is stayed upon appeal.

efficace [efikas] *adj* 1. *(personne)* efficient 2. *(idée, projet)* effective.

efficacité [efikasite] *nf* 1. efficiency, effectiveness; *manque d'*~ inefficiency, ineffectiveness; ~ *de vente* sales effectiveness; *prime d'*~ efficiency bonus 2. *(Eco)* *analyse coût-*~ cost-effectiveness analysis; ~ *marginale du capital* marginal efficiency/product of capital; ~ *des mécanismes de marché* market economic efficiency; ~ *de la politique économique* effectiveness of economic policy.

efficience [efisjɑ̃s] *nf (Eco)* efficiency ; ~ *économique* economic efficiency.

effondrement [efɔ̃drəmɑ̃] *nm (marché, cours)* collapse, slump ; ~ *des cours boursiers* stock market crash ; ~ *des prix* slump in prices.

effondrer [efɔ̃dre] *vpr* s'~ *(marché)* collapse, slump, *(prix)* nose-dive.

effraction [efraksjɔ̃] *nf (Jur)* breaking and entering ; *vol avec* ~ burglary, *(UK)* housebreaking.

égal [egal] *adj (mpl* -**aux**) equal ; *à travail* ~ *salaire* ~ equal pay for equal work ; *toutes choses* ~*es par ailleurs* all other things being equal.

égaler [egale] *vt* equal, match.

égalisation [egalizasjɔ̃] *nf* equalization, levelling off.

égaliser [egalize] *vt* equalize, level off.

égalitaire [egaliter] *adj* egalitarian.

égalité [egalite] *nf* equality ; *à* ~ *on a* par ; ~ *des chances* equality of opportunity ; ~ *devant l'emploi* equal employment opportunities ; ~ *fiscale* non-discrimination in taxation ; ~ *des sexes* sexual equality, *(UK)* sex equality.

égard [egar] *nm* respect ; *à cet* ~ in this respect ; *à tous* ~*s* in every respect ; *eu* ~ *à* in consideration of, with regard to.

égarer [egare] *v* 1. *vt* mislay, lose 2. *vpr* s'~ *(lettre, colis)* get lost.

égide [eʒid] *loc sous l'*~ *de* under the aegis of.

Egypte [eʒipt] *nf* Egypt.

égyptien [eʒipsjɛ̃] *adj (f* -**ienne**) Egyptian.

Egyptien [eʒipsjɛ̃] *nm (f* -**ienne**) Egyptian.

élaboration [elabɔrasjɔ̃] *nf* development, *(plan)* drawing-up, *(accord)* drafting ; ~ *d'un produit* product development.

élaborer [elabɔre] *vt* elaborate, develop, *(plan)* draw up, *(accord)* draft.

élan [elɑ̃] *nm* momentum, impetus ; *donner de l'*~ *à* give impetus to ; *prendre son* ~ gain momentum/impetus, *(marché, ventes)* take off.

élargir [elarʒir] *vt (aussi vpr* s'~) broaden, widen, *(activités)* extend.

élargissement [elarʒismɑ̃] *nm* broadening, widening, expansion.

élasticité [elastisite] *nf* 1. flexibility, *(marché)* resilience 2. *(Eco)* elasticity ; ~ *de X par rapport à Y* elasticity of X with respect to Y ; ~ *des anticipations* elasticity of expectations ; ~ *croisée* cross-elasticity ; ~ *de la demande par rapport au prix* price-elasticity of demand ; ~ *de la demande par rapport*

au revenu income-elasticity of demand ; ~ *nulle* zero elasticity ; ~ *de l'offre* elasticity of supply ; ~-*prix* price-elasticity ; ~-*prix croisée* cross price-elasticity ; ~-*prix des salaires* price-elasticity of wages ; ~ *ponctuelle* point elasticity ; ~-*revenu* income-elasticity ; ~ *de substitution* substitution elasticity ; ~ *unitaire* unit/unitary elasticity.

élastique[1] [elastik] *adj* 1. elastic, flexible, *(marché)* resilient 2. *(Eco)* elastic.

élastique[2] [elastik] *nm (Emb)* rubber band, elastic band.

électeur [elɛktœr] *nm (f* -**trice**) *(Pol)* voter, *(US)* elector ; ~*s inscrits* registered voters ; *grands* ~*s (Fr)* persons entitled to vote for members of the Senate ; *(US)* presidential electors, members of the Electoral College.

élection [elɛksjɔ̃] *nf* 1. *(Pol)* election ; ~ *de deuxième tour* run-off election ; ~*s générales* general elections ; ~ *partielle (UK)* by-election, *(US)* special election 2. *(Jur)* designation ; ~ *de domicile* designation by a party to a lawsuit of an address at which court documents may be served.

électoral [elɛktɔral] *adj (mpl* -**aux**) *(Pol)* electoral ; *campagne* ~*e* election campaign ; *fraude* ~*e* electoral fraud ; *programme* ~ election platform.

électorat [elɛktɔra] *nm (Pol)* l'~ the electorate, the voters, *(d'une circonscription)* the constituents, *(US)* the electors.

électricien [elɛktrisjɛ̃] *nm (f* -**ienne**) electrician.

électricité [elɛktrisite] *nf* electricity.

électrique [elɛktrik] *adj* electric, electrical.

électrochimie [elɛktrɔʃimi] *nf* electrochemistry.

électromécanicien [elɛktromekanisjɛ̃] *nm (f* -**ienne**) electromechanical engineer.

électromécanique [elɛktromekanik] *nf* electromechanical engineering.

électroménager [elɛktromenaʒe] *nm* l'~ household/electrical appliances, electrical appliances industry.

électronicien [elɛktrɔnisjɛ̃] *nm (f* -**ienne**) electronics engineer.

électronique[1] [elɛktrɔnik] *adj* electronic ; *industrie* ~ electronics industry ; *messagerie* ~ electronic mail, e-mail ; *monnaie* ~ plastic money ; *(Inf) traitement* ~ *de données* electronic data-processing.

électronique[2] [elɛktrɔnik] *nf* electronics.

élément [elemɑ̃] *nm* 1. *(problème)* element, factor ; *(appareil)* component, part **2.** *(Cpta)* item ; ~ *d'actif* asset ; ~ *d'actif éventuel* contingent asset ; ~ *d'actif incorporel* intangible asset ; ~ *de passif* liability **3.** *(Jur)* ~s *de l'infraction* elements of a crime.

élémentaire [elemɑ̃tɛʀ] *adj* basic, elementary.

élevage [eləvaʒ] *nm (Agr)* **1.** *(activité)* breeding ; *(bétail)* cattle-breeding, stock-breeding ; ~ *en batterie* battery-farming ; ~ *intensif* intensive farming **2.** farm ; ~ *de moutons/truites* sheep/trout farm.

élévateur [elevatœʀ] *nm (T) (camion)* elevator, hoist ; *chariot* ~ forklift truck.

élévation [elevasjɔ̃] *nf* raising, up-grading ; ~ *de prix* mark-up, price rise.

élever [eləve] *v* **1.** *vt* raise, *(prix)* put up **2.** *vpr s'*~ go up, increase, rise ; *le coût s'élève à 2 000 livres* the cost amounts to/stands at £2,000.

éleveur [eləvœʀ] *nm (f* **-euse***)* breeder ; ~ *de bétail* cattle farmer/breeder, stock farmer/breeder, *(US)* cattleman.

éligibilité [eliʒibilite] *nf (Pol)* (political) eligibility.

éligible [eliʒibl] *adj* **1.** *(Pol) (candidat)* eligible for election **2.** *(Fin) (effet)* open-marketable.

élimination [eliminasjɔ̃] *nf* elimination, *(déchets)* disposal.

éliminer [elimine] *vt* eliminate, abolish, *(déchets)* dispose of, *(concurrence)* crush ; *(CI)* ~ *les barrières commerciales* break down trade barriers ; ~ *progressivement* phase out.

élire [eliʀ] *vt (Pol)* elect.

élite [elit] *nf* elite.

éloignement [elwaɲmɑ̃] *nm* distance.

éloigner [elwaɲe] *v* **1.** *vt (danger)* ward off, *(échéance)* put off, postpone **2.** *vpr s'*~ move away, become distant.

élu[1] [ely] *adj* elected, chosen.

élu[2] [ely] *nm (Pol)* elected representative ; *les* ~s *locaux (UK)* local councillors, *(US)* local councilors/officials.

émancipation [emɑ̃sipasjɔ̃] *nf* emancipation ; *l'*~ *de la femme* women's emancipation/liberation.

émanciper [emɑ̃sipe] *vt* emancipate.

émaner [emane] *vi* **(de)** emanate (from) ; *(document) émanant de* issued by.

émargement [emaʀʒəmɑ̃] *nm* signing, signature ; ~ *d'un contrat* signing of a contract ; *feuille d'*~ attendance sheet.

émarger [emaʀʒe] *vi* sign.

emballage [ɑ̃balaʒ] *nm (T/Emb)* **1.** *(activité)* packing, packaging ; ~ *compris*

packing included, inclusive of packing charges ; ~ *en sus* packing extra ; ~ *non compris* exclusive of packing charges ; *société d'* ~ packing firm, packer ; ~ *sous vide* vacuum packing **2.** *(objet)* package, container, *(bonbons)* wrapper ; ~*-bulle* blister-pack, bubble-pack ; ~s *consignés* returnable/refundable empties ; ~*-coque* blister-pack ; ~ *défectueux* faulty packing ; ~ *sous film rétractile* shrink-wrap pack ; ~ *maritime* seaworthy packing ; ~ *d'origine* original packing ; ~ *perdu* non-returnable/throwaway packing/container, throwaway ; ~ *à poignée* handy-pack ; ~s *vides* empties.

emballer [ɑ̃bale] *vt (Emb)* pack, package, *(dans du papier/du tissu)* wrap.

embarcadère [ɑ̃baʀkadɛʀ] *nm* quay, wharf.

embarcation [ɑ̃baʀkasjɔ̃] *nf (T)* craft.

embargo [ɑ̃baʀgo] *nm (Pol/CI)* embargo ; *mettre l'*~ *sur* put an embargo on ; *lever l'*~ *sur* lift the embargo on.

embarquement [ɑ̃baʀkəmɑ̃] *nm (T) (marchandises)* loading, *(passagers)* boarding ; *billet d'*~ mate's receipt (m/r) ; *carte d'*~ boarding card ; *permis d'*~ shipping note ; *port d'*~ port of embarkation, *(marchandises)* port of lading, loading port.

embarquer [ɑ̃baʀke] *vt(i) (T) (marchandises)* load, *(passagers)* embark, board.

embauchage [ɑ̃boʃaʒ] *nm* employment, hiring.

embauche [ɑ̃boʃ] *nf* recruitment, hiring ; *aide à l'*~ recruitment incentive.

embaucher [ɑ̃boʃe] *vt* engage, hire, recruit, take on.

embouteillage [ɑ̃butɛjaʒ] *nm* **1.** *(mise en bouteilles)* bottling **2.** *(T)* traffic jam/hold-up.

embouteiller [ɑ̃butɛje] *vt (Emb)* bottle.

emboutir [ɑ̃butiʀ] *vt* **1.** *(Ind)* stamp **2.** *(voiture)* run into, damage.

embranchement [ɑ̃bʀɑ̃ʃmɑ̃] *nm (T)* junction.

émetteur[1] [emetœʀ] *adj (f* **-trice***)* issuing ; *(Bq) banque émettrice* issuing bank.

émetteur[2] [emetœʀ] *nm (TV)* transmitter.

émettre [emɛtʀ] *vt* **1.** *(Fin) (titres)* issue, float ; *(monnaie)* issue, *(emprunt)* float **2.** *(média)* broadcast, transmit.

émiettement [emjɛtmɑ̃] *nm* dispersal, dissipation.

émigrant [emigʀɑ̃] *nm* emigrant.

émigration [emigʀasjɔ̃] *nf* emigration.

émigrer [emigʀe] *vi* emigrate, migrate.

émirat [emiʀa] *nm* emirate.
*Emirats arabes unis (EAU) *nmpl* United Arab Emirates (UAE).

émission [emisjɔ̃] *nf* **1.** *(Bq/Fin)* *(actions)* issue, issuing, offering, *(emprunt)* floating, *(chèque)* drawing; ~ *d'actions nouvelles* new equity issue; *banque d'*~ issuing bank; ~ *en cours* current/outstanding issue; *cours d'*~ issuing price; ~ *en devises* foreign currency issue; ~ *à l'étranger* foreign capital issue; ~ *étrangère* foreign issue; ~ *euro-obligataire* Euro-bond issue; ~ *obligataire* bond issue, debt issue, debt offering; ~ *au pair/au-dessous du pair* issue at par/below par; *(Fisc)* ~ *de rôles* tax assessment; ~ *de titres* securities issue/issuing; ~ *de titres négociables* marketable bond issue **2.** *(TV)* *(activité)* broadcasting, *(programme)* broadcast, programme/program **3.** *(Jur)* the moment at which the minds of contracting parties meet.

emmagasinage [ɑ̃magazinaʒ] *nm (T)* storage, warehousing; *droits d'*~ storage charges.

emmagasiner [ɑ̃magazine] *vt* **1.** *(T)* store, warehouse **2.** *(fig)* store up.

émoluments [emɔlymɑ̃] *nmpl* emoluments, remuneration, salary.

empaquetage [ɑ̃pakta̤ʒ] *nm* packing, packaging, *(colis)* wrapping, wrapping-up.

empaqueter [ɑ̃pakte] *vt* pack, *(colis)* wrap (up).

emparer [ɑ̃paʀe] *vpr* s'~ *de (marché)* seize, grab, steal.

empêchement [ɑ̃pɛʃmɑ̃] *nm* difficulty, obstacle, *(fam)* hitch; *il a dû avoir un* ~ he must have been held up.

empêcher [ɑ̃pɛʃe] *vt* prevent; ~ *qn de faire qch* prevent sb from doing sth.

emphytéose [ɑ̃fiteoz] *nf (Jur)* lease of long duration.

empiétement [ɑ̃pjetmɑ̃] *nm* encroachment, infringement.

empiéter [ɑ̃pjete] *vi (sur)* encroach (upon), infringe (upon).

empilable [ɑ̃pilabl] *adj* stockable.

empiler [ɑ̃pile] *v* **1.** *vt* stack, pile up **2.** *vpr* s'~ pile up, accumulate.

empire [ɑ̃piʀ] *nm* empire.

empirer [ɑ̃piʀe] *vi* worsen, get worse.

empirique [ɑ̃piʀik] *adj évaluation* ~ rule-of-thumb appreciation.

emplacement [ɑ̃plasmɑ̃] *nm* **1.** place, *(stand)* location, *(bâtiment)* site; *(Pub)* ~ *d'affichage (UK)* hoarding site, *(US)* billboard site; *choix de l'*~ siting **2.** *(T)* ~ *de chargement* loading berth; ~

équipé pour conteneurs container terminal.

emploi [ɑ̃plwa] *nm* **1.** employment; *agence de l'*~ employment agency; *bassin d'*~ employment area; ~ *des femmes/des hommes* female/male employment; *insuffisance de l'*~ employment gap; *marché de l'*~ labour/labor market; ~ *sur le marché primaire* mainstream employment; *perspectives d'*~ employment opportunities/outlook; *pôle de croissance de l'*~ employment growth area; *politique de l'*~ employment policy; *programme de soutien de l'*~ employment support scheme; *restructuration de l'*~ employment adjustment; *sécurité de l'*~ job security; *services de l'*~ employment services; ~ *temporaire* temporary employment **2.** job, employment, position; *création d'*~s job creation; *demande d'*~ job application; *demande d'*~ *non satisfaite* unfilled job application; *demandeur d'*~ job-seeker; ~ *à mi-temps* part-time job; *offre d'*~ job offer; *perdre son* ~ lose one's job; *perte d'*~ job loss; *postuler à/pour un* ~ apply for a job; ~s *précaires* jobs at risk, insecure jobs; *prime de création d'*~ premium for job creation; ~ *qualifié* skilled job; *à la recherche d'un* ~ looking for a job; ~ *saisonnier* seasonal job/work; *sans* ~ unemployed, out of work, jobless; *suppressions d'*~s job cut-backs; ~ *à temps partiel* part-time job; ~ *à plein temps* full-time job; ~ *vacant* vacancy **3.** use, employment; *mode d'*~ directions for use; ~ *du temps* timetable, schedule **4.** *(Cpta)* ~s application of funds, *(bilan)* assets; ~s *fixes* fixed assets; ~s *intermédiaires* intermediate uses; ~s *des ressources* earmarking of funds; ~ *de ressources budgétaires* budget appropriation.

employé [ɑ̃plwaje] *nm* employee, white-collar worker; ~ *de banque* bank clerk; ~ *de bureau* office clerk; ~ *de maison* domestic (employee/servant); ~ *à plein temps* full-time employee/worker; ~ *saisonnier* seasonal worker; ~ *à temps partiel/à mi-temps* part-time worker.

employer [ɑ̃plwaje] *vt* **1.** *(embaucher)* employ, recruit **2.** *(utiliser)* employ, use.

employeur [ɑ̃plwajœʀ] *nm inv* employer.

empoisonnement [ɑ̃pwazɔnmɑ̃] *nm* poisoning.

empoisonner [ɑ̃pwazɔne] *vt* poison.

emporter [ɑ̃pɔʀte] *vt* **1.** carry away, take away; *vente à* ~ *(marchandises)* cash-and-carry price, *(aliments)* take-away food **2.** *(prix. élection)* win **3.** *loc l'~ sur qn* outstrip sb, do better than sb.

empotage [ɑ̃pɔtaʒ] *nm (T)* container packing/stuffing, vanning.

empoter [ɑ̃pɔte] *vt (T) (conteneur)* fill, stuff.

empreinte [ɑ̃pʀɛ̃t] *nf* **1.** imprint **2.** *(Jur)* ~s *digitales* fingerprints, *(fam)* dabs; ~ *génétique* genetic/DNA fingerprint(ing).

emprise [ɑ̃pʀiz] *nf* **1.** *(Jur)* condemnation, expropriation **2.** domination, influence; *l'~ de l'Etat* state control; *sous l'~ de* under the influence of.

emprisonnement [ɑ̃pʀizɔnmɑ̃] *nm (Jur)* imprisonment; *condamné à quinze ans d'~* sentenced to fifteen years in prison, given a fifteen-year prison sentence; ~ *à perpétuite* life imprisonment.

emprisonner [ɑ̃pʀizɔne] *vt (Jur)* imprison, jail.

emprunt [ɑ̃pʀœ̃] *nm* **1.** *(Fin)* loan, bond issue; ~s *en circulation* outstanding bonds; ~s *des entreprises publiques* public corporation bonds; ~ *indexé* index-linked bond issue; ~ *obligataire* long-term bond, debenture/bond debt; ~s *obligataires du secteur public* public sector bonds, *(UK)* British funds; ~s *à options* option bonds; ~ *en souffrance* bond issue in default, loan in default; ~ *à taux variable* floater **2.** *(Cpta)* loan; ~s loans, borrowing; ~ *amorti* redeemed/refunded/repaid loan; ~ *amortissable* redeemable loan; ~ *consolidé* consolidated loan; ~ *à court terme* short-term loan; ~ *à découvert* unsecured loan; ~ *d'Etat* public/government loan; ~ *extérieur* foreign loan; ~ *hypothécaire/immobilier* loan secured by mortgage; ~ *indexé* indexed loan; ~ *irrecouvrable* dead loan, bad debt; ~ *à long terme* long-term loan; ~ *public* government loan; ~ *sur titres* loan on stocks.

emprunter [ɑ̃pʀœ̃te] *vti* borrow; ~ *à court terme* take out a short-term loan; ~ *à intérêt* borrow at interest; ~ *à long terme* take out a long-term loan; ~ *sur titres* borrow against/on securities.

emprunteur [ɑ̃pʀœ̃tœʀ] *nm (f -euse)* borrower.

ENA [ena] *v.* **Ecole nationale d'administration.**

énarque [enaʀk] *nmf (Fr)* pupil/former pupil of the **Ecole nationale d'administration (ENA)**; *(péj)* elite bureaucrat, symbol of the Establishment.

encadrement [ɑ̃kadʀəmɑ̃] *nm* **1.** *(Eco)* control; ~ *du crédit* credit control/tightening; ~ *des prix* price control/squeeze **2.** *(Mgt)* management, *(de stagiaires)* supervision; *personnel d'~* managerial staff; *poste d'~* managerial position.

encadrer [ɑ̃kadʀe] *vt* **1.** *(Eco)* control, *(crédit)* regulate **2.** *(Mgt)* supervise.

encaissable [ɑ̃kesabl] *adj (Bq) (chèque)* cashable, *(effet)* collectable.

encaisse [ɑ̃kes] *nf (Cpta)* balance, cash in hand; ~s *actives* transaction money/balances, cash balances; *pas d'~* short in the cash; ~ *désirée* desired balances; ~ *excédentaire* excess money balance; ~s *inactives/oisives* inactive/idle money; ~ *métallique* gold and silver reserves; ~s *monétaires* money balance; *pas d'~* no funds; ~s *de précaution* precautionary balances; ~s *réelles* real-money balances; ~s *de spéculation* speculative balances; ~ *thésaurisée* hoarded balances; ~s *de transaction* transaction balances/money.

encaissement [ɑ̃kesmɑ̃] *nm* **1.** *(Bq)* receipt, collection, *(chèque)* cashing; *envoyer à l'~* send for collection; ~ *documentaire* documentary (credit) collection **2.** ~s *(Cpta)* receipts, *(Ass)* income from premiums.

encaisser [ɑ̃kese] *vt (Cpta)* collect, receive, *(chèque)* cash.

encan [ɑ̃kɑ̃] *nm vente à l'~* auction.

encart [ɑ̃kaʀ] *nm* insert; *(Pub)* ~ *publicitaire* advertising insert.

enchère [ɑ̃ʃeʀ] *nf* bid; *faire monter les* ~s raise the bidding; *mettre aux* ~s put up for auction; *première* ~ first bid; *vendre aux* ~s auction, sell at/by auction; *vente aux* ~s auction.

enchérir [ɑ̃ʃeʀiʀ] *vi* ~ *sur qn* make a higher bid than sb, outbid sb.

enchérisseur [ɑ̃ʃeʀisœʀ] *nm (f -euse)* bidder; *dernier* ~ highest bidder.

enclave [ɑ̃klav] *nf (Pol/CI)* enclave.

enclin [ɑ̃klɛ̃] *adj (à)* prone (to); *(Eco)* ~ *à l'inflation* inflation-prone.

encombrant [ɑ̃kɔ̃bʀɑ̃] *adj (Emb)* cumbersome.

encombré [ɑ̃kɔ̃bʀe] *adj (marché)* saturated, glutted; *(route)* congested; *(Tél)* busy.

encombrement [ɑ̃kɔ̃bʀəmɑ̃] *nm* **1.** *(T)* bulk, volume; *payer la cargaison à l'~* pay by measurement, pay according to size **2.** obstruction; *(marché)* saturation *(route, lignes téléphoniques)* congestion

encouragement [ɑ̃kuʀaʒmɑ̃] *nm* encouragement, *(financier)* incentive.

encourager [ākuraʒe] *vt* promote, encourage, foster.

encourir [ākuRiR] *vt (frais, peine)* incur, *(risque)* run.

encours [ākuR] *nm (pl inv) (aussi encours) (Cpta)* liability; ~ **de crédit** credits outstanding.

encouru [ākuRy] *pp* **encourir**.

en dedans [ādədā] *adj (Bs)* in the money.

en dehors [ādəɔR] *adj (Bs)* out of the money.

endetté [ādete] *adj* indebted, in debt.

endettement [ādetmā] *nm (Bq/Fin)* **1.** indebtedness, debt burden; ~ **consolidé** consolidated debts; ~ **des consommateurs** consumer debt/indebtedness; ~ **extérieur** external/foreign debt; ~ **intérieur** total domestic debt; *plafond d'*~ debt limit/ceiling **2.** *effet d'*~ leverage; *niveau d'*~ **élevé** high leverage position.

endetter [ādete] *vpr* s'~ go/fall/run into debt, borrow.

endiguement [ādigmā] *nm* **1.** *(Eco/ Pol)* containing, curbing; *(Pol)* **stratégie d'**~ *(du communisme)* strategy of containment **2.** *(Bs)* hedging.

endiguer [ādige] *vt* check, contain, stem; ~ *le chômage/l'inflation* curb unemployment/inflation.

endogène [ādɔʒen] *adj* endogenous.

endommager [ādɔmaʒe] *vt (Emb)* damage; **marchandises endommagées** damaged merchandise.

endos [ādo] *nm (Bq)* endorsement.

endossable [ādosabl] *adj (Bq)* endorsable.

endossataire [ādosateR] *nmf (Bq)* endorsee (*v.* **endosseur**).

endossement [ādosmā] *nm (Bq)* endorsement; ~ **en blanc** blank endorsement; **cessible par** ~ transferable by endorsement; ~ **de complaisance** accommodation endorsement; ~ **restrictif** restrictive endorsement.

endosser [ādose] *vt* **1.** *(Bq)* endorse **2.** *(fig) (responsabilité)* take on, shoulder.

endosseur [ādosœR] *nm inv (Bq)* endorser (*v.* **endossataire**).

énergétique [eneRʒetik] *adj* energy; **consommation** ~ power/energy consumption; **facture** ~ energy bill; **secteur** ~ energy sector.

énergie [eneRʒi] *nf* **1.** *(dynamisme)* energy, *(fermeté)* firmness, vigour/vigor; **avec** ~ firmly **2.** *(Ind)* energy, power; **économies d'**~ energy-saving; **gaspillage d'**~ energy-wasting; ~

nucléaire nuclear power; ~**s de remplacement** alternative sources of energy.

énergique [eneRʒik] *adj* **1.** *(dynamique)* energetic, forceful **2.** *(mesures)* drastic.

enfant [āfā] *nmf (Jur)* child; **des** ~**s** children; ~ **adoptif** adopted child; *(Fisc)* ~ **à charge** dependent child; *(Jur)* **les droits de l'**~ children's rights; **juge pour** ~**s** juvenile magistrate; ~ **légitime** legitimate child; ~ **naturel** natural/illegitimate child; **sans** ~**s** childless; **tribunal pour** ~**s** juvenile court.

enfreindre [āfRɛ̃dR] *vt (Jur) (loi, accord)* infringe, violate.

engagement [āgaʒmā] *nm* **1.** *(embauche)* recruitment, hiring, taking-on **2.** *(Jur)* commitment, obligation, pledge, covenant; ~ **contractuel** contractual obligation; ~ **écrit** written agreement; **faillir à ses** ~**s** fail to honour/honor one's commitments; **sans** ~ **de votre part** with no obligation on your part; **signer un** ~ sign an agreement; **tenir ses** ~**s** meet one's commitments; ~ **par volonté unilatérale** unilateral commitment **3.** *(Cpta/Ass)* ~**s** liabilities; ~**s financiers** financial liabilities; ~ **de frais supplémentaires** incurring of additional costs; ~ **hors bilan** memorandum items, off-balance-sheet liabilities; ~**s réciproques** mutual engagements **4.** *(Bs)* obligation, commitment; ~ **conditionnel** contingent liability; ~ **de garantie** surety bond; ~**s à la hausse** bull commitments; ~**s à la baisse** bear commitments **5.** *(T)* ~ **de fret** booking note.

engager [āgaʒe] *v* **1.** *vt (personnel)* engage, employ, recruit, take on; ~ *qn à l'essai* take sb on for a probationary/ trial period **2.** *vt (processus)* launch, begin; **nous allons** ~ **des pourparlers** we're going to start negotiations; *(Jur)* ~ **des poursuites** take legal action **3.** *vt (Fin)* commit, allocate, *(capitaux)* tie up; **cela va** ~ **des frais** that will cost money/imply expense **4.** *vt (gager)* involve, implicate; **le Premier ministre a engagé la responsabilité du gouvernement** the Prime Minister has called for a vote of confidence **5.** *vpr* s'~ commit oneself; **s'**~ **dans des dépenses** incur expenses; **s'**~ **à faire qch** commit oneself to doing sth, pledge to do sth; **s'**~ **dans un projet** commit oneself to a project; *(Jur)* **s'**~ **par-devant notaire** sign a legally binding agreement before a *(UK)* solicitor/*(US)* attorney.

engendrer [āʒādRe] *vt* generate, entail.

englober [āglɔbe] *vt* include.

engorgement [āgɔʀʒəmā] *nm (Com)* ~ *du marché* market glut/saturation.

engranger [āgʀāʒe] *vt* store up, accumulate.

enjeu [āʒø] *nm (pl* -x*)* stake, issue, *(défi)* challenge ; *(Cl)* ~x *commerciaux* trade issues.

enlèvement [ālεvmā] *nm* **1.** collection, *(déchets)* removal **2.** *(T) (marchandises)* pick-up, collection ; ~ *et livraison des marchandises* pick-up and delivery of goods **3.** *(Jur)* kidnapping, abduction ; ~ *de mineur* abduction of a minor.

enlever [ālve] *vt* **1.** collect, remove, *(marchandises)* collect, pick up **2.** *(contrat)* land, snap up **3.** *(soustraire)* take away, deduct ; ~ *les frais de port* deduct transport costs **4.** *(Jur)* abduct, kidnap.

ennui [ānɥi] *nm* trouble ; *avoir des* ~s *d'argent* have money problems ; *avoir des* ~s *avec la police* be in trouble with the police.

énoncé [enɔse] *nm* wording, terms ; *l'*~ *d'une loi* the terms of a statute.

énoncer [enɔse] *vt* set out, stipulate.

enquérir [ākeʀiʀ] *vpr* s'~ *(de)* inquire (about).

enquête [āket] *nf* **1.** *(Mkg)* survey, study ; ~ *auprès des consommateurs* consumer survey ; *faire une* ~ *de marché* carry out/conduct a market survey ; ~ *d'opinion* opinion poll ; ~ *pilote* pilot survey ; ~ *de satisfaction* consumer survey ; ~ *de solvabilité* status/solvency inquiry ; ~ *par sondage (d'opinion)* opinion poll ; ~ *sur le terrain* field survey ; ~ *par téléphone* telephone survey **2.** *(Jur)* investigation, inquiry, *(suite à une mort violente)* inquest ; *commission d'*~ board of inquiry ; *ouvrir une* ~ open/set up an inquiry ; ~ *de personnalité* character investigation ; ~ *de police* police investigation ; ~ *préliminaire* preliminary investigation.

enquêté [ākete] *nm (Mkg)* informant, interviewee.

enquêter [ākete] *vi (sur)* inquire (into) ; *(Mkg)* carry out a survey (on).

enquêteur [āketœʀ] *nm* **1.** *nm inv (Jur)* investigator **2.** *(f* -trice*) (Mkg)* interviewer, market researcher.

enrayer [āʀeje] *vt* check, curb, stem.

enregistrement [āʀəʒistʀəmā] *nm* **1.** *(Jur)* recording (in a registry), registration, enrolment/enrollment ; *droits d'*~ registration fees ; ~ *des traités* registration of treaties **2.** *(Cpta) (commandes)* booking, filing, recording **3.** *(T)* ~ *des bagages* checking-in/registering of luggage **4.** *(média)* recording.

enregistrer [āʀəʒistʀe] *vt* **1.** *(Jur)* register, enrol/enroll **2.** *(Cpta)* enter, post ; ~ *un déficit/un excédent* post a deficit/a surplus **3.** *(média)* record.

enregistreur [āʀəʒistʀœʀ] *adj (f* -euse*) caisse enregistreuse* cash register.

enrichir [āʀiʃiʀ] *v* **1.** *vt* enrich ; ~ *l'éventail de nos produits* enlarge/ broaden our range of products **2.** *vpr* s'~ grow richer.

enrichissement [āʀiʃismā] *nm* enrichment ; *(Jur)* ~ *sans cause* unjust enrichment ; *(Mgt)* ~ *des tâches* job enrichment.

enrôlement [āʀolmā] *nm* ~ *dans l'armée* enlistment.

ensachage [āsaʃaʒ] *nm (Emb)* bagging, putting into bags.

enseigne [āsεɲ] *nf (Com)* **1.** sign- (board) ; ~ *lumineuse* neon sign **2.** *(fig)* trade name ; *sous l'*~ *de* under the name of.

enseignement [āsεɲəmā] *nm* **1.** education, teaching ; ~ *supérieur* higher education **2.** training ; ~ *professionnel* vocational training.

***enseignement assisté par ordinateur (EAO)** nm (Inf)* computer-aided instruction (CAI).

ensemble [āsābl] *nm* **1.** whole ; *l'*~ *des bénéfices* all the profits ; *l'*~ *du problème* the whole problem, the problem as a whole ; *plan d'*~ overall plan ; *vue d'*~ overview package **2.** *(regroupement)* set, series, *(mesures)* package ; *(bâtiments)* complex.

entamer [ātame] *vt* **1.** begin ; ~ *des négociations* enter into negotiations ; *(Jur)* ~ *des poursuites (contre)* initiate proceedings (against) **2.** *(réserves, capitaux)* draw on, tap, cut into.

entassement [ātasmā] *nm* accumulation, piling-up.

entasser [ātase] *vt (aussi vpr* s'entasser*)* accumulate, pile up, heap up.

entendre [ātādʀ] *v* **1.** *vt (Jur) (témoin)* hear ; *l'affaire sera entendue le 29 novembre* the case will come to court/will be heard on November 29th **2.** *vpr* s'~ *(sur)* agree (on) ; *nous finirons bien par nous* ~ we are sure to come to an agreement in the end.

entente [ātāt] *nf* **1.** understanding, agreement ; *(Jur)* ~ *délictueuse* conspiracy ; ~ *illégale* restrictive practice ; ~ *illégale sur les prix* price collusion ; ~ *préalable* prior agreement ; ~ *sur les prix* price-fixing agreement **2.** *il faut trouver un terrain d'*~ we must find some common ground for agreement **3.** *(Eco)* cartel, combine ; ~ *indus-*

trielle combine ; ~ *prohibée* prohibited cartel ; ~ *de répartition* allocation cartel.

entérinement [ɑ̃teʀinmɑ̃] *nm (Jur)* ratification, confirmation.

entériner [ɑ̃teʀine] *vt (Jur)* ratify, confirm.

en-tête [ɑ̃tɛt] *nm* heading ; *papier à* ~ *(UK)* headed notepaper, *(US)* letterhead.

entiercer [ɑ̃tjɛʀse] *vt (Jur) (marchandises)* place in escrow, place in the possession of a third party as security.

entité [ɑ̃tite] *nf* entity.

entorse [ɑ̃tɔʀs] *nf faire une* ~ *au règlement* bend the rules.

entourage [ɑ̃tuʀaʒ] *nm* acquaintances ; *dans l'* ~ *de la victime* among the victim's family and friends.

entraide [ɑ̃tʀɛd] *nf* mutual assistance.

entrain [ɑ̃tʀɛ̃] *nm* drive, spirit ; *manque d'* ~ lack of energy/drive, listlessness.

entraînement [ɑ̃tʀɛnmɑ̃] *nm* **1.** training **2.** expérience, practice ; *manque d'* ~ lack of experience.

entraîner [ɑ̃tʀene] *vt* **1.** *(personnel)* train **2.** *(conséquences)* entail, generate, involve.

entrave [ɑ̃tʀav] *nf* impediment, obstacle, restriction ; ~ *à la liberté du commerce* restraint of trade ; *(CI)* ~*s protectionnistes* trade barriers.

entraver [ɑ̃tʀave] *vt* impede, hamper, inhibit, hinder.

entrée [ɑ̃tʀe] *nf* **1.** entrance, way in ; ~ *principale* main entrance **2.** *(action)* ~ *(dans)* entry (into), *(adhésion)* admission (into) ; *l'* ~ *de la Suède dans l'Union européenne* the entry of Sweden into the European Union ; *droits d'* ~ admission fee ; ~ *interdite* no entry ; ~ *libre* free admission **3.** *(CI/D) barrière à l'* ~ entry barrier, barrier to entry ; ~ *en douane* clearance inwards ; *droits d'* ~ import duties ; ~ *de marchandises* entry of goods ; *visa d'* ~ entry permit **3.** *(Cpta)* receipt ; ~*s-sorties* input-output, receipts and payments **4.** *(Bq)* ~ *en valeur* value date **5.** *(Inf)* input ; *dispositif d'entrée-sortie* input-output device ; *données d'* ~ input data **6.** *(Jur)* ~ *en jouissance immédiate* with immediate possession ; *(loi)* ~ *en vigueur* coming into force/into effect, implementation.

entremettre [ɑ̃tʀəmɛtʀ] *vpr s'* ~ *(dans)* **1.** mediate (in), serve as mediator (in) **2.** *(péj)* interfere (in).

entremise [ɑ̃tʀəmiz] *nf* mediation ; *par l'* ~ *de qn* through sb.

entreposage [ɑ̃tʀəpozaʒ] *nm* storing, storage, warehousing ; *(D)* ~ *sous douane* bonding ; *frais d'* ~ warehousing charges.

entreposer [ɑ̃tʀəpoze] *vt* store, warehouse ; *(D)* ~ *sous douane* store under bond, store in a bonded warehouse ; *marchandises entreposées sous douane* bonded goods.

entrepôt [ɑ̃tʀəpo] *nm (T/D)* warehouse, depot, *(sous douane)* bonded warehouse ; *certificat d'* ~ warrant ; ~ *de douane* bonded warehouse ; ~ *fictif* private bonded warehouse ; ~ *public/ réel* public bonded warehouse ; *marchandises en* ~ *sous douane* bonded goods, goods in bond ; *mettre des marchandises en* ~ *sous douane* bond goods, put goods in bond ; *port d'* ~ entrepôt port ; *sortir d'* ~ release from bond ; *vendre en* ~ sell in bond.

entreprenant [ɑ̃tʀəpʀənɑ̃] *adj* enterprising.

entreprendre [ɑ̃tʀəpʀɑ̃dʀ] *vt* undertake, begin ; ~ *un projet* embark upon/on a project.

entrepreneur [ɑ̃tʀəpʀənœʀ] *nm inv* **1.** contractor ; ~ *en bâtiment* building contractor ; ~ *de transports* carrier, haulage contractor **2.** *(homme d'affaires)* entrepreneur.

entreprise [ɑ̃tʀəpʀiz] *nf* **1.** enterprise, undertaking ; *esprit d'* ~ entrepreneurial spirit, entrepreneurship ; *libre* ~ free enterprise ; ~ *privée* private enterprise **2.** company, firm, business, concern, *(US)* corporation, *(US)* business ; *(Jur) comité d'* ~ works committee ; *chef d'* ~ company director, head of a company ; ~ *commerciale* business concern ; ~ *commune* jointventure ; *endettement des* ~*s* corporate debt ; ~ *exportatrice* exporting firm ; ~ *familiale* family business/firm ; *gestion d'* ~ corporate management ; *image d'* ~ corporate image ; ~ *individuelle* one-man business, sole proprietorship ; ~ *industrielle* manufacturing firm ; *(T)* ~ *de manutention maritime* stevedoring firm ; ~ *multinationale* multinational/transnational company ; ~ *nationalisée* nationalized firm ; *petites et moyennes* ~*s (PME)* small- and medium-sized businesses/firms ; *politique d'* ~ company policy ; ~ *publique* state-owned/publicly-owned firm *(à dist.* public company) ; ~ *de service public* public utility ; *stratégie d'* ~ corporate strategy/planning ; ~ *de transport* forwarding company, carrier ; ~ *de vente par correspondance* mail-order firm.

*entreprise unipersonnelle à responsabilité limitée (EURL) *nf* incorporated sole proprietorship (with limited liability).

entrer [ātʀe] v **1.** vi enter, *(société)* join ; ~ *dans les affaires* go into business ; ~ *en concurrence (avec)* compete (with) ; ~ *en fonction* take up one's position/duties **2.** vt bring in, allow in ; ~ *des marchandises en fraude* smuggle goods **3.** vi *(Jur)* ~ *en jouissance* enter into possession ; ~ *en liquidation* go into liquidation ; ~ *en vigueur* come into force, take effect **4.** *(Inf) (données)* enter, key in.

entretenir [ātʀətniʀ] v **1.** vt maintain, look after, *(véhicule)* service **2.** vt ~ *de bonnes relations avec qn* maintain good relations with sb **3.** vpr s'~ *avec qn* have an interview/discussion/meeting with sb.

entretien [ātʀətjē] nm **1.** maintenance, *(véhicule)* servicing ; *contrat d'*~ maintenance contract ; *frais d'*~ maintenance costs ; ~ *périodique* routine maintenance ; *personnel d'*~ maintenance staff ; ~ *sur appel* on-call maintenance **2.** *(Jur)* ~ *de l'enfant* child support **3.** interview ; ~ *collectif* group interview ; ~ *d'embauche* job interview ; ~ *en profondeur* in-depth interview.

entre vifs [ātʀəvif] loc *(Jur)* inter vivos ; *donation* ~ gift inter vivos.

énumérer [enymeʀe] vt enumerate, list.

enveloppe [āvlɔp] nf **1.** *(Emb)* envelope ; ~ *matelassée* padded envelope ; ~ *pelliplaquée* skin pack ; *(Fr)* ~ *T* reply-paid envelope ; ~ *timbrée* stamped addressed envelope (SAE) **2.** *(Fin)* sum of money, budget ; ~ *budgétaire* budget allocation ; ~ *salariale* wage bill.

envelopper [āvlɔpe] vt *(Emb)* wrap up, package.

envergure [āveʀgyʀ] nf *(projet)* scale, *(personne)* calibre/caliber ; *campagne de grande* ~ wide-sweeping campaign ; *projet de grande* ~ large-scale project, major project.

environnement [āviʀɔnmā] nm environment, surroundings ; *l'E*~ the Environment ; *le ministère de l'E*~ the Department/Ministry of the Environment ; *protection de l'*~ environmental control/protection.

envoi [āvwa] nm **1.** *(T) (action)* sending, dispatching **2.** *(marchandises)* consignment, shipment ; ~ *à couvert/à découvert* packed/unpacked shipment ; ~ *en franchise* post-free parcel ; ~ *collectif* collective shipment ; ~ *outre-mer* overseas shipment ; ~ *(en) recommandé* registered letter/parcel ; ~ *contre*

remboursement cash on delivery (COD) **3.** *(Pub)* ~ *d'essai* test shot.

***envoi en possession** nm *(Jur) (Fr)* judicial order permitting beneficiaries or heirs to take possession of property from a decedent's estate.

envolée [āvɔle] nf *(prix, cours)* soaring, skyrocketing.

envoler [āvɔle] vpr s'~ **1.** *(avion)* take off, leave **2.** *(prix)* soar, skyrocket.

envoyer [āvwaje] vt send, *(marchandises)* dispatch, forward, ship, *(argent)* remit ; ~ *sa candidature* send in one's application ; ~ *par la poste* mail.

envoyeur [āvwajœʀ] nm (f **-euse**) sender ; *retour à l'*~ return to sender.

épargnant [epaʀɲā] nm saver, investor ; *les petits* ~s small investors.

épargne [epaʀɲ] nf **1.** *(flux)* saving ; ~ *collective* community/group saving ; ~ *désirée* desired saving ; ~ *des entreprises* corporate saving ; ~ *forcée* compulsory/forced saving ; ~ *individuelle* personal saving ; ~ *des ménages* household saving ; ~ *nette* net saving ; ~ *nulle* zero saving ; ~ *des particuliers* personal savings ; *(Fr)* ~ *populaire* investment in national savings bank accounts ; ~ *publique* government saving ; ~ *de précaution* precautionary saving ; ~ *spontanée* voluntary saving ; *taux d'*~ rate of saving **2.** *(stock)* savings ; *caisse d'*~ savings bank ; *livret de caisse d'*~ savings bank book ; *plan d'*~ savings scheme.

***épargne-logement** nf *(Fin) (Fr)* savings plan designed to encourage individuals to purchase residential housing ; *plan d'*~-*logement* (PEL) home savings scheme.

épargner [epaʀɲe] v **1.** vi *(Fin)* save **2.** vt spare ; *le secteur a été épargné par la crise* the sector has been spared/has not been affected by the crisis.

éparpillement [epaʀpijmā] nm dispersal, scattering.

épave [epav] nf **1.** *(navire, voiture)* wreck ; ~ *maritime* shipwreck **2.** *(Jur)* abandoned property.

EPIC v. **établissement public à caractère industriel et commercial.**

épicerie [episʀi] nf **1.** groceries ; *rayon* ~ grocery department ; *secteur de l'*~ grocery trade **2.** *(boutique)* (UK) grocery shop, (US) grocery store.

épicier [episje] nm (f **-ière**) grocer.

épineux [epinø] adj (f **-euse**) *(problème, question)* thorny, tricky, sticky.

épinglette [epēglet] nf *(Mkg)* pin.

éponger [epɔ̃ʒe] vt **1.** mop up, wipe up **2.** *(dette, déficit)* absorb, mop up.

épreuve [epʀœv] *nf* **1.** trial, test ; *(Mgt)* ~ *décisive* acid test ; *mettre à l'*~ put to the test ; *à toute* ~ foolproof **2.** *(édition)* ~s proofs.

éprouvé [epʀuve] *adj* **1.** tested, well-tried **2.** *(affecté)* hard-hit.

éprouver [epʀuve] *vt* feel, *(difficulté)* experience.

épuisé [epɥize] *adj* **1.** *(personne, possibilités)* exhausted **2.** *(Cpta) (article)* out of stock, sold out ; *(ressources)* depleted, used up.

épuisement [epɥizmɑ̃] *nm* **1.** *(fatigue)* exhaustion **2.** *(stocks)* running-out ; *(ressources)* depletion, using-up ; *(Mkg) jusqu'à* ~ *des stocks* while stocks last, until stocks run out.

épuiser [epɥize] *vt* **1.** exhaust **2.** *(stocks)* sell out of, *(ressources)* deplete, use up.

Equateur [ekwatœʀ] *nm* Ecuador.

équation [ekwasjɔ̃] *nf* equation ; *(Eco/CI)* ~ *des échanges* equation of exchange, Fisher equation.

équatorien [ekwatɔʀjɛ̃] *adj (f* -**ienne**) Ecuadorian.

Equatorien [ekwatɔʀjɛ̃] *nm (f* -**ienne**) Ecuadorian.

équilibre [ekilibʀ] *nm (Eco)* equilibrium, balance ; ~ *de la balance des paiements* balance of payments equilibrium ; ~ *budgétaire* balanced budget ; ~ *du consommateur* consumer equilibrium ; ~ *économique* economic equilibrium ; ~ *général* general equilibrium ; ~ *de l'offre et de la demande* equilibrium of supply and demand ; ~ *partiel* partial equilibrium ; *parvenir à l'*~ strike a balance ; ~ *du producteur* producer equilibrium ; *rétablir l'*~ restore balance ; ~ *de sous-emploi* underemployment equilibrium.

équilibré [ekilibʀe] *adj* balanced.

équilibrer [ekilibʀe] *vt* balance.

équipage [ekipaʒ] *nm (T) (avion, bateau)* crew.

équipe [ekip] *nf* **1.** team ; ~ *de décision* decision-making team ; ~ *de direction* management team ; ~ *de recherche* research team ; ~ *de travail* work team ; *travail d'*~ teamwork ; ~ *de vente* sales team **2.** *(Ind)* shift ; ~ *de jour/de nuit* day/night shift ; ~ *de relève* relief shift ; ~ *tournante* rotating shift ; *travailler par* ~s do shift work.

équipement [ekipmɑ̃] *nm* equipment *(s inv)*, facilities, amenities ; *biens d'*~ capital/investment goods ; *biens d'*~ *ménager* consumer durables ; ~s *collectifs* collective utilities ; ~ *hôtelier* hotel facilities ; ~ *portuaire* harbour/harbor facilities ; ~ *productif* pro-

duction facilities ; ~s *sociaux* social amenities ; ~ *de survie* survival kit ; ~s *touristiques* tourist amenities.

équiper [ekipe] *vt* equip, *(locaux)* fit out ; ~ *un stand en personnel* man a stand.

équitable [ekitabl] *adj* equitable, fair ; *salaire* ~ fair wage.

équité [ekite] *nf* **1.** equity, fairness ; ~ *fiscale* tax fairness **2.** *E*~ *(Jur) (UK/US)* Equity.

équivalence [ekivalɑ̃s] *nf* equivalence.

équivalent [ekivalɑ̃] *adj* equivalent.

équivaloir [ekivalwaʀ] *vi (à)* be equivalent (to).

érémiste [eʀemist] *nmf (aussi* **RMiste** *ou* **RMIste)** *(Fr)* person receiving the **revenu minimum d'insertion (RMI)** ; *équiv. (UK)* person on income support, *équiv. (US)* person on welfare.

ergonome [ɛʀgɔnɔm] *nmf* ergonomist.

ergonomie [ɛʀgɔnɔmi] *nf* ergonomics.

ergonomique [ɛʀgɔnɔmik] *adj* ergonomical.

erratique [eʀatik] *adj (fluctuations)* wild, erratic.

erratum [eʀatɔm] *nm (pl* -**a**) erratum *(pl* -**a**).

erreur [eʀœʀ] *nf* **1.** error, mistake ; *(T) (train)* ~ *d'aiguillage* faulty shunting ; *(Cpta)* ~ *de caisse* cash error ; ~ *de calcul* miscalculation ; ~ *de date* mistake in the date ; *(Cpta)* ~ *d'écriture* clerical error ; ~ *de gestion* mismanagement ; *induire qn en* ~ mislead sb ; *sauf* ~ *ou omission* errors and omissions excepted ; ~ *typographique* misprint, typing/printing error **2.** *(Jur) (contrat)* ~ *sur la chose* error in corpore ; ~ *sur le contrat* error in negotio ; ~ *de droit* error of law ; ~ *de fait* error of fact ; ~ *judiciaire* miscarriage of justice ; ~ *manifeste* manifest error ; ~ *sur la personne* error as to the person ; ~ *sur la substance* error in substantia, error as to the substance.

erroné [eʀɔne] *adj* erroneous, mistaken, wrong.

Erythrée [eʀitʀe] *nf* Eritrea.

érythréen [eʀitʀeɛ̃] *adj (f* -**éenne**) Eritrean.

Erythréen [eʀitʀeɛ̃] *nm (f* -**éenne**) Eritrean.

escalade [eskalad] *nf* escalation ; ~ *des prix* price escalation.

escale [eskal] *nf (T) (mer)* port of call, *(avion)* stopover ; *faire* ~ *(à) (port)* call (at), *(aéroport)* stop over (at) ; *port d'*~ port of call ; ~ *technique* refuelling stop ; *vol sans* ~ direct flight, non-stop flight.

escomptable [ɛskɔ̃tabl] *adj (Cpta/Fin)* discountable.

escompte [ɛskɔ̃t] *nm (Bq/Cpta)* discount, discounting ; *banque d'*~ discount bank ; *bordereau d'*~ discount note ; ~ *de caisse* settlement discount ; *conditions d'*~ discount terms ; ~ *en dedans* true discount ; *(Bq)* ~ *en dehors* mercantile discount, trade allowance ; ~ *en ducroire* del credere discount ; ~ *sur factures* trade discount ; *délai d'*~ discount period ; *présenter à l'*~ remit for discount ; *taux d'*~ discount rate ; *taux officiel d'*~ prime rate, minimum lending rate.

escompté [ɛskɔ̃te] *adj (traite)* discounted, *(résultats)* anticipated, expected.

escompter [ɛskɔ̃te] *vt* 1. *(Fin) (effet, traite)* discount ; *(Bs) (valeurs)* call for delivery of 2. *(résultats)* expect, count on.

esclavage [ɛsklavaʒ] *nm* slavery.

esclavagiste [ɛsklavaʒist] *nmf* slave-trader.

esclave [ɛsklav] *nmf* slave.

escroc [ɛskʀo] *nm inv* swindler, crook, con-man.

escroquerie [ɛskʀɔkʀi] *nf* 1. swindle, *(fam)* rip-off 2. *(Jur)* fraud.

espace [ɛspas] *nm* 1. *(air, ciel)* space ; ~ *aérien* airspace ; ~ *extra-atmosphérique* outer space 2. *(superficie)* space, area ; ~ *économique régional* regional trading area 3. *(emplacement)* space ; *(Pub)* ~ *publicitaire* advertising space ; ~ *rédactionnel* editorial space.
Espace économique européen (EEE) *nm (CI)* European Economic Area (EEA).

espacer [ɛspase] *vt* space out, *(traites, livraisons)* stagger.

Espagne [ɛspaɲ] *nf* Spain.

espagnol [ɛspaɲɔl] *adj* Spanish.

Espagnol [ɛspaɲɔl] *nm* Spaniard ; *les E*~*s* the Spanish.

espèce [ɛspɛs] *nf* 1. kind, sort ; *l'*~ *humaine* mankind 2. *(Jur)* the particular matter being considered ; *cas d'*~ case in point ; *dans chaque cas d'*~ in each specific case ; *en l'*~ in the case in point ; *loi applicable en l'*~ law applicable to this case 3. ~*s (Fin) (J.O.)* cash *(s inv)*, bank notes and coins ; *(Cpta) avoir en* ~*s* cash assets ; *règlement en* ~*s* payment in cash, cash payment ; ~*s sonnantes et trébuchantes* ready money/cash, hard cash.

espérance [ɛspeʀɑ̃s] *nf* hope, expecta-

tion ; *(Eco)* ~ *de vie* life expectancy ; *(Mkg)* ~ *de vie d'un produit* shelf-life of a product.

espionnage [ɛspjɔnaʒ] *nm* spying ; ~ *industriel* industrial espionage.

esprit [ɛspʀi] *nm* spirit, mind ; ~ *d'entreprise* entrepreneurial spirit, entrepreneurship ; *avoir l'*~ *d'entreprise* be business-minded ; ~ *d'équipe* team spirit ; *état d'*~ state of mind.

esquisse [ɛskis] *nf* outline, sketch.

esquisser [ɛskise] *vt (projet)* outline, sketch out.

essai [ɛse] *nm* 1. trial, experiment ; ~*s nucléaires* nuclear testing 2. *(Mkg)* test, trial ; ~*s* tests, testing ; *à l'*~ *(marchandises)* on trial, on approval ; *à titre d'*~ experimentally, as an experiment ; ~*s comparatifs* comparative tests ; ~ *de fiabilité* reliability test ; ~ *gratuit* free trial ; ~ *de marque* brand testing ; *offre d'*~ trial offer 3. *(Mgt)* *période d'*~ trial period ; ~ *professionnel* trial period (as part of the recruitment process).

essaimage [ɛsemaʒ] *nm (Mgt) (J.O.)* spinning-off, hiving-off.

essaimer [ɛseme] *vt (Mgt)* spin off, hive off, float off.

essayer [ɛseje] *v* 1. *vti* try 2. *vt* try out, *(véhicule)* test-drive.

ESSEC [ɛsek] *v.* **Ecole supérieure de sciences économiques et commerciales**.

essence [ɛsɑ̃s] *nf (T) (UK)* petrol, *(US)* gas(oline) ; ~ *sans plomb (UK)* unleaded petrol, *(US)* unleaded gas(oline).

essentiel [1] [ɛsɑ̃sjɛl] *adj (f* -**ielle**) vital, essential.

essentiel [2] [ɛsɑ̃sjɛl] *nm l'*~ the major part, the majority.

essieu [ɛsjø] *nm (pl* -**x**) *(T)* axle ; *taxe à l'*~ axle tax.

essor [ɛsɔʀ] *nm* boom ; *prendre son* ~ take off, soar.

essouffler [ɛsufle] *vpr s'*~ *(marché, ventes)* run out of steam, slow down, falter.

essuyer [ɛsɥije] *vt* 1. wipe 2. ~ *un échec* suffer a defeat/a setback.

estampillage [ɛstɑ̃pijaʒ] *nm* stamping, marking.

estampille [ɛstɑ̃pij] *nf* stamp, distinguishing mark.

estampiller [ɛstɑ̃pije] *vt* stamp.

estarie [ɛstaʀi] *nf (T) (navire)* turn-around time, lay-days.

ester en justice [ɛsteʀɑ̃ʒystis] *loc (Jur)* be a party to a legal action, initiate proceedings.

esthétique [ɛstetik] *nf* aesthetics/esthetics ; *(Mkg)* ~ **industrielle** design.

estimable [ɛstimabl] *adj* **1.** *(bien)* assessable, calculable **2.** *(personne)* appreciated, respected.

estimation [ɛstimasjɔ̃] *nf* **1.** *(activité)* estimation, assessment, appraisal ; *(Ass)* ~ **du dommage** adjustment of claims ; ~**statistique** statistical estimation **2.** *(valeur estimée)* estimate ; ~ **approximative** rough estimate.

estime [ɛstim] *nf* esteem.

estimer [ɛstime] *v* **1.** *vt (évaluer)* assess, evaluate, appraise **2.** *vt (tenir en estime)* *(personne)* esteem, respect, *(objet)* value **3.** *vi* ~ **que** consider that.

Estonie [ɛstɔni] *nf* Estonia.

estonien [ɛstɔnjɛ̃] *adj (f* **-ienne)** Estonian.

Estonien [ɛstɔnjɛ̃] *nm (f* **-ienne)** Estonian.

établir [etabliʀ] *v* **1.** *vt (commerce)* found, establish, set up ; *(réputation)* establish **2.** *(document)* draw up, *(chèque)* make out, *(projet)* draft, draw up, *(prix)* fix **3.** *vpr s'*~ set up ; *s'*~ **dans le commerce** set up (in) business ; *s'*~ **dans un pays/dans une région** settle in a country/region **4.** *vpr s'*~ **à** *(chiffres)* amount to.

établissement [etablismɑ̃] *nm* **1.** *(action)* establishment, constitution ; **dépenses d'**~ capital outlay ; *(UE)* **liberté d'**~ freedom of establishment ; ~ **d'un prix** fixing of a price ; ~ **du prix de revient** costing ; ~ **d'une société** setting-up/founding of a firm **2.** *(organisme)* establishment, institution ; ~ **affilié** affiliate ; *(Bq)* ~ **émetteur** issuing bank ; ~ **financier/de crédit** financial institution ; ~ **industriel** industrial plant ; ~ **public** public institution ; *(Cl/Fisc)* ~ **stable** permanent establishment **3.** *(Jur)* ~**s dangereux, incommodes et insalubres** premises classified as public nuisances.

***établissement public à caractère industriel et commercial (EPIC)** *nm (Fr)* public utility (company).

étagère [etaʒɛʀ] *nf* shelf *(pl* shelves).

étain [etɛ̃] *nm (Ind)* tin *(s inv)*.

étalage [etalaʒ] *nm* **1.** *(action)* displaying, showing-off **2.** *(Mkg)* display, window display ; *à l'*~ on show, in the shop-window ; **faire l'**~ do the window-dressing, dress the windows **3.** *(Jur)* **vol à l'**~ shoplifting ; **voleur à l'**~ shoplifter.

étalagiste [etalaʒist] *nmf* window-dresser.

étalement [etalmɑ̃] *nm* **1.** *(marchan-*

dises) displaying **2.** *(paiements, livraisons)* staggering.

étaler [etale] *vt* **1.** display, spread out **2.** *(paiements, livraisons)* stagger.

étalon [etalɔ̃] *nm (Eco)* standard, unit of account ; ~ **argent** silver standard ; *(J.O.)* ~ **de change-or** gold-exchange standard (GES) ; ~**-dollar** dollar standard ; ~ **métallique** metallic/gold standard ; ~**-or** gold standard (GS) ; ~ **or-espèces** gold-specie standard ; *(J.O.)* ~ **or-lingot** gold-bullion standard.

étanche [etɑ̃ʃ] *adj (Emb)* ~ **à l'air** airtight ; ~ **à l'eau** *(récipient)* watertight, *(matériau)* waterproof.

étape [etap] *nf* stage ; ~ **de développement** development stage.

état [eta] *nm* **1.** state, condition ; ~ **d'avancement des travaux** status report, progress report ; **en** ~ in good condition ; **en l'**~ as is ; **en bon/mauvais** ~ in good/bad condition ; **en bon** ~ **de marche** in good working order ; *(T)* **en** ~ **de navigabilité** *(navire)* seaworthy, *(avion)* airworthy ; **à l'**~ **neuf** as good as new ; **remettre en** ~ repair ; *(Pol)* ~ **de siège** state of siege ; ~ **stationnaire** stable condition ; ~ **d'urgence** state of emergency **2.** *(Cpta)* *(bilan)* statement ; ~ **de caisse** cash statement ; ~**s comptables** accounting statements ; ~ **des dépenses** return of expenses ; ~ **détaillé** breakdown, detailed account ; **dresser un** ~ draw up an account ; ~ **financier** financial statement ; ~ **de frais** return of expenses ; ~ **mensuel** monthly return ; ~ **de paiement** payroll ; ~ **récapitulatif** balance account, *(US)* summary statement ; ~ **des résultats** income statement ; ~ **des ventes** sales statement **3.** *(Jur)* **mise en** ~ completion of pre-trial procedure, readiness of a case for trial ; ~ **de nécessité** defense to a crime based on the need to avoid a danger ; ~ **d'une personne** status of a person **4.** *(Pol)* **E**~ state, political entity ; **l'E**~ the State ; **chef d'E**~ head of state ; *(US)* **E**~ **fédéral** federal state ; **E**~**-gendarme** watchdog state ; **homme d'E**~ statesman ; **l'E**~**-patron** the state as an employer ; **E**~**-providence** welfare state ; **subventions de l'E**~ state subsidies ; **E**~ **unitaire** unitary state.

***état civil** *nm* legal/marital status ; *(Fr)* *(document)* **fiche d'**~ proof of legal/marital status.

***état des lieux** *nm (Jur) (Fr)* inventory of fixtures, document evidencing the state of premises at the commencement of a lease.

***état-major** *nm* headquarters, *(fig)* top/senior management.

étatisation [etatizasjɔ̃] *nf* 1. *(concept)* nationalisation, increase in state control 2. ~ *d'une entreprise* government takeover of a firm.

étatiser [etatize] *vt* bring under state control.

étatisme [etatism] *nm* state control.

Etats-Unis [etazyni] *nmpl les E~-U~ (d'Amérique)* the United States (of America).

étayer [eteje] *vt* bolster, support.

étendre [etɑ̃dʀ] *vt* extend, expand.

étendu [etɑ̃dy] *adj* widespread, common.

étendue [etɑ̃dy] *nf (dommages)* extent, *(portée)* range.

Ethiopie [etjɔpi] *nf* Ethiopia.

éthiopien [etjɔpjɛ̃] *adj* (*f* **-ienne**) Ethiopian.

Ethiopien [etjɔpjɛ̃] *nm* (*f* **-ienne**) Ethiopian.

éthique [etik] *nf* ethics ; ~ *des affaires* business ethics.

étiquetage [etikta3] *nm (Emb)* labelling ; ~ *informatif* informative labelling.

étiqueter [etikte] *vt (Emb)* label, mark ; ~ *par erreur* mislabel.

étiquette [etiket] *nf (Emb/T) (produit)* label, *(bagage)* label, tag ; ~ *autocollante* self-adhesive label ; ~*-adresse* address label ; ~ *de prix* price label/tag ; *(Ind)* ~ *suiveuse* progress chit.

étoffe [etɔf] *nf* fabric, material.

étoffer [etɔfe] *vt (effectifs)* fill out, beef up.

étrange [etʀɑ̃3] *adj* strange.

étranger[1] [etʀɑ̃3e] *adj* (*f* **-ère**) 1. foreign ; *main-d'œuvre étrangère* foreign labour/labor ; *sous contrôle* ~ foreign-owned 2. unknown, alien ; *accès interdit à toute personne étrangère au service* no unauthorized entry.

étranger[2] [etʀɑ̃3e] *nm* (*f* **-ère**) foreigner, alien.

étranger[3] [etʀɑ̃3e] *nm* 1. *l'*~ abroad, overseas ; *opérations sur l'*~ operations abroad 2. *loc à l'*~ abroad, overseas ; *représentant à l'*~ foreign agent ; *vendre à l'*~ sell abroad/overseas ; *voyager à l'*~ travel abroad.

étranglement [etʀɑ̃gləmɑ̃] *nm (Ind/T) goulet/goulot d'*~ bottleneck.

étrangler [etʀɑ̃gle] *vt* 1. *(personne)* strangle, choke 2. *(industrie, secteur)* stifle, cripple.

étroit [etʀwa] *adj* 1. narrow 2. *(collaboration)* close.

éts. *ab de* **établissements**.

étude [etyd] *nf* 1. *(Mkg/Mgt)* study, survey, analysis ; *à l'*~ under considera-

tion ; *bureau d'*~*s (service)* research and development (R&D) department, *(firme)* consultancy firm ; ~ *de cas* case study ; *(Cpta)* ~ *des charges* cost analysis ; ~ *complémentaire* follow-up study ; ~ *conjointe* joint study ; ~ *de faisabilité* feasibility study ; ~ *de marché* market survey/research ; ~ *des méthodes* methods analysis ; ~ *préalable* preliminary/pilot study ; ~ *de rentabilité* profitability study ; ~ *sur le terrain* field study ; *voyage d'*~*s* field trip, study trip 2. *(formation)* ~*s de gestion* business studies ; ~*s supérieures* higher education.

étudiant [etydjɑ̃] *nm* student.

étudier [etydje] *vt* 1. study 2. examine, consider.

étui [etɥi] *nm (Emb)* case.

EURL *v.* **entreprise unipersonnelle à responsabilité limitée**.

euro[1] [øʀo] *nm* euro, European currency unit (*v.* **écu**).

euro-[2] [øʀo] *préf* Euro-.

euro-actions [øʀoaksjɔ̃] *nfpl (Fin)* Euro-equities.

eurobanque [øʀobɑ̃k] *nf (Bq)* Euro-bank.

eurobillet [øʀobijɛ] *nm (Fin)* ~ *de trésorerie* Euro-commercial paper, Euro-note.

eurochèque [øʀoʃek] *nm (Bq)* Euro-cheque.

eurocrédit [øʀokʀedi] *nm (Bq)* Euro-loan, jumbo loan.

eurodevise [øʀodəviz] *nf (Bq)* Euro-currency.

eurodollar [øʀodɔlaʀ] *nm (Bq)* Euro-dollar.

euro-émission [øʀoemisjɔ̃] *nf (Bs)* Euro-issue.

eurofranc [øʀofʀɑ̃] *nm (Bq)* Eurofranc.

euromarché [øʀomaʀʃe] *nm (Bq)* Euromarket, Eurocurrency market.

euromark [øʀomaʀk] *nm (Bq)* Euro-Deutschmark.

euro-obligation [øʀoɔbligasjɔ̃] *nf (Bs)* Eurobond.

Europe [øʀɔp] *nf* Europe ; *l'E~ de l'Est* Eastern Europe ; *l'E~ des Quinze* the Fifteen Countries of the European Union ; *l'E~ verte* Green Europe.

européen [øʀopeɛ̃] *adj* (*f* **-éenne**) European ; *les institutions* ~*nes* European institutions ; *unité de compte* ~*ne* European Currency Unit (ECU).

Européen [øʀopeɛ̃] *nm* (*f* **-éenne**) European.

eurosterling [øʀosteʀliŋ] *nm* Euro-sterling.

euroyen [øʀɔjɛn] *nm (Bq)* Euro-yen.

euthanasie [øtanazi] *nf* euthanasia.

évaluable [evalɥabl] *adj* assessable.

évaluation [evalɥasjɔ̃] *nf* **1.** *(biens, personnes)* assessment, evaluation ; *(Fin)* rating, credit rating ; *(Cpta)* ~ **des actifs** valuation of assets ; *base d'*~ basis of assessment, assessment basis ; *(Bs)* ~ **boursière** market valuation ; *(Cpta)* ~ **du coût** costing ; *critères d'*~ assessment criteria ; ~ **du marché** market assessment ; *(Fin)* ~ **des options** option valuation ; *(Mgt)* ~ **des postes de travail/des tâches** job evaluation ; *(Cpta)* ~ **du rendement/des résultats** performance appraisal ; *(Bq/Ass)* ~ **des risques** risk assessment ; *(Fin) (J.O.)* ~ **par score** scoring ; *(Mkg) sondage d'*~ estimation sampling **2.** *(résultat)* estimate, assessed value ; ~ **approximative** rough estimate.

évaluer [evalɥe] *vt* assess, evaluate, value ; *faire* ~ *qch* have sth valued/ appraised ; *(Ass) police évaluée/non évaluée* valued/open policy.

évasion [evazjɔ̃] *nf* **1.** *(Jur) (détenu)* escape ; *(Eco)* ~ **des capitaux** flight of capital, capital flight ; *(Eco)* ~ **des cerveaux** brain drain **2.** *(fait d'éviter)* evasion ; *(Fisc)* ~ **fiscale** *(légale)* tax avoidance, *(illégale)* tax evasion.

événement [evɛnmã] *nm* event, occurrence ; *(date clé)* ~ **important** landmark (event).

éventail [evãtaj] *nm* range, spread ; ~ **des produits** product range/line ; ~ **des revenus** income range/spread ; ~ **des salaires** salary range, wage differentials.

éventaire [evãtɛʀ] *nm (foire)* stand, stall.

éventualité [evãtɥalite] *nf* contingency, possibility.

éventuel [evãtɥel] *adj (f -elle)* **1.** possible, potential ; *(Mkg) clients* ~*s* prospective customers **2.** *(Cpta)* contingent ; *actif* ~ contingent assets ; *passif* ~ contingent liabilities.

éviction [eviksjɔ̃] *nf* **1.** *(Jur)* eviction, dispossession ; ~ **d'un locataire** eviction of a tenant **2.** *(fig)* ~ **du marché** crowding out of the market.

évidence [evidãs] *nf* obviousness ; *c'est une* ~ that's obvious ; *se rendre à l'*~ accept the obvious.

évident [evidã] *adj* obvious, self-explanatory.

évincer [evɛ̃se] *vt* oust, remove, *(Jur)* evict.

éviter [evite] *vt* avoid.

évocation [evɔkasjɔ̃] *nf* **1.** *(de) (idée, danger)* evocation (of), reference (to)

2. *(Jur) (Fr)* revival, the power of a French Court of Appeal to revive issues not adjudicated ; *(US)* the power of an appellate court to raise sua sponte substantive issues not considered by the trial court.

évolué [evɔlɥe] *adj* advanced, developed, sophisticated.

évoluer [evɔlɥe] *vi* evolve, develop.

évolutif [evɔlytif] *adj (f -ive)* likely to develop/evolve, upgradable ; *(Mkg)* ~ **en clientèle** field-upgradable ; *(Mgt) poste* ~ position with prospects.

évolution [evɔlysjɔ̃] *nf* **1.** evolution, trend, *(situation)* development ; ~ **de carrière** professional record ; ~ **défavorable** downtrend ; ~ **favorable** uptrend ; *graphique d'*~ flow chart ; ~ **technique** technical advances ; ~ **des ventes** sales trends **2.** *(Mkg)* upgrading.

ex. [1] *(ab de exemple)* e.g.

ex- [2] [eks] *préf* ex-.

exact [ɛgza] *adj* exact, precise.

exactitude [ɛgzaktityd] *nf* **1.** accuracy, precision **2.** punctuality.

ex aequo et bono [ɛgzekwɔetbɔnɔ] *loc adv (Jur) juger* ~ judge according to/on principles of equity.

exagération [ɛgzaʒeʀasjɔ̃] *nf* exaggeration.

exagérer [ɛgzaʒeʀe] *vti* exaggerate.

examen [ɛgzamɛ̃] *nm* examination ; *acheter à l'*~ buy on inspection ; ~ **approfondi** close/thorough examination ; ~ **financier** financial review ; ~ **médical** medical (examination) ; *(Jur) mise en* ~ accusation, indictment ; *(Mkg)* ~ **sélectif** screening test.

examiner [ɛgzamine] *vt* examine ; ~ **en détail** examine closely, scrutinize.

excédent [ɛksedã] *nm* **1.** *(en trop)* excess, surplus ; *(UE)* ~*s* **agricoles** agricultural surpluses ; *(T)* ~ **de bagages** excess luggage ; *(Eco)* ~ **de population** excess population, population overspill **2.** *(Eco/Cpta)* surplus ; ~ **brut d'exploitation** gross operating surplus, current earnings ; ~ **budgétaire** budget surplus ; ~ **commercial** trade surplus ; *déficits et* ~*s* shorts and overs ; *dégager un* ~ post/run a surplus ; ~ **net** net profit ; ~ **de trésorerie** cash surplus.

excédentaire [ɛksedãtɛʀ] *adj* surplus, excess, *(Eco/Fin)* favourable/favorable ; *balance commerciale* ~ favourable trade balance ; *épargne* ~ oversaving ; *réserves* ~*s* excess reserves ; *stocks* ~*s* surplus stocks.

excéder [ɛksede] *vt* exceed, go beyond, *(pouvoirs)* overstep.

exception [ɛksɛpsjɔ̃] *nf* **1.** exception ; *à l'~ de* except for ; *(démarches) d'~* exceptional, unusual ; *sauf ~* allowing for exceptions **2.** *(Jur)* plea, defence/defense ; *soulever une ~ (contre)* put in a plea (against) ; *~ de fond* substantive defence/defense ; *~ de forme* procedural defence/defense ; *~ de nullité* plea of avoidance ; *(Fr) tribunal d'~* special court, court with jurisdiction on specific subjects.

*exception dilatoire *nf (Jur)* dilatory plea.

*exception d'illégalité *nf (Jur)* defence/defense alleging the irregularity of an official act which the defendant is charged with violating.

*exception d'incompétence *nf (Jur)* plea of lack of competence/jurisdiction.

*exception d'irrecevabilité *nf (Jur/Pol) (Fr)* means utilized by the government to oppose consideration by the Parliament of a legislative proposal which is contrary to the French Constitution.

exceptionnel [ɛksɛpsjɔnɛl] *adj (f -elle)* exceptional ; *(Cpta) profits ~s* windfall profits ; *(Agr) récolte ~le* bumper crop ; *(Cpta) résultat ~* extraordinary income/loss.

excès [ɛksɛ] *nm* **1.** *(Eco/Fin)* surplus, excess ; *à l'~* excessively ; *(Eco) ~ de la demande* excess demand **2.** *(Jur) ~ de pouvoir* action without authority, ultra vires act.

excessif [ɛksesif] *adj (f -ive)* excessive, exaggerated.

exciper [ɛksipe] *vi (de) (Jur)* allege, plead ; *~ de l'autorité de la chose jugée* plead res judicata.

exclu [ɛkskly] *adj* excluded, dismissed ; *les ~s (de la société)* the deprived, the underprivileged.

exclure [ɛksklyʀ] *vt* exclude, *(possibilité)* rule out.

exclusif [ɛksklyzif] *adj (f -ive)* exclusive, sole ; *(Com) agent/concessionnaire ~* exclusive agent ; *importateur ~* exclusive importer.

exclusion [ɛksklyzjɔ̃] *nf* **1.** exclusion ; *à l'~ de* excluding, not including ; *(Pol) politique contre l'~* policy to combat poverty/exclusion from society ; *(Mgt) ~ temporaire* suspension **2.** *(Ass) ~ de la garantie* exclusion.

exclusivité [ɛksklyzivite] *nf (Jur)* exclusive/sole rights ; *clause d'~* exclusivity clause ; *~ territoriale* exclusive rights within a given territory.

excuse [ɛkskyz] *nf* **1.** excuse ; *présenter ses ~s* offer one's apologies **2.** *(Jur) ~ absolutoire* absolving excuse, excuse resulting in acquittal ; *~ atténuante* extenuating excuse.

excuser [ɛkskyze] *v* **1.** *vt* excuse **2.** *vpr s'~ (auprès de qn)* apologize (to sb).

exécutable [ɛgzekytabl] *adj (Jur) contrat non ~* contract not able to be performed.

exécuter [ɛgzekyte] *vt* **1.** *(décision)* execute, *(plan, ordre)* carry out, *(commande)* fill, *(US)* process, *(contrat)* honour/honor **2.** *(Jur) (loi)* enforce, *(peine)* carry out, *(condamné)* execute **3.** *(Bs) ~ un acheteur* sell out against a buyer ; *~ un vendeur* buy in against a seller.

exécuteur [ɛgzekytœʀ] *nm (f -trice) (Jur) ~ testamentaire* executor (of a will).

exécutif¹ [ɛgzekytif] *adj (f -ive)* executive ; *bureau ~* executive committee ; *(Pol) pouvoir ~* executive power.

exécutif² [ɛgzekytif] *nm (Pol) l'E~* the Executive, the executive branch.

exécution [ɛgzekysjɔ̃] *nf* **1.** *(décision)* execution, *(travaux, plan, ordre)* carrying-out, *(commande)* filling, *(US)* processing, *(contrat)* honouring/honoring, fulfilling/fullfilling ; *(travaux) en cours d'~* in progress ; *délai d'~* deadline ; *mettre à ~* put into operation, implement **2.** *(Bs) (achat)* buying-in ; *(vente)* selling-out **3.** *(Jur) (loi)* enforcement, *(peine)* carrying-out, *(condamné)* execution ; *en ~ de la loi* in compliance with the law ; *non-~ des obligations au contrat* non-performance of contract obligations.

*exécution forcée *nf (Jur)* **1.** forced execution (of a contract) **2.** execution of a writ/judg(e)ment against one's will (by seizure of assets, etc).

*exécution d'office *nf (Pol)* power of the government to execute its decisions.

*exécution provisoire *nf (Jur)* execution of a judg(e)ment, decision prescribing provisional measures.

*exécution sur minute *nf (Jur)* in cases of urgency, execution of a minute order before it has been entered and served.

exécutoire [ɛgzekytwaʀ] *adj (Jur)* enforceable ; *formule ~* wording which renders a judg(e)ment enforceable ; *jugement ~* enforceable judg(e)ment.

exemplaire¹ [ɛgzɑ̃plɛʀ] *adj* model, exemplary.

exemplaire² [ɛgzɑ̃plɛʀ] *nm* copy ; *en deux/trois ~s* in duplicate/triplicate ; *faire en double* make two copies.

exemple [ɛgzɑ̃pl] *nm* example.

exempt [ɛgzɑ̃] *adj (de)* exempt (from) ; *(D) ~ de droits de douane* duty-free, exempt from duty ; ~ *d'impôt/de taxes* exempt from taxation, tax-free.

exempter [εgzɑ̃te] *vt (de)* exempt (from).

exemption [εgzɑ̃psjɔ̃] *nf (de)* exemption (from) ; *(D)* ~ *de droits de douane* exemption from duty, duty-free treatment ; *(Fisc)* ~ *fiscale* exemption from taxation ; *(D) liste d'*~*s* free list.

exequatur [εgzekwatyʀ] *nm (pl inv) (Jur)* **1.** *(consul)* exequatur **2.** order allowing enforcement of a foreign judg(e)ment.

exercer [εgzεʀse] *v* **1.** *vt (métier)* exercise, *(fonction)* fulfil/fulfill, *(profession)* practise/practice **2.** *vt* ~ *une influence/un pouvoir sur qn* have/exert influence on sb, have power over sb **3.** *(Jur)* ~ *des poursuites contre qn* bring an action against sb, start proceedings against sb **4.** *vi (avocat)* practise/practice.

exercice [εgzεʀsis] *nm* **1.** *(activité)* exercising, *(métier, profession)* exercising, practising/practicing, *(fonction)* fulfilling/fullfilling, *(pouvoir)* exerting, exertion ; *dans l'*~ *de ses fonctions* in performance of one's duties ; *en* ~ in office **2.** *(Jur) avocat en* ~ practising/ practicing lawyer **3.** *(Cpta)* financial/fiscal year ; *clôture de l'*~ year-end, end of the financial year ; ~ *comptable* accounting year ; *d'un* ~ *à l'autre* on the basis of the financial year ; ~ *écoulé* previous financial year ; *pertes d'*~ operating losses **3.** *(Bs) prix d'*~ *d'une option* strike price of an option.

exigence [εgziʒɑ̃s] *nf* requirement, demand ; *le nouveau produit ne répond pas aux* ~*s du consommateur* the new product does not comply with consumer requirements/does not meet consumer needs.

exiger [εgziʒe] *vt* demand, require.

exigibilité [εgziʒibilite] *nf* **1.** *(Cpta) (dette)* payability, quality of being due and payable ; ~*s* current liabilities **2.** *(Jur)* ~ *d'une obligation* enforceability of an obligation.

exigible [εgziʒibl] *adj (Cpta)* receivable, due for payment ; ~ *sur demande* payable on demand ; *passif* ~ *à court terme* current liabilities.

existant [εgzistɑ̃] *nm (Cpta) l'*~ *en caisse* cash in hand ; *les* ~*s stock*, *(US)* inventory.

existence [εgzistɑ̃s] *nf* **1.** existence **2.** *(Cpta)* ~*s* stock ; ~*s en magasin* stock on hand.

exode [εgzɔd] *nm* exodus, flight ; *(Eco)* ~ *des capitaux* flight of capital, capital flight ; ~ *des cerveaux* brain drain ; ~ *rural* drift from the land.

exogène [εgzɔʒen] *adj (Eco)* exogenous.

exonération [εgzɔneʀasjɔ̃] *nf (de)* exemption (from) ; *(Jur) clause d'*~ exemption clause ; *(D)* ~ *de droits* exemption from duty ; *(Fisc)* ~ *d'impôt* tax relief/exemption.

exonérer [εgzɔneʀe] *vt (de)* exempt (from).

exp. (*ab de* **expéditeur**[2]) sender.

expansion [εkspɑ̃sjɔ̃] *nf (Eco)* boom, expansion, growth ; ~ *économique* economic growth ; *marché en pleine* ~ fast-growing/fast-expanding market ; *taux d'*~ growth rate.

expatriation [εkspatʀijasjɔ̃] *nf (Eco)* expatriation ; ~ *de capitaux* investment abroad ; ~ *d'une usine* setting-up of a factory abroad.

expatrier [εkspatʀije] *v* **1.** *vt (Eco)* expatriate, send abroad ; ~ *des capitaux* invest capital abroad ; ~ *une usine* set up a factory abroad **2.** *vpr s'*~ settle abroad.

expédier [εkspedje] *vt* **1.** *(T)* despatch/ dispatch, consign, send, ship, forward ; ~ *des marchandises par avion* airfreight/fly goods **2.** deal with ; ~ *les affaires courantes* deal with ongoing matters **3.** *(Jur)* ~ *un acte* draw up a deed/a legal document **4.** *(D)* ~ *des marchandises en douane* clear goods (at customs).

expéditeur[1] [εkspeditœʀ] *adj (f -trice)* dispatching, forwarding.

expéditeur[2] [εkspeditœʀ] *nm (f -trice)* *(lettre)* sender, *(marchandises)* consignor/consigner, shipper ; *retour à l'*~ return to sender.

expédition [εkspedisjɔ̃] *nf* **1.** *(T) (activité) (marchandises)* despatching/dispatching, forwarding, sending, shipping, *(courrier)* sending, mailing ; *date d'*~ date of shipment ; *documents d'*~ shipping documents ; *feuille d'*~ consignment note, waybill ; *frais d'*~ freight charges **2.** *(T) (marchandises expédiées)* consignment, shipment ; ~ *de groupage* consolidated shipment ; ~ *partielle* partial shipment, part shipment **3.** dealing with ; ~ *des affaires courantes* dealing with ongoing matters **4.** *(D)* ~ *des marchandises* (customs) clearance of goods **5.** *(Jur) (activité)* ~ *d'un document* drawing up of a document ; *(document)* certified copy of a document, copy of an official document prepared by the depositary of the original ; *pour* ~ *conforme* certified true copy ; *en double* ~ in duplicate ; ~ *de jugement* copy of a judg(e)ment which is filed with the court clerk ; **~ revêtue de la formule exécutoire** copy of a judg(e)ment containing wording that renders it enforceable.

expéditionnaire [ɛkspedisjɔnɛʀ] *nmf (T)* forwarding agent, *(par mer)* shipping clerk.

expérience [ɛkspeʀjɑ̃s] *nf* **1.** *(essai)* experiment ; **procéder à une ~** carry out an experiment **2.** *(connaissances)* experience *(s inv)* ; **~ acquise** previous experience ; **~ professionnelle** professional background, work experience, *(fam)* track record.

expérimental [ɛkspeʀimɑ̃tal] *adj (mpl -aux)* experimental.

expérimenté [ɛkspeʀimɑ̃te] *adj* experienced, skilled.

expérimenter [ɛkspeʀimɑ̃te] *vt* experiment, try out.

expert [ɛkspɛʀ] *adj (en)* expert (in), qualified (in).

expert [ɛkspɛʀ] *nm inv* expert, *(Ass)* insurance surveyor, claims adjuster ; *(Cpta)* **cabinet d'~s-comptables** accounting firm ; **~-comptable** *(UK)* chartered accountant, *(US)* certified public accountant (CPA).

*expert en diagnostic d'entreprise *nm (Jur)* management/audit expert, expert appointed by the court to review the financial situation of a company in difficulty and propose remedial measures.

expertise [ɛkspɛʀtiz] *nf* **1.** appraisal, valuation ; **frais d'~** consultancy fees ; **procéder à une ~** carry out a survey/ valuation **2.** *(Ass)* claims adjustment ; **~ d'avarie** damage survey ; **rapport d'~** expert's/adjustor's report **3.** *(Jur)* appraisal and expert testimony required by a court or a party ; **~ médicale** doctor's report regarding the medical condition of a sick or injured person ; **~ médico-légale** forensic/pathologist's report.

expertiser [ɛkspɛʀtize] *vt* value, appraise, evaluate, assess.

expiration [ɛkspiʀasjɔ̃] *nf* expiration, *(UK)* expiry, *(US)* termination ; **à l'~** on expiry/expiration ; **~ d'un bail** expiration of a lease ; **date d'~** expiry/ expiration date ; **venir à ~** expire, run out.

expirer [ɛkspiʀe] *vi* expire, run out.

explicatif [ɛksplikatif] *adj (f -ive)* explanatory ; **notice explicative** instructions for use.

exploit [ɛksplwa] *nm* **1.** feat, exploit, achievement **2.** *(Jur)* **~ (d'huissier)** writ ; **dresser un ~** draw up a writ ; **~ de saisie-arrêt** writ of garnishment ; **signifier un ~** serve a writ.

exploitable [ɛksplwatabl] *adj* exploitable.

exploitant [ɛksplwatɑ̃] *nm* operator ; **~ agricole** farmer ; **les petits ~s** smallholders, small farmers.

exploitation [ɛksplwatasjɔ̃] *nf* **1.** *(Pol/ Eco)* exploitation ; **~ capitaliste** exploitation of labour/labor **2.** *(activité) (firme)* running, *(mine)* working ; **autorisation d'~** operating licence/license **3.** *(Cpta)* **budget d'~** operating budget ; **frais d'~** operating costs ; **pertes d'~** trading losses ; **principe de continuité de l'~** the ongoing-concern principle **4.** *(centre d'activité)* **~ agricole** farm ; **~ minière** mine **5.** *(Inf)* **~ de l'information** data handling ; **~ des statistiques** statistical analysis/handling ; **système d'~** operating system.

exploiter [ɛksplwate] *vt* **1.** *(faire fonctionner) (terres)* work, *(usine, affaire)* run, operate ; **~ un brevet** work a patent **2.** *(utiliser, profiter de) (travailleurs)* exploit, *(ressources)* tap, make use of, *(situation)* take advantage of ; **~ un marché** tap a market.

exploratoire [ɛksplɔʀatwaʀ] *adj (réunion, enquête)* exploratory, preliminary.

explorer [ɛksplɔʀe] *vt (marché, possibilités)* explore.

exploser [ɛksploze] *vi (demande, marché)* explode.

expomarché [ɛkspomaʀʃe] *nm (Mkg)* trade mart/market.

exponentiel [ɛkspɔnɑ̃sjɛl] *adj (f -ielle) (Eco)* exponential.

export [ɛkspɔʀ] *nm* export ; **service ~** export department.

exportable [ɛkspɔʀtabl] *adj* exportable.

exportateur [ɛkspɔʀtatœʀ] *adj (f -trice)* exporting ; **entreprise exportatrice** export firm ; **pays ~s de pétrole** oil-exporting countries.

exportateur [ɛkspɔʀtatœʀ] *nm (f -trice)* exporter.

exportation [ɛkspɔʀtasjɔ̃] *nf* **1.** *(activité)* exporting, exportation ; **autolimitation des ~s** voluntary export restraint (VER) ; **campagne de promotion des ~s** export drive ; *(Eco)* **~ de capitaux** capital outflow ; **chiffre d'affaires à l'~** export sales, export turnover ; **contingents d'~** export quotas ; **crédit à l'~** export credit ; **déclaration d'~** export declaration ; **~ directe** direct exporting ; **directeur des ~s** export sales manager ; **faire de l'~** export ; **financement à l'~** export financing ; **~ indirecte** indirect exporting ; **industrie d'~** export industry ; **licence d'~** export licence/license ; **marchandises destinées à l'~** exportable goods, goods for export ; *poste à l'~* export industry ; *prime à l'~* export bonus/incentive ; *quota d'~* export quota ; *taxe à l'~* export duty ; *~s sans contrepartie* unrequited exports ; *service des ~s* export department/division ; *(firme, pays) tourné vers l'~* export-oriented 2. *(marchandise exportée)* export ; *~s agricoles* farm exports, farm trade ; *~s invisibles* invisible exports ; *~s visibles* visible exports.

exporter [ɛkspɔʀte] *vt (vers)* export (to) ; *autorisation d'~* export licence/license.

exposant [ɛkspozɑ̃] *nm (foire, salon)* exhibitor.

exposé [ɛkspoze] *nm* 1. *(Mkg)* summary, presentation, talk ; *~ général* overview 2. *(Jur) ~ des motifs (d'un jugement)* preamble (of a judg(e)ment).

exposer [ɛkspoze] *v* 1. *vt (objets)* exhibit, put on show, *(point de vue)* state, explain, *(projet)* present, outline 2. *vpr s'~ (à)* expose oneself to, run the risk of.

exposition [ɛkspozisjɔ̃] *nf* 1. *(action) (objets)* exhibiting, *(faits, projet)* presenting, outlining 2. *(foire, salon)* exhibition, show, fair ; *(Mkg) ~ interprofessionnelle* trade show ; *~ universelle* world fair.

expovente [ɛkspovɑ̃t] *nf (Mkg)* showroom.

exprès [ɛkspʀɛ] *adj* 1. *(f -esse) (Jur)* express, formal ; *convention expresse* express agreement ; *selon les conditions expresses du contrat* in compliance with the formal/express conditions of the contract 2. *inv (courrier)* express ; *colis/lettre ~* express parcel/letter ; *envoyer en ~ (UK)* send by express delivery, *(US)* send by special delivery.

expressément [ɛkspʀesemɑ̃] *adv (Jur)* formally, specifically.

exprimé [ɛkspʀime] *adj* expressed ; *(Pol) voix ~es* votes recorded/cast.

exprimer [ɛkspʀime] *vt* express.

expropriation [ɛkspʀopʀijasjɔ̃] *nf (Jur)* expropriation, compulsory purchase ; *droit d'~* power of eminent domain ; *ordonnance d'~ (UK)* compulsory purchase order, *(US)* expropriation order ; *~ pour cause d'utilité publique (UK)* compulsory purchase order, *(US)* condemnation (of property).

exproprier [ɛkspʀopʀije] *vt (Jur)* 1. *(un bien)* expropriate, *(UK)* put a compulsory purchase order on 2. *(un propriétaire) ~ qn (UK)* put a compulsory purchase order on sb's property, *(US)* expropriate sb's property.

expulser [ɛkspylse] *vt (Jur)* 1. *(du pays)* deport, expel 2. *(locataire)* evict.

expulsion [ɛkspylsjɔ̃] *nf (Jur)* 1. *(du pays)* deportation, expulsion ; *arrêté d'~* deportation order 2. *(locataire)* eviction ; *arrêté d'~* eviction order.

extensif [ɛkstɑ̃sif] *adj (f -ive)* extensive.

extension [ɛkstɑ̃sjɔ̃] *nf* expansion, growth, *(locaux)* extension, *(garantie, accord)* extension ; *(Ass) ~ de la couverture de la garantie* extended coverage.

***extension d'une convention collective** nf (Jur)* application of a collective bargaining agreement to other firms (in the same line of business or in the same geographical area as the original party).

extérieur[1] [ɛksteʀjœʀ] *adj* 1. external, outside ; *(Mgt) personnes ~es à l'entreprise* people (from) outside the firm ; *(Fisc) signes ~s de richesse* outward signs of wealth 2. *(Eco/CI)* external, foreign ; *commerce ~* foreign/external/overseas trade ; *dette ~e* foreign debt.

extérieur[2] [ɛksteʀjœʀ] *loc à l'~* 1. outside, in the open air 2. *(à l'étranger)* abroad.

externalisation [ɛkstɛʀnalizasjɔ̃] *nf (Aff)* subcontracting, outsourcing.

externe [ɛkstɛʀn] *adj* external.

exterritorialité [ɛkstɛʀitɔʀjalite] *nf (aussi extraterritorialité) (Jur)* exterritoriality, extra-territoriality.

extinction [ɛkstɛ̃ksjɔ̃] *nf* 1. *(feu)* extinction 2. *(Cpta) (dette)* extinction, termination 3. *(Jur) ~ de l'instance* termination of a court action.

extorquer [ɛkstɔʀke] *vt (Jur)* extort.

extorsion [ɛkstɔʀsjɔ̃] *nf (Jur)* extortion.

extra[1] [ɛkstʀa] *adj inv* first-rate, outstanding.

extra-[2] [ɛkstʀa] *préf* extra-.

extraction [ɛkstʀaksjɔ̃] *nf* extraction ; *l'~ du charbon* coal-mining ; *l'~ du pétrole* oil-drilling.

extrader [ɛkstʀade] *vt (Jur)* extradite.

extradition [ɛkstʀadisjɔ̃] *nf (Jur)* extradition ; *la France a demandé l'~ de M. X* France has applied for/has requested the extradition of Mr X ; *traité d'~* extradition agreement.

extraire [ɛkstʀɛʀ] *vt* extract, *(charbon)* mine, *(pétrole)* drill for.

extrait [ɛkstʀɛ] *nm* 1. *(partie)* extract, excerpt 2. *(Jur) ~ de jugement* extract of judg(e)ment ; *~ de mariage/de naissance* birth/marriage certificate.

***extrait de casier judiciaire** nm (Jur) (Fr)* extract from police record, list of convictions ; *~ vierge* (document proving) clean record/lack of previous convictions.

extranéité [ɛkstraneite] *nf (Jur)* **1.** alien status **2.** quality of persons who lack privity to a contract/who are third parties to a contract **3.** *(Jur/Eco)* legal status of currency deposit outside the issuing country.

extrant [ɛkstrã] *nm (Eco)* output.

extraordinaire [ɛkstraɔrdinɛr] *adj* **1.** *(inhabituel)* extraordinary, remarkable **2.** *(Jur) (exceptionnel)* extraordinary ; *(Mgt) assemblée générale ~*

extraordinary general meeting ; *l'assemblée, réunie en session ~, a décidé...* during an extraordinary meeting, the board decided...

extrapolation [ɛkstrapɔlasjɔ̃] *nf* extrapolation.

extrapoler [ɛkstrapɔle] *vi* extrapolate.

extra-territorial [ɛkstrateritɔrjal] *adj (mpl -aux)* extraterritorial, offshore ; *banque ~e* offshore bank.

extra-territorialité [ɛkstrateritɔrjalite] *v.* exterritorialité.

F

fabianisme [fabjanism] *nm (Pol) (UK)* Fabianism.

fabricant [fabrikã] *nm* manufacturer, maker.

fabrication [fabrikasjɔ̃] *nf* manufacturing ; *coût de ~* manufacturing cost ; *~ en série* mass-production ; *unité de ~* manufacturing facility/plant ; *~ unitaire* unit production.

*fabrication assistée par ordinateur (FAO) nf computer-assisted manufacturing.

fabrique [fabrik] *nf* factory, *(textiles)* mill, works, *(Jur) marque de ~* trademark ; *(Ind) ~ de papier* paper mill ; *prix de ~* factory price ; *(Jur) secret de ~* trade secret ; *valeur en ~* cost price.

fabriquer [fabrike] *vt* manufacture, make ; *~ en série* mass-produce ; *~ sur commande* build to order.

façade [fasad] *nf* **1.** *(magasin)* front, frontage **2.** *(Ass)* fronting **3.** *(fig)* front, cover.

facilité [fasilite] *nf* **1.** ease **2.** *(disposition)* facility **3.** *(Bq/Cpta) ~s de caisse* overdraft facilities, overdraft privileges ; *~s de crédit du FMI* IMF credit tranches ; *(Fin) ~s d'émission* issuance facilities ; *(Com) ~s de paiement* payment terms, easy (payment) terms.

faciliter [fasilite] *vt* facilitate, make easy.

façon [fasɔ̃] *nf* manner, making, workmanship ; *à ~* tailor-made ; *matière et ~* material and labour/labor.

fac-similé [faksimile] *nm* facsimile.

factage [faktaʒ] *nm (T)* cartage ; *entreprise de ~* delivery company ; *frais de ~* delivery charge.

facteur¹ [faktœr] *nm* **1.** *(Eco)* factor ;

abondance relative des ~s relative factor endowments ; *~ capital* capital ; *(Fin) ~ de concordance* concordance factor ; *(Eco) ~ de production* factor of production, production factor ; *~ travail* labour/labor **2.** *(affacturage)* factor.

facteur² [faktœr] *nm (f -trice) (préposé) (UK)* postman, *(US)* mailman.

factice [faktis] *adj* fictitious, false, bogus ; *(Mkg) emballage ~* dummy pack.

facturation [faktyrasjɔ̃] *nf* invoicing, billing.

facture [faktyr] *nf* **1.** *(Cpta)* bill, invoice ; *~ d'achat* purchase invoice ; *détailler une ~* itemize an invoice/a bill ; *~ détaillée* itemized invoice/bill ; *payer une ~* pay/settle a bill ; *(CI) ~ protestable* assignable invoice **2.** *(CI/D) ~ consulaire* consular invoice ; *~ douanière* customs invoice ; *~ export* export invoice ; *(T) ~ de fret* freight note **3.** *(façon)* manufacture, workmanship.

facturer [faktyre] *vt* invoice, charge, bill.

faculté [fakylte] *nf* **1.** *(choix)* option **2.** *(qualité)* ability ; *~ d'adaptation* adaptability, versatility ; *jouir de toutes ses ~s* be of sound mind, be in possession of all one's faculties **3.** *(Jur) ~ d'élire* power of appointment **4.** *(Bs) ~ de rachat* buy-back option **5.** *(Ass) ~s* cargo **6.** *(Ens)* university department ; *~ de droit* law school.

faible [fɛbl] *adj* weak, low, small ; *résultats ~s* poor results.

faiblesse [fɛbles] *nf (personne, économie)* weakness, *(marché)* slackness.

failli [faji] *nm (Jur)* bankrupt ; *~*

réhabilité discharged bankrupt; ~ *non réhabilité* undischarged bankrupt.

faillite [fajit] *nf (Jur)* bankruptcy, insolvency, judicial reorganization; *l'entreprise est au bord de la* ~ the firm is on the verge of bankruptcy; *faire* ~ go bankrupt, go into liquidation, *(fam)* go bust; ~ *personnelle* personal bankruptcy; *syndic de* ~ trustee in bankruptcy, receiver.

faire [fɛʀ] *vt* do, make; ~ *acte de candidature* apply for a job/position; ~ *des affaires* do business; *(Bq)* ~ *courir les intérêts* let interest accrue; ~ *crédit* give credit; *(Jur)* ~ *droit à* comply with; ~ *état de* demonstrate; ~ *face à* be confronted with, meet; ~ *face à la demande* meet (the) demand; ~ *faillite* go bankrupt, *(fam)* go bust; *(Jur) ce document en fait foi* this document proves it; *(Bq)* ~ *opposition* stop a cheque; ~ *payer* charge; ~ *suivre* forward.

faire-valoir [fɛʀvalwaʀ] *nm (Agr/Eco)* farming; ~ *direct* direct farming, farming by the owner of land.

faisabilité [fazabilite] *nf* feasibility; *étude de* ~ feasibility study.

fait[1] [fɛ] *nm* 1. fact; *c'est un* ~ that's a fact; *(Jur)* ~*s d'une cause* facts of a case 2. *(Jur)* act, deed; ~ *juridique* event with legal consequences; ~*s justificatifs* circumstances serving as justification for a crime; ~ *du prince* impossibility to perform a contract due to a prohibition imposed by the government 3. *(Fisc)* fact, event; ~ *générateur de l'impôt* taxable event.

fait[2] [fɛ] *(pp faire)* done, made; ~ *sur mesure* custom-made, custom-built.

fallacieux [falasjø] *adj (f* -euse) fallacious, unfounded.

falsification [falsifikasjɔ̃] *nf* falsification, *(document)* counterfeit, forgery, *(denrées)* adulteration.

falsifier [falsifje] *vt* counterfeit, forge; *(Cpta)* ~ *un bilan* window-dress a balance-sheet, cook the books.

familial [familjal] *adj (mpl* -iaux) family; *allocations* ~*es* family allowances; *emballage* ~ family-size pack, family pack.

famille [famij] *nf* 1. family, household; *situation de* ~ family status 2. *(Bs) placement de père de* ~ *(UK)* gilt-edged securities, *(US)* blue-chip stocks.

famine [famin] *nf* famine, starvation.

fantaisie [fɑ̃tezi] *nf* fancy, fantasy; *articles de* ~ novelty items; *bijoux de* ~ costume jewellery/jewelry.

FAO *v.* **fabrication assistée par ordinateur.**

fardage [faʀdaʒ] *nm* 1. *(Cpta)* ~ *de bilan* dressing-up 2. *(T)* dunnage.

fardeau [faʀdo] *nm (pl* -x) burden.

FAS *v.* **franco le long du navire.**

faussaire [fosɛʀ] *nmf* counterfeiter, forger, pirate.

fausse [fos] *adj v.* **faux**[1].

faute [fot] *nf* 1. fault, mistake, *(Jur)* wrong; ~ *de frappe* typing error; ~ *d'impression* misprint; *(Jur)* ~ *accidentelle* unintentional wrong; *(Jur)* ~ *contractuelle* breach of contract; *(Jur)* ~ *délictuelle* intentional tort; ~ *par omission ou par commission* fault by omission or by commission; *prendre qn en* ~ catch sb in the act; ~ *professionnelle* professional misconduct; *(Jur)* ~ *quasi-délictuelle* unintentional tort 2. ~ *de* for lack of; ~ *de quoi* otherwise, if not.

faux[1] [fo] *adj (f* fausse) fake, false, phony; *(Cpta)* ~ *frais* incidental expenses; *fausse monnaie* counterfeit money, forged coins; *fausse raison* pretext, excuse; *(Mkg) fausse revue* folder test; *(Jur)* ~ *témoignage* perjury.

faux[2] [fo] *nm* fake, false document; *(Cpta/Jur)* ~ *en écriture* forgery; *(Jur) inscription en* ~ procedure to prove falsity/dispute validity of a document; *mis en examen pour* ~ *et usage de* ~ charged with forgery and use of forged documents.

faveur [favœʀ] *nf* favour/favor; *billet de* ~ complimentary ticket; *traitement de* ~ preferential/special treatment.

favorisé [favɔʀize] *adj* favoured/favored; *(Cl/Eco) clause de la nation la plus* ~*e* most-favored-nation *(MFN)* clause.

favoriser [favɔʀize] *vt* favour/favor, promote, foster.

FBCF *v.* **formation brute de capital fixe.**

FCP *v.* **fonds commun de placement.**

FDES *v.* **fonds de développement économique et social.**

FECOM [fekɔm] *v.* **Fonds européen de coopération monétaire.**

fécondité [fekɔ̃dite] *nf* fertility; ~ *par âge* age-specific birth rate; *taux de* ~ fertility rate.

FED *v.* **Fonds européen de développement.**

FEDER [fedɛʀ] *v.* **Fonds européen de développement économique régional.**

fédéral [federal] *adj (mpl* -aux) federal ; *(Bq)* *(US)* **Système de la réserve fédérale** Federal Reserve System, "Fed".

fédéralisme [federalism] *nm* *(Pol)* federalism.

fédération [federasjɔ̃] *nf* *(Pol)* federation.

féminisme [feminism] *nm* feminism.

femme [fam] *nf* woman ; **~ au foyer** housewife.

*femmes en couches *nfpl* *(Jur)* *(Fr)* women who are pregnant or who have recently given birth.

féodal [feɔdal] *adj* *(mpl -aux)* feudal.

féodalisme [feɔdalism] *nm* feudalism.

féodalité [feɔdalite] *nf* feudal system.

FEOGA [feɔga] *v.* **Fonds européen d'orientation et de garantie agricole.**

fer [fɛʀ] *nm* iron ; *(Ind)* **~ -blanc** tin, tinplate ; **~ forgé** wrought iron ; *(T)* **chemin de ~** *(UK)* railway, *(US)* railroad ; *(Ind)* **minerai de ~** iron ore.

fermage [fɛʀmaʒ] *nm* **1.** *(système)* farm leasing, tenant farming **2.** *(somme d'argent)* farm rent.

ferme[1] [fɛʀm] *adj* firm, steady, strong ; **commande ~** firm order ; **prix ~s** firm prices ; **prix ~s et définitifs** firm prices.

ferme[2] [fɛʀm] *nf* farm.

fermer [fɛʀme] *vti* **1.** close, shut ; *(Cl/ Eco)* **~ ses frontières** close one's borders ; *(Emb)* **~ hermétiquement** seal ; *(Cl/Eco)* **~ les frontières aux importations** shut out imports **2.** *(définitivement)* close down, shut down ; **~ boutique** close shop, cease trading ; **un marché** close down a market **3.** *vpr* **se ~** close ; *(Eco)* **se ~ le marché en vendant trop cher** price oneself out of the market.

fermeté [fɛʀməte] *nf* firmness ; *(Bs)* **~ des cours** price stability.

fermeture [fɛʀmətyʀ] *nf* closing, closure ; **à la ~** at closing time, *(Bs)* at the close ; *(Bq)* **~ d'un compte** closing of an account ; **~d'établissement** closure of a business ; **heure de ~** closing time ; *(Eco)* **~ d'usine** plant closure.

fermier [fɛʀmje] *nm* *(f -ière)* farmer ; *(Fr)* **~s généraux** general farmers.

ferreux [fɛʀø] *adj* *(f -euse)* ferrous.

ferroutage [fɛʀutaʒ] *nm* *(T)* piggybacking.

ferroviaire [fɛʀɔvjɛʀ] *adj* *(T)* rail, *(UK)* railway, *(US)* railroad ; **compagnie ~** rail company ; **industrie ~** railway industry ; **transport ~** rail transport, *(US)* railroad transport(ation).

ferry [fɛʀi] *nm* *(T)* ferry.

fertile [fɛʀtil] *adj* fertile.

fertilisation [fɛʀtilizasjɔ̃] *nf* fertilization.

fertiliser [fɛʀtilize] *vt* *(Agr)* fertilize.

fertilité [fɛʀtilite] *nf* fertility.

fête [fɛt] *nf* holiday ; **~ légale** legal holiday, *(UK)* bank holiday.

feuille [fœj] *nf* **1.** *(papier)* sheet (of paper), page ; *(Bs)* **~ de coupons** coupon sheet ; *(Bq)* **~ de position** position sheet **2.** *(formulaire)* slip, form ; *(Jur)* **~ d'audience** record of a court hearing ; *(T)* **~ de chargement** loading bill ; **~ de frais** expense sheet ; **~ d'impôt** tax return, tax slip ; **~ de livraison** delivery form ; **~ de paie** pay slip, wage sheet, *(US)* pay check ; *(T)* **~ de pointage** tally sheet ; **~ de présence** attendance sheet, time sheet ; **~ de route** waybill ; *(D)* **~ de gros** report.

février [fevʀije] *nm* February.

fiabilité [fjabilite] *nf* **1.** *(chiffres)* accuracy **2.** *(personne, machine)* reliability.

fiable [fjabl] *adj* **1.** *(chiffres)* accurate **2.** *(personne, machine)* reliable.

fiançailles [fjɑ̃saj] *nfpl* *(Jur)* engagement (to marry), betrothal.

fibre [fibʀ] *nf* **1.** *(textile)* yarn **2.** fibre/ fiber ; **~ optique** optical fiber ; **~ de verre** fibreglass/fiberglass ; **~s synthétiques** man-made fibres.

ficelle [fisɛl] *nf* **1.** *(Emb)* string **2.** *(fig)* **les ~s du métier** the tricks of the trade.

fiche [fiʃ] *nf* **1.** card, form, voucher ; *(T)* **~ de contrôle** tally sheet ; *(Jur)* **~ d'état civil** record of civil status ; **~ de paie** pay slip, *(US)* pay check ; **~ de renseignements** information card ; **~ technique** data sheet **2.** *(électricité)* plug.

ficher [fiʃe] *vt* **1.** *(données)* file, record **2.** **~ qn** open a file on sb ; *(Jur)* **être fiché** be in police files, be known to the police.

fichier [fiʃje] *nm* **1.** card file, card index, file **2.** list, register ; **~ d'adresses** mailing list ; **~ informatisé** computer-based file ; *(Jur/Fisc)* **~ immobilier** land register.

fictif [fiktif] *adj* *(f -ive)* fictional, fictitious ; **prix ~** shadow price.

fiction [fiksjɔ̃] *nf* fiction.

fidéicommis [fideikɔmi] *nm* *(Jur)* trust, deposit.

fidéicommissaire [fideikɔmisɛʀ] *nm inv* *(Jur)* trustee.

fidèle [fidɛl] *adj* faithful, regular ; **client ~** regular customer.

fidélisation [fidelizasjɔ̃] *nf* *(Mkg)* **~ des clients** development of customer loyalty.

fidéliser [fidelize] *vt (Mkg)* ~ **la clientèle** build, develop customer loyalty.

fidélité [fidelite] *nf* **1.** faithfulness, fidelity ; ~ **conjugale** marital fidelity ; ~ **à ses engagements** standing by one's commitments **2.** *(Mkg)* loyalty ; ~ **des clients/de la clientèle** customer loyalty ; ~ **à la marque** brand loyalty.

Fidji [fidʒi] *nfpl (les îles)* Fiji.

fidjien [fidʒjɛ̃] *adj (f* -**ienne)** Fijian.

Fidjien [fidʒjɛ̃] *nm (f* -**ienne)** Fijian.

fiduciaire¹ [fidysjɛʀ] *adj* fiduciary ; *(Fin)* **monnaie** ~ paper money ; **valeurs** ~**s** paper securities ; *(Jur)* **société** ~ trust company.

fiduciaire² [fidysjɛʀ] *nmf (Jur) (J.O.)* trustee.

fiducie [fidysi] *nf (Fin/Jur)* trust, trust deed.

fief [fjɛf] *nm* **1.** *(Jur)* feoffment, fee **2.** *(Pol)* ~ **électoral** political stronghold.

fieffant [fjefɑ̃] *nm (Jur)* feoffor.

fieffé [fjefe] *nm (Jur)* feoffee.

fiévreux [fjevʀø] *adj (f* -**euse)** *(marché)* feverish.

figurer [figyʀe] *vi* figure, appear.

filature [filatyʀ] *nf* **1.** *(Ind)* spinning ; ~ **de coton** cotton mill **2.** *(détective)* tailing, shadowing ; **prendre qn en** ~ tail/shadow sb.

file [fil] *nf* line ; ~ **d'attente** *(UK)* queue, *(US)* line ; *(Mgt)* **théorie des** ~**s d'attente** queuing theory.

filet [filɛ] *nm* net, mesh ; *(T)* ~ **à bagages** luggage rack ; *(Eco)* ~ **de protection sociale** social welfare net ; ~ **de sécurité** *(aussi fig)* safety net.

filiale [filjal] *nf (Mgt)* subsidiary, *(US)* affiliated company *(à dist.* branch) ; ~ **commune** joint subsidiary, joint venture ; ~ **détenue à 100 %** wholly-owned subsidiary ; ~ **de production** manufacturing subsidiary.

filialisation [filjalizasjɔ̃] *nf (Mgt)* spinning-off.

filialiser [filjalize] *nf (Mgt)* transfer to a subsidiary.

filiation [filjasjɔ̃] *nf (Jur)* filiation ; ~ **adoptive** filiation by adoption ; ~ **adultérine** filiation resulting from adulterous relationships ; ~ **incestueuse** filiation resulting from incestuous relationships ; ~ **légitime** filiation by birth from parents who are married to each other ; ~ **naturelle** filiation by birth from parents who are not married to each other.

filière [filjɛʀ] *nf* **1.** *(Eco/Ind)* sector, stream, industrial process **2.** ~ **de la drogue** drug connection.

filon [filɔ̃] *nm* **1.** *(mine)* seam **2.** *(fig)* golden opportunity.

filouterie [filutʀi] *nf (Jur)* type of theft consisting in accepting services with no intention of paying for them.

filtrage [filtʀaʒ] *nm* screening, short-listing (of candidates).

fin [fɛ̃] *nf* end ; *(Fr)* **chômeur en** ~ **de droits** person no longer entitled to unemployment benefit ; **avoir des** ~**s de mois difficiles** have trouble making ends meet ; **prendre** ~ come to an end ; *(Bs)* **en** ~ **de séance** at the close ; *(article)* ~ **de série** oddment, end-of-range item ; **à toutes** ~**s utiles** for your information. *****fin de non-recevoir** *nf (Jur)* procedural defense, *(fig)* blunt refusal.

finalité [finalite] *nf* end, purpose.

finance [finɑ̃s] *nf* finance ; ~ **d'entreprise** corporate finance ; **loi de** ~**s** finance/appropriations bill ; **monde de la** ~ financial circles ; **moyennant** ~ in return for payment, for a money consideration ; ~ **d'entreprise** corporate finance **2.** *(Fin/Pol)* ~**s locales** finances of local government(al) entities ; **ministre des F** ~**s** Finance Minister, *équiv.* *(UK)* Chancellor of the Exchequer, *(US)* Treasury Secretary ; ~**s publiques** public finance.

financement [finɑ̃smɑ̃] *nm* financing, funding ; *(CI)* ~ **à l'export** export financing ; ~ **monétaire** monetary financing ; ~ **monétaire du déficit** money financing of the deficit ; *(Cpta)* **tableau de** ~ funds statement, statement of changes in financial position.

financer [finɑ̃se] *vt* **1.** finance, fund **2.** *(subventionner)* subsidize.

financier¹ [finɑ̃sje] *adj (f* -**ière)** financial ; **exercice** ~ financial year, trading year.

financier² [finɑ̃sje] *nm inv* financier, money man.

fini [fini] *adj* finished, achieved ; *(Eco)* **produit** ~ finished/end product.

finlandais [fɛ̃lɑ̃dɛ] *adj* Finnish.

Finlandais [fɛ̃lɑ̃dɛ] *nm* Finn.

Finlande [fɛ̃lɑ̃d] *nf* Finland.

fioul [fjul] *nm* fuel oil.

firme [fiʀm] *nf* firm, business ; ~ **multinationale (FMN)** multinational company (MNC), *(US)* multinational enterprise (MNE).

fisc [fisk] *nm* **le F**~ tax authorities, agency charged with collecting taxes, *équiv.* *(UK)* Inland Revenue, *(US)* Internal Revenue Service (IRS) ; **agent du** ~ tax official ; **frauder le** ~ evade/dodge taxation.

fiscal [fiskal] *adj (mpl* -**aux)** fiscal ;

assiette ~*e* tax base; *avantage* ~ tax break; *avoir* ~ tax credit; *conseiller* ~ tax consultant; *dégrèvement* ~ tax rebate/cut, tax relief; *(Eco) coin* ~ tax wedge; *déclaration* ~*e* income tax return; *dossier* ~ tax record; *domicile* ~ fiscal domicile; *exercice* ~ tax year; *exonération* ~*e* tax waiver; *paradis* ~ tax haven/shelter; *politique* ~*e* fiscal policy; *pression* ~*e* tax pressure/burden/load; *protection* ~*e accordée aux entreprises* tax shield for businesses; *réforme* ~*e* tax reform; *régime* ~ tax treatment; *système* ~ tax system; *timbre* ~ duty/revenue stamp.

fiscalisation [fiskalizasjɔ̃] *nf* taxing; ~ *des charges sociales* budgetization of employers' social security contributions.

fiscaliste [fiskalist] *nmf* tax expert/consultant/lawyer.

fiscalité [fiskalite] *nf* 1. taxation; ~ *des ménages* household taxation; *le poids de la* ~ tax burden 2. tax system, fiscal system.

fixage [fiksaʒ] *nm (Bs) (J.O.)* fixing.

fixation [fiksasjɔ̃] *nf* fixing, setting; ~ *des prix* price-fixing/-setting.

fixe [fiks] *adj* fixed, regular; *frais* ~*s* standing charges/expenses; *revenu* ~ fixed income; *(Jur) installations* ~*s* fixtures and fittings.

fixer [fikse] *vt* 1. *(déterminer)* fix, set; ~ *des quotas* establish/set quotas; ~ *une date limite* set a deadline; ~ *des normes* set standards 2. *(assujettir)* secure.

fixeur [fiksœʀ] *nm inv (Bs/Fin) (J.O.)* ~ *de prix* price maker.

fixing [fiksiŋ] *nm (Bs)* fixing.

fixité [fiksite] *nf (Eco)* ~ *des changes* (principle of) fixed exchange rates.

flagrant [flagʀɑ̃] *adj* flagrant, obvious; *(Jur)* ~ *délit* flagrante delicto; *être pris en* ~ *délit* be caught in the act, *(fam)* be caught red-handed.

flambée [flɑ̃be] *nf* 1. blaze 2. *(fig)* sudden rise, outbreak; *(Eco)* ~ *des prix* price flare-up; ~ *de violence* outbreak of violence.

flamber [flɑ̃be] *vi* 1. blaze 2. *(prix)* flare up.

fléchir [fleʃiʀ] *vi* 1. bend, flex 2. *(céder)* give way 3. *(chiffres, monnaie)* go down, grow weaker.

fléchissement [fleʃismɑ̃] *nm (Eco)* fall, downswing, sagging; ~ *de l'activité* downturn.

flexibilité [fleksibilite] *nf* flexibility; *(Eco)* ~ *des changes* flexible/floating exchange rates; ~ *limitée* limited flexi-

bility; ~ *du travail* flexitime/flextime, flexible working hours.

florissant [flɔʀisɑ̃] *adj* booming, flourishing, thriving.

flottaison [flɔtɛzɔ̃] *nf* 1. *(Fin)* flotation 2. *(T) ligne de* ~ waterline.

flottant [flɔtɑ̃] *adj* floating; *(Eco) capitaux* ~*s* floating capital; *dette* ~*e* floating debt; *(Ass/T) police* ~*e* floating policy.

flotte [flɔt] *nf (T)* fleet; ~ *marchande* merchant fleet.

flottement [flɔtmɑ̃] *nm (Eco/Fin)* floating; ~ *concerté* joint/widespread/generalized/concerted floating; ~ *contrôlé* managed floating; ~ *impur* dirty float(ing); ~ *pur* clean/free float(ing).

fluctuant [flyktɥɑ̃] *adj* fluctuating.

fluctuation [flyktɥasjɔ̃] *nf* fluctuation, drift, change; *(Eco) atténuer les* ~*s* smooth (out) fluctuations; *forte* ~ swing.

fluctuer [flyktɥe] *vi* fluctuate, *(devise)* float.

flux [fly] *nm (pl inv)* flow; *(Cpta)* ~ *d'exploitation* operating flow; ~ *financier* financial flow, flow of funds; *(Cpta) tableau des* ~ funds statement, statement of changes in financial position; ~ *de trésorerie* cash flow; *(Mgt) méthode des* ~ *tendus* just-in-time (JIT) method.

FMI *v.* **Fonds monétaire international.**

FOB *v.* **franco à bord.**

focaliser [fɔkalize] *vti (sur)* focus (on).

foi [fwa] *nf (Jur)* faith; *de bonne* ~ in good faith; *détenteur de bonne* ~ bona fide holder; *en* ~ *de quoi* in witness whereof; *faire* ~ be evidence; *ce document en fait* ~ this document attests it.

foire [fwaʀ] *nf* fair, show; ~ *commerciale* trade fair.

fois [fwa] *nf (pl inv)* time; *paiement en une* ~ payment in a single instal(l)ment; *paiement en plusieurs* ~ payment in instalments/installments.

folle [fɔl] *adj v.* **fou.**

***folle enchère** *nf (Jur)* liability of the highest bidder at an auction of real property who does not perform his obligation.

foncier [fɔ̃sje] *adj (f -ière)* land; *impôt* ~ land/property tax; *propriétaire* ~ landowner, landholder.

fonction [fɔ̃ksjɔ̃] *nf* 1. *(Eco)* function; ~ *de demande* demand function; ~ *de liquidité* demand for money function; ~ *de production* production function 2. function, office; ~ *d'achat* buying function; ~ *marketing* marketing function; ~ *publique* public office 3. *(Mgt)* job, occupation; **définition de** ~ job description; **voiture de** ~ company car.

fonctionnaire [fɔ̃ksjɔnɛʀ] *nmf* **1.** civil servant; **haut** ~ senior civil servant, high-ranking official; ~ *international* civil servant of an international organization **2.** *(Fr)* government/public employee.

***fonctionnaires de fait** *nmpl (Jur) (Fr)* **théorie des** ~ theory which recognizes as valid certain governmental acts despite the lack of authority of the individual agent performing the act.

fonctionnel [fɔ̃ksjɔnɛl] *adj (f* -**elle)** functional.

fonctionnement [fɔ̃ksjɔnmɑ̃] *nm* functioning, running, working, operation; **bon** ~ smooth running; **budget de** ~ running/operating budget; **cycle de** ~ operating cycle; **frais de** ~ running/operating costs; **mauvais** ~ malfunctioning.

fonctionner [fɔ̃ksjɔne] *vi* run, work; **ne pas** ~ be out of order.

fond [fɔ̃] *nm* **1.** bottom; *(Emb)* **double** ~ double bottom **2.** *(fig)* **aller au** ~ **des choses** get to the bottom of things; **à** ~ thoroughly, completely; **faire qch à** ~ do sth well/thoroughly; **question de** ~ fundamental question **3.** *(Jur)* substance (as contrasted with procedure); **au** ~ on the merits; ~ **et forme** form and substance; **jugement rendu sur le** ~ judgement on the merits; **question de** ~ substantive question (*à dist.* procedural question).

fondamental [fɔ̃damɑ̃tal] *adj (mpl* -**aux)** basic, fundamental.

fondateur [fɔ̃datœʀ] *nm (f* -**trice)** founder, promoter; *(Jur)* **membre** ~ founder, founding member; **parts de** ~**s** founders' shares.

fondation [fɔ̃dasjɔ̃] *nf* **1.** creation, setting-up **2.** *(Jur)* (institution) foundation.

fondé [fɔ̃de] *adj (argument)* justified, founded, grounded, substantiated; **être** ~ **à faire qch** be justified in doing sth; *(Jur)* **le bien-**~ **d'une action** the merits of a case.

fondé de pouvoir [fɔ̃dedpuvwaʀ] *nm (Jur)* **1.** authorized representative, agent (holding power of attorney) **2.** *(Bq)* managing director.

fonder [fɔ̃de] *vt* **1.** *(institution)* found **2.** create, establish.

fonds [fɔ̃] *nm (pl inv)* **1.** *(Eco)* capital, money, funds; *(Jur)* **détournement de** ~ embezzlement, misappropriation of funds; ~ **prêtables** loanable funds; ~ **publics** public money, *(UK)* British funds, *(US)* federal funds; **rentrer dans**

ses ~ recover one's losses; ~ **sociaux** government funds maintained for payment of social benefits **2.** *(Jur)* property, business; *(Jur)* ~ **de commerce** stock-in-trade, goodwill, tangible and intangible assets of a business **3.** *(Cpta)* *(caisse)* fund; ~ **d'amortissement** sinking fund, depreciation fund; ~ **propres**, equity base, equity capital, shareholders' equity, *(US)* stockholders' equity; ~ **de roulement** working capital, liquid assets, circulating assets **4.** *(Bs)* ~**s d'Etat** gilts, gilt-edged stocks, *(UK)* government stocks/bonds **5.** *(Fin)* fund; ~ **commun** common/pooled fund; *(Bs/Fin)* ~ **commun de placement (fermé)** *(UK)* investment/unit trust, *(US)* mutual investment fund, *(US)* mutual fund.

***Fonds asiatique de développement** *nm (Eco)* Asian Development Fund (AsDF).

***fonds commun de placement (FCP)** *nm (Bs/Fin)* unit trust, investment trust.

***fonds de développement économique et social (FDES)** *nm (Eco)* economic and social development fund.

***Fonds d'égalisation des changes** *nm (Eco/Fin)* équiv. *(UK)* Exchange Equalization Account, *(US)* Exchange Stabilization Fund.

***Fonds européen de coopération monétaire (FECOM)** *nm (UE)* European Monetary Cooperation Fund (EMCF).

***Fonds européen de développement (FED)** *nm (UE)* European Development Fund (EDF).

***Fonds européen de développement économique régional (FEDER)** *nm (UE)* European Regional Development Fund (ERDF).

***Fonds européen d'orientation et de garantie agricole (FEOGA)** *nm (Agr)* *(UE)* European Agricultural Guidance and Guarantee Fund (EAGGF).

***fonds de garantie automobile** *nm (Fr)* fund which compensates persons suffering bodily injury due to automobile accidents where the party causing the accident is unknown or uninsured.

***Fonds monétaire international (FMI)** *nm* International Monetary Fund (IMF).

***Fonds national de solidarité** *nm (Fr)* fund providing benefits to the indigent elderly.

***Fonds social européen (FSE)** *nm (UE)* European Social Fund (ESF).

***Fonds de stabilisation des changes** *nm* Exchange Stabilization Fund.

fondu [fɔ̃dy] *nm* fading, blending.

fongibilité [fɔ̃ʒibilite] *nf (Eco)* fungibility.

fongible [fɔ̃ʒibl] *adj (Eco)* fungible ; *biens ~s* fungible goods.

fonte [fɔ̃t] *nf* cast iron.

for [fɔʀ] *nm (Jur) loi du ~* lex fori.

FOR *v.* **franco wagon**.

forage [fɔʀaʒ] *nm* drilling.

force [fɔʀs] *nf* **1.** strength, force ; *faire appel à la ~* resort to force ; *céder à la ~* yield to force ; *de gré ou de ~* by hook or by crook, willy-nilly **2.** *(Eco) ~s du marché* market forces ; *~ de travail* labour/labor force, man-power ; *~ de vente* sales force **3.** *(troupe)* force ; *les ~s de l'ordre* police and army, government forces en-trusted with the keeping of the peace ; *~ publique* forces available to the gov-ernment to preserve order **4.** *(Jur) ~ exécutoire* enforceability of a judgment ; *avoir ~ obligatoire* be in force ; *~ pro-bante* probative value.

*force majeure *nf (Jur) cas de ~* force majeure, Act of God, vis major, *(Ass)* fortuity.

*Force d'urgence des Nations Unies *nf (UN)* Emergency Force of the United Nations.

forcé [fɔʀse] *adj* forced, compulsory ; *adjudication ~e* forced sale ; *épargne ~e* compulsory savings ; *liquidation ~e* compulsory liquidation ; *mariage ~* shot gun marriage ; *(Jur) travaux ~s* hard labour/labor.

forcer [fɔʀse] *vt* compel, force ; *(Eco) ~ l'ouverture d'un marché* force open a market.

forclore [fɔʀklɔʀ] *vt (Jur)* foreclose, preclude.

forclusion [fɔʀklyzjɔ̃] *nf (Jur)* bar (of a right), default, foreclosure.

fordisme [fɔʀdism] *nm (Eco/Ind)* Ford-ism.

forer [fɔʀe] *vt (Ind)* drill.

forfait [fɔʀfɛ] *nm* **1.** lump sum, flat fee, fixed sum ; *au ~* for a lump sum, by contract ; *~ journalier* daily amount paid to a worker or payable by a hos-pitalized patient ; *travail à ~* contract work ; *~ vacances* vacation package **2.** *(Fisc)* empirical/presumptive tax assessment.

forfaitaire [fɔʀfetɛʀ] *adj* fixed, flat ; *indemnité ~* lump sum payment ; *redevance ~* standard charge ; *somme ~* lump sum.

forfaiture [fɔʀfetyʀ] *nf (Jur)* breach of duty, misuse of authority, crime committed by a civil servant in the course of his employment.

formalisme [fɔʀmalism] *nm* formalism.

formalité [fɔʀmalite] *nf* formality ; *~s* *administratives longues et complexes* long and complex formalities, paper-work, *(fam)* red tape ; *~s douanières* customs formalities.

formation [fɔʀmasjɔ̃] *nf* **1.** creation **2.** education, training ; *~ en alternance* employment contract permitting young people to alternate work and study, *(UK)* sandwich course(s) ; *~ continue* continu-ing education, adult education ; *~ in-terne* in-house training ; *~ permanente* continuing education ; *~ profession-nelle* vocational training ; *programme de ~* training scheme ; *programme de ~ professionnelle* occupational training programme/program **3.** *(Cpta)* forma-tion ; *~ de stocks* building-up of in-ventories.

*formation brute de capital fixe (FBCF) *nf (Cpta)* gross fixed-capital formation (GFCF).

*formation de jugement *nf (Jur)* panel rendering a judgement/judgment (as op-posed to playing a conciliatory role).

forme [fɔʀm] *nf* **1.** form, shape ; *sous ~ de tableau* in tabular form **2.** *(Jur)* form, procedure, formality ; *en bonne et due ~* in due form ; *pour la (bonne) ~* in order to act in due form ; *vice de ~* technical procedural defect/error, legal flaw.

formel [fɔʀmɛl] *adj (f -elle)* **1.** *(Jur)* formal, written, procedural *(à dist.* substantive) **2.** strict ; *démenti ~* flat denial ; *ordre ~* strict order.

former [fɔʀme] *vt* **1.** create, form **2.** *(Jur) (société)* incorporate **3.** *(per-sonne)* train.

formulaire [fɔʀmylɛʀ] *nm* form ; *rem-plir un ~* fill in/out a form.

formulation [fɔʀmylasjɔ̃] *nf (lettre, contrat)* wording.

formule [fɔʀmyl] *nf* **1.** formula **2.** set phrase, standard wording ; *(à la fin d'une lettre) ~ de politesse* compli-mentary close ; *~ de télégramme* tele-gram style.

*formule exécutoire *nf (Jur)* language in a judgment which permits its execu-tion.

formuler [fɔʀmyle] *vt* formulate, draw up ; *(Jur) ~ une réclamation* lodge a claim/a complaint, file a claim.

fort [fɔʀ] *adj* strong ; *devise ~e* hard/strong currency ; *payer le prix ~* pay the full price.

fortuit [fɔʀtɥi] *adj* fortuitous ; *(Jur) cas ~* act of God.

fortune [fɔʀtyn] *nf* **1.** *(richesse)* fortune, wealth *(s inv)* ; *faire ~* make a fortune, *(fam)* make a pile ; *impôt sur la ~* wealth tax **2.** *(hasard)* fortune, luck ;

(Ass) ~*s de mer* perils of the sea ; *moyens de* ~ makeshift measures.

fortuné [fɔrtyne] *adj* rich, wealthy, well-off.

forum [fɔrɔm] *nm (aussi* **for***) (Jur)* forum, court.

fossé [fose] *nm* **1.** ditch **2.** *(fig)* gap, discrepancy.

fou [fu] *adj (f* **folle***)* mad, insane ; *(T)* *camion* ~ runaway lorry.

four [fur] *nm* **1.** oven **2.** *(échec)* flop, disaster, fiasco.

fourchette [furʃet] *nf* **1.** fork **2.** *(Eco)* bracket, range ; ~ *d'âge* age bracket ; ~ *d'imposition* tax bracket ; ~ *de prix* price range.

fourgon [furgɔ̃] *nm (T)* van ; ~ *à bagages* luggage van ; ~ *postal* mail van.

fourgonnette [furgɔnet] *nf (T)* delivery van, *(US)* delivery truck.

fourneau [furno] *nm (pl* -x*)* furnace, oven ; *(Ind)* **haut** ~ blast furnace.

fournir [furnir] *vt (en)* provide, supply (with) ; ~ *qch à qn* supply sb with sth. **fournir caution loc (Jur)* post bail.

fournisseur [furniscer] *nm inv* provider, supplier ; *(CI)* **crédit** ~ supplier credit, trade credit ; *(T)* ~ *d'équipements pour bateaux* shipchandler ; ~ *régulier/habituel* regular supplier ; *référence de* ~ trade reference.

fourniture [furnityr] *nf* **1.** *(action)* provision, supply, providing **2.** ~*s (objets)* supplies, provisions ; *(Cpta)* ~*s de bureau* office supplies.

fourrage [furaʒ] *nm (Agr)* feedstuff, fodder.

foyer [fwaje] *nm* household ; *femme au* ~ housewife ; *(Fisc)* ~ *fiscal* household (for tax purposes).

fraction [fraksjɔ̃] *nf* fraction, part ; *payer par* ~*s* pay in instalments/installments.

fractionnement [fraksjɔnmã] *nm* breaking-up, division ; *(Bs)* ~ *d'actions* stock-splitting ; *(Jur)* ~ *de la peine* permission to serve a sentence or pay a fine in instalments/installments.

fractionner [fraksjɔne] *vt* divide, split up ; ~ *un paiement* pay by instalments/installments.

fragile [fraʒil] *adj* fragile, delicate, brittle ; *(Emb)* «*fragile* » "handle with care".

fragmentation [fragmãtasjɔ̃] *nf* fragmentation.

fragmenter [fragmãte] *vt* break up, divide, fragment.

frais [fre] *adj (f* **fraîche***)* **1.** fresh

2. cool ; *(Emb)* «*tenir au* ~ » "keep in a cool place".

frais [fre] *nmpl* **1.** costs, expenses, expenditures ; ~ *d'entretien* maintenance charges ; *faire qch à ses* ~ do sth at one's expense ; *(Jur)* ~ *de justice* court costs ; ~ *professionnels* business expenses (reimbursed by the employer) ; *rentrer dans ses* ~ cover one's expenses **2.** *(Eco/Mkg)* ~ *d'approche (du marché)* market-access costs ; *(Mkg)* ~ *de prospection* canvassing expenses **3.** *(Bq/Cpta/Fin)* charges ; ~ *afférents à la dette* debt charges ; ~ *bancaires* bank charges ; ~ *de constitution/ d'établissement* preliminary/initial expenses ; ~ *à étaler* expenses to amortize ; ~ *fixes* fixed charges/expenses/ costs ; ~ *généraux* general expenses, overheads **4.** *(prix d'un service)* charges, fees ; *sans* ~ free of charge ; *(T)* ~ *d'allège* lighterage charges ; ~ *d'amarrage/de mouillage* berthage charges, berthing ; ~ *d'arrimage* stowage charges ; *(D)* ~ *de douane* customs charges ; ~ *d'envoi* shipping and handling charges ; ~ *de livraison* delivery charges ; ~ *de magasinage* storage/ warehouse charges ; ~ *de manutention* handling charges ; ~ *de mise à quai* wharfage charges ; ~ *de portage* portage ; ~ *de remorquage* towage charges ; ~ *de surcharge* excess (baggage) charge ; *(T)* ~ *de stationnement* parking fees *(navire)* demurrage ; ~ *de transport* transport charges/costs.

franc [frã] *adj (f* **franche***)* **1.** free ; *(T)* ~ *de port* free of delivery costs ; *zone franche* free zone, free trade zone (FTZ) **2.** *(personne)* frank, open, straightforward.

franc [frã] *nm (Fin)* franc ; ~ *CFA* CFA franc ; ~ *français* French franc ; ~ *suisse* Swiss franc ; ~ *vert* green franc.

français [frãse] *adj* French.

Français [frãse] *nm* Frenchman ; *F*~*e* Frenchwoman ; *les* ~ the French.

France [frãs] *nf* France.

franchir [frãʃir] *vt* **1.** *(frontière)* cross **2.** *(obstacle)* clear, overcome.

franchisage [frãʃizaʒ] *nm (Jur)* franchising.

franchise [frãʃiz] *nf* **1.** *(caractère)* frankness, openness, straightforwardness ; *en toute* ~ quite frankly **2.** *(Jur/ Mkg) (commerce)* franchise ; *accord de* ~ franchise agreement ; *contrat de* ~ franchise agreement ; *magasin en* ~ franchised outlet/shop/store ; *(Jur)* *master* ~ master franchise **3.** *(D/Fisc)* exemption ; ~ *douanière* exemption from duty ; ~ *fiscale* tax exemption ; *admission en* ~ duty-free entry ; *importer en* ~ import duty-free ; *(Ass/T) en* ~ *d'avarie* free of average ; *en* ~ *postale* post free ; *(Pol) (US)* ~ *postale* franking privilege 4. *(Ass) (UK)* excess, *(US)* deductible.

franchisé [fʀɑ̃ʃize] *nm (Jur)* franchisee ; *master* ~ master franchisee.

franchiser [fʀɑ̃ʃize] *vt* franchise, grant a franchise.

franchiseur [fʀɑ̃ʃizœʀ] *nm inv* franchiser, franchisor.

francisation [fʀɑ̃sizasjɔ̃] *nf* gallicization ; ~ *du nom* gallicization of a name ; *une demande de naturalisation peut être assortie d'une demande de* ~ *du patronyme* an application for (French) citizenship may include a request for the gallicizing of the applicant's surname.

franco [fʀɑ̃ko] *adv* free ; *(D/T)* ~ *dédouané* duty paid ; ~ *sur demande* free on request ; ~ *domicile* delivery free (of charge) ; ~ *de port* carriage free, *(marchandises)* carriage paid, *(courrier)* postage free ; ~ *de port et d'emballage* carriage paid and packing free ; ~ *de port, emballage en sus* carriage paid, packing extra ; ~ *à quai* free at wharf ; ~ *de tous frais* free of all charges.

***franco à bord (FOB)** *loc (T)* free on board (FOB).

***franco à bord (FOB) aéroport** *loc (T)* free on board (FOB) airport.

***franco le long du navire (FAS)** *loc (T)* free alongside ship (FAS).

***franco transporteur** *loc (T)* free carrier (FRC).

***franco wagon** *loc (T)* free on rail (FOR).

francophonie [fʀɑ̃kɔfɔni] *nf (Pol)* union of French-speaking states.

frappe [fʀap] *nf* 1. coinage, mintage, minting 2. typing ; *faute de* ~ typing/ typographical error 3. *(Pol) force de* ~ strike force.

frapper [fʀape] *vt* 1. hit, strike ; ~ *d'un droit* impose a duty ; ~ *de droits de douane* slap duties/tariffs on ; *(Jur) frappé d'incapacité* under a disability, incapacitated ; *(Jur) (contrat)* ~ *de nullité* render void 2. *(monnaie)* mint, coin.

fraude [fʀod] *nf* cheating, *(Jur)* fraud ; ~ *fiscale* tax evasion/fraud, *(fam)* tax-dodging ; *en* ~ fraudulently, unlawfully ; *(CI/D) passer des marchandises en* ~ smuggle goods.

frauder [fʀode] *vt* cheat, defraud, swindle ; ~ *le fisc* cheat the taxman, dodge taxes, evade taxation.

fraudeur [fʀodœʀ] *nm* crook, swindler, tax-evader, smuggler.

frauduleux [fʀodylø] *adj (f* -euse) fraudulent.

FRC *v.* franco transporteur.

frein [fʀɛ̃] *nm* 1. *(Tech)* brake 2. *(fig)* check, restraint ; *c'est un coup de* ~ *à la dépense* it's a brake on spending ; *(Eco) politique du coup de* ~ *et d'accélérateur* stop-and-go policy.

***freins et contrepoids** *nm (Pol) (US) nm (système de)* ~ (system of) checks and balances.

freiner [fʀene] *v* 1. *vi* slow down 2. *vt (dépenses)* curb.

fréquence [fʀekɑ̃s] *nf* 1. rate, frequency 2. *(radio)* frequency.

fret [fʀɛt] *nm (T)* freight ; ~ *aérien* air cargo, airborne freight, airfreight ; ~ *d'aller* outward freight ; ~ *brut* gross freight ; ~ *à embarquer en attente* stand-by freight ; ~ *ferroviaire* rail freight ; ~ *forfaitaire* lump sum freight ; ~ *maritime* seaborne freight ; ~ *ou port payé, assurance comprise (CIP)* freight or carriage and insurance paid (CIP) ; ~ *payable à destination* freight forward ; ~ *payé d'avance* freight prepaid ; ~ *à payer d'avance* freight to be prepaid ; ~ *prêt à embarquer* on-hand freight ; ~ *de retour/de sortie* home freight/onward freight ; ~ *à temps* time freight ; *donner un navire à* ~ freight out a ship ; *faux* ~ dead weight ; *prendre du* ~ take in freight.

fréter [fʀete] *vt* 1. *(loueur)* charter, hire 2. *(donner en location)* freight out.

fréteur [fʀetœʀ] *nm inv* shipowner ; ~ *et affréteur* owner and charterer.

friche [fʀiʃ] *nf (Agr)* waste land, fallow land ; *terres en* ~ land lying fallow.

frictionnel [fʀiksjɔnɛl] *adj (f* -elle) frictional ; *(Eco) chômage* ~ frictional unemployment.

front [fʀɔ̃] *nm* front ; *sur le* ~ *des salaires* on the wage front.

frontière [fʀɔ̃tjɛʀ] *nf (Pol)* border, boundary, frontier.

fructifier [fʀyktifje] *vi* bear/yield interest.

fructueux [fʀyktɥø] *adj (f* -ueuse) fruitful, profitable.

fructus [fʀyktys] *nm (Jur)* fructus.

fruit [fʀɥi] *nm* 1. fruit 2. ~*s (fig)* fruits ; *les* ~*s du travail* the fruits of labour/labor ; *nos efforts ont porté leurs* ~*s* our efforts have borne fruit/have been successful.

FSE *v.* Fonds social européen.

fuir [fɥiʀ] *vi* **1.** flee **2.** *(eau)* leak.

fuite [fɥit] *nf* **1.** flight; *(Fin)* ~ *des capitaux* flight of capital; ~ *des cerveaux* brain drain; *(Jur) délit de* ~ failure to report an accident, leaving the scene of an accident; *(Eco)* ~ *devant la monnaie* flight from cash/money/currency **2.** *(eau, information)* leak.

fuseau [fyzo] *nm (pl -x)* ~ *horaire* time zone.

fusion [fyzjɔ̃] *nf* **1.** *(Mgt)* amalgamation, merger **2.** combination; *(Jur)* ~ *des actions* consolidation of actions.

fusionner [fyzjɔne] *vi* merge, amalgamate.

fût [fy] *nm (Emb)* cask, barrel.

futur [fytyʀ] *adj* future; *nos* ~*s acheteurs* our future/prospective buyers.

G

GAB *v.* **guichet automatique de banque.**

gabarage [gabaʀaʒ] *nm (T)* lighterage.

gabarit [gabaʀi] *nm* **1.** *(camion)* size **2.** *(Tech)* gauge.

gabelle [gabɛl] *nf (obs)* salt tax.

Gabon [gabɔ̃] *nm* Gabon.

gabonais [gabɔnɛ] *adj* Gabonese.

Gabonais [gabɔnɛ] *nm* Gabonese *(pl inv).*

gâcher [gɑʃe] *vt* spoil, waste.

gadget [gadʒɛt] *nm* gadget, gimmick, *(Mkg)* widget.

GAEC *v.* **groupement agricole d'exploitation en commun.**

gage [gaʒ] *nm* **1.** pledge, *(Jur)* lien; *mettre en* ~ pledge; *prêteur sur* ~*s* pawnbroker **2.** *(Jur)* collateral, security; *certificat de non-*~ document certifying that a vehicle for sale is not subject to any credit purchase agreement **3.** ~*s* wages.

gager [gaʒe] *vt* **1.** pledge, *(mont-de-piété)* pawn **2.** *(Jur)* secure; ~ *un emprunt* secure a loan.

gageur [gaʒœʀ] *nm inv* pledger, *(mont-de-piété)* pawner.

gagiste [gaʒist] *nmf* pledgee, pawnee.

gagner [gaɲe] *vt* **1.** *(salaire)* earn **2.** *(prix)* win **3.** *(marché)* gain, capture.

*gagne-pain *nm (pl inv)* **1.** *(activité)* livelihood **2.** *(personne)* breadwinner.

gain [gɛ̃] *nm* **1.** increase; ~ *d'intérêt* increase in interest **2.** ~*s (avantages)* gains **3.** *(revenus)* earnings; ~*s de change* foreign exchange profits; ~ *journalier de base* daily wage **4.** *(économie) c'est un* ~ *de temps* it saves time; *c'est un* ~ *d'argent* it saves money.

galerie [galʀi] *nf* gallery; ~ *d'art* art gallery; *(Mkg)* ~ *marchande* shopping mall/arcade/mart.

galopant [galɔpɑ̃] *adj* galloping, runaway; *(Eco) inflation* ~*e* spiralling/rampant inflation.

Galles [gal] *n le pays de G*~ Wales.

gallois [galwa] *adj* Welsh.

Gallois [galwa] *nm* Welshman; *G*~*e* Welshwoman; *les G*~ the Welsh.

Gambie [gɑ̃bi] *nf* the Gambia.

gambien [gɑ̃bjɛ̃] *adj (f -ienne)* Gambian.

Gambien [gɑ̃bjɛ̃] *nm (f -ienne)* Gambian.

gamme [gam] *nf* range, line; *bas de* ~ bottom end of the range/line; ~ *de produits* product range, product line; *produit bas de* ~ down-market/bottom-end product; *produit haut de* ~ up-market/upscale/top-market product.

garant [gaʀɑ̃] *nm (Jur)* guarantor; *se porter* ~ *d'une dette* stand surety for a debt.

garantie [gaʀɑ̃ti] *nf* **1.** *(Com)* guarantee, warranty; *(Jur)* ~ *des droits* guarantee of rights; ~ *d'emprunt* loan guarantee (by the state) **2.** *(Ass)* cover, coverage; *fonds de* ~ contingency fund **3.** *(Jur)* security, guarantee, collateral; ~ *accessoire* collateral security; ~ *d'adjudication* tender guarantee, bid bond; *appel en* ~ action against one guaranteeing a debt; *(Cl/Jur)* ~ *de bonne exécution/de bonne fin* performance bond; ~ *de paiement* security for payment **4.** *(Eco)* ~ *de ressources* income support/maintenance; *(Fin)* ~ *de taux* forward rate agreement (*v.* accord de taux futur).

garantir [gaʀɑ̃tiʀ] *vt (produit)* guarantee, *(dette)* secure, *(Jur)* collateralize; ~ *un emprunt* secure a loan; *emprunt garanti* secured loan; *(Eco) salaire minimum garanti* minimum guaranteed wage.

garçon [gaʀsɔ̃] *nm* boy ; ~ *de bureau* office boy ; ~ *de course* errand boy, messenger boy.

garde[1] [gaʀd] *nf* **1.** *(Jur) (d'une personne)* custody ; *en* ~ *à vue* in police detention **2.** *(Jur) (d'un objet)* duty of care ; ~ *provisoire d'articles* interim custody of goods **3.** *mise en* ~ warning ; *(Pol)* increase of the powers of the government in the face of a national emergency (short of martial law).

garde[2] [gaʀd] *nmf (prison)* guard ; ~ *du corps* bodyguard ; ~ *forestier* forester, park warden, *(US)* park ranger.

***garde des Sceaux** *nm inv (Jur) (Fr)* Minister of Justice, *équiv. (UK)* Lord High Chancellor, *(US)* Attorney General.

garde-côte [gaʀdəkot] *nm inv (T)* coastguard.

gardien [gaʀdjɛ̃] *nm (f -ienne)* guardian, custodian, *(immeuble)* caretaker, *(prison)* guard, warden ; ~ *de nuit* nightwatchman.

gare [gaʀ] *nf* station ; *(T)* ~ *de départ (passagers)* station of departure, departure station, *(fret)* forwarding station ; ~ *de fret* cargo terminal, freight building, freight depot ; ~ *de marchandises* goods station ; ~ *de triage* marshalling yard ; ~ *maritime* harbour/harbor station ; ~ *routière (camions)* haulage depot, *(autocars) (UK)* coach station, *(US)* bus station.

garnir [gaʀniʀ] *vt (de)* **1.** *(Emb)* fill (with) **2.** *(magasin)* stock (with).

gaspillage [gaspijaʒ] *nm* **1.** waste, wastage **2.** *(argent, ressources)* squandering.

gaspiller [gaspije] *vt* **1.** waste **2.** *(argent, ressources)* squander.

GATT [gat] *nm ab de* General Agreement on Tariffs and Trade.

gazoduc [gazodyk] *nm* (gas) pipeline.

gazole [gazɔl] *nm (UK)* diesel oil, *(US)* gas oil.

GEIE *v.* **groupement européen d'intérêt économique.**

gel [ʒɛl] *nm* freeze, freezing ; *(Eco)* ~ *des prix* price freeze.

geler [ʒəle] *vti* freeze.

gendarmerie [ʒɑ̃daʀməʀi] *nf (Fr)* **1.** state police force **2.** police station.

gêne [ʒɛn] *nf* **1.** hindrance, inconvenience **2.** financial embarrassment ; *(Cpta)* ~ *de trésorerie* lack of cash.

général [ʒeneʀal] *adj (mpl -aux)* general ; *assemblée* ~*e (AG)* general meeting ; *direction* ~*e* head office ; *frais*

généraux overhead expenses, overheads.

généraliser [ʒeneʀalize] *v* **1.** *vt* generalize **2.** *vpr (grève) se* ~ become widespread.

générateur[1] [ʒeneʀatœʀ] *adj (f -trice) (de)* causing, entailing, resulting in.

générateur[2] [ʒeneʀatœʀ] *nm* power plant, power station.

générique[1] [ʒeneʀik] *adj* generic ; *(Mkg) produits* ~*s* generics, no-brand goods.

générique[2] [ʒeneʀik] *nm (film)* credit titles.

génie [ʒeni] *nm* **1.** *nm inv (personne)* genius **2.** engineering ; ~ *civil* civil engineering ; *(Inf)* ~ *logiciel* software engineering ; ~ *mécanique* mechanical engineering.

génocide [ʒenɔsid] *nm (Jur)* genocide.

genre [ʒɑ̃ʀ] *nm* kind, type ; *en tous* ~*s* of all kinds ; ~ *de vie* life style.

gens de maison [ʒɑ̃dməzɔ̃] *nmpl* domestic employees, servants.

Géorgie [ʒeɔʀʒi] *nf* Georgia.

géorgien [ʒeɔʀʒjɛ̃] *adj (f -ienne)* Georgian.

Géorgien [ʒeɔʀʒjɛ̃] *nm (f -ienne)* Georgian.

gérable [ʒeʀabl] *adj* manageable.

gérance [ʒeʀɑ̃s] *nf* management ; *(Inf)* ~ *informatique* facilities management ; *(Jur) en* ~ *libre* with a management agreement ; *prendre une affaire en* ~ take over the management of a business ; *en* ~ *salariée* with a hired person managing the business.

gérant [ʒeʀɑ̃] *nm* manager, managing agent ; ~ *majoritaire* manager having a controlling interest in a corporation ; ~ *minoritaire/égalitaire* manager having less than a controlling interest in a corporation ; ~ *de société* corporate manager.

gerbage [ʒeʀbaʒ] *nm (empilage de conteneurs) (T)* stacking, palletization.

gerber [ʒeʀbe] *vt (T)* stack, palletize.

gérer [ʒeʀe] *vt* manage, run, operate, *(problème)* handle ; *entreprise bien gérée* well-run firm.

germains [ʒeʀmɛ̃] *nmpl (Jur)* (full) siblings.

gestion [ʒɛstjɔ̃] *nf* **1.** *(Eco/Fin)* management ; *(J.O.)* ~ *actif-passif (GAP)* assets and liabilities management (ALM) ; ~ *de la dette publique* public sector debt management/servicing ; ~ *financière* financial management ; ~ *de patrimoine/de portefeuille* assets management ; *(J.O.)* ~ *de trésorerie* cash management **2.** *(Mgt)* management ; ~ *automatisée/assistée par ordinateur* computer-assisted management ; ~ *des effectifs* manpower management ; ~ *d'entreprise* business management ; ~ *des entreprises* corporate management ; ~ *financière* financial management ; *frais de* ~ managing expenses, administrative expenses ; ~ *par ordinateur* computer-based management ; ~ *de projet* project management ; *(Mkg)* ~ *des produits* product management ; ~ *des ressources humaines* human resource management ; *(Mgt)* ~ *des risques* risk management ; *(Cpta)* ~ *des stocks (UK)* stock control, *(US)* inventory control **3.** conducting, management ; ~ *d'affaires* management of another's affairs ; ~ *de fait* de facto management.

gestionnaire [ʒɛstjɔnɛʀ] *nmf* administrator, manager.

Ghana [gana] *nm* Ghana.

ghanéen [ganeɛ̃] *adj* (f **-éenne**) Ghanaian.

Ghanéen [ganeɛ̃] *nm* (f **-éenne**) Ghanaian.

Gibraltar [ʒibʀaltaʀ] *n* Gibraltar.

GIE *v.* **groupement d'intérêt économique.**

gilet [ʒilɛ] *nm (T)* ~ *de sauvetage* life-jacket.

gisement [ʒizmã] *nm (minerai)* deposit ; ~ *houiller* coalfield ; ~ *pétrolier* oil field ; ~ *de main-d'œuvre* labour/labor pool.

glissement [glismã] *nm* slide ; *en* ~ *annuel* on a yearly slide ; *(Eco)* ~ *des salaires* wage drift.

glisser [glise] *vti* slip, slide.

global [glɔbal] *adj (mpl* **-aux)** **1.** *(d'ensemble)* comprehensive, overall ; *règlement* ~ lump settlement **2.** *(mondial)* global ; *l'économie* ~*e* the global economy.

globalisation [glɔbalizasjɔ̃] *nf (commerce, échanges)* globalization.

glose [gloz] *nf* gloss, explanatory note.

glossateur [glɔsatœʀ] *nm inv (Jur)* twelfth-century scholar writing on Roman law.

gondole [gɔ̃dɔl] *nf (Mkg)* gondola, merchandise rack ; *tête de* ~ gondola head.

gonflement [gɔ̃fləmã] *nm (de) (chiffres, résultats)* increase (in), swelling (of), expansion (of).

gonfler [gɔ̃fle] *vti* increase, swell.

Gosplan [gɔsplã] *nm (Eco)* Gosplan.

goulet [gulɛ] *nm v.* **goulot.**

goulot [gulo] *nm (aussi* **goulet)** *(Eco)* ~ *d'étranglement* capacity limitation, bottleneck.

gouvernement [guvɛʀnəmã] *nm* **1.** government ; ~ *de fait* de facto government **2.** *(régime présidentiel)* administration ; *le* ~ *Clinton* the Clinton administration.

grâce [gʀɑs] *nf* **1.** *(Jur)* pardon ; *(Fr)* *la* ~ *présidentielle lui a été accordée* he was granted a presidential pardon **2.** *délai de* ~ period of grace, grace period.

gracier [gʀasje] *vt* pardon.

gracieusement [gʀasjøzmã] *adv* free of charge.

gracieux [gʀasjø] *adj (f* **-ieuse) 1.** free of charge, complimentary ; *à titre* ~ free of charge **2.** *(Jur)* non-contentious.

grade [gʀad] *nm* grade, rank.

graduel [gʀadɥɛl] *adj (f* **-uelle)** gradual, progressive.

graduellement [gʀadɥɛlmã] *adv* gradually, by degrees.

grand [gʀã] *adj* big, large, great ; *(T)* *(rail)* ~*es lignes* trunk/main lines ; *(Cpta)* ~ *livre* ledger, book of final entry ; *(Mkg)* ~ *magasin* department store ; ~ *public* general public ; *(T) en* ~*e vitesse* by passenger train/ express/ fast goods service.

***grande école** *nf (Fr)* highly selective engineering or business school.

***grands électeurs** *nmpl (Pol) (US)* presidential electors (in Electoral College) ; *(Fr)* electors of members of the Senate.

Grande-Bretagne [gʀãdbʀətaɲ] *nf* Great Britain (*v.* **britannique).**

grandeur [gʀãdœʀ] *nf* importance, size, magnitude ; *ordre de* ~ order of magnitude ; *classé par ordre de* ~ sorted (out) by size.

grandir [gʀãdiʀ] *vi* grow, increase.

graphe [gʀaf] *nm* graph, chart.

graphique[1] [gʀafik] *adj* graphic ; *informatique* ~ computer graphics.

graphique[2] [gʀafik] *nm* graph, chart.

graphisme [gʀafism] *nm* graphics, style, styling.

graphiste [gʀafist] *nmf* graphic designer.

gratification [gʀatifikasjɔ̃] *nf* bonus, gratuity, tip, incentive ; ~ *au titre du treizième mois* Christmas bonus.

gratis [gʀatis] *adv* gratis, free of charge ; *à titre* ~ free of charge.

gratte-papier [gʀatpapje] *nm inv* pen-pusher.

gratuit [gʀatɥi] *adj* free, *(fig)* gratuitous ; *acte* ~ gratuitous action ; *(Bs/*

Fin) action ~e bonus share; *à titre ~* free of charge.

gratuité [gʀatɥite] *nf* exemption from payment.

***gratuité de la justice** nf (Jur) (Fr)* principle of free access to the judicial system.

gratuitement [gʀatɥitmā] *adv* free, free of charge.

gré [gʀe] *nm* **1.** *(Bq) de ~ à ~* over-the-counter, by contract, by mutual agreement; *(Jur) accord de ~ à ~* agreement reached by negotiation (rather than on the basis of bids); *(Bs) marché de ~ à ~* over-the-counter market **2.** *(Jur) (volonté) de bon ~* willingly; *contre son ~* against one's will; *de son plein ~* of one's own free will; *vous le ferez de ~ ou de force* you will do it whether you like it or not **3.** *(gratitude) savoir ~ à qn* thank sb, be obliged to sb; *et je vous en sais ~* and I am grateful to you for that; *nous vous saurions ~ de bien vouloir...* we would be grateful if you would...

grec [gʀek] *adj (f* **grecque***)* Greek.

Grec [gʀek] *nm (f* **Grecque***)* Greek.

Grèce [gʀes] *nf* Greece.

greffe [gʀef] *nm (Jur)* office of the clerk of the court.

greffier [gʀefje] *nm (f* **-ière***) (Jur)* clerk of the court; *~ en chef* chief clerk.

Grenade [gʀənad] *n* Grenada.

grevé [gʀəve] *adj* **1.** *(impôts)* weighed down; *nous sommes ~s d'impôts* we're crippled/burdened with taxes **2.** *(Jur)* encumbered.

grève [gʀev] *nf* strike; *~ des cheminots* rail strike; *droit de ~* right to strike; *~ de la faim* hunger strike; *être en ~* be on strike; *faire ~* go on strike, come out on strike, *(fam)* down tools; *~ générale* general/all-out strike; *lancer un (mot d') ordre de ~* call a strike; *~ sur le tas (US)* sit-down strike, sit-in; *~ perlée (UK)* go-slow, ca'canny strike, *(US)* work slowdown; *~ sans préavis* lightning strike; *~ sauvage* wildcat strike; *~ de solidarité* sympathy strike; *~ tournante* strike by rota; *~ des transports* transport strike; *~ du zèle* work-to-rule strike, *(US)* work slowdown.

grever [gʀəve] *vt* **1.** *(Jur)* burden, weigh down, encumber, charge **2.** *grevé d'impôts* crippled/burdened with taxes.

gréviste [gʀevist] *nmf* striker.

grief [gʀijef] *nm* **1.** grievance, complaint **2.** *(Jur)* prejudice, injury.

griffe [gʀif] *nf* **1.** signature, stamp

2. *(Mkg)* name tag, designer's name, maker's label.

grille [gʀij] *nf* grid, scale, schedule; *(Fin) ~ de parité* parity grid; *(Eco) ~ des salaires* salary scale; *~ de travail* worksheet.

***grille de la Fonction publique** nf (Fr)* hierarchy of positions and salaries in the civil service.

grimper [gʀɛ̃pe] *vi* climb, increase, rise, *(rapidement)* soar, rocket; *~ en flèche* skyrocket; *faire ~ les prix* push prices up.

gripper [gʀipe] *vpr (économie) se ~* seize up.

grivèlerie [gʀivelʀi] *nf (Jur)* offence/offense of ordering food or drink with no intention of paying for it.

Groenland [gʀɔenlād] *nm* Greenland.

groenlandais [gʀɔenlāde] *adj* of/from Greenland.

Groenlandais [gʀɔenlāde] *nm* Greenlander.

grogne [gʀɔɲ] *nf* discontent, grumbling.

gros[1] [gʀo] *adj (f* **grosse***)* big, heavy; *(salaire)* high, large; *~ consommateur* heavy user; *~ salaires* high wages.

***gros ouvrage** nm (bâtiment)* structural elements of a building, shell.

gros[2] [gʀo] *nm (Com) le (commerce de) ~* the wholesale trade; *acheter en ~* buy in bulk, buy wholesale; *commerçant en ~* wholesale dealer; *faire le ~ et le détail* sell wholesale and retail; *maison de ~* wholesale business; *prix de ~* wholesale price.

grosse[1] [gʀos] *adj v.* **gros**[1].

grosse[2] [gʀos] *nf* **1.** *(12 douzaines)* gross **2.** *(Jur)* original copy of a deed.

grossir [gʀosiʀ] *vti* increase, swell.

grossiste [gʀosist] *nmf* wholesaler.

groupage [gʀupaʒ] *nm (T)* bulking, consolidation, groupage; *envoi en ~* collective shipping; *service de ~* joint-cargo service, groupage service; *tarif de ~* groupage rate.

groupe [gʀup] *nm* **1.** group; *(Pol) ~ parlementaire* parliamentary group; *~ de pression* pressure group, lobby, *(US)* special interest group **2.** *(Mgt) ~ de conseillers* brain trust; *~ d'étude* task force, working party; *~ d'experts* panel of experts; *~ de réflexion* think-tank; *~ de travail* working party, task force **3.** *(Jur) ~ de sociétés* affiliated companies **4.** *(Mkg) ~ témoin* test group, testimony panel.

***Groupe de Cairns** nm (Eco)* Cairns Group.

***Groupe des Dix** nm (Eco)* Group of Ten (G10), the Paris Club.

*Groupe des Sept (G7) *nm (Eco)* Group of Seven (most industrialized countries) (G7).

*Groupe des Vingt *nm (Eco)* Group of Twenty.

groupement [grupmã] *nm* **1.** *(Com)* syndicate, pool **2.** *(Jur)* group ; **~ d'intérêt public** joint research venture by public institutions ; **~ politique** political grouping.

*groupement agricole d'exploitation en commun (GAEC) *nm (Agr/Jur)* form of business partnership in the agricultural sector.

*groupement européen d'intérêt économique (GEIE) *nm (Jur) (UE)* European partnership.

*groupement d'intérêt économique (GIE) *nm (Jur)* partnership, economic interest grouping.

grouper [grupe] *vt* **1.** *(moyens)* pool **2.** *(T)* bulk, batch ; **~ des marchandises** consolidate goods.

grue [gry] *nf (T)* crane ; **~ de bord** deck crane ; **droits de ~** crane duties ; **~ à flèche sur rails** gantry crane ; **~ pivotante** revolving crane.

grutier [grytje] *nm inv* crane driver/operator.

Guatemala [gwatemala] *nm* Guatemala.

guatémaltèque [gwatemaltɛk] *adj* of/from Guatemala.

Guatémaltèque [gwatemaltɛk] *nmf* native/inhabitant of Guatemala.

guerre [gɛʀ] *nf* war ; **faire la ~ à l'inflation** wage war on inflation ; **~ des prix** price war ; **~ d'usure** war of attrition.

guet-apens [gɛtapã] *nm (pl* **guets-apens)** trap.

guichet [giʃɛ] *nm* **1.** counter, position, window ; **~ fermé** position closed ; **payable au ~** payable at the counter ; *(Bq)* **~ unique** single-counter system.

*guichet automatique de banque (GAB) *nm (Bq) (UK)* automatic telling machine (ATM), *(US)* automatic/automated teller machine (ATM).

guichetier [giʃtje] *nm (f* **-ière)** *(Bq)* counter/bank clerk, *(US)* teller.

guide [gid] *nm inv* **1.** *(personne)* guide, leader **2.** *(manuel)* guidebook.

Guinée [gine] *nf* Guinea.

Guinée-Bissau [ginebiso] *nf* Guinea Bissau.

guinéen [gineɛ̃] *adj (f* **-éenne)** Guinean.

Guinéen [gineɛ̃] *nm (f* **-éenne)** Guinean.

Guyana [gɥijana] *nf* Guyana.

guyanais [gɥijanɛ] *adj* Guyanese.

Guyanais [gɥijanɛ] *nm* Guyanese *(pl inv).*

H

habeas corpus [abeaskɔʀpys] *nm (Jur)* habeas corpus, right to be brought to trial.

habile [abil] *adj* clever, able, skilful/skillful.

habileté [abilte] *nf* **1.** ability, cleverness, skill **2.** competence.

habilitation [abilitasjɔ̃] *nf* authorization, *(Jur)* capacitation, empowerment.

habiliter [abilite] *vt (Jur)* **~ qn à faire qch** empower/authorize sb to do sth ; **être habilité à faire qch** be empowered/entitled to do sth.

habillage [abijaʒ] *nm* packaging, presentation, dressing ; *(Cpta)* **~ du bilan** window-dressing of the balance-sheet, cooking of the books.

habillement [abijmã] *nm (industrie)* clothing industry, *(US)* garment trade ; **le textile et l'~** the textile and clothing industry.

habitant [abitã] *nm* inhabitant ; **revenu par ~** per capita income.

habitation [abitasjɔ̃] *nf* house, dwelling ; *(Fisc)* **taxe d'~** *(UK)* local rate/tax, *(US)* property tax.

*habitation à loyer modéré (HLM) *nf (Fr)* low-rent flat/apartment, *équiv. (UK)* council flat ; **les HLM** low-rent housing.

habiter [abite] *v* **1.** *vi* live **2.** *vt* dwell in, inhabit.

habitude [abityd] *nf* habit ; *(Mkg)* **~s d'achat** buying/shopping habits, purchasing patterns ; **~s de consommation** consumers' habits, consumption patterns.

habitué [abitɥe] *nm* regular customer, patron.

habituel [abitɥel] *adj (f* **-elle)** usual, regular.

Haïti [aiti] *n* Haiti.

haïtien [aisjɛ̃] *adj (f* **-ienne)** Haitian.

Haïtien [aisjɛ̃] *nm* (*f* **-ienne**) Haitian.

halage ['alaʒ] *nm* (*T*) haulage, towing; **chemin de ~** towpath.

hall ['ol] *nm* **1.** (*hôtel*) foyer **2.** (*Mkg*) hall; **~ d'exposition** showroom, exhibition hall.

halle ['al] *nf* (*souvent pl*) covered market; **les H~s** formerly the Paris wholesale food market.

handicap ['ãdikap] *nm* handicap, disability.

handicapé[1] ['ãdikape] *adj* handicapped, disabled.

handicapé[2] ['ãdikape] *nm* handicapped person; **les ~s** the handicapped, the disabled; **~ moteur/physique** physically handicapped person; (*parking*) **réservé aux ~s** parking for the disabled.

hangar ['ãgar] *nm* shed, (*entrepôt*) warehouse, (*avion*) hangar.

harcèlement ['arsɛlmã] *nm* harassment; (*Jur*) **~ sexuel** sexual harassment.

harceler ['arsəle] *vt* harass.

harmonisation [armɔnizasjɔ̃] *nf* harmonization; (*Fisc*) (*UE*) **~ fiscale** harmonization of tax systems.

harmoniser [armɔnize] *vt* harmonize.

hasard ['azar] *nm* chance; **au ~** at random; **coup du ~** stroke of luck; **distribution au ~** random distribution; **à tout ~** on the off chance.

hasarder ['azarde] *vt* hazard, risk, venture.

hasardeux ['azardø] *adj* (*f* **-euse**) daring, risky; **entreprise ~se** risky/daring venture.

hausse ['os] *nf* (*de*) rise (in), increase (in); **~ des prix** price increase, (*US*) price hike; (*loc*) **en ~** rising, on the rise; (*Bs*) **jouer à la ~** speculate on the market; (*Bs*) **marché à la ~** bull(ish) market; (*Eco*) **tendance à la ~** upward trend.

hausser ['ose] *vt* raise, increase.

haussier[1] ['osje] *adj* (*f* **-ière**) rising, (*Bs*) bullish.

haussier[2] ['osje] *nm inv* (*Bs*) bull (operator/speculator).

haut[1] ['o] *adj* high; (*Ind*) **~ fourneau** blast furnace; **en ~e mer** on the high seas.

*Haute Cour (de justice) *nf* (*Jur*) (*Fr*) High Court of Justice; court having power to impeach the president and government ministers.

*hautes études commerciales (HEC) *nfpl* (*Fr*) (*Ecole des*) **~** prestigious French business school.

haut[2] ['o] *nm* top, peak **1.** **des ~s et des**

bas ups and downs **2.** (*Cpta*) **~ de bilan** share capital, stockholders' equity **3.** (*Mkg*) **produit ~ de gamme** upmarket/upscale/high-grade product; **le ~ de gamme** the top end of the line, the top end of the range, the upper range **4.** (*Emb*) **« haut »** "this side up", "top".

hauteur ['otœr] *nf* height; **s'engager à ~ de** commit oneself for an amount of/to the extent of/to the tune of.

hayon ['ɛjɔ̃] *nm* (*voiture*) hatchback, tailgate; (*T*) **~ élévateur** tail lift.

hebdomadaire[1] [ɛbdɔmadɛr] *adj* weekly.

hebdomadaire[2] [ɛbdɔmadɛr] *nm* weekly (newspaper/magazine).

hébergement [ebɛrʒamã] *nm* accommodation, lodgings.

héberger [ebɛrʒe] *vt* accommodate, lodge; **~ pour la nuit** put up for the night.

HEC *v.* **hautes études commerciales.**

hedging ['ɛdʒiŋ] *nm* (*Bs*) hedging.

hédonisme [edɔnism] *nm* hedonism.

hégémonie [eʒemɔni] *nf* hegemony.

helvétique [elvetik] *adj* Swiss.

héréditaire [eredite] *adj* hereditary.

hérédité [eredite] *nf* **1.** heredity **2.** (*Jur*) (decedent's) estate.

héritage [eritaʒ] *nm* inheritance, succession.

hériter [erite] *vti* inherit.

héritier [eritje] *nm* (*Jur*) inheritor, heir; **~ par voie testamentaire** heir by devise.

héritière [eritjer] *nf* heiress.

hésitant [ezitã] *adj* **1.** (*personne*) hesitant, wavering **2.** (*marché*) unsteady, unsettled.

hétérogène [eterɔʒɛn] *adj* heterogeneous.

hétérogénéité [eterɔʒeneite] *nf* heterogeneity.

heure [œr] *nf* **1.** hour; **à l'~** on time, on schedule; **~ d'affluence** peak hour, rush hour; **~ d'arrivée prévue** estimated time of arrival (ETA); **~s de bureau** office hours; **~s creuses** off-peak hours; **~ d'été** daylight-saving time; **~ de fermeture** closing time; (*Jur*) **~s légales** official hours (during which documents may be executed); **~ d'ouverture** opening time; **~s d'ouverture** business hours; **~s ouvrables** business hours; **~ de pointe** rush hour, peak hour; **~s supplémentaires** overtime, hours worked in excess of the legal working week **2.** (*TV*) time; **~ d'antenne** air time; **~ de grande écoute** prime (viewing) time.

*heures de délégation *nfpl (Jur) (Fr)* number of hours with pay which a labour/labor representative is entitled to take off work (*v.* **crédit d'heures**).

heuristique [øʀistik] *adj* heuristic.

hiérarchico-fonctionnel [ˈjeʀaʀʃiko-fɔ̃ksjɔnɛl] *adj (f* **-elle**) *(Mgt)* staff and line.

hiérarchie [ˈjeʀaʀʃi] *nf* hierarchy.

hiérarchique [ˈjeʀaʀʃik] *adj* hierarchical ; *organisation/structure* ~ hierarchical organization/structure ; *supérieur* ~ (one's) immediate superior.

hisser [ˈise] *vt* heave up, hoist.

histogramme [istɔgʀam] *nm* histogram, bar graph, bar chart.

histoire [istwaʀ] *nf* history ; ~ *de la pensée économique* history of economic thought.

HLM *v.* **habitation à loyer modéré**.

hoirie [waʀi] *nf (Jur)* inheritance, succession.

holding [ˈɔldiŋ] *nmf (Jur/Mgt)* holding company.

homicide [ɔmisid] *nm (Jur)* homicide, murder ; ~ *ou blessures par imprudence* death or injuries caused by negligence ; ~ *involontaire* manslaughter, involuntary homicide ; ~ *volontaire* wilful homicide, *(US)* second degree murder ; ~ *volontaire avec préméditation* premeditated murder, *(US)* first degree murder.

homme [ɔm] *nm* man ; ~ *d'affaires* businessman ; ~ *de loi* lawyer ; ~ *de paille* dummy, strawman ; ~ *de peine* labourer/laborer.

homogène [ɔmɔʒɛn] *adj* homogeneous.

homogénéité [ɔmɔʒeneite] *nf* homogeneity ; *(Eco)* ~ *des produits* homogeneity of products.

homologation [ɔmɔlɔgasjɔ̃] *nf* **1.** approval, certification **2.** *(Jur)* official approval, homologation ; ~ *de testament* probate of will.

homologue [ɔmɔlɔg] *nmf* counterpart, equivalent.

homologué [ɔmɔlɔge] *adj (Jur)* officially approved.

homologuer [ɔmɔlɔge] *vt (Jur)* approve, certify.

Honduras [ˈɔ̃dyʀas] *nm* Honduras.

hondurien [ˈɔ̃dyʀjɛ̃] *adj (f* **-ienne**) Honduran.

Hondurien [ˈɔ̃dyʀjɛ̃] *nm (f* **-ienne**) Honduran.

Hong-Kong [ˈɔ̃gkɔ̃g] *n* Hong Kong.

Hongrie [ˈɔ̃gʀi] *nf* Hungary.

hongrois [ˈɔ̃gʀwa] *adj* Hungarian.

Hongrois [ˈɔ̃gʀwa] *nm* Hungarian.

honneur [ɔnœʀ] *nm* honour/honor ; *être à l'~ de qn* be a credit to sb ; *c'est tout à votre* ~ it's a credit to you ; *faire à ses engagements* honour one's commitments ; *invité d'*~ guest of honour/honor.

honoraire [ɔnɔʀɛʀ] *adj* honorary.

honoraires [ɔnɔʀɛʀ] *nmpl* fees ; *(Jur)* ~ *d'avocat* attorney's fees ; *note d'*~ bill, account ; *verser des* ~ pay a fee.

honorariat [ɔnɔʀaʀja] *nm* honorary title.

honorer [ɔnɔʀe] *vt* honour/honor ; ~ *ses engagements* fulfil/fulfill one's promises, honour a commitment ; *ne pas* ~ *ses dettes* default on a debt ; *ne pas* ~ *ses engagements* fail to fulfil/fulfill one's promises ; *(Fin) ne pas* ~ *une traite* dishonour a draft.

honorifique [ɔnɔʀifik] *vt* honorary.

hôpital [ɔpital] *nm (pl* **-aux**) hospital.

horaire[1] [ɔʀɛʀ] *adj* hourly ; *décalage* ~ time difference ; *souffrir du décalage* ~ suffer from jetlag ; *fuseau* ~ time zone.

horaire[2] [ɔʀɛʀ] *nm* **1.** schedule ; *(Mgt)* ~ *individualisé* flexitime/flextime ; ~ *réduit* part-time employment **2.** *(T)* schedule, timetable.

horizon [ɔʀizɔ̃] *nm* **1.** horizon ; *(fig) l'~ économique* economic prospects ; *l'~ international* the international scene **2.** *faire un tour d'* ~ examine all the issues.

horizontal [ɔʀizɔ̃tal] *adj (mpl* **-aux**) horizontal ; *(Eco/Jur) concentration* ~*e* horizontal merger/concentration ; *intégration* ~*e* horizontal integration.

hors [ˈɔʀ] *prép* apart from, except, exclusive of ; ~ *champ* out of the picture, off-camera ; *(Jur) (nom, etc.) (article)* ~ *commerce* (item) for restricted sale only ; *(T) (navire)* ~ *conférence* outsider ; *(Cl/D/T)* ~ *contingent* above quota ; *(Bs)* ~ *cote* unlisted ; ~ *frontières* off-shore ; *(Bs) marché* ~ *cote* over-the-counter market ; ~ *saison* off-season ; ~ *série* custom-built ; ~ *service* out of order ; *(Emb) (dimensions)* ~*-tout* overall measurements.

*hors taxes (HT) *loc* exclusive of/ before tax, duty-free.

hospice [ɔspis] *nm* hospice.

hôtel [ɔtɛl] *nm* hotel ; ~ *des impôts* tax office ; ~ *de la monnaie* mint ; ~ *de police* police headquarters ; ~ *de ville* town hall, city hall ; ~ *des ventes* auction room.

hôtelier[1] [ɔtəlje] *adj (f* **-ière**) hotel ; *école hôtelière* hotel management school, *(UK)* catering college ; *l'indus-*

trie hôtelière the hotel trade, the hospitality business.

hôtelier[2] [ɔtəlje] *nm (f* **-ière)** hotel owner, hotel manager.

hôtellerie [ɔtɛlʀi] *nm* hotel trade.

houille ['uj] *nf (Ind)* coal ; ~ *blanche* hydroelectricity.

houiller ['uje] *adj (f* **-ère)** coal ; *bassin* ~ coalfield.

houillère ['ujɛʀ] *nf* coalmine.

HT *v.* **hors taxes.**

huis-clos ['ɥiklo] *nm (Jur) (à)* ~ behind closed doors, in camera ; *session à* ~ closed session, session behind closed doors ; *demander le* ~ ask for a case to be heard in camera.

huissier [ɥisje] *nm inv* **1.** ~ *(portier)* usher **2.** ~ *(Jur) (de justice)* bailiff.
***huissier audiencier** nm inv (Jur)* bailiff, court attendant.
***huissier de justice** nm inv (Jur)* process-server, marshall ; legal officer who can execute judgments, prepare certain documents, and serve papers.

huitaine ['ɥiten] *nf* eight-day period ; *sous* ~ within a week.

humanité [ymanite] *nf* mankind, humanity ; *(Jur) crimes contre l'* ~ crimes against humanity.

humidité [ymidite] *nf* humidity, damp ; *(Emb) craint l'* ~ keep dry, store in a dry place.

hypérette [ipeʀet] *nf (Mkg)* small hypermarket.

hyperinflation [ipeʀɛ̃flasjɔ̃] *nf* hyperinflation.

hypermarché [ipeʀmaʀʃe] *nm (Mkg)* hypermarket.

hypothécable [ipɔtekabl] *adj (Jur)* mortgageable.

hypothécaire [ipɔtekɛʀ] *adj (Jur)* mortgage ; *contrat* ~ mortgage deed ; *créancier* ~ mortgagee ; *débiteur* ~ mortgagor ; *marché* ~ mortgage-loan market ; *prêt* ~ mortgage loan.

hypothèque [ipɔtɛk] *nf (Jur)* mortgage ; *biens francs d'* ~ clear estate ; *bureau des* ~s mortgage registry ; ~ *conventionnelle* conventional mortgage ; *constitution/extinction d'une* ~ creation/extinguishing of a mortgage ; ~ *fiduciaire* trust mortgage ; ~ *immobilière* real property mortgage ; ~ *intégrante* wraparound mortgage ; ~ *judiciaire* judicial mortgage ; *lettre d'* ~ mortgage deed/act ; *mainlevée d'* ~ release of a mortgage ; ~ *maritime* maritime lien ; ~ *mobilière* chattel mortgage ; ~ *de premier rang* first mortgage ; *prendre une* ~ take out a mortgage ; ~ *de priorité* priority mortgage ; *purger une* ~ redeem a mortgage ; *purge d'une* ~ redemption of a mortgage ; ~ *de rang inférieur* second/junior/subsequent mortgage.

hypothéquer [ipɔteke] *vt (propriété)* mortgage, *(dette)* secure.

hypothèse [ipɔtɛz] *nf* assumption, hypothesis *(pl* hypotheses*)* ; ~ *de base* basic assumption ; *faire l'* ~ *que...* assume that ; ~ *de travail* working assumption/hypothesis ; *(Fin)* ~ *du coupon zéro* zero-coupon hypothesis.

hypothétique [ipɔtetik] *adj* hypothetical.

I

IA *v.* **intelligence artificielle.**

identification [idɑ̃tifikasjɔ̃] *nf* identification ; *(Mkg)* ~ *de marque* brand recognition.

identifier [idɑ̃tifje] *vt* identify.

identique [idɑ̃tik] *adj* identical.

identité [idɑ̃tite] *nf* identity ; *carte d'* ~ identity card, *(US)* I.D. card.

ignifugé [iɲifyʒe] *adj (Emb)* fireproof, fire-resistant.

illégal [ilegal] *adj (Jur) (mpl* **-aux)** illegal, unlawful, unauthorized ; *grève* ~*e* illegal strike.

illégalement [ilegalmɑ̃] *adv* illegally, unlawfully.

illégalité [ilegalite] *nf (Jur)* illegality, unlawfulness ; *agir dans l'* ~/*en toute* ~ act unlawfully ; *commettre une* ~ break the law.

illégitime [ileʒitim] *adj* illegitimate ; *enfant* ~ illegitimate child ; *prétention* ~ unwarranted claim.

illettré [iletʀe] *adj* illiterate.

illicite [ilisit] *adj (Jur)* illicit, unlawful.

illimité [ilimite] *adj* unlimited ; *congé* ~ indefinite leave ; *(Jur) responsabilité* ~*e* unlimited liability.

illusion [ilyzjɔ̃] *nf* illusion; *(Eco)* ~ *monétaire* money illusion.

îlot [ilo] *nm* **1.** block (of houses) **2.** *(Mkg)* display stand.

îlotage [ilɔtaʒ] *nm (Jur)* community policing.

image [imaʒ] *nf* image; ~ *de l'entreprise* corporate image; *(Cpta)* ~ *fidèle* fair representation, true and fair view; *(Mkg)* ~ *de marque* brand image; *(Mkg)* *constitution d'une* ~ image-building.

imbattable [ɛ̃batabl] *adj* unbeatable; *prix* ~*s* rock-bottom prices.

imitation [imitasjɔ̃] *nf* imitation, copy; ~ *frauduleuse* counterfeit good, forgery.

imiter [imite] *vt* imitate, copy.

immatériel [imateʀjel] *adj (f* -**ielle**) intangible; *(Cpta)* **actifs** ~*s* intangible assets.

immatriculation [imatʀikylasjɔ̃] *nf* **1.** registration; *(T)* *plaque d'*~ *(UK)* number plate, *(US)* license plate; ~ *à la Sécurité sociale* registration with the social security administration (for health-care coverage) **2.** *(Jur)* incorporation, registration of companies; ~ *au registre du commerce* incorporation.

immatriculer [imatʀikyle] *vt* **1.** register **2.** *(Jur) (société)* incorporate.

immédiat [imedja] *adj* immediate; *dans l'*~ for the time being; *(Jur)* *jouissance* ~*e* immediate possession; *livraison* ~*e* immediate delivery.

immédiatement [imedjatmã] *adv* immediately.

immeuble[1] [imœbl] *adj (Jur)* real, fixed, immovable; *biens* ~*s* real property, real estate.

immeuble[2] [imœbl] *nm* **1.** building; ~ *(de bureaux) (UK)* office block, *(US)* office building; ~ *(d'habitation) (UK)* block of flats, *(US)* apartment building **2.** *(Jur)* real property; ~*s par destination* fixtures; *(Cpta)* ~ *de rapport* revenue-producing property.

immigrant [imigʀã] *nm* immigrant.

immigration [imigʀasjɔ̃] *nf* immigration.

immigré[1] [imigʀe] *adj* immigrant; *travailleurs* ~*s* migrant labour/labor, *(UK)* immigrant workers, *(US)* migrant workers.

immigré[2] [imigʀe] *nm* immigrant.

immigrer [imigʀe] *vi* immigrate.

immiscer [imise] *vpr* s'~*(dans)* interfere (in), meddle (in).

immobilier[1] [imɔbilje] *adj (f* -**ière**) real, fixed; *agence immobilière (UK)* estate agency, *(US)* real estate agency; *agent* ~ *(UK)* estate agent, *(US)* real estate agent, *(US)* realtor; *biens* ~*s* real property, real estate; *crédit* ~ real estate loan; *(Jur)* *saisie immobilière* seizure of real property; *société immobilière* real estate development company; *vente immobilière* sale of real property.

immobilier[2] [imɔbilje] *nm l'*~ the real estate business, the real estate market, *(UK)* the property business/market; ~ *locatif* rental market.

immobilisation [imɔbilizasjɔ̃] *nf* **1.** immobilization, tying-up; *(Jur)* ~ *de véhicule* punishment which deprives the owner of a vehicle of its use **2.** *(Cpta)* ~*s* fixed assets, capital assets; ~*s corporelles* property, plant and equipment, tangible assets; ~*s* *corporelles en cours* fixed assets under construction, capital works in progress, *(US)* construction in progress; ~*s financières* long-term loans and investments; ~*s incorporelles* intangible assets.

immobiliser [imɔbilize] *vt* immobilize, tie up; *(Cpta)* **actifs immobilisés** fixed assets.

immunité [imynite] *nf* immunity; *(Jur)* ~ *d'exécution* immunity from execution (of judgments); ~ *diplomatique* diplomatic immunity; *(Fisc)* ~ *fiscale* immunity from taxation; *(Jur)* (diplomates, etc.) ~ *de juridiction* immunity from jurisdiction of the courts; *(Pol)* ~ *parlementaire* parliamentary immunity.

immutabilité [imytabilite] *nf* immutability.

impact [ɛ̃pakt] *nm* impact; *(Mkg)* *étude d'*~ impact study.

impact sur la rentabilité de la stratégie mercatique (IRSM) nm (Mkg) profit impact of marketing strategy (PIMS).

impair[1] [ɛ̃pɛʀ] *adj (chiffre)* odd, uneven.

impair[2] [ɛ̃pɛʀ] *nm* blunder.

impartial [ɛ̃paʀsjal] *adj (mpl* -**iaux**) impartial, unbiased.

impartir [ɛ̃paʀtiʀ] *vt* grant, bestow; *délai imparti* allotted time.

impasse [ɛ̃pas] *nf* impasse, stalemate, deadlock; *être dans l'*~ *(UK)* be in deadlock, *(US)* be deadlocked; *(Eco)* ~ *budgétaire* budget deficit.

impayé[1] [ɛ̃peje] *adj* unpaid, outstanding; *(Bq) chèque* ~ dishonoured/dishonored cheque/check.

impayé[2] [ɛ̃peje] *nm (Cpta)* ~*s* outstanding payments, unpaid bills.

impeachment [impitʃment] *nm (Pol)* impeachment.

impenses [ɛ̃pɑ̃s] *nfpl (Jur)* improvement expenditure, expenditures for improvement of real property.

impératif[1] [ɛ̃peratif] *adj (f -ive)* **1.** imperative **2.** mandatory ; *décision impérative* binding decision ; *(Pol) mandat ~* binding political mandate (whereby elected officials are bound by the wishes of the voters).

impératif[2] [ɛ̃peratif] *nm* imperative, absolute requirement/necessity.

impérativement [ɛ̃perativmɑ̃] *adv* imperatively.

imperfection [ɛ̃pɛrfɛksjɔ̃] *nf* imperfection, defect, flaw.

impérial [ɛ̃perjal] *adj (mpl -iaux)* imperial.

impérialisme [ɛ̃perjalism] *nm (Pol)* imperialism.

implantation [ɛ̃plɑ̃tasjɔ̃] *nf* **1.** *(création)* establishment, setting-up ; *~ à l'étranger* foreign venture ; *(Mkg) ~ de produit* market penetration **2.** *(agencement)* layout ; *~ de l'usine* plant layout.

implanter [ɛ̃plɑ̃te] *v* **1.** *vt* establish, set up ; *~ des usines à l'étranger* set up plants overseas **2.** *vpr s'~* establish oneself, set up ; *s'~ sur le marché* gain a share of the market.

implémenter [ɛ̃plemɑ̃te] *vt (Inf) (programme)* install.

implicite [ɛ̃plisit] *adj* implicit, implied ; *(Jur) condition ~* implied condition.

impliquer [ɛ̃plike] *vt* **1.** imply **2.** involve ; *(Jur) être impliqué dans une affaire* be involved in a matter.

importable [ɛ̃pɔrtabl] *adj (CI)* importable.

importateur[1] [ɛ̃pɔrtatœr] *adj (f -trice) (CI)* importing ; *pays ~ d'énergie* energy-importing country.

importateur[2] [ɛ̃pɔrtatœr] *nm (f -trice) (CI)* importer, import merchant ; *~ exclusif* exclusive importer.

importation [ɛ̃pɔrtasjɔ̃] *nf (CI)* **1.** *(activité)* importing, importation, import trade ; *contingent d'~* import quota ; *droit d'~* import duty ; *licence d'~* import licence/license ; *prix à l'~* import price ; *~ temporaire* temporary importation **2.** *(marchandises) ~s* imported goods, imports ; *~s concurrentielles* competitive imports ; *~s parallèles* grey/gray market goods.

importer [ɛ̃pɔrte] *vt (CI) (de)* import (from).

import-export [ɛ̃pɔrɛkspɔr] *nm (CI)* import-export (trade) ; *entreprise d'~* import-export firm.

imposable [ɛ̃pozabl] *adj (Fisc)* taxable, assessable, liable to tax, subject to tax ;

marchandises ~s dutiable goods ; *minimum ~* tax threshold ; *revenu ~* taxable income.

imposé[1] [ɛ̃poze] *adj* **1.** obligatory ; *prix ~* fixed price, administered price ; *vente au détail à prix ~* resale price maintenance **2.** *(Fisc)* taxed ; *revenu ~* taxed income.

imposé[2] [ɛ̃poze] *nm (Fisc)* taxpayer.

imposer [ɛ̃poze] *vt* **1.** impose, dictate, prescribe ; *~ des conditions* set out conditions **2.** *(Fisc)* tax, levy a duty on ; *~ les plus-values* tax capital gains.

imposition [ɛ̃pozisjɔ̃] *nf (Fisc)* taxation ; *(document) avis d'~* tax notice ; *base d'~* tax base ; *~ conjointe* joint taxation ; *double ~* double taxation ; *~ forfaitaire* flat-rate taxation, presumptive assessment ; *~ progressive* progressive taxation ; *~ à la source* taxation at the source, *(US)* withholding tax, *(UK)* pay-as-you-earn (PAYE) ; *taux d'~* tax rate ; *tranche d'~* tax bracket ; *~ unitaire* unitary taxation.

impôt [ɛ̃po] *nm (Fisc)* tax ; *assiette de l'~* basis of taxation, tax base ; *barème de l'~* tax rate, tax schedule ; *~ sur les bénéfices (UK)* company tax, *(US)* corporation tax, *(US)* corporate income tax ; *~ sur les bénéfices exceptionnels* windfall (profits) tax ; *~ sur le capital* capital tax ; *~ sur la consommation* consumption tax ; *déclaration d'~s* income tax return ; *déductible des ~s* tax-deductible ; *~ direct* direct tax ; *~ foncier (UK)* land tax/land taxation, *(US)* property tax ; *exonéré d'~* exempt from tax ; *~ indirect* indirect tax ; *~ sur la fortune* wealth tax ; *~s locaux (UK)* local authority rates, *(UK)* community charge, *(UK) (jusqu'en 1993)* poll tax, *(US)* local taxes ; *~ sur les plus-values* capital-gains tax ; *recouvrement de l'~* tax collection ; *~ retenu à la source (US)* withholding tax, *(UK)* pay-as-you-earn (PAYE) ; *~ sur le revenu* income tax ; *~ sur les sociétés* corporate tax, *(US)* corporation tax, *(UK)* company tax ; *~ successoral* inheritance tax, *(UK)* legacy tax ; *tranches (du barème) de l'~* tax brackets.

impôt sur le revenu des personnes physiques (IRPP) *nm (Fisc) (Fr)* personal income tax.

impôt de solidarité sur la fortune (ISF) *nm (Fisc) (Fr)* wealth tax.

imprescriptibilité [ɛ̃prɛskriptibilite] *nf (Jur)* **1.** *(un droit)* indefeasibility **2.** term applied to a crime which is not subject to prescription, which has no statute of limitations.

imprescriptible [ɛ̃prɛskriptibl] *adj*

(Jur) **1.** *(un droit)* indefeasible **2.** *(crime)* not subject to prescription, having no statute of limitations.

impression [ɛ̃pʀesjɔ̃] *nf* **1.** impression ; *faire bonne/mauvaise* ~ create a good/ bad impression **2.** printing ; *faute d'~* misprint.

imprévision [ɛ̃pʀevizjɔ̃] *nf (Jur)* unforeseeable event ; *(Cl/Jur) clause d'~* hardship clause.

imprévoyance [ɛ̃pʀevwajɑ̃s] *nf (Jur)* lack of foresight.

imprévoyant [ɛ̃pʀevwajɑ̃] *adj* **1.** short-sighted **2.** *(Jur)* negligent.

imprévu[1] [ɛ̃pʀevy] *adj* unforeseen, unexpected.

imprévu[2] [ɛ̃pʀevy] *nm* **1.** unforeseen event **2.** *(Cpta)* contingency ; *les ~s* contingency account.

imprimante [ɛ̃pʀimɑ̃t] *nf* printer ; ~ *à jet d'encre* ink-jet printer ; ~ *à laser* laser printer ; ~ *ligne à ligne* line printer ; ~ *à marguerite* daisy-wheel printer ; ~ *matricielle* dot-matrix printer.

imprimé [ɛ̃pʀime] *nm* (printed) form ; *(courrier) tarif* ~ printed (paper) rate.

imprimer [ɛ̃pʀime] *vt* print.

imprimerie [ɛ̃pʀimʀi] *nf* **1.** *(activité)* printing **2.** *(société)* printing works, printing press.

improductif [ɛ̃pʀɔdyktif] *adj (f* -**ive)** unproductive ; *capitaux ~s* idle capital.

impropre [ɛ̃pʀɔpʀ] *adj* unfit, inappropriate, unsuitable ; ~ *à la consommation* unfit for human consumption.

imprudence [ɛ̃pʀydɑ̃s] *nf* negligence, recklessness ; *(Jur) homicide par* ~ manslaughter.

impubère [ɛ̃pybɛʀ] *nmf* **1.** prepubescent minor **2.** *(Jur)* person ·who has not attained the legal age to marry.

impuberté [ɛ̃pybɛʀte] *nf* **1.** prepubescence **2.** *(Jur)* state of a person who has not attained the legal age to marry.

impulsion [ɛ̃pylsjɔ̃] *nf* impulse ; *(Mkg) achat d'~* impulse buying, impulse purchase ; *acheter par* ~ buy on impulse.

imputabilité [ɛ̃pytabilite] *nf (Jur)* imputability, *(Cpta)* chargeability.

imputable [ɛ̃pytabl] *adj* imputable, chargeable ; *(Jur) faute* ~ *à qn* liability chargeable to sb ; *(Cpta) somme* ~ *sur un crédit* amount chargeable to a loan.

imputation [ɛ̃pytasjɔ̃] *nf* **1.** imputation, accusation ; *~s calomnieuses* slanderous accusations/charges **2.** *(Cpta/ Fin)* charging, allocation ; ~ *des charges* cost allocation ; ~ *d'un paie-*

ment application of a payment ; ~ *d'une somme* allocation of an amount.

imputer [ɛ̃pyte] *vt* **1.** impute, ascribe, attribute ; *(Jur)* ~ *un crime à qn* accuse sb of a crime **2.** *(Cpta/Fin)* charge, allocate, apply ; ~ *des frais sur un compte* charge expenses to an account.

inabordable [inabɔʀdabl] *adj* inaccessible ; *prix* ~ prohibitive price.

inactif[1] [inaktif] *adj (f* -**ive) 1.** inactive, idle ; *(Fin) capitaux ~s* idle capital ; *(Eco) la population inactive* the non-working population **2.** *(remède)* ineffective.

inactif[2] [inaktif] *nm (Eco) les ~s* the non-working population excluding the unemployed.

inactiver [inaktive] *vt* render idle.

inactivité [inaktivite] *nf* inactivity, idleness.

inadapté[1] [inadapte] *adj* inadequate, inappropriate ; *utiliser un outil* ~ *à la tâche* use a tool inadequate for the task.

inadapté[2] [inadapte] *nm* person with a mental handicap or social dysfunction ; *les ~s mentaux* the mentally handicapped ; *les ~s sociaux* the socially maladjusted.

inadmissible [inadmisibl] *adj* inadmissible, unacceptable.

inaliénabilité [inaljenabilite] *nf (Jur)* inalienability.

inaliénable [inaljenabl] *adj (Jur)* not transferable, not assignable, inalienable ; *droits ~s* inalienable rights.

inamical [inamikal] *adj (mpl* -**aux)** unfriendly ; *(Mgt) offre publique d'achat ~e* hostile takeover bid.

inamovibilité [inamɔvibilite] *nf (Jur)* security of tenure, life tenure ; ~ *des magistrats* life tenure of judges.

inapplicable [inaplikabl] *adj* inapplicable.

inapte [inapt] *adj (à)* unfit (for).

inaugural [inogyʀal] *adj (mpl* -**aux)** inaugural, initial ; *(Pol) discou·s* ~ inaugural address, maiden speech ; *(T) voyage* ~ maiden voyage.

inauguration [inogyʀasjɔ̃] *nf* inauguration, dedication, *(édifice)* formal opening.

inaugurer [inogyʀe] *vt* inaugurate, dedicate, *(édifice)* open.

in bonis [in bɔnis] *loc (Jur)* in possession of one's property ; *débiteur* ~ debtor in control of his property.

incapable[1] [ɛ̃kapabl] *adj* **1.** incapable **2.** *(Jur)* mentally incompetent ; ~ *à tester* incompetent to make a will.

incapable[2] [ɛ̃kapabl] *nmf (Jur)* incompetent person, person under disability, mentally disabled person.

incapacité [ɛ̃kapasite] *nf* **1.** disability; *(Ass)* ~ **permanente partielle (IPP)** permanent partial disability; *(Ass)* ~ **temporaire de travail (ITT)** temporary work disability; *(Ass)* ~ **de travail** incapacity for work **2.** *(Jur)* incapacity, incompetence; ~ **électorale** loss of the right to vote; ~**s et déchéances** loss of certain civic rights upon criminal conviction; ~ **légale d'exercice des mineurs** incapacity of a minor.

incarcération [ɛ̃kaʀseʀasjɔ̃] *nf (Jur)* incarceration, imprisonment.

incarcérer [ɛ̃kaʀseʀe] *vt (Jur)* incarcerate, imprison.

incendie [ɛ̃sɑ̃di] *nm* fire; *(Ass)* **assurance-~/assurance contre l'~** *(UK)* fire assurance, *(US)* fire insurance; *(Jur)* ~ **volontaire** arson.

incertain[1] [ɛ̃sɛʀtɛ̃] *adj* uncertain.

incertain[2] [ɛ̃sɛʀtɛ̃] *nm (Fin)* price quoted in foreign currency.

incertitude [ɛ̃sɛʀtityd] *nf* uncertainty, doubt.

incessibilité [ɛ̃sesibilite] *nf (Jur)* non-transferability, non-assignability.

incessible [ɛ̃sesibl] *adj (Jur)* non-transferable, non-assignable.

inceste [ɛ̃sɛst] *nm (Jur)* incest.

incestueux [ɛ̃sɛstɥø] *adj (f -euse) (Jur)* incestuous.

incidemment [ɛ̃sidamɑ̃] *adv* incidentally, by the way.

incidence [ɛ̃sidɑ̃s] *nf* effect, impact; *(Fisc)* ~ **fiscale** tax incidence.

incident [ɛ̃sidɑ̃] *nm* **1.** incident; ~ **diplomatique** diplomatic incident **2.** *(Jur)* ~ **du procès** issue/point of law raised during a hearing which has the effect of suspending or terminating the matter; ~ **de faux** interlocutory proceeding for forgery.

incitation [ɛ̃sitasjɔ̃] *nf* incentive, inducement; *(Fisc)* ~ **fiscale** tax incentive.

inciter [ɛ̃site] *vt* incite, induce.

inclure [ɛ̃klyʀ] *vt* include.

inclus [ɛ̃kly] *adj* included, inclusive of; **frais de port** ~ postal/delivery charges included, inclusive of postal/delivery charges; **pièces** ~**es** enclosures.

incomber [ɛ̃kɔ̃be] *vi* ~ **à** be incumbent on; **cette charge vous incombe** this expense is your responsibility.

incommoder [ɛ̃kɔmɔde] *vt* inconvenience, disturb.

incompatibilité [ɛ̃kɔ̃patibilite] *nf* incompatibility **2.** *(Jur)* prohibition of

holding political posts engendering a conflict of interest.

incompatible [ɛ̃kɔ̃patibl] *adj* incompatible.

incompétence [ɛ̃kɔ̃petɑ̃s] *nf* **1.** *(ignorance)* incompetence **2.** *(Jur)* incompetence, incapacity; lack of jurisdiction; ~ **d'ordre public** lack of jurisdiction based on public policy; ~ **relevée d'office** lack of jurisdiction raised sua sponte.

incompétent [ɛ̃kɔ̃petɑ̃] *adj* **1.** *(inefficace)* incompetent **2.** *(Jur)* incompetent; *(tribunal)* lacking jurisdiction.

incomplet [ɛ̃kɔ̃plɛ] *adj (f -**ète**)* incomplete.

inconciliable [ɛ̃kɔ̃siljabl] *adj* irreconcilable, incompatible.

inconduite [ɛ̃kɔ̃dɥit] *nf* misconduct.

inconstitutionnalité [ɛ̃kɔ̃stitysjɔnalite] *nf (Jur)* unconstitutionality.

inconstitutionnel [ɛ̃kɔ̃stitysjɔnɛl] *adj (f -elle) (Jur)* unconstitutional; **loi inconstitutionnelle** unconstitutional law.

incontestable [ɛ̃kɔ̃tɛstabl] *adj* uncontestable, indisputable, beyond doubt.

incontesté [ɛ̃kɔ̃tɛste] *adj* uncontested, undisputed.

inconvénient [ɛ̃kɔ̃venjɑ̃] *nm* drawback, disadvantage.

inconvertibilité [ɛ̃kɔ̃vɛʀtibilite] *nf (Fin)* inconvertibility.

inconvertible [ɛ̃kɔ̃vɛʀtibl] *adj (Fin)* inconvertible.

incorporation [ɛ̃kɔʀpɔʀasjɔ̃] *nf* **1.** incorporation, inclusion, *(territoire)* annexation, *(militaires)* enlistment **2.** *(Fin)* capitalization; ~ **de réserves** capitalization of reserves.

incorporel [ɛ̃kɔʀpɔʀɛl] *adj (f -elle) (Jur)* intangible, incorporeal; **biens** ~**s** intangible assets.

incorporer [ɛ̃kɔʀpɔʀe] *vt* **1.** incorporate, include, *(territoire)* annex, *(militaires)* enlist **2.** *(Fin) (réserves)* capitalize.

incoté [ɛ̃kɔte] *adj (Bs)* unquoted, unlisted.

incoterms [ɛ̃kɔtɛʀm] *nmpl (CI/T) (ab de* International Commercial Terms) incoterms.

incrément [ɛ̃kʀemɑ̃] *nm* increment.

incrémentiel [ɛ̃kʀemɑ̃sjɛl] *adj (f -ielle) (Inf)* incremental.

incrimination [ɛ̃kʀiminasjɔ̃] *nf (Jur)* **1.** incrimination, accusation, indictment **2.** legislative act defining a crime.

incriminer [ɛ̃kʀimine] *vt (Jur)* **1.** incriminate, accuse, indict.

inculpation [ɛ̃kylpasjɔ̃] *nf (Jur)* **1.** accusation, indictment, charge **2.** *(action)* charging.

inculpé [ɛ̃kylpe] *nm (Jur) l'~* the accused, the defendant.

inculper [ɛ̃kylpe] *vt (Jur) (de)* accuse (of), indict (for), charge (with).

incurie [ɛ̃kyʀi] *nf (Jur)* carelessness, negligence.

Inde [ɛ̃d] *nf* India.

indécis [ɛ̃desi] *adj* undecided; *(Pol) électeurs ~* undecided voters, floating voters.

indéfectible [ɛ̃defɛktibl] *adj (Cpta)* non-wasting; *actifs ~s* non-wasting assets.

indélicat [ɛ̃delika] *adj* **1.** indelicate, tactless, coarse **2.** dishonest, unscrupulous.

indélicatesse [ɛ̃delikates] *nf* **1.** indelicateness, tactlessness **2.** dishonesty, unscrupulousness.

indemnisable [ɛ̃dɛmnizabl] *adj (Jur) (personne)* entitled to compensation, *(dommage)* indemnifiable.

indemnisation [ɛ̃dɛmnizasjɔ̃] *nf (Jur) (procédé)* indemnification, compensation **2.** *(paiement)* indemnity, compensation.

indemniser [ɛ̃dɛmnize] *vt (Jur)* indemnify, compensate; *ils ont été indemnisés* they received compensation.

indemnité [ɛ̃dɛmnite] *nf* **1.** compensation, indemnity; *~ d'assurance* insurance payment; *avoir droit à une ~* be entitled to compensation; *~ de clientèle* compensation for loss of goodwill; *~ d'éviction* compensation for eviction; *~ de licenciement* severance pay, compensation for termination; *(Jur) ~ de non-exécution du contrat* compensation for breach of contract; *(Jur) réclamer une ~* put in/file a claim for damages; *~ de rupture de contrat* severance pay **2.** allowance, benefit; *~s de chômage* unemployment benefits; *~ de déplacement* travel allowance; *~ d'expatriation* expatriate/expatriation allowance; *~ forfaitaire pour frais professionnels* flat allowance for professional expenses; *~ d'invalidité* disability allowance; *~ kilométrique* mileage allowance; *~ de logement* housing allowance; *~ journalière* per diem (allowance); *~ de maladie* sickness benefit; *(Pol) ~ parlementaire* allowance granted to a member of Parliament; *~ de représentation* entertainment allowance; *~ de résidence* living allowance; *~ de transport* travel allowance; *~ de vie chère* cost-of-living allowance/bonus.

indépendamment [ɛ̃depɑ̃damɑ̃] *adv (de)* regardless of, irrespective of.

indépendance [ɛ̃depɑ̃dɑ̃s] *nf* independence.

indépendant [ɛ̃depɑ̃dɑ̃] *adj* independent; *travailleur ~* freelance worker, self-employed worker; *les travailleurs ~s* the self-employed; *(Eco) variables ~es* independent variables.

index [ɛ̃dɛks] *nm (liste)* index.

indexation [ɛ̃dɛksasjɔ̃] *nf* indexation, indexing, index-linking, index-pegging; *clause d'~* escalator clause; *~ des salaires* wage indexation; *système d'~* indexation scheme.

indexé [ɛ̃dɛkse] *adj* indexed, index-linked, index-tied.

indexer [ɛ̃dɛkse] *vt* index, peg.

indicateur [ɛ̃dikatœʀ] *nm (Eco)* indicator; *~ d'alerte* warning indicator; *~ clé* key indicator; *~ économique* economic indicator; *(Bs) ~ instantané* immediate indicator; *~ de marché* market indicator; *seuil d'un ~* indicator threshold.

indicatif [ɛ̃dikatif] *adj (f -ive)* indicative; *à titre ~* for information only.

indicatif [ɛ̃dikatif] *nm* identifying code; *~ d'appel* call signal; *~ (téléphonique) (UK)* dialling code, *(US)* area code.

indication [ɛ̃dikasjɔ̃] *nf* indication; *~ de prix* price quotation; *(Cl/Jur) ~ de provenance* indication of origin.

indice [ɛ̃dis] *nm* **1.** clue, indication; *(Jur)* indirect evidence **2.** *(Eco/Fin)* index, ratio; *(Bs) ~ boursier* stock-exchange index; *(Fr) ~ CAC 40* CAC 40 index; *~ composite* composite index; *(Bs) ~ du cours des actions* share-price index; *(Eco) ~ du coût de la vie* cost-of-living index; *~ économique* economic indicator; *(Mkg) ~ d'écoute* audience rating; *(Bs) (US) ~ Dow Jones* Dow Jones index; *(Bs) (UK) ~ Footsie* FOOTSIE index, FTSE 100 share index; *(Eco) ~ global de la production industrielle* overall index of industrial production; *~ normalisé* standardized index; *~ à pondération constante* base-weighted index; *~ non pondéré* unweighted index; *~ pondéré* weighted index; *(Eco) ~ des prix* price index; *(Eco) ~ des prix de détail* retail-price index (RPI); *(Eco) ~ des prix de gros* wholesale-price index; *(Eco) ~ des prix au produit intérieur brut* gross domestic product deflator; *(Eco) ~ de la production* output index, production index; *(Bs) (US) ~ Standard & Poor* Standard & Poor's stock index; *(Bs) ~ de volume* volume index.

*indice des prix à la consommation (IPC) nm *(Eco)* consumer-price index (CPI).

indien [ɛ̃djɛ̃] adj (f **-ienne**) Indian.

Indien [ɛ̃djɛ̃] nm (f **-ienne**) Indian.

indifférence [ɛ̃diferɑ̃s] nf indifference ; *(Eco)* **courbe d'~** indifference curve.

indignité [ɛ̃diɲite] nf *(Jur)* disqualification ; **~ électorale** loss of voting rights upon conviction of a crime ; **~ successorale** forfeiture of the right to inherit due to commission of a crime.

indiquer [ɛ̃dike] vt indicate, show ; **à l'heure indiquée** at the appointed time ; **~ un prix** quote a price.

indirect [ɛ̃diʀɛkt] adj indirect ; *(Fisc)* **impôts ~s** indirect taxes ; *(Jur)* **preuve ~e** circumstantial evidence.

indisponibilité [ɛ̃dispɔnibilite] nf **1.** unavailability **2.** *(Jur)* inalienability, nontransferability, non-assignability.

indisponible [ɛ̃dispɔnibl] adj **1.** unavailable **2.** *(Jur)* inalienable, nontransferable, non-assignable ; **biens ~s** non-transferable property.

indissolubilité [ɛ̃disɔlybilite] nf indissolubility ; *(Jur)* **~ du mariage** indissolubility of marriage.

individu [ɛ̃dividy] nm inv individual.

individualisation [ɛ̃dividɥalizasjɔ̃] nf personalization, customization ; *(Jur)* **~ de la peine** tailoring punishment of an individual by taking into account characteristics such as age, sex, etc.

individualisé [ɛ̃dividɥalize] adj customized, personalized, tailor-made.

individualiser [ɛ̃dividɥalize] vt personalize, customize, tailor.

individuel [ɛ̃dividɥɛl] adj (f **-elle**) individual ; **entreprise ~le** one-man business.

indivis [ɛ̃divi] adj *(Jur)* undivided, joint ; **actions ~es** joint shares ; **biens ~** joint property, jointly-held property, undivided property ; **propriétaires ~** joint owners.

indivisaire [ɛ̃divizɛʀ] nmf *(Jur)* joint owner.

indivisément [ɛ̃divizemɑ̃] adv *(Jur)* jointly.

indivisibilité [ɛ̃divizibilite] nf indivisibility.

indivision [ɛ̃divizjɔ̃] nf *(Jur)* joint possession, joint ownership ; **propriété en ~** jointly-held property.

Indonésie [ɛ̃dɔnezi] nf Indonesia.

indonésien [ɛ̃dɔnezjɛ̃] adj (f **-ienne**) Indonesian.

Indonésien [ɛ̃dɔnezjɛ̃] nm (f **-ienne**) Indonesian.

indu [ɛ̃dy] adj **1.** undue **2.** *(Cpta)* not due, not yet owed.

inductif [ɛ̃dyktif] adj (f **-ive**) inductive ; **méthode inductive** inductive approach.

induire [ɛ̃dɥiʀ] vt induce, encourage ; **~ qn en erreur** mislead sb.

induit [ɛ̃dɥit] adj induced ; *(Eco)* **demande ~e** induced demand.

indûment [ɛ̃dymɑ̃] adv unduly, unjustifiably, improperly.

industrialisation [ɛ̃dystʀijalizasjɔ̃] nf industrialization.

industrialiser [ɛ̃dystʀijalize] v **1.** vt industrialize ; **pays industrialisés** industrialized countries **2.** vpr **s'~** become industrialized.

industrie [ɛ̃dystʀi] nf industry ; **~ aéronautique** aviation industry ; **~ alimentaire** food-processing industry ; **~ automobile** car/automobile/automotive industry ; **~ de base** basic industry, staple industry ; **~ du bâtiment** building trade ; **~ d'exportation** export industry ; **~ de l'habillement** clothing/apparel industry ; **~ légère** light industry ; **~ lourde** heavy industry ; **~ naissante** infant industry ; **~ de pointe** high-technology/high-tech industry ; **~ de transformation** processing industry, manufacturing industry ; **~ de services** service industry ; **~ sidérurgique** steel industry ; **~ du verre** glassware industry.

industriel [ɛ̃dystʀijɛl] adj (f **-ielle**) industrial ; **accident ~** industrial accident ; **espionnage ~** industrial espionage ; **propriété ~le** industrial property ; **propriété ~le** patent rights ; **restructuration ~le** industrial restructuring ; **zone ~le** industrial park, *(UK)* industrial estate.

industriel [ɛ̃dystʀijɛl] nm inv industrialist, manufacturer.

inefficace [inefikas] adj inefficient, ineffective.

inefficacité [inefikasite] nf inefficiency, ineffectiveness.

inélasticité [inelastisite] nf *(Eco)* inelasticity ; **~ de la demande** inelasticity of demand.

inélastique [inelastik] adj *(Eco)* inelastic.

inéligibilité [ineliʒibilite] nf **1.** ineligibility **2.** *(Pol)* ineligibility to hold public office.

inéligible [ineliʒibl] adj **1.** ineligible **2.** *(Pol)* ineligible to hold public office.

inemployé [inɑ̃plwaje] adj unused, idle.

inertie [inɛʀsi] nf inertia, sluggishness ; *(Mkg)* **vente par ~** inertia selling.

inescomptable [inɛskɔ̃tabl] adj *(Fin)* undiscountable.

inexécution [inɛgzekysjɔ̃] *nf (Jur) (contrat, obligations)* non-performance, non-execution, non-fulfillment.

inexigibilité [inɛgziʒibilite] *nf (Fin)* state of not being due; **~ d'une créance** character of a loan not due.

inexigible [inɛgziʒibl] *adj (Fin)* not due; **dette ~** debt which is not due.

inexploitable [inɛksplwatabl] *adj* unexploitable, unworkable.

inexploité [inɛksplwate] *adj* unexploited, *(ressources)* untapped.

in extenso [inɛkstɛ̃so] *loc* in full; *(Jur)* **document ~** complete and exact copy of a document.

infamant [ɛ̃famɑ̃] *adj* infamous, ignominious; *(Jur)* **peine ~e** penalty involving loss of civic rights.

infanticide [ɛ̃fɑ̃tisid] *nm (Jur) (crime)* infanticide.

inférieur[1] [ɛ̃ferjœr] *adj* lower, smaller, poorer; **~ à la normale** below normal.

inférieur[2] [ɛ̃ferjœr] *nm* inferior.

infériorité [ɛ̃ferjɔrite] *nf* inferiority.

infirmation [ɛ̃firmasjɔ̃] *nf (Jur) (décision, jugement)* reversal.

infirmer [ɛ̃firme] *vt (Jur) (décision, jugement)* reverse, invalidate, annul, quash, set aside.

infirmité [ɛ̃firmite] *nf* disability, handicap.

inflation [ɛ̃flasjɔ̃] *nf (Eco)* inflation; **~ par les coûts** cost-push inflation; **~ par la demande** demand-pull inflation; **~ à deux chiffres** *(UK)* two-figure inflation, *(US)* double-digit inflation; **dynamique de l'~** inflation momentum; **enclin à l'~** inflation-prone; **~ galopante** rampant/galloping/runaway inflation; **juguler/maîtriser l'~** curb inflation, keep inflation under control; **noyau dur de l'~** core inflation; **~ rampante** creeping inflation; **~ structurelle** built-in inflation; **~ tendancielle** underlying inflation.

inflationnisme [ɛ̃flasjɔnism] *nm (Eco)* inflationism.

inflationniste [ɛ̃flasjɔnist] *adj (Eco)* inflationary; **anticipations ~s** inflation(ary) expectations; **comportement ~** inflationary behaviour/behavior/mentality; **dérive ~** inflation bias/drift; **non ~** non-inflationary; **politique ~** inflationary policy; **pressions ~s** inflationary pressures; **spirale ~** inflationary spiral.

infléchir [ɛ̃fleʃir] *v* **1.** *vt* change, modify, alter **2.** *vpr* **s'~** shift, deviate.

infléchissement [ɛ̃fleʃismɑ̃] *nm* change, shift, modification.

influence [ɛ̃flɥɑ̃s] *nf* **1.** influence, leverage *(fam)* clout **2.** *(Jur)* **trafic d'~** influence peddling, corrupt practices.

influencer [ɛ̃flɥɑ̃se] *vt* influence.

influent [ɛ̃flɥɑ̃] *adj* influential.

informateur [ɛ̃fɔrmatœr] *nm (f* **-trice)** informer.

informaticien [ɛ̃fɔrmatisjɛ̃] *nm (f* **-ienne)** *(Inf)* computer specialist.

informatif [ɛ̃fɔrmatif] *adj (f* **-ive)** informative.

information [ɛ̃fɔrmasjɔ̃] *nf* **1.** *(renseignements)* information *(s inv)*; **demande d'~** request for information; *(Jur)* **~s données par les faits** factual information, evidence; *(Bs/Fin)* **~s privilégiées** inside information; *(Com)* **~s sur les prix** price reporting; *(Inf)* **traitement de l'~** data processing **2.** *(Jur) (enquête)* preliminary investigation; **~ contre X** criminal investigation to determine the identity of an unknown perpetrator; **ouvrir une ~ judiciaire** begin a preliminary investigation **3.** *(Cpta)* disclosure, reporting; **~ périodique** interim reporting.

informatique[1] [ɛ̃fɔrmatik] *adj (Inf)* computer; **données ~s** computer data; **fichier ~** computer file; **système ~** computer system.

informatique[2] [ɛ̃fɔrmatik] *nf (Inf)* computer science, data processing; **~ appliquée** applied computing.

informatisation [ɛ̃fɔrmatizasjɔ̃] *nf (Inf)* computerization.

informatisé [ɛ̃fɔrmatize] *adj (Inf)* computerized, computer-based; **fichier ~** computerized file.

informatiser [ɛ̃fɔrmatize] *vt (Inf)* computerize.

informer [ɛ̃fɔrme] *vt* inform, notify.

infraction [ɛ̃fraksjɔ̃] *nf (Jur)* offence/offense, misdemeanour/misdemeanor, infringement, violation; **~ au code de la route** *(UK)* traffic offence, *(US)* traffic violation; **~ au devoir** breach of duty; **~ à la loi** violation of the law.

infrastructure [ɛ̃frastryktyr] *nf* infrastructure.

ingénierie [ɛ̃ʒeniri] *nf* engineering; *(Inf)* **~ inverse** reverse engineering; *(Inf)* **~ des systèmes** systems engineering.

ingénieur [ɛ̃ʒenjœr] *nm inv* engineer; **~ chimiste** chemical engineer; **~-conseil** engineering consultant; **~ électricien** electrical engineer; **~ en génie civil** civil engineer; **~ de production** product engineer; *(Inf)* **~ système**

systems engineer; ~ **technico-commer-cial** sales engineer.

ingérence [ɛ̃ʒeʀɑ̃s] *nf* interference, meddling; *(Jur)* **délit d'~** corruption, meddling; *(Pol)* **politique de non-~** policy of non-interference (by one country in the affairs of another).

ingérer [ɛ̃ʒeʀe] *vpr* **s'~ dans les affaires d'autrui** interfere/meddle in other people's affairs/business.

inhabilité [inabilite] *nf (Jur)* incapacity; **~ à tester** incapacity to make a will.

inimitié [inimitje] *nf* enmity, hostility.

initial [inisjal] *adj (mpl -iaux)* initial; *(Bq/Fin)* **versement ~** first instalment/installment, down payment.

initiale [inisjal] *nf* initial; **mettre ses ~s sur un document** initial a document.

initialisation [inisjalizasjɔ̃] *nf (Inf)* initialization.

initialiser [inisjalize] *vt (Inf)* initialize.

initiative [inisjativ] *nf* **1.** initiative; **prendre l'~ (de)** take the initiative (to) **2.** **syndicat d'~** tourist information office **3.** *(Pol)* initiative; **~ législative** right to propose/initiate legislation; *(Pol)* **~ populaire** popular right of petition.
***Initiative du bassin Caraïbe** nf (CI) (US)* Caribbean Basin Initiative (CBI).

initié [inisje] *nm (Bs)* insider; *(Jur)* **délit d'~** insider trading.

initier [inisje] *vt* initiate.

injecter [ɛ̃ʒɛkte] *vt (Fin)* inject, infuse; **~ des capitaux dans le secteur** inject capital into the sector.

injection [ɛ̃ʒɛksjɔ̃] *nf (Fin)* injection, infusion.

injonction [ɛ̃ʒɔ̃ksjɔ̃] *nf (Jur)* injunction, order; **~ de faire** order to do sth/to take an action; **~ de payer** order to pay.

injure [ɛ̃ʒyʀ] *nf* insult, abuse, affront; *(Jur)* **~ à agent** insulting a police officer.

injurieux [ɛ̃ʒyʀjø] *adj (f -ieuse)* insulting.

injuste [ɛ̃ʒyst] *adj* unjust, unfair.

injustement [ɛ̃ʒystəmɑ̃] *adv* unjustly, unfairly.

injustice [ɛ̃ʒystis] *nf* **1.** *(notion)* injustice, unfairness **2.** *(acte)* act of injustice, unfair act; **c'est d'une ~ flagrante** it's clearly unfair.

injustifié [ɛ̃ʒystifje] *adj* unjustified, unwarranted.

innocence [inɔsɑ̃s] *nf (Jur)* innocence; **établir l'~ de qn** establish sb's innocence.

innocent [inɔsɑ̃] *adj (Jur)* innocent, not guilty.

innovant [inɔvɑ̃] *adj* innovative, innovatory.

innovateur[1] [inɔvatœʀ] *adj (f -trice)* innovative.

innovateur[2] [inɔvatœʀ] *nm (f -trice)* innovator, pioneer.

innovation [inɔvasjɔ̃] *nf* innovation.

innover [inɔve] *v* **1.** *vt (méthode)* innovate, pioneer **2.** *vi* break new ground.

inobservation [inɔpsɛʀvasjɔ̃] *nf (Jur)* non-compliance, non-observance; **~ d'un contrat** breach of a contract.

inondation [inɔ̃dasjɔ̃] *nf (aussi fig)* flood, flooding.

inonder [inɔ̃de] *vt* flood; *(Mkg)* **~ un marché** flood a market.

inopposabilité [inɔpozabilite] *nf (Jur)* non-assertibility, non-invocability; **~ d'une exception** non-assertibility of a defence/defense, impossibility to raise a defence/defense.

inopposable [inɔpozabl] *adj (Jur)* non-assertible, non-invocable; **droit ~ aux tiers** right which cannot be asserted against third parties.

inquisitoire [ɛ̃kizitwaʀ] *adj (Jur)* conducted by the judge; **procédure ~** proceeding in which the judge takes an active role in the search for evidence.

insaisissabilité [ɛ̃sezisabilite] *nf (Jur)* exemption from seizure/attachment, quality of property that cannot be judicially seized.

insaisissable [ɛ̃sezisabl] *adj (Jur)* exempt from seizure, not attachable, which cannot be judicially seized; **partie ~ du salaire** portion of wages exempt from judicial seizure.

insalubre [ɛ̃salybʀ] *adj* insalubrious, unhealthy.

inscription [ɛ̃skʀipsjɔ̃] *nf* **1.** registration, recording; *(Bs)* **~ à la cote officielle** *(valeur)* official quotation, listing; **droit d'~** registration fee; *(Pol)* **~ sur les listes électorales** (UK) registration on the electoral roll, (US) voter registration; *(Jur)* **~ d'hypothèque** registration of a mortgage; *(Jur)* **~ du jugement** entry of judgement/judgment; *(Jur)* **~ au rôle** registration (of a case) on the docket **2.** *(Cpta)* entry, posting; **~ au journal** journalization.
***inscription de faux** nf (Jur)* action alleging forgery.

inscrire [ɛ̃skʀiʀ] *v* **1.** *vt* write down, register, record; **~ une question à l'ordre du jour** place a matter on the agenda **2.** *vt (Cpta)* enter, post; **~ des dépenses au budget** post expenses to the

budget **3.** *vpr* s'~ register (oneself);
s'~ *au chômage* register for unemployment benefit, *(UK)* go on the dole;
(Jur) s'~ *en faux* commence an action
alleging forgery.

inscrit [ɛ̃skʀi] *adj* registered.

INSEE [inse] *v.* **Institut national de la
statistique et des études économiques.**

insérer [ɛ̃seʀe] *vt* **1.** insert **2.** *(Pub)*
(annonce) publish.

insertion [ɛ̃seʀsjɔ̃] *nf* **1.** insertion
2. publication, advertisement; *(Jur)* ~
légale publication required by law or
judgement/judgment **3.** integration; ~
sociale social integration; *stage d'*~
introductory training course.

insinuation [ɛ̃sinɥasjɔ̃] *nf* insinuation,
innuendo.

insolvabilité [ɛ̃sɔlvabilite] *nf* insolvency.

insolvable [ɛ̃sɔlvabl] *adj* insolvent;
débiteur ~ insolvent debtor.

insoumis [ɛ̃sumi] *adj* rebellious, undis-
ciplined; *(Jur)* *soldat* ~ deserter, *(US)*
draft-dodger.

inspecter [ɛ̃spɛkte] *vt* inspect.

inspecteur [ɛ̃spɛktœʀ] *nm* (*f* **-trice**) inspector; *(CI)* ~ *des douanes* customs
surveyor; ~ *des finances* Treasury official; *(Fisc)* ~ *des impôts* tax inspector, revenue officer; ~ *du travail*
labour/labor inspector, factory inspector.

inspection [ɛ̃spɛksjɔ̃] *nf* **1.** *(contrôle)*
inspection, examination **2.** *(contrôleur)*
inspectorate; ~ *des finances* tax inspectorate; ~ *du travail* labour/labor
inspectorate, *équiv.* *(US)* Occupational
Safety and Health Administration
(OSHA).

instabilité [ɛ̃stabilite] *nf* instability.

instable [ɛ̃stabl] *adj* unstable.

installateur [ɛ̃stalatœʀ] *nm* (*f* **-trice**)
installer; *(Mkg)* ~ *en rayon* rackjobber.

installation [ɛ̃stalasjɔ̃] *nf* **1.** *(activité)*
installation, establishment; *frais d'*~
installation expenses **2.** ~*s* facilities,
plant, *(équipements)* fittings; ~*s de
traitement* processing facilities; *(T)* ~*s
portuaires* harbour/harbor facilities, port
facilities.

installer [ɛ̃stale] *v* **1.** *vt* install, set up
2. *vpr* s'~ set oneself up, install oneself; s'~ *à son compte* set up one's
own business.

instance [ɛ̃stɑ̃s] *nf* **1.** authority; *les* ~*s
dirigeantes* the powers that be **2.** *(Jur)*
action, lawsuit; *introduire une* ~ initiate legal proceedings, commence an
action; *première* ~ original jurisdiction; *(Fr)* *tribunal d'*~ court of first
instance of limited jurisdiction; *(Fr)*

tribunal de grande ~ court of first
instance of general jurisdiction; *tribunal de première* ~ court of original
jurisdiction **3.** *loc en* ~ pending.

instauration [ɛ̃stɔʀasjɔ̃] *nf* *(activité)*
establishment.

instaurer [ɛ̃stɔʀe] *vt* establish, set up;
~ *une taxe* establish a tax.

instigation [ɛ̃stigasjɔ̃] *nf* incitement,
instigation.

instiguer [ɛ̃stige] *vt* incite, instigate.

institut [ɛ̃stity] *nm* institute; *(Bq)* ~
d'émission issuing house; ~ *de sondage* polling institute.

***Institut national de la propriété in-
dustrielle** *nm* *(Fr)* French patent office.

***Institut national de la statistique et
des études économiques (INSEE)** *nm*
(Fr) French national institute of statistics and economic surveys.

***Institut universitaire de technologie
(IUT)** *nm* *(Ens)* *(Fr)* technical higher
education institution; *(US)* technical institute.

institution [ɛ̃stitysjɔ̃] *nf* institution, establishment; ~*s démocratiques* democratic institutions; ~ *financière* financial institution.

***institution sans but lucratif (ISBL)** *nf*
non-profit(-making) institution.

institutionnaliser [ɛ̃stitysjɔnalize] *vt*
institutionalize.

institutionnel [ɛ̃stitysjɔnel] *adj* (*f* **-elle**)
institutional; *investisseurs* ~*s* institutional investors (*v.* **zinzins**).

instructeur[1] [ɛ̃stʀyktœʀ] *adj* *(Jur)* *juge*
~ investigating/examining magistrate
(aussi **juge d'instruction**).

instructeur[2] [ɛ̃stʀyktœʀ] *nm inv* instructor, teacher.

instruction [ɛ̃stʀyksjɔ̃] *nf* **1.** *(conseil)*
instruction, direction; *(T)* ~*s d'acheminement* routing order; *(T)* ~*s de
manipulation sur l'emballage* warnings
and directions **2.** *(Jur)* *(Fr)* stage of a
civil proceeding during which the
parties state and prove their claims
3. *(Jur)* *(Fr)* investigative stage of a
criminal proceeding; *juge d'*~ investi-
gating/examining magistrate *(aussi* **juge
instructeur**); *ouvrir une* ~ initiate a
criminal investigation; *pouvoir d'*~
power of a judge to investigate matters;
secret de l'~ confidentiality of a matter
under investigation.

instruire [ɛ̃stʀɥiʀ] *vt* **1.** teach, educate,
instruct **2.** *(Jur)* examine, investigate;
~ *une affaire* investigate a case (in preparation for trial).

instrument [ɛ̃stʀymɑ̃] *nm* **1.** instrument, tool **2.** *(Bq/Fin/Jur)* instrument,

document ; ~ *financier* financial instrument ; ~ *monétaire* monetary instrument ; ~ *négociable* negotiable instrument ; ~ *de paiement* instrument of payment ; ~ *de placement* investment instrument.

instrumentaire [ɛ̃stʀymɑ̃tɛʀ] *adj (Jur)* **témoin** ~ witness to a document.

instrumenter [ɛ̃stʀymɑ̃te] *vi (Jur)* draw up a document ; ~ *contre qn* draw up a document against sb.

insuffisance [ɛ̃syfizɑ̃s] *nf* insufficiency, shortage ; *(Cpta)* ~ *brute d'exploitation* gross operating deficit ; *(Bq)* ~ *de provisions (sur un compte)* insufficient funds.

insuffisant [ɛ̃syfizɑ̃] *adj* insufficient, inadequate.

intangible [ɛ̃tɑ̃ʒibl] *adj* intangible ; *(Cpta) actif* ~ intangible assets.

intégral [ɛ̃tegʀal] *adj (mpl -aux)* complete, full ; *remboursement* ~ repayment in full.

intégralement [ɛ̃tegʀalmɑ̃] *adv* completely, fully.

intégralité [ɛ̃tegʀalite] *nf* entirety, whole ; *dans son* ~ in its entirety.

intégration [ɛ̃tegʀasjɔ̃] *nf* **1.** integration, assimilation ; ~ *régionale* regional integration **2.** *(Eco)* integration, consolidation ; ~ *en amont* backward/upstream integration ; ~ *ascendante* backward integration ; ~ *en aval* forward integration, downstream integration ; ~ *descendante* downstream integration ; ~ *horizontale* horizontal integration ; ~ *verticale* vertical integration.

intègre [ɛ̃tɛgʀ] *adj* honest, incorruptible.

intégré [ɛ̃tegʀe] *adj* integrated ; *(Inf) circuit* ~ integrated circuit.

intégrer [ɛ̃tegʀe] *vt* integrate.

intégrité [ɛ̃tegʀite] *nf* integrity, honesty.

intelligence [ɛ̃teliʒɑ̃s] *nf* intelligence. *intelligence artificielle (IA) nf (Inf)* artificial intelligence (AI).

intensif [ɛ̃tɑ̃sif] *adj (f -ive)* intensive ; *cours* ~ crash course.

intensifier [ɛ̃tɑ̃sifje] *vt* intensify.

intensité [ɛ̃tɑ̃site] *nf* intensity ; *(Eco) à forte* ~ *capitalistique* capital-intensive ; *à forte* ~ *de travail* labour/labor intensive ; ~ *factorielle* factor content.

intenter [ɛ̃tɑ̃te] *vt (Jur)* ~ *une action* bring/commence/institute an action ; ~ *un procès* initiate legal proceedings, file suit.

intention [ɛ̃tɑ̃sjɔ̃] *nf* **1.** *(projet)* intention ; ~ *d'achat* intended purchase **2.** *(Jur)* intent ; *lettre d'*~ letter of intent (LOI) ; ~ *délictueuse* criminal

intent ; *sans mauvaise* ~ without malicious intent.

intentionnel [ɛ̃tɑ̃sjɔnɛl] *adj (f -elle)* intentional, deliberate, wilful.

interbancaire [ɛ̃tɛʀbɑ̃kɛʀ] *adj (Bq)* interbank ; *taux* ~ interbank rate.

interbancarité [ɛ̃tɛʀbɑ̃kaʀite] *nf (Bq)* interbanking.

interchangeabilité [ɛ̃tɛʀʃɑ̃ʒabilite] *nf* interchangeability.

interchangeable [ɛ̃tɛʀʃɑ̃ʒabl] *adj* interchangeable.

interdépendance [ɛ̃tɛʀdepɑ̃dɑ̃s] *nf* interdependence.

interdépendant [ɛ̃tɛʀdepɑ̃dɑ̃] *adj* interdependent.

interdiction [ɛ̃tɛʀdiksjɔ̃] *nf* prohibition, ban ; *(Bq)* ~ *bancaire* loss of banking privileges as sanction for writing checks without sufficient funds ; *(Jur/Mgt)* ~ *de diriger* deprivation of the right to manage a company ; *(Jur)* ~ *légale* suspension of civil rights ; *(Jur)* ~ *de séjour* banning of a person from specified locations.

interdire [ɛ̃tɛʀdiʀ] *v* **1.** *vt* prohibit, ban, bar ; *(CI)* ~ *l'entrée d'un produit* bar the importation of a product **2.** *vi* ~ *à qn de faire qch* forbid sb to do sth.

intéressant [ɛ̃teʀesɑ̃] *adj* interesting, attractive ; *prix* ~ attractive price.

intéressé[1] [ɛ̃teʀese] *adj* **1.** interested **2.** concerned, involved ; *les parties* ~*es* the interested parties, the parties concerned.

intéressé[2] [ɛ̃teʀese] *nm (Jur)* concerned party, party in interest.

intéressement [ɛ̃teʀesmɑ̃] *nm (Mgt)* profit-sharing ; ~ *des salariés aux résultats de l'entreprise* profit-sharing plan.

intéresser [ɛ̃teʀese] *vt* **1.** interest **2.** concern, affect ; *cette loi n'intéresse que le secteur privé* this law concerns the private sector only **3.** *(Mgt)* provide a share of profits (of a business) ; ~ *les salariés aux bénéfices* give employees a share of profits.

intérêt [ɛ̃teʀe] *nm* **1.** *(curiosité)* interest ; *sans* ~ of no interest, uninteresting **2.** *(avantage)* interest ; ~ *personnel* self-interest ; *dans l'*~ *public* in the public interest **3.** *(Bq/Fin)* interest *(s inv)* ; ~ *composé* compound interest ; ~*s courus* accrued interest ; ~*s créditeurs* credit interest, black interest ; ~*s cumulés* accrued interest ; ~*s débiteurs* debit interest, red interest ; ~*s dus* interest due ; ~*s d'emprunt* interest on loans ; ~*s moratoires* default interest, interest on arrears ; *rapporter un* ~ earn

interest ; **~ simple** simple interest ; *taux
d'~* interest rate ; *~s variables* variable interest **4.** *(Fin) (participation)
posséder un ~ dans une société* have
a stake in a company ; *(Ass) ~ assurable* insurable interest **5.** *(Jur) ~ pour
agir* standing to sue, cause of action
6. *(Jur) dommages et ~s/dommages-~s* damages.

interface [ɛ̃tɛʀfas] *nf (Inf)* interface.

intérieur [ɛ̃teʀjœʀ] *adj* **1.** interior,
indoor **2.** *(national)* domestic, internal ;
marché ~ domestic/home/national market ; *(Eco) produit ~ brut (PIB)* gross
domestic product (GDP) ; *(T) vol ~* domestic flight.

intérim [ɛ̃teʀim] *nm* **1.** temporary
period, interim **2.** temporary employment ; *agence d'~* temporary employment agency, *(fam)* temp agency.

intérimaire [1] [ɛ̃teʀimɛʀ] *adj* temporary,
interim ; *(Pol) cabinet ~* caretaker
cabinet ; *directeur ~* acting manager ;
emplois ~s temporary jobs.

intérimaire [2] [ɛ̃teʀimɛʀ] *nmf* temporary
employee, temporary worker, *(fam)*
temp.

interjeter [ɛ̃tɛʀʒate] *vt (Jur) ~ appel*
lodge an appeal, appeal.

interlocuteur [ɛ̃tɛʀlɔkytœʀ] *nm (f
-trice)* **1.** interlocutor, speaker **2.** *(homologue)* counterpart, opposite number.

interlocutoire [ɛ̃tɛʀlɔkytwaʀ] *adj (Jur)*
interlocutory ; *jugement ~* interlocutory
judgment.

intermédiaire [1] [ɛ̃tɛʀmedjɛʀ] *adj* intermediate, *(Jur)* mesne ; *(Eco) biens ~s*
intermediate/semi-finished goods ; *(Eco)
consommation ~* intermediate consumption.

intermédiaire [2] [ɛ̃tɛʀmedjɛʀ] *nmf* intermediary, middleman, go-between ; *~
agréé* authorized agent ; *vente sans ~*
direct sale.

intermédiation [ɛ̃tɛʀmedjasjɔ̃] *nf (Fin)*
intermediation.

interministériel [ɛ̃tɛʀministeʀjɛl] *adj (f
-ielle) (Pol)* interministerial, interdepartmental.

intermittent [ɛ̃tɛʀmitɑ̃] *adj* intermittent,
sporadic, irregular ; *(Eco) travail ~*
casual work.

international [ɛ̃tɛʀnasjɔnal] *adj (mpl
-aux)* international.

internationalisation [ɛ̃tɛʀnasjɔnalizasjɔ̃] *nf* **1.** internationalize **2.** *(Pol)* placing of a territory under international
administration.

internationaliser [ɛ̃tɛʀnasjɔnalize] *v*
1. *vt* internationalize **2.** *vpr s'~ (CI)*
go global.

interne [ɛ̃tɛʀn] *adj* internal ; *audit ~*
internal audit ; *financement ~* internal
financing ; *formation ~* in-house training ; *réorganisation ~* internal reorganization/redeployment ; *structure ~* internal structure.

internement [ɛ̃tɛʀnəmɑ̃] *nm* **1.** *(incompétent)* institutionalization **2.** *(Jur) (criminel)* imprisonment.

interner [ɛ̃tɛʀne] *vt* intern, *(Jur)* imprison.

interparlementaire [ɛ̃tɛʀpaʀləmɑ̃tɛʀ]
adj (Pol) interparliamentary ; *congrès ~*
interparliamentary conference.

inter partes [ɛ̃tɛʀpaʀtɛs] *loc (Jur)* between the parties.

interpellation [ɛ̃tɛʀpelasjɔ̃] *nf* **1.** *(Jur)*
police questioning ; *il y a eu plusieurs
~s* several people were detained/taken
in for questioning **2.** *(Pol)* question (by
a member of Parliament addressed to a
government minister).

interpeller [ɛ̃tɛʀpele] *vt (Jur) (police)*
1. question **2.** detain, take in for questioning.

interpénétration [ɛ̃tɛʀpenetʀasjɔ̃] *nf
(Eco)* interpenetration.

interprétation [ɛ̃tɛʀpʀetasjɔ̃] *nf* **1.** *(congrès)* interpreting, translating ; *~ simultanée* simultaneous translation **2.** *(analyse)* interpretation, construction ; *fausse
~* misinterpretation ; *(Jur) ~ d'un jugement* interpretation of a judgement/
judgment ; *(Jur) ~ stricte* strict interpretation/construction.

interprète [ɛ̃tɛʀpʀɛt] *nmf* interpreter ;
traducteur-~ translator-interpreter.

interpréter [ɛ̃tɛʀpʀete] *vt* **1.** *(congrès)*
interpret, translate **2.** *(analyse)* explain,
interpret, construe.

interprofessionnel [ɛ̃tɛʀpʀɔfesjɔnɛl]
adj (f -elle) interprofessional ; *rencontre
~le* interprofessional meeting ; *salaire
minimum ~ de croissance (SMIC)*
guaranteed minimum wage.

interrogation [ɛ̃tɛʀɔgasjɔ̃] *nf* question,
query *(à dist.* **interrogatoire**).

interrogatoire [ɛ̃tɛʀɔgatwaʀ] *nm (Jur)*
1. examination, cross-examination (of
witnesses) **2.** *(UK)* police questioning,
(US) police interrogation.

interroger [ɛ̃tɛʀɔʒe] *v* **1.** *vt* question,
(police) question, interview, *(US)* interrogate **2.** *vpr s'~ (sur)* wonder (about).

interrompre [ɛ̃tɛʀɔ̃pʀ] *vt* **1.** *(conversation)* interrupt **2.** *(temporairement)*
suspend, interrupt **3.** *(définitivement)*
discontinue, stop.

interruption [ɛ̃tɛʀypsjɔ̃] *nf* **1.** interruption, discontinuation **2.** *(Jur)* suspension ; *~ de l'instance* suspension of an action ; ~ *de la prescription* suspension/*(US)* tolling of the statute of limitations.

*interruption volontaire de grossesse (IVG) *nf (Jur)* abortion.

intersession [ɛ̃tɛRSesjɔ̃] *nf (Pol)* period between two sessions (of Parliament).

intersyndical [ɛ̃tɛRSɛ̃dikal] *adj (mpl -aux)* interunion ; *grève ~e* interunion strike.

interurbain [ɛ̃tɛRyRbɛ̃] *adj* interurban ; *transports ~s* inter-city transport/transportation.

intervenant [ɛ̃tɛRvənɑ̃] *nm* **1.** speaker, lecturer **2.** *(Jur)* intervener/intervenor, intervening party, party joined (in an action).

intervenir [ɛ̃tɛRvəniR] *vi* **1.** *(dans)* intervene (in), interfere (in) ; ~ *en faveur de qn* intervene on behalf of sb **2.** speak, lecture **3.** take place, occur ; *un accord est intervenu* an agreement was reached **4.** *(Jur)* intervene (in an action), be joined (in an action).

intervention [ɛ̃tɛRvɑ̃sjɔ̃] *nf* **1.** intervention ; ~ *de l'Etat* state intervention **2.** speech, lecture **3.** *(Jur)* intervention, joinder (of parties) ; *demande en* ~ plea of joinder.

interventionnisme [ɛ̃tɛRvɑ̃sjɔnism] *nm (Eco)* interventionism (*v.* **dirigisme**).

interventionniste [ɛ̃tɛRvɑ̃sjɔnist] *adj (Eco)* interventionist (*v.* **dirigiste**).

interview [ɛ̃tɛRvju] *nf* interview ; ~ *d'embauche* job interview.

interviewer [ɛ̃tɛRvjuve] *vt* interview.

intestat [ɛ̃tɛsta] *adj (Jur)* intestate ; *mourir* ~ die intestate (*v.* **ab intestat**).

intimation [ɛ̃timasjɔ̃] *nf (Jur)* **1.** notification ; ~ *de vider les lieux* formal notice to vacate **2.** summons ; *signifier une* ~ serve a summons.

intime [ɛ̃tim] *adj* intimate, personal ; ~ *conviction* inner certainty ; *vie* ~ private life.

intimé [ɛ̃time] *nm (Jur)* appellee (*v.* **appellant**).

intimer [ɛ̃time] *vt (Jur)* ~ *qn* summon sb before an appellate court.

intimidation [ɛ̃timidasjɔ̃] *nf* intimidation.

intimité [ɛ̃timite] *nf* privacy ; *dans l'*~ privately.

intitulé [ɛ̃tityle] *nm* title, heading.

intracommunautaire [ɛ̃trakɔmynotɛR] *adj (UE)* intracommunity.

intransmissibilité [ɛ̃trɑ̃smisibilite] *nf (Jur)* non-transferability, non-assignability.

intransmissible [ɛ̃trɑ̃smisibl] *adj (Jur)* non-transferable, non-assignable.

intrant [ɛ̃trɑ̃] *nm (Eco)* input.

intra vires [ɛ̃traviRɛs] *loc (Jur)* intra vires, without exceeding one's authority.

introduction [ɛ̃trɔdyksjɔ̃] *nf* **1.** introduction ; *lettre d'*~ letter of introduction **2.** *(Jur)* ~ *de l'instance* commencement of an action **3.** *(Bs)* listing, flotation ; ~ *en Bourse* going public.

introduire [ɛ̃trɔdɥiR] *v* **1.** *vt* introduce ; ~ *graduellement* phase in ; *(D)* ~ *qch en fraude/en contrebande* smuggle sth in ; *(Mkg)* ~ *un produit sur le marché* launch a product **2.** *vpr s'*~ *dans* penetrate, enter **3.** *vt (Jur)* ~ *une instance* bring an action **4.** *vt (Bs)* list (on the stock exchange) **5.** *vpr (Bs) s'*~ *en Bourse* go public.

intrus [ɛ̃try] *nm* intruder.

intrusion [ɛ̃tryzjɔ̃] *nf* intrusion ; *(Jur)* trespass.

intuitu personae [ɛ̃tɥitypɛRSɔne] *loc (Jur)* (enter into legal relations) based on a person's particular qualities.

invalidation [ɛ̃validasjɔ̃] *nf (Jur)* invalidation ; ~ *d'un contrat* invalidation of a contract.

invalide [ɛ̃valid] *adj* **1.** *(personne)* handicapped, disabled **2.** *(Jur) (contrat)* invalid, null, void.

invalider [ɛ̃valide] *vt (Jur)* invalidate, declare null ; *(Pol)* ~ *une élection* invalidate an election.

invalidité [ɛ̃validite] *nf* **1.** *(personne)* handicap, disability **2.** *(Jur) (contrat)* invalidity, nullity.

invendable [ɛ̃vɑ̃dabl] *adj* unmarketable, unsaleable.

invendu [1] [ɛ̃vɑ̃dy] *adj* unsold.

invendu [2] [ɛ̃vɑ̃dy] *nm* unsold item ; *(Cpta) les* ~*s* unsold items, dead stock, remainders.

inventaire [ɛ̃vɑ̃tɛR] *nm* **1.** inventory, tally ; *dresser un* ~ take inventory ; *(T)* ~ *au déchargement de la cargaison* tally upon discharge of cargo **2.** *(Com) (activité)* inventory, stocktaking ; *fermé pour cause d'*~ closed for *(UK)* stocktaking/*(US)* inventory **3.** *(Cpta)* inventory ; ~ *comptable* book inventory ; ~ *de fin d'exercice* ending inventory.

inventer [ɛ̃vɑ̃te] *vt* invent.

inventeur [ɛ̃vɑ̃tœR] *nm (f* **-trice**) inventor.

invention [ɛ̃vɑ̃sjɔ̃] *nf* invention ; *(Jur* brevet d'~ patent.

inventorier [ɛ̃vɑ̃tɔRje] *vt* **1.** inventory classify **2.** *(Fin)* value.

inverse [ɛ̃vɛʀs] *adj* opposite, reverse; *(Cpta) écriture* ~ reverse entry.

inverser [ɛ̃vɛʀse] *v* **1.** *vt* reverse **2.** *vpr* **s'**~ reverse; *la tendance finira par* **s'**~ the trend will ultimately reverse itself.

inversion [ɛ̃vɛʀsjɔ̃] *nf* reversal; *(Eco)* ~ *de la tendance* reversal of the trend.

investigation [ɛ̃vɛstigasjɔ̃] *nf* investigation, inquiry, probe.

investir [ɛ̃vɛstiʀ] *v* **1.** *vti (Fin)* invest; ~ *en Bourse* invest in the stock market; ~ *à fonds perdus* sink funds (without hope of reimbursement) **2.** *vt* ~ *qn d'un pouvoir/d'une responsabilité* vest sb with powers/responsibilities (*v.* **investiture**).

investissement [ɛ̃vɛstismɑ̃] *nm* investment, capital spending; ~ *autonome* autonomous investment; ~ *brut* gross investment; ~ *de capacité* capacity investment; ~ *en capital humain* human resource investment; ~ *corporel* investment in tangible assets; ~ *direct à l'étranger* foreign direct investment (FDI); ~ *des entreprises* corporate investment; ~*s à l'étranger* foreign investment, outward investment, investment abroad; ~ *étranger* inward investment; ~ *improductif* improductive investment; ~ *incorporel* investment in intangible assets; ~ *induit* induced investment; ~ *intérieur* domestic investment; ~ *de modernisation* modernization-oriented investment; ~ *net* net investment; ~ *de portefeuille* portfolio investment; ~ *productif* productive investment; ~ *de renouvellement* replacement investment.

investisseur [ɛ̃vɛstisœʀ] *nm inv* investor; ~ *individuel* individual investor; ~ *institutionnel* institutional investor (*v.* **zinzins**); ~ *privé* individual investor.

investiture [ɛ̃vɛstityʀ] *nf (Pol)* **1.** investiture **2.** nomination.

inviolabilité [ɛ̃vjɔlabilite] *nf (Jur)* inviolability; ~ *du domicile* inviolability of the home; ~ *parlementaire* parliamentary immunity.

invisible [ɛ̃vizibl] *adj* invisible; *(Eco)* *exportations* ~*s* invisible exports; *rentrées* ~*s* invisible earnings.

invisibles [ɛ̃vizibl] *nmpl (Eco)* invisibles, invisible exports and imports.

invite [ɛ̃vit] *nf (Inf)* prompt.

involontaire [ɛ̃vɔlɔ̃tɛʀ] *adj* involuntary, unintentional; *(Jur) homicide* ~ manslaughter.

invoquer [ɛ̃vɔke] *vt* **1.** invoke **2.** *(Jur)* cite, raise, argue; ~ *une circonstance atténuante* plead extenuating circumstances; ~ *un précédent* cite a precedent.

invraisemblable [ɛ̃vʀɛsɑ̃blabl] *adj* unlikely, improbable, doubtful.

IPC *v.* **indice des prix à la consommation**.

Irak [iʀak] *nm (aussi Iraq)* Iraq.

irakien [iʀakjɛ̃] *adj (f -ienne) (aussi iraquien)* Iraqi.

Irakien [iʀakjɛ̃] *nm (f -ienne) (aussi Iraquien)* Iraqi.

Iran [iʀɑ̃] *nm* Iran.

iranien [iʀanjɛ̃] *adj (f -ienne)* Iranian.

Iranien [iʀanjɛ̃] *nm (f -ienne)* Iranian.

Iraq [iʀak] *nm (aussi Irak)* Iraq.

iraqien [iʀakjɛ̃] *adj (f -ienne) (aussi irakien)* Iraqi.

Iraqien [iʀakjɛ̃] *nm (f -ienne) (aussi Irakien)* Iraqi.

irlandais [iʀlɑ̃dɛ] *adj* Irish.

Irlandais [iʀlɑ̃dɛ] *nm* Irishman; *I~e* Irishwoman; *les I*~ the Irish.

Irlande [iʀlɑ̃d] *nf* Ireland; *I*~ *du Nord* Northern Ireland, Ulster.

IRPP *v.* **impôt sur les revenus des personnes physiques**.

irréalisable [iʀealizabl] *adj* unrealizable, unfeasible.

irrecevabilité [iʀəsəvabilite] *nf (Jur)* inadmissibility; ~ *d'une plainte/d'une preuve* inadmissibility of a complaint/of evidence.

irrecevable [iʀəsəvabl] *adj (Jur)* inadmissible; *preuve* ~ inadmissible evidence.

irrécouvrable [iʀekuvʀabl] *adj (Fin)* irrecoverable; *(Cpta) créances* ~*s* bad debts.

irréfragable [iʀefʀagabl] *adj* irrefutable, incontrovertible; *(Jur) témoignage* ~ irrefutable testimony.

irréfutable [iʀefytabl] *adj* irrefutable, beyond dispute, conclusive.

irrégularité [iʀegylaʀite] *nf* **1.** *(erreur)* irregularity **2.** *(Jur)* illegality **3.** *(Bs)* instability.

irrégulier [iʀegylje] *adj (f -ière)* **1.** irregular **2.** *(Jur)* illegal; *étranger en situation irrégulière* illegal alien **3.** *(Bs)* unstable, unsteady.

irresponsabilité [iʀɛspɔ̃sabilite] *nf* **1.** irresponsibility **2.** *(Pol)* immunity; ~ *du chef de l'Etat* immunity of the Head of State; ~ *parlementaire* parliamentary immunity.

irrévocabilité [iʀevɔkabilite] *nf* irrevocability.

irrévocable [iʀevɔkabl] *adj* irrevocable ; *décision* ~ irrevocable decision ; *(Jur) jugement* ~ final judgement/judgment ; *(Bq/Fin) lettre de crédit* ~ irrevocable letter of credit.

IRSM *v.* **impact sur la rentabilité de la stratégie mercatique.**

ISBL *v.* **institution sans but lucratif.**

ISF *v.* **impôt de solidarité sur la fortune.**

islandais [islɑ̃dɛ] *adj* Icelandic.

Islandais [islɑ̃dɛ] *nm* Icelander.

Islande [islɑ̃d] *nf* Iceland.

isocoût [izoku] *nm (Eco)* iso-cost ; *courbe d'*~ iso-cost curve.

isoproduit [izopʀɔdɥi] *nm (Eco)* iso-product ; *courbe d'*~ iso-product curve.

isoquant [izɔkɑ̃] *nm (Eco)* isoquant, iso-product line.

Israël [isʀaɛl] *nm* Israel.

israélien [isʀaeljɛ̃] *adj (f -ienne)* Israeli.

Israélien [isʀaeljɛ̃] *nm (f -ienne)* Israeli.

Italie [itali] *nf* Italy.

italien [italjɛ̃] *adj (f -ienne)* Italian.

Italien [italjɛ̃] *nm (f -ienne)* Italian.

itératif [iteʀatif] *adj (f -ive) (Jur)* reiterated, repeated.

itinéraire [itineʀɛʀ] *nm (T)* itinerary, route.

itinérant [itineʀɑ̃] *adj* itinerant ; *exposition* ~*e* travelling/traveling exhibition.

IUT *v.* **Institut universitaire de technologie.**

IVG *v.* **interruption volontaire de grossesse.**

ivoirien [ivwaʀjɛ̃] *adj (f -ienne)* Ivoirian (*v.* **Côte-d'Ivoire**).

Ivoirien [ivwaʀjɛ̃] *nm (f -ienne)* Ivoirian (*v.* **Côte-d'Ivoire**).

ivresse [ivʀɛs] *nf* drunkenness, intoxication ; *conduite en état d'*~ drunken driving, *(US)* driving while intoxicated (DWI), *(US)* driving under the influence (DUI) ; ~ *publique* public drunkenness, drunk and disorderly conduct.

J

jamaïcain [ʒamaikɛ̃] *adj* Jamaican.

Jamaïcain [ʒamaikɛ̃] *nm* Jamaican.

Jamaïque [ʒamaik] *nf* Jamaica.

janvier [ʒɑ̃vje] *nm* January.

JAP *v.* **juge de l'application des peines.**

Japon [ʒapɔ̃] *nm* Japan.

japonais [ʒapɔnɛ] *adj* Japanese.

Japonais [ʒapɔnɛ] *nm* Japanese *(pl inv)*.

jargon [ʒaʀgɔ̃] *nm* jargon ; ~ *juridique* legalese.

jauge [ʒoʒ] *nf* 1. *(instrument)* gauge, *(niveau d'huile)* dipstick 2. *(T) (navire)* tonnage ; ~ *brute* gross tonnage ; ~ *nette* net tonnage.

jaugeage [ʒoʒaʒ] *nm* gauging, measurement.

jauger [ʒoʒe] *v* 1. *vt* gauge, measure 2. *vi* contain, have a capacity of ; *(T) navire qui jauge 1 000 tonneaux* ship of 1,000 tons burden.

jaune [ʒon] *adj* yellow ; *(Tél) les pages* ~*s* the yellow pages.

jaune [ʒon] *nmf (fam)* strikebreaker, *(UK)* blackleg, *(péj)* scab.

jet [ʒɛ] *nm* 1. jet, gush, stream ; ~ *d'eau* fountain 2. *(action)* casting, throwing ; *(Ass)* ~ *à la mer* jettison, throwing overboard 3. *(document) premier* ~ rough draft.

jet [dʒɛt] *nm (T)* jet (aeroplane/airplane).

jetable [ʒətabl] *adj* disposable.

jetée [ʒəte] *nf (T)* jetty, pier.

jeter [ʒəte] *vt* throw, throw away ; *(Ass)* ~ *des marchandises par-dessus bord* jettison cargo, throw cargo overboard.

jeton [ʒətɔ̃] *nm* token ; *(Mgt)* ~ *de présence* director's fees.

jeu [ʒø] *nm (pl -x)* 1. game ; *(Mgt)* ~ *d'entreprise* business game ; *théorie des* ~*x* game theory 2. gambling, speculation ; *dettes de* ~ gambling debts 3. operation, interplay ; ~ *de l'offre et de la demande* interplay of supply and demand 4. set ; ~ *complet de documents* full set of documents 5. *en* ~ at stake, at issue.

jeudi [ʒødi] *nm* Thursday.

J.O. *v.* **Journal Officiel.**

joignable [ʒwaɲabl] *adj* reachable, available.

joindre [ʒwɛ̃dʀ] *vt* 1. join, unite, link 2. contact, reach, get in touch with ; ~ *par téléphone* reach by telephone 3. attach, enclose ; ~ *une enveloppe timbrée pour la réponse* enclose a stamped addressed envelope (SAE) for the reply

joint [ʒwɛ̃] *adj* 1. joint ; *(Jur) action*

~es joint actions **2.** attached, enclosed ; *vous trouverez ci-~ copie du document* enclosed you will find a copy of the document ; *pièces ~es* enclosures.

joint-venture [dʒɔintventʃœʀ] *nm (Mgt)* joint venture (*v.* **coentreprise**).

jonction [ʒɔ̃ksjɔ̃] *nf* junction, joining ; *(Jur) ~ d'instances* joinder (of actions).

Jordanie [ʒɔʀdani] *nf* Jordan.

jordanien [ʒɔʀdanjɛ̃] *adj* (*f* **-ienne**) Jordanian.

Jordanien [ʒɔʀdanjɛ̃] *nm* (*f* **-ienne**) Jordanian.

jouer [ʒwe] *v* **1.** *vti* play **2.** *vti* speculate (on), gamble (on) **3.** *vi* come into play, apply ; *cette disposition joue en notre faveur* this clause is in our favour/favor **4.** *vi (Bs)* speculate ; *~ à la baisse* speculate on a falling market, bear the market ; *~ à la hausse* speculate on a rising market, bull the market.

joueur [ʒwœʀ] *nm* (*f* **-euse**) **1.** player **2.** gambler, speculator ; *(Bs) petit ~* small-time operator.

jouir [ʒwiʀ] *vi (de)* enjoy ; *(Jur) ~ d'un droit* enjoy a right ; *~ de toutes ses facultés* be in full possession of one's faculties ; *~ d'un privilège* enjoy a privilege ; *~ d'une bonne reputation* have a good reputation.

jouissance [ʒwisɑ̃s] *nf* **1.** *(Jur)* enjoyment, possession, tenure ; *avoir la ~ d'un droit* enjoy a right ; *entrer en ~* enter into possession ; *~ paisible* quiet enjoyment ; *~ de passage* easement, right of way ; *trouble de ~* disturbance of the enjoyment of property **2.** *(Fin)* right to interest or dividends ; *date de ~* date upon which interest is due.

jour [ʒuʀ] *nm* day ; *à ~* up to date ; *(Jur) ~s amendes* daily fine (imposed as an alternative to incarceration) ; *~ calendaire* calendar day ; *~ chômé* non-working day, *(US)* holiday, *(UK)* bank holiday ; *(Bq/Fin) ~ de l'échéance* maturity date ; *~ férié (US)* holiday, *(UK)* bank holiday ; *~ fixe* fixed date ; *(Bq/Fin) au ~ le ~* day-to-day, at call ; *ordre du ~* agenda ; *~ ouvrable* working day ; *(T) ~s de planche* lay days ; *(Bq) ~ de valeur* value date.

journal [ʒuʀnal] *nm* (*pl* **-aux**) **1.** newspaper, paper ; *~ financier* financial newspaper **2.** *(Cpta)* journal, book of original entry ; *~ des achats* purchase ledger ; *~ auxiliaire* special journal ; *~ de banque* bank book ; *~ de caisse* cash book ; *~ général* general journal ; *~ des mouvements* transaction journal ; *~ des transferts* transfer register ; *~ des ventes* sales ledger **3.** *(T) ~ de bord* log, logbook.

*Journal Officiel (J.O.) *nm (Fr)* official journal of the French government ; *équiv. (UK)* Hansard, *(US)* Federal Register.

journalier [ʒuʀnalje] *adj* (*f* **-ière**) daily ; *salaire ~* daily wage ; *travail ~* day labour/labor.

journalier [ʒuʀnalje] *nm* (*f* **-ière**) day labourer/laborer (in the agricultural sector).

journalisation [ʒuʀnalizasjɔ̃] *nf (Cpta)* journalization.

journalisme [ʒuʀnalism] *nm* journalism.

journaliste [ʒuʀnalist] *nmf* **1.** journalist, reporter ; *~ financier* financial correspondent ; *~ politique* political correspondent **2.** *(Cpta)* journalizer.

journée [ʒuʀne] *nf* day ; *~ continue* continous workday (without a break for lunch) ; *~ de grève* strike day ; *~ de salaire* day's pay ; *~ de travail* workday.

journellement [ʒuʀnɛlmɑ̃] *adv* daily.

judicature [ʒydikatyʀ] *nf (Jur)* judicature.

judiciaire [ʒydisjɛʀ] *adj (Jur)* judicial ; *assistance ~* legal assistance ; *casier ~* criminal record ; *avoir un casier ~ vierge* have a clean record ; *erreur ~* miscarriage of justice ; *expertise ~* report of an expert appointed by the court ; *frais ~s* legal costs ; *information ~* judicial inquiry/investigation ; *liquidation ~* liquidation ; *poursuites ~s* legal proceedings ; *engager des poursuites ~s contre qn* initiate legal proceedings against sb ; *le pouvoir ~* the judiciary, the judicial branch ; *règlement ~* receivership ; *vente ~* judicial sale, sale by court order.

judiciairement [ʒydisjɛʀmɑ̃] *adv (Jur)* judicially.

juge [ʒyʒ] *nm inv (Jur)* judge, magistrate, justice ; *~ aux affaires familiales* family-law judge ; *~ assesseur* associate judge ; *~-commissaire* official receiver ; *~ consulaire* commercial judge ; *~ des enfants* juvenile judge ; *~ de l'expropriation* judge who fixes compensation in cases of expropriation ; *~ de faillite* bankruptcy judge ; *~ d'instruction* examining magistrate, investigating magistrate ; *(obs) ~ de paix* justice of the peace (JP) ; *~ des référés* judge having the power to issue temporary orders in cases of urgency ; *~ des tutelles* judge having jurisdiction over guardianships ; *~ unique* sole judge (not sitting as part of a panel).

*juge de l'application des peines (JAP) *nm inv (Jur)* judge who supervises execution of sentences; *équiv.* *(US)* parole board.

jugement [ʒyʒmã] *nm* **1.** *(Jur)* judgement/judgment; **~ avant dire droit** interlocutory order; **casser un ~** reverse a judg(e)ment; **confirmer un ~** affirm a judg(e)ment; **~ contradictoire** judg(e)ment rendered after both parties have had an opportunity to appear and be heard; **~ réputé contradictoire** judg(e)ment deemed to have been rendered after both parties had an opportunity to appear and be heard; **~ de débouté** nonsuit; **~ déclaratif** declaratory judg(e)ment; **~ par défaut** default judg(e)ment; **~ définitif** final judg(e)ment; **exécution d'un ~** execution of a judg(e)ment; **~ exécutoire** enforceable judg(e)ment; **~ sur le fond** judg(e)ment on the merits; **~ provisoire** temporary judg(e)ment, *(UK)* decree nisi; **~ en dernier ressort** final judg(e)ment (for which no appeal is possible); **~ en premier ressort** judg(e)ment of a trial court/of a court of first instance; **~ susceptible d'appel** appealable judg(e)ment **2.** *(appréciation)* judg(e)ment, opinion, estimation; **erreur de ~** error of judg(e)ment; **~ de valeur** value judg(e)ment.

juger [ʒyʒe] *vt* **(**Jur**)** judge, try; *(exception de la)* **chose jugée** (plea of) res judicata; **~ contradictoirement** judge a matter in which both parties have the opportunity to appear and be heard; **~ par défaut** render a default judg(e)ment; **~ un différend** decide a dispute; **~ en droit** judge in law; **~ en Équité** judge in Equity; **~ une action mal fondée** dismiss an action/a claim; **~ sur pièces** deliver a judg(e)ment based on documentary evidence only.

juguler [ʒygyle] *vt* curb, suppress, stifle; *(Eco)* **~ l'inflation** curb inflation; **~ une révolte** suppress a rebellion.

juillet [ʒɥijɛ] *nm* July.

juin [ʒɥɛ̃] *nm* June.

juré[1] [ʒyRe] *adj* sworn; *(Jur)* **expert ~** sworn expert.

juré[2] [ʒyRe] *nm inv (Jur)* juror, member of a jury.

jurer [ʒyRe] *vti* swear, pledge; **~ sur la Bible** swear on the Bible.

juridiction [ʒyRidiksjɔ̃] *nf (Jur)* **1.** court, tribunal; **~ administrative** administrative court; **~ arbitrale** arbitration tribunal; **~ civile** civil court; **~ commerciale** commercial court; **~ correctionnelle** minor criminal court, *équiv.* *(UK)* magistrates' court; **~ criminelle** criminal court; **~ de droit commun** court of general jurisdiction; **~ d'exception** court of limited jurisdiction; **~ de jugement** court with power to decide a case; **~ pénale** criminal court **2.** *(pouvoir)* jurisdiction; **~ arbitrale** jurisdiction to arbitrate; **~ civile** civil jurisdiction; **~ répressive** criminal jurisdiction.

juridictionnel [ʒyRidiksjɔnɛl] *adj (f* -elle*) (Jur)* jurisdictional; **aide ~le** legal aid.

juridique [ʒyRidik] *adj (Jur)* legal, juridical; **acte ~** legal document; **conseiller ~** legal counsel/adviser; **études ~s** law studies; **fait ~** act producing legal consequences; **frais ~s** legal fees; **personnalité ~** legal status; **personne ~** legal entity; **régime ~** legal system; **service ~** legal department; **statut ~** legal status; **texte ~** legal instrument; **valeur ~** legal significance.

juridiquement [ʒyRidikmã] *adv* legally, juridically.

jurisconsulte [ʒyRiskɔ̃sylt] *nmf* legal adviser, legal counsellor.

jurisprudence [ʒyRispRydãs] *nf (Jur)* case law, precedent; **faire ~** have precedential value, serve as precedent (*à dist.* jurisprudence).

jurisprudentiel [ʒyRispRydãsjɛl] *adj (f* -ielle*) (Jur)* jurisprudential.

juriste [ʒyRist] *nmf* jurist, legal expert, legal adviser; **~ d'entreprise** business counsel; in-house counsel.

jury [ʒyRi] *nm (Jur)* jury; **~ de jugement** trial jury; **membre du ~** juror; **président du ~** jury foreman.

jus gentium [ʒys ʒɛ̃sjɔm] *nm (Jur)* jus gentium, law of universal application.

jus sanguinis [ʒys sãginis] *nm (Jur)* jus sanguinis; principle by which nationality is based on consanguinity.

jus soli [ʒys sɔli] *nm (Jur)* jus soli; principle by which nationality is based on place of birth.

jusqu'à due concurrence [ʒyska dy kɔ̃kyRãs] *loc (Bq/Fin)* to the amount of.

juste[1] [ʒyst] *adj* **1.** fair, right; **~ prix** fair price; **au plus ~ prix** at a minimum price, at a rock-bottom price; **~ valeur marchande** fair market value **2.** accurate, correct; **raisonnement ~** sound reasoning; **réponse ~** correct answer.

juste[2] [ʒyst] *adv* exactly, precisely; **~ à temps** just in time.

justice [ʒystis] *nf (Jur)* **1.** justice; **déni de ~** miscarriage of justice; **palais de ~** *(UK)* court(s), *(US)* courthouse; **rendre ~** do justice; **faire régner la ~**

let justice prevail; *en toute* ~ in all
fairness 2. legal proceedings; *action en*
~ legal action, lawsuit; *aller en* ~ go
to court; *poursuivre qn en* ~ initiate
legal proceedings against sb, sue sb;
être traduit en ~ be sued, be taken to
court, have legal proceedings initiated
against one.
justiciable[1] [ʒystisjabl] *adj (Jur)* justiciable, amenable to decision by a court;
~ *d'un tribunal* subject to the jurisdiction of a court.
justiciable[2] [ʒystisjabl] *nmf (Jur)* person subject to a particular jurisdiction,
person subject to the law.
justifiable [ʒystifjabl] *adj* justifiable.
justificatif[1] [ʒystifikatif] *adj (f -ive)*
justificatory, supporting; *facture justificative* corroborating invoice; *pièce
justificative* written proof, voucher, receipt.

justificatif[2] [ʒystifikatif] *nm* supporting
document; ~ *de domicile* proof of
residence.
justification [ʒystifikasjɔ̃] *nf* 1. justification 2. *(Jur)* proof, substantiation; ~
de paiement receipt.
justifier [ʒystifje] *v* 1. *vt* justify 2. *vt
(Jur)* substantiate; ~ *une demande*
document a request 3. *vi (Jur)* ~ *de*
prove; ~ *de son identité* prove one's
identity; ~ *de ses mouvements* account
for one's movements/whereabouts; ~
d'un paiement prove a payment 4. *vpr
se* ~ justify oneself; *se* ~ *d'une accusation* clear oneself of an accusation,
clear one's name.
jute [ʒyt] *nm (Emb)* jute; *toile de* ~
(UK) hessian, *(US)* burlap.
juvénile [ʒyvenil] *adj* juvenile; *(Jur)*
délinquance ~ juvenile delinquency.

K

kazakh [kazak] *adj* Kazakh.
Kazakh [kazak] *nm* Kazakh.
Kazakhstan [kazakstɑ̃] *nm* Kazakhstan.
Kenya [kenja] *nm* Kenya.
kényan [kenjɑ̃] *adj* Kenyan.
Kényan [kenjɑ̃] *nm* Kenyan.
keynésien [kenezjɛ̃] *adj (f -ienne) (Eco)*
Keynesian.
KF *v.* **kilofranc**.
kidnapper [kidnape] *vt (Jur)* kidnap.
kidnappeur [kidnapœr] *nm (f -euse)
(Jur)* kidnapper.
kilo [kilo] *nm (ab de* **kilogramme***)* kilo.
kilofranc (KF) [kilofrɑ̃] *nm (Fin) (Fr)*
one thousand francs; *salaire annuel de
600 KF* annual salary of 600,000 francs.
kilogramme [kilɔgram] *nm* kilogram.

kilométrage [kilɔmetraʒ] *nm* mileage;
~ *illimité* unlimited mileage.
kilomètre (km) [kilɔmetr] *nm* kilo-
metre/kilometer; *(T)* ~*-passager* passenger kilometre/kilometer.
kirghiz [kirgiz] *adj* Kirghiz, Kyrgyz.
Kirghiz [kirgiz] *nm* Kirghiz, Kyrgyz.
Kirghizistan [kirgizistɑ̃] *nm* Kirghizistan, Kyrgyzstan.
km *v.* **kilomètre**.
koulak [kulak] *nm (Eco)* kulak.
Koweït [kɔwɛt] *nm* Kuwait.
koweïtien [kɔwɛtjɛ̃] *adj (f -ienne)* Kuwaiti.
Koweïtien [kɔwɛtjɛ̃] *nm (f -ienne)* Kuwaiti.
krach [krak] *nm (Bs)* crash, collapse.

L

label [label] *nm* 1. label, seal, trademark; ~ *d'exportation* export label;
~ *de garantie* guarantee label;
~ *d'origine* seal of origin; ~ *de qualité* seal of quality 2. *(Mkg)* brand
name.
laboratoire [labɔratwar] *nm* 1. lab-

oratory; ~ *pharmaceutique* pharmaceutical firm, drug company 2. ~
d'idées think tank.
laborieux [labɔrjø] *adj (f -euse)* 1. la-
borious, painstaking 2. working; *les
classes laborieuses* the working classes.

lâche [laʃ] *adj* **1.** loose, slack **2.** careless, slipshod **3.** cowardly, despicable.

lâchement [laʃmɑ̃] *adv* **1.** loosely, slackly **2.** in a cowardly manner.

lâcher [laʃe] *v* **1.** *vt (prisonnier)* release, *(corde)* loosen **2.** *vi* get loose, give out; *la corde a lâché!* the rope broke!

lacune [lakyn] *nf* omission, gap, deficiency; *~ dans un texte de loi* loophole.

Laffer [lafɛʀ] *n (Eco) courbe de L~* Laffer curve.

laïc [laik] *adj (f laïque)* secular; *(Fr) l'école laïque* (non-religious) state education.

laïcité [laisite] *nf* secularity; *(Fr) le principe de la ~ des écoles* the principle of the non-religious nature/the secularity of state schools.

lainage [lenaʒ] *nm* **1.** fleece, woollen/woolen fabric **2.** wool(l)en goods.

laine [lɛn] *nf* wool.

laissé-pour-compte [lesepuʀkɔ̃t] *nm* **1.** reject, unsold article **2.** *(person)* underdog, reject; *les laissés-pour-compte de la société* the underprivileged.

laisser [lese] *vt* **1.** allow, let; *~ qn faire qch* let sb do sth, allow sb to do sth; *(D) ~ entrer* allow in **2.** leave (behind); *c'est à prendre ou à ~!* take it or leave it! **3.** *(Jur) (léguer)* bequeath; *~ une maison à ses enfants* leave/bequeath a house to one's children.

laisser-faire [lesefɛʀ] *nm (aussi* **laissez-faire)** *(Eco)* laissez-faire.

laissez-passer [lesepase] *nm (pl inv)* pass, permit.

laitage [letaʒ] *nm* milk/dairy product.

laitier [letje] *adj (f -ière)* dairy; *produits ~s* dairy products.

laminer [lamine] *vt* **1.** laminate **2.** *(fig)* erode; *nos bénéfices ont été laminés par la crise* our profits have been eaten away by the economic slump.

lancée [lɑ̃se] *nf* momentum, impetus; *être sur sa ~* be under way.

lancement [lɑ̃smɑ̃] *nm (fusée)* launch, launching; *(fig)* introduction, kickoff; *(Mkg) ~ de produit* product launch; *offre de ~* introductory offer.

lancer [lɑ̃se] *v* **1.** *vt* throw **2.** *vt* launch, introduce; *(Mkg) ~ un produit* launch a product **3.** *vt (Fin)* float; *~ un emprunt* float a loan; *~ une souscription* start a fund **4.** *vt (Inf) (logiciel)* run **5.** *vpr se ~ dans les affaires* start in business.

langage [lɑ̃gaʒ] *nm* language; *(Inf) ~ objets* object-oriented language.

langue [lɑ̃g] *nf* **1.** tongue **2.** language; *(Pol) ~ de bois* doublespeak.

langueur [lɑ̃gœʀ] *nf* sluggishness.

Laos [laos] *nm* Laos.

laotien [laosjɛ̃] *adj (f -ienne)* Laotian.

Laotien [laosjɛ̃] *nm (f -ienne)* Laotian.

larcin [laʀsɛ̃] *nm (Jur)* larceny, petty theft.

Lasalle [lasal] *n (Eco) loi de L~* Lasalle's law of wages.

latent [latɑ̃] *adj* latent, concealed; *valeur ~e* underlying value.

latino-américain [latinoameʀikɛ̃] *adj* Latin American.

Latino-Américain [latinoameʀikɛ̃] *nm* Latin American.

latitude [latityd] *nf* latitude, freedom to act; *avoir toute ~ pour agir* have a free hand to act.

latte [lat] *nf (Emb)* batten, slat.

laver [lave] *vt* **1.** wash **2.** *(Jur)* clear; *~ qn d'une accusation* clear sb of an accusation.

leader [lidœʀ] *nm* leader; *~ d'opinion* opinion leader; *(Pol) ~ d'un parti politique* leader of a political party.

lease-back [lizbak] *nm (Fin)* lease-back.

leasing [liziŋ] *nm (Fin)* leasing.

lèche-vitrines [leʃvitrin] *nm* window-shopping; *faire du ~* go window-shopping.

lecteur [lɛktœʀ] *nm (f -trice) (personne)* reader **2.** *(Inf) (appareil) ~ de cartes magnétiques* magnetic card reader; *~ de disquettes* disk drive; *~ optique* optical reader, optical scanner.

lectorat [lɛktɔʀa] *nm (journal)* readership.

lecture [lɛktyʀ] *nf* **1.** reading; *(Inf) ~ optique* optical reading **2.** *(Pol)* reading (of a bill in Parliament); *dernière ~* final reading of a bill; *première ~* first reading of a bill; *le projet a été adopté en seconde ~* the bill was passed on its second reading.

légal [legal] *adj (Jur) (mpl -aux)* **1.** legal, lawful, licit **2.** legal, pertaining to law, statutory; *délai ~ de préavis* statutory notice period; *médecine ~e* forensic medicine; *obligation ~e* legal obligation; *représentant ~* legal representative; *statut ~* legal status; *taux (d'intérêt) ~* legal rate of interest; *avoir recours aux moyens légaux* take legal action; *suivre la procédure ~e* follow legal procedures; *par voies ~es* legally.

légalement [legalmã] *adv (Jur)* legally, lawfully.

légalisation [legalizasjõ] *nf (Jur)* **1.** legalization **2.** *(document, signature)* authentication, certification.

légaliser [legalize] *vt (Jur)* **1.** legalize **2.** *(document, signature)* authenticate, certify.

légalité [legalite] *nf (Jur)* legality; *agir en toute ~* act legally/within the law; *contester la ~ d'une mesure* challenge/contest the legality of a measure; *rester dans la ~* keep within the law; *principe de la ~* principle requiring the government to act in accordance with the law.

légataire [legateR] *nmf (Jur)* legatee, devisee, heir; *~ universel* sole legatee/devisee, residuary legatee/devisee.

légende [leʒãd] *nf* **1.** legend, tale **2.** *(sur document)* caption, key, legend; *consulter la ~* refer to the key.

léger [leʒe] *adj (f* **légère**) light, lightweight; *industrie légère* light industry.

légiférer [leʒifeRe] *vi (Jur/Pol)* legislate.

législateur [leʒislatœR] *nm (Pol)* **1.** *(assemblée)* legislature **2.** legislator.

législatif [leʒislatif] *adj (f* **-ive**) *(Pol)* legislative; *élections législatives* legislative/parliamentary elections, *(UK)* general elections; *pouvoir ~* legislative power, the legislative branch.

législation [leʒislasjõ] *nf (Jur)* law, statute, legislation; *la ~ en vigueur* the laws in force; *~ antitrust* anti-trust laws; *~ fiscale* tax laws; *~ du travail* labour/labor laws.

législature [leʒislatyR] *nf (Pol)* term of a legislature/of an assembly; *cette loi a été adoptée par la ~ actuelle* this law was passed during the present session of Parliament.

légiste[1] [leʒist] *adj médecin ~* forensic pathologist, *(US)* medical examiner.

légiste[2] [leʒist] *nmf* jurist, legal expert.

légitimation [leʒitimasjõ] *nf (Jur) (enfant)* legitimation, recognition.

légitime [leʒitim] *adj* legitimate; *(Jur) agir en état de ~ défense* act in self-defense; *enfant ~* legitimate child; *héritier ~* rightful heir; *revendication ~* legitimate demand.

légitimer [leʒitime] **1.** *vt (Jur)* legitimate; *~ un enfant naturel* legitimate an illegitimate child **2.** justify, excuse.

légitimité [leʒitimite] *nf* **1.** *(Jur)* legitimacy **2.** rightfulness, justifiability; *~ d'une démarche* justifiability of an action.

legs [leg] *nm (Jur) (biens mobiliers)* leg-acy, bequest; *(biens immobiliers)* devise; testamentary disposition of real or personal property; *~ à titre universel* bequest and/or devise of a portion of an estate; *~ universel* bequest and/or devise of the testator's entire estate to a particular beneficiary; *~ à titre particulier* specific bequest and/or devise.

léguer [lege] *vt (Jur) (biens mobiliers)* bequeath, *(biens immobiliers)* devise.

lent [lã] *adj* slow.

léonin [leɔnɛ̃] *adj (Jur)* oppressive, unfair, unconscionable; *contrat ~* unconscionable/unfair contract.

léser [leze] *vt (Jur)* injure, wrong; *~ les droits de qn* encroach upon sb's rights; *la partie lésée* the injured party.

lésion [lezjõ] *nf (Jur)* damage suffered by a party who, under a bilateral contract, is not to receive a full equivalent in return for his performance.

Lesotho [lezoto] *nm* Lesotho.

léthargie [letaRʒi] *nf* lethargy, sluggishness.

letton [letõ] *adj (f* **-onne**) Latvian.

Letton [letõ] *nm (f* **-onne**) Latvian.

Lettonie [letɔni] *nf* Latvia.

lettre [letR] *nf* **1.** *(courrier)* letter; *~ de réclamation* letter of complaint; *~ de recommandation* reference, letter of recommendation; *~ recommandée* registered letter; *~ recommandée avec accusé de réception (AR) (UK)* recorded-delivery letter, *(US)* registered letter with return receipt requested; *~ de référence* testimonial, *(confidentielle)* reference; *~ de relance* follow-up letter **2.** *(typographie)* letter; *écrire le montant en toutes ~s* write out the sum in full **3.** *(Jur)* letter; *~ d'agrément* letter of consent; *~ d'intention* letter of intent (LOI); *~ de licenciement* notice of dismissal; *~ de procuration* proxy **4.** *(Fin)* bill, letter; *(Bs) ~ d'allocation* letter of allotment; *~ de change* bill of exchange; *~ de change à terme* time bill of exchange; *~ de confort* comfort letter; *~ de crédit* letter of credit; *~ de crédit documentaire* documentary letter of credit; *(Bq) ~ d'engagement* commitment letter **5.** *(T) ~ de mer* clearance certificate, sea letter, sea brief; *~ de transport aérien (LTA)* air waybill (AWB), air consignment note, air bill of lading; *(T) ~ de voiture* consignment note, waybill; *(T) ~ de voiture ferroviaire* railroad bill of lading, railroad waybill consignment note; *~ de voiture fluviale* barge/river bill of lading; *~ de voiture routière* truck bill of lading **6.** *(Pol) ~s de* *créance* letter of accreditation (of a diplomat).

leurre [lœʀ] *nm* deception, trick.

levage [ləvaʒ] *nm* (T) hoisting ; *appareil de* ~ hoist, hoisting device.

levée [ləve] *nf* 1. *(courrier)* collection ; *dernière* ~ last (postal) collection 2. *(Fisc)* levy ; ~ *d'un impôt* levying of a tax 3. *(Fin)* ~ *d'une option* exercise of an option 4. *(Bs)* ~ *de la prime* call for the premium ; ~ *des titres* taking delivery of shares 5. *(Jur)* ~ *de jugement* transcript of a judg(e)ment ; ~ *d'une saisie* replevin ; ~ *de séance* adjournment of a (court) hearing 6. *(Jur)* removal ; ~ *d'écrou* release from prison ; ~ *des scellés* removal of seals (at the scene of a crime).

lever [ləve] *vt* 1. lift, raise ; *(T)* ~ *l'ancre* weigh anchor, sail ; *(CI)* ~ *l'embargo* lift an embargo ; ~ *des restrictions* lift restrictions 2. *(Jur)* ~ *une hypothèque* release a mortgage, disencumber 3. *(Fin)* levy, exercise ; ~ *une option* exercise an option.

levier [ləvje] *nm* lever, leverage ; *effet de* ~ leverage ; *(Fin)* ~ *financier* financial leverage.

lex fori [lɛksfɔʀi] *loc (Jur)* lex fori, the law of the place in which the court sits.

lex loci [lɛkslɔki] *loc (Jur)* lex loci, the law of the place where an incident occurred.

lex rei sitae [lɛks ʀei sitaɛ] *loc (Jur)* the law of the place where goods are located.

liaison [ljezɔ̃] *nf* 1. link ; *(T)* ~*s aériennes/maritimes* air/sea connections 2. relation ; *agent de* ~ intermediary, go-between ; *assurer la* ~ liaise ; *en étroite* ~ *(avec)* in close collaboration (with).

liasse [ljas] *nf (marchandises)* bundle, *(billets)* wad.

Liban [libɑ̃] *nm* Lebanon.

libanais [libanɛ] *adj* Lebanese.

Libanais [libanɛ] *nm* Lebanese *(pl inv)*.

libellé [libele] *nm* wording, particulars ; *(Bq)* ~ *d'un compte* account details/particulars ; *(Jur)* ~ *d'une loi* text of a statute ; *(Mgt)* ~ *d'un poste* job particulars/description.

libeller [libele] *vt* 1. word ; *libellé comme suit* worded as follows 2. *(Bq) (chèque)* make out, write, draw ; *emprunt libellé en dollars* dollar-denominated loan, loan denominated in dollars.

libéral[1] [liberal] *adj (mpl* -**aux***)* liberal, broad-minded, open-minded ; *(Jur) interprétation* ~*e* broad interpretation/construction 2. *(Eco)* free-market,

free-enterprise ; *les professions* ~*es* the professions ; *médecine* ~*e* private practise/practice of medicine.

libéral[2] [liberal] *nm* 1. *(Pol) (UK)* Liberal 2. *(Eco) (Fr)* free-marketeer.

libéralisation [liberalizasjɔ̃] *nf* liberalization ; *(CI)* ~ *du commerce/des échanges* (UK) easing of trade restrictions, *(US)* trade liberalization.

libéraliser [liberalize] *vt* liberalize ; ~ *le commerce* liberalize trade, reduce trade restrictions.

libéralisme [liberalism] *nm* 1. *(Pol)* liberalism 2. *(Eco)* free-enterprise system.

libéralité [liberalite] *nf (Jur)* gift, gratuity.

libération [liberasjɔ̃] *nf* 1. liberation ; ~ *de la femme* women's liberation 2. *(Jur)* release ; ~ *d'un prisonnier* release of a prisoner ; ~ *sous caution* release on bail ; ~ *conditionnelle* conditional release, parole 3. *(Eco)* deregulation ; ~ *des changes* lifting of foreign exchange restrictions ; ~ *des prix/des salaires* removal of price controls/wage restrictions 4. *(Fin)* discharge, payment in full ; ~ *d'une dette par versements anticipés* discharge of a debt by paying installments/instalments before the due date ; ~ *d'une obligation* discharge of a debt ; *(Bs)* ~ *d'une action* payment in full of a share.

libératoire [liberatwaʀ] *adj* 1. *(Fin)* in full discharge (of) ; *paiement* ~ payment in full discharge of debt ; *(Fisc) prélèvement* ~ levy in full satisfaction of tax ; *reçu* ~ receipt in full ; *versement* ~ final installment/instalment 2. *(Eco) (monnaie) avoir force* ~ be legal tender.

libérer [libere] *vt* 1. release, set free ; *(Jur)* ~ *sous caution* free on bail 2. *(fig)* liberate, free ; ~ *sa conscience* unburden one's conscience ; ~ *qn de ses obligations* discharge sb of their obligations ; *(Fr) libéré de ses obligations militaires* having completed one's military service 3. deregulate ; ~ *les loyers* free rents ; ~ *les prix* remove price controls 4. *(Fin)* discharge, pay in full ; ~ *une hypothèque* discharge a mortgage ; *(Bs) actions libérées* fully paid-up shares.

Liberia [liberja] *nm* Liberia.

libérien [liberjɛ̃] *adj (f* -**ienne***)* Liberian.

Libérien [liberjɛ̃] *nm (f* -**ienne***)* Liberian.

liberté [liberte] *nf* freedom, liberty 1. ~ *du commerce* freedom of trade ; ~ *de culte* freedom of religion/of worship ; ~

des mers freedom of the high seas; **~s publiques** public liberties; **~ du travail** right to work; **~ syndicale** right to unionize **2.** *(Jur)* **être mis en ~** be set free, be discharged; **mise en ~ sous caution** discharge on bail; **mise en ~ conditionnelle** release on parole; **mise en ~ provisoire** release on bail; **mise en ~ surveillée** release on probation.

libre [libʀ] *adj* **1.** free, independent; **~ arbitre** free will; **~ penseur** free-thinker **2.** *(Jur)* free; **il est sorti ~ du tribunal** he left the court a free man **3.** *(Eco)* unregulated, free; *(UE)* **~ circulation des travailleurs** free circulation of labour/labor; **~ entreprise** free enterprise; **~ d'impôt** tax-free; **marché ~** free market; **en vente ~** on open sale **4.** *(locaux)* vacant, unoccupied; **~ à la vente** for sale with vacant possession **5.** *(Fin)* clean, without restriction; *(T)* **connaissement ~** clean bill of lading; **effet ~** clean bill.
***libre pratique** *nf (CI) (UE)* **en ~** status of products discharged of/having paid common import tariff.

libre-échange [libʀeʃɑ̃ʒ] *nm (CI)* free trade; **zone de ~** free-trade area.

libre-échangisme [libʀeʃɑ̃ʒism] *nm* free-trade policy.

libre-échangiste [libʀeʃɑ̃ʒist] *nmf* free-trader.

libre-service [libʀəseʀvis] *nm* self-service.

Libye [libi] *nf* Libya.

libyen [libjɛ̃] *adj (f* **-enne)** Libyan.

Libyen [libjɛ̃] *nm (f* **-enne)** Libyan.

licence [lisɑ̃s] *nf* **1.** licence/license; **sous ~** licensed, under licence; **accorder une ~** grant a licence; **conditions de ~** licensing requirements; **droit de ~** licensing fee; *(CI)* **~ d'exportation/d'importation** export/import licence; **~ de fabrication** manufacturing licence; **fabriquer sous ~** manufacture under licence; **titulaire d'une ~** licence holder, licensee; **~ de vente** sales licence **2.** *(Ens)* French diploma approximately equivalent to a bachelor's degree *(v.* **maîtrise**); **~ en droit** law degree.

licencié [lisɑ̃sje] *nm* **1.** *(Jur)* licensee, licence/license holder **2.** *(Ens)* holder of the **licence** diploma; **~ en droit** Bachelor of Law **3.** person dismissed from employment.

licenciement [lisɑ̃simɑ̃] *nm* dismissal, *(fam) (UK)* sacking, *(US)* firing; *(Jur)* **~ abusif** unfair dismissal; **~ collectif** mass dismissal, downsizing, *(UK)* labour-shedding; **indemnités de ~** *(UK)* severance pay, redundancy payment,

(US) layoff compensation; **lettre de ~** notice of dismissal; **~ pour raisons économiques** *(UK)* redundancy/*(US)* layoff.

licencier [lisɑ̃sje] *vt* dismiss, lay off, *(fam) (UK)* sack, *(US)* fire.

licitation [lisitasjɔ̃] *nf (Jur)* sale at auction of property held in common.

licite [lisit] *adj (Jur)* licit, lawful, legal.

Liechtenstein [liʃtɛnʃtain] *nm* Liechtenstein.

lien [ljɛ̃] *nm* link, connection, tie; **~ conjugal** marital bond; **~ de parenté** family relationship; **~s du sang** blood ties.

lier [lje] *vt* **1.** link, tie; *(Fin)* **emprunts liés** tied loans **2.** *(Jur)* bind; **lié par contrat** bound by contract.

lieu [ljø] *nm (pl* **-x)** place **1.** **~ de livraison** place of delivery, delivery point; **~ de naissance** place of birth, birthplace; **~ de paiement** place of payment; **~ public** public place; **~ de travail** workplace **2.** *(Jur)* **~ du crime** scene of the crime; **~ où demeure le défendeur** place where the defendant lives; **~ de l'infraction** place of the infraction; **faire l'état des ~x** make an inventory of the premises (before signing a lease) **3.** *(loc)* **avoir ~** take place; **s'il y a ~** if necessary; **en temps et ~** at the right time and place; **il y a tout ~ de supposer que...** there is every reason to suppose that...
***lieu-dit** *nm (pl* **lieux-dits)** place, locality; **au ~ La Vieille Ferme** at the place called La Vieille Ferme.

ligne [liɲ] *nf* **1.** line, direction; **~ de conduite** policy, course of action; **en ~ directe** in direct line; **~s directrices** guidelines; *(T)* **~ de flottaison** waterline; **~ de tir** line of fire **2.** *(Tél)* (telephone) line **3.** *(Cpta)* **au-dessus/au-dessous de la ~** above/below the line **4.** *(Fin)* **~ de crédit** line of credit; **~ de crédit de substitution** backup line of credit **5.** *(Mkg)* **~ de produits** line of products, product line **6.** *(Jur)* (lignée) line; **~ collatérale/directe** collateral/direct line; **descendre en ~ directe de** descend in direct line from **7.** *(T)* line, route; **~ aérienne** airline; **~ cargo** air freight service; **~ de chemin de fer** *(UK)* railway, *(US)* railroad; **~ maritime** shipping line; **~ régulière** scheduled line/route; **~ secondaire** feeder line **8.** *(Inf)* **en ~** on line.

ligue [lig] *nf* league.
***Ligue arabe** *nf (Pol)* Arab League.

limitatif [limitatif] *adj (f* **-ive)** restrictive, limiting; *(Jur)* **clause ~** restrictive clause.

limitation [limitasjɔ̃] *nf* limitation, restriction ; *(Jur)* ~ *de responsabilité* limitation of liability ; ~ *de vitesse* speed limit ; *(CI)* ~ *volontaire des exportations* voluntary export restraint (VER).

limite [limit] *nf* limit ; *dépasser les* ~*s* go too far ; ~ *d'âge* age limit ; *cas* ~ borderline case ; *date* ~ deadline ; *(Fin)* ~ *d'endettement* debt capacity ; ~ *supérieure* upper limit.

limité [limite] *adj* limited ; *responsabilité* ~*e* limited liability ; *société à responsabilité* ~*e (SARL)* company with limited liability.

limiter [limite] *vt* limit, restrict.

limitrophe [limitRɔf] *adj* adjacent, bordering ; *pays* ~*s* neighbouring/neighboring countries.

limogeage [limɔʒaʒ] *nm* dismissal, *(UK) (fam)* sacking, *(US)* firing.

limoger [limɔʒe] *vt* dismiss, *(UK) (fam)* sack, *(US)* fire.

linéaire [lineɛR] *adj* linear.

linéaire [lineɛR] *nm (Mkg)* shelf-space.

lingot [lɛ̃go] *nm (Fin)* ingot ; ~ *d'or* gold ingot ; *or en* ~*s* gold bullion.

liquidateur [likidatœR] *nm (f* -**trice)** *(Jur)* liquidator, receiver ; *entre les mains du* ~ in receivership/liquidation ; ~ *judiciaire (UK)* official receiver, *(US)* receiver in bankruptcy.

liquidation [likidasjɔ̃] *nf* **1.** *(Fin/Cpta)* payment, settlement ; ~ *d'une créance* settlement/full payment of a debt ; ~ *d'un impôt* full payment of a tax **2.** *(Bs)* settlement, account ; *achat en* ~ buying for the account ; *compte de* ~ settlement account ; *jour de* ~ settlement/account day ; *vente en* ~ sale for the account **3.** *(Jur)* liquidation, winding-up ; *mettre en* ~ wind up, put into receivership/liquidation ; ~ *judiciaire* liquidation subject to judicial supervision (v. Chapter 7) **4.** *(Com)* clearance sale ; ~ *du stock* stock clearance sale ; *vente de* ~ closing-down/close-out sale.

liquide [likid] *adj (Fin)* liquid, available ; *(Cpta) actif* ~ liquid assets.

liquide [likid] *nm (Fin)* cash, ready money ; *en* ~ in cash.

liquider [likide] *vt* **1.** *(Fin) (dette)* settle, pay off **2.** *(Jur) (affaire)* liquidate, wind up **3.** *(Bs)* close ; ~ *sa position* close one's position **4.** *(stocks)* sell off, clear **5.** *(Jur) (fam)* ~ *qn* liquidate/eliminate sb.

liquidité [likidite] *nf* **1.** *(Eco)* liquidity ; ~ *bancaire* bank liquidity ; *crise de* ~ liquidity squeeze ; ~ *internationale* international liquidity ; ~ *primaire/secon-*

daire/tertiaire primary/secondary/tertiary liquidity ; *régulation de la* ~ liquidity control **2.** *(Bq/Cpta)* ~*s* liquid assets, available funds, current funds, cash ; ~*s de caisse* liquid assets ; ~*s excédentaires* excess liquidities ; ~*s nettes* net liquid assets.

lire [liR] *vt* **1.** read **2.** *(Inf)* scan.

lissage [lisaʒ] *nm (Eco)* smoothing (out) ; ~ *des bénéfices* income smoothing.

lisse [lis] *adj* smooth.

listage [listaʒ] *nm* listing ; *fichier de* ~ list file.

liste [list] *nf* list ; *(Bs)* ~ *des actionnaires* shareholders' list ; ~ *d'attente* waiting list ; *(Pol)* ~ *bloquée* list of candidates which the voters have no right to modify ; *(Pol)* ~ *civile* civil list ; *(T)* ~ *de colisage* packing list, packing note ; *(Pol)* ~ *électorale* voter rolls, electoral list, list of registered voters ; ~ *des prix* price list ; ~ *noire* black list ; *(Tél)* *numéro sur* ~ *rouge (UK)* ex-directory/*(US)* unlisted telephone number.

lister [liste] *vt* list.

listing [listiŋ] *nm (Inf)* printout.

litige [litiʒ] *nm (Jur)* dispute, litigation, lawsuit ; *être en* ~ be in dispute ; *parties en* ~ litigants ; *régler un* ~ settle a dispute.

litigieux [litiʒjø] *adj (f* -**ieuse)** *(Jur)* contentious, litigious ; *point* ~ bone of contention.

litispendance [litispɑ̃dɑ̃s] *nf (Jur)* pendency of an action.

litre [litR] *nm* litre/liter.

littéral [literal] *adj (mpl* -**aux)** literal ; *(Jur) preuve* ~*e* documentary evidence.

Lituanie [lituani] *nf* Lithuania.

lituanien [lituanjɛ̃] *adj (f* -**ienne)** Lithuanian.

Lituanien [lituanjɛ̃] *nm (f* -**ienne)** Lithuanian.

livrable [livRabl] *adj* **1.** deliverable, ready for delivery **2.** *(Bs)* forward ; *marché* ~ forward market.

livraison [livRɛzɔ̃] *nf* **1.** delivery ; *bon de* ~ delivery note, delivery order ; *conditions de* ~ delivery terms ; *délai de* ~ delivery time ; ~ *à domicile* home delivery, door-to-door delivery ; *effectuer la* ~ effect delivery ; ~ *franco* free delivery ; ~*s fractionnées* split deliveries ; *payable à la* ~ cash on delivery (COD), *(US)* collect on delivery (COD) ; *prendre* ~ *(de)* to take delivery (of) ; *retard de* ~ late delivery ; *voiture de* ~ delivery van **2.** *(Bs)* delivery ; *cours de* ~ delivery price ; ~ *à terme* forward/future delivery; *vendre à ~* sell for future delivery.

livre[1] [livʀ] *nf* **1.** *(poids)* pound **2.** *(Fin)* ~ *sterling* pound sterling.

livre[2] [livʀ] *nm* **1.** book; ~ *de poche* paperback book **2.** *(Cpta)* book, journal, ledger; *clôture des ~s* balancing of the books; ~ *de comptes* account book; *grand* ~ ledger; ~ *de paie* payment book, *(US)* payroll; *tenir les ~s* keep the books **3.** *(Pol)* ~ *blanc* white paper.

livrer [livʀe] *vt* deliver; **1.** *(T)* ~ *à domicile* deliver to customer's premises; ~ *à bord d'un navire* deliver on board a vessel; ~ *le long d'un navire* deliver alongside a vessel **2.** *(Bs)* *marché à* ~ transaction for forward delivery; *prime pour* ~ seller's option; *vente à* ~ sale for delivery.

livret [livʀɛ] *nm* **1.** book, booklet; *(Fr)* ~ *de famille* legal document delivered at marriage and containing records pertaining to family members; ~ *d'utilisation* user's manual **2.** *(Bq)* passbook; ~ *de caisse d'épargne* savings passbook; *compte sur* ~ deposit/savings account.

livreur [livʀœʀ] *nm (f* **-euse)** **1.** delivery man/woman **2.** *(Bs)* deliverer, seller.

lobby [lɔbi] *nm (Pol)* lobby, pressure group.

local[1] [lɔkal] *adj (mpl* **-aux)** local; *(Pol) collectivités* ~*es* local authorities, local government; *(Fisc) impôts locaux (UK)* rates, *(US)* local taxes.

local[2] [lɔkal] *nm (pl* **-aux)** **1.** room **2.** *locaux* premises; *(D) locaux de la douane* customs shed; *(D) locaux sous douane* bonding facilities; *locaux d'habitation* domestic/residential premises; *locaux commerciaux* commercial premises.

localisation [lɔkalizasjɔ̃] *nf* location, siting; ~ *d'une usine* siting of a factory.

localiser [lɔkalize] *vt* locate, find.

locataire [lɔkatɛʀ] *nmf (Jur)* tenant, lessee; ~ *à bail* leaseholder.

locatif [lɔkatif] *adj (f* **-ive)** rental; *charges locatives* tenant's costs; *réparations locatives* repairs incumbent upon the tenant; *risques* ~*s* risks borne by the tenant; *valeur locative* rental value.

location [lɔkasjɔ̃] *nf* **1.** *(par le propriétaire)* rental, letting, hiring out; *(par le locataire)* rental, hiring; *contrat de* ~ rental contract; ~ *avec option d'achat* lease-option agreement; *prix de* ~ (amount of) rent; ~*-vente (UK)* hire-purchase, *(US)* lease with option to

purchase; ~ *de voiture (UK)* car hiring, *(US)* car rental; *voiture de* ~ *(UK)* hire car, *(US)* rental car **2.** *(spectacle)* reservation, booking; *bureau de* ~ booking office.

lock-out [lɔkaut] *nm (Mgt)* lockout.

logement [lɔʒmɑ̃] *nm* housing, accommodation; *aide au* ~ housing assistance; *allocation* ~ housing benefit; *crise du* ~ housing shortage; ~ *de fonction* housing received as a benefit of employment; ~ *meublé* furnished *(UK)* flat/*(US)* apartment; *politique du* ~ housing policy; *secteur du* ~ housing sector; ~*s sociaux* state-subsidized housing, low-cost housing, public housing.

logiciel [lɔʒisjɛl] *nm (Inf)* software; ~ *à contribution volontaire* shareware; ~ *de groupe* groupware; ~ *public* freeware.

logistique[1] [lɔʒistik] *adj* logistic; *courbe* ~ logistical curve.

logistique[2] [lɔʒistik] *nf* logistics; *(T)* ~ *export* export logistics.

logo [lɔgo] *nm* corporate identification symbol, logo.

loi [lwa] *nf* **1.** *(Jur)* law; ~ *administrative* administrative law; ~ *civile* civil law; ~ *constitutionnelle* constitutional law; *enfreindre la* ~ break/violate the law; *exécution de la* ~ enforcement of the law; ~ *fondamentale* fundamental law (of a country); *homme de* ~ jurist, lawyer, legal practitioner, attorney; ~ *martiale* martial law; ~ *pénale* criminal law; *tomber sous le coup de la* ~ fall/come under the law **2.** *(Jur)* statute, act, law; ~ *antitrust* antitrust law; ~ *bancaire* banking act; ~ *de finances* budget bill, *(UK)* finance bill; ~ *de finances rectificative* supplementary budget; ~ *d'habilitation* enabling statute; *(Fr)* ~ *ordinaire* ordinary law, law passed in regular fashion by Parliament; ~ *organique* organic law, law comprehensively organizing an institution; *(Pol) projet de* ~ bill, legislation proposed by the government/by the Executive branch; *proposition de* ~ bill, legislation proposed by the legislature itself; ~ *référendaire* law adopted by referendum; ~ *uniforme* uniform law **3.** principle, law; *(Jur)* ~ *d'autonomie* freedom of parties to choose the law applicable to a contract; *(Eco)* ~ *de l'offre et de la demande* law of supply and demand; *(Eco)* ~ *des rendements décroissants* law of diminishing returns.

loisir [lwaziʀ] *nm* leisure, leisure activity.

lombard [l5baʀ] *n (Fin) taux* ~ Lombard rate.

Londres [l5dʀ] *n* London.

long [l5] *adj (f* **longue)** long ; *à* ~ *terme* in the long run ; *planification à* ~ *terme* long-range planning ; *(Bs) position longue* long position.

long-courrier [l5kuʀje] *nm (T) (avion)* ~ long-haul/long-distance aircraft ; *(navire)* ~ ocean-going ship, ocean liner.

longévité [l5ʒevite] *nf* life expectancy, longevity.

lot [lo] *nm* **1.** share, portion, *(marchandises)* batch ; *(Bs)* ~ *d'actions* block of shares ; *(Mkg) vente par* ~*s séparés* batch selling **2.** *(Inf)* batch ; *traitement par* ~ *s* batch processing **3.** prize ; *gagner le gros* ~ hit the jackpot ; *(Fin) emprunt à* ~*s* lottery loan **4.** plot (of land), lot.

loterie [lɔtʀi] *nf* lottery.

lotir [lɔtiʀ] *vt (Jur)* divide into plots/lots ; *terrain à* ~ parcel of (land) suitable for development/for subdivision.

lotissement [lɔtismã] *nm* **1.** *(Jur) (activité)* subdivision of property into lots **2.** *(terrain)* ~*s* housing development, *(UK)* housing estate, *(US)* subdivision.

louage [lwaʒ] *nm (Jur)* rental (agreement) ; ~ *de choses* rental/hiring of goods ; ~ *d'ouvrage et d'industrie* hiring of labour/labor (as an independent contractor, not as an employee) ; ~ *de services* hiring of services, contract of employment.

louer [lwe] *vt* **1.** *(Jur) (par le propriétaire) (locaux)* lease (out), rent (out), let ; *(voiture)* hire out **2.** *(Jur) (par le locataire) (locaux)* rent, let ; *(voiture) (UK)* hire, *(US)* rent **3.** praise.

loup [lu] *nm (Bs) (fig)* premium hunter.

lourd [luʀ] *adj* **1.** heavy ; *(Jur) faute* ~*e* gross negligence ; *charges* ~*es* heavy fees ; *(Eco) industrie* ~*e* heavy industry ; *(Cpta) perte* ~*e* severe loss ; *(T) poids* ~ heavy *(UK)* lorry/*(US)* truck **2.** *cette politique sera* ~*e de conséquences* this policy will have serious consequences.

loyal [lwajal] *adj (mpl* -**aux)** fair, honest ; *(Cpta) bon et* ~ *inventaire* true and accurate inventory ; *valeur* ~*e et marchande* fair market value.

loyauté [lwajote] *nf* honesty, fairness ; ~ *en affaires* fair dealing.

loyer [lwaje] *nm* rent ; *(Fin)* ~ *de l'argent* cost of money, rate of interest ; *payer son* ~ pay one's rent ; *quittance de* ~ rent receipt ; *réglementation des* ~*s* rent controls/restrictions.

lucratif [lykʀatif] *adj (f* -**ive)** lucrative, profitable, money-making ; *association à but* ~ profit-making organization ; *association à but non* ~ non-profit/not-for-profit/*(UK)* non-profit-making organization.

lu et approuvé [ly e apʀuve] *loc (Jur)* read and approved.

lundi [lœdi] *nm* Monday.

lutte [lyt] *nf* struggle, fight ; ~ *des classes* class struggle.

luxe [lyks] *nm* luxury ; *articles de* ~ luxury items ; *produits de* ~ luxury goods.

Luxembourg [lyksãbuʀ] *nm* Luxembourg.

luxembourgeois [lyksãbuʀʒwa] *adj* of/from Luxembourg, Luxembourgeois.

Luxembourgeois [lyksãbuʀʒwa] *nm* inhabitant/native of Luxembourg, Luxembourger, Luxemburger.

M

Maastricht [mastʀiʃt] *n (UE) traité de M*~ Treaty of Maastricht, Maastricht Treaty.

Macédoine [masedwan] *nf* Macedonia.

macédonien [masedɔnjẽ] *adj (f* -**ienne)** Macedonian.

Macédonien [masedɔnjẽ] *nm (f* -**ienne)** Macedonian.

machine [maʃin] *nf* **1.** machine ; ~ *à écrire* typewriter ; ~ *à laver* washing machine ; ~ *à sous* one-armed bandit, *(US)* slot machine ; ~ *à timbrer* frank-

ing machine, *(US)* postage meter ; *fait à la* ~ machine-made ; *taper à la* ~ type **2.** ~*s* machinery **3.** *(T) (rail)* engine.

machine-outil [maʃinuti] *nf (pl* **machines-outils)** machine tool ; ~ *à commande numérique* digitally-controlled machine tool.

machinisme [maʃinism] *nm* mechanization.

machiniste [maʃinist] *nmf* **1.** machine operator **2.** *(T)* bus driver, train driver/operator.

maison

macro-économie [makʀoekɔnɔmi] *nf* (Eco) macroeconomics.

macro-économique [makʀoekɔnɔmik] *adj* (Eco) macroeconomic.

macro-ordinateur [makʀoɔʀdinatœʀ] *nm* (Inf) mainframe (computer).

Madagascar [madagaskaʀ] *n* Madagascar (v. **malgache**).

magasin [magazɛ̃] *nm* 1. (Com) shop, (US) store; **~-entrepôt** warehouse store; **~ d'exposition** show-room; **grand ~** department store; **~ à grande surface** supermarket, hypermarket; **~ de gros** wholesale shop/store; **~ de gros en libre-service** cash-and-carry market; **~ libre-service** self-service store; **~ minimarge** discount house; **~ à prix unique** one-price store; **~ de proximité** convenience store; **~ spécialisé** (UK) specialized shop, (US) specialty store; **~ à succursales multiples** chain store; **~ d'usine** factory-outlet store 2. storeroom, warehouse; (D) **~s généraux** bonded warehouses; (T) **~ réfrigéré** refrigerated warehouse.

magasinage [magazinaʒ] *nm* warehousing, storing; **droits de ~** warehouse dues, storage charges.

magasinier [magazinje] *nm inv* warehouseman.

magazine [magazin] *nm* magazine; **~ spécialisé** trade magazine.

magistrat [maʒistʀa] *nm inv* (Jur) magistrate, judge; **~ du parquet** (UK) public prosecutor, (US) prosecutor.

magistrature [maʒistʀatyʀ] *nf* (Jur) body of magistrates, the Bench; **la ~ assise** the Bench, the body of judges; **la ~ debout** the (body of) public prosecutors.

magnat [magna] *nm inv* magnate, tycoon.

magnétique [maɲetik] *adj* magnetic; **bande ~** magnetic tape; **carte ~** magnetic card.

magnétoscope [maɲetɔskɔp] *nm* videocassette recorder (VCR).

magouille [maguj] *nf* (fam) monkey business, scheming, trickery.

mai [mɛ] *nm* May.

mailing [meliŋ] *nm* (Mkg) mailing.

maillage [majaʒ] *nm* network; **~ universitaire** university network.

main [mɛ̃] *nf* 1. hand; **écrit à la ~** handwritten; **fabriqué à la ~** hand-made; **payer de la ~ à la ~** pay cash (without a receipt); **à portée de la ~/sous la ~** at hand; **de première ~** first-hand; **de deuxième ~** second-hand 2. (Cpta) **~ courante** daybook; **~ courante de caisse** counter cashbook;

~ courante de recette received cashbook; **~ courante de sortie** paid cashbook.

*main invisible *nf* (Eco) (Adam Smith's) invisible hand.

main-d'œuvre [mɛ̃dœvʀ] *nf* labour/labor, workforce, manpower; **frais de ~** labour/labor costs; **~ non qualifiée** unskilled labour/labor; **~ qualifiée** skilled labour/labor; **~ syndiquée** unionized/organized labour/labor; **~ temporaire** casual labour/labor.

mainlevée [mɛ̃ləve] *nf* (Jur) withdrawal, discharge; **accorder une ~** grant a discharge; **~ d'hypothèque** release/redemption of mortgage; **~ de saisie** replevin, restoration of property.

mainmise [mɛ̃miz] *nf* 1. control, hold 2. (Jur) seizure of property, distraint.

maintenance [mɛ̃tənɑ̃s] *nf* maintenance; **contrat de ~** maintenance agreement; **frais de ~** maintenance costs; **~ périodique** routine maintenance.

maintenir [mɛ̃tniʀ] *v* 1. *vt* maintain, keep (up); **~ le budget en équilibre** keep a balanced budget; **~ en bon état** keep in good repair; **~ à jour** keep up to date 2. *vt* maintain, confirm; **~ un rendez-vous** maintain an appointment; **~ une décision** abide by a decision 3. *vpr se* hold, remain firm; **le cours du dollar se maintient à cinq francs** the dollar is holding at five francs.

maintien [mɛ̃tjɛ̃] *nm* maintenance; **~ des effectifs** maintenance of manning levels; (Jur) **~ dans les lieux** right of occupancy, right of tenant to remain in possession of premises at the expiration of a lease; **~ de l'ordre** maintenance of law and order; **~ de la paix** peace-keeping; (Mkg/Jur) **~ des prix au détail** retail price maintenance.

maire [mɛʀ] *nm inv* (Pol) mayor; **passer devant Monsieur le M~** get married.

mairie [meʀi] *nf* (Pol) 1. town hall, city hall 2. local administration.

maïs [mais] *nm* (UK) maize, (US) corn.

maison [mezɔ̃] *nf* 1. house, home; **fait ~** home-made; **dépenses de la ~** household expenses 2. (Jur) **~ d'arrêt** lock-up, detention facility for persons awaiting trial; **~ centrale** jail, (US) penitentiary 3. firm, business, company; (Bq) **~ d'acceptation** (UK) accepting house; **~ close** brothel; (Bs) **~ de courtage** brokerage firm/house; (Bq/Fin) **~ d'escompte** discount house; **~ ingénieur ~** in-house engineer; (Mgt) **~ mère** parent company; **~ de retraite** retirement home; **~ de santé** nursing home; (Bs) **~ de titres** securities firm.

maître [mɛtʀ] *nm* **1.** (*f* **maîtresse**) master, mistress ; *carte maîtresse* trump card, master card **2.** *nm inv ~ chanteur* blackmailer ; *~ de conférences (UK)* lecturer, *(US)* assistant professor ; *(bâtiment) ~ d'œuvre* project manager, general contractor ; *~ d'ouvrage* owner of a construction project **3.** *(titre) nm inv (Fr) (aussi* Mᵉ*)* title used when referring to a member of the legal profession ; *M~ X, avocat(e) à la Cour* Mr/Mrs X, barrister/attorney.

maîtrise [mɛtʀiz] *nf* **1.** mastery, control ; *(bâtiment) ~ d'œuvre* project management/managing ; *~ de la production* production control ; *~ de la situation* command/control of the situation ; *~ de soi* self-control **2.** supervisory staff **3.** *(Ens)* French diploma equivalent to a master's degree (*v.* **licence**).

maîtriser [mɛtʀize] *vt* master, control ; *~ l'inflation* control inflation.

majeur [maʒœʀ] *adj* **1.** major ; *affaire ~e* matter of great importance **2.** *(Jur)* adult, of age ; *devenir ~* come of age, reach the age of majority **3.** *(Jur) cas de force ~e* case of force majeure, circumstances beyond one's control.

majeur [maʒœʀ] *nm (Jur)* person who has attained the age of majority, adult ; *~ incapable* person adjudged legally incapable.

majoration [maʒɔʀasjɔ̃] *nf* **1.** increase, rise ; *(Fisc) ~ d'impôt* tax surcharge ; *~ des prix* price increase ; *(Fin) ~ pour retard de paiement* surcharge, penalty for late payment ; *~ de salaire* salary increase **2.** *(Bs)* stagging.

majorer [maʒɔʀe] *vt* increase, raise, *(facture)* put a surcharge on, *(prix)* mark up.

majoritaire [maʒɔʀitɛʀ] *adj* majority ; *(Mgt) actionnaire ~* majority shareholder ; *(Mgt) participation ~* majority stake, controlling interest.

majorité [maʒɔʀite] *nf* **1.** *(Pol)* majority ; *remporter la ~* win a majority of the vote ; *~ absolue* absolute majority ; *~ gouvernementale* parliamentary majority ; *~ relative* relative/simple majority ; *la ~ silencieuse* the silent majority **2.** *(Jur)* (age of) majority ; *à sa ~* on coming of age ; *~ civile* voting age.

mal [mal] *adv* badly ; *(Jur) ~ fondé* unfounded, with no legal basis.

maladie [maladi] *nf* illness, sickness ; *assurance-~* health insurance ; *congé (de) ~* sick leave ; *être en congé (de) ~* be on sick leave, *(fam)* be off sick ; *(Fr) feuille de ~* document submitted to French social security for reimburse-

ment of medical costs ; *~ professionnelle* work-related/occupational illness.

malais [malɛ] *v.* **malaysien**.

malaise [malɛz] *nm* **1.** unease, discontent ; *~ social* industrial unrest **2.** *(Eco)* malaise, sluggishness.

Malaisie [malezi] *v.* **Malaysia**.

Malawi [malawi] *nm* Malawi.

malawite [malawit] *adj* Malawian.

Malawite [malawit] *nmf* Malawian.

Malaysia [malɛzja] *nf* Malaysia.

malaysien [malɛzjɛ̃] *adj (f* -**ienne**) Malaysian.

Malaysien [malɛzjɛ̃] *nm (f* -**ienne**) Malaysian.

Maldives [maldiv] *fpl (les îles)* M~ the Maldive Islands, the Maldives.

malentendu [malɑ̃tɛ̃dy] *nm* misunderstanding.

malfaçon [malfasɔ̃] *nf* defect, poor workmanship.

malfaisance [malfəzɑ̃s] *nf* malevolence, maliciousness.

malfaiteur [malfɛtœʀ] *nm inv (Jur)* criminal ; *association de ~s* criminal conspiracy.

malgache [malgaʃ] *adj* Madagascan, Malagasy.

Malgache [malgaʃ] *nmf* Madagascan, Malagasy.

malhonnête [malɔnɛt] *adj* dishonest, unscrupulous, *(fam)* crooked.

malhonnêteté [malɔnɛtəte] *nf* dishonesty.

Mali [mali] *nm* Mali.

malice [malis] *nf* mischievousness (*à dist. (UK/US)* malice).

malien [maljɛ̃] *adj (f* -**ienne**) Malian.

Malien [maljɛ̃] *nm (f* -**ienne**) Malian.

malle [mal] *nf (Emb)* trunk.

maltais [maltɛ] *adj* Maltese.

Maltais [maltɛ] *nm* Maltese *(pl inv)*.

Malte [malt] *n* Malta.

malthusianisme [maltyzjanism] *nm (Eco)* Malthusianism.

malus [malys] *nm (Ass)* automobile insurance surcharge (for drivers with poor driving records) (*v.* **bonus**).

malveillance [malvɛjɑ̃s] *nf (Jur)* malevolence, malice ; *avec ~* with malicious/criminal intent ; *suite à un acte de ~, le trafic ferroviaire est perturbé* rail traffic is disrupted due to an act of vandalism.

malveillant [malvɛjɑ̃] *adj (Jur)* malevolent, malicious.

malversation [malvɛʀsasjɔ̃] *nf (Jur)* embezzlement, misappropriation of funds.

management [manaʒmã] *nm* management ; *(Mkg) (J.O.)* ~ *mercatique* marketing management

manager [manadʒɛʀ] *vt* manage.

manche à balai [mãʃabalɛ] *nm (Inf)* joystick.

mandant [mãdã] *nm (Jur)* principal (*v.* **mandataire**).

mandat [mãda] *nm* **1.** *(Bq)* money order ; ~ *de paiement* order of payment ; ~ *de recouvrement* collection money order, debt-collecting order **2.** *(Jur)* principal/agency relationship, power of attorney, proxy **3.** *(Jur)* warrant, *(UK)* writ ; *lancer un* ~ issue a warrant ; ~ *d'amener* order to police to bring a suspect before the court ; ~ *d'arrêt* arrest warrant ; ~ *de comparution* order to appear, summons ; ~ *de dépôt* order committing prisoner to prison authorities, *(US)* warrant of commitment, *(UK)* committal (order) ; ~ *de perquisition* search warrant **4.** *(Pol)* mandate, *(durée)* term of office ; ~ *impératif* imperative mandate, mandate given to elected officials for specific purposes ; ~ *politique* political mandate ; ~ *présidentiel* presidential term of office ; *renouvellement de* ~ re-election ; ~ *représentatif* representative mandate, mandate whereby elected officials can exercise their discretion **5.** *(Pol)* mandate, control ; *(UN) territoires sous* ~ territories under (international) mandate.

mandataire [mãdatɛʀ] *nmf (Jur)* authorized agent, representative, proxy (*v.* **mandant**) ; ~ *liquidateur* receiver, liquidator, representative of creditors' interests during a bankruptcy proceeding.

mandatement [mãdatmã] *nm (Bq)* order to pay, payment by means of money order.

mandater [mãdate] *vt* **1.** *(Bq)* ~ *un paiement* pay a sum by money order **2.** *(Jur)* mandate, commission, enter into a principal/agent relationship ; *agent dûment mandaté* duly appointed/empowered agent.

mandement [mãdmã] *nm (Jur)* judicial order.

maniement [manimã] *nm (aussi fig)* handling.

manier [manje] *vt (machine)* operate, *(affaires)* handle.

manifestation [manifɛstasjɔ̃] *nf* **1.** *(protestation)* demonstration **2.** event ; *(Mkg)* ~ *commerciale* trade fair.

manifeste [manifɛst] *nm* **1.** *(T)* ~ *(de bord)* manifest ; ~ *de cargaison* freight

manifest ; *(D)* ~ *de douane* customs manifest **2.** *(Pol)* manifesto.

manifestement [manifɛstəmã] *adv* obviously, manifestly, evidently.

manifester [manifɛste] *v* **1.** *vt* manifest, show, indicate **2.** *vi (Pol)* demonstrate **3.** *vpr se* ~ appear, *(phénomène)* emerge, *(personne)* come forward.

manipulation [manipylasjɔ̃] *nf* **1.** manipulation ; *(Bs/Eco)* ~ *du marché* market-rigging **2.** *(T)* handling ; ~ *sans soins/sans ménagements* rough handling/treatment, mishandling.

manipuler [manipyle] *vt* **1.** manipulate, *(falsifier)* tamper/fiddle with **2.** *(T)* handle.

manitou [manitu] *nm inv (fam) grand* ~ big shot.

manœuvre[1] [manœvʀ] *nf* manœuvre/maneuver, manipulation ; *marge de* ~ leeway, room for manœuvre/to maneuver.

manœuvre[2] [manœvʀ] *nm inv* labourer/laborer, unskilled worker.

manquant[1] [mãkã] *adj* missing, absent.

manquant[2] [mãkã] *nm* **1.** missing person, missing object **2.** shortage ; *(Cpta)* ~ *en caisse* cash shortage ; ~ *en stock* stock/inventory shortage.

manque [mãk] *nm* shortage, scarcity, deficiency ; *(Jur)* ~ *de base légale* absence of a legal basis ; ~ *de crédibilité* lack of credibility, credibility gap ; ~ *à gagner (Eco)* opportunity cost, alternative-use cost ; *(Cpta)* loss of profit/of earnings ; *(T)* ~ *à la livraison* short delivery.

manquement [mãkmã] *nm (Jur)* breach, violation ; ~ *au devoir* dereliction of duty ; ~ *à la discipline* breach of discipline ; ~ *à des obligations contractuelles* failure to meet contractual obligations ; ~ *à une règle* violation of a rule.

manquer [mãke] *v* **1.** *vt* miss, fail ; ~ *une occasion* miss an opportunity **2.** *vi* lack, be short of ; *le temps manque* time is short **3.** ~ *à* fail/neglect to keep ; ~ *à son devoir* fail in one's duty ; ~ *à ses engagements* fail to keep one's commitments ; ~ *à sa parole* break one's word, fail to keep one's word **4.** ~ *de* lack ; ~ *d'argent* be short of money ; ~ *de personnel* be short of staff, be undermanned.

manuel[1] [manɥɛl] *adj (f* -elle*)* manual ; *travail* ~ manual labour/labor.

manuel[2] [manɥɛl] *nm* manual, handbook, instruction book ; ~ *d'entretien* service manual ; ~ *d'utilisation* instruction manual.

manufacture [manyfaktyʀ] *nf* **1.** *(usine)* factory, mill **2.** *(activité)* manufacture, manufacturing.

manufacturer [manyfaktyʀe] *vt* manufacture.

manu militari [manymilitaʀi] *loc (Jur)* by (military) force.

manuscrit [manyskʀi] *adj* handwritten.

manuscrit [manyskʀi] *nm* manuscript, text.

manutention [manytɛ̃sjɔ̃] *nf (T)* handling ; *frais de* ~ handling charges ; ~ *horizontale* roll on-roll off (ro-ro) ; ~ *maritime* stevedoring ; ~ *portuaire* cargo handling at port ; ~ *verticale* lift on-lift off (lo-lo).

manutentionnaire [manytɛ̃sjɔneʀ] *nmf* warehouseman, handler, packer.

maoïsme [maɔism] *nm (Pol)* Maoism.

mapper [mape] *vt (Inf)* map.

maquette [makɛt] *nf* **1.** model **2.** *(Pub)* layout.

maquettiste [maketist] *nmf* **1.** model builder **2.** *(Pub)* layout person.

maquiller [makije] *vt (fam)* fake, doctor ; *(Cpta)* ~ *les comptes* cook the books.

marasme [maʀasm] *nm (Eco)* slump, stagnation.

marc [maʀ] *loc (Jur) au* ~ *le franc* pro rata, proportionally.

marchand [maʀʃɑ̃] *adj* commercial, merchantable, marketable ; *denrées* ~*es* marketable goods ; *galerie* ~*e* shopping *(UK)* arcade/*(US)* mall ; *(T) marine* ~*e* merchant navy ; *prix* ~ trade price ; *bonne qualité* ~*e* good merchantable quality ; *valeur* ~*e* market value.

marchand [maʀʃɑ̃] *nm* merchant, shopkeeper, trader ; ~ *ambulant* peddlar/peddler, *(US)* hawker ; ~ *de biens (UK)* estate agent, *(US)* realtor, real estate agent ; ~ *de détail* retailer ; ~ *en gros* wholesaler.

marchandage [maʀʃɑ̃daʒ] *nm* **1.** bargaining, haggling **2.** illegal subcontracting of labour/labor.

marchander [maʀʃɑ̃de] *v* **1.** *vt* bargain/haggle over **2.** *vi* bargain, haggle **3.** *vi* subcontract illegally.

marchandisage [maʀʃɑ̃dizaʒ] *nm (Mkg)* merchandizing/merchandising.

marchandise [maʀʃɑ̃diz] *nf* commodity ; ~*s* merchandise, goods ; *(D)* ~*s contingentées* goods subject to quota ; ~*s dangereuses* hazardous/dangerous goods, red label goods ; *(D)* ~*s dédouanées* cleared goods ; *(D)* ~*s non dédouanées* uncleared goods ; ~*s dé-*

fectueuses defective goods ; *(D)* ~*s sous douane* bonded goods ; *(T)* ~*s diverses* breakbulk cargo ; *(T)* ~*s expédiées par avion* goods shipped by air, air freighted goods ; *(T)* ~*s générales* general cargo ; *(T)* ~*s mixtes* mixed cargo ; ~*s périssables* perishable goods, perishables ; ~*s sensibles* sensitive goods ; *(T)* ~*s en transit* goods in transit ; *(Bs)* ~*s vendues à terme* futures ; ~*s de valeur* valuables ; *(T)* ~*s en grande vitesse* speed goods ; *(T)* ~*s en petite vitesse* slow goods ; ~ *en vrac* goods in bulk.

marchandiser [maʀʃɑ̃dize] *vt* merchandize/merchandise.

marchandiseur [maʀʃɑ̃dizœʀ] *nm inv (Mkg)* merchandizer/merchandiser.

marche [maʀʃ] *nf* functioning, working, operation ; *en état de* ~ in working order ; *faire* ~ *arrière (voiture)* reverse, *(fig)* backtrack ; *mettre en* ~ start.

marché [maʀʃe] *nm* **1.** transaction, deal ; *bon* ~ cheap ; *conclure un* ~ make a deal ; ~ *conclu* it's a deal ; ~ *à forfait* fixed-price contract ; ~ *de gré à gré* private contract ; ~ *à règlement mensuel* financial transaction with monthly payments **2.** *(Com/Eco)* market ; ~ *acheteur* buyer's market ; ~ *des biens et des services* market for goods and services ; ~ *cible* target market ; ~ *de la consommation* consumer market ; ~ *économie de* ~ market economy ; *à l'écoute du* ~ market-driven ; ~ *extérieur* foreign market ; ~ *grand public* consumer market ; ~ *inexploité* untapped market ; ~ *intérieur* domestic market ; ~ *de masse* mass market ; ~ *mondial* world market ; ~ *ouvert* open market ; ~ *noir* black market ; ~ *parallèle* grey/gray market ; ~ *potentiel* potential market ; ~ *public* public procurement ; ~ *réglementé* regulated market ; ~ *tiers* third market ; ~ *du travail* labour/labor market **3.** *(Bs/Fin)* market ; ~ *des actions* equity market ; ~ *de l'argent* money market ; ~ *à la baisse* bear market ; *(J.O.)* ~ *baissier* bearish market ; ~ *boursier* stock market ; ~ *des capitaux* capital/financial market ; ~ *des changes* foreign exchange market ; *(J.O.)* ~ *au comptant* spot market ; ~ *du crédit* lending market ; ~ *à découvert* short buying and selling market ; ~ *des devises* foreign exchange market ; ~ *des euro-obligations* Eurobond market ; ~ *des facteurs* factor market ; ~ *des fonds d'Etat (UK)* gilt-edged market ; ~ *financier* financial market ; ~*s financiers internationaux* international capital markets ; ~ *à la hausse* bull market ; *(J.O.)* ~ *haussier* bullish market; ~ *hors cote* over-the-counter market; ~ *hypothécaire* mortgage market; ~ *interbancaire* interbank market; ~ *des matières premières* commodity market; ~ *des obligations* bond market; ~ *des obligations d'Etat* public bond market; ~ *des options financières* options market; ~ *des options négociables* traded-option market; ~ *des options sur devises* foreign currency option market; ~ *primaire* primary market; ~ *à primes* options market; ~ *des produits dérivés* derivatives market; ~ *à règlement mensuel* forward market; ~ *secondaire* secondary market; *(J.O.)* ~ *à terme* forward market, futures market; ~ *des changes à terme* forward exchange market; *(J.O.)* ~ *des contrats à terme* futures market; *(J.O.)* ~ *à terme des instruments financiers* financial futures market; ~ *à terme des matières premières* commodity futures market; ~ *à terme des produits pétroliers (UK)* International Petroleum Exchange (IPE); ~ *des titres* securities market; ~ *des titres d'Etat (UK)* gilt-edged market; ~ *des valeurs mobilières* securities market.

*Marché commun *nm (UE)* Common Market.

*Marché commun andin *nm (CI)* Andean Common Market (ANCOM).

*Marché commun des Caraïbes *nm (CI)* Caribbean Common Market.

*Marché commun centro-américain *nm (CI)* Central American Common Market.

*Marché commun européen *nm (UE)* European Common Market.

*Marché commun du Sud *nm (CI)* MERCOSUR.

*Marché des options négociables de Paris (MONEP) *nm (Bs)* Paris options exchange.

*Marché à terme international de France (MATIF) *nm (Fin) (J.O.)* French financial futures market.

*Marché unique *nm (UE)* Single Market.

marchéage [maʁʃeaʒ] *nm (Mkg)* marketing; *plan de* ~ marketing mix.

marcher [maʁʃe] *vi* work, operate, run; *bien* ~ succeed, be successful; *ça fait* ~ *les affaires* that's good for business.

mardi [maʁdi] *nm* Tuesday.

marée [maʁe] *nf* 1. *(Com) (profit)* margin, mark-up; ~ *bénéficiaire* profit margin; ~ *brute* gross margin; ~ *commerciale* gross profit, trading margin 2. *(Fin)* margin, cover; ~ *addi-*

marée [maʁe] *nf* tide; ~ *basse/haute* low/high tide.

marge [maʁʒ] *nf* 1. *(Com) (profit)* margin, mark-up; ~ *bénéficiaire* profit margin; ~ *brute* gross margin; ~ *commerciale* gross profit, trading margin 2. *(Fin)* margin, cover; ~ *addi-*

tionnelle maintenance margin; *appel de* ~ margin call; ~ *complémentaire* additional margin; ~ *de découvert réciproque* swing 3. *(page)* margin; *note en* ~ note in the margin 4. ~ *d'erreur* margin of error; ~ *de sécurité* safety margin.

*marge brute d'autofinancement (MBA) *nf (Cpta)* cash flow.

marginal [maʁʒinal] *adj (mpl* -aux) marginal; *avantages marginaux* fringe benefits; *marché* ~ marginal market; *rendement* ~ *du capital* marginal return on capital; *taux d'imposition* ~ marginal tax rate.

marginalisme [maʁʒinalism] *nm (Eco)* marginalism.

mariage [maʁjaʒ] *nm* 1. *(cérémonie)* wedding, marriage 2. *(Jur)* marriage; *acte de* ~ marriage certificate; ~ *blanc* marriage of convenience, especially to facilitate the obtaining of a residency permit; *empêchements au* ~ obstacles to marriage; *enfant né hors* ~ child born out of wedlock; ~ *nul* void marriage; ~ *putatif* putative marriage; ~ *de raison* marriage of convenience.

marié [maʁje] *adj* married.

marin[1] [maʁɛ̃] *adj* marine, maritime.

marin[2] [maʁɛ̃] *nm* seaman, sailor; ~*s marchands* merchant seamen.

marine [maʁin] *nf* navy; ~ *marchande* merchant navy.

marinier [maʁinje] *nm inv (UK)* bargee, *(US)* bargeman.

maritime [maʁitim] *adj* maritime; *agent* ~ shipping agent; *assurance* ~ marine insurance; *compagnie* ~ shipping company; *courtier* ~ shipbroker; *droit* ~ maritime law; *(Ass) risques* ~*s* maritime risks, perils of the sea; *route* ~ sea-route; *transport* ~ ocean transport.

marketing [maʁketiŋ] *nm* marketing; ~ *direct* direct marketing; ~ *industriel* industrial marketing; ~ *grand public* mass marketing, consumer goods marketing; ~ *mix* marketing mix; ~ *de produit* brand marketing; ~ *social* social marketing; *directeur du* ~ marketing manager; *service (du)* ~ marketing department.

Maroc [maʁɔk] *nm* Morocco.

marocain [maʁɔkɛ̃] *adj* Moroccan.

Marocain [maʁɔkɛ̃] *nm* Moroccan.

marquage [maʁkaʒ] *nm* branding, marking.

marque [maʁk] *nf* 1. *(Mkg)* brand, make; ~ *d'appel* bait-and-switch tactics using a well-known brand as the bait; *chef de* ~ brand manager; ~ *commerciale* brand name; ~ *concurrente* rival brand; ~ *de distributeur* house brand, private label, store brand; ~ *dominante* brand leader; *fidélité à la* ~ brand loyalty; *gestion de* ~ brand management; ~ *grand public* consumer brand; *image de* ~ brand image, corporate image; *positionnement de* ~ brand positioning; *produits de* ~ branded products, high-class products; *produits sans* ~ unbranded products, generic products 2. *(Jur)* trademark; ~ *déposée* registered trademark; ~ *de fabrique* trademark, trade name; ~ *de service* service mark 3. *(signe)* mark, marking, *(métal précieux)* hallmark; ~ *de conformité* quality-control label; ~*s sur les emballages* shipping marks; ~ *de garantie* certification mark; ~ *d'origine* maker's mark, certification mark; ~ *syndicale* trademark of a trade/labor union.

marqué [maʀke] *adj* 1. marked, significant; *hausse* ~*e* significant increase 2. indicated, labelled; *le prix* ~ the price on the label.

marquer [maʀke] *vt (Emb)* mark, stamp; ~ *au fer rouge* brand.

mars [maʀs] *nm* March.

Marshall [maʀʃal] *n les îles fpl M*~ the Marshall Islands.

marxisme [maʀksism] *nm (Pol)* Marxism.

massacre [masakʀ] *nm* slaughter, massacre.

massacrer [masakʀe] *vt (aussi fig)* massacre, slaughter; ~ *les prix* slash prices.

masse [mas] *nf* mass; *(Jur)* ~ *des créanciers* body of creditors; *culture de* ~ popular culture; *(Eco) les* ~*s laborieuses* the working classes; *(Eco)* ~ *monétaire* money supply; *production de* ~ mass production; *produire en* ~ mass-produce; ~ *salariale* wage bill, payroll; *(Jur)* ~ *successorale* decedent's estate.

mass ɪ.ɪédia [masmedja] *nmpl* mass media.

mât de charge [mɑdʃaʀʒ] *nm (T)* derrick.

matérialiser [mateʀjalize] *v* 1. *vt* realize, bring into being, represent 2. *vi se* ~ materialize.

matérialisme [mateʀjalism] *nm* materialism; *(Eco)* ~ *dialectique* dialectical materialism.

matériau [mateʀjo] *nm (pl -x)* material; ~*x de construction* building materials.

matériel[1] [mateʀjɛl] *adj (f -ielle)* material; *besoins* ~*s* material needs; *(Ass)*

dégâts ~*s* property damage; *(Jur) témoin* ~ material witness.

matériel[2] [mateʀjɛl] *nm* 1. equipment; ~ *de bureau* office equipment; *(Inf)* ~ *informatique* hardware; *(T)* ~ *de levage* (hoisting) tackle; ~ *et outillage industriels* machinery and equipment; *(T)* ~ *roulant* rolling stock; ~ *de transport* transport/transportation equipment 2. plant.

maternité [mateʀnite] *nf* maternity; *allocation de* ~ maternity benefit; *congé de* ~ maternity leave.

matière [matjɛʀ] *nf* 1. material; ~*s premières* raw materials 2. matter, subject; *(Jur) en* ~ *contentieuse* contentious litigation; *(Jur) en* ~ *gracieuse* non-contentious matter.

MATIF [matif] *v.* **Marché à terme international de France.**

matraquage [mataʀakaʒ] *nm (Mkg)* ~ *publicitaire* media overkill.

matraquer [mataʀake] *vt* 1. *(Pub)* plug, hype 2. *(fam) (client)* overcharge.

matrice [matʀis] *nf* matrix.

matriciel [matʀisjɛl] *adj (f -ielle)* 1. *(Fisc)* tax assessment; *loyer* ~ *(UK)* rateable value, *(US)* rental value (for determining local taxes) 2. *(Inf)* matrix; *imprimante* ~*le* dot matrix printer.

matricule[1] [matʀikyl] *nf* register, roll, list.

matricule[2] [matʀikyl] *nm* registration number, serial number.

maturité [matyʀite] *nf* maturity; *(Fin) arriver à* ~ mature, come due; ~ *d'une obligation* maturity of a bond.

Maurice [moʀis] *n l'île f M*~ Mauritius.

mauricien [moʀisjɛ̃] *adj (f -ienne)* Mauritian.

Mauricien [moʀisjɛ̃] *nm (f -ienne)* Mauritian.

Mauritanie [moʀitani] *nf* Mauritania.

mauritanien [moʀitanjɛ̃] *adj (f -ienne)* Mauritanian.

Mauritanien [moʀitanjɛ̃] *nm (f -ienne)* Mauritanian.

maussade [mosad] *adj* sullen, glum; *la perspective économique est* ~ the economic outlook is glum.

mauvais [mɔvɛ] *adj* bad; ~*e action* wrongdoing; ~*e créance* bad debt; *en* ~ *état* in poor repair; ~*e foi* bad faith; ~*e gestion* mismanagement; ~ *payeur* person in default; *de* ~*e qualité* (of) poor quality.

maximal [maksimal] *adj (mpl -aux)* maximum; *(T) charge* ~*e* maximum load.

maximalisation [maksimalizasjɔ̃] *nf* maximization.

maximaliser [maksimalize] *vt* maximize.

maxime [maksim] *nf* maxim.

maximercatique [maksimɛʀkatik] *nf (Mkg)* maximarketing.

maximum[1] [maksimɔm] *adj inv* maximum ; *rendement* ~ maximum output ; *rentabilité* ~ profit maximization.

maximum[2] [maksimɔm] *nm (pl* -s ou maxima) maximum ; *être à son* ~ be at its highest point ; *faire le* ~ do one's utmost.

MBA *v.* marge brute d'autofinancement.

M[e] *v.* maître.

mécanicien [mekanisjɛ̃] *nm (f* -ienne) mechanic ; *ingénieur* ~ mechanical engineer ; *(T)* ~ *navigant* flight engineer.

mécanique[1] [mekanik] *adj* mechanical.

mécanique[2] [mekanik] *nf* **1.** mechanics ; *un problème de* ~ a mechanical problem **2.** mechanical engineering.

mécanisation [mekanizasjɔ̃] *nf* mechanization.

mécanisme [mekanism] *nm (aussi fig)* mechanism ; ~ *économique* economic mechanism.

mécanographe [mekanɔgʀaf] *nmf* punch card operator.

mécanographie [mekanɔgʀafi] *nf* (mechanized) data processing.

mécénat [mesena] *nm* patronage, sponsoring.

mécène [mesɛn] *nm inv* patron, sponsor.

médecin [medsɛ̃] *nm inv* doctor, physician ; *(Jur)* ~ *légiste* forensic pathologist, *(US)* medical examiner ; ~ *du travail* company doctor.

***médecin conventionné** *nm inv (Fr)* doctor who has agreed to charge fees in accordance with guidelines of the social security administration.

médecine [medsin] *nf* medicine ; ~ *interne* internal medicine ; ~ *du travail* industrial medicine.

***médecine libérale** *nf (Fr)* principle governing the social security system which provides for the freedom of the patient to choose his physician, and the freedom of the physician to establish his practice where he chooses.

média [medja] *nm* media ; *les* ~s the media ; ~ *de masse* mass media ; *(Mkg) publicité-*~s media advertising.

médialogie [medjalɔʒi] *nf (Mkg)* media research.

médialogue [medjalɔg] *nmf (Mkg)* media researcher.

médiane [medjan] *nf* median.

médiateur [medjatœʀ] *nm (f* -trice) mediator, arbitrator, ombudsman ; *servir de* ~ act as mediator.

médiation [medjasjɔ̃] *nf* mediation.

médiatisation [medjatizasjɔ̃] *nf* media coverage.

médiatiser [medjatize] *vt (Mkg)* provide media coverage of.

médical [medikal] *adj (mpl* -aux) medical ; *certificat* ~ doctor's certificate ; *examen* ~ medical examination ; *visite* ~*e* medical examination.

médiocre [medjɔkʀ] *adj* mediocre, poor.

méfiance [mefjɑ̃s] *nf* mistrust.

mégamercatique [megamɛʀkatik] *nf (Mkg)* megamarketing.

mégaoctet [megaɔktɛ] *nm (Inf)* megabyte.

meilleur [mɛjœʀ] *adj* better ; ~ *marché* cheaper.

membre [mɑ̃bʀ] *nm inv* member ; *(Mgt)* ~ *du conseil d'administration* board member, member of the board of directors ; *(T)* ~s *d'équipage* cabin staff, crew ; *pays* ~ member country.

mémoire[1] [memwaʀ] *nf* **1.** memory **2.** *(Inf)* memory ; ~ *de masse* mass storage ; ~ *morte* read-only memory (ROM) ; ~ *tampon* buffer memory ; ~ *vive* random-access memory (RAM).

mémoire[2] [memwaʀ] *nm* **1.** report, research paper **2.** *(Jur)* legal brief **3.** ~s memoirs.

mémomarque [memɔmaʀk] *nf (Mkg)* brand-name recall.

mémorandum [memɔʀɑ̃dɔm] *nm* memorandum, memo, note.

mémorisation [memɔʀizasjɔ̃] *nf* **1.** *(Mkg)* memorization, recall ; ~ *d'une marque* brand recall **2.** *(Inf)* storage.

mémoriser [memɔʀize] *vt* memorize.

menace [mənas] *nf* threat ; ~s *en l'air* empty/idle threats ; *lourd de* ~ ominous ; *sous la* ~ under duress.

menacer [mənase] *vt* threaten.

ménage [menaʒ] *nm* household ; *(Eco) consommation des* ~s household consumption ; *(Jur)* ~ *de fait* common-law marriage.

ménager [menaʒe] *adj (f* -ère) household, domestic ; *appareils* ~s domestic appliances.

ménagère [menaʒɛʀ] *nf* housewife ; *(Eco) le panier de la* ~ the (housewife's) shopping basket.

mendicité [mɑ̃disite] *nf* begging.

mendier [mɑ̃dje] *vt* beg.

mener [məne] *vt* conduct, lead ; ~ *qch à bien* see sth through ; ~ *des négociations* conduct negotiations.

mensonger [mãsɔʒe] *adj* (*f* -**ère**) deceptive misleading ; *publicité mensongère* deceptive/misleading advertising.

mensualisation [mãsɥalizasjɔ̃] *nf* (*Fin*) payment on a monthly basis.

mensualiser [mãsɥalize] *vt* (*impôts, salarié*) pay on a monthly basis ; *êtes-vous mensualisé ?* are you paid monthly ? ; do you pay your taxes monthly ?

mensualité [mãsɥalite] *nf* monthly payment, monthly instalment/installment.

mensuel[1] [mãsɥel] *adj* (*f* -**elle**) monthly.

mensuel[2] [mãsɥel] *nm* 1. employee paid by the month 2. monthly (magazine).

mensuellement [mãsɥelmã] *adv* monthly.

mention [mãsjɔ̃] *nf* 1. mention ; *faire* ~ *de* mention, refer to 2. (*annotation*) mention, note ; *le document portait la* ~ *« confidentiel »* the document was marked "confidential" ; (*formulaire*) *rayer la* ~ *inutile* cross out as appropriate 3. (*Jur*) notation ; ~ *au dossier* notation in a court file ; ~ *en marge* notation made on a legal document to correct or update it 4. (*diplôme*) honours/ honors ; *reçu avec* ~ passed with distinction.

mentionner [mãsjɔne] *vt* mention.

menu[1] [məny] *adj* small, tiny ; ~*e monnaie* small change ; ~*es réparations* minor repairs.

menu[2] [məny] *nm* (*Inf*) menu.

mépris [mepri] *nm* contempt, disdain.

mer [mɛr] *nf* sea, ocean ; *en* ~ at sea ; (*Jur*) *droit de la* ~ maritime law, law of the sea ; *expédier par* ~ ship, send by sea ; (*T*) *port de* ~ sea port, sea harbour/harbor ; (*Ass*) *risques de* ~ sea risks, perils of the sea.

mercantile [mɛrkãtil] *adj* mercantile.

mercantilisme [mɛrkãtilism] *nm* (*Eco*) mercantilism.

mercaticien [mɛrkatisjɛ̃] *nm* (*f* -**ienne**) (*Mkg*) (*J.O.*) marketing expert ; ~ *de filière* trade marketer.

mercatique [mɛrkatik] *nf* (*Mkg*) (*J.O.*) marketing ; ~ *après-vente* (*MAV*) reporting ; ~ *de filière* trade marketing ; ~ *téléphonique* phone marketing.

mercatisé [mɛrkatize] *adj* (*Mkg*) market-driven.

merchandising [mɛrʃãdaiziŋ] *nm* merchandizing/merchandising.

mercredi [mɛrkrədi] *nm* Wednesday.

mère [mɛr] *nf* mother ; ~ *célibataire* single mother ; ~ *porteuse* surrogate mother ; (*Mgt*) *maison* ~ parent company.

message [mesaʒ] *nm* message ; (*Mkg*) ~ *publicitaire* advertising message, commercial.

messagerie [mesaʒri] *nf* message service, delivery service ; (*Inf*) ~ *électronique* electronic mail, e-mail ; (*T*) ~*s maritimes* shipping company ; *service de* ~ parcel-delivery service.

mesurable [məzyrabl] *adj* measurable.

mesure [məzyr] *nf* 1. (*dimension*) measure, measurement ; *fait sur* ~ made to measure, custom-made ; *prendre la* ~ *de la crise* appreciate the extent of the crisis ; *en* ~ *de répondre* able to reply ; ~ *de superficie* area 2. (*disposition*) measure, step ; (*Jur*) ~ *d'administration judiciaire* measure taken regarding the administration of the courts ; (*Eco*) ~*s d'austérité* austerity measures ; ~*s de conciliation* conciliatory measures ; (*Jur*) ~ *conservatoire* protective measure ; (*Jur*) ~ *d'instruction* measure ordered by a court to establish/to prove a fact in dispute ; ~ *provisoire* temporary measure ; (*Eco*) ~*s de redressement* recovery measures ; ~*s de rétorsion* reprisals, retaliatory measures ; ~ *de sûreté* safety measure ; ~*s d'urgence* contingency plan, emergency measures.

mesurer [məzyre] *vt* measure, (*situation*) assess.

métairie [meteri] *nf* sharecropping farm.

métal [metal] *nm* (*pl* -**aux**) metal ; ~ *en barres* bullion ; *le* ~ *jaune* gold.

métallique [metalik] *adj* metallic.

métallurgie [metalyrʒi] *nf* metallurgy, metallurgical industry.

métallurgiste [metalyrʒist] *nmf* steelworker.

métamercatique [metamɛrkatik] *nf* (*Mkg*) meta-marketing.

métayage [metejaʒ] *nm* (*Jur*) farm leasing, sharecropping.

métayer [meteje] *nm* (*f* -**ère**) sharecropper, tenant farmer.

méthode [metɔd] *nf* method, technique ; ~ *des cas* case-study method ; (*Mgt*) ~ *du chemin critique* critical-path method ; (*Cpta*) ~ *des coûts variables* direct costing ; (*Bq*) ~ *hambourgeoise* balance method ; (*Mgt*) *ingénieur de* ~*s* methods engineer ; (*Fin/Mkg*) ~ *de référence* benchmark method ; *service des* ~*s* product-development department.

méthodologie [metɔdɔlɔʒi] *nf* methodology.

métier [metje] *nm* **1.** job, occupation, trade ; *chambre des ~s* guild chamber ; *exercer un ~* carry on a trade **2.** skill, expertise ; *avoir du ~* be experienced ; *homme de ~* expert, professional ; *manquer de ~* lack experience.

métrage [metʀaʒ] *nm* measurement, *(longueur)* length.

mètre [metʀ] *nm* metre/meter.

métrer [metʀe] *vt* measure ; *(bâtiment)* survey.

métreur [metʀœʀ] *nm* (*f* -euse) *(bâtiment)* quantity surveyor.

métrique [metʀik] *adj* metric ; *système ~* metric system ; *adopter le système ~* go metric.

métropole [metʀɔpɔl] *nf* **1.** metropolis, metropolitan area **2.** mother country ; *(Fr) la M~* metropolitan France (excluding overseas territories) ; *en ~ comme à l'étranger* at home and abroad.

métropolitain [metʀɔpɔlitɛ̃] *adj* metropolitan ; *la France ~e* metropolitan France (excluding overseas territories).

mettre [metʀ] *v* **1.** *vt* put, place ; *l'accent sur* focus on ; *~ en adjudication* invite tenders ; *~ en cause* quote, involve ; *~ aux enchères* put up for auction ; *(Jur) ~ en examen* accuse, charge, indict ; *(Jur) ~ hors de cause* exonerate ; *~ à jour* update ; *(Mkg) ~ sur le marché* launch, release ; *~ en mouvement l'action publique* start/ motivate public action ; *~ aux normes* standardize ; *~ en œuvre* implement, carry out ; *~ pied (dans)* gain a foothold (in) ; *~ au point* develop, finalize ; *~ qn à la porte* dismiss/fire sb ; *~ en vente* put up for sale **2.** *vpr (Bq) se ~ à découvert* overdraw one's account ; *(T) se ~ à quai* dock ; *se ~ à l'ouvrage* get down to work.

meuble[1] [mœbl] *adj (Jur)* movable ; *biens ~s* personal property, chattels, movables.

meuble[2] [mœbl] *nm* **1.** piece/item of furniture **2.** *~s* furniture ; *(Jur)* personal property, chattels, movables ; *~s par détermination de la loi* intangible property rights ; *~s meublants* household furniture ; *~s par nature* chattels.

meurtre [mœʀtʀ] *nm (Jur)* murder, intentional homicide.

meurtrier[1] [mœʀtʀije] *adj (f* -ière) deadly, lethal, fatal.

meurtrier[2] [mœʀtʀije] *nm* murderer.

meurtrière [mœʀtʀijɛʀ] *nf* murderess.

mévente [mevɑ̃t] *nf* slump, sales slowdown.

mexicain [mɛksikɛ̃] *adj* Mexican.

Mexicain [mɛksikɛ̃] *nm* Mexican.

Mexico [mɛksiko] *n* Mexico City.

Mexique [mɛksik] *nm* Mexico.

micro [mikʀo] *nm* **1.** *(Inf) (ab de* **micro-ordinateur***)* microcomputer **2.** *(ab de* **microphone***)* microphone, mike.

micro-décision [mikʀodesizjɔ̃] *nf* micro-decision.

micro-économie [mikʀoekɔnɔmi] *nf* microeconomics.

micro-édition [mikʀoedisjɔ̃] *nf (Inf)* desktop publishing.

microfiche [mikʀofiʃ] *nf* microfiche.

microfilm [mikʀofilm] *nm* microfilm.

micro-informatique [mikʀoɛ̃fɔʀmatik] *nf* **1.** microcomputing **2.** *la ~* the microcomputer industry.

micromisation [mikʀomizasjɔ̃] *nf (Inf)* downsizing.

micromiser [mikʀomize] *vt (Inf)* downsize.

Micronésie [mikʀonezi] *nf* Micronesia.

micronésien [mikʀonezjɛ̃] *adj (f* -ienne) Micronesian.

Micronésien [mikʀonezjɛ̃] *nm (f* -ienne) Micronesian.

micro-ordinateur [mikʀoɔʀdinatœʀ] *nm (Inf)* microcomputer.

microphone [mikʀofɔn] *nm* microphone.

microprocesseur [mikʀopʀɔsesœʀ] *nm (Inf)* microprocessor.

microprogramme [mikʀopʀɔgʀam] *nm (Inf)* firmware.

mieux[1] [mjø] *adv* better ; *~-disant (enchères)* highest bidder, *(appel d'offres)* lowest tenderer.

mieux[2] [mjø] *nm* **1.** best ; *acheter/ vendre au ~* buy/sell at best **2.** improvement.

migrant [migʀɑ̃] *nm (Eco)* migrant.

migration [migʀasjɔ̃] *nf* migration ; *~ intérieure* domestic/internal migration ; *~s saisonnières* seasonal migrations.

milieu [miljø] *nm (pl* -x) milieu, environment ; *~ géographique* geographical environment ; *~x d'affaires* business circles, business community.

militant[1] [militɑ̃] *adj (Pol)* militant.

militant[2] [militɑ̃] *nm (Pol)* militant ; *(syndicats) les ~s de base* the rank and file, the shop floor, *(Pol) (US)* the grass roots.

millésime [milezim] *nm* **1.** date, model, year **2.** *(vin)* year, vintage.

milliard [miljaʀ] *nm (UK)* thousand million, *(US)* billion.

milliardaire [miljaʀdɛʀ] *nmf (UK)* multimillionaire, *(US)* billionaire.

millier [milje] *nm* thousand ; *des ~s de manifestants* thousands of demonstrators.

millionnaire [miljɔnɛʀ] *nmf* millionaire.

mine [min] *nf* mine ; *~ de charbon/de houille* coal mine, colliery ; *(aussi fig) ~ d'or* gold mine.

minerai [minʀɛ] *nm* ore ; *~ de fer* iron ore.

minéralier [mineʀalje] *nm (T)* ore carrier.

mineur[1] [minœʀ] *adj* **1.** minor, secondary **2.** *(Jur)* under age.

mineur[2] [minœʀ] *nm (Jur)* minor.

mineur[3] [minœʀ] *nm inv* miner, mineworker.

miniaturisation [minjatyʀizasjɔ̃] *nf* miniaturization.

miniaturiser [minjatyʀize] *vt* miniaturize.

minier [minje] *adj (f -ière)* mining ; *région minière* mining region ; *(Bs) valeurs minières* mining shares.

minière [minjɛʀ] *nf (UK)* opencast mine, *(US)* open pit mine.

minimal [minimal] *adj (mpl -aux)* minimal, minimum ; *(enchères) prix ~* reserve price.

minimarge [minimaʀʒ] *nm (Mkg)* discount house/store.

minimargeur [minimaʀʒœʀ] *nm inv (Mkg)* discounter.

minimisation [minimizasjɔ̃] *nf* minimization.

minimiser [minimize] *vt* minimize.

minimum[1] [minimɔm] *adj (pl -s ou minima)* minimum ; *(Fr) salaire ~ interprofessionnel de croissance (SMIC)* minimum wage.

minimum[2] [minimɔm] *nm (pl -s ou minima)* floor, minimum amount ; *(Eco) ~ vital* subsistence level.

ministère [ministɛʀ] *nm* **1.** *(Pol)* ministry, department ; *~ des Affaires étrangères* Ministry of Foreign Affairs, *équiv. (UK)* Foreign Office, *(US)* State Department ; *~ du Commerce extérieur* Ministry of Foreign Trade ; *~ de la Défense (UK)* Ministry of Defence, *(US)* Department of Defense ; *~ de l'Economie et des Finances* Finance Ministry, *équiv. (UK)* Treasury, *(US)* Department of the Treasury ; *~ de l'Intérieur* Ministry of the Interior, *équiv. (UK)* Home Office ; *~ de la Justice* Ministry of Justice ; *~ du Travail* Ministry of Labour/Labor **2.** *(Jur) (Fr) ~ public*

équiv. (UK) Crown Prosecution Service, *(US)* office of the prosecutor.

ministériel [ministeʀjɛl] *adj (f -ielle)* ministerial ; *(Jur) arrêté ~* ministerial order/decree.

ministre [ministʀ] *nm inv (Pol)* minister, secretary ; *~ des Affaires étrangères* Minister of Foreign Affairs, *équiv. (UK)* Foreign Secretary, *(US)* Secretary of State ; *~ du Commerce extérieur* Minister of Foreign Trade ; *~ de la Défense* Minister of Defence/Defense, *équiv. (UK)* Defence Secretary, *(US)* Secretary of Defense ; *~ délégué (auprès de)* minister of state (to) ; *~ de l'Economie et des Finances* Finance Minister, *équiv. (UK)* Chancellor of the Exchequer, *(US)* Secretary of the Treasury ; *~ d'Etat* senior minister ; *~ de l'Intérieur* Minister of the Interior, *équiv. (UK)* Home Secretary ; *~ de la Justice* Minister of Justice, *équiv. (UK)* Lord Chancellor, *(US)* Attorney General ; *~ sans portefeuille* minister without portfolio ; *Premier ~* Prime Minister ; *~ du Travail* Minister of Labour/Labor.

Minitel® [minitel] *nm (Tél)* French telephone company system of access to data bases.

minoration [minɔʀasjɔ̃] *nf* reduction, cut, decrease ; *~ d'impôt* tax reduction.

minorer [minɔʀe] *vt* **1.** *(prix, impôts)* reduce, cut, lower **2.** undervalue.

minoritaire [minɔʀitɛʀ] *adj* minority ; *(Mgt) actionnaire ~* minority shareholder.

minorité [minɔʀite] *nf* **1.** minority ; *(Mgt) ~ de blocage* blocking minority **2.** *(Jur)* infancy, minority.

minutage [minytaʒ] *nm* **1.** *(Jur) (contrat)* drafting, preparing **2.** *(à la montre)* timing.

minute [minyt] *nf* **1.** *(temps)* minute **2.** *(document)* minute, record ; *~ d'un contrat/d'un jugement* original copy of a contract/a jugement ; *~s d'une réunion* minutes of a meeting.

minuter [minyte] *vt* **1.** *(à la montre)* time **2.** *(contrat)* draft, prepare **3.** *(réunion)* record, register.

miracle [miʀakl] *nm* miracle ; *~ économique* economic miracle.

mis [mi] *loc (Jur) le ~ en examen* the accused.

mise [miz] *nf* **1.** *(enjeu)* stake, outlay, bid **2.** *(placer)* putting, placing ; *~ en bouteille* bottling ; *~ en chantier* starting of construction ; *~ aux enchères* auctioning ; *~ en gage* pledging, pawning ; *~ en garde* warning, caution ; *~ à jour* updating ; *(Jur) ~ en liberté* release ; *(Jur)* ~ *en liberté provisoire* release on bail ; *(Jur)* ~ *en liquidation* liquidation, winding-up ; ~ *en marche* starting-up ; *(Mkg)* ~ *sur le marché* marketing ; *(Inf)* ~ *en mémoire* storage, storing ; ~ *à niveau* upgrading ; ~ *en œuvre* implementation ; *(Pub)* ~ *en page* layout, page-setting ; ~ *en paiement* payment ; *(Fin)* ~ *en pension* repurchase agreement ; *(Jur)* ~ *à pied* dismissal, firing ; ~ *au point* perfecting ; ~ *à la porte* dismissal *(fam) (UK)* sacking, *(US)* firing ; ~ *à prix (UK)* reserve price, *(US)* upset price ; ~ *en question* challenging ; *(Bq/Fin)* ~ *en recouvrement* collection ; ~ *en route* starting ; *(Jur)* ~ *sous scellés* affixing of seals (at the scene of a crime) ; ~ *en valeur* development, profitable use ; ~ *en vente* selling, putting up for sale ; *(Jur)* ~ *en vigueur* enforcement.

*mise en accusation *nf (Jur)* indictment, committal for trial.

*mise en cause *nf* **1.** *(personne)* implication, *(idée)* calling into question ; *la* ~ *de M. Dupont dans cette affaire* Mr. Dupont's suspected involvement in this affair **2.** *(Jur)* suing, summoning ; *cette découverte a entraîné la* ~ *de M. Dupont* this discovery led to Mr. Dupont's being sued/issued with a summons **3.** *(Jur)* plea of joinder, demand to join an outside party to an existing action.

*mise en demeure *nf (Jur)* formal notification ; *(par un créancier)* ~ *de payer* notice to pay.

*mise en examen *nf (Jur)* accusation, charging.

miser [mize] *v* **1.** *vt* stake, bet **2.** *vi (fig)* ~ *sur qn/qch* count on sb/sth.

mission [misjɔ̃] *nf* mission, assignment ; *chargé de* ~ official representative ; ~ *commerciale* trade mission ; ~ *diplomatique* diplomatic mission ; *(Jur)* ~ *de service public* task/assignment governed by the principles applicable to the public service.

mi-temps [mitɑ̃] *nm travail à* ~ part-time employment.

mitigation [mitigasjɔ̃] *nf* mitigation, reduction ; *(Jur)* ~ *des peines* reduction of sentence (in view of prisoner's health, etc.).

mitoyen [mitwajɛ̃] *adj (f* **-enne**) adjoining ; *maisons* ~*nes* semi-detached houses ; *mur* ~ party wall.

mitoyenneté [mitwajɛnte] *nf (Jur)* joint ownership (of a party wall or other separation between two adjoining properties).

mobile¹ [mɔbil] *adj* mobile, movable ; *(Eco)* *échelle* ~ sliding scale.

mobile² [mɔbil] *nm* **1.** *(Jur)* motive **2.** *(Mkg)* ~ *d'achat* inducement to purchase.

mobilier¹ [mɔbilje] *adj (f* **-ière**) **1.** *(Jur)* personal, movable ; *biens* ~*s* personal property, chattels **2.** *(Bs) valeurs mobilières* transferable securities.

mobilier² [mɔbilje] *nm* furniture *(s inv)* ; ~ *de bureau* office furniture ; ~ *urbain* urban fixtures.

mobilisable [mɔbilizabl] *adj* mobilizable, readily available ; *(Fin) capital* ~ available capital.

mobilisation [mɔbilizasjɔ̃] *nf (Bq)* mobilization, raising (of funds), assignment ; *(Cpta/Fin)* ~ *de créances* collection/realization of debt, assignment/pledging of receivables.

mobiliser [mɔbilize] *vt (Bq/Fin) (capitaux)* mobilize, raise.

mobilité [mɔbilite] *nf* mobility ; *(Eco)* ~ *géographique* geographical mobility ; *(Eco)* ~ *professionnelle* occupational mobility ; *(Eco)* ~ *sociale* social mobility ; *(Eco)* ~ *du travail* mobility of labour/labor.

modalité [mɔdalite] *nf* mode, method ; *(Jur) (loi)* ~*s d'application* mode of enforcement ; *(T)* ~*s de chargement* loading details ; *(Fin)* ~*s d'une émission* terms and conditions of an issue ; *(Fin)* ~*s de paiement* payment terms, terms of payment, methods of payment.

mode¹ [mɔd] *nf* **1.** fashion ; *être à la* ~ be in fashion **2.** *la* ~ the fashion industry.

mode² [mɔd] *nm* method, mode, process ; ~ *de développement* development pattern ; *(Inf)* ~ *dialogue* conversational mode ; ~ *d'emploi* directions for use, operating instructions ; ~ *d'existence* way of life, life style ; ~ *de fabrication* manufacturing process ; ~ *de fonctionnement* operating process ; ~ *de gestion* management style ; ~ *de paiement* method of payment ; ~ *de production* production mode ; ~ *de transport* means of transport/transportation.

modèle [mɔdɛl] *nm* model, pattern ; ~ *de démonstration* demonstration model ; *(Jur)* ~ *déposé* registered design ; *(Eco)* ~ *économique* economic model ; *échantillon* ~ standard sample ; *(CI/Eco)* ~ *mondial des échanges* world trade model ; *(Eco)* ~ *précisionnel* expectational model.

modélisation [mɔdelizasjɔ̃] *nf* modelling.

modem [mɔdɛm] *nm (Inf)* modem.

modération [mɔdeʀasjɔ̃] *nf* moderation, restraint.

modéré [mɔdeʀe] *adj* moderate, reasonable.

modérer [mɔdeʀe] *vt* moderate, restrain.

moderne [mɔdɛʀn] *adj* modern.

modernisation [mɔdɛʀnizasjɔ̃] *nf* modernization.

moderniser [mɔdɛʀnize] *vt* modernize.

modeste [mɔdɛst] *adj* modest, moderate.

modicité [mɔdisite] *nf* moderateness, reasonableness.

modifiable [mɔdifjabl] *adj* modifiable, changeable.

modificateur [mɔdifikatœʀ] *adj* (*f* -**trice**) modifying; (*Jur*) *clause modificatrice* modifying clause.

modificatif [mɔdifikatif] *nm* corrective statement; (*contrat*) modifying clause, rider.

modification [mɔdifikasjɔ̃] *nf* modification, alteration; *apporter des ~s à* alter, modify; *subir des ~s* be modified, undergo alterations.

modifier [mɔdifje] *vt* modify, alter, change.

modique [mɔdik] *adj* (*somme*) modest, low.

modulaire [mɔdylɛʀ] *adj* modular.

modulation [mɔdylasjɔ̃] *nf* modulation.

module [mɔdyl] *nm* module, unit.

moduler [mɔdyle] *vt* modulate.

mœurs [mœʀ] *nfpl* morals, customs; (*Jur*) *affaire de ~* sex case; *certificat de bonne vie et ~* certificate of good character; (*Jur*) *brigade des ~* vice squad.

moindre [mwɛ̃dʀ] *adj* less, lower, smaller; *dans une ~ mesure* to a lesser extent; *à ~ prix* at a lower price.

moins [mwɛ̃] *adv* less; *~ cher* less expensive; *~-disant* lowest tenderer; *au ~-disant* to the lowest tenderer.

moins-value [mwɛ̃valy] *nf* (*Eco/ Cpta/Fin*) loss in value, reduction in value, depreciation, capital loss; *~ de cession* capital loss, asset-disposal loss; *~ de change* (foreign) exchange loss, (*US*) rate loss; *~ sur titres* paper loss.

mois [mwa] *nm* month; *au ~* by the month; *treizième ~* Christmas bonus.

moisson [mwasɔ̃] *nf* (*Agr*) harvest.

moitié [mwatje] *nf* half; *à ~ prix* at half-price.

moldave [mɔldav] *adj* Moldov(i)an.

Moldave [mɔldav] *nmf* Moldov(i)an.

Moldavie [mɔldavi] *nf* Moldov(i)a.

mollesse [mɔlɛs] *nf* (*Eco*) sluggishness, lethargy.

mollir [mɔliʀ] *vi* (*Bs*) sag, drop.

moment [mɔmɑ̃] *nm* moment.

momentané [mɔmɑ̃tane] *adj* momentary, temporary.

Monaco [mɔnako] *n* Monaco (*v.* **monégasque**).

monarchie [mɔnaʀʃi] *nf* (*Pol*) monarchy.

monarque [mɔnaʀk] *nm inv* (*Pol*) monarch.

monde [mɔ̃d] *nm* world; *le ~ des affaires* the business community; *le tiers ~* the Third World.

mondial [mɔ̃djal] *adj* (*mpl* -**iaux**) global, worldwide; *l'économie ~e* the world economy.

mondialisation [mɔ̃djalizasjɔ̃] *nf* globalization.

monégasque [mɔnegask] *adj* Monegasque (*v.* **Monaco**).

Monégasque [mɔnegask] *nmf* Monegasque (*v.* **Monaco**).

MONEP [mɔnep] *v.* **Marché des options négociables de Paris.**

monétaire [mɔnetɛʀ] *adj* (*Eco/Fin*) monetary; *circulation ~* circulation of money; *création ~* creation of money; *érosion ~* money erosion; *flux ~* money flow; *manipulation ~* currency manipulation; *marché ~* money market; *masse ~* money supply; *objectif ~* monetary target; *secteur ~* money sector; (*UE*) *le serpent ~* the currency snake; *système ~* monetary system; (*UE*) *système ~ européen (SME)* European Exchange-Rate Mechanism (ERM); European Monetary System (EMS); *unité ~* currency unit.

monétarisme [mɔnetaʀism] *nm* (*Eco*) monetarism.

monétariste [mɔnetaʀist] *adj* (*Eco*) monetarist.

monétique [mɔnetik] *nf* (*Bq/Fin*) plastic/electronic money system.

monétisation [mɔnetizasjɔ̃] *nf* (*Eco*) monetization.

monétiser [mɔnetize] *vt* (*Eco*) monetize.

mongol [mɔ̃gɔl] *adj* Mongolian.

Mongol [mɔ̃gɔl] *nm* Mongolian.

Mongolie [mɔ̃gɔli] *nf* Mongolia.

moniteur [mɔnitœʀ] *nm* **1.** (*f* -**trice**) monitor, instructor **2.** (*Inf*) (*appareil*) monitor.

monnaie [mɔnɛ] *nf* **1.** money, currency; (*Cpta*) *~ active* active balances; (*Bq/ Fin*) *~ banque centrale* central bank money; *~ de compte* money of account; *~ à cours forcé* fiat money; *~ électronique* electronic money; *~*

étrangère foreign currency ; ~ *de facturation* invoicing currency ; ~ *faible* weak currency ; *fausse* ~ counterfeit currency ; ~ *fiduciaire* fiduciary currency, paper money ; ~ *forte* hard currency ; ~ *internationale* international currency ; ~ *interne* inside money ; ~ *légale* legal tender ; ~ *marchandise* commodity money ; *la mauvaise* ~ *chasse la bonne* bad money drives out good (Gresham's law) ; ~ *métallique* coins ; ~ *oisive* idle money, idle balances ; *panier de* ~*s* basket of currencies ; ~ *papier* paper money ; ~ *rare* scarce money ; ~ *de réserve* reserve currency ; ~ *scripturale* bank money, deposit money ; ~ *verte* green currency 2. *(pièce)* coin 3. change ; *menue* ~ small change ; *faire de la* ~ get change.

monnayable [mɔnɛjabl] *adj (Fin)* convertible into cash.

monnayer [mɔneje] *vt (Fin)* convert into cash.

monocaméralisme [mɔnɔkameralism] *nm (aussi* **monocamérisme)** *(Pol)* unicameralism.

monocamérisme [mɔnɔkamerism] *v.* **monocaméralisme.**

monométallisme [mɔnɔmetalism] *nm (Eco)* monometallism.

monopole [mɔnɔpɔl] *nm (Eco)* monopoly ; ~ *bilatéral* bilateral monopoly ; ~ *contrarié* cross-monopoly ; ~ *de droit* monopoly granted by law ; ~ *d'Etat* state/government monopoly ; ~ *de fait* de facto monopoly ; ~ *fiscal* fiscal monopoly ; ~ *naturel* natural monopoly ; ~ *visqueux* viscous monopoly.

monopoleur [mɔnɔpɔlœr] *nm inv (Eco)* monopolist, monopoly holder.

monopolisation [mɔnɔpɔlizasjɔ̃] *nf (Eco)* monopolization.

monopoliser [mɔnɔpɔlize] *vt* monopolize.

monopsone [mɔnɔpsɔn] *nm (Eco)* monopsony ; ~ *fluide* fluid monopsony.

montage [mɔ̃taʒ] *nm* 1. *(Ind)* assembly ; *atelier de* ~ assembly plant ; *chaîne de* ~ assembly line ; *notice de* ~ assembly instructions 2. *(Mkg)* ~ *d'une campagne publicitaire* mounting/staging of an advertising campaign.

montant[1] [mɔ̃tɑ̃] *adj* rising, ascending.

montant[2] [mɔ̃tɑ̃] *nm (Fin)* amount, sum ; *(UE)* ~ *compensatoire* compensatory payment ; ~ *dû* amount due ; ~ *facturé* amount invoiced ; ~ *global* overall/total amount ; ~ *net* net amount.

mont-de-piété [mɔ̃dpjete] *nm* pawnshop ; *mettre qch au* ~ pawn sth.

monte-charge [mɔ̃tʃarʒ] *nm (pl inv)* *(UK)* goods lift, *(US)* service elevator.

montée [mɔ̃te] *nf* rise, increase ; ~ *du chômage* increase in unemployment ; ~ *en flèche* rapid rise, soaring, skyrocketing ; ~ *des prix* rise in prices.

monter [mɔ̃te] *v* 1. *vi* rise, increase ; ~ *en flèche* soar ; *les prix montent* prices are rising 2. *vi* advance ; ~ *en grade* be promoted 3. *vt* set up, organize ; ~ *une campagne* organize a campaign ; ~ *une entreprise* set up a firm 4. *vt* raise ; ~ *les salaires* raise salaries 5. *vt (Ind)* assemble 6. *vpr se* ~ *à* come to, amount to.

montre [mɔ̃tr] *nf* 1. watch ; *course contre la* ~ race against time ; *une heure,* ~ *en main* precisely one hour 2. display ; *en* ~ on display ; *faire* ~ *de qch* show sth off.

montrer [mɔ̃tre] *vt* show, display.

moral[1] [mɔral] *adj (mpl* -aux) moral ; *(Jur) personne* ~*e* legal entity.

moral[2] [mɔral] *nm* morale.

morale [mɔral] *nf* ethics, morals.

moralité [mɔralite] *nf* ethics, morals, morality.

moratoire[1] [mɔratwar] *adj* moratory ; *accord* ~ moratorium ; *(Fin) intérêts* ~*s* interest on arrears.

moratoire[2] [mɔratwar] *nm* moratorium, *(Jur)* stay (of proceedings).

morceler [mɔrsəle] *vt* divide, break up, *(propriété)* parcel out.

morcellement [mɔrsɛlmɑ̃] *nm* division, breaking-up, *(propriété)* parcelling-out.

morose [mɔroz] *adj* dull, sluggish.

morosité [mɔrozite] *nf* moroseness, gloom.

mort [mɔr] *nf* 1. death ; *(Jur) à cause de* ~ mortis causa, by reason of death ; ~ *accidentelle* accidental death, death by misadventure ; *condamnation à* ~ death sentence ; *donner la* ~ kill ; *se donner la* ~ commit suicide, take one's own life ; *peine de* ~ death penalty 2. *(fig)* ruin, death ; *cela signifierait la* ~ *de la société* that would mean the ruin/end of the firm 3. *au point* ~ at a standstill, *(négociation)* in deadlock *(Fin)* break-even point.

mortalité [mɔrtalite] *nf* mortality ; ~ *infantile* infant mortality ; *quotient de* ~ death ratio ; *taux de* ~ mortality rate.

mortel [mɔrtɛl] *adj (f* -elle) mortal, fatal, deadly ; *coup* ~ lethal blow ; *maladie* ~*le* fatal disease.

morte-saison [mɔrtsezɔ̃] *nf (pl* **mortes-saisons)** slack season, off-season.

mot

mot [mo] *nm* word ; ~ *clé* keyword ; ~ *de code* code word ; ~ *d'ordre* watchword, slogan ; ~ *d'ordre de grève* strike call ; ~ *de passe* password.

moteur [motœr] *nm* **1.** engine, motor **2.** *(fig)* driving force.

motif [mɔtif] *nm* motive, reason, ground ; *(Jur) exposé des* ~*s* explanatory statement ; *(Jur)* ~*s d'un jugement* grounds of a judgement/judgment ; *par ces* ~*s* on these grounds ; *sans* ~ unjustified ; *soupçons sans* ~ unfounded suspicions.

motion [mosjɔ̃] *nf* **1.** *(mouvement)* motion **2.** *(débat)* motion (v. **résolution**) ; *(Pol)* ~ *de censure* motion of no confidence ; *proposer une* ~ propose a motion ; *voter une* ~ pass a motion.

motivation [mɔtivasjɔ̃] *nf* **1.** motivation, incentive ; *étude de* ~ motivation research **2.** *(Jur)* grounds.

motivé [mɔtive] *adj* **1.** motivated, dedicated **2.** *(Jur)* well-founded ; *sentence arbitrale* ~*e* well-reasoned arbitral award.

motiver [mɔtive] *vt* **1.** *(personne)* motivate **2.** *(décision)* justify, provide grounds for.

mou [mu] *adj* (*f* **molle**) soft, weak, sluggish.

mouillage [mujaʒ] *nm* *(T)* mooring, docking ; *droits de* ~ mooring dues, berthage.

mouvement [muvmɑ̃] *nm* **1.** *(évolution)* movement, fluctuation ; ~ *de baisse/de hausse* downward/upward trend **2.** *(déplacement)* movement ; ~*s de capitaux* flow of capital ; ~ *de longue durée* long-term cycle, long-term fluctuation ; ~*s naturels de la population* natural shifts of the population ; ~ *saisonnier* seasonal fluctuation **3.** *(action)* movement ; *(Pol)* ~ *politique* political movement ; ~ *de grève* strike, industrial action.

moyen[1] [mwajɛ̃] *adj* (*f* **-enne**) average, medium ; *cadre* ~ middle executive ; *classe* ~*ne* middle classe ; *revenu* ~ average/median income ; ~ *terme* medium term.

moyen[2] [mwajɛ̃] *nm* means (*pl inv*) ; ~ *d'action* leverage ; ~*s de communication* means of communication ; ~*s de communication de masse* mass media ; *par des* ~*s frauduleux* by fraudulent means ; ~*s de paiement* means of payment ; ~*s publicitaires* advertising media ; ~*s de transport* means of transport(ation) ; ~*s de trésorerie* financial means.

moyennant [mwajɛnɑ̃] *prép* in exchange for ; ~ *finance* for a fee, at a price.

moyenne [mwajɛn] *nf* average, mean ; *en* ~ on (the) average ; ~ *composée* weighted arithmetic mean ; ~ *pondérée* weighted mean/average.

mozambicain [mozɑ̃bikɛ̃] *adj* Mozambican.

Mozambicain [mozɑ̃bikɛ̃] *nm* Mozambican.

Mozambique [mozɑ̃bik] *nm* Mozambique.

multicarte [myltikaʀt] *adj* *(Com) représentant* ~ multiproduct salesman.

multidevise [myltidəviz] *adj* *(Fin) (J.O.)* multicurrency.

multilatéral [myltilateʀal] *adj* (*mpl* **-aux**) multilateral ; *accord* ~ multilateral agreement ; *commerce* ~ multilateral trade.

multilatéralisme [myltilateʀalism] *nm* multilateralism.

multinational [myltinasjɔnal] *adj* (*mpl* **-aux**) multinational.

multinationale [myltinasjɔnal] *nf* multinational, multinational enterprise (MNE), multinational company (MNC).

multipartisme [myltipaʀtism] *nm* *(Pol)* multiparty system.

multiple[1] [myltipl] *adj* multiple, numerous ; *à usages* ~*s* multi-purpose ; *magasin à succursales* ~*s* chain store.

multiple[2] [myltipl] *nm* multiple.

multiplicateur[1] [myltiplikatœr] *adj* (*f* **-trice**) multiplying ; *(Eco) effet* ~ multiplying effect.

multiplicateur[2] [myltiplikatœr] *nm* *(Eco)* multiplier ; ~ *du commerce extérieur* export/trade-balance/foreign-trade multiplier ; ~ *de crédit* money/credit multiplier ; ~ *des dépenses publiques* budget mutiplier ; ~ *des impôts* tax multiplier ; ~ *d'investissement* investment multiplier, Keynes' multiplier ; ~*s keynésiens* Keynesian multipliers ; ~ *monétaire* money multiplier.

multiplication [myltiplikasjɔ̃] *nf* multiplication.

multiplicité [myltiplisite] *nf* multiplicity.

multiplier [myltiplije] *v* **1.** *vt* multiply **2.** *vi se* ~ multiply, grow in number.

multipostage [myltipɔstaʒ] *nm* *(Mkg)* bulk mailing.

multipropriété [myltipʀɔpʀiete] *nf* *(Jur)* timesharing ; *appartement en* ~ *(UK)* time-share flat, *(US)* time-share apartment.

multirisque [myltiʀisk] *adj* *(Ass)* multiple risk ; *assurance* ~ comprehensive insurance.

multistandard [myltistãdaʀ] *adj* multistandard.

multitraitement [myltitʀɛtmã] *nm (Inf)* multiprocessing.

municipal [mynisipal] *adj (mpl* -aux) municipal ; *conseil* ~ town/city council ; *(Pol) élections ~es* local elections ; *(Jur) règlement* ~ *(UK)* by-law, *(US)* municipal ordinance.

municipalité [mynisipalite] *nf* **1_** town, municipality **2_** local authorities, *(UK)* town council.

mur [myʀ] *nm* wall ; ~ *de clôture* enclosing wall ; ~ *mitoyen* party wall ; ~ *de soutènement* retaining wall.

mûr [myʀ] *adj* mature, ripe ; *économie* ~*e* mature economy.

mutation [mytasjɔ̃] *nf* **1_** transfer ; *demander sa* ~ apply for a transfer

2_ *(Jur)* transfer, conveyance ; ~ *à titre gratuit* donation ; ~ *entre vifs* transfer inter vivos.

muter [myte] *vt (salarié)* transfer, move ; *(Jur)* assign, convey.

mutilé [mytile] *adj* maimed, disabled ; ~ *de guerre (UK)* disabled ex-serviceman, *(US)* disabled veteran.

mutualité [mytɥalite] *nf* **1_** *(réciprocité)* mutuality, reciprocity **2_** *(Ass)* mutual insurance system.

mutuel [mytɥɛl] *adj (f* -elle) **1_** *(réciproque)* mutual **2_** *assurance* ~*le* mutual insurance.

mutuelle [mytɥɛl] *nf (Ass)* mutual benefit society.

mutuellement [mytɥɛlmã] *adv* mutually.

mystification [mistifikasjɔ̃] *nf* deception, hoax.

N

naissance [nɛsɑ̃s] *nf* **1_** birth ; *acte de* ~ birth certificate ; *(formulaire) date et lieu de* ~ date and place of birth ; *extrait de* ~ copy of birth certificate ; *français de* ~ French by birth **2_** *(fig) prendre* ~ start, begin.

Namibie [namibi] *nf* Namibia.

namibien [namibjɛ̃] *adj (f* -ienne) Namibian.

Namibien [namibjɛ̃] *nm (f* -ienne) Namibian.

nanti [nɑ̃ti] *adj* **1_** rich, well provided-for **2_** *(Jur)* secured ; *créancier* ~ secured creditor.

nantir [nɑ̃tiʀ] *vt* **1_** ~ *qn de qch* provide sb with sth **2_** *(Jur)* secure, pledge ; ~ *des valeurs* pledge securities.

nantissement [nɑ̃tismã] *nm (Fin)* secured transaction, pledge of real or personal property to secure a debt ; ~ *de créance* perfected security ; *droit de* ~ lien on goods ; ~ *de marchandises* pledge of goods ; *(Jur)* ~ *de fonds de commerce* pledge of the intangible assets of a business, charge upon a business ; *déposer des titres en* ~ pledge securities ; *emprunter/prêter sur* ~ borrow/lend on security.

natalité [natalite] *nf (Eco)* birth rate ; *taux de* ~ birth rate.

nation [nasjɔ̃] *nf* nation ; *(CI) clause de*

la ~ *la plus favorisée* most-favoured/favored nation (MFN) clause.
***Nations Unies** fpl les N~ U~* the United Nations.

national [nasjɔnal] *adj (mpl* -aux) **1_** national ; *(Eco) produit* ~ *brut (PNB)* gross national product (GNP) **2_** *(entreprise)* state-owned.

nationalisation [nasjɔnalizasjɔ̃] *nf* nationalization.

nationaliser [nasjɔnalize] *vt* nationalize.

nationalisme [nasjɔnalism] *nm* nationalism.

nationalité [nasjɔnalite] *nf* nationality, citizenship ; *avoir la double* ~ have dual citizenship/nationality ; *prendre la* ~ *britannique* become a British citizen, take out British nationality.

nationaux [nasjɔno] *nmpl* nationals.

naturalisation [natyʀalizasjɔ̃] *nf* naturalization.

nature [natyʀ] *nf* **1_** nature ; *vice contre* ~ unnatural vice **2_** type, kind ; *articles de même* ~ goods of the same type **3_** *(Fin) en* ~ in kind ; *avantages en* ~ benefits in kind ; *apports en* ~ contribution in kind ; *paiement en* ~ payment in kind.

naturel [natyʀɛl] *adj (f* -elle) natural ; *enfant* ~ illegitimate child ; *mort* ~*le* death from natural causes.

naufrage [nofʀaʒ] *nm* **1.** *(T)* shipwreck **2.** *(fig)* foundering, disaster.

naval [naval] *adj (mpl* **-als)** naval, nautical ; *chantier* ~ shipyard, shipbuilding yard ; *construction* ~*e* shipbuilding, the shipbuilding industry.

navette [navɛt] *nf* **1.** *(T)* shuttle ; *faire la* ~ *(entre)* ply/shuttle (between) **2.** *(Pol) projet de loi qui fait la* ~ bill which is shuttled from one chamber of a legislature to another in an effort to reconcile the versions adopted by each chamber.

navigabilité [navigabilite] *nf (T)* **1.** *(avion)* airworthiness ; *en état de* ~ airworthy **2.** *(navire)* seaworthiness ; *en état de* ~ seaworthy.

navigable [navigabl] *adj (T)* navigable.

navigation [navigasjɔ̃] *nf* navigation, sailing ; *(compagnie de)* ~ *aérienne* airline company ; ~ *fluviale/intérieure* inland navigation ; *compagnie de* ~ shipping company.

naviguer [navige] *vi (T)* **1.** *(mer)* sail, navigate **2.** *(avion)* navigate.

navire [naviʀ] *nm (T)* ship, vessel ; ~ *de charge* cargo ship/boat, freighter ; ~*-citerne* tanker ; ~ *de commerce* merchant ship/vessel ; ~ *frigorifique* cold-storage ship ; ~ *long-courrier* ocean-going vessel ; ~ *marchand* merchant ship ; ~ *mixte* cargo and passenger ship ; ~ *polyvalent* multi-purpose ship ; ~ *porte-barges* barge-carrying ship, lighter-carrier ; ~ *porte-conteneurs* container cargo, container ship, cellular ship ; ~ *porte-conteneurs à manutention horizontale* roll on-roll off (ro-ro) ship ; ~ *porte-remorques* trailer ship ; ~ *travaillant à la demande* tramp ; ~*-usine* factory ship ; ~ *à vapeur* steamship (s/s).

néant [neɑ̃] *nm (sur formulaire)* *« néant »* "none", "nil".

nécessaire[1] [neseseʀ] *adj* necessary, required.

nécessaire[2] [neseseʀ] *nm le* ~ necessaries, necessities ; *faire le* ~ do what is necessary ; *le strict* ~ bare necessities, the strict minimum.

nécessité [nesesite] *nf* necessity, need ; *objets de première* ~ necessaries, essential items ; *selon les* ~*s* as circumstances require.

nécessiter [nesesite] *vt* require.

nécessiteux [nesesitø] *adj (f* **-euse)** needy, poor.

néerlandais [neɛʀlɑ̃dɛ] *adj* Dutch (*v.* **Pays-Bas**).

Néerlandais [neɛʀlɑ̃dɛ] *nm* Dutchman ; *N*~*e* Dutchwoman ; *les N*~ the Dutch.

négatif [negatif] *adj (f* **-ive)** negative ; *(Eco) épargne négative* negative saving ; *(Cpta) solde* ~ negative balance.

négligeable [negliʒabl] *adj* negligible.

négligence [negliʒɑ̃s] *nf* **1.** carelessness, negligence **2.** *(Jur) clause de* ~ negligence clause ; ~ *criminelle* criminal negligence.

négligent [negliʒɑ̃] *adj* negligent, careless.

négliger [negliʒe] *vt* neglect.

négoce [negɔs] *nm* trade, business ; *faire du* ~ trade, deal ; *(CI)* ~ *international* international trade, merchanting, brokerage ; *petit* ~ small business ; *société de* ~ trading company.

négociabilité [negɔsjabilite] *nf (Bq/Fin)* negotiability, marketability.

négociable [negɔsjabl] *adj* **1.** *(Bq/Fin)* marketable, tradeable/tradable **2.** *(Jur)* negotiable, transferable.

négociant [negɔsjɑ̃] *nm* merchant ; ~ *en gros* wholesaler, wholesale dealer ; ~ *import-export* export merchant, merchant shipper ; ~ *en vins* wine merchant.

négociateur [negɔsjatœʀ] *nm (f* **-trice)** negotiator.

négociation [negɔsjasjɔ̃] *nf* **1.** negotiation, bargaining ; ~ *collective* collective bargaining ; *en cours de* ~ under negotiation ; *(CI)* ~*s commerciales* trade talks, trade negotiations ; *pouvoir de* ~ bargaining power ; ~ *salariale* wage bargaining, wage-round **2.** *(Bq/Fin)* negotiation, transaction ; ~*s de change* exchange transactions ; ~ *au comptant* cash transaction ; ~ *de titres* negotiation of securities.

*Négociations du cycle de l'Uruguay *nfpl (CI)* Uruguay Round.

négocier [negɔsje] *vti* **1.** negotiate, bargain **2.** *vpr (valeurs) se* ~ trade (at), be negotiated (at).

néo-capitalisme [neokapitalism] *nm (Eco)* neocapitalism.

néo-classique [neoklasik] *adj* neoclassical ; *(Eco) théorie* ~ neoclassical economics, neoclassical theory.

néo-colonialisme [neokɔlɔnjalism] *nm* neocolonialism.

néo-malthusianisme [neomaltyzjanism] *nm* neomalthusianism.

néo-protectionnisme [neopʀɔteksjɔnism] *nm (CI)* neoprotectionism.

néo-zélandais [neozelɑ̃dɛ] *adj* New Zealand (*v.* **Nouvelle-Zélande**).

Néo-Zélandais [neozelɑ̃dɛ] *nm* New Zealander (*v.* **Nouvelle-Zélande**).

Népal [nepal] *nm* Nepal.

népalais [nepalɛ] *adj* Nepalese, Nepali.

Népalais [nepalɛ] *nm* Nepalese *(pl inv)*, Nepali.

net [nɛt] *adj (f* **nette**) **1.** *(Com)* net; *marge nette* net margin; *perte ~te* net loss; *~ d'impôt* free of tax; *poids ~* net weight; *prix ~* net price **2.** *(Jur)* clean, spotless, clear; *(T)* *connaissement ~* clean bill of lading **3.** *(marqué) une ~te amélioration* a significant improvement.

neuf [nœf] *adj (f* **neuve**) new; *à l'état ~* as new, in mint condition; *remettre à ~* refurbish, recondition.

neutralisation [nøtralizasjɔ̃] *nf* neutralization.

neutralité [nøtralite] *nf* neutrality; *(Fisc) ~ fiscale* non-discriminatory tax treatment.

neutre [nøtr] *adj* neutral.

NF *v.* **norme française.**

Nicaragua [nikaragwa] *nm* Nicaragua.

nicaraguayen [nikaragwajɛ̃] *adj (f* **-enne**) Nicaraguan.

Nicaraguayen [nikaragwajɛ̃] *nm (f* **-enne**) Nicaraguan.

niche [niʃ] *nf (Mkg)* market niche.

nier [nje] *vt (ex), (désavouer)* repudiate.

Niger [niʒɛr] *nm* Niger.

Nigeria [niʒɛrja] *nm* Nigeria.

nigérian [niʒɛrjɑ̃] *adj* Nigerian.

Nigérian [niʒɛrjɑ̃] *nm* Nigerian.

nigérien [niʒɛrjɛ̃] *adj (f* **-ienne**) of/from Niger.

Nigérien [niʒɛrjɛ̃] *nm (f* **-ienne**) inhabitant of Niger.

niveau [nivo] *nm (pl* **-x**) level, standard; *(Mgt) ~ d'activité* level of business; *(Eco) ~ de consommation* consumption level; *~ de la demande* level of demand; *(CI) ~ des échanges* volume of trade; *~ d'endettement* level of indebtedness; *~ des prix* price level; *~ de réapprovisionnement* ordering point; *~ de vie* standard of living, living standards.

niveler [nivle] *vt* level, even out; *~ par le bas* level down.

nivellement [nivɛlmɑ̃] *nm* levelling, evening out.

noblesse [nɔblɛs] *nf* **1.** *(dignité)* nobility, nobleness **2.** *(rang)* nobility; *titre de ~* title, peerage.

nocturne [nɔktyrn] *nf (Com)* **(ouverture en)** late opening.

noir [nwar] *adj* black; *caisse ~e* slush fund; *liste ~e* black list; *marché ~* black market; *travail au ~* illegal/undeclared work; *travailler au ~* work illegally.

nolis [nɔli] *nm (T)* freight.

nolisement [nɔlizmɑ̃] *nm (T)* chartering, freighting.

noliser [nɔlize] *vt (T)* charter, freight.

nom [nɔ̃] *nm* name; *~ commercial* corporate name; *~ d'emprunt* assumed name; *~ déposé* registered trade name; *(formulaire) ~ et prénom* full name; *faux ~* alias; *~ de jeune fille* maiden name; *~ de marque* trade name; *~ patronymique* surname, family name; *~ d'usage* usual name.

nombre [nɔ̃br] *nm* number; *achat en ~* buying in bulk, bulk purchase; *envoi en ~* bulk mail, mass mailing.

nomenclature [nɔmɑ̃klatyr] *nf* list, catalogue/catalog, classification, schedule; *~ comptable* accounting terminology; *(Eco) ~ par nature d'activités économiques* classification by type of economic activity; *(D) ~ douanière* customs classification, customs schedule; *~ tarifaire* tariff classification; *~ uniforme* standard classification.

*nomenclature douanière de Bruxelles *nf (CI)* Brussels Trade Nomenclature.

nominal [nɔminal] *adj (mpl* **-aux**) **1.** nominal; *appel ~* roll call; *capital ~* nominal/authorized capital **2.** reasonable, small; *valeur ~e* nominal value.

nominatif [nɔminatif] *adj (f* **-ive**) registered, non-transferable; *(Bs) action nominative* registered/non-transferable share; *(CI/Fin) connaissement ~* bill of lading to a named person, *(US)* straight bill of lading; *(Bs/Fin) titres ~s* registered securities.

nomination [nɔminasjɔ̃] *nf* appointment *(à dist.* nomination).

nommer [nɔme] *vt* appoint; *~ des magistrats* appoint judges.

non [nɔ̃] *préf* non-, un-; *~-acceptation* non-acceptance, refusal of acceptance; *(Fin) ~ acquitté* not settled, not paid; *(Pol) ~-alignement* non-alignment; *(pays) ~ aligné* non-aligned; *~ compétitif/concurrentiel* uncompetitive; *(Jur) ~-comparution* non-appearance, default; *~-conformité* nonconformity; *(biens) ~ durable* non-durable; *(Jur) ~-exécution* non-fulfillment, non-performance; *~ identifié* unidentified, unascertained; *(Pol) ~ inscrit* member of Parliament not affiliated with any party, independent; *~-livraison* non-delivery; *~-résident* non-resident; *(Jur) ~-respect des droits d'auteur* infringement of copyright; *(Jur) ~-respect d'un règlement* non-compliance with regulations; *(Jur) ~-respect des droits de l'homme* human rights abuses;

(Jur) principe de ~-rétroactivité non-retroactivity, principle which prohibits laws from having an ex post facto effect; *(D) ~ soumis à droits* non-dutiable.

*non-assistance à personne en danger nf (Jur) (Fr) offence/offense of not rendering assistance to a person in need of assistance.

*non-lieu nm (pl -x) (Jur) (ordonnance de) ~ dismissal of a criminal action due to lack of evidence; *il a bénéficié d'un ~* his case was dismissed.

nonobstant[1] [nɔnɔpstɑ̃] *adv* nevertheless.

nonobstant[2] [nɔnɔpstɑ̃] *prép (Jur)* notwithstanding, despite.

normal [nɔrmal] *adj (pl -aux)* normal, standard.

normalisation [nɔrmalizasjɔ̃] *nf* standardization.

normaliser [nɔrmalize] *vt* standardize.

normatif [nɔrmatif] *adj (f -ive)* normative.

norme [nɔrm] *nf* norm, standard; *~ communautaire* European Union norm; *~s de sécurité* safety standards; *(Cpta) ~s comptables* accounting standards; *~s déontologiques en matière d'audit* auditing standards.

*norme française (NF) nf French industrial standard.

Norvège [nɔrvɛʒ] *nf* Norway.

norvégien [nɔrveʒjɛ̃] *adj (f -ienne)* Norwegian.

Norvégien [nɔrveʒjɛ̃] *nm (f -ienne)* Norwegian.

notable [nɔtabl] *adj* noticeable, significant.

notaire [nɔtɛr] *nm (Jur)* notary; handles many of the same matters as a *(UK)* solicitor, such as conveyancing, advising clients, preparing wills, and drafting agreements.

notarié [nɔtarje] *adj acte ~* document prepared and executed by a **notaire**.

notation [nɔtasjɔ̃] *nf* assessment, rating; *~ du personnel* personnel evaluation; *(Fin) (d'une entreprise)* (credit) rating; *agence de ~* rating agency.

note [nɔt] *nf* **1.** *(facture)* bill; *régler la ~* settle the bill **2.** *(avis)* note; *(T) ~ de bord* shipping note (SN); *(T) ~ d'expédition* dispatch note; *~ de frais* expense account; *~ d'information* memo; *(Bs) ~ d'information (boursière)* prospectus; *~ de service* memorandum, memo; *(T) ~ de quai* shipping note **3.** *(évaluation)* grade, mark; *carnet de ~s* report card **4.** *(annotation)* note; *prendre des ~s* take (down) notes.

notice [nɔtis] *nf* leaflet, brochure; *~ d'emploi*, instructions/directions for use, user's/user guide; *~ publicitaire* advertising brochure; *~ technique* specification sheet.

notificatif [nɔtifikatif] *adj (f -ive)* notifying; *lettre notificative* letter of notification.

notification [nɔtifikasjɔ̃] *nf (Jur)* notification, notice; *~ des jugements* notification of judgements/judgments; *~ d'opposition* caveat; *~ du testament* notification of will.

notifier [nɔtifje] *vt* notify; *(Jur) ~ une citation* serve a summons.

notoire [nɔtwar] *adj* well-known, notorious.

notoriété [nɔtɔrjete] *nf* **1.** fame, reputation, *(péj)* notoriety **2.** *(Mkg)* awareness; *~ assistée* assisted awareness; *~ de marque* brand awareness, brand recognition; *~ spontanée* spontaneous recall **2.** *(Jur) acte de ~* attested affidavit.

nouveau [nuvo] *adj (f -elle, mpl -x)* new; *~ venu* newcomer; *(Eco) les ~x pauvres* the new poor; *(Fin) nouvelle émission* new issue; *(Cpta) report à ~* balance carried forward.

*nouveaux pays industrialisés (NPI) nmpl newly-industrialized countries (NICs).

nouveauté [nuvote] *nf* **1.** novelty, innovation **2.** *(objet)* new product **3.** *commerce de la ~* fashion trade.

nouvelle[1] [nuvɛl] *v.* **nouveau**.

nouvelle[2] [nuvɛl] *nf* (piece of) news; *les ~s* the news *(s inv)*; *dernières ~s* latest news.

Nouvelle-Calédonie [nuvɛl kaledɔni] *nf* New Caledonia.

Nouvelle-Zélande [nuvɛl zelɑ̃d] *nf* New Zealand (v. **néo-zélandais**).

novateur [nɔvatœr] *adj (f -trice)* innovative.

novation [nɔvasjɔ̃] *nf (Jur)* novation, substitution.

novembre [nɔvɑ̃br] *nm* November.

noyau [nwajo] *nm (pl -x)* core, hard-core; *(Bs) ~ dur (d'actionnaires)* core shareholders.

NPI *v.* **nouveaux pays industrialisés**.

nu [ny] *adj* bare, nude; *(T) affrètement en coque ~e* bareboat charter; *(Jur) ~-propriétaire* remainderman, bare owner; *(Jur) ~e-propriété* bare ownership of property (giving the owner the right to dispose of the property but not the use or enjoyment of the property).

nucléaire[1] [nykleer] *adj* **1.** *(Ind)* nuclear; *centrale ~* nuclear power plant ; *énergie* ~ nuclear energy ; *(Pol)* *les puissances* ~s the nuclear powers 2. *(Eco) famille* ~ nuclear family.

nucléaire[2] [nykleɛʀ] *nm* 1. nuclear power/technology 2. the nuclear industry.

nuire [nɥiʀ] *vi (à)* hurt, harm, damage, undermine ; *(Jur) avec intention de* ~ maliciously ; ~ *aux intérêts de qn* prejudice sb's interests ; *mettre hors d'état de* ~ render harmless.

nuisance [nɥizɑ̃s] *nf (Jur)* nuisance, discomfort, annoyance ; ~s harmful effects, pollution.

nuisible [nɥizibl] *adj* prejudicial, harmful, damaging, detrimental.

nuit [nɥi] *nf* night ; *équipe de* ~ night shift ; *prime de* ~ premium for night work ; *travailler de* ~ work at night, be on the nightshift.

nul [nyl] *adj (f nulle)* 1. *(zéro)* nil ; *le risque est* ~ there is no risk 2. *(Jur)* void, null ; ~ *de droit* null and void ; ~ *et non avenu* null and void, cancelled ; ~ *et de* ~ *effet* null and void ; *cela rend le contrat* ~ that invalidates/nullifies the contract.

nullité [nylite] *nf (Jur)* invalidity, nullity ; *(transaction frappée de)* ~ *absolue* void transaction ; *action en* ~ action for voidance of contract ; *demande en* ~ plea in abatement ; *frapper une clause de* ~ render a clause void ; *recours en* ~ appeal on grounds of nullity ; ~ *relative* relative nullity ; *tran-*

saction frappée de ~ *relative* voidable transaction ; ~ *textuelle* invalidation of a transaction prescribed by law ; ~ *virtuelle* invalidation of a transaction based on implied power of the judge.

numéraire[1] [nymeʀɛʀ] *adj* numerary ; *espèces* ~s legal currency ; *valeur* ~ face value, legal-tender value.

numéraire[2] [nymeʀɛʀ] *nm* 1. cash ; *payer en* ~ pay in cash 2. legal tender.

numérique [nymeʀik] *adj* 1. numerical ; *données* ~s numerical data. 2. *(Inf)* digital ; *clavier* ~ digital keyboard ; *télévision* ~ digital television.

numériser [nymeʀize] *vt (Inf)* digitize.

numéro [nymeʀo] *nm* 1. number ; *(D)* ~ *d'enregistrement douanier* Customs Registered Number (CRN) ; *(Tél)* ~ *gratuit/vert (UK)* freephone number, *(US)* toll-free number ; ~ *de série* serial number ; ~ *d'urgence* emergency number, *(en ligne directe)* hot line 2. *(presse)* issue ; *dernier* ~ latest issue.

numérotage [nymeʀotaʒ] *nm* numbering.

numérotation [nymeʀotasjɔ̃] *nf* numbering.

numéroter [nymeʀote] *vt* number.

nuptialité [nypsjalite] *nf (Eco) quotient de* ~ marriage ratio ; *taux de* ~ marriage rate.

NYMEX *v.* **Bourse de commerce de New York.**

NYSE *v.* **Bourse de New York.**

O

OACI *v.* **Organisation de l'aviation civile internationale.**

OAP *v.* **observation active permanente.**

obéir [obeiʀ] *vi (à)* obey, follow, be in compliance with.

obéissance [obeisɑ̃s] *nf (à)* obedience to, compliance with.

obérer [obeʀe] *vt* burden with debt.

objecter [ɔbʒɛkte] *v* 1. *vt* ~ *de très bonnes raisons* put forward very good arguments (against) 2. *vi* ~ *que...* object that...

objecteur [ɔbʒɛktœʀ] *nm inv* objector ; ~ *de conscience* conscientious objector.

objectif[1] [ɔbʒɛktif] *adj (f -ive)* objective, unbiased.

objectif[2] [ɔbʒɛktif] *nm* objective, purpose, goal, aim, target ; *(Eco)* ~ *de croissance* growth target ; ~ *de prix* price target ; ~ *de vente* sales target.

objet [ɔbʒɛ] *nm* 1. article, item ; ~ *de luxe* luxury article ; ~s *de valeur* valuables 2. subject ; *faire l'* ~ *d'une loi* be the subject of a law ; *(lettre)* ~ : *votre demande de renseignements* re : your inquiry 3. purpose, aim ; *(Jur)* ~ *d'un contrat* purpose/subject of a contract ; *(Jur) (société)* ~ *social* corporate purpose.

obligataire[1] [ɔbligatɛʀ] *adj (Fin)* bond ; *(Bs/Fin) émission* ~ bond issue ;

marché ~ bond market ; *titre* ~ bond, debenture.

obligataire[2] [ɔbligatɛR] *nmf (Bs/Fin)* bondholder, debenture holder.

obligation [ɔbligasjɔ̃] *nf (Jur)* **1.** obligation, duty ; *(Jur)* ~ *alimentaire* obligation of maintenance and support of a relative, duty of support ; ~ *civile* obligation imposed by law ; ~ *conditionnelle* conditional obligation ; ~ *de discrétion professionnelle* duty of confidentiality ; *(Bs)* ~ *de divulgation/révélation de possession d'actions* disclosure-of-shareholdings rule ; ~ *facultative* obligation which can be discharged in a manner at the discretion of the obligor ; *(Jur)* ~ *indivisible* joint liability ; *(Jur)* ~ *de livrer la chose* obligation to deliver the thing/good ; *(Jur)* ~ *de moyens* obligation to use all reasonable means to accomplish a desired result, without guaranteeing that result (à dist. **obligation de résultat**) ; ~ *naturelle* moral obligation ; ~ *propter rem* obligation arising from the holding of property ; ~ *de prudence et diligence* obligation of due care ; ~ *réelle* obligation of the holder of property ; ~ *de réserve* duty of loyalty of civil servants ; *(Jur)* ~ *de résultat* obligation to achieve a particular result (à dist. **obligation de moyens**) ; ~ *de sécurité* duty to perform in a safe manner ; ~ *solidaire* joint and several obligation/liability ; ~ *in solidum* joint and several liability **2.** *(Bs/Fin)* bond, debenture ; ~ *cambiaire* liability on bills of exchange ; ~ *convertible* convertible bond ; ~ *à coupon unique* single-coupon bond ; ~ *à coupon zéro* zero-coupon bond ; ~ *à court terme* short-dated bond ; ~ *déclassée* junk bond ; ~ *d'Etat* government bond ; ~ *garantie* secured bond ; ~ *à haut risque* junk bond ; ~ *hypothécaire* mortgage debenture, mortgage-revenue bond ; ~ *indexée* indexed bond, index-linked bond ; ~ *à intérêt fixe* fixed-interest bond ; ~ *à intérêt indexé* interest-indexed bond ; ~ *internationale* international bond ; ~ *à lots* lottery/premium bonds ; ~ *négociable* marketable bond ; ~ *nominative* registered bond ; ~ *non remboursable* irredeemable bond ; ~ *participative* equity bond, participating/profit-sharing bond ; ~ *au porteur* bearer bond ; ~ *avec prime de remboursement* premium bond ; *(Fr)* ~ *renouvelable* renewable bond ; ~ *à rendement élevé* high-yield bond ; ~ *de rente* irredeemable/perpetual/annuity bond ; ~ *à revenu fixe* fixed-interest bond ; ~ *à revenu variable* income bond ; ~ *à taux fixe* straight bond, fixed-rate bond ; ~ *à taux variable/révisable* variable-rate bond, floating-rate note ; ~ *du Trésor* Treasury bond.

obligatoire [ɔbligatwaR] *adj* compulsory, mandatory, binding.

obligé[1] [ɔbliʒe] *adj* obliged, bound ; *être* ~ *envers un créancier* be indebted to a creditor ; *être* ~ *de faire qch* be obliged/obligated to do sth ; *être* ~ *contractuellement* be bound by agreement.

obligé[2] [ɔbliʒe] *nm (Jur)* obligor, debtor.

obligeance [ɔbliʒɑ̃s] *nf* kindness ; *avoir l'* ~ *de* be so kind as to.

obliger [ɔbliʒe] *vt* oblige, *(US)* obligate, compel ; ~ *qn à faire qch* oblige sb to do sth.

observateur [ɔpsɛRvatœR] *nm (f -trice)* observer.

observation [ɔpsɛRvasjɔ̃] *nf* **1.** *(surveillance)* observation ; *poste d'* ~ observation post **2.** comment, remark **3.** observance ; ~ *d'instructions* compliance with instructions.

*observation active permanente (OAP) *nf (Mgt)* business intelligence system (BIS).

observatoire [ɔpsɛRvatwaR] *nm* observatory.

observer [ɔpsɛRve] *vt* **1.** *(respecter)* observe, comply with, adhere to ; *faire* ~ *la loi* enforce the law **2.** *(remarquer)* observe, notice.

obsolescence [ɔpsɔlesɑ̃s] *nf* obsolescence ; ~ *programmée* built-in/planned obsolescence.

obsolescent [ɔpsɔlesɑ̃] *adj* obsolescent.

obsolète [ɔpsɔlɛt] *adj* obsolete, outdated.

obstacle [ɔpstakl] *nm* hurdle, obstacle, hindrance ; *faire* ~ *à* oppose, hinder ; *(CI)* ~s *au commerce* trade barriers ; *rencontrer des* ~s run into difficulties.

obtempérer [ɔptɑ̃pere] *vi (à)* obey, follow an order, comply with ; *(Jur) refus d'* ~ refusal to comply (with instructions of a police officer).

obtenir [ɔptəniR] *vt* get, obtain ; ~ *de l'avancement* be promoted ; ~ *un emploi* get a job ; *(Jur)* ~ *gain de cause* win a case, succeed.

obtention [ɔptɑ̃sjɔ̃] *nf* obtaining, getting.

*obtention végétale *nf (Jur)* patentable new plant species engineered by man.

occasion [ɔkazjɔ̃] *nf* **1.** occasion, opportunity **2.** *(bonne affaire)* bargain **3.** *(article usagé) d'* ~ second-hand, *(US)* used ; *acheter quelque chose d'* ~ buy something second-hand.

offshore

occasionnel [ɔkazjɔnɛl] *adj* (*f* **-elle**) occasional.

occasionnellement [ɔkazjɔnɛlmã] *adv* occasionally.

occidental [ɔksidãtal] *adj* (*mpl* **-aux**) western; *les pays occidentaux* Western countries.

occulte [ɔkylt] *adj* hidden, secret; *fonds* ~*s* slush funds.

occupant [ɔkypã] *nm* occupier, occupant; *propriétaire* ~ owner-occupier.

occupation [ɔkypasjɔ̃] *nf* **1.** occupation, occupancy; ~ *d'usine* sit-in strike; *plan d'*~ *des sols* zoning regulations; *taux d'*~ occupancy rate **2.** (*travail*) occupation, job.

occupé [ɔkype] *adj* **1.** busy **2.** (*Tél*) (*UK*) engaged, (*US*) busy.

occuper [ɔkype] *vt* **1.** occupy **2.** *vpr* *s'*~ *de* handle, deal with, take care of.

OCDE *v.* **Organisation de coopération et de développement économique**.

océan [ɔseã] *nm* ocean.

octet [ɔktɛ] *nm* (*Inf*) byte.

octobre [ɔktɔbʀ] *nm* October.

octroi [ɔktʀwa] *nm* concession, granting.

octroyer [ɔktʀwaje] *vt* grant, concede, accord, bestow (upon); ~ *un délai* grant an extension of time.

oculaire [ɔkylɛʀ] *adj* ocular; (*Jur*) *témoin* ~ eyewitness.

OEA *v.* **Organisation des Etats américains**.

OEB *v.* **Office européen des brevets**.

OECE *v.* **Organisation européenne de coopération économique**.

œuvre [œvʀ] *nf* work, achievement; ~ *d'art* work of art; *main-d'*~ labour/labor, labour costs; *maître d'*~ general contractor; *mettre en* ~ implement, carry out; *mise en* ~ implementation.

offenser [ɔfãse] *vt* offend.

offensif [ɔfãsif] *adj* (*f* **-ive**) (*Mkg*) (*stratégie*) offensive, aggressive.

offensive [ɔfãsiv] *nf* offensive; *prendre l'*~ take the offensive.

offert [ɔfɛʀ] *adj* offered.

office [ɔfis] *nm* **1.** (*Jur*) office, function; *commission d'*~ appointment of a lawyer to represent an indigent accused; ~ *du juge* judicial office; *d'*~ automatically; *mesures prises d'*~ decision made sua sponte **2.** (*bureau*) office, board, agency.

*****Office britannique du commerce extérieur** *nm* British Overseas Trade Board (BOTB).

*****Office européen des brevets (OEB)** *nm* European Patent Office (EPO).

*****Office des migrations internationales**

(OMI) *nm* (*Fr*) French agency in charge of expatriates and positions abroad.

*****office ministériel** *nm* (*Jur*) (*Fr*) office granted by the State for life.

officialiser [ɔfisjalize] *vt* officialize, make official.

officiel[1] [ɔfisjɛl] *adj* (*f* **-ielle**) official; *cours* ~ official price; *taux* ~ official rate.

officiel[2] [ɔfisjɛl] *nm inv* official.

officier [ɔfisje] *nm inv* officer; (*Jur*) ~ *de l'état civil* registrar of births, marriages and deaths; (*notaire, greffier*) ~ *ministériel* legal officer (appointed to his post by the public authorities); ~ *public* official with the power to certify documents; ~ *de police judiciaire* sworn-in police officer; (*T*) ~ *de bord* ship's mate.

officieusement [ɔfisjøzmã] *adv* unofficially, off-the-record.

officieux [ɔfisjø] *adj* (*f* **-ieuse**) unofficial, off-the-record.

offrant [ɔfʀã] *nm* offeror, bidder; *au plus* ~ to the highest bidder.

offre [ɔfʀ] *nf* **1.** offer, proposal, (*Jur*) offer; ~ *d'emploi* job offer, vacancy; ~ *d'essai* trial offer; ~ *de lancement* introductory offer; *faire une* ~ make an offer; ~ *de prix* price offer; ~ *spéciale* special offer **2.** (*Eco*) supply; ~ *atomique* atomistic supply; ~ *atypique* regressive supply; *courbe d'*~ supply schedule; *l'*~ *et la demande* supply and demand; ~ *excédentaire* excess supply; *fléchissement de l'*~ fall in supply; ~ *globale* overall supply; *loi de l'*~ law of supply; ~ *de monnaie* money supply; ~ *de travail* labour/ labor supply **3.** (*Bs*) bid; *appel d'*~*s* tender; ~ *collusoire* collusive bid; *dernière* ~ closing bid; *première* ~ opening bid **4.** (*soumission*) (*UK*) tender, (*US*) bid; *appel d'*~*s* invitation to tender, (*US*) invitation for bids; *faire une* ~ bid, tender.

*****offre publique d'achat (OPA)** *nf* (*Bs*) takeover bid, tender offer.

*****offre publique d'échange (OPE)** *nf* (*Bs*) offer for exchange of stock, public offer of exchange.

*****offre publique de vente (OPV)** *nf* (*Bs*) public offer of sale.

offrir [ɔfʀiʀ] *v* **1.** *vt* offer; ~ *des marchandises à la vente* offer goods for sale **2.** *vt* (*cadeau*) give **3.** *vpr* *s'*~ *qch* buy oneself sth.

offset [ɔfsɛt] *nm* (*compensation commerciale avec coopération industrielle et transferts de technologie*) offset.

offshore [ɔfʃɔʀ] *adj inv* **1.** offshore; *permis* ~ permission granted by a state to explore for petroleum in that state's territorial waters **2.** (Fin) offshore; **banque** ~ offshore banking; **fonds** ~ offshore funds.

OIC v. **Organisation internationale du commerce.**

oisif [wazif] adj (f **-ive**) **1.** idle; **capitaux** ~**s** idle capital **2.** unemployed.

oisiveté [wazivte] nf **1.** idleness **2.** unemployment.

OIT v. **Organisation internationale du travail.**

oléagineux [ɔleaʒinø] nmpl (Agr) oilseeds; oil-producing crops.

oléoduc [ɔleɔdyk] nm (oil) pipeline.

oligarchie [ɔligarʃi] nf (Pol) oligarchy.

oligopole [ɔligɔpɔl] nm (Eco) oligopoly.

oligopoleur [ɔligɔpɔlœr] nm inv (Eco) oligopolist.

oligopsone [ɔligɔpsɔn] nm (Eco) oligopsony.

Oman [ɔman] n Oman.

omanais [ɔmanɛ] adj Omani.

Omanais [ɔmanɛ] nm Omani.

ombudsman [ɔmbydzman] nm ombudsman.

OMC v. **Organisation mondiale du commerce.**

omettre [ɔmetr] vt omit, leave out.

OMI v. **Office des migrations internationales.**

omission [ɔmisjɔ̃] nf omission; **sauf erreur ou** ~ errors and omissions excepted; (Jur) ~ **volontaire** wilful failure, express omission.

omnium [ɔmnjɔm] nm commercial group.

OMS v. **Organisation mondiale de la santé.**

ondulé [ɔ̃dyle] adj corrugated; (Emb) **carton** ~ corrugated cardboard; (Ind) **tôle** ~**e** corrugated iron.

onéreux [ɔnerø] adj (f **-euse**) costly, expensive; **à titre** ~ for a consideration, in exchange for payment.

ONU [ony] v. **Organisation des Nations Unies.**

OPA v. **offre publique d'achat.**

OPCVM v. **organisme de placement collectif en valeurs mobilières.**

OPE v. **offre publique d'échange.**

open-market [ɔpenmarkɛt] nm (Eco) open market.

OPEP [ɔpep] v. **Organisation des pays exportateurs de pétrole.**

opérateur [ɔperatœr] nm (f **-trice**) **1.** (Fin) trader, dealer; ~ **en Bourse** stock exchange trader; ~ **en couverture** hedger **2.** (Inf) operator; ~ **de saisie** keyboard operator.

opération [ɔperasjɔ̃] nf operation, transaction; (Cpta) ~ **de caisse** cash transaction; (Eco) ~ **de change** (foreign) exchange transaction; (Cpta) ~ **comptable** accounting transaction; ~ **au comptant** (Fin) cash transaction, (Bs) spot transaction; (Bq/Fin) ~**s de banque** banking transactions; ~ **de change à terme** forward-exchange transaction/ dealing; (Bs) ~ **à cheval** straddle; (Bs) ~ **de couverture** hedging/covering operation; (Bs) ~ **liée** swap transaction/operation; ~ **à option** option deal; ~ **à prime** premium deal; ~ **de sauvetage** rescue/salvage operation; (Pol) ~**s de maintien de la paix** peacekeeping operations.

opérationnel [ɔperasjɔnɛl] adj (f **-elle**) operational.

opérer [ɔpere] v **1.** vt (effectuer) carry out, effect **2.** vi (Bs) operate; ~ **à découvert** go short, take a short position.

opinion [ɔpinjɔ̃] nf opinion; ~ **publique** public opinion; (Mkg) **les sans-**~ the don't-knows; **sondage d'**~ opinion poll.

opportun [ɔpɔrtœ̃] adj timely, opportune.

opportunisme [ɔpɔrtynism] nm opportunism.

opportuniste [ɔpɔrtynist] nmf opportunist.

opportunité [ɔpɔrtynite] nf **1.** timeliness, relevance; (Eco) **coût d'**~ opportunity cost; **étude d'**~ preliminary study **2.** opportunity.

opposabilité [ɔpozabilite] nf (Jur) contestability, that which can be opposed by legal arguments.

opposable [ɔpozabl] adj (Jur) contestable, opposable.

opposer [ɔpoze] vt oppose; (Jur) ~ **une exception** raise an objection.

opposition [ɔpozisjɔ̃] nf **1.** opposition; (Bq) **faire** ~ **à un chèque** stop a cheque/check; **faire** ~ **à un mariage** oppose a marriage **2.** (Pol) **l'O**~ the Opposition; **les membres de l'O**~ the members of the Opposition **3.** (Jur) motion to vacate (a judgement/judgment rendered by default).

optant [ɔptɑ̃] nm (Bs) taker of an option.

opter [ɔpte] vi (pour) opt for.

optimal [ɔptimal] adj (mpl **-aux**) optimal, optimum.

optimisation [ɔptimizasjɔ̃] nf maximization, optimization.

optimiser [ɔptimize] vt optimize.

optimum [ɔptimɔm] *adj* (*f* -**um** ou -**a**) optimal, optimum.

optimum [ɔptimɔm] *nm* (*pl* -**s** ou -**a**) optimum ; ~ *de production* optimum production.

option [ɔpsjɔ̃] *nf* 1. option, choice ; ~ *de nationalité* choice of nationality ; *il y a plusieurs* ~*s* there are several possibilities/choices 2. (*Fin*) (*J.O.*) ~ *d'achat* call option, buyer's option, option to buy ; ~ *sur actions* equity option, share option, option on common stocks ; ~ *de change* foreign currency option, foreign exchange option ; (*J.O.*) ~ *sur contrats à terme* futures option ; (*J.O.*) ~ *d'échange* swaption ; *exercer une* ~ exercise an option ; ~ *de taux d'intérêt* interest-rate option ; (*J.O.*) ~ *de vente* put option, seller's option, option to sell ; *prendre une* ~ *sur* take an option on 3. (*accessoire*) option, optional extra ; *en* ~ optional, on option.

optionnaire [ɔpsjɔnɛR] *nmf* (*Fin*) giver of an option.

optionnel [ɔpsjɔnɛl] *adj* (*f* -**elle**) optional.

optique [ɔptik] *adj* optical ; (*Inf*) *lecteur* ~ optical reader/scanner.

optique [ɔptik] *nf* perspective, viewpoint.

OPV *v.* **offre publique de vente.**

or [ɔR] *nm* 1. (*métal*) gold ; ~ *massif* solid gold ; *étalon-* ~ gold standard ; *point d'* ~ gold point 2. (*fig*) *c'est une affaire en* ~ it's a real bargain ; *on l'a payé à prix d'* ~ we paid a fortune for it.

ordinaire [ɔRdinɛR] *adj* ordinary ; (*Bs*) *action* ~ common share.

ordinateur [ɔRdinatœR] *nm* (*Inf*) computer ; ~ *bloc-notes* notebook computer ; ~ *central* host computer, mainframe (computer) ; ~ *de poche* palmtop, pocket computer, personal digital assistant (PDA) ; ~ *de table* desktop computer ; ~ *individuel* personal computer ; *mettre sur* ~ computerize ; ~ *personnel* personal computer ; ~ *portable* portable computer, laptop computer.

ordonnance [ɔRdɔnɑ̃s] *nf* 1. (*Pol*) delegated legislation, decree ; (*Fr*) *légiférer par* ~ legislate by decree (without previous discussion in Parliament) ; ~*s royales* royal ordinances 2. (*Jur*) order ; ~ *de contrainte par corps* order of attachment, order of seizure ; ~ *de forclusion* foreclosure order ; ~ *de référé* order in an urgent matter, ex parte order ; ~ *de saisie-arrêt* order

of attachment, order of garnishment 3. (*medical*) prescription.

ordonnancement [ɔRdɔnɑ̃smɑ̃] *nm* 1. scheduling 2 (*Fin*) order to pay (a public obligation).

ordonnancer [ɔRdɔnɑ̃se] *vt* 1. schedule 2. (*Fin*) authorize for payment ; (*Fin*) ~ *un paiement* order payment.

ordonnateur [ɔRdɔnatœR] *nm* (*f* -**trice**) (*Fin*) person with authority to order payment.

ordonner [ɔRdɔne] *v* 1. *vt* order 2. *vi* ~ *à qn de faire qch* order sb to do sth.

ordre [ɔRdR] *nm* 1. order, instructions ; *exécuter un* ~ execute an order ; *jusqu'à nouvel* ~ until further notice 2. (*classement*) order, classification ; ~ *des héritiers* hierarchy of heirs ; ~ *du jour* agenda 3. (*organisation*) order, association ; (*Jur*) ~ *administratif* administrative court system ; (*Jur*) ~ *de juridiction* a division of the French judiciary, either administrative or judicial ; (*Jur*) *l'* ~ *judiciaire* the civil and criminal court systems ; ~ *professionnel* professional association with compulsory membership for those wishing to engage in that profession 4. (*Bs/Fin*) *à* ~ to the order of ; ~ *d'achat* buying order ; ~ *à cheval* straddle, straddle order ; *billet à* ~ promissory note ; ~*s échelonnés* scale orders, split orders ; ~ *à validité limitée* time order ; ~ *au dernier cours* "at the close" order, "on close" order ; *pour* ~ to order 5. (*Jur*) *les forces de l'* ~ police and/or army ; *l'* ~ *établi* the established order, the Establishment ; *l'* ~ *public* law and order ; *service d'* ~ security.

*ordre des avocats *nm* (*Jur*) (*Fr*) équiv. (*UK/US*) the Bar.

*ordre des médecins *nm* (*Fr*) équiv. (*UK*) British Medical Association (BMA), (*US*) American Medical Association (AMA).

organe [ɔRgan] *nm* organ, body ; ~ *gouvernemental* government body ; ~ *de presse* newspaper.

organigramme [ɔRganigram] *nm* organization chart, flow chart.

organique [ɔRganik] *adj* organizational ; (*Jur*) (*Fr*) *loi* ~ law which organizes an institution or an area of the law.

organisateur [ɔRganizatœR] *adj* (*f* -**trice**) organizing ; *comité* ~ organizing committee.

organisateur [ɔRganizatœR] *nm* (*f* -**trice**) organizer.

organisation [ɔRganizasjɔ̃] *nf* organization ; ~ *de consommateurs* consumer association ; ~ *syndicale* labour/labor union.

*Organisation pour l'alimentation et l'agriculture *nf (UN)* Food and Agriculture Organization (FAO).

*Organisation de l'aviation civile internationale (OACI) *nf* International Civil Aviation Organization (ICAO).

*Organisation de coopération et de développement économique (OCDE) *nf* Organization for Economic Cooperation and Development (OECD).

*Organisation des Etats américains (OEA) *nf (Pol)* Organization of American States (OAS).

*Organisation européenne de coopération économique (OECE) *nf* Organization for European Economic Cooperation (OEEC).

*Organisation internationale du commerce (OIC) *nf (CI)* International Trade Organization (ITO).

*Organisation internationale de normalisation *nf* International Standards Organization (ISO).

*Organisation internationale du travail (OIT) *nf (UN)* International Labour/Labor Organization (ILO).

*Organisation mondiale du commerce (OMC) *nf (CI)* World Trade Organization (WTO).

*Organisation mondiale de la santé (OMS) *nf (UN)* World Health Organization (WHO).

*Organisation des Nations Unies (ONU) *nf* United Nations Organization (UNO).

*Organisation des pays exportateurs de pétrole (OPEP) *nf* Organization of Petroleum-Exporting Countries (OPEC).

*Organisation du traité de l'Atlantique nord (OTAN) *nf (Pol)* North Atlantic Treaty Organization (NATO).

*Organisation de l'unité africaine (OUA) *nf (Pol)* Organization of African Unity (OAU).

organisationnel [ɔrganizasjɔnɛl] *adj (f -elle)* organizational.

organiser [ɔrganize] *vt* organize, arrange.

organisme [ɔrganism] *nm* organization, body, agency ; ~ *bancaire* banking institution ; ~ *de contrôle* supervisory body ; ~ *gouvernemental* government agency ; ~ *privé* private institution ; ~ *public (UK)* public corporation, *(US)* public agency.

*organisme de placement collectif en valeurs mobilières (OPCVM) *nm (Fin)* collective investment scheme, mutual fund scheme, undertaking for collective investment in transferable securities (UCITS).

orient [ɔrjɑ̃] *nm* east ; *l'Extrême-O~*

the Far East ; *le Moyen-O~* the Middle East ; *le Proche-O~* the Near East.

oriental [ɔrjɑ̃tal] *adj (mpl -aux)* eastern, oriental.

orientation [ɔrjɑ̃tasjɔ̃] *nf* tendency, trend ; *(Bs)* ~ *à la baisse* downward trend ; ~ *à la hausse* upward trend.

orienté [ɔrjɑ̃te] *adj* oriented ; *(Bs)* ~ *à la baisse* bearish ; *(Bs)* ~ *à la hausse* bullish ; ~ *vers l'exportation* export-oriented.

orienter [ɔrjɑ̃te] *vt* orient, direct.

original¹ [ɔriʒinal] *adj (mpl -aux)* original ; *facture* ~*e* original invoice.

original² [ɔriʒinal] *nm (pl -aux)* original ; *l'* ~ *d'un document* the original of a document.

origine [ɔriʒin] *nf* origin ; *(CI/D) certificat d'* ~ certificate of origin ; *gare d'* ~ forwarding station ; *pays d'* ~ country of origin ; *règle d'* ~ rule of origin.

ORSEC [ɔrsɛk] *(ab de Organisation des secours) loc (Fr) plan O~* emergency plan to cope with natural catastrophes and other crises.

OS *v.* **ouvrier spécialisé.**

oscillation [ɔsilasjɔ̃] *nf* fluctuation, variation, ups and downs ; *(Eco)* ~*s autoentretenues* continuous oscillations ; ~*s convergentes* damped oscillations.

osciller [ɔsile] *vi* fluctuate.

osier [ozje] *nm (Emb)* wicker *(s inv).*

otage [ɔtaʒ] *nm inv* hostage.

OTAN [ɔtɑ̃] *v.* **Organisation du traité de l'Atlantique nord.**

OUA *v.* **Organisation de l'unité africaine.**

Ouganda [ugɑ̃da] *nm* Uganda.

ougandais [ugɑ̃dɛ] *adj* Ugandan.

Ougandais [ugɑ̃dɛ] *nm* Ugandan.

outil [uti] *nm* tool ; *machine-*~ machine-tool.

outillage [utijaʒ] *nm* tools, equipment ; ~ *industriel* tool equipment.

outrage [utraʒ] *nm* outrage, contempt, insult ; *(Jur)* ~ *à la cour/à magistrat* contempt of court ; ~ *aux bonnes mœurs* indecent behaviour/behavior.

outre-mer [utrəmɛr] *adv* overseas ; *départements d'* ~ *(DOM)* French overseas departments ; *territoires d'* ~ *(TOM)* French overseas territories.

ouvert [uvɛr] *adj* **1.** open ; ~ *toute l'année* open all year ; ~ *24 heures sur 24* open 24 hours a day **2.** *(évident, visible)* overt.

ouverture [uvɛrtyr] *nf* **1.** opening ; ~ *des guichets* business hours ; *(Bq)* ~ *de compte* opening of an account ; *(Bs)* *cours d'~* opening price; *~ des marchés* market opening, opening up of markets; *(Fin) ~ de crédit* credit line; *(Jur) ~ de l'instruction* preliminary investigation 2. *faire des ~s à qn* make overtures to sb, approach sb.

ouvrable [uvʀabl] *adj heures ~s* business hours; *jour ~ (UK)* working day, *(US)* business day, workday.

ouvrage [uvʀaʒ] *nm* 1. work; *~ d'infrastructure* infrastructure; *(bâtiment) maître d'~* owner (of a project under construction) *(à dist.* **maître d'œuvre**) 2. *(manuel) ~ de référence* reference work.

ouvrier [uvʀije] *adj (f -ière)* labour/labor; *agitation ouvrière* labour unrest; *classe ouvrière* working class; *organisation ouvrière* labour organization.

ouvrier[2] [uvʀije] *nm (f -ière)* (blue collar) worker; *(Agr) ~ agricole* farm worker/laborer; *~ du bâtiment* construction worker/laborer; *~ non qualifié* unskilled worker; *~ qualifié* skilled worker.

*ouvrier spécialisé (OS) *nm (f -ière)* semi-skilled worker.

ouvrir [uvʀiʀ] *vti* 1. open, start (up); *~ un compte en banque* open a bank account; *~ des négociations* open negotiations; *(Bs)* ouvrir en baisse/en hausse open down/up 2. *(marchés, frontières)* open up; *~ un marché* open up a market.

ouzbek [uzbɛk] *adj* Uzbek.

Ouzbek [uzbɛk] *nm* Uzbek.

Ouzbékistan [uzbekistɑ̃] *nm* Uzbekistan.

P

PAC [pak] *v.* **politique agricole commune**.

pacte [pakt] *nm* pact, agreement, covenant, treaty; *~ colonial* colonial pact; *~ commercial* trade pact; *~ commissoire* clause terminating a contract in case of non-payment within a stipulated time; *~s internationaux des droits de l'homme* international agreements on human rights; *~ pour l'emploi* job-creation policy; *~ de préférence* agreement granting a right of refusal; *(Jur) ~ de quota litis* contingent fee agreement.

*Pacte andin *nm (CI)* Andean Pact.

*Pacte de Varsovie *nm (Pol)* Warsaw Pact.

paie [pɛ] *nf (aussi* **paye**) pay, wages, *(mensuelle)* salary; *bulletin/feuille de ~* payslip; *(Cpta) livre de ~* payroll; *toucher sa ~* be paid, get one's wages.

paiement [pemɑ̃] *nm* payment; *~ anticipé* early payment, prepayment; *~ à la commande* cash with order; *balance des ~s* balance of payments; *~ comptant* cash payment, down payment; *conditions/modalités de ~* terms of payment; *contre ~ de* on payment of; *défaut de ~* failure to pay; *délai de ~* extra time for payment; *~ différé* deferred payment; *(Eco/Bs) ~ différentiel* deficiency payment; *en ~ de* in payment of; *être en cessation de ~* be bankrupt; *~ en espèces* payment in cash; *(Jur) ~ de l'indu* payment made

in error; *~s internationaux* international payments; *~ libératoire* payment in full discharge, final payment; *~ à la livraison* cash on delivery (COD); *~ en nature* payment in kind (PIK); *~s progressifs* progress payments; *~ à tempérament* payment by instalments/installments; *~ à terme* deferred payment.

paille [paj] *nf (Emb)* straw; *homme de ~* man of straw, strawman.

pair[1] [pɛʀ] *adj (chiffre)* even; *numéro ~* even number.

pair[2] [pɛʀ] *nm* 1. *(Pol)* peer, lord 2. equal; *aller de ~ avec* go hand in hand with; *hors ~* exceptional, outstanding 3. *(Bs/Fin)* par, par value; *au-dessous du ~* below par, at a discount; *au-dessus du ~* above par, at a premium; *au ~* at par; *~ métallique* mint par (of exchange).

Pakistan [pakistɑ̃] *nm* Pakistan.

pakistanais [pakistanɛ] *adj* Pakistani.

Pakistanais [pakistanɛ] *nm* Pakistani.

palais [palɛ] *nm* palace; *(Jur) ~ de justice* court building, *(UK)* Law Courts, *(US)* courthouse.

palan [palɑ̃] *nm (T)* hoist; *sous ~* under ship's tackle.

Palaos [palaɔs] *n les îles fpl P~* Palau.

palette [palɛt] *nf (T)* pallet.

palettisation [paletizasjɔ̃] *nf (T)* palletization.

palettiser [paletize] *vt (T)* palletize.

palier [palje] *nm* level, stage ; *(chiffres)* **atteindre un ~** level off ; **par ~s** in stages.

palmarès [palmaʀɛs] *nm* **être au ~ des ventes dans le secteur** be among the top selling companies in the sector.

panachage [panaʃaʒ] *nm (Pol)* voting a split ticket.

Panama [panama] *nm* Panama.

panaméen [panameɛ̃] *adj (f* -**éenne)** Panamanian.

Panaméen [panameɛ̃] *nm (f* -**éenne)** Panamanian.

pancarte [pɑ̃kaʀt] *nf* sign ; **~ publicitaire** *(UK)* hoarding, *(US)* billboard.

panel [panɛl] *nm (Mkg)* panel ; **~ de consommateurs** consumer panel.

panier [panje] *nm* basket, *(supermarché)* **~ de la ménagère** housewife's shopping basket ; *(Fin)* **~ de devises/monnaies** basket of currencies, currency cocktail.

panne [pan] *nf* breakdown, fault ; **en ~** out of order ; **~ d'électricité** blackout, power cut.

panneau [pano] *nm (pl -x)* sign, board ; **~ d'affichage** *(UK)* notice-board, *(US)* bulletin board ; **~ publicitaire** *(UK)* hoarding, *(US)* billboard ; **~ routier/de signalisation** road sign.

PAO *v.* **publication assistée par ordinateur.**

PAP [pap] *v.* **prêt d'accession à la propriété.**

paperasserie [papʀasʀi] *nf* paperwork, red tape.

papeterie [papɛtʀi] *nf (articles)* stationery, *(magasin)* stationer's.

papier [papje] *nm* **1.** *(matériau)* paper ; **feuille de ~** sheet of paper ; **pâte à ~** paper pulp ; *(Emb)* **~ aluminium** tinfoil, aluminum/foil ; **~ cadeau** giftwrap ; **~ d'emballage** wrapping paper, wrapper ; **~ goudronné** tar paper ; **~ de soie** tissue paper ; **~ sulfurisé** grease-proof paper, wax(ed) paper **2.** *(document)* **~s** documents ; **~s domestiques** private papers ; **~s d'identité** identity papers (I.D.) **3.** *(Bq)* paper, note, bill, draft ; **~ bancable** bankable bill/paper, eligible paper (for discounting) ; **~ de cavalerie/de complaisance** accommodation bill, *(fam)* kite, windmill ; **~ sur l'étranger** long draft, foreign bill, *(US)* external bill ; **~ sur l'intérieur** inland/home/domestic bill ; **~ long** long(-dated) paper ; **~ monétaire** commercial paper, money-market paper, money-market instrument ; **~ à ordre** order paper, order instrument ; **~ au porteur** bearer paper ; **~ à vue** sight

bill, bill payable at sight, demand bill, bill to order ; *(Jur)* **~ timbré** stamped paper ; *(T)* **~s d'expédition** clearance papers.

Papouasie-Nouvelle-Guinée [papwazi nuvɛlgine] *nf* Papua New Guinea.

paquebot [pakbo] *nm (T)* cruise ship, passenger ship, liner.

paquet [pake] *nm* **1.** *(colis)* parcel, package ; **par ~ postal** by parcel post **2.** *(Emb)* packet, pack ; **~ économique** economy pack.

paradigme [paʀadigm] *nm* paradigm.

paradis [paʀadi] *nm* paradise ; *(Fisc)* **~ fiscal** tax haven.

paradoxe [paʀadɔks] *nm* paradox ; *(Eco)* **~ de Gillen** Gillen's paradox ; **~ de la valeur** paradox of value.

parafe [paʀaf] *v.* **paraphe.**

parafiscal [paʀafiskal] *adj (mpl -aux)* **taxe ~e** specific tax, tax earmarked for specific purposes.

parafiscalité [paʀafiskalite] *nf (Fisc)* taxation earmarked for a particular purpose (rather than the government treasury in general).

Paraguay [paʀagwɛ] *nm* Paraguay.

paraguayen [paʀagwajɛ̃] *adj (f* -**enne)** Paraguayan.

Paraguayen [paʀagwajɛ̃] *nm (f* -**enne)** Paraguayan.

parallèle [paʀalɛl] *adj* parallel, unofficial ; **économie ~** underground economy ; **importations ~s** parallel/grey/gray imports.

paramètre [paʀamɛtʀ] *nm* parameter.

paraphe [paʀaf] *nm (aussi* **parafe)** initials.

parapher [paʀafe] *vt* initial.

paraphernal [paʀafɛʀnal] *adj (mpl -aux) (Jur)* **biens paraphernaux** wife's separate property.

parc [paʀk] *nm* **1.** park ; **~ d'activités** business park ; **~ industriel** industrial park ; **~ national** national park **2.** total number ; **~ automobile français** total number of cars on French roads, *(entreprise)* **~ de véhicules** vehicle fleet.

parental [paʀɑ̃tal] *adj (mpl -aux)* parental ; **congé ~** parental leave.

parents [paʀɑ̃] *nmpl* **1.** parents (mother and father) **2.** relatives.

pari [paʀi] *nm* bet, wager, gamble.

par indivis [paʀɛ̃divi] *loc (Jur)* jointly.

paritaire [paʀitɛʀ] *adj* joint, equal ; *(Pol)* **commission ~** joint committee, *(US)* conference committee ; **gestion ~** joint management (by staff and owners) ; **réunion ~** labour-management meeting.

parité [parite] *nf* **1.** parity, equality **2.** *(Fin)* parity, par value, rate of exchange ; *à* ~ at the money ; ~ *de change* par of exchange ; ~*s à crémaillère* crawling/sliding/trotting pegs ; ~*s croisées* cross rates of exchange ; ~*s flexibles* flexible exchange rates ; ~*s flottantes* floating exchange rates ; ~ *glissante* sliding parity.

parlement [parləmā] *nm (Pol)* parliament ; *débats au P*~ parliamentary debates.

***Parlement européen** *nm (UE)* European Parliament.

parlementaire[1] [parləmātɛr] *adj* parliamentary.

parlementaire[2] [parləmātɛr] *nmf (Pol)* Member of Parliament (M.P.).

parquet [parkɛ] *nm* **1.** *(sol)* parquet, wooden floor **2.** *(Jur) le* ~ the public prosecutor, *(UK)* Director of Public Prosecutions, *(US)* the District Attorney's office, *(procureur)* the Prosecution **3.** *(Bs)* trading floor.

parrain [parɛ̃] *nm* **1.** godfather **2.** *(Mkg)* sponsor, patron.

parrainage [parɛnaʒ] *nm (Mkg/Pub)* sponsoring.

parrainer [parene] *vt (Mkg)* sponsor.

parraineur [parɛnœr] *nm (f -euse) (Mkg)* sponsor.

parricide [parisid] *nm (Jur)* **1.** *(acte)* parricide ; murder of parents or any other direct ascendants **2.** *nmf (personne)* parricide.

part [par] *nf* part, share, portion ; *(Mgt)* ~ *de fondateur* right to profits of persons who participate in the creation of a company ; ~*s inégales* unequal parts ; *(Mkg)* ~ *de marché* market share ; ~ *patronale* employer's contribution (of social charges) ; *se tailler une* ~ *du marché* carve out a share of the market ; *(Mgt/Fin)* ~ *sociale* partnership share ; *(Jur)* ~ *virile* right to money or property ascertained on a per capita basis.

partage [partaʒ] *nm* **1.** division, distribution, sharing ; *(Mgt)* ~ *des bénéfices* distribution of profits ; ~ *du temps* time-sharing ; *(Pol)* ~ *des voix* division of votes, tie vote **2.** *(Jur)* division, partition ; ~ *d'ascendant* transfer of all property by a person to his descendants, self-distribution of the estate ; ~ *judiciaire* partition by court order/order of the court ; ~ *successoral* distribution of estate.

partager [partaʒe] *vt* share, divide up ; *travail en temps partagé* time-sharing, job-sharing.

partance [partɑ̃s] *nf* departure, departing ; *en* ~ *pour* bound for, sailing to ; *navire en* ~ outward-bound ship ; *train en* ~ train due to leave.

partenaire [partənɛr] *nmf* partner ; ~ *commercial* trading partner ; *les* ~*s sociaux* labour/labor and management.

partenariat [partənarja] *nm* partnership, joint venture.

par tête [partɛt] *loc* per capita, per head.

parti [parti] *nm (Pol)* (political) party ; ~ *dominant* dominant political party ; ~ *politique* political party ; ~ *au pouvoir* party in power ; ~ *unique* sole political party.

partial [parsjal] *adj (mpl -iaux)* partial, biased, prejudiced.

participant[1] [partisipã] *adj* participating ; *(Fin) action* ~*e* participating share.

participant[2] [partisipã] *nm* participant.

participation [partisipasjɔ̃] *nf* **1.** participation, role, contribution ; *(Pol)* ~ *électorale* (voter) turnout ; ~ *aux frais* contribution (to costs) ; ~ *à un projet* participation/involvement in a project **2.** *(Fin)* participation, interest, investment, stake ; ~*s croisées* cross-shareholdings, reciprocal shareholdings, cross ownership, intercompany holding, intercompany investment ; ~ *majoritaire* majority shareholding/stockholding, majority/controlling interest ; ~ *minoritaire* minority interest ; *prise de* ~ acquisition **3.** *(intéressement)* profit-sharing ; ~ *des salariés aux fruits de l'expansion des entreprises* personnel profit-sharing plan, employee profit-sharing plan **5.** *(Jur)* ~ *criminelle* aiding and abetting.

participer [partisipe] *vi (à)* participate in, take part in, be involved in ; ~ *aux bénéfices* share in the profits, have an interest in the profits ; ~ *à une réunion* attend/take part in a meeting.

particulier[1] [partikylje] *adj (f -ière)* **1.** private ; *à titre* ~ in a private capacity ; *voiture particulière* private car **2.** *(Ass)* particular, specific ; *avaries particulières* particular average.

particulier[2] [partikylje] *nm* private individual.

partie [parti] *nf* **1.** part ; ~*s communes* common areas (of jointly-owned property) ; ~*s privatives* in jointly-owned property, those areas over which an owner has exclusive rights **2.** *(Jur) (accord, traité, contrat)* party ; ~ *adverse* opposing party ; ~ *civile* party claiming damages in a criminal case, civil party ; *se constituer* ~ *civile* join a victim's demand for compensation with a pending criminal action **3.** *(Fin)* ~ *prenante* creditor.

partiel [paʀsjɛl] *adj (f* **-ielle)** partial, part; *chargement* ~ part load; *chômage* ~ short-term employment, underemployment; *paiement* ~ partial payment; *travail à temps* ~ part-time work.

partiellement [paʀsjɛlmɑ̃] *adv* partially.

partir [paʀtiʀ] *vi* **1.** leave, depart **2.** *à* ~ *de* from, starting at; *à* ~ *du 1er janvier* starting January 1st; *à* ~ *de 2 000 francs* starting at 2,000 francs.

pas-de-porte [pɑdəpɔʀt] *nm (Jur)* key money, premium paid by a lessee to obtain a lease.

passage [pasaʒ] *nm* passage; *clientèle de* ~ passing custom; *(Jur) servitude de* ~ easement.

passager[1] [pasaʒe] *adj (f* **-ère)** temporary.

passager[2] [pasaʒe] *nm (f* **-ère)** *(T)* passenger; ~ *clandestin* stowaway.

passation [pasɑsjɔ̃] *nf* **1.** *(Pol)* transfer; ~ *des pouvoirs* transfer of power **2.** *(Cpta)* posting, entry.

passavant [pasavɑ̃] *nm (D)* transit bill, transire.

passeport [paspɔʀ] *nm* passport.

passer [pase] *v* **1.** *vt* pass; *(D)* ~ *en contrebande* smuggle; ~ *la douane* go through customs, pass customs, pass through customs, clear customs **2.** *vt (Cpta)* ~ *par pertes et profits* write off **3.** *vt* place; ~ *une annonce* place an advertisement; ~ *une commande de qch à qn* place an order for sth with sb **4.** *vi (personne)* call, visit **5.** *vi le taux de TVA est passé à 20 %* the VAT rate has risen to 20 %.

passible [pasibl] *adj* ~ *de* liable to/for; ~ *d'une amende* punishable by fine; *(D)* ~ *de droits* dutiable, liable to duty; ~ *de poursuites* liable for prosecution.

passif[1] [pasif] *adj (f* **-ive)** passive; *(Cpta) solde* ~ debit balance.

passif[2] [pasif] *nm (Cpta)* liabilities, debt; ~ *à court terme* short-term liabilities; ~ *à long terme* long-term liabilities.

patente [patɑ̃t] *nf* **1.** *(Jur)* licence/ license to exercise a trade or profession **2.** *(T)* bill of health; ~ *nette* clean bill of health.

paternalisme [patɛʀnalism] *nm* paternalism.

paternité [patɛʀnite] *nf* paternity; *action en désaveu de* ~ action of disavowal

of paternity; *présomption de* ~ presumption of paternity.

patrimoine [patʀimwan] *nm (héritage)* patrimony, heritage, estate, *(richesses)* wealth, capital wealth, holding of assets; ~ *d'affectation* estate reserved for a particular purpose; ~ *commun de l'humanité* common heritage of mankind; ~ *financier* financial wealth; ~ *immobilier (UK)* property assets, *(US)* real estate assets; ~ *national* national wealth, national heritage.

patron [patʀɔ̃] *nm (f* **-onne)** owner, head, boss.

patronage [patʀɔnaʒ] *nm* sponsorship.

patronal [patʀɔnal] *adj (mpl* **-aux)** *organisation* ~*e* employers' association; *responsabilité* ~*e* employer's responsibility/liability.

patronat [patʀɔna] *nm le* ~ the employers.

paulien [poljɛ̃] *adj (f* **-ienne)** *(Jur) action* ~*ne* action by creditor contesting/aiming at voiding fraudulent acts of debtor.

paupérisation [poperizɑsjɔ̃] *nf* pauperization.

pause [poz] *nf* break; ~ *café* coffee break; ~ *salariale* wage standstill.

pauvreté [povʀəte] *nf* poverty; *seuil de* ~ poverty threshold.

pavillon [pavijɔ̃] *nm* **1.** *(foire)* exhibition hall **2.** *(T)* flag (under which a ship sails); *battre* ~ *français* fly the French flag; ~ *de complaisance* flag of convenience.

payable [pɛjabl] *adj* payable; ~ *sur demande* payable on demand; ~ *à ordre* payable to order; ~ *à porteur* payable to bearer.

paye [pɛj] *v.* **paie.**

payer [peje] *v* **1.** *vi* pay; ~ *comptant* pay cash; ~ *en espèces* pay in cash; ~ *en nature* pay in kind; ~ *par chèque* pay by cheque/check **2.** *vt (somme)* pay; *(articles)* pay for.

payeur [pɛjœʀ] *nm (f* **-euse)** payer; *mauvais* ~ defaulter.

pays [pei] *nm* country; ~ *d'accueil* host country; ~ *à bas coût de main-d'œuvre* low-labour/low-labor-cost countries, low-wage countries; ~ *de destination* country of destination; ~ *développé* developed/industrialized country; ~ *d'origine* country of origin; ~ *expéditeur* forwarding country; ~ *industrialisés* industrial/industrialized countries; ~ *membre* member country; ~ *à risque* risk country; ~ *sous-développé* underdeveloped country; ~ *tiers* third country.

*pays moins avancés (PMA) *nmpl* less-developed countries (LDCs).

*pays nouvellement industrialisés (PNI) *nmpl* newly-industrialized countries (NICs).

*pays en voie de développement (PVD) *nmpl* developing countries.

Pays-Bas [pei bɑ] *nmpl les P~-B~* the Netherlands (*v.* **néerlandais**).

PDG *v.* **président-directeur général**.

PEA *v.* **plan d'épargne en actions**.

péage [peaʒ] *nm (T)* toll; *autoroute à ~ (UK)* toll motorway, *(US)* turnpike.

péculat [pekyla] *nm* embezzlement committed by public servants.

pécule [pekyl] *nm* 1. saved earnings, savings 2. *(Jur)* portion of a prisoner's earnings paid upon his release.

pécuniaire [pekynjɛʀ] *adj* pecuniary, financial.

pédophile [pedɔfil] *nmf (Jur) (UK)* paedophile, *(US)* pedophile.

pédophilie [pedɔfili] *nf (Jur) (UK)* paedophilia, *(US)* pedophilia, sexual abuse of children.

PEE *v.* **plan d'épargne-entreprise**.

peine [pɛn] *nf* 1. *(Jur)* punishment, penalty; *~ accessoire* additional penalty imposed upon sentencing (such as loss of right to practice a profession); *~ capitale* death penalty, capital punishment; *~ complémentaire* additional penalty; *défense d'entrer sous ~ de poursuites* trespassers will be prosecuted; *encourir une ~ de...* risk a sentence of...; *infliger/prononcer une ~* inflict/pronounce a sentence; *~ justifiée* basis for rejecting an appeal on the grounds that the error which gave rise to the appeal is thus the appropriate one; *~ politique* penalty for political crimes; *~ de prison* prison sentence; *~ principale* principal penalty, the penalty called for by the law; *~ de substitution* alternative to incarceration.

PEL *v.* **plan d'épargne-logement**.

pelliplacage [peliplakaʒ] *nm (Emb)* skin pack.

pénal [penal] *adj (mpl -aux)* penal; *(contrat) clause ~e* penalty clause; *droit ~* criminal law; *poursuivre qn au ~* initiate/start criminal proceedings against sb.

pénaliser [penalize] *vt* penalize.

pénalité [penalite] *nf* penalty; *(T) ~ de retard* demurrage.

pénétration [penetʀasjɔ̃] *nf* penetration; *(Mkg) ~ du marché* market penetration.

pénétrer [penetʀe] *vt* penetrate; *(Mkg)*

~ un marché break into a market, crack a market, crack open a market.

péniche [penif] *nf (T)* lighter, barge.

pension [pɑ̃sjɔ̃] *nf* 1. *(Eco)* allowance, pension; *~ alimentaire* allowance for necessaries, *(UK)* maintenance, *(US)* alimony; *~ d'invalidité* disability pension; *~ de retraite* retirement pension; *~ de réversion* widow/widower's pension; *~ de vieillesse* old-age pension 2. *(Fin)* mettre des effets en *~* place bills in pawn; *mise en ~* repurchase agreement.

pensionné [pɑ̃sjɔne] *nm* pensioner.

pensionner [pɑ̃sjɔne] *vt ~ qn* pay a pension to sb.

pénurie [penyʀi] *nf* shortage, scarcity; *~ de dollars* dollar gap.

PEP [pɛp] *v.* **plan d'épargne populaire**.

PER *v.* **plan d'épargne-retraite**.

percée [pɛʀse] *nf* breakthrough; *faire une ~ sur un marché/dans un domaine* make a breakthrough into a market/in a sector; *~ technologique* technological breakthrough.

percepteur [pɛʀsɛptœʀ] *nm (f -trice)* (Fisc) tax collector, tax inspector.

perception [pɛʀsɛpsjɔ̃] *nf* 1. vision, perception 2. *(Fisc) (activité)* levy, collection, *(locaux)* tax office.

percer [pɛʀse] *v* 1. *vt* pierce 2. *vi* be successful; *~ sur un marché* break into a market.

percevable [pɛʀsəvabl] *adj (Fisc)* payable, collectable.

percevoir [pɛʀsəvwaʀ] *vt* 1. feel, sense 2. *(droit, taxe, pension)* raise, collect, draw, receive.

perdre [pɛʀdʀ] *vti* lose; *~ de sa valeur* depreciate; *le franc a perdu contre le mark* the franc has declined against the mark.

perdu [pɛʀdy] *adj* lost; *investissement à fonds ~s* investment which will not be recouped.

père [pɛʀ] *nm* father; *(Bs) valeurs de ~ de famille (UK)* gilt-edged securities, *(US)* blue-chip stocks.

péremption [peʀɑ̃psjɔ̃] *nf* lapse; *date de ~* sell-by date; *(Jur) ~ de l'instance* dismissal of an action for failure to prosecute; *~ de jugement* expiration of a judgement/judgment.

péréquation [peʀekwasjɔ̃] *nf* adjustment, harmonization.

perfectionné [pɛʀfɛksjɔne] *adj* advanced, sophisticated.

perfectionnement [pɛʀfɛksjɔnmɑ̃] *nm* 1. improvement; *stage de ~* refresher course **2.** *(D)* ~ *actif* inward processing ; *(D)* ~ *passif* outward processing.

perfectionner [pɛʀfɛksjɔne] *vt* improve.

performance [pɛʀfɔʀmɑ̃s] *nf* performance ; *les* ~s *de l'année dernière* last year's results.

performant [pɛʀfɔʀmɑ̃] *adj* effective, efficient, profitable.

péricliter [peʀiklite] *vi (entreprise)* go under, go bust.

péril [peʀil] *nm* peril, danger ; *(Ass)* ~ *de mer* sea risk.

périmé [peʀime] *adj* out-of-date, expired, outdated.

période [peʀjɔd] *nf* period ; *(Cpta)* ~ *comptable* accounting period ; ~ *d'essai* trial period ; ~ *de garantie* period of guarantee ; *(Jur)* ~ *d'observation* period of audit after the filing of a bankruptcy petition ; ~ *de pointe* peak period ; *(Jur)* ~ *suspecte* period between insolvency and the filing of a bankruptcy petition ; *(Jur)* ~ *de sûreté* minimum sentence ; ~ *transitoire* transitory period.

périodique [peʀjɔdik] *adj* **1.** periodic ; *entretien* ~ scheduled maintenance **2.** *(Cpta)* interim ; *rapport* ~ interim report ; *résultats* ~s interim results.

périodiquement [peʀjɔdikmɑ̃] *adv* periodically.

périphérique[1] [peʀifeʀik] *adj* peripheral ; *(T) boulevard* ~ ring road.

périphérique[2] [peʀifeʀik] *nm (Inf)* peripheral.

périssable [peʀisabl] *adj* perishable ; *produits* ~s perishables.

perlé [pɛʀle] *adj grève* ~*e* selective strike, slowdown.

permanence [pɛʀmanɑ̃s] *nf* duty ; *être de* ~ be on duty ; *nous assurons une* ~ *le jeudi soir* our offices/telephone lines are open on Thursday evenings.

permanent [pɛʀmanɑ̃] *adj* permanent ; *(Fin) capitaux* ~s long-term capital ; *(Eco) emploi* ~ permanent job.

perméabilité [pɛʀmeabilite] *nf (marché)* openness.

permis [pɛʀmi] *nm* **1.** *(Jur)* licence/license, permit ; ~ *de conduire (UK)* driving licence, driver's license ; ~ *de construire* construction permit, building permit ; ~ *de travail* work permit **2.** *(D)* ~ *de douane* customs permit ; ~ *d'entrée* import licence/permit ; ~ *d'exportation* export permit ; ~ *d'importation* import permit ; ~ *de sortie* export licence/permit **3.** *(T)* ~ *de débarquement* landing permit ; ~ *d'embarquement* shipping note (SN) ; ~ *d'entrée*

clearance inwards ; ~ *de sortie* clearance outwards.

permission [pɛʀmisjɔ̃] *nf* permission ; *(Jur)* ~ *de voirie* permission to use a public street for a private purpose.

Pérou [peʀu] *nm* Peru (v. **péruvien**).

perquisition [pɛʀkizisjɔ̃] *nf (Jur)* search of premises ; *mandat de* ~ search warrant ; ~ *et saisie* search and seizure.

perquisitionner [pɛʀkizisjɔne] *vi* ~ *chez qn* search sb's home/premises.

persona grata [pɛʀsɔnagʀata] *nf (Pol)* accredited person.

persona non grata [pɛʀsɔnanɔ̃gʀata] *nf (Pol)* persona non grata, undesirable alien.

personnalisation [pɛʀsɔnalizasjɔ̃] *nf* **1.** personalization ; *(Pol)* ~ *du pouvoir* personalization of power **2.** *(produit)* customization.

personnaliser [pɛʀsɔnalize] *vt* personalize, customize.

personnalité [pɛʀsɔnalite] *nf* **1.** personality, character **2.** *(Jur) avoir la* ~ *morale* be a legal entity ; ~ *des peines* principle stating that only the perpetrator of a crime may serve the sentence ; ~ *juridique* legal personality, legal status.

personne [pɛʀsɔn] *nf inv* person ; ~ *juridique* person or entity having legal rights ; ~ *morale* legal entity, artificial person ; ~ *physique* natural person ; ~ *publique* government agency.

personnel[1] [pɛʀsɔnel] *adj (f* **-elle)** personal, private.

personnel[2] [pɛʀsɔnel] *nm (effectif d'une entreprise)* staff, workforce, personnel ; ~ *de bureau* office staff, clerical staff ; ~ *d'encadrement* executive staff, managerial staff ; ~ *intérimaire* temporary staff ; ~ *des services* support staff ; *service du* ~ personnel department.

perspective [pɛʀspɛktiv] *nf* outlook, prospect ; ~s *de carrière* job prospects ; ~s *commerciales* market/business prospects ; ~s *économiques* economic outlook.

PERT [pɛʀt] *(Mgt) (ab de* Programme Evaluation and Review Techniques) ; *méthode* ~ critical-path method.

perte [pɛʀt] *nf* loss ; *être en* ~ *de vitesse* be slowing down ; *vendre à* ~ sell at a loss ; *(Ass)* ~s *ou avaries* loss or damage ; *(Cpta/Eco)* ~ *de change* exchange loss ; ~ *d'emploi* redundancy ; ~ *d'exploitation* trading loss, operating loss ; ~s *et profits* profit and loss ; ~ *sèche* dead loss ; ~ *totale* total loss.

pertinence [pɛʀtinɑ̃s] *nf* relevance.

pertinent [pɛʀtinɑ̃] *adj* relevant.

péruvien [peʀyvjɛ̃] *adj* (*f* **-ienne**) Peruvian (*v.* **Pérou**).

Péruvien [peʀyvjɛ̃] *nm* (*f* **-ienne**) Peruvian.

pesage [pəzaʒ] *nm* weighing ; *bureau de* ~ weigh house, weigh station.

peser [pəze] *vt* (*Emb*) weigh.

petit [pəti] *adj* small ; ~*es annonces* classified advertisements ; ~*e caisse* petty cash ; (*Bs*) ~ *porteur* individual investor, small shareholder.

*petites et moyennes entreprises (PME) *nfpl* (*Eco*) small- and medium-sized businesses/companies.

pétition [petisjɔ̃] *nf* petition.

pétitoire [petitwaʀ] *adj* (*Jur*) *action* ~ claim of ownership of real property.

pétrodollar [petʀodɔlaʀ] *nm* (*Fin*) petrodollar.

pétrole [petʀɔl] *nm* oil ; *industrie du* ~ oil industry ; ~ *brut* crude (oil).

pétrolier[1] [petʀɔlje] *adj* (*f* **-ière**) oil ; *choc* ~ oil shock/crisis ; *pays* ~ oil-producing country.

pétrolier[2] [petʀɔlje] *nm* (*T*) oil tanker ; ~ *géant* very large crude carrier (VLCC), ultra large crude carrier (ULCC).

PEV *v.* **proposition exclusive vendeuse**.

phalanstère [falɑ̃stɛʀ] *nm* (*Eco*) phalanstery.

phase [faz] *nf* phase, stage ; (*Eco*) ~ *ascendante du cycle économique* upswing ; ~ *descendante du cycle économique* downswing ; ~*s de développement* stages of economic growth.

philippin [filipɛ̃] *adj* Philippine.

Philippin [filipɛ̃] *nm* Filipino.

Philippines [filipin] *nfpl* ; *les* **P~** the Philippines.

photocopie [fɔtɔkɔpi] *nf* (*document*) photocopy, (*US*) xerox® copy, (*activité*) photocopying.

photocopier [fɔtɔkɔpje] *vt* photocopy, (*US*) xerox®.

photocopieur [fɔtɔkɔpjœʀ] *nm* photocopier, copier, copy machine.

photocopieuse [fɔtɔkɔpjøz] *nf* photocopier, photocopying machine.

photostyle [fɔtɔstil] *nm* (*Inf*) light pen.

physiocrate [fizjɔkʀat] (*Eco*) *nm* physiocrat.

phytosanitaire [fitosanitɛʀ] *adj* phytosanitary ; *produits* ~*s* pesticides.

PIB *v.* **produit intérieur brut**.

pic [pik] *nm* peak ; (*Cl/Eco*) ~*s tarifaires* peak tariffs.

pictogramme [piktɔgʀam] *nm* pictogram.

pièce [pjɛs] *nf* **1.** (*monnaie*) coin **2.** (*élément*) ~ *détachée/de rechange* (spare) part ; ~*s automobiles* auto parts ; ~*s jointes* enclosures ; *travail à la* ~ (*UK*) piecework, (*US*) job work **3.** (*Cpta*) (*document*) ~ *comptable* bookkeeping voucher ; ~ *de journal* journal voucher ; ~ *justificative* voucher **4.** (*Jur*) document, written proof, evidence ; ~ *à conviction* exhibit ; ~ *d'identité* identity card/document, I.D.

pige [piʒ] *nf* gauge ; (*Mkg*) ~ *de la concurrence* competition monitoring/checking ; (*fam*) *travailler à la* ~ work freelance.

pigiste [piʒist] *nmf* freelance journalist.

pilotage [pilɔtaʒ] *nm* **1.** (*T*) pilotage ; ~ *côtier* inshore pilotage ; ~ *d'entrée* inward pilotage **2.** (*Mgt*) management, steering ; *comité de* ~ steering committee.

pilote [pilɔt] *nm inv* **1.** driver, pilot ; *projet* ~ pilot project ; *usine-*~ experimental factory ; (*Bs*) *valeurs* ~*s* leading securities **2.** (*Inf*) (*gestionnaire de périphérique*) driver.

piloter [pilɔte] *vt* pilot, steer, (*fig*) manage.

piquet [pikɛ] *nm* pole, stick ; ~ *de grève* strike picket ; *installer des* ~*s de grève devant une usine* picket a factory.

piratage [piʀataʒ] *nm* (*Inf*) ~ *informatique* computer fraud, hacking.

pirate [piʀat] *nm inv* pirate ; ~ *de l'air* hijacker, skyjacker ; *radio* ~ pirate radio station.

pirater [piʀate] *vt* pirate.

piraterie [piʀatʀi] *nf* piracy.

piste [pist] *nf* **1.** track ; *être sur la bonne* ~ be on the right track **2.** (*T*) ~ *d'atterrissage* runway, airstrip, landing strip.

piston [pistɔ̃] *nm* **1.** (*Tech*) piston **2.** (*fig*) string-pulling, connections ; *il a été engagé par* ~ he was hired because he knew the right people.

pistonner [pistɔne] *vt* ~ *qn* pull strings for sb ; *il a été pistonné pour ce poste* he got this position thanks to string-pulling.

pivot [pivo] *nm* **1.** (*aussi fig*) pivot **2.** (*Fin*) (*UE*) *cours* ~ central rate (of currencies participating in the European Monetary System, expressed in euros/ecus).

placard [plakaʀ] *nm* **1.** (*Mkg*) billboard ; ~ *de publicité* display advertising **2.** (*armoire*) cupboard, (*US*) closet.

place [plas] *nf* **1.** place, position ; (*avion, théâtre*) seat, (*billet*) ticket **2.** job, position, (*rang*) rank ; *perdre sa* ~ lose one's job; *prendre la première ~* take the lead 3. square; ~ *du marché* market square, *(aussi fig)* marketplace; *sur la ~ publique* in public 4. *(marché)* market, centre/center; *(J.O.)* ~ *extra-territoriale* off-shore market/place/area; ~ *financière* financial centre/center; *la ~ de Paris* the Paris market 5. *sur ~* on the spot; *achats sur ~* local purchases.

placement [plasmɑ̃] *nm* 1. investment; *(Bs/Fin)* ~ *de capitaux* investment of capital; ~ *financier* financial investment; ~ *liquide* liquid investment; ~*s de père de famille (UK)* gilts, *(UK)* gilt-edged securities, *(US)* blue-chip securities; ~ *à revenu fixe* fixed-yield investment; ~*s à risque* risk assets; ~ *sûr* good-quality investment; ~ *à court terme* short-term investment; ~ *à long terme* long-term investment 2. *(Fin)* placing; *(Bs) syndicat de* ~ placement syndicate 3. employment; *bureau de* ~ employment agency.

placer [plase] *v* 1. *vt (Fin)* invest; ~ *de l'argent* invest money 2. *vpr (personne) se* ~ find a job, *(article)* sell; *cet article se place bien/mal* this article sells/does not sell well.

placier [plasje] *nm (f* -**ière**) travelling/traveling salesman/woman, sales representative.

plafond [plafɔ̃] *nm* ceiling, *(dépenses, subventions)* cap, ceiling, maximum, upper limit; *(Fin)* ~ *des encours* debt ceiling; *prix* ~ maximum price.

plafonnement [plafɔnmɑ̃] *nm* 1. stagnation, levelling-off/leveling-off 2. *(imposé)* setting of a ceiling, limiting; *le ~ des salaires* setting of an upper limit on earnings.

plafonner [plafɔne] *v* 1. *vt* set a ceiling/a cap on, impose a limit on 2. *vi* level out, stagnate.

plage [plaʒ] *nf* 1. beach 2. *(fourchette)* range 3. *(horaire)* time-slot.

plaider [plede] *v (Jur)* 1. *vi* plead, argue on behalf of a client; ~ *coupable/non coupable* plead guilty/not guilty 2. *vt* ~ *une cause* plead a cause.

plaidoirie [pledwari] *nf (Jur)* oral arguments by counsel, defence/defense counsel's speech, speech for the defence/defense.

plainte [plɛ̃t] *nf (Jur)* complaint filed with the police; ~ *avec constitution de partie civile* filing of a criminal action including a claim for damages by the victim; *porter* ~ *contre qn* bring an action/file a complaint against sb.

plan [plɑ̃] *nm* 1. programme/program, scheme; ~ *marketing* marketing plan;

de premier ~ top-ranking, leading; *(CI)* ~ *de promotion des exportations* export-promotion program(me); ~ *de redressement* recovery program(me); ~ *de sauvetage* bailout; ~ *quinquennal* five-year plan; ~ *social* welfare plan, measures proposed by a business faced with the need to lay off employees 3. *(Fin)* ~ *d'épargne* savings plan, savings scheme; ~ *de financement* financial plan, financing plan; ~ *d'investissement* investment plan; ~ *d'options sur titres* stock-option plan 4. *(Cpta)* ~ *d'amortissement* depreciation schedule, amortization schedule; ~ *comptable* chart of accounts, official accounting plan; ~ *de trésorerie* plan of cash receipts and disbursements 5. *(dessin)* map, plan, blueprint 6. level; *au/sur le* ~ *national* at the national level 7. *(T)* ~ *d'arrimage* stowage plan 8. *nos projets sont restés en* ~ our plans fell through.

***Plan de Colombo** nm* Colombo Plan.

***plan d'épargne en actions (PEA)** nm (Bq)* investment savings scheme.

***plan d'épargne-entreprise (PEE)** nm (Bq)* company savings scheme.

***plan d'épargne-logement (PEL)** nm (Bq) (UK)* building society account, *(US)* home loan loan.

***plan d'épargne populaire (PEP)** nm (Bq)* popular savings plan/scheme.

***plan d'épargne-retraite (PER)** nm (Bq)* retirement savings plan, savings-related retirement scheme.

***Plan Mansholt** nm (UE)* Mansholt Plan.

***plan d'occupation des sols (POS)** nm (Jur)* zoning regulation, zoning plan.

planche [plɑ̃ʃ] *nf* 1. *(en bois)* plank 2. *(T)* jours de ~ laydays 3. plate; ~ *à billets* banknote plate; *faire marcher la ~ à billets* print money.

plancher [plɑ̃ʃe] *nm* floor, *(fig)* lower limit; *cours* ~ *(action)* floor price, *(monnaie)* floor rate.

planification [planifikasjɔ̃] *nf (Eco)* planning; ~ *d'entreprise* corporate planning.

planifier [planifje] *vt* plan, schedule; *économie planifiée* planned economy.

planning [planiŋ] *nm* schedule, programme/program.

plaque [plak] *nf* sheet, plate; *(T)* ~ *d'immatriculation (UK)* number plate, *(US)* license plate; *(T)* ~ *tournante* hub; *(fig) une ~ tournante de la drogue* a hub of drug-trafficking activities.

plate-forme [platfɔrm] *nf* platform; *(T)* ~ *aéroportuaire* hub, hub-and-spoke system; *(T)* ~ *conteneur* container flat

(Pol) ~ **électorale** electoral platform; ~ **de forage** (oil) drilling rig.

plébiscite [plebisit] *nm (Pol)* plebiscite.

plébisciter [plebisite] *vt* ~ *qn* elect sb with an overwhelming majority.

plein [plɛ̃] *adj* full; *à* ~ *régime* at full capacity; ~ *emploi* full employment; *(Jur) loi de* ~*s pouvoirs* law granting the executive the power to act in legislative matters; ~ *temps* full time.

plénier [plenje] *adj (f -ière)* plenary; *séance plénière* plenary assembly.

plénipotentiaire [plenipɔtɑ̃sjɛR] *nm inv* plenipotentiary.

plénitude [plenityd] *nf* fullness, completeness; *(Jur)* ~ *de juridiction* fullness of judicial power.

pléthore [pletɔR] *nf* plethora, overabundance, glut.

pli [pli] *nm* envelope; *sous* ~ *cacheté* in a sealed envelope; *sous* ~ *séparé* under separate cover.

pliopole [pliɔpɔl] *nm (Eco)* pliopoly.

plonger [plɔ̃ʒe] *vi* plummet, plunge.

ploutocratie [plutɔkRasi] *nf (Pol)* plutocracy.

plumitif [plymitif] *nm* **1.** *(Jur)* minute book of the clerk of the court **2.** *nm inv (personne)* pencil-pusher.

plus[1] [plys] *adv* more, in addition; *en* ~ extra, not included.

plus[2] [plys] *nm* plus, asset; *son expérience est un* ~ his experience is an asset.

plus-value [plyvaly] *nf* **1.** *(Cpta/Eco)* increase in value, gain in value, appreciation; ~ *de cession* capital gains; ~ *de change* exchange profit, rate gain; *impôt sur les* ~*s* capital-gains tax; ~ *latente* unrealized gain; ~ *réalisée* realized gain; ~ *sur les capitaux* capital gains; ~ *sur titres* paper profit **2.** *(Eco) (marxisme)* surplus value.

PLV *v.* **publicité sur le lieu de vente.**

PMA *v.* **pays moins avancés.**

PME *v.* **petites et moyennes entreprises.**

PNB *v.* **produit national brut.**

PNI *v.* **pays nouvellement industrialisés.**

pochoir [pɔʃwaR] *nm (Emb)* stencil; *marquer au* ~ stencil.

poids [pwa] *nm (Emb)* weight; *au* ~ by weight; ~ *brut* gross weight; ~ *brut pour net* gross for net weight; ~ *net* net weight; *(T)* ~ *embarqué* shipping weight; ~ *lourd (UK)* lorry, *(US)* truck; ~ *lourd gros porteur* juggernaut; ~ *mort* dead weight; ~ *total en charge* gross weight.

poignée [pwaɲe] *nf* **1.** *(Emb)* handle **2.** ~ *de mains* handshake.

poinçon [pwɛ̃sɔ̃] *nm (bijou)* hallmark.

point [pwɛ̃] *nm* **1.** point; ~ *faible* weak point; ~ *fort* strong point; ~ *noir* problem, difficulty; ~ *de non-retour* point of no return; ~ *stratégique* key point **2.** *(Mkg/Mgt)* ~ *mort* breakeven point, breakeven performance; *être au* ~ *mort* be at a standstill; ~ *de référence* benchmark; ~ *de vente* (sales) outlet; ~ *de vente au détail* retail outlet **3.** *(T)* ~ *de chargement* loading place; ~ *de déchargement* unloading place; ~ *de destination* place of destination **4.** *(Fin)* ~*s d'entrée et de sortie de l'or* gold import point and gold export point; ~ *de l'or* gold point **5.** *faire le* ~ *de la situation* take stock of the situation; *mettre au* ~ *(produit)* develop, *(plan)* finalize.

pointage [pwɛ̃taʒ] *nm* **1.** checking-off, ticking-off; *feuille de* ~ tally sheet **2.** *(présence sur le lieu de travail)* *(à l'arrivée)* clocking-in, *(au départ)* clocking-out.

pointe [pwɛ̃t] *nf (sommet, record)* peak, top; *heure de* ~ peak hour, rush hour; *secteur de* ~ growth/high-tech sector; *technologie de* ~ state-of-the-art technology.

pointer [pwɛ̃te] **1.** *vt (sur une liste)* check off, tick off **2.** *vi (au travail) (à l'arrivée)* clock in, *(au départ)* clock out.

pointeur [pwɛ̃tœR] *nm (f -euse)* timekeeper, checker, tally clerk.

pointeuse [pwɛ̃tøz] *nf* **1.** time clock **2.** *v.* **pointeur.**

pointillé [pwɛ̃tije] *nm* dotted line; *détachez suivant le* ~ tear off along the dotted line.

pointu [pwɛ̃ty] *adj* highly-specialized.

polarisation [pɔlaRizasjɔ̃] *nf* polarization.

pôle [pol] *nm* pole, *(fig)* hub; ~ *de développement* development centre/center, pole of development.

police [pɔlis] *nf* **1.** *(Jur) (forces de l'ordre)* police force, police *(npl)*; ~ *administrative* police force which assures the maintenance of law and order; ~ *judiciaire* police force which conducts criminal investigations, judicial police **2.** *(Ass)* policy; ~ *d'assurance* insurance policy; ~ *d'assurance maritime* marine insurance policy; ~ *sur corps* hull policy; ~ *sur facultés* cargo policy; ~ *flottante* floating policy; ~ *multirisque* comprehensive insurance policy; ~ *ouverte* open/floating policy; ~ *à temps/à terme* time/term policy ; ~ *au voyage* voyage policy **3.** *(Inf)* ~ *de caractères* font.

politicien[1] [pɔlitisjɛ̃] *adj (f -ienne) (péj)* *la politique* ~*ne* party politics.

politicien[2] [pɔlitisjɛ̃] *nm (f -ienne) (souvent péj)* politician, political schemer.

politique[1] [pɔlitik] *adj* political.

politique[2] [pɔlitik] *nf* **1.** *(activité politique)* politics **2.** *(ligne de conduite d'un gouvernement/d'une entreprise)* policy ; *(Eco)* ~ *anticyclique* countercyclical policy, contra-cyclical policy ; ~ *anti-inflationniste* anti-inflationary policy ; ~ *de l'argent à bon marché* cheap-money policy ; ~ *de blocage du crédit* credit-freeze policy ; ~ *budgétaire* fiscal policy ; *(CI)* ~ *du chacun-pour-soi (UK)* beggar-thy-neighbour policy, every-man-for-himself policy ; ~ *de change* exchange-rate policy ; ~ *commerciale* commercial policy, trade policy ; ~ *conjoncturelle* business-cycle policy, short-term policy ; ~ *de la concurrence* competition policy ; *(Jur)* *(Fr)* ~ *contractuelle* collective bargaining in state enterprises ; ~ *de/du crédit* credit policy ; ~ *de développement* development policy ; ~ *de dividendes* dividend policy ; ~ *économique* economic policy ; ~ *de l'emploi* employment policy ; ~ *de l'emploi et de la main-d'œuvre* employment and manpower policy ; ~ *financière* financial policy ; ~ *fiscale* tax policy, fiscal policy ; ~ *industrielle* industrial policy ; ~ *du laisser-faire* laissez-faire policy ; ~ *de lutte contre l'inflation* counter-inflationary policy ; ~ *de marque* brand policy ; ~ *monétaire* monetary policy ; ~ *monétaire restrictive* tight monetary policy ; *(Eco)* ~ *de l'offre* supply policy, supply-side policy ; *(Mkg)* ~ *de prix* pricing policy ; *(Eco)* ~ *des prix* price policy ; ~ *des prix et des revenus* prices-and-incomes policy ; ~ *régionale* regional policy ; ~ *de régulation de la demande globale* demand-management policy ; ~ *de relance* reflationary policy, reflationary measures, pump-priming measures ; ~ *de resserrement du crédit* tight-credit policy ; ~ *salariale* wage policy ; ~ *sociale* social policy ; ~ *de soutien à l'agriculture* agricultural support policy ; ~ *de stabilisation* stabilization policy ; ~ *de vente* sales policy.

politique agricole commune (PAC) nf* *(UE)* Common Agricultural Policy (CAP).

politique commerciale commune nf* *(UE)* Common Commercial Policy (CCP).

pollicitant [pɔlisitɑ̃] *nm (Jur)* offeror.

pollicitation [pɔlisitasjɔ̃] *nf (Jur)* offer.

polluant[1] [pɔlɥɑ̃] *adj* polluting.

polluant[2] [pɔlɥɑ̃] *nm* pollutant.

polluer [pɔlɥe] *vt* pollute.

pollueur[1] [pɔlɥœʀ] *adj (f -euse)* polluting.

pollueur[2] [pɔlɥœʀ] *nm (f -euse)* polluter.

pollution [pɔlysjɔ̃] *nf* pollution.

Pologne [pɔlɔɲ] *nf* Poland.

polonais [pɔlɔnɛ] *adj* Polish.

Polonais [pɔlɔnɛ] *nm* Pole.

polyarchie [pɔliaʀʃi] *nf* polygarchy, polyarchy.

polycopier [pɔlikɔpje] *vt* reproduce, duplicate, xerox®.

polygamie [pɔligami] *nf (Jur)* polygamy.

polyopsone [pɔljɔpsɔn] *nm (Eco)* polyopsony.

polypole [pɔlipɔl] *nm (Eco)* polypoly.

polypsone [pɔlipsɔn] *nm (Eco)* polypsony.

polyvalent [pɔlivalɑ̃] *adj* versatile, multipurpose ; *salle* ~*e* multipurpose room/hall.

ponction [pɔ̃ksjɔ̃] *nf* financial burden, levy, tapping ; ~ *fiscale* tax burden, tax levy.

ponctionner [pɔ̃ksjɔne] *vt (réserves)* tap ; ~ *les revenus* burden salaries.

ponctualité [pɔ̃ktɥalite] *nf* timeliness, punctuality.

ponctuel [pɔ̃ktɥɛl] *adj (f -elle)* **1.** *(à l'heure)* punctual **2.** occasional ; *travail* ~ occasional work.

ponctuellement [pɔ̃ktɥɛlmɑ̃] *adv* **1.** *(à l'heure)* punctually **2.** occasionally.

pondération [pɔ̃deʀasjɔ̃] *nf* **1.** *(Eco)* weighting ; *coefficient de* ~ weighting coefficient **2.** *(calme)* moderation.

pondéré [pɔ̃deʀe] *adj* weighted.

pondérer [pɔ̃deʀe] *vt* weight.

pondéreux [pɔ̃deʀø] *adj (f -euse)* heavy ; *marchandises pondéreuses* heavy goods.

pont [pɔ̃] *nm* **1.** bridge ; *(T)* ~*-bascule* weigh bridge **2.** *(navire)* deck **3.** *faire le* ~ take a long weekend.

pontage [pɔ̃taʒ] *nm (T)* decking.

pontée [pɔ̃te] *nf* deck load/cargo.

pool [pul] *nm* pool ; ~ *bancaire* banking pool ; ~ *de l'or* gold pool.

pool charbon acier nm* *(UE)* European Coal and Steel Community (ECSC).

population [pɔpylasjɔ̃] *nf* population ; ~ *active* working/employed population.

port [pɔʀ] *nm* **1.** *(transport, prix du*

transport) carriage, *(postal)* postage ; ~
dû carriage forward, *(US)* freight collect ; ~ **payé** carriage paid ; ~ **payé, assurance comprise, jusqu'à... *(CIP)* carriage and insurance paid to... (CIP) ; ~
**payé jusqu'à... *(CPT)* carriage paid to...
(CPT) 2. *(lieu)* harbour/harbor, port ; ~
d'arrivée/de débarquement port of entry ; ~ **d'attache** home port, port of
registry ; ~ **autonome** government-
owned port ; ~ **de chargement** port of
loading ; ~ **de base porté au connaissement** carrier's bill of lading port terminal ; ~ **de commerce** commercial
port ; ~ **de déchargement** port of discharge ; ~ **de départ** port of departure ;
~ **de destination** port of destination ; ~
d'embarquement shipping port ; ~
d'entrée port of entry ; ~ **d'escale** port
of call ; ~ **d'expédition** shipping port ;
~ **franc** free port ; ~ **d'immatriculation** port of registry ; ~ **libre** free port ;
~ **militaire** naval port ; ~ **de pêche**
fishing port ; ~ **pétrolier** oil port
3. *(porter sur soi)* wearing ; ~ **d'armes
prohibées** carrying an offensive weapon ; *(Jur)* ~ **illégal de décoration** illegal wearing of medals and honours/
honors.

portable[1] [pɔʀtabl] *adj* portable ; *(Fin)*
créance ~ obligation payable at the address of the creditor.

portable[2] [pɔʀtabl] *nm (Inf)* laptop
computer.

portage [pɔʀtaʒ] *nm* 1. *(T)* portage
2. *(partenariat à l'export)* piggy-back
3. *(Bs)* carry ; **société de** ~ nominee
company.

porte [pɔʀt] *nf* door ; *(aéroport)* gate ;
faire du ~**-à-**~ sell door-to-door ;
livraison ~**-à-**~ door-to-door delivery ;
mettre qn à la ~ *(UK)* sack/*(US)* fire
sb.

porte-avions [pɔʀtavjɔ̃] *nm (T)* aircraft
carrier.

porte-conteneurs [pɔʀtkɔ̃tnœʀ] *nm*
1. *(bateau)* container ship ; ~ **à manutention verticale (lo-lo)** container carrier
lift on-lift off (lo-lo) 2. *(train)* container
train 3. *(avion)* container aircraft.

portée [pɔʀte] *nf* 1. reach, range ; **à** ~
de main within grasp, within reach
2. *(T)* tonnage ; ~ **en lourd** deadweight
capacity ; ~ **utile** carrying capacity.

portefeuille [pɔʀtəfœj] *nm* 1. wallet,
(US) billfold 2. *(Fin)* portfolio ; ~ **de
liquidités** liquid-assets portfolio, liquidity portfolio ; ~**-titres** investment portfolio, portfolio of securities 3. *(Com)* ~
de commandes order book, unfilled
orders ; **commandes en** ~ backlog

of orders 4. *(Pol)* ~ **de ministre**
ministerial portfolio.

porte-fort [pɔʀtfɔʀ] *nm inv (Jur)* guarantor.

porter [pɔʀte] *v* 1. *vt (transporter)* carry
2. *vt (Cpta)* post, enter 3. *vt (Jur)* ~
plainte contre qn file charges against sb
4. *vi* **cette décision porte sur les salaires**
this decision concerns wages 5. *vpr* **se
~ acquéreur de qch** bid for sth ; **se ~
garant/caution** stand surety.

porteur[1] [pɔʀtœʀ] *adj (f* **-euse)** 1. carrying, bearing ; **mère porteuse** surrogate
mother 2. buoyant, flourishing ; *(Fin)*
marché ~ promising market.

porteur[2] [pɔʀtœʀ] *nm (f* **-euse)** *(Fin)*
bearer ; **chèque au** ~ bearer cheque/
check ; **obligations au** ~ bearer bonds ;
payable au ~ payable to bearer.

portuaire [pɔʀtɥɛʀ] *adj* port, harbour/
harbor ; **installations** ~**s** port facilities.

portugais [pɔʀtygɛ] *adj* Portuguese.

Portugais [pɔʀtygɛ] *nm* Portuguese *(pl
inv).*

Portugal [pɔʀtygal] *nm* Portugal.

POS [pɔs] *v.* **plan d'occupation des
sols.**

positif [pozitif] *adj (f* **-ive)** positive.

position [pozisjɔ̃] *nf* 1. position ; ~
concurrentielle competitive position ;
~ **dominante** dominant position 2. *(Bs)*
~ **à la baisse** bear position ; ~ **courte**
short position ; ~ **de change** (foreign)
exchange exposure, foreign exchange
position ; ~ **à la hausse** bull position ;
~ **longue** long position ; ~ **ouverte**
open position ; *(Eco)* ~ **de réserve au
FMI** reserve position in the IMF ; ~
risque risk position 3. *(Bq)* position,
balance ; **la** ~ **d'un compte** account balance.

positionnement [pozisjɔnmɑ̃] *nm* positioning ; *(Mkg)* ~ **sur le marché** market
positioning.

positivisme [pozitivism] *nm (Jur)* ~
juridique doctrine recognizing only positive law.

posséder [pɔsede] *vt* possess, own.

possesseur [pɔsesœʀ] *nm inv* owner,
possessor ; *(Jur)* ~ **de la créance** holder of a loan.

possession [pɔsesjɔ̃] *nf* 1. *(Jur)* possession ; **mettre en** ~ put in possession ;
prendre ~ take possession 2. *(objet)*
possession.

*****possession d'état** *nf (Jur)* putative civ-
il status.

*****possession vaut titre** *loc (Jur)* pos-
session is the equivalent of title.

possessoire [pɔseswaʀ] *adj* possessory ;
(Jur) **action** ~ action for possession.

post-acheminement [pɔstaʃminmɑ̃] *nm (T)* local transport from delivery point to final destination.

postal [pɔstal] *adj (mpl* -**aux**) postal; *boîte* ~*e* post-office box, P.O. box.

postdater [pɔstdate] *vt* postdate.

poste[1] [pɔst] *nf* 1. *(lieu)* post office 2. *(courrier)* post, mail; ~ *aérienne* air mail; *envoyer par la* ~ send by post/by mail; ~ *restante* poste restante.

poste[2] [pɔst] *nm* 1. *(emploi)* job, post, position; ~ *à pourvoir* job vacancy 2. *(D)* ~ *de douane* border post, customs house, customs post; *(T)* ~ *de groupage et dégroupage* container freight station (CFS); ~ *de mouillage/ d'amarrage* berth 3. *(Cpta)* item; ~*s du bilan* balance-sheet headings, balance-sheet items; ~ *créditeur* credit item; ~ *débiteur* debit item; ~ *d'un état financier* item of financial statement; ~ *de dépense* item of expenditure 4. *(Tél)* extension; ~ *27* extension 27.

poster [pɔste] *vt* 1. *(courrier) (UK)* post, *(US)* mail 2. assign (to a task).

postindustriel [pɔstɛ̃dystrijel] *adj (f* -**ielle**) post-industrial.

post-marché [pɔstmaRʃe] *nm (Fin) (J.O.)* back office.

post nuptias [pɔstnypsjas] *loc (Jur)* after marriage.

post-testing [pɔsttestin] *nm (Mkg)* after-test.

postuler [pɔstyle] *vi* 1. *(à) (emploi)* apply for 2. *(Jur) (avocat)* ~ *pour un client* act on behalf of a client.

pot-de-vin [podvɛ̃] *nm (pl* pots-de-vin) kickback, bribe.

potentialité [pɔtɑ̃sjalite] *nf* potentiality.

potentiel[1] [pɔtɑ̃sjel] *adj (f* -**ielle**) potential, prospective.

potentiel[2] [pɔtɑ̃sjel] *nm* potential; ~ *du marché* market potential; ~ *de production* production potential.

pour[1] [puR] *nm* le ~ *et le contre* the pros and cons.

pour[2] [puR] *prép* for; ~ *attribution* on the record; ~ *information* for your information (FYI); *(Jur)* ~ *valoir ce que de droit* to whom it may concern.

pourboire [puRbwaR] *nm* tip, gratuity.

pourcentage [puRsɑ̃taʒ] *nm* percentage.

pourparlers [puRpaRle] *nmpl* talks, negotiations; *ils sont en* ~ they are negotiating.

poursuite [puRsɥit] *nf* 1. pursuit 2. *(Jur)* prosecution, action; ~ *disciplinaire* disciplinary action; *engager des* ~*s* take legal action; *passible de* ~*s* liable to prosecution.

poursuivre [puRsɥivR] *vt* 1. pursue 2. *(Jur)* ~ *qn en justice* bring an action against sb, sue sb.

pourvoi [puRvwa] *nm (Jur)* appeal (to a higher court); *(Fr)* ~ *en cassation* appeal to the **Cour de cassation**.

pourvoir [puRvwaR] *v* 1. *vt* provide, *(poste)* fill (with); ~ *qn de qch* provide sb with sth 2. *vi* ~ *aux besoins de qn* respond to sb's needs, provide for sb's needs 3. *vpr (Jur) se* ~ appeal, petition; *se* ~ *en cassation* appeal to the **Cour de cassation**.

pouvoir [puvwaR] *nm* 1. power; *abus de* ~ abuse of power; ~ *d'achat* purchasing power; *(Eco)* ~ *compensateur* countervailing power; ~*s du chef d'entreprise* powers of the head of a business; ~ *discrétionnaire* discretion; ~*s exceptionnels* exceptional powers; ~*s extraordinaires* extraordinary powers; *(Jur) fondé de* ~ authorized agent; ~*s implicites* implied powers; ~ *lié* obligation to act in a certain way; ~ *réglementaire* regulatory power; ~*s publics* the public authorities; ~*s spéciaux* special powers 2. *(Pol)* branch of government, power; ~ *exécutif* executive branch; ~ *judiciaire* judiciary, judicial branch; ~ *législatif* legislative branch.

PPF *v.* **publicité de petit format**.

praticien [pRatisjɛ̃] *nm (f* -**ienne**) practitioner.

pratique[1] [pRatik] *adj* practical.

pratique[2] [pRatik] *nf* practice; ~*s anti-concurrentielles* anti-competitive practices, restrictive trade practices; ~*s commerciales déloyales* unfair trade/ trading practices; ~*s discriminatoires* discriminatory practices.

pratiquer [pRatike] *vt* practise/practice, use.

pré- [pRe] *préf* pre-.

pré-acheminement [pReaʃminmɑ̃] *nm* local transport to point of dispatch.

préalable [pRealabl] *adj* prior, previous, preliminary; *conditions* ~*s* prerequisites; *étude* ~ feasibility study.

préambule [pReɑ̃byl] *nm* preamble.

préavis [pReavi] *nm* notice; ~ *de grève* strike notice; ~ *de licenciement* notice of dismissal; *sans* ~ without notice.

précaire [pRekeR] *adj* precarious; *emploi* ~ insecure employment/job.

précarité [pRekaRite] *nf* precariousness; *prime de* ~ bonus for lack of employment security.

précédent[1] [pResedɑ̃] *adj* previous.

précédent[2] [pʀesedã] *nm* precedent ; *établir un ~* set a precedent.

précité [pʀesite] *adj* above-mentioned.

préclusion [pʀeklyzjɔ̃] *nf (Jur)* preclusion, estoppel.

précompte [pʀekɔ̃t] *nm* **1.** estimate **2.** deduction ; *(Fisc)* deduction (of tax) at source, *(US)* (tax) withholding.

préconditionner [pʀekɔ̃disjɔne] *vt (Emb)* prepack.

préconiser [pʀekɔnize] *vt* advocate, call for, recommend.

préemballer [pʀeãbale] *vt (Emb)* pre-pack, prepackage.

préemption [pʀeãpsjɔ̃] *nf (Jur)* preemption ; *droit de ~* right of preemption.

préfectoral [pʀefektɔʀal] *adj (mpl -aux) (Fr)* prefectorial, prefectural.

préfecture [pʀefektyʀ] *nf (Fr)* **1.** prefecture ; administrative services of a **département** or **région 2.** *(ville)* town where the **préfecture** is established **3.** *(Paris) ~ de police* police headquarters.

préférence [pʀefeʀãs] *nf* preference ; *(Eco)* **échelle de ~** preference scale ; *(Eco) ~ pour la liquidité* liquidity preference ; *(CI) système généralisé de ~s* Generalized System of Preferences (GSP) (preferential tariff given to products of developing nations) ; *(CI) (UK) système de ~ impériale* System of Imperial Preference.

*préférence communautaire *nf (Eco) (UE)* Community preference.

préférentiel [pʀefeʀãsjɛl] *adj (f -ielle)* preferential ; *(Bs) action ~le* preferred share.

préfet [pʀefe] *nm inv (rarement f -ète) (Fr)* prefect, head of a **préfecture**, representative of central government in a **département** or **région** ; *~ de région* head of a region.

préfinancement [pʀefinãsmã] *nm* prefinancing, advance financing.

préjudice [pʀeʒydis] *nm (Jur)* injury, damage, detriment, prejudice, wrong ; *(Jur) ~ d'agrément* hedonic damages ; *au ~ de* to the prejudice of ; *~ financier* financial loss ; *~ moral* mental distress, pain and suffering ; *porter ~ à qn* do sb harm ; *sans ~ de* without prejudice to ; *subir un ~ (matériel)* suffer a loss.

préjudiciable [pʀeʒydisjabl] *adj* prejudicial, detrimental.

préjugé [pʀeʒyʒe] *nm* prejudice ; *avoir un ~* be prejudiced/biased.

préjuger [pʀeʒyʒe] *v* **1.** *vt (Jur)* prejudge **2.** *vi ~ de* anticipate ; *sans ~ de*

votre réponse whatever your answer might be.

prélèvement [pʀelevmã] *nm (Fin)* **1.** *(action)* deduction, withdrawal, levying, charging, *(US)* (tax) withholding **2.** *(somme prélevée)* deduction, levy, charge, payment, contribution ; *(UE) ~s agricoles* agricultural duties levied ; *(Bq) ~ automatique (UK)* standing/banker's order, *(somme variable)* direct debit, *(US)* automatic deduction ; *~ sur le capital* capital levy ; *~ d'impôt* deduction of tax at source, *(US)* tax withholding ; *(Fisc) ~ libératoire* deduction of tax at source, *(US)* flat tax ; *~s obligatoires* income tax and social security contributions, compulsory levies ; *~ à la source (UK)* pay-as-you-earn (PAYE) system, *(US)* withholding tax.

prélever [pʀelve] *vt (Bq)* withdraw, pay, *(commission)* charge, *(Fisc)* levy, deduct, *(US)* withhold ; *~ à la source* deduct tax at source, *(US)* withhold.

préméditation [pʀemeditasjɔ̃] *nf (Jur)* premeditation ; *meurtre avec ~* premeditated murder.

préméditer [pʀemedite] *vt* premeditate.

premier [pʀəmje] *adj (f -ière)* first ; *(Cpta) ~ entré, ~ sorti* first in-first out (FIFO) ; *(Jur) ~ président* presiding judge ; *(Mgt) première ligne hiérarchique* first-line manager ; *(Pol) P~ ministre* Prime Minister, Premier.

prenant [pʀənã] *adj* **1.** *(Fin) partie ~e* creditor, recipient, *(fig) être partie ~e dans une affaire* be a party to a deal.

prendre [pʀɑ̃dʀ] *vt* **1.** take ; *~ acte de qch* take cognizance of sth, acknowledge sth ; *~ un brevet* take out a patent ; *~ contact avec* approach, make contact with ; *~ effet* become effective, take effect, come into force ; *~ l'initiative de* initiate ; *~ fait et cause pour* take up the cause of ; *~ livraison* take delivery **2.** *(faire payer) combien prenez-vous ?* how much do you charge ?

preneur [pʀənœʀ] *nm (f -euse)* **1.** *(bail)* lessee, tenant **2.** buyer, *(Bs)* taker of an option, holder of an option ; *(J.O.) ~ de prix* price-taker ; *(Bs) ~ ferme* underwriter.

prénom [pʀenɔ̃] *nm* first name, forename, Christian name, given name.

préposé [pʀepoze] *nm* **1.** employee **2.** *(facteur) (UK)* postman, *(US)* mailman **3.** *(Jur)* agent.

préretraite [pʀeʀətʀɛt] *nf* early retirement.

prescription [pʀeskʀipsjɔ̃] *nf* **1.** *(médicale)* prescription **2.** *(Jur)* prescription, limitation, statute of limitations; *délai de ~* period of limitations; *~ acqui-sitive* (period of) adverse possession, positive prescription; *~ de l'action publique* statute of limitations for criminal prosecutions; *~ extinctive* loss of right due to inaction, negative prescription; *~ de la peine* period of limitation for execution of a sentence; *~ par deux ans* two-year period of prescription **3.** *(Cpta) ~ comptable* accounting procedure.

prescrire [pʀeskʀiʀ] *vt* **1.** recommend, *(médecin)* prescribe **2.** *(Jur)* bar, prescribe.

prescrit [pʀeskʀi] *adj (Jur)* barred by the statute of limitations, statute-barred, time-barred; *action ~e* action barred by the statute of limitations.

préséance [pʀeseɑ̃s] *nf* precedence, priority.

présélection [pʀeseleksjɔ̃] *nf* preselection, *(candidats)* shortlisting.

présélectionner [pʀeseleksjɔne] *vt* preselect, *(candidats)* shortlist; *elle a été présélectionnée* she has been shortlisted, she is on the shortlist.

présence [pʀezɑ̃s] *nf* presence, attendance; *feuille de ~* attendance sheet; *(Mgt) jeton de ~* director's fees.

présent[1] [pʀezɑ̃] *adj* present; *être ~ sur un marché* be present in a market; *nous vous informons par la ~e (lettre)* we hereby inform you.

présent[2] [pʀezɑ̃] *nm* present, gift; *(Jur) ~s d'usage* gifts made in honour/honor of an occasion (birthdays, etc.) and which are not subject to laws ordinarily applicable to gifts.

présentateur[1] [pʀezɑ̃tatœʀ] *adj (f -trice)* presenting; *banque présentatrice* presenting bank.

présentateur[2] [pʀezɑ̃tatœʀ] *nm (f -trice)* presenter.

présentation [pʀezɑ̃tasjɔ̃] *nf (Fin)* presentation; *payable sur ~* payable on presentation/at sight; *(Mkg)* display, presentation; *~ de masse* mass-display show.

présenter [pʀezɑ̃te] *vt* **1.** present, produce, show; *~ sa candidature à un poste* apply for a position **2.** *(Fin)* present; *~ à l'encaissement* present for collection.

présentoir [pʀezɑ̃twaʀ] *nm (Mkg)* display stand.

présidence [pʀezidɑ̃s] *nf* presidency; *(Pol)* administration; *être candidat à la ~* run for President/for the presidency; *être élu à la ~* be elected president;

sous la ~ de Ronald Reagan under the Reagan administration.

président [pʀezidɑ̃] *nm* **1.** president; *(Jur) ~ de la chambre* presiding judge; *(Fr) ~ de la République* President of the Republic, the French President **2.** *(entreprise, commission, séance)* chairman/chairwoman.

***président-directeur général (PDG)** *nm inv (UK)* managing director, *(US)* chief executive officer (CEO).

***président du conseil d'administration** *nm (Mgt)* chairman of the board of directors.

présidentialisme [pʀezidɑ̃sjalism] *nm (Pol)* parliamentary system characterized by an overly powerful president.

présidentiel [pʀezidɑ̃sjɛl] *adj (f -ielle)* presidential.

présider [pʀezide] *vt (réunion)* chair, lead, preside over.

présomption [pʀezɔ̃psjɔ̃] *nf* inference, presumption; *(Jur) ~ d'innocence* presumption of innocence; *~ irréfragable* irrebuttable presumption.

presse [pʀes] *nf* press; *agence de ~* press bureau; *conférence de ~* press conference; *liberté de la ~* freedom of the press.

pressentir [pʀesɑ̃tiʀ] *vt ~ qn pour un poste* sound sb out about a job.

pression [pʀesjɔ̃] *nf* **1.** pressure; *groupe de ~* pressure group, lobby; *pouvoir de ~* leverage **2.** *(Eco) ~ fiscale* tax burden; *~s inflationnistes* inflationary pressures.

prestataire [pʀestatɛʀ] *nm* provider, supplier; *~ de services* services provider/supplier.

prestation [pʀestasjɔ̃] *nf* **1.** allowance, benefit, contribution; *~s de la Sécurité sociale* social security benefits; *~s de la Sécurité sociale en cas de maladie* health-care benefit, sickness benefit; *~s familiales* family allowances; *~s sociales* social benefits **2.** performance, provision; *(Com) ~ de services* performance of services **3.** *(Jur) ~ compensatoire* compensatory property settlement (upon divorce).

prestige [pʀestiʒ] *nm* prestige, status; *opération de ~* public relations operation.

présumer [pʀezyme] *vti* assume, presume, conjecture, surmise; *sans ~ du résultat* without anticipating the outcome.

prêt [pʀe] *nm* loan; *(Bq) accorder un ~* grant a loan; *demander un ~* apply for a loan; *~ à conditions de faveur* soft loan; *~ à conditions rigoureuses* hard loan ; ~ *à la consommation* consumer loan ; ~ *à court terme* short-term loan ; ~ *à échéance fixe* (fixed) term loan ; ~ *garanti* secured loan, collateral loan ; ~ *hypothécaire* mortgage loan ; ~ *à intérêt* loan with interest ; ~ *à long et moyen terme* medium- and long-term loan ; ~ *relais* bridge/bridging loan ; ~ *à usage* loan for use.

*prêt d'accession à la propriété (PAP) *nm* low-interest mortgage loan.

prête-nom [pRetn5] *nm inv (Jur)* (pl prête-noms) ostensible intermediary, strawman, man of straw.

prétention [pRetãsj5] *nf* expectation, claim ; ~s *de salaire* salary expectations ; *(Jur)* ~s *des plaideurs* claims of parties.

prêter [pRete] *vt* 1. lend, loan ; ~ *à usure* lend at usurious rates 2. *(Jur)* ~ *serment* take an oath.

prêteur [pRetœR] *nm (f -euse)* lender ; ~ *en dernier ressort* lender of last resort.

pretium doloris [pResjomdoloRis] *loc (Jur)* damages for pain and suffering.

preuve [pRœv] *nf (Jur)* proof, evidence ; ~ *intrinsèque* self-evident proof ; *procédures de* ~ procedures for proving a fact ; ~ *par ouï-dire* hearsay evidence.

préventif [pRevãtif] *adj (f -ive)* preventive.

prévention [pRevãsj5] *nf* 1. prevention ; ~ *des accidents du travail* prevention of accidents at work ; *la* ~ *routière* road safety 2. prejudice, bias ; *avoir des* ~s *contre qn* be prejudiced against sb.

prévenu [pRevny] *nm (Jur)* defendant ; *le* ~ the accused, the person charged with a crime or a misdemeanour/misdemeanor.

prévision [pRevizj5] *nf* 1. *(étude)* forecasting 2. *(résultat)* forecast, estimate, outlook ; ~s *de vente* sales forecast/projections.

prévisionnel [pRevizjonel] *adj (f -elle)* estimated ; *planning* ~ forward planning.

prévoir [pRevwaR] *vt* 1. *(estimer)* forecast ; ~ *de fortes ventes* forecast strong sales 2. *(dans un programme/un projet/un accord)* provide for ; *la loi prévoit de fortes peines* the law provides for stiff sentences 3. *(planifier)* plan ; *la direction prévoit une augmentation des salaires* management is planning an increase in salaries.

prévu [pRevy] *adj* scheduled, anticipated, planned.

primaire [pRimeR] *adj* primary ; *(Pol)*

élections ~s primary elections ; *(Eco) secteur* ~ primary sector.

primauté [pRimote] *nf* primacy ; *(UE)* ~ *du droit communautaire* primacy of Community law.

prime [pRim] *nf* 1. *(Ass)* premium 2. *(subvention)* subsidy ; ~ *à la construction* building subsidy ; ~ *à l'exportation* export subsidy 3. bonus, premium ; *(Mkg) article en* ~ free gift ; ~ *d'encouragement* incentive bonus ; ~ *de fin d'année* end-of-year bonus ; ~ *de fidélité* loyalty premium ; ~ *de rendement* productivity bonus 4. *(compensation)* allowance ; ~ *de licenciement* (UK) redundancy payment, (US) severance pay ; ~ *de risque* risk premium ; ~ *de transport* transport allowance ; ~ *de vie chère* cost-of-living allowance 5. *(Fin)* premium ; ~ *d'émission* premium paid above the face value of shares when new shares are issued.

principal¹ [pRɛ̃sipal] *adj (mpl -aux)* principal, main, major.

principal² [pRɛ̃sipal] *nm (Jur/Fin)* capital, principal ; ~ *et intérêts* principal and interest.

principe [pRɛ̃sip] *nm* principle ; *(Eco)* ~ *d'accélération* acceleration principle ; *accord de* ~ agreement in principle ; *(Jur) arrêt de* ~ leading case ; *(Jur)* ~ *du contradictoire* principle of adversary proceedings ; ~s *généraux du droit* general principles of law ; *(UE)* ~ *de subsidiarité* subsidiarity principle.

prioritaire [pRijoRiteR] *adj* preferred ; *(Bs) action* ~ preferential/preferred share ; *(Fin) créancier* ~ preferred creditor.

priorité [pRijoRite] *nf* priority ; *donner la* ~ *absolue à l'emploi* make employment a top priority ; ~ *d'embauche* priority in employment.

prise [pRiz] *nf* 1. taking, *(saisie)* seizure ; *(Bs)* ~ *de bénéfices* profit-taking ; ~ *en charge de frais* covering/payment of costs ; ~ *en charge d'une responsabilité* assuming of a responsibility ; *(Mgt)* ~ *de contrôle* consolidation, takeover ; ~ *de contrôle majoritaire* acquisition ; *(Jur) droit de* ~ right of prize ; *(Bs)* ~ *ferme* underwriting ; ~ *d'otages* taking of hostages/hostage-taking ; *(Fin)* ~ *de participations* acquisition of holdings ; ~ *de position* stand, taking a stand ; *(Mgt)* ~ *de position forcée* squeeze-out ; ~ *du pouvoir* (political) takeover ; *(photo)* ~ *de vue* shot, camerawork 2. hold, grasp ; *se trouver aux* ~s *avec des difficultés* battle with difficulties 3. *(pêche)* catch

4. *(électrique)* ~ *de courant (femelle)* socket, *(mâle)* plug.

prisée [prize] *nf (Fin)* pricing, valuation.

priser [prize] *vt* **1.** value, prize; *une qualité très prisée* a much-valued quality **2.** *(Fin)* price, evaluate.

priseur [prizœr] *nm (f -euse) (Fin)* pricer.

prison [priz5] *nf* **1.** *(lieu)* prison, jail, *(US)* penitentiary **2.** *(peine)* imprisonment; *faire de la* ~ go to prison, be in prison; *faire de la* ~ *préventive* be remanded in custody; *condamné à 5 ans de* ~ sentenced to 5 years' imprisonment; ~ *à vie* life imprisonment.

prisonnier [prizɔnje] *nm (f -ière)* prisoner; ~ *de guerre* prisoner of war; ~ *politique* political prisoner.

privation [privasj5] *nf* **1.** *(Jur)* deprivation, deprival; ~ *des droits civiques* deprival/forfeiture of civic rights **2.** *(souvent pl)* hardship.

privatisation [privatizasj5] *nf (Eco)* privatization, denationalization.

privatiser [privatize] *vt (Eco)* **1.** privatize **2.** *(sous-traiter)* ~ *une partie de l'activité* contract out (to the private sector).

privé[1] [prive] *adj* private; *le (secteur)* ~ the private sector; *vie* ~*e* private life, privacy.

privé[2] [prive] *nm* private detective.

privilège [privilɛʒ] *nm* **1.** privilege, right, license; *classement des* ~*s* ranking of privileges **2.** *(Jur)* lien; ~ *du salarié* preference of employees for unpaid wages in case of bankruptcy of a business.

privilégier [privileʒje] *vt* favour/favor.

prix [pri] *nm (pl inv)* **1.** price, cost; ~ *d'achat* buying price, purchase price; ~ *affiché* posted price, sticker price; ~ *administrés* administered prices; *(US)* ~ *anormalement bas faussant le jeu de la concurrence* less-than-fair-value (LTFV) price; *(Mkg)* ~ *d'appel* loss-leader price; ~ *de base/de référence* benchmark price; ~ *de concurrence* competition price; ~ *à la consommation* consumer price; ~ *conseillé* recommended retail price; *(Eco)* ~ *constants* constant prices; ~ *courants* current prices; ~ *départ usine* ex-works price; ~ *de détail* retail price; *(Bs)* ~ *d'émission* price of issue; *(Fin)* ~ *d'exercice* striking price, exercise price; ~ *à l'exportation* export price; ~ *de gros* wholesale price; ~ *à l'importation* import price; ~ *imposé* administered price; ~ *indicatif* target price; ~ *intérieur* domestic price; *(D)*

~ *intérieur américain* American selling price; *(UE)* ~ *d'intervention* intervention price, trigger price; ~ *de lancement* introductory price; ~ *lieu de départ* loco price; ~ *marchandises dédouanées* duty-paid price; ~ *du marché* market price; *au* ~ *du marché* at market prices; ~ *sur le marché intérieur* domestic price; ~ *minimarge* discount price; *mise à* ~ *(enchères)* reserve price, *(US)* upset price; ~ *de monopole* monopoly price; ~ *nominal* nominal price, *(UK)* mum price; ~ *nuisant à la juste concurrence* predatory prices; *(J.O.)* ~ *offert* bid price; ~ *à la production* producer price; ~ *promotionnel* promotional price; ~ *réduit* cut/reduced price; ~ *relatif* relative price; ~ *de revient* cost price; ~ *de revient unitaire* unit cost; ~ *sacrifié* slashed price, knockdown price; ~ *de seuil* threshold price; ~ *de soutien* support price; *(Fisc)* ~ *de transfert* transfer prices (tax avoidance consisting in a transfer of earnings to a subsidiary located in a state with low taxes); ~ *de vente* selling price; *(J.O.)* ~*s virtuels* shadow prices **2.** prize; *remporter un* ~ win a prize.

probabilité [prɔbabilite] *nf* probability.

probation [prɔbasj5] *nf (Jur)* probation.

probatoire [prɔbatwar] *adj* probationary.

problème [prɔblɛm] *nm* problem, issue; ~*s commerciaux* trade issues, trade-related issues; *résoudre un* ~ solve a problem; *soulever un* ~ raise a problem.

procédé [prɔsede] *nm* process, technique; ~ *de fabrication* manufacturing process.

procédure [prɔsedyr] *nf* **1.** procedure; *(Cpta)* ~*s comptables* accounting procedures; *(D)* ~*s douanières* customs procedures; *(Ind/Mgt)* ~*s d'essai de produits* testing procedures; *(Jur)* ~ *de règlement des litiges* dispute settlement/dispute-resolution procedure; ~ *de renouvellement de licence* licensing renewal procedure **2.** *(Jur)* procedure; ~ *civile* civil procedure; ~ *générale* general procedure; ~ *législative* legislative procedure; ~ *ordinaire* ordinary procedure (followed in trial courts and courts of appeal); ~ *pénale* criminal procedure **3.** *(Jur)* proceeding; ~ *accusatoire* adversary proceeding; ~ *administrative* administrative proceeding; ~ *contradictoire* proceeding in which two opposing parties participate; ~ *par défaut* default proceeding; ~ *inquisitoire* proceeding in which judge plays an in-

vestigative role ; ~ *sommaire* summary
proceeding.

procès [prɔsɛ] *nm (Jur) (criminel)* (criminal) trial/proceeding, *(civil)*
lawsuit ; *engager un ~ contre qn* take
sb to court, sue sb ; *être en ~* be
involved in a lawsuit ; *intenter un ~ à
qn* start proceedings against sb.

processeur [prɔsɛsœr] *nm (Inf)* processor ; ~ *central* central processing
unit (CPU) ; ~ *vectoriel* array process-
or.

processus [prɔsesys] *nm* process ; ~
cumulatif cumulative process ; ~ *de décision* decision-making process ; ~ *de
production* production process.

procès-verbal [prɔsɛvɛrbal] *nm (pl
-aux)* **1.** proceedings, minutes, record
(of a meeting) ; *(Jur)* ~ *d'audition*
report of a hearing **2.** *(Jur) (fam)
(contravention) (aussi* **PV**) ticket.

prochain [prɔʃɛ̃] *adj* next ; *(Cpta)* ~
entré, premier sorti next in-first out.

procuration [prɔkyrasjɔ̃] *nf (Jur)* procuration, power of attorney, proxy ;
donner ~ à qn sur un compte give sb
power of attorney over an account ; *vote
par ~* vote by proxy.

procureur [prɔkyrœr] *nm inv (Jur)*
prosecutor, *(US)* district attorney (D.A.).
***procureur général** nm (Jur) (Fr)*
prosecutor in the **cour d'appel** and
Cour de cassation.
***procureur de la République** nm (Jur)
(Fr)* prosecutor in the courts of first instance.

prodigue [prɔdig] *adj* prodigal, spendthrift.

producteur[1] [prɔdyktœr] *adj (f -trice)*
producing ; *pays ~ de pétrole* oil-producing country.

producteur[2] [prɔdyktœr] *nm (f -trice)*
producer, manufacturer.

productif [prɔdyktif] *adj (f -ive)* productive ; *(Fin)* ~ *d'intérêts* interest-
bearing.

production [prɔdyksjɔ̃] *nf* **1.** *(Eco)* production, output ; ~ *à la chaîne* line production ; ~ *à flux tendus* continuous-
flow manufacturing ; ~ *globale* total
output/production ; ~ *immobilisée*
tied-up production ; ~ *intérieure* domestic production ; ~ *intérieure brute*
gross domestic production ; ~
intérieure nette net domestic production ; ~ *juste-à-temps* just-in-time production ; ~ *marchande* marketable production ; ~ *de masse* mass production ;
~ *non marchande* non-marketable production ; ~ *nationale* national output/
production **2.** *(documents)* production,

presentation, producing, filing-in ; *(Jur)*
~ *de créance* statement of claim of a
debt ; *(Jur)* ~ *de pièces* production of
documents.

productique [prɔdyktik] *nf* industrial
automation.

productivité [prɔdyktivite] *nf* productivity ; *(Eco)* ~ *des facteurs* factor productivity ; ~ *globale des facteurs* total
factor productivity ; ~ *horaire* productivity per man-hour/per unit of time ; ~
du travail labour/labor productivity ; ~
marginale marginal productivity.

produire [prɔdɥir] *vt* **1.** produce,
make, manufacture **2.** *(Fin)* yield ; ~
un bénéfice yield a profit **3.** present,
produce ; ~ *son passeport* produce
one's passport.

produit [prɔdɥi] *nm* **1.** *(Eco/Mkg)*
product, good ; ~ *agricole* farm product, agricultural product ; ~s *agricoles*
farm produce, agricultural goods, farm
products ; ~ *d'appel* loss-leader ; ~s
alimentaires food products, foodstuffs ;
~s *d'attraction* impulse goods ; ~s
audiovisuels audiovisual products,
entertainment products ; ~s *de base
(matières premières et produits agricoles)* commodities, primary products ;
~s *blancs* white goods ; ~s *bruns*
brown goods ; ~s *conjoints* joint products ; ~s *de consommation* consumer
products ; ~s *courants* household
goods ; ~s *en cours de fabrication*
goods in progress ; ~s *culturels* cultural goods/works ; ~ *dérivé* by-product ; ~ *de deuxième choix* grade-two
product ; ~ *de tout premier choix*
top-quality/first-class/top-grade product ;
~s *d'équipement ménager* household
goods ; ~ *exposé* exhibit, exhibited
good ; ~ *fatal* by-product ; ~ *fini* end-
product, finished product ; ~ *générique*
generic product ; ~s *intermédiaires* in-
termediate/semi-finished products, semi-
manufactures ; ~s *laitiers* dairy produce ; ~s *liés* joint products ; ~ *de luxe*
luxury product ; ~ *manufacturé* manufactured product ; ~s *marchands* marketable goods ; ~s *de marque* branded
products ; ~s *de première nécessité* staple commodities ; ~-*phare* flagship
product ; ~s *pharmaceutiques* pharmaceuticals ; ~s *protégés par les droits
d'auteur* copyrighted goods ; ~ *secondaire* by-product ; ~s *semi-finis* partly-
finished products, semi-finished products ; ~s *de substitution* substitute
products **2.** *(Cpta)* revenue, yield,
return ; ~s *exceptionnels* non-recurring
income/revenue ; ~s *financiers* investment income ; ~s *à recevoir* accrued
revenues/receivables ; ~s *ou charges*

encourus accruals **3.** *(Fin)* ~ *net bancaire* net bank output ; ~*s dérivés* derivatives.

*produit intérieur brut (PIB) *nm (Eco)* gross domestic product (GDP).

*produit national brut (PNB) *nm (Eco)* gross national product (GNP).

*produit national net *nm (Eco)* net national product.

*produit national net aux coûts des facteurs *nm (Eco)* net national product at factor cost.

profession [pʀɔfesjɔ̃] *nf* occupation, profession ; *les ~s libérales* the professions.

professionnel[1] [pʀɔfesjɔnɛl] *adj (f -elle)* professional ; *activité ~le* occupation ; *association ~le* trade association ; *carte ~le* business card ; *faute ~le* professional negligence ; *maladie ~le* occupational disease ; *taxe ~ le* business tax.

professionnel[2] [pʀɔfesjɔnɛl] *nm (f -elle)* professional.

profil [pʀɔfil] *nm* profile ; ~ *de la clientèle* customer profile ; ~ *de poste* job description.

profit [pʀɔfi] *nm* gain, profit, *(Cpta)* surplus ; ~*s exceptionnels* windfall profits ; ~*s non distribués* undistributed profits, retained earnings ; *tirer ~ de qch* take advantage of sth, benefit from sth ; *vendre à ~* sell at a profit.

profitable [pʀɔfitabl] *adj* profitable.

profiter [pʀɔfite] *vi* ~ *à qn* benefit sb ; ~ *de* benefit from, *(exploiter)* take advantage of.

profiteur [pʀɔfitœʀ] *nm (f -euse) (Jur)* profiteer, free-rider.

pro forma [pʀɔfɔʀma] *adj inv* pro forma ; *facture ~* pro forma invoice.

progiciel [pʀɔʒisjɛl] *nm (Inf)* software package.

programmation [pʀɔgʀamasjɔ̃] *nf* **1.** scheduling, planning, programming **2.** *(Inf)* programming ; *langage de ~* programming language ; ~ *linéaire* linear programming ; ~ *non linéaire* non-linear programming ; ~ *par objets* object-oriented programming.

programme [pʀɔgʀam] *nm* **1.** programme/program, plan, scheme ; ~ *de formation* training scheme ; ~ *de travail* work schedule ; ~ *d'aides gouvernementales* government aid program ; *(Pol)* ~ *de gouvernement* government policies **2.** *(Inf)* programme/program.

programmer [pʀɔgʀame] *vt* **1.** schedule, plan **2.** *(Inf)* program.

programmeur [pʀɔgʀamœʀ] *nm (f -euse) (Inf)* computer programmer.

progrès [pʀɔgʀɛ] *nm (pl inv)* progress *(s inv)*, advance, development ; ~ *économique* economic progress ; ~ *scientifique* scientific progress ; ~ *social* social progress ; ~ *technique* technical progress, technical advance, technical development ; ~ *technologique* technological progress.

progresser [pʀɔgʀese] *vi* **1.** *(s'améliorer)* progress, advance, improve **2.** *(augmenter)* go up, increase, rise.

progressif [pʀɔgʀesif] *adj (f -ive)* progressive, gradual.

progression [pʀɔgʀesjɔ̃] *nf* progress *(s inv)*, progression ; *être en ~* be on the increase, be increasing ; ~ *régulière* steady increase/improvement.

progressivité [pʀɔgʀesivite] *nf* progressiveness, *(Fisc)* progressivity ; *(Fisc)* ~ *de l'impôt* tax progressivity.

prohibitif [pʀɔibitif] *adj (f -ive)* prohibitive.

prohibition [pʀɔibisjɔ̃] *nf* prohibition, ban.

projection [pʀɔʒɛksjɔ̃] *nf* projection, forecast.

projet [pʀɔʒɛ] *nm* **1.** project, plan, scheme ; *chef de ~* project manager ; *élaborer un ~* draw up/conceive a project ; ~ *d'entreprise* corporate plan ; *à l'état de ~* at the planning stage **2.** draft ; ~ *de lettre* draft letter.

*projet de loi *nm (Pol)* parliamentary bill, legislation proposed by the Executive ; ~ *de loi de finances* budget bill, finance bill (*v.* **proposition de loi**).

projeter [pʀɔʒte] *v* **1.** *vt* project, plan **2.** *vi* ~ *de* plan/project to.

prolétaire[1] [pʀɔleteʀ] *adj (Eco)* proletarian.

prolétaire[2] [pʀɔleteʀ] *nmf (Eco)* proletarian.

prolétariat [pʀɔletaʀja] *nm (Eco)* proletariat.

prolétarien [pʀɔletaʀjɛ̃] *adj (Eco) (f -ienne)* proletarian.

prolétarisation [pʀɔletaʀizasjɔ̃] *nf (Eco)* proletarianization.

prolongation [pʀɔlɔ̃gasjɔ̃] *nf* extension, renewal ; *clause de ~* continuation clause.

prolonger [pʀɔlɔ̃ʒe] *vt* extend, renew.

promesse [pʀɔmɛs] *nf* promise, commitment ; ~ *de mariage* promise of marriage ; ~ *post mortem* promise effective upon the death of one of the parties ; ~ *de vente* commitment/undertaking to sell.

promoteur [pʀɔmɔtœʀ] *nm (f -trice) (immobilier)* property developer **2.** promoter ; ~ *de ventes* sales promoter.

promotion [prɔmosjɔ̃] *nf* **1.** *(Mkg)* promotion ; ~ *commerciale/des ventes* sales promotion ; ~ *sur le lieu de vente* point-of-sale-promotion ; *(produit) en* ~ (product) on special offer **2.** *(Mgt)* promotion, advancement ; ~ *à l'ancienneté* promotion by seniority **3.** ~ *immobilière* property development, *(US)* real estate development.

promotionnel [prɔmosjɔnɛl] *adj (f -elle)* promotional ; *campagne ~le* promotional campaign ; *matériel* ~ sales-promotion material ; *vente ~le* promotional sale.

promouvable [prɔmuvabl] *adj* promotable.

promouvoir [prɔmuvwaʀ] *vt* promote.

promulgation [prɔmylgasjɔ̃] *nf (Jur)* enactment, promulgation.

promulguer [prɔmylge] *vt (Jur) (loi)* enact, *(décret)* issue.

prononcé [prɔnɔ̃se] *nm (Jur)* pronouncement ; *le* ~ *du jugement* the pronouncement of judgement/judgment.

pronostic [prɔnɔstik] *nm* forecast.

pronunciamiento [prɔnunsjamjento] *nm (Pol)* coup d'état.

propension [prɔpɑ̃sjɔ̃] *nf (Eco)* propensity ; *(Eco)* ~ *marginale* marginal propensity ; ~ *marginale à consommer* marginal propensity to consume (MPC) ; ~ *marginale à épargner* marginal propensity to save (MPS) ; ~ *marginale à exporter* marginal propensity to export ; ~ *marginale à importer* marginal propensity to import ; ~ *moyenne* average propensity ; ~ *moyenne à consommer* average propensity to consume (APC) ; ~ *moyenne à épargner* average propensity to save (APS) ; ~ *moyenne à importer* average propensity to import (APM).

proportion [prɔpɔʀsjɔ̃] *nf* proportion.

proportionnel [prɔpɔʀsjɔnɛl] *adj (f -elle)* proportional, *(Pol) représentation ~le* proportionel representation (PR).

proportionnelle [prɔpɔʀsjɔnɛl] *nf (Pol) la* ~ (system of) proportional representation (PR).

proposer [prɔpoze] *vt* offer, propose, suggest ; ~ *un prix* offer a price, quote a price.

proposition [prɔpozisjɔ̃] *nf* proposal, offer ; ~ *de prix* price quotation ; *(Jur)* ~ *d'achat* invitation to treat ; *ouvert à toute* ~ open to offer.

*__proposition de loi__ *nf (Pol)* parliamentary bill, legislation proposed by the legislature (*v.* projet de loi).

*__proposition exclusive vendeuse__

(PEV) *nf (Mkg)* unique selling proposition (USP).

propre [prɔpʀ] *adj* **1.** *(net)* clean **2.** suitable ; ~ *à l'exploitation* suitable for exploitation/utilization **3.** own ; *à remettre en mains* ~*s* for delivery to the addressee in person.

propriétaire [prɔpʀijetɛʀ] *nmf* owner ; *(Jur)* ~ *en titre* legal owner ; ~ *foncier* landowner.

propriété [prɔpʀijete] *nf* property ; *accession à la* ~ home ownership ; ~ *commerciale* commercial property ; *droit de* ~ property right ; ~ *foncière* real property ; ~ *industrielle* industrial property ; ~ *intellectuelle* intellectual property ; ~ *littéraire et artistique* literary and artistic property ; ~ *privée* private property ; ~ *publique* public/state property.

propter rem [prɔptɛʀʀɛm] *adj (Jur) obligation* ~ obligation based on possession of a piece of property.

prorata [prɔʀata] *nm* proportion ; *au* ~ *de* in proportion to ; ~ *temporis* in proportion to time spent.

prorogation [prɔʀɔgasjɔ̃] *nf* time extension, renewal, continuance ; *(Jur) (contrat) clause de* ~ jurisdictional clause ; *(Jur)* ~ *de compétence/de juridiction* extension of jurisdiction to a court which normally would have no jurisdiction over a matter.

proroger [prɔʀɔʒe] *vt* extend ; *(Pol)* ~ *une assemblée* extend the session of an assembly ; ~ *un délai* extend the time in which to take an action/make a payment.

prospect [prɔspɛkt] *nm inv (client potentiel)* prospect, prospective client.

prospecter [prɔspɛkte] *vt (clients)* canvass ; ~ *un marché* investigate/explore/prospect a market.

prospection [prɔspɛksjɔ̃] *nf (commerciale)* canvassing, prospecting ; *(d'un marché)* market exploration, market survey.

prospective [prɔspɛktiv] *nf* forecasting, prospective studies.

prospectus [prɔspɛktys] *nm* **1.** *(Bs)* prospectus **2.** *(brochure)* leaflet, brochure, flyer.

prospère [prɔspɛʀ] *adj* prosperous.

prospérer [prɔspeʀe] *vi* thrive, prosper, boom.

prospérité [prɔspeʀite] *nf* prosperity.

prostitué [prɔstitɥe] *nm* (male) prostitute.

prostituée [prɔstitɥe] *nf* prostitute.

prostituer [prɔstitɥe] *vpr se* ~ prostitute oneself.

prostitution [prɔstitysjɔ̃] *nf* prostitution.

protecteur [prɔtɛktœr] *adj* (*f* -**trice**) protective.

protection [prɔtɛksjɔ̃] *nf* **1.** protection ; ~ *diplomatique* diplomatic protection ; ~ *de l'environnement* environmental protection ; *mesures de* ~ protective measures ; ~ *sociale* social protection, social security **2.** (*Ass*) coverage.

protectionnisme [prɔtɛksjɔnism] *nm* (*Eco*) protectionism, protection ; (*CI*) ~ *éducateur* infant-industry protection ; ~ *monétaire* monetary protection.

protectionniste [prɔtɛksjɔnist] *adj* protectionist.

protectorat [prɔtɛktɔra] *nm* (*Pol*) protectorate.

protéger [prɔteʒe] *vt* (*de*) protect (from).

protestation [prɔtɛstasjɔ̃] *nf* protest.

protester [prɔtɛste] *vti* protest ; (*Fin*) ~ *un effet* protest a bill.

protêt [prɔtɛ] *nm* (*Jur*) protest, document protesting a failure to pay or a refusal to accept goods ; ~ *faute d'acceptation* protest for non-acceptance ; *sans* ~ without protest.

protocole [prɔtɔkɔl] *nm* agreement, protocol ; (*Jur/Pol*) ~ *d'accord* draft agreement, document of understanding.

prototype [prɔtɔtip] *nm* prototype.

prouver [pruve] *vt* prove, determine, substantiate.

provenance [prɔvnɑ̃s] *nf* origin ; *en* ~ *de* (coming) from ; *pays de* ~ country of origin.

provenir [prɔvnir] *vt* ~ *de* come from, originate from.

provision [prɔvizjɔ̃] *nf* **1.** stock, supply ; *faire* ~ *de* stock up with/on **2.** (*Cpta*) allowance, reserve, provision ; ~ *ad litem* maintenance allowance paid during divorce proceedings ; ~ *pour amortissement* depreciation allowance, provision for depreciation ; ~ *pour baisse de prix* allowance for falling prices ; ~ *pour créances douteuses* allowance/provision/reserve for bad debts ; ~*s pour dépréciation* provision for depreciation, loss allowance ; ~*s pour dépréciation de titres* provision for possible loss in value of long-term securities, (*US*) reserve for loss on investment, (*US*) unrealized losses on securities ; ~*s pour dépréciation des immobilisations* provision for depreciation of fixed assets ; ~*s pour dépréciation des stocks et encours* provision for inventory losses, (*US*) reserve for inventory losses ; ~*s pour litiges* provi-

sion for litigation, lawsuit contingency provision ; ~*s pour pertes de change* provision for exchange losses, provision for unrealized foreign currency losses ; ~ *pour risques* provisions for contingencies ; ~ *pour risques/pertes et charges* provision for liabilities and charges, reserves for contingencies **3.** funds ; (*Bq*) *chèque sans* ~ cheque/check with insufficient funds, rubber cheque, bad cheque, bounced cheque **4.** deposit ; *verser une* ~ pay a deposit.

provisionnel [prɔvizjɔnɛl] *adj* (*f* -**elle**) provisional ; (*Fisc*) (*Fr*) *le tiers* ~ interim payment of one third of estimated tax due.

provisionner [prɔvizjɔne] *vt* fund ; ~ *un compte* deposit funds into an account.

provisoire [prɔvizwar] *adj* temporary, provisional.

provocation [prɔvɔkasjɔ̃] *nf* provocation, instigation.

proxénète [prɔksenɛt] *nmf* procurer, (*fam*) pimp.

proxénétisme [prɔksenetism] *nm* (*Jur*) procuring, (*fam*) pimping, pandering.

prud'homme [prydɔm] *nm* (*Jur*) (*Fr*) member of an industrial tribunal ; *conseil de* ~*s* tribunal for labour/labor disputes.

pseudonyme [psødɔnim] *nm* pseudonym, assumed name.

pub [pyb] *nf* (*fam*) (*ab de* **publicité**) ad, (*UK*) advert.

pubère [pybɛr] *adj* pubertal.

puberté [pybɛrte] *nf* puberty.

public[1] [pyblik] *adj* (*f* -**ique**) public ; *dépenses publiques* public expenditures ; *entreprise publique* state enterprise ; *Fonction publique* civil service ; *les pouvoirs* ~*s* the authorities ; *relations publiques* public relations ; *le Trésor* ~ the Treasury.

public[2] [pyblik] *nm* public ; (*Mkg*) ~ *cible* target audience ; *électronique grand* ~ consumer electronics ; *le grand* ~ the general public.

publication [pyblikasjɔ̃] *nf* **1.** (*activité*) publication, publishing ; ~ *de bans* publication of banns of matrimony ; ~ *des lois et décrets (au Journal Officiel)* publication of legislation enacted and decrees promulgated (in the Official Journal) ; ~ *des traités* publication of treaties (in the Official Journal) **2.** (*ouvrage*) publication.

***publication assistée par ordinateur** (**PAO**) *nf* desktop publishing (DTP).

publicitaire[1] [pyblisiter] *adj* *annonce* ~ advertisement, (*fam*) ad, (*UK*) advert ; *budget* ~ advertising budget ; *campagne* ~ advertising campaign ; *dépenses* ~s advertising costs, advertising expenses ; *espace* ~ advertising space ; *message* ~ advertising message ; *slogan* ~ advertising slogan ; *(TV) spot* ~ commercial ; *support* ~ advertising medium ; *vente* ~ promotional sale.

publicitaire[2] [pyblisiteʀ] *nmf (Mkg)* adman, publicity person.

publicité [pyblisite] *nf* **1.** *(Mkg)* advertising, *(indirecte, non payante)* publicity ; *campagne de* ~ advertising campaign ; *chef de* ~ advertising manager ; ~ *comparative* comparative advertising ; ~ *directe* direct advertising ; ~ *extérieure* outdoor advertising ; *faire de la* ~ *pour un produit* advertise a product ; ~ *institutionnelle* corporate advertising ; ~ *de lancement* introductory advertising ; ~*-médias* media advertising ; ~ *professionnelle* trade advertising ; ~ *mensongère* deceptive/misleading advertising ; ~ *presse* press advertising ; ~ *radio* radio advertising ; ~ *rédactionnelle* editorial advertising, infomercial ; ~ *subliminale* subliminal advertising ; ~ *télévisée* television advertising ; ~ *par voie d'affiche* poster advertising **2.** *(annonce)* advertisement, *(fam)* ad, *(UK)* advert, *(TV)* commercial **3.** *(Jur) (nature publique)* public dissemination, publicity, disclosure ; ~ *d'actes juridiques* required publication of legal formalities (articles of incorporation, etc.) ; ~ *des débats* principle under which court hearings are to be public, publicity of legal proceedings ; ~ *des jugements* principle under which court judgements/judgments are public

records ; ~ *obligatoire* statutory publication.

*publicité de petit format (PPF) *nf* case-shopping.

*publicité sur le lieu de vente (PLV) *nf* point-of-sale advertising.

publier [pyblije] *vt* publish.

publipostage [pyblipɔstaʒ] *nm (Mkg)* mailing ; ~ *direct* direct mail.

puce [pys] *nf (Inf)* microchip, silicon chip, microprocessor.

puissance [pɥisɑ̃s] *nf* power ; *(Jur) (obs)* ~ *paternelle* paternal authority ; *la* ~ *publique* the public authorities.

pupille [pypij, pypil] *nmf (Jur)* ward ; *(Fr)* ~ *de l'Etat* child in (local authority) care ; *(Fr)* ~ *de la Nation* war orphan.

purge [pyʀʒ] *nf* **1.** *(Pol)* purge **2.** *(Jur)* satisfaction, redemption ; ~ *de la contumace* surrender to the authorities after having been tried in absentia.

purger [pyʀʒe] *vt* **1.** purge, cleanse, purify **2.** *(Jur)* redeem, pay off, satisfy, clear ; ~ *une hypothèque* pay off/ satisfy a mortgage ; ~ *sa peine* serve one's sentence.

putatif [pytatif] *adj (f -ive)* putative, assumed, deemed, presumed.

putsch [putʃ] *nm (Pol)* putsch.

PV *v.* **procès-verbal**.

PVD *v.* **pays en voie de développement**.

pyramidal [piʀamidal] *adj (f -aux)* pyramid-shaped ; *vente* ~*e* pyramid selling.

pyramide [piʀamid] *nf* **1.** pyramid ; *(Eco)* ~ *des âges* age/population pyramid ; *(Eco)* ~ *des revenus* income pyramid **2.** pyramid-shaped diagram.

Q

Qatar [kataʀ] *nm* Qatar.

qatarien [kataʀjɛ̃] *adj (f -ienne)* of/from Qatar, Qatari.

Qatarien [kataʀjɛ̃] *nm (f -ienne)* inhabitant/native of Qatar, Qatari.

quadriennal [kadʀijenal] *adj (mpl -aux) plan* ~ four-year plan.

quadruple [kadʀypl] *adj* quadruple ; *en* ~ *exemplaire* in four copies, in quadruplicate.

quadrupler [kadʀyple] *vti* quadruple, go up/increase fourfold.

quai [ke] *nm (T)* **1.** *(gare)* platform ; ~

d'arrivée arrival platform ; ~ *de départ* departure platform **2.** *(maritime)* quay, wharf ; *à conteneurs* container berth ; ~ *de débarquement (des marchandises)* unloading dock ; ~ *d'embarquement* loading dock ; *à* ~ alongside ; *(incoterm) à* ~ ex quay (EXQ) ; *à* ~ *dédouané* ex quay (duty paid) ; *à* ~ *non dédouané* ex quay (duties on buyer's account) ; *franco* ~ free alongside ship (FAS) ; *mettre à* ~ dock ; ~ *à* ~ wharf to wharf.

qualification [kalifikasjɔ̃] *nf* qualification ; **~s professionnelles** occupational skills, professional qualifications.

qualifié [kalifje] *adj* qualified ; **travailleur ~** skilled worker ; **travailleur non ~** unskilled worker.

qualitatif [kalitatif] *adj (f* **-ive)** qualitative.

qualité [kalite] *nf* **1.** *(produit)* quality ; **bonne ~** high quality ; **cercle de ~** quality circle ; **certificat de ~** certificate of quality ; **contrôle de la ~** quality control ; **~ globale** total quality control ; **mauvaise ~** poor quality ; **norme de ~** standard ; **~ totale** total quality **2.** *(titre)* position, capacity ; **décliner ses nom, prénom et ~** give one's full name and occupation ; **en sa ~ de** in one's role as ; **~ pour agir** right to act **3.** *(Jur) (nature)* **~ substantielle** material fact.

quantifiable [kãtifjabl] *adj* quantifiable.

quantification [kãtifikasjõ] *nf* quantification.

quantifier [kãtifje] *vt* quantify.

quantitatif [kãtitatif] *adj (f* **-ive)** quantitative.

quantitativisme [kãtitativism] *nm (Eco)* quantity theory.

quantité [kãtite] *nf* **1.** quantity, amount **2.** large number, large amount ; **acheter en ~** buy in bulk ; **il y a une grande ~ de problèmes à résoudre** there are numerous problems to be solved.

quantum [kwãtɔm] *nm (pl* **quanta)** amount.

quarantaine [karãten] *nf* **1.** quarantine ; **mettre en ~** quarantine **2.** forty, about forty ; **avoir la ~** be fortyish.

quart [kar] *nm* quarter ; **tous les ~s d'heure** every fifteen minutes.

*****quart monde** *nm (CI/Eco)* **le ~** the Fourth World.

quartier [kartje] *nm* area, neighbourhood/neighborhood, district.

quasi [kazi] *préf* quasi ; *(Jur)* **~-contrat** quasi-contract ; *(Jur)* **~-délit** unintentional violation of the law, tort, quasi-offense ; *(Eco)* **~-monnaie** near-money ; *(Eco)* **~-monopole** near-monopoly ; **~-rente** quasi rent.

Québec [kebek] *nm (province)* Quebec ; *(ville)* Quebec City.

québécois [kebekwa] *adj* Quebec.

Québécois [kebekwa] *nm* Quebecker.

quérable [kerabl] *adj (Jur)* **créance ~** debt in which the creditor receives payment at the address of the debtor.

questeur [kɛstœr] *nm inv (Pol) (Fr)* member of Parliament in charge of administrative matters.

question [kɛstjõ] *nf* issue, question ; *(Pol)* **~ de confiance** vote of confidence ; **~ à l'ordre du jour** item on the agenda ; **poser une ~** ask a question ; **~ préalable** preliminary issue ; *(UE)* **~ préjudicielle** interlocutory question ; **~ principale** principal issue ; **~s et réponses** questions and answers (Q&A) ; **soulever une ~** raise a question.

questionnaire [kɛstjɔnɛr] *nm* questionnaire ; **~ à choix multiple (QCM)** multiple choice questionnaire.

questionner [kɛstjɔne] *vt* question.

queue [kø] *nf (UK)* queue, *(US)* line ; **faire la ~** *(UK)* queue up, *(US)* wait in line.

quinquennal [kɛ̃kenal] *adj (mpl* **-aux)** **plan ~** five-year plan.

quintuple [kɛ̃typl] *adj* quintuple.

quintupler [kɛ̃typle] *vt* quintuple, go up/increase fivefold.

quinzaine [kɛ̃zɛn] *nf* **1.** fifteen, fifteen or so **2.** two weeks, *(UK)* fortnight ; **répondre sous ~** reply within two weeks.

quirataire [kiratɛr] *nmf (T)* part owner of a ship.

quittance [kitãs] *nf* **1.** receipt of payment ; *(Bq)* discharge, acknowledgment ; **~ comptable** accounting receipt ; **suivant ~** as per receipt **2.** bill ; **~ d'électricité** electricity bill.

quitus [kitys] *nm* **1.** *(Cpta) (dette)* quittance, quietus, full discharge, *(US)* exoneration, *(comptes, bilan)* auditor's approval of accounts **2.** *(Jur) (responsabilité)* full discharge, quietus.

quorum [kɔrɔm] *nm* quorum ; **est-ce que le ~ est atteint ?** do we have a quorum ?

quota [kɔta] *nm* quota ; *(CI)* **~ d'exportation** export quota ; **~ d'importation** import quota ; **soumis à ~s** subject to quotas ; **~ de vente** sales quota.

*****quota litis** *(Jur)* **pacte de ~** contingent/contingency fee agreement.

quote-part [kɔtpar] *nf (pl* **quotes-parts)** share, portion, quota.

quotidien[1] [kɔtidjɛ̃] *adj (f* **-ienne)** daily.

quotidien[2] [kɔtidjɛ̃] *nm* daily (newspaper).

quotient [kɔsjã] *nm* quotient, quota ; *(Pol)* **~ électoral** number of votes necessary to win a seat (in a system of proportional representation) ; **~ intellectuel (QI)** intelligence quotient (IQ).

*****quotient familial** *nm (Fisc) (Fr)* system of income tax deductions for family dependents, family quotient system.

quotité [kɔtite] *nf* **1.** quota **2.** *(Fin)* trading lot, minimum trading lot.

*quotité disponible *nf (Jur)* portion of an estate which a person can freely transfer by gift or will, disposable portion of an estate.

R

rabais [ʀabɛ] *nm (Mkg)* discount, markdown, rebate, reduction ; *accorder un ~* give a discount ; *au ~* at a discount, at a reduced price.

rabaisser [ʀabese] *vt* lower, reduce.

rabat [ʀaba] *nm (Emb)* flap.

rabattage [ʀabataʒ] *nm (clients)* soliciting.

rabattre [ʀabatʀ] *vt* **1.** reduce, deduct, *(prix)* knock down **2.** *(clients)* solicit.

rachat [ʀaʃa] *nm* **1.** *(article)* repurchase, buying back **2.** *(Bs/Mgt) (entreprise)* buyout, takeover ; *~ d'entreprise avec effet de levier* leveraged buyout (LBO) ; **3.** *(Bs) valeur de ~* redemption value **4.** *(Ass) valeur de ~* surrender value.
*rachat d'entreprise par investisseurs (REI) *nm (Bs/Mgt)* leveraged management buy-in (LMBI).
*rachat d'entreprise par ses salariés (RES) *nm (Bs/Mgt)* leveraged management buy-out (LMBO).

rachetable [ʀaʃtabl] *adj (valeur)* redeemable.

racheter [ʀaʃte] *vt* **1.** *(article)* buy back, repurchase **2.** *(entreprise) (Bs/Mgt)* take over, buy out **3.** *(rembourser)* redeem **4.** *(Ass) (contrat)* surrender **5.** *(Bs) ~ à découvert* short cover.

racket [ʀakɛt] *nm (Jur)* racket, racketeering.

racketter [ʀakete] *v* **1.** *vt* extort money from ; *être racketté* be a victim of extortion **2.** *vi* racketeer, run a racket.

racketteur [ʀaketœʀ] *nm inv* racketeer.

racolage [ʀakɔlaʒ] *nm* **1.** *(sur la voie publique)* soliciting, solicitation for prostitution in a public place **2.** *(Mkg) (fig) faire du ~* tout for customers.

racoler [ʀakɔle] *vt (prostitution)* solicit ; *(personnel)* lure away ; *(clientèle)* tout for.

racoleur [ʀakɔlœʀ] *adj (f -euse) (slogan)* seductive, eye-catching.

radiation [ʀadjasjɔ̃] *nf* **1.** cancellation ; *~ des hypothèques* cancellation of mortgages (upon satisfaction) ; *(Jur) (affaire) ~ du rôle* dismissal of an action **2.** *~ des cadres* dismissal (from

employment) ; *(avocat) ~ du Barreau* disbarment **3.** *(Cpta)* write-off **4.** *(nucléaire)* radiation.

radier [ʀadje] *vt* **1.** *(mot)* cross out, strike out **2.** *(Cpta) (dette)* cancel, write off **3.** *(personnel)* dismiss, *(avocat)* disbar, *(médecin) (UK)* strike off.

radio [ʀadjo] *nf* radio ; *~-messagerie* paging.

radiodiffuser [ʀadjodifyze] *vt* broadcast, *(US)* radio.

raffermir [ʀafɛʀmiʀ] *v* **1.** *vt* strengthen **2.** *vpr se ~* harden, strengthen, firm up.

raffermissement [ʀafɛʀmismɑ̃] *nm* strengthening, firming-up.

raffinage [ʀafinaʒ] *nm* refining.

raffiné [ʀafine] *adj* refined.

raffiner [ʀafine] *vt* refine.

raffinerie [ʀafinʀi] *nf* refinery ; *~ de pétrole* oil refinery.

rafle [ʀafl] *nf (Jur)* **1.** *(police)* raid, swoop, roundup of suspects **2.** *(voleurs)* raid.

rafler [ʀafle] *vt (fam) (voler)* run off with, swipe, *(fig)* buy up.

raider [ʀɛdœʀ] *nm inv (Bs)* raider, black knight.

raidir [ʀediʀ] **1.** *vt* harden, stiffen **2.** *vpr se ~* harden, stiffen.

raidissement [ʀedismɑ̃] *nm* stiffening, hardening.

rail [ʀaj] *nm (T)* rail (transport).

raison [ʀɛzɔ̃] *nf* **1.** reason, motive ; *à ~ de* at the rate of, in the proportion of ; *en ~ de* owing to, due to, on account of **2.** *(nom) ~ commerciale* trade mark ; *~ sociale* corporate/trade name, partnership style.

rajeunir [ʀaʒœniʀ] *vt (entreprise)* modernize, renovate, revamp ; *~ le personnel* inject new blood.

rajustement [ʀaʒystəmɑ̃] *nm* adjustment, revision, readjustment ; *(Jur) ~ des inscriptions* erasure of records.

rajuster [ʀaʒyste] *vt* adjust, revise.

ralenti [ʀalɑ̃ti] *loc tourner au ~ (moteur, entreprise)* tick over, idle, *(affaires)* be slack.

ralentir [ʀalɑ̃tiʀ] *vti* slow down, *(affaires)* slacken.

ralentissement [ʀalɑ̃tismɑ̃] *nm* slowdown, slowing down, *(affaires)* slackening ; *(Eco)* ~ *de l'activité* downturn, slack ; ~ *des affaires* slowdown.

rallonge [ʀalɔ̃ʒ] *nf (Eco)* additional payment ; ~ *budgétaire* supplementary estimates ; *(fam)* supplemental funds.

rallonger [ʀalɔ̃ʒe] *vt* lengthen, extend.

ramasser [ʀamase] *vt* 1. *(fonds)* collect, gather, raise, *(Bs)* buy up 2. *(contrat)* pick up.

ramifier [ʀamifje] *vpr se* ~ branch out.

rampant [ʀɑ̃pɑ̃] *adj (Eco) inflation* ~*e* creeping inflation.

rançon [ʀɑ̃sɔ̃] *nf* ransom, reward.

rang [ʀɑ̃] *nm* 1. rank, classification ; ~ *diplomatique* diplomatic rank 2. *(Fin) hypothèque de premier* ~ first mortgage ; *hypothèque de deuxième* ~ second mortgage ; ~ *hypothécaire* mortgage priority ; *obligation de premier/deuxième* ~ senior/junior bond.

RAP *v.* **règlement d'administration publique.**

rapatriement [ʀapatʀimɑ̃] *nm* 1. *(blessé, prisonnier)* repatriation 2. *(Fin)* ~ *de fonds/des bénéfices* repatriation/ remittance of funds, profits.

rapatrier [ʀapatʀije] *vt (personnes, fonds)* repatriate.

rapide[1] [ʀapid] *adj* fast, quick.

rapide[2] [ʀapid] *nm (T)* express/fast train.

rapidité [ʀapidite] *nf* speed.

rapine [ʀapin] *nf (Jur)* depredation.

rappel [ʀapel] *nm* 1. reminder ; *lettre de* ~ letter of reminder, collection letter ; ~ *de compte* reminder of account ; ~ *d'échéance* reminder of due date 2. *(Mkg) publicité de* ~ tie-in advertising 3. *(Jur)* recall ; ~ *d'un produit* product recall 4. adjustment ; ~ *d'impôts* additional assessment of tax ; ~ *de salaire* back pay 5. *(Pol)* ~ *à l'ordre* call to order ; ~ *au règlement* call to rules.

rapport [ʀapɔʀ] *nm* 1. report ; ~ *d'activité (d'une société)* annual report (of a company) ; *(Ass)* ~ *d'avarie* average/damage report ; *(Ass)* ~ *d'expertise* survey report ; ~ *financier* financial report/statement 2. *(Fin)* return, yield ; ~ *d'un placement* return on an investment 3. ratio ; ~ *cours-bénéfices* price-earnings ratio ; ~ *(additionnel) capital/production* (incremental) capital-output ratio (ICOR) ; ~ *de dettes* collation of debts ; ~ *qualité-prix* price-quality ratio ; *bon* ~ *qualité-prix* good value, value for money 4. *(relations)* relationship ; *entretenir de bons* ~*s avec qn* have good relations with sb.

rapporter [ʀapɔʀte] *vt* 1. bring back, return 2. *(Fin)* yield, bring in ; *(placement)* give a good return/yield, be profitable 3. *(Jur)* ~ *la preuve* furnish evidence.

rapporteur [ʀapɔʀtœʀ] *nm inv* person charged with making a report, reporter.

rapprochement [ʀapʀɔʃmɑ̃] *nm* 1. *(personnes, peuples)* bringing closer together, reconciliation ; *(Fr)* ~ *de conjoints* awarding of double posting to government-employed spouses 2. *(Cpta)* reconciliation ; ~ *de comptes* reconciliation of accounts 3. *(rapport entre des faits)* connection, link.

rapt [ʀapt] *nm* kidnapping, abduction.

rare [ʀɑʀ] *adj* scarce, rare.

raréfaction [ʀaʀefaksjɔ̃] *nf* increasing scarcity.

raréfier [ʀaʀefje] *vpr se* ~ grow scarce, become scarce.

rareté [ʀaʀte] *nf* scarcity.

RAS *(ab de rien à signaler)* nothing to report.

ratification [ʀatifikasjɔ̃] *nf (Pol) (loi)* ratification, *(traité)* ratification, approval, signing.

ratifier [ʀatifje] *vt (Pol) (loi)* adopt, vote, *(traité)* ratify, approve, sign.

ratio [ʀasjo] *nm* ratio ; ~ *Cooke (Bq)* solvency ratio, Cooke ratio ; *(Cpta)* solvency ratio, *(US)* debt coverage ratio ; ~ *de capitalisation* capitalization ratio ; ~ *d'évaluation* valuation ratio ; ~ *endettement/capital* debt-equity ratio ; ~ *financier* financial ratio ; ~ *de gestion* management ratio ; ~ *de levier* leverage ratio ; ~ *de liquidité générale* working-capital ratio ; ~ *de solvabilité* solvency ratio, Cooke ratio ; ~ *de trésorerie* cash ratio.

rationalisation [ʀasjɔnalizasjɔ̃] *nf* rationalization, *(production)* streamlining. ***rationalisation des choix budgétaires (RCB)** *nf (Mgt)* planning, programming and budgeting system (PPBS).

rationaliser [ʀasjɔnalize] *vt* rationalize, *(production)* streamline.

rationalité [ʀasjɔnalite] *nf* rationality ; ~ *limitée* limited rationality.

ratione loci [ʀasjɔnelɔki] *loc (Jur) compétence* ~ territorial jurisdiction, venue.

ratione materiae [ʀasjɔnemateʀiae] *loc (Jur) compétence* ~ in rem jurisdiction.

ratione personae [ʀasjɔnepeʀsonae] *loc (Jur) compétence* ~ in personam jurisdiction.

rationnel [Rasjɔnel] *adj (f* **-elle)** rational.

rationnement [Rasjɔnmɑ̃] *nm* rationing.

rationner [Rasjɔne] *vt* ration.

ratissage [Ratisaʒ] *nm (Bs)* **~ *du marché*** street sweep.

RATP *v.* **Régie autonome des transports parisiens.**

rattachement [Rataʃmɑ̃] *nm* **1.** *(à)* connection (with) ; *(Mgt)* ***demander son ~ à un service*** ask to be attached to a department **2.** *(Cpta)* apportionment.

rattacher [Rataʃe] *vt* **1.** attach ; *être **rattaché à*** report to **2.** *(Cpta)* apportion, charge.

rattrapage [Ratrapaʒ] *nm* **1.** *(Eco)* catching-up ; ***clause de ~*** escalator clause ; ***~ de la demande*** catching-up with demand **2.** *(Cpta) (salaires)* adjustment, increase.

rattraper [Ratrape] *vt* **1.** catch up with ; ***~ un concurrent*** catch up with a competitor **2.** ***~ le retard*** make up for lost time.

rature [RatyR] *nf (contrat)* deletion, alteration.

ravitaillement [Ravitajmɑ̃] *nm* resupply, resupplying, replenishment, *(avion)* refuelling.

ravitailler [Ravitaje] *vt* resupply, refuel.

rayer [Reje] *vt* strike out, cross out ; ***~ la mention inutile*** delete as appropriate ; ***~ du tableau*** strike from the list.

rayon [Rejɔ̃] *nm* **1.** *(Com)* counter, department ; ***chef de ~*** department manager ; ***~ d'appel*** loss-leader department **2.** district, zone ; ***~ d'action*** range, radius.

rayonnage [Rejɔnaʒ] *nm (Com)* shelf space, shelves, shelving.

rayonnement [Rejɔnmɑ̃] *nm* **1.** dissemination, spread **2.** *(personne)* personality.

rayonner [Rejɔne] *vi* radiate, spread (out).

RCB *v.* **rationalisation des choix budgétaires.**

R-D *v.* **recherche-développement.**

RDS *v* **remboursement de la dette sociale.**

réacheminement [Reaʃminmɑ̃] *nm (T)* re-routing.

réacheminer [Reaʃmine] *vt (T)* re-route.

réaction [Reaksjɔ̃] *nf* **1.** reaction, response ; ***~ de l'acheteur*** buyer response ; ***temps de ~*** response time **2.** *(T)* **avion à ~** jet plane.

réactiver [Reaktive] *vt* reactivate.

réactualisation [Reaktɥalizasjɔ̃] *nf* updating.

réactualiser [Reaktɥalize] *vt* update.

réadaptation [Readaptasjɔ̃] *nf* re-adaptation, rehabilitation.

réaffectation [Reafektasjɔ̃] *nf* **1.** *(personnel)* re-assignment, redeployment **2.** *(matériel)* re-allocation, re-apportionment.

réaffecter [Reafekte] *vt (personnel)* re-assign, *(fonds)* re-allocate.

réagir [ReaʒiR] *vi* react.

réajustement [Reaʒystəmɑ̃] *nm* readjustment.

réajuster [Reaʒyste] *vt* readjust.

réalignement [Realiɲəmɑ̃] *nm* re-alignment ; *(Fin)* ***~ monétaire*** exchange-rate parity realignment.

réaligner [Realiɲe] *vt* realign.

réalisable [Realizabl] *adj* **1.** *(projet)* feasible, achievable, doable **2.** *(Fin)* realizable.

réalisation [Realizasjɔ̃] *nf* **1.** *(projet)* carrying out, conclusion, implementation **2.** *(Fin)* realization, liquidation **3.** *(objectif)* achievement, attainment.

réaliser [Realize] *vt* **1.** *(bénéfice)* make **2.** *(projet, étude)* carry out, conclude ; *(mettre en œuvre)* implement **3.** *(Fin)* realize, liquidate ; ***~ l'actif*** realize assets **4.** *(objectif)* achieve, attain.

réaménagement [Reamenaʒmɑ̃] *nm* restructuring.

réapprovisionnement [Reapʀɔvizjɔn-mɑ̃] *nm* restocking, replenishing, replenishment.

réapprovisionner [Reapʀɔvizjɔne] **1.** *vt* resupply, restock ; *(Bq)* ***~ un compte*** credit an account **2.** *vpr se ~* re-order, replenish one's stock.

réassort [ReasɔR] *v.* **réassortiment.**

réassortiment [Reasɔʀtimɑ̃] *nm* restocking, re-ordering.

réassortir [ReasɔRtiR] *v* **1.** *vt* restock, re-order **2.** *vpr se ~* replenish one's stock.

réassurance [ReasyRɑ̃s] *nf (Ass)* reinsurance.

réassurer [ReasyRe] *vt (Ass)* re-insure.

réassureur [ReasyRœR] *nm inv (Ass)* re-insurer.

rebaptiser [Rəbatize] *vt* rename.

rébellion [Rebeljɔ̃] *nf* rebellion.

reboisement [Rəbwazmɑ̃] *(Agr) nm* re-afforestation, reforestation.

rebond [Rəbɔ̃] *nm* rebound.

rebut [Rəby] *nm* **1.** *(Ind)* rejects ; ***mettre au ~*** scrap, reject ; ***taux de ~*** rejection rate **2.** *(poste)* **~s** dead letters.

recadrage [Rəkadraʒ] *nm* recentring/
recentering, refocusing.

recapitalisation [Rəkapitalizasjɔ̃] *nf*
(Fin) recapitalization.

recapitaliser [Rəkapitalize] *vt* recapital-
ize.

récapituler [Rekapityle] *vt* recapitulate,
sum up, review, *(fam)* recap.

recel [Rəsel] *nm (Jur)* **1.** receiving and
concealing stolen property, receiving
stolen goods **2.** harbouring/harboring/
hiding a criminal.

receleur [RəsəlœR] *nm (f* **-euse)** *(Jur)*
receiver of stolen goods.

recensement [Rəsɑ̃smɑ̃] *nm* **1.** counting, tally census **2.** *(Cpta) (biens)* inventory, stocktaking **3.** ~ *de la population* population census.

recenser [Rəsɑ̃se] *vt* **1.** count, number,
tally **2.** *(Cpta) (biens)* make an inventory of, take stock of **3.** ~ *la population* carry out a population census.

recentrer [Rəsɑ̃tRe] *vt* refocus.

récépissé [Resepise] *nm* receipt, formal
acknowledgement/acknowledgment; ~
de bord mate's receipt; *(Bq)* ~ *de dépôt* deposit receipt; *(D)* ~ *de douane*
customs receipt; ~ *d'entrepôt* warehouse receipt; ~ *warrant* warehouse
warrant (W/W), warrant, warehouse receipt.

réceptif [Reseptif] *adj (f* **-ive)** *(Mkg)* re-
ceptive.

réception [Resepsjɔ̃] *nf* **1.** reception,
receipt; *accusé de* ~ acknowledge-
ment/acknowledgment of receipt; *accuser* ~ acknowledge receipt **2.** acceptance; ~ *définitive* final acceptance;
~ *des objets transportés* acceptance
of objects transported; ~ *provisoire*
preliminary acceptance; *(construction)*
~ *des travaux* acceptance of work
3. *(réunion)* reception, party **4.** *(accueil)* reception desk, reception area.

réceptionner [Resepsjɔne] *vt* accept/
receive/take delivery of.

réceptionniste [Resepsjɔnist] *nmf* re-
ceptionist.

récession [Resesjɔ̃] *nf (Eco)* recession,
slump, downturn, trough.

recette [Rəset] *nf* **1.** *(commerce)* proceeds, takings; ~*s de vente* sales proceeds **2.** *(Cpta)* receipts, return, earnings, revenue; ~ *brute* gross receipts/
revenues; ~ *de caisse* cash receipts;
~*s en devises* currency receipts; ~*s
diverses* miscellaneous revenues; ~*s
d'exportation* export earnings; ~ *journalière* daily earnings; ~ *marginale*
marginal revenue; ~ *moyenne* average
revenue; ~ *nette* net proceeds; ~ *to-*

tale total revenue **3.** ~*s (Fin/Fisc)*
revenues; ~*s fiscales* tax revenues; ~*s
publicitaires* advertising revenue; ~*s
publiques* government revenue, public
revenue.

recevabilité [Rəsəvabilite] *nf (Jur) (témoignage, preuve)* admissibility.

recevable [Rəsəvabl] *adj (Jur)* admissible, allowable.

receveur [RəsəvœR] *nm (f* **-euse)** collector; ~ *des douanes* customs collector; ~ *des impôts* tax collector.

recevoir [RəsəvwaR] *vt* receive; *(Cpta)
(effets) à* ~ (accounts) receivable; *(Jur)*
~ *une déposition* receive testimony.

rechange [Rəʃɑ̃ʒ] *nm* replacement; *(Ind)
pièces de* ~ spare/replacement parts;
solution de ~ alternative solution.

recherche [RəʃɛRʃ] *nf* **1.** research; ~
appliquée applied research; *faire de la*
~ do/conduct research; ~ *fondamentale* basic research; ~ *opérationnelle*
operational research; ~ *scientifique*
scientific research; *(Mkg)* ~ *documentaire* desk research; ~ *marketing/mer-
catique* marketing research; ~ *sur le
terrain* field research **2.** *(Jur)* search;
~ *de maternité naturelle* action to
establish maternity; *(Jur)* ~ *de paternité* determination of fatherhood, proof
of filiation; ~ *de paternité naturelle*
action to establish paternity.

***recherche-développement** (R-D) *nf
(Mgt)* research and development (R&D).

rechercher [RəʃɛRʃe] *vt* look for, seek,
search for; *ce produit est recherché* this
product is in demand; *(annonce) recherche personnel qualifié* qualified
staff wanted.

rechute [Rəʃyt] *nf* relapse, setback.

récidive [Residiv] *nf (Jur)* repetition of
an offence/offense, committing of further crimes after first conviction; *en cas
de* ~ in the event of the offence/offense
being repeated.

récidiver [Residive] *vi* commit a further
offence/offense.

récidiviste [Residivist] *nmf (Jur)* recidivist, repeat offender, habitual criminal.

réciprocité [ResipRɔsite] *nf* reciprocity;
accord de ~ reciprocity agreement;
appliquer la ~ reciprocate.

réciproque [ResipRɔk] *adj* reciprocal.

réclamation [Reklamasjɔ̃] *nf* **1.**
(plainte) complaint; *lettre de* ~ letter
of complaint **2.** *(demande) faire droit à
une* ~ allow/grant a claim; *faire une
* ~ put in a claim, make a claim; ~ *en
dommages-intérêts* claim for damages;
rejeter une ~ disallow a claim.

réclame [Reklam] *nf* advertisement,

(fam) ad ; *faire de la ~ pour qch* advertise sth.

réclamer [reklɑme] *v* **1.** *vt* claim ; *(Jur)* **~ des dommages-intérêts** claim damages ; **~ des marchandises** claim goods **2.** *vi* complain.

reclassement [rəklɑsmɑ̃] *nm* reclassification, regrading, relocation.

réclusion [reklyzjɔ̃] *nf* reclusion, seclusion ; *(Jur)* **~ criminelle** imprisonment ; **~ criminelle à temps** prison term ; **~ criminelle à perpétuité** life imprisonment.

récolement [rekɔlmɑ̃] *nm (Jur)* checking, verification.

récolte [rekɔlt] *nf (Agr)* crop, harvest ; **~ sur pied** standing crop.

recommandation [rəkɔmɑ̃dasjɔ̃] *nf* recommendation ; *lettre de ~* reference, letter of recommendation/reference.

recommandé [rəkɔmɑ̃de] *adj* **1.** *(courrier)* registered, certified **2.** *(prix, personne)* recommended.

recommander [rəkɔmɑ̃de] *vt* **1.** *(personne)* recommend **2.** *(courrier)* register **3.** **~ de** advise/recommend that.

récompense [rekɔ̃pɑ̃s] *nf* reward, *(officielle)* award.

réconciliation [rekɔ̃siljasjɔ̃] *nf* **1.** reconciliation **2.** *(Cpta)* reconciliation.

reconditionnement [rəkɔ̃disjɔnmɑ̃] *nm* repackaging.

reconditionner [rəkɔ̃disjɔne] *vt* repackage.

reconductible [rəkɔ̃dyktibl] *adj (contrat)* renewable.

reconduction [rəkɔ̃dyksjɔ̃] *nf (Jur) (contrat)* renewal, extension ; **~ tacite** renewal by tacit agreement.

reconduire [rəkɔ̃dɥir] *vt* renew ; **~ dans ses fonctions** reappoint ; **~ un bail** renew a lease.

reconduite [rəkɔ̃dɥit] *nf (Jur)* **~ à la frontière** expulsion.

reconnaissance [rəkɔnesɑ̃s] *nf* **1.** *(remerciement)* gratefulness **2.** recognition, verification ; **~ d'écriture** verification of handwriting ; *(Jur/Pol)* **~ d'un corps** identification of a body ; **~ et exécution d'une sentence arbitrale étrangère** recognition and enforcement of a foreign arbitral award ; **~ de gouvernement** recognition of a government ; *(Inf)* **~ vocale** speech recognition **3.** acknowledgement ; **~ d'enfant naturel** acknowledgement of paternity ; **~ de dette** acknowledgement/acknowledgment of debt, IOU.

reconnaître [rəkɔnetr] *vt* recognize, *(dette)* acknowledge, *(corps)* identify.

reconquérir [rəkɔ̃kerir] *vt (marché)* recapture, win back.

reconquête [rəkɔ̃ket] *nf (marché)* recapture, recovery.

reconstituer [rəkɔ̃stitɥe] *vt* reconstitute, rebuild.

reconstitution [rəkɔ̃stitysjɔ̃] *nf* rebuilding, reconstitution.

reconstruire [rəkɔ̃strɥir] *vt (aussi fig)* rebuild, reconstruct.

reconventionnel [rəkɔ̃vɑ̃sjɔnel] *adj (f -elle) (Jur) demande ~le* counterclaim.

reconversion [rəkɔ̃vɛrsjɔ̃] *nf (personnel)* retraining ; *(entreprise)* reorganization, restructuring ; **~ économique** economic reconversion ; **~ industrielle** industrial redeployment.

reconvertir [rəkɔ̃vertir] *vt* reconvert ; *(personnel)* retrain, *(entreprise)* reorganize, restructure.

record [rəkɔr] *nm* record ; *battre un ~* break a record ; *récolte ~* bumper crop ; *vente ~* record sale.

recoupement [rəkupmɑ̃] *nm* cross-checking.

recouper [rəkupe] *v* **1.** *vt* cross-check **2.** *vpr les témoignages se recoupent* the testimonies correspond/tally.

recourir [rəkurir] *vi (à)* have recourse to, resort to ; *(Jur)* **~ à l'arbitrage** appeal/resort to arbitration.

recours [rəkur] *nm (Jur)* appeal, recourse ; **~ abusif** frivolous action ; *(Bq)* **~ contre un tiers** right of recourse ; **~ en cassation** appeal to the **Cour de cassation** ; *(épuisement des voies de)* **~ internes** (exhaustion of) internal remedies ; **~ en garantie** warranty action ; **~ en révision** motion for revision ; *sans ~* unappealable.

recouvrable [rəkuvrabl] *adj (Fin)* collectable, recoverable.

recouvrement [rəkuvrəmɑ̃] *nm (Fin)* collection, recovery ; **~ des créances** debt-collection/-recovery ; **~ forcé** judicial collection ; *mettre une créance en ~* take steps to collect a debt ; *société de ~* debt-collection company.

recouvrer [rəkuvre] *vt* collect ; *(Fin)* **~ une créance** collect a debt.

recrudescence [rəkrydesɑ̃s] *nf* increase, upsurge.

recrutement [rəkrytmɑ̃] *nm* recruiting, recruitment.

recruter [rəkryte] *vt* recruit, hire.

recteur [rektœr] *nm inv* rector ; *(Ens) (Fr)* **~ d'académie** regional director of education, *équiv. (UK)* Chief Education Officer.

rectificatif [ʀɛktifikatif] *adj* (*f* **-ive**) rectifying, correcting.

rectificatif [ʀɛktifikatif] *nm* amendment, corrective statement, correction.

rectification [ʀɛktifikasjɔ̃] *nf* rectification, correction.

rectifier [ʀɛktifje] *vt* rectify, correct.

recto [ʀɛkto] *nm* recto, front of a page.

reçu [ʀəsy] *adj* received.

reçu [ʀəsy] *nm* receipt **1.** (*Bq*) ~ **pour solde de tout compte** receipt for the balance, acknowledgment of payment in full ; ~ **de versement** deposit receipt **2.** (*T*) ~ **à quai** dock receipt ; ~ **de bord** mate's receipt ; ~ **d'entreposage du transitaire** forwarding agent's warehouse receipt ; ~ **d'expédition** shipping receipt ; ~ **du transitaire** forwarding agent's certificate of receipt (FCR).

recueil [ʀəkœj] *nm* collection, selection ; (*Jur*) ~ **de lois** compilation of statutes ; ~ **de jurisprudence** law reports.

recul [ʀəkyl] *nm* fall, decline ; **en** ~ declining, falling.

reculer [ʀəkyle] *vi* **1.** (*véhicule*) back, reverse **2.** (*fig*) back off **3.** (*Eco*) decline, fall, drop.

récupérable [ʀekypeʀabl] *adj* **1.** (*dette*) recoverable **2.** (*marchandises*) salvageable.

récupération [ʀekypeʀasjɔ̃] *nf* **1.** recovery ; **entreprise de** ~ salvaging firm **2.** (*Jur*) repossession, retrieval **3.** (*Cpta*) (*dette*) recovery, (*somme versée*) refunding.

récupérer [ʀekypeʀe] *vt* **1.** retrieve, recover, (*Jur*) (*biens*) repossess **2.** *vi* recuperate, recover.

récusation [ʀekyzasjɔ̃] *nf* (*Jur*) recusation, challenge, objection, exception ; ~ **de témoin** challenging of a witness.

récuser [ʀekyze] *v* (*Jur*) **1.** *vt* (*témoin, juré*) challenge **2.** *vpr* **se** ~ recuse oneself, decline to accept responsibilities.

recyclable [ʀəsiklabl] *adj* recyclable.

recyclage [ʀəsiklaʒ] *nm* **1.** (*personnel*) redeployment, retraining **2.** (*produits*) recycling, reprocessing ; (*Fin*) ~ **des pétrodollars** petrodollar recycling.

recycler [ʀəsikle] *vt* **1.** (*produits*) recycle **2.** (*personnel*) retrain **3.** *vpr* **se** ~ retrain, change jobs.

rédacteur [ʀedaktœʀ] *nm* (*f* **-trice**) **1.** (*document*) drafter, writer **2.** (*presse*) sub-editor ; ~ **en chef** chief editor.

rédaction [ʀedaksjɔ̃] *nf* **1.** (*d'un document*) drafting, writing **2.** (*presse*) (*activité*) editing, (*service*) editorial staff, (*US*) editorial desk.

rédactionnel [ʀedaksjɔnɛl] *adj* (*f* **-elle**) editorial ; **contenu** ~ editorial content ; **publicité** ~**le** editorial advertising.

reddition [ʀedisjɔ̃] *nf* **1.** rendering ; (*Cpta*) ~ **de comptes** rendering of accounts ; (*Fin*) reporting **2.** (*capitulation*) surrender.

redémarrage [ʀədemaʀaʒ] *nm* (*économie*) recovery ; (*négociation*) resumption ; (*Inf*) restarting, rebooting.

redémarrer [ʀədemaʀe] *vi* (*économie, demande, ventes*) pick up, bounce back, recover, take off again, (*inflation*) resume, rise again, (*négociations*) resume, (*ordinateur*) start again, reboot.

rédemption [ʀedɑ̃psjɔ̃] *nf* (*Jur*) recovery.

redéploiement [ʀədeplwamɑ̃] *nm* (*entreprise*) redeployment, (*ressources*) reallocation.

redevable [ʀədəvabl] *adj* **vous êtes** ~ **d'une somme de...** you owe the sum of...

redevable [ʀədəvabl] *nm* (*Fisc*) tax debtor.

redevance [ʀədəvɑ̃s] *nf* **1.** (*taxe*) fees, dues, (*TV*) licence/license **2.** (*droits d'auteur, franchise*) royalty ; ~**s pétrolières** oil royalties.

rédhibitoire [ʀedibitwaʀ] *adj* **1.** (*défaut*) damning **2.** (*Jur*) **vice** ~ latent defect, defect which is grounds for rescission of contract.

rédiger [ʀediʒe] *vt* write, draft ; ~ **un rapport** draft a report.

redistribuer [ʀədistʀibɥe] *vt* redistribute.

redistribution [ʀədistʀibysjɔ̃] *nf* redistribution.

redressement [ʀədʀɛsmɑ̃] *nm* **1.** (*Eco*) recovery, upturn, upswing ; ~ **soudain** uptick **2.** (*Cpta*) adjustment, correction **3.** (*Fisc*) ~ **fiscal** tax adjustment, tax deficiency adjustment **4.** (*Jur*) ~ **judiciaire** bankruptcy reorganization proceeding, (*UK*) administration, (*US*) Chapter 11 bankruptcy ; **plan de** ~ reorganization plan.

redresser [ʀədʀese] **1.** *vt* (*entreprise, pays*) recover, turn around **2.** (*Cpta*) adjust, correct **3.** *vpr* **se** ~ pick up, recover.

réduction [ʀedyksjɔ̃] *nf* **1.** reduction, cut ; ~ **des effectifs** reduction in staff, labour/labor cuts, layoffs ; ~ **de performance** downgrading ; ~ **des prix** reduction in prices, cut in prices ; ~ **du taux de TVA** VAT cut ; ~**s générales d'ensemble** across-the-board reductions ; (*Jur*) ~ **de peine** reduction of sentence **2.** discount, rebate ; ~ **sur vente** discount.

réduire [ʀedɥiʀ] *vt* (*dépenses*) curb

cut, reduce, diminish, lower, cut down, *(effectifs)* reduce, cut back ; ~ *considérablement* slash ; ~ *l'écart* narrow the gap.

réduit [Redɥi] *adj* reduced ; *à prix* ~ at a reduced/discount price.

redynamiser [Radinamize] *vt* reactivate.

rééchelonnement [Reeʃlɔnmɑ̃] *nm (Fin)* rescheduling ; ~ *de la dette* debt rescheduling, rescheduling of debt.

rééchelonner [Reeʃlɔne] *vt (Fin) (dette)* reschedule.

réel [Reɛl] *adj (f* -elle) real, actual ; *(Eco) en termes* ~s in real terms *(à dist.* in current terms).

réemballer [Reɑ̃bale] *vt (Emb)* repack.

réembaucher [Reɑ̃boʃe] *vt* rehire, reemploy.

réemploi [Reɑ̃plwa] *nm (aussi* **remploi)** re-use ; *(Fin)* ~ *d'argent* reinvestment.

réemployer [Reɑ̃plwaje] *vt* re-use ; *(Fin)* ~ *des fonds* reinvest.

rééquilibrage [Reekilibraʒ] *nm* readjustment, rebalancing.

rééquilibrer [ReekilibRe] *vt (monnaie)* readjust, rebalance.

réescompte [Reeskɔ̃t] *nm (Fin)* rediscount ; *plafond de* ~ rediscount ceiling/quota.

réescompter [Reeskɔ̃te] *vt (Fin)* rediscount.

réétiqueter [Reetikte] *vt* relabel.

réévaluation [Reevalɥasjɔ̃] *nf 1. (Eco) (monnaie, biens)* revaluation 2. *(Cpta)* revaluation of assets, restatement of assets, inflation accounting ; *libre* ~ voluntary revaluation (of assets) ; ~ *réglementée* regulated revaluation (of assets).

réévaluer [Reevalɥe] *vt* revalue.

réexamen [Reegzamɛ̃] *nm 1.* reconsideration, re-examination 2. *(Cpta)* rechecking.

réexaminer [Reegzamine] *vt 1.* reconsider, re-examine 2. *(Cpta)* recheck.

réexpédier [Reekspedje] *vt (T)* forward, redirect.

réexpédition [Reekspedisjɔ̃] *nf* forwarding, sending on.

réexportateur [Reekspɔrtatœr] *nm (f* -trice) re-exporter.

réexportation [Reekspɔrtasjɔ̃] *nf* re-exportation.

réexporter [Reekspɔrte] *vt* re-export.

réfaction [Refaksjɔ̃] *nf 1. (Com)* allowance (on nonconforming goods), reduction 2. *(Fisc)* allowance.

refacturation [Rəfaktyrasjɔ̃] *nf* recharging, reinvoicing.

référé [Refere] *nm (Jur)* summary proceeding/jurisdiction for urgent matters ; *judge du* ~ judge for urgent matters.

référence [Referɑ̃s] *nf 1.* reference ; *période de* ~ reference period, base period ; *(courrier) en* ~ *à...* with reference to... 2. *(recommandation)* ~s references, testimonial 3. *(article)* item.

référencement [Referɑ̃smɑ̃] *nm (Mkg)* listing.

référencer [Referɑ̃se] *vt (Mkg)* list, stock.

référendum [Referɛ̃dɔm] *nm (Pol)* referendum.

référer [Refere] *v 1. vpr se* ~ *à qn/à qch* refer to sb/to sth 2. *vi en* ~ *à qn* report/submit (a matter) to sb.

refinancement [Rəfinɑ̃smɑ̃] *nm (dette)* refunding, refinancing.

refinancer [Rəfinɑ̃se] *vt (dette)* refund, *(projet)* refinance.

refondre [Rəfɔ̃dr] *vt* remodel.

refonte [Rəfɔ̃t] *nf 1.* remodelling, reshaping, *(texte)* revision 2. *(Fin)* ~ *de capital* recapitalization.

réformation [Refɔrmasjɔ̃] *nf (Jur)* partial reversal of a decision by an appellate court.

réforme [Refɔrm] *nf* reform ; ~ *agraire/fiscale* land/tax reform.

réformer [Refɔrme] *vt* reform.

refoulement [Rəfulmɑ̃] *nm (étrangers)* ~ *à la frontière* expulsion, refusal of entry.

refouler [Rəfule] *vt (étrangers)* expel, refuse entry ; *les clandestins ont été refoulés à la frontière* the illegal immigrants were refused entry at the border.

refuge [Rəfyʒ] *nm* refuge, shelter ; ~ *fiscal* tax haven ; *valeur* ~ safe investment.

réfugié [Refyʒje] *nm* refugee ; *statut de* ~ refugee status.

refus [Rəfy] *nm* refusal ; ~ *de paiement* refusal to pay ; ~ *de soutien* nonconcurrence ; ~ *de vente* refusal to sell/to supply.

refuser [Rəfyze] *vt* refuse ; ~ *de faire qch* refuse to do sth.

réfutation [Refytasjɔ̃] *nf (Jur)* refutation, rebuttal.

réfuter [Refyte] *vt (Jur)* refute, rebut, deny.

regain [Rəgɛ̃] *nm (activité, confiance)* revival, renewal.

régie [Reʒi] *nf 1.* state control, state supervision ; *en* ~ under state control 2. administration, control 3. state-run firm, state-controlled firm.

*Régie autonome des transports parisiens (RATP) nf Paris public transportation authority.

régime [ʀeʒim] nm **1.** *(Pol)* system; ~ **politique** political system, *(forme de gouvernement)* regime; ~ **d'assemblée** parliamentary system with excessive legislative power; ~ **électoral** electoral system; ~ **parlementaire** parliamentary system; ~ **présidentiel** presidential system **2.** *(Eco)* system; ~ **des changes fixes** system of fixed exchange rates; ~ **des changes flexibles** system of flexible exchange rates; ~ **des changes flottants** system of floating exchange rates, freely-floating system; ~ **des parités fixes** system of fixed peg/parities; ~ **des prix** price system; ~ **de retraite** retirement plan, pension scheme **3.** system (of administration); *(UE)* ~ **communautaire** community system; *(Jur)* ~ **matrimonial conventionnel** marital property system based on contractual agreement of the spouses; ~ **matrimonial légal** system of marital property and financial obligations regulated by law **4.** *(Fisc)* ~ **fiscal** tax system/bracket **5.** *(T)* **en** ~ **accéléré** by express shipment; *(D)* ~ **douanier** customs system, tariff schedule; ~ **préférentiel** trade-preference system.

région [ʀeʒjɔ̃] nf region, zone, area; ~ **économique** economic region.

régional [ʀeʒjɔnal] adj (mpl **-aux**) regional; **accord économique** ~ regional trade agreement.

régionalisation [ʀeʒjɔnalizasjɔ̃] nf regionalization.

régionalisme [ʀeʒjɔnalism] nm regionalism.

registre [ʀəʒistʀ] nm register; *(Jur)* ~ **d'audience** minute-book of matters heard by a court; ~ **du commerce** register of commerce, trade register, *(US)* corporate register; ~ **du commerce et des sociétés** register of businesses, register of companies; **porter au** ~ register.

réglable [ʀeglabl] adj *(Fin)* payable.

règle [ʀegl] nf rule, regulation; *(CI)* ~ **d'origine** rule of origin; *(imposant un certain pourcentage de contenu national dans un produit)* local content rule; ~ **de droit/juridique** rule of law.

règlement [ʀeglamɑ̃] nm **1.** *(Jur)* settlement; ~ **à l'amiable** amicable settlement, out-of-court settlement; ~ **d'ensemble** blanket settlement; ~ **global** package settlement; ~ **de juges** settlement by an appellate court of a jurisdictional dispute between inferior courts; *(obs)* ~ **judiciaire** administration of insolvent companies, scheme of composition, receivership; ~ **pacifique des conflits** peaceful settlement of disputes **2.** *(règles)* rule, regulation, order; ~ **des assemblées** internal rules of a legislature; ~ **de copropriété** rules and regulations governing jointly-owned property; ~ **douanier** customs regulations; ~ **intérieur** internal regulations **3.** *(Fin/Bs)* settlement, payment; ~ **anticipé** early settlement; ~ **au comptant** cash settlement; **jour du** ~ settlement day, account day; ~ **mensuel** monthly settlement; ~ **d'une somme** settlement.

*règlement d'administration publique (RAP) nm executive order.

réglementaire [ʀeglamɑ̃tɛʀ] adj statutory; **pouvoir** ~ regulatory power.

réglementation [ʀeglamɑ̃tasjɔ̃] nf rules, regulation, control; ~ **des changes** foreign exchange regulations, exchange control rules; ~ **des prix** price controls; ~ **du travail** labour/labor regulations; *(D)* ~ **douanière** customs regulations.

réglementer [ʀeglamɑ̃te] vt regulate, control.

régler [ʀegle] vt **1.** *(conflit)* settle; ~ **un différend** settle a dispute, clear differences **2.** *(Cpta)* ~ **une dette/une facture** pay/settle a debt/a bill; ~ **le solde d'un compte** pay the balance of an account; ~ **par chèque** pay by cheque.

régresser [ʀegʀese] vi decline, drop.

regret [ʀəgʀɛ] nm regret; **j'ai le** ~ **de vous informer que...** I regret to inform you that...

regretter [ʀəgʀete] vt regret; **nous regrettons de ne pouvoir accepter votre commande** we regret that we have to decline your order.

regroupement [ʀəgʀupmɑ̃] nm **1.** grouping, *(ressources)* pool **2.** *(Fin)* *(comptes, actions)* consolidation.

regrouper [ʀəgʀupe] vt **1.** group, *(ressources)* pool **2.** *(Fin)* *(comptes, actions)* consolidate.

régularisation [ʀegylaʀizasjɔ̃] nf **1.** *(situation)* regularization **2.** *(Cpta)* adjustment **3.** *(Fin)* equalization.

régulariser [ʀegylaʀize] vt **1.** *(situation)* regularize **2.** *(Cpta)* adjust **3.** *(Fin)* equalize.

régulateur [ʀegylatœʀ] adj (f **-trice**) regulating; *(Eco)* **stock** ~ buffer stock.

régulateur [ʀegylatœʀ] nm regulator; ~ **s économiques** economic regulators.

régulation [ʀegylasjɔ̃] nf regulation, management, control; ~ **de l'offre** supply management; ~ **de la demande**

demand management; ~ *monétaire* monetary control; ~ *des naissances* birth control.

régulier [ʀegylje] *adj* (*f* -ière) 1. regular; *demande régulière* steady demand 2. (T) *vol* ~ scheduled flight 3. (*personne*) honest, regular.

réhabilitation [ʀeabilitasjɔ̃] *nf* 1. (*quartier*) rehabilitation, renovation 2. (*Jur*) discharge, form of pardon obtained by the accused after a period without further convictions; ~ *d'un failli* discharge of a bankrupt.

réhabiliter [ʀeabilite] *vt* 1. (*quartier*) restore, rehabilitate; ~ *qn dans ses fonctions* restore someone in his position/job 2. (*Jur*) (*failli*) discharge.

REI *v.* rachat d'entreprise par investisseurs.

réimportation [ʀeɛ̃pɔʀtasjɔ̃] *nf* reimport, reimportation.

réimporter [ʀeɛ̃pɔʀte] *vt* reimport.

réinsérer [ʀeɛ̃seʀe] *vt* relocate, resettle.

réinsertion [ʀeɛ̃seʀsjɔ̃] *nf* (*personne*) rehabilitation; *stage de* ~ rehabilitation course.

réintégrande [ʀeɛ̃tegʀɑ̃d] *nf* (*Jur*) action for ejectment.

réintégration [ʀeɛ̃tegʀasjɔ̃] *nf* (*personnel*) reintegration, reinstatement.

réintégrer [ʀeɛ̃tegʀe] *vt* (*personnel*) reintegrate, reinstate.

réinvestir [ʀeɛ̃vestiʀ] *v* 1. *vt* (*capitaux*) reinvest, plough/plow back 2. *vi* reinvest.

réinvestissement [ʀeɛ̃vestismɑ̃] *nm* 1. reinvestment, reinvesting, ploughing/ plowing back of funds 2. reinvestment, sum reinvested.

réitérer [ʀeiteʀe] *vt* reiterate, repeat.

rejet [ʀɔʒɛ] *nm* rejection, dismissal, disallowance.

rejeter [ʀɔʒəte] *vt* reject, dismiss, disallow.

relâche [ʀɔlɑʃ] *nf* (T) call, port of call; *faire* ~ *dans un port* call at a port.

relâcher [ʀɔlɑʃe] *v* 1. *vi* (T) (*navire*) ~ *dans un port* call at a port 2. *vt* (*corde*) loosen, slacken, ease, (*surveillance*) relax 3. *vt* (*détenu*) release.

relais [ʀɔlɛ] *nm* (*pl inv*) relay; (*Bq*) *crédit-*~ stand-by credit; (*Bq*) *prêt-*~ bridging/bridge loan; *travail par* ~ shift work.

relance [ʀɔlɑ̃s] *nf* 1. (*Eco*) reflation; *mesures de* ~ pump-priming measures; *effet de* ~ expansionary effect; ~ *par la demande* demand reflation 2. (*Mkg*) *lettre de* ~ follow-up letter, (*non-paiement*) (letter of) reminder.

relancer [ʀɔlɑ̃se] *vt* 1. (*Eco*) reflate, boost, stimulate, restart 2. (*suivi*) follow up.

relation [ʀɔlasjɔ̃] *nf* 1. ~s relations; ~s *commerciales* trade relations, business relations; ~s *diplomatiques* diplomatic relations; ~s *extérieures* public relations 2. acquaintance; *avoir des* ~s be well-connected; *par* ~s through one's connections.

relativité [ʀɔlativite] *nf* relativity.

relaxe [ʀɔlaks] *nf* (*Jur*) acquittal, release.

relaxer [ʀɔlakse] *vt* 1. (*Jur*) acquit, find not guilty 2. (*relâcher*) release.

relevé [ʀɔlve] *nm* 1. (*Cpta*) ~ *de compte* statement of account, bank statement; ~ *des prix* price list; ~ *de ventes* sales report 2. (*facture*) bill.

*relevé d'identité bancaire (RIB) nm bank account particulars.

*relevé d'identité de caisse d'épargne (RICE) nm (Bq) (Fr) savings bank account particulars.

*relevé d'identité postal (RIP) nm (Bq) (Fr) post-office (bank) account particulars.

relèvement [ʀɔlevmɑ̃] *nm* 1. rise, increase; ~ *des droits de douane* rise in customs duties; ~ *des prix* price rise 2. (*Eco*) recovery 3. (*Jur*) ~ *de la peine* remission of the penalty.

relever [ʀɔlve] *v* 1. *vt* (*prix*) raise, increase 2. *vt* (*Eco*) restore, rebuild, reconstruct 3. *vt* (*détails*) record, take down; (*Fin*) ~ *un compte* provide the balance of an account; ~ *le compteur d'électricité* read the electric meter 4. *vt* ~ *qn de ses fonctions* relieve sb of his duties, dismiss sb 5. *vt* ~ *de* be subject to, be under the jurisdiction of; *cela relève des tribunaux* it's a matter for the courts.

relier [ʀɔlje] *vt* (*idées, résultats*) link, tie in.

reliquat [ʀɔlika] *nm* balance, remainder.

remaniement [ʀɔmanimɑ̃] *nm* remodelling/remodeling, reorganization, (*ministériel*) cabinet reshuffle.

remanier [ʀɔmanje] *vt* remodel, reshape, reorganize, (*ministère*) reshuffle.

rembourrage [ʀɑ̃buʀaʒ] *nm* (*Emb*) padding.

rembourrer [ʀɑ̃buʀe] *vt* (*Emb*) pad.

rembours [ʀɑ̃buʀ] *nm* (D) customs drawback.

remboursable [ʀɑ̃buʀsabl] *adj* repayable.

remboursement [ʀɑ̃buʀsəmɑ̃] *nm* 1. refund, repayment, reimbursement; *livraison contre* ~ cash on delivery

(COD) ; ~ *d'une dette* debt redemption **2.** *(Bs)* redemption ; ~ *d'actions* repayment of capital ; ~ *d'obligations* redemption of bonds **3.** *(D) (rembours)* drawback, refund.

*****remboursement de la dette sociale (RDS)** nm *(Fisc) (Fr)* tax to reduce the social security deficit.

rembourser [Rãbuʀse] vt pay back, pay off, repay, reimburse, refund ; ~ *un emprunt* pay off/repay a loan ; ~ *une dette* pay back/pay off/repay a debt ; *(Bs)* ~ *une obligation* redeem a bond.

remembrement [RəmãbRəmã] nm consolidation of lands, reallocation of land.

remercier [RəmɛRsje] vt **1.** thank **2.** *(congédier)* ~ *qn* dismiss sb.

réméré [RemeRe] nm *(Jur) vente à* ~ sale with repurchase option, option to repurchase.

remettre [Rəmɛtʀ] vt **1.** *(documents)* submit ; ~ *sa démission* tender one's resignation **2.** *(marchandises)* deliver, hand over ; *(D)* ~ *les marchandises en circulation* release the goods **3.** *(argent)* remit **4.** ~ *en état* recondition, refurbish ; ~ *à jour* update ; ~ *à plus tard* postpone, put off.

remise [Rəmiz] nf **1.** delivery, handing over, return **2.** *(Bq)* remittance ; ~ *documentaire* documentary remittance ; ~ *de dette* forgiveness/remission of a debt **3.** *(Cpta)* reduction, discount, trade discount **4.** *(Jur)* ~ *de peine* remission, reduction of sentence ; ~ *testamentaire* remission by testament **5.** ~ *à plus tard* postponement.

remisier [Rəmizje] nm inv *(Bs)* half-commission man, intermediate broker.

remontée [Rəmɔ̃te] nf **1.** rise, upturn **2.** ~ *des informations* feedback.

remonter [Rəmɔ̃te] v **1.** vi rise, increase, rally ; *les taux d'intérêt remontent* interest rates are going up/rising again ; *(Mkg)* ~ *en gamme* move upmarket **2.** vt *(machine)* reassemble, *(entreprise)* reopen, re-establish ; *il a remonté cette entreprise* he put this business back on its feet **3.** vi *(faits)* ~ *à* date back to.

remorquage [RəmɔRkaʒ] nm *(T)* towing ; *droits de* ~ towage (dues).

remorque [RəmɔRk] nf *(T)* trailer ; *être à la* ~ lag behind, trail behind ; *en* ~ on tow, in tow.

remorquer [RəmɔRke] vt *(T)* tow, *(navire)* tug.

remorqueur [RəmɔRkœR] nm *(T)* tug, *(US)* towboat.

remplaçant [Rãplasã] nm *(temporaire)* stand-in, *(permanent)* replacement.

remplacement [Rãplasmã] nm **1.** *(produit)* replacement, substitution ; *prix de* ~ replacement cost ; *produit de* ~ substitute product, alternative product **2.** *(personne)* être en ~ de qn *(temporairement)* deputize for/fill in for/stand in for sb, *(permanent)* replace sb.

remplacer [Rãplase] vt **1.** *(produit)* replace **2.** *(personne) (temporairement)* deputize for, fill in for, stand in for ; *(définitivement)* take over from, replace.

remplir [RãpliR] vt **1.** *(document)* fill in, fill out, complete ; *(D)* ~ *une déclaration de douane* file a customs entry form **2.** *(conditions)* fulfil/fulfill, satisfy ; ~ *ses engagements* meet one's commitments ; ~ *ses obligations* comply with one's obligations ; *ne pas* ~ *ses obligations* fail to fulfill one's duties/obligations **3.** *(récipient)* fill.

remploi [Rãplwa] v. **réemploi**.

remue-méninges [Rəmymenɛ̃ʒ] nm *(J.O.)* brainstorming.

rémunérateur [RemyneRatœR] adj (f -trice) profitable, remunerative.

rémunération [RemyneRasjɔ̃] nf **1.** *(Eco)* compensation, salary, pay, remuneration, earnings ; ~ *mensuelle minimale* minimum monthly wage **2.** *(Fin)* ~ *du capital* return on capital.

rémunéré [RemyneRe] adj paid, remunerated ; *travail* ~ gainful employment ; *(Bq) compte* ~ interest-bearing account.

rémunérer [RemyneRe] vt remunerate, pay.

renchérir [RãʃeRiR] vi *(produit)* increase in price, *(prix)* go up, rise.

renchérissement [RãʃeRismã] nm increase in price.

rendement [Rãdmã] nm **1.** *(Eco/Ind)* efficiency, output, yield ; *à plein* ~ at full capacity ; ~ *agricole* yield ; ~s *croissants* increasing returns ; ~s *décroissants* decreasing/diminishing returns ; ~s *d'échelle* returns to scale ; ~ *(marginal) du capital* (marginal) return on capital ; *norme de* ~ output standard ; *prime de* ~ output bonus **2.** *(Cpta/Fin)* return, yield ; ~ *des actions* dividend rate, dividend yield ; ~ *des capitaux propres* return on equity ; ~ *d'un investissement* return on investment (ROI) ; *titres à bas* ~ low-yield securities.

rendez-vous [Rãdevu] nm *(pl inv)* appointment ; *prendre* ~ *avec qn* make an appointment with sb.

rendre [RãdR] vt **1.** return, give back ; ~ *compte* report **2.** *(Fin) (rapporter)* yield **3.** *(marchandises)* deliver **4.** *(Jur)* *(verdict)* render, pronounce ; ~ *un non-lieu* dismiss an action.

rendu [Rãdy] *adj* **1.** returned, given back **2.** *(T) (marchandises)* delivered ; ~ *à quai, droits acquittés* delivered ex quay (duty paid) (DEQ) ; ~ *droits acquittés (RDA)* delivered duty paid (DDP) ; ~ *droits non acquittés (RDNA)* delivered duty unpaid (DDU) ; ~ *ex ship (DES)* delivered ex ship (DES) ; ~ *frontière (DAF)* delivered at frontier (DAF).

renégociation [Rənegɔsjasjɔ̃] *nf* renegotiation.

renégocier [Rənegɔsje] *vt* renegotiate.

renflouer [Rãflue] *vt* **1.** *(T) (navire)* refloat, set afloat **2.** *(fig) (économie)* refloat, *(entreprise)* bail out.

renforcé [Rãfɔrse] *adj (Emb)* reinforced, strengthened.

renforcer [Rãfɔrse] *vt* reinforce, strengthen, *(étayer)* shore up ; ~ *la coopération* enhance cooperation.

renom [Rənɔ̃] *nm* reputation, renown.

renommé [Rənɔme] *adj* renowned, famous.

renommée [Rənɔme] *nf* reputation, fame ; *de ~ internationale* internationally known.

renommer [Rənɔme] *vt* **1.** rename **2.** reappoint.

renoncer [Rənɔ̃se] *vi* renounce, give in ; ~ *à qch* give sth up.

renonciation [Rənɔ̃sjasjɔ̃] *nf (à)* renunciation (of).

renouer [Rənwe] *vt (relations, contact)* resume, renew ; ~ *le dialogue* resume discussion.

renouvelable [Rənuvlabl] *adj* renewable.

renouveler [Rənuvle] *vt* renew.

renouvellement [Rənuvɛlmã] *nm* renewal.

rénovation [Renɔvasjɔ̃] *nf* renovation, modernization ; ~ *urbaine* urban renewal.

rénover [Renɔve] *vt* renovate, modernize.

renseignement [Rãsɛɲmã] *nm* information *(s inv)* ; *demande de ~s* inquiry ; *demander des ~s* ask for information ; *pour plus amples ~s* for further information/details ; *~s téléphoniques (UK)* directory inquiries, *(US)* information, directory assistance.

*Renseignements généraux nmpl les R~ the security branch of the police force, *(UK) équiv.* Special Branch.

renseigner [Rãsɛɲe] **1.** *vt* give infor-

mation to, inform **2.** *vpr se ~ sur qch* inquire about something.

rentabiliser [Rãtabilize] *vt* make profitable, *(investissements, équipements)* make pay.

rentabilité [Rãtabilite] *nf* **1.** profitability ; ~ *d'une entreprise* profitability of a company ; *taux de ~* rate of return **2.** *(Fin)* return ; ~ *d'un investissement* return on investment ; *seuil de ~* break-even point.

rentable [Rãtabl] *adj (investissement)* profitable, *(système)* cost-effective.

rente [Rãt] *nf* **1.** annuity, pension ; ~ *viagère* life annuity ; *vivre de ses ~s* live off a private income **2.** *(Fin)* government bond ; ~ *consolidée* consols, consolidated stock ; ~ *sur l'Etat* medium- and long-term government debt, government annuity ; ~ *perpétuelle* irredeemable security **3.** *(Eco)* rent ; ~ *du consommateur* consumer's/buyer's surplus ; ~ *du producteur* producer's surplus ; ~ *de situation (Eco)* pure economic situation, *(Com)* vested rent ; ~ *foncière* ground rent.

rentier [Rãtje] *nm (f -ière)* person of private means, annuitant ; *(Jur) ~ viager* annuitant.

rentrée [RãtRe] *nf* **1.** *(recettes)* income, cash inflow ; *~s d'argent* earnings, receipts, returns ; *~s fiscales* tax receipts **2.** *(Cpta) (recouvrement de créances)* paid bills, collection.

rentrer [RãtRe] *vi* come in ; *faire ~ de l'argent* bring in money ; *faire ~ ses créances* collect one's debts.

renversement [RãvɛRsəmã] *nm (tendance)* reversal ; ~ *conjoncturel* reversal of market trends.

renvoi [Rãvwa] *nm* **1.** *(licenciement)* dismissal, firing, *(fam) (UK)* sacking **2.** *(Jur)* referral, transfer (of a matter), change of venue **3.** *(marchandises)* return.

renvoyer [Rãvwaje] *vt* **1.** *(personnel)* dismiss, fire, *(fam) (UK)* sack **2.** *(marchandises)* send back, return **3.** *(Jur) (affaire)* remand, send back, *(accusé)* refer, transfer.

réorganisation [Reɔrganizasjɔ̃] *nf* restructuring, reorganization.

réorganiser [Reɔrganize] *vt* restructure, reorganize.

réorientation [Reɔrjãtasjɔ̃] *nf* reorientation, redirection ; ~ *de la politique économique* reorientation of economic policy.

réorienter [Reɔrjãte] *vt* redirect, reorientate, reorient ; ~ *la politique économique* reorientate economic policy.

réouverture [ʀeuvɛʀtyʀ] *nf* reopening.

réparateur [ʀepaʀatœʀ] *nm* (*f* **-trice**) repairer, repairman, repair person.

réparation [ʀepaʀasjɔ̃] *nf* **1.** (*machine*) repair ; **en ~** under repair **2.** (*erreur*) correction **3.** (*Jur*) compensation, damages, legal redress.

réparer [ʀepaʀe] *vt* **1.** (*machine*) repair, (*erreur*) correct **2.** (*Jur*) (*préjudice*) indemnify, redress.

repartir [ʀəpaʀtiʀ] *vi* (*ventes, économie*) pick up again ; **les affaires/ventes repartent** business is picking up, sales are picking up.

répartir [ʀepaʀtiʀ] *vt* **1.** share out, divide up, distribute ; **~ une somme** share out an amount **2.** (*Cpta*) allocate, apportion ; **~ les ressources** allocate resources ; **~ les richesses** distribute wealth ; (*Ass*) **~ un risque** spread a risk.

répartition [ʀepaʀtisjɔ̃] *nf* **1.** sharing out, dividing up, distribution ; (*Eco*) **effet de ~** distributional impact ; **~ des ressources** allocation of resources ; **~ des revenus** income-distribution effect ; **~ par secteurs d'activité** occupational distribution ; **système de retraite par ~** contributory pension scheme ; **~ par tranche d'âge** age distribution **2.** (*Cpta*) allocation, apportionment **3.** (*Ass*) **~ des risques** risk spreading.

repentir [ʀəpɑ̃tiʀ] *nm* (*Jur*) **~ actif** reparation of damages caused by a criminal action.

répercussion [ʀepɛʀkysjɔ̃] *nf* repercussion, impact, side effect.

répercuter [ʀepɛʀkyte] *v* **1.** *vt* (*hausse, baisse*) **~ qch sur qn** pass sth on to sb **2.** *vpr* **se ~ sur** have an impact on ; **la hausse de la TVA se répercute sur le consommateur** the rise in VAT is passed on to the consumer.

repère [ʀəpɛʀ] *nm* benchmark, reference mark ; **~ économique** economic indicator.

répertoire [ʀepɛʀtwaʀ] *nm* directory, list, index ; **~ des marques de fabrique** trademark register.

répertorier [ʀepɛʀtɔʀje] *vt* list, index.

répétition [ʀepetisjɔ̃] *nf* **1.** repetition **2.** (*Jur*) **~ de l'indu** reimbursement/claiming of sums paid in error.

replacement [ʀəplasmɑ̃] *nm* (*employé*) outplacement.

répit [ʀepi] *nm* **1.** respite ; **sans ~** unceasingly **2.** (*Cpta*) extension of the term to pay a debt.

repli [ʀəpli] *nm* downturn, decline ; **position de ~** standby solution.

replier [ʀəplije] *vpr* **se ~** decline ;

(*pays, économie*) **se ~ sur soi** turn inward, look inward.

réplique [ʀeplik] *nf* answer, reply.

répondant [ʀepɔ̃dɑ̃] *nm* (*Fin*) guarantor, surety, sponsor.

répondeur [ʀepɔ̃dœʀ] *nm* **~ téléphonique** answering machine, answerphone, (*UK*) Ansafone®.

répondre [ʀepɔ̃dʀ] *vi* **1.** answer, reply ; **~ à une lettre** answer a letter **2.** (*fig*) **~ aux besoins** meet needs ; **~ aux exigences** meet requirements/expectations ; **~ aux normes** satisfy/meet standards **3.** **~ de ses actes** answer for one's acts ; **~ d'un crime** answer for a crime ; **~ de qn** answer for sb, (*Fin/Jur*) stand surety for sb ; **~ des dettes de qn** answer for sb's debts.

réponse [ʀepɔ̃s] *nf* **1.** reply, answer, response ; **en ~ à votre lettre** in reply to your letter ; **~ par retour du courrier** reply by return of post/mail **2.** (*Mkg*) response, feedback.

report [ʀapɔʀ] *nm* **1.** (*remise à plus tard*) deferment, postponement ; (*Cpta*) amount carried forward ; **~ en amont** carry back ; **~ en aval** carry forward ; **~ d'échéance** postponement of maturity date ; **~ à nouveau** balance brought/carried forward ; **~ à nouveau bénéficiaire** retained earnings, earned surplus ; **~ en arrière de déficit** carry back, loss carry back **2.** (*Bs*) contango, premium, carry-over transaction ; **avec un ~ sur le marché des changes** at a premium ; **taux de ~** contango rate, contango fee.

reporter [ʀapɔʀte] *vt* **1.** (*remettre à plus tard*) postpone, defer, put off **2.** (*Cpta*) carry forward, post ; **~ en amont** carry back ; **~ une écriture** post an entry **3.** (*Bs*) **~ une position** carry over a position.

repos [ʀapo] *nm* **1.** rest ; **~ hebdomadaire** weekly day off **2.** (*Bs*) **valeurs de tout ~** (*UK*) gilt-edged securities, (*US*) blue-chip securities.

repositionner [ʀapɔzisjɔne] *vt* reposition.

reprendre [ʀapʀɑ̃dʀ] *v* **1.** *vt* (*articles*) take back **2.** *vi* pick up, recover, rally, improve ; **l'économie reprend** the economy is picking up **3.** *vti* (*pourparlers*) resume **4.** *vt* (*entreprise*) take over.

représailles [ʀapʀezaj] *nfpl* retaliation, reprisals ; **exercer des ~ à l'encontre de qn** retaliate against sb.

représentant [ʀapʀezɑ̃tɑ̃] *nm* representative, agent ; **~ de commerce** sales representative, commercial traveller ; **~ exclusif** sole agent ; **~ du personnel**

member of the works committee, staff representative ; ~ *syndical* union representative.

représentatif [ʀəpʀezɑ̃tatif] *adj (f -*ive**)** representative.

représentation [ʀəpʀezɑ̃tasjɔ̃] *nf* **1.** representation **2.** agency ; ~ *commerciale* dealership ; ~ *exclusive* exclusive agency **3.** *(Jur)* ~ *en justice* representation by a lawyer in court **4.** *(Pol)* ~ *proportionnelle* proportional representation.

représentativité [ʀəpʀezɑ̃tativite] *nf* representativeness ; *(Jur)* ~ *des syndicats* recognition of labour/labor unions as meeting criteria of representativeness.

représenter [ʀəpʀezɑ̃te] *vt* represent, *(correspondre à)* account for.

répression [ʀepʀesjɔ̃] *nf* repression, crackdown ; *service de la* ~ *des fraudes* fraud squad.

réprimer [ʀepʀime] *vt* repress, crack down on.

repris de justice [ʀəpʀidʒystis] *nm inv* habitual criminal, repeat offender, exprisoner.

reprise [ʀəpʀiz] *nf* **1.** *(Eco)* recovery, revival, pick up, upturn, upswing **2.** *(négociations)* resumption **3.** *(Mkg)* ~ *des marchandises* taking-back of goods **4.** *(Jur)* renewal ; ~ *de l'information sur charges nouvelles* renewal of an investigation on new charges ; *droit de* ~ right to recovery of property upon the expiration of a lease ; ~ *d'instance* resumption of a hearing previously postponed **5.** *(Bs)* recovery, rally.

reproche [ʀəpʀɔʃ] *nm* **1.** reproach **2.** *(Jur)* impeachment (of a witness).

reproduction [ʀəpʀɔdyksjɔ̃] *nf* reproduction ; *(Eco) taux de* ~ replacement rate.

reprographie [ʀəpʀɔgʀafi] *nf* photocopying.

république [ʀepyblik] *nf* republic.

répudiation [ʀepydjasjɔ̃] *nf (Jur)* repudiation, relinquishment.

répudier [ʀepydje] *vt (Jur)* repudiate, relinquish.

réputation [ʀepytasjɔ̃] *nf* reputation, renown.

réputé [ʀepyte] *adj* famous, renowned.

requérant [ʀəkeʀɑ̃] *nm (Jur)* applicant, claimant.

requérir [ʀəkeʀiʀ] *v (Jur)* **1.** *vt* claim, demand **2.** *vi le procureur était en train de* ~ the prosecution was summing up.

requête [ʀəket] *nf* **1.** petition, request ; *à la* ~ *de* upon the request of ; *sur* ~ upon request **2.** *(Jur)* claim, demand,

petition ; *adresser une* ~ *au juge* petition the judge ; ~ *en cassation* appeal ; ~ *civile* civil claim ; ~ *conjointe* joint demand.

requis [ʀəki] *adj* required, requisite.

réquisition [ʀekizisjɔ̃] *nf (Jur)* requisition, levy ; ~ *de paiement* order made to accountant to pay.

réquisitionner [ʀekizisjɔne] *vt (Jur)* requisition ; ~ *un immeuble* requisition a building.

réquisitoire [ʀekizitwaʀ] *nm* prosecutor's charge/indictment, prosecutor's closing speech.

RER *v.* **réseau express régional.**

RES *v.* **rachat d'entreprise par ses salariés.**

rescinder [ʀəsɛ̃de, ʀesɛ̃de] *vt (Jur) (jugement)* annul.

rescision [ʀesizjɔ̃] *nf (Jur)* rescission, annulment.

réseau [ʀezo] *nm (pl* -x**) 1.** network ; *(Mkg)* ~ *de distribution* distribution network ; ~ *de vente* sales network ; *mise en* ~ networking **2.** *(T)* ~ *ferroviaire à grande vitesse* high-speed rail network **3.** *(Inf)* ~ *local* local area network (LAN).
réseau express régional (RER) *nm (T) (Fr)* Paris city and suburban express rail network.

réservation [ʀezeʀvasjɔ̃] *nf* reservation, booking.

réserve [ʀezeʀv] *nf* **1.** *(restriction)* reserve, reservation ; *(T) (connaissement) avec* ~ unclean, foul, dirty ; *(Jur)* ~ *légale* legal reserve ; ~ *de propriété* reservation/retention of title ; *sans* ~ without reserve, *(T) (connaissement)* clean, fair ; *sous* ~s with reservations **2.** *(Cpta/Fin)* reserve, retained earnings ; ~s *de change* official foreign exchange reserves, currency reserves ; ~s *consolidées* consolidated retained earnings ; *(Bq)* ~s *obligatoires (UK)* special deposits, *(US)* required reserves ; ~s *en or* gold reserves, gold holdings ; ~ *de renouvellement* replacement reserve **3.** *(Com)* reserve, stock, *(endroit)* storeroom ; *constituer des* ~s build up reserves **4.** *(Jur)* restraint ; *obligation de* ~ obligation of restraint **5.** *(lieu, parc)* ~ *indienne* Indian reservation ; ~ *naturelle* nature reserve.

réserver [ʀezeʀve] *vt* **1.** save, set aside **2.** *(place, billet)* reserve, book.

réservoir [ʀezeʀvwaʀ] *nm* **1.** *(cuve)* tank ; ~ *à essence* petrol/gas tank **2.** *(fig) être un* ~ *de jeunes talents* have a wealth/pool of young talent ; ~ *de main-d'œuvre* labour/labor pool.

résidant [Rezidɑ̃] *nm (habitant)* resident, inhabitant *(à dist. résident)*.

résidence [Rezidɑ̃s] *nf* residence ; *(Jur)* ~ *forcée* house arrest ; *être assigné à* ~ be under house arrest *(v. assignation à résidence)*.

résident [Rezidɑ̃] *nm* foreign resident, alien with resident status *(à dist. résidant)*.

résider [Rezide] *vi* reside.

résiliation [Reziljasjɔ̃] *nf* cancellation, *(contrat)* termination.

résilier [Rezilje] *vt (Jur)* cancel, terminate, rescind.

résistance [Rezistɑ̃s] *nf* 1. *(opposition)* resistance 2. *(fermeté)* firmness.

résistant [Rezistɑ̃] *adj* resistant, firm ; *(Emb)* ~ *à la chaleur* heatproof, heat-resistant ; ~ *au choc* shockproof, shock-resistant ; ~ *à l'humidité* damp-resistant, damp-proof.

résister [Reziste] *vi (à)* resist, stand firm ; ~ *au changement* resist change.

résoluble [Rezɔlybl] *adj (Jur)* 1. *(problème)* determinable 2. *(contrat)* voidable, cancellable.

résolution [Rezɔlysjɔ̃] *nf* 1. *(Pol)* *(mesure adoptée)* resolution 2. *(problème)* solution 3. *(Jur)* termination, rescission ; ~ *des contrats* resolution of contracts.

résolutoire [RezɔlytwaR] *adj (Jur)* *clause* ~ avoidance clause.

résorber [RezɔRbe] *vt* 1. *(Eco)* bring down, reduce ; ~ *l'inflation/le chômage* bring down inflation/unemployment 2. *(Fin)* ~ *un excédent de liquidités* mop up excess liquidities.

résoudre [Rezudr] *vt* 1. solve, settle ; ~ *une question/un problème* resolve an issue 2. *(Jur)* *(contrat, accord)* rescind, terminate, cancel.

respect [Rɛspɛ] *nm* respect ; ~ *d'une loi/d'un accord/de normes* compliance with a law/an agreement/standards.

respecter [Rɛspɛkte] *vt* 1. *(personne)* respect 2. *(règlement)* abide by, comply with ; ~ *les délais/les échéances* meet deadlines ; ~ *la loi* obey the law.

responsabiliser [Rɛspɔ̃sabilize] *vt* 1. ~ *qn* give sb responsibilities 2. ~ *qn* make sb responsible/aware of their responsibilities.

responsabilité [Rɛspɔ̃sabilite] *nf* 1. responsibility ; ~ *politique* political responsibility 2. *(Jur)* liability ; *assurance* ~ *civile* liability insurance ; ~ *du fait d'autrui* vicarious liability, respondeat superior (of employers), liability for the acts of others ; ~ *du fait des choses* liability derived from ownership ; ~ *pé-*

nale criminal liability ; ~ *pénale du chef d'entreprise* criminal liability of the head of a business ; ~ *produit* product liability ; ~ *solidaire* joint and several liability 3. ~ *devant qn* accountability to sb 4. position, post of responsibility.

responsable[1] [Rɛspɔ̃sabl] *adj (de)* 1. responsible (for) 2. *(Jur)* liable (for) 3. ~ *devant qn* accountable to sb.

responsable[2] [Rɛspɔ̃sabl] *nm* person in charge ; ~ *des achats* chief buyer, head buyer ; ~*s du commerce extérieur* trade officials ; ~*s politiques* political leaders.

ressaisir [Rəsezir] *vpr (Bs)* *se* ~ pick up.

resserrement [RəsɛRmɑ̃] *nm (Eco)* tightening ; ~ *du crédit* credit squeeze ; ~ *monétaire* dear-money policy.

ressort [Rəsɔr] *nm* 1. *(Jur)* jurisdiction, competence ; *en dernier* ~ without appeal ; *jugement en premier et dernier* ~ ruling by a court of original jurisdiction and last resort (for small claims) ; *juger une affaire en dernier* ~ hear a case in a court of last resort 2. responsibility ; *ce domaine est du* ~ *du chef de l'Etat* this area is the responsibility of the President.

ressortissant [Rəsɔrtisɑ̃] *nm* national (of a country).

ressource [Rəsurs] *nf* resource ; *affectation des* ~*s* resource allocation ; ~*s humaines* human-resources ; *gestion des* ~*s humaines* human-resource management ; ~*s naturelles* natural resources ; ~*s en personnel* manpower ; ~*s propres* own resources ; *(Fin)* ~ *financières* financial resources, funds.

restauration [RɛstɔRasjɔ̃] *nf (industrie)* catering.

restaurer [RɛstɔRe] *vt* 1. restore 2. *(Inf)* reset, restore.

reste [Rɛst] *nm* 1. rest, remainder ; *le* ~ *du monde* the rest of the world, overseas 2. *(Cpta)* balance 3. *(Com)* ~*s de commandes* back orders.

restituer [Rɛstitɥe] *vt* 1. return, restore 2. *(fonds)* refund.

restitution [Rɛstitysjɔ̃] *nf* 1. restitution 2. *(Eco)* refund ; *(UE)* export subsidy ; ~ *d'impôts* tax refund.

restreindre [RɛstRɛ̃dr] *vt* restrict, curb, limit.

restreint [RɛstRɛ̃] *adj* limited.

restrictif [RɛstRiktif] *adj (f -ive)* restrictive.

restriction [RɛstRiksjɔ̃] *nf* restriction ; ~*s de crédit* credit squeeze ; ~*s quantitatives* quantitative restrictions (QRs) ;

~s salariales wage restraints ; *(CI)* ~ **volontaire des exportations** orderly market agreement (OMA), orderly marketing agreement, voluntary restraint agreement (VRA), voluntary export restraints (VER).

restructuration [RəstRyktyRasjɔ̃] *nf (Mgt)* restructuring, reorganization, redeployment ; ~ **d'entreprise** corporate restructuring.

restructurer [RəstRyktyRe] *vt (Mgt)* restructure, reorganize.

résultat [Rezylta] *nm* 1. output, result, outcome, performance 2. *(Cpta)* income, earnings, profit ; **compte de ~** income statement ; ~ **d'exploitation** operating profit/result, trading profit/result ; ~ **final (financier)** bottom line.

résumé [Rezyme] *nm* summary, *(article)* abstract.

rétablir [Retablir] 1. *vt* restore ; ~ **qn dans ses fonctions** reinstate sb in his job 2. *vpr se* ~ recover.

rétablissement [Retablismɑ̃] *nm* 1. restoration ; ~ **économique** economic recovery 2. ~ **de qn (dans ses fonctions)** reinstatement of sb (in his job).

retard [Rətar] *nm* delay ; **avoir pris du** ~ be behind schedule ; ~ **de livraison** late delivery ; ~ **technologique** technological gap/lag ; **en** ~ late, overdue.

retarder [Rətarde] *vt* 1. delay, hold up 2. *(remettre à plus tard)* postpone, put off.

retenir [Rətənir] *vt* 1. *(retarder)* hold up 2. *(réserver)* book ; *(T)* ~ **le fret** book freight space 3. *(Fisc)* deduct, *(US)* withhold ; ~ **un impôt à la source** deduct/withhold a tax at the source 4. *(proposition)* accept.

rétention [Retɑ̃sjɔ̃] *nf* retention, *(information)* holding back ; *(Jur)* **droit de** ~ right to keep a good as security for a loan, particular lien, retaining lien, *(US)* possessory lien.

retenue [Rətny] *nf* deduction ; *(Fisc)* **(système de)** ~ **à la source** taxation at source, *(US)* withholding system, *(US)* withholding tax, *(UK)* pay-as-you-earn (PAYE) (system) ; ~ **sur salaire** wage deduction.

réticence [Retisɑ̃s] *nf* 1. hesitation, reluctance ; **avec** ~ reluctantly ; **sans** ~ with no hesitation 2. *(Jur)* non-disclosure.

retirer [Rətire] *v* 1. *vt* withdraw ; ~ **de l'argent** withdraw money ; ~ **sa candidature** withdraw one's candidacy/candidature ; ~ **un produit de la vente** recall a product, withdraw a product from sale 2. *vt (marchandises)* pick up, collect 3. *vpr se* ~ withdraw, *(candidat à l'élection)* stand down, *(retraite)* retire.

retombée [Rətɔ̃be] *nf (souvent pl)* consequence, side effect, fallout, *(avantage)* spin-off.

rétorsion [RetɔRsjɔ̃] *nf* retaliation ; **mesures de** ~ retaliatory measures.

retour [Rətur] *nm* 1. return ; **être de** ~ be back ; ~ **à la case départ** back to square one ; ~ **à l'expéditeur** return to sender 2. *(Cpta/Fin)* return ; ~ **sur immobilisations** return on assets ; ~ **sur investissements** return on investments 3. *(T)* return ; **chargement de** ~ return cargo ; **clause de** ~ **sans frais** clause permitting return of a good at no charge 4. *(Jur)* **droit de** ~ right of reversion.

retournement [Rəturnəmɑ̃] *nm (tendance, situation)* reversal (of), turnaround (in).

retourner [Rəturne] *vt* return.

rétracter [Retrakte] *vpr se* ~ retract, recant ; **le témoin s'est rétracté** the witness withdrew his statement.

retrait [RətRɛ] *nm* withdrawal, *(D)* clearance ; *(Bq)* ~ **d'espèces** cash withdrawal ; *(Bq)* ~**s massifs de dépôts** run on banks ; *(Jur)* ~ **d'une plainte** withdrawal of a complaint ; *(Mkg)* ~ **d'un produit de la vente** recall of a product, withdrawal/removal of a product from sale ; *(Bq)* ~ **à vue** withdrawal on demand.

retraite [Rətrɛt] *nf* 1. *(cessation d'activité)* retirement ; **âge de la** ~ retirement age ; **être à la** ~ be retired ; **partir à la** ~ retire 2. *(somme perçue)* pension ; ~ **complémentaire** complementary retirement allowance ; **fonds de** ~ pension fund ; **régime de** ~ pension plan/scheme ; ~ **vieillesse** old-age pension.

retraité [Rətrɛte] *nm* retired person, pensioner, *(UK)* old-age pensioner (OAP).

retraitement [Rətrɛtmɑ̃] *nm (Ind/Inf)* reprocessing.

retraiter [Rətrɛte] *vt* reprocess.

retranchement [RətRɑ̃ʃmɑ̃] *nm* 1. *(somme)* deduction 2. *(Jur)* partial reversal of a decision without remand.

retrancher [RətRɑ̃ʃe] *vt* deduct.

retransmettre [RətRɑ̃smɛtR] *vt (T)* reroute.

rétrécir [Retresir] *vi (aussi se rétrécir vpr)* shrink.

rétribuer [Retribɥe] *vt (personnel)* pay, compensate, remunerate, reward, *(travail)* remunerate, pay for.

rétribution [Retribysjɔ̃] *nf* payment, retribution.

rétroactivité [Retroaktivite] *nf (Jur)*

retroactivity, applicability of a law to situations that arose before the time the law was enacted; **~ de la loi** retrospective law, retroactive effect of the law.

rétroactif [Retroaktif] *adj (f* -ive) retroactive, retrospective; *loi rétroactive* retrospective law.

rétrocéder [Retrosede] *vt (Jur)* retrocede, cede back.

rétrocession [Retrosesjɔ̃] *nf* selling back, conveyance back to seller.

réunion [Reynjɔ̃] *nf* meeting; **~ de lancement** kick-off (meeting); **~ de responsables** management meeting; **~ de travail** work session.

Réunion [Reynjɔ̃] *nf (île de) la R~* Réunion (Island).

réunionnais [Reynjɔne] *adj* of/from Réunion.

Réunionnais [Reynjɔne] *nm* native/inhabitant of Réunion.

réunir [Reynir] *v* **1.** *vt* **~ des collègues** call a meeting **2.** *vt* **~ des fonds** raise funds **3.** *vpr se* **~** meet, hold a meeting.

réussir [Reysir] *vti* succeed.

réussite [Reysit] *nf* success, success story.

revalorisation [Rəvaloʀizasjɔ̃] *nf* revalorization, upgrading.

révélation [Revelasjɔ̃] *nf (Jur)* disclosure; **~ de secrets** breach of secrecy.

revendeur [Rəvɑ̃dœr] *nm (f* -euse) retailer, dealer.

revendication [Rəvɑ̃dikasjɔ̃] *nf* claim, demand; **~ salariale** wage/pay claim.

revendiquer [Rəvɑ̃dike] *vt* **1.** demand; **~ une hausse des salaires** demand a pay rise **2.** **~ la responsabilité de qch** claim responsibility for sth; *l'attentat terroriste n'a pas encore été revendiqué* as yet no one has claimed responsibility for the terrorist attack/bombing.

revendre [Rəvɑ̃dr] *vt* **1.** resell, sell again **2.** *(Bs)* **~ des actions** sell out shares.

revenir [Rəvnir] *vi* **1.** come back **2.** **~ à** amount to, cost **3.** **~ à qn** belong to sb; *l'héritage vous revient* the inheritance is yours (by right) **4.** **~ sur une décision** go back on/reject a decision.

revente [Rəvɑ̃t] *nf* resale.

revenu [Rəvny] *nm (Eco/Fin)* income, earnings; **~ du capital** unearned income, investment income; **~ courant** current income; **~ disponible** disposable income; **~ disponible brut** gross disposable income; **~ discrétionnaire** discretionary income; **~ global** national income; **~ de l'impôt** tax reve-

nue; **~ imposable** taxable income; **~ imposable (d'une société)** taxable surplus; **~ national** national income; **~ national par habitant** national income per head/per capita; **~ nominal** money income, income in current terms; **~s non salariaux** unearned income; **~ permanent** permanent income; **~ de la propriété** property income; **~s en termes réels** real income; **~ réel disponible** real disposable income; **~s sociaux** social benefits; **~s de solidarité** transfer payments; **~ de transferts** transfer payments; **~ du travail** earned income.

*revenu minimum d'insertion (RMI) *nm (Fr)* government benefit granted to those not entitled to unemployment benefit; *équiv. (UK)* income support, *(US)* welfare.

revers [Rəver] *nm* setback.

reverser [Rəverse] *vt* pay back.

réversion [Reversjɔ̃] *nf (Jur)* reversion; *pension de* **~** reversion pension.

revêtu [Rəvety] *adj* dressed in; *(Jur)* **~ de la formule exécutoire** bearing the enacting/executory words.

revient [Rəvjɛ̃] *nm (Cpta) calcul du prix de* **~** costing; *prix de* **~** cost, cost price.

réviser [Revize] *vt* **1.** *(prix, décision)* revise, adjust **2.** *(Cpta) (comptes)* audit, check.

réviseur [Revizœr] *nm inv (Cpta)* auditor.

révision [Revizjɔ̃] *nf* **1.** *(décision, prix)* revision, review **2.** *(Cpta)* auditing, checking **3.** *(Inf)* **~ d'un logiciel** release (software) **4.** *(Jur)* review (by the courts) **5.** *(véhicule)* servicing.

révocable [Revɔkabl] *adj* revocable; *(Fin) lettre de crédit* **~** revocable letter of credit.

révocation [Revɔkasjɔ̃] *nf* **1.** *(Jur)* revocation, cancellation **2.** removal of a public official, dismissal.

revoir [Rəvwar] *vt* revise.

révolution [Revɔlysjɔ̃] *nf* revolution; **~ industrielle/technologique** industrial/technological revolution.

révoquer [Revɔke] *vt* **1.** *(contrat, décision)* revoke, cancel **2.** *(personne)* dismiss.

revue [Rəvy] *nf* **1.** magazine, journal, review **2.** review; *passer en* **~** inspect.

RIB [Rib] *v.* **relevé d'identité bancaire.**

RICE [Ris] *v.* **relevé d'identité de caisse d'épargne.**

riche[1] [Riʃ] *adj* rich, wealthy; *les* **~s** the rich.

riche[2] [Riʃ] *nm* rich person.

richesse [ʀiʃɛs] *nf* wealth, affluence; *(Fisc) signes extérieurs de ~* external evidence of wealth.

rigidité [ʀiʒidite] *nf* **1.** *(Eco)* inelasticity, rigidity; *~ de la demande* inelasticity of demand; *~s sur le marché du travail* rigidities of the labour/labor market **2.** *(Jur) ~ constitutionnelle* fact that a constitution can be amended only by a special procedure rather than by ordinary legislation.

rigueur [ʀiɡœʀ] *nf* rigour/rigor; *être de ~* be essential/compulsory; *~ économique* economic austerity; *politique de ~* austerity policy.

RIP [ʀip] *v.* relevé d'identité postal.

risque [ʀisk] *nm* risk, hazard, exposure; *(Mgt) aversion pour le ~* risk aversion; *(Eco) ~ de change* exchange risk, currency risk, exchange exposure; *comportement face au ~* attitude to risk; *~ de contrepartie* counterparty risk; *(Mgt) gestion des ~s* risk management; *(T) (Ass) ~ maritime* perils of the sea; *(CI) ~ politique* political risk; *~ professionnel* risk inherent in a line of work; *(T) (Ass) ~ de séjour à terre* on-shore risk; *(Fin) ~ souverain* sovereign risk (for investments); *(T) (Ass) ~ du transporteur* carrier's risk; *aux ~s du propriétaire* at owner's risk; *aux ~s du transporteur* at carrier's risk; *à vos ~s et périls* at your own risk.

risqué [ʀiske] *adj* risky.

risquer [ʀiske] *vt* risk.

ristourne [ʀisturn] *nf* discount, rebate.

riverain [ʀivʀɛ̃] *nm* resident; *~ d'une voie publique* occupant of a building fronting on a street; *accès interdit sauf aux ~s* local traffic only.

RMI *v.* revenu minimum d'insertion.

RMIste [eʀemist] *v.* érémiste.

robe [ʀɔb] *nf* robe, *(avocat)* gown.

robot [ʀɔbo] *nm* robot.

robotique [ʀɔbɔtik] *nf* robotics.

robotisation [ʀɔbɔtizasjɔ̃] *nf* automation, robotization.

robotiser [ʀɔbɔtize] *vt* automate, robotize.

robuste [ʀɔbyst] *adj (Emb)* strong, sturdy, stout.

rogatoire [ʀɔɡatwaʀ] *adj (Jur)* rogatory; *commission ~* letters rogatory, rogatory commission, ad hoc committee.

rôle [ʀol] *nm* register, roll, list, docket; *(Jur) mise au ~* act by which a case is put on the court's docket.

rompre [ʀɔ̃pʀ] *vt (accord)* break, break off, breach.

rompu [ʀɔ̃py] *nm (Bs)* fractional share; *~s* odd lot.

rotation [ʀɔtasjɔ̃] *nf* **1.** turnover, rotation; *~ du capital* capital turnover; *~ de la main-d'œuvre* labour/labor turnover; *~ du personnel* staff rotation; *~ des postes* job rotation; *~ des stocks* inventory/stock turnover **2.** *(T)* turnround/turnaround.

rouage [ʀwaʒ] *nm ~s* works, workings; *les ~s administratifs* the administrative machinery.

rouge [ʀuʒ] *nm (Bq) être dans le ~* be in the red; *(Eco) les indicateurs sont au ~* the indicators are flashing.

roulage [ʀulaʒ] *nm (T)* **1.** *(transport routier)* haulage **2.** *(système de chargement)* roll on-roll off (ro-ro).

roulement [ʀulmɑ̃] *nm (personnel)* rotation **2.** *(Fin)* circulation; *fonds de ~* working capital.

roulier [ʀulje] *nm (T)* roll on-roll off ship (ro-ro).

roumain [ʀumɛ̃] *adj* Rumanian, Romanian.

Roumain [ʀumɛ̃] *nm* Rumanian, Romanian.

Roumanie [ʀumani] *nf* Rumania, Romania.

routage [ʀutaʒ] *nm (T)* routing, dispatching.

route [ʀut] *nf* **1.** road; *transport par ~* road transport, road haulage; *feuille de ~* waybill; *~ à double voie (UK)* dual carriageway, *(US)* freeway **2.** *(itinéraire)* route; *~s maritimes/aériennes* sea/air routes.

routier [ʀutje] *adj (f -ière)* road; *transport ~* road transport/haulage.

routier [ʀutje] *nm inv* lorry/truck driver, *(US)* trucker, teamster.

routine [ʀutin] *nf* routine.

routinier [ʀutinje] *adj (f -ière)* routine.

royalties [ʀwajalti] *nfpl* royalties.

Royaume-Uni [ʀwajomyni] *nm* United Kingdom.

Ruanda [ʀwɑ̃da] *v.* Rwanda.

ruban [ʀybɑ̃] *nm* ribbon; *(Emb) ~ adhésif®* adhesive tape, sellotape®, scotch-tape®.

rubrique [ʀybʀik] *nf* **1.** *(journal)* column **2.** *(fig)* category; *~ du bilan* balance-sheet item/caption.

ruée [ʀɥe] *nf* rush; *la ~ vers l'or* the gold rush.

ruine [ʀɥin] *nf* ruin.

ruiner [ʀɥine] *vt* ruin.

ruineux [ʀɥinø] *adj (f -euse)* ruinous.

rupture [ʀyptyʀ] *nf* **1.** break, *(T) ~ de charge* off-loading, transhipment/transshipment ; ~ **de stock** inventory short-age, stock shortage ; **en ~ de stock** out of stock **2.** *(Jur)* breach (of contract) ; ~ **du contrat de travail** breach of la-bour/labor agreement.

rural [ʀyʀal] *adj (mpl* **-aux)** rural.
russe [ʀys] *adj* Russian.
Russe [ʀys] *nmf* Russian.
Russie [ʀysi] *nf* Russia.

Rwanda [ʀwɑ̃da] *nm (aussi* **Ruanda)** Rwanda.
rwandais [ʀwɑ̃dɛ] *adj (aussi* **ruandais)** Rwandan.
Rwandais [ʀwɑ̃dɛ] *nm (aussi* **Ruan-dais)** Rwandan.
rythme [ʀitm] *nm* rate ; ~ **de produc-tion** rate of production.

S

SA *v.* **société anonyme.**
sabbatique [sabatik] *adj* sabbatical ; **congé ~** sabbatical.
saborder [sabɔʀde] *v* **1.** *vt (navire)* scuttle, *(fig) (entreprise)* wind up, shut down **2.** *vpr se ~* wind up, shut down.
sabotage [sabɔtaʒ] *nm* sabotage ; ~ **industriel** industrial sabotage.
saboter [sabɔte] *vt* sabotage, damage, undermine.
sac [sak] *nm (Emb)* bag, sack ; ~ **en plastique** plastic bag, polythene bag.
sacrifice [sakʀifis] *nm* sacrifice.
sacrifié [sakʀifje] *adj* sacrificed ; **prix ~s** prices slashed.
sain [sɛ̃] *adj* sound, healthy ; ~ **d'esprit** sound of mind.
Saint-Christophe et Nièves [sɛ̃ kʀistɔfe njɛves] *n* Saint Kitts and Nevis.
Sainte-Lucie [sɛ̃t lysi] *n* Saint Lucia.
Saint-Marin [sɛ̃ maʀɛ̃] *n* San Marino.
Saint-Siège [sɛ̃ sjɛʒ] *nm* **le S~-S~** the Holy See, the Vatican.
Saint-Vincent et les Grenadines [sɛ̃ vɛ̃sɑ̃ e le gʀənadin] *n* Saint Vincent and the Grenadines.
saisie [sezi] *nf* **1.** *(Jur)* seizure, execu-tion ; **~-arrêt** execution against prop-erty of a debtor held by a third party ; **~-arrêt sur salaire** wage garnishment ; ~ **conservatoire** attachment, seizure in order to protect a creditor's security ; ~ **de contrefaçons** seizure of counter-feit goods ; ~ **immobilière** execution against real property ; ~ **mobilière** exe-cution against personal property, seizure of chattels, distraint on chattels, seisin ; ~ **de navire** arrest of a ship **2.** *(Inf)* ~ **de données** data entry.
saisine [sezin] *nf (Jur)* referral of a case to a court, bringing of a matter before a court ; **mode de ~** method of bringing a matter before a court.

saisir [seziʀ] *vt* **1.** seize, take hold of, *(aussi fig)* grasp **2.** *(Jur) (biens)* seize, impound **3.** *(Jur)* ~ **la justice** bring a matter before the court ; **la justice a été saisie de l'affaire** the case has been taken to court **4.** *(Inf)* ~ **des données** enter data.
saisissable [sezisabl] *adj (Jur)* seizable, attachable.
saisissant [sezisɑ̃] *nm (Jur)* seizing party, attaching party.
saison [sezɔ̃] *nf* season ; **tarif hors ~/basse ~** off-peak rates ; **soldes de fin de ~** clearance sale.
saisonnier[1] [sezɔnje] *adj (f* **-ière)** sea-sonal ; **corrections des variations sai-sonnières** seasonal adjustments ; **corrigé des variations saisonnières** seasonally-adjusted.
saisonnier[2] [sezɔnje] *nm (f* **-ière)** sea-sonal worker.
salaire [salɛʀ] *nm* wage(s), salary, pay ; *(Eco)* **écarts/différences de ~** wage dif-ferentials ; **feuille de ~** pay slip, wage sheet ; ~ **minimum** minimum wage ; ~ **net** net wages, take-home pay ; ~ **no-minal** money/nominal wage ; ~ **réel** real wage ; *(Fisc)* **retenue sur les ~s** deduction/(*US*) withholding from wages.
*salaire minimum interprofessionnel de croissance (SMIC) *nm (Fr)* indexed minimum wage.
*salaire minimum interprofessionnel garanti (SMIG) *nm (Fr)* minimum guaranteed wage.
salarial [salaʀjal] *adj (mpl* **-iaux)** wage, salary ; **convention ~e** wage agree-ment ; **coûts salariaux** labour/labor costs ; **masse ~e** wage bill, payroll ; **politique ~e** wage policy ; **revendi-cations ~es** wage claims.
salariat [salaʀja] *nm* **1.** *(salariés)* wage and salary earners **2.** *(système)* payment by salary.

salarié[1] [salaʀje] *adj* salaried ; *person-nel ~* salaried personnel.

salarié[2] [salaʀje] *nm* wage-earner.

salle [sal] *nf* room ; *(Jur) ~ d'audiences* courtroom ; *~ de conférences* lecture room ; *(T) ~ d'embarquement* departure lounge ; *(Mkg) ~ d'exposition* showroom ; *(Bs/Fin) ~ des marchés* trading room/floor, front office ; *~ de réunion* conference room ; *~ des ventes* auction room.

Salomon [salɔmɔ̃] *n les îles fpl S~* the Solomon Islands.

salon [salɔ̃] *nm* **1.** *(hôtel)* lounge **2.** *(foire)* show, exhibition, trade fair ; *~ de l'auto* motor/car show.

salubre [salybʀ] *adj* healthy, of good sanitary standards.

salubrité [salybʀite] *nf* healthiness ; *par mesure de ~* as a health measure ; *~ publique* public health.

Salvador [salvadɔʀ] *nm le S~* El Salvador.

salvadorien [salvadɔʀjɛ̃] *adj (f -ienne)* Salvadorian.

Salvadorien [salvadɔʀjɛ̃] *nm (f -ienne)* Salvadorian.

samedi [samdi] *nm* Saturday.

Samoa [samɔa] *n* Samoa.

samoan [samɔã] *adj* Samoan.

Samoan [samɔã] *nm* Samoan.

sanction [sɑ̃ksjɔ̃] *nf* **1.** sanction, penalty ; *~s administratives* administrative sanctions ; *(CI) ~s commerciales* trade sanctions ; *prendre des ~s* impose sanctions **2.** approval ; *~ du marché* market approval.
***sanction des lois** *nf (Pol) (Fr) (obs)* approval of the sovereign required for enacting legislation.

sanctionner [sɑ̃ksjɔne] *vt* **1.** punish **2.** approve, sanction.

sans [sɑ̃] *prép* without ; *(document) ~ blancs ni interlignes* with no blank spaces or interlineations ; *~ délai* without delay ; *~ désemparer* without stopping ; *les ~-emploi* the unemployed ; *~ préavis* without notice ; *~ préjudice* without prejudice ; *être ~ travail* be unemployed ; *(document) ~ ratures ni surcharges* without deletions or alterations ; *(Jur) (jugement) ~ appel* unappealable.

santé [sɑ̃te] *nf* health ; *~ publique* public health.

São Tomé et Príncipe [sao tɔme e pʀɛ̃sipe] *n* São Tomé and Príncipe.

SARL *v.* **société à responsabilité limitée.**

satellite [satelit] *nm* satellite ; *pays ~s* satellite countries.

satisfaction [satisfaksjɔ̃] *nf* satisfaction, fulfilment ; *~ du consommateur* consumer satisfaction ; *~ professionnelle* job satisfaction.

satisfaire [satisfɛʀ] *v* **1.** *vt* satisfy, meet ; *~ la demande* satisfy/meet demand **2.** *vi ~ aux normes de sécurité* meet/comply with safety rules.

satisfaisant [satisfəzɑ̃] *adj* satisfactory.

satisfait [satisfɛ] *adj* satisfied.

saturation [satyʀasjɔ̃] *nf* saturation ; *arriver à ~* reach saturation point ; *(Eco/Mkg) ~ du marché* market saturation.

saturer [satyʀe] *vt (marché)* saturate ; *(Tél) toutes les lignes sont saturées* all the lines are busy.

sauf [sof] *prép* except, barring, excluding ; *~ accord contraire* unless otherwise agreed ; *~ avis contraire* unless we hear to the contrary ; *~ erreur ou omission* errors and omissions excepted.

sauf-conduit [sofkɔ̃dɥi] *nm* **1.** *(document)* special pass, safe-conduct **2.** *(droit de circuler)* safe-conduct.

sauter [sote] *v* **1.** *vi* jump **2.** *vi (exploser)* blow up **3.** *vi (fig) (entreprise)* crash, *(employé)* be fired **4.** *vt (mur)* jump over, *(obstacle)* avoid ; *~ une étape* miss out a stage.

sauvage [sovaʒ] *adj* unauthorized, unplanned ; *concurrence ~* unfair, cutthroat competition ; *grève ~* wildcat strike.

sauvegarde [sovgaʀd] *nf* **1.** safeguard, protection ; *(Jur) clause de ~* safeguard clause ; *mise sous la ~ de la justice* awarding of court protection to a person with a temporary physical or mental disability **2.** *(Inf)* saving, backup ; *(Inf) fichier de ~* backup file.

sauvegarder [sovgaʀde] *vt* **1.** safeguard, protect, shield **2.** *(Inf)* save, back up.

sauvetage [sovtaʒ] *nm (personnes)* rescue, *(biens)* salvage ; *entreprise de ~* salvage firm ; *plan de ~* rescue plan.

savoir-faire [savwaʀfɛʀ] *nm* knowhow.

sceau [so] *nm (pl -x)* seal, emblem, insignia ; *(Fr) garde des S~* Minister of Justice, *équiv.* (UK) Lord Chancellor, *(US)* Attorney General.

sceller [sele] *vt* seal.

scellés [sele] *nmpl (Jur)* seals (placed to prevent entry into a place) ; *lever les ~* remove the seals ; *mettre sous ~* place under seals, seal up.

schéma [ʃema] *nm* diagram, pattern, outline.

schéma directeur d'aménagement et d'urbanisme (SDAU) nm zoning plan.

sciemment [sjamã] adv knowingly, expressly, on purpose.

science [sjãs] nf science; *~s économiques* economics; *~s politiques* political science.

scientifique[1] [sjẽtifik] adj scientific.

scientifique[2] [sjẽtifik] nmf scientist.

scinder [sẽde] v **1.** vt divide, split, sever **2.** vpr se ~ divide, split.

scission [sisjɔ̃] nf split, division, *(Mgt)* split-off, split-up.

sciure [sjyʀ] nf *(Emb)* sawdust (s inv).

score [skɔʀ] nm score; *~ final* final score.

SCP v. *société civile professionnelle*.

scriptural [skʀiptyʀal] adj (mpl -aux) *(Fin) monnaie ~e* bank money.

scrutin [skʀytẽ] nm *(Pol)* vote, poll; *~ de liste* list system, ballot where elector votes for a list of candidates; *~ majoritaire* majority vote, *(UK)* first-past-the-post system; *~ plurinominal* ballot where elector votes for more than one candidate; *~ proportionnel* proportional vote; *~ uninominal* ballot where elector votes for only one candidate.

SDAU v. *schéma directeur d'aménagement et d'urbanisme*.

séance [seãs] nf session, meeting; *~ extraordinaire* extraordinary meeting; *~ plénière* plenary meeting.

SEBC v. *Système européen de banques centrales*.

sec [sɛk] adj (f *sèche*) dry; *(Emb)* « *tenir au ~* » "keep dry"; *perte sèche* outright loss.

SEC v. *Système européen de comptes économiques intégrés*.

second [səgɔ̃] adj second; *de ~ choix* second-rate; *~e classe* second class; *(Bs) ~ marché* unlisted securities market.

secondaire [səgɔ̃dɛʀ] adj secondary; *secteur ~* secondary/manufacturing sector.

secours [səkuʀ] nm (pl inv) assistance, aid; *équipe de ~* rescue team; *sortie de ~* emergency exit; *(Inf) copie de ~* backup copy.

secret[1] [səkʀɛ] adj (f -ète) secret, confidential.

secret[2] [səkʀɛ] nm secret; *(Bq) ~ bancaire* banking secrecy; *~ de fabrication* trade secret; *~ professionnel* professional secrecy, privileged communications.

secrétaire [səkʀetɛʀ] nmf secretary; ~

de direction executive secretary, personal assistant (PA) to the manager.

*****secrétaire d'Etat** nmf (Pol)* under-secretary.

secrétariat [səkʀetaʀja] nm **1.** secretariat, secretarial offices **2.** secretarial work **3.** secretarial staff.

secteur [sɛktœʀ] nm **1.** zone, area; *~ de distribution* distribution area, marketing area; *~ de vente* sales area/territory, trading area **2.** sector, industry; *~ d'activité* sector, industry; *~ d'avenir* growth sector; *~ bancaire* banking sector; *~ clé* key sector/industry; *~ industriel* industry, industrial sector; *~ des industries légères* light industries; *~ manufacturier* manufacturing, manufacturing sector, manufacturing industries; *~ de pointe* high technology industries; *~ porteur* growth sector **3.** *(Eco) ~ primaire* primary sector; *~ privé* private sector; *~ public* public sector; *~ quaternaire* quaternary sector; *~ secondaire* secondary sector; *~ des services* service industries; *~ tertiaire* tertiary sector.

section [sɛksjɔ̃] nf **1.** section, unit; *~ syndicale (UK)* union branch, *(US)* union local/lodge; *~ syndicale d'entreprise* union office within a business **2.** *(Jur) ~ d'une loi* section of a statute.

sectoriel [sɛktɔʀjɛl] adj (f -ielle) sector-based.

sécurité [sekyʀite] nf security, safety; *consignes de ~* safety regulations; *~ de l'emploi* job security; *normes de ~* safety standards.

*****Sécurité sociale** nf (Fr)* social security, French organization guaranteeing health coverage, *équiv. (UK)* National Health Service (NHS).

sédition [sedisjɔ̃] nf *(Jur)* sedition, insurgency, insurrection.

séduction [sedyksjɔ̃] nf seduction, enticement, inducement, lure.

séduire [sedɥiʀ] vt **1.** *(abuser de)* seduce **2.** charm, captivate; *~ le client* appeal to customers.

séduisant [sedɥizã] adj seductive, appealing, attractive.

segment [sɛgmã] nm segment; *(Mkg) ~ de marché* market segment.

segmentation [sɛgmãtasjɔ̃] nf segmentation; *(Mkg) ~ du marché* market segmentation.

segmenter [sɛgmãte] vt segment.

seigneuriage [sɛɲœʀjaʒ] nm *(obs)* seignorage, seigniorage.

seigneurie [sɛɲœʀi] nf *(obs)* seigniory, seignory.

seing [sɛ̃] *nm (Jur)* signature; *acte sous ~ privé* private agreement, document not authenticated by a **notaire**, *(UK)* simple contract (*à dist.* **acte authentique**).

SEITA [seita] *nf (Fr) la S~* (*ab de* **société d'exploitation industrielle des tabacs et des allumettes**) French state-owned tobacco monopoly.

séjour [seʒuʀ] *nm* stay; *carte de ~* residency permit.

SEL *v.* **société d'exercice libéral**.

sélectif [selɛktif] *adj (f -ive)* selective.

sélection [selɛksjɔ̃] *nf* **1.** *(activité)* selection, screening, shortlisting **2.** *(résultat)* selection list; *~ finale* short list.

sélectionner [selɛksjɔne] *vt* select, *(candidats)* screen.

sélectivité [selɛktivite] *nf* selectivity.

selon [səlɔ̃] *prép* according to; *(Jur) ~ les termes du contrat* according to the terms of the contract.

semaine [səmɛn] *nf* week; *~ de travail* working week/workweek; *la ~ de trente-neuf heures* the thirty-nine-hour week.

semestre [səmɛstʀ] *nm* **1.** half-year, six-month period **2.** *(enseignement)* semester.

semestriel [səmɛstʀijɛl] *adj (f -ielle)* half-yearly, six-monthly.

semi [səmi] *préf* semi; *~-automatique* semi-automatic.

semi-conducteur [səmikɔ̃dyktœʀ] *nm* semiconductor.

séminaire [seminɛʀ] *nm* colloquium, seminar, workshop.

semi-remorque [səmiʀmɔʀk] **1.** *nm (T) (UK)* articulated lorry, *(US)* trailer truck **2.** *nf (T)* trailer, *(US)* semi-trailer.

sénat [sena] *nm (Pol)* Senate.

sénateur [senatœʀ] *nm inv (Pol)* senator.

Sénégal [senegal] *nm* Senegal.

sénégalais [senegalɛ] *adj* Senegalese.

Sénégalais [senegalɛ] *nm* Senegalese *(pl inv)*.

sensibilisation [sɑ̃sibilizasjɔ̃] *nf* increasing of awareness; *campagne de ~* public-awareness campaign.

sensibiliser [sɑ̃sibilize] *vt ~ qn à qch* make sb aware of sth; *~ l'opinion publique* increase public awareness.

sensibilité [sɑ̃sibilite] *nf* awareness.

sensible [sɑ̃sibl] *adj* **1.** sensitive **2.** *(progrès)* significant, considerable.

sensiblement [sɑ̃sibləmɑ̃] *adv* markedly, significantly.

sentence [sɑ̃tɑ̃s] *nf (Jur)* sentence, decision, ruling verdict, judicial award; *~ arbitrale étrangère* foreign arbitral award; *prononcer/rendre une ~* pass/pronounce sentence.

sentier [sɑ̃tje] *nm* path; *~ d'expansion* expansion path.

séparation [separasjɔ̃] *nf* separation; *(Jur) ~ de biens* separation of marital property; *(Jur) ~ de corps* decree of marital separation; *(Jur) ~ de fait* marital separation without judicial decree; *(Jur) ~ des patrimoines* preference of creditors over heirs to a decedent's estate; *(Pol) ~ des pouvoirs* separation of powers.

séparé [separe] *adj* separate; *par courrier ~* under separate cover.

séparer [separe] *v* **1.** *vt* separate, divide **2.** *vpr se ~ de* part with, part company with.

septembre [sɛptɑ̃bʀ] *nm* September.

septennat [septena] *nm (Pol)* seven-year term of office, especially that of the President of France.

séquence [sekɑ̃s] *nf* sequence.

séquentiel [sekɑ̃sjɛl] *adj (f -ielle) (Inf)* sequential.

séquestration [sekɛstʀasjɔ̃] *nf (Jur)* kidnapping, false imprisonment.

séquestre [sekɛstʀ] *nm (Jur)* **1.** sequestration, impoundment; *biens sous ~* impounded goods; *mettre sous ~* impound **2.** receiver appointed to hold goods pending judicial determination of rights; *(Bq/Fin) compte ~* escrow account.

séquestrer [sekɛstʀe] *vt (Jur)* **1.** *(personnes)* kidnap, detain against one's will **2.** *(biens)* impound.

serbe [sɛʀb] *adj* Serbian, Serb.

Serbe [sɛʀb] *nmf* Serb.

Serbie [sɛʀbi] *nf* Serbia.

série [seʀi] *nf* **1.** set, series; *~ statistique* statistical data; *~s chronologiques* time series **2.** *(Mkg)* line, range; *fins de ~* end-of-range goods **3.** *(train, ensemble de mesures, etc.)* package **4.** *(industrie)* run; *production en grande ~* mass production.

sérieux [seʀjø] *adj (f -euse) (personne)* dependable, *(travail)* careful; *(annonce) offre sérieuse* genuine offer.

serment [sɛʀmɑ̃] *nm* oath; *~ décisoire* decisive oath; *faire prêter ~* administer an oath, swear in; *prêter ~* take an oath; *~ promissoire* oath of office; *sous ~* under oath; *~ supplétoire* suppletory oath.

SERNAM [sɛʀnam] *nm (Fr)* (*ab de* **service national des messageries**) French national parcel delivery service.

serpent [sɛʀpɑ̃] nm snake; (Fin) (UE) le ~ monétaire européen the (European) currency snake.

serveur [sɛʀvœʀ] nm (Inf) server, on-line data service, host computer.

service [sɛʀvis] nm 1. (prestation) service; ~ après-vente after-sales service; ~s bancaires banking services; ~ clients customer service; ~ de groupage groupage service; société de ~s service company; ~s aux entreprises business services; les ~s services, the service(s) sector; ~s sociaux social services, welfare services 2. duty, service; ~ national national/military service; note de ~ memorandum, memo 3. department; ~ des achats purchasing department; ~ des douanes customs service; ~ de l'entretien maintenance department; ~ export export division/department; ~ juridique legal service/department, law department; ~ des ventes sales department; voiture de ~ company car 4. (Fin) service, payment; ~ de la dette debt-servicing.

*service public nm 1. public service/sector 2. public utility.

*services votés nmpl (Jur/Pol) (Fr) pre-existing budgetary commitments.

servir [sɛʀviʀ] v 1. vt serve, (marché) service 2. vt (Fin) (dette) pay, service 3. vi cette société peut nous ~ d'exemple that firm is an example to us 4. vpr se ~ de qch use sth.

servitude [sɛʀvityd] nf 1. (esclavage) slavery, (fig) constraint 2. (Jur) servitude, encumbrance, easement; ~ d'accès right/easement of access; ~ de passage right/easement of passage; (immeuble) sans ~ free of encumbrances.

session [sesjɔ̃] nf session; ~ parlementaire parliamentary session.

seuil [sœj] nm threshold, line; (CI) (US) ~ de déclenchement des quotas d'importation trigger point, trigger level for imposition of import quotas; (Eco) ~ de divergence divergence threshold; (Eco) ~ de l'épargne zero-saving point, break-even point, break-even level; (Eco) ~ de pauvreté poverty line; (Cpta) ~ de rentabilité break-even point.

sévices [sevis] nmpl (Jur) mistreatment, cruelty; ~ sexuels sexual abuse; subir des ~ be mistreated/abused.

Seychelles [seʃɛl] nfpl les S~ the Seychelles.

SFI v. société financière d'innovation.

SIAM [sjam] v. système interagent de marché.

SICAV [sikav] nf (Bs/Fin) (ab de société d'investissement à capital variable) open-end investment company, (UK) unit trust, (US) mutual fund; ~ monétaire money market fund; ~ de trésorerie cash management unit trust, (UK) money market trust fund, (US) money market mutual trust.

sidérurgie [sideʀyʀʒi] nf steel industry.

sidérurgiste [sideʀyʀʒist] nmf steel-worker, (US) steelmaker.

siège [sjɛʒ] nm 1. seat 2. (Jur) ~ social headquarters, head office, registered office (of a business).

Sierra Leone [sjeʀa leɔn] nf Sierra Leone.

sierra-léonien [sjeʀaleɔnjɛ̃] adj (f -ienne) Sierra Leonean.

Sierra-Léonien [sjeʀaleɔnjɛ̃] nm (f -ienne) Sierra Leonean.

sigle [sigl] nm acronym, initials.

signal [siɲal] nm (pl -aux) signal; ~ d'alarme alarm.

signalement [siɲalmɑ̃] nm (Jur) (suspect) description.

signaler [siɲale] vt point out, indicate.

signalétique [siɲaletik] adj descriptive; fiche ~ identification sheet.

signataire [siɲatɛʀ] nm signatory, signer; (traité, accord) pays ~s signatory countries, the countries which have signed.

signature [siɲatyʀ] nf 1. signature; (action) signing; présenter un document à la ~ submit a document for signature/signing; ~ témoin specimen signature; (Jur/T) ~ sans réserve clean signature 2. signatory power; c'est lui qui a la ~ he is the one empowered to sign.

signe [siɲ] nm sign; (Eco) ~s de la reprise signs of recovery; (Fisc) ~s extérieurs de richesse outward signs of wealth.

signer [siɲe] vt sign; ~ par procuration sign by proxy.

signification [siɲifikasjɔ̃] nf 1. (sens) meaning 2. (Jur) notification, service of process; acte de ~ writ; date de ~ date of formal service; ~ à domicile service at the domicile of a person; ~ à personne personal service.

signifier [siɲifje] v 1. vi signify, mean qu'est-ce que cela signifie? what does that mean? 2. vt (Jur) notify, serve notice of; ~ un acte judiciaire serve legal process; ~ un congé give notice to quit/leave (a property).

simple [sɛ̃pl] adj simple; (Ass) avarie ~ ordinary average; (T) (billet) aller ~ (UK) single ticket, (US) one-way ticket; (Fin) intérêts ~s simple interest.

simulation [simylasjɔ̃] *nf* **1.** simulation **2.** sham transaction.

simuler [simyle] *vt* simulate ; *(Jur) acte simulé* sham document.

sine die [sinedje] *loc (Jur)* sine die, indefinitely.

Singapour [sɛ̃gapuʀ] *n* Singapore.

singapourien [sɛ̃gapuʀjɛ̃] *adj (f -ienne)* Singaporean.

Singapourien [sɛ̃gapuʀjɛ̃] *nm (f -ienne)* Singaporean.

sinistre [sinistʀ] *nm* disaster, accident ; *(Ass) déclaration de* ~ notification of claim.

sinistré[1] [sinistʀe] *adj* damaged ; *secteur* ~ ailing sector ; *zone* ~*e* disaster area.

sinistré[2] [sinistʀe] *nm* disaster/accident victim.

site [sit] *nm* site, location.

situation [situasjɔ̃] *nf* **1.** situation ; ~ *économique* economic situation **2.** situation, job, post ; *perdre sa* ~ lose one's job **3.** *(Cpta/Fin)* statement ; ~ *de caisse* cash statement ; ~ *d'un compte* status of an account ; ~ *nette* net worth position.

slogan [slɔgā] *nm* slogan.

slovaque [slɔvak] *adj* Slovak.

Slovaque [slɔvak] *nmf* Slovak.

Slovaquie [slɔvaki] *nf* Slovakia.

slovène [slɔvɛn] *adj* Slovene.

Slovène [slɔvɛn] *nmf* Slovene.

Slovénie [slɔveni] *nf* Slovenia.

SME *v.* **Système monétaire européen.**

SMI *v.* **Système monétaire international.**

SMIC [smik] *v.* **salaire minimum interprofessionnel de croissance.**

smicard [smikaʀ] *nm (Fr) (fam)* worker earning the minimum wage.

SMIG [smig] *v.* **salaire minimum interprofessionnel garanti.**

SNC *v.* **société en nom collectif.**

SNCF *v.* **Société nationale des chemins de fer français.**

social [sɔsjal] *adj (mpl -iaux)* **1.** social **2.** labour/labor, industrial ; *conflits sociaux* industrial disputes, labour unrest **3.** social, welfare ; *aide* ~*e* welfare ; *cotisations* ~*es* social security contributions ; *prestations* ~*es* social security benefits ; *Sécurité* ~*e* social security **4.** company, corporate ; *capital* ~ authorized capital, share capital ; *raison* ~*e* corporate name ; *siège* ~ head office, headquarters.

sociétaire [sɔsjeteʀ] *nmf* member of an association/a society.

société [sɔsjete] *nf* **1.** society ; *(Eco) la* ~ *d'abondance* the affluent society ; *la* ~ *de consommation* the consumer society ; ~ *postindustrielle* post-industrial society **2.** *(organisme)* society **3.** company, firm, corporation ; ~ *par actions* joint-stock company ; ~ *apparentée* affiliated company, affiliate ; ~ *de Bourse* brokerage firm ; ~ *à but non lucratif* non-profit(-making) organization ; ~ *à capitaux étrangers* foreign-owned/foreign-controlled company ; ~ *civile* non-trading company ; ~ *civile immobilière* non-trading real estate investment company ; ~ *en commandite* limited partnership ; ~ *en commandite par actions* limited partnership with shares ; ~ *de commerce international* export management company (EMC), international trading company ; ~ *commerciale* business firm, company, corporation ; ~ *commerciale de personnes ou par intérêt* partnership ; ~ *de conseil* consulting/consultancy firm ; *constituer une* ~ form/set up/ incorporate a company ; *(Bs)* ~ *de contrepartistes* market-maker house ; ~ *coopérative* cooperative society, co-op ; ~ *de courtage* brokerage house ; ~ *de crédit immobilier (UK)* building society, *(US)* savings and loan association ; ~ *créée de fait* de facto corporation ; ~ *d'économie mixte* corporation having both state and private ownership interests, semi-public company, government-controlled corporation ; ~*-écran* umbrella company ; ~ *entre époux* incorporated husband-wife business ; ~ *d'évaluation du crédit* credit-rating agency ; ~ *familiale* family-run company ; ~ *fictive* dummy company ; ~ *fiduciaire* trust company ; ~ *financière* financial institution ; real estate investment company ; *impôt sur les* ~*s* corporation/corporate tax ; ~ *d'investissement* investment trust, investment company ; ~ *mère* parent company ; ~ *mixte* joint venture ; ~ *mutualiste (UK)* friendly society, *(US)* mutual benefit association ; ~ *de négoce* trading company ; ~ *non cotée en Bourse* unlisted company ; ~ *en participation* silent partnership ; ~ *à participation ouvrière* company partly owned by its employees ; ~ *de portefeuille* holding company ; ~ *unipersonnelle* sole proprietorship.

*société anonyme (SA) *nf (UK)* public limited company (PLC), *(US)* corporation.

*société civile professionnelle (SCP) *nf* non-trading partnership.

socio-économique   456

*société d'exercice libéral (SEL) nf civil partnership, professional corporation.
*société financière d'innovation (SFI) nf venture capital firm.
*Société financière internationale nf International Finance Corporation.
*Société française d'études par sondages (SOFRES) nf (Fr) French public opinion-polling institute.
*société d'investissement à capital variable v. SICAV.
*Société nationale des chemins de fer français (SNCF) nf French national railway company.
*Société des Nations nf (Pol) League of Nations.
*société en nom collectif (SNC) nf general partnership.
*société à responsabilité limitée (SARL) nf (UK) private company, limited liability company.
*société de services et d'ingénierie en informatique (SSII) nf computer services firm.
socio-économique [sɔsjoekɔnɔmik] adj socioeconomic.
sociologie [sɔsjɔlɔʒi] nf sociology ; ~ *économique* economic sociology.
socioprofessionnel [sɔsjoprɔfesjɔnɛl] adj (f **-elle**) socioprofessional, occupational.
SOFRES [sɔfʀɛs] v. **Société française d'études par sondages.**
soin [swɛ̃] nm care ; *aux bons ~s de* care of, c/o.
sol [sɔl] nm land ; *plan d'occupation des ~s (POS)* zoning regulations, zoning program ; *sous-~* underground, subsoil, (bâtiment) basement ; *sur-~* above ground.
solde[1] [sɔld] nf soldier's pay ; (fig) *à la ~ de qn* in sb's pay.
solde[2] [sɔld] nm 1. (Com) bargain sale, clearance sale ; *acheter en ~* buy on sale ; *article en ~* sale item ; *prix de ~* sale prices, bargain prices ; *~s de fin d'année* end-of-year sales, end-of-year clearance 2. (Cpta) balance ; ~ *en caisse* balance in hand ; ~ *créditeur* credit balance ; ~ *débiteur* debit balance ; ~ *disponible* free balance ; ~ *de dividende* final dividend 3. (Eco) balance ; (CI) *~s de la balance des paiements* balances of the balance of payments ; ~ *du commerce extérieur* trade balance ; ~ *migratoire* balance of migration.
soldé [sɔlde] adj 1. discounted, at sale price 2. (Cpta/Fin) settled.
solder [sɔlde] vt 1. (Com) (marchandises) sell off, sell at discount prices,

clear 2. (Cpta) (compte) balance, settle ; ~ *un découvert* pay off an overdraft.
solderie [sɔldəʀi] nf discount store.
solennité [sɔlanite] nf formality.
solidaire [sɔlidɛʀ] adj showing solidarity ; (Jur) *responsabilité ~* joint and several liability.
solidarité [sɔlidaʀite] nf 1. solidarity ; *grève de ~* sympathy strike 2. (Jur) joint and several liability of debtors or creditors ; (Pol) ~ *ministérielle* acceptance of responsibility by each minister for actions undertaken by the government ; (Jur) ~ *pénale* joint liability of all participants in a criminal action for all resulting consequences.
solide [sɔlid] adj solid, reliable.
solidité [sɔlidite] nf solidity, reliability, soundness.
solliciter [sɔlisite] vt 1. request, solicit, ask for 2. appeal to, call upon ; *être très sollicité* be in great demand.
solvabilité [sɔlvabilite] nf solvency, ability to pay, creditworthiness ; (Fin/Mgt) *cote de ~* credit rating.
solvable [sɔlvabl] adj solvent, creditworthy.
Somalie [sɔmali] nf Somalia.
somalien [sɔmaljɛ̃] adj (f **-ienne**) Somalian.
Somalien [sɔmaljɛ̃] nm (f **-ienne**) Somalian.
sommation [sɔmasjɔ̃] nf (Jur) formal notice to pay/to perform an obligation ; ~ *à comparaître* summons, subpoena.
somme [sɔm] nf sum, amount ; ~ *forfaitaire* lump sum.
sommer [sɔme] vt (Jur) ~ *qn à comparaître* summon/subpoena sb to appear (before the court).
sommet [sɔmɛ] nm summit ; *réunion au ~* summit meeting.
sonal [sɔnal] nm (Mkg) (J.O.) jingle.
sondage [sɔ̃daʒ] nm 1. poll, survey ; *faire un ~* conduct/carry out a survey ; ~ *d'opinion* opinion poll 2. (Mkg) sampling ; ~ *aléatoire* random sampling ; ~ *par segments* cluster sampling.
sondé [sɔ̃de] nm pollee, person polled.
sonder [sɔ̃de] v 1. vt poll 2. vi make a survey.
sort [sɔʀ] nm fate ; *tirer au ~* draw lots.
sortant [sɔʀtɑ̃] adj (Pol) retiring ; *le président ~* the incumbent president.
sortie [sɔʀti] nf 1. exit, way out 2. (action) removal, taking out ; (D) *déclaration de ~* export declaration ; (D) ~ *d'entrepôt* taking out of bond, clearing 3. (Fin) outflow ; ~ *d'argent*

cash outflow ; ~ *de capital* capital outflow **4.** *(Mkg)* ~ *d'un produit* launching of a product **5.** *(Inf)* output.

sortir [sɔRtiR] *v* **1.** *vt* take/bring out ; *(D)* export ; ~ *en fraude* smuggle out **2.** *(Mkg)* *(produit)* introduce, launch, bring out **3.** *(production)* turn out **4.** *vi* leave, go out.

souche [suʃ] *nf* **1.** *(chéquier)* stub, counterfoil **2.** *(Jur)* lineage, ancestry, common ancestor.

Soudan [sudɑ̃] *nm* Sudan.

soudanais [sudanɛ] *adj* Sudanese.

Soudanais [sudanɛ] *nm* Sudanese *(pl inv)*.

souffrance [sufRɑ̃s] *nf* **1.** suffering, anguish **2.** *en* ~ pending, outstanding ; *commandes en* ~ outstanding orders ; *marchandises en* ~ goods awaiting delivery.

soulever [suləve] *vt* **1.** hoist, lift, raise **2.** *(Jur)* raise ; ~ *un moyen* raise an issue ; ~ *d'office* raise (an issue) sua sponte.

soulte [sult] *nf (Jur)* balancing cash adjustment, sum paid to a person to equalize the contributions of all parties to a venture.

soumettre [sumɛtR] *vt* **1.** submit, present ; ~ *une proposition* submit a proposal **2.** subject ; *soumis à l'impôt* subject to tax ; *(D) soumis à droits de douane* liable to duties, dutiable.

soumission [sumisjɔ̃] *nf (Ind/CI)* bid, tender.

soumissionnaire [sumisjɔnɛR] *nmf* tenderer, bidder, offeror.

soumissionner [sumisjɔne] *vt* bid on/ for, tender for, submit a tender for.

soupçon [supsɔ̃] *nm* suspicion ; *à l'abri de tout* ~ above suspicion.

soupçonner [supsɔne] *vt* suspect ; ~ *qn d'avoir fait qch* suspect sb of having done sth.

souple [supl] *adj (horaire)* flexible ; *(usage)* versatile.

souplesse [suples] *nf* flexibility.

source [suRs] *nf* **1.** origin, source ; *(Fin)* ~ *et application des flux financiers (UK)* source and applications (S&A) statement, *(US)* statement of change in financial position ; *(Jur)* ~*s du droit* sources of law **2.** *(Fisc) retenue à la* ~ *(US)* (tax) withholding, *(UK)* pay-as-you-earn (PAYE) system.

sourceur [suRsœR] *nm (f* -euse*) (CI)* sourcing expert.

souris [suRi] *nf (Inf)* mouse.

sous-¹ [su] *préf* sub ; *(Eco)* ~*-activité* below-capacity utilization ; *(T)* ~*-affré-*ter sub-charter ; ~*-consommation* underconsumption ; *(Eco)* ~*-développé* underdeveloped ; ~*-développement* underdevelopment ; ~*-effectifs* undermanning ; ~*-emploi* underemployment ; ~*-estimation* underestimation ; ~*-estimer* underestimate, underrate, undervalue ; ~*-location* sublease ; *(Fr)* ~*-préfet* deputy prefect ; ~*-produits* by-products ; ~*-traitant* contractor, subcontractor ; ~*-traiter* contract out, subcontract, farm out.

sous² [su] *prép* under ; ~ *condition* conditioned upon ; ~ *contrôle étranger* foreign-owned ; ~ *douane* in bond ; ~ *garantie* under guarantee ; ~ *huitaine/ quinzaine* within a week/two weeks ; *(Jur)* ~ *la foi du serment* under oath ; ~ *réserve d'approbation* subject to approval.

souscripteur [suskRiptœR] *nm* **1.** *(f -trice) (Bs)* subscriber **2.** *nm (Ass)* policy-holder.

souscription [suskRipsjɔ̃] *nf* subscription, application ; *bulletin de* ~ letter of application ; *(Bs)* ~ *irréductible* application as of right ; ~ *libre* free subscription.

souscrire [suskRiR] *v* **1.** *vt* ~ *une assurance* take out insurance/an insurance policy **2.** *vi* ~ *à des actions* subscribe for shares ; ~ *à une émission* subscribe to an issue ; ~ *à un emprunt* subscribe to a loan.

souscrit [suskRi] *adj* subscribed ; *capital* ~ subscribed capital.

soussigné [susiɲe] *adj* undersigned ; *je* ~*(e),* ... I, the undersigned,...

soustraction [sustRaksjɔ̃] *nf* removal ; *(Jur)* ~ *de pièces* withholding of evidence.

soustraire [sustRɛR] **1.** *vt* deduct **2.** *vpr* *se* ~ *à la justice* be a fugitive from justice, abscond, jump bail.

soute [sut] *nf (T)* hold ; ~ *à bagages* baggage hold ; ~ *à charbon* coal bunker.

soutenir [sutniR] *vt* support, bolster, back (up) ; ~ *une motion* second a motion.

soutenu [sutny] *adj (effort, travail)* sustained.

souterrain [suteRɛ̃] *adj* underground ; *économie* ~*e* underground economy.

soutien [sutjɛ̃] *nm* support, backing ; *accorder son* ~ *à un projet* support a project ; *(Eco)* ~ *des prix* price support ; *prix de* ~ support price.

souverain¹ [suvRɛ̃] *adj* sovereign, supreme.

souverain² [suvRɛ̃] *nm* sovereign.

souveraineté [suvʀɛnte] *nf (Jur/Pol)* sovereignty, supremacy ; ~ *nationale* national sovereignty ; ~ *populaire* popular sovereignty.

soviétique [sɔvjetik] *adj* Soviet.

Soviétique [sɔvjetik] *nmf* Soviet, Soviet citizen.

sovkhoze [sɔvkoz] *nm (Eco)* sovkhoze, (Soviet) state-run farm.

spécial [spesjal] *adj (pl -iaux)* 1. *(spécifique)* special, specific 2. *(atypique)* strange, unusual.

spécialisation [spesjalizasjɔ̃] *nf* specialization.

spécialiser [spesjalize] *vpr se* ~ *(dans)* specialize (in).

spécialiste [spesjalist] *nmf* specialist, expert.

spécification [spesifikasjɔ̃] *nf* specification.

spécifié [spesifje] *adj* specified, itemized.

spécifier [spesifje] *vt* specify, stipulate.

spécifique [spesifik] *adj* specific.

spécimen [spesimɛn] *nm* specimen, sample.

spéculateur [spekylatœʀ] *nm (f -trice)* speculator ; *(Bs)* ~ *à la baisse* bear ; ~ *à la hausse* bull.

spéculatif [spekylatif] *adj (f -ive)* speculative ; *capitaux* ~*s flottants* speculative capital, hot money.

spéculation [spekylasjɔ̃] *nf* speculation ; *(Bs/Fin)* ~ *à la baisse* bear operation ; ~ *boursière* stockmarket speculation ; *(Fin)* ~ *au comptant* spot speculation ; ~ *à la hausse* bull operation ; ~ *sur les taux de change* foreign exchange speculation ; ~ *à terme* forward speculation.

spéculer [spekyle] *vi* speculate ; ~ *sur/contre* speculate in/against ; ~ *à la baisse* go a bear ; ~ *à la hausse* go a bull.

spirale [spiʀal] *nf* spiral ; *(Eco)* ~ *inflationniste* inflationary spiral ; ~ *des salaires et des prix* wage-price spiral.

sponsor [spɔ̃sɔʀ] *nm inv* sponsor.

sponsoring [spɔ̃sɔʀiŋ] *nm* sponsoring, sponsorship.

sponsoriser [spɔ̃sɔʀize] *vt* sponsor.

spontané [spɔ̃tane] *adj* spontaneous ; *(Mkg) achat* ~ impulse purchase.

spot [spɔt] *nm (Mkg) (TV)* ~ *publicitaire* commercial.

Sri Lanka [sʀilɑ̃ka] *nm* Sri Lanka.

sri-lankais [sʀilɑ̃kɛ] *adj* Sri Lankan.

Sri-Lankais [sʀilɑ̃kɛ] *nm* Sri Lankan.

SSII *v.* **société de services et d'ingénierie en informatique.**

stabilisateur[1] [stabilizatœʀ] *adj (f -trice)* stabilizing ; *influence stabilisatrice* stabilizing influence.

stabilisateur[2] [stabilizatœʀ] *nm* stabilizer ; *(Eco/Fin)* ~*s automatiques* automatic stabilizers, built-in stabilizers.

stabilisation [stabilizasjɔ̃] *nf* stabilization ; *politique de* ~ stabilization policy.

stabiliser [stabilize] *v* 1. *vt* stabilize 2. *vpr se* ~ stabilize, level off.

stabilité [stabilite] *nf* stability.

stable [stabl] *adj* stable, steady.

stade [stad] *nm* stage ; *(Eco)* ~*s de développement* stages of development.

stage [staʒ] *nm* training period, training course, traineeship, *(UK)* placement, *(US)* internship, *(avocat)* clerkship ; ~ *de formation professionnelle* vocational training course ; *rapport de* ~ report of internship.

stagflation [stagflasjɔ̃] *nf (Eco)* stagflation.

stagiaire [staʒjɛʀ] *nmf* trainee, *(US)* intern, *(UK) (avocat)* articled clerk.

stagnation [stagnasjɔ̃] *nf* stagnation.

stagner [stagne] *vi* stagnate.

stand [stɑ̃d] *nm (marché)* stall, *(foire)* stand, *(US)* booth.

standard[1] [stɑ̃daʀ] *adj inv* standard ; *déviation* ~ standard deviation.

standard[2] [stɑ̃daʀ] *nm* 1. *(Tél)* switchboard 2. *(norme)* standard ; ~*s de qualité* quality standards.

standardisation [stɑ̃daʀdizasjɔ̃] *nf* standardization.

standardiser [stɑ̃daʀdize] *vt* standardize.

standardiste [stɑ̃daʀdist] *nmf (Tél)* switchboard operator.

starie [staʀi] *nf (T)* lay days.

stationnaire [stasjɔnɛʀ] *adj* stationary.

statique [statik] *adj* static.

statisticien [statistisjɛ̃] *nm (f -ienne)* statistician.

statistique[1] [statistik] *adj* statistical.

statistique[2] [statistik] *nf* statistics ; ~*s à l'exportation* export figures.

statuer [statɥe] *vi (Jur)* rule, decide, give a verdict ; ~ *sur un cas* decide a case.

statu quo [statykwo] *nm* status quo ; *maintenir le* ~ preserve/maintain the status quo.

statut [staty] *nm* 1. *(situation)* status, *(règlement)* regulations ; ~ *de la femme mariée* status of married women, *(Jur)* coverture ; ~ *de la Fonction publique* status of civil servants, regulations governing civil servants 2. *(Jur)* ~*s d'une société (UK)* memorandum of association (M/A), *(US)* articles of incorporation, by-laws.

statutaire [statytɛʀ] *adj* 1. statutory, official 2. *(Jur) (société)* according to the bylaws.

stellage [stelaʒ] *nm (Bs)* put-and-call option, options trading.

sténo [steno] *nf (ab de sténodactylo)* 1. *(système)* shorthand 2. *nf (personne)* shorthand typist.

sténodactylo [stenodaktilo] *nmf* shorthand typist.

sténographe [stenoɡʀaf] *nmf* stenographer.

sténographie [stenoɡʀafi] *nf* stenography, shorthand.

sterling [stɛʀliŋ] *nm* sterling ; *(Fin) livre* ~ pound sterling.

stimulant[1] [stimylɑ̃] *adj* stimulating.

stimulant[2] [stimylɑ̃] *nm* incentive, stimulus.

stimulation [stimylasjɔ̃] *nf* stimulation.

stimuler [stimyle] *vt* stimulate, foster, boost ; *(Eco)* ~ *la croissance* spur growth ; ~ *les exportations* boost exports.

stipulation [stipylasjɔ̃] *nf (Jur) (contrat)* stipulation, provision, condition, clause, caveat ; ~ *post mortem* provision taking effect upon death ; ~ *pour autrui* provision assigning the benefit of a contract to a third party ; *sauf* ~ *contraire* unless otherwise agreed.

stipuler [stipyle] *vt* stipulate, specify.

stock [stɔk] *nm (Cpta)* stock, inventory ; *avoir en* ~ stock, have in stock ; ~ *de clôture* ending/closing inventory/stock ; *(Cpta)* ~*s et encours* inventories, operating assets, trading assets, stocks and work in progress ; ~ *existant* stock/inventory in hand/on hand ; *être en rupture de* ~ be out of stock ; ~ *initial* opening inventory/stock ; ~ *en magasin* stock in/on hand ; ~ *d'ouverture* opening inventory/stock ; ~ *de précaution* reserve stock ; ~ *régulateur/tampon* buffer stock ; ~ *zéro* zero stock/inventory.

stockage [stɔkaʒ] *nm* 1. stocking, storage ; *frais de* ~ storage costs 2. *(Inf)* storage.

stocker [stɔke] *vt* 1. stock 2. *(Inf)* store.

stratégie [stʀateʒi] *nf* strategy, policy, approach ; ~ *d'entreprise* corporate strategy ; *(Mkg)* ~ *de marque* brand strategy ; ~ *multimarque* multi-brand

strategy ; ~ *de produits* product strategy, product mix.

stratégique [stʀateʒik] *adj* strategic.

stricto sensu [stʀiktosɛ̃sy] *loc* in the strict and literal sense/application.

structuration [stʀyktyʀasjɔ̃] *nf* structuring.

structure [stʀyktyʀ] *nf* structure, pattern ; ~ *d'accueil* reception facilities ; ~*s d'entreprise* corporate structures ; *(CI)* ~ *des échanges* pattern of trade ; ~ *fonctionnelle* staff organization ; ~ *du marché* market structure ; *problèmes de* ~ structural problems ; ~ *des salaires* wage structure.

structuré [stʀyktyʀe] *adj* structured.

structurel [stʀyktyʀɛl] *adj* (f **-elle**) structural ; *(Eco) chômage* ~ structural unemployment.

stupéfiants [stypefjɑ̃] *nmpl* narcotics, drugs ; *(Jur) trafic et usage de* ~ illegal traffic and use of narcotics.

stylique [stilik] *nf (Mkg)* design.

styliste [stilist] *nmf (Mkg)* designer.

subalterne[1] [sybaltɛʀn] *adj* subordinate ; *emploi* ~ menial job.

subalterne[2] [sybaltɛʀn] *nmf* subordinate, person of inferior rank.

subir [sybiʀ] *vt* suffer, sustain ; ~ *des pertes* suffer losses.

subordination [sybɔʀdinasjɔ̃] *nf* subordination.

subordonné[1] [sybɔʀdɔne] *adj* subordinate.

subordonné[2] [sybɔʀdɔne] *nmf* subordinate.

subordonner [sybɔʀdɔne] *vt* subordinate.

subornation [sybɔʀnasjɔ̃] *nf (Jur)* ~ *de témoin* subornation of perjury.

suborner [sybɔʀne] *vt (Jur) (témoin)* corrupt, bribe, suborn.

subrogation [sybʀɔɡasjɔ̃] *nf (Jur)* subrogation, substitution ; ~ *des poursuites* substitution of creditors in an action ; ~ *de plein droit* subrogation by operation of law.

subroger [sybʀɔʒe] *vt (Jur)* subrogate.

subrogé tuteur [sybʀɔʒetytœʀ] *nm inv (Jur)* person charged with supervising a court-appointed guardian.

subside [sybzid] *nm* grant, subsidy ; *toucher des* ~*s* be subsidized, receive subsidies.

subsidiaire [sybzidjɛʀ] *adj* subsidiary ; *crédit* ~ back-to-back credit.

subsidiarité [sybzidjaʀite] *nf (Jur/Pol) (UE) principe de* ~ principle of subsidiarity.

subsistance [sybzistɑ̃s] *nf* subsistence ; *moyens de* ~ means of subsistence.

substituer [sypstitɥe] *vt* substitute ; ~ *du capital au travail* substitute capital for labour/labor.

substitut [sypstity] *nm* **1.** *(produit de remplacement)* substitute ; *(Jur)* ~ *à l'emprisonnement* alternatives to incarceration **2.** *nm inv (Jur)* ~ *du procureur (UK)* deputy public prosecutor, *(US)* assistant district attorney.

substitution [sypstitysjɔ̃] *nf* substitution ; *(Eco)* ~ *des facteurs* factor substitution ; ~ *aux importations* import substitution.

subterfuge [syptɛrfyʒ] *nm* subterfuge, scheme, stratagem.

subvenir [sybvənir] *vt* ~ *à des besoins* provide for/meet needs.

subvention [sybvɑ̃sjɔ̃] *nf* subsidy, grant, bounty ; ~ *de l'Etat* state/government subsidy ; ~ *à l'exportation* export subsidy.

subventionner [sybvɑ̃sjɔne] *vt* subsidize.

succédané [syksedane] *nm* substitute, replacement ; *(Eco)* surrogate, substitute.

succéder [syksede] *vi* **1.** ~ *à qn* follow/succeed sb **2.** *(Jur)* inherit.

succès [syksɛ] *nm (pl inv)* success, success story.

successeur [syksesœr] *nm inv* successor.

succession [syksesjɔ̃] *nf* **1.** succession ; *prendre la* ~ *de qn* succeed sb **2.** *(Jur)* inheritance, estate ; *droits de* ~ estate duties/taxes.

successoral [syksesɔral] *adj (mpl -aux) (Jur)* related to inheritance.

succursale [sykyrsal] *nf* branch, suboffice.

sud-africain [sydafrikɛ̃] *adj* South African *(v. Afrique du Sud)*.

Sud-Africain [sydafrikɛ̃] *nm* South African *(v. Afrique du Sud)*.

Suède [sɥɛd] *nf* Sweden.

suédois [sɥedwa] *adj* Swedish.

Suédois [sɥedwa] *nm* Swede.

suffrage [syfraʒ] *nm (Pol) (système)* franchise, *(voix)* vote ; ~ *universel* universal suffrage ; ~*s exprimés* votes cast.

suicide [sɥisid] *nm* suicide.

suicidé [sɥiside] *nm* suicide victim.

suicider [sɥiside] *vpr se* ~ commit suicide, kill oneself.

suisse [sɥis] *adj* Swiss *(v. helvétique)*.

Suisse [sɥis] *nmf* Swiss, Swiss man.

Suisse [sɥis] *nf (pays)* Switzerland.

Suissesse [sɥisɛs] *nf* Swiss woman.

suite [sɥit] *nf* **1.** continuation, follow-up ; *donner* ~ *à une demande* follow up an application ; *prendre la* ~ *de qn* take over from/replace sb ; *dossier classé sans* ~ case closed ; *produit sans* ~ discontinued product **2.** ~ *à votre lettre/appel téléphonique* further/in reference to your letter/telephone call **3.** ~*s* consequences, results.

suivi[1] [sɥivi] *adj* sustained, consistent.

suivi[2] [sɥivi] *nm* follow-up, monitoring, control ; ~ *client* customer follow-up ; ~ *des commandes* order follow-up ; *(T)* ~ *informatisé (des expéditions)* computer tracking (of shipments).

suivre [sɥivr] *vt* follow ; ~ *une commande* follow up an order ; ~ *un projet* follow through with a project ; *(T)* ~ *des marchandises pendant le transport* trace/track shipments ; *faire* ~ *son courrier* have one's mail forwarded/sent on ; *prière de faire* ~ please forward.

sujet [syʒɛ] *nm* subject.

supercherie [sypɛrʃəri] *nf* deceit, deception, hoax.

superdiscompteur [sypɛrdiskɔ̃tœr] *nm (Mkg)* hard discounter.

supérette [sypɛrɛt] *nf (aussi superette) (Mkg)* small supermarket, minimarket.

supérieur[1] [syperjœr] *adj* ~ *à* better than, superior to, higher than ; *offre* ~*e* higher bid.

supérieur[2] [syperjœr] *nm (hiérarchie)* superior.

supermarché [sypɛrmarʃe] *nm* supermarket.

superminimarge [sypɛrminimarʒ] *nm (Mkg)* off-price store.

superpétrolier [sypɛrpetrɔlje] *(T) nm* supertanker.

superposer [sypɛrpoze] *vt* superimpose.

superposition [sypɛrpozisjɔ̃] *nf* stacking ; *(T)* ~ *de deux conteneurs* double stacking.

superviser [sypɛrvize] *vt* supervise.

superviseur [sypɛrvizœr] *nm inv* supervisor.

supervision [sypɛrvizjɔ̃] *nf* supervision.

supertranche or [sypɛrtrɑ̃ʃɔr] *nf (Eco)* super gold tranche.

supplanter [syplɑ̃te] *vt* supplant.

suppléance [sypleɑ̃s] *nf (Jur/Pol)* temporary replacement (of a judge or public officer).

suppléant [sypleɑ̃] *nm* **1.** replacement, substitute, surrogate **2.** *(Pol) (Fr)* person elected along with a Member of Parliament to replace him if the post becomes vacant.

suppléer [syplee] *v* 1. *vt (lacune)* supply, provide; *(Jur)* ~ *un moyen* supply alternative grounds (in support of a cause) 2. *vi (Jur)* ~ *à qch* compensate for sth.

supplément [syplemã] *nm* 1. supplement; ~ *d'information* further information, *(Jur)* further investigation by a criminal court 2. *(à payer)* extra/additional charge.

supplémentaire [syplemãtɛʀ] *adj* additional, supplementary; *heures* ~*s* overtime; *faire des heures* ~*s* work overtime.

supplétif [sypletif] *adj (f -ive)* additional; *(Jur) droit* ~ statutory law which applies in the absence of contractual provisions.

supplique [syplik] *nf (Jur)* prayer, petition, request.

support [sypɔʀ] *nm* medium; ~ *publicitaire* advertising medium; ~*s radiotélévisés* broadcast media.

supposition [sypozisjɔ̃] *nf* assumption.

suppression [sypʀesjɔ̃] *nf* removal, elimination, abolition; *(Eco)* ~ *d'emplois* layoffs, redundancies; *(CI)* ~ *de barrières douanières* dismantling of/removal of tariff barriers.

supprimer [sypʀime] *vt* eliminate, abolish, remove; *(CI)* ~ *les barrières commerciales* drop/lift barriers; ~ *des emplois* lay people off, make people redundant, eliminate jobs.

supranational [sypʀanasjɔnal] *adj (mpl -aux)* supranational.

sur- [syʀ] *préf* super-, over-.

sûr [syʀ] *adj* 1. reliable, trustworthy 2. safe; *en lieu* ~ in a safe place.

surabondance [syʀabɔ̃dãs] *nf* overabundance, glut.

surabondant [syʀabɔ̃dã] *adj* overabundant.

surabonder [syʀabɔ̃de] *vi* be overabundant.

suraccumulation [syʀakymylasjɔ̃] *nf (capital)* overaccumulation, excessive accumulation.

surcapacité [syʀkapasite] *nf* overcapacity.

surcapitalisation [syʀkapitalizasjɔ̃] *nf (Fin)* overcapitalization.

surcapitaliser [syʀkapitalize] *vt (Fin)* overcapitalize.

surcharge [syʀʃaʀʒ] *nf (T)* overloading, excess load.

surcharger [syʀʃaʀʒe] *vt (T)* overload.

surchauffe [syʀʃof] *nf (économie)* overheating.

surcote [syʀkɔt] *nf (Eco/Fin)* agio, premium.

surcoût [syʀku] *nm* extra cost, overcost, overcharge.

surcroît [syʀkʀwa] *nm* 1. *un* ~ *de travail* extra work, too much work 2. *de* ~ what is more.

sureffectifs [syʀefɛktif] *nmpl (Eco)* overmanning.

suremballage [syʀãbalaʒ] *nm (Emb)* overwrap.

suremploi [syʀãplwa] *nm* overemployment.

surenchère [syʀãʃɛʀ] *nf* overbid, higher bid.

surenchérir [syʀãʃeʀiʀ] *vi* 1. make a higher bid, bid higher 2. increase in price, rise.

surenchérissement [syʀãʃeʀismã] *nm* rise, increase.

surendetté [syʀãdete] *adj* overindebted.

surendettement [syʀãdetmã] *nm (Eco)* overindebtedness.

suréquipé [syʀekipe] *adj* overequipped.

surestarie [syʀestaʀi] *nf (T)* demurrage.

surestimation [syʀestimasjɔ̃] *nf* overestimation, overvaluation.

surestimer [syʀestime] *vt* overestimate, overrate, overvalue.

sûreté [syʀte] *nf* 1. safety, security; ~ *de l'Etat* national security 2. *(Fin/Jur)* guarantee, pledge, collateral, security.

surévaluation [syʀevalɥasjɔ̃] *nf* overvaluation.

surévaluer [syʀevalɥe] *vt* overvalue.

surexploitation [syʀɛksplwatasjɔ̃] *nf* overexploitation.

surface [syʀfas] *nf* 1. surface, area; *(Mkg)* ~ *d'exposition* display area; *magasin à grande* ~ supermarket/hypermarket; ~ *de vente* sales/selling area 2. *(Fin)* ~ *financière* financial strength, *(UK)* gearing, *(US)* leverage.

surfacturer [syʀfaktyʀe] *vt* overcharge.

surgeler [syʀʒəle] *vt* deep-freeze.

surimposition [syʀɛ̃pozisjɔ̃] *nf* overtaxation.

Surinam [syʀinam] *nm* Surinam.

surinamais [syʀinamɛ] *adj* Surinamese.

Surinamais [syʀinamɛ] *nm* Surinamese *(pl inv)*.

surindustrialisation [syʀɛ̃dystʀijalizasjɔ̃] *nf* overindustrialization.

surinvestissement [syʀɛ̃vɛstismã] *nm (Eco)* overinvestment; *théorie du* ~ overinvestment theory of trade.

surloyer [syʀlwaje] *nm* additional rent.

surnom [syʀnɔ̃] *nm* nickname.

surnombre [syʀnɔ̃bʀ] *nm* excessive

numbers, surplus; *être en* ~ be too numerous, be surplus to requirements.

surpayer [syʀpeje] *vt* overpay.

surpeuplé [syʀpœple] *adj* overpopulated.

surpeuplement [syʀpœpləmɑ̃] *nm* overpopulation.

surplus [syʀply] *nm (pl inv)* surplus; ~ *agricoles* agricultural surpluses; ~ *du consommateur* consumer surplus; ~ *de productivité globale* aggregate productivity surplus; *(Fin)* ~ *de réévaluation* appraisal surplus.

surpopulation [syʀpɔpylasjɔ̃] *nf* overpopulation.

surprime [syʀpʀim] *nf* **1.** *(Ass)* extra premium **2.** *(Ind)* additional bonus.

surproduction [syʀpʀɔdyksjɔ̃] *nf* overproduction.

surproduire [syʀpʀɔdɥiʀ] *vt* overproduce.

surproduit [syʀpʀɔdɥi] *nm (Eco)* surplus.

surprofit [syʀpʀɔfi] *nm (Eco)* superprofit, excess profit.

surréservation [syʀʀezɛʀvasjɔ̃] *nf* overbooking.

surseoir [syʀswaʀ] *vi* ~ *à* postpone, delay; *(Jur)* ~ *à statuer* postpone judgement/judgment.

sursis [syʀsi] *nm* delay, postponement, deferment; *(Jur)* ~ *à l'exécution* stay of execution; ~ *à statuer* stay of proceedings; ~ *avec mise à l'épreuve* conditional stay of sentence; ~ *de paiement* deferment of payment.

surtaxe [syʀtaks] *nf* surcharge, extra charge.

survaleur [syʀvalœʀ] *nf (Cpta)* goodwill.

survaloir [syʀvalwaʀ] *nm (Cpta)* goodwill.

survalorisation [syʀvalɔʀizasjɔ̃] *nf* overvaluation.

surveillance [syʀvejɑ̃s] *nf* surveillance, supervision, monitoring; *société de* ~ security firm.

surveillant [syʀvejɑ̃] *nm* supervisor.

surveiller [syʀveje] *vt* supervise, monitor.

survenance [syʀvənɑ̃s] *nf* accrual.

sus [sy] *adv en* ~ in addition to; *emballage en* ~ packing extra.

susdit [sysdi] *adj* above-mentioned, aforementioned.

susmentionné [sysmɑ̃sjɔne] *adj* above-mentioned, aforementioned.

susnommé [sysnɔme] *adj* aforementioned, above-mentioned.

suspect [syspɛ] *nm (Jur)* suspect.

suspendre [syspɑ̃dʀ] *vt* **1.** suspend, postpone, *(réunion)* adjourn **2.** ~ *qn (de ses fonctions)* suspend sb (from office).

suspens [syspɑ̃] *nm en* ~ pending, in abeyance.

suspension [syspɑ̃sjɔ̃] *nf* suspension, postponement, *(réunion)* adjournment; *(Jur)* ~ *de l'exécution des peines* suspension of a sentence for reasons particular to the convicted person (medical problems, etc.); ~ *de l'instance* temporary suspension of a court hearing; ~ *des poursuites individuelles* stay of actions by creditors against a debtor.

suspicion [syspisjɔ̃] *nf* suspicion, distrust, misgiving.

susvisé [sysvize] *adj* aforementioned.

suzerain [syzʀɛ̃] *nm (Pol) (obs)* overlord.

swap [swap] *nm* swap; *(Fin)* ~ *de devises* currency swap.

Swaziland [swazilɑ̃d] *nm* Swaziland.

synallagmatique [sinalagmatik] *adj* *(Jur)* bilateral; *contrat* ~ bilateral contract.

syndic [sɛ̃dik] *nm inv* **1.** *(Jur)* receiver, official receiver; *(Bq)* trustee in bankruptcy **2.** *(Bs)* president of a brokers' association.

***syndic de copropriété** nm inv* agent who represents joint owners and manages the property.

syndical [sɛ̃dikal] *adj (mpl* -aux*)* union, trade union; *(immeuble) conseil* ~ management committee; *mouvement* ~ trade-union movement.

syndicalisation [sɛ̃dikalizasjɔ̃] *nf* unionization.

syndicalisme [sɛ̃dikalism] *nm* unionism, trade-unionism.

syndicaliste [sɛ̃dikalist] *nmf* union official/member.

syndicat [sɛ̃dika] *nm* **1.** *(UK)* trade union, *(US)* labor union **2.** association; ~ *de communes* syndicate of local governments; ~ *de copropriétaires* association which manages jointly-owned property; *(UK)* ~ *de la distribution* distribution union; ~ *patronal* employers' association **3.** *(Bs/Fin)* syndicate; ~ *de banquiers* group banking, banking syndicate; ~ *d'émission* issue/underwriting syndicate; *(J.O.)* ~ *d'enchères* tender panel; ~ *de prise ferme* pool, underwriting pool.

syndicataire [sɛ̃dikatɛʀ] *nm (Bq)* underwriter, member of an underwriting syndicate.

syndiquer [sɛ̃dike] *v* **1.** *vt* unioniz

2. *vpr se* ~ join/form a trade union, *(locataires)* form an association.

synergiciel [sinɛʀʒisjɛl] *(Inf)* nm groupware.

synergie [sinɛʀʒi] *nf* synergy.

synthèse [sɛ̃tɛz] *nf* synthesis.

synthétique [sɛ̃tetik] *adj* synthetic.

Syrie [siʀi] *nf* Syria.

syrien [siʀjɛ̃] *adj* (f **-ienne**) Syrian.

Syrien [siʀjɛ̃] *nm* (f **-ienne**) Syrian.

systématique [sistematik] *adj* systematic.

système [sistɛm] *nm* system **1.** *(Bq)* ~ *bancaire* banking system; *(Bq)* ~ *de compensation* clearing system; ~ *économique* economic system; *(Pol)* ~ *électoral* electoral system; ~ *d'indemnisation* compensation scheme; ~ *monétaire* monetary system **2.** *(Inf)* ~ *exclusif* proprietary system; ~ *expert* expert system; ~ *d'exploitation* operating system; ~ *de gestion de base de données (SGBD)* data base management system (DBMS).

*Système de Bretton Woods nm (Fin) Bretton Woods System.

*Système européen de banques centrales (SEBC) nm (Bq) (UE) European System of Central Banks (ESCB).

*Système européen de comptes économiques intégrés (SEC) nm (Fin) (UE) European System of Integrated Economic Accounts (ESA).

*Système généralisé de préférences nm (CI) Generalized System of Preferences (GSP).

*Système interagent de marché (SIAM) nm (Bs) interdealer-broker system (IDBS).

*Système monétaire européen (SME) nm (Fin) (UE) European Monetary System (EMS).

*Système monétaire international (SMI) nm (Fin) International Monetary System (IMS).

systémique [sistemik] *adj* systemic.

T

table [tabl] *nf* **1.** *(meuble)* table; *dessous-de-*~ payment under the table, bribe; *(discussion)* *faire un tour de* ~ go around the table; ~ *ronde* round table (discussion) **2.** *(tableau) (Cpta)* ~ *d'amortissement* depreciation schedule; *(livre)* ~ *des matières* table of contents.

tableau [tablo] *nm* (*pl* **-x**) **1.** *(graphique)* table, chart, matrix; ~ *de bord* management chart; ~ *d'échanges interindustriels* interindustrial input-output table; ~ *entrées-sorties* input-output matrix **2.** *(Cpta)* statement; ~ *d'amortissement* depreciation schedule; ~ *comptable* financial statement; ~ *de remboursement* repayment schedule **3.** *(panneau)* board, panel; ~ *d'affichage* notice board; ~ *d'honneur* list of merit; ~ *de service* duty roster **4.** *(Inf)* array; ~ *de données* data array **5.** *(T)* ~ *de bord (avion)* instrument panel, *(voiture)* dashboard **6.** *(art)* painting, picture.

tabler [table] *vi* ~ *sur* count on, bank on.

tableur [tablœʀ] *nm (Inf)* spreadsheet.

tabulaire [tabylɛʀ] *adj* tabular.

tabulateur [tabylatœʀ] *nm (Inf)* tabulator, tab key.

tabulation [tabylasjɔ̃] *nf (Inf)* tabulation.

tabulatrice [tabylatʀis] *nf* tabulator, tabulating machine.

tabuler [tabyle] *vt* tabulate.

tache [taʃ] *nf* stain, spot; *réputation sans* ~ unblemished reputation; ~ *de sang* bloodstain; *(fig) (idée) faire* ~ *d'huile* gain ground, become widespread.

tâche [tɑʃ] *nf* task, job, assignment; *(Mgt)* *enrichissement des* ~*s* job enrichment; *(Ind)* *travail à la* ~ piecework.

tachymètre [takimɛtʀ] *nm (T)* tachometer.

tacite [tasit] *adj* tacit; *(contrat)* ~ *reconduction* automatic renewal.

tacitement [tasitmɑ̃] *adv* tacitly.

tactique[1] [taktik] *adj* tactical.

tactique[2] [taktik] *nf* tactics; *changer de* ~ change tactics/methods.

tadjik [tadʒik] *adj* Tajik, Tadzhik.

Tadjik [tadʒik] *nm* Tajik, Tadzhik.

Tadjikistan [tadʒikistɑ̃] *nm* Tajikistan.

taille [tɑj] *nf* **1.** size; *de* ~ considerable; *c'est un problème de* ~ it's a considerable/serious problem; *de grande/petite* ~ large-/small-sized; *de*

~ moyenne medium-sized **2.** *(person)* height.

tailler [taje] *v* **1.** *vt (arbres)* prune, trim, cut **2.** *vi ~ dans le budget* trim the budget.

Taïwan [tajwan] *n* Taiwan.

taïwanais [tajwanɛ] *adj* Taiwanese.

Taïwanais [tajwanɛ] *nm* Taiwanese *(pl inv).*

talion [taljɔ̃] *nm loi du ~* principle of retaliation/of an eye for an eye.

talon [talɔ̃] *nm* **1.** heel; **~ d'Achille** Achilles' heel, weak point **2.** *(Bq) (chéquier)* stub, counterfoil.

tampon [tɑ̃pɔ̃] *nm* **1.** stamp; **~ de la poste** postmark; **~ de la poste faisant foi** date as postmark **2.** *(Inf)* buffer; **mémoire ~** buffer (storage).

tamponner [tɑ̃pɔne] *vt* **1.** *(document)* stamp **2.** *(Inf)* buffer.

tangible [tɑ̃ʒibl] *adj* tangible; *(Fin)* **valeurs ~s** tangible assets.

tant [tɑ̃] *loc en ~ que de besoin* as necessary.

tantième [tɑ̃tjɛm] *nm* percentage, share, quota; *(Mgt)* **~s** director's fees, director's share of profits.

Tanzanie [tɑ̃zani] *nf* Tanzania.

tanzanien [tɑ̃zanjɛ̃] *adj (f* **-ienne)** Tanzanian.

Tanzanien [tɑ̃zanjɛ̃] *nm (f* **-ienne)** Tanzanian.

TAO *v.* **traduction assistée par ordinateur.**

tapage [tapaʒ] *nm (Jur)* **~ nocturne** disturbance of the peace (at night).

tapageur [tapaʒœr] *adj (f* **-euse)** flashy; **publicité tapageuse** obtrusive advertising.

taper [tape] *v* **1.** *vt* strike; *ils ont tapé à côté* they were wide of the mark **2.** *vt* **~ *(à la machine)*** type **3.** *vi (fam)* **~ dans** dig into, help oneself to.

tapis [tapi] *nm* carpet; *remettre une question sur le ~* raise a question again; **~ rouge** red carpet; *dérouler le ~ rouge* roll out the red carpet; *(Ind/T)* **~ roulant** conveyor belt.

tapisser [tapise] *vt (Emb) (caisse)* line.

tard [tar] *adv* late; *au plus ~* at the latest.

tarder [tarde] *vi* be late; **~ à faire qch** take a long time to do sth; *sans ~* without delay.

tardif [tardif] *adj (f* **-ive)** late, tardy; *à une date tardive* (too) late.

tare [tar] *nf* **1.** defect **2.** *(T)* tare, dead weight **2.** loss in value.

tarer [tare] *vt (T)* tare, make allowance for the tare of.

tarif [tarif] *nm* **1.** price, rate, *(voyageurs)* fare; *(Mkg)* **~ d'annonces** advertisement rates; **~ dégressif** tapering rate; *(TV)* **~ de forte écoute** premium rate, prime-time rate; *(T)* **~ d'expédition** freight rate; **~ de groupage** groupage rate; *(Mkg)* **~ d'insertion** advertising rate; **~ préférentiel** preferential rates; *(Mkg)* **~ publicitaire** advertising rates; **~ uniforme** flat rate; **~ en vigueur** current rates, going rate **2.** price list, schedule, *(UK)* tariff **3.** *(D)* tariff, duty; **~ ad valorem** ad valorem tariff; **~ douanier** customs tariff; **~ d'entrée** import list; **~ de sortie** export list.

***tarif extérieur commun (TEC)** nm (D) (UE)* Common External Tariff (CET).

tarifaire [tarifɛr] *adj* tariff; *(CI) accord* **~** tariff agreement.

tarifer [tarife] *vt* fix the price/rate of.

tarification [tarifikasjɔ̃] *nf* pricing.

tas [tɑ] *nm* pile, heap.

tassement [tasmɑ̃] *nm (de) (activité)* contraction (in), weakening (of), setback (in).

tasser [tase] *vpr se ~ (activité)* weaken, fall back, suffer a setback.

taux [to] *nm (pl inv)* rate; **~ d'accroissement démographique** population growth rate; **~ d'activité** activity rate; *(Bq/Fin)* **~ de base bancaire** *(UK)* base rate, *(US)* prime rate; *(Fin)* **~ de change** exchange rate; *(Bq/Fin)* **~ de change ajustables** adjustable exchange rates; *(Bq/Fin)* **~ de change au comptant** spot exchange rate; *(Bq/Fin)* **~ de change fixes** fixed exchange rates; *(Fin)* **~ de change à terme** forward exchange rate; *(Eco)* **~ de chômage** unemployment rate; *(Eco)* **~ de chômage naturel** natural rate of unemployment; *(Eco)* **~ de chômage non accélérateur de l'inflation** non-accelerating inflation rate of unemployment (NAIRU); *(Eco)* **~ de chômage non accélérateur des salaires** non-accelerating wage rate of unemployment (NAWRU); *(Eco)* **~ de couverture des exportations** export coverage; *(Eco)* **~ de croissance** growth rate; *(Eco)* **~ de croissance naturelle** natural rate of growth; *(Bq/Fin)* **~ directeur** official market rate; *(Eco)* **~ d'épargne** saving rate; *(Bq/Fin)* **~ d'escompte** discount rate; *(Eco)* **~ de fécondité** fertility rate; *(T)* **~ de fret** freight rate; *(Eco)* **~ d'inflation** inflation rate; *(Fisc)* **~ d'imposition** tax rate; *(Fisc)* **~ d'imposition des sociétés** corporate tax rate; *(Bq/Fin)* **~ d'intérêt** rate of interest; *(Bq/Fin)* **~ d'intérêt directeurs** key interest rates; *(Bq/Fin)* ~ *d'intérêt effectif* effective rate of interest; ~ *d'intérêt légal* legal rate of interest; ~ *d'intérêt nominal* nominal rate of interest; *(Bq/Fin)* ~ *d'intérêt réel* real interest rate, inflation-adjusted interest rate; *(Bq/Fin)* ~ *d'intérêt variable* floating interest rate; *(Cpta)* ~ *interne de rentabilité* internal rate of return (IRR); *(Eco)* ~ *d'investissement* investment rate; *(Bq/Fin)* ~ *au jour le jour* call loan rate; *(Fin)* ~ *lombard* Lombard rate; *(Eco)* ~ *marginal de substitution* marginal rate of substitution; ~ *minimum* knockdown rate/price; ~ *de mortalité* death rate; ~ *de natalité* birth rate; *(CI)* ~ *de pénétration des importations* import penetration ratio; *(Fin) (UE)* ~-*pivots* central rates; *(Fin) (J.O.)* ~ *plafond* cap (interest rate); *(Fin) (J.O.)* ~ *plancher* floor (interest rate); *(Bq)* ~ *préférentiel* prime rate; *(Cpta)* ~ *de profit* profit rate, return on capital; *(Bq)* ~ *de référence bancaire* base rate; ~ *de remplacement* replacement level; *(Fin)* ~ *de rendement* rate of return; *(Cpta)* ~ *de rentabilité* rate of return; *(Mkg)* ~ *de réponse* response rate; ~ *de rotation* turnover rate; ~ *de rotation de la main-d'œuvre* labour/labor turnover; *(Agr) (UE)* ~ *vert* green rate; ~ *en vigueur* going rate.

taux interbancaire nm *(Bq/Fin)* interbank rate.

taux interbancaire offert (TIO) nm *(Bq/Fin)* interbank offered rate.

taux interbancaire offert à Londres (TIOL) nm *(Bq/Fin)* London Interbank Offered Rate (LIBOR).

taux interbancaire offert à Paris (TIOP) nm *(Bq/Fin)* Paris Interbank Offered Rate (PIBOR).

taux interbancaire offert à Singapour (TIOS) nm *(Bq/Fin)* Singapore Interbank Offered Rate (SIBOR).

taxable [taksabl] *adj (Fisc)* taxable, *(D)* dutiable.

taxation [taksasjɔ̃] *nf* **1.** *(Fisc)* taxation; ~ *d'office* arbitrary tax assessment (where taxpayer has not filed a tax return) **2.** *(Jur)* ~ *des dépens* taxation of costs **3.** *(Jur) (services, salaires)* statutory fixing of prices/wages.

taxe [taks] *nf (Fisc)* tax, *(D)* duty; *(T)* ~ *d'aéroport* airport tax; ~ *d'apprentissage* training tax, apprenticeship tax; *(Tél)* ~ *de base* base unit; *boutique hors* ~s duty-free shop; ~ *à la consommation* excise duty; *exempt de* ~s tax-free, duty-free; *(T)* ~ *à l'essieu* axle tax; *(D)* ~ *à l'export* export duty; *(T)* ~ *de factage* porterage charge; ~

foncière (UK) property rates, *(US)* property tax; ~ *d'habitation (UK)* local rate/tax, community charge, *(US)* property tax; *prix hors* ~s *(HT)* price exclusive of tax, price before tax; ~ *parafiscale* indirect tax; ~ *professionnelle* local tax on business activity; *soumis à une* ~ taxable; ~ *successorale* estate tax, death duty; *toutes* ~s *comprises (TTC)* all taxes included.

*****taxe à/sur la valeur ajoutée (TVA)** *nf* value-added tax (VAT).

taxer [takse] *vt* **1.** tax **2.** assess; *(Jur) mémoire taxé* taxed bill of costs.

Tchad [tʃad] *nm* Chad.

tchadien [tʃadjɛ̃] *adj (f -ienne)* Chadian.

Tchadien [tʃadjɛ̃] *nm (f -ienne)* Chadian.

Tchécoslovaquie [tʃekɔslɔvaki] *nf* Czechoslovakia.

tchèque [tʃɛk] *adj* Czech; *République T*~ Czech Republic.

Tchèque [tʃɛk] *nmf* Czech.

TEC *v.* tarif extérieur commun.

technicien [teknisjɛ̃] *nm (f -ienne)* **1.** technician, specialist **2.** *(Jur)* expert; *avis de* ~ expert opinion.

technicité [teknisite] *nf* technical nature.

technico-commercial [teknikokɔmersjal] *adj (mpl -iaux) agent* ~ sales engineer/technician.

technique[1] [teknik] *adj* technical; *assistance* ~ technical assistance; *chômage* ~ temporary layoff(s).

technique[2] [teknik] *nf* technique; ~s *commerciales* marketing techniques; ~s *de vente* sales techniques.

techniquement [teknikmɑ̃] *adv* technically.

technocrate [teknɔkrat] *nmf* technocrat.

technocratie [teknɔkrasi] *nf* technocracy.

technologie [teknɔlɔʒi] *nf* technology; ~ *de pointe* state-of-the-art technology; *transfert de* ~ technology transfer; ~ *à double usage* dual-use technology.

technologique [teknɔlɔʒik] *adj* technological; *écart* ~ technological gap.

technostructure [teknostryktyr] *nf* technostructure.

téléachat [teleaʃa] *nm (Mkg)* teleshopping.

télécarte [telekart] *nf (Tél)* phonecard.

télécharger [teleʃarʒe] *vt (Inf)* download.

télécommande [telekɔmɑ̃d] *nf* remote control.

télécommander [telekɔmɑ̃de] *vt* operate by remote control.

télécommunication [telekɔmynikasjɔ̃]

nf telecommunication ; *les* ~s telecommunications.

téléconférence [telekɔ̃feʀɑ̃s] *nf* teleconference.

télécopie [telekɔpi] *nf* telecopy, facsimile, fax.

télécopier [telekɔpje] *vt* telecopy, fax.

télécopieur [telekɔpjœʀ] *nm* telecopier, fax machine, fax.

télédémarchage [teledemaʀʃaʒ] *nm* (Mkg) telemarketing.

télégramme [telegʀam] *nm* telegram, (US) cable.

télégraphe [telegʀaf] *nm* telegraph.

télégraphier [telegʀafje] *vt* telegraph, (US) cable.

télégraphique [telegʀafik] *adj* telegraphic ; *message* ~ telegraphic message ; *virement* ~ wire transfer.

télé-informatique [teleɛ̃fɔʀmatik] *nf* telecomputing.

télémaintenance [telemɛ̃tnɑ̃s] *nf* remote maintenance.

télémarché [telemaʀʃe] *nm* (Mkg) telemarket.

télémercatique [telemeʀkatik] *nf* (Mkg) telemarketing.

téléphone [telefɔn] *nm* telephone ; ~ *cellulaire* cellular telephone ; ~ *public* public telephone ; ~ *sans fil* cordless telephone.

téléphoner [telefɔne] *vti* telephone ; ~ *à qn* telephone/call sb, (UK) ring sb.

téléphonique [telefɔnik] *adj* telephone ; *annuaire* ~ telephone directory ; *appel* ~ telephone call ; *répondeur* ~ answering machine.

téléscripteur [teleskʀiptœʀ] *nm* (Bs) teleprinter, teletypewriter, ticker.

télétraitement [teletʀɛtmɑ̃] *nm* (Inf) teleprocessing.

télétravail [teletʀavaj] *nm* (pl -aux) work at home, electronic commuting.

télétype [teletip] *nm* teletype (machine), teletypewriter, teleprinter.

télévente [televɑ̃t] *nf* telephone sales/selling.

télex [teleks] *nm* telex.

télexer [telekse] *vt* telex.

témoignage [temwaɲaʒ] *nm* 1. (Jur) testimony, evidence 2. (récit) account.

témoigner [temwaɲe] *vi* 1. (Jur) testify, give evidence 2. give an account (of).

témoin [temwɛ̃] *nm inv* (Jur) witness ; *barre des* ~s witness box ; ~ *à charge* witness for the prosecution ; ~ *à décharge* witness for the defence/defense ; ~ *défaillant* defaulting witness ; ~ *ins-*

trumentaire witness to a deed/an instrument ; ~ *judiciaire cité comme expert* expert witness (designated by the court) ; ~ *oculaire* eyewitness 2. *appartement-*~ (UK) show flat, (US) model apartment.

tempérament [tɑ̃peʀamɑ̃] *loc* (Fin) *à* ~ on credit ; *achat à* ~ purchase on credit ; *vente à* ~ sale on credit.

temporaire [tɑ̃pɔʀeʀ] *adj* temporary.

temporairement [tɑ̃pɔʀeʀmɑ̃] *adv* temporarily.

temps [tɑ̃] *nm* (pl inv) 1. time ; *à* ~ on time ; ~ *réel* real time ; ~ *de réponse* response time ; *travail à mi-*~ half-time work ; *travail à* ~ *partiel* part-time work ; *travail à plein* ~ full-time work ; ~ *universal* universal time, Greenwich Mean Time (GMT).

tenancier [tɑ̃nɑ̃sje] *nm* (f -ière) 1. (Com) proprietor, manager 2. (Agr) tenant farmer.

tenants [tɑ̃nɑ̃] *nmpl* ~ *et aboutissants* ins and outs, (Jur) metes and bounds.

tendance [tɑ̃dɑ̃s] *nf* tendency, trend ; *avoir* ~ *à faire qch* be inclined to do sth ; (Bs) ~ *à la baisse* downward trend ; (Bs) ~ *à la hausse* upward trend ; (Bs) ~ *du marché* market trend.

tendre [tɑ̃dʀ] *v* 1. *vi* tend ; ~ *à faire qch* tend to do sth ; ~ *vers la perfection* tend towards/approach perfection 2. *vt* (corde) tighten 3. *vpr se* ~ harden, stiffen.

tendu [tɑ̃dy] *adj* (corde) tight ; (relations) tense, strained.

teneur[1] [tɑ̃nœʀ] *nf* tenor, contents ; (Jur) ~ *d'un contrat* terms of a contract ; ~ *en fer* iron content.

teneur[2] [tɑ̃nœʀ] *nm* (f -euse) holder, keeper ; ~ *de livres* bookkeeper ; (Bs) (J.O.) ~ *de marché* market-maker.

tenir [tɑ̃niʀ] *v* 1. *vt* hold, (prix) restrain ; ~ *les prix* hold prices down ; ~ *une réunion* hold a meeting 2. *vt* operate, manage ; ~ *un hôtel* keep a hotel 3. *vt* (Emb) store, keep ; ~ *au frais* keep refrigerated ; ~ *à l'abri de l'humidité* keep dry 4. *vt* honour/honor, keep ; ~ *les délais* meet deadlines ; ~ *sa promesse* honour/honor one's promise, keep one's word 5. *vt* (Cpta) keep ; ~ *la comptabilité* keep the books 6. *vt* contain ; *salle qui tient cent personnes* room that holds one hundred people 7. ~ *à qch* value sth ; ~ *à son emploi/son indépendance* value one's job/one's independence ; ~ *à faire qch* insist on/be keen on doing sth.

tension [tɑ̃sjɔ̃] *nf* tension, pressure ;

(Eco) **~s inflationnistes** inflationary pressures.

tentative [tãtativ] *nf* attempt ; *(Jur)* **~ d'assassinat** attempted murder.

tenu [təny] *adj* kept ; **bien ~** well-kept ; **mal ~** poorly-kept ; **~ au secret professionnel** bound by professional confidentiality.

tenue [təny] *nf* **1.** *(opération)* management, running **2.** *(Cpta)* **~ des livres** bookkeeping **3.** *(Bs/Eco)* firmness, buoyancy ; **~ du marché** tone of the market.

termaillage [tɛRmajaʒ] *nm (Eco) (J.O.)* leads and lags.

terme [tɛRm] *nm* **1.** term, time limit ; **à court ~** in the short run ; **à long ~** in the long run ; **à moyen ~** in the medium term ; **arriver à ~** *(délai)* expire, *(paiement)* come due ; **~ de grâce** grace period **2.** *(Fin/Bs)* **à ~** on credit ; **acheter/vendre à ~** buy/sell on credit, buy/sell forward ; **livraison à ~** forward delivery ; **marché à ~** futures market ; **vente à ~** forward sale **3.** term, provision ; **les ~s de l'accord** the terms of the agreement ; *(CI)* **~s commerciaux internationaux** incoterms ; *(CI/Eco)* **les ~s de l'échange** terms of trade **4.** rental term/period, *(montant)* rent ; **le loyer du ~** the term's rent ; **payer son ~** pay one's rent.

terminal[1] [tɛRminal] *adj (mpl -aux)* last, final ; **la phase ~e du projet** the final phase of the project.

terminal[2] [tɛRminal] *nm (pl -aux)* **1.** *(T)* terminal ; **~ d'aéroport** airport terminal **2.** *(Inf)* terminal, monitor.

terminer [tɛRmine] *vt* **1.** end, finish **2.** *(Bs)* close ; **le marché a terminé en hausse** at the end of the day the market was up.

terne [tɛRn] *adj* dull, flat.

terrain [teRɛ̃] *nm* **1.** land, plot, field ; **~ à bâtir** building land ; **~ industriel** industrial site ; **~ vague** waste ground, *(US)* empty lot **2.** *(fig)* **il faut trouver un ~ d'entente** we must find common ground/the basis for agreement ; **enquête de ~** field survey ; **opérations de ~** field operations.

terre [teR] *nf* earth, land, soil.

terre-plein [tɛRplɛ̃] *nm* earth terrace ; *(T)* **~ portuaire à conteneurs** container yard (CY).

terrestre [teRɛstR] *adj (T)* land ; **transports ~s** land transport/transportation ; **par voie ~** by land.

terrien [tɛRjɛ̃] *adj (f -ienne)* landowning ; **propriétaire ~** landowner.

territoire [teRitwaR] *nm* territory ;

aménagement du ~ regional development ; **~ non autonome** non-autonomous territory.

***territoire d'outre-mer (TOM)** *nm (Fr)* (French) overseas territory.

territorial [teRitɔRjal] *adj (mpl -iaux)* territorial ; **eaux ~es** territorial waters.

terrorisme [teRɔRism] *nm* terrorism.

terroriste [teRɔRist] *nmf* terrorist.

tertiaire [tɛRsjɛR] *adj* tertiary ; *(Eco)* **secteur ~** tertiary sector.

test [tɛst] *nm* test ; *(Mkg)* **~ en aveugle** blind test ; *(Mkg)* **~ comparatif** comparative test ; **~ de conformité** compliance test ; *(Mkg)* **~ de marché** market test ; **~ de performance** benchmark ; *(Mkg)* **~ de produit** product test.

testament [tɛstamã] *nm (Jur)* will, testament ; **~ authentique** will executed in compliance with all formalities ; **~ conjonctif** joint will ; **~ mystique** secret will, will prepared by the testator and presented sealed to a lawyer ; **~ olographe** holographic will, entirely handwritten will.

testamentaire [tɛstamãtɛR] *adj (Jur)* testamentary ; **dispositions ~s** provisions of a will ; **exécuteur ~** executor.

testateur [tɛstatœR] *nm (f -trice) (Jur)* testator (*f* testatrix).

tester [tɛste] *v* **1.** *vt* test **2.** *vi (Jur)* make one's will.

tête [tɛt] *nf* head ; **à la ~ d'un projet** at the head of a project ; **être en ~** be in the lead ; *(Mkg)* **~ de gondole** gondola head ; *(T)* **~ de ligne** railhead ; *(Pol)* **~ de liste** candidate heading a slate ; *(Ass)* **prendre une assurance sur la ~ de qn** take out a life insurance policy on sb.

texte [tɛkst] *nm* text, *(contrat)* wording, *(Pub)* copy ; *(Jur)* **~ de loi** text of a law ; *(Inf)* **traitement de ~** word processing.

textile[1] [tɛkstil] *adj* textile ; **l'industrie ~** the textile industry.

textile[2] [tɛkstil] *nm* textile ; **le ~ et l'habillement** the clothing and textile industry, the textile and garment industry.

TGI *v.* **tribunal de grande instance.**

TGV *v.* **train à grande vitesse.**

thaïlandais [tajlãdɛ] *adj* Thai.

Thaïlandais [tajlãdɛ] *nm* Thai.

Thaïlande [tajlãd] *nf* Thailand.

thème [tɛm] *nm* theme, subject.

théorème [teɔRɛm] *nm* theorem ; *(Eco)* **~ de la toile d'araignée** cobweb model/theorem.

théorie [teɔRi] *nf* theory ; **en ~** in theory ; *(Eco)* **~ quantitative de la monnaie** quantity theory of money ;

(Eco) ~ *du revenu permanent* permanent income theory.

théorique [teɔʀik] *adj* theoretical.

théoriquement [teɔʀikmɑ̃] *adv* theoretically.

thermique [tɛʀmik] *adj* thermal; *centrale* ~ thermal power plant.

thésaurisation [tezɔʀizasjɔ̃] *nf* hoarding (of money).

thésauriser [tezɔʀize] *vi* hoard money.

TI *v.* **tribunal d'instance.**

ticket [tikɛ] *nm* ticket; ~ *de caisse* sales receipt; *(Fr)* ~ *modérateur* patient's contribution (towards medical costs).

tiers[1] [tjɛʀ] *adj (f tierce)* third; *(Jur) tierce opposition* third party motion to vacate; *tierce personne* third party. **tiers monde nm le* ~ the Third World.

tiers[2] [tjɛʀ] *nm* **1.** third; *(Fisc) (Fr)* ~ *provisionnel* installment/instalment comprising approximately one-third of the annual income tax liability **2.** third party; *(Jur)* ~ *arbitre* third arbitrator chosen by two other arbitrators; *(Ass) assurance au* ~ third-party insurance; *(Jur)* ~ *bénéficiaire* third-party beneficiary; *(Ass)* ~ *payant* direct payment by an insurer/by the social security administration.

timbrage [tɛ̃bʀaʒ] *nm* stamping.

timbre [tɛ̃bʀ] *nm* **1.** stamp; ~ *fiscal* revenue stamp; ~*-poste* postage stamp **2.** *(droit de)* ~ stamp duty; *soumis au (droit de)* ~ subject to stamp duty.

timbrer [tɛ̃bʀe] *vt* stamp; *joindre une enveloppe timbrée* enclose a stamped addressed envelope (SAE).

TIO *v.* **taux interbancaire offert.**

TIOL *v.* **taux interbancaire offert à Londres.**

TIOP *v.* **taux interbancaire offert à Paris.**

TIOS *v.* **taux interbancaire offert à Singapour.**

TIR *v.* **transports internationaux routiers.**

tirage [tiʀaʒ] *nm* **1.** *(loterie)* draw(ing); ~ *au sort* draw(ing) **2.** *(journal)* circulation, edition **3.** *(Bq/Fin)* drawing; *droits de* ~ *spéciaux (DTS)* special drawing rights (SDR).

tirant [tiʀɑ̃] *nm (T)* ~ *d'eau* draught; *avoir 10 mètres de* ~ *d'eau* draw 10 metres/meters of water.

tiré [tiʀe] *nm (Bq/Fin)* drawee.

tirelire [tiʀliʀ] *nf* moneybox, piggy bank.

tirer [tiʀe] *vt* **1.** draw; ~ *au sort* draw lots **2.** *(imprimer)* print **3.** *(Bq/Fin)* draw; ~ *un chèque* make out/draw a

cheque/check; ~ *à découvert* overdraw one's account **4.** derive, draw; ~ *profit d'une situation* derive a benefit from/take advantage of a situation **5.** *(Mkg)* ~ *les prix* sell at/quote competitive prices.

tireur [tiʀœʀ] *nm (f* -euse) *(Bq/Fin)* drawer.

tiroir [tiʀwaʀ] *nm* drawer; ~-*caisse* till.

tissu [tisy] *nm (Emb)* fabric, material; ~ *social* social fabric.

titre [titʀ] *nm* **1.** title, rank; ~ *nobiliaire* title of nobility **2.** *(Bs/Fin)* security, stock, share, bond; ~ *coté* listed security; ~ *non coté* unlisted security; ~ *d'Etat* government bond/security; ~ *négociable* marketable security; ~ *nominatif* order instrument; ~ *à ordre* instrument to order; ~ *participatif* non-voting share (issued by public sector entities); ~ *de participation* equity share/security; ~ *au porteur* bearer instrument, registered security; ~ *à revenu fixe* fixed-interest security; ~ *support* underlying stock; ~ *à vue* sight document **3.** ~ *(de propriété)* title (to property), deed; ~ *incontesté* clear title; *propriétaire en* ~ legal owner; ~ *putatif* putative title; ~*s successifs* chain of title **4.** legal right; ~ *exécutoire* enforceable right, enforceable order **5.** *à* ~ *de* by way of; *à* ~ *d'exemple* by way of example; *à* ~ *gratuit* gratuitous, free, without charge; *à* ~ *indicatif* for information only; *à* ~ *onéreux* for good consideration, in exchange for payment; *à* ~ *de paiement* in payment; *possession à* ~ *précaire* possession/holding by permission only; *à* ~ *de provision* provisionally, on a provisional basis; *à* ~ *provisoire* provisionally, on a provisional basis.

titrisation [titʀizasjɔ̃] *nf (Fin)* securitization.

titriser [titʀize] *vt (Fin)* securitize.

titulaire [titylɛʀ] *nmf* holder; ~ *d'un brevet* patent holder, patentee; ~ *d'un pension* pensioner; ~ *d'un poste* tenured holder of a position.

titulariser [titylaʀize] *vt (qn)* give a permanent post to, grant tenure (to).

Togo [tɔgo] *nm* Togo.

togolais [tɔgɔlɛ] *adj* Togolese.

Togolais [tɔgɔlɛ] *nm* Togolese *(pl inv)*.

tolérance [tɔleʀɑ̃s] *nf* **1.** tolerance; *(Inf)* ~ *aux pannes* fault tolerance **2.** *(D)* allowance, limit.

tolérer [tɔleʀe] *vt* tolerate.

TOM [tɔm] *v.* **territoire d'outre-mer.**

tomber [tɔ̃be] *vi* fall, drop, *(chiffres)* decrease; *(Jur)* ~ *dans le domaine pu-*

blic fall into the public domain, become public property; *(fig)* ~ *à l'eau* fall through, fail; *(Jur)* ~ *en faillite* go bankrupt; ~ *en panne* break down.

tonnage [tɔnaʒ] *nm (T)* tonnage; ~ *marchand* shipping tonnage.

tonne [tɔn] *nf (T)* tonne/ton; *affrètement à la* ~ freighting per ton; ~ *d'affrètement* freight/shipping ton; ~ *courte* short ton; ~ *forte* long/gross ton; ~ *de jauge* register ton.

tonneau [tɔno] *nm (pl -x)* **1.** *(Emb)* barrel, cask **2.** *(T)* tonne/ton; ~ *d'affrètement* freight ton; ~ *de capacité* measurement/shipping ton; ~ *de déplacement* displacement ton; ~ *de registre* register ton.

tonnelet [tɔnlɛ] *nm (Emb)* keg.

tontine [tɔ̃tin] *nf (Fin/Jur)* tontine.

torpeur [tɔrpœr] *nf (marché)* torpor, sluggishness.

tort [tɔr] *nm* **1.** wrong; *avoir* ~ be wrong, be mistaken; *donner* ~ *à qn* disagree with sb **2.** *(Jur)* wrong, injury, damage, prejudice; *faire du* ~ *à qn* cause damage to sb **2.** *(Jur)* fault; *être en* ~ be at fault, be in the wrong (*à dist. UK/US* tort).

torture [tɔrtyr] *nf* torture.

total[1] [tɔtal] *adj (mpl -aux)* total; *montant* ~ total amount; *(Ass) sinistre* ~ total loss.

total[2] [tɔtal] *nm (pl -aux)* total; *faire le* ~ work out/calculate the total, add up the figures; *le* ~ *des exportations* the total of exports, total exports.

totalement [tɔtalmã] *adv* totally.

totaliser [tɔtalize] *vt* **1.** *(additionner)* total, add up **2.** *(monter à)* add up to, total, have a total of.

totalitaire [tɔtalitɛr] *adj (Pol)* totalitarian.

totalitarisme [tɔtalitarism] *nm (Pol)* totalitarianism.

totalité [tɔtalite] *nf* totality, whole; *en* ~ wholly, entirely; *régler la* ~ *de la somme* pay the full/whole amount; *la* ~ *des revenus* all revenue.

touche [tuʃ] *nf (Inf) (clavier)* key; ~ *de fonction* function key; ~ *de tabulation* tab key.

toucher [tuʃe] *vt* **1.** *(Bq/Fin)* draw, collect; ~ *un chèque* cash a cheque/check; *il touche un salaire de 15 000 francs par mois* he receives a salary of 15,000 francs per month **2.** concern, deal with, touch on; *cette mesure touche les salariés* this measure affects wage-earners.

tour[1] [tur] *nf* **1.** tower **2.** *(UK)* high-rise block, *(US)* high-rise (building); ~

de bureaux (UK) office block, tower block; *(US)* office tower.

tour[2] [tur] *nm* **1.** turn; *à son* ~ in his turn; *chacun à son* ~ each in turn; ~ *de service* period of duty **2.** *(parcours, révolution) faire le* ~ *du monde* go around the world; ~ *de force* feat; ~ *d'horizon* general survey; *faire un* ~ *de table (réunion)* ask each member present to express his/her view; *(Fin)* put together a financial package; ~ *de vis* crackdown **3.** *(Pol)* ~ *de scrutin* ballot; *élu au 2ᵉ* ~ elected in the second round (of the election).

tourisme [turism] *nm* tourism, tourist industry; *voiture de* ~ private car.

touriste [turist] *nmf* tourist; *(T) classe* ~ economy class.

touristique [turistik] *adj* tourist; *région* ~ region that attracts tourists; *renseignements* ~*s* tourist information.

tournant[1] [turnã] *adj* rotating; *grève* ~*e* strike by rota; *plaque* ~*e (T)* turntable; *(fig)* hub.

tournant[2] [turnã] *nm* turning point, watershed.

tournée [turne] *nf* round, tour; *en* ~ on the road, on tour; ~ *d'inspection* round of inspection; *(Mkg)* ~ *de présentation* round of presentation.

tourner [turne] *v* **1.** *vt* turn; ~ *la page (fig)* turn over a new leaf, make a fresh start **2.** *vi (usine)* work, run; ~ *au ralenti* work at less than full capacity; ~ *à plein rendement* work at full capacity; *faire* ~ *une affaire* keep a business going **3.** *vi* change, move about, *(stock)* turn over.

tournure [turnyr] *nf* turn; *prendre bonne* ~ take a turn for the better; *prendre mauvaise* ~ take a turn for the worse.

toxique [tɔksik] *adj* toxic.

trace [tras] *nf* trace; *perdre la* ~ *de qn* lose track of sb; *retrouver la* ~ *de qn* pick up the trail of sb.

tracé [trase] *nm* **1.** line, *(itinéraire)* route **2.** outline, sketch, diagram.

tracer [trase] *vt* **1.** sketch out, lay out, map out **2.** *(ligne, courbe)* plot, trace; *(route) (fig)* open up.

tractations [traktasjɔ̃] *nfpl* deal, negotiations, bargaining.

tracteur [traktœr] *nm* tractor; *(T)* ~ *et semi-remorque* tractor trailer.

traction [traksjɔ̃] *nf* **1.** *(T)* traction, haulage **2.** *(véhicule)* ~ *avant* front-wheel drive; ~ *arrière* rear-wheel drive.

tradition [tradisjɔ̃] *nf* **1.** tradition, custom **2.** *(Jur) (biens)* transfer, delivery, handing over ; ~ *des droits incorporels* transfer of intangible rights.

traducteur [tradyktœr] *nm (f* -trice) translator.

traduction [tradyksjɔ̃] *nf* translation ; ~ *simultanée* simultaneous translation. *traduction assistée par ordinateur (TAO) nf* computer-assisted translation.

traduire [traduir] *vt* 1. translate, interpret 2. *(Jur)* ~ *en justice* sue, prosecute, indict, take to court.

trafic [trafik] *nm* 1. illicit trade ; ~ *d'armes* arms dealing, gunrunning ; ~ *d'influence* influence peddling ; ~ *de stupéfiants* drug-trafficking 2. *(T)* traffic ; ~ *aérien* air traffic ; ~ *ferroviaire* rail traffic ; ~ *routier* road traffic.

trafiquant [trafikɑ̃] *nm* trafficker ; ~ *du marché noir* black marketeer ; ~ *de stupéfiants* drug-trafficker/-dealer/ -smuggler.

trafiquer [trafike] *v* 1. *vti* deal illicitly (in), traffic 2. *vt (vin)* doctor, *(chiffres)* falsify, fiddle, *(machine)* tamper with.

trahison [traizɔ̃] *nf* 1. treason ; *haute* ~ high treason 2. betrayal, disloyalty.

train [trɛ̃] *nm* 1. *(T)* train ; *en* ~ by train, by rail ; *expédier des marchandises par le* ~ send goods by train ; ~*-auto-couchettes* car sleeper train ; ~*-ferry* train-ferry ; ~ *de marchandises* freight train, goods train ; ~ *porte-conteneurs* freightliner train ; ~ *de voyageurs* passenger train ; *(fig) prendre le* ~ *en marche* jump on the bandwagon 2. *(dispositif)* ~ *d'atterrissage* landing gear 3. *(série)* ~ *de mesures* package of measures 4. ~ *de vie* life style. *train à grande vitesse (TGV) nm* high-speed train.

traîne [trɛn] *nf être à la* ~ lag behind.

traîner [trene] *v* 1. *vt* haul, tow 2. *vi* lag behind, drag on ; *nous traînons derrière nos concurrents* we're lagging way behind our competitors ; *les négociations ont traîné en longueur* the negotiations dragged on.

traite [trɛt] *nf* 1. *(Bq/Fin)* draft, bill (of exchange) ; ~ *en l'air* accommodation bill ; ~ *avalisée* guaranteed bill, backed bill ; ~ *de complaisance* accommodation bill ; ~ *à courte échéance* short bill ; ~ *escomptée* discounted bill ; ~ *en souffrance* overdue/dishonoured/dishonored bill ; ~ *à terme* time bill/draft ; ~ *à vue* sight bill/draft 2. *(Fin)* payment, installment/instalment 3. *traffic*, trade ; ~ *des noirs* slave trade.

traité [trete] *nm* 1. treaty, agreement 2. *(ouvrage)* treatise.

traité de Maastricht nm (UE) Treaty of Maastricht, Maastricht Treaty.

traité de Rome nm (UE) Treaty of Rome.

traitement [trɛtmɑ̃] *nm* 1. treatment, handling ; *mauvais* ~ ill treatment, mistreatment 2. *(Ind)* treating, processing ; ~ *des eaux usées* processing of waste water 3. *(Inf)* processing ; ~ *à distance* remote processing ; ~ *automatique des données* automatic data processing (ADP) ; ~ *par lots* batch processing 4. salary, wage(s) ; ~ *de base* base salary ; *rappel de* ~ back pay ; ~ *supplétif* additional wages.

traiter [trete] *v* 1. *vt* handle, deal with ; ~ *une commande* process an order ; ~ *un problème* deal with/handle a problem 2. *vt (déchets, données)* treat, process 3. *vi* ~ *avec qn* deal with sb ; ~ *avec ses créanciers* negotiate with one's creditors 4. *vpr se* ~ *(Bs) (valeurs)* be dealt in, be negotiated, sell.

traiteur [trɛtœr] *nm inv* caterer.

traître [trɛtr] *nm (f* -esse) traitor.

trajectoire [traʒɛktwar] *nf* trajectory ; *(Mgt)* ~ *de carrière* career record/path.

trajet [traʒɛ] *nm* journey.

tramp [trap] *nm (T)* tramp (ship).

tranche [trɑ̃ʃ] *nf* 1. section ; ~ *d'âge* age bracket ; ~ *horaire* time slot ; *(Mkg) une* ~ *représentative de la population* a representative cross-section of the population ; *(Fisc)* ~ *de revenu* income bracket 2. *(Bs/Eco)* tranche, block ; ~*-or* gold tranche ; ~ *de réserve* reserve tranche.

trancher [trɑ̃ʃe] *v* 1. *vt (problème)* settle 2. *vi* take/make a decision.

transaction [trɑ̃zaksjɔ̃] *nf* 1. transaction, deal ; ~ *bancaire* banking transaction ; ~ *commerciale* commercial transaction ; ~ *au comptant* cash transaction ; ~ *à crédit* credit transaction ; *(Jur/Mkg)* ~ *liée* tying arrangement 2. *(Jur)* settlement, compromise.

transactionnel [trɑ̃zaksjɔnɛl] *adj (f* -elle) 1. transactional ; *analyse* ~*le* transactional analysis 2. *(Jur) solution* ~*le* compromise agreement.

transbordement [trɑ̃sbɔrdəmɑ̃] *nm (T)* tran(s)shipment.

transborder [trɑ̃sbɔrde] *vt (T)* tran(s)-ship.

transconteneur [trɑ̃skɔ̃tnœr] *nm (T)* transcontainer.

transcription [trɑ̃skripsjɔ̃] *nf* 1. *(texte)* transcription 2. *(Cpta)* posting 3. *(Jur)* recording, registration ; ~ *hypothécaire* registration of a mortgage.

transcrire [trɑ̃skrir] *vt* 1. *(texte)* transcribe 2. *(Cpta)* post 3. *(Jur)* record, register.

transférable [tʁɑ̃sfeʁabl] *adj* 1. transferable, movable 2. *(Jur)* assignable, transferable.

transférer [tʁɑ̃sfeʁe] *vt* 1. transfer, move 2. *(Jur)* assign, convey.

transfert [tʁɑ̃sfɛʁ] *nm* 1. transfer; *(Eco)* ~s *en capital* capital transfers; *(Bq)* ~ *de fonds* transfer of funds; *(Eco) opérations de* ~ transfer payments; ~s *sociaux* transfer payments; ~ *de technologie* technology transfer 2. *(Jur)* assignment, conveyance; *acte de* ~ deed of conveyance; ~ *de risques* assignment of risk.

transformation [tʁɑ̃sfɔʁmasjɔ̃] *nf* alteration, transformation; *industries de* ~ processing industries.

transformer [tʁɑ̃sfɔʁme] *v* 1. *vt* transform, modify; ~ *des marchandises* process goods 2. *vpr se* ~ *(en)* change (into); *(Bs) se* ~ *en société par actions* go public.

transfrontière [tʁɑ̃sfʁɔ̃tjeʁ] *adj* crossborder; *(CI) échanges* ~s crossborder trade.

transgresser [tʁɑ̃sgʁese] *vt (règlement)* breach, infringe, disobey; ~ *la loi* break the law.

transgression [tʁɑ̃sgʁesjɔ̃] *nf* infringement; ~ *de la loi* breach of the law.

transiger [tʁɑ̃ziʒe] *vi* compromise, reach agreement.

transit [tʁɑ̃zit] *nm (T)* transit; *en* ~ in transit; ~ *communautaire* community transit; *fret de* ~ transit freight; *marchandises en* ~ goods in transit; *passagers en* ~ transit passengers; *(aéroport) salle de* ~ transit lounge; *visa de* ~ transit visa.

transitaire [tʁɑ̃zitɛʁ] *adj* transit; *commerce* ~ transit trade.

transitaire [tʁɑ̃zitɛʁ] *nm inv (T)* forwarding agent, freight forwarder; ~ *en douane* customs agent.

transiter [tʁɑ̃zite] *v (T)* 1. *vt* transit; *faire* ~ *les marchandises par un pays tiers* ship goods via a third country 2. *vi* be in transit; ~ *par la Belgique* transit through Belgium.

transition [tʁɑ̃zisjɔ̃] *nf* transition; ~ *démographique* population transition; *mesure de* ~ provisional/temporary measure; *période de* ~ transition period.

transitoire [tʁɑ̃zitwaʁ] *adj* transitional, temporary.

translation [tʁɑ̃slasjɔ̃] *nf (Jur)* transfer, conveyance, assignment.

trans-Manche [tʁɑ̃smɑ̃ʃ] *adj* cross-Channel.

transmettre [tʁɑ̃smetʁ] *vt* 1. transmit 2. *(Jur)* convey, transfer, assign.

transmissible [tʁɑ̃smisibl] *adj (Jur)* transferable, assignable.

transmission [tʁɑ̃smisjɔ̃] *nf* 1. transmission, *(TV)* broadcasting, *(lettre)* sending (on), forwarding 2. *(Jur)* transfer, conveyance, assignment.

transpalette [tʁɑ̃spalet] *nf (T)* pallet truck.

transparence [tʁɑ̃spaʁɑ̃s] *nf* transparency; *(Fisc)* ~ *fiscale* fiscal transparency, disregard of an entity for tax purposes; *(Eco)* ~ *du marché* market transparency.

transparent [tʁɑ̃spaʁɑ̃] *adj* transparent.

transparent [tʁɑ̃spaʁɑ̃] *nm (rétroprojecteur)* transparency.

transplanter [tʁɑ̃splɑ̃te] *vt* transplant.

transport [tʁɑ̃spɔʁ] *nm* 1. *(T)* carriage, *(UK)* transport, *(US)* transportation; *en cours de* ~ in transit, during transport; ~ *aérien* air transport, *(passagers)* air travel; ~ *combiné* combined transport; ~s *en commun* public transport(ation); ~ *sous douane* bonded shipment; *entreprise de* ~s *commun* carrier; ~ *ferroviaire* rail transport; ~ *fluvial* river transport; ~ *intermodal* intermodal transport; ~ *maritime* maritime/ocean/sea transport; ~ *mixte* integrated transport; ~ *multimodal* multimodal transport; ~ *par conteneurs* containerization; ~ *par voie terrestre (UK)* overland transport, *(US)* ground transportation; ~ *route-fer* road and rail transport; ~ *routier* road haulage, road transport, *(US)* trucking; ~ *terrestre* haulage 2. *(Jur)* *(droits)* transfer, assignment, conveyance.

transports internationaux routiers (TIR) *nmpl* international road transport.

transporter [tʁɑ̃spɔʁte] *vt* 1. *(T)* carry, transport, convey 2. *(Jur)* transfer, assign, convey.

transporteur [tʁɑ̃spɔʁtœʁ] *nm inv (T)* freight carrier, carrier, freight company; ~ *public* common carrier; ~ *routier* haulage contractor, haulage operator, *(UK)* road haulier, *(US)* trucking company.

trappe [tʁap] *nf* trap, pitfall; *(Eco)* ~ *de liquidité/monétaire* liquidity trap.

travail [tʁavaj] *nm (pl* -aux*)* 1. work, labour/labor; ~ *à la chaîne* assembly-line work; ~ *clandestin* undeclared employment; *contrat de* ~ employment contract; *droit du* ~ labour/labor law;

force de ~ labour/labor force ; ~ *indépendant* self-employment ; *(Jur)* ~ *d'intérêt général* community service (in lieu of imprisonment) ; ~ *intérimaire* temporary employment ; ~ *au noir* undeclared work ; ~ *à la pièce* piece work ; ~ *qualifié* skilled work ; ~ *sur le terrain* field work **2.** occupation, job ; ~ *à mi-temps* part-time work/job ; ~ *à temps partiel* part-time work/job ; ~ *précaire* insecure/unstable employment ; ~ *saisonnier* seasonal work ; ~ *temporaire* temporary employment **3.** *travaux* work ; *faire faire des travaux* have (repair) work done ; *Ralenti ! Travaux !* Slow Down ! Road Work(s) Ahead ! ; ~ *publics* public works **4.** *(Jur) condamné aux travaux forcés* sentenced to hard labour/labor.
*travail d'utilité collective (TUC) *nm* *(Eco) (Fr)* community job (designed to reduce youth unemployment).

travailler [tʀavaje] *v* **1.** *vi* work ; ~ *en indépendant* work freelance ; ~ *à mi-temps* work part-time ; ~ *au noir* work illegally ; ~ *à plein temps/temps complet* work full-time ; ~ *à temps partiel* work part-time **2.** *vt* work ; ~ *la terre* work the land.

travailleur [tʀavajœʀ] *nm (f* -euse) worker, labourer/laborer, employee ; ~ *à domicile* domestic worker ; ~ *expatrié* expatriate ; ~*s frontaliers* border workers ; ~ *immigré* immigrant worker ; ~ *indépendant* self-employed worker ; ~ *manuel* manual labourer/ laborer, blue-collar worker ; ~ *occasionnel* casual worker.

traversée [tʀavɛʀse] *nf (T)* crossing ; ~ *en bateau* sea crossing ; *la* ~ *d'une ville* the drive through a town.

tréfonds [tʀefɔ̃] *nm (pl inv)* subsoil.

treizième [tʀɛzjɛm] *adj* thirteenth ; ~ *mois (de salaire)* bonus, Christmas bonus.

trésor [tʀezɔʀ] *nm* **1.** treasure, finances, funds **2.** *T*~ *(public)* public treasury, *(UK)* Exchequer, *(US)* Treasury ; *(Fin) bon du T*~ Treasury bond.

trésorerie [tʀezɔʀʀi] *nf* **1.** *(Cpta)* cash (in hand), cash reserves, liquidity ; ~ *d'entreprise* corporate treasury ; *gestion de* ~ cash management ; *journal de* ~ cash book ; *prévisions de* ~ cash flow forecast ; *problèmes de* ~ cash flow problems ; *solde de* ~ cash balance **2.** *(Cpta)* accounts, books, statement.

trésorier [tʀezɔʀje] *nm (f* -ière) treasurer ; ~ *d'entreprise* corporate treasurer ; *(Fr)* ~-*payeur général* paymaster/treasurer of a **département**.

tri [tʀi] *nm* **1.** sorting, classifying ; *faire*

le ~ *sort* ; *(courrier) bureau de* ~ sorting office **2.** *(Inf)* sorting ; ~ *alphabétique* alphabetical sort(ing).

triage [tʀiaʒ] *nm* sorting ; *(T) gare de* ~ marshalling yard ; *(T) voie de* ~ siding.

tribord [tʀibɔʀ] *nm (T)* starboard ; *à* ~ to starboard.

tribunal [tʀibynal] *nm (pl* -aux) *(Jur)* court ; *(Fr)* ~ *administratif* administrative court ; ~ *aux armées* military court ; ~ *de commerce* commercial court ; *(Fr)* ~ *des conflits* court which arbitrates conflicts of jurisdiction between the administrative and judicial courts ; ~ *correctionnel* criminal court ; ~ *pour enfants* juvenile court ; ~ *d'exception* court of limited jurisdiction ; ~ *maritime commercial* court with jurisdiction over criminal maritime matters ; ~ *militaire international* international military tribunal ; ~ *paritaire des baux ruraux* court with jurisdiction to hear disputes involving farm leases ; ~ *de police* police court ; *(Fr)* ~ *des affaires de Sécurité sociale* court with jurisdiction over disputes involving social security law ; ~ *des successions* probate court.

*tribunal de grande instance (TGI) *nm* civil trial court of general jurisdiction.

*tribunal d'instance (TI) *nm* civil trial court of limited jurisdiction.

*Tribunal de première instance des communautés européennes *nm (UE)* Court of First Instance of the European Communities.

tricher [tʀiʃe] *vi* cheat ; ~ *sur le poids* give short weight ; ~ *sur le prix* overcharge.

tricherie [tʀiʃʀi] *nf* cheating, trickery.

triennal [tʀijenal] *adj (mpl* -aux) triennial.

trier [tʀije] *vt* **1.** sort ; *triés sur le volet* handpicked **2.** *(T) (rail)* marshal.

trimestre [tʀimɛstʀ] *nm* quarter ; *payer par* ~ pay quarterly.

trimestriel [tʀimɛstʀiel] *adj (f* -ielle) quarterly ; *revue* ~*le* quarterly review.

Trinité et Tobago [tʀinite e tɔbago] *n* Trinidad and Tobago.

triple [tʀipl] *adj* triple ; *en* ~ *exemplaire* in triplicate.

tripler [tʀiple] *vti* treble, triple, increase by three.

tripotage [tʀipɔtaʒ] *nm (fam)* tampering, fixing ; ~ *des chiffres* fiddling/ cooking the books ; ~ *électoral* election rigging, gerrymandering.

tripoter [tʀipɔte] *vt (fam)* tamper with,

fix; ~ *les comptes* fiddle/cook the books.

troc [tʀɔk] *nm* barter, countertrade, swap; *accord de* ~ barter agreement, countertrade agreement; *opération de* ~ barter transaction.

trois huit [tʀwahɥit] *loc faire les* ~ work in three eight-hour shifts per day.

troisième [tʀwazjɛm] *adj* third; *personnes du* ~ *âge* senior citizens.

tromper [tʀɔ̃pe] *v* **1.** *vt* deceive, mislead, cheat **2.** *vpr se* ~ be mistaken, be wrong.

tromperie [tʀɔ̃pʀi] *nf* deception, fraud, cheating.

trompeur [tʀɔ̃pœʀ] *adj* (*f* -euse) misleading, deceptive.

trop-perçu [tʀopɛʀsy] *nm* overpayment, excess payment.

troquer [tʀɔke] *vt* (*contre*) barter/swap/ exchange (for).

truquage [tʀykaʒ] *nm* (*aussi* **trucage**) faking, rigging, doctoring.

truquer [tʀyke] *vt* fake, rig, doctor.

trust [tʀœst] *nm* **1.** (*Eco*) trust; ~ *horizontal* horizontal trust; ~ *vertical* vertical trust **2.** corporation; (*Fin*) ~ *de valeurs* holding company.

truster [tʀœste] *vt* monopolize.

TTC (*ab de* **toutes taxes comprises**) *v*. **taxe.**

TUC *v*. **travail d'utilité collective.**

tuc [tyk] *nmf* (*aussi* **tuciste** *ou* **tucard**) young person as part of a programme/ program to reduce youth unemployment (*v*. **travail d'utilité collective**).

Tunisie [tynizi] *nf* Tunisia.

tunisien [tynizjɛ̃] *adj* (*f* -ienne) Tunisian.

Tunisien [tynizjɛ̃] *nm* (*f* -ienne) Tunisian.

tunnel [tynɛl] *nm* tunnel; ~ *sous la Manche* Channel Tunnel, "Chunnel".

turc [tyʀk] *adj* (*f* turque) Turkish.

Turc [tyʀk] *nm* (*f* **Turque**) Turk.

turkmène [tyʀkmɛn] *adj* Turkmen.

Turkmène [tyʀkmɛn] *nmf* Turkmen.

Turkménistan [tyʀkmenistɑ̃] *nm* Turkmenistan.

Turquie [tyʀki] *nf* Turkey.

tutélaire [tytelɛʀ] *adj* tutelary; (*Jur*) *gestion* ~ guardianship.

tutelle [tytɛl] *nf* **1.** (*Jur*) guardianship, (*US*) conservatorship **2.** (*Pol*) trusteeship; *territoires sous* ~ trust territories **3.** *autorité de* ~ regulatory/supervisory body.

tuteur [tytœʀ] *nm* (*f* -trice) (*Jur*) guardian, (*US*) conservator.

tutoriel [tytɔʀjɛl] *nm* (*Inf*) tutorial.

tuyau [tɥijo] *nm* (*pl* -x) **1.** pipe **2.** (*fam*) (*conseil*) tip.

TVA *v*. **taxe à/sur la valeur ajoutée.**

type[1] [tip] *adj* typical, standard; *écart* ~ standard deviation; *échantillon* ~ standard sample; *exemple* ~ classic example.

type[2] [tip] *nm* type, model.

typique [tipik] *adj* typical, representative.

typiquement [tipikmɑ̃] *adv* typically.

typographie [tipɔgʀafi] *nf* typography.

typographique [tipɔgʀafik] *adj* typographical; *erreur* ~ typographical error, printing error.

tyran [tiʀɑ̃] *nm* inv tyrant.

tyrannie [tiʀani] *nf* tyranny.

tyrannique [tiʀanik] *adj* tyrannical.

U

UCE *v*. **unité de compte européenne.**

UEM *v*. **Union économique et monétaire.**

UEP *v*. **Union européenne des paiements.**

Ukraine [ykʀɛn] *nf* Ukraine.

ukrainien [ykʀenjɛ̃] *adj* (*f* -ienne) Ukrainian.

Ukrainien [ykʀenjɛ̃] *nm* (*f* -ienne) Ukrainian.

ultérieur [ylteʀjœʀ] *adj* later, subsequent; *reporté à une date* ~*e* postponed to a later date.

ultérieurement [ylteʀjœʀmɑ̃] *adv* later, subsequently.

ultimatum [yltimatɔm] *nm* ultimatum.

ultime [yltim] *adj* ultimate, final; *consommateur* ~ ultimate consumer.

ultra vires [yltʀaviʀɛs] *loc* (*Jur*) situation where a person is liable for debts beyond the amount of an investment in a company, or in excess of an inheritance received.

unanimité [ynanimite] *nf* unanimity; *à l'~* unanimously; *vote acquis à l'~* unanimous vote.

UNEDIC [ynedik] *v.* Union nationale pour l'emploi dans l'industrie et le commerce.

UNESCO [ynɛsko] *nf (UN) (ab de* United Nations Educational, Scientific and Cultural Organization) UNESCO.

UNICEF [ynisef] *nm (UN) (ab de* United Nations International Children's Emergency Fund) UNICEF.

unicité [ynisite] *nf* uniqueness.

unification [ynifikasjɔ̃] *nf* **1.** *(Pol)* unification **2.** *(normes)* standardization, uniformization **3.** *(dette)* consolidation.

unifier [ynifje] *vt* **1.** unify **2.** standardize **3.** *(dette)* consolidate.

uniforme [ynifɔrm] *adj* uniform; *tarif ~* flat rate.

uniformisation [ynifɔrmizasjɔ̃] *nf* standardization.

uniformiser [ynifɔrmize] *vt* standardize, make uniform.

uniformité [ynifɔrmite] *nf* uniformity.

unilatéral [ynilateral] *adj (mpl* -aux) unilateral; *décision ~e* unilateral decision.

unilatéralement [ynilateralmɑ̃] *adv* unilaterally.

uninominal [yninɔminal] *adj (mpl* -aux) *(Pol)* *scrutin ~* ballot permitting voting for a single candidate; *(Pol) scrutin ~ à un tour* first-past-the-post system.

union [ynjɔ̃] *nf* union; *~ de consommateurs* consumers' union; *(CI/D) ~ douanière* customs union; *(CI) ~ économique* economic union; *(Jur) ~ libre* cohabitation.

*****Union douanière d'Afrique du Sud** *nf (CI/D)* South Africa Customs Union (SACU).

*****Union économique belgo-luxembourgeoise (UEBL)** *nf (CI)* Belgium-Luxembourg Economic Union (BLEU).

*****Union économique et monétaire (UEM)** *nf (UE)* Economic and Monetary Union (EMU).

*****Union de l'Europe occidentale** *nf* Western European Union.

*****Union européenne (UE)** *nf (UE)* European Union (EU).

*****Union européenne des paiements (UEP)** *nf (UE)* European Payments Union (EPU).

*****Union nationale pour l'emploi dans l'industrie et le commerce (UNEDIC)** *nf (Fr)* national union for industrial and commercial employment.

*****Union pour le recouvrement des co-** tisations de la Sécurité sociale et des allocations familiales (URSSAF)** *nf (Fr)* agency charged with collecting social security contributions.

*****Union des républiques socialistes soviétiques (URSS)** *nf* Union of Soviet Socialist Republics (USSR).

unipersonnel [ynipɛrsɔnɛl] *adj (f* -elle) *(Jur) entreprise ~le* sole proprietorship, one-person company.

unique [ynik] *adj* **1.** *(seul)* only, single; *(UE) l'Acte ~* the Single Act; *(UE) marché ~ européen* European single market **2.** *(exceptionnel)* unique.

uniquement [ynikmɑ̃] *adv* only, solely; *ces prix sont valables ~ jusqu'au 31 décembre* these prices are valid only until December 31.

unitaire [ynitɛr] *adj* **1.** unitary; *(Fisc) système ~ d'imposition* unitary tax system **2.** unit; *coût ~* unit cost; *prix ~* unit price.

unitariser [ynitarize] *vt (T) ~ le fret* unitize cargo.

unité [ynite] *nf* **1.** unit; *à l'~* singly; *(Eco) ~ de compte* unit of account; *(T) ~ de charge* load unit; *(T) ~ de chargement (UC)* unit loading device (ULD); *(Ens) U~ de formation et de recherche (UFR)* university department; *prix à l'~* unit selling price; *~ de production* production unit; *(T) ~ de transport routier* road haulage unit **2.** *(cohérence)* unity.

*****unité de compte européenne (UCE)** *nf (UE)* European Unit of Account (EUA).

*****unité monétaire européenne (écu)** *nf (UE)* European Currency Unit (ECU) (*v.* euro¹).

univers [yniver] *nm* universe.

universalité [yniversalite] *nf* universality; *~ des droits* the sum of rights and obligations.

universel [yniversɛl] *adj (f* -elle) universal; *(Jur) légataire à titre ~* residuary legatee/devisee.

universitaire¹ [yniversitɛr] *adj* university; *diplôme ~* university degree; *études ~s* university studies.

universitaire² [yniversitɛr] *nmf* academic, university faculty member.

université [yniversite] *nf* university.

urbain [yrbɛ̃] *adj* urban, city; *zone ~e* urban area, built-up area.

urbanisation [yrbanizasjɔ̃] *nf* urbanization.

urbaniser [yrbanize] *vt* urbanize; *zone urbanisée* urban area, built-up area.

urbanisme [yrbanism] *nm* town/city planning, urban planning.

urbaniste [yʀbanist] *nmf* urban planner, town planner.

urgence [yʀʒɑ̃s] *nf* **1.** urgency; *d'~* immediately, urgently; *à expédier d'~* to be sent immediately **2.** emergency; *déclarer l'état d'~* declare a state of emergency; *(hôpital) service des ~s (UK)* casualty department, *(US)* emergency room.

urgent [yʀʒɑ̃] *adj* urgent; *commande ~e* rush order.

urne [yʀn] *nf (Pol)* ballot box; *aller aux ~s* go to the polls.

URSS [yʀs] *v.* Union des républiques socialistes soviétiques.

URSSAF [yʀsaf] *v.* Union pour le recouvrement des cotisations de la Sécurité sociale et des allocations familiales.

Uruguay [yʀygwɛ] *nm* Uruguay.

uruguayen [yʀygwajɛ̃] *adj (f -enne)* Uruguayan.

Uruguayen [yʀygwajɛ̃] *nm (f -enne)* Uruguayan.

us [ys] *nmpl* customs; *les ~ et coutumes* habits and customs.

usage [yzaʒ] *nm* **1.** usage, use, utilization; *à ~ commercial* for commercial use; *(Jur) ~ de faux* knowingly using a forged or non-genuine document; *~ final* end use; *à ~ personnel* for personal use **2.** usage, custom, practice; *d'~* customary; *clause d'~* customary clause; *~s commerciaux* commercial usage, trade practices; *contraire aux ~s* contrary to common practice; *selon l'~* according to custom, as is customary.

usagé [yzaʒe] *adj* used, worn, secondhand.

usager [yzaʒe] *nm (rarement f -ère)* user; *(D) effets ~s* personal effects.

usance [yzɑ̃s] *nf (Bq/Fin)* usance; *à ~ de 30 jours* at 30 days' usance; *effet à ~* bill at usance.

usé [yze] *adj* **1.** worn out **2.** *eaux ~es* waste water.

usinage [yzinaʒ] *nm (Ind)* machining, tooling.

usine [yzin] *nf* factory, plant, works, *(textiles, papier)* mill; *~ en aval de la production* downstream factory; *~ clés en main* turnkey factory; *directeur d'~* factory/plant manager; *~ sous douane* bonded factory; *fermeture d'~* factory/plant closure; *~ de montage* assembly plant; *ouvrier d'~* factory worker; *prix sortie d'~* price ex-works (EXW); *~-tournevis* screwdriver plant.

usiner [yzine] *vt* machine, tool.

usucapion [yzykapjɔ̃] *nf (Jur)* prescription, *(UK)* usucapion *(syn.* **prescription acquisitive**).

usufruit [yzyfʀɥi] *nm (Jur)* usufruct; the right to the use and enjoyment of the property of another.

usufruitier[1] [yzyfʀɥitje] *adj (f -ière)* usufructuary.

usufruitier[2] [yzyfʀɥitje] *nm (f -ière)* usufructuary, holder of right of usufruct.

usuraire [yzyʀɛʀ] *adj (Bq/Fin)* usurious.

usure [yzyʀ] *nf* **1.** *(Bq/Fin)* usury; *taux de l'~* usury rate **2.** wear and tear; *~ normale (UK)* fair wear and tear, *(US)* normal wear and tear.

usurier [yzyʀje] *nm (f -ière)* usurer, *(péj)* loan shark.

usurpation [yzyʀpasjɔ̃] *nf* usurpation; *~ d'identité* usurpation of identity, passing oneself off as somebody else; *~ de titre/de fonction* usurpation of another's title/position.

usurper [yzyʀpe] *vt* usurp.

utérins [yteʀɛ̃] *nmpl (Jur)* half-siblings, siblings having the same mother but different fathers.

utile [ytil] *adj* useful; *(T) charge ~* carrying capacity, payload; *en temps ~* in due course; *à toutes fins ~s* for your information.

utilisable [ytilizabl] *adj* useful.

utilisateur [ytilizatœʀ] *nm (f -trice)* user; *~ final* end user.

utilisation [ytilizasjɔ̃] *nf* use, utilization; *mode d'~* instructions for use.

utiliser [ytilize] *vt* use, utilize, make use of.

utilitaire[1] [ytilitɛʀ] *adj* utilitarian, utility; *(Inf) logiciel ~* utility software; *produit ~* functional product; *véhicule ~* commercial vehicle.

utilitaire[2] [ytilitɛʀ] *nm* **1.** *(T)* commercial vehicle **2.** *(Inf)* utility (program).

utilité [ytilite] *nf* **1.** usefulness; *d'une grande ~* very useful; *(Jur) d'~ publique* in the public interest **2.** *(Eco)* utility; *~ marginale* marginal utility; *~ totale* total utility.

utopie [ytɔpi] *nf* utopia.

utopique [ytɔpik] *adj* utopian.

vacance [vakɑ̃s] *nf* **1.** vacancy, job opening **2.** *(Jur)* ~ *(de succession)* abeyance (of succession) ; ~ *et déshérence* vacant succession and escheat **3.** ~s *(UK)* holiday, *(US)* vacation ; *en* ~s *(UK)* on holiday, *(US)* on vacation, *(parlement)* in recess.

vacant [vakɑ̃] *adj* vacant ; *poste* ~ vacant position ; *(Jur) succession* ~*e* estate in abeyance.

vacataire [vakatɛR] *nmf* fixed-term employee.

vacation [vakasjɔ̃] *nf* **1.** fixed term employment **2.** fees earned for fixed-term work **3.** *(Jur)* ~s court vacation, court recess.

vache [vaʃ] *nf* cow ; ~ *à lait* cash cow.

vagabond [vagabɔ̃] *nm (Jur)* vagrant.

vagabondage [vagabɔ̃daʒ] *nm (Jur)* vagrancy, loitering.

vague [vag] *nf (aussi fig)* wave ; ~ *de protestations* wave of protest.

vain [vɛ̃] *adj* **1.** vain, fruitless **2.** empty, idle ; *de* ~*es promesses* empty promises **3.** *(Jur)* ~*e pâture* open pasturage.

vaisseau [veso] *nm (pl* -x) *(T)* vessel ; ~ *marchand* merchant vessel ; ~ *spatial* spacecraft.

valable [valabl] *adj* valid.

valeur [valœR] *nf* **1.** value, worth ; ~ *actualisée* discounted value ; ~ *actualisée nette* discounted present value ; ~ *actuelle* present/current value ; ~ *ajoutée* added value ; *taxe à/sur la* ~ *ajoutée (TVA)* value-added tax (VAT) ; *(Cpta)* ~ *comptable* book value ; *(D)* ~ *en douane* customs valuation ; ~ *d'échange* value in exchange ; *(Cpta)* ~ *à l'encaissement* value for collection ; ~ *d'expertise* appraised value ; *(Ass)* ~ *à la ferraille* scrap value ; ~ *historique* original value ; *(Fisc)* ~ *imposable* assessed value ; ~ *de liquidation* breakup value ; ~ *marchande* market value ; *(Cpta)* ~ *nette* net worth ; ~ *nominale* face value ; *(Bs)* ~ *au pair* par value ; ~ *de rachat* surrender value ; ~ *de remplacement* replacement value ; ~ *travail* work value ; ~ *d'usage* value in use, use value ; ~ *vénale* trade value **2.** *(fig)* value ; ~ *sociale protégée* fundamental social value/right **3.** *(Bs/Fin)* security ; ~ *admise à la cote* listed security ; ~s *industrielles* industrial securities, industrials ; ~s *mobilières* securities, stocks and bonds ; ~s *mobilières de placement* investment securities ; ~s *négociables* negotiable securities ; ~s *obligataires* debt securities ;

~ *de père de famille (US)* blue-chip stock, *(UK)* gilt-edged security ; ~s *de portefeuille* portfolio securities ; *(J.O.)* ~ *de premier ordre* blue-chip stock ; *(J.O.)* ~ *vedette* leading equity, glamour/glamor stock ; ~s *à terme* forward securities **4.** *(Cpta)* asset ; ~ *d'actif* asset ; ~s *disponibles* liquid assets ; ~s *d'exploitation* current assets ; ~s *immobilisées* fixed assets ; ~ *de passif* liability ; ~s *tangibles* tangible assets **5.** *(Bq) date de* ~ value date, effective date.

*valeur actuelle nette (VAN) *nf (Cpta)* net present value.

validation [validasjɔ̃] *nf (document)* validation, authentication, *(droits)* validation, *(testament)* probate.

valide [valid] *adj* **1.** *(document)* valid **2.** *(personne)* able-bodied.

valider [valide] *vt* validate, authenticate ; *(Jur)* ~ *un testament* probate a will.

validité [validite] *nf* validity.

valise [valiz] *nf* suitcase, case ; ~ *diplomatique (UK)* diplomatic bag, *(US)* diplomatic pouch.

valoir [valwaR] *vi* **1.** be worth, cost ; *cet article vaut vingt francs* this article costs twenty francs **2.** *(fig)* deserve, merit, be worth ; *ce projet vaut d'être étudié* this project is worth studying **3.** *(Fin) à* ~ on account ; *payer mille francs à* ~ pay one thousand francs on account **4.** *faire* ~ exploit, develop ; *faire* ~ *de l'argent* invest money profitably ; *faire* ~ *ses droits* assert one's rights.

valorisation [valɔRizasjɔ̃] *nf* **1.** *(prise de valeur)* appreciation, price increase **2.** *(évaluation)* costing, pricing, evaluating **3.** *(déchets)* recycling.

valoriser [valɔRize] *vt* **1.** *(terrain)* develop **2.** *(augmenter la valeur)* raise the price (of), valorize **3.** *(évaluer)* cost, price, value.

VAN *v.* **valeur actuelle nette**.

vandale [vɑ̃dal] *nmf* vandal.

vandalisme [vɑ̃dalism] *nm* vandalism ; *acte de* ~ act of vandalism.

vanter [vɑ̃te] *vt* praise, vaunt, extol ; ~ *ses marchandises* hawk one's wares.

Vanuatu [vanɥaty] *n* Vanuatu.

vanuatuan [vanɥatwɑ̃] *adj* Vanuatuan.

Vanuatuan [vanɥatwɑ̃] *nm* Vanuatuan.

vapeur [vapœR] *nf* steam ; *(T) bateau à* ~ steamship ; *machine à* ~ steam engine.

variabilité [vaRjabilite] *nf* variability.

variable[1] [varjabl] *adj* variable ; *(Bq)* **prêt à taux ~** variable-interest loan ; *(Eco)* **coûts ~s** variable costs.

variable[2] [varjabl] *nf* variable ; **~ aléatoire** random variable ; **~ continue** continuous variable ; **~ dépendante/endogène/expliquée** dependent variable ; **~ indépendante/exogène/explicative** independent variable.

variance [varjãs] *nf* variance ; **analyse de ~** variance analysis ; **~ de l'échantillon** sample variance.

variante [varjãt] *nf (de)* variation (on).

variation [varjasjõ] *nf* variation, fluctuation ; **~s brusques** sharp swings ; **~s saisonnières** seasonal variations/fluctuations ; *(Com)* **~s des stocks** changes in stocks.

varié [varje] *adj* varied.

varier [varje] *vi* vary, fluctuate, change.

variété [varjete] *nf* variety.

vassal [vasal] *nm (pl* **-aux)** vassal.

Vatican [vatikã] *nm le* **V~** the Vatican.

vecteur [vɛktœr] *nm* **1.** vector **2.** *(fig)* means, vehicle.

vedette [vədɛt] *nf inv* star ; *(Mkg)* **produit ~** flagship product ; *(Bs/Fin)* **valeurs ~s** leading shares, glamour/glamor stocks **2.** *(T)* launch, motorboat.

véhicule [veikyl] *nm (aussi fig)* vehicle ; *(T)* **~ de location** rental vehicle ; **~ utilitaire** commercial vehicle.

véhiculer [veikyle] *vt* **1.** transport, carry **2.** *(fig)* transmit, convey.

veille [vɛj] *nf* **1.** eve ; **à la ~ de** on the eve of **2.** vigil, watch ; **~ concurrentielle** business intelligence ; *(Inf)* **~ technologique** technological watch.

veilleuse [vɛjøz] *nf* **1.** night-light, *(voiture)* sidelight **2.** *(fig)* **mettre en ~** put on the back burner.

vélocité [velɔsite] *nf (Eco)* velocity.

vénal [venal] *adj (mpl* **-aux) 1.** marketable, saleable ; **valeur ~e** market value **2.** *(personne)* venal, corrupt.

vénalité [venalite] *nf* **1.** venality, corruptness **2.** bribe.

vendable [vãdabl] *adj* saleable, marketable.

vendange [vãdãʒ] *nf* grape harvest.

vendeur [vãdœr] *nm (f* **-euse)** salesman/saleswoman, sales representative ; **~ à domicile** door-to-door salesman **2.** shop assistant, sales assistant, *(US)* sales clerk **3.** *(Eco)* seller ; **marché ~** seller's market **4.** *(Jur)* seller, vendor.

vendre [vãdr] *v* **1.** *vt* sell ; **à ~** for sale ; **~ davantage (que son concurrent)** outsell (one's competitor) ; **~ moins cher (que son concurrent)** undersell (one's competitor) ; **~ au comptant** sell for cash ; **~ par correspondance** sell by mail order ; **~ à crédit** sell on credit ; *(Bs/Fin)* **~ à découvert** sell short ; **~ à domicile** sell door-to-door ; **~ au détail** sell retail ; **~ aux enchères** sell at auction ; **~ en gros** sell wholesale ; **~ à perte** sell at a loss ; **~ à la sauvette** sell without authorization, *(US)* scalp ; **~ à tempérament** sell on credit, by instalments/installments **2.** *vpr* **se ~** sell ; **ce produit se vend bien** this product sells well.

vendredi [vãdrədi] *nm* Friday.

Venezuela [venezyela] *nm* Venezuela.

vénézuélien [venezyeljɛ̃] *adj (f* **-ienne)** Venezuelan.

Vénézuélien [venezyeljɛ̃] *nm (f* **-ienne)** Venezuelan.

vente [vãt] *nf* sale, selling ; **en ~** for sale, on sale ; **argument de ~** sales argument, sales pitch ; **art de la ~** salesmanship ; **~ à l'arraché** hard sell ; **~s à la boule de neige** snowballing sales ; **bureau de ~** sales office ; **~ CAF (coût, assurance, fret)** sale CIF (cost, insurance, freight) ; **campagne de ~** sales campaign ; **~ sur catalogue** mail-order selling/sale ; **~ en consignation** consignment sale ; **~ à crédit** credit sale ; **~ à la criée** sale at auction ; **~ au déballage** sale of merchandise not in its original packaging ; **~ au détail** retail sale, retail trade ; **~ directe** direct selling ; **directeur des ~s** sales manager ; **~ à domicile** home sales ; **~ à l'encan** auction sale ; **~ aux enchères** auction, sale at auction ; **~ à l'essai** sale on approval ; **~ dans l'état** sale as is ; **~ à l'exportation** export selling/sale ; **~ FOB (free on board)** sale FOB (free on board) ; **~ forcée** forced sale ; **~ de gré à gré** sale by private agreement ; **~ en gros** wholesaling, wholesale trade ; **~ d'immeuble à construire** sale of building to be constructed ; **~s induites** related sales ; **~ judiciaire** judicial sale, sale by court order ; **~s liées** tied sales ; **~ de liquidation** clearance sale, closing-down sale, winding-up sale ; **mettre en ~** put on sale ; **objectif de ~** sales target ; **~ à perte** sale at a loss, *(CI)* dumping ; **~ au poids** sale by weight ; **point de ~** retail outlet, sales outlet ; **~ avec primes** sale with incentives to purchase ; **prix de ~** sales price, selling price ; **~ à prix réduit** discount sale ; **~ promotionnelle** promotional sale ; **~ pyramidale** pyramid selling ; **~ à réméré** sale with option to repurchase/with right of redemption ; **re-**

tirer de la ~ withdraw from sale ; ~ *par téléphone* telephone selling/sale ; ~ *à tempérament* instalment/installment sale ; *(Bs)* ~ *à terme* forward sale ; ~ *en vrac* bulk selling/sale.

*vente par correspondance (VPC) *nf* mail-order selling/sale.

*vente par réseau coopté (VRC) *nf* multileved marketing (MLM).

ventilation [vɑ̃tilasjɔ̃] *nf* 1. breakdown ; ~ *des dépenses* breakdown of expenditures 2. *(Cpta)* allocation, apportionment 3. *(aération)* ventilation.

ventiler [vɑ̃tile] *vt* 1. *(dépenses)* break down 2. *(Cpta)* allocate, apportion 3. *(aérer)* ventilate.

verbal [vɛʀbal] *adj (mpl* -aux) verbal, oral ; *accord* ~ oral agreement ; *(Jur) (amende) procès-* ~ *(PV)* ticket, *(US)* citation ; *procès-* ~ *(de réunion)* minutes (of a meeting).

verbaliser [vɛʀbalize] *v* 1. *vt (Jur)* ~ *qn* issue sb with a ticket/*(US)* a citation 2. *vi* prepare a report/minutes of a meeting.

verdict [vɛʀdikt] *nm* verdict ; ~ *d'acquittement* verdict of not guilty ; ~ *de culpabilité* verdict of guilty ; *rendre un* ~ pronounce a verdict.

véreux [veʀø] *adj (f* -euse) shady, dubious ; *affaire véreuse* questionable scheme.

véridique [veʀidik] *adj* truthful, trustworthy.

vérificateur [veʀifikatœʀ] *nm (f* -trice) inspector, examiner, controller ; ~ *des comptes* auditor ; ~ *des douanes* customs inspector.

vérification [veʀifikasjɔ̃] *nf* 1. *(Jur)* verification, examination ; ~ *des créances* verification of debts (in bankruptcy proceedings) ; ~ *d'écriture* identification of handwriting ; ~ *d'identité* verification of the identity of a person ; ~*s personnelles du juge* on-site inspection by a judge ; ~ *des pouvoirs* verification of credentials 2. *(Cpta)* audit ; *balance de* ~ trial balance ; ~ *comptable* audit.

vérifier [veʀifje] *vt* verify, examine, *(Cpta)* audit.

véritable [veʀitabl] *adj* true, genuine.

vérité [veʀite] *nf* truth.

verre [vɛʀ] *nm* glass ; *articles de* ~ glassware.

verrou [veʀu] *nm* bolt ; (fig) *faire sauter un* ~ remove an obstacle ; *(Jur) être sous les* ~*s* be under lock and key/in prison.

verrouillage [veʀujaʒ] *nm* 1. *(action)* locking, bolting 2. *(Tech)* locking mechanism.

verrouiller [veʀuje] *vt* 1. *(porte)* lock, bolt 2. *(fig)* ~ *un marché* control a market, shut one's competitors out of a market.

versement [vɛʀsəmɑ̃] *nm (Bq/Fin)* payment, deposit ; *(Bq) bordereau de* ~ deposit slip ; *(UE)* ~ *compensatoire* compensatory payment ; ~ *comptant* cash payment ; *(Bq) faire un* ~ *sur un compte* pay money into an account, make a deposit ; ~*s échelonnés* instalments/installments ; *(Bq)* ~ *électronique* wire transfer.

verser [vɛʀse] *vt* 1. *(Bq/Fin)* pay ; *à* ~ payable to ; ~ *de l'argent sur un compte* pay money into an account ; ~ *un intérêt* pay interest 2. add ; *(Jur)* ~ *au dossier* add documents/elements to the (case) file.

version [vɛʀsjɔ̃] *nf* version.

verso [vɛʀso] *nm* back ; *signer au* ~ sign on the back ; *voir au* ~ see overleaf.

vert [vɛʀ] *adj* 1. green ; *(Fin) le billet* ~ the dollar, *(US)* the greenback ; *donner le feu* ~ give the go-ahead, give the green light ; *(UE) l'Europe* ~*e* European agriculture ; *(UE) le franc* ~ the green franc ; *(UE) la livre* ~*e* the green pound ; *(Tél) numéro* ~ *(UK)* freephone number, *(US)* toll-free number, 800 number 2. *(Pol) les V*~*s* the Greens, the Green Party.

vertical [vɛʀtikal] *adj (mpl* -aux) vertical ; *(Eco) concentration* ~*e* vertical concentration.

vertu [vɛʀty] *nf* virtue ; *en* ~ *de* in virtue of, in accordance with, pursuant to.

veto [veto] *nm (Pol)* veto ; *droit de* ~ right of veto ; *opposer son* ~ *à qch* veto sth ; *(US) passer outre au* ~ *présidentiel* override the President's veto.

vétuste [vetyst] *adj* outdated, dilapidated, antiquated.

vétusté [vetyste] *nf* state of dilapidation/of obsolescence ; *clause de* ~ obsolescence clause.

veuf [vœf] *nm* widower (v. *veuve*).

veuve [vœv] *nf* widow (v. *veuf*).

viabiliser [vjabilize] *vt (terrain)* provide with services.

viabilité [vjabilite] *nf* 1. *(projet)* viability 2. *(route, terrain)* practicability.

viable [vjabl] *adj* viable.

viager[1] [vjaʒe] *adj (Jur) (f* -ère) for life ; *bien* ~ property held for life, life interest in property ; *rente viagère* life annuity.

viager[2] [vjaʒe] *nm (Jur)* life annuity

life income; *acheter une maison en ~* buy a house by making life payments to the owner; *placer son argent en ~* invest one's money in a life annuity.

vice[1] [vis] *nm* **1.** *(Jur)* defect, flaw; *~s cachés* inherent/latent defects; *~s du consentement* situations (mistake, duress, misrepresentation, etc.) which nullify consent to a contract; *~s rédhibitoires* inherent/latent defects **2.** *le ~* vice.

vice-[2] [vis] *préf* vice-; *~-président* vice-president.

vicier [visje] *vt (Jur)* invalidate, render void.

vicieux [visjø] *adj (f* **-euse)** **1.** licentious, dissolute **2.** *cercle ~* vicious circle.

victime [viktim] *nf inv* **1.** *(Jur)* victim; *le corps de la ~* the victim's body **2.** casualty; *l'accident a fait plus de 100 ~s* more than 100 people died in the accident.

vide[1] [vid] *adj* empty; *emballages ~s* empties.

vide[2] [vid] *nm* **1.** empty space, *(blanc)* blank, *(écart)* gap; *à ~* empty; *(Emb) emballage sous ~* vacuum packing; *(Jur) ~ juridique* gap in the law; *(T) navire à ~* ship without freight, ship going light **2.** *(Emb) les ~s* the empties.

vidéo[1] [video] *adj inv* video; *écran ~* video screen; *image ~* video image.

vidéo[2] [video] *nf* video.

vidéoachat [videoaʃa] *nm (Mkg)* videoshopping.

vidéocassette [videokasɛt] *nf* video cassette.

vidéoconférence [videokɔ̃feʀɑ̃s] *nf* video conference.

vidéoprésentation [videopʀezɑ̃tasjɔ̃] *nf (Mkg)* video presentation.

vider [vide] *vt* empty; *(Jur) ~ les lieux* vacate/quit the premises.

viduité [vidɥite] *nf (Jur)* widowhood; *délai de ~* period during which a widow or divorcee may not remarry.

vie [vi] *nf* life; *(Ass) assurance-~* life insurance, *(UK)* life assurance; *(Eco) coût de la ~* cost of living; *espérance de ~* life expectancy; *gagner sa ~* earn a living; *niveau de ~* standard of living; *(Mkg) ~ d'un produit* (shelf) life of a product; *train de ~* life style.

vieillesse [vjɛjɛs] *nf* old age; *assurance-~* old age/retirement insurance.

vieillissement [vjɛjismɑ̃] *nm* **1.** aging; *~ de la population* aging of the population **2.** obsolescence.

vierge [vjɛʀʒ] *adj* **1.** *(terrain)* virgin

2. *(feuille)* blank; *(Jur) casier judiciaire ~* clean police record.

Vierges [vjɛʀʒ] *nfpl (les îles) V~* the Virgin Islands.

Viêt-nam [vjɛtnam] *nm* Vietnam.

vietnamien [vjɛtnamjɛ̃] *adj (f* **-ienne)** Vietnamese.

Vietnamien [vjɛtnamjɛ̃] *nm (f* **-ienne)** Vietnamese *(pl inv)*.

vif[1] [vif] *adj (f* **vive)** **1.** alive, living; *brûler ~* be burnt/burn alive **2.** keen, brisk; *la concurrence dans ce secteur est vive* the competition in this sector is keen; *~s remerciements* sincere thanks.

vif[2] [vif] *nm* living person; *(Jur) donation entre ~s* inter vivos transfer.

vigile [viʒil] *nmf* security guard.

vigneron [viɲərɔ̃] *nm (f* **-onne)** winegrower.

vignette [viɲɛt] *nf* **1.** sticker, stamp; *~-automobile* vehicle registration disc, *(UK)* (road-)tax disc; *~ du fabricant* manufacturer's label; *(Jur) ~ de plaidoirie* required stamp on pleadings **2.** *(Fr)* label on medicine packet necessary for reimbursement of medicine costs.

vignoble [viɲɔbl] *nm* vineyard.

vigueur [vigœʀ] *nf* **1.** strength, vigour/vigor **2.** *(Jur) en ~* in force; *cesser d'être en ~* cease to apply, lapse; *entrer en ~* come into effect, become effective; *mettre en ~* put into effect, implement; *mettre un règlement en ~* enforce a regulation; *tarifs en ~* current prices.

vil [vil] *adj* low-priced; *à ~ prix* at a very low price, *(fam)* dirt cheap.

ville [vil] *nf* **1.** city, town; *centre-~* town centre/center, *(US)* downtown; *hôtel de ~* town/city hall; *~ nouvelle* planned community, *(UK)* new town **2.** *(municipalité) la ~ (UK)* town/city council, *(US)* city hall.

vin [vɛ̃] *nm* wine; *négociant en ~s* wine merchant; *pot-de-~* bribe, kickback.

vinicole [vinikɔl] *adj* wine-growing; *l'industrie ~* the wine industry; *région ~* wine-growing region.

viol [vjɔl] *nm (Jur)* **1.** *(d'une personne)* rape; *~ aggravé* rape by a person in a position of responsibility over the victim (parent, teacher, etc.) **2.** *(d'un règlement, d'un contrat)* violation, breach, infringement.

violation [vjɔlasjɔ̃] *nf* violation, breach; *(Jur) ~ de domicile* illegal entry/forcible entry into the home; *(Jur) en ~ de la loi* in breach of the law; *(Jur) (médecin) ~ du secret professionnel* breach of confidence, revealing of confidential information.

violence [vjɔlɑ̃s] *nf* **1.** violence *(s inv)*, brutality; *acte de* ~ act of violence; *avoir recours à la* ~ use/have recourse to violence **2.** act of violence, violent act; ~ *à agent* assaulting a police officer; *subir des* ~s suffer violence **3.** *(Jur) (vice du consentement)* duress.

violent [vjɔlɑ̃] *adj* violent.

violenter [vjɔlɑ̃te] *vt (Jur)* rape.

violer [vjɔle] *vt (Jur)* **1.** *(personne)* rape **2.** *(loi, contrat)* break, breach, violate.

violeur [vjɔlœr] *nm* rapist.

virement [virmɑ̃] *nm* **1.** *(Bq/Cpta)* transfer, payment; ~ *automatique* automatic transfer; ~ *bancaire* bank transfer; ~ *par câble* wire transfer; ~ *de fonds* transfer of funds; ~ *permanent* standing (transfer) order.

virer [vire] *v* **1.** *vt (Bq)* transfer; ~ *de l'argent d'un compte à l'autre* transfer money from one account to another **2.** *vi* turn, change direction **3.** *vt (fam)* fire, *(UK)* sack.

virtuel [virtɥɛl] *adj (f -elle)* virtual; *(Inf) image* ~*le* virtual image; *(Inf) mémoire* ~*le* virtual memory.

vis [vis] *nf (Emb)* screw.

visa [viza] *nm* **1.** *(passeport)* visa **2.** *(accord)* signature, initials, certification; *apposer son* ~ *sur un document* put one's initials on a document, sign a document.

viser [vize] *v* **1.** *vt* aim at, target; *les ventes à l'exportation ne sont pas visées par ce décret* export sales are not affected by this decree **2.** *vi ces mesures visent à réduire l'inflation* these measures aim at reducing inflation **3.** *vt* sign, initial, certify.

visibilité [vizibilite] *nf* visibility.

visible [vizibl] *adj* visible.

visibles [vizibl] *nmpl (Eco)* visibles.

visite [vizit] *nf* **1.** visit, call; *carte de* ~ business card, calling card; ~ *guidée* guided tour; *(hôpital) heures de* ~ visiting hours; ~ *médicale* medical check-up **2.** inspection, search; *(D)* ~ *de douane* customs inspection; *(Jur)* ~ *domiciliaire* house search; *droit de* ~ *(D)* right of search, *(Jur) (divorce)* access, *(US)* visitation rights.

visiter [vizite] *vt* **1.** visit, call on **2.** *(usine)* inspect, *(valises)* search.

visiteur [vizitœr] *nm (f -euse)* **1.** visitor, caller **2.** inspector; ~ *des douanes* customs inspector.

visser [vise] *vt (Emb)* screw.

visuel [vizɥɛl] *adj (f -elle)* visual.

vital [vital] *adj (mpl -aux)* key, vital, essential; *le minimum* ~ the basic minimum.

vitalité [vitalite] *nf* vitality.

vitesse [vites] *nf* **1.** speed; *(T)* ~ *de croisière* cruising speed; *service à grande* ~ express service, *(US)* fast freight; *service en petite* ~ slow service, *(US)* slow freight **2.** *(Eco)* velocity; ~ *de circulation de la monnaie* velocity of the circulation of money; ~*-revenu* income velocity; ~*-transaction* transaction velocity.

viticole [vitikɔl] *adj* wine-growing; *l'industrie* ~ the wine industry; *région* ~ wine-growing region.

viticulteur [vitikyltœr] *nm (f -trice)* wine-grower.

viticulture [vitikyltyr] *nf* wine-growing, viticulture.

vitrine [vitrin] *nf* **1.** shop window; *faire du lèche-*~s go window-shopping **2.** showcase.

vivifier [vivifje] *vt* revitalize, stimulate.

vivoter [vivɔte] *vi* struggle along, eke out a living; *commerces qui vivotent* struggling businesses.

vocation [vɔkasjɔ̃] *nf* vocation, calling.

vœu [vø] *nm (pl -x)* **1.** wish; ~ *pieux* wishful thinking **2.** *(Jur) (testament)* precatory language **3.** *(promesse)* vow.

vogue [vɔg] *nf* fashion, vogue; *en* ~ in fashion.

voie [vwa] *nf* **1.** *(T)* road, way; ~s *aériennes* air routes; *(fig) sur la bonne* ~ on the right track; ~s *de communication* lines of communication; ~ *navigable* waterway; ~s *navigables intérieures* inland waterways; ~ *piétonne* pedestrian street; ~ *publique* public thoroughfare; *route à quatre* ~s four-lane road/highway/(UK) dual carriageway **2.** *(T) (rail)* track; ~ *de chargement* goods siding, loading siding; ~ *ferrée* railway/railroad line/track; ~ *à grand écartement* broad-gauge railway/railroad line; ~ *à écartement normal* standard-gauge railway/railroad line; ~ *de garage* siding; ~ *de raccordement* private siding; ~ *de triage* shunting siding **3.** means, method; *(T) par* ~ *aérienne* by air transport; *par* ~ *d'affiche* through posters; *par* ~ *diplomatique* through diplomatic channels; *(T) par* ~ *maritime* by sea/ocean transport; *par la* ~ *officielle* through official channels; *par* ~ *de presse* through the press; *(T) par* ~ *de terre* by land/overland transport **4.** *(Jur)* ~s *de droit* legal proceedings; ~s *d'exécution* procedures for execution (of a judgement judgment); **~s de fait** assault and battery; **~s de recours** legal remedies, grounds for appeal **5.** *(Pol)* **commission de ~s et moyens** ways and means committee, appropriations committee **6.** **en ~ de** in the process of; **en ~ d'achèvement** nearing completion; **en ~ de construction** under construction; **pays en ~ de développement** developing countries.

voile [vwal] *nf* sail; **bateau à ~s** *(UK)* sailing boat, *(US)* sailboat.

voilier [vwalje] *nm* yacht, *(UK)* sailing boat, *(US)* sailboat.

voirie [vwaʀi] *nf* **1.** network of streets and roads **2.** highways department/authority **3.** **service de ~** road maintenance; *(UK)* refuse collection, *(US)* garbage collection.

voisin [vwazɛ̃] *adj* neighbouring/neighboring, adjoining; **pays ~s** neighbouring/neighboring countries.

voisin [vwazɛ̃] *nm* neighbour/neighbor.

voisinage [vwazinaʒ] *nm* **1.** proximity, vicinity; **dans le ~** locally, in the vicinity **2.** neighbourhood/neighborhood; **relations de bon ~** neighbourliness/neighborliness; **trouble de ~** action which disturbs the calm of the neighbours/neighbors.

voiture [vwatyʀ] *nf* *(T)* **1.** car, *(US)* automobile; **~ de fonction** company car; **~ de livraison** delivery van; **~ de location** *(UK)* hire/*(US)* rental car **2.** *(rail)* carriage, coach, *(US)* car; **~-lit** *(UK)* sleeper, *(US)* sleeping-car; **~-restaurant** dining-car **3.** *(Fin/T)* **lettre de ~** waybill, bill of lading, consignment note; **lettre de ~ aérienne** air waybill, air bill of lading; **lettre de ~ ferroviaire** rail waybill, *(US)* railroad bill of lading; **lettre de ~ de transport routier** road waybill, *(US)* truck bill of lading.

voiturier [vwatyʀje] *nm inv* *(T)* carrier; **~ par terre et par eau** carrier by land and water.

voix [vwa] *nf* *(pl inv)* **1.** voice; **de vive ~** by word of mouth **2.** *(Pol)* vote, *(US)* ballot; **~ exprimées** votes recorded/registered; **mettre une question aux ~** put a question to the vote; **~ prépondérante** deciding vote.

vol [vɔl] *nm* **1.** *(Jur)* theft; **~ aggravé/qualifié** armed robbery; **~ à main armée** armed robbery; **assurance-~** theft insurance; **~ avec effraction** burglary; **~ à l'étalage** shoplifting; **~ simple** petty larceny **2.** *(T)* flight; **~ charter** charter flight; **~ sans escale** non-stop flight; **~ long courrier** long-haul flight; **~ moyen courrier** medium-haul flight; **~ régulier** scheduled flight.

volant [vɔlɑ̃] *adj* **1.** flying; *(T)* **personnel ~** flight staff; *(D)* **douane ~e** mobile customs officials (operating other than at the point of entry) **2.** *(feuille)* loose, detachable.

volant [vɔlɑ̃] *nm* **1.** steering wheel; **au ~** at the wheel; **prendre le ~** take the wheel, drive **2.** *(Fin)* reserve, margin; **~ de sécurité** safety margin; **~ de trésorerie** cash reserve **3.** *(document)* **le talon et le ~** counterfoil/stub and leaf/tear-off portion.

volatil [vɔlatil] *adj* *(Bs)* volatile.

volatilité [vɔlatilite] *nf* *(Bs)* volatility.

voler [vɔle] *v* **1.** *vt* *(Jur)* *(objet)* steal, *(personne)* rob **2.** *vi* fly.

volet [vɔle] *nm* **1.** *(document)* flap, page **2.** element, component; **~ d'une politique** point/plank of a policy.

voleur [vɔlœʀ] *nm* *(Jur)* *(f* **-euse)** thief, burglar, robber; **~ à l'étalage** shoplifter.

volontaire [vɔlɔ̃tɛʀ] *adj* voluntary; *(Jur)* **homicide ~** intentional murder; *(Jur)* **liquidation ~** voluntary liquidation.

volontaire [vɔlɔ̃tɛʀ] *nmf* volunteer; **se porter ~** volunteer.

volontariat [vɔlɔ̃taʀja] *nm* volunteer work, *(US)* voluntarism.

volonté [vɔlɔ̃te] *nf* **1.** will; **à ~** at will; **bonne ~** good will; **mauvaise ~** ill will **2.** *(Jur)* **dernières ~s** last will and testament.

volte-face [vɔltəfas] *nf* *(pl inv)* **1.** **faire ~** turn around **2.** abrupt reversal; *(fig)* U-turn, *(UK)* about-turn, *(US)* about-face.

volume [vɔlym] *nm* **1.** volume; **faire du ~** take up space; *(Bs)* **~ des transactions** volume of trading; **~ des ventes** sales volume **2.** *(ouvrage)* volume, tome.

volumineux [vɔlyminø] *adj* *(f* **-euse)** bulky, voluminous.

votant [vɔtɑ̃] *nm* *(Pol)* voter *(v.* **électeur**).

votation [vɔtasjɔ̃] *nf* *(Pol)* vote.

vote [vɔt] *nm* *(Pol)* vote; **~ bloqué** vote on a bill without the possibility of proposing amendments; **bulletin de ~** *(UK)* ballot paper, *(US)* ballot; **bureau de ~** polling station; **~ de confiance** vote of confidence; **~ par correspondance** *(UK)* postal vote, *(US)* vote by mail; **droit de ~** right to vote, franchise; **~ facultatif** optional vote; **~ obligatoire** compulsory/obligatory vote; **~ à main levée** vote by a show of hands; **~ par procuration** vote by proxy ; ~ *public* public ballot ; ~ *se-cret* secret ballot.

voter [vɔte] *v* **1.** *vi (pour/contre)* vote (for/against) ; ~ *blanc* cast a blank ballot **2.** *vt* pass, adopt ; ~ *un amendement* adopt an amendment ; ~ *une loi* pass a law.

voulu [vuly] *adj* **1.** intentional, deliberate ; *(Jur) négligence ~e* wilful/willful negligence **2.** required, requisite ; *en temps ~* in due course.

voyage [vwajaʒ] *nm* journey, trip, *(en mer)* voyage ; ~ *d'affaires* business trip ; *agence de ~s* travel agency ; *agent de ~s* travel agent ; *chèque de ~ (UK)* traveller's cheque, *(US)* traveler's check ; ~ *d'études* field/study trip ; *frais de ~* travel expenses ; ~ *organisé* package tour ; ~ *de stimulation* incentive tour.

voyager [vwajaʒe] *vi* travel.

voyageur [vwajaʒœr] *nm (f -euse)* traveller/traveler, passenger ; ~ *de commerce (UK)* commercial traveller, *(US)* traveling salesman ; ~ *de commerce à l'export (UK)* export traveller, *(US)* export salesman.

*voyageur, représentant, placier (VRP) *nm inv* sales representative, *(fam)* rep, *(UK)* commercial traveller, *(US)* traveling salesman.

voyagiste [vwajaʒist] *nmf* tour operator, travel agent.

voyant [vwajɑ̃] *nm* indicator, warning light.

VPC *v.* **vente par correspondance**.

vrac[1] [vrak] *adv en ~* loose, not

packaged, in bulk ; *cargaison en ~* bulk cargo ; *marchandises en ~* loose goods, goods not packaged.

vrac[2] [vrak] *nm* bulk goods ; ~ *sec* dry cargo in bulk.

vrai [vrɛ] *adj* true, truthful, genuine, accurate.

vraquier [vrakje] *nm (T)* breakbulk ship, bulk-cargo ship, bulk carrier, bulk freighter, dry-cargo ship.

VRC *v.* **vente par réseau coopté**.

VRP *v.* **voyageur, représentant, placier**.

vu[1] [vy] *nm au ~ de* on sight of ; *au ~ de la facture* upon presentation of the invoice ; *au ~ et au su de tout le monde* openly, publicly.

vu[2] [vy] *prép* considering, in view of ; ~ *l'article 2 de la loi* pursuant to section 2 of the statute ; ~ *les circonstances* considering the circumstances.

vu[3] [vy] *conj* ~ *que* seeing that, whereas, considering that, in view of the fact that.

vue [vy] *nf* **1.** vision, eyesight **2.** view, opinion ; *échange de ~s* exchange of views ; *point de ~* point of view **3.** *(panorama)* view, outlook, vista **4.** *(Bq/Fin)* sight ; *à ~* on sight, on demand, at call ; *dépôt à ~* demand deposit ; *papier à ~* sight bill ; *payable à ~* payable on sight/on demand ; *traite à ~* sight draft.

vulnérabilité [vylnerabilite] *nf* vulnerability.

vulnérable [vylnerabl] *adj* vulnerable.

W

wagon [vagɔ̃] *nm (T)* **1.** *(rail) (UK)* truck, wagon, *(US)* freight car ; ~ *à bagages* baggage wagon/car ; ~ *à bascule (UK)* tip truck, *(US)* dump car ; ~ *à benne (UK)* tipper, mine tub ; ~ *à bestiaux* cattle wagon/car ; ~*-citerne* tank wagon, tanker ; ~ *à courrier* mail van/car ; ~ *couvert* covered truck/car ; ~*-conteneur* container wagon/car ; ~ *découvert* open wagon/truck ; ~ *frigorifique* refrigerated van/car, *(fam)* reefer ; *franco ~* free on rail (FOR) ; ~ *de marchandises (UK)* goods truck, *(US)* freight car ; ~ *ouvert* open wagon/truck ; ~ *plat (UK)* flat truck, *(US)* flatcar ; ~ *plate-forme (UK)* flat truck, *(US)* flatcar ; ~ *porte-autos* car-carry-

ing wagon/car ; ~ *porte-conteneurs* container car, container flat-car ; ~ *réfrigéré* refrigerated wagon/car ; ~*-tombereau (UK)* tip truck, *(US)* dump car **2.** *(UK)* passenger carriage, *(US)* passenger car ; ~*-lit (UK)* sleeper, *(US)* sleeping-car ; ~*-restaurant* restaurant/dining-car ; ~ *de voyageurs* passenger carriage/car **3.** *(rail)* wagonload, *(UK)* truckload, ~ *complet* full wagonload/truckload ; ~ *incomplet* partial wagonload/truckload.

warrant [varɑ̃] *nm (Fin)* warrant warehouse warrant, warehouse receipt *(port)* dock warrant ; ~ *d'actions* equity warrant ; ~ *agricole* agricultural warrant ; ~ *hôtelier* hotel warrant ; ~ *in*

dustriel industrial warrant ; ~ *pétrolier* oil warrant ; *récépissé-*~ warehouse receipt, dock receipt.

warrantage [varātaʒ] *nm (Fin)* warrant

discounting, issuance of a warehouse warrant, securing goods by warrant.

warranter [varāte] *vt (Fin)* warrant, secure by warrant.

X

x [iks] **1.** x ; *(Jur) accoucher sous X* give birth anonymously (and give up the child) ; *(Jur) porter plainte contre X* bring an action/file a complaint against person or persons unknown **2.** *x dollars* x number of dollars **3.** *(Fr) l'X* the **Ecole polytechnique** ; prestigious engineering school in France.

xénophobie [gzenɔfɔbi] *nf* xenophobia.
xérographie [gzeRɔgrafi] *nf* xerography.
xérographique [gzeRɔgRafik] *adj* xerographic.

Y

Yémen [jemen] *nm* Yemen.
yéménite [jemenit] *adj* Yemenite.
Yéménite [jemenit] *nmf* Yemenite.
yougoslave [jugɔslav] *adj* Yugoslavian, Yugoslav.

Yougoslave [jugɔslav] *nmf* Yugoslavian, Yugoslav.
Yougoslavie [jugɔslavi] *nf* Yugoslavia.

Z

ZAC [zak] *v.* **zone d'aménagement concerté.**
ZAD [zad] *v.* **zone d'aménagement différé.**
Zaïre [zaiR] *nm* Zaire.
zaïrois [zaiRwa] *adj* Zairian.
Zaïrois [zaiRwa] *nm* Zairian.
Zambie [zãbi] *nf* Zambia.
zambien [zãbjɛ̃] *adj* (*f* **-ienne**) Zambian.
Zambien [zãbjɛ̃] *nm* (*f* **-ienne**) Zambian.
zégisme [zeʒism] *nm (Eco)* zero economic growth.
zèle [zel] *nm* zeal ; *grève du* ~ work-to-rule (strike).
zéro[1] [zeRo] *adj* zero ; ~ *défaut* zero defect ; ~ *heure* zero hour.
zéro[2] [zeRo] *nm* zero ; *budget à base* ~ zero-base budgeting ; *(Fin) obligation à coupon* ~ zero coupon bond ;

reprendre à ~ start from scratch ; *taux de croissance* ~ zero growth.
ZI *v.* **zone industrielle.**
Zimbabwe [zimbabwe] *nm* Zimbabwe.
zimbabwéen [zimbabwejɛ̃] *adj* (*f* **-éenne**) Zimbabwean.
Zimbabwéen [zimbabwejɛ̃] *nm* (*f* **-éenne**) Zimbabwean.
zinzins [zɛ̃zɛ̃] *nmpl (fam)* institutional investors.
zonage [zonaʒ] *nm* zoning.
zone [zon] *nf* zone, area ; *(Mkg)* ~ *d'appel* catchment area ; ~ *de chalandise* trading area ; *chef de* ~ area manager ; *chef de* ~ *export* area export manager ; ~ *cible* target area ; ~ *contiguë* zone contiguous to territorial waters over which a state has rights ; ~ *dangereuse* danger zone ; *(Eco)* ~ *défavorisée* less-favoured/favored area ; *(Eco)* ~ *de*

développement development area; ~ *dollar* dollar zone; ~ *économique exclusive* exclusive economic zone, zone beyond territorial waters over which a state has exclusive economic rights; ~ *d'entreprise* enterprise zone (with fiscal incentives to encourage investment); ~ *franc* French franc zone; *(CI)* ~ *franche* foreign trade zone (FTZ), free trade zone, free zone, customs-free area; ~ *franche bancaire* offshore market, offshore financial center; ~ *d'influence* sphere of influence; ~ *d'intervention* sales territory; ~ *de libre-échange* free trade area (FTA); *(Fin)* ~ *monétaire* currency area; ~ *résidentielle* residential zone; ~ *rouble* rouble/ruble area;

~ *de stationnement* parking area; ~ *sterling* sterling area; ~ *urbaine* urban area.

*zone d'aménagement concerté (ZAC) *nf (Fr)* development zone containing public and private housing.

*zone d'aménagement différé (ZAD) *nf (Fr)* future development zone.

*zone européenne de libre-échange *nf (UE)* European free trade area.

*zone industrielle (ZI) *nf (Fr)* industrial zone.

*zone à urbaniser en priorité (ZUP) *nf (Fr)* priority development zone.

ZUP [zyp] *v.* zone à urbaniser en priorité.

ANNEXES / APPENDICES

TABLEAU I*
POIDS ET MESURES
WEIGHTS AND MEASURES

British and American linear measures

inch *(in)*	(pouce)	2,54 cm
foot, feet *(ft)* = 12in	(pied)	30,48 cm
yard *(yd)* = 3ft	(yard)	91,44 cm
rod/pole/perch = 5.5yd	(perche)	5,03 m
furlong *(fur)* = 220yd	(stade)	201,16 m
mile *(m)* = 8 fur	(mille)	1,609 km
league = 3 miles	(lieue)	4,827 km

Système métrique longueurs

millimètre *(mm)*		0.039 in
centimètre *(cm)* = 10 mm		0.394 in
décimètre *(dm)* = 10 cm		3.937 in
mètre *(m)*		1.094 yd/3.281 ft
décamètre *(dam)* = 10 m		10.94 yd
hectomètre *(hm)* =100 m		109 yd
kilomètre *(km)* =1000 m		1093 yd

nautical measures

fathom *(fthm)* = 6ft	1,82 m
cable = 608 ft	185,31 m
nautical mile = 10 cables	1 852 m

mesures marines

brasse	6 ft
encablure	608 ft
mille marin	6080 ft

square measures

square inch *(sq in)*	6,54 cm²
square foot *(sq ft)*	0,093 m²
square yard *(sq yd)*	0,836 m²

surfaces

millimètre carré *(mm²)*	0.002 sq in
centimètre carré *(cm²)*	0.155 sq in
décimètre carré *(dm²)*	15.50 sq in
mètre carré *(m²)*	1,550 sq in

areas

rood = 40 sq rods	0,101 ha
acre = 4 roods	0,405 ha
square mile = 640 acres	2,599 km²

superficies

centiare *(ca)* = 1m²	1,550 sq in
are *(a)* = 100 centiares	0.0247 acres
hectare *(ha)* = 100 ares	2.47 acres
kilomètre carré *(km²)*	0.386 sq miles

volumes

cubic inch *(cu in)*	16,387 cm³
cubic foot *(cu ft)*	0,028 m³
cubic yard *(cu yd)*	0,765 m³

volumes

centimètre cube *(cm³)*	0.061 cu in
décimètre cube *(dm³)*	61.023 cu in
mètre cube *(m³)*	35.32 cu ft

capacity (for liquids)

	UK	US
gill [dʒil] 1/4 pint	0,142 l	0,118 l
pint *(pt)* = 4 gills	0,568 l	0,473 l
quart *(qt)* = 2 pints	1,136 l	0,946 l
gallon *(gal)* = 4 quarts	4,543 l	3,78 l

capacité (liquides)

	UK	US
centilitre *(cl)*	0,018 pt	0,020 pt
décilitre *(dl)*	0,176 pt	0,200 pt
litre *(l)*	1,760 pt	2,001 pt
décalitre *(dal)*	2,18 gal	2,5 gal
hectolitre *(hl)*	21,8 gal	25 gal

* Ce tableau est repris du *Dictionnaire de Poche-Anglais*, réalisé sous la direction de Denis Girard, L.G.F.

weights (UK & US)			poids		
grain *(gr)*		0,0648 g	milligramme *(mg)*		0.015 gr
dram *(dr)* = 1/16 oz		1,77 g	centigramme *(cg)*		0.154 gr
ounce *(oz)* = 1/16 lb		28,35 g	décigramme *(dg)*		1.543 gr
pound *(lb)* = 16 oz		0,454 kg	gramme *(g)*		15.432 gr
stone *(st)* = 14 lb		6,350 kg	décagramme *(dag)*		5.644 dr
quarter *(qr)* = 2 st		12,700 kg	hectogramme *(hg)*		3.527 oz
hundredweight *(cwt)* = 4 qr		50,800 kg	kilogramme *(kg)*		2.205 lb
			quintal métrique *(q)*	100 kg	1.968 cwt
UK (long) ton 20 cwt/2 240 lb		1,016 t	tonne métrique *(t)*	1 000 kg	19 cwt 12oz
US (short) ton 2 000 lb		0,907 t			

temperatures (Fahrenheit = F)	températures (Celsius = C)
212° F : boiling water	100° C (eau bouillante)
.....	.....
104° F	40° C
.....	.....
98°6 F	37° C
76° F	30° C
68° F	20° C
50° F	10° C
32° F (freezing point of water)	0° C (glace fondante)
To convert into °C :	Pour convertir en °F :
1) subtract 32°	1) multiplier par 9/5
2) multiply by 5/9.	2) ajouter 32
Ex. : 104° F −32° = 72° x 5/9 = 40° C	Ex. : 37°C x 9/5 = 66°6 + 32 = 98°6 F

TABLEAU II
PRINCIPALES MONNAIES
MAJOR CURRENCIES

Pays	Monnaie	Abbr.	Currency	Country
Afghanistan	afghani	Af	afghani	Afghanistan
Afrique du Sud	rand	R	rand	South Africa
Albanie	lek	L	lek	Albania
Algérie	dinar	DA	dinar	Algeria
Allemagne	mark	DM	mark	Germany
Andorre	peseta espagnole, franc français	Pta, F	Spanish peseta, French franc	Andorra
Angola	kwanza	Kz	kwanza	Angola
Antigua-Barbuda	dollar caraïbe	EC$	East Caribbean dollar	Antigua and Barbuda
Arabie Saoudite	riyal	SRI	riyal	Saudi Arabia
Argentine	peso	Arg$	peso	Argentina
Arménie	dram		dram	Armenia
Australie	dollar australien	$A	Australian dollar	Australia
Autriche	schilling	S	schilling	Austria
Azerbaïdjan	manat		manat	Azerbaijan
Bahamas	dollar bahamien	B$	Bahamian dollar	Bahamas
Bahreïn	dinar bahreïni	BD	Bahrain dinar	Bahrain
Bangladesh	taka	Tk	taka	Bangladesh
Barbade	dollar barbadien	BDS$	Barbados dollar	Barbados
Belgique	franc belge	BF	Belgian franc	Belgium
Bélize	dollar bélizien	BZ$	Belize dollar	Belize
Bénin	franc CFA	CFAF	franc CFA	Benin
Bhoutan	ngultrum	Nu	ngultrum	Bhutan
Biélorussie	rouble biélorusse	BeR	Belarussian ruble	Belarus
Birmanie	kyat	K	kyat	Burma (Myanmar)
Bolivie	boliviano		boliviano	Bolivia
Bosnie-Herzégovine	dinar	Din	dinar	Bosnia and Herzegovina
Botswana	pula	P	pula	Botswana
Brésil	réal		real	Brazil
Brunei	dollar brunéien	Br$	Brunei dollar	Brunei
Bulgarie	lev	Lv	lev	Bulgaria
Burkina Faso	franc CFA	CFAF	franc CFA	Burkina Faso
Burundi	franc Burundi	FBu	Burundi franc	Burundi
Cambodge	riel	CR	riel	Cambodia
Cameroun	franc CFA	CFAF	franc CFA	Cameroon
Canada	dollar canadien	Can$	Canadian dollar	Canada
Cap-Vert	escudo	CVEsc	escudo	Cape Verde
Centrafricaine, République	franc CFA	CFAF	franc CFA	Central African Republic
Chili	peso	Ch$	peso	Chile
Chine	yuan	Y	yuan	China

Chypre	livre chypriote	£C	Cyprus pound	Cyprus
Colombie	peso	Col$	peso	Colombia
Comores	franc CFA	CFAF	franc CFA	Comoros
Congo	franc CFA	CFAF	franc CFA	Congo
Corée du Nord	won	Wn	won	Korea, North
Corée du Sud	won	W	won	Korea, South
Costa Rica	colon	¢	colon	Costa Rica
Côte-d'Ivoire	franc CFA	CFAF	franc CFA	Ivory Coast
Croatie	kuna		kuna	Croatia
Cuba	peso	Po	peso	Cuba
Danemark	couronne	DKr	krone	Denmark
Djibouti	franc Djibouti	DF	Djibouti franc	Djibouti
Dominicaine, République	peso	RD$	peso	Dominican Republic
Dominique	dollar caraïbe	EC$	East Caribbean dollar	Dominica
Egypte	livre égyptienne	LE	Egyptian pound	Egypt
Emirats arabes unis	dirham	Dh	dirham	United Arab Emirates
Equateur	sucre	S/	sucre	Ecuador
Erythrée	birr	Br	birr	Eritrea
Espagne	peseta	Pta	peseta	Spain
Estonie	kroon		kroon	Estonia
Etats-Unis	dollar	$	dollar	United States
Ethiopie	birr	Br	birr	Ethiopia
Fidji	dollar fidjien	F$	Fiji dollar	Fiji
Finlande	markka	Fmk	markka	Finland
France	franc	F	franc	France
Gabon	franc CFA	CFAF	franc CFA	Gabon
Gambie	dalasi	D	dalasi	Gambia
Géorgie	coupon		coupon	Georgia
Ghana	cedi		cedi	Ghana
Grèce	drachma	Dr	drachma	Greece
Grenade	dollar caraïbe	EC$	East Caribbean dollar	Grenada
Guatemala	quetzal	Q	quetzal	Guatemala
Guinée	franc guinéen	GFr	Guinean franc	Guinea
Guinée-Bissau	peso	PG	peso	Guinea-Bissau
Guinée Equatoriale	franc CFA	CFAF	franc CFA	Equatorial Guinea
Guyana	dollar guyanais	G$	Guyana dollar	Guyana
Haïti	gourde	G	gourde	Haiti
Honduras	lempira	L	lempira	Honduras
Hong-Kong	dollar de Hong-Kong	HK$	Hong Kong dollar	Hong Kong
Hongrie	forint	Ft	forint	Hungary
Inde	roupie	Re	rupee	India
Indonésie	rupiah	Rp	rupiah	Indonesia
Irak	dinar iraquien	ID	Iraqi dinar	Iraq
Iran	rial	RI	rial	Iran
Irlande	livre irlandaise	£Ir	pound (punt)	Ireland
Islande	couronne	IKr	króna	Iceland
Israël	shekel	IS	shekel	Israel
Italie	lire	Lit	lira	Italy
Jamaïque	dollar jamaïcain	J$	Jamaican dollar	Jamaica
Japon	yen	¥	yen	Japan
Jordanie	dinar jordanien	JD	Jordanian dinar	Jordan
Kazakhstan	tengé		tenge	Kazakhstan
Kenya	shilling	KSh	shilling	Kenya
Kirghizistan	som		som	Kyrgyzstan
Koweït	dinar	KD	dinar	Kuwait
Laos	kip	K	kip	Laos
Lesotho	loti	L	loti	Lesotho

Lettonie	lats		lats	Latvia
Liban	livre libanaise	LL	Lebanese pound	Lebanon
Liberia	dollar libérien	$L	Liberian dollar	Liberia
Libye	dinar	LD	dinar	Libya
Liechtenstein	franc suisse	SwF	Swiss franc	Liechtenstein
Lituanie	litas		litas	Lithuania
Luxembourg	franc luxembour-geois	LuxF	Luxembourg franc	Luxembourg
Macédoine	dinar	Din	dinar	Macedonia
Madagascar	franc malgache	FMG	Malagasy franc	Madagascar
Malawi	kwacha	MK	kwacha	Malawi
Malaysie	ringgit	M$	ringgit	Malaysia
Maldives	rufiyaa	Rf	rufiyaa	Maldives
Mali	franc CFA	CFAF	franc CFA	Mali
Malte	livre maltaise	£M	Maltese pound	Malta
Maroc	dirham	DH	dirham	Morocco
Marshall, îles	dollar américain	$	US dollar	Marshall Islands
Maurice	roupie	MauRe	rupee	Mauritius
Mauritanie	ouguiya	UM	ouguiya	Mauritania
Mexique	peso	Mex$	peso	Mexico
Micronésie	dollar américain	$	US dollar	Micronesia
Moldavie	lem		lem	Moldova
Monaco	franc français	F	French franc	Monaco
Mongolie	tugrik	Tug	tugrik	Mongolia
Mozambique	metical	Mt	metical	Mozambique
Namibie	dollar namibien	Na$	Namibian dollar	Namibia
Népal	roupie	NRe	rupee	Nepal
Nicaragua	cordoba	C$	cordoba	Nicaragua
Niger	franc CFA	CFAF	franc CFA	Niger
Nigeria	naïra	N	naira	Nigeria
Norvège	couronne	NKr	krone	Norway
Nouvelle-Zélande	dollar néo-zélandais	$NZ	New Zealand dollar	New Zealand
Oman	rial	OR	rial	Oman
Ouganda	shilling	USh	shilling	Uganda
Ouzbékistan	sum		sum	Uzbekistan
Pakistan	roupie	PRe	rupee	Pakistan
Palaos, îles	dollar américain	$	US dollar	Palau
Panama	balboa	B	balboa	Panama
Papouasie-Nouvelle-Guinée	kina	K	kina	Papua New Guinea
Paraguay	guarani	₲	guarani	Paraguay
Pays-Bas	florin	f	guilder	Netherlands
Pérou	sol		sol	Peru
Philippines	peso		peso	Philippines
Pologne	zloty	Zl	zloty	Poland
Portugal	escudo	Esc	escudo	Portugal
Qatar	riyal	QR	riyal	Qatar
Roumanie	leu	L	leu	Romania
Royaume-Uni	livre sterling	£	pound sterling	United Kingdom
Russie	rouble	R	ruble	Russia
Rwanda	franc rwandais	RF	Rwanda franc	Rwanda
Saint-Christophe et Nieves	dollar caraïbe	EC$	East Caribbean dollar	Saint Kitts and Nevis
Saint-Marin	lire italienne	Lit	Italian lira	San Marino
Saint-Vincent et les Grenadines	dollar caraïbe	EC$	East Caribbean dollar	Saint Vincent and the Grenadines
Sainte-Lucie	dollar caraïbe	EC$	East Caribbean dollar	Saint Lucia
Salomon, îles	dollar des îles Salomon	SI$	Solomon Islands dollar	Solomon Islands
Salvador	colon	¢	colon	El Salvador
Samoa	tala	WS$	tala	Samoa

São Tomé e Príncipe	dobra	Db	dobra	São Tomé and Príncipe
Sénégal	franc CFA	CFAF	franc CFA	Senegal
Seychelles	roupie	SR	rupee	Seychelles
Sierra Leone	léone	Le	leone	Sierra Leone
Singapour	dollar singapourien	$	Singapore dollar	Singapore
Slovaquie	couronne		koruna	Slovakia
Slovénie	tolar		tolar	Slovenia
Somalie	shilling	So Sh	shilling	Somalia
Soudan	livre soudanaise	LSd	Sudanese pound	Sudan
Sri Lanka	roupie	SL Re	rupee	Sri Lanka
Suède	couronne	SKr	krona	Sweden
Suisse	franc suisse	SwF	Swiss franc	Switzerland
Surinam	florin	Sur f	guilder	Surinam
Swaziland	lilangeni	L	lilangeni	Swaziland
Syrie	livre syrienne	LS	Syrian pound	Syria
Tadjikistan	rouble tadjik	TR	Tajik ruble	Tajikistan
Taïwan	nouveau dollar taïwanais	T$	New Taiwan dollar	Taiwan
Tanzanie	shilling	TSh	shilling	Tanzania
Tchad	franc CFA	CFAF	franc CFA	Chad
Tchèque, République	couronne	Kčs	koruna	Czech Republic
Thaïlande	baht	B	baht	Thailand
Togo	franc CFA	CFAC	franc CFA	Togo
Trinité et Tobago	dollar de Trinité et Tobago	TT$	dollar	Trinidad and Tobago
Tunisie	dinar	D	dinar	Tunisia
Turkménistan	manat		manat	Turkmenistan
Turquie	lire turque	LT	Turkish lira	Turkey
Ukraine	karbovanets		karbovanets	Ukraine
Uruguay	peso	Ur$	peso	Uruguay
Vanuatu	vatu	VT	vatu	Vanuatu
Vatican	lire	VLit	lira	Vatican
Venezuela	bolivar	B	bolivar	Venezuela
Viêt-nam	dong	D	dong	Vietnam
Yémen	rial	YRI	rial	Yemen
Yougoslavie	dinar	Din	dinar	Yugoslavia
Zaïre	zaïre	Z	zaire	Zaire
Zambie	kwacha	K	kwacha	Zambia
Zimbabwe	dollar zimbabwéen	Z$	Zimbabwean dollar	Zimbabwe

Composition réalisée par COMPOFAC – PARIS

IMPRIMÉ EN FRANCE PAR BRODARD ET TAUPIN
Usine de La Flèche (Sarthe)
LIBRAIRIE GÉNÉRALE FRANÇAISE - 43, quai de Grenelle - 75015 Paris.

ISBN : 2 - 253 - 08564 - 2

⟡ 30/8564/4